中国上市公司投资价值比较分析研究

Comparative Analysis on Investment Value of Listed Companies in China

赵惠芳　杨健兰◎著

参著人员：

裘玲玲　潘群芳　戚歆茹　章寅颖　王　波
王　禹　黄　晶　李春花　梅菲菲　刘　蕊
李秋萍　李筱筱　谢星星　严　岑　杨　枫
沈傅一　李杭丹　王亚萍　赵　荻　兰丽红
冯银波　归镓妍

中国财富出版社

图书在版编目（CIP）数据

中国上市公司投资价值比较分析研究/赵惠芳，杨健兰著．—北京：中国财富出版社，2016.10

ISBN 978-7-5047-6253-5

Ⅰ.①中…　Ⅱ.①赵…②杨…　Ⅲ.①上市公司—投资效率—研究—中国　Ⅳ.①F279.246

中国版本图书馆CIP数据核字（2016）第209563号

策划编辑 惠　婳　　**责任编辑** 惠　婳
责任印制 何崇杭　　**责任校对** 梁　凡　　**责任发行** 敬　东

出版发行 中国财富出版社
社　　址 北京市丰台区南四环西路188号5区20楼　　**邮政编码** 100070
电　　话 010-52227568（发行部）　　010-52227588转307（总编室）
010-68589540（读者服务部）　　010-52227588转305（质检部）
网　　址 http://www.cfpress.com.cn
经　　销 新华书店
印　　刷 北京京都六环印刷厂
书　　号 ISBN 978-7-5047-6253-5/F·2652
开　　本 787mm×1092mm　1/16　　**版　　次** 2016年10月第1版
印　　张 39.75　　**印　　次** 2016年10月第1次印刷
字　　数 1017千字　　**定　　价** 120.00元

前 言

一、成因

本书是继《中国上市公司投资价值分析研究》[①] 所写的系列丛书之二。

《中国上市公司投资价值分析研究》是为了适应广大投资者的需求，方便投资双方融通资金，解决证券市场和上市公司存在的诸多问题，以价值投资理论为指导，以深沪两市2014年第1季度证监会公布的2466家上市公司为对象，通过有效分类汇总为39个行业，以2013年度财务报告数据为基础，选取13个能够综合反映财务能力、体现公司价值的指标，作为评估各上市公司投资价值的指标体系，建立指标模型，运用SPSS软件，采用因子分析法与聚类分析法进行投资价值分析研究，确定分析对象的投资价值总量及排名，并合理划分层级，联系实际进行深入分析研究，得出量与质有机结合的投资价值结论，为投资者提供参考，以降低投资风险，提高投资收益，并提供了价值投资具体操作方法和环境保障分析。进行上市公司投资价值分析研究，引导广大投资者进行价值投资，注重上市公司内涵价值和未来发展，有利于吸引社会积累资金尤其城乡居民存款更多地投向股市，投向有内涵价值和发展潜力的上市公司；有利于促进社会资源的有效配置，促进股市不断完善，健康发展；有利于股市更大范围的走向世界，并吸引世界范围的投资者走向股市，支持中国的经济建设，为中国的经济发展注入资金活力。

但是，由于《中国上市公司投资价值分析研究》主要是依据2013年各家上市公司财务报告进行的分析研究，仅仅运用了一个年度的财务报表资料，某些项目和分析指标可能会由于会计政策变更等的影响存在一定程度的偶然性，各家上市公司的投资价值也仅仅是一个年度的投资价值，而随着时间的推移，各家上市公司的生产经营方针政策等也必然发生了变化，甚至变化较大，证券市场也发生了诸多变化，为便于投融资双方及时了解上市公司的投资价值发展变化状况，做出切实有效的价值投资决策，我们以2014年财务报告资料为主要依据，采用与《中国上市公司投资价值分析研究》相同的上市公司分类标准、理论依据和分析研究方法，并在此基础上进行有效扩展，得出量与质有机结合的投资价值结论，与2013年投资价值分析研究结果进行有效比较分析，以消除或缩小由于仅仅采用一个年度财务报告为依据进行分析研究得出的结论可能与实际产生的偏离，反映出上市公司更加全面具体的价值投资信息依据。

二、架构

本书内容共分为三个部分。第一部分主要分析研究股市现状及应对策略，中国股民价值投资存在的问题及对策，以及中国上市公司价值管理存在的问题及对策。第二部分是重

① 赵惠芳等：《中国上市公司投资价值分析研究》，中国财富出版社，2015年9月第1版。

点内容，对每个行业的上市公司，均以 2014 年财务报告数据为基础，参考同花顺数据库信息，整理计算得出分析研究所需用的 13 个能够综合反映财务能力、体现公司价值的指标，进行投资价值比较分析研究。在对各个行业的分析研究中，有特殊情况的公司予以说明，如停牌的；不具备可比性的公司将其剔除，如上市不足一年的公司，最终参与对比分析研究的上市公司只有 2483 家。在各个行业的分析研究中，数据的整理、计算以及运用 SPSS 软件进行的处理等工作，主要由杨健兰老师和裘玲玲、戚歆茹、潘群芳等在读研究生完成，具体见第二部分各章节参著人员。第三部分主要研究上市公司市值管理存在的问题与解决对策，以及依据上市公司投资价值比较分析结果，分行业计算各家上市公司的市值离散程度，并相应提供价值投资的操作方法。

三、简化

本书初稿约 180 万字，过于庞大，考虑到各个行业均运用相同的分析要素、假设条件、分析方法、指标体系及各个指标的计量单位，为避免重复，节省版面，方便阅读运用，所有行业一律不再对其加以论述。简化掉了所有行业的标准化数据、趋势化数据和树状图等内容，它们均由初始数据运用 SPSS 软件作业生成，是自动生成过渡性数据和图形，不可或缺，但一般情况下，读者不容易过多关注，若有需要者，可与笔者或出版社联系。同时，简化掉了涉及诸多共享性资料的资料来源，如各个上市公司的财务报告和《中国上市公司投资价值分析研究》的引用内容。重复引用的参考文献除在农、林、牧、渔业上市公司投资价值分析研究附注之外，不再标注出处。

四、感谢

本书能够出版，离不开家人、朋友的支持和帮助。在此，特别感谢儿子王克柔的陪伴和后勤服务，感谢钱陈红同学所做的相关基础工作，感谢郭德贵老师的理解和建议，感谢邓川老师、梁飞媛老师的关心、帮助和支持，感谢所有参与、关心及有助于本书写作、出版发行的同行友人，感谢所有热心付出的读者朋友们，愿本书真正成为你们投资获益的良朋密友。

五、声明

本书构想、设计、组织、协调、总纂等均由赵惠芳一人完成。行业划分和分析指标的选择难免具有主观性，采用的软件也不会尽善尽美，将创业板和成指放在一起，以实名制形式为全部上市公司分行业打分、排名、聚类，有可能使研究结果存在不同程度的偏离，尽管比较分析研究是在分析研究的基础上进行，所得出的结论更加符合实际，但也难免出现研究结果难以反映出完全真实的情况。希望读者在阅读使用时能够充分考虑并剔除各项可能的偏离带来的影响，尤其将几个相近但却有诸多不同的规模较小的行业合为一个行业进行分析研究的情况下的影响。由于笔者水平所限，加之时间仓促，书中难免有不当之处，敬请读者朋友批评指正，不吝赐教。

浙江财经大学会计学院　赵惠芳

2016 年 1 月 5 日

Preface

1. Origin

This book is a second series book written after *Analysis on Investment Value of Listed Companies in China*[①].

Analysis on Investment Value of Listed Companies in China was written in order to adapt to the needs of investors, facilitate capital financing, solve the problem of the stock market and listed companies, we took 2466 listed companies released by the China Securities Regulatory Commission in the first quarter of 2014 in Shenzhen and Shanghai for example, studying the investment value of listed companies in China. The 2466 listed companies were divided into 39 industries scientifically, shown in the table below. The data in the financial statements in 2013 were used, and evaluation index system of companies' investment value consists of 13 financial indexes which reflect the enterprise's financial ability and value was selected. Factor analysis method, clustering analysis method and SPSS software were utilized to analyze the investment value of listed companies in China, and a reasonable list and classification was gained according to the score and its characters. The result connecting with the practical situation, we had came to a quantity and quality conclusion about investment value, providing investors the reference that reduces the investment risks and improve the return on investment. Specific application methods and environment analysis of value investment were also provided. It also directed investors to invest from a value standpoint, paid attention to the embedded value and future development of listed companies. That book is beneficial to the stock market to absorb social spare funds particularly the savings deposits of urban and rural residents and then invest to the listed companies with embedded value and development potential. What's more, it can promote the effective allocation of social resources, as well as the development of a more perfect, healthy and global stock market in China. Last but not least, it can also help China draw in funds from the international investors, injecting new vitality into the China's economic growth.

However, because *Analysis on Investment Value of Listed Companies in China* is mainly based on analysis of 2013 annual financial report listed the companies carried out only using the financial statements of the information a year, some of the projects and analysis of indicators may be due to changes in accounting policies the impact of the presence of a

① Hui-fang Zhao, et al. Analysis on Investment Value of Listed Companies in China . China Fortune Press, 2015.

certain degree of chance, the investment value of each listed company is only a year of investment value, but as time goes on, each listed company's production operations and other policies are bound to change, even change compared Great, securities market has undergone many changes, in order to facilitate investment and financing both sides to keep abreast of developments in the situation of investment value of listed companies to make effective value of investment decisions, we 2014 annual financial report data is mainly based on the use of the China Analysis of Investment Value of Listed Companies, the same classification criteria of listed companies, the theoretical basis and analysis methods, and on the basis of a valid extension, draw conclusions investment value of the combination of quantity and quality, and research and 2013 Annual Investment Value Analysis The results were effective comparative analysis, in order to eliminate or reduce the use of only one year since the financial report as a basis for analysis so that conclusions may deviate from the actual generation, reflecting the listed companies more comprehensive information in accordance with the specific value of the investment.

2. Oonstitute

This book can be sectioned into three parts. The first part mainly analysis current situation and development trend of Chinese stock market, problems and countermeasures of value management of Chinese listed companies, as well as value investment problems and countermeasures of Chinese investors. The second part is the important of this book. The investment value of listed companies is analyzed in every industry. Using the data in the financial statements in 2014 and referencing the information in Flush database, we organized and calculated 13 financial indexes needed which reflect the enterprise's financial ability and value. In the study of each industry, the companies with special cases were indicated, such as trading were suspended. Those with poor comparison, such as the one listed less than a year, were eliminated. Finally we chose 2483 listed companies. Researchers of each industry, collecting, organizing, calculating and using SPSS to deal with the data, are teacher Yang Jianlan and graduate students such as Ling-ling Qiu, Xin-ru Qi, Qun-fang Pan, et al. the specific situations see in the charters of each industry. In the third part, This section mainly focus on problems exist in value management of listed companies and their countermeasure. And, based on analysis of investment value of listed companies, this section calculate discrete degree of market value of each listed company, and provide operation method of value investment correspondingly.

3. Simplification

The first draft of this book was about 1.8 million words, which was too wordy. Considering the study of each industry has the same analyzing factors, assumed condition, analysis method, index system, unit of measurement of indexes, the redundancies of all the industries are not showed, to save space and ease reading. Besides, standardized data, normalization data, tree plot of all the industries that produced by the initial data using SPSS software were omitted. Actually those automatically generated transitional data and diagrams essential are essential, but can't attract the attention of the readers in general. The needy can contact with the author or the press for them. The same simplification treatment happened to the abstract and key words. The source of shared information like the source of financial reports of listed companies, repeated references, and references from *Analysis on Investment Value of Listed Companies in China*, were also omitted.

4. Acknowledgements

This book could not be guaranteed without those who supported and helped me during the writing of it. Therefore, I would like to express my gratitude to my son Ke-rou Wang, for his company and logistics service. Also, I would like to express my heartfelt gratitude to Professor De-gui Guo for his understanding and recommendations and Professor Chuan Deng and Professor Fei-yuan Liang for their cares, helps and supports. Special thanks should go to my friends who have concerned, helped or participant in the writing and publishing of this work as well. Finally, I am indebted to the earnest readers of this book, and I hope it can become a close friend and a tutor in your way to gain investment interest.

5. Declaration

The construction, design, organization and coordination were all made by Hui-fang Zhao as the compiler-in-chief. But since the choice of indicators and the classification of industries has some subjective impact, and the software adopt is not perfect enough, and the mixture of companies listing on main board and ChiNext and ranking and clustering the listed companies in a real-name form may also make the result deviate from the actual, losing authority. The comparative analysis is done based on the analysis, therefore the results are more close to actual, although still can not completely reflect the true situation. I hope readers will take into full account the effects of probable factors which influenced the result, especially those in the industries combined with some different small industries, and get rid of them. Due to the limitation of author's knowledge level and limited time, there are inevitably some shortages in this book, welcome readers' suggestions and criticisms.

Hui-fang Zhao

Accounting Institute of Zhejiang University of Finance & Economics

January 5, 2016

目 录

第一部分

第二部分

第三部分

Catalogue

Part One

Part Two

Part Three

第一部分

第一章　中国股市现状及应对策略

现行中国股市（以下简称股市）从1984年开始萌芽，1990年建立证券交易所开始交易发展至今，大致经历了10年试点阶段和20年发展阶段。如今的股市已经是规模巨大，关注者诸多，维系着国内外广大投资者，是关系到中国上市公司乃至中国经济前途和命运甚至世界经济发展变化的世界第二大股票交易市场，前景广阔。但近一年多以来，股市经历了前所未有的剧烈动荡，呈现出一个焦灼状态，未来一时难以捉摸。本章重在分析股市现状，探求其未来发展趋势，提供应对策略。

一、现状

站在不同时点看股市，其现状不同，此处所指是自2014年7月以来，至2015年年底的状况。2014年5月27日，沪市收盘于1991.06点，是2014年最低点，之后便开始回升。2014年7月以来，股市呈现出稳步上升态势，进入2015年呈现出大幅上涨态势。2015年5月5日，凤凰国际iMarkets报道："随着上海股市（今年迄今涨39%）和深圳股市（涨61%）上涨，中国上市公司占全球市值比重4月7日以美元计算跳升至10%，此后攀升至10.8%。过去一个月，中国香港股市占全球市值比重创新高为7.4%，超越日本的7%，成为全球第三大股市。"股市总体排名占全球市值排名第二，美国股市第一占全球市值比重为34.8%。但与美国股市不同，股市进入2015年以来发展奇异、扑朔迷离、跌宕起伏、险象环生，成为世界最不可信股市。这主要是由于从2015年5月以来的难以遏制的连续跳水，上千只股票连续几天跌停，而后又上千只股票涨停等超乎寻常的涨跌态势所致。

（一）盘点

股市2015年的发展状况，可谓在剧烈动荡中一路上扬，然后又一路狂跌，之后又有所回升。总体看，呈上涨态势。其中，沪指全年涨幅9.41%，深成指涨幅14.98%，中小板涨幅53.7%，创业板涨幅84.41%。中小板和创业板优于大盘蓝筹。以沪指为例，各月月末大盘收盘价（点位）如表1-1所示。

表1-1　　2014年12月至2015年12月A股盘点

日期	2014/12	2015/1	2015/2	2015/3	2015/4	2015/5	2015/6	2015/7	2015/8	2015/9	2015/10	2015/11	2015/12
点位	3234.68	3210.36	3310.30	3747.90	4476.62	4611.74	4277.22	3663	3205.99	3038	3382.56	3445.68	3539
环比增减幅度（%）		−0.75	3.11	13.22	19.44	3.02	−7.25	−14.36	−12.48	−5.24	11.34	1.87	2.71
定比增减幅度（%）		−0.75	2.38	15.87	38.39	42.57	32.23	13.24	−0.89	−6.08	4.57	6.52	9.41

依据表 1-1 点位数据制作图 1-1。

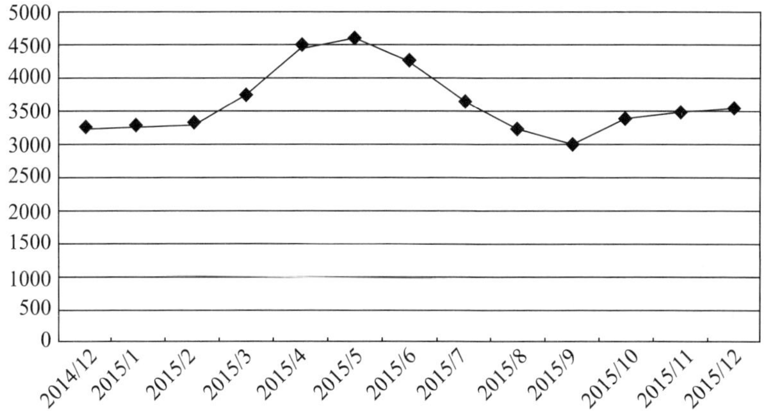

图 1-1　2015 年各月点位折线图

（二）分析

股市由于长期以来所存在的一系列问题的能动作用，加之诸多人工栽培，致使发生了转换前期——由盲目投资转向价值投资的巨大跌宕起伏，根据表 1-1 可以分析得出如下主要特点。

1. 大盘波动基本呈正态分布

中国股市虽有 25 年的发展历史，但总的来看还是一个不成熟股市。一个还不成熟的股市出现暴涨暴跌现象是很难避免的。近一年多来，股市的暴涨暴跌呈现出世界股市历史上无与伦比的精彩纷呈。但由表 1-1 数据显示，股市涨跌其实并不像许多人所想象的那样毫无理由，环比增减幅度是每个月均以相邻的前一个月为基数计算的，先是由 1 月的稍微降低 0.75%，而逐步快速提升，4 月达到最高 19.44%，然后急速下跌，7 月是 14.36%，而后又开始回升，增减幅度基本在 20%以内；定比增减幅度是各月均以 2014 年年底为基数的增减变动幅度，先是由年初的比 2014 年年底跌 0.75%起始，一路上升，5 月达到最高 42.57%，而后又逐步下降，全年涨幅 9.41%。图 1-1 所表现出的动态曲线基本呈正态分布，符合艾略特的波浪原理①，因此，总体属正常波动。

2. 局部跌宕起伏过大

总体来看，大盘波动是比较符合规律的，但期间的局部跌宕起伏过大。经过自 2012 年 1 月 6 日以来连续两年的波动，从第八个熊市的最低点 2132.63 点到 2014 年上半年末，终于站住了 2100 点大关，之后便迅速上扬，2014 年 7 月到 2015 年 6 月，上证综合指数飙涨 151%，达到 2015 年 5 月末的 4611.74 点，最高点达到 2015 年 6 月 12 日的 5178.19 点；然而，2015 年 6 月 15 日，成为第九个熊市的起点，当日，上证指数跌 2%，次日再跌 3.47%，自此拉开了 A 股市场一泻千里的序幕。从 6 月 15 日到 7 月 8 日，上证指数跌至 3507.19 点，下跌了 1600 多点，跌幅 31.52%，深成指跌 31.52%。期间曾有数日千股

① 小罗伯特·鲁格劳特·普莱切特、阿尔弗雷德·约翰·弗罗斯特：《艾略特波浪理论——市场行为的关键》，陈鑫译，机械工业出版社 2003 年版。

屡屡跌停，都呈现出断崖式状态，虽偶尔也有千股涨停，但跌势成雄，两市成交近30万亿元，总市值损失20万亿元。此种跌速甚至超过2008年经济危机时期。从数字上来看，这次下跌并不像是一次令人震惊的事件，而更是对充满金融泡沫迹象的股市进行的一次调整。之后，随着政府一系列救市措施的出台，如根据Kinger Lau等①高盛策略师撰写的一份报告披露，中国为遏制股市下跌而投入的救市资金达1.5万亿元，便仿佛突然稳定了下来，也偶有涨幅，呈现出起起落落的“俯卧撑”行情，但总的跌势一直未变，政府也一直在救市，并投入大量资金，被称为“国家队”。高盛策略师撰写的一份报告中披露，所谓的“国家队”，仅8月一个月就投入救市资金6000亿元。然而，股市还是在跌，进入9月，基本在3000点上下徘徊，之后虽有稳定攀升态势，但前景依然不甚乐观。

自2014年以来，股市基本是利好加上利空，夏日阳光和台风梅雨同步。一面是股市长期低迷渴求回升的呼声不断，由此使股市持续一年多回升，直至高达5100多点，一面是经济下滑支撑力明显不足的哀叹不停，致使连续两周下跌超过1500点，创历史两周跌幅新低；一面是经济转型总体国力上升的前景乐观，由此使下跌止于3000点以上，政策及政府实力使然，一面是多方国际压力的信用危机，致使连续四个多月徘徊在4000点以下，无力冲高。当下，中国面临的是国内、国际，经济、政治，多头转折的机遇与挑战，迎来的是21世纪世界最强经济实体的大国盛世。但这个时期并非霎那之间，而是要经历一段时期，3～5年时间，明显的表现在2015年，相应地，受环境影响，股市行情短期内总体上在做“俯卧撑”，这是下半年的最大特点。首先，“俯卧撑”显示了市场的整体犹豫情绪。大家都对未来经济的发展产生了困惑，这种困惑不同于前面的单边下挫，非常不看好。2015年已经过去，面对着稍微放松了点的紧缩预期，大家还在困惑经济的发展速度和方向。其次，“俯卧撑”行情显示了投资的被迫防守。足球比赛中有一种战术是防守反击，主要是萎缩防守，等待机会出击。由目前的行情可以看到国家对于经济转型前期的稳定要求，这个时候大举做空则是断了自己后路的一种做法。我们看到不管是金融还是能源最近都开始加入了防守的行列，一方面是美国股市的不断空袭，另一方面是融资的新股，也许有些是很被动的、盲目的。让我们对于未来的中国金融有了新的预期。未来货币战争是必然要发生的，资金的团结，才是中国崛起的希望之一。最后，“俯卧撑”行情如同箱体震荡是一个痛苦的过程。最近盯盘的朋友的不舒适感明显增加，行情总是反复震荡，弄不好两面挨巴掌，这也是震荡阶段必然出现的。所以我们认为在方向没有选择的时候，耐心的等待比盲目的大部队介入要好。克服心理障碍才能逐步走向成功，目前大盘的箱体顶部就在3500点，期待突破才能结束俯卧撑行情，然而，仿佛突破的难度远远大于再次转向探底。

3. 股市卖空说明调控乏术

众所周知，股市自建市以来，就一直是政策股市，被政府通过政策操控。2015年的几次跳水卖空反映出股市调控乏术。主要表现在以下几方面。

（1）政策调控使广大普通股民收益乏术。

自股市成立至今，中国政府一直都在靠政策调控着股票市场，股市中诸多违法、无厘头现象大都因政策调控被少数“庄家”“有效”利用，并从中作梗引起，基本没给广大普

① Kinger Lau等：《中国为遏制股市下跌而投入的救市资金达1.5万亿元》，凤凰网，2015年9月20日。

通股民公允投资获利的机会。为此，只有打破政策调控的阴霾，股市才能够良性健康发展，广大普通股民才会有生存的希望及更好的收益。

（2）股市卖空说明政府通过股市刺激经济的策略难以奏效。

2015 年 6 月 23 日，凤凰 iMarkets 讯，彭博社（翻译：尉艳华）在纽约时报上发表了题为《在股市浪潮中的政府也难护其安全》的文章，文章认为："美国知名金融机构摩根大通和贝莱德集团在股市是否存在泡沫的问题上存在分歧。摩根大通在上周表示，股市近期 13%的跌幅已经为投资者提供了抄底的机会，而贝莱德则认为，股市的萎缩势头相当迅速。"那么，究竟谁的判断是正确的呢？笔者认为，从短期来看，摩根大通的判断是正确的。中国政府推行的一系列改革举措引发了股市的牛市行情，且将会尽一切可能确保牛市的持续。但在未来数月，贝莱德担心的问题也可能会出现，而该机构是基于巴菲特有关金融分析的方法做出的。贝莱德战略分析师 Ewen Cameron Watt 在接受彭博社电视新闻的采访时表示："股市潮起潮落，有很多人都在裸泳。"

自股市开始以来，股市的平均市盈率已经达到 256 倍，但鉴于沪市和深市近期出现的俯卧撑行情，发现了裸泳的人。在过去的 12 个月里，股市市值增加了 6 万亿美元，然而，仅仅在一天，这种涨势似乎就被吞噬。比较而言，2007 年股市出现的狂热似乎都十分理性。其中，一个政策原因是，去年中国股价的上升基本是由投资者心理驱动的，而政府没能及时做出调整，导致上个月股票纷纷遭到抛售。

针对巨大的跌幅，中国政府已经竭尽所能地稳定市场：中国央行降息、降准，修改融资融券交易规则，放缓 IPO（首次公开发行股票）进程，推动股价上扬，等等，以此阻止了股市崩盘。到 2015 年 12 月底，尚未出现如同 1990 年东京股市崩盘、1997 年韩国股市崩盘、2008 年美国股市崩盘的状况，中国政府对股市的有所作为，堪称例外，充分显示了政策股市的巨大威力。但事实是，中国经济基本面并不乐观，股市泡沫也未能全然消除，呈现出多头分化状态，大多数股民信心消退并大幅度减持，短期难以恢复乐观。

股市卖空说明，中国政府通过股市刺激经济的策略只维持了大约一年时间，尽管让绝大多数股民获得了账面利润，也着实为不少上市公司借机增发募得了资金，但近几个月来的大跌及反复涨跌，已经使多数股民尤其散户股民的账面利润几近全无甚至亏损，上市公司的状况也不容乐观，因此，政府通过股市刺激经济的策略似乎没能奏效。

（3）股市卖空说明上市公司投资价值不足。

股市卖空的根本原因不是政策问题，而是经济问题，具体说是上市公司问题，是上市公司的投资价值不足所致，表现在股价远远高出了股票即上市公司的经济支撑力。

2014 年上半年，中国股价仍较为合理，平均市盈率为 10 倍，这意味着一位投资者购买一只 10 元股票，将会盈余 1 元。而同样是在 2014 年夏天，美国的一名投资者必须购买一只 17 美元股票，才能获得 1 美元的收益。2014 年下半年，中国股价急剧上升，但各上市公司的每股盈余却未随之上涨。到 2015 年 6 月初，上证综合指数的市盈率已经飙涨至 26 倍，这意味着去年用 10 元获得的盈利，2016 年必须用 26 元获得。之后，市盈率维持在 19 倍左右，但这仍高于美国股市，也高于 2015 年中国的股票估值。

至于股市的未来，关键还在于上市公司的经济实力，即上市公司经济实力若强劲，股市自然会稳步上升；相反，便会在政府救市中蹒跚后退。

在经济呈现衰退迹象的大背景下，这些公司真的可以迅速增加实力，提高收益吗？10

年以前，中国经济每年增长 10%～12%，在这样的环境下，公司利润随之上升。但近年来，中国经济增长速度已经跌至约 7%。中国努力以消费推动经济发展，而非房地产、基础设施建设以及进口等。但这个过程是缓慢且不稳定的。在经济增长速度已经放缓的情况下，股价估值 3500～4000 点仍相对过高。但是从 2014 年 7 月到 2015 年 6 月，中国的经济状况和政策几乎没有任何变化，没能及时调整此次下跌之前的股价暴涨。

必须说明，股市卖空并非所有股票卖空，而是大部分或绝大部分股票卖空。

现在中国乃至全世界所面临的问题是，股市究竟会涨跌到什么程度，会带来多大的影响，广大投资者该何去何从。

二、应对策略

针对股市现状，投资者需先明确其未来一定时期内的发展趋势，而后采取相应措施。

（一）发展趋势

股市发展遵循其固有规律，取决于作为其根基的经济发展趋势，表现在股市大盘运行和个股规律上。

1. 经济规律

股市是国民经济的晴雨表。这是股市与经济关系的一个规律性总结。股市是整个国民经济的重要组成部分，它在宏观的经济大环境中发展，同时又服务于国民经济的发展。从根本上讲，股市的运行与宏观的经济运行应当是一致的，经济周期决定股市周期，股市周期的变化反映了经济周期的变化，同时股市的运行状况也会对国民经济的发展产生一定的影响。"股市问题很多，对策也很多。自从有股市以来，就一直在产生问题与解决问题的矛盾纠结中生存着、发展着、壮大着。且随着股市规模的不断扩大，问题也越来越多，越来越大，相应的对策也越来越多，越来越大，可谓层出不穷。"尤其 2015 年的巨大跌宕，使许多人对股市大为失望，有人认为：股市不是经济的晴雨表。甚至有人认为：股市与经济背离。其实，股市依然是经济的晴雨表，股市的发展大势依然与经济吻合一致，其未来趋势也必然与经济发展趋势吻合一致，这是股市的发展规律，是政策措施无论如何也不能从根本上改变的。

站在 2016 年的起点上看未来，经济趋势依然决定股市趋势，股市趋势必然依附经济趋势。改革开放以来，中国经济发展迅速，令世人瞩目。自 1990 年股市开始交易以来，中国国内生产总值（GDP）连连攀升，经济实体及 GDP 在世界的位次逐年上升，1990—2014 年的情况如表 1-2 所示。

表 1-2　　1990—2014 年中国国内生产总值及在世界的排名　　（单位：10 亿美元）

年份	GDP	排名	年份	GDP	排名	年份	GDP	排名
2014	10380380	2	2009	4990528	3	2004	1931650	6
2013	9181377	2	2008	4519950	3	2003	1640960	6
2012	8250241	2	2007	3494240	3	2002	1453830	6
2011	7298147	2	2006	2712920	4	2001	1324810	6
2010	5930393	2	2005	2256920	5	2000	1198480	6

续　表

年份	GDP	排名	年份	GDP	排名	年份	GDP	排名
1999	1083280	7	1995	727947	8	1991	409165	10
1998	1019480	7	1994	559224	8	1990	390279	10
1997	962649	7	1993	613223	7			
1996	856084	7	1992	488222	9			

资料来源：根据 IMF 数据整理得出。

GDP 是一个国家所有常住单位在一定时期内生产活动的最终成果。GDP 是国民经济核算的核心指标，也是衡量一个国家经济状况和发展水平的重要指标。由表 1-2 可清楚看出中国的经济实力在逐年稳步攀升，已经连续 5 年稳居第二。目前，中国经济正全面进入新常态。围绕中国经济增长和前景这一话题，国内外有各种各样的议论，有的人甚至抛出中国经济不行了、中国经济即将崩盘等论调。中国经济到底怎么样？2014 年中国 GDP 增速 7.4%，远远高于居世界经济实力首位的美国增速 2.4%，经济实力排名前列的事实胜于雄辩，2015 年前 3 个季度，中国经济依然处于高速稳定发展状态。据 IMF 提供的信息：鉴于今年世界主要货币对美元大部分贬值，2015 年全球以美元计价 GDP 将出现名义负增长，世界平均 GDP 下滑至 10000 亿美元，中国在未来 6 年里的平均 GDP 增速为 6.3%，2020 年人均 GDP 为 1.1 万美元。①

2015 年是中国经济拐点。国务院发展研究中心副主任刘世锦在国务院发展研究中心主办的中国发展高层论坛 2013 年经济峰会上说："最近两年中国经济实际上正处在由高速增长到中速增长的转换期，增长率维持在 7%～8%，预计 2015 年左右开始明显下降，到 2019 年或将到达 7%，最终可能会稳定在 6%～7%的中速水平上。"未来 10 年，中国经济将会在比较稳定的中速增长中发展壮大。刘世锦也对中国经济的未来表示乐观："尽管中国 GDP 增长率开始下降，但从全球范围来看中国经济增速还是相当高的。而且绝对量每年还在上升，不会影响到 2020 年全面建成小康社会目标的实现，中国经济总量到 2020 年仍有可能接近甚至超过美国成为全球最大经济体。"

中国社会科学网（责编：张彦）报道：美国 IHS 咨询公司 2014 年 9 月 7 日在伦敦发布报告称，按美元计算，中国名义国内生产总值将在 2024 年超越美国成为全球最大经济体。IHS 在报告中说，到 2024 年，中国名义国内生产总值预计达 28.25 万亿美元，超过美国同期的 27.31 万亿美元。到 2025 年，中国占全球经济的比重将由 2013 年的 12%升至 20%。

因此，较之美国以及世界经济发展速度，中国经济未来十年依然可称高速发展。

2. 股市趋势

与经济高速发展相适应，股市以强大经济实力为依托，得到了长期大规模发展。开市交易 25 年以来，虽然经历了"九牛九熊"（第九熊尚未达到最低点）的跌宕起伏，但依然在波动中攀升，在不断产生问题与解决问题的矛盾纠结中越来越健康地发展。经济发展遵

① 梁宙：《2020 年中国人均 GDP 或达 1 万美元》，《经济参考报》，2015 年 8 月 5 日。

循经济规律，股指变化也是有规律可循的。股指变化规律有大盘总体趋势规律，也有个股趋势规律；有国家趋势规律，也有世界趋势规律；有历史趋势规律，也有未来趋势规律。以下从大盘总体趋势、个股趋势两个方面结合历史数据对未来趋势加以论述。

（1）总体趋势。

大盘总体趋势，可从自股市交易以来牛熊波动的幅度和频率看出，以沪市 A 股为例，自 1990 年以来的交易情况如表 1－3 所示。

表 1－3　　大盘股指牛熊极点及波动幅度汇总计算

时间	低点	高点	低点		高点	
			环比增减幅度（%）	定比增减幅度（%）	环比增减幅度（%）	定比增减幅度（%）
	①	②	③	④	⑤	⑥
1990/12/19	96.05					
1992/5/26		1429				
1992/11/17	386		308.87	308.87		
1993/2/16		1558			9.03	9.03
1994/7/29	325		－15.80	236.79		
1994/9/13		1052			－32.48	－26.38
1995/5/17	577		77.54	497.93		
1995/5/22		926			－11.98	－35.20
1996/1/19	512		－11.27	433.06		
1997/5/12		1464			58.10	2.45
1999/5/18	1047		104.49	990.06		
2001/6/14		2245			53.35	57.10
2005/6/6	998		－4.68	939.04		
2007/10/16		6124			172.78	328.55
2008/10/28	1664		66.73	1632.43		
2009/8/4		3478.01			－43.21	143.39
2012/1/6	2132.63		281.63	2120.33		
2015/6/12		5178.19			48.88	262.36
2016/1/5	3156.78					

注：除不尽的一律保留两位小数。2016 年 1 月 5 日并非大盘第十个熊市低点。

依据表 1－3，“九牛九熊”的极点数据可反映出其动态变化趋势，如图 1－2 所示。

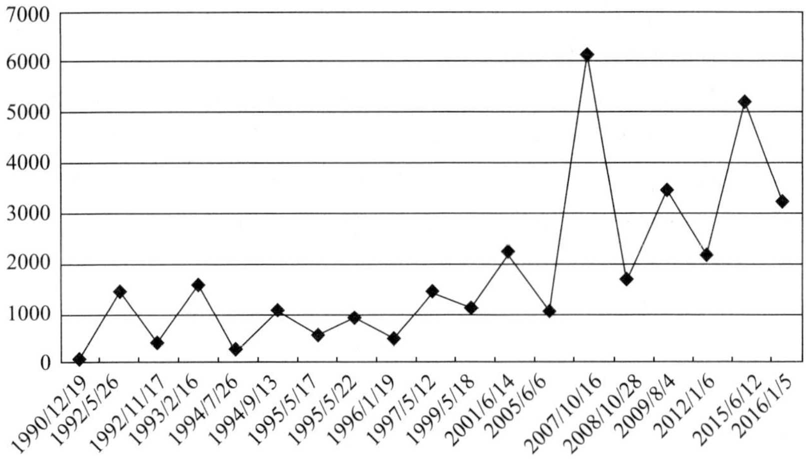

图 1-2 A 股牛熊点位折线图

由表 1-3 和图 1-2 所示，九次牛熊都呈螺旋式上升趋势，呈现以下两个基本规律。

第一，大盘股指牛熊交替，波浪上升。

由表 1-3 第①、②栏可以看出，在牛熊转换过程中，随着时间的推移，牛顶及熊底的点位越来越高，不断上升。这一上升态势，与经济发展态势吻合一致。具体来说，低点（熊低）起点（96.05）较低，第六次超越 1000 元大关达到 1047 元，而后稍有下降略低于 1000 元为 998 元，接着大大超过 1000 元达到 1664 元，第九次超过 2000 元达到 2132.63 元。依此规律，即使再进入熊底一般也不会低于 2000 点，而是很大可能在 2132.63 点以上，2500 点左右的概率较大。高点除第四个低于 1000 元（926 元）以外，都在千元以上，进入 21 世纪突破 2000 点，第七次达到最高 6124 元，之后回落又回升，预计第十个牛顶在 5000 元以内。综合上述两者，都在螺旋式上升的基础上，低点不断升高，而高点升高达到一个极致后回落，都越来越趋于稳定，而且差距越来越小，整个股市向好发展。继而可以预见，未来，至少到 2024 年，股市发展依然呈上升态势，与经济发展吻合一致。但不可避免地会有波动，会有反复，在牛熊转换过程中会有例外，而这也正是正常态势。因为，证券交易是一个博弈的过程，股市证券交易是投融资双方对股市、股票充分预估后做出的决策的结果。不看一时的得失而看的是谁活得最久，所以证券股票都是美好的，只是你是否看得到花开，那是靠自己的本事的。投融资双方对于未来的美好的预估是不同的，因此，也早就了解到有可能反复，或说例外。

从低点、高点的环比和定比增减变动幅度看，状况和基本规律与数据反映出的基本一致，通过最终数据可以看出，综合投资收益情况，按照低点定比增长 2120.33%，说明若 1990 年 12 月 19 日持有一只 1 元股票，到 2012 年 1 月 6 日就达到 22.20 元，翻了 22.2 倍；按照高点计算定比增长 262.36%，说明若 1992 年 5 月 26 日持有一只 1 元股票，到 2015 年 6 月 12 日就达到 3.6236 元，翻了 3.6236 倍。平均增长（算术平均）1291.08%。这个增幅还是相当可观的。

牛顶、熊底翻转后必有回调，这是局部规律。底部或者顶部，从日线看，至少在大趋势反转后有一次回调确认，确认幅度一般不小于 50%。例如 1664 点的上涨，之后的回调幅度 50%；6124 的下跌，回调幅度 50%；3400 点的下跌，回调幅度将近 100%。回调在上述牛熊动态变化中不能直接看见，但见具体变动情况即可明了。

第二，牛熊波动基本呈正态分布。

依据表 1－3 和图 1－2 可以看出，牛熊波动基本呈正态分布。股市每次暴跌都是财富上台阶的天赐良机，抓住了，是获利的保障；每次上涨，都是财富更上一层楼的必然结果，永远不会抱怨自己手中的筹码多便宜；只有再次暴跌，才可获得未来难以想象的成本价，但永远不要期待成本价低于上次，毕竟，大盘股指牛熊交替，波浪上升，这是其变动规律。

（2）2016 年发展趋势。

根据大盘总体趋势，结合当前实际情况，2016 年，股市会在政策导向下探底回升后，较稳定发展。

第一，未来慢牛没悬念。

2016 年的股市趋势将会如何？伴随着中国经济转型，作为某种先行指标，即对中国经济成功转型的信心，股市的慢牛完全可以期待，结合表 1－3 和图 1－2 的趋势也可以得出同样的结论。

对慢牛的理解，需要放到更大的宏观纵深上来看：2007 年股市从 6124 点高位回落，是一种正常调整。但美国的金融危机改变了这一调整的进程，中国政府为应对金融危机所采取的扭曲操作，延长了熊市的长度。现在，美国经济强劲复苏，美元货币政策正常化，中国的扭曲操作也早已终止。股市进入较为正常发展状态，开始恢复性上涨，但急功近利的心态加之多方人为操作，使股市涨速过猛，以至于偏离了经济实际，造成 2015 年 6 月 12 日起的大幅度跳水和剧烈跌宕。但这只是短暂的调整，2016 年起的两个月将是集中调整期，2016 年 3 月调整到位。总体看，不会影响股市的长期稳定发展，只会促使人们更加觉醒，由盲目投资转向价值投资，最终，会将应有的涨幅找补回来，以致达到与经济实力吻合且略高于的状况，至于其中个别股票的变化可能失常也是毋庸置疑的。

至于具体点位，根据都市快报 2016 年 1 月 1 日报道，九大券商预测，2016 年呈较大稳定发展态势，涨幅从广发证券预计最低 2890 点，到申万宏源预计最高 4750 点。

第二，政策导向不打烊。

预估 2016 年 3 月以后慢牛没悬念，但有一个前提，就是政府导向正确，如果还像以前那样以融资为重心、把股市作为吸收社会冗余资金、减少流动性的手段，大量地、毫无节制地滥发新股，高市盈率地创造世界融资“奇迹”，股市就会重新陷回到颓废、低迷，半死不活，股民怨声载道的老路。政策股市的正常发展方向建议[①]：①提高上市公司质量，推进资本市场主体发展。具体措施可以是：分别从不同行业制定上市标准，以促进产业结构的调整；在提高上市公司质量的前提下，实现股市的扩容，促进股市健康协调发展；强化上市公司淘汰制度，确保上市公司质量。②增加资本市场的交易品种。在充分考虑各种因素和各方利益的基础上，发展并完善门类齐全的资本市场交易工具，特别是通过发行可转换债券增加证券品种，拓宽融资渠道，完善资本市场结构。③大力发展以投资基金为代表的机构投资者。④发展投资基金，增加机构投资者，改善当前投资主体结构失衡状况。⑤逐步解决国有股上市流通问题，以更加有效地配置资

① 格上理财：《我国股市的现状、问题及政策建议》，凤凰财经网，2014 年 4 月 17 日。

源，保护国有资产的安全完整，回避或降低投资风险。⑥规范股市交易规则，健全并不断完善股市的市场化机制。

2. 个股规律

由于股票价格受到市场的强烈影响，使得股票价格的波动具有强烈的趋同性和震荡性，同一市场上的股票价格总是同起同落，要涨一起上涨，要跌一起下跌，要么基本不动，要么巨幅震荡。显然，这样的价格变化，无论如何都不能认为是合理的。实际情况是，个股随大盘同向波动，但波动幅度不同，当然也有逆势而行的例外。因此，个股规律难以甚至不能通过大盘指数直接反映出来。个股趋势大致可归纳为三类，一是与大盘同向波动，跟盘涨跌。这类股票较多，基本是业绩一般的股票，其中，较小盘股涨跌幅度往往大于大盘蓝筹涨跌幅度，较大盘股涨跌幅度往往小于大盘涨跌幅度。二是与大盘异向波动。这类股票较少，主要是由于某些特殊事件如拆股引起。三是无视大盘，自涨自跌。这类股票是已经摆脱了大盘困扰而径自走自己的路的抗压型股票，属于发展潜力巨大、势头较猛、不顾左右、只身前往的股票。第一类股票没有或还没形成自己的发展规律，后两类股票已经形成或逐步形成了自己的发展规律，可循的是以下两个规律。

（1）拆股大涨、并股大跌规律。

2014 年 9 月 17 日，Market Watch（市场观察）专栏作家 Mark Hulbert（马克·赫伯特）撰文指出，有一招能帮助投资者轻松跑赢大盘，那就是买入有拆股计划的公司股票，而回避那些实施并股计划的股票。从历史表现看，拆股后股价普遍实现上涨，如自苹果管理层宣布“1 拆 7”的拆股方案以来近 5 个月的时间内，苹果股价上涨了 36%。历史数据表明，进行拆股的股票在拆股后的数年表现将会明显跑赢大盘。

拆股是一种比较常见的上市公司行为，尤其是高价股。如果一家公司股价过高，会影响投资者特别是散户的参与，导致交易和投资清淡，此时上市公司会选择通过拆股降低投资门槛。拆股可以在股东权益和公司的总市值不变的情况下，吸引更多投资者参与，提高股票的流动性。事实上，拆股通常被视为公司管理层看多后市的征兆，意味着管理层对公司股价未来的持续上涨充满信心，这一举措往往能激励公司股价上涨。拆股本身并不是看多信号，而管理层对公司未来的信心才是其上涨的原因之一。归根结底，这类股票是已经有明确的投资价值的，因此常表现出逆势而涨趋势。

投资者需注意的是，并股的意义恰好相反，并股是用一股新股替代多股旧股，于是一股的票面价值增加了。从管理层的观点来看，公司采取并股的目的就是改善股票在投资者心目中的形象，增强股票的可市场化程度，或者减少交易成本，并股应该能够增强股票的流动性，这反映出管理层对公司的信心不足。因此常表现出逆势而跌趋势。Ikenberry 研究也表明，历史表现证实那些实施并股方案的公司股票会长时间跑输于大盘。最典型的例子就是花旗集团 2011 年宣布对其普通股进行一次 10 股并 1 股的并股。自并股方案宣布以后，花旗股价至今上涨了 17.9%，远远跑输于道琼斯威尔逊 5000 综合指数 62.9 的涨幅。

Hulbert 表示，投资者完全可以打造一个投资组合，将近期宣布拆股计划的股票一网打尽，这样就可以轻松跑赢大盘。当市场上有股票分拆的消息时，投资者应有积极的反应，可以考虑在拆股公告之后买入该股票，有望获取超额利润。当有并股的消息时，投资者应该判断出该公司目前的股价难以上升，公司想人为地提高股价，所以应该立即抛售手中持有的该公司股票。

（2）价值投资规律。

规律是不以人的意志为转移的。经济发展有规律，金融市场运作有规律，股市波动也有规律。那么，什么是股市波动规律？如何找寻股市波动规律？如何在股市震荡中把握规律？是投资者最为关心的问题，也是中国政府应当而且必须密切关注的问题。

股市波动是有规律的，如前所述，世界上股市都按这一规律在波动，即艾略特的波浪原理。中国第一超循环浪是从95点起到6124点结束。它的第1循环浪是从95点到1429点，第2循环浪是从1429点到333点，第3循环浪是从333点到2216点，第4循环浪是从2216点到998点，第5循环浪是从998点到6124点完成。从6124点到998下方为第二超循环浪。其中6124点到1664点为大A浪，从1664点到5178点为大B浪，从5178到998下方为大C浪。大C浪一走完即刻反转走第三超循环浪。每一大级别的二、四浪调整浪都要把小一级的第五浪全部回调完，才能走同一级的三、五浪。中国股市已很多次验证这一规律。这便是股市波动规律，也即价值投资规律。

与总体价值投资规律相辅相成，个股价值投资规律也遵循艾略特的波浪原理，如同大河中的每一滴水都随着河流流动一样。不一样的是，个股的流速、流量主要受其个别投资价值制约而非随波逐流。在股市震荡中把握股市波动规律和个股波动规律是所有投资者的共同意愿。《中国上市公司投资价值分析研究》、本书及后续《中国上市公司投资价值动态比较分析研究》系列丛书，将详细分析研究每个行业个股股票的投资价值，以作为回答。

个股趋势不是一成不变的，不同时间会随着个股内涵和相关环境的变化而变化。具体应采用本书所述投资价值的评估方法分别从不同行业不同上市公司确定。

（二）应对策略

规律是不以人的意志为转移的。人只能遵循规律而无力改变规律。针对股市现状，应采取的对策就是遵循规律，从容应对。

1. 从容

从容：“①（形）基本义：不慌不忙；镇静；沉着。她从容应付敌人。（作状语）②（形）（时间或经济）宽裕。时间从容。（作谓语）联绵式。（反义）慌乱、慌忙、慌张、急迫、紧迫、紧张。”① 从容是一种心态，也是一种修养境界，成语“从容不迫”是其最好的诠释。“从容不迫”和“慢条斯理”都有“不慌不忙”的意思。但从容不迫偏重在态度沉着镇静，多用于惊险危难的场合；“慢条斯理”偏重在说话或做事时形体动作的快慢，多用于平时的环境。有个成语故事：庄子，名周，宋国蒙人，是战国时的哲学家。有一天，庄子和当时宋国的另一名哲学家惠子一同在濠水岸边观鱼。庄子说：“你看这条鱼在水中游得多么从容自在啊！它是多么地快乐！”惠子说：“你又不是鱼，怎么知道它们现在很快乐呢？”庄子说：“你又不是我，怎么能断定我不知道它们现在很快乐呢？”惠子说：“我不是你，当然不知道你是喜是忧。但你不是鱼，你不知道鱼的快乐则是肯定无疑的。”庄子说：“我们从头说起：你刚才问我怎么知道鱼是快乐的，这说明你知道我了解鱼的快乐才会问我的。我现在告诉你，我从自己的感受中体会的。我与你在濠水同游观鱼，悠闲自在，自得其乐。这鱼其实是在水中游戏，从容不迫地观望着我俩，它们当然也和我们一样，感到十分快乐。”

① 范庆华：《辞海》，黑龙江人民出版社，第183页。

在股市里，最需要的就是庄子这种从容不迫的心态和境界。不慌不忙、不急不躁，如临渊观鱼、净水游鱼，自由自在、自得其乐。因为，股市牛熊有序，涨跌有度，涨了自跌，跌了自涨，涨涨跌跌，循环往复，如同春夏秋冬，花开花落，既然不能左右，干吗不接受它，继而悦纳它、欣赏它、享受它呢？当然，涉及切身利益，眼见着亏了，血汗钱没了，能不着急上火吗？很是理解，但要明白：钱乃身外之物。做股票，若以养生的钱投入那不是“以身试火，不死即伤”吗？如何做到修身养性，修心养德。这是一个漫长的过程，所以，要先掂量一下自己，然后决策。

从容还有一层含义，就是坚定信心，持守未来。现在不是股市终结，10年以后也不是，20年以后还不是。十年就可磨一剑，对于股市，干吗不将眼光放远些？尤其，当对目前大局有些失望的时候，更应关注“更大的大局”（The Even Bigger Picture）。如果期望对股市保持信心的话，就要期待“更大的大局”，是从更长远的眼光来看故事。历史长期统计数据告诉我们，在过去70年里，股票平均每年投资收益率11%，比国库券、债券、定期存单高出一倍以上。① 而这是股市可参照的更大的大局，也是可参照的必然的结局。(详见第二章)

2. 应对

在第九轮熊市中惨败的人，你也许会百思不解，也许会惶恐，也许会麻木，也许还会愤怒，也许早已心灰意懒，决心洗手不干了，甚至对生活都失去了信心和动力。但市场永远是不顾及你的情绪和感受，径自前行旁若无人的。投资者须知：牛熊无对错，涨跌无是非；跌了必涨，涨了必跌；风险永远在上涨中孕育，在下跌中释放；不管环境怎样，GDP增速了也好，减速了也罢；经济硬着陆也好，软着路也罢；转型也好，去产能也罢；已经如何也好，将要如何也罢，都是自然，都是发展过程中必须出现也必须面对的事情或问题。它们都是基本不被股市左右的，不受股市影响的，纵使股市暴涨暴跌，它们一如既往地走它们的路。既如此，又何苦使性子耍脾气？若仅此一轮经历了损失，就洗手不干了，岂不可惜？需要的是总结经验，吸取教训：为什么没在低点进入？为什么没在高点抛出？为什么偏听偏信？为什么不搞价值投资？那么，现在就是改变这一切的机会了，需要做的是：

（1）低进高抛。估计很快，股市就迎来第十个熊市低点，2500点左右即是建仓的大好时机，抓住了，进入了，长期持有，稳赚不赔。或许，在本书还没出版的时候就已经跌到谷底了，若没见到此书而没能及时进入，将是遗憾。当然，即使没在最低点进入也没太大关系，只要进了不贪，适时抛出一样会有收入。关键是遵循价值投资理念审慎操作。

（2）价值投资。《中国上市公司投资价值分析研究》与本书都在讲价值投资。若如本书所述，持定价值投资将有益无恙，宁早莫晚。

① 彼得·林奇、罗瑟查尔德：《战胜华尔街》，刘建位译，机械工业出版社2010年版。

第二章　中国股民价值投资存在的问题及对策

决定中国股市发展方向和上市公司投资价值的是人不是物，包括相关的各级各类机构，上市公司及广大股民等，在一定程度上，股市取决于中国股民（以下简称股民）而不是中国政府和上市公司，因为股民是股市的投资者，是决定股市交易的主体方，尽管目前状况未尽如此。因此，股市存在的问题直接反映出了股民存在的问题，解决股市存在的问题，必须解决股民存在的问题；同理，解决了股民存在的问题，也在相当大程度上解决了股市存在的问题。

一、股民的含义、类型和特点

（一）含义

民，在古汉语上，东汉的《说文解字》释为“众萌”，《辞源》上释为“庶众”，与君臣相对。《现代汉语词典》释为某一群体，例如农民、渔民、边民等。

股民一词的内涵在于“股”。股，在字典中的本义是腿，是绳，是绳的组成部分。后来的股份制，是说参与进来的人就像腿对于人一样，像绳的股一样，不可或缺，是依存的对象，而不是排斥的对象。按股民的词义解释，股民一词应是指拥有股份或掌握股份或投资股份的人（含政府和单位），即是股市投融资双方中的投资方。但在中国，事实并非如此，即并非所有拥有股份或掌握股份或投资股份的人都被称作股民。国家投资股市数额巨大应是最大的股民，但没人认为国家是股民；科学家袁隆平拥有巨额股份，也没有人把他视作股民；宝钢谢企华拥有股份，更没有人把他视为股民；一个小店两个人开，每人各有一股，两人都不叫股民。那么，何为股民？广义上，在股市上开户并投资股票的可称为股民。包括国家、单位和个人股市投资者。狭义上，股民应是倾力投资股市，希望通过股票交易些许盈利以养家糊口，但不得不或长或短地担任股东，除去交易外未曾行使过其他任何股东权利，在证券交易所交易大厅或其他场所进行股票交易的投资者。他们屡受绝望煎熬，无力自救，只能寄希望于政府和股市美好未来的一个弱势群体。以下所称的股民为狭义股民。

（二）类型及特点

中国人口众多，加入股市的人也很多。截至 2015 年 6 月底，股市开户数超过 1.2 亿户。股民是一支在中国经济中举足轻重的重要力量，是中国经济建设的投资大军，他们将资金通过股市投资到上市公司，支撑着上市公司的发展。虽然股市给了他们很多并非如愿的经历和精彩，很可能并未实现他们的目标，也未能真正提升他们的生活品质，但还是难以阻挡他们对股市的追求和热爱，因为这其中凝结着他们太多的梦想和未来。中国股民按照不同标准分类，结果不同，其特点也不尽相同，以下主要介绍几种。

1. 按照入市时间和经验，股民可分为六种类型

（1）“婴幼儿”即新股民。新股民指新入市的股民，主要是2015年后，此轮牛市中期及以后刚刚入市的股民。从2014年开始，股市开启了一轮与基本面背道而驰的牛市，受其鼓动，大量新股民涌入，既有城市居民，也有在校大学生，甚至连没有文化的农民都入市炒股。他们被蓬勃向上的股市所吸引，满怀信心地进入股市，想通过炒股实现梦想，但缺乏投资理念，没有经验，注重消息面，其次基本面，技术第三，心态第四。毋庸置疑，刚入市，就伴随着一段波澜壮阔的超级大牛市，莫名其妙地就飞涨起来了，喜不自禁。但好景不长，股市骤然急转直下，由大牛市迅速转入了大熊市，而且超乎寻常的波澜壮阔，尤其稍晚一点入市的，经受的基本是莫名其妙的巨大打击。但无论如何，新一代的股民即将面临的是更加变幻莫测的未来，有挑战，也有机遇。希望2015年后的新股民，能够经受住各种挑战，不屈不挠、勇往直前，随着股市的全面危机、整顿，抓住股市从盲目投资向价值投资的转换时机，迅速转型，站在价值投资的前沿。

（2）“小学生”即有一段经历的股民。这主要是指2010年后入市，经历过一段股市风雨但还不够成熟的股民。由于入市时期正值大盘低迷的慢慢长熊时期，又赶上了这股大牛市，所以，经历较为丰富，是迄今为止较为幸运的一代股民。他们投资理念较弱，重视技术，关心消息，基本面第三，心态第四。这类股民相对较为理性，总的来说是盈利的，但也有些已经因为没能在大熊市之前或之初逃出而遭受损失。愿他们将技术分析的着重点转移到价值投资上来，不断学习，有效实践，尽早走上价值投资的轨道。

（3）“中学生”即即将成熟的股民。这主要是2005年后入市，经历了股市最大高峰和低谷的剧烈跌宕的股民。他们绝对是股市的宠儿，经历了从1000点到6000多点的超级大牛市，如果没有赚钱，也只能怪技术不精或运气不佳。他们有一定投资理念和较丰富经历，注重技术面，有良好心态，基本面第三，消息最后。他们自信心较强，重视并擅长技术分析，但还是难以盈利。因牛熊交替，并非那波人最为幸运。这代股民的股市性格，一般是充满豪气，敢想敢干，能屈能伸，游刃有余，可称为黄金一代，处处挥洒着自信和从容。他们经历了股市最高峰，狂跌风及全球最严重的金融危机之后，对股市的理解上升到了一个全新的高度，视野也更加开阔，学会了从全球角度审视国内股市，并学习国外理财大师的经验，开始试行价值投资。从他们身上，可以看到股市美好的未来。

（4）“大学生”即老股民。老股民即2000年后入市的久经沙场的股民。他们经验丰富，心态稳定，有较强的投资理念，关注技术，但不介意消息。他们经历过几次牛市、熊市的洗礼，经过无数次磨难和痛苦，变得十分成熟，对股票有自己的独到见解，有独特的炒股技术和鲜明个性的炒股原则和理念，基本能够做到赚多赔少。这代股民是命运多舛的一代，虽然他们中的先驱者，一入市就抓住了牛尾巴，赶上了股市有史以来最长的83个月大牛市的末段行情。但更为不幸的是，他们中的绝大部分，一入市就遭到了重创，迎来了股市有史以来最漫长的那波长达47个月的惨烈大熊市，可谓经历了撕心裂肺的痛，尤其对虚假概念炒作深恶痛绝。郑百文事件、东方电子事件、蓝田事件、9·11事件、美伊战争、南方证券事件、仰融事件、德隆系事件等，接二连三，让他们的命运更是雪上加霜。但他们在痛苦中煎熬过后，变得更加坚强，不抛弃，不放弃，在股市的黑夜，绽放着璀璨的光芒，应是股市价值投资的主力军。

（5）“研究生”即股市精英。1995年后入市的精英们是幸运的一代，被称为股虫、股

疯、股圣、股仙和股神。他们久经考验，历久弥新，多将炒股视为专业甚至爱好，心态好，理念好，技术好，一切信息尽显盘面，游刃有余，能够做到“手中有股，心中无股”。他们赶上了股市的早班车，多有收益，也经历了风雨，如 1996 年 12 月 16 日、17 日两天，沪深两市股票全部跌停，这可能创造了吉尼斯世界纪录，让他们真正见识到了熊的力量。其后连续几年的一波又一波的牛市，彻底让他们翻身农奴把歌唱。这一代是伴随着股市逐步由动荡走向平稳的一代，他们也学会了把中国经济与股市紧密地联系起来，通过更多元的技术分析来辅助交易挖掘机会。中国技术分析派的元老级人物，往往都诞生在这段时期；他们中的大多数目前已成为中国股民的高层骨干力量。

（6）“职业生”即股市精灵（大师）。1990 年 12 月 19 日，上海证券交易所开业，老八股开始公开进行市场交易，新股市正式鸣锣交易。随之诞生了新中国成立后的第一批超级股民。这代股民经历了太多的风风雨雨，亲历了股市从小到大、从不规范到逐步规范的一幕一幕。他们既经历了从 100 点到 1500 点的超级牛市，又经历了一路狂跌到 300 多点的惨烈熊市。他们经历了股市八牛八熊，因此练就了一颗大心脏，想得开，容得下，也享得了。他们对股市的感情是最深的，恨之深，爱之切！他们的股市故事往往都写在了自己的发髻间，额头上。他们往往能更加深刻地看透股市的一切；他们的股市性格，往往执着而坚韧；透过他们的背影，仿佛可见股民那宁折不屈的脊梁。

2. 按照专业程度，股民可分为两大级别

中国股民来自社会四面八方、各个角落。这些不分地区、行业、年龄、性别和民族的股民，可以抛开其他因素，像围棋等级一样按照专业程度及投资境界进行分类，可分为业余级和专业级。

（1）业余级。

这个级别的股民是没有投资专业学习经历、不熟知股票市场交易规则和股票实战技术的自由投资者。其实，他们基本都是在炒股，而非投资，可分为三级。

一级（羊群派）。该级股民几乎毫无主见，如羊群一般成群结队，被呼来喝去，跟风奔跑。其股市性格关键词：跟风、追涨杀跌、频繁交易、死多头、大爷大妈；共同特征：人数占多、从来不空仓，赔多了加钱补仓。结果是行情好赚钱、赚大钱；行情不好，赚的钱赔回去了，还要亏本，直到彻底死心。

二级（消息派）。该级股民已经脱离盲目跟风，深知政策股市的特点，关注政策，跟踪消息，经常打探交流。其股市性格关键词：官方消息、内幕信息、券商亲戚、专家朋友；共同特征：绝对依靠消息，有时倾尽血本赌大。结果和行情好坏没有直接关系，偶尔也运气极佳；消息断了，财路就断；消息错了，自认倒霉。

三级（技术派）。该级股民往往知识及经历丰富，注重技术分析。其股市性格关键词：不断学习、博览群书，会各种技术指标、画线、测量、股市通道；共同特征：不知道技术指标的渊源和利弊、盲目自信，总愿依赖指标看股票走价格回归之路；常被市场的狡黠和欺诈蒙在鼓里。结果往往一事无成、投资失败。

业余级股民基本都以失败告终，即使坚韧不拔，坚守岗位，也难得收成。

（2）专业级。

这个级别的股民是指具备专业金融经历、熟知市场规则，相信经济和市场规律，并能脚踏实地探索实战技术、不断总结经验和教训，不迷信任何外来的信息，专心打造投资风格，使之不断走进成熟股市的优秀职业投资者群体的人，他们堪称投资者。可分为三级：

一级（理念派）。该级股民都具有深厚的股票理论功底和常年积累的实战技巧，熟悉股市沿革动态，会操作各种股票投资工具和软件。其股市性格关键词：牛市、熊市、震荡市、短线、中线、长线、波段、节奏、金字塔、巴菲特、索罗斯、高盛、摩根士丹利、美林等。共同特征：经常空仓或分仓操作、精准出击。他们懂得筹码集中度的操作实质意义、懂得股本大小、价格关系和风险控制等，对有关股市价格全息相关数据极为敏感，尤其对国内外经济运行周期及处境了如指掌。他们对行业、产业链、各种生产资料价格的相关信息等都有经常性研究，能从中找出市场可能发生的事件和趋势；对国家政策趋势而产生的股票市场影响有极高的嗅觉，并按计划安排投资标的对象和数量搭配；有预备资金应付突发事件的打击；把生活消费资金和投资资金严格隔离，绝不挪用和赌博。结果往往是：牛市赚钱、熊市小赔、运气好的时候赚大钱。如果理念升级后将有一部分人会脱颖而出成为投资大师。

二级（博弈派）。该级股民不仅是一个合格的股票投资理念派，更懂得股票市场是零和游戏向正和游戏演变的普遍规律。坚信股市永远是向上走的，尽管中间有剧烈波动甚至是颠覆性的波动，从不怀疑股市就是牛市，没有永远的熊市，只有永远的牛市。只不过在投资过程中受到消费现实障碍和人的生命周期拦阻，不得已主动规避市场周期性系统风险。其股市性格关键词：立足牛市、立足基本面、立足成长性，降低交易频率、做波段、跟住热点、集中优势资金打歼灭战；规避熊市、耐住寂寞、手中无股、心中有股，行情一到，快速出击。共同特征：依靠强大的基本面、技术面和市场资本实力表现，以非凡的勇气和意志把波段和周期做到极致。总有一两次赚得盆满钵满，成为股民拥戴的偶像。这个投资群体人的命门是缺乏对自己投资风格的确认和缺点的挖掘，尤其是自己的股票投资资金量能波动曲线没有很好的统计和进行市场对比。在牛市表现中有很多时候业绩平平。他们的优点：赚得多，赔得少，中间有投资失误，但能很快更正。已经开始形成自己独有的、有效的投资风格，并能与时俱进恰当调整投资策略。

三级（逍遥派）。他们是股票投资的精英，对股市既有宏观也有纵观，既有个别又有总体的把握，不相信道听途说，也不管什么牛市和熊市，只要能赚钱，管他什么时候。在屡屡投资成功的结果面前，他们更像一个世外之人。其股市性格关键词：追涨杀跌、精准出击、远看趋势近看势，关注公司实力，轻视人云亦云。共同特征：超凡脱俗的意识流总是疯癫地倾注抓大题材、预期爆发性消费和成长性基本能确定的股票；市场表现判断上总是谁活跃就做谁，谁频繁放量就追谁，敢买高价股、敢在高位横盘重仓参与。他们能够坚守操作岗位、在分时交易系统中观察到主力的意图和动向，能准确地看到背后资本力量的战略意图和当前处境。如同站在市场主力操盘手身边的一个具有特权的指挥官，运筹帷幄，决胜千里，又驾轻就熟，出入自如，无论什么行情，其账面资金总能滚动增长，资本成长曲线是那么完美无缺。股市之于他们，如同风景之于游客，乐在其中，美在其中。故称之为“逍遥派”。

3. 按照投资性情分类，股民可分为六种类型

（1）大款型。这类股民没有投资理念和实贱经验，也不注重学习，或许根本没有时间，没有心思学习，根本就是不差钱，所以在股市里是大款。其股市性格关键词：出入随意，买卖随便，输赢随性，无论涨跌，无论输赢，不着急、不生气、不上火，因为有的是

钱。共同特征：经常空仓或分仓或满仓操作，率性而为；图的就是一个痛快，烧钱如同撕人民币，不仅没有丝毫痛心，反而有某种快感，折射出一种暴富后扭曲了的心理。

（2）消遣型。这是理智型又有点保守的股民，用小钱游弋于股市中，赢小利亏小钱，不伤筋骨，仅娱乐而已。其股市性格关键词：不急不躁、乐在其中、无论盈亏，一日三餐，吃得下，睡得着。共同特征：闲来无事，炒炒股打发时光，赶下时尚，资金量或许不大，但稳健操控，意在相伴相守，乐中取利，而非投资赚钱维持生存。一般退休老年朋友或有点闲钱的稳定工薪阶层居多，也有股市精英。

（3）睿智型。这类股民是金融行业中的精英，不仅具有渊博的专业知识，而且实战能力超强，以至屡有收获，他们对股市的怪象吃得很透，研究得很深入，一出手便时常能够斩获，收益颇丰。其股市性格关键词：专业、专注、专家、理智果敢、机智敏锐、稳健操控，能避害趋利、游刃有余，是股市的常胜将军。共同特征：实力强劲，无论资金还是专业抑或实战，都出类拔萃，能够以非凡的勇气和意志把波段和周期做到极致。一般资深专家学者居多。

（4）内鬼型。俗话说，“在商言商”，这些人则是“在股票做股票”，充分利用手中的权力为己谋取不当之利，如上市公司董事长让自己老婆、家人炒本公司股票。其股市性格关键词：关系第一、消息至上、内幕操作、近水楼台，靠吃“窝边草”发横财。共同特征：通过内部信息的提供，动辄成百上千万股地购买抛售，一旦兑现立马走人，是不折不扣的股市“黑手”，腐败官僚们的傍兵打手。

（5）糊涂型。这一群体大多为刚刚涉足股市的新人，不少人并不知道“股”为何物，连买什么股都搞不清楚，便已成了亏损的人。其股市性格关键词：盲目、跟风、人云亦云、追涨杀跌、频繁交易、多头亏损。共同特征：耐不住性子，守不住仓位，赔多了加钱补仓。结果是行情好赚钱、赚大钱；行情不好，赚的钱全部赔光，还要亏本。

（6）飞蛾型。现行股民大多数属于这种类型，明知股市有火，仍然甘愿做“飞蛾”，心中希冀：“不入股市，焉得股利。”其股市性格关键词：“明知山有虎，偏向虎山行！”投资越大，亏得越多，越亏越投入，倾囊相送；交易越频繁，损失越惨重，越损失越交易，不失时机。共同特征：家境收入较为普通，本想通过炒股为家庭带来一些收益，摆脱当下的经济窘况，不料倾其囊后越陷越深，急流勇退又不甘心，投资其他方面又无途径，于是乎目的就是想捞本扭亏，殊不知这是人家下的死套。结果被烤得体无完肤，痛苦不堪，怨声载道。

二、存在的问题

一般而言，股民具有分散性和流动性的特点。自从有股市以来，中国政府基本都是采取鼓励政策，不论男女老少，不分文化职业，只要有购买能力都可以入市。因为门槛低，加之急功近利的环境影响，导致中国股民队伍庞大，鱼龙混杂，问题多多。归纳起来，主要表现在以下几个方面。

（一）心理弱点

从 2014 年开始，股市开启了一轮与基本面背道而驰的牛市，大量新股民涌入，目前中国股票市场开户数超过 1.2 亿户。据媒体报道称，股民中中专及以下学历人群占比 50% 以上。浩浩荡荡的股民大军进入股市，无一不是为了赚钱，这是人的一般心理。心里想的便是口里说的，也是身体力行的。每个人都不完美，都有心理弱点，但由于利益的驱动，股民的心理弱点更加突出，各不相同，主要有以下几点。

1. 贪心

贪心是股民的共同心理，因为贪图一分钱便宜没有买进来，结果涨了10元；为了多卖一分钱结果没成交，后来跌了十几元；为了多赚点，凑个整数想等等再卖，结果痛失良机；为了少赔点，反弹等新高，结果割肉不成反被套；发现涨了10元的股票，贪心最后一元的涨幅去买进，结果刚买即套。贪心，是所有股民的共同弱点。

2. 后悔

天下虽没有卖后悔药的，但天下股民都善于悔。悔的原因是贪心不足。如卖出价挂高了没有成交，眼见股价下跌，则后悔为何不挂低一点呢？如买入价挂低了没成交，眼见股价上涨，则后悔为何不打市场价买进呢？如刚卖的股价上涨，则后悔动作太快。如刚买进就立刻下跌，则后悔太急燥。赚钱多的后悔买得少，赔钱多的后悔早不割肉。最常见的后悔是买进后股价上涨并盈利，但没舍得卖，当股价下跌亏损后，后悔之心最盛。健康的后悔是总结经验以备再战，过度的后悔有害健康，股市投资需要有平常心，以正确的态度对待它。

3. 自负

典型的自负心理是：别人行我比别人更行，因此轻易不相信别人，宁愿坚持自己的分析和判断，一般不会认错，哪怕悄悄割肉也要自吹水平高。作为成熟的投资者，应保持一定的自信，而自负是一种病态心理，常会听不进意见或固执己见，以致在错误的道路上越滑越远。

4. 从众

从众心理不只散户有，大户和机构都有。常有你买我买，大家都去买；你卖我卖，大家都去卖的情况。从众是想投机取巧、“坐椅待币”。有时候明明打算卖，因为人气太旺，临时换成买，结果不幸被套。股民投资是个体操作，属个体理财行为，盲目从众是一种不成熟的表现。

5. 得意

赚了钱的人得意常溢于言表，喜不自胜，时常夸耀自己聪明能干。过分得意常看不到当前的危机，或者凭感觉盲目行事并最终导致亏损，以致悲从喜来。

6. 侥幸

别人买了都跌，也许我买的是个底部呢？已经跌了一元也许就要反弹了？种种侥幸心理也害了不少股民。侥幸心理重的人多数不愿意深研技术分析，或者即使深研但不愿相信，主观意识太浓。

7. 不认输

不认输也是一种自负的心理。买入被套后，总认为会涨上去，于是越跌越买，上涨一点不肯卖出，结果越套越深。无数事实证明，“市场永远是对的”是一条铁律，只有知错就改才能更上一层楼。

8. 追涨杀跌

这是股民的一种通病，股民常常认为：不追涨则赚不到大钱，不杀跌也许会套得更深。这有时也是事实，但要灵活运用。实际操作时，多数股民一开始面对巨大的诱惑都强忍着坚持不追涨，但看周围的人都欢欣鼓舞，最终也忍不住冲动追进去，岂料此时十追八套，杀跌也是如此。买涨不买跌，这是投资者的一个心理误区。买涨是技巧问题，这就看你掌握的操作技巧和水平如何。而买跌则是操作策略问题，因为股票从高位跌到底位在底部盘整，相对而言是弱势，一旦盘整结束向上突破它的上升空间是相当可观的，因此从获利的角度和操作策略来说，这才是你真正买入股票的最好时机，最后能获取多大的利润就看你的操作技巧和耐心了。

9. 见好就收

这是一种典型的短线客心态。持这种心态的股民整天在交易厅里，眼观六路、耳听八方，在股评导向和小道消息面前常不自主，一有风吹草动便手忙脚乱，跟进杀出，虽不时地有微利之喜，但到头来一结算往往是赔多赚少，这类心态的人，以炒股为业的股民中较为普遍。

10. 选中抱定，十年不抛

持这种心态的股民，在股市中渐趋理性和成熟，他们善于择机建仓，抱着长期投资的心理，轻易不放，直至达到设定的获利目标，才从容出货。有这种心态的人为数不多，却是股市中真正的赢家，也是价值投资的良好心态。

（二）专业知识欠缺

这里所说的“专业”，并不是要具备非常专业的金融知识、投资规律，会运用各种理财技术，懂得更多台前幕后的金融消息，而是要学会管理“钱财”，即进行价值投资。如果说投资一次靠“运气”，那么长期投资一定是靠“专业”。没有投资专业知识或不会运用投资专业知识的股民往往注定被套，这已经是股市规律，因为这些人既无力了解市场，也无力驾驭自己。他们的主要表现是：

1. 缺乏预期

预期是指对股市乃至某种或某类股票的未来预测。“预期”内容广泛，包括股市走势、行业变化、股票涨跌、及时卖买等很多方面，例如，当买入的股票在一周或一个月之内的涨幅超过了自己预期一年或两年的涨幅时，可以果断地获利了结（相当于你在一周或一个月之内完成了一年或两年的任务）。没有“预期”的投资是可怕的，既不知道股市的方向，又无法应对涨跌的变故，在股市竞争当中，最先被淘汰的肯定是这部分人。投资领域更是如此，在一轮行情过后，最先被套、心理最受打击的，也正是缺乏“预期”的投资者。

2. 入市不慎

投资市场并不是一个“枪打出头鸟”的市场，尤其是股票投资，而是一个典型的“先机”市场，谁能提前入市，谁赚钱的概率就越大、被套的概率就越小。在牛市当中，一旦入市较晚，就如同一个做零售的商人，以远高于竞争对手的价格进货，不得不期望卖更高的价钱，以获得跟别人一样的利润，但成本决定回报率和出手的难易程度，相比那些更早入市的投资者，入市较晚的人本身就存在最后“接盘”者风险。如果入市较晚，却依然希望赚得更多，会导致严重的“惜售”行为，丧失在牛市当中获利了结的时机，在行情出现反转的过程中，也就最容易被套。实际上牛市中“入市较晚”的人，恰恰需要比别人更快的节奏来应对风险，而不是更多地展现欲望。要明白一个道理，赶末班车的人，往往会错过末班车，因为当你需要赶末班车的时候，说明留给你赶路的时间已经不多了。相反，熊市达到极致，当人们弃之不理时却是入市的最佳时机，而人们往往容易错过。

3. 选股不慎

这类股民往往爱人云亦云，偏听偏信，不懂价值投资的股民。选股对于很多投资者来说，确实很重要，这种重要性不仅体现在选择一只什么样的股票，即投资哪只股票，更重要的是在同一只股票上做了什么样的选择，即何时交易。前者取决于投资对象的投资价值，股民应选择具有较大甚至最大投资价值的股票投资；后者取决于投资时机，股民应选择最佳时机投资，即决策交易，适时买卖。例如，A股市场最失败的投资者，不是48元买入中石油的人，而是中石油跌至40元甚至30元时还不卖的人。

4. 借钱炒股、卖房炒股

“股市有风险，入市需谨慎”是每个证券交易所交易大厅里必然展示的广告牌，以提醒人们入市需谨慎。但总是有人易于被行情和人们的激情所吸引而忘乎所以，甚至有人借钱炒股或卖房或以房产抵押贷款炒股，这些人也是最容易被套的一类股民，因为，借钱和卖房或以其抵押贷款本身要承担其融资成本。这类股民，通常对行情预期过高，过于乐观，而对风险预估不足。同时还要承担心理成本，股价的波动率远大于利率和房价的波动率，一旦股价下跌，往往压力较大，还可能影响身心健康。

5. 相信政府救市和只听正面分析的人

股市在一定程度上说是政策股市，政策是政府管理掌控股市的膀臂和杠杆，但政府并不能保证股民的绝对利益甚至相对利益。虽然股市在急剧下跌或过分跌宕时会采取相应措施调控或称拯救，但没有充分证据表明政府能够救市，不然，就不会有居于“世界第一不可信股市”的称号了。在国际金融市场，任何一个国家的政府都会告诉本国民众，一个健康和上升的股市对本国经济有利。但纵观全球股市历史沿革，没有一个国家能够保证股市只涨不跌，或一直处在“慢牛”当中，就像其无法阻止一次又一次的金融危机和股市崩盘一样。另外，很多股民往往在买入股票之后，只喜欢听对股市的正面分析和对个股的利好消息，而很少对负面信息进行研究和关注。往往在牛熊转换之间，正面消息越多，成交量就越大，卖方出货就更容易，充当“接盘侠”的人也就越多，而他们亏损也往往越多。相信政府救市和只听正面分析的实际上是同一类人，这类投资者在牛市当中往往赚得最多，但经常在熊市中回吐大部分收益，甚至亏损。

（三）道德修养欠缺

很多人是为了圆“赚钱梦”才入市炒股的，可一旦入市，就与幸福绝缘了。股票维稳他纠结，因为赚不到钱；股票跌了他郁闷，因为要亏损；股票涨了他又担心，因为怕跌禁不住要卖。总之，心里没有踏实过，有的甚至日思夜想，寝食难安。遗憾的是，在承受了这么多心理压力之后，发现竟然没赚到钱，甚至大牛市里还赔了。为何会这样呢？因为绝大多数股民的道德修养欠缺。根据中国经济网2015年8月16日一篇文章的报道，99%的股民都具有六大心理特征。仔细分析发现，其中所写的主要是股民在价值投资上存在的道德修养问题，借鉴并分析如下。

1. 平均值谬误

请先做一道测试题，在以下四个选项中，选择你认为最符合自己的一项：

A. 我的智力非常高超，远胜过多数人

B. 我的智力并不算特别出色，只是中等偏上水平

C. 我的智力比较弱，只能算是中等偏下水平

D. 我的智力非常差劲，远弱于多数人

绝大多数人都会选择B，既然绝大多数人都是中等偏上的智力水平，那么什么才是平均水平呢？平均值谬误在于，多数人都会认为自己比平均水平高，在一项调查中，有82%的人认为自己的驾驶技术比平均水平更高，很明显，其中有很多人是错误的。这是多数股民自视甚高，不了解自己在广大股民中的位置，从而不了解自己的价值，继而不了解投资价值的道德修养表现。表现在股市上更加夸张，因为每个人都认为自己能赚到钱，而不会认为会亏钱而去炒股的，而且多数人对自己盈利的预期都是跑赢大盘，事实上却恰恰相反。那些盲目自信的人通常会表现为频繁地交易，不停地买卖。曾有经济学家专门研究过券商的账户数据，他们发现更高的交易量并不能带来更高的回报，事实上买卖频繁的人平均而言回报更低，因为他们都把利润贡献为佣金和印花税了。

2. “替罪羊”效应

在股市上，最好的替罪羊就是所谓的“庄家”和政府，任何人只要亏了钱就说庄家太坏了，庄家太狡猾了，这样似乎就能减轻自己的责任。事实上并没有庄家这一说。至于政府，反正大盘好的时候，股民对待政府的态度就是：要你管？大盘不好的时候，股民对待政府的态度就是：你要管！“替罪羊”还体现在，如果某人买了一只股票，接着市场下跌了，他就会对自己说：并不是我买错了股票，而是大势本身就不好，因为其他股票也在跌，或者是因为某某提供的信息有误，所以不是我的问题。于是他一次次放弃了止损的机会，最后的损失将远比想象中的大。

3. “赌徒”效应

在赌场中，有两种人最容易下大注，一种是已经赚了很多钱的赌徒；另一种是已经亏了很多钱的赌徒。前者会想：既然我已经赚了这么多钱了，说明我的运气非常好，或者我特别聪明，而且，既然是赚来的钱即使亏掉一些也没关系。因为他似乎在玩别人的钱，而不是自己的钱，所以更容易下大注。后者会想：我已经亏了这么多了，如果再不想办法翻本，那就真的都亏光了，所以无论如何我还要赌下去，而且还要压上更多，这样我才有希望翻本。对于有的股民来说，股市如赌场。那些配资被爆仓的人，往往不是吸取教训，而是会继续借钱再回股市来翻本的，于是便深陷其中难以脱身了；相对而言，那些小赚或小赔的人则超脱得多。

4. “痛苦最小化”倾向

痛苦最小化倾向相对而言很简单，凡是在底部割肉的股民都有这么一个有趣的倾向，要么不抛，一旦要抛就会在一天之内把所有亏损股票都抛掉，通常在10分钟之内就全部抛光。因为卖出一只套牢股可不是令人高兴的事情，如果手头有五只套牢股，分五次抛出，那就意味着痛苦也有五份。如果一天之内就把五只套牢股全部抛光，那么痛苦只有一份，很明显后者的痛苦要小得多。其实，这是不负责任的倾向，是不计投资成本的“无投资价值观”倾向，结果可想而知。

5. 没有规律的规律

每个人都会有点小迷信，在股市上这一点表现尤甚。例如，某人早上起床，发现眼皮在跳，心想难道今天会跌吗？开盘之后发现果然在跌，于是赶紧卖出，由于股市总是在波动，因此一旦他认为要跌，那就必然会跌。这又强化了他原先的想法，即眼皮跳肯定不是好兆头。其实，股市涨跌的复杂性远远超过我们在生活中所能遇到的任何事物，所以不少股民也在发展着奇怪的迷信。例如，在股市某个阶段连垃圾股也会涨上天，而且涨幅巨大，于是就有人总结出，买股票就应该买垃圾亏损股的“真理”来，这可真要呜呼哀哉了。这同时证明了一件事，人类的大脑天生不善于做多变量问题的思考，只要变量一多，往往就无所适从了，这便是科学研究的意义所在，把复杂的世界归纳成简单的定理。但诸如小迷信类的定律在股市上不好用。

6. 信息迷恋症

患上信息迷恋症的人对一切消息都感兴趣，不管是公司传闻、政府公告、恐怖袭击等，相信“蝴蝶效应”，认为所有消息多多少少都会影响到股价，而股价也确实每天都在波动，因此看上去还真的影响到了股价。信息迷恋症常常被不负责任的媒体任意加重，因为媒体的饭碗就是靠贩卖信息而来，他必然竭力宣称任何消息多多少少都是有投资价值的，正所谓“王婆卖瓜”，甚至有的媒体为了吸引消费者眼球故意歪曲新闻，断章取义。有些股民相信信息，常常根据某消息做投资决策，之后发现这个消息是假的，或者媒体后来又辟谣。

三、采取的对策

针对股民存在的问题，应分析原因，采取相应措施，努力克服心理弱点，不断学习历练，修身养性，进行价值投资。

（一）克服心理弱点

如何克服这些心理弱点？首先，在此所说的克服，并不是使这些心理层面的需要完全消失，因为完全消失，既不可能，也不现实。股民心理弱点中，有些是作为一个人客观存在的。有些是历史原因造成的民族劣势，即所谓的劣根性。还有些是与现代环境相应的几乎每一个中国人都有的心理弱点。因此，在此所说的对策，仅指股民区别于一般人的由于投资于股市所特有的心理弱点的对策。至于具体对策，总的来说应以疏导为主。这如同治理河流，“堵不如疏”，所以，在化解这些交易心理上的弱点的时候，宜采取教导、疏通，不断提高专业知识水平以及修养境界和道德水平，进行价值投资的方式，让这些消极因素自然地释放出去，而不是从其熬炼过的脆弱的神经中硬性杜绝或消除它们，何况股民本就是股市中的弱势群体或可称为受害者呢？

疏导的对策，仿佛给股民吃了一颗定心丸，是对股民良好的保护措施，同时，也是给股民预订了一顶盈利的冠冕。这是因为，在整个金融市场上，任何一种交易模式，无论是股票、期货，还是外汇，都必然伴随着亏损，之所以能够盈利，是因为最后一个优秀的系列交易所产生的大笔盈利能够弥补前述亏损。所以说对于股票交易，每一笔买入，都有一定的随机性，不知道之后是盈还是亏，只有通过卖出后才能确定，从长期来看，只能通过大量的交易积累之后，才能够知道最终的结果是盈还是亏。所以，我们赋予一种安全感，这种安全感不是去寻求一种百战百胜的交易系统，这个交易系统是一个误区，也是不可能达到的，而是我们对于未来的一个优秀系统化的交易结果，有一个提前的把握或者心理预期，我们知道肯定有某一种交易模式，能够比其他模式易于获利，运用这种交易模式就能够给予我们安全感。这其实也是金融交易和赌博的最大区别，在金融市场中，通过大数法则统计，良好的系统带来的结果是盈利的；而赌场上的赌民一定是亏损的。因为，赌博中，赌场占有数学概率上的绝对优势，而在金融交易中，投资者占有数学概率上的相对优势。也就是说，股民只要按照我们所说的交易模式交易就应该是盈利而非亏损的，而且大部分甚至绝大部分股民都应该如此。

价值投资，即是本书所介绍的一整套价值投资的理念和方法。进行价值投资，通过不断地实践和优化，不仅能够克服至少在一定程度上克服股民的投机取巧加浮躁心理，而且最后能够使股民达到稳定的盈利状态。

将股民心理疏导进入价值投资的轨道并非一蹴而就，而是一个漫长的过程，在这个过程中，对于前述各种心理问题，应采取相应措施。

（1）戒贪。笔者曾形象地比喻过："贪"表示"今"天有"钱"（贝：古时钱为贝）今天赚。因为"贪"过了头，就变成了"贫"，别人要"分"你的"钱"。股市投资是一门技术，也是一门艺术，需要平心静气、谦和恭敬地对待它，贪心过盛常乱方寸，也难有理想收益。所以做股民第一要先戒贪。

（2）且慢。开车时必须牢记一看、二慢、三通过。选股也一样。选股要看上市公司的基本面，选准了个股买入时不慌不忙，不急不躁，逢回调或股指大跌时买入，这样才不至于闯红灯出意外"股祸"。

（3）慎辨。即谨慎辨清形势，要分析本轮牛市上涨的根本动因是上市公司的业绩提升，还是因流动性过剩引发的资金推动。世界上没有只涨不跌的股市，尽管我们没有理由动摇对股市未来前景看好的信心，但跌宕是股市永恒的定律，趋势随时都可能悄然变化，多一份警惕审慎分辨少吃眼前亏。

（4）堵耳。即要堵住自己耳朵，不要听小道消息，也不要听股评买卖，克服从众心理。股评家翻来覆去推荐的都是那几只题材股，庄家拿钱买吆喝，你去跟风，一不留神就充当了别人的轿夫。

（5）维稳。牛市前后，股指上蹿下跳，慢涨快跌，起伏跌宕。面对暴涨暴跌，心态一定要稳，不要盲目追涨杀跌，不要期望去寻找快速翻番的牛股。分散投资，价值投资，实在把握不准就买基金，让专家帮你投资。

（6）避险。规避非系统风险。不碰老庄股、问题股、亏损股、预股、戴帽披星股、退市边缘股。万一不幸投资失误，踩上"地雷"，就应逢反弹减磅或清仓，止损避险。

（7）要短。股市震荡中，切忌满仓操作，要抓住每一次回调机会买入，在反弹中当日卖出，既不损失中长线持有的筹码，又博取了短线差价。

（8）善读。多读书学习。要读懂股市与经济、政策与财富、股市与人生，股市与文化、与赌博、与家庭、与腐败、与骗术等各种利益的关系，持定价值投资，才可能成为赢家。

（9）敢捂。在低价位买到好股票要敢捂，不被短线的大幅波动所动摇。好股票不会天天涨，只有长线投资才能使利润最大化。捂股就是短期不看股票，忘记股票。

（10）感恩。股票赚了，要感谢政府，要感谢中国经济持续发展，感谢市场参与各方，感谢公司的高回报，更要感谢自己赶上了好年代等。亏了也不要怨天尤人。

（二）学习历练

股民专业知识欠缺，相对于其他问题是最好解决的，因为，知识是外在的，可以通过一定时间的学习掌握或基本掌握，并可以通过有效地实践真正掌握运用。而心理和修养问题是难以通过短期学习和实践全然解决的。

无论入市多长时间的股民，无论盈利还是亏损的股民，无论掌握了多少炒股技巧的股民，都必然面临一个股市转向价值投资的必然趋势，因此，都应接受价值投资的理念，学习价值投资的相关知识，进行价值投资。学习历练的过程大致经历三个阶段。

1. 初级阶段

针对不了解股票知识或知之甚少，不懂价值投资的股民，建议先学习有关股票和资本市场的相关知识，明白诸如除权、每股收益、每股市价、市盈率等专业名词，以及资本市场规律等理论知识，作为学习价值投资相关知识的基础。对于价值投资，可采用边学习边实践的办法，即按照本书及《中国上市公司投资价值分析研究》所介绍的操作方法，去进行投资，在反复地学习操练中建立价值投资理念，掌握价值投方法。俗话说：不打无把握之仗。只有如此，才可能对股市投资有客观的预期，也才能谨慎入市。

2. 中级阶段

针对具有一定投资知识或常识，不懂或基本不懂价值投资的股民，建议全新接受价值投资理念，全面系统仔细认真学习价值投资相关知识，可以本书为对象，将其中的理论、内容和方法，彻底弄懂弄通。据以实践操作时，还需谨慎，因为，书中所述终有所短，可依据主因子指标打分排名的结果，再配合以下几点加以考虑，做出决策。

（1）生产型策略。属于企业生产的，可以考虑，主营业务单一，而且产销对路，具有一定竞争优势，特别是带垄断色彩的为最佳；属于科技开发研究的，应该考虑其技术力量如何，是否具备高端人才优势，有自主知识产权等；属于其他公用事业的，应该考虑其是否存在地域局限、策限价因素等。

（2）信誉良好性策略。口碑较好，群众基础不错，市场定位合理的优先。前者好理解，后者可能很多人比较模糊，其实，识别这个不难，比如投资者可以找相同行业上市公司股票进行比较，同样的经济指标情况下，谁的定位更低，那么，这个“更低”就会吸引新的主力，新的资本进场来运作，你需要做的事情就是提前介入。如果一只股票，口碑不好，群众基础不牢靠，通常主力也忌讳这样的股票，怕自己拉高了无人接盘。

（3）小盘股策略。股本结构不大，总股本在 2 亿～3 亿元，其实最好的是 1 亿元以内，流通盘不超过 2 亿元，股票价格在 3～5 元一带，最容易吸引各路资金关注。当然，很多人会说，目前没有这样的机会了，怎么办？还是一个等字。

（4）优先策略。无利益输送、无关联交易的品种优先。这是上市公司隐藏利润，制造虚假业绩的重要手段，通常投资者能够从上市公司财务报表里发现问题，也许有的投资者看不懂这些，不妨实地看看企业生产情况，如果一个企业加班加点抢生产，库存又没有什么产品，客户预付资金充沛，那么，毫无疑问，这个公司的股票值得投资，反之，迟早会成为问题股。

3. 高级阶段

针对股票知识丰富、操作技巧谙熟，有一定价值投资理念和实践的股民，特别关注宏观面，结合技术面，自己分析判断能力较强，沉稳老练，风险意识较强，常是盈利高手的股民，建议全面转向价值投资，坚固价值投资理念，全面系统仔细认真学习并扎实掌握和熟练运用价值投资相关知识，使自己成为股市转向的先锋，夺得价值投资的头彩。为此，可在现实股市价位较低的形势下，选择长线投资，请按照本书第二十一章所介绍的方法操作。同时，也可参照股神巴菲特的选择方法执行，下面是笔者根据中证网与巴老的理论结合中国实际情况制定的选股原则，适应于各行业内部尤其排名相近、聚类相同的上市公司的比较选择，供参考。

(1) 快速成长型和稳健成长型公司。

(2) 产品简单、易懂、前景看好的公司。

(3) 有稳定的经营历史，最少需要有五年以上经营历史的公司。

(4) 管理层理性、忠诚，以股东的利益优先的公司。

(5) 企业财务稳健，自由现金流量充裕（现金流就是公司的血液）的公司。

(6) 经营效率高，收益好的公司。每股收益每年增长的公司肯定是一家好公司。

2015 年 10 月以后一段时间（估定一年）的股市是有效市场还是无效市场？做价值投资还是成长投资？该买入主动管理还是被动守缺？对于这些问题的探讨和实践似乎没有终点。实践上看，无论哪种学说或投资理念的拥趸，都不乏成功的典型和失败的案例，但投资者最好在持续的投资中不断试验，找到一种适合自己的投资方法，并坚持下去，一般来说，这样比毫无章法地频繁转换要更容易奏效。无论买哪只股票，无论满仓还是空仓，坚持价值投资理念，不停地完善自己的投资方法和技巧，并督促自己遵守投资纪律，是“小散”成为“大散”“牛散”的必经之道。

(三) 修身养性

做事如做人，做事先做人。投资也是一样的道理。股市如人生，投资即做人。股票投资原是种概率事件，需要面对太多不确定性，诸如基本面的政策变化、上市公司经营的变化等，不一而足。在此不确定性下，我们无法精准地预测股价的短期变化，只能在对其基本面做深入研究后，结合大势进行概率投资。因此，买入股票后，涨与跌是我们无从掌控的。此时，便能充分考验我们的承受能力。人性中无非两大弱点，贪婪与恐惧。涨时贪婪，希望获得更大的收益；跌时恐惧，担心套得更深。贪与惧，心态的起伏，使得原本的分析判断受到不断的拷打，甚至出现动摇，乃至一时冲动，打乱制订好的操作计划，做出错误的买卖决定。当然，心态的锤炼不是随便说说就能形成的，此中需要长期的经验积累及与自身性格弱点的不断抗争。实战的经验积累，使我们的判断更趋向理性。针对前述问题，应采取相应对策。

1. 双方交易

理财学上有个双方交易原则，即每一项财务交易至少存在两方，并且双方都按照最符合其经济利益的要求交易。它是“零和博弈”在信息不对称状态下的具体体现，而非谁比谁聪明或愚笨。因此，在股市上，大多认为“我的智力并不算特别出色，只是中等偏上水平”的选择是“过分自大”的表现，当然选“我的智力比较弱，只能算是中等偏下水平”也不对，正确的选择是居于 B 和 C 中间“我的智力并不算特别出色，只是中等水平”。因为，决定最终是否获益和获益多少的是心理因素，专业知识及修养境界的综合作用的结果，而非智力。

2. 不做“替罪羊”

在股市投资盈利并非想象中的容易。大盘顶部，基本面所有的消息都是好的，还有人给你描画美好蓝图，相信基本面只会让你在高位站岗；大盘底部，基本面所有的消息都是坏的，还有人给你自残的理由，相信基本面只会增强你认赔卖出的勇气；在股市的大底部和大顶部，你只能反着做，否则你将只能是“替罪羊”，但反着做的理由别人给不了你，基本面给不了你，只有通过自己的研究，在技术面中寻找蛛丝马迹。求人不如求己，最切实可行的办法是进行价值投资。对此巴菲特是广大股民的榜样。但特别说明，巴菲特并非简单的价值投资，其盈利模式更适合机构、大资金而不是散户股民，相对于技术分析的直观、高效，散户根本不具备有效价值分析的能力，在此基础上大谈价值投资无异于天方夜谭。因此，本书可称为广大散户股民的“及时雨”，为其排忧解难。

3. 不当“赌徒”

价值投资不是赌博，只有不断学习，苦练技术，哪怕屡战屡败，也要屡败屡战，直至成功。进行价值投资，要意识到只有不断提高自己的技能才能立于不败之地。由于股票的知识、技术包罗万象，太多、太活，有些股民在刚弄懂几个技术分析指标、形态或方法（一知半解）时，就认为翅膀已硬，自以为懂了很多，好为人师，喜欢评论建议，指点江山，其实，想当然的成分居多，所以成功率并不高，结果仍然亏损。失败的原因在于技术指标只是概率，而且永远滞后于行情，试图用某一个技术指标或某一种技术分析方法预测行情，根本就是一个伪命题。如果你希望把这个根本不可能的事情变成现实，现实当然总是白费力气。价值投资既不是赌钱，也不是赌指标，而是切实进行价值投资，稳健、扎实、全面、具体、有理、有利，一步一个脚印，直至成为行家能手。

4. 超越痛苦，乐在其中

学习了各种知识，经历过各种行情，经过了大涨大跌，试过各种各样的方法，但处处碰壁，吃尽各种苦头，怎么努力都不见提高，赚了点钱又赔掉，本钱越来越少，反反复复，出来不甘心，在里面很可能亏得更多，于是陷入迷惘状态，仿佛陷入重重迷雾或处于陷阱之中，痛苦难耐，看不到希望。要知道，一旦进入股市，痛苦总是难免的。绝大部分股民都会先后进入这个阶段，而且遗憾的是，超过 80% 的人一直会停留在这个层次中，不能解脱，有些人也许会因为彻底失望而退出股市。笔者认为，既然进了股市，不妨花多一点心思，真正地去了解宏观经济、分析上市公司价值，了解、理解、关注、关心、保护、爱护自己所投资的公司，作为股东，作为被投资公司的所有者之一，与自己的公司共同成长，与所有投资该公司的股东们同舟共济，无论盈亏，都能清清楚楚、明明白白、欢欢喜喜、快快乐乐。

5. 遵循股市规律（探寻股市定律）

《老子》中讲“为学日益，为道日损。损之又损，以至于无为。无为而无不为”。我们常说舍得，有舍才有得，正是最简单的道理。

股票投资是项系统工程，理念、技术、心态，少了哪一个都不能成功，并且要三者相辅相成，方能相得益彰，缺少任何一个，都是妄谈！这就是许多人努力了，但仍不能成功的主要原因。理念尤其重要，因为理念是方向，技术是舵手，心态是保障。这里的方向，既有个别股票的变动方向，又有行业及整个股市的变化方向；所谓的技术，即指价值投资的技术，包括个股的、行业的、股市的，乃至经济的，甚至不仅国内的，还有国外的、预测的、决策的、分析的、评估的、内涵的、外延的……技术分析是个复杂过程，规律的探寻是个艰难的历程，只有保持良好心态，并始终一贯，才能气定神闲，有所作为，及至达到技术出神入化，心态宠辱不惊，无为无不为，纵情山水，超然物外。（股市规律可见第一章）

6. 坚定价值投资

美国股神巴菲特，个人资产最多时高达 620 亿美元，是第一个把炒股发挥到极致的人。而他所开创并被众多股民奉为指导的价值投资，也是我所崇尚的投资理念，但在使用时还需注意，他的很多东西中国股市不可能全部行得通，因此，可以采用他的价值理念来选股，这是充分条件，而必要条件是，选股时必须考虑股市行情，按照“价值投资的操作方法”[①] 操作炒股的实质就是炒具有投资价值潜力的强股价，如此才可能走得好走得远。为此，必须首先选择行业，从诸多（39 个）行业中选出最具有投资价值的行业（详见第四章到第二十章，以及第二十一章第二节），可以是一个或几个；然后选择区域，从全国各个省市自治区中选出最具有发展潜力的区域（详见第二十一章第二节），可以是一个或几个；最后确定股票即上市公司，即是依据其投资价值运用价值投资具体操作办法选定行业中区域内的股票（详见第二十一章第一节），可以是一只或几只或几十只。

① 赵惠芳等：《中国上市公司投资价值分析研究》，中国财富出版社 2015 年版，第 580 - 587 页。

第三章　中国上市公司价值管理存在的问题及对策

中国上市公司上市30年以来，经历了由营销管理为主到价值管理为主，由规模发展为主到内涵发展为主的发展历程，现在已经逐步发展到以价值管理为主的内涵发展阶段。价值管理是上市公司必然也是必须面对并经历的新型管理体系和管理思路。但总的来说，在价值管理方面，尚处于初级阶段，呈现出理论研究较多，具体实施较少的状况。就实施状况而言，不同上市公司的具体操作模式及方式方法也不尽相同，取得了不少的业绩，也存在许多问题，有待于进一步完善。

一、价值管理理论概述

（一）价值管理的含义及发展历程

1. 价值管理的含义

价值管理（Value Management）又称基于价值的管理（Value Based Management，VBM），是基于公司追逐价值最大化的内生要求而建立的以价值评价为基础，以涉及价值目标和管理策略为手段、整合各种价值要素和管理方法，再造管理和业务管理流程的新型管理体系和管理思路。

自从1958年6月，莫迪格莱尼（Modigliani）教授和米勒（Miller）教授①首次提出企业价值一词以来，有许多专家致力于企业价值及其管理的研究，取得了不少成果。由于公司价值观不同，对其价值的理解和评价方法也不相同，而形成了对公司价值内容的不同界定，从而形成了多种关于价值管理的含义（本书称含义而非定义是基于其不断变化的属性而言）。这些含义由来已久，为学术界普遍认可并广泛采用，可归纳为以下三类：①注重价值管理结果的含义；②注重价值管理过程的含义；③注重价值管理过程和成果的含义。

发展到现在，价值管理（VBM）应是以股东价值最大化为目标的管理。即VBM的目标就是创造最大化价值，实现股东价值的最大增长。它要求公司在经营管理中，遵循价值理念，依据价值增长规则和规律，来探索价值创造的运行模式和管理技术，从而建立起以价值管理模型为基本技术支持，汇合公司内部各层次、各环节、各种雇员共同参与的一个管理系统。该系统融预期、计量、控制、激励甚至文化等诸要素于一体，是经济金融化环境下公司管理发展的一个必然趋势，有利于弥补传统财务指标的短期化倾向，为公司融资与再融资创造良好的筹资环境，实现公司的可持续发展。

① 莫迪格莱尼、米勒：《资本成本公司财务和投资理论》，《美国经济评论》，1958年6月。

2. 价值管理的发展历程

价值管理源于西方发达国家，且应用广泛，但在中国起步较晚，到目前为止，它大致经历了三个发展阶段。

（1）数字阶段。

20 世纪 80 年代中期以前，价值管理的产生发展主要在西方国家，关注的重点在于财务方面的因素。

理论上，可从 20 世纪初期费希尔（Fisher）的《利息理论》（1906）这本巨著的管理理念找到源头。1958 年，莫迪格里亚尼（F. Modigliani）和米勒（M. H. Miller）的资本结构理论（MM 理论）界定了企业价值的内涵、外延和计算方法。其核心观点为：有所得税的企业的资本结构与其价值有关，企业存在最优资本结构。从此，企业价值理论成为财务学理论的基础。由于该理论的发现，两位教授同获 1985 年诺贝尔经济学奖。

实践上，价值管理的广泛应用源于那些企图低估公司价值的恶意收购者。这些恶意收购者以财务报表为基础来评估公司的价值，将股票价格视为现金流和股本收益经风险调整后的函数值，以此将被购并公司变成了可以交易的商品。随之，公司并购与剥离大量出现，弱肉强食，弱者被剥离甚至清盘，较强者则被收购，最强者即为收购者。这种重组可以立即影响股东权益即公司价值，但却是外延性的，没有生命力的。因为，无论哪家公司都不可能不停地购买或兼并其他公司，而是必须依靠管理自己的业务以创造内涵经济价值。

（2）战略阶段。

从 20 世纪 80 年代中叶到世纪末，价值管理的重点转向了营运。由以资产负债表右边的资本结构评估公司价值发展到了内部运营的管理和战略评估等领域。

理论上，1986 年，拉帕波特（Rappaport）在《创造股东价值》（*Creating Shareholder Value*）一书中，提出以“股东价值”为中心的管理方法和程序，将价值理念从财务学领域推延进管理学，提出了 FCF（自由现金流）为基础的模型（FCFBM），主张以未来现金流的折现视作公司价值，挖掘隐藏在其背后的驱动因素，探讨这些因素之间的关系，实现股东价值增长的最大化，开创了价值管理的新纪元。1990 年，麦肯锡的汤姆·科普兰（Tom Copeland）等人所著的《价值评估——公司价值衡量与管理》，明确提出价值管理的概念和应用模型，为价值管理的推广和应用做出了不可磨灭的贡献，标志着价值管理理论终于落地，实现了理念到实务应用的历史性转变。其后，诸如詹姆斯·A. 奈特（James A. Knight）的《基于价值的经营》等著作只是对价值管理的进一步推广、介绍和实践。

实践上，价值管理的内容由资本结构为主扩展到了公司内部营销战略的制定和执行以及结果评价为主，价值管理发展成为评判公司战略的一种工具，理财活动和战略规划的联合开始出现。不幸的是，其管理模型总是和实际运营决策有一段距离，即各种模型的有效性还远远不足，难以真正有效实施。就连 MM 理论的实践操作方法，包括企业价值评估和最优资本结构投资决策方法，至今仍没能有质的突破。为此，探求能够提高各种模型的实践有效性或发现新的具有高度实践有效性的模型成为价值管理的焦点。

（3）整合阶段。

进入 21 世纪，经济全球化浪潮日益高涨，市场界限越来越模糊，跨国公司林立，股东价值被纳入更广阔、更完整的方法体系当中。价值管理发展到了复合管理阶段。

理论上，价值管理模型是汇合了多种模型的复合价值管理体系。主要有以下三类：FCF为基础的模型（FCFBM）、EVA（经济增加值）为基础的模型（EVABM）和VBM为基础的模型。其中，FCF为基础的模型就是拉帕波特所创立的价值管理模式。EVA为基础的模型是思腾思特公司（Stern Stewart & Co.）于20世纪80年代以来一直推广并沿用至今的最为炙手可热的价值管理理念。EVA是一个全面反映管理价值的能够度量全要素生产率的关键指标，并具有直观、易于理解、操作简单的特点。2003年，汤姆·科普兰等人扩展了价值管理的新内容，它又被称为基于价值的企业管理（Value Based Management，VBM），是指以价值评估为基础，以价值增长为目的的一种综合管理模式。① 该模式通过制定并有效实施一整套指导原则，促进公司形成注重内外部价值创造和业绩激励的战略性管理活动。VBM成为现行价值管理的通用模型。

实践中，在这个阶段，董事会更倾向于主动履行其职责，并积极提出贯穿公司管理各个层面的通用语言和文化，这时股东价值最大化就很好地代表了股东的意愿。此时，对各种管理决策，如战略规划、资本配置、公司重组、绩效评估和薪酬规划来说，价值管理都是一种更完善、更可行的方法。但由于模型较多，加之其实施存在的客观困难，使上市公司难以有规范统一的选择和结果的一致性，致使价值管理的有效性和可比性问题至今囿于难解。

（二）价值管理的要素和特征

价值管理（VBM）作为一种管理模式，运用于上市公司价值管理，通过评价和管理公司活动为股东创造长期的最大化价值，并通过股票市值的增加、股利的增长得以呈现。

1. 要素

价值管理包括两个基本要素：①创造价值。即公司如何创造最大化未来价值是该要素的核心，制订并实施有效的公司战略是关键，进行着实高效的公司治理、变革管理、文化、沟通以及核心领导力等的系统管理是保障。②衡量价值。即评估公司价值或公司价值评估。在两个要素中，创造价值是基础和前题，衡量价值是结果和保障。两者相互联系、相辅相成，又互为因果，形成完整的公司价值管理动态系统。

2. 特征

由于公司价值内在的丰富性和复杂性，人们可以通过不同的方面来观察或控制股东价值及其最大化的形成过程，由此形成了多种价值管理模式和评价指标，不同模型和指标的特征不尽相同，但仍然具有一些共同的特征，主要有以下几点。

（1）以资本市场为依托。价值管理理论的形成和发展依托于不断发达、完善的资本市场，价值管理活动的开展也必然以资本市场为背景，尤其是20世纪80年代发端于公司控制权市场上的恶意收购活动，如公司杠杆收购（LBO）的发生提醒公司的CEO（首席执行官），必须重视内涵价值管理。这直接导致了价值管理理论和实践的进一步发展和完善。上市公司要么通过改善公司业绩来提高公司价值从而提高公司股价，要么面对敌意收购的威胁。两者相比较，CEO们不得不选择前者。同时，价值管理的结果能够得以实现的基本条件也在于股票市场效率较高的状态下，股票价格能够基本反映公司管理当局的管理绩效。随着资本市场的不断完善，投资者越来越分散，为了有效地聚拢投

① 汤姆·科普兰等：《价值评估——公司价值的衡量和管理》，郝绍伦等译，电子工业出版社2003年版。

资者的人气和资金，将证券市场的价格机制引入公司价值的生成和管理过程中，是企业管理者不得已而为之的必然选择，因而可以毫无疑问地讲，以资本市场为依托是价值管理的基本特征。

（2）以股东价值最大化为根本目标。价值管理的终极目标就是股东价值最大化，这是价值管理行为最基本的特征。会计学认为，股东权益就是资产负债表上的资产减去负债的差额。而“股东价值最大化”的含义，并不是股东权益越大越好，也非越小越好，而是通过满足股东的预期投资报酬率要求来实现的，即如果股东权益能够满足股东的预期投资报酬率，就可以认为公司的价值管理实现了股东价值最大化的目标。股东的预期投资报酬率包括股东的最低要求报酬率即资本成本，是该公司最低投资盈利率和归属于股东的收益率。为此，寻找能够带来超过最低报酬率的投资项目，实现项目投资价值最大化，成为公司管理当局的首要任务。这一特征与财务管理目标有着惊人的一致性，因此，价值管理在一定程度上也可以说是一种以价值为主体的财务管理。

（3）重视现金流量和资本成本。以股东价值最大化为最终目标的价值管理作为一种管理模式，首先，必须关注净现值为正的投资项目在经营各期的现金流入在满足了现金支出之后剩余的经营活动现金流量，即公司未来时期经营活动现金流量的创造。其次，必须重视投资项目风险，通过对预计现金流量、加权平均资本成本这两个决定投资价值的基本因素进行预测和控制，从而实现股东价值最大化的目标。因此，重视现金流量和资本成本成为价值管理的重要特征。

（4）重视可持续发展能力。按照 1987 年 4 月世界环境与发展委员会发表的《我们共同的未来》中的表述，可持续发展是指：“在不牺牲子孙后代需要的情况下，满足我们这代人的需要。”重视可持续发展能力是公司价值管理的又一重要特征。这一特征包含着长期性和未来性两个方面的含义。可持续发展的价值管理意味着公司在未来可预见的时期内，有望获得足以补偿各项成本的、稳定增长的现金流量，从而使股东实现价值最大化。没有企业公司的可持续发展，股东价值最大化便无从谈起。重视可持续发展能力，解决了公司价值评估模型中的一个公司持续经营的基本假设问题。与之相对的利润管理之所以逐渐被替代，关键在于利润管理中对利润最大化的追求往往易于破坏公司赖于持续发展的内部机制，造成短期行为，及至公司“短命”结果。

（三）价值管理的作用

价值管理的作用体现在公司生产经营管理的方方面面，主要有以下几点。

1. 有利于公司价值最大化目标的实现

价值管理的目标，就是实现公司价值最大化，具体通过设定若干价值管理目标的有效实施而实现。这些目标主要包括：公司使命（经营理念），实现公司使命和目的的经营战略，公司治理（由谁来制定公司使命、规范公司活动），公司文化，公司沟通，公司组织形态，决策系统和决策流程，绩效管理系统和流程，薪酬回报系统和流程，与公司所要追求的价值和目的之间的一致性（通常是指最大化股东价值）。并将这些目标具体落实到员工的日常工作上，一般的工作性质或问题，只要与公司的价值信念一致，员工即不必层层请示，直接执行工作或解决问题。为达到此“共好”的组织目标，组织必须逐步建立能为成员广泛接受的“核心信念”并且在内部工作与外部服务上，付诸实施，成为组织标准行为典范，才能获得真实的与全面的顾客满意。

2. 有利于公司赢得市场

发达、完善的资本市场是上市公司活跃和竞争的复杂的多元化的资本市场；是公司产品和服务所依存的市场；是公司之间纵横捭阖的竞争市场（公司竞争、并购威胁、公司重组、杠杆收购（Leveraged Buy-out）等）；是为了投资者的口味和金钱争得头破血流的资本市场；也是一个人力资源的争夺市场（公司形象、吸引优秀人才的能力）。任何一个公司在市场上的疏忽，都有可能使其失去立锥之地。价值管理的作用就在于能够帮助公司同时赢得这个市场。

3. 有利于公司可持续发展

公司价值最大化，作为价值管理的目标，就是公司未来现金流量现值的最大化。这一目标关注未来，对公司的好处在于，不仅能够传承落实公司的远景，更能设定公司员工守则、工作信条等方法，在组织内部进行各种层面的沟通，凝聚组织、团体、团队与个人的目标成为共同信念，以增加组织成员的生活品质满意度，最终做好顾客服务，持续组织的竞争力和获得可长可久的事业成功。

4. 弥补传统会计方法的不足

传统会计方法固有的弱点如历史成本计价和公司信誉的不断降低，慢慢弱化了财务报告的信誉和效用，变得越来越不尽可靠。相应地，一批以价值为基础的会计理念，如 Economic Value Added（经济增加值）、CFROI（现金流投资回报）、Market Value Added（市场增值），以及其他价值管理机制的发现和运用，既成为传统会计的补充和发展，又扩展了公司管理的新领域，是上市公司管理的重点和核心。

价值管理还有利于上市公司不断提高经营决策水平和质量；帮助平衡短、中、长期经营目标；合理配置资源；规划和预算系统流线化；设置有效的薪酬回报系统和目标；促进并购股份的使用；防止公司被兼并情况的出现；有效管理日益增加的经营复杂性和风险不确定性等。

二、存在的问题

在全球经济一体化的背景中，各国上市公司经营所面临的市场和经济、社会条件均发生巨大变化。中国新经济的出现对传统经济产生了巨大的冲击，为上市公司价值管理带来了巨大压力，现行价值管理模型也存在诸多操作难题。

（一）外部压力

改革开放以来，中国经济持续高速发展，取得了巨大成绩，令世人瞩目。但随着中国经济基础的日益强大，经济指标计算基数的日益增大，深入改革的动力存在巨大压力，加之全球经济低迷的大环境影响，中国经济面临着改革转型的新时期，这给上市公司的价值管理带来了巨大的外部压力，主要表现在以下几个方面。

1. 新经济引发的生产和管理虚拟化

在传统经济中，公司经营的目标主要是利润最大化。利润是绝对指标，历史指标，主要与产品和市场有关，而产品是实实在在的，市场相对而言是静态的，且大多局限在国内市场。

在新经济中，虽然公司的未来依然主要由产品和市场来决定，但是产品和市场已经不再是公司获得利润的唯一来源，公司股票在资本市场上的价值往往是股东和原始创业者获得财富的主要源泉；由于资本市场对公司股票的评价更加关注未来长远，因此，经营者对公司在资本市场上的表现更加关注。由于公司的市场价值常常与其盈利发生背离，致使有些公司尤其新型高科技公司往往比传统公司虚拟得多。公司的生产、经营和管理往往在网络中进行，出现了生产和管理虚拟化的趋向，而在传统公司经营中比较虚幻的价值，却随着资本市场的发展变得越来越实在，成为公司经营的中心目标。为了未来的价值增长，投资者对公司的市场表现变得越来越宽容和富有耐心，而且愿意承担较高的资金成本。

2. 公司的竞争和发展逐步从讲究规模向追求效率转变

在传统经济中，随着公司规模的扩张，内部组织成本、管理成本将随之增加，导致交易费用的整体上升，因此交易费用直接决定着公司规模的边界，经营成功的公司往往是大型公司。在相对稳定的经营环境中，大型公司具有明显竞争优势。

在新经济中，以网络技术为基础的新经济突破了时间和空间的限制，使得交易成本大大降低，极大地提高了生产效率，为新生公司的孕育和发展提供了新的动力和运作轨迹。在变幻莫测的市场背景中，公司取胜的关键是对市场的判断和反应速度，即谁占据了新经济未来发展的方向和潮流，谁就会在很短的时间里获得更多的股市选票。从成立到拥有 10 亿美元的市场值，惠普公司用了 47 年的时间，微软用了 15 年的时间，雅虎用了 2 年的时间，而 NetZero 却只用了 9 个月的时间。与传统经济相反，在网络技术普遍运用、资本市场充分发达和反应灵活的当代社会，规模巨大不但成为公司反应迟钝、跟不上时代潮流的重要原因，而且成为公司网络化改造的主要障碍。一旦这些企业不能适应新经济和运营的规则，便会成为举步维艰、发展缓慢甚至被蚕食的对象。

3. 公司管理的重心转向适应性和灵活性

在传统经济中，消费者的需求相对简单统一，其爱好相对较低，公司生产多为集约化规模生产，管理的重心主要是生产经营。公司的优势主要表现在雄厚的资本、高效率生产和规范化管理。

新经济时代，支持公司增长的关键因素已经不是资本和劳动力的扩张，而是技术和知识的创新；支持增长的关键技术已经不是机械化的连续性生产，而是根据市场和经营环境的变化适时调整自己生产和资源的柔性生产；公司竞争优势的源泉已经不是通过经济规模实现成本的降低，而是通过创新、服务质量和有益的价格性能比来提高公司对市场的适应性和灵活性；公司的规模效率曲线不再是决策的依据，而是通过增加公司的灵活性和适应性，获得高附加值的客户和价值的持续增长才是公司决策的标准和目标。为提高公司对环境的适应性和灵活性，公司研究与创新的作用日趋重要，人力资源的就业观念也从完全就业，渐渐转变为高工资和高收入，员工的技能要求也从传统经济的专一化，逐渐向多技能和跨行业培训转移，公司组织也从学位与技能的培养向终身学习型组织过渡。在价值管理的时代，没有持久不变的职位，也没有持久不变的组织，员工和公司始终会面临组织和其他对手的选择和竞争。

4. 资本市场的压力

在资本市场的初级阶段，投资者盲目投资是其主要表现，相应地公司筹资相对简单容易，甚至有时即使“圈钱”也不费吹灰之力。因此，公司价值管理的重点不是筹资，而是投资。

在资本市场日趋成熟的现时阶段，投资者在经历了百般磨难和试炼后，日益觉醒，不断成熟，其投资理念已经逐步向价值投资转化，投资行为越来越假理性。如是，所有的上市公司都要面对一个同样的任务：争取投资。公司不可避免地要在自由、公开的市场上同其他公司竞争生产要素，不管是劳动力、原材料、机器设备还是资金。竞争的优势也不再是资本规模，而是价值发展潜力和高投资回报。按照风险与收益均衡原则，高回报必然对应着高风险，可毕竟金融资本总是流向具有较高风险收益的公司。因此，如何未雨绸缪，运筹帷幄，使公司在资本市场中进退自如，是价值管理面临的又一大难题。

（二）内部压力

在新经济时代，几乎不可能有长期的垄断者，因为竞争无所不在且变幻莫测。产业因素和竞争压力限制了公司提高价值的能力，就是在具有吸引力的行业中处于优势地位的公司也面临这一挑战。不仅如此，公司内部如员工的整体素质、团队精神等因素也在影响着价值创造的进程。在这些压力中，最为突出的是各方利益冲突和文化更替的压力。

1. 各方利益相关者利益冲突的压力

自从出现了所有权与经营权的分离，一个似乎很难找到最佳解决途径的问题相伴而生：经理人员与股东的利益冲突——也就是委托代理理论提出的问题。虽然多年来众多专家学者为解决这一历史难题提出了各种各样的方案，如采取物质激励与精神激励相结合、绩效与经营业绩相挂钩、长期激励与短期激励相配合等，但是这一问题始终是困扰股东的一大难题，是价值管理面临的压力之一。经理人员是股东利益的全权代表，尽管两者都是同一个公司的利益攸关者，但他们却在风险定位、兑现或清偿他们利益的柔性方面等有巨大差别。就风险定位而言，股东位于公司资源权利追索顺序的末尾。一旦公司破产，受损最大的就是股东。但在正常经营情况下，股东的收益也是最大的。既考虑收益又考虑风险是股东的决策原则。而公司的雇员尤其经理人员则更加注重领取薪水和其他任职收益的权利。所以在风险定位时，往往更倾向于保守。而这必将影响公司的对外扩张和长期发展。另外，经理人员与公司员工，股东与债权者的利益冲突等，也都不同程度地为价值管理带来了压力。

2. 文化更替的压力

价值管理作为一项包罗万象的现代化综合管理方法，经常需要对公司文化进行变革。因此，价值管理对公司来说无疑是一项大规模的工程。为了确保成功，需要投入大量的时间、资源以及耐心。价值管理是复杂的系统工程。Economic Value Added（经济增加值）、Performanc eManagement（绩效管理）和 Balanced Scorecard（平衡计分卡）都是非常强大的管理和决策支持工具，但成本不菲，所以，陷入这些价值管理法的细节里或运用过于复杂的管理方法都是不明智和不可取的。对价值创造的衡量必须谨慎小心，避免失误，否则将会导致价值破坏。价值管理需要一个强有力的 CEO 及执行委员会的支持。实行全面的公司培训或进行管理咨询虽然是明智的、必需的，但有时候也是相当昂贵的。

（三）传统价值管理模式及其存在的问题

1. 价值管理模式及优缺点

MM 理论的提出，奠定了企业价值理论的基础。由于现代企业价值内在的丰富性和复杂性，人们可以通过不同的方面来观察或控制企业价值及其最大化的形成过程。基于对企业价值进行观察的不同角度，形成了多种企业价值评价模型。这些模型适用于所有企业，自然也适用于上市公司。

（1）价值派模型。

按照这一模型，企业价值是负债市场价值与股权资本市场价值之和。即 $FV=B+S$。式中：FV 表示企业价值；B 表示公司债市场价值；S 表示股票市场价值。公司债价格虽然会受到利率波动的影响，但其市场价值总是绕着其面值上下波动且终归于票面值，即以票面值计算。而股票价格及其波动却反映的是一种长期趋势。所以，在此情况下企业价值最大化目标与股东价值最大化目标达到了协调和统一。

该模型的建立和运用立足于证券市场，将证券市场的价格机制引入了企业价值的生成过程，突出了债务资本投资者与股权资本投资者在整个企业价值生成过程中的不同作用。在经济金融化日益深化的现代社会中，该模型对于投资者具有很大的吸引力。但是，该模型只注重市场价格，没能告诉投资者企业价值的真正的源泉；具体操作时，还会涉及若干假设和估计因素，也缺乏动态性。

（2）折现现金流量模型。

按照这一模型，企业价值是未来时期内期望现金流量按照加权平均资本成本进行折现的现值之和。即：

$$V=\sum_{t=1}^{\infty}\frac{CF_t}{(1+K)^t}$$

式中：V 表示企业价值；CF 表示未来现金流量；K 表示折现率即加权平均资本成本；t 表示折现期限。该模型建立在持续经营和资产可以被循环用于创造未来收益和现金流量的基础上，能够更好地体现企业价值的性质，考虑了未来期间企业经营活动所实现现金流量的多少及其风险程度的大小。

该模型认为，公司价值本质上是投资者对公司自由现金流量追索权的大小，也当然取决于公司在当期以至未来创造自由现金流量的能力，而决定企业价值的是企业在一个较长时期内所获得的现金流量的多少，追求现金流量现值最大化是该模型的目标，也是公司价值管理的目标。该模型与企业价值最大化的财务管理目标一致。它考虑因素全面，有助于消除短期行为，增强企业的可持续发展能力。但仅仅追求一定时期内的现金流量最大化对企业价值的增加并无益处，未来时期的确定具有难以操作性。这种价值观奉行“现金为王”原则，强调公司价值的概念不是基于已经获得的市场份额和利润数据，而是基于与适度风险相匹配的可能获得的自由现金流量（FCF），缺少客观性，最大的问题在于，折现期难以确定，以无穷大计算，只要现金流量大于零（一般是的），所有公司的价值就都是无穷大，如此，该模型将毫无意义。

（3）经济增加值（EVA）和市场增加值（MVA）模型。

按照这一模型，企业价值是企业税后的经营利润与投入资本成本的差额。计算公式为：EVA＝经营利润－全部资本成本或 MVA＝股权资本市场价值－股权资本投入额。市场增加值是企业在未来时期创造的经济增加值的现值。在强势有效的证券市场上，市场价值和市场价格是一致的，EVA 应该与 MVA 有很强的相关性。

这种价值观认为以价值为基础的管理就是通过创造出超过资本成本的收益来最大化股东的价值。它关注于真正的价值即经济利润而不是账面利润。其基本理念是只有当公司收入在弥补了投资人的全部成本之后仍有剩余，公司才创造了真正的价值。美国管理之父 Peter Drucker 认为，作为一种度量全要素生产率的关键指标，EVA 反映了价值管理的所有方面。因此，EVA 并不仅仅是一种新的衡量经营业绩的财务指标，而是一种包含战略规划、预算控制、业绩评价、管理报酬、内部沟通、外部沟通等因素在内的一种价值管理体系。但它（EVA）主要依据会计利润计算得出，没有充分考虑风险，MVA 也没有考虑债务融资，且市场价值往往具有较大不确定性，因此，该模型具有滞后性和片面性缺点。

（4）托宾 q 值模型。

托宾 q 值理论由经济学家詹姆斯·托宾于 1969 年在《货币理论的一般均衡方法》一文中提出，并将托宾 q 值定义为公司的市场价值与公司的资本重置成本之比。托宾 q 值完全从市场的角度来界定企业价值，其表达的意义在于当托宾 q 值大于某一标准时，就表示投资者对该企业的管理前景看好，并愿意用超过该企业资产价值的价格来购买其股票；反之，当托宾 q 值小于某一标准时，就表示投资者不看好该企业的管理前景，并只有当该企业资产价值的价格低于其价值时才愿意购买其股票。可见，托宾 q 值具有区分资本的边际效率和资本的金融成本的能力，广泛应用于关于企业价值和企业价值管理的研究当中。

基于托宾 q 值的企业价值观认为企业价值由资产重置更新成本和增长的期权价值两部分构成。如果公司的市场价值超过其重置成本，则超出的价值也可认为是增长的期权价值。即除了企业的物质资本外，当其具有像垄断力量、声誉、专利权和优秀管理者这类无形资产时，托宾 q 值就会很高，说明企业价值非常高。但该模型基于完善的资本市场假设，若资本市场不完善或不尽完善，运用起来就很可能偏离其实，尤其在中国目前的资本市场状况下，不适宜采用。

2. 现行模型存在的共同问题

各种模型除去存在上述各自缺陷外，还具有以下两个共同问题。

（1）基于交易的信息系统的局限性。

基于交易的信息系统是指基于过去交易和过去的市场价格的信息系统，其注重利润指标，确定利润必须是在谨慎原则的基础上已经确定实现的价值。基于交易的会计信息系统所能表现的价值是原封不动的各种历史成本的积累，未曾反映新价值的创造和增加，具有不确定性的未来预期，其不能予以信任。生产经营过程能够创造价值是肯定的，但必须等到产品被社会承认，通过市场交换取得销售收入时才能实现，即交换是关键。

目前，对企业经营活动的业绩进行披露的信息系统是基于交易的信息系统，上市公司主要通过以利润表为核心的报表体系对外披露经营业绩的信息。上市公司运用价值管理模型进行价值管理，为其提供信息与验证作用的信息系统是衡量其成功的关键技术支持。如果管理层没有达到或者超过分析师的预测，股票价格会产生波动，实际盈余与预测盈余很小的差异将导致股票价格剧烈的波动。因而价值管理信息系统中的信息质量至关重要。

但是，这种基于交易的信息系统具有一个严重的局限性就是不能真实、及时地反映企业的价值以及价值管理的信息，加之人为操纵的助推，使得会计信息系统问题较为严重。如中国证监会会计部曾对上市公司 2013 年财务信息情况进行跟踪分析，2014 年 4 月 18 日，中国证监会新闻发布会公告的结论是：上市公司基本能够按照会计准则等相关要求披露年报，但仍存在以下四方面问题。①简单错误频现，一定程度上影响了年报信息的严肃性。不少公司在年报披露中存在简单错误，具体为：年报目录或附注索引序号有误（如银泰资源、博元投资等），报表与附注或是附注信息前后矛盾（宝新能源、顺鑫农业、银泰资源、博元投资、江苏宏宝和中青宝等）。这些简单错误的存在体现出部分公司对年报披露工作缺乏认真的态度，也可能误导报表使用者。②财务报表项目分类不当，报表列报存在错误。部分公司对理财产品的特征认识不到位，导致对其分类和列示不当。如部分公司将浮动收益的理财产品分类为持有至到期投资或认定为现金等价物。部分公司应交税金为借方余额，但仍以红字形式列报为负债，未重分类为资产列报（如立讯精密、旗滨集团、江苏宏宝、冠城大通、天一科技、国机汽车等）；部分公司流动资产与非流动资产分类不当，将预付工程款、设备款视为预付账款列报为流动资产（如立讯精密、旗滨集团、冠城大通等）。③会计判断或会计估计不当，会计处理适当性存疑。部分公司确认递延所得税资产时，没有谨慎考虑未来是否很可能取得足够的应纳税所得额，可能导致递延所得税资产高估；一些公司对于长期股权投资是否具有重大影响的判断不当，适用的会计处理方法可能不恰当；不少上市公司同时存在银行借款和在建工程，但未考虑一般借款费用资本化的问题，可能导致固定资产建造成本被低估。④未严格遵循相关信息披露规则，财务信息披露不规范。部分公司未按照政府补助等信息披露解释性公告的要求，充分披露相关信息（如韶钢松山、立讯精密、冠城大通等）。一些公司未按信息披露编报规则第 15 号文的规定充分披露报表项目大幅波动的原因（如双汇发展），或者未按规定披露报表项目的明细信息（如旗滨集团）。一些公司对特定报表项目的附注信息披露不完整或不规范（如博元投资、北纬通讯、台基股份和天一科技等）。此外，部分公司未按照信息披露编报规则第 21 号的规定，披露内部控制评价报告（如赤天化、广晟有色），或者对内部控制评价范围和内控缺陷认定标准的理解存在偏差，导致内控信息披露不规范（如国通管业、广晟有色等）。为上述年报信息披露存在问题的公司提供年审服务的会计师事务所包括立信、中审华寅五洲、瑞华、信永中和、北京兴华、瑞华、中喜、中兴华、江苏公证天业、上海上会、立信中联、天职国际、大华、福建华兴和天健会计师事务所。

（2）缺乏可操作性。

目前，关于价值管理的研究主要集中于理念、战略层面及企业内部管理，对于在资本市场中价值管理信息的披露仅仅是零散的、不系统的片段，由于价值管理信息披露方面的严重缺陷，使得有效资本市场远远不能实现，使得价值管理仅仅成为企业的 CFO（首席财务官）们限于关键事件、关键时点的战略决策与业绩评价，这样就大大局限了实施价值管理的效率和效果。不管公司选择何种管理方法，它们总有缺陷，公司在执行过程中必须要考虑到这一点。可以说，至今，完美无瑕的价值管理方案及评估模型仍未被世人认可和接受。

因此，如何才能够充分发挥价值管理的作用，将价值管理绩效的信息完整、系统地反映于资本市场，将成为未来价值管理理论研究的重要目标之一。而实现这一目标的主要技术支撑是建立一个能够充分反映和披露价值信息的信息系统——基于价值的信息系统。

三、采取的对策

针对价值管理存在的问题，上市公司应从外部和内部两个方面入手进行解决，由于外部问题主要由宏观因素造成，在一定程度上说属于不可控因素，不予以考虑，因此，采取的对策主要是外部可控因素及公司内部因素。为此，应解决两个问题，一是选择或发现适应于上市公司内外部价值管理的模型，二是完善所采用模型需要的信息支持。由于上市公司的价值包括内涵价值和市值两个指标，所以，应分别研究，并找到两者的契合点，将内涵价值与市值有机结合以衡量上市公司的投资价值，本章重点研究内涵价值管理模型

（VAF 模型），其市值管理及两者契合的具体方法见第三部分。

（一）VAF 模型（上市公司价值动态评估模型）

作为评估价值模型，前述四种模型均属于理论上看似较为完善但却难以有效实施的模型，不适宜运用。评估价值适宜采用资本增值动态价值管理评估模型，即 VAF 模型。该模型是基于并修正当前价值信息系统，以资本增值为基础，而发现的切实可行的模型。它首次提出了评估企业未实现人力资本增值的动态模型，并在此基础上得出评估企业价值的模型，能够解决现行模型存在的各种不足，解决上述模型操作上的难题，是迄今为止较为切实可行的模型，值得推广。

资本是指能够在运动中不断增值的价值。这种价值表现为企业为进行生产经营活动所垫支的货币。增值是指企业不同时点资本总量的差额。资本能够增值，主要有两种理论观点：一是资本增值是由货币资本带来的，货币资本具有内生增值性，这是当前普遍坚持的观点；二是资本增值是由人力资本带来的，人力资本具有内生增值性，而货币资本不具有增值性。观点之争的根源在于对旧有理论的坚持和理论脱离了实际，甚至背离了实际。理论源于实践，又反过来指导实践。因此，立足于实践的有效总结、抽象、概括，可推延出理论，同时，为了指导实践，推延出的理论应具有普适性、前瞻性和动态性。根据各种资本在增值中的不同作用确定其增值量，并依据以实现人力资本增值推延计算出未来任一时点的未实现人力资本增值，并确定未实现人力资本增值模式，即企业价值评估模型。可以解决长期以来困扰人们的人力资本计量及企业估价问题。

解决上述问题应遵循以下 3 个前提条件。①货币资本与人力资本相对短缺。②商品经济高度发达。主要表现为集体劳动所创造的价值大于各个别劳动所创造的价值之和，抽象劳动所创造的价值大于具体劳动所创造的价值。③市场经济相当成熟，主要表现为货币资本和人力资本都能通过市场正常交易，具有公允价值。

1. 货币资本与人力资本在增值中的效用定位

资本按照其在增值中的作用划分为货币资本（或物质资本，以下称货币资本）和人力资本，人力资本又划分为个别人力资本和集体人力资本。

价值是凝结在商品中的一般劳动。当一般劳动凝结在商品中时，便表现为商品价值的增加，即高出原始交易对象的差额，也即是原商品价值的增加值，简称增值。马克思认为，物化劳动（即货币资本）只具有转移价值，不具有创造价值，活劳动（即人力资本）具有创造价值，因此，剩余价值完全是由劳动者创造的。这也是第二种增值观的理论基础。本文认为，货币资本只具有转移价值，说明它本身不具有内生增值性，但并不能说明其在增值中不发挥作用，它在增值中的作用的发挥是由于其在转移过程中的“被动力”（即人力资本）所完成的，因此，货币资本是人力资本发挥作用的对象，也是人力资本作用的载体，具有外生增值性，是人力资本发挥作用的必要条件。人力资本具有创造价值，但增值并不是全部由人力资本独立创造的，更不全部是由工人劳动创造的，而是人力资本作用于货币资本创造的。在此，人力资本指全体员工（含资本家）而非仅指工人。人力资本具有内生增值性，是货币资本外生增值的动因。

人力资本增值按照其作用不同分为个别人力资本增值和集体人力资本增值。集体人力资本是两个及其以上个别人力资本的有机组合，如同一双筷子和两只筷子，一双筷子的作用应远远大于两只筷子单独发挥作用的总和。因此，集体人力资本的作用应远远大于其各个别人力资本作用之和，这个“大于”的差额，本文称为集体人力资本发挥作用所产生的增值，简称集体人力资本增值。人力资本按照增值是否实现分为已实现人力资本增值和未实现人力资本增值。已实现人力资本增值指其增值通过劳动已凝结在劳动对象中，并通过市场交换实现的部分，表现为工资、税金、利润等。未实现人力资本增值指其价值尚未实现的部分，即是人们通常认为的人力资本价值或无形资产价值或商誉价值。企业的人力资本增值并不是其已实现增值和未实现增值的简单加总，未实现增值并不必然随着已实现增值的增加而减少，而是很可能随着已实现增值的增加（减少）而不断甚或加速地增加（或减少），或相反或不变。

从人力资本所有权角度考察，人力资本始终归其载体——人所有，融于人体，行于人体，现于人体。而作为企业，所拥有的仅是其使用权，而且是部分使用权，该使用权在企业的发挥即表现为商品增值的潜能。按照持续经营观念，称为未实现人力资本增值较为妥当。

实践中，人力资本和货币资本的作用主要通过货币资本增值体现出来，不论以何种形式存在着，都通过市场交换得以实现。因此，市场是衡量两者发挥作用的唯一标准。随着经济的不断发展，增值越来越大。但货币资本，个别人力资本和集体人力资本增值在不同时期有不同的增值数量、比重和速度。

2. 货币资本增值的数量、比重和速度

货币流通量遵循市场经济规律和货币流通规律。在这一前提下，自由交易的货币资本市场上的货币资本交易价格是供需双方自愿接受的价格，即是供需双方认可的该货币资本在其转移过程中所能发挥作用的“程度”，因此，这个价格即是货币资本的价格，不同时点上的货币资本价格之差即是货币资本增值。由于供需双方的具体情况不同，交易价格不同，增值也就不同，但就某一具体交易对象而言，是确定的，因此，货币资本增值是可以计量的，具体表现为合同或协议所确定的利息率、使用费等。站在投资者角度，货币资本增值是其投资者投入资本的成本，按照现行理财观念，内容包括货币资本的时间价值、风险价值、机会成本和通货膨胀贴水。

货币资本增值比重即货币资本增值率，指货币资本增值占增值的比重。相应地，人力资本增值比重指人力资本增值占增值的比重。两者呈负相关，和等于1。货币资本增值比重，取决于两个指标，货币资本增值和增值。用公式表示：货币资本增值率=货币资本增值/增值，对于企业而言，这一比重在某一时点上是可以计算的，其中，货币资本增值可用资本化率计算确定。计算公式为：货币资本增值=投入货币资本×资本化率。资本化率的确定原则为：只投入一笔货币资本，资本化率为该资本的增值率；投入一笔以上货币资本，资本化率为这些资本的加权平均增值率。计算公式如下：加权平均增值率=各项货币资本的增值之和 / 投入货币资本加权平均数 ×100%。投入货币资本加权平均数= $\sum$ [每笔投入货币资本×（投入每笔货币资本实际占用天数 / 360 天）]，对于难以确定的货币资本增值如股权资本增值，则可依据已发生的增值如发行费加上平均股权资本报酬率确定。

站在物理学角度上来看，货币资本增值速度应为货币资本增值与一定期间的比率。但由于货币资本增值是一个动态的不断扩大的量，后期的增值难免会涵盖前期的增值，因此，货币资本增值应该用单位货币资本增值表示。单位货币资本增值=货币资本增值 / 投入货币资本加权平均数。一定期间可以是一年或半年或一个季度或一个月不等。但计算时，应保持增值与期间的一致性。就某一经济主体而言，不同时期的货币资本增值速度对比，可知快慢。但就社会经济发展的过程而言，货币资本增值速度在不同时期应有不同表现，有时呈逐渐加速态势，有时呈逐渐减速态势，有时呈相对稳定态势。这与不同社会制度、经济政策等有关。但总的来说，应呈现出渐减态势。①货币资本的效应价值在一定程度上决定货币资本的价值，效应价值理论认为：人类所能从一个物品中得到的东西，也就是从这一物品所得到的利益，在大多数情况下就是需求的满足。也就是说，商品的价值归结为商品的效应，商品的效应是人们对它的主观评价，也即人们决策是否买卖的依据。人们应有货币的前后次序与其决策将其用于满足需要的迫切程度是递减的。②社会经济不断发展，物质资本不断丰富，人们满足需要的程度日益提高，相应地，资本的效应价值也就逐渐递减，单位货币资本的效用也就逐渐递减，资本增值速度也是递减的。

3. 已实现人力资本增值数量、比重和速度

已实现人力资本增值包括以实现个别人力资本增值（以下简称个别人力资本增值）和以实现集体人力资本增值（以下简称集体人力资本增值）。

（1）个别人力资本增值数量、比重和速度。

在人力资本市场（现多称为人才市场）上，个别人力资本的价格是其载体——人与人力资本需求者——经济主体公平交易的结果，前者认为该价格是其未来发挥作用的效用价格，待未来发挥作用后以工资形式支付。因此，该价格即可认为是个别人力资本增值。由于个别人力资本的内涵价值不同，该价格也不同，一般而言，简单劳动的个别人力资本在作用于同一对象时所发挥的作用的差距较小，通常视为无差距；复杂劳动者的个别人力资本的作用对象往往不同，其所发挥的作用也不相同，有的差距较大。人力资本是人的组成部分，是一种“活”的资本，其价值必然通过人体现出来，因此，个别人力资本的内涵价值是不断发展变化的，个别人力资本增值也呈现出动态性特点。某个经济主体的个别人力资本增值是该主体个别人力资本增值的总和。具体表现为工资等支付给职工个人的劳动报酬之和。

个别人力资本增值比重即个别人力资本增值率，指一定时期个别人力资本增值占增值的比重。有两个衡量指标，一是综合指标，即一定时期全部个别人力资本增值占增值的比重，用公式表示：全部个别人力资本增值率=个别人力资本增值之和 / 增值。由于个别人力资本增值即是职工工资，所以，全部个别人力资本增值率=工资总额/增值。二是平均（人均）指标，即一定时期平均个别人力资本增值占增值的比重，用公式表示：平均个别人力资本增值率=（个别人力资本增值之和÷职工人数/增值=（工资总额÷职工人数）/增值=人均工资额 / 增值。

个别人力资本增值速度，应随增值的增减变动而变动，二者应呈正相关。但由于个别人力资本增值是通过合同或协议等确定下来的，在一定期间内相对稳定，而增值是生产经营成果，随生产经营状况而变动。因此，个别人力资本增值速度较慢。具体到某个经济主体，可通过有关数据计算得出。

（2）集体人力资本增值数量、比重和速度。

在企业里，增值作为不同时点资本价值量的差额，扣除了货币资本增值、个别人力资本增值后的部分，即为集体人力资本增值。内容主要包括各种税金、净利润。其中，税金

是国家为保障企业正常生产经营所付出代价的回报，应按税法有关规定上交国家；净利润归人力资本所有者集体所有，其具体分配方式应遵循《公司法》按照公司章程等有关规定，分配给个人，或留存企业用于扩大再生产。集体人力资本增值的分配，既不是在企业职工间平均分配，更不是按长官意志“任人唯亲”，而是“任人唯贤”，具体来说，应首先分为两部分，一部分（应为大部分）由董事会或企业领导集团通过公司章程等事先按岗位责权予以确定，另一部分机动，论功行赏，“水涨船高”。

集体人力资本增值比重即集体人力资本增值率，是一定时期集体人力资本增值占增值的比重，有两个衡量指标，一是综合指标，即一定时期集体人力资本增值占增值的比重。用公式表示：集体人力资本增值率＝集体人力资本增值／增值。通过该指标，可以看出企业人力资本总体情况和能力（主要是组织管理能力）。二是一定时期平均集体人力资本增值占增值的比重。用公式表示：平均人力资本增值率＝（集体人力资本增值÷职工人数）／增值。通过该指标，可以看出企业平均人力资本的增值情况和能力。同理，还可以就某一层次如上层管理人员、中层管理人员进行人力资本增值率计算，以反映出各个层级人力资本的增值情况和能力。

由于货币资本增值与个别人力资本增值相对稳定，而随生产经营状况和经营成果的不同而不断变化，这个变化主要表现在集体人力资本增值上，因此，集体人力资本增值对增值的敏感度比货币资本与人力资本增值要强得多，即集体人力资本增值比重与增值呈正相关，且变动速度比增值快。具体到某个企业，可通过有关数据计算得出。

4. 未实现人力资本增值的特征与计量

未实现人力资本增值包括未实现个别人力资本增值和未实现集体人力资本增值。由于两者均未实现，故难以从量上划分，本文将其合为一体加以考虑。

（1）未实现人力资本增值的特征。

未实现人力资本增值自20世纪60年代被发现研究以来，在理论界与实务界都发挥了巨大作用，但有许多难题至今尚未解决，其中，除去人力资本对增值的作用问题（前已述及）外，还有一个关键问题，即计量问题。日前，我国有关专家研究出的计量模式主要有以下三种。①未来价值法。即将预计未来职工工资调整折现的职工的价值的方法。②当期实现价值法。即将企业近三年的劳动投入、资本投入和产出数据，计算出人力资本贡献率，再计算出人力资本价值的方法。③内在价值法。即先由评估机构评估出人力资本公允价值，然后，有关各方据以谈判确定人力资本内在价值的方法。上述模式各有利弊，但归纳起来，它们最根本的不足在于片面、静止，缺乏客观性和可操作性。本文认为，未实现人力资本增值应具有以下几个特征。①整体性。具体表现在两个方面：人力资本是人的组成部分，其增值必然通过人体现出来，与人构成一个完整的整体；在企业里，人力资本增值是个别人力资本有机结合的结果，是个别人力资本发挥作用的结果。②动态性。未实现人力资本增值是未来某一时点的人力资本增值，而在未来不同时点的人力资本增值是不可能相等的，因为，人力资本增值作为一个整体取决于“人”，而人是“活”的，所以，人力资本增值是不断变化的，动态的。③客观可计量性。人力资本增值的可计量性已在前文中表述，毋庸置疑；未实现人力资本增值可通过人力资本增值推演计算得出。④可验证性。经计算得出的未来某一时点的人力资本增值可待未来以实际实现的增值加以验证。

（2）未实现人力资本增值的计量。

未实现人力资本增值表现出某个企业的根本发展能力和潜力，企业可以通过计算一定时期该指标的趋势比率，得出其增值率，并且运用该增值率，计算并推延出未来某一时点的人力资本增值，具体方法和步骤如下：

第一步，计算确定人力资本加权平均增值率。由于人力资本包括个别人力资本和集体人力资本，所以，人力资本增值率＝个别人力资本增值率＋集体人力资本增值率＝个别人力资本增值/增值＋集体人力资本增值/增值＝人力资本增值 / 增值。

第二步，计算未来某一时点的人力资本增值。以人力资本加权平均增值率为“折现率”，以最近一期增值为“现值”，以最近一期期末至所期望的未来时点为期间，按照复利终值计算原理计算出未来该点的未实现人力资本增值。设：人力资本加权平均增值率为 I，最近一期的增值为 p，最近一期期末至所期望的未来时点的期限为 n，未来时点的未实现人力资本增值为 F，则 $F=p(1+i)^n$。该公式体现出企业未来在相等的加权平均增值率的基础上的某一时点的人力资本价值。具体应用时，考虑到未来的实际情况，可适当增加或降低，以使之更符合实际。按照持续经营观念，n 趋向于无穷大，则 $F\Rightarrow+\infty$；若 I 为负值，则 $F\Rightarrow-\infty$。这符合实际，那些一贯蓬勃发展的巨型企业和已破产倒闭的企业即是例证。

5. VAF 模型及其特点

企业价值是货币资本价值与人力资本价值的综合，按照前述分析推论可以得出如下结论：企业价值＝货币资本价值＋人力资本价值＝货币资本价值＋已实现人力资本价值＋未实现人力资本价值。其中，货币资本价值与已实现人力资本价值已经在财务报告上体现出来，即是资产负债表（The Balance Sheet）上的资产（Assets）或权益（Rights）总额，简称为 A，它包括了货币资本增值，已实现人力资本增值及投入资本，是评估企业价值时的全部资本价值，包括股东权益资本和债务资本；未实现人力资本价值即是以货币资本价值和已实现人力资本价值为基础所要实现的人力资本增值，即 F；若企业价值用 V 表示，则 $V=A+F=A+p(1+i)^n$，称为 VAF 模型。

该模型简明易懂，具有以下特点：①全面性。运用模型能够估计未来任一时点的人力资本价值及企业价值。②客观性。依据历史资料而且可以是全部历史资料推演计算得出的模型能够反映企业的客观实际。③动态性。不同时期的各种资本增值不同。因此，不同时点的未实现资本增值及企业价值也不相同，符合实际。

（二）基于价值的信息支持系统

由于现有价值管理的信息系统支持的不足，使得目前衡量公司价值的模型在具体运用上难以发挥作用，为此，建议不使用价值派模型、折现现金流量模型、经济增加值模型和托宾 Q 值等模型，而是采用 VAF 模型评估企业价值。VAF 模型的基础数据即 A 源于资产负债表，而资产负债表信息固有的诸多问题，是 VAF 模型的操作办法没法克服的。因此，应针对现行会计报表存在的问题，首先建立基于价值的报表信息系统，然后以此为基础运用 VAF 模型衡量公司价值，使价值管理真正落到实处。

1. 理论支持

基于价值的报表信息系统是采用 VAF 作为企业资源的价值进行披露，能够全面反映企业的实际价值和发展潜力，是价值管理的有效技术支撑。

价值管理活动几乎都以资本市场为背景展开，而现代资本市场是建立在信息披露的基础之上的，具有可靠性和相关性的信息系统支持是资本市场健康、有序发展的必要条件。基于价值的信息系统能够满足作为建立有效资本市场技术支撑的要求，具有能够真实反映企业价值的根本特征。按照微观经济学的观点，所谓价值，是指未来现金流量的现值。随着资本预算中折现技术的运用，财务学家们也接受了关于价值的这一定义。具体言之，企业价值就是企业预期未来现金流量的现值，也是市场预期的结果。而一般来讲，市场预期依赖两种信息，一是能够验证市场预期的历史信息，二是直接或间接形成预期的未来信息。历史信息通过验证市场预期来修正市场价格。在有效市场条件下，市场的定价是准确的，然而，这种准确性是通过预期—修正—再预期—再修正的过程实现的。

基于价值的报表信息系统必将能够提供上述要求的两种信息。一方面，基于价值的报表信息系统更加具有预测价值，即它的信息对于提高信息使用者预测未来的能力会有很大的帮助。虽然未来往往是不确定的，但是人们总是试图去影响未来，使之朝着有利于自己的方向去发展。这就要求反映未来的信息系统必须具有符合未来变化趋势的可预测的特征。另一方面，基于价值的报表信息系统的验证作用更加及时。股票投资者交易的是公司未来的收益，但没人知道未来收益，管理层自己也不能准确知道未来收益。未来收益只能逐步地被已经交易的业务所证实。基于价值的信息系统由于采用公允价值来计量企业的资产价值，它提供的价值信息更加接近市场估价，能够更加及时地验证市场的预期，从而更加有利于价值管理绩效的实现。

目前，我国的证券市场基本处于弱势有效状态，即股票价格基本能够反映历史信息，但未能充分反映公开信息。公司披露的会计信息在投资者中的分布呈不均衡状态，且公司与投资者之间处于严重的信息不对称状态。作为信息强势方的上市公司，为了自己的利益，往往在股票发行上市上会有逆向选择，而在上市完成后则会出现道德风险问题。这也是我国上市公司会计信息披露不完善的根源所在。从我国最早的深圳原野造假案到琼民源欺诈，再到红光实业靠行骗上市、中科创业的虚假重组，都无不与信息披露息息相关。不完善的会计信息披露助长投机之风盛行，给广大投资者造成了巨大损失，为股票市场的发展蒙上了一层阴影。

VAF 模型能够提供在一定程度上满足价值管理需要的信息，但该模型所需的原始信息是现行财务报告信息为基础的历史信息，而现行财务报告存在着诸多问题，为确保模型估价的有效性，必须对现行财务报告进行合理分析，寻找出存在的问题并采取相应对策。

2. 采取的对策

针对基于交易的信息系统存在的问题，应采取相应对策。

（1）完善财务信息的市场环境。上市公司财务信息披露的不真实的主要原因在于需求主体缺位，为此必须完善财务信息的市场环境，完善上市公司治理结构，提高投资者素质，完善相关制度建设。①完善上市公司治理结构。加强股东等财务信息需求者参与监控的动机和能力。为此，首先必须完善公司产权制度。明晰投资者与公司管理层之间经济上的契约关系，进而形成真实财务报告的需求主体。落实股东权利使董事会受到股东大会的有效制约。其次必须完善上市公司的内控机制，完善公司章程，明确界定股东大会、董事会、监事会及经理的权限，做到分工明确、责任落实，并尽量避免董事和经理交叉任职，从而确实建立起董事会和监事会对股东大会负责、经理对董事会负责的制衡机制。②提高投资者素质。投资者应具备一定的财务与会计常识，使之能够根据自身决策需要，更好地阅读、理解和分析公司所披露的会计信息；采取适当方式方法，鼓励投资者尤其散户投资者不断学习，掌握价值投资的技术和方法，使之从盲目投资转移到价值投资的正确轨道上来；增强广大投资者的法律意识，使之学会利用法律武器来维护自身利益，针对会计信息披露上的一些违法行为提起民事诉讼，要求有关责任人士承担其民事赔偿责任。③完善证券市场法规体系。完善上市公司信息披露制度是证券市场健康发展的根本保证。建立以《证券法》为核心的证券制度规范，制定完善的会计准则和审计执业规范。

（2）完善公司财务信息披露内容。上市公司财务报告应当考虑投资人员的广泛信息需求，满足用户全面了解公司的经营机遇与风险，以及其现状和发展前景的需求。上市公司信息披露的完整类型应包括以下几方面：①企业管理部门对信息的分析说明。主要说明企业财务状况经营业绩、未来的发展趋势；②财务和非财务信息。包括财务报表信息和经营状况信息；③未来的预测信息。包括企业面临的机遇和风险，企业的发展和开发投资计划；④股东和管理人员信息，包括董事、大股东、管理人员的持股情况、酬金以及关联交易方面的说明；⑤背景信息。包括企业的长期发展战略目标，企业经营业务，资产的范围、内容、规模，宏观经济政策对企业的影响等。鼓励支持上市公司对企业非经营性财务信息的披露主要包括管理当局的短期和长期目标、发展规划、增值表、环境保护报告等，既有对过去经济事项的解释，又有对现在情况的说明，还有对未来结果的预测。

（3）加强对上市公司的监督管理。《2014 年上市公司年报会计监管报告》[①] 称：上市公司 2014 年报会计处理中存在的主要问题包括：未严格执行企业会计准则规定、对类似交易或事项的会计处理不一致、未正确区分会计政策变更、会计差错更正与会计估计调整。财务信息披露中存在的主要问题包括：未严格执行信息披露规范要求，信息披露不完整；财务信息披露的简单错误仍然存在；财务信息披露的形式化、原则化问题突出；未对复杂专业判断及财务影响进行明确说明；财务信息与非财务信息缺乏统一衔接，致使相关的内容前后披露不一致。此外，一些公司还存在内控评价报告和审计报告不符合规范要求，内控评价、内控审计信息与年报信息不一致等问题。

对此，邓舸表示，对上述年报审阅中发现的上市公司执行会计准则、内部控制规范以及财务信息披露规则中存在的问题，证监会将继续做好三项工作：通过发布年报会计监管报告，向市场传递关于执行会计准则、内部控制规范和财务信息披露规则等方面的监管标准，继续引导上市公司切实提高财务信息披露质量；对于年报审阅中发现的问题线索，在日常监管和专项核查中进一步了解情况并进行后续处理；基于市场的信息需求和资本市场改革要求，进一步完善多层次资本市场信息披露规范体系，探索建立有效的信息披露规范建设和实施制度。

针对违法行为，陈文山和赵晓辉撰文“证监会从严打击信息披露违法行为”[②] 指出：“2015 年，证监会依法快速对上海超日、皖江物流、青鸟华光、大元股份、承德大路等 26 件信息披露违法案件作出行政处罚决定，对 18 家上市公司进行了行政处罚，罚没款共计 2259.23 万元，并依法对上海超日、青鸟华光的 7 名相关责任人员采取市场禁入措施，其中 2 人被采取终生市场禁入措施。博元投资由于涉嫌违规披露、不披露重要信息罪等重大

① 证监会：《2014 年上市公司年报会计监管报告》，网易财经，2015 年 10 月 24 日。

② 陈文山、赵晓辉：《证监会从严打击信息披露违法行为》，新华网，2015 年 8 月 1 日。

违法行为已被移送公安机关，并被暂停上市。除此之外，还有15件案件正在履行事先告知程序。”证监会发言人张晓军表示：“面对当前各类侵害投资者合法权益的信息披露违法行为，证监会快速组织审理力量对案件进行审理，准确认定事实，依法作出处罚。上述信息披露违法案件的高效快速处罚，对于强化上市公司信息披露义务，提高上市公司合规意识，提升上市公司信息披露质量发挥了重要作用。”与此同时，证监会加大退市制度实施力度。张晓军表示，证监会将不断加大对信息披露违法案件的处罚力度，不断完善退市制度，促进信息披露真实、准确、完整，筑牢资本市场的基石，还市场一个清清楚楚、明明白白的上市公司，维护投资者特别是中小投资者的合法权益。

由于VAF模型在具体应用上的困难，为了确保不同时期上市公司投资价值的可比性，本书对上市公司的内涵价值即投资价值的评估仍然采用与《中国上市公司投资价值分析研究》所采用的方法相同的方法，即选择能够反映上市公司投资价值的系列财务指标，建立模型，运用SPSS软件，对全部上市公司分别行业，以2014年财务报告为依据，采用因子分析法和聚类分析法计算各家上市公司的投资价值总量及排名，联系实际进行深入比较分析研究和动态比较分析研究，得出质与量有机结合的价值投资结论。

第二部分

第四章　农、林、牧、渔业上市公司投资价值比较分析研究

摘要：农、林、牧、渔业是国民经济的基础产业，其上市公司作为行业发展龙头企业是股票市场上投资者关注的焦点。然而，如何准确分析其内在投资价值，从众多上市公司中选取具有良好前景的投资对象绝非易事。为帮助股票投资者做出正确的价值投资决策，本文以 2014 年沪深 40 家农、林、牧、渔业上市公司为例，选择 13 个财务能力指标，建立模型，运用 SPSS 软件，采用因子分析法与聚类分析法进行投资价值分析，最终确定各个上市公司的投资价值总量及排名。同时结合 2013 年的排名，联系各个公司实际情况进行深入比较分析研究，得出理论与实践有机结合的投资价值结论，为投资者提供投资参考。

关键词：上市公司　农、林、牧、渔业　投资价值　聚类分析

Abstract: Agriculture, forestry, animal husbandry and fishery are the basic industries of national economy, as the industry leading enterprises, the listed companies are the focus of investors on the stock market. However, it is not easy to analyze the intrinsic investment value accurately, and select from many listed companies which have good prospects of investment. This paper selects 9 indexes that can comprehensively reflect the financial capacity of companies to form a system to evaluate investment value of listed companies, and builds a model of this system. This system is tried on 40 listed companies in the industry of agricultural, forestry, animal husbandry and fishery. This paper takes the factor analysis and cluster analysis method in SPSS software. The total investment value of each company is calculated and ranked. Finally, this paper properly classifies the companies, and Combined with the ranking in 2013, and analyzes the result in depth with practice, and draws conclusions that combine quantity and quality of investment value. The conclusions drawn by this paper can be taken as a reference for investors to reduce their investment risk and improve their investment returns.

Keywords: Listed Company　Industry of Agricultural, Forestry, Animal Husbandry and Fishery　Investment Value　Clustering Analysis

一、引言

农业是国民经济基础产业，属于第一产业。它是以土地资源为生产对象，通过培育动植物产品从而生产食品及工业原料的产业。用土地资源进行种植生产的部门是种植业，利用土地资源培育采伐林木的部门是林业，利用土地资源培育或者直接利用草地发展畜牧的

是畜牧业，利用土地上水域空间进行水产养殖的是水产业，也叫渔业。广义农业包括种植业、林业、畜牧业、渔业四种产业形式，它们都是农业的有机组成部分。

据国家统计局数据显示①，2014 年，农、林、牧、渔业总产值 102226.09 亿元，比 2013 年增长 5230.82 亿元，增长幅度为 5.4%。从图 4-1 中可以看出，不论是农、林、牧、渔业总产值，还是各个具体行业的总产值都处于一个稳定增长的状态。

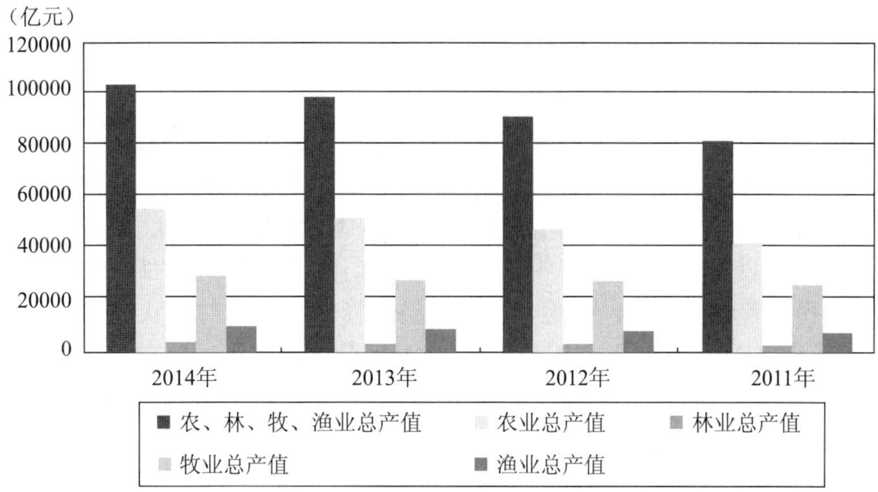

图 4-1　2011—2014 年总产值柱状图

2014 年，一系列"重中之重"的农村改革政策相继出台，吹响了全面深化改革的新号角。深化农村土地制度改革，突出表现为固权与放活并重，考虑推进中国农业现代化问题；着力开展包括开展食用农产品质量安全源头治理、开展畜禽屠宰和肉制品专项整治、开展农村食品安全专项整治等 9 个方面的治理整顿；加快农村金融制度创新，鼓励民营资本多渠道进入农村金融领域等多项重大改革措施。

总之，农、林、牧、渔业都具有较大的社会需求和发展潜力，相应地对其上市公司进行价值投资就显得格外重要。"在对其上市公司的投资价值进行分析时，简单的定性分析不但过程烦琐而且缺乏准确性，使用综合性的定量分析方法或许能对此有所改善。"② 为此，本文以深沪两市的 40 家农、林、牧、渔业上市公司为例，选取 13 个能够综合反映财务能力的财务指标，作为评估各农林牧渔公司投资价值的指标体系，建立指标模型，运用 SPSS 软件，采用因子分析法与聚类分析法进行投资价值实证分析，确定公司的投资价值总量及其排名，并合理划分层级，结合投资者对农、林、牧、渔业上市公司投资的实际情况进行深入分析研究，得出量与质有机结合的投资结论，为投资者提供参考，以降低投资风险，提高投资收益。

解决上述问题应遵循以下 3 个前提条件。①证券市场相当成熟。投资者能够随时在证券市场上公开交易。②分析对象具有可比性。为此，应以同一行业或同一区域或同等科技

① 国家统计局：http：//data. stats. gov. cn/easyquery. htm? cn=C01。

② 韩兆洲、谢明杰：《公司投资价值评价模型及其实证分析》，《中央财经大学学报》，2004 年第 11 期。

水平等内部的多个对象进行分析对比。③财务报表数据可信、可得。主要表现为能够反映分析对象的实际状况，且易于获得。

二、上市公司投资价值分析要素

上市公司是指所发行的股票经过国务院或者国务院授权的证券管理部门批准在证券交易所上市交易的股份有限公司。投资价值是指评估对象对于具有明确投资目标的特定投资者或某一类投资者所具有的价值，亦称特定投资者价值。在分析上市公司的投资价值时，需要考虑到宏观背景、行业发展、区位以及公司的经营状况等因素。

宏观背景因素主要包括宏观经济环境，财政货币政策，利率、汇率及存款准备金率，自然文化背景。行业背景与区位因素主要包括产业规模，产业政策，行业周期，行业关联和区位经济因素。这些因素的状况、变动及其发展趋势，都直接或间接并不同程度地影响上市公司的发展状况及投资决策，并通过经营状况，主要以财务报表体现出来。因此，上市公司财务报表是综合反映投资价值各要素状况的载体，是进行投资价值分析的基础和依据。

“上市公司经营状况主要包括主导产品，经营管理水平和财务状况三方面。对于投资者来说，了解一个上市公司的主导产品是对其经营状况了解的第一步。在分析其主导产品时，要具体到产品价格、质量、规模、消费群体等各个方面。”① 而由于主导产品是公司盈利的关键，所以公司主导产品的市场占有率决定了它在行业中的地位，占有大量市场份额的龙头企业对该类产品的价格影响率也远远高于其他同行业的普通公司。上市公司的经营管理水平和科技研发能力也是其内在投资价值分析的一个重要指标。公司的经营管理者如果能够起到对公司发展成长的整体工作的协调规划作用，使公司各项工作可持续地稳定进行，势必可以使其走上稳步发展的道路。而科技研发能力是一个企业创新的源泉，是企业得以持续发展的生命力，也是提升产品竞争力的核心。投资者对公司科技研发能力的分析可以得到该公司成长能力的初步评判，据此挖掘公司的长期发展潜力和投资价值。

财务情况是公司经营结果的体现。上市公司财务状况可通过财务分析反映出来，财务分析是对上市公司投资价值分析的关键部分，也是据以对投资价值进行判断最为直观便捷的方式。财务分析的主要依据是上市公司的财务报表，其分析结果是投资者了解公司的财务和经营状况，进行投资价值以及发展趋势分析决策的重要依据。财务分析主要指财务能力分析，包括公司盈利能力、偿债能力、运营能力和成长能力分析。

（1）盈利能力分析。盈利能力是指上市公司获取利润的能力，也称为上市公司资金或资本增值能力，通常表现为一定时期内企业收益数额的多少及其水平的高低。盈利能力指标主要包括销售净利率、总资产收益率、成本费用利润率、盈余现金保障倍数、净资产收益率五项。实务中，上市公司经常采用每股净资产、每股收益、每股股利、市盈率等指标评价其获利能力。

（2）偿债能力分析。偿债能力是指上市公司用其资产偿还短期债务与长期债务的能力，是反映上市公司财务状况和经营能力的重要标志。反映上市公司短期偿债能力的指标主要有：流动比率、速动比率、现金比率；反映上市公司长期偿债能力的指标主要有：资

① 韩兆洲、谢明杰：《上市公司投资价值评价模型及其实证分析》，《中央财经大学学报》，2004 年第 11 期。

产负债率、股东权益比率和利息支付倍数。

（3）运营能力分析。运营能力是指上市公司基于外部市场环境的约束，通过内部人力资源和生产资料的配置组合而对财务目标实现所产生作用的大小。上市公司营运能力主要指其营运资产的效率与效益。营运资产的效率主要指资产的周转率或周转速度；营运资产的效益通常是指产出额与资产占用额之间的比率。反映上市公司营运能力的指标主要有：总资产周转率分析、流动资产周转率、存货周转率、应收账款周转率和固定资产周转率。

（4）成长能力分析。成长能力是指上市公司未来发展趋势与发展速度，包括上市公司规模的扩大，利润和所有者权益的增加。上市公司成长能力是随着市场环境的变化持续增长的能力，反映了其未来的发展前景。反映上市公司成长能力分析的指标主要有：总资产增长率、营业总收入增长率和股东权益增长率。

三、农、林、牧、渔业公司投资价值分析

在实证分析的过程中，需要使用涵盖各个财务数据的系列指标进行全面、系统的分析，才能从中发现规律。然而复杂的大量数据给分析带来了很大难度。为此，本书使用因子分析与系统聚类分析的多元统计方法来进行实证研究。

（一）数据统计分析方法简介

（1）因子分析法。“因子分析法是一种起源于20世纪早期的多元统计法。因子分析法旨在找出某些共同因素，使用尽可能少的因子来取代庞大的原始数据，同时又能够反映原始数据中的大部分信息。所以，使用因子分析法来对各个指标间的相关关系进行重叠信息的归类，在此基础上选取具有代表性的指标，即综合指标来分析数据，可以使复杂问题简单化，也有助于得出主要矛盾。”①

因子分析的一般模型如下所示：

$$\begin{cases} X_1 = a_{11}f_1 + a_{12}f_2 + \cdots + a_{1m}f_m + \xi_1 \\ X_2 = a_{21}f_1 + a_{22}f_2 + \cdots + a_{2m}f_m + \xi_2 \\ \cdots\cdots\cdots\cdots \\ X_p = a_{p1}f_1 + a_{p2}f_2 + \cdots + a_{pm}f_m + \xi_p \end{cases}$$

在因子分析模型的矩阵表达式 $X = af + \xi$ 中：X 为变量；f 为因子；a 为因子载荷矩阵；ξ 为原有变量不能被因子解释的部分。因子分析的目的即为通过此表达式来简化变量的维数，将相关性大的变量归为一类，而该类别即成为一个因子。

本书使用分子分析中的主成分因子法，通过得出的少数主成分因子来解释多个变量。

（2）系统聚类分析法。“系统聚类分析法就是利用一定的数学方法将样品或变量（所分析的项目）归并为若干不同的类别（以树状图表示），使得每一类别内的所有个体之间具有较密切的关系，而各类别之间的相互关系相对地比较疏远。系统聚类分析最后得到一个反映个体间亲疏关系的自然谱系，它比较客观地描述了分类对象的各个体之间的差异和联系。”② 根据分类目的不同，系统聚类分析可分为两类：一类是对变量分类，称为R型分析；另一类是对个案分类，称为Q型分析。基于对上市公司进行分类的需要，本文选择

① 唐菲、韩华、龙伟：《新能源行业上市公司投资价值分析》，《武汉理工大学学报：信息与管理工程版》，2012年第10期。

② 曹建清：《中国软件行业公司投资价值分析》，《金融市场》，2012年第8期。

的是 Q 型分析。

（二）因子分析模型构建

要分析农、林、牧、渔业上市公司绩效与投资价值，有大量的指标可供选择。考虑到数据的可得性与指标的可比性，本文选取了能够综合反映投资价值的四种能力的 13 个财务绩效衡量指标，如表 4－1 所示，然后使用 SPSS 软件进行投资价值分析。

表 4－1　　模型指标体系

类型	变量	性质
盈利能力	基本每股收益	正指标
	销售净利率	正指标
	每股净资产	正指标
	总资产报酬率	正指标
偿债能力	流动比率	适度指标
	速动比率	适度指标
	资产负债率	适度指标
营运能力	存货周转率	正指标
	总资产周转率	正指标
	固定资产周转率	正指标
成长能力	总资产增长率	正指标
	营业总收入增长率	正指标
	股东权益增长率	正指标

（三）样本选取与数据处理

沪、深证交所的 40 家农、林、牧、渔业上市公司的资料来源主要为其 2014 年的财务报告。具体初始数据如表 4－2 和表 4－3 所示。

表 4－2　　初始数据 1

股票代码	名称	基本每股收益（元）	每股净资产（元）	销售净利率（%）	总资产报酬率（%）	流动比率	速动比率
000592	平潭发展	0.0831	8.8817	1.3419	5.1979	2.4557	0.8320
000663	永安林业	−0.1000	−3.9203	1.5943	2.4914	1.2225	0.1822
000713	丰乐种业	0.2040	4.4252	4.4995	4.0509	1.9883	1.0189
000735	罗牛山	0.0580	5.4306	1.9391	2.6269	2.3061	1.4063
000798	中水渔业	0.0659	5.1469	2.6365	1.7859	7.6673	5.8069
000998	隆平高科	0.3634	17.9482	1.9214	10.5883	1.5068	0.7385

续　表

股票代码	名称	基本每股收益（元）	每股净资产（元）	销售净利率（%）	总资产报酬率（%）	流动比率	速动比率
002041	登海种业	1.0806	36.1805	5.6834	14.4641	3.4739	2.7533
002069	獐子岛	−1.6700	−44.8957	1.5922	−23.3116	0.9106	0.3409
002086	东方海洋	0.1706	7.2103	5.7578	4.0651	1.3174	0.2919
002234	民和股份	0.2100	5.2838	3.9470	4.8131	1.1030	0.8441
002299	圣农发展	0.0836	0.5901	3.4910	3.4370	0.4419	0.1909
002321	华英农业	0.0295	0.7522	3.4343	2.3927	0.8772	0.6781
002447	壹桥海参	0.5000	42.3554	4.4255	10.5255	3.1843	1.1998
002458	益生股份	0.0800	2.7636	2.4742	3.8719	0.3576	0.2541
002477	雏鹰农牧	−0.2033	−10.4540	2.8457	−0.5131	0.8098	0.3530
002505	大康牧业	0.0060	3.2374	2.0039	0.9407	23.0266	21.8801
002679	福建金森	0.3400	24.6710	5.0412	6.6022	3.4719	0.9921
002696	百洋股份	0.3200	3.3848	5.4015	5.6936	1.4449	1.1659
002714	牧原股份	0.3300	3.0789	8.0505	4.8759	0.9156	0.2881
002746	仙坛股份	0.3700	2.5561	6.7200	4.3064	0.9627	0.4942
300087	荃银高科	0.0330	5.1539	3.5902	2.4303	2.3951	1.2063
300094	国联水产	0.6400	10.5670	4.8517	11.4027	2.2065	0.9833
300106	西部牧业	0.1400	3.9969	3.8629	4.2657	1.1171	0.4434
300143	星河生物	−1.9900	−97.2364	2.0789	−30.4067	0.3813	0.2774
300189	神农大丰	−0.2160	−32.6021	3.0381	−7.4489	4.9450	2.7210
300313	天山生物	0.0197	1.7272	4.3477	0.3647	1.9035	1.3790
600097	开创国际	0.5200	12.7747	4.5341	8.8701	1.5075	1.1077
600108	亚盛集团	0.1059	9.3450	2.4194	3.9755	2.3420	1.7077
600257	大湖股份	0.0038	0.4974	1.7728	2.2388	1.3844	0.5190
600265	ST 景谷	−0.3500	−48.6912	0.0789	−3.3587	0.6103	0.0722
600354	敦煌种业	−0.7237	−20.3566	1.5068	−3.9184	1.0862	0.7478
600359	新农开发	0.0600	−0.7256	2.5894	2.2361	1.1825	0.7884
600371	万向德农	0.0200	0.5991	1.8701	1.9485	1.2034	0.2962
600467	好当家	0.0300	1.5973	3.9707	1.8073	0.8211	0.2228
600506	香梨股份	−0.1020	−14.5960	1.8402	−6.3710	14.0878	5.8214
600540	新赛股份	0.0474	−0.9540	3.3063	1.1232	1.0117	0.7848

续 表

股票代码	名称	基本每股收益（元）	每股净资产（元）	销售净利率（%）	总资产报酬率（%）	流动比率	速动比率
600598	北大荒	0.4500	14.1427	3.1932	7.0723	1.3304	0.8038
600965	福成五丰	0.1400	6.4795	1.7585	8.1206	1.7900	0.9604
600975	新五丰	−0.2100	−5.2825	2.1785	−3.7225	1.3520	0.5654
601118	海南橡胶	0.0057	0.2572	2.2852	1.0636	1.7547	1.2738

表 4－3　　　　初始数据 2

股票代码	名称	资产负债率（%）	存货周转率（次）	总资产周转率（次）	固定资产周转率（次）	总资产增长率（%）	营业总收入增长率（%）	股东权益增长率（%）
000592	平潭发展	33.3412	0.6969	3.3867	0.4354	17.4313	0.8036	6.6139
000663	永安林业	74.1733	0.5927	1.2891	0.3375	1.1901	0.2341	−2.7746
000713	丰乐种业	28.8076	2.0145	3.6246	0.7094	−5.4778	−18.6037	4.2668
000735	罗牛山	57.3680	1.4138	1.2455	0.2357	−0.8508	−41.9126	−0.1567
000798	中水渔业	9.3045	2.7017	1.4637	0.4065	−0.5964	27.9016	0.6378
000998	隆平高科	50.7815	0.9068	2.8849	0.4574	7.1083	−3.6765	21.1238
002041	登海种业	26.4858	0.9025	2.6574	0.3976	12.9993	−1.6802	20.8515
002069	獐子岛	76.2915	1.0440	2.4961	0.5223	−8.2294	1.5779	−53.0958
002086	东方海洋	45.9295	0.5326	0.4485	0.2342	5.2061	−1.7880	3.0536
002200	云投生态	63.2279	0.5184	6.2297	0.3699	57.2765	64.3615	133.5314
002234	民和股份	45.5564	4.7150	1.6413	0.5928	20.7995	19.0807	5.5651
002299	圣农发展	63.7241	5.0598	1.1951	0.7057	22.4088	36.6981	2.4544
002321	华英农业	64.5754	3.2952	1.4930	0.4676	18.5573	4.9382	0.8677
002447	壹桥海参	34.4787	0.4936	0.3551	0.1929	34.6819	1.3753	92.9005
002458	益生股份	61.2383	7.8902	0.9963	0.4970	16.7171	67.4213	4.9358
002477	雏鹰农牧	60.2253	1.1142	0.7437	0.2608	15.5417	−5.6951	27.5583
002505	大康牧业	11.4377	2.8934	1.1114	0.1479	396.0730	−41.3345	611.3861
002679	福建金森	49.6387	0.0665	6.9114	0.1376	1.0398	9.1486	5.0820
002696	百洋股份	41.7202	10.8001	4.2994	1.1678	27.1899	31.9488	4.2554
002714	牧原股份	52.7050	2.3369	1.8699	0.7084	27.3534	27.4095	55.0107
002746	仙坛股份	46.4241	5.7269	3.3612	1.2069	8.8636	−2.1648	5.8467
300087	荃银高科	30.4966	0.8322	3.1056	0.4574	4.5792	0.6343	−1.8316

续　表

股票代码	名称	资产负债率（%）	存货周转率（次）	总资产周转率（次）	固定资产周转率（次）	总资产增长率（%）	营业总收入增长率（%）	股东权益增长率（%）
300094	国联水产	37.6156	1.7152	5.2666	0.8044	8.0063	−3.8153	10.9602
300106	西部牧业	56.8291	1.3965	1.4883	0.5093	36.6121	70.8633	3.2579
300143	星河生物	57.2181	8.7252	0.6407	0.3349	−22.2661	20.7995	−48.9035
300189	神农大丰	15.2389	0.7547	1.5479	0.2177	−5.9253	−21.7239	−7.5260
300313	天山生物	28.4544	1.0251	0.8090	0.2131	14.1545	47.5298	−0.9366
600097	开创国际	32.0164	4.4828	1.1547	0.6269	3.9471	1.8945	7.7956
600108	亚盛集团	37.4557	2.2963	2.0203	0.3181	17.0693	−16.8232	0.9787
600257	大湖股份	43.3665	1.1071	4.1957	0.4855	3.7048	8.4131	−1.4816
600265	ST 景谷	98.5145	0.4578	0.8222	0.2011	−22.6611	−61.6657	−81.6963
600354	敦煌种业	65.5154	0.9320	1.6050	0.3224	−10.1945	−33.0141	−32.4443
600359	新农开发	65.1041	1.1400	0.9922	0.3063	28.0369	−23.0810	141.5343
600371	万向德农	49.6630	0.7078	2.2180	0.4847	−21.5343	6.0977	7.9052
600467	好当家	38.4409	0.6275	0.3843	0.1975	13.3108	−9.0864	−0.6053
600506	香梨股份	5.5520	2.3366	2.1698	0.3782	−5.1878	−2.8653	−5.2561
600540	新赛股份	58.2264	2.7943	1.6610	0.3667	26.4934	−18.9380	76.8290
600598	北大荒	31.4799	0.9968	1.0503	0.4627	−40.5951	−45.6527	16.2138
600965	福成五丰	24.9104	2.5616	2.4504	0.9164	6.6310	7.1659	4.8556
600975	新五丰	53.2028	3.7263	3.1428	1.0464	6.9328	15.2560	−7.7062
601118	海南橡胶	25.8074	5.7964	7.3104	0.9223	2.0830	−4.2417	−1.0595

在指标性质、单位不同的情况下，首先要对其进行同趋势化处理。在选取的 13 个财务指标中，流动比率、速动比率以及资产负债率为适度指标，其他指标均为正指标。利用公式 $X'_i=1/|X_i-A|$ 将这三项指标的初始数据进行同趋势化处理，其中 X'_i 为正向化后的指标，X_i 为原始指标，A 为样本的适度值（选取样本公司的平均值作为适度值）。然后利用 SPSS 中的 Z - score 方法将 13 项指标的原始数据进行标准化处理。同趋势化处理后的三项指标数据如表 4 - 4 所示，标准化处理后的数据如表 4 - 5 和表 4 - 6 所示。

表 4 - 4　　同趋势化处理

股票代码	名称	正向化后流动比率	正向化后速动比率	正向化后资产负债率（%）
000592	平潭发展	8.9610	1.3309	0.0844
000663	永安林业	0.7436	0.7137	0.0345

续 表

股票代码	名称	正向化后流动比率	正向化后速动比率	正向化后资产负债率（%）
000713	丰乐种业	1.7271	1.7716	0.0611
000735	罗牛山	3.8286	5.6482	0.0821
000798	中水渔业	0.1961	0.2368	0.0279
000998	隆平高科	0.9430	1.1836	0.1787
002041	登海种业	1.1030	0.8547	0.0535
002069	獐子岛	0.6036	0.8049	0.0321
002086	东方海洋	0.8001	0.7743	1.3413
002234	民和股份	0.6829	1.3527	2.6851
002299	圣农发展	0.4705	0.7182	0.0539
002321	华英农业	0.5917	1.1047	0.0516
002447	壹桥海参	1.6207	2.6072	0.0934
002458	益生股份	0.4526	0.7523	0.0623
002477	雏鹰农牧	0.5690	0.8128	0.0665
002505	大康牧业	0.0489	0.0493	0.0296
002679	福建金森	1.1055	1.6913	0.2245
002696	百洋股份	0.8910	2.3955	0.2887
002714	牧原股份	0.6054	0.7721	0.1330
002746	仙坛股份	0.6232	0.9182	0.8064
300087	荃银高科	5.8074	2.6522	0.0681
300094	国联水产	2.7717	1.6665	0.1321
300106	西部牧业	0.6896	0.8772	0.0859
300143	星河生物	0.4575	0.7657	0.0831
300189	神农大丰	0.4206	0.8790	0.0334
300313	天山生物	1.5065	4.8937	0.0598
600097	开创国际	0.9436	2.1024	0.0759
600108	亚盛集团	4.4386	8.0416	0.1294
600257	大湖股份	0.8454	0.9395	0.5502
600265	ST 景谷	0.5110	0.6617	0.0188
600354	敦煌种业	0.6752	1.1968	0.0492
600359	新农开发	0.7221	1.2579	0.0502
600371	万向德农	0.7332	0.7769	0.2233

续 表

股票代码	名称	正向化后流动比率	正向化后速动比率	正向化后资产负债率（%）
600467	好当家	0.5727	0.7350	0.1483
600506	香梨股份	0.0868	0.2360	0.0252
600540	新赛股份	0.6428	1.2523	0.0767
600598	北大荒	0.8085	1.2828	0.0730
600965	福成五丰	1.2865	1.6053	0.0493
600975	新五丰	0.8228	0.9824	0.1247
601118	海南橡胶	1.2306	3.2305	0.0516

表 4-5　标准化数据 1

股票代码	名称	基本每股收益（元）	每股净资产（元）	销售净利率（%）	总资产报酬率（%）	流动比率	速动比率
000592	平潭发展	0.11509	0.42929	−1.17796	0.42460	4.56328	−0.14264
000663	永安林业	−0.24019	−0.13440	−1.02411	0.08566	−0.33296	−0.54806
000713	丰乐种业	0.34968	0.23306	0.74671	0.28096	0.25307	0.14682
000735	罗牛山	0.06639	0.27733	−0.81394	0.10263	1.50518	2.69305
000798	中水渔业	0.08172	0.26484	−0.38885	−0.00269	−0.65920	−0.86132
000998	隆平高科	0.65897	0.82849	−0.82473	1.09964	−0.21418	−0.23939
002041	登海种业	2.05059	1.63128	1.46834	1.58500	−0.11881	−0.45543
002069	獐子岛	−3.28653	−1.93859	−1.02539	−3.14564	−0.41637	−0.48818
002086	东方海洋	0.28487	0.35569	1.51369	0.28274	−0.29932	−0.50824
002234	民和股份	0.36132	0.27087	0.40994	0.37641	−0.36912	−0.12833
002299	圣农发展	0.11606	0.06420	0.13200	0.20408	−0.49568	−0.54513
002321	华英农业	0.01109	0.07134	0.09744	0.07330	−0.42348	−0.29126
002447	壹桥海参	0.92402	1.90317	0.70161	1.09177	0.18967	0.69566
002458	益生股份	0.10908	0.15990	−0.48778	0.25854	−0.50638	−0.52270
002477	雏鹰农牧	−0.44062	−0.42209	−0.26134	−0.29059	−0.43700	−0.48298
002505	大康牧业	−0.03451	0.18076	−0.77444	−0.10853	−0.74690	−0.98447
002679	福建金森	0.61357	1.12451	1.07690	0.60046	−0.11735	0.09408
002696	百洋股份	0.57476	0.18725	1.29651	0.48668	−0.24516	0.55659
002714	牧原股份	0.59416	0.17378	2.91117	0.38428	−0.41528	−0.50973
002746	仙坛股份	0.67178	0.15076	2.10019	0.31296	−0.40469	−0.41377
300087	荃银高科	0.01788	0.26515	0.19246	0.07801	2.68424	0.72518

续 表

股票代码	名称	基本每股收益（元）	每股净资产（元）	销售净利率（%）	总资产报酬率（%）	流动比率	速动比率
300094	国联水产	1.19567	0.50349	0.96139	1.20163	0.87544	0.07778
300106	西部牧业	0.22550	0.21420	0.35868	0.30786	−0.36516	−0.44065
300143	星河生物	−3.90745	−4.24321	−0.72873	−4.03416	−0.50346	−0.51389
300189	神农大丰	−0.46527	−1.39729	−0.14406	−1.15916	−0.52543	−0.43949
300313	天山生物	−0.00793	0.11427	0.65419	−0.18066	0.12160	2.19742
600097	开创国际	0.96283	0.60070	0.76780	0.88447	−0.21381	0.36407
600108	亚盛集团	0.15933	0.44969	−0.52118	0.27152	1.86868	4.26505
600257	大湖股份	−0.03878	0.06012	−0.91531	0.05403	−0.27231	−0.39972
600265	ST 景谷	−0.72527	−2.10571	−1.94780	−0.64694	−0.47156	−0.58218
600354	敦煌种业	−1.45038	−0.85811	−1.07745	−0.71703	−0.37373	−0.23074
600359	新农开发	0.07027	0.00627	−0.41756	0.05369	−0.34575	−0.19059
600371	万向德农	−0.00734	0.06459	−0.85600	0.01768	−0.33916	−0.50654
600467	好当家	0.01206	0.10855	0.42439	−0.00001	−0.43481	−0.53407
600506	香梨股份	−0.24407	−0.60446	−0.87423	−1.02417	−0.72431	−0.86185
600540	新赛股份	0.04582	−0.00379	0.01941	−0.08567	−0.39300	−0.19431
600598	北大荒	0.82700	0.66093	−0.04952	0.65933	−0.29431	−0.17427
600965	福成五丰	0.22550	0.32352	−0.92403	0.79061	−0.00947	0.03754
600975	新五丰	−0.45363	−0.19438	−0.66802	−0.69250	−0.28574	−0.37159
601118	海南橡胶	−0.03509	0.04954	−0.60298	−0.09314	−0.04277	1.10505

表 4-6　　标准化数据 2

股票代码	名称	资产负债率（%）	存货周转率（次）	总资产周转率（次）	固定资周转率（次）	总资产增长率（%）	营业总收入增长率（%）	股东权益增长率（%）
000592	平潭发展	−0.26810	−0.71225	0.63570	−0.17155	−0.00147	−0.06816	−0.18107
000663	永安林业	−0.37592	−0.75478	−0.57611	−0.53169	−0.25844	−0.08785	−0.27283
000713	丰乐种业	−0.31856	−0.17453	0.77314	0.83643	−0.36394	−0.73907	−0.20401
000735	罗牛山	−0.27321	−0.41968	−0.60130	−0.90619	−0.29073	−1.54486	−0.24724
000798	中水渔业	−0.39022	0.10593	−0.47524	−0.27786	−0.28670	0.86861	−0.23948
000998	隆平高科	−0.06473	−0.62659	0.34581	−0.09061	−0.16480	−0.22304	−0.03926
002041	登海种业	−0.33493	−0.62835	0.21438	−0.31060	−0.07159	−0.15403	−0.04193

续　表

股票代码	名称	资产负债率（%）	存货周转率（次）	总资产周转率（次）	固定资周转率（次）	总资产增长率（%）	营业总收入增长率（%）	股东权益增长率（%）
002069	獐子岛	－0.38099	－0.57060	0.12119	0.14814	－0.40748	－0.04140	－0.76462
002086	东方海洋	2.44516	－0.77931	－1.06174	－0.91171	－0.19490	－0.15776	－0.21587
002234	民和股份	5.34592	0.92758	－0.37264	0.40749	0.05183	0.56367	－0.19132
002299	圣农发展	－0.33395	1.06829	－0.63041	0.82282	0.07729	1.17271	－0.22172
002321	华英农业	－0.33906	0.34814	－0.45831	－0.05309	0.01635	0.07477	－0.23723
002447	壹桥海参	－0.24873	－0.79522	－1.11569	－1.06364	0.27148	－0.04840	0.66222
002458	益生股份	－0.31592	2.22341	－0.74526	0.05506	－0.01277	2.23481	－0.19747
002477	雏鹰农牧	－0.30686	－0.54195	－0.89119	－0.81385	－0.03136	－0.29282	0.02362
002505	大康牧业	－0.38641	0.18416	－0.67877	－1.22918	5.98951	－1.52488	5.72942
002679	福建金森	0.03421	－0.96953	2.67197	－1.26707	－0.26082	0.22032	－0.19604
002696	百洋股份	0.17284	3.41097	1.16298	2.52276	0.15294	1.00852	－0.20412
002714	牧原股份	－0.16336	－0.04295	－0.24057	0.83275	0.15553	0.85160	0.29192
002746	仙坛股份	1.29033	1.34054	0.62097	2.66660	－0.13703	－0.17078	－0.18857
300087	荃银高科	－0.30340	－0.65704	0.47331	－0.09061	－0.20481	－0.07402	－0.26361
300094	国联水产	－0.16515	－0.29667	1.72175	1.18591	－0.15059	－0.22784	－0.13859
300106	西部牧业	－0.26501	－0.42674	－0.46103	0.10031	0.30202	2.35380	－0.21387
300143	星河生物	－0.27100	2.56418	－0.95070	－0.54126	－0.62957	0.62309	－0.72365
300189	神农大丰	－0.37829	－0.68866	－0.42660	－0.97241	－0.37102	－0.84694	－0.31926
300313	天山生物	－0.32135	－0.57831	－0.85347	－0.98933	－0.05331	1.54716	－0.25486
600097	开创国际	－0.28644	0.83281	－0.65375	0.53293	－0.21482	－0.03045	－0.16952
600108	亚盛集团	－0.17105	－0.05952	－0.15368	－0.60306	－0.00719	－0.67752	－0.23614
600257	大湖股份	0.73738	－0.54485	1.10307	0.01276	－0.21865	0.19490	－0.26019
600265	ST 景谷	－0.40990	－0.80983	－0.84584	－1.03347	－0.63582	－2.22773	－1.04413
600354	敦煌种业	－0.34421	－0.61631	－0.39361	－0.58724	－0.43857	－1.23724	－0.56279
600359	新农开发	－0.34201	－0.53142	－0.74763	－0.64647	0.16634	－0.89385	1.13752
600371	万向德农	0.03158	－0.70780	－0.03947	0.00982	－0.61799	0.11485	－0.16845
600467	好当家	－0.13024	－0.74058	－1.09882	－1.04672	－0.06666	－0.41006	－0.25162
600506	香梨股份	－0.39591	－0.04307	－0.06732	－0.38197	－0.35935	－0.19500	－0.29708
600540	新赛股份	－0.28487	0.14372	－0.36126	－0.42427	0.14192	－0.75063	0.50515

续 表

股票代码	名称	资产负债率（%）	存货周转率（次）	总资产周转率（次）	固定资周转率（次）	总资产增长率（%）	营业总收入增长率（%）	股东权益增长率（%）
600598	北大荒	−0.29286	−0.58986	−0.71407	−0.07112	−0.91958	−1.67416	−0.08725
600965	福成五丰	−0.34390	0.04875	0.09479	1.59793	−0.17235	0.15178	−0.19826
600975	新五丰	−0.18118	0.52408	0.49480	2.07616	−0.16758	0.43145	−0.32102
601118	海南橡胶	−0.33897	1.36891	2.90248	1.61963	−0.24431	−0.24258	−0.25606

（四）因子分析法适应性检验

为了检验本文选用的指标是否适合使用因子分析法，本书利用 SPSS 软件中 KMO（Kaiser-Meyer-Olkin）和 Bartlett（巴特利特）球形检验方法来对样本进行检验。检验结果如表 4－7 所示。

表 4－7　　KMO 和 Bartlett 球形检验

取样足够度的 KMO 度量		0.554
Bartlett 球形检验	近似卡方	349.205
	自由度（df）	78
	显著性（Sig.）	0.000

由表 4－7 可知，KMO 值为 0.554，大于 0.5，可知各变量之间的相关程度无较大差异，原有变量适合做因子分析。同时，Bartlett 球形检验统计量为 349.205，相应的概率 Sig. 为 0.000，在 5%的显著性水平之下，拒绝原假设，因此可认为相关系数矩阵与单位矩阵有显著差异，说明样本适合做因子分析。

（五）确定主因子

本书应用因子分析法中的主成分分析法来计算原始公因子的特征值、方差贡献率以及累计方差贡献率，并由此确定公因子。结果如表 4－8 所示。

表 4－8　　解释的总方差

成分	初始特征值			提取平方和载入			旋转平方和载入		
	合计	方差百分比（%）	累积百分比（%）	合计	方差百分比（%）	累积百分比（%）	合计	方差百分比（%）	累积百分比（%）
1	3.432	26.400	26.400	3.432	26.400	26.400	3.292	25.324	25.324
2	2.432	18.707	45.107	2.432	18.707	45.107	2.150	16.535	41.859
3	2.010	15.461	60.568	2.010	15.461	60.568	2.038	15.677	57.537
4	1.340	10.304	70.872	1.340	10.304	70.872	1.734	13.336	70.872

续　表

成分	初始特征值			提取平方和载入			旋转平方和载入		
	合计	方差百分比（%）	累积百分比（%）	合计	方差百分比（%）	累积百分比（%）	合计	方差百分比（%）	累积百分比（%）
5	0.976	7.510	78.382						
6	0.868	6.680	85.062						
7	0.623	4.790	89.851						
8	0.539	4.143	93.994						
9	0.430	3.309	97.303						
10	0.218	1.680	98.983						
11	0.079	0.604	99.587						
12	0.032	0.243	99.830						
13	0.022	0.170	100.000						

提取方法：主成分分析。

根据表 4－8 中的数据可知，前 4 个主因子的方差贡献率已经达到了累计方差贡献率的 70.872%，即表明这 4 个主因子已包含原始数据信息量的 70.872%，所以只需选择前 4 个主因子就可以较好地代表原始指标，对公司的绩效进行描述。

“特征值是能够被看作表示因子影响力度大小的指标之一，如果特征值小于 1，说明该因子的解释力度还不如直接引入一个原变量的平均解释力度大，因此一般用特征值大于 1 作为纳入标准。”① 特征值可用碎石图列示，如图 4－2 所示。从图 4－2 可以看出，从第 5 个成分开始，特征值的值都小于 1，且折线的陡度变得比较平缓，这说明提取 4 个主因子是合适有效的。

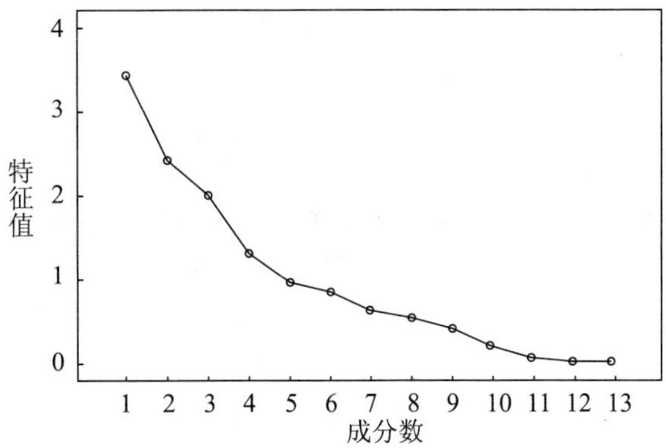

图 4－2　碎石图

① 唐菲、韩华、龙伟：《新能源行业公司投资价值分析》，《武汉理工大学学报：信息与管理工程版》，2012 年第 10 期。

（六）旋转载荷矩阵分析

本书对原因子载荷矩阵进行最大方差旋转，以期得到主因子更明确的含义。结果如表 4－9 所示。

表 4－9　　旋转成分矩阵[a]

变量	成分			
	F_1	F_2	F_3	F_4
基本每股收益	0.955	0.018	0.081	0.089
销售净利率	0.932	−0.037	0.120	0.178
每股净资产	0.620	0.334	−0.086	−0.288
总资产报酬率	0.943	−0.019	0.071	0.150
流动比率	0.126	−0.084	−0.100	0.785
速动比率	0.129	−0.010	−0.124	0.682
资产负债率	0.265	0.154	−0.157	−0.381
存货周转率	−0.225	0.830	0.112	−0.149
固定资产周转率	0.174	0.525	−0.050	0.484
总资产周转率	0.141	0.857	−0.105	0.061
总资产增长率	0.057	−0.028	0.969	−0.080
营业总收入增长率	0.121	0.541	−0.221	−0.298
股东权益增长率	0.127	−0.118	0.969	−0.082

提取方法：主成分分析。
旋转法：具有 Kaiser 标准化的正交旋转法。
a. 旋转在 5 次迭代后收敛。

由表 4－9 中的数据可以看出，基本每股收益、销售净利率、每股净资产、总资产报酬率在主因子 F_1 上的载荷量分别为 0.955、0.932、0.620、0.943，它主要反映了公司的盈利能力，所以将 F_1 命名为盈利因子；主因子 F_2 在存货周转率（0.830）、固定资产周转率（0.525）、总资产周转率（0.857）上有较大载荷量，代表了公司的营运能力，故而将其命名为营运因子；主因子 F_3 在总资产增长率（0.969）、股东权益增长率（0.969）上有较大载荷量，代表了公司的成长能力，为成长因子；流动比率与速动比率在主因子 F_4 上的载荷分别为 0.785 与 0.682，体现了公司的偿债能力，为偿债因子。

（七）农、林、牧、渔业上市公司综合得分与排名

要得到因子的综合得分，需先对因子数据进行标准化处理，使其期望为 0，方差为 1，然后，将各因子的方差贡献率占因子总方差贡献率的比重作为权重加权汇总，使用计算综合得分的公式 $F=(\lambda_1F_1+\lambda_2F_2+\lambda_3F_3+\lambda_4F_4)/(\lambda_1+\lambda_2+\lambda_3+\lambda_4)=(25.324\times F_1+16.535\times F_2+15.677\times F_3+13.336\times F_4)/70.872$ 来计算各样本的综合得分。得到结果按名次排列如表 4－10 所示。

表 4-10　　　　农、林、牧、渔业上市公司综合得分与排名

股票代码	名称	F_1（盈利）	F_2（营运）	F_3（成长）	F_4（偿债）	F（综合）	排名
002696	百洋股份	0.29096	3.15939	0.36393	0.24948	0.9685	1
002505	大康牧业	−0.38801	−0.55542	5.91783	−0.40337	0.9649	2
300094	国联水产	1.01009	0.81471	−0.07326	1.01385	0.7256	3
601118	海南橡胶	−0.38372	2.01943	0.23363	1.7881	0.7222	4
002746	仙坛股份	0.75551	1.97187	−0.11841	−0.63062	0.5852	5
002041	登海种业	1.84446	−0.42921	−0.13134	−0.31805	0.47	6
600108	亚盛集团	0.05343	−0.41048	−0.1029	2.69801	0.4082	7
000592	平潭发展	0.01876	−0.32454	−0.04493	2.54177	0.3993	8
002679	福建金森	0.99726	−0.05892	−0.30125	0.55318	0.3801	9
002714	牧原股份	0.97489	0.69947	−0.01656	−1.09292	0.3022	10
300087	荃银高科	0.74997	0.34936	−0.09512	−0.18726	0.2932	11
600097	开创国际	0.35205	0.36202	−0.16814	0.56308	0.279	12
002447	壹桥海参	0.14481	−0.15588	−0.27825	1.70181	0.2741	13
600965	福成五丰	0.15866	0.58448	−0.0272	0.45043	0.2718	14
000713	丰乐种业	1.32498	−1.13858	0.27816	−0.09856	0.2508	15
000998	隆平高科	0.63114	−0.43595	−0.04834	0.1829	0.1475	16
002458	益生股份	−0.57402	1.28402	−0.04339	0.16415	0.1158	17
002299	圣农发展	0.05483	0.85298	0.00532	−0.71897	0.0845	18
600975	新五丰	−0.10666	1.16036	0.04491	−0.87593	0.0777	19
300106	西部牧业	−0.1124	−1.0966	−0.17921	1.96293	0.0337	20
000735	罗牛山	0.92306	0.66952	−0.59024	−1.82008	0.013	21
300313	天山生物	0.42873	0.27791	−0.23117	−0.88557	0.0003	22
002234	民和股份	−0.00589	0.05607	−0.2567	0.06446	−0.0337	23
600257	大湖股份	−0.07316	−0.35995	0.42739	−0.21002	−0.0551	24
600540	新赛股份	0.01077	0.00623	−0.03562	−0.407	−0.0792	25
002321	华英农业	0.21963	−0.41103	−0.48308	0.21976	−0.0829	26
600359	新农开发	0.6026	−1.01591	−0.37965	−0.06562	−0.118	27
600598	北大荒	−0.04561	−0.9194	0.6739	−0.20426	−0.1202	28
000798	中水渔业	0.03684	−0.10678	−0.24458	−0.78756	−0.214	29
600371	万向德农	−0.03449	−0.40876	−0.40752	−0.22402	−0.24	30
002086	东方海洋	0.97292	−0.91727	−0.70167	−1.66057	−0.334	31
000663	永安林业	−0.22509	−0.84455	−0.25804	−0.29044	−0.3892	32

续 表

股票代码	名称	F_1（盈利）	F_2（营运）	F_3（成长）	F_4（偿债）	F（综合）	排名
600467	好当家	0.20689	−1.13342	−0.27996	−0.84833	−0.4121	33
002477	雏鹰农牧	−0.33777	−0.87655	−0.04396	−0.59062	−0.4461	34
600506	香梨股份	−0.72601	−0.28957	−0.18524	−0.45021	−0.4527	35
300189	神农大丰	−1.08303	−0.92252	−0.36297	0.04814	−0.6735	36
600354	敦煌种业	−0.8525	−0.92319	−0.33703	−0.43949	−0.6773	37
002069	獐子岛	−1.39639	−1.634	−0.60854	−0.02115	−1.0188	38
600265	ST 景谷	−2.55866	0.02851	−0.51701	−0.10117	−1.041	39
300143	星河生物	−3.85985	1.07216	−0.39377	−0.87027	−1.3799	40

表 4－10 中，农、林、牧、渔业上市公司综合得分与其投资价值呈正相关关系。由于先对因子数据进行了标准化处理，因此，可以 0 为参考标准线，认为：综合得分大于 0 的公司，综合业绩相对较好，且数值越大，投资价值越大；综合得分小于 0 的则相对较差，且数值越小，投资价值越小。依此可对上市公司的综合业绩和投资价值有一个基本的评价。

具体而言，表 4－10 中，公司各项能力得分与相应实力也呈正相关关系。

排名前十位的公司分别为百洋股份、大康牧业、国联水产、海南橡胶、仙坛股份、登海种业、亚盛集团、平潭发展、福建金森、牧原股份。

其中，百洋股份 2014 年和 2013 年综合得分排名都是第一，其营运因子得分排名也是第一，说明其营运能力非常强；成长能力得分排第四，说明其成长状况也较佳；其偿债因子排名第十，偿债能力较佳；盈利因子得分排名第十四，说明盈利能力还不错；综合各个因子得分及综合得分，百洋股份非常值得长期投资。

大康牧业综合得分排名从 2013 年的第十七上升到 2014 年的第二，在于其极强的成长能力，其成长因子得分排名第一，远远大于第二名，主要是公司 2014 年 4 月非公开发行股票 62814 万股，由一家以生猪和猪肉的生产销售为核心业务的公司转型为蛋白食品供应商，其他三个因子排名较靠后，盈利、营运、偿债能力分别排名第三十三、第二十九、第二十六，而且得分都是负值，说明公司整体经营状况欠佳，投资者应继续观察公司扩张后的经营管理绩效，暂时不投资或进行适量投资。

国联水产，综合得分排名第三，较 2013 年上升一位，主要是其盈利能力和成长能力得到很大提升，分别由 2013 年的第十、第三十提升到 2014 年的第三和第十六，说明公司盈利能力不错，成长情况排名居中，偿债和营运因子得分排名与 2013 年基本一致，分别为第六和第八，说明公司在各个方面保持稳定或稳步上升，值得长期投资。

海南橡胶，综合得分排名第四，较 2013 年上升三位，公司营运因子由原来的第十一上升至 2014 年的第二，说明公司营运能力得到较大提升；同时偿债因子得分排名第四，与 2013 年基本一致，保持了较好的偿债能力，相对于行业内其他公司，其成长因子排名上升很多，但公司整体资产没有明显变化，与 2013 年一样公司盈利能力较差，排名第三十二，主要是公司业务较单一，而橡胶市场价格持续下跌，受此影响经营压力巨大，公司在 2014 年农垦改革的大背景下正考虑转型，需进一步关注其后续转型情况，可考虑长期适量投资。

仙坛股份是 2015 年 2 月上市的畜牧业公司，综合得分排名第五，其营运因子排名第三，说明公司的资产周转情况较好；盈利因子排名第八，盈利能力较佳；成长因子排名第十九，表现一般，偿债因子排名第三十一，说明公司经营中利用较多负债，这一点在公司 2015 年上市后会有所改观，综合各个因子得分情况，公司是值得长期投资的。

登海种业，综合得分排名第六，在于其优秀的盈利能力，其盈利因子得分排名第一，其他三个因子排名居中，偿债、营运、成长能力分别排名第二十五、第二十七、第二十，都较 2013 年有所下降，总体表现一般，因此综合排名也较 2013 年下降三名，考虑其优秀的盈利能力和科研能力，比较适宜进行长期投资。

亚盛集团，综合得分排名第七，较 2013 年上升九位，主要是其偿债能力突出，得分排名第一，其他三个因子排名居中，盈利、营运、成长能力分别排名第二十、第二十五、第十八，表现一般，考虑其稳健的偿债能力，可以适当进行短期投资。

平潭发展，综合得分排名第八，较 2013 年上升十九位，主要是其偿债能力突出，得分排名第二，其他三个因子排名居中，盈利、营运、成长能力分别排名第二十二、第二十二、第十四，表现一般，考虑其稳健的偿债能力，可以适当进行短期投资。

福建金森，综合得分排名第九，其盈利能力较强，盈利因子得分排名第三，较 2013 年有所上升，偿债因子得分排名第八，与 2013 年基本一致，偿债能力佳，营运能力由 2013 年的第三十上升至 2014 年的第十八，但得分还是负数，成长能力较 2013 年下降很多，由 2013 年的第五下降至 2014 年的第三十，致使综合得分排名较 2013 年下降三位。考虑其优秀的盈利能力和偿债能力，是值得长期投资的。

牧原股份，综合得分排名由 2013 年的第二下降至 2014 年的第十，主要是其盈利因子得分由 2013 年第一下降至第五，盈利能力有所降低但还处于较佳状态，营运因子得分和成长因子得分排名都是第九，处于较佳状态，但营运能力相较于 2013 年的第二，2014 年下降较多，偿债因子排名第三十八，靠后。虽然其偿债能力较弱，但是其他三项能力表现较佳，还是值得长期投资的。

其中，百洋股份、国联水产、海南橡胶、登海种业、福建金森、牧原股份这六家公司两年都保持在前十，同时跟 2013 年一样只有百洋股份各个因子得分均为正，说明其发展很稳健，且综合排名排第一，是投资者最理想的投资对象。

排名末十名的公司分别为东方海洋、永安林业、好当家、雏鹰农牧、香梨股份、神农大丰、敦煌种业、獐子岛、ST 景谷、星河生物，这些公司的盈利因子都在行业平均值以下，甚至远远低于平均值，是导致排名靠后的最主要原因，还有四个因子中只有个别因子为正值，部分公司没有正值，其中永安林业、香梨股份、敦煌种业、星河生物这四家公司 2013 年排名也在后十之列，故这些公司不建议对其投资。

（八）系统聚类分析

上述因子分析能够满足投资者对各家上市公司投资价值分析的基本需要，但是由于投资者的投资理念各不相同，关注的侧重点也有所不同。为了更深入细致地分析行业板块的情况，将利用系统聚类分析法进一步对 40 家公司的 4 个因子值和综合值进行 Q 型聚类（即个案分群）；聚类方法为 Ward 联结法，即离差平方和法，根据同类变量间的离差平方和较小、不同类别间的离差平方和较大来进行分类，形成树状图，如图 4－3 所示。其测量尺度选用平方 Euclidean 距离，即两样本之间的距离是各样本每个变量值之差的平方和。通过聚类分析把业绩相似的公司归类，可以对不同类别的上市公司进行对比分析，为投资者选择投资组合提供参考。

根据图 4－3 对 40 家农、林、牧、渔业上市公司进行进一步分类，本书选择将其分为 4 类，如表 4－11 所示。

表 4－11　　聚类分析

类别	农、林、牧、渔业上市公司	数目
1	百洋股份、海南橡胶、仙坛股份、新五丰、益生股份、圣农发展、獐子岛、星河生物	8
2	大康牧业	1
3	国联水产、登海种业、福建金森、牧原股份、开创国际、丰乐种业、福成五丰、壹桥海参、隆平高科、民和股份、西部牧业、大湖股份、新赛股份、华英农业、天山生物、新农开发、北大荒、中水渔业、万向德农、东方海洋、永安林业、好当家、雏鹰农牧、香梨股份、敦煌种业、神农大丰、ST 景谷	27
4	亚盛集团、平潭发展、荃银高科、罗牛山	4

类别 1 中，包含百洋股份等 8 家公司，综合排名高中低档位置均有，百洋股份排名第一，最靠前；星河生物排名第四十，排名最后。

其中，百洋股份始终坚持可持续发展经营原则，致力于建设水产循环经济，发展绿色生态产业，百洋水产是国内规模最大的罗非鱼食品提供商，建立了一套可推广复制的相关业务协同发展模式，百洋股份在因子综合得分排名中位居第一，各项指标都大于 0，相当稳健，是非常具有投资价值的一家企业。

海南橡胶作为中国天然橡胶行业的开拓者和领军者，传承了海南农垦 60 多年来开创的核心产业。它的营运和偿债因子得分排名靠前，分别排名第二和第四，综合得分排名第四，但由于其业务较单一，受橡胶市场价格持续下跌影响，公司的盈利能力一直欠佳，公司在 2014 年农垦改革的大背景下正考虑转型，需进一步关注其后续转型情况，目前可以考虑长期适量投资。

仙坛股份是 2015 年 2 月上市的山东省禽类养殖行业规模较大的一条龙企业，先后被授予“农业产业化国家重点龙头企业”“国家肉食鸡养殖加工标准化示范区”等荣誉称号，公司大力发展“标准化健康养殖”，建立并严格执行“统一规划布局、统一管理规程、统一雏鸡供应、统一饲料配给、统一药品供应、统一防治防疫、统一成鸡回收/加工/检测”的“七统一、一体化”的生产管理体系，并且依托得天独厚、三海一山的“孤岛养殖”环境，打造安全、健康的食品产业链。公司综合排名第五，其中营运因子排名第三，盈利因子排名第八，偿债因子排名第三十一，但 2015 年上市后偿债能力已明显改观，整体综合能力较佳，值得长期投资。

类别 2 中，只有大康牧业一家公司，综合得分排名第二，公司 2014 年 4 月非公开发行股票 62814 万股，由一家以生猪和猪肉的生产销售为核心业务的公司转型为蛋白食品供应商，其他三个因子排名较靠后，盈利、营运、偿债能力分别排名第三十三、第二十九、第二十六，而且得分都是负值，说明公司整体经营状况欠佳，投资者应继续观察公司扩张后的经营管理绩效，暂时不投资或进行适量投资。

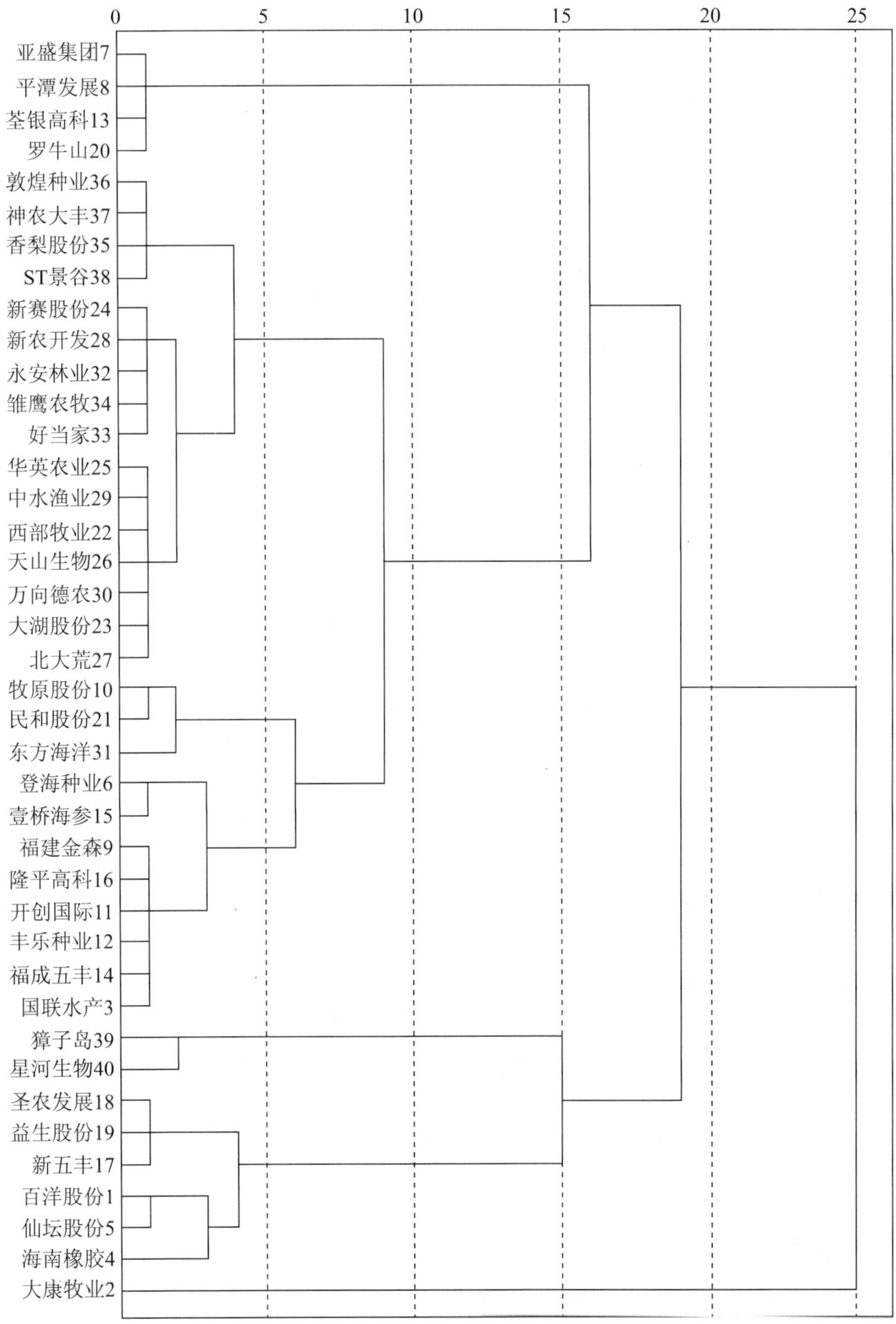

图 4-3　聚类分析树状图

类别 3 中，包含国联水产等 27 家公司，综合排名高中低档位置均有，其中国联水产、登海种业、福建金森、牧原股份 4 家公司综合得分排名在前十，一半以上的公司行业排名靠后。

国联水产，集种苗、养殖、饲料、加工、销售、科研开发为一体的大型水产集团企业，是目前国内水产品生产系列最丰富的厂家之一。2014 年盈利能力和成长能力得到很大提升，同时保持了 2013 年较好的偿债能力和营运能力，因此综合排名第三，较 2013 年上升一位，说明公司在各个方面保持稳定或稳步上升，值得长期投资。

登海种业是著名玉米育种和栽培专家李登海研究员为首创建，位居中国种业五十强第三位，是“国家认定企业技术中心”“国家玉米工程技术研究中心”“国家玉米新品种技术研究推广中心”和“国家首批创新型试点企业”，公司盈利因子得分排名第一，拥有很强的盈利能力和科研能力，比较适宜进行长期投资。

福建金森经营范围有森林经营和管护；造林和更新；花卉及其他园艺植物的种植；对林业、农业项目的投资；木制品、竹制品、初级农产品销售；对外贸易；中草药种植；木材、竹材采运、加工、销售等。历年荣获福建省省级林业产业化龙头企业、海峡两岸最具魅力林业品牌企业、重合同守信用企业等荣誉。2009 年获得“FSC－FM/COC”国际森林可持续经营认证。公司拥有较强的盈利能力和偿债能力，营运能力较 2013 年有所提高，是值得长期投资的对象。

牧原股份是第一批国家生猪核心育种场、国家级星火计划项目证书、国家现代农业产业技术体系生猪产业综合实验站，其综合得分排名虽然较 2013 年有所下降，但盈利能力、营运能力和成长能力都处于较佳状态，主要是公司的偿债能力较弱，需要关注公司的现金流量情况，总体来说还是值得投资的。

其他公司像北大荒、中水渔业、万向德农、东方海洋、永安林业、好当家、雏鹰农牧、香梨股份、敦煌种业、神农大丰、ST 景谷等公司，所有的得分都是负值，排名靠后，投资需谨慎。

类别 4 中，包括亚盛集团、平潭发展、荃银高科和罗牛山 4 家公司，排名中等以上。

其中，亚盛集团是一家以精准农业种植、农副产品生产加工为主业，盐业化工系列产品生产加工、化工纺织原料的生产加工为辅的综合类企业集团，围绕优质绿色的农副产品，公司以巨额资金投入高科技农业项目，引进世界最先进的滴灌技术，建成了我国当前最大规模的农艺种植基地。亚盛集团偿债因子得分第一，说明公司资本结构合理，其他能力排名居中，考虑其稳健的偿债能力，可以适当进行短期投资。

平潭发展，是一家主要经营造林、营林、林产品加工与销售的公司。公司的主要产品是林木原木以及纤维板。2014 年综合得分排名第八，较 2013 年上升十九位，主要是其偿债能力突出，得分排名第二，其他三个因子排名居中，考虑其稳健的偿债能力，可以适当进行短期投资。

四、结语

综上所述，投资者在进行投资时，必须要综合考虑宏观、微观等各方面反映的财务信息，加以谨慎地分析，做出合理的选择。在此，本文运用 SPSS 软件，利用 13 个指标综合分析了 2014 年农、林、牧、渔行业 40 家上市公司各方面表现情况，并对比 2013 年的排名情况，得出理论与实践有机结合的投资价值结论，对投资者进行投资决策有一定的参考意义。但数据仅仅运用了 2014 年一个年度的财务报表资料，某些项目可能会由于会计政策变更等的影响存在一定程度的偶然性，分析指标的选择也具有主观性。因此，分析结果难以完全反映出真实状况，若后续能对多个连续年度进行跟踪分析，并适当增加分析指标，则可较大程度地消除偶然性，帮助投资者做出更加准确的投资决策，以更加有效地配置投资资源，促进农、林、牧、渔业更加健康和谐发展。

（参著：杨健兰）

第五章 采矿业上市公司投资价值比较分析研究

一、行业发展与投资价值状况

矿产资源不仅在人们的生产生活中有至关重要的作用，同时还是国民经济和社会发展的重要物质基础。随着中国新型工业化的推进及各大产业的急速发展，我国采矿业的发展速度也在不断加快，但受经济低迷和结构性调整、地缘政治格局变化等因素的影响，全球矿业在2014年整体表现欠佳，基本延续了过去3年的发展颓势，金属和矿物价格不断下滑、铁矿石供应过剩、冶金煤供应过剩、金价持续走低、矿业融资困难等。中国采矿业产能还在释放之中，市场的供求矛盾较大，在市场的倒逼下，很多企业主动调整结构、转换方式以生产适应市场需求的产品，但行业总的规模还是保持了一定增长，只是增长速度跟过去一段时间、跟过去几十年发展的平均增长速度相比还是大幅回落的。

据国家统计局数据显示[①]，2014年全国采矿业投资14681亿元，同比增长0.7%，增速回落0.7个百分点。其中煤炭开采和洗选业投资额为4682亿元，同比下降9.5%，较2013年2%的降幅，投资降幅进一步扩大。石油和天然气行业固定资产投资额增长6.1%，黑色金属行业增长2.6%，有色金属行业增长2.9%，非金属矿行业增幅达到13.9%。2014年的民间投资中，采矿业投资额为7857亿元，同比增长2.3%，增速加快0.5个百分点。其中煤炭行业的民间投资为2598亿元，同比下降10.9%。石油和天然气行业固定资产投资额增长24.7%，黑色金属行业增长8.6%，有色金属行业增长9.9%，非金属矿行业增幅达到12.7%。

矿产资源是工业化的基础，矿业支撑制造业。本文以沪深证交所58家采矿业上市公司为样本，选取13个能综合反映各方面财务能力的指标，建立指标体系，运用SPSS软件，建立相应的模型，运用因子分析法，确定各个上市公司的投资价值综合得分和排名，然后运用聚类分析法对样本进行分类，并结合其实际情况进行深入分析研究，得出投资价值理论，为广大投资者提供参考。

二、样本选取与数据处理

沪、深证交所的58家采矿业上市公司的资料来源主要为其2014年的财务报告。具体初始数据如表5-1和表5-2所示。

---

① 国家统计局：http：//data. stats. gov. cn/easyquery. htm? cn=C01。

表 5－1　　初始数据 1

股票代码	名称	基本每股收益（元）	销售净利率（%）	每股净资产（元）	总资产报酬率（%）	流动比率	速动比率
000409	山东地矿	－0.0662	－9.282	2.1837	－0.1222	0.2474	0.2186
000426	兴业矿业	0.2711	13.6873	4.6115	4.7123	0.6639	0.3381
000552	靖远煤电	0.4618	10.0502	3.7675	7.2493	0.7263	0.6143
000571	新大洲 A	0.0976	10.1314	2.6837	3.6879	0.8458	0.7275
000603	盛达矿业	0.47	51.0262	1.3859	52.9112	2.3003	2.125
000629	攀钢钒钛	－0.4395	－35.5896	1.2344	－11.7846	0.3335	0.2609
000655	金岭矿业	0.35	13.9663	5.3151	7.6538	2.9502	2.4275
000688	建新矿业	0.2837	32.6881	1.0605	28.1524	1.2555	1.1902
000693	华泽钴镍	0.3905	2.637	2.5722	7.5987	1.2678	1.0893
000697	炼石有色	0.1527	34.0996	2.5412	8.3397	6.9653	6.9224
000758	中色股份	0.27	1.756	4.6303	4.1384	1.0919	0.7842
000762	西藏矿业	－0.1856	－19.2079	3.4031	－4.2042	2.7118	2.3968
000780	平庄能源	0.03	1.0719	4.6059	0.9917	4.0504	3.9554
000937	冀中能源	0.0098	－0.8964	6.7578	1.6387	1.0791	0.9893
000939	凯迪电力	0.22	7.0244	2.9406	3.7174	0.7248	0.5791
000975	银泰资源	0.2492	48.587	3.4833	8.836	5.6204	5.2887
000983	西山煤电	0.0867	1.4349	5.0298	3.2191	0.7915	0.6366
002128	露天煤业	0.38	9.9484	5.128	8.3497	0.9051	0.8119
002155	辰州矿业	0.13	2.114	3.1824	4.0404	1.5738	1.1415
300164	通源石油	0.03	7.5248	3.0921	1.9044	4.0553	3.4164
600028	中国石化	0.406	1.7308	5.089	5.2861	0.596	0.2845
600121	郑州煤电	0.06	0.834	4.1539	5.0083	0.7058	0.6504
600123	兰花科创	0.0585	－0.3248	8.3333	1.1406	1.2448	1.1507
600139	西部资源	0.0242	2.7393	1.96	1.2374	1.3771	1.3016
600157	永泰能源	0.1146	6.1214	2.82	5.2625	0.6597	0.637
600188	兖州煤业	0.457	2.9073	7.97	3.6891	1.3535	1.2959
600193	创兴资源	－0.94	－783.6916	0.7889	－37.4838	0.9812	0.9612
600259	广晟有色	0.07	0.7013	3.1394	3.853	1.2287	0.4854
600311	荣华实业	－0.0376	－11.6377	1.335	－4.361	6.7968	5.9304
600348	阳泉煤业	0.33	3.0909	5.3743	3.884	0.7979	0.7341
600395	盘江股份	0.186	5.9367	3.6554	3.0257	1.3474	1.3065

续 表

股票代码	名称	基本每股收益（元）	销售净利率（%）	每股净资产（元）	总资产报酬率（%）	流动比率	速动比率
600397	安源煤业	0.0964	0.6592	3.5329	3.6954	0.8027	0.7509
600403	大有能源	0.05	1.298	4.1206	1.0283	1.2954	1.1685
600489	中金黄金	0.03	0.8696	3.3744	2.9592	0.8938	0.4424
600497	驰宏锌锗	0.0966	0.7053	4.3133	3.158	0.3605	0.1705
600508	上海能源	0.07	0.2484	11.0281	0.6176	0.5989	0.4861
600532	宏达矿业	0.44	25.4008	3.0444	11.6959	0.5149	0.3885
600547	山东黄金	0.58	1.8627	6.4706	6.9215	0.2313	0.157
600583	海油工程	0.97	19.3899	4.6495	17.5878	1.831	1.684
600711	盛屯矿业	0.114	4.4885	2.4091	4.3244	2.2357	2.1274
600714	金瑞矿业	0.033	2.1114	1.7119	3.3419	0.9288	0.7703
600766	园城黄金	0.06	29.6561	0.1555	6.4821	0.8766	0.2953
600882	华联矿业	0.29	14.1329	3.4063	9.4944	2.3774	1.9035
600971	恒源煤电	0.02	0.4655	6.8073	1.1587	1.0746	1.0064
600988	赤峰黄金	0.54	26.8761	1.4523	23.7885	0.6523	0.3973
601001	大同煤业	0.09	7.6548	4.352	5.5846	1.3475	1.2507
601088	中国神华	1.851	18.6717	14.67	12.1163	1.0898	0.9448
601101	昊华能源	0.15	2.8439	5.6395	1.7292	0.7429	0.5952
601168	西部矿业	0.12	1.404	4.7709	2.5272	1.221	1.0137
601225	陕西煤业	0.1	6.8338	3.45	4.7555	0.7425	0.6884
601666	平煤股份	0.0841	1.4005	4.8677	1.9153	0.7606	0.6612
601699	潞安环能	0.427	4.6621	8.0229	3.3302	0.81	0.7693
601857	中国石油	0.59	5.214	6.4255	7.5196	0.6749	0.3886
601898	中煤能源	0.06	1.7294	6.5404	1.5256	1.14	0.9638
601899	紫金矿业	0.11	4.4851	1.3007	5.5415	0.8347	0.3942
601918	国投新集	−0.76	−30.038	2.5885	−4.5305	0.3787	0.3262
601958	金钼股份	0.06	2.3647	4.0807	1.0542	4.2462	3.6111
603993	洛阳钼业	0.36	27.0204	2.8828	9.0541	4.9218	4.7776

表 5-2　　初始数据 2

股票代码	名称	资产负债率（%）	存货周转率（次）	总资产周转率（次）	固定资产周转率（次）	总资产增长率（%）	营业总收入增长率（%）	股东权益增长率（%）
000409	山东地矿	61.7375	7.6941	0.5054	0.1248	86.3875	−22.3428	−2.9341
000426	兴业矿业	29.9452	3.3058	0.7947	0.2831	−7.6307	40.2081	0.8402
000552	靖远煤电	57.0138	6.8896	4.3431	0.5489	9.8867	−11.2990	7.3755
000571	新大洲 A	35.4891	5.0663	1.6773	0.2441	33.9564	−7.5873	18.5879
000603	盛达矿业	27.9382	2.7253	5.2022	0.7777	44.0398	−12.0739	51.3126
000629	攀钢钒钛	76.7554	9.1291	1.9146	0.3809	46.4233	7.5467	−28.2819
000655	金岭矿业	12.9441	5.3309	2.5980	0.4241	2.0133	−5.9512	5.0460
000688	建新矿业	26.5747	20.0078	2.4046	0.7084	43.6429	47.3701	24.1909
000693	华泽钴镍	66.7359	15.7498	18.3609	2.1144	23.2054	82.6131	19.1838
000697	炼石有色	9.4106	5.7356	0.7174	0.2121	116.7770	7.7538	154.3488
000758	中色股份	66.3005	5.0822	6.3413	1.0069	14.0224	2.0035	7.1963
000762	西藏矿业	25.4193	2.2636	1.1966	0.1959	2.8000	−28.3984	−6.1804
000780	平庄能源	17.0397	19.8784	2.3793	0.4549	0.5553	−14.7893	0.5355
000937	冀中能源	50.2378	12.5401	1.3101	0.4409	1.5124	−29.3293	18.8488
000939	凯迪电力	76.2457	3.8958	0.5724	0.2180	18.6079	28.9697	10.7110
000975	银泰资源	5.8621	1.4753	1.5842	0.1493	3.3009	22.2975	1.7237
000983	西山煤电	61.1846	7.0810	1.1544	0.5170	4.4079	−17.3193	−1.0656
002128	露天煤业	39.4971	13.3255	1.0071	0.5253	41.1113	−10.6060	33.4067
002155	辰州矿业	34.3893	9.2481	3.8727	1.2145	10.1314	10.9363	3.3317
300164	通源石油	22.9536	1.5876	1.2573	0.2439	11.1515	7.4584	−0.0082
600028	中国石化	55.4148	11.8451	4.1162	1.9941	4.9498	−1.8886	4.2320
600121	郑州煤电	53.6193	64.4742	3.5998	1.7425	3.2264	−5.1363	10.5483
600123	兰花科创	53.2190	6.7530	1.2495	0.2465	6.5904	−20.7009	−1.9180
600139	西部资源	66.1828	2.2945	1.1396	0.1047	173.0951	9.3359	0.9490
600157	永泰能源	73.7991	9.4584	1.2931	0.1587	9.4394	−19.6195	1.3987
600188	兖州煤业	66.7218	32.6509	2.3979	0.4978	4.3244	8.8480	0.5597
600193	创兴资源	59.5273	4.0967	0.3978	0.0498	−32.4398	−48.4165	−52.7431
600259	广晟有色	71.6572	1.7273	6.7301	0.8056	34.0710	38.0004	81.3147
600311	荣华实业	9.2347	3.1308	0.6629	0.2184	−1.4287	2.3683	−2.6567
600348	阳泉煤业	55.3305	31.4959	3.3081	0.7242	10.9036	−20.8128	0.6049

续 表

股票代码	名称	资产负债率（%）	存货周转率（次）	总资产周转率（次）	固定资产周转率（次）	总资产增长率（%）	营业总收入增长率（%）	股东权益增长率（%）
600395	盘江股份	41.8202	23.4098	1.2451	0.4159	−21.5968	−5.9916	−16.1742
600397	安源煤业	61.8185	42.6001	3.4054	1.1517	−0.5842	−38.9082	−10.1180
600403	大有能源	37.3122	10.0952	1.4490	0.4732	4.8483	−33.0024	−5.1035
600489	中金黄金	56.4217	8.5917	4.6804	1.3141	18.0038	10.0358	−0.4365
600497	驰宏锌锗	65.1755	9.0923	2.5171	0.6043	10.5747	4.5358	−1.9847
600508	上海能源	39.1749	10.4412	0.8570	0.4678	6.9995	−24.9304	0.1777
600532	宏达矿业	45.5187	7.0768	0.7969	0.3331	13.8396	0.8400	13.7929
600547	山东黄金	56.2968	60.1746	5.8783	2.0586	3.2290	−0.8090	8.6585
600583	海油工程	33.9543	10.5982	1.8407	0.7437	10.8296	8.3197	23.9675
600711	盛屯矿业	38.1269	49.4333	6.0665	0.6789	51.6693	64.3112	48.2562
600714	金瑞矿业	63.7532	3.9864	1.0570	0.3395	5.4743	−25.0776	3.6296
600766	园城黄金	84.5986	0.2626	2.9090	0.1785	−24.5211	286.7863	37.6929
600882	华联矿业	17.3563	4.7253	1.4213	0.4721	−6.3568	−19.0045	−6.0944
600971	恒源煤电	49.3659	22.3585	1.1524	0.4742	3.3494	−20.8298	−2.2912
600988	赤峰黄金	44.8430	2.0575	1.7350	0.5773	2.3124	46.4158	37.8330
601001	大同煤业	50.3047	9.1515	1.5609	0.3869	22.0804	−19.9875	−0.5271
601088	中国神华	33.2276	9.7654	0.9928	0.4775	4.9091	−12.4867	7.1328
601101	昊华能源	41.3656	11.7492	2.4093	0.5080	11.7929	−5.6951	−0.1063
601168	西部矿业	53.3698	15.8656	6.7765	0.8978	−8.3526	−4.0537	0.1205
601225	陕西煤业	51.8260	19.0265	1.2341	0.4785	9.8003	−4.7858	11.5974
601666	平煤股份	61.4619	11.2076	1.5155	0.5563	18.6715	−15.8340	0.3741
601699	潞安环能	64.0654	10.3696	1.7233	0.3302	12.9492	−16.5086	8.2041
601857	中国石油	45.2160	8.8315	3.8674	0.9618	2.7059	1.0999	3.8099
601898	中煤能源	57.6834	6.4080	1.1330	0.3088	12.9163	−14.1559	−0.8113
601899	紫金矿业	55.2034	5.4847	2.6494	0.8273	12.3489	18.0606	1.6196
601918	国投新集	75.8633	15.3336	0.4870	0.2351	7.3150	−15.9962	−22.7486
601958	金钼股份	16.8785	6.9511	2.8962	0.5385	4.3577	−1.0404	0.5493
603993	洛阳钼业	46.0182	6.1758	1.2270	0.2667	28.1095	20.3363	20.1613

在指标性质、单位不同的情况下，首先要对其进行同趋势化处理。然后利用 SPSS 中的 Z - score 方法将 13 项指标的原始数据进行标准化处理。同趋势化数据与标准化数据略。

三、因子分析法适应性检验

为了检验所选用的指标是否适合使用因子分析法，本书利用 SPSS 软件中 KMO 和 Bartlett 球形检验方法来对样本进行检验。检验结果如表 5 - 3 所示。

表 5 - 3　　KMO 和 Bartlett 球形检验

取样足够度的 KMO 度量		0.478
Bartlett 球形检验	近似卡方	237.607
	df	78
	Sig.	0.000

由表 5 - 3 可知，KMO 值为 0.478，小于 0.5，但接近于 0.5，同时，Bartlett 球形检验统计量为 237.607，相应的概率 Sig. 为 0.000，在 5%的显著性水平之下，因此可认为相关系数矩阵与单位矩阵有显著差异，说明样本适合做因子分析。

四、确定主因子

本书应用因子分析法中的主成分分析法来计算原始公因子的特征值、方差贡献率以及累计方差贡献率，并由此确定公因子。结果如表 5 - 4 所示。

表 5 - 4　　解释的总方差

成分	初始特征值			提取平方和载入			旋转平方和载入		
	合计	方差百分比（%）	累积百分比（%）	合计	方差百分比（%）	累积百分比（%）	合计	方差百分比（%）	累积百分比（%）
1	2.900	22.307	22.307	2.900	22.307	22.307	2.695	20.731	20.731
2	1.991	15.317	37.624	1.991	15.317	37.624	2.051	15.774	36.505
3	1.774	13.649	51.274	1.774	13.649	51.274	1.830	14.078	50.583
4	1.266	9.738	61.011	1.266	9.738	61.011	1.284	9.880	60.463
5	1.037	7.974	68.986	1.037	7.974	68.986	1.108	8.522	68.986
6	0.944	7.260	76.246						
7	0.850	6.535	82.781						
8	0.635	4.887	87.668						
9	0.596	4.587	92.255						
10	0.445	3.425	95.681						
11	0.275	2.118	97.798						

续 表

成分	初始特征值			提取平方和载入			旋转平方和载入		
	合计	方差百分比（%）	累积百分比（%）	合计	方差百分比（%）	累积百分比（%）	合计	方差百分比（%）	累积百分比（%）
12	0.152	1.171	98.969						
13	0.134	1.031	100.000						

提取方法：主成分分析。

根据表 5-4 中的数据可知，前 5 个主因子的方差贡献率已经达到了累计方差贡献率的 68.986，即表明这 5 个主因子已包含原始数据信息量的 68.986%，所以只需选择前 5 个主因子就可以较好地代表原始指标，对公司的绩效进行描述。

特征值可用碎石图列示，如图 5-1 所示。从图 5-1 可以看出，从第 6 个成分开始，特征值的值都小于 1，且折线的陡度变得比较平缓，这说明提取 5 个主因子是合适有效的。

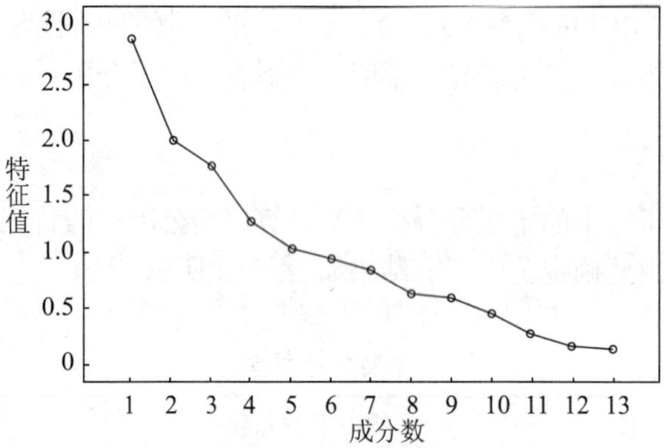

图 5-1 碎石图

五、旋转载荷矩阵分析

本书对原因子载荷矩阵进行最大方差旋转，以期得到主因子更明确的含义。结果如表 5-5 所示。

表 5-5 旋转成分矩阵[a]

变量	成分				
	F_1	F_2	F_3	F_4	F_5
基本每股收益	0.722	0.145	0.481	−0.096	0.140
销售净利率	0.781	0.047	0.128	0.080	0.032
每股净资产	0.120	0.074	0.836	−0.038	0.092
总资产报酬率	0.856	0.081	0.035	0.002	0.010

续 表

变量	成分				
	F_1	F_2	F_3	F_4	F_5
流动比率	0.004	0.050	−0.127	0.083	0.858
速动比率	−0.069	0.021	0.133	0.731	0.357
资产负债率	0.099	−0.046	0.394	−0.076	−0.138
存货周转率	−0.105	0.756	0.247	0.204	−0.160
固定资产周转率	0.197	0.772	−0.307	−0.137	0.108
总资产周转率	0.143	0.909	0.015	−0.124	0.135
总资产增长率	0.314	−0.112	−0.323	0.741	−0.228
营业总收入增长率	0.373	0.059	−0.568	−0.288	0.137
股东权益增长率	0.704	0.016	−0.333	0.114	−0.265

提取方法：主成分分析。

旋转法：具有 Kaiser 标准化的正交旋转法。

a. 旋转在 9 次迭代后收敛。

由表 5－5 中的数据可以看出，基本每股收益、销售净利率、总资产报酬率在主因子 F_1 上的载荷量分别为 0.722、0.781、0.856，它主要反映了公司的盈利能力，所以将 F_1 命名为盈利因子；主因子 F_2 在存货周转率（0.756）、固定资产周转率（0.772）、总资产周转率（0.909）上有较大载荷量，代表了公司的营运能力，故而将其命名为营运因子；主因子 F_3 在每股净资产（0.836）上有较大载荷量，同时每股收益（0.481）载荷量中等，代表了公司的支付能力，为支付因子；速动比率、总资产增长率在 F_4 上的载荷量分别为 0.731、0.741，表示偿债和成长综合能力，命名 F_4 为偿债成长因子，流动比率在主因子 F_5 上的载荷分别为 0.858，体现了公司的偿债能力，为偿债因子。

六、采矿业上市公司综合得分与排名

要得到因子的综合得分，需先对因子数据进行标准化处理，使其期望为 0，方差为 1，然后，将各因子的方差贡献率占因子总方差贡献率的比重作为权重加权汇总，使用计算综合得分的公式 $F=(\lambda_1F_1+\lambda_2F_2+\lambda_3F_3+\lambda_4F_4+\lambda_5F_5)/(\lambda_1+\lambda_2+\lambda_3+\lambda_4+\lambda_5)=(0.20731\times F_1+0.15774\times F_2+0.14078\times F_3+0.9880\times F_4+0.8552\times F_5)/0.68986$ 来计算各样本的综合得分。得到结果按名次排列如表 5－6 所示。

表 5－6　采矿业上市公司综合得分与排名

股票代码	名称	F_1（盈利）	F_2（营运）	F_3（支付）	F_4（偿债与成长）	F_5（偿债）	F（综合）	排名
601088	中国神华	1.66557	−0.48420	3.32469	−0.62039	0.89945	1.09	1
600547	山东黄金	−0.02590	3.29442	0.95606	−0.02789	−0.63680	0.86	2

续 表

股票代码	名称	F_1（盈利）	F_2（营运）	F_3（支付）	F_4（偿债与成长）	F_5（偿债）	F（综合）	排名
600188	兖州煤业	−0.14964	0.62570	1.30645	1.98771	1.13768	0.79	3
002155	辰州矿业	0.01660	0.30570	−1.01102	0.32824	6.27351	0.69	4
000693	华泽钴镍	0.61031	3.64503	−1.96191	−0.61991	0.62338	0.60	5
000603	盛达矿业	2.33862	0.04619	−0.84060	0.17753	−0.33562	0.53	6
600121	郑州煤电	−0.55592	2.84368	0.46993	0.37418	−1.03640	0.50	7
600395	盘江股份	−0.66210	0.12584	0.92480	1.97186	1.45757	0.48	8
600583	海油工程	1.20343	−0.09383	0.56270	−0.22818	0.37778	0.47	9
600139	西部资源	0.09757	−0.86582	−1.11588	5.02402	0.32381	0.36	10
600028	中国石化	0.12126	1.47860	0.29952	−0.68376	0.10304	0.35	11
000688	建新矿业	1.10012	0.24228	−0.92143	0.91289	0.04231	0.33	12
601857	中国石油	0.51134	0.30563	1.17712	−0.85703	−0.07021	0.33	13
600348	阳泉煤业	−0.18856	0.82862	0.70494	0.10262	−0.40139	0.24	14
600711	盛屯矿业	0.32272	1.67476	−1.14874	0.77914	−1.19711	0.21	15
601001	大同煤业	−0.11706	−0.43428	0.71633	1.11264	0.30033	0.21	16
600397	安源煤业	−0.73200	1.62817	0.44729	0.20612	−0.52906	0.21	17
002128	露天煤业	0.57631	−0.28376	0.27468	0.48173	−0.51366	0.17	18
601699	潞安环能	0.17131	−0.41333	0.98485	−0.13744	0.01957	0.14	19
600971	恒源煤电	−0.35101	−0.05110	1.53570	−0.03531	−0.54633	0.12	20
601168	西部矿业	−0.26731	0.97700	0.12087	−0.47071	0.16852	0.12	21
600508	上海能源	−0.24269	−0.38686	1.54394	−0.25429	−0.07092	0.11	22
000758	中色股份	0.10907	0.67838	−0.27028	−0.41661	0.20812	0.10	23
600988	赤峰黄金	1.44323	−0.63338	−0.23434	−0.98296	−0.18693	0.08	24
600123	兰花科创	−0.27672	−0.64857	1.12609	0.20557	0.26846	0.06	25
000552	靖远煤电	0.30687	0.01051	0.08325	−0.41682	0.02227	0.05	26
000937	冀中能源	−0.15390	−0.33518	1.07762	−0.07525	−0.42067	0.03	27
600532	宏达矿业	0.67766	−0.78937	0.68041	−0.47822	−0.48923	0.03	28
000697	炼石有色	1.90042	−0.90602	−1.82876	1.87574	−2.07696	0.00	29
603993	洛阳钼业	0.77414	−0.86519	0.55445	−0.47934	−0.82842	−0.02	30
600489	中金黄金	−0.19271	0.84135	−0.47962	−0.38782	−0.04077	−0.02	31
000655	金岭矿业	0.23377	−0.37711	0.28688	−0.58046	0.12023	−0.03	32

续 表

股票代码	名称	F_1（盈利）	F_2（营运）	F_3（支付）	F_4（偿债与成长）	F_5（偿债）	F（综合）	排名
601101	昊华能源	−0.16305	−0.12158	0.44657	−0.26109	−0.15863	−0.04	33
600403	大有能源	−0.50262	−0.27858	0.36699	0.40069	0.24810	−0.05	34
600259	广晟有色	0.82768	0.39643	−1.58814	−0.11620	−0.46710	−0.06	35
601225	陕西煤业	−0.08010	−0.10835	0.21793	−0.09273	−0.50004	−0.08	36
601898	中煤能源	−0.24271	−0.62135	0.56191	−0.01050	0.06255	−0.09	37
601666	平煤股份	−0.26562	−0.18907	0.20616	0.00741	−0.19333	−0.10	38
600882	华联矿业	0.02441	−0.50051	0.20110	−0.51645	0.24212	−0.11	39
000983	西山煤电	−0.24807	−0.40641	0.32110	−0.31545	−0.02329	−0.15	40
600497	驰宏锌锗	−0.18728	−0.08483	−0.09236	−0.40569	−0.05441	−0.16	41
000780	平庄能源	−0.45938	0.12036	0.14798	−0.32005	−0.33226	−0.17	42
601899	紫金矿业	−0.02239	−0.00761	−0.67768	−0.50216	−0.05772	−0.23	43
000571	新大洲 A	0.08844	−0.67484	−0.45777	0.24706	−0.37050	−0.23	44
000426	兴业矿业	0.16770	−0.83369	−0.00018	−0.96684	0.31179	−0.24	45
601958	金钼股份	−0.27645	−0.14748	−0.19675	−0.55462	−0.06945	−0.24	46
000975	银泰资源	0.35972	−0.92127	−0.24999	−0.77933	0.12359	−0.25	47
600157	永泰能源	−0.18332	−0.64616	−0.10802	−0.11011	−0.17518	−0.26	48
000939	凯迪电力	0.16836	−0.89426	−0.46971	−0.29970	−0.02024	−0.30	49
000409	山东地矿	−0.32836	−0.83310	−0.63970	1.25256	−0.82831	−0.34	50
600714	金瑞矿业	−0.30402	−0.67466	−0.32863	−0.17917	−0.11646	−0.35	51
300164	通源石油	−0.18923	−0.82539	−0.39784	−0.47829	−0.07426	−0.40	52
000762	西藏矿业	−0.82125	−0.79744	−0.17181	−0.31412	−0.14598	−0.53	53
600311	荣华实业	−0.62366	−0.84540	−0.64780	−0.64102	−0.13517	−0.62	54
000629	攀钢钒钛	−1.35279	−0.28605	−1.12046	0.38644	−0.39651	−0.69	55
600766	园城黄金	1.15218	−0.86304	−3.03441	−2.51950	0.88701	−0.72	56
601918	国投新集	−1.53012	−0.41641	−0.59303	0.03228	−0.45749	−0.73	57
600193	创兴资源	−5.27285	−0.52319	−1.04141	−0.73103	−0.26438	−2.05	58

表 5－6 中，采矿业上市公司综合得分与其投资价值呈正相关关系。由于先对因子数据进行了标准化处理，因此，可以 0 为参考标准线，认为：综合得分大于 0 的公司，综合业绩相对较好，且数值越大，投资价值越大；综合得分小于 0 的则相对较差，且数值越小，投资价值越小。依此可对上市公司的综合业绩和投资价值有一个基本的评价。

具体而言，表 5－6 中，公司各项能力得分与相应实力也呈正相关关系。

排名前十位的公司分别为中国神华、山东黄金、兖州煤业、辰州矿业、华泽钴镍、盛达矿业、郑州煤电、盘江股份、海油工程、西部资源。

其中，中国神华，2013 年综合得分排名第二，2014 年上升至第一，同样在于其优秀的支付能力和盈利能力，支付因子得分遥居第一；盈利因子得分排名第三，表明其盈利能力不错；偿债因子得分排名第四，相较于 2013 年上升较多；营运因子和偿债成长因子得分排名第三十八和第五十，较 2013 年靠后，表示其营运和成长能力一般，综合各个因子得分及综合得分，中国神华值得长期投资。

山东黄金，从 2013 年的综合得分排名第十五上升至 2014 年的第二，主要是保持了 2013 年良好的营运能力和支付能力，营运因子得分排名与 2013 年相同（排名第二），支付因子得分排名基本接近（2013 年第六，2014 年第九），盈利得分排名第二十八，盈利能力行业排名居中，偿债因子和成长因子得分排名靠后，由于黄金价格持续低位运行，对公司的盈利能力以及资产配置都产生不利影响，综合来看，投资者可以考虑长期投资。

兖州煤业，2013 年综合得分排名第三十七，2014 年上升至第三，主要是各个因子得分都较 2013 年提升较多，其偿债因子、支付因子和偿债成长因子得分排名靠前，分别排名第二、第四和第三，营运因子得分排名第十一，排名相对较靠后的是盈利因子，得分排名第三十一，说明公司整体发展平衡，可以考虑长期投资。

辰州矿业，2013 年综合得分排名第四十五，2014 年上升至第四，主要是偿债因子的贡献，得分排名第一，而且得分与第二名差距很大，营运因子和偿债成长因子得分排名第十三，基本可以，盈利因子得分排名第二十六，居中，支付因子得分排名第五十，比较靠后，可适当考虑短期投资。

华泽钴镍，2013 年综合得分排名第十七，2014 年上升至第五，公司保持了 2013 年优秀的营运能力和良好的偿债能力，得分排名分别是第一和第六，盈利能力较 2013 年有所上升，得分排名由第三十九上升到第十一，成长因子和支付因子得分排名靠后，并有所下降，综合来看，可以考虑长期投资。

盛达矿业，2013 年综合得分排名第十一，2014 年上升至第六，公司保持了 2013 年优秀的盈利能力，得分排名第一，营运能力和成长能力也不错，因子得分排名第十八和第十七，比较靠后的是支付因子和偿债因子，得分排名第四十八和第四十一，考虑到公司优秀的盈利能力，可以进行长期投资。

郑州煤电，2013 年综合得分排名第三十三，2014 年上升至第七，公司拥有较好的营运能力，2013 年得分排名第五，2014 年得分排名第三，支付因子得分排名第十七，成长因子得分排名居中，但公司的盈力能力和偿债能力较差，得分排名第五十一和第五十六，综合来看，可以考虑短期投资。

盘江股份，2014 年的综合得分排名第八，保持了 2013 年优秀的偿债能力，因子得分继续排名第二，成长因子、营运因子和支付因子得分排名也不错，分别是第二、第十六和第十，但公司的盈利因子得分排名较 2013 年下降很多，由第十下降至第五十三，导致其综合得分排名较 2013 年下降两位，可以考虑长期投资。

海油工程，2014 年的综合得分排名第九，盈利能力和偿债能力都还不错，得分排名分别是第五和第七，营运因子、支付因子和成长因子得分排名居中，分别是第二十三、第十四和第三十，总体看来，综合得分排名较 2013 年下降两位，但各个方面能力都比较均衡，推荐长期投资。

西部资源，2013 年综合得分排名第五十七，2014 年上升至第十，主要是公司的成长因子得分排名由 2013 年的第五十二上升至 2014 年的第一，偿债因子、盈利因子得名排名也由 2013 年的第四十八和第五十四上升至 2014 年的第八和第二十三，支付因子和营运因子得分排名跟 2013 年一样，排在第五十名之后，该公司两年的得分排名变化很大，进一步看财务指标及财务报表可以发现，该公司 2014 年扭亏为盈，一部分原因是进行了资产剥离以及会计核算方法的改变等，同时公司向新能源汽车板块转型，综合上述因素来看，投资者应继续观察公司转型后的绩效，暂时不投资或进行适量投资。

2014 年和 2013 年都进入排名前十的只有三家公司，即中国神华、盘江股份和海油工程，说明采矿公司整体波动大；2014 年排名前十的采矿公司中，各项得分均不全为正数，也同样说明采矿公司整体缺乏稳健性，其中海油工程各个能力比较均衡，稳健性相对较强。

排名末十名的公司分别为凯迪电力、山东地矿、金瑞矿业、通源石油、西藏矿业、荣华实业、攀钢钒钛、园城黄金、国投新集、创兴资源，这十家公司中有五家（凯迪电力、金瑞矿业、荣华实业、园城黄金、国投新集）跟 2013 年一样排在末十位，说明这几家公司各项指标确定不理想，暂不建议对其投资。

七、系统聚类分析

通过聚类分析把业绩相似的公司归类，可以对不同类别的上市公司进行对比分析，为投资者选择投资组合提供参考。

根据树状图（略）对 58 家采矿业上市公司进行进一步分类，本书选择将其分为 4 类，如表 5－7 所示。

表 5－7　　聚类分析

类别	采矿业上市公司	数目
1	兖州煤业、辰州矿业、盘江股份、西部资源	4
2	山东黄金、华泽钴镍、盛达矿业、郑州煤电、中国石化、建新矿业、阳泉煤业、盛屯矿业、安源煤业、西部矿业、中色股份、炼石有色、中金黄金、广晟有色	14
3	中国神华、海油工程、中国石油、大同煤业、露天煤业、潞安环能、恒源煤电、上海能源、赤峰黄金、兰花科创、靖远煤电、冀中能源、宏达矿业、洛阳钼业、金岭矿业、昊华能源、大有能源、陕西煤业、中煤能源、平煤股份、华联矿业、西山煤电、驰宏锌锗、平庄能源、紫金矿业、新大洲 A、兴业矿业、金钼股份、银泰资源、永泰能源、凯迪电力、山东地矿、金瑞矿业、通源石油、西藏矿业、荣华实业、攀钢钒钛、国投新集、园城黄金	39
4	创兴资源	1

由表 5－7 可知，类别 1 中，包含中国神华等 4 家公司，综合排名都在前十，西部资源排名第十。其中：兖州煤业，经营领域包括煤炭以及煤炭深加工、电力、铁路运输、内河航运及钾矿资源开发等；经营区域包括山东省、陕西省、山西省、内蒙古自治区、澳大

利亚和加拿大，是中国唯一一家拥有境内外四地上市平台的煤炭公司，是中国国际化程度最高的煤炭公司。公司偿债能力、支付能力和营运能力得分排名靠前，整体发展平衡，综合排名第三，可以考虑长期投资。辰州矿业，从事黄金和其他有色金属矿产资源的投资、开发利用及相关产品的生产和销售、贸易、资本运营、资产管理、矿山采选冶等工艺、工程的设计、咨询及技术服务。是国内第五大产金公司、第二大产锑公司、重要产钨公司，是中国黄金协会副会长单位、中国钨业协会常务理事单位、中国有色金属工业协会理事单位。公司综合得分排名较 2013 年上升很多，排名第四，但主要是偿债能力指标的贡献，其他能力表现一般，可适当考虑短期投资。盘江股份，以原煤生产、洗选加工为主导，融资本营运、发电、安装、矿建、机械加工及维修、仪器仪表、质检化验为一体的生产能力超千万吨的大型煤炭工业企业，也是中国长江以南唯一一家上市煤炭企业。公司拥有丰富的煤炭资源，是中国南方地区重要的大型炼焦煤和动力煤生产基地。公司行业内综合得分排名较稳定，拥有优秀的偿债能力和良好的营运能力、支付能力和成长性，相对而言盈利能力还需加强，可以考虑长期投资。西部资源，是一家集铜、铅、锌、锂、金、银等多金属的探、采、选及新能源开发与利用的大型资源性企业，公司两年的得分排名变化很大，从第五十七上升至 2014 年的第十，主要是 2014 年公司进行了资产剥离以及并购，使得各项能力指标向好。同时公司正向新能源汽车行业转型，在稳固矿产资源产业的同时，以锂矿石为原材料基础，实现锂电池材料、锂电池组装、新能源汽车开发、制造和销售一体化的产业布局，打造新能源汽车板块的完整产业链。综合上述因素来看，投资者应继续观察公司转型后的绩效，暂时不投资或进行适当投资。

类别 2 中，包含山东黄金等 15 家公司，整体排名居中上位置，其中，山东黄金，主要经营黄金地质探矿、开采、选冶，贵金属、有色金属制品、黄金珠宝饰品提纯、加工、生产、销售，黄金矿山专用设备及物资、建筑材料的生产、销售等。公司拥有优秀的营运能力和良好的支付能力，2014 年综合得分排名第二，但由于黄金价格持续低位运行，公司的盈利能力以及资产配置等受到不同程度的影响，投资者可以考虑长期投资。华泽钴镍，以镍钴金属材料加工生产为核心，以镍钴资源矿山为依托，以镍材料科研独创加工技术为特色，集冶炼、加工及销售于一体的有色金属联合企业。公司保持了 2013 年优秀的营运能力和良好的偿债能力，同时盈利能力较 2013 年上升较多，综合得分排名由 2013 年的第十七上升到第五，考虑国内对原矿的需求量很大，而现在很多国家都已经开始禁止镍出口，镍不再只是用来制造不锈钢，而是储能材料，因此可以考虑长期投资。盛达矿业，主要从事铅、锌、银等有色金属的采选及勘查、开发、加工和销售等业务。在全国有色金属行业中银和铅生产规模名列前茅，是国内有色金属行业的大型知名品牌企业。公司保持了 2013 年优秀的盈利能力，得分排名第一，营运能力和成长能力也不错，考虑到公司优秀的盈利能力和第六的综合得分排名，可以进行长期投资。另外，郑州煤电、中国石化、建新矿业、盛屯矿业几家公司 2013 年和 2014 年的综合排名居中上位置，可以考虑投资。广晟有色公司只有个别指标是正数，其他指标均表现不理想，不建议投资。

类别 3 中，包含海油工程等 37 家公司，综合得分排名前后都有，整体水平居中向下，一半以上的公司行业排名靠后，但是也有中国神华这样排名第一的公司。其中，中国神华是中国上市公司中最大的煤炭销售商，拥有最大规模的煤炭储量。公司的煤炭业务已经成为中国煤炭行业大规模、高效率和安全生产模式的典范。由于其优秀的支付能力，支付因子得分排名第一，以及良好的盈利能力和偿债能力，分别排名第三和第四，所以可以长期投资。海油工程，是天津市新技术产业园区认证的高新技术企业，国家甲级工程设计单位，国家一级施工企业。各项因子得分虽然都没有特别靠前，但各个方面能力比较均衡，综合得分也良好，排第九，与 2013 年基本一致，属于非常稳健的一只股票，值得投资。中国石油、露天煤业、潞安环能、恒源煤电、上海能源、赤峰黄金等几家公司 2013 年和 2014 年的综合得分排名比较稳定，排在第十和第二十之间，可以适当长期投资。其他公司，像金钼股份、永泰能源、凯迪电力、金瑞矿业、通源石油、西藏矿业、荣华实业、攀钢钒钛、国投新集等公司，2013 年和 2014 年的综合得分排名基本都在后十位，几乎所有的得分都是负值，投资需谨慎。

类别 4 中，只有创兴资源一家公司，该公司主营矿业投资、实业投资，从事货物及技术的进出口业务，主要产品为铁矿石开采销售。公司 2013 年综合得分排名第十，2014 年综合得分排名最后，所有的指标都是负值。2014 年，公司全资子公司湖南神龙矿业有限公司因铁矿石价格下跌，出现铁矿石售价与成本倒挂的情况，于 2014 年 7 月底开始停产检修，至今难以恢复生产，因此暂不建议投资。

八、结语

综上所述，投资者在进行投资时，要综合考虑宏观、微观等各方面反映的财务信息，加以谨慎地分析，做出合理的选择。在此，本书运用 SPSS 软件，利用 13 个指标综合分析采矿行业 58 家上市公司各方面表现情况，并对比 2013 年的排名情况，得出理论与实践有机结合的投资价值结论，对投资者进行投资决策有一定的参考意义。但由于分析仅仅运用了 2014 年一个年度的财务报表资料，某些项目可能会由于会计政策变更等的影响存在一定程度的偶然性，分析指标的选择也具有主观性。因此，分析结果难以完全反映出真实状况，若后续能对多个连续年度进行跟踪分析，并适当增加分析指标，则可较大程度地消除偶然性，帮助投资者做出更加准确的投资决策，以更加有效地配置投资资源，促进采矿业更加健康和谐发展。

（参著：杨健兰）

第六章　制造业上市公司投资价值比较分析研究

第一节　食品加工业上市公司投资价值比较分析研究

一、行业发展与投资价值状况

食品加工业是涉及国计民生的基础性产业，包括农副食品加工业和食品制造业。

农副食品加工业指直接以农、林、牧、渔业产品为原料进行的谷物磨制、饲料加工、植物油和制糖加工、屠宰及肉类加工、水产品加工，以及蔬菜、水果和坚果等食品的加工活动。农副食品加工业物流活动与居民生产生活关系密切，与消费高度相关。近年来农副食品物流快速发展，对促进商贸繁荣、改善居民生活、畅通流通环境和转变经济发展方式的积极作用日益显现。在中国宏观经济放缓的背景下，农副食品加工业物流逆势而上，保持较快增长的势头。同时，物流成本费用率连续三年下降，物流效率不断提高，为“十二五”时期农副食品加工业物流发展打下良好基础。“截至 2014 年年底，中国农副食品加工业总资产达到 26676.39 亿元，同比增长 18.98%；行业销售收入为 59497.12 亿元，较 2012 年同期增长 15.88%；行业利润总额为 3105.32 亿元，同比增幅为 16.24%。”①

食品制造业指粮食及饲料加工业，植物油加工业，制糖业，屠宰及肉类蛋类加工业，水产品加工业，食用盐加工业和其他食品加工业。近年来，中国食品制造企业组织结构和规模发生了显著变化，龙头企业数量大幅增加，行业生产集中度有所提高，至“十一五”期末，中国食品制造业已形成了大、中、小企业协作发展、企业组织结构不断优化的格局。但是，由于食品制造业属劳动密集型产业，市场准入门槛低，中小型企业仍占据了行业大半壁江山，大型企业数量依然偏小。在物价调控政策的影响下，食品制造业主营业务收入和利润总额快速增长，且利润总额增速快于主营业务收入，有利于企业盈利能力提升。同期，行业偿债能力进一步增强。虽然中国经济增速将继续回落，上游农产品价格仍将维持高位震荡的格局。但是，在国家强农惠农政策力度进一步加强的背景下，中国农产品生产能力将稳步提高，农产品供给能力增强，从而保障了食品制造业所需原料供给在总量和质量上均持续提升，行业增长动力依然强劲。国家统计局数据显示：2014 年 1—12 月，全国食品制造业规模以上企业固定资产投资额 4463.1 亿元，同比增长 22%，增速超过全国平均水平 6.3 个百分点，超过同期制造业 8.5 个百分点，投资额占全国投资额比重

① 中国市场报告网：《2015 年中国农副食品行业调研与市场前景分析报告》，360baogao.com。

的0.89%，占制造业投资额比重的2.67%。未来几年中国食品制造行业的发展将会更加旺盛。到2015年，中国食品工业将成为在国民经济中的支柱地位进一步巩固、对社会贡献度进一步提高、具有较强自主创新能力、保障安全和营养健康、有一定国际竞争力的产业。

因这两个行业在生产、营运、盈利等方面具有相似性，所以本文将其合而为一。食品加工业都具有较大的社会需求和发展潜力，相应地对其上市公司进行价值投资就显得格外重要。本书以深沪两市的66家食品加工业上市公司为例，选取13个能够综合反映财务能力的财务指标，作为评估各农林牧渔业上市公司投资价值的指标体系，建立指标模型，运用SPSS软件，采用因子分析法与聚类分析法进行投资价值实证分析，确定公司的投资价值总量及其排名，并合理划分层级；结合投资者对农林牧渔业上市公司投资的实际情况进行深入分析研究，得出量与质有机结合的投资结论，为投资者提供参考，以降低投资风险，提高投资收益。

二、样本选取与数据处理

沪、深证交所的66家食品加工业上市公司的资料来源主要为其2014年的财务报告。具体初始数据如表6-1和表6-2所示。

表6-1　　初始数据1

股票代码	名称	基本每股收益（元）	销售净利率（%）	每股净资产（元）	总资产报酬率（%）	流动比率	速动比率
000048	康达尔	0.2900	5.6038	1.3239	10.3448	0.9617	0.6051
000529	广弘控股	0.2600	8.1812	1.8211	13.6928	2.4999	2.0855
000639	西王食品	0.6200	6.2820	6.4743	8.7148	1.8186	1.3778
000702	正虹科技	0.0976	1.4752	1.8295	5.8026	1.2982	0.4548
000716	黑芝麻	0.2420	4.1268	5.7976	4.2435	2.6818	2.5262
000860	顺鑫农业	0.7124	3.8473	8.9017	4.6867	1.3170	0.4069
000876	新希望	1.0900	3.7328	8.4438	10.5088	1.0495	0.6015
000893	东凌粮油	−1.1600	−3.6373	1.2422	−5.8625	0.9306	0.7655
000895	双汇发展	1.8358	9.2251	7.0450	25.5043	1.5317	0.8638
000911	南宁糖业	−1.0000	−10.1889	3.7214	−2.4761	1.2005	0.9925
000972	新中基	0.0146	25.9531	1.0721	5.9846	0.8001	0.4111
002100	天康生物	0.4800	5.0226	4.2615	8.5670	1.4715	0.7569
002124	天邦股份	0.1600	1.0442	2.6615	4.7419	0.6688	0.3353
002157	正邦科技	0.0800	0.2437	3.3707	3.5233	0.8574	0.3623
002216	三全食品	0.2000	1.9748	4.6155	0.9448	1.0910	0.6276
002220	天宝股份	0.2900	8.3936	3.7972	5.6566	1.6288	1.3559

续 表

股票代码	名称	基本每股收益（元）	销售净利率（%）	每股净资产（元）	总资产报酬率（%）	流动比率	速动比率
002286	保龄宝	0.0600	2.6268	3.9252	1.5205	2.3440	1.8787
002311	海大集团	0.5000	2.6106	4.0487	10.4810	1.6707	0.8348
002329	皇氏集团	0.3456	7.9511	5.8310	7.0347	1.4786	1.1928
002330	得利斯	0.0700	2.2167	2.5887	2.7873	1.8198	1.0408
002385	大北农	0.4800	4.3977	3.5349	11.3178	1.5843	1.0537
002481	双塔食品	0.3400	13.9686	4.7353	7.0345	1.9836	1.7248
002495	佳隆股份	0.1292	11.8659	3.8352	3.8439	17.8111	15.9497
002507	涪陵榨菜	0.6600	14.5619	5.6555	10.6991	4.7475	3.7905
002515	金字火腿	0.1400	11.9655	6.0232	3.2962	5.4567	0.7516
002548	金新农	0.2000	3.1489	2.6113	7.8513	3.2784	2.3840
002557	洽洽食品	0.8700	9.3877	8.0680	8.9536	1.9569	1.2843
002567	唐人神	0.1930	1.3511	4.2553	7.5817	1.0237	0.4961
002570	贝因美	0.0700	1.2514	3.4876	1.5389	2.3784	1.5772
002582	好想你	0.3600	5.5195	9.4869	4.1226	3.3170	1.3655
002604	龙力生物	0.2700	11.1954	5.8656	5.4682	2.0783	1.8357
002626	金达威	0.6800	23.1714	4.9369	14.9448	8.1381	6.9864
002650	加加食品	0.2900	7.8878	3.7772	8.1636	1.6975	1.3135
002661	克明面业	0.7920	4.2999	8.6447	9.2638	2.1394	1.8569
002695	煌上煌	0.8000	10.0235	11.7000	6.3714	10.3395	7.6294
002702	海欣食品	0.1301	2.1506	5.6685	2.3424	2.5397	1.8241
002719	麦趣尔	0.4600	12.8932	7.0795	7.4766	4.1041	3.7274
002726	龙大肉食	0.5400	2.9187	6.7060	7.7365	5.3858	2.9649
002732	燕塘乳业	0.6500	8.2951	4.5813	13.1921	2.7067	2.4358
300138	晨光生物	0.1246	1.7125	5.6089	3.0640	2.0327	0.8355
300146	汤臣倍健	0.7700	29.4780	3.7200	21.2691	7.8577	6.9155
300149	量子高科	0.1300	13.6204	2.2396	5.0512	9.4671	8.7211
300175	朗源股份	0.1860	10.9297	1.8128	8.0519	1.7669	0.6119
300268	万福生科	0.0380	6.5907	2.2721	2.0599	1.8250	1.7229
300381	溢多利	0.6100	15.3227	6.6671	9.0468	3.3508	2.7994
300401	花园生物	0.5100	23.3888	7.8172	6.3413	10.3525	5.2961
600073	上海梅林	0.1595	1.2174	3.2714	4.3145	1.2400	0.9746

续 表

股票代码	名称	基本每股收益（元）	销售净利率（%）	每股净资产（元）	总资产报酬率（%）	流动比率	速动比率
600095	哈高科	0.0320	1.2843	1.9736	2.4875	2.2313	0.9032
600127	金健米业	0.0191	0.7713	1.4123	1.6583	1.6960	0.8925
600186	莲花味精	0.0225	0.8234	0.5648	1.9465	0.6622	0.5906
600191	华资实业	0.0266	4.6452	3.9544	1.6497	1.5615	1.5003
600251	冠农股份	0.4290	15.5235	4.7778	6.9268	1.0748	0.6918
600298	安琪酵母	0.4465	4.8390	8.5600	5.4716	0.8126	0.4654
600305	恒顺醋业	0.2618	6.7241	4.1884	6.6466	1.0753	0.6727
600419	天润乳业	0.1500	5.5743	3.0844	4.8061	1.7151	1.4138
600429	三元股份	0.0602	0.8552	1.7679	2.1259	0.9516	0.6541
600438	通威股份	0.4030	2.1888	2.8507	9.0556	1.0353	0.6720
600597	光明乳业	0.4600	2.8602	3.6661	6.3310	0.9901	0.6769
600695	绿庭投资	−0.0695	−18.3181	0.7122	−8.1193	2.3424	2.2341
600737	中粮屯河	0.0158	0.2960	2.8923	1.4488	1.0765	0.6145
600866	星湖科技	−0.6494	−41.4024	2.2862	−12.5702	2.5836	1.8754
600872	中炬高新	0.3600	11.0765	2.9557	9.6870	2.3947	0.8789
600873	梅花生物	0.1600	5.1327	2.6435	5.0918	0.5286	0.3586
600887	伊利股份	1.3500	7.7216	6.0808	13.4984	1.1197	0.8527
603288	海天味业	1.4000	21.2882	4.9801	27.5758	2.1001	1.7554
603609	禾丰牧业	0.5000	2.8158	4.2819	10.5660	2.2158	1.0367

表 6-2　初始数据 2

股票代码	名称	资产负债率（%）	存货周转率（次）	固定资产周转率（次）	总资产周转率（次）	总资产增长率（%）	营业总收入增长率（%）	股东权益增长率（%）
000048	康达尔	69.5063	4.1064	5.7243	1.2943	49.0298	36.9964	28.4535
000529	广弘控股	27.0361	10.6367	10.0106	1.3510	12.9093	1.6476	16.8292
000639	西王食品	34.4343	6.0867	3.1627	1.1349	29.4672	−22.9473	5.2662
000702	正虹科技	30.7983	9.3210	5.6619	2.5020	−2.3939	−11.0065	11.7457
000716	黑芝麻	22.2522	11.1353	3.3366	0.7907	59.5952	14.7064	116.9811
000860	顺鑫农业	66.6392	0.8843	3.7547	0.6464	12.7171	4.5006	65.9111
000876	新希望	34.4664	14.3976	11.7400	2.2249	13.0897	0.8891	35.1496

续 表

股票代码	名称	资产负债率（%）	存货周转率（次）	固定资产周转率（次）	总资产周转率（次）	总资产增长率（%）	营业总收入增长率（%）	股东权益增长率（%）
000893	东凌粮油	93.2756	9.7462	12.5745	1.7946	29.7034	27.2735	−53.4216
000895	双汇发展	25.5731	10.0406	4.6407	2.1901	11.3252	1.6580	8.0566
000911	南宁糖业	73.4643	6.5149	1.9324	0.5235	−22.0284	−38.7842	−20.7665
000972	新中基	61.0579	0.9009	0.3506	0.1782	−27.1462	−56.3564	1706.3665
002100	天康生物	37.8942	4.3995	3.8946	1.3638	4.6829	7.7822	9.1779
002124	天邦股份	67.0979	5.6747	4.0136	1.3934	1.7474	25.2573	5.7815
002157	正邦科技	66.8851	11.1710	6.3016	2.4795	22.1968	5.7825	106.5631
002216	三全食品	47.3914	3.2653	3.6179	1.1300	−4.6121	13.6274	3.5405
002220	天宝股份	57.9113	4.6731	2.6934	0.4161	18.6626	8.0396	8.0549
002286	保龄宝	17.9318	6.6644	1.5340	0.5291	5.3623	1.1036	0.9800
002311	海大集团	42.5816	11.2570	8.3101	2.8013	3.7098	17.6237	9.4269
002329	皇氏集团	26.1020	5.6016	2.3917	0.6378	79.9794	14.0891	95.6087
002330	得利斯	20.0159	5.4501	1.9542	1.0043	2.1713	−20.9264	−1.0345
002385	大北农	40.3204	7.4575	7.5392	1.9667	28.5644	10.7063	16.9355
002481	双塔食品	36.6804	2.5275	1.4132	0.3849	115.2534	43.1072	139.6809
002495	佳隆股份	2.7656	3.3898	0.7915	0.2762	−0.1498	11.1133	0.7785
002507	涪陵榨菜	16.9366	4.0820	1.8937	0.6788	5.6468	7.1155	9.7240
002515	金字火腿	7.6676	0.4945	0.4869	0.1979	−16.0498	4.9476	1.4728
002548	金新农	16.9113	10.6333	9.8849	1.9800	−1.2389	−0.1051	0.5734
002557	洽洽食品	34.1310	2.4103	3.8914	0.7638	10.5705	4.1755	4.7515
002567	唐人神	45.7122	14.4220	8.8644	3.1793	36.8550	41.4048	2.4748
002570	贝因美	24.4523	2.6136	3.3555	1.0285	−7.1920	−17.4647	−8.8647
002582	好想你	37.5186	1.2040	2.3256	0.5148	45.6565	7.1458	2.8605
002604	龙力生物	31.8253	3.5758	1.4157	0.2853	4.9164	−16.1803	4.2990
002626	金达威	9.4110	4.0673	1.9336	0.5629	11.3262	25.0824	7.9358
002650	加加食品	24.2608	5.9203	7.0085	0.7626	8.3699	0.4010	−0.3064
002661	克明面业	28.2488	17.4486	4.0854	1.4941	6.5065	24.6846	4.2971
002695	煌上煌	7.3802	2.2546	3.5421	0.6386	7.9963	10.1563	5.0500
002702	海欣食品	24.2395	3.7273	3.8366	0.8370	7.3306	13.3597	0.5335
002719	麦趣尔	18.0214	3.8684	2.3334	0.5043	63.6203	−17.0997	101.0047

续 表

股票代码	名称	资产负债率（%）	存货周转率（次）	固定资产周转率（次）	总资产周转率（次）	总资产增长率（%）	营业总收入增长率（%）	股东权益增长率（%）
002726	龙大肉食	12.9539	6.9831	7.9824	2.3825	40.6642	12.2906	62.8570
002732	燕塘乳业	22.9945	11.7197	3.6511	1.2330	65.6267	8.2133	117.2760
300138	晨光生物	33.1313	1.7717	2.6396	0.7689	−7.5653	1.7665	2.0096
300146	汤臣倍健	9.3840	2.5056	4.1871	0.6613	10.0128	15.0271	9.6256
300149	量子高科	6.0181	4.2274	1.4366	0.3891	5.2757	9.5212	4.4289
300175	朗源股份	39.2310	1.1911	3.4566	0.6218	32.4391	34.3980	18.1466
300268	万福生科	28.0532	2.0170	0.6622	0.1733	−10.2149	−64.7778	1.7062
300381	溢多利	28.8553	2.3390	1.7154	0.5372	156.1151	0.1830	117.2854
300401	花园生物	6.1204	0.3727	1.0378	0.2372	29.3555	−13.8308	28.8536
600073	上海梅林	49.5170	10.0557	8.3032	1.7439	18.4799	2.3509	54.6780
600095	哈高科	38.5759	0.5220	1.9899	0.3325	−16.5192	−20.3695	1.3659
600127	金健米业	32.9424	5.3801	3.2367	1.2085	−2.9373	12.1619	1.3562
600186	莲花味精	78.8089	10.5363	3.6390	0.7652	1.2484	−7.0332	2.7499
600191	华资实业	27.3834	5.3345	2.2510	0.1121	15.5710	24.3460	15.1239
600251	冠农股份	44.0978	2.0114	1.4326	0.3610	33.6535	−9.8227	35.1339
600298	安琪酵母	51.7451	2.7852	0.9926	0.5790	−0.8939	17.1423	3.1600
600305	恒顺醋业	41.0349	1.9926	2.0979	0.5151	−9.1990	8.6957	130.4279
600419	天润乳业	39.5939	9.5926	1.2363	0.6883	7.5773	273.2374	4.9469
600429	三元股份	59.1693	7.6456	3.4385	1.1700	18.8607	18.8700	−0.8220
600438	通威股份	61.1510	12.7661	7.9368	2.6762	15.7950	1.4422	2.8531
600597	光明乳业	59.6405	7.5496	5.2752	1.6674	11.3683	25.1315	5.4588
600695	绿庭投资	18.6003	16.1634	2.4539	0.4896	38.8645	−7.3338	24.7175
600737	中粮屯河	58.4780	2.5040	2.2454	0.6848	22.8059	−20.6419	−1.4068
600866	星湖科技	34.9084	2.8186	0.8015	0.3587	−13.3734	−3.4684	0.1878
600872	中炬高新	35.6355	1.4024	2.8623	0.6813	9.8170	13.9637	10.4080
600873	梅花生物	59.3139	4.3832	0.8794	0.5018	10.0894	26.7928	2.3600
600887	伊利股份	52.3436	8.3763	4.5873	1.4912	20.1260	13.9341	15.5585
603288	海天味业	31.9318	5.3984	3.5318	1.1079	63.6476	16.8492	91.2895
603609	禾丰牧业	29.5588	7.9375	8.8640	2.5389	3.1501	7.2019	38.0585

在指标性质、单位不同的情况下，首先要对其进行同趋势化处理。然后利用 SPSS 中的 Z－score 方法将 13 项指标的原始数据进行标准化处理。同趋势化处理后的三项指标数据与标准化处理后的数据略。

三、因子分析法适应性检验

为了检验所选用的指标是否适合使用因子分析法，本书利用 SPSS 软件中 KMO 和 Bartlett 球形检验方法来对样本进行检验。检验结果如表 6－3 所示。

表 6－3　　KMO 检验和 Bartlett 球形检验

取样足够度的 KMO 度量		0.529
Bartlett 球形检验	近似卡方	370.817
	df	78
	Sig.	0.000

由表 6－3 可知，KMO 值为 0.529，大于 0.5，可知各变量之间的相关程度无较大差异，原有变量适合做因子分析。同时，Bartlett 球形检验统计量为 370.817，相应的概率 Sig. 为 0.000，在 5%的显著性水平之下，拒绝原假设，因此可认为相关系数矩阵与单位矩阵有显著差异，说明样本适合做因子分析。

四、确定主因子

本书应用因子分析法中的主成分分析法来计算原始公因子的特征值、方差贡献率以及累计方差贡献率，并由此确定公因子。结果如表 6－4 所示。

表 6－4　　总方差解释

成分	初始特征值			提取平方和载入			旋转平方和载入		
	合计	方差百分比（%）	累积百分比（%）	合计	方差百分比（%）	累积百分比（%）	合计	方差百分比（%）	累积百分比（%）
1	2.894	22.259	22.259	2.894	22.259	22.259	2.663	20.487	20.487
2	2.662	20.480	42.738	2.662	20.480	42.738	2.634	20.261	40.749
3	1.517	11.668	54.406	1.517	11.668	54.406	1.469	11.303	52.052
4	1.233	9.485	63.891	1.233	9.485	63.891	1.460	11.233	63.285
5	1.141	8.775	72.666	1.141	8.775	72.666	1.219	9.381	72.666
6	0.941	7.236	79.902						
7	0.836	6.430	86.332						
8	0.563	4.332	90.664						
9	0.451	3.469	94.133						

续　表

成分	初始特征值			提取平方和载入			旋转平方和载入		
	合计	方差百分比（%）	累积百分比（%）	合计	方差百分比（%）	累积百分比（%）	合计	方差百分比（%）	累积百分比（%）
10	0.325	2.498	96.631						
11	0.251	1.929	98.560						
12	0.128	0.981	99.541						
13	0.060	0.459	100.000						

提取方法：主成分分析。

根据表 6－4 中的数据可知，前 5 个主因子的方差贡献率已经达到了累计方差贡献率的 72.666%，即表明这 5 个主因子已包含原始数据信息量的 72.666%，所以只需选择前 5 个主因子就可以较好地代表原始指标，对公司的绩效进行描述。

特征值可用碎石图列示，如图 6－1 所示。从图 6－1 可以看出，从第 6 个成分开始，特征值的值都小于 1，且折线的陡度变得比较平缓，这说明提取 5 个主因子是合适有效的。

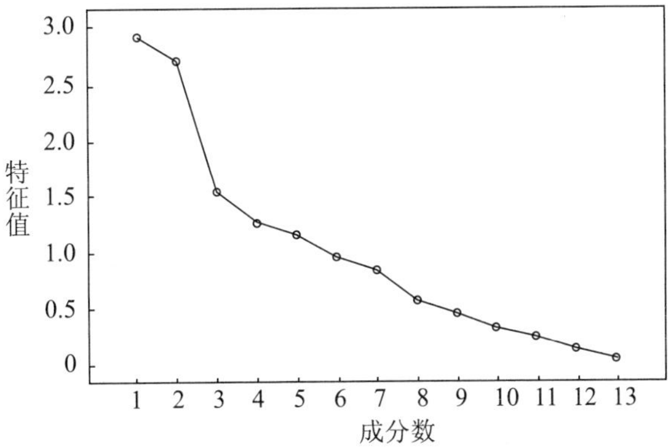

图 6－1　碎石图

五、旋转载荷矩阵分析

本书对原因子载荷矩阵进行最大方差旋转，以期得到主因子更明确的含义。结果如表 6－5 所示。

表 6－5　　旋转成分矩阵

变量	成分				
	F_1	F_2	F_3	F_4	F_5
基本每股收益	0.926	0.113	0.033	0.007	0.025
销售净利率	0.660	−0.244	0.150	0.549	−0.142

续 表

变量	成分				
	F_1	F_2	F_3	F_4	F_5
每股净资产	0.720	−0.196	−0.023	−0.361	0.107
总资产报酬率	0.839	0.230	0.093	0.274	−0.050
流动比率	0.041	0.097	0.096	0.033	0.829
速动比率	−0.196	−0.176	−0.076	−0.549	0.381
资产负债率	−0.066	−0.168	0.778	0.075	0.046
存货周转率	−0.073	0.829	0.044	−0.161	0.270
固定资产周转率	0.027	0.891	−0.036	0.021	−0.083
总资产周转率	0.102	0.924	−0.046	−0.004	−0.067
总资产增长率	0.281	0.027	0.706	0.037	0.339
营业总收入增长率	0.026	0.176	0.544	−0.246	−0.293
股东权益增长率	−0.075	−0.189	−0.125	0.747	0.255

由表 6－5 中的数据可以看到，基本每股收益、销售净利率、每股净资产、总资产报酬率在主因子 F_1 上的载荷分别为 0.926、0.660、0.720、0.839，体现了公司的盈利能力，为盈利因子；存货周转率、固定资产周转率、总资产周转率在主因子 F_2 上的载荷量分别为 0.829、0.891、0.924，它主要反映了公司的营运能力，所以将 F_2 命名为营运因子；主因子 F_3 则在总资产增长率（0.706）、营业总收入增长率（0.544）上有较大载荷量，主因子 F_4 在股东权益增长率（0.747）上有较大载荷量，代表了公司的成长能力，故 F_3、F_4 为成长因子；主因子 F_5 在流动比率（0.829）、速动比率（0.381）上有较大载荷量，代表了公司的偿债能力，故而将其命名为偿债因子。

六、食品加工业上市公司综合得分与排名

要得到因子的综合得分，需先对因子数据进行标准化处理，使其期望为 0，方差为 1，然后，将各因子的方差贡献率占因子总方差贡献率的比重作为权重加权汇总，使用计算综合得分的公式 $F=(\lambda_1F_1+\lambda_2F_2+\lambda_3F_3+\lambda_4F_4+\lambda_5F_5)/(\lambda_1+\lambda_2+\lambda_3+\lambda_4+\lambda_5)=(0.20487\times F_1+0.20261\times F_2+0.11303\times F_3+0.11233\times F_4+0.09381\times F_5)/0.72666$ 来计算各样本的综合得分。得到结果按名次排列如表 6－6 所示。

表 6－6　　食品加工业上市公司综合得分与排名

股票代码	名称	F_1（盈利）	F_2（营运）	F_3（成长）	F_4（成长）	F（偿债）	F（综合）	排名
002732	燕塘乳业	0.7526	0.8174	0.5975	0.6569	4.6345	1.2329	1
000895	双汇发展	2.608	1.1021	−0.6052	−0.1754	−0.0632	0.9132	2
603288	海天味业	2.3387	0.0551	0.4675	0.36	0.3386	0.8468	3

续 表

股票代码	名称	F_1（盈利）	F_2（营运）	F_3（成长）	F_4（成长）	F（偿债）	F（综合）	排名
000716	黑芝麻	0.0684	0.3674	0.5927	0.2022	4.3581	0.8078	4
000876	新希望	1.2938	2.0432	−0.5302	−0.4729	0.1263	0.7952	5
002567	唐人神	−0.1789	2.3825	0.5458	−0.0503	−0.2283	0.6615	6
002481	双塔食品	−0.5346	−1.3185	6.2277	0.6379	0.3815	0.5982	7
300381	溢多利	1.0938	−0.85	1.7876	0.3334	0.9225	0.5201	8
002311	海大集团	0.1943	1.8985	−0.2377	0.0907	−0.3921	0.5105	9
600438	通威股份	−0.1176	1.9348	−0.1461	0.2916	−0.1576	0.5083	10
600887	伊利股份	1.4715	0.5507	−0.2016	−0.2543	−0.1411	0.4795	11
002726	龙大肉食	0.5537	1.1685	0.0922	−0.1578	−0.1028	0.4586	12
603609	禾丰牧业	0.2518	1.5603	−0.3938	0.203	−0.3714	0.4282	13
000529	广弘控股	−0.0729	1.349	−0.1573	0.3173	0.2511	0.4126	14
002385	大北农	0.2305	1.1463	0.1064	0.2706	−0.2881	0.4058	15
300146	汤臣倍健	1.4797	−0.2825	−0.0061	1.0916	−0.9222	0.3872	16
002548	金新农	−0.3843	1.627	−0.381	0.2743	−0.2637	0.2944	17
002157	正邦科技	−0.6283	1.4319	−0.016	0.352	−0.0281	0.2704	18
002661	克明面业	1.0325	0.6832	−0.5194	−2.1305	1.2713	0.2356	19
000048	康达尔	−0.2402	0.5025	0.8272	0.5781	−0.55	0.2194	20
600073	上海梅林	−0.5194	1.2461	−0.0814	0.2553	−0.1198	0.2123	21
002329	皇氏集团	0.3754	−0.4255	0.8597	0.025	0.3576	0.1709	22
002626	金达威	1.15	−0.5645	0.0717	0.4888	−0.728	0.1596	23
000702	正虹科技	−0.6678	1.3009	−0.4466	0.4727	−0.3497	0.1329	24
002719	麦趣尔	0.7828	−0.7527	0.2471	0.1993	0.3387	0.1238	25
600597	光明乳业	−0.0547	0.7055	0.015	−0.0367	−0.47	0.1173	26
000639	西王食品	0.7366	−0.1292	−0.3324	−0.2576	0.2196	0.1085	27
000972	新中基	−1.0486	−1.4768	−1.7399	5.8031	1.3745	0.0965	28
002650	加加食品	0.0106	0.2856	−0.2323	0.2021	−0.3595	0.0313	29
002557	洽洽食品	1.223	−0.5443	−0.4331	−0.5231	−0.2761	0.0092	30
002100	天康生物	0.2179	0.1102	−0.2415	0.0481	−0.4864	−0.0008	31
002507	涪陵榨菜	0.8717	−0.5754	−0.2862	0.09	−0.4725	−0.0063	32
002695	煌上煌	1.5831	−0.8445	−0.5507	−1.0068	−0.358	−0.0766	33
300175	朗源股份	−0.2522	−0.4138	0.6281	0.5687	−0.7322	−0.0954	34
600872	中炬高新	0.1225	−0.5132	0.0345	0.434	−0.5668	−0.1093	35

续 表

股票代码	名称	F_1（盈利）	F_2（营运）	F_3（成长）	F_4（成长）	F（偿债）	F（综合）	排名
600251	冠农股份	0.4478	−0.9792	0.0326	0.363	−0.1901	−0.1101	36
300401	花园生物	1.1047	−1.4258	−0.1771	0.171	−0.284	−0.1239	37
000893	东凌粮油	−2.4482	1.7771	0.6641	0.2224	−0.5777	−0.1316	38
600419	天润乳业	−0.6172	0.2352	2.722	−1.2029	−2.0964	−0.1416	39
002124	天邦股份	−0.5558	0.3195	−0.0329	0.0705	−0.6464	−0.1453	40
600429	三元股份	−0.8833	0.2978	0.2368	0.1356	−0.3579	−0.1544	41
000860	顺鑫农业	0.8926	−0.7746	−0.4736	−0.6304	−0.2606	−0.1691	42
002582	好想你	0.7576	−1.0538	0.1757	−0.8834	0.0589	−0.1819	43
002220	天宝股份	−0.0624	−0.5142	0.0217	0.0476	−0.259	−0.1837	44
600186	莲花味精	−1.142	0.3631	−0.2057	0.3844	−0.1745	−0.2158	45
300149	量子高科	−0.3529	−0.654	0.0018	0.5548	−0.6436	−0.2789	46
600305	恒顺醋业	−0.0832	−0.7387	−0.4477	0.3578	−0.5234	−0.3113	47
600127	金健米业	−0.9994	0.1093	−0.137	0.2117	−0.5665	−0.313	48
600873	梅花生物	−0.4398	−0.5908	0.172	0.0918	−0.5755	−0.3221	49
002330	得利斯	−0.6664	−0.2388	−0.4664	0.1801	−0.1823	−0.3227	50
600298	安琪酵母	0.6786	−0.9656	−0.4269	−0.7994	−0.4252	−0.3228	51
002216	三全食品	−0.3801	−0.2105	−0.3353	−0.2415	−0.6086	−0.3339	52
002702	海欣食品	−0.1961	−0.52	−0.3504	−1.1574	0.4857	−0.371	53
600695	绿庭投资	−2.0615	0.4838	0.2543	−0.6348	0.9986	−0.3759	54
002495	佳隆股份	−0.2115	−0.9283	−0.1397	0.2109	−0.6505	−0.3916	55
600191	华资实业	−0.5501	−0.6923	0.1732	−0.2591	−0.2568	−0.3944	56
600737	中粮屯河	−0.7242	−0.578	−0.1726	0.125	−0.1822	−0.3964	57
002570	贝因美	−0.6048	−0.3603	−0.6639	−0.1356	−0.1977	−0.4207	58
300138	晨光生物	−0.1884	−0.6527	−0.5228	−0.3316	−0.4924	−0.4313	59
002604	龙力生物	0.2905	−1.2053	−0.6675	−0.952	0.5496	−0.4342	60
002515	金字火腿	0.1016	−1.3714	−0.5684	−0.1597	−0.7081	−0.5582	61
600095	哈高科	−0.8261	−0.8873	−0.6801	0.2704	−0.5127	−0.6105	62
002286	保龄宝	−0.5474	−0.953	−0.59	−1.9921	1.3693	−0.643	63
300268	万福生科	−0.6517	−1.2295	−1.1139	0.1702	0.1863	−0.6495	64
000911	南宁糖业	−1.9088	−0.4872	−0.9263	−0.2886	−0.0924	−0.8746	65
600866	星湖科技	−2.9156	−1.1519	−0.9182	−3.0802	1.6693	−1.5466	66

表 6-6 中，食品加工业上市公司综合得分与其投资价值呈正相关关系。由于先对因子数据进行了标准化处理，因此，可以 0 为参考标准线，认为：综合得分大于 0 的公司，综合业绩相对较好，且数值越大，投资价值越大；综合得分小于 0 的则相对较差，且数值越小，投资价值越小。依此可对上市公司的综合业绩和投资价值有一个基本的评价。

具体而言，表 6-6 中，公司各项能力得分与相应实力也呈正相关关系。

排名前十位的公司分别为燕塘乳业、双汇发展、海天味业、黑芝麻、新希望、唐人神、双塔食品、溢多利、海大集团、通威股份。2013 年排名前十的公司依次是克明面业、伊利股份、双汇发展、新希望、天润乳业、西王食品、海天味业、通威股份、贝因美、溢多利。两年比较，有双汇发展、海天味业、新希望、溢多利、通威股份五家公司保住了前十，说明这五家公司发展稳定，实力强劲，居于行业龙头，是具有较大投资价值的对象。

其中，2014 年新上市的燕塘乳业排名第一，主要是由于稳居第一的偿债因子得分颇高，偿债结构合理，非常接近行业平均水平。此外，排名前十的成长因子得分，以及排名十六的盈利因子得分和排名十五的营运因子得分，也展现了其优秀的成长能力、盈利能力和营运能力，非常值得投资。

双汇发展排名第二，其盈利因子得分排名第一，营运能力得分排名第十四，保持了 2013 年较好的盈利能力和营运状况，由 2013 年的排名第三升至第二，有所进步，其偿债因子排名第二十一，居中，成长因子得分排名靠后，综合各个因子得分及综合得分，双汇发展可能由于处于成熟期，成长空间较小，但是综合实力优秀，发展稳定，值得投资。

海天味业综合排名第三，比 2013 年上升 4 个名次，具有较大进步，其盈利因子得分依旧名列前茅，而成长能力和偿债结构的改善是其综合排名上升的主要原因，其成长因子和偿债因子得分从 2013 年的垫底改善为前二十名。整体来看，海天味业盈利能力强劲，营运状况良好，偿债结构合理，发展前景广阔，值得长期投资。

黑芝麻综合排名第四，偿债因子得分排名第二是其综合排名靠前的主要原因。此外，其盈利因子、营运因子和成长因子得分均为正数，综合实力良好，适宜投资。

新希望，综合排名第五，与 2013 年排名基本相当，综合实力稳定。相比 2013 年，新希望优秀的营运能力得到保持，盈利能力增强，其营运因子和盈利因子得分分别排名第二、第六。此外，偿债因子得分排名十八，偿债结构合理，但是成长因子得分排名靠后，有待加强。考虑其优秀的营运和盈利能力，比较适宜进行短期投资。

唐人神综合得分排名第六，相比 2013 年排名上升 12 位，进步巨大，其营运因子高分排名第一，说明其营运能力相当强；成长因子得分排名第五，说明其成长能力也非常优秀；偿债因子得分排名第八，说明其偿债能力也较佳；盈利因子排名第二十，排名靠后。虽然其盈利能力不够优秀，但是其优秀的营运能力和成长能力，说明还是值得长期投资的。

双塔食品综合排名由 2013 年的第四十四名跃升至第七名，主要是由于其强劲的成长能力，此外排名十一的偿债因子得分也展现了其合理的偿债结构，但是盈利因子和营运因子得分排名仍然靠后，盈利能力和营运能力不佳，建议观望。

溢多利，综合排名第八，成长能力排名靠前，盈利因子得分排名第十，偿债因子得分排名第八，营运因子得分排名靠后，总体来说整体实力良好，值得投资。

海大集团，综合排名第九，相比 2013 年排名略有上升。其营运能力突出，排名第四，盈利能力排名二十三，偿债和成长能力则中等偏后。虽然其偿债和成长因子得分表现一般，但是考虑其优秀的营运能力，可以考虑短期投资。

通威股份，排名稳定，与海大集团类似，营运能力优秀，但是其他因子表现不佳，可以短期投资。

排名末十名的公司分别为中粮屯河、贝因美、晨光生物、龙力生物、金字火腿、哈高科、保龄宝、万福生科、南宁糖业、星湖科技。这 10 家公司的综合得分远远低于行业平均值，盈利能力、营运能力和成长能力普遍不佳，暂不建议对其投资。

七、系统聚类分析

通过聚类分析把业绩相似的公司归类，可以对不同类别的上市公司进行对比分析，为投资者选择投资组合提供参考。

根据树状图（略）对 66 家食品加工业上市公司进行进一步分类，本文选择将其分为 4 类，如表 6 - 7 所示。

表 6 - 7　　聚类分析

类别	食品加工业上市公司	数目
1	双汇发展、海天味业、新希望、溢多利、伊利股份、汤臣倍健、皇氏集团、金达威、麦趣尔、西王食品、洽洽食品、涪陵榨菜、煌上煌、冠农股份、花园生物、顺鑫农业、好想你、安琪酵母	18
2	双塔食品、天润乳业	2
3	唐人神、海大集团、通威股份、龙大肉食、禾丰牧业、广弘控股、大北农、金新农、正邦科技、克明面业、康达尔、上海梅林、正虹科技、光明乳业、加加食品、天康生物、朗源股份、中炬高新、东凌粮油、天邦股份、三元股份、天宝股份、莲花味精、量子高科、恒顺醋业、金健米业、梅花生物、得利斯、三全食品、海欣食品、绿庭投资、佳隆股份、华资实业、中粮屯河、贝因美、晨光生物、龙力生物、金字火腿、哈高科、保龄宝、万福生科、南宁糖业、星湖科技	43
4	燕塘乳业、黑芝麻、新中基	3

由表 6 - 7 可知，类别 1 中，包含双汇发展等 18 家公司，该类公司的共同特点是盈利能力都较为优秀，其他能力表现普遍一般，综合排名高中低档位置均有，双汇发展排名第二，最靠前，安琪酵母排名第五十一，排名靠后。其中，双汇发展是第一批国家生猪核心育种场、国家级星火计划项目证书、国家现代农业产业技术体系生猪产业综合实验站，综合排名第二，盈利能力强，发展稳定，具有较高的投资价值。海天味业综合排名第三，盈利能力强劲，营运状况良好，偿债结构合理，发展前景广阔，值得长期投资。新希望，综合得分排名第五。新希望集团是中国农业产业化国家级重点龙头企业，中国最大的饲料生产企业，中国最大的农牧企业之一，拥有中国最大的农牧产业集群，是中国农牧业企业的领军者。集团向社会提供不可或缺的农业产业链上下游产品，并以“为耕者谋利、为食者造福”为经营理念，致力于打造世界级的农牧企业。无论在盈利能力，还是在偿债能力和

盈利能力，都有非常出色的表现，只是在成长能力上稍差，但仍是很值得短期投资的对象。此外，溢多利、伊利股份、汤臣倍健、皇氏集团、金达威、麦趣尔、西王食品、洽洽食品等公司排名也比较靠前，盈利能力较好，但是其他因子得分表现一般，可以考虑短期投资。涪陵榨菜、煌上煌、冠农股份、花园生物、顺鑫农业、好想你、安琪酵母等公司排名靠后，不建议投资。

类别 2 中，包含双塔食品和天润乳业 2 家公司，都有较为出色的成长能力。双塔食品虽然在盈利能力和营运能力上表现不突出，但它作为粉丝行业的龙头企业，销售网络覆盖了全球 80 个国家和地区，又得到国家火炬计划与星火计划的支持，发展势头强劲，是投资者可以考虑的投资对象。天润乳业生物制品股份有限公司是兵团农十二师直属的国有乳制品加工企业，其综合排名第三十九，营运能力较好，但是盈利能力和偿债能力不理想，不建议投资。

类别 3 中，包含唐人神、海大食品和通威股份等 43 家公司。此类别中排名靠前的公司营运状况普遍较好。其中，唐人神集团是首批农业产业化国家重点龙头企业。集团致力于生猪产业链一体化经营，经过 20 多年的创业发展，已经形成了“品种改良、安全饲料、健康养殖、肉品加工、品牌专卖”五大产业发展格局，在全国拥有 40 余家子公司。集团旗下的“唐人神”“骆驼”牌都是中国驰名商标，“唐人神”肉品和“骆驼”牌饲料都是中国名牌产品。“美神”种苗通过美国 NSR 认证，达到美国同步育种水平。集团位列饲料、肉类行业十强，跨入中国制造业 500 强。其综合排名第六，盈利能力优秀，发展前景较好，虽然盈利能力一般，但仍具有较大投资价值。海大集团股份有限公司是一家集研发、生产和销售水产饲料、畜禽饲料和水产饲料与混料为主营业务的高科技型集团公司。其盈利能力和营运状况较好，相比 2013 年综合实力有所上升，值得考虑投资。通威股份，虽然其盈利和偿债因子得分不高，但是其营运能力很好。所以，综合排名第十，可以考虑投资。龙大肉食、禾丰牧业与大北农的盈利能力和营运能力都较为优秀，成长能力和偿债能力一般。其中，龙大肉食是专业从事肉食品加工的大型企业，正从区域性的领导品牌向全国性的一流品牌阔步迈进；综合排名十二，盈利能力和营运能力较好，整体综合能力较佳，值得投资。禾丰牧业，是国家级农业产业化重点龙头企业，综合排名第十一，可以考虑短期投资。大北农，是以饲料、动保、种业、植保为主体的科技产业；综合得分排名第十五，盈利、营运和成长能力表现良好，具有一定投资价值。广弘控股，是大型省属国有控股上市公司，主营业务为肉类食品供应和教育出版物发行。公司拥有华南地区最大的食品冷藏库和最大的肉类冷冻食品批发市场。综合排名第十四，盈利能力和偿债能力较好，可以考虑投资。中粮屯河、贝因美、晨光生物、龙力生物、金字火腿、哈高科、保龄宝、万福生科、南宁糖业、星湖科技等公司排名靠后，不建议投资。

类别 4 中，包含燕塘乳业、黑芝麻、新中基 3 家公司，偿债能力均非常突出，其中燕塘乳业、黑芝麻综合排名分别位列第一和第三，其他各项因子表现优秀值得投资。而新中基虽然偿债结构合理，相比 2013 年排名大幅上升，但是盈利能力和营运状况不佳，成长能力也不理想，不建议投资。

八、结语

综上所述，投资者在进行投资时，要综合考虑宏观、微观等各方面反映的财务信息，加以谨慎地分析，做出合理的选择。在此，本书运用SPSS软件，利用13个指标综合分析食品加工业66家上市公司各方面表现情况，对投资者进行投资决策有一定的参考意义。通过对2013年和2014年两个年度进行跟踪分析，可较大程度地消除偶然性，帮助投资者做出更加准确的投资决策，以更加有效地配置投资资源，促进食品加工业更加健康和谐发展。

（参著：章寅颖、裘玲玲）

第二节　酒、饮料和精制茶制造业上市公司投资价值比较分析研究

一、行业发展与投资价值状况

白酒是中国传统蒸馏酒，享誉中外。中国白酒是世界著名的六大蒸馏酒之一（其余五种是白兰地、威士忌、郎姆酒、伏特加和金酒）。近几年，中国白酒行业盈利模式由总量增长模式向结构优化模式转变，行业竞争由无序竞争向相对有序竞争转变。随着经济发展及居民收入的增加，高端产品市场呈现快速上升趋势，加之渠道、终端之争愈演愈烈，中高档市场的竞争将成为决定行业竞争格局的主导力量。未来一段时期，虽然发展速度会有所减缓，但行业的景气度将继续保持。

中国饮料行业是改革开放以来发展起来的新兴行业，是中国消费品中的发展热点和新增长点。近年来，饮料行业不断地发展和成熟，逐渐改变了以往规模小、产品结构单一、竞争无序的局面，饮料企业的规模和集约化程度不断提高，产品结构日趋合理。中国饮料在品牌方面的发展成果显著，全国性品牌已有十几家，5类产品中22个品牌被评为中国名牌。近5年来，中国饮料市场已成为中国食品行业中发展最快的市场之一。

茶叶从中国走向世界，早已成为世界饮料市场三分天下有其一的重要品种，世界茶叶市场竞争也日益激烈，20世纪90年代以来各主要茶叶生产消费国都不断出现新的经营方式。中国是茶叶的故乡，有绿茶、红茶等六大茶类，20个产茶省，八千万茶农，是名副其实的产茶大国。未来中国茶产业的增长潜力巨大，因为国内外市场需求稳定增长。从国内来看，喝茶已成为多数中国人的一种生活习惯，茶已成为社会生活中不可缺少的健康饮品和精神饮品。

近几年，中国白酒行业盈利模式由总量增长模式向结构优化模式转变，行业竞争由无序竞争向相对有序竞争转变。饮料行业不断发展和成熟，饮料企业的规模和集约化程度不断提高。未来中国茶产业的增长潜力巨大，因为国内外市场需求稳健增长。在证券市场上，酒、饮料和精制茶制造业上市公司一直是投资者关注的热门行业，然而如何准确分析上市公司的内在投资价值，从众多上市公司中选取具有良好前景的投资对象绝非易事。以下以深沪两市36家酒、饮料和精制茶制造业上市公司为例，以其2014年财务报告为依据，选取13个能够综合反映财务能力的指标，作为评估各上市公司投资价值的指标体系，建立指标模型，运用SPSS软件，采用因子分析法与聚类分析法进行投资价值分析，确定分析对象的投资价值总量及排名，并合理划分层级，联系实际结合2013年的相关分析研

究结果进行深入分析研究，得出量与质有机结合的投资价值结论，为投资者提供参考，以降低投资风险，提高投资收益。

二、样本选取与数据处理

沪、深证交所的 36 家酒、饮料和精制茶制造业上市公司的资料来源主要为其 2014 年的财务报告。具体初始数据如表 6－8 和表 6－9 所示。

表 6－8　　初始数据 1

股票代码	名称	基本每股收益（元）	销售净利率（%）	每股净资产（元）	总资产报酬率（%）	流动比率	速动比率
000019	深深宝 A	0.0443	3.8374	3.2247	1.3591	3.7066	2.8118
000557	*ST 广夏	0.0017	12.6235	0.2049	－1.4316	1.8365	1.6694
000568	泸州老窖	0.6300	18.2325	6.9268	8.3493	2.9758	2.1277
000596	古井贡酒	1.1900	12.8372	8.3023	12.4027	1.8324	1.2710
000729	燕京啤酒	0.2590	5.8623	4.3605	5.8305	1.1674	0.4165
000752	西藏发展	0.0975	17.7677	2.9416	5.6719	4.5501	4.4210
000799	*ST 酒鬼	－0.3000	－26.6838	5.1339	－6.1346	3.0704	1.1781
000848	承德露露	0.8800	16.6531	2.6174	31.4086	2.5465	2.1139
000858	五粮液	1.5370	28.8329	10.3874	16.2673	6.4980	5.1323
000869	张裕 A	1.4300	23.5211	9.9793	15.2706	2.2225	0.9300
000929	兰州黄河	0.4194	13.3539	3.6900	9.3757	2.7604	1.9727
000995	*ST 皇台	－0.2200	－68.6045	0.6629	－6.3114	0.6961	0.1938
002304	洋河股份	4.1900	30.7250	18.3244	20.3208	1.8565	0.6988
002387	黑牛食品	0.0400	2.1066	4.3837	1.7305	1.3913	1.0053
002461	珠江啤酒	0.0900	1.9793	4.8865	1.5250	1.2738	0.8226
002646	青青稞酒	0.7050	23.4116	4.9430	16.1692	5.9816	3.8452
600059	古越龙山	0.2600	13.8972	4.5799	6.5422	4.8153	1.6174
600084	中葡股份	0.0129	1.6062	2.1662	3.6602	2.4232	1.2950
600090	啤酒花	0.1030	8.3650	1.2279	9.7781	2.0164	1.1276
600132	重庆啤酒	0.1500	－0.9942	2.6380	2.0182	0.6245	0.0977
600197	伊力特	0.6079	16.5091	3.7219	16.9597	2.7043	1.6828
600199	金种子酒	0.1600	4.2685	3.9875	3.0215	2.6289	2.1179
600300	维维股份	0.1200	4.0092	1.5680	6.5394	1.1085	0.4911
600365	通葡股份	0.0100	2.0293	3.4224	－0.0899	7.0429	5.4054
600519	贵州茅台	13.4400	51.5279	46.7868	35.8672	4.5117	3.0908

续 表

股票代码	名称	基本每股收益（元）	销售净利率（%）	每股净资产（元）	总资产报酬率（%）	流动比率	速动比率
600543	莫高股份	0.0500	5.2337	3.3234	1.5835	4.5583	3.7996
600559	老白干酒	0.4200	2.8038	4.7672	8.3559	0.9834	0.0857
600573	惠泉啤酒	0.1300	3.7586	4.3414	2.6865	6.5862	4.4697
600600	青岛啤酒	1.4730	6.9521	11.3899	8.5763	1.1218	0.8523
600616	金枫酒业	0.1400	7.2428	3.7026	4.7909	6.6034	3.7142
600702	沱牌舍得	0.0397	0.9266	6.6571	1.8762	1.7528	0.3115
600779	*ST 水井	−0.8566	−114.6980	2.4684	−16.1926	3.0502	0.6301
600809	山西汾酒	0.4109	9.1386	4.4949	7.9425	2.0572	1.0314
600962	*ST 中鲁	−0.4239	−14.6821	2.9908	−3.1192	1.1105	0.3654
601579	会稽山	0.3300	13.0363	3.5849	7.7404	1.5950	0.5126
603369	今世缘	1.3566	26.7557	7.0633	20.9993	3.7472	2.4155

表 6－9　　初始数据 2

股票代码	名称	资产负债率（%）	存货周转率（次）	固定资产周转率（次）	总资产周转率（次）	总资产增长率（%）	营业总收入增长率（%）	股东权益增长率（%）
000019	深深宝 A	13.9418	1.0517	1.0433	0.2955	−13.6182	−16.0151	1.0787
000557	*ST 广夏	48.8817	0.1428	0.7825	0.0295	−5.7987	−21.5847	0.8414
000568	泸州老窖	25.6437	1.0701	4.8716	0.3979	−4.1027	−48.6782	−8.0902
000596	古井贡酒	34.8088	1.2675	3.1103	0.7605	10.2560	1.5343	11.7105
000729	燕京啤酒	29.3281	1.9708	1.2989	0.7138	0.1338	−1.7793	4.3493
000752	西藏发展	13.9840	11.4533	1.9405	0.2920	1.7478	−11.3719	1.6524
000799	*ST 酒鬼	20.0932	0.2053	0.8917	0.1814	−3.2319	−43.2567	−5.5207
000848	承德露露	27.6183	5.6305	10.0616	1.4507	−1.3106	2.6680	29.9436
000858	五粮液	13.0919	0.7708	3.6356	0.4641	5.1652	−14.9972	9.2477
000869	张裕 A	21.4204	0.6522	1.8681	0.4915	11.3816	−3.8006	10.1827
000929	兰州黄河	27.7911	1.4802	2.3575	0.5364	6.1513	−10.3601	11.7967
000995	*ST 皇台	76.2784	0.1328	0.4705	0.1188	5.8380	−46.9174	−25.0408
002304	洋河股份	31.3955	0.6121	2.5064	0.5150	1.9111	−2.3391	13.4318
002387	黑牛食品	36.9426	2.4790	0.8527	0.2935	20.9198	−16.3252	0.6721
002461	珠江啤酒	46.4942	2.9760	1.2772	0.5859	9.4001	5.2143	1.5333

续　表

股票代码	名称	资产负债率（%）	存货周转率（次）	固定资产周转率（次）	总资产周转率（次）	总资产增长率（%）	营业总收入增长率（%）	股东权益增长率（%）
002646	青青稞酒	11.1172	0.8301	2.8446	0.5546	4.9711	−5.7441	8.9354
600059	古越龙山	13.6517	0.4937	1.1197	0.3380	20.5951	−8.8544	48.8159
600084	中葡股份	39.8913	0.1211	1.4952	0.1505	32.4482	−5.1958	155.5468
600090	啤酒花	42.1228	2.4412	2.0751	0.8533	3.5606	−13.3940	−16.5799
600132	重庆啤酒	63.8467	1.4607	1.7206	0.7669	−9.5229	−6.4438	−16.8273
600197	伊力特	28.3940	1.1856	4.8439	0.7066	0.4265	−7.1177	11.2890
600199	金种子酒	31.0814	1.7711	7.4333	0.6484	1.2630	−0.2684	2.0508
600300	维维股份	55.4998	1.3648	2.2613	0.6135	7.0229	−11.8417	7.2124
600365	通葡股份	10.0863	0.5774	1.0653	0.1450	1.6328	29.2115	0.3296
600519	贵州茅台	16.0333	0.1744	3.3413	0.5205	18.7885	3.6904	25.3581
600543	莫高股份	14.7813	1.2072	1.0394	0.2619	3.6670	−10.8471	1.6287
600559	老白干酒	70.2517	0.7014	4.7397	1.0287	20.7967	16.9996	6.8810
600573	惠泉啤酒	7.3438	3.1014	1.5061	0.7108	2.6027	4.1067	1.9656
600600	青岛啤酒	43.3886	7.1292	3.2532	1.0686	−1.3190	2.6805	9.7500
600616	金枫酒业	12.8521	0.6961	2.4711	0.4952	38.9530	−8.2182	44.1438
600702	沱牌舍得	38.9630	0.3488	2.3760	0.4078	7.9504	1.8604	0.2967
600779	*ST 水井	25.6585	0.1511	0.7236	0.1981	−21.3149	−24.8850	−25.7616
600809	山西汾酒	31.9800	0.6774	5.0325	0.6750	−0.5259	−35.6672	1.6456
600962	*ST 中鲁	58.3106	0.7222	1.4849	0.3899	−1.1153	−29.5265	−12.3911
601579	会稽山	33.1714	0.6812	1.3263	0.4043	5.4297	−7.9978	51.1766
603369	今世缘	20.9490	0.5878	4.0277	0.6101	33.7013	−4.5990	54.9116

在指标性质、单位不同的情况下，首先要对其进行同趋势化处理。然后利用 SPSS 中的 Z - score 方法将 13 项指标的原始数据进行标准化处理。同趋势化数据和标准化数据略。

三、因子分析法适应性检验

为了检验所选用的指标是否适合使用因子分析法，本书利用 SPSS 软件中 KMO 和 Bartlett 球形检验方法来对样本进行检验。检验结果如表 6 - 10 所示。

表 6-10 KMO 检验和 Bartlett 球形检验

取样足够度的 KMO 度量		0.601
Bartlett 球形检验	近似卡方	276.362
	df	78
	Sig.	0.000

由表 6-10 可知，KMO 值为 0.601，大于 0.5，可知各变量之间的相关程度无较大差异，原有变量适合做因子分析。同时，巴特利球形检验统计量为 276.362，相应的概率 Sig. 为 0.000，在 5%的显著性水平之下，拒绝原假设，因此可认为相关系数矩阵与单位矩阵有显著差异，说明样本适合做因子分析。

四、确定主因子

本书应用因子分析法中的主成分分析法来计算原始公因子的特征值、方差贡献率以及累计方差贡献率，并由此确定公因子。结果如表 6-11 所示。

表 6-11 总方差解释

成分	初始特征值			提取平方和载入			旋转平方和载入		
	合计	方差百分比（%）	累积百分比（%）	合计	方差百分比（%）	累积百分比（%）	合计	方差百分比（%）	累积百分比（%）
1	3.932	30.250	30.250	3.932	30.250	30.250	2.762	21.247	21.247
2	2.022	15.555	45.805	2.022	15.555	45.805	2.457	18.901	40.149
3	1.764	13.570	59.376	1.764	13.570	59.376	2.275	17.498	57.647
4	1.541	11.856	71.231	1.541	11.856	71.231	1.766	13.584	71.231
5	0.966	7.427	78.659						
6	0.711	5.472	84.131						
7	0.685	5.272	89.403						
8	0.456	3.510	92.912						
9	0.373	2.870	95.782						
10	0.266	2.045	97.827						
11	0.185	1.420	99.247						
12	0.085	0.652	99.899						
13	0.013	0.101	100.000						

提取方法：主成分分析。

根据表 6-11 中的数据可知，前 4 个主因子的方差贡献率已经达到了累计方差贡献率的 71.231%，即表明这 4 个主因子已包含原始数据信息量的 71.231%，所以只需选择前 4

个主因子就可以较好地代表原始指标，对公司的绩效进行描述。

特征值可用碎石图列示，如图 6－2 所示。从图 6－2 可以看出，从第 5 个成分开始，特征值的值都小于 1，且折线的陡度变得比较平缓，这说明提取 4 个主因子是合适有效的。

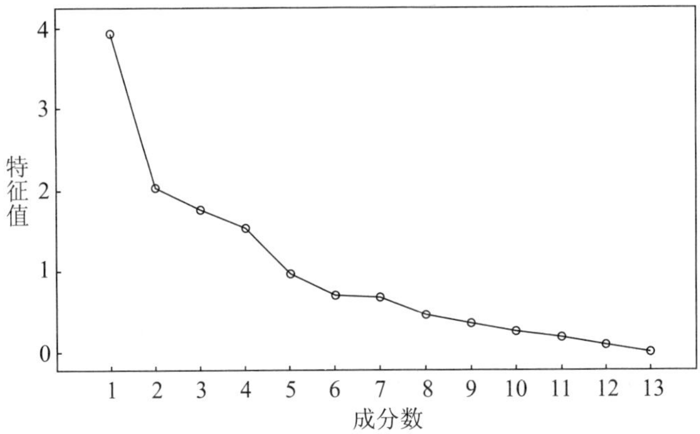

图 6－2　碎石图

五、旋转载荷矩阵分析

本书对原因子载荷矩阵进行最大方差旋转，以期得到主因子更明确的含义。结果如表 6－12 所示。

表 6－12　旋转后的因子载荷矩阵

变量	成分			
	F_1	F_2	F_3	F_4
基本每股收益	0.943	−0.004	0.147	−0.120
每股净资产	0.946	−0.051	0.093	−0.149
销售净利率	0.480	0.416	0.503	−0.001
总资产报酬率	0.679	0.536	0.389	0.076
流动比率	0.035	−0.117	−0.278	0.785
速动比率	−0.086	0.140	0.210	0.754
资产负债率	0.405	0.085	−0.150	0.117
存货周转率	−0.168	0.623	−0.193	−0.235
总资产周转率	0.125	0.884	0.002	−0.030
固定资产周转率	0.232	0.757	0.074	0.413
总资产增长率	0.074	−0.063	0.860	−0.162
营业总收入增长率	0.105	0.454	0.394	−0.518
股东权益增长率	−0.008	−0.037	0.871	0.062

由表 6-12 中的数据可以看出，基本每股收益、每股净资产、总资产报酬率在主因子 F_1 上的载荷量分别为 0.943、0.946、0.679，它主要反映了公司的盈利能力，所以将 F_1 命名为盈利因子；总资产周转率、固定资产周转率、存货周转率在主因子 F_2 上的载荷分别为 0.884、0.757、0.623，体现了公司的营运能力，为营运因子；主因子 F_3 则在股东权益增长率（0.871）、总资产增长率（0.860）上有较大载荷量，代表了公司的成长能力，故而将其命名为成长因子；主因子 F_4 在流动比率（0.785）与速动比率（0.754）上有较大载荷量，代表了公司的偿债能力，为偿债因子。

六、酒、饮料和精制茶制造业上市公司综合得分与排名

要得到因子的综合得分，需先对因子数据进行标准化处理，使其期望为 0，方差为 1，然后，将各因子的方差贡献率占因子总方差贡献率的比重作为权重加权汇总，使用计算综合得分的公式 $F=(\lambda_1 F_1+\lambda_2 F_2+\lambda_3 F_3+\lambda_4 F_4)/(\lambda_1+\lambda_2+\lambda_3+\lambda_4)=(0.21247\times F_1+0.18901\times F_2+0.17498\times F_3+0.13584\times F_4)/0.71231$ 来计算各样本的综合得分。得到结果按名次排列如表 6-13 所示。

表 6-13　酒、饮料和精制茶制造业上市公司综合得分与排名

股票代码	名称	F_1（盈利）	F_2（营运）	F_3（成长）	F_4（偿债）	F（综合）	排名
600519	贵州茅台	4.72137	−0.73742	0.6292	−0.79398	1.2158	1
000848	承德露露	−0.10716	3.55396	0.08903	1.07243	1.1375	2
600197	伊力特	−0.06483	0.93658	0.41352	1.9224	0.6974	3
603369	今世缘	0.13556	0.20672	1.90134	0.21914	0.6041	4
002304	洋河股份	2.48594	−0.11768	−0.58294	−0.13328	0.5417	5
000568	泸州老窖	0.65314	−0.34263	−0.98899	3.52276	0.5328	6
000929	兰州黄河	−0.25377	0.16179	0.5004	1.73772	0.4215	7
600199	金种子酒	0.00095	1.12155	−0.36151	1.03285	0.406	8
600084	中葡股份	−0.99942	−1.28366	3.23076	0.39172	0.2296	9
000596	古井贡酒	0.18972	0.50689	0.29213	−0.2273	0.2195	10
600559	老白干酒	−0.33528	1.10159	0.54102	−0.67845	0.1958	11
600059	古越龙山	−0.49091	−0.62185	1.57422	0.59216	0.1882	12
600809	山西汾酒	0.495	0.31031	−0.77285	0.71337	0.1762	13
000858	五粮液	0.64476	0.02527	0.07927	−0.25023	0.1708	14
000869	张裕 A	0.48022	−0.16584	0.39791	−0.3273	0.1346	15
600600	青岛啤酒	0.00442	1.69645	−0.67662	−0.9741	0.0995	16
002646	青青稞酒	0.15021	0.24452	0.17002	−0.40197	0.0748	17
600616	金枫酒业	−0.56543	−0.43211	1.64953	−0.42661	0.0405	18
601579	会稽山	−0.18832	−0.44743	0.65784	−0.28497	−0.0676	19

续　表

股票代码	名称	F_1（盈利）	F_2（营运）	F_3（成长）	F_4（偿债）	F（综合）	排名
600090	啤酒花	−0.33076	0.6844	−0.49899	−0.28585	−0.0941	20
600300	维维股份	−0.39594	0.10455	−0.00843	−0.38539	−0.1659	21
000557	*ST 广夏	−0.5451	−0.9701	0.11718	1.14592	−0.1727	22
000729	燕京啤酒	−0.19914	0.2831	−0.34258	−0.72977	−0.2076	23
600702	沱牌舍得	−0.16804	−0.29726	−0.00051	−0.59797	−0.2432	24
002461	珠江啤酒	−0.47554	0.19878	−0.04111	−0.92569	−0.2757	25
600573	惠泉啤酒	−0.43809	0.4684	−0.32803	−1.06061	−0.2892	26
002387	黑牛食品	−0.41263	−0.61182	0.28818	−0.50145	−0.3103	27
000752	西藏发展	−0.71256	1.11452	−0.75299	−1.21059	−0.3326	28
600132	重庆啤酒	−0.30895	0.35983	−0.99902	−0.70789	−0.3771	29
600543	莫高股份	−0.30805	−0.61741	−0.16891	−0.60965	−0.4135	30
000019	深深宝 A	−0.21042	−0.53054	−0.76771	−0.27855	−0.4453	31
600365	通葡股份	−0.42803	−0.44122	0.05871	−1.34278	−0.4864	32
000799	*ST 酒鬼	−0.20672	−1.4776	−0.97528	0.8845	−0.5246	33
600962	*ST 中鲁	−0.42201	−0.69756	−0.7982	−0.26527	−0.5576	34
000995	*ST 皇台	−0.63163	−1.72375	−1.10984	−0.18368	−0.9535	35
600779	*ST 水井	−0.76255	−1.56334	−2.41574	0.34835	−1.1693	36

表 6－13 中，酒、饮料和精制茶制造业上市公司综合得分与其投资价值呈正相关关系。由于先对因子数据进行了标准化处理，因此，可以 0 为参考标准线，认为：综合得分大于 0 的公司，综合业绩相对较好，且数值越大，投资价值越大；综合得分小于 0 的则相对较差，且数值越小，投资价值越小。依此可对上市公司的综合业绩和投资价值有一个基本的评价。

具体而言，表 6－13 中，公司各项能力得分与相应实力也呈正相关关系。

排名前十位的公司分别为贵州茅台、承德露露、伊力特、今世缘、洋河股份、泸州老窖、兰州黄河、金种子酒、中葡股份、古井贡酒。与 2013 年相比，有较大变化。其中，贵州茅台排名第一，其盈利因子高分排名第一，营运因子和偿债因子排名靠后，都为第三十一，成长因子排名第六，说明其成长能力较为优秀。且 2013 年也是排名第一，从成长性及综合因子得分排名，贵州茅台值得投资。承德露露综合得分排名第二，其营运因子得分排名第一，说明其营运能力相当强，偿债因子得分排名第五，说明其偿债能力也较为优秀，成长因子得分排名第十五，居中，盈利因子排名第十三，也居中。2013 年排名也是第二，营运能力居行业之首。优秀的营运能力和偿债能力以及稳定的行业排名都说明，承德露露具有较大投资价值，尤其适宜短期投资。伊力特，综合排名第三，在于优秀的偿债能力，其偿债因子得分排名第二，营运因子排名第六，说明其偿债、营运能力较为优秀，盈利因子排名第十二，居中，成长因子排名第九。伊力特由 2013 年投资价值排名第十三跃居第三，发展迅速，加之其优秀的偿债能力和较为优秀的营运能力，比较适宜进行短期投资。今世缘，综合排名第四，在于其优秀的成长能力。成长因子得分排名为第二。盈利因子得分排名第十，而盈利能力排名第九，营运能力排名第十四，偿债能力排名第十二。说明相对而言成长能力和盈利能力不错。从 2013 年排名行业倒数第一跃居第四，是行业成长速度最快的公司，可考虑长期投资。洋河股份，综合排名第五，盈利能力尤其突出，排名第二。而另外三个营运、偿债和成长能力则表现很一般，分别排名第十九、第十三和第二十六。总体来看，由 2013 年排名第七升至第五，有所进步，鉴于其优秀的盈利能力，可以考虑短期投资。泸州老窖，其偿债能力尤其突出，偿债因子得分排名第一，盈利能力佳，盈利因子得分排名第三，营运因子得分排名第二十二，成长能力较差，排名靠后，第三十三。综合得分排名第六，2013 年第五，略有下降，但考虑其优秀的偿债能力和盈利能力，还是值得投资的。兰州黄河，偿债因子得分排名第三，偿债能力极佳，比较而言，成长因子得分排名第八，营运能力也较佳，而盈利和营运能力相对较差，分别排名第十九和第十六，综合排名第七，2013 年第八，基本稳定，可以考虑短期适量投资。金种子酒，综合得分排名第八，主要在于其较好的营运能力和偿债能力，分别排名第三和第六，表现很好，盈利能力排名第十一，说明其盈利、营运能力还不错，而成长因子得分较差，排名第二十四，成长能力较差，因此其适合短期投资。中葡股份，综合排名第九，成长因子得分排名第一，偿债能力也不错，偿债因子得分排名第十，盈利和营运能力较差，分别排名第三十六和第三十三。综合其极好的成长势头和比较优秀的偿债能力，比较适合长期投资。

在排名前十的公司中，只有今世缘各个因子得分均为正，说明其发展很稳健，且综合排名第四，是投资者较为理想的投资对象。

排名末十名的公司分别为黑牛食品、西藏发展、重庆啤酒、莫高股份、深深宝 A、通葡股份、* ST 酒鬼、* ST 中鲁、* ST 皇台、* ST 水井。从这 10 家公司看出，黑牛食品、* ST 中鲁、通葡股份、* ST 广夏、* ST 皇台、西藏发展的盈利因子得分远远低于行业平均值，是沦为末尾的主要原因。而* ST 水井成长因子得分排名倒数第一，盈利和营运因子得分倒数第二，且与平均分差距太大，导致其综合得分排名靠后，故暂不建议对其投资。

七、系统聚类分析

通过聚类分析把业绩相似的公司归类，可以对不同类别的上市公司进行对比分析，为投资者选择投资组合提供参考。

根据树状图（略）对 36 家酒、饮料和精制茶制造业上市公司进行进一步分类，本书选择将其分为 4 类，如表 6 - 14 所示。

表 6 - 14　　聚类分析

类别	酒、饮料和精制茶制造业上市公司	数目
1	贵州茅台、洋河股份	2
2	承德露露、伊力特、泸州老窖、兰州黄河、金种子酒、山西汾酒、* ST 广夏	7

续　表

类别	酒、饮料和精制茶制造业上市公司	数目
3	今世缘、中葡股份、古越龙山、金枫酒业	4
4	古井贡酒、老白干酒、五粮液、张裕A、青岛啤酒、青青稞酒、会稽山、啤酒花、维维股份、燕京啤酒、沱牌舍得、珠江啤酒、惠泉啤酒、黑牛食品、西藏发展、重庆啤酒、莫高股份、深深宝A、通葡股份、*ST酒鬼、*ST中鲁、*ST皇台、*ST水井	23

由表6－14可知，类别1中，包含贵州茅台、洋河股份2家公司，综合排名较高。贵州茅台综合排名第一，洋河股份综合排名第五。其中，贵州茅台集团所涉足的产业领域包括白酒、啤酒、葡萄酒、红酒、证券、银行、保险、物业、科研等。具有较高的投资价值。洋河股份是中国白酒行业唯一拥有两大中国名酒、两个中华老字号和五枚中国驰名商标的公司，也是中国白酒行业技术实力最强、生产规模最大、现代化程度最高的集团之一，具有较大投资价值。

类别2中，包含承德露露、伊力特、泸州老窖等7家公司。其中，承德露露，主营业务是饮料的生产和销售，主导产品是植物蛋白饮料“露露”牌杏仁露，是获国家专利产品，曾多次在国际国内各种评选中获得金奖，连续四年在全国产品竞争力排行榜上名列国内饮料前三名，深受广大消费者喜爱，在国内杏仁露市场占有90%以上的市场份额。综合排名第二，具有较高的投资价值。伊力特，是一个以“伊力”牌系列白酒生产为主业，涵盖科研、食品加工、野生果综合加工、生物工程、金融证券、印务、房地产、天然气供应、宾馆、旅游服务等产品和产业相配套的多元化现代公司制企业。综合排名第三，具有较高的投资价值。泸州老窖，中国最古老的四大名酒之一，“浓香鼻祖，酒中泰斗”，中国大型白酒上市公司。其1573国宝窖池群1996年成为行业首家全国重点文物保护单位，传统酿制技艺2006年又入选首批国家级非物质文化遗产名录，世称“双国宝单位”，旗下产品国窖1573被誉为“活文物酿造”“中国白酒鉴赏标准级酒品”。综合排名第六，偿债能力突出，可以考虑投资。兰州黄河，公司主营啤酒、饮料、大麦、麦芽、饲草的生产、加工和销售。综合排名第七，有较强的偿债能力，可以考虑投资。金种子酒，是具有国有投资主体和授权经营资格的国有大型企业集团，经营范围主业为白酒，以及房地产、制药、制革等产业。综合排名第八，有较好的营运能力和偿债能力，可以考虑投资。山西汾酒，以生产经营中国名酒——汾酒、竹叶青酒为主营业务，同时拥有我国驰名品牌“杏花村”，是久负盛名的大型综合性国营企业，也是国家520户重点企业和山西省12户授权经营企业之一。综合排名第十三，可以考虑适当投资。*ST广夏综合排名靠后，不建议投资。

类别3中，包含今世缘、中葡股份、古越龙山、金枫酒业4家企业。其中，今世缘是中国名优酒酿造骨干企业，“全国五一劳动奖状”获得者、全国“守合同，重信用”企业、全国企业文化建设先进单位、全国模范劳动关系和谐企业、全国工业旅游示范点、江苏省文明单位标兵、淮安市食品工业排头兵企业。综合排名第四，可以考虑投资。中葡股份，是一家集葡萄种植、加工、贸易、科研为一体的大型葡萄酒企业，依托新疆独特的先天生态资源优势，大力发展以酿酒葡萄为中心的特色产业，是目前亚洲最大的葡萄酒生产企业。综合排名第九，成长因子得分突出，可以考虑投资。古越龙山，是中国最大规模的黄酒企业，其中“古越龙山”是中国黄酒第一品牌，中国黄酒行业标志性品牌，国宴专用黄酒，“亚洲品牌 500 强”中唯一入选黄酒品牌；始创于 1664 年的沈永和酒厂是绍兴黄酒行业中历史最悠久的著名酒厂；“女儿红”和“状元红”是文化酒的代表；“鉴湖”是绍兴酒中第一个注册商标。整体品牌实力跃居中国酒业第一高地。综合排名第十二，成长因子得分排名较高，可以考虑投资。金枫酒业，拥有上海石库门酿酒有限公司、上海华光酿酒药业有限公司两家全资子公司，“石库门”与“和”酒两个中国名牌，二十几种产品系列，六十多种产品。产销量、销售收入、利润等多项指标均为行业第一。综合排名第十八，成长能力较强，可以考虑适当投资。

类别 4 中，包含古井贡酒、老白干酒等 23 家企业。其中，古井贡酒是中国酿酒界的著名企业，全国轻工行业的重点骨干，主要从事生产及销售白酒。综合排名第十，可以考虑投资。老白干酒，拥有衡水老白干和十八酒坊两大驰名品牌。集团也先后获得“全国五一劳动奖状”“中国食品优秀企业”“产品质量信得过企业”等荣誉。综合排名第十一，营运因子得分排名较高，可以考虑投资。五粮液，是以五粮液及其系列酒的生产经营为主，同时生产经营精密塑胶制品、成套小汽车模具、大中小高精尖注射和冲压模具，以及生物工程、药业、印刷、电子、物流运输和相关服务业等多元发展，具有深厚企业文化的现代企业集团。综合排名第十四，可以考虑适当投资。张裕 A，是中国最好的红酒生产企业，在高端红酒消费中具有不可替代性，因此，有较强的红酒议价能力。综合排名第十五，可以考虑适当投资。青岛啤酒，前身是 1903 年 8 月由德国商人和英国商人合资在青岛创建的日耳曼啤酒公司青岛股份公司，2008 年北京奥运会官方赞助商，跻身世界品牌 500 强。综合排名第十六，可以考虑适当投资。青青稞酒是我国青稞酒行业龙头企业，曾被中国食品工业协会评为“2007—2008 年度全国食品工业优秀龙头企业”，公司拥有的“互助”“天佑德”被国家工商总局商标局认定为中国“驰名商标”。综合排名第十七，可以考虑适当投资。会稽山、啤酒花、维维股份、燕京啤酒、沱牌舍得、珠江啤酒、惠泉啤酒、黑牛食品、西藏发展、重庆啤酒、莫高股份、深深宝 A、通葡股份、*ST 酒鬼、*ST 中鲁、*ST 皇台、*ST 水井 17 家综合排名最后，盈利能力极差，营运能力和成长能力也比较差，因此不建议投资。

八、结语

综上所述，考虑到酒、饮料和精制茶制造业的突出特点，利用 13 个指标综合分析其 36 家上市公司各方面表现情况，运用 SPSS 软件加以分析，对投资者进行投资决策有一定的参考意义。但由于以上分析均以 2014 年财务报表数据，并联系实际结合 2013 年的相关分析研究结果而进行，所得结论难免有间断性和偶然性，若能扩展到连续的更多个年度，并且充分考虑投资时的环境变化及市值进行投资，更有利于得出确切的价值投资结论，获得理想投资收益。同时，投资者在进行投资时，要综合考虑宏观、微观等各方面反映的财务信息，加以谨慎分析，做出合理的选择。

（参著：章寅颖）

第三节　纺织、服装制造业上市公司投资价值比较分析研究

一、行业发展与投资价值状况

纺织、服装制造业是我国的传统轻工产业，分为纺织业和服装业。纺织业是指把纤维原料最终加工成衣物等纺织成品的生产部门的总称；而服装业是指把纺织成品及动物皮毛加工成衣物的生产部门的总和，从上下游的关系来看，纺织行业是服装制造业的上游行业。

纺织行业的分类比较繁多，按照生产用原料主要分为化纤行业、棉纺织行业、丝织业、毛纺织业和麻纺织行业等几个子行业。而服装行业的分类则较为简单，根据服装用途可以分为服装业、鞋帽业、服饰业等。

根据中国调研报告网报道，2013 年我国纺织业规模以上企业主营业务收入 36161 亿元，利润总额 2022.7 亿元。2014 年，我国纺织服装制造业销售收入总额达到 20769.829 亿元，同比增长 8.02%，高于工业平均水平（增长 6.96%）；行业利润总额达到 1247.275 亿元，同比增长 10.55%，高于工业平均水平（增长 3.35%）。截至 2014 年 12 月底，我国纺织服装制造业总资产达到 12269.708 亿元，同比增长 11.37%。“十三五”时期是我国现代化建设的关键时期，也是我国服装业发展的重要机遇期。国内的品牌服装消费具有巨大的成长空间，快速的城市化进程以及中西部地区的高速发展将成为服装消费增长的重要推动力，未来国内的服装消费将迎来黄金增长期。

纺织、服装制造业是关系国计民生的基础性行业。服装是人类生活必需品。随着科技水平和人们生活水平的不断提高，人们对服装的要求也越来越高。纺织、服装制造业具有越来越大的需求空间和发展潜力，相应地对其上市公司进行价值投资就显得格外重要。本书以 2014 年深沪两市的 71 家纺织、服装制造业上市公司为例，选取 13 个能够综合反映财务能力的财务指标，作为评估各纺织、服装、服饰公司投资价值的指标体系，建立指标模型，运用 SPSS 软件，采用因子分析法与聚类分析法进行投资价值实证分析，确定公司的投资价值总量及其排名，并合理划分层级，结合投资者对该行业投资的实际情况，结合 2013 年的相关分析研究结果进行深入比较分析研究，得出量与质有机结合的投资结论，为投资者提供参考，以降低其投资风险，提高投资收益。

二、样本选取与数据处理

沪、深证交所的 73 家纺织、服装制造业上市公司的资料来源主要为其 2014 年的财务报告。由于冠中 A、歌力思部分数据不可获取，因此将其剔除。71 家上市公司的具体初始数据如表 6－15 和表 6－16 所示。

表 6－15　　初始数据 1

股票代码	名称	基本每股收益（元）	每股净资产（元）	销售净利率（%）	总资产报酬率（%）	流动比率	速动比率
000158	常山股份	0.0338	0.3694	3.4407	2.6523	0.9297	0.4451
000611	*ST 蒙发	－0.1623	－77.7624	1.6884	－6.9738	2.9333	2.8922
000726	鲁泰 A	1.0000	15.8740	6.8938	13.7789	2.0610	0.8522
000779	三毛派神	0.0500	3.6369	1.5273	1.7510	1.2590	0.7942
000803	金宇车城	0.0300	2.2858	1.1825	4.6169	1.4656	0.3244
000850	华茂股份	0.4000	18.0115	3.9684	9.1033	1.3117	0.9602
000955	欣龙控股	0.0100	1.8289	1.2584	2.0990	1.5742	1.3000
000971	蓝鼎控股	0.0200	7.8093	0.0982	5.5470	0.6227	0.3296
000982	中银绒业	0.0500	2.8833	2.3400	3.3716	1.1709	0.5840
002003	伟星股份	0.7000	12.6786	5.2591	14.6702	2.8936	2.2720
002015	*ST 霞客	－4.3200	－104.2155	－2.7383	－68.0635	0.2268	0.1778
002029	七匹狼	0.3800	12.3123	6.4648	4.0576	2.6420	2.2664
002034	美欣达	－0.2000	－4.1853	5.1380	－1.7882	0.6645	0.4813
002036	汉麻产业	0.0600	3.7964	2.3451	3.6692	3.8352	2.5575
002042	华孚色纺	0.2000	2.7251	4.0738	4.8074	1.1676	0.5892
002044	江苏三友	0.2200	6.4789	1.7271	10.6272	1.7638	1.4374
002070	众和股份	0.0210	0.6055	1.3351	2.5916	0.9666	0.5876
002072	凯瑞德	0.0260	0.6471	1.0648	4.6628	0.8486	0.6384
002083	孚日股份	0.0800	1.6610	3.0488	2.3966	0.8619	0.4233
002087	新野纺织	0.1625	2.4354	3.6963	5.1121	1.5753	1.0090
002144	宏达高科	0.6600	21.5413	9.7257	5.8008	1.8347	1.6709
002154	报喜鸟	0.2300	5.8987	4.6527	4.9127	2.4398	1.1451
002193	山东如意	－0.0100	－0.3104	4.1912	2.5169	1.0898	0.6901
002239	金飞达	0.0300	1.2893	1.4934	1.5429	6.5660	6.0011
002269	美邦服饰	0.1400	2.1998	3.5970	5.4653	1.4891	0.9091
002291	星期六	0.1000	2.1971	4.5535	3.5481	2.2787	0.9865
002293	罗莱家纺	1.4200	14.4193	8.6395	14.9375	3.6810	2.6629
002327	富安娜	0.9000	19.1166	5.0575	18.6536	3.2703	2.3936
002394	联发股份	0.9400	9.2903	8.0622	11.3853	3.8142	3.0773
002397	梦洁家纺	0.4900	9.4955	4.1898	10.0598	2.0566	1.2541
002404	嘉欣丝绸	0.3000	4.4606	4.8223	6.2249	1.7303	1.0686

续　表

股票代码	名称	基本每股收益（元）	每股净资产（元）	销售净利率（%）	总资产报酬率（%）	流动比率	速动比率
002425	凯撒股份	0.0200	0.2818	3.7671	0.7424	7.2334	4.7367
002485	希努尔	−0.1500	−4.5257	6.0812	−1.6832	3.2553	2.2270
002486	嘉麟杰	0.0332	2.6955	1.2339	3.0512	2.4317	1.8347
002503	搜于特	0.2400	9.4213	4.1780	6.2300	4.9679	3.5343
002516	江苏旷达	0.6700	9.8080	7.5369	7.8586	1.1467	0.9481
002563	森马服饰	1.6300	13.3549	12.6907	13.6123	4.8688	4.2122
002569	步森股份	−0.7300	−21.3843	3.6217	−8.9440	1.9344	1.2152
002612	朗姿股份	0.6060	9.8123	11.2792	5.8060	6.1166	4.4159
002634	棒杰股份	0.2800	9.0151	4.9995	5.5299	2.7017	2.0862
002656	卡奴迪路	0.0700	1.7908	6.1120	1.4568	2.9718	1.8629
002687	乔治白	0.3500	12.2473	4.2176	6.8244	1.7932	1.3779
002740	爱迪尔	1.1600	9.8738	7.1581	17.3806	2.6402	1.5379
300005	探路者	0.5760	16.4432	2.4325	19.7204	2.9030	2.2575
600061	中纺投资	0.0100	0.1036	1.4435	1.9422	1.2501	0.7436
600070	浙江富润	−0.2400	−4.4292	3.5412	−1.3747	1.1475	0.6325
600107	美尔雅	−0.0200	1.6468	1.4557	−0.1340	1.3796	0.7160
600137	浪莎股份	0.0200	0.5924	4.7421	0.0579	3.1844	2.2070
600152	维科精华	−0.7522	−20.6845	1.9799	−9.6928	0.7939	0.6297
600156	华升股份	−0.0788	−3.6394	1.6959	−2.7450	1.9727	1.0017
600177	雅戈尔	1.4200	20.2149	7.4226	9.3711	0.9414	0.2973
600220	江苏阳光	0.0443	4.0359	0.9475	5.7626	0.8024	0.5102
600232	金鹰股份	0.0700	2.3147	3.2237	3.0286	2.2194	1.0927
600233	大杨创世	0.2923	7.5680	6.3093	5.9286	5.5305	4.1016
600370	三房巷	0.0472	2.7269	3.7263	2.3632	6.7954	5.5364
600398	海澜之家	0.5400	19.2810	1.5672	28.7466	1.6660	0.9604
600400	红豆股份	0.1200	2.5879	2.5794	3.0915	1.6038	0.1865
600448	华纺股份	0.0600	1.0130	1.9555	2.6543	1.0193	0.6090
600493	凤竹纺织	0.0368	1.2893	2.3248	3.3400	0.9911	0.6007
600630	龙头股份	0.1500	1.5447	3.8404	3.7251	2.6519	1.6568
600689	上海三毛	0.3000	4.6956	2.0200	9.9821	1.2132	1.0877
600851	海欣股份	0.2410	25.2384	4.4135	6.9566	1.9257	1.4474

续 表

股票代码	名称	基本每股收益（元）	每股净资产（元）	销售净利率（%）	总资产报酬率（%）	流动比率	速动比率
600987	航民股份	0.7000	16.2803	3.7930	18.4448	2.5914	2.3884
601339	百隆东方	0.6300	10.2478	8.7154	6.0069	1.8274	1.0533
601566	九牧王	0.6100	16.9512	7.7169	7.2022	5.4813	4.6227
601599	鹿港科技	0.1800	2.9413	3.8216	5.0290	1.1987	0.6488
601718	际华集团	0.3000	5.0885	3.0934	7.6833	1.7859	1.2533
603518	维格娜丝	1.2100	16.3222	8.6935	19.0013	14.3532	12.0180
603555	贵人鸟	0.5148	16.2656	3.6412	13.3489	2.9932	2.8098
603558	健盛集团	1.2800	11.9452	6.0639	16.3982	0.7977	0.4726
603889	新澳股份	1.4200	7.7557	9.0724	11.7478	1.8554	1.0999

表 6-16　　　　初始数据 2

股票代码	名称	资产负债率（%）	存货周转率（次）	总资产周转率（次）	固定资产周转率（次）	总资产增长率（%）	营业总收入增长率（%）	股东权益增长率（%）
000158	常山股份	55.4528	4.4320	4.9320	1.1599	−3.8120	12.1406	1.2852
000611	*ST 蒙发	23.2306	3.7828	1.5016	0.0928	−4.3215	−94.1772	−8.7706
000726	鲁泰 A	18.6753	2.4927	1.3148	0.7242	2.5645	−4.7630	10.0319
000779	三毛派神	59.6894	2.1565	4.0542	0.5056	82.5983	20.5992	3.6654
000803	金宇车城	66.9320	0.3811	12.5630	0.3438	−6.8196	−7.9321	2.5525
000850	华茂股份	40.6990	5.0308	0.9721	0.3086	8.2986	−3.7136	25.9175
000955	欣龙控股	29.5926	4.4260	0.6868	0.2589	−0.6746	14.9289	0.7246
000971	蓝鼎控股	81.4863	1.5863	0.9851	0.3662	−18.4057	−50.0100	2.4268
000982	中银绒业	66.6926	0.7448	2.3333	0.2921	48.8452	−0.2288	114.9189
002003	伟星股份	15.1311	6.0405	1.9114	0.8795	2.8208	4.3206	3.1408
002015	*ST 霞客	239.4002	4.8816	2.3923	0.7451	−82.0816	−44.4052	−266.8696
002029	七匹狼	29.3625	1.8875	6.5539	0.3474	0.9966	−13.7897	6.6246
002034	美欣达	58.2913	5.9469	1.7754	0.7933	−14.2993	−19.0736	−16.4913
002036	汉麻产业	13.6371	2.0957	1.6306	0.4773	17.8769	−6.2760	84.1281
002042	华孚色纺	60.8436	2.2933	2.0141	0.7310	11.9018	−1.7208	4.6764
002044	江苏三友	34.4484	8.8010	5.7077	0.9643	−10.0490	−6.9125	11.0195
002070	众和股份	68.9594	1.7636	1.7292	0.4271	−0.9581	−15.0149	−30.4273

续　表

股票代码	名称	资产负债率（%）	存货周转率（次）	总资产周转率（次）	固定资产周转率（次）	总资产增长率（%）	营业总收入增长率（%）	股东权益增长率（%）
002072	凯瑞德	83.2123	3.5964	2.1057	0.6517	5.1387	−18.4361	2.5120
002083	孚日股份	64.3289	1.7402	1.5013	0.6149	11.9633	2.4951	−0.6327
002087	新野纺织	65.6238	3.1856	1.6426	0.6417	11.6450	4.2769	2.7171
002144	宏达高科	21.5098	6.5664	2.3604	0.2494	0.5465	−6.9566	−7.4988
002154	报喜鸟	37.3062	0.8383	2.2969	0.5091	−5.1766	12.7198	3.9957
002193	山东如意	64.0709	0.9514	1.2181	0.3185	5.8712	−1.6563	−0.3530
002239	金飞达	12.0857	7.2528	2.7297	0.5893	−11.4945	−4.9455	3.9789
002269	美邦服饰	47.9510	2.4076	3.4721	0.9670	4.1662	−16.0825	−3.6418
002291	星期六	40.5084	0.6744	11.4357	0.6181	−1.4617	−4.6756	2.1166
002293	罗莱家纺	20.1463	2.3098	6.8569	0.9588	17.7439	9.3967	14.1099
002327	富安娜	22.4017	1.7360	4.4777	0.7617	17.0895	5.6801	20.1341
002394	联发股份	36.6455	4.5269	2.6672	0.8167	6.8555	5.8168	6.8276
002397	梦洁家纺	32.1537	1.6971	3.0968	0.8650	7.5433	10.0784	8.7816
002404	嘉欣丝绸	31.7083	3.6746	5.4438	1.0804	14.8558	10.6342	1.7294
002425	凯撒股份	9.0106	0.8709	1.4876	0.3052	0.8747	6.9395	−0.0066
002485	希努尔	28.3801	2.0091	0.8856	0.3737	−2.7185	−18.2452	−2.9616
002486	嘉麟杰	36.7307	3.2568	1.8899	0.6036	34.7900	−2.6551	−0.8561
002503	搜于特	26.5118	1.3830	4.1690	0.4681	12.0788	−24.8556	2.7700
002516	江苏旷达	44.7457	5.4675	1.5834	0.5536	21.0866	22.3623	6.7351
002563	森马服饰	18.0005	5.3257	5.0368	0.8112	6.7769	11.7007	5.2257
002569	步森股份	37.6597	1.3509	3.4402	0.5624	−9.5925	−25.9768	−16.8367
002612	朗姿股份	22.1686	0.8532	5.9463	0.4543	14.0716	−10.3997	−3.3764
002634	棒杰股份	19.1780	2.5401	1.7059	0.5010	12.8763	−0.0178	29.6625
002656	卡奴迪路	35.8549	0.6003	8.1990	0.3363	−4.5461	−12.4105	−1.6208
002687	乔治白	26.2600	2.3856	1.7717	0.5146	17.1235	13.1091	3.3554
002740	爱迪尔	36.3175	2.3190	28.5511	1.1664	25.0111	10.7561	19.4388
300005	探路者	26.7455	2.9720	7.2681	1.0533	18.6559	18.6733	20.7042
600061	中纺投资	64.4159	6.0533	18.1312	2.4904	−14.9760	8.2779	3.8491
600070	浙江富润	39.1874	2.8368	2.5917	0.5052	15.6493	−10.1161	12.4033
600107	美尔雅	54.8606	0.6573	2.3022	0.2452	−50.2984	−18.0857	−1.3915

续 表

股票代码	名称	资产负债率（%）	存货周转率（次）	总资产周转率（次）	固定资产周转率（次）	总资产增长率（%）	营业总收入增长率（%）	股东权益增长率（%）
600137	浪莎股份	23.1216	1.9710	2.9181	0.5535	0.7808	−24.4769	0.4267
600152	维科精华	64.4663	4.8582	2.2211	0.6085	−24.8446	−46.0082	−27.3089
600156	华升股份	32.6553	3.0279	5.5752	0.7896	−6.3971	−7.6372	−3.3031
600177	雅戈尔	64.8413	0.4770	3.8270	0.3314	−1.4942	4.8549	18.6351
600220	江苏阳光	50.4690	3.8263	1.1043	0.5864	0.7527	−3.2795	3.7788
600232	金鹰股份	33.8333	1.5240	2.9733	0.6451	−1.7612	−6.8696	−0.2974
600233	大杨创世	14.5955	2.6816	6.3178	0.6459	9.9077	13.6153	1.9813
600370	三房巷	10.1957	4.8643	2.4615	0.7246	2.2276	−15.9420	−0.0751
600398	海澜之家	61.6607	2.2357	7.9633	1.1296	459.0733	72.5598	226.1660
600400	红豆股份	69.9903	0.5444	6.6912	0.4446	−17.2617	18.7095	3.4882
600448	华纺股份	61.0167	4.1626	4.3577	1.1766	24.1650	1.2826	96.2616
600493	凤竹纺织	41.9601	3.3363	1.7118	0.6848	−7.6191	−11.7323	0.7288
600630	龙头股份	29.2332	4.9608	11.8720	1.7093	−8.5094	−1.4772	4.0430
600689	上海三毛	49.0787	21.0959	14.0624	1.5010	−6.7360	−22.4639	27.5284
600851	海欣股份	23.7497	2.6077	2.5937	0.1905	65.5563	−12.0042	78.0887
600987	航民股份	29.4085	15.9506	2.2403	0.8728	11.2812	8.6472	14.6327
601339	百隆东方	35.9224	1.5983	2.2227	0.4841	14.7396	8.1265	5.1568
601566	九牧王	13.5852	1.4850	2.5214	0.3998	−1.5729	−17.3381	−1.8816
601599	鹿港科技	53.7676	2.8621	2.4663	0.7630	27.0779	21.0906	51.2071
601718	际华集团	41.1112	5.9683	7.0290	1.1273	10.9480	−16.7555	9.6791
603518	维格娜丝	6.3537	1.3702	26.4437	0.8660	135.7505	13.5243	151.6638
603555	贵人鸟	46.8403	7.1234	3.6672	0.5516	52.6699	−20.2114	69.6451
603558	健盛集团	54.5712	3.8148	1.9586	0.8823	21.1775	15.5066	26.4428
603889	新澳股份	38.1949	2.7831	4.4966	1.1053	46.9079	7.2646	113.2009

在指标性质、单位不同的情况下，首先要对其进行同趋势化处理。然后利用 SPSS 中的 Z - score 方法将 13 项指标的原始数据进行标准化处理。同趋势化数据与标准化数据略。

三、因子分析法适应性检验

为了检验所选用的指标是否适合使用因子分析法，本书利用 SPSS 软件中 KMO 和 Bartlett 球形检验方法来对样本进行检验。检验结果如表 6 - 17 所示。

表 6-17　　KMO 检验和 Bartlett 球形检验

取样足够度的 KMO 度量		0.589
Bartlett 球形检验	近似卡方	545.718
	df	78
	Sig.	0.000

由表 6-17 可知，KMO 值为 0.589，大于 0.5，可知各变量之间的相关程度无较大差异，原有变量适合做因子分析。同时，Bartlett 球形检验统计量为 545.718，相应的概率 Sig. 为 0.000，在 5%的显著性水平之下，拒绝原假设，因此可认为相关系数矩阵与单位矩阵有显著差异，说明样本适合做因子分析。

四、确定主因子

本书应用因子分析法中的主成分分析法来计算原始公因子的特征值、方差贡献率以及累计方差贡献率，并由此确定公因子。结果如表 6-18 所示。

表 6-18　　解释的总方差

成分	初始特征值			提取平方和载入			旋转平方和载入		
	合计	方差百分比（%）	累积百分比（%）	合计	方差百分比（%）	累积百分比（%）	合计	方差百分比（%）	累积百分比（%）
1	4.405	33.886	33.886	4.405	33.886	33.886	3.033	23.331	23.331
2	1.691	13.007	46.893	1.691	13.007	46.893	2.591	19.929	43.260
3	1.467	11.286	58.179	1.467	11.286	58.179	1.735	13.344	56.604
4	1.259	9.685	67.864	1.259	9.685	67.864	1.457	11.205	67.809
5	1.040	7.997	75.861	1.040	7.997	75.861	1.047	8.051	75.861
6	0.901	6.932	82.792						
7	0.664	5.104	87.897						
8	0.545	4.191	92.088						
9	0.452	3.477	95.565						
10	0.297	2.283	97.848						
11	0.140	1.081	98.929						
12	0.118	0.907	99.836						
13	0.021	0.164	100.000						

提取方法：主成分分析。

根据表 6-18 中数据可知，前 5 个主因子的方差贡献率已经达到了累计方差贡献率的 75.861%，即表明这 5 个主因子已包含原始数据信息量的 75.861%，所以只需选择前 5 个主因子就可以较好地代表原始指标，对公司的绩效进行描述。

特征值可用碎石图列示，如图 6-3 所示。从图 6-3 可以看出，从第 6 个成分开始，特征值的值都小于 1，且折线的陡度变得比较平缓，这说明提取 5 个主因子是合适有效的。

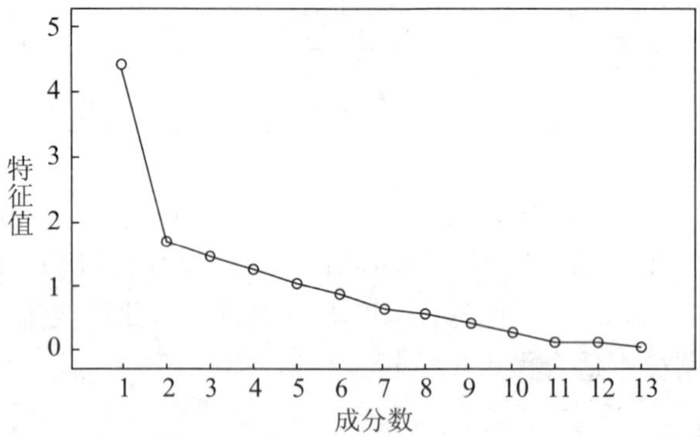

图 6-3　碎石图

五、旋转载荷矩阵分析

本书对原因子载荷矩阵进行最大方差旋转，以期得到主因子更明确的含义。结果如表 6-19 所示。

表 6-19　旋转后的因子载荷矩阵

变量	成分				
	F_1	F_2	F_3	F_4	F_5
基本每股收益	0.918	0.298	0.073	−0.004	0.015
销售净利率	0.796	0.411	0.021	0.082	0.108
每股净资产	0.818	−0.106	−0.065	−0.017	−0.232
总资产报酬率	0.772	0.523	0.142	0.018	0.106
流动比率	−0.034	0.058	−0.061	0.856	0.028
速动比率	0.065	−0.062	0.077	0.839	−0.054
资产负债率	−0.024	−0.009	0.000	−0.021	0.871
存货周转率	0.013	−0.201	0.689	0.001	0.290
总资产周转率	0.117	0.215	0.648	0.031	−0.337
固定资产周转率	−0.022	0.169	0.883	−0.005	−0.029
总资产增长率	0.019	0.911	0.012	−0.027	−0.053
营业总收入增长率	0.322	0.682	0.134	0.083	−0.065
股东权益增长率	0.409	0.794	0.038	−0.070	0.042

提取方法：主成分分析。
旋转法：具有 Kaiser 标准化的正交旋转法。
a. 旋转在 7 次迭代后收敛。

由表 6－19 中的数据可以看到，基本每股收益、销售净利率、每股净资产、总资产报酬率在主因子 F_1 上的载荷量分别为 0.918、0.796、0.818、0.818 和 0.772，它主要反映了公司的盈利能力，所以将 F_1 命名为盈利因子；总资产增长率、营业总收入增长率、股东权益合计增长率在 F_2 上的载荷量为 0.911、0.682 和 0.794，它主要反映了公司的成长能力，所以将 F_2 命名为成长因子。主因子 F_3 则在存货周转率（0.689）、总资产增长率（0.648）、固定资产周转率（0.883）上有较大载荷量，代表了公司的营运能力，故而将其命名为营运因子；流动比率与速动比率在主因子 F_4 上的载荷分别为 0.856 与 0.839，体现了公司的短期偿债能力，为偿债因子 1；主因子 5 在资产负债率（0.871）上有较大载荷量，代表了公司的长期偿债能力，为偿债因子 2。

六、纺织、服装制造业上市公司综合得分与排名

要得到因子的综合得分，需先对因子数据进行标准化处理，使其期望为 0，方差为 1，然后，对各因子的方差贡献率占因子总方差贡献率的比重作为权重加权汇总，使用计算综合得分的公式 $F=(\lambda_1F_1+\lambda_2F_2+\lambda_3F_3+\lambda_4F_4+\lambda_5F_5)/(\lambda_1+\lambda_2+\lambda_3+\lambda_4+\lambda_5)=(0.23331\times F_1+0.19929\times F_2+0.13344\times F_3+0.11205\times F_4+0.08051\times F_5)/0.75861$ 来计算各样本的综合得分。得到结果按名次排列如表 6－20 所示。

表 6－20　　纺织、服装制造业上市公司综合得分与排名

股票代码	名称	F_1（盈利）	F_2（成长）	F_3（营运）	F_4（偿债）	F_4（偿债 2）	F（综合）	排名
600398	海澜之家	−1.5756	6.4914	0.1439	−0.2934	−0.0935	1.1928	1
002486	嘉麟杰	−0.7441	0.3840	−0.3690	5.8570	0.3513	0.7095	2
002740	爱迪尔	0.9476	0.2209	2.1871	0.9328	−1.6705	0.6947	3
603518	维格娜丝	0.8888	1.8868	1.2291	−0.8016	−1.7006	0.6863	4
600987	航民股份	0.7226	−0.3461	1.7281	0.5884	1.4070	0.6715	5
600689	上海三毛	0.0641	−0.8959	4.1704	−0.3242	1.1232	0.5892	6
600493	凤竹纺织	−0.2912	−0.0534	−0.1119	−0.3062	7.1366	0.5889	7
600630	龙头股份	−0.1924	−0.2655	2.2154	2.0047	−0.5536	0.4981	8
603889	新澳股份	1.1993	0.5250	0.3054	−0.3245	−0.2246	0.4887	9
002154	报喜鸟	−0.1812	0.4167	−1.0654	3.7754	0.1556	0.4405	10
300005	探路者	0.2379	0.6817	0.6804	0.1254	−0.0017	0.3903	11
002144	宏达高科	1.5664	−1.2427	−0.2808	1.9080	−0.1148	0.3755	12
002563	森马服饰	2.2177	−0.9123	0.3646	−0.6239	−0.4928	0.3621	13
600061	中纺投资	−0.8339	0.2015	3.8317	−0.3480	−0.7148	0.3432	14
002293	罗莱家纺	1.4504	−0.2014	0.3378	−0.3708	−0.5409	0.3404	15
603558	健盛集团	1.0281	0.1547	0.1211	−0.4401	0.1081	0.3246	16
002003	伟星股份	0.7437	−0.2755	0.4419	0.0503	0.3052	0.2739	17

续 表

股票代码	名称	F_1（盈利）	F_2（成长）	F_3（营运）	F_4（偿债）	F_4（偿债 2）	F（综合）	排名
002327	富安娜	0.8622	0.2182	−0.1270	−0.1474	−0.0936	0.2684	18
603555	贵人鸟	0.3340	0.3428	0.1348	−0.3170	0.6627	0.2400	19
002044	江苏三友	−0.0609	−0.2564	1.2644	0.2057	0.5617	0.2263	20
601718	际华集团	−0.0544	−0.1881	1.1330	−0.0879	0.7772	0.2026	21
002394	联发股份	1.1190	−0.4397	0.1568	−0.4503	−0.0267	0.1869	22
002516	江苏旷达	0.8395	−0.1235	−0.1501	−0.2774	0.2163	0.1813	23
000726	鲁泰 A	1.1249	−0.3674	−0.3412	−0.1824	−0.0165	0.1607	24
600851	海欣股份	0.2634	0.6838	−1.0626	0.2305	0.1179	0.1203	25
002397	梦洁家纺	0.2481	0.1999	−0.0724	0.0831	−0.1023	0.1175	26
002404	嘉欣丝绸	0.0688	0.0803	0.6358	−0.1721	−0.2380	0.1034	27
600448	华纺股份	−0.6401	0.8754	0.6869	−0.4573	0.0979	0.0968	28
600177	雅戈尔	1.4112	−0.2656	−0.9694	−0.4461	−0.3844	0.0870	29
000850	华茂股份	0.4567	−0.0525	−0.5660	−0.2541	0.9077	0.0859	30
002634	棒杰股份	0.2360	0.0686	−0.6117	0.5113	−0.0507	0.0532	31
002656	卡奴迪路	0.2851	−0.5935	−0.4829	1.9312	−0.8112	0.0460	32
601599	鹿港科技	−0.2104	0.7339	−0.1502	−0.3550	−0.0458	0.0444	33
002687	乔治白	0.2120	0.1897	−0.5499	0.1576	−0.0317	0.0382	34
601339	百隆东方	0.9498	−0.2993	−0.7494	−0.1883	−0.3811	0.0134	35
000158	常山股份	−0.3174	0.0523	0.8416	−0.3857	−0.1246	−0.0060	36
600233	大杨创世	0.3884	−0.0285	−0.0483	−0.5013	−0.4969	−0.0233	37
002029	七匹狼	0.5672	−0.4276	−0.6027	0.3902	−0.4333	−0.0322	38
002291	星期六	−0.0858	−0.0201	0.0018	0.2173	−0.3913	−0.0408	39
000779	三毛派神	−0.8279	1.1350	−0.4770	−0.2406	−0.1574	−0.0926	40
002087	新野纺织	−0.1071	0.0640	−0.2797	−0.2102	0.0030	−0.0960	41
002036	汉麻产业	−0.3834	0.6531	−0.7193	−0.3362	0.1089	−0.1109	42
002612	朗姿股份	1.3194	−0.7899	−0.6754	−0.6339	−0.9260	−0.1124	43
000982	中银绒业	−0.5454	1.2457	−1.1618	−0.4404	−0.0395	−0.1141	44
002269	美邦服饰	−0.1389	−0.2157	0.1845	−0.3083	−0.0482	−0.1176	45
002042	华孚色纺	−0.0611	0.0156	−0.2691	−0.3814	−0.1053	−0.1295	46

续　表

股票代码	名称	F_1（盈利）	F_2（成长）	F_3（营运）	F_4（偿债）	F_4（偿债2）	F（综合）	排名
601566	九牧王	1.0334	−0.6915	−0.8532	−0.5861	−0.3069	−0.1331	47
600232	金鹰股份	−0.2480	−0.0504	−0.4193	0.1319	−0.1030	−0.1547	48
000955	欣龙控股	−0.4727	0.2156	−0.6348	0.0595	0.3321	−0.1563	49
600220	江苏阳光	−0.4515	0.1364	−0.2654	−0.3603	0.3997	−0.1605	50
002239	金飞达	−0.4023	−0.2275	0.3008	−0.5489	0.4412	−0.1648	51
600400	红豆股份	−0.2735	0.2883	−0.4951	−0.2947	−0.4678	−0.1887	52
600370	三房巷	−0.1282	−0.3703	0.0916	−0.5983	0.0999	−0.1984	53
002083	孚日股份	−0.3223	0.1543	−0.5192	−0.3867	−0.0972	−0.2174	54
002503	搜于特	0.1587	−0.2580	−0.6208	−0.5167	−0.1926	−0.2249	55
002072	凯瑞德	−0.5216	−0.0375	−0.1528	−0.3868	0.2281	−0.2301	56
600156	华升股份	−0.7105	−0.0635	0.2000	−0.1215	−0.1572	−0.2346	57
000803	金宇车城	−0.4905	0.2045	−0.2427	−0.3382	−0.6654	−0.2604	58
600137	浪莎股份	−0.0592	−0.4967	−0.4991	−0.0370	−0.2675	−0.2703	59
002034	美欣达	−0.1345	−0.8548	0.2901	−0.4664	0.0372	−0.2798	60
600070	浙江富润	−0.5259	−0.0003	−0.4796	−0.3907	0.0618	−0.2973	61
002193	山东如意	−0.1539	−0.0367	−1.0551	−0.3468	−0.2256	−0.3177	62
002425	凯撒股份	−0.2245	0.0766	−1.0553	−0.5110	−0.2533	−0.3369	63
002485	希努尔	−0.0092	−0.6171	−0.8880	−0.0727	−0.2960	−0.3633	64
002070	众和股份	−0.4877	−0.2075	−0.7003	−0.3426	0.0304	−0.3750	65
000971	蓝鼎控股	−0.3841	−0.4634	−0.8851	−0.4695	0.3515	−0.4276	66
600107	美尔雅	−0.3333	−0.4522	−1.0383	−0.3050	−0.0264	−0.4518	67
002569	步森股份	−1.0399	−0.5417	−0.4980	−0.0902	−0.4202	−0.6077	68
600152	维科精华	−1.1421	−1.0181	−0.0283	−0.4669	−0.0173	−0.6945	69
000611	*ST 蒙发	−1.6011	−1.4197	−0.9006	−0.5712	−0.2198	−1.1315	70
002015	*ST 霞客	−5.5769	−2.5292	0.4451	−0.3463	−1.2937	−2.4898	71

表 6－20 中，纺织、服装制造业上市公司综合得分与其投资价值呈正相关关系。由于先对因子数据进行了标准化处理，因此，可以 0 为参考标准线，认为：综合得分大于 0 的公司，综合业绩相对较好，且数值越大，投资价值越大；综合得分小于 0 的则相对较差，且数值越小，投资价值越小。

具体而言，表 6－20 中，纺织、服装制造业公司各项能力得分与相应实力也呈正相关关系。排名前十位的公司分别为海澜之家、嘉麟杰、爱迪尔、维格娜丝、航民股份、上海三毛、凤竹纺织、龙头股份、新澳股份、报喜鸟。其中，海澜之家排名第一，其成长因子得分排名也是第一，说明其成长能力很强，营运因子得分也较高，但盈利、偿债因子得分为负，说明各项能力发展不均衡，考虑到其超人的发展速度，由 2013 年的行业排名第二十九跃居第一，进步巨大，适宜对其长期投资。嘉麟杰排名第二，得益于其行业第一且遥遥领先的偿债因子，说明其偿债能力很强，成长因子居于中上，成长能力也不错，但其盈利、营运因子低于行业平均水平，说明其各项能力发展不均衡，但由 2013 年的排名三十八跃居第二，进步较大，值得投资者关注。爱迪尔排名第三，在于其优秀的营运能力，其盈利、发展能力也不错，但偿债能力表现一般。作为一家 2015 年新上市的公司，爱迪尔有着优秀的业绩，但各种能力不尽稳定，需要格外关注，比较适宜进行长期投资。维格娜丝综合得分排名第四，其盈利、成长、营运因子得分较高，说明这三项能力较强，偿债因子得分为负，说明偿债能力较差，作为 2014 年年底上市的新股，表现出强大的发展实力，较适宜对其长期投资。航民股份排名第五，表现突出的是营运能力，偿债、盈利能力也较好，但成长能力较差，由 2013 年的排名第六升至第五，发展稳定，总体实力强劲，较适宜短期投资。上海三毛由 2013 年的第三十三位跃居第六，进步较大，而且成功摘掉了 ST 的帽子，表现最为突出的是营运能力，居行业之首，但成长能力较差，综合各项能力不均衡的状况，比较适宜关注。凤竹纺织排名第七，得益于长期偿债因子得分第一且遥遥领先，由 2013 年的第六十四位升至第七也几乎完全取决于此，其他因子得分均为负值，说明公司综合实力不强，前景不见乐观，有待观察。龙头股份排名第八，其营运和短期偿债能力较为出色，其他得分均为负值，能力一般，由 2013 年的第十二位升至第八，进步较大，较适宜对其长期投资。新澳股份排名第九，其盈利能力较为突出，营运、发展能力也不错，作为 2015 年新上市公司，具有较大发展潜力，较适宜对其长期投资。报喜鸟由 2013 年的排名第四十七升至第十位，进步巨大，主要得益于其出众的偿债能力，成长能力也不错，但营运能力较差，值得投资者期待。

在排名前十的公司中，没有一家公司各个因子得分均为正，说明其发展不够均衡，与 2013 年相比，变化较大，只有航民股份一家公司两年均居于前十位。这说明，行业竞争激烈，稳定性较差，是引起投资者重视的行业投资对象。

排名末十位的公司依次是山东如意、凯撒股份、希努尔、众和股份、蓝鼎控股、美尔雅、步森股份、维科精华、*ST 蒙发、*ST 霞客。其各项能力得分除个别为正外，绝大多数为负值，是它们居于末尾的原因，这些公司综合实力较差，尤其两家 *ST 公司，暂不建议对其投资。

七、系统聚类分析

通过聚类分析把业绩相似的公司归类，可以对不同类别的上市公司进行对比分析，为投资者选择投资组合提供参考。

根据树状图（略）对 71 家纺织、服装制造业上市公司进行进一步分类，本书选择将其分为 4 类，如表 6－21 所示。

表 6-21 聚类分析

类别	纺织、服装制造业上市公司	数目
1	常山股份、*ST 蒙发、鲁泰 A、三毛派神、金宇车城、华茂股份、欣龙控股、蓝鼎控股、中银绒业、伟星股份、*ST 霞客、七匹狼、美欣达、汉麻产业、华孚色纺、江苏三友、众和股份、凯瑞德、孚日股份、新野纺织、宏达高科、山东如意、金飞达、美邦服饰、星期六、罗莱家纺、富安娜、联发股份、梦洁家纺、嘉欣丝绸、凯撒股份、希努尔、搜于特、江苏旷达、森马服饰、步森股份、朗姿股份、棒杰股份、卡奴迪路、乔治白、探路者、浙江富润、美尔雅、浪莎股份、维科精华、华升股份、雅戈尔、江苏阳光、金鹰股份、大杨创世、三房巷、红豆股份、华纺股份、海欣股份、航民股份、百隆东方、九牧王、鹿港科技、际华集团、贵人鸟、健盛集团、新澳股份	62
2	凤竹纺织	1
3	嘉麟杰、报喜鸟	2
4	海澜之家、维格娜丝、爱迪尔、上海三毛、龙头股份、中纺投资	6

类别 1 包括常山股份等 62 家公司，综合排名，高中低档位置均有，其中以排名较低者居多，探路者通过自主知识产权的品牌塑造与推广、产品研发设计、营销网络建设与优化、供应链整合与管理，在全国建立连锁零售网络及电子商务销售系统，发展潜力较大。其综合排名第十一，各项能力得分比较均衡，2013 年综合排名第二位，虽然有所退回，但总体实力较强，值得投资者关注。嘉欣丝绸主营高档丝、绸、服装等产品制造。总部及下属企业从事蚕茧收烘、制丝、织造、印染、针织、服装的生产和销售，是中国最大的丝绸产品生产销售企业之一。公司投资的占地 30 万平方米的嘉欣丝绸工业园，是先进的丝绸工业制造基地，同时也是国家级工业旅游示范点和"3A"级旅游景点。营运能力排名靠前，综合排名第二十七，发展潜力较大，适宜长期投资。弘大高科是一家以纺织服装业为主体的多产业混合发展公司，在拓展高端汽车内饰面料客户方面，公司已经向宝马六七个车型进行小批量供应汽车内饰，预计不久将正式进入宝马供应链，进行大批量供货。在业务板块上，宏达高科提出的战略是做精做强经编产业，做大做强医疗器械产品，目前公司医疗器械产业已在超声产品、生化产品和智慧型产品三方面布局，其中多个产品正在获得产品注册证。值得关注的是，公司正积极拓展移动医疗等领域，以不断扩大规模。弘大高科由 2013 年的综合排名第十九升至第十二，盈利、偿债能力都有较大幅度提高，作为中小企业的后起之秀，具有较大的投资价值。森马服饰由 2013 年的综合排名第十六升至第十三，有较大幅度提高。其盈利能力尤其突出，营运能力也不错，但其他能力一般，较适宜对其进行短期投资。罗莱家纺由 2013 年的综合排名第九降至第十五，盈利能力突出，营运能力也较强，虽然总体排名有所下降，但作为床品龙头企业，产品质量优异，具有广阔的发展前景和较大的投资价值。贵人鸟抓住我国政府推广全民健身计划，由体育大国向体育强国转变，体育运动回归大众生活的历史机遇，深入挖掘体育运动的生活化本质，将"运动休闲"作为产品开发的重心，塑造了品牌"运动快乐"的内涵，避免了与专业运动品牌的直接竞争。各方面能力都很出色，由 2013 年的排名第七下降至第十九位，各项能力都还不错，发展潜力较大，适宜长期投资。

类别 2 包括凤竹纺织一家公司。综合排名第七，但因各项能力发展很不均衡，暂不建议对其投资。

类别 3 包括嘉麟杰、报喜鸟两家公司，综合排名分别为第二和第十，是行业综合实力较强的公司，值得投资者关注。

类别 4 包括海澜之家等 6 家公司，均为综合排名较靠前的公司，属于行业龙头公司。其中，海澜之家排名第一，公司以全国连锁、超大规模、男装自选的全新营销模式引发了中国服装市场的新一轮革命，其平价优质的市场定位，款式多、品种全的货品选择，无干扰、自选式购衣方式迅速赢得了广大消费者的欢迎，盈利能力强，发展势头强，综合排名第一，建议投资。维格娜丝综合排名第四，它作为中国高端女装一线品牌，公司创立于 1997 年，专注发展直营模式及高端渠道。目前已与恒隆、万象城、王府井等集团建立伙伴关系。公司汇集优秀设计团队，始终坚持自主研发设计，以高品质面料、精湛工艺、修身廓形为产品根本。中纺投资由 2013 年的综合排名第十七升至第十四，有所提升，其营运、成长能力较强，发展前景广阔，较适宜长期投资。

八、结语

综上所述，投资者在进行投资时，要综合考虑宏观、微观等各方面反映的财务信息，加以谨慎地分析，做出合理的选择。在此，运用 SPSS 软件，利用 13 个指标综合分析纺织、服装制造行业 12 家上市公司各方面表现情况，对投资者进行投资决策有一定的参考意义。但由于分析仅仅运用了 2014 年一个年度的财务报表资料，并联系实际结合 2013 年相关分析研究结果进行，某些项目还可能会由于会计政策变更等的影响存在一定程度的偶然性，分析指标的选择也具有主观性。因此，分析结果难以反映出完全的真实状况，若后续能对多个连续年度进行跟踪分析，并适当增加分析指标，则可较大程度地消除偶然性，帮助投资者做出更加准确的投资决策，以更加有效地配置投资资源，促进纺织、服装制造业的更加健康和谐发展。

（参著：王波、潘群芳）

第四节　木材及家具制造业上市公司投资价值比较分析研究

一、行业发展与投资价值状况

随着全球经济的高速发展，生活水平的不断改善，人们对生活环境的要求越来越严苛。而木材与家具千百年来都是人类生活环境的重要材料或物件，人们对其需求、要求也越来越高。木材及家具制造业包括木材加工及木竹藤棕草制品和家具制造业，其中，该行业上市公司主要是木材加工和家具制造业。

木材重量轻、纹理色调丰富美观，加工容易，自古至今都被列为建筑装修的重要材料。根据中国产业信息网的数据，2014 年中国木材加工业形势较好，原木消费量大幅度增加，进口量比 2013 年有较大幅度的增长。根据海关统计数据，2014 年 1—11 月原木累计进口 4678.9 万立方米，金额 108.9 亿美元，分别增长 13.9%和 29.3%①。

家具行业历史悠久，在人类建筑相关历史中占据着重要角色。2013 年中国家具制造业总资产达到 4039.11 亿元，同比增长 23.18%。2014 年 1—10 月，家具制造业产销率 97.7%，与 2013 年同期持平；出口交货值 1317.9 亿元，累计同比增长 5.7%；主营业务收入 5758.6 亿元，累计同比增长 11.6%；利润总额 316.6 亿元，累计同比增长 14.8%；税金总额 177.1 亿元，累计同比增长 12.6%②。

家具业引入先进的自动化生产技术，能提高经济效益，提升家具业的竞争实力，也会使木材及其加工业获得较大的上升空间。另外，木材等原材料具有资源稀缺性，长期来看价格会呈现不断上升趋势，而人们环保意识的加强对整个建材行业都是一个新的机遇与挑战。综上所述，木材与家具行业仍有着较好的发展空间③。

木材与家具制造业是中国传统行业，涉及千家万户，经过几千年的不断发展完善，已具有相当大的规模和稳定可靠的工艺技术。在证券市场上，一直是投资者关注的对象。本书以 2014 年深沪两市 19 家木材与家具制造业上市公司的财务报告所提供的信息为例，选取了 13 个能够综合反映财务能力的指标，作为评估以上 19 家上市公司投资价值的指标体系，运用 SPSS 软件对上述提及行业进行了评价，以因子分析法和聚类分析法确定了分析对象的投资价值总量及排名，划分层级，并与 2013 年的两市 14 家木材与家具制造业上市公司投资价值进行比较，为投资者提供参考，以降低其投资风险，提高投资收益。

二、样本选取与数据处理

沪、深证交所的 19 家木材及家具制造业上市公司的资料来源，主要为其 2014 年的财务报告。具体初始数据如表 6－22 和表 6－23 所示。

表 6－22　　初始数据 1

股票代码	名称	基本每股收益（元）	销售净利率（%）	每股净资产（元）	总资产报酬率（%）	流动比率	速动比率	资产负债率
000910	`大亚科技	0.3100	3.2461	4.9510	6.4109	1.0086	0.5384	62.3737
002043	兔宝宝	0.0900	3.0780	1.6492	4.8213	3.4421	2.0638	24.2352
002240	威华股份	0.0200	0.5991	3.2207	2.1383	1.1061	0.3659	40.3725
002259	升达林业	0.0240	1.5401	1.3074	3.2995	1.4621	0.9495	48.6588
002354	天神娱乐	1.5200	49.2165	2.9700	29.6386	6.1636	—	10.9042
002631	德尔家居	0.4000	18.9657	4.3901	9.3854	4.5952	3.8647	14.8054
300374	恒通科技	0.8500	14.9763	6.1306	11.0304	1.4205	1.1231	51.5983
600189	吉林森工	0.0300	0.8631	4.2288	4.4532	1.4645	1.0474	63.2634

① 中研网：《2013 年我国木材进口数据分析》，2014 年 6 月 8 日。
② 中国产业信息网：http：//www.chyxx.com/。
③ 王绍军：《木材加工技术的新发展》，《农林科研》，2014 年第 19 期。

续 表

股票代码	名称	基本每股收益（元）	销售净利率（%）	每股净资产（元）	总资产报酬率（%）	流动比率	速动比率	资产负债率
600321	国栋建设	0.0050	0.7814	1.8100	1.5837	0.5289	0.2948	38.5164
601996	丰林集团	0.1800	7.1567	3.6083	4.0182	5.0822	3.2600	13.5923
002489	浙江永强	0.6700	9.7773	6.8660	8.3803	1.5507	1.1911	41.7393
002572	索菲亚	0.7400	13.9963	4.4019	16.7063	3.6430	3.2965	17.8422
002751	易尚展示	0.6700	8.1167	4.7300	11.5819	1.4495	1.3661	59.5810
600337	美克家居	0.3600	8.6067	4.4073	8.3689	2.2175	0.6917	28.6707
600978	宜华木业	0.3700	11.9119	4.2995	9.2633	1.5672	1.0787	37.7643
603008	喜临门	0.3000	7.2199	3.6480	6.6670	1.0808	0.8336	42.1818
603600	永艺股份	0.7200	5.6619	3.4577	14.9042	1.2444	0.8173	48.1644
603818	曲美股份	0.5500	9.1850	3.4800	15.0013	2.0335	1.3636	34.3144
603898	好莱客	1.9400	15.8308	5.1957	32.3649	1.8917	1.7100	32.5879

表 6-23　　初始数据 2

股票代码	名称	存货周转率（次）	固定资产周转率（次）	总资产周转率（次）	总资产增长率（%）	营业总收入增长率（%）	股东权益增长率（%）
000910	大亚科技	2.6476	4.1281	0.9960	−6.4942	3.0511	4.2677
002043	兔宝宝	3.7844	6.7887	1.3675	11.2226	13.6083	4.2597
002240	威华股份	2.5281	1.0373	0.6278	−3.6694	−3.5196	0.7272
002259	升达林业	1.3885	0.8321	0.3252	−23.6653	4.5441	1.5640
002354	天神娱乐	—	2.6249	0.5550	−23.2430	54.2922	41.4695
002631	德尔家居	2.8860	3.2627	0.4186	6.1939	23.1268	9.5867
300374	恒通科技	2.3977	2.0937	0.4969	30.3348	16.8001	15.2285
600189	吉林森工	2.1698	1.1859	0.3896	13.8617	4.8456	−1.5590
600321	国栋建设	2.3866	0.3967	0.2287	6.4658	3.7843	−0.2705
601996	丰林集团	2.2822	2.3401	0.5994	3.2201	32.8090	3.3794
002489	浙江永强	3.4167	3.3556	0.6263	15.0774	9.1776	4.2664
002572	索菲亚	10.5880	5.0977	1.0223	21.4545	32.3865	11.3215
002751	易尚展示	10.8717	11.7156	0.8443	49.3531	17.3263	6.0344
600337	美克家居	0.8790	2.3343	0.6984	5.8792	1.4434	5.2780

续　表

股票代码	名称	存货周转率（次）	固定资产周转率（次）	总资产周转率（次）	总资产增长率（%）	营业总收入增长率（%）	股东权益增长率（%）
600978	宜华木业	1.8451	1.7548	0.4690	18.8332	8.2053	36.6601
603008	喜临门	4.6602	2.7511	0.7381	31.6964	26.2903	4.8314
603600	永艺股份	8.1920	5.6045	2.0736	17.5808	6.9857	11.0696
603818	曲美股份	6.2031	2.9586	1.1222	−2.7781	7.5403	11.5715
603898	好莱客	18.7702	5.3160	1.7869	28.1472	38.6987	36.5523

在指标性质、单位不同的情况下，首先要对其进行同趋势化处理。然后利用 SPSS 中的 Z－score 方法将 13 项指标的原始数据进行标准化处理。同趋势化数据和标准化数据略。

三、因子分析法适应性检验

为了检验所选用的指标是否适合使用因子分析法，本书利用 SPSS 软件中 KMO 和 Bartlett 球形检验方法来对样本进行检验。检验结果如表 6－24 所示。

表 6－24　　KMO 检验和 Bartlett 球形检验

取样足够度的 KMO 度量		0.535
Bartlett 球形检验	近似卡方	200.470
	df	78
	Sig.	0.000

由表 6－24 可知，KMO 值仅为 0.535，大于 0.5，可知各变量之间的相关程度无较大差异，原有变量适合做因子分析。同时，Bartlett 球形检验统计量为 200.470，相应的概率 Sig. 为 0.000，在 5%的显著性水平之下，拒绝原假设，说明相关系数矩阵与单位矩阵有显著差异，样本适合做因子分析。

四、确定主因子

本书应用因子分析法中的主成分分析法来计算原始公因子的特征值、方差贡献率以及累计方差贡献率，并由此确定公因子。结果如表 6－25 所示。

表 6-25　　解释的总方差

成分	初始特征值			提取平方和载入			旋转平方和载入		
	合计	方差百分比（%）	累积百分比（%）	合计	方差百分比（%）	累积百分比（%）	合计	方差百分比（%）	累积百分比（%）
1	4.765	36.651	36.651	4.765	36.651	36.651	4.064	31.264	31.264
2	2.534	19.496	56.147	2.534	19.496	56.147	2.764	21.264	52.528
3	1.372	10.556	66.703	1.372	10.556	66.703	1.643	12.639	65.167
4	1.153	8.870	75.573	1.153	8.870	75.573	1.292	9.941	75.108
5	1.106	8.506	84.079	1.106	8.506	84.079	1.166	8.971	84.079
6	0.870	6.690	90.769						
7	0.532	4.091	94.860						
8	0.354	2.723	97.583						
9	0.156	1.204	98.787						
10	0.105	0.810	99.597						
11	0.031	0.237	99.834						
12	0.015	0.119	99.954						
13	0.006	0.046	100.000						

提取方法：主成分分析。

根据表 6-25 中数据可知，前 5 个主因子的方差贡献率已经达到了累计方差贡献率的 86.235%，即表明这 5 个主因子已包含原始数据信息量的 86.235%，所以只需选择前 5 个主因子就可以较好地代表原始指标，对木材及家具制造业公司的绩效进行描述。

特征值可用碎石图列示，如图 6-4 所示。从图 6-4 可以看出，从第 6 个成分开始，特征值的值都小于 1，且折线的陡度变得比较平缓，这说明提取 5 个主因子是合适有效的。

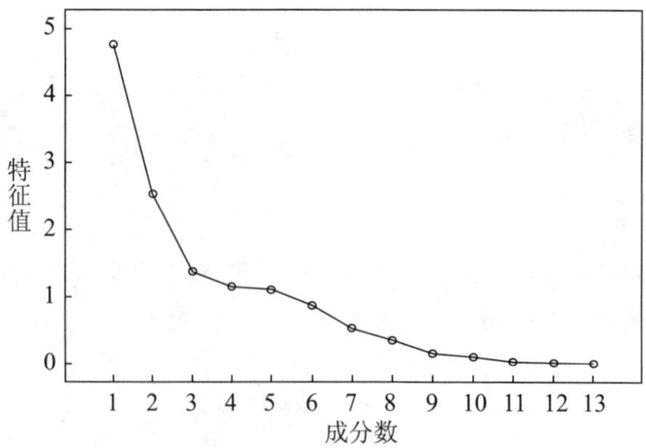

图 6-4　碎石图

五、旋转载荷矩阵分析

本书对原因子载荷矩阵进行了最大方差旋转，以期得到主因了更确切的含义。结果如表 6-26 所示。

表 6-26 旋转后的因子载荷矩阵

变量	成分				
	F_1	F_2	F_3	F_4	F_5
基本每股收益	0.877	0.343	0.245	−0.049	0.047
销售净利率	0.930	−0.166	−0.055	−0.052	0.010
每股净资产	0.203	0.013	0.856	−0.021	0.207
总资产报酬率	0.904	0.385	0.061	−0.014	0.075
流动比率	−0.050	−0.063	0.098	−0.070	0.908
速度比率	−0.074	0.572	−0.255	0.160	0.343
资产负债率	−0.019	−0.167	0.047	0.969	−0.052
存货周转率	0.246	0.816	0.307	−0.035	−0.136
固定资产周转率	0.063	0.765	0.269	−0.189	−0.132
总资产周转率	0.178	0.800	0.023	−0.120	0.014
总资产增长率	−0.119	0.459	0.772	0.127	−0.163
营业总收入增长率	0.827	0.054	0.045	−0.230	−0.328
股东权益增长率	0.877	0.082	0.034	0.443	−0.014

提取方法：主成分分析。

旋转法：具有 Kaiser 标准化的正交旋转法。

由表 6-26 中的数据可以看到，基本每股收益、销售净利率、总资产报酬率、营业总收入增长率、股东权益增长率在主因子 F_1 上的载荷量分别为 0.877、0.930、0.904、0.827 和 0.877，它们主要反映了公司的盈利能力，所以将 F_1 命名为盈利因子；存货周转率、固定资产周转率和总资产周转率在主因子 F_2 上的载荷分别为 0.816、0.765 和 0.800，它们主要反映了公司的营运能力，所以将 F_2 命名为营运因子；每股净资产、总资产增长率在主因子 F_3 上的载荷量分别为 0.863 和 0.722，所以将 F_3 命名为成长因子；资产负债率在主因子 F_4 上的载荷量为 0.969，流动比率和速动比率在主因子 F_5 上的载荷量分别为 0.908 和 0.343，代表了公司的偿债能力，故将主因子 F_4 和 F_5 分别命名为长期偿债因子和短期偿债因子。

六、木材及家具制造业上市公司综合得分与排名

要得到因子的综合得分，需先对因子数据进行标准化处理，使其期望为 0，方差为 1，然后，对各因子的方差贡献率占因子总方差贡献率的比重作为权重加权汇总，使用计算综

合得分的公式 $F=(\lambda_1F_1+\lambda_2F_2+\lambda_3F_3+\lambda_4F_4+\lambda_5F_5)/(\lambda_1+\lambda_2+\lambda_3+\lambda_4+\lambda_5)=(0.31264\times F_1+0.21264\times F_2+0.12639\times F_3+0.09941\times F_4+0.08971\times F_5)/0.84079$ 来计算各样本的综合得分。得到结果按名次排列如表 6-27 所示。

表 6-27　　　木材及家具制造业上市公司综合得分与排名

股票代码	名称	F_1（盈利）	F_2（营运）	F_3（成长）	F_4（长期偿债）	F_5（短期偿债）	F（综合）	排名
603898	好莱客	1.84975	1.69133	0.89468	0.14122	−0.08492	1.2577	1
600978	宜华木业	0.25936	−0.65695	0.46638	3.77675	−0.21646	0.4238	2
002751	易尚展示	−0.50212	1.93999	1.00756	−0.12045	−0.24981	0.4145	3
603818	曲美股份	−0.07438	1.59361	−1.72083	0.77099	1.68502	0.3876	4
002572	索菲亚	0.47737	0.50949	0.54213	−0.54336	−0.66218	0.253	5
603600	永艺股份	−0.16045	1.45209	−0.24285	−0.19345	−0.24977	0.2216	6
300374	恒通科技	0.33775	−0.82114	1.55259	−0.18415	0.02305	0.132	7
600337	美克家居	−0.24311	−0.6898	0.49371	−0.53214	3.46798	0.1165	8
002489	浙江永强	−0.15117	−0.62695	1.53166	−0.31944	0.22445	0.0017	9
002631	德尔家居	0.28611	−0.74611	0.2048	−0.54814	−0.38821	−0.1578	10
603008	喜临门	−0.31812	−0.17241	0.52749	−0.25147	−0.78157	−0.1957	11
000910	大亚科技	−0.52128	−0.13449	0.05444	−0.49331	0.05866	−0.2717	12
002043	兔宝宝	−0.74962	0.86295	−0.96661	−0.43111	−0.82168	−0.3444	13
601996	丰林集团	−0.18241	−0.63897	−0.20117	−0.71886	−0.74036	−0.4237	14
600189	吉林森工	−0.87011	−0.72008	0.39016	−0.3629	−0.16291	−0.5073	15
002240	威华股份	−0.94389	−0.47474	−0.53009	0.0691	−0.12005	−0.5554	16
600321	国栋建设	−0.95316	−0.64122	−0.74613	0.75296	−0.60116	−0.6039	17
002259	升达林业	−0.66405	−0.65087	−1.7985	−0.32702	−0.22693	−0.7448	18

表 6-27 中，木材及家具制造业上市公司综合得分与其投资价值呈正相关关系。由于先对因子数据进行了标准化处理，因此，可以 0 为参考标准线，认为：综合得分大于 0 的木材及家具制造业公司，综合业绩相对较好，且数值越大，投资价值越大；综合得分小于 0 的则相对较差，且数值越小，投资价值越小。依此可对上市公司的综合业绩和投资价值有一个基本的评价。

具体而言，表 6-27 中，木材及家具制造业公司各项能力得分与相应实力也呈正相关关系，它们的综合得分排名在一定程度上说明了他们的投资价值。其中，2014 年比 2013 年木材及家具制造业上市公司新增五家，分别是好莱客、易尚展示、曲美股份、永艺股份和恒通科技，这五家公司排名相对靠前，投资价值较大，是后来居上的表率；原来的科冕木业更名为天神娱乐，所以天神娱乐的速动比率和存货周转率数据缺失，与行业其他公司暂时没有可比性。

其中，好莱客综合排名第一，其盈利因子和营运因子得分排名分别排名第一、第二，成长因子和偿债因子得分也名列前茅，说明其盈利能力、营运能力、成长能力和偿债能力都很强，选择其作为投资对象比较保险。

宜华木业在新股冲击的情况下从 2013 年的第五跃升到第二，在 2013 年的 14 家公司中排名第一，进步较大，主要表现在：其长期偿债因子得分第一且遥遥领先，表明其资本结构接近行业平均水平，比较合理；此外，其盈利能力和成长能力良好，可以考虑长期持有。

易尚展示综合排名第三，其营运因子得分排名第一，说明公司营运能力十分好；成长因子得分排名第三，说明其成长能力强大。而且是新上市的，潜力大。总得来说该公司是值得进行投资的。

曲美股份综合排名第四，其营运和偿债能力分别排第三、第二，盈利比较靠前，但是成长能力一般，可以短期持有并观望。

索菲亚综合排名从 2013 年的第一下滑到第五，主要是由于其短期偿债能力相比行业水平较弱，资本结构过于保守，但其盈利、营运和成长能力靠前，投资者可以考虑投资。

永艺股份营运能力排第二，综合第六，但其他能力较弱，有一定风险，适合做短线投资。

恒通科技综合第七，成长能力第一，盈利能力第三，偿债能力靠前，营运能力较弱，值得投资。

美克家居 2014 年排名第八，2013 年排名第六，排名有所下滑，短期偿债能力第一，成长能力靠前，但盈利、营运、长期偿债因子都是负数，投资价值降低，投资者可以考虑减仓或者观望。

浙江永强从 2013 年第三下降到第九，但成长能力第二，短期偿债能力第三，盈利、营运和长期偿债能力居中，排除新股冲击的因素，还是比较适合投资的。

德尔家居综合排名第十，较 2013 年下降了六位，盈利能力第二，成长能力第十，但是其营运因子和偿债因子都是负数，因此排名下降较多。投资价值降低了，投资者可以考虑减仓或者观望。

喜临门去年排第二，2014 年名次都下滑得厉害，综合得分为负数，投资价值下降，暂不建议对其投资。

大亚科技、兔宝宝、丰林集团、吉林森工、威华股份、国栋建设和升达林业这些排名靠后的公司综合得分均是负数，所有因子也基本为负数，和 2013 年一样几乎没变动，风险大，不建议投资者进行盲目投资。

七、系统聚类分析

通过聚类分析把业绩相似的公司归类，可以对不同类别的上市公司进行对比分析，为投资者选择投资组合提供参考。本文选择将 19 家公司（天神娱乐除外）分为 4 类如表 6-28 所示。

表 6-28　聚类分析

类别	木材及家具制造业上市公司	数目
1	好莱客、易尚展示、曲美股份、永艺股份、兔宝宝	5
2	美克家居	1
3	宜华木业	1
4	索菲亚、恒通科技、浙江永强、德尔家居、喜临门、大亚科技、丰林集团、吉林森工、威华股份、国栋建设、升达林业	11

表 6-28 中，类别 1 中只有好莱客、易尚展示、曲美股份、永艺股份、兔宝宝五家，该类别中的公司营运能力都较好。好莱客综合得分排名高居第一，盈利能力、营运能力、偿债能力、成长能力均很强，在行业内四项指标均在前列，值得长期投资。好莱客公司一直致力于整体衣柜领域发展，行业中率先提出"整体衣柜"概念，秉承专业专注精神理念，将欧洲时尚家居潮流源源不断融入中国市场，是引领国内整体衣柜发展的领军品牌之一。从市场占有率和品牌影响力来看，好莱客是整体衣柜的一线领导品牌，为行业发展的旗帜，在 2010 年 7 月全国工商联家具装饰业商会首届衣柜专委会的成立大会上，好莱客为唯一的首席执行会长单位及品牌联盟主席单位。易尚展示是新上市的一家公司，去年没有。综合能力第二，其营运因子和成长因子得分排名第一，说明公司营运能力十分好。而且是新上市的，潜力大。深圳市易尚展示股份有限公司是商业连锁终端（文化+科技）集成服务商，为客户提供从创意设计到展示道具研发制作生产一体化服务，是国内在文化创意与展示服务领域居领先地位的国家级高新技术企业。总的来说，该公司是值得进行投资的。综上，好莱客和易尚展示的综合实力强，在行业处于龙头地位，适合长期投资。而曲美股份、永艺股份、兔宝宝等公司成长能力不佳，曲美股份、永艺股份排名第四和第六，其营运能力都很靠前，但成长能力排名靠后，投资有一定风险，适合短期投资或观望。兔宝宝的综合排名第十三，德华兔宝宝装饰新材股份有限公司创建于 1993 年，经过 20 年的不懈努力和创新发展，公司已经从单一的装饰贴面板生产型企业发展成为中国具有较大影响力的室内装饰材料综合服务商，产品销售网络覆盖全国各地，并销往美洲、欧洲、澳洲、中东等全球各地。兔宝宝公司的营运因子为正数且排名第五，说明目前处于良好的管理状态，公司架构比较合理，但公司的盈利、未来发展值得警惕。

类别 2 只有美克家居一家。美克家居排名第八，排名有所下滑，短期偿债能力第一，成长能力靠前，但盈利、营运、长期偿债因子都是负数，投资价值降低，投资者可以考虑减仓或者观望。

类别 3 也只有宜华木业。宜华木业综合排名第二，其长期偿债因子得分第一，把其他的远远甩在后面，可见其资本结构很合理。其盈利能力和成长能力也比较靠前，发展潜力较好。广东省宜华木业股份有限公司是一家专业生产和销售实木家具、实木地板和实木复合地板等木制品的大型股份制企业，公司注册资本 1004662718 元，总资产 4095709477.55 元，是中国境内比较大的家具、地板生产销售企业之一。综上，它值得长期持有。

类别 4 中的 11 家公司各有优缺点，且优缺点都比较明显。例如，索菲亚、恒通科技、德尔家具的盈利能力和成长能力都较好，其中索菲亚是整体衣柜行业的一线领导品牌，除较好的盈利和成长能力外，营运能力也较好，但是偿债能力不佳，可以考虑投资，但要注意其偿债风险。恒通科技除了优秀的成长能力和盈利能力外，偿债能力也靠前，虽然营运能力弱，仍具有一定的投资价值。德尔家居相比去年排名下降，营运因子和偿债因子都是负数，投资价值下降。而喜临门、大亚科技、丰林集团、吉林森工、威华股份、国栋建设、升达林业在该类别排名倒数，五项指标也几乎为负数。总的来说，该类别公司排名靠前的值得投资，排名靠后的不适合投资。

八、结语

由于不同领域的投资价值影响因素不尽相同，因此对细分的行业进行投资价值评价时要找到关键因素。综上所述，木材及家具制造业和盈利能力、偿债能力息息相关，在这两方面做得比较好更可能在这两行业取得成功。由于分析仅用了 2014 年和 2013 年的财务报表做比较，且存在指标选择的主观性与偶然性，如果对多年度进行动态比较分析，可以做出更加准确的分析评价。本文只是提供了一个投资价值比较评价的方法，如果扩展到其他上市公司以及多个年度，并与其他方法相结合，可以更全面地把握投资方向。

（参著：王禹）

第五节　造纸、印刷、文教和娱乐制造业上市公司投资价值比较分析研究

一、行业发展与投资价值状况

文教娱乐用品制造行业涉及的领域很多，而其中造纸、印刷、文教和娱乐制造业是其中一大重要组成部分。三个行业发展历史悠久，对人类文明的进程都起到过重要作用，在受到依托互联网的新媒体冲击之下，各个行业发展迅速但快慢不均。

造纸业是重要的基础原材料产业。2013 年我国造纸及纸制品业总资产达到 12940.17 亿元，同比增长 11.21%。2014 年我国造纸行业主营业务收入 7879 亿元，同比增长 4.0%；利润总额达 361.91 亿元，同比下降 3.2%；造纸行业毛利率达 13.83%。[①]

印刷业作为我国新闻出版业的重要组成部分，是文化产业的主要载体实现形式之一，兼具文化产业和加工工业的双重属性，是我国国民经济的重要产业部门。近年来，伴随着国民经济平稳较快地发展，我国印刷业也持续保持了高速增长。2014 年我国印刷业主营业务收入 6443.95 亿元，同比增长 26.2%；利润总额达 500.99 亿元，同比增长 22.9%。2013 年我国印刷业总资产达到 4306.46 亿元，同比增长 22.66%；行业销售收入为 5291.30 亿元，较 2012 年同期增长 26.10%；行业利润总额为 420.08 亿元，同比下降达到 19.74%。[②]

造纸与印刷业可以通过降低纸张白度来节约成本，并进一步督促企业进行研发，从而

① 中国产业信息网：http：//www.chyxx.com/。
② 同上。

为行业的可持续发展奠定基础，更能吸引投资。[①]

2014 年我国文教和娱乐制造业主营业务收入达到 11766.51 亿元，同比增长 12.58%；行业利润总额为 578.84 亿元，同比下降 8.3%。2013 年我国文教和娱乐制造业主营业务收入为 8557.91 亿元，较 2012 年同期增长 15.67%；行业利润总额为 631.20 亿元，同比增幅为 25.81%。[②]

随着经济的不断发展，人们对造纸、印刷、文教和娱乐制造产品和服务的要求也越来越高。在充满挑战的新经济时代，行业发展必然蕴藏着大量的机遇，具有较大的投资价值。本书以深沪两市 44 家造纸、印刷、文教和娱乐制造业上市公司为例，以其 2014 年度财务报告信息为基础，选取 13 个能够综合反映财务能力的指标，作为评估以上 44 家上市公司投资价值的指标体系，并运用之与 SPSS 软件对上述提及行业进行了评价，以因子分析法和聚类分析法确定了分析对象的投资价值总量及排名，并合理划分层级，并联系实际，结合 2013 年相关分析研究结果进行深入比较分析研究，得出质与量有机结合的结论，为投资者投资决策提供帮助。

二、样本选取与数据处理

沪、深证交所的 44 家造纸、印刷、文教和娱乐制造业上市公司的资料来源主要为其 2014 年的财务报告所披露的相关信息。具体初始数据如表 6-29 和表 6-30 所示。

表 6-29　　初始数据 1

股票代码	名称	基本每股收益（元）	销售净利率（%）	每股净资产	总资产报酬率（%）	流动比率	速动比率	资产负债率（%）
000488	晨鸣纸业	0.2600	2.3731	7.1872	3.2265	0.8389	0.6460	74.7491
000576	广东甘化	0.0200	2.1015	2.3040	1.1336	2.1382	1.9002	29.4006
000815	*ST 美利	−2.0500	−104.3542	−0.5339	−30.3495	0.7048	0.1526	111.2321
000820	金城股份	0.0100	0.7330	0.7972	−0.0792	1.4184	0.8238	66.6719
000833	贵糖股份	0.1000	2.6686	2.8666	0.2923	2.0737	1.2203	31.5745
002012	凯恩股份	0.0900	5.3540	2.4826	4.2603	2.3335	1.6259	21.5853
002067	景兴纸业	0.0100	0.1101	2.6697	1.8950	1.3495	1.1105	48.2303
002078	太阳纸业	0.2000	5.2300	2.3586	7.3092	0.6228	0.4768	64.2497
002228	合兴包装	0.3600	4.8551	3.0512	9.7169	1.2261	0.8727	55.5621
002235	安妮股份	−0.4720	−21.6664	1.8104	−12.6729	1.1460	0.9074	41.6615
002303	美盈森	0.3657	17.1165	3.0715	10.7493	2.6091	2.1603	22.8418
002511	中顺洁柔	0.1700	2.6768	5.7935	3.5151	2.0975	1.4279	48.3555
002521	齐峰新材	0.6500	10.7516	6.1032	9.0570	3.5018	3.0313	36.2879

① 张亚娟、毕明珠：《降低纸张白度，促进造纸业与印刷业共赢发展》，《办公自动化》，2014 年第 15 期。

② 同上。

续 表

股票代码	名称	基本每股收益（元）	销售净利率（%）	每股净资产	总资产报酬率（%）	流动比率	速动比率	资产负债率（%）
002565	上海绿新	−0.0700	−2.4634	2.3575	−0.6766	1.1364	0.7938	43.9794
600069	*ST 银鸽	−0.8400	−24.7555	1.0658	−11.8430	0.5353	0.4255	84.0518
600103	青山纸业	0.0258	2.1711	1.1714	4.2641	1.6413	1.0421	59.1746
600163	*ST 南纸	−0.7780	−52.4486	0.1403	−18.1156	0.4222	0.2556	95.2254
600235	民丰特纸	0.0100	0.0611	4.0082	1.7208	1.2415	0.8442	39.7863
600308	华泰股份	0.0515	0.5587	5.3908	3.7778	0.7860	0.6054	61.7978
600356	恒丰纸业	0.3200	5.3289	6.3008	6.0211	1.6969	1.3268	40.1916
600433	冠豪高新	0.1100	13.7176	1.4726	5.4572	0.8308	0.5892	49.6900
600462	石岘纸业	0.0041	0.7607	0.6004	0.1858	2.1269	1.0326	25.4429
600567	山鹰纸业	0.0300	1.4310	1.5796	3.4346	0.6798	0.5142	67.6073
600793	ST 宜纸	0.0793	78.5698	0.3911	0.7757	0.3778	0.3458	98.6519
600963	岳阳林纸	0.0100	0.2018	5.1564	3.4172	0.8884	0.2811	67.6124
000812	陕西金叶	0.1600	16.9523	1.9262	6.5542	1.6743	1.0477	38.7320
002117	东港股份	0.4600	16.7387	3.5801	12.6301	2.3668	2.0510	24.8698
002191	劲嘉股份	0.8900	26.0458	5.2812	15.3848	1.8881	1.3997	23.7356
002229	鸿博股份	0.0928	4.2203	2.8904	3.2809	1.2826	0.9962	33.5002
002599	盛通股份	0.0900	1.8324	4.4717	1.5910	0.9803	0.6261	45.3887
600836	界龙实业	0.0470	1.5176	1.3275	3.5029	1.0692	0.3392	81.6320
601515	东风股份	0.6600	38.2758	2.7968	24.4579	3.0352	2.1177	19.8870
600966	博汇纸业	0.0798	0.8732	5.8083	4.1801	0.7949	0.5991	67.0753
002103	广博股份	0.0400	1.0647	3.3858	1.8007	1.6221	1.1834	35.9593
002292	奥飞动漫	0.6800	16.9803	4.0174	12.4895	2.6999	2.1937	35.8473
002301	齐心集团	0.0800	1.7827	3.0036	1.9262	1.4711	1.2444	41.1668
002348	高乐股份	0.0967	10.9816	2.4958	3.7806	73.7949	62.7875	0.9063
002502	骅威股份	0.1200	7.0698	3.2528	2.7219	9.2762	8.1111	6.9454
002575	群兴玩具	0.0600	3.6782	3.3752	1.9703	3.9790	2.9751	8.5282
002605	姚记扑克	0.3270	16.3843	2.5395	13.1652	1.5586	1.0060	33.4607
002678	珠江钢琴	0.1500	9.6314	1.9247	7.1708	3.5984	1.6852	22.0382
300043	互动娱乐	0.4800	10.7605	3.3664	14.1077	1.1099	0.9028	31.9853
300329	海伦钢琴	0.1900	7.3721	4.0306	4.2394	3.6112	2.2615	18.1439
603899	晨光文具	0.8489	10.8236	3.0912	26.0336	1.8898	0.6638	27.1240

表 6-30　　初始数据 2

股票代码	名称	存货周转率（次）	固定资产周转率（次）	总资产周转率（次）	总资产增长率（%）	营业总收入增长率（%）	股东权益增长率（%）
000488	晨鸣纸业	3.3506	0.8318	0.3661	19.5702	−6.3133	−0.8728
000576	广东甘化	16.1924	1.2854	0.3246	−1.3923	5.5392	1.0168
000815	*ST 美利	1.1006	0.8101	0.3127	−39.0895	12.4421	−137.9314
000820	金城股份	2.9421	1.0101	0.4449	0.8111	25.9223	4.6056
000833	贵糖股份	3.2809	2.2994	0.8989	12.1148	−4.7868	3.4300
002012	凯恩股份	2.7865	1.3570	0.5764	−3.9174	−4.8049	3.6720
002067	景兴纸业	6.3778	1.3251	0.5252	11.9783	−4.4117	1.3091
002078	太阳纸业	6.7791	1.3446	0.6499	2.5402	−4.0129	6.4805
002228	合兴包装	5.8611	4.0130	1.1667	10.9150	11.2360	10.7146
002235	安妮股份	5.4716	1.6188	0.6432	−21.2478	−18.8999	−20.6810
002303	美盈森	3.7476	2.0514	0.5610	10.4987	19.7287	11.8633
002511	中顺洁柔	2.8617	1.3996	0.5577	1.2718	0.8019	2.9576
002521	齐峰新材	4.1705	2.8111	0.6752	15.3882	20.3895	12.5781
002565	上海绿新	2.9985	3.3445	0.6089	5.6779	4.4735	−11.7263
600069	*ST 银鸽	7.4231	1.2084	0.5157	−8.6600	−14.5014	−44.1899
600103	青山纸业	2.4614	1.2864	0.5416	−6.6997	4.7691	−7.4998
600163	*ST 南纸	3.5760	0.7684	0.4426	−14.9650	−24.0258	−84.6098
600235	民丰特纸	3.5270	1.2762	0.5882	3.6596	9.3071	0.3029
600308	华泰股份	5.7595	0.9667	0.5524	3.6405	−4.9396	0.5201
600356	恒丰纸业	3.6449	1.3233	0.5583	1.5663	−1.3515	3.8652
600433	冠豪高新	2.7140	1.4494	0.2961	18.2718	1.7867	4.6779
600462	石岘纸业	2.6990	1.4051	0.6370	−10.1609	−3.8399	0.6915
600567	山鹰纸业	3.8400	1.0257	0.4221	1.9267	17.5938	1.0378
600793	ST 宜纸	0.1672	1.7741	0.0049	135.1908	0.7838	25.4257
600963	岳阳林纸	1.1670	0.7672	0.3879	−4.1538	−0.4090	0.1870
000812	陕西金叶	1.0621	1.1441	0.3581	15.3487	−7.5002	5.4822
002117	东港股份	4.7071	1.6949	0.6501	14.4392	19.8746	9.4295
002191	劲嘉股份	2.8347	2.1470	0.5026	5.1301	8.7399	18.3083
002229	鸿博股份	5.3729	1.7290	0.6725	13.6051	21.4419	2.0407
002599	盛通股份	3.5137	1.2718	0.6014	9.3457	16.6620	1.2768

续　表

股票代码	名称	存货周转率（次）	固定资产周转率（次）	总资产周转率（次）	总资产增长率（%）	营业总收入增长率（%）	股东权益增长率（%）
600836	界龙实业	0.9366	3.5520	0.6156	−5.6858	3.5152	−3.1253
601515	东风股份	1.4933	2.8624	0.5447	28.0596	11.1305	30.5035
600966	博汇纸业	4.1202	1.0367	0.4993	−15.4176	22.1486	34.1218
002103	广博股份	4.0551	2.6984	0.7751	−0.1041	6.9644	−0.2186
002292	奥飞动漫	2.8507	9.3161	0.6609	26.7476	56.4492	49.9032
002301	齐心集团	6.5056	2.8637	0.8826	8.2068	−2.6744	−0.1477
002348	高乐股份	2.9631	3.8040	0.3531	2.0349	−1.9816	1.9224
002502	骅威股份	4.9764	2.7020	0.4971	6.6305	6.1362	2.2635
002575	群兴玩具	3.5656	1.3651	0.4203	5.5296	−19.3089	0.1657
002605	姚记扑克	2.0349	3.3746	0.5870	30.6183	5.8078	12.2444
002678	珠江钢琴	1.4148	2.6779	0.6333	4.6762	3.3489	2.3800
300043	互动娱乐	8.6920	4.9479	1.0789	55.8012	13.4512	86.8603
300329	海伦钢琴	1.6924	1.8042	0.5267	−0.5910	4.2730	3.8044
603899	晨光文具	4.7674	5.8783	1.9960	34.9730	28.9604	37.8594

在指标性质、单位不同的情况下，首先要对指标进行同趋势化处理。然后利用 SPSS 中的 Z－score 方法将 13 项指标的原始数据进行标准化处理。同趋势化数据和标准化数据略。

三、因子分析法适应性检验

为了检验所选用的指标是否适合使用因子分析法，本书利用 SPSS 软件中 KMO 和 Bartlett 球形检验方法来对样本进行检验。检验结果如表 6－31 所示。

表 6－31　　KMO 检验和 Bartlett 球形检验

取样足够度的 KMO 度量		0.684
Bartlett 球形检验	近似卡方	373.94
	df	78
	Sig.	0.000

由表 6－31 可知，KMO 值为 0.684，大于 0.5，样本适合做因子分析。Bartlett 球形检验统计量为 373.94，相应的概率 Sig. 为 0.000，在 5%的显著性水平之下，拒绝原假设，说明相关系数矩阵与单位矩阵有显著差异，说明样本适合做因子分析。

四、确定主因子

本书应用因子分析法中的主成分分析法来计算原始公因子的特征值、方差贡献率以及累计方差贡献率，并由此确定公因子。结果如表 6－32 所示。

表 6－32　　　　解释的总方差

成分	初始特征值			提取平方和载入			旋转平方和载入		
	合计	方差百分比（%）	累积百分比（%）	合计	方差百分比（%）	累积百分比（%）	合计	方差百分比（%）	累积百分比（%）
1	4.886	37.583	37.583	4.886	37.583	37.583	3.944	30.338	30.338
2	1.637	12.591	50.174	1.637	12.591	50.174	2.166	16.664	47.002
3	1.562	12.017	62.192	1.562	12.017	62.192	1.840	14.157	61.159
4	1.199	9.223	71.415	1.199	9.223	71.415	1.248	9.600	70.759
5	1.078	8.291	79.706	1.078	8.291	79.706	1.163	8.947	79.706
6	0.783	6.020	85.726						
7	0.610	4.691	90.417						
8	0.430	3.310	93.727						
9	0.371	2.855	96.582						
10	0.250	1.923	98.506						
11	0.113	0.866	99.372						
12	0.055	0.422	99.794						
13	0.027	0.206	100.000						

根据表 6－32 中数据可知，前 5 个主因子的方差贡献率已经达到了累计方差贡献率的 79.706%，即表明这 5 个主因子已包含原始数据信息量的 79.706%，所以只需选择前 5 个主因子就可以较好地代表原始指标，对造纸、印刷、文教和娱乐制造业公司的绩效进行描述。

特征值可用碎石图列示，如图 6－5 所示。从图 6－5 可以看出，从第 6 个成分开始，特征值的值都小于 1，且折线的陡度变得比较平缓，这说明提取 5 个主因子是合适有效的。

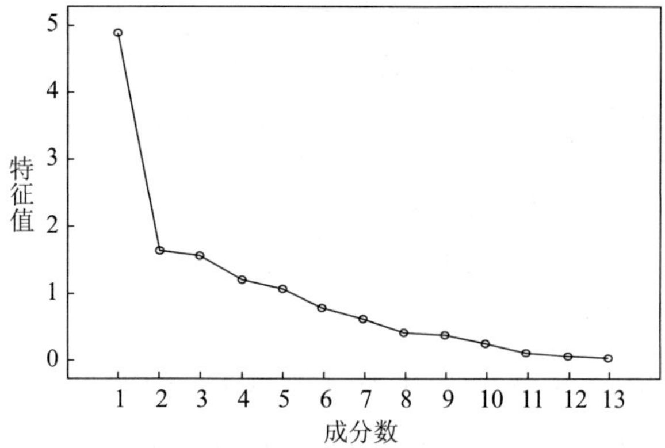

图 6-5　碎石图

五、旋转载荷矩阵分析

本书对原因子载荷矩阵进行最大方差旋转，以期得到主因子更明确的含义。结果如表 6-33 所示。

表 6-33　　旋转后的因子载荷矩阵[a]

变量	成分				
	F_1	F_2	F_3	F_4	F_5
基本每股收益	0.856	0.295	0.254	0.172	0.137
销售净利率	0.966	−0.020	0.053	−0.135	−0.014
每股净资产	0.369	−0.022	0.425	0.356	0.529
总资产报酬率	0.816	0.390	0.179	0.144	0.064
流动比率	0.009	0.076	0.863	−0.085	−0.001
速动比率	0.129	0.048	0.854	−0.016	−0.093
资产负债率	−0.060	0.044	−0.157	−0.137	0.875
存货周转率	−0.023	0.019	−0.087	0.834	−0.077
总资产周转率	0.082	0.744	−0.054	0.410	0.023
固定资产周转率	0.273	0.847	0.040	−0.057	−0.132
总资产周转率	0.749	0.070	−0.135	−0.319	−0.163
营业总收入增长率	0.199	0.740	0.159	−0.164	0.171
股东权益增长率	0.879	0.304	0.075	0.180	0.075

提取方法：主成分分析。

旋转法 ：具有 Kaiser 标准化的正交旋转法。

a. 旋转在 6 次迭代后收敛。

由表 6-33 中的数据可以看到基本每股收益、销售净利率、总资产报酬率、总资产周转率、股东权益增长率，在主因子 F_1 上的载荷量分别为 0.856、0.966、0.816、0.749 和 0.879，它主要反映了公司的盈利能力和成长能力，所以将 F_1 命名为盈利成长因子；同样的，总资产周转率和固定资产周转率在主因子 F_2 上的载荷量分别为 0.744 和 0.847，代表了公司的营运能力，故将主因子 F_2 命名为营运因子 1。存货周转率在主因子 F_4 上的载荷为 0.834，F_4 为营运因子 2；流动比率和速动比率在主因子 F_3 上的载荷量分别为 0.863 和 0.854，代表了公司的偿债能力，将其命名为偿债因子 1；资产负债率在 F_5 上的载荷为 0.875，体现了公司的偿债能力，F_5 为偿债因子 2。

六、造纸、印刷、文教和娱乐制造业上市公司综合得分与排名

要得到因子的综合得分，需先对因子数据进行标准化处理，使其期望为 0，方差为 1，然后，对各因子的方差贡献率占因子总方差贡献率的比重作为权重加权汇总，使用计算综合得分的公式 $F=(\lambda_1F_1+\lambda_2F_2+\lambda_3F_3+\lambda_4F_4+\lambda_5F_5)/(\lambda_1+\lambda_2+\lambda_3+\lambda_4+\lambda_5)=(30.338\times F_1+16.664\times F_2+14.157\times F_3+9.600\times F_4+8.947\times F_5)/79.706$ 来计算各样本的综合得分。得到结果按名次排列如表 6－34 所示。

表 6－34　造纸、印刷、文教和娱乐制造业上市公司综合得分与排名

股票代码	名称	F_1（盈利成长）	F_2（营运 1）	F_3（偿债 1）	F_4（营运 2）	F_5（偿债 2）	F（综合）	排名
603899	晨光文具	0.6395	3.5424	−0.7812	1.1055	−0.3822	0.9400	1
002521	齐峰新材	−0.0816	0.4343	4.8450	−0.1727	0.2512	0.9300	2
002292	奥飞动漫	0.4705	3.3819	0.8128	−1.2875	−0.1814	0.8600	3
300043	互动娱乐	1.2842	1.3932	−0.8804	1.4479	−0.6238	0.7300	4
601515	东风股份	1.3852	0.1414	0.6973	−0.7985	−0.4013	0.5400	5
002191	劲嘉股份	1.0865	−0.3159	0.2431	0.2717	0.5282	0.4800	6
002117	东港股份	0.5338	0.1769	0.5164	0.2577	−0.0427	0.3600	7
002228	合兴包装	0.0737	1.4048	−0.5046	0.9731	−0.2648	0.3200	8
002303	美盈森	0.4110	0.2094	0.7564	−0.1810	−0.1984	0.2900	9
002599	盛通股份	−0.2986	0.2253	−0.8605	−0.9744	5.3989	0.2700	10
600356	恒丰纸业	0.3526	−0.7337	0.2399	0.7160	0.9517	0.2200	11
600966	博汇纸业	0.0955	−0.1387	0.1294	0.6775	0.9236	0.2200	12
300329	海伦钢琴	−0.0903	−0.3017	2.0016	−0.4694	−0.0706	0.1900	13
002605	姚记扑克	0.7197	0.3322	−0.4229	−0.7129	−0.3498	0.1400	14
002511	中顺洁柔	0.1378	−0.5740	0.2347	0.3103	1.0162	0.1300	15
000488	晨鸣纸业	0.5708	−1.3748	0.1411	0.5637	0.8164	0.1100	16
000576	广东甘化	−0.0799	−0.8572	−0.0021	3.0416	−0.7828	0.0700	17

续　表

股票代码	名称	F_1（盈利成长）	F_2（营运1）	F_3（偿债1）	F_4（营运2）	F_5（偿债2）	F（综合）	排名
002301	齐心集团	−0.1355	0.2932	−0.4128	0.9927	−0.0915	0.0500	18
600308	华泰股份	0.1670	−0.9047	−0.1067	1.1846	0.3967	0.0400	19
002575	群兴玩具	0.0268	−1.2985	2.0279	0.1948	−0.7133	0.0400	20
002229	鸿博股份	−0.0198	0.3831	−0.3203	0.2285	−0.0398	0.0400	21
002678	珠江钢琴	−0.0746	0.2812	0.8816	−0.8373	−0.4775	0.0300	22
002103	广博股份	−0.2408	0.4208	−0.1883	0.3047	0.0143	0.0000	23
002078	太阳纸业	0.2204	−0.4351	−0.5071	1.1238	−0.3785	0.0000	24
600235	民丰特纸	−0.0947	−0.1929	−0.1651	0.1056	0.4693	−0.0400	25
002502	骅威股份	0.1201	−0.0272	−0.5575	0.2874	−0.1499	−0.0400	26
000833	贵糖股份	−0.0493	0.1408	−0.3153	0.2395	−0.2894	−0.0500	27
002067	景兴纸业	0.0419	−0.6237	−0.4187	0.6765	0.0522	−0.1000	28
600963	岳阳林纸	0.0783	−0.8971	0.0337	−0.1800	0.6287	−0.1000	29
002012	凯恩股份	0.0183	−0.4801	0.0473	0.0186	−0.2603	−0.1100	30
002565	上海绿新	−0.4778	0.5073	−0.5855	−0.6996	1.0938	−0.1400	31
600793	ST 宜纸	2.5766	−1.5796	−1.3622	−3.2450	−1.5151	−0.1500	32
002348	高乐股份	0.1703	−0.0276	−0.7229	−0.3980	−0.3682	−0.1600	33
000812	陕西金叶	0.5442	−0.9136	−0.3460	−0.8768	−0.1905	−0.1700	34
600433	冠豪高新	0.4226	−0.6245	−0.5409	−0.7856	−0.2042	−0.1800	35
600567	山鹰纸业	−0.1077	−0.0632	−0.3925	−0.3420	−0.2292	−0.1900	36
600836	界龙实业	−0.2974	0.6217	−0.4518	−0.8736	−0.5067	−0.2300	37
000820	金城股份	−0.2813	0.2699	−0.3740	−0.8142	−0.3036	−0.2500	38
600103	青山纸业	−0.2363	−0.1125	−0.2990	−0.4394	−0.3501	−0.2600	39
600462	石岘纸业	−0.3279	−0.1667	−0.3884	−0.2184	−0.6033	−0.3200	40
002235	安妮股份	−1.2196	−0.5445	−0.4311	0.7463	−0.1492	−0.5800	41
600069	*ST 银鸽	−1.4019	−0.6983	−0.6000	0.8187	−0.8888	−0.7900	42
600163	*ST 南纸	−2.1538	−0.8386	−0.4793	−0.2128	−0.9230	−1.2100	43
000815	*ST 美利	−4.4785	0.5645	−0.1912	−1.7676	−0.6111	−1.9000	44

表 6－34 中，造纸、印刷、文教和娱乐制造业上市公司综合得分与其投资价值呈正相关关系。由于先对因子数据进行了标准化处理，因此，可以 0 为参考标准线，认为：综合得分大于 0 的造纸、印刷、文教和娱乐制造业公司，综合业绩相对较好，且数值越大，投

资价值越大；综合得分小于 0 的则相对较差，且数值越小，投资价值越小。依此可对上市公司的综合业绩和投资价值有一个基本的评价。

具体而言，表 6－34 中，造纸、印刷、文教和娱乐制造业公司各项能力得分与相应实力也呈正相关关系。排名前十位的公司包括晨光文具、文峰新材、奥飞动漫、互动娱乐、东风股份、劲嘉股份、东港股份、合兴包装、美盈森、盛通股份。其中，晨光文具排名第一，是今年新上市的公司，营运能力第一，盈利能力靠前，偿债能力稍弱，晨光致力于提供舒适、有趣、环保、高性价比的文具用品，让人们享受使用过程并激发使用者创意。产品涵盖各式书写工具、修正工具、橡皮类、尺类、胶类、画材类、本册类、包袋类、PP类、桌面用品、电子类、削笔工具、财务行政用品、益智类等产品领域。它的售价是日本同行的 1/3，毛利率大约在 15％～20％，而每提升 5 个百分点，就会有 1 亿元的收入递增。总的来说投资者可以关注投资。而去年排名第一的广东甘化，今年下降到 17 位，只有营运因子排到第一，其他都为负值，投资价值大打折扣。

排名末十位的公司分别为冠豪高新、山鹰纸业、界龙实业、金城股份、青山纸业、石岘纸业、安妮股份、*ST 银鸽、*ST 南纸、*ST 美利。其中，山鹰纸业是从 2013 年前十下降到倒数，它的各项因子分析都为负数，投资风险大，投资价值急剧下降，投资者不要盲目投资。后十位无论是盈利因子、偿债因子还是营运因子、成长因子都为负数，与 2013 年一样，这些公司短期、长期内都不是良好的投资选择。并且在 2013 年*ST 银鸽、*ST 南纸、*ST 美利也是排倒数三位，有退市风险。

七、系统聚类分析

通过聚类分析把业绩相似的公司归类，可以对不同类别的上市公司进行对比分析，为投资者选择投资组合提供参考。

根据树状图（略）对 42 家造纸、印刷、文教和娱乐制造业上市公司进行分类，本书选择将其分为 4 类，如表 6－35 所示。

表 6－35　　聚类分析

类别	造纸、印刷、文教和娱乐制造业上市公司	数目
1	晨光文具、奥飞动漫、合兴包装、互动娱乐	4
2	齐峰新材、东风股份、劲嘉股份、东港股份、美盈森、恒丰纸业、博汇纸业、海伦钢琴、姚记扑克、中顺洁柔、晨鸣纸业、广东甘化、齐心集团、华泰股份、群兴玩具、鸿博股份、珠江钢琴、广博股份、太阳纸业、民丰特纸、骅威股份、贵糖股份、景兴纸业、岳阳林纸、凯恩股份、上海绿新、ST 宜纸、高乐股份、陕西金叶、冠豪高新、山鹰纸业、界龙实业、金城股份、青山纸业、石岘纸业、安妮股份、*ST 银鸽、*ST 南纸	38
3	盛通股份	1
4	*ST 美利	1

类别 1 包括了晨光文具、奥飞动漫、合兴包装、互动娱乐五家公司，综合排名都在前十。其中，晨光文具是一家整合创意价值与服务优势，专注于文具事业的综合文具公司。

晨光文具致力于提供舒适、有趣、环保、高性价比的文具用品，让人们享受使用过程并激发使用者创意。产品领域涵盖各式书写工具、修正工具、橡皮类、尺子类、胶类、画材类、本册类、书包类、PP类、桌面用品、电子类、削笔工具、财务行政用品、益智类。晨光文具坚持使用节能环保的材料和制造方式，担负起企业作为世界公民的责任，为全球环保事业及循环经济做出贡献。它排名第一，营运能力排前四，说明公司营运能力强，是2014年新上市公司，具有较大发展潜力和投资价值。

类别2有齐峰新材、东风股份、劲嘉股份等38家公司。该类公司大部分属于造纸业，代表了行业的共性。根据表6－34中的数据显示，该类别公司处于整个大行业中的中后段，盈利因子、营运因子、偿债因子各有正负，具体风险要看其行业环境、政策影响以及不同公司的发展目标。比如岳阳林纸、ST宜纸、高乐股份、凯恩股份、安妮股份、石岘纸业、金城股份、青山纸业、界龙实业、贵糖股份、银鸽投资、福建南纸等这些公司，综合排名处于整个大行业的末尾，四项因子的得分大多为负，其盈利因子都很低，获利能力较为堪忧，短期来看不值得投资。总的来说，这个类别的公司需要投资者谨慎对待。

类别3中只有盛通股份一家公司，该公司成立于2000年11月，主要从事全彩出版物综合印刷服务，并定位于出版物和商业印刷的高端市场，主要承印大型高档全彩杂志、豪华都市报、大批量商业宣传资料等快速印品以及高档彩色精装图书。公司拥有两个现代化印刷生产基地及国际先进的商业印刷设备、严整的印刷工艺流程和精细化管理体系，设备配套能力处于国际领先水平，具备全年全天候连续生产能力。连续三年被评为“中国印刷百强企业”，是中国书刊印制企业中最具规模最具竞争力的企业之一。根据表6－34中的数据显示，其综合排名第十，偿债因子得分十分突出，比第二名约高出了5倍。营运能力也比较好，说明该公司的资金结构空间巨大、运营管理得当，投资者可以进行投资。盛通股份较2013年的23位在综合排名上有了很大的提升，很大程度上得益于其偿债因子的变化，可以考虑持续关注。

类别4只有*ST美利一家公司，其盈利、营运、偿债因子都是负数，与其2013年的情况相似，2013年各项因子得分均为负数，导致其排名靠后，其中盈利因子倒数第一，说明公司亏损严重，有退市风险，投资者需小心谨慎，最好持观望态度。

八、结语

上述对造纸、印刷、文教和娱乐制造业进行的价值投资分析评价，可作为投资者的投资参考。但由于分析仅用了2014年和2013年的财务报表相关资料，且存在指标选择的主观性与偶然性，因此，难以反映出完全真实的价值投资状况，若能对更多年度进行动态分析，可提供更加准确的分析研究结论。不同行业的投资价值影响因素不同且不断变化，行业内部各个小行业的影响因素有时可能大相径庭，因此，投资者在运用上述分析结果进行投资决策时，有必要对细分的行业进行具体分析。

（参著：王禹）

第六节 石油加工、炼焦及核燃料加工业上市公司投资价值比较分析研究

一、行业发展与投资价值状况

石油加工又称为炼油工业，是以石油为原料生产汽油、煤油、柴油等石油产品的能源产业。炼焦，即煤炭焦化，指主要从硬煤和褐煤中生产焦炭、干馏炭及煤焦油或沥青等副产品的炼焦炉的操作活动。核燃料加工，指从沥青铀矿或其他含铀矿石中提取铀、浓缩铀的生产，对铀金属的冶炼、加工的生产，以及其他放射性元素、同位素标记、核反应堆燃料元件的制造，还包括核废物处置活动。

石油加工、炼焦及核燃料加工业获利能力表现微弱。① 根据国家统计局数据：截至2013年年底，该行业规模以上企业数量达2064家，当中508家企业出现亏损，行业亏损率为24.61%。② 因油价变动对下游产品生产成本的影响存在时滞、一些大宗石化产品市场需求不足，短期内，油价下跌带动下游产品价格下降，对大部分石油相关行业利润产生负面影响，2014年该行业利润同比减少245.9亿元。其中，规模以上企业主营业务收入为40304.3亿元，同比下降0.6%，主营活动利润为49.2亿元，同比下降89.6%，全年利润总额为97.3亿元，同比下降79.2%。③

改革开放以来，中国经济高速发展，对能源的需求越来越大，这与该行业较低的利润率产生了矛盾。相比石油加工、炼焦行业，核燃料加工业具有广阔的成长空间，然而目前我国大多数核燃料企业地处经济基础较为薄弱的中西部地区，制约了产业发展。以上行业生产和销售成本都很高，短期内毛利增加主要归因于成本的降低，说明了行业具有控制成本来获取更高利润的潜力。④

石油加工、炼焦及核燃料加工业均属于能源产业，分别代表着当下与未来能源的主要供应者的角色。在证券市场上，一直备受投资者关注。然而，如何确定上市公司的投资价值，从众多公司中选择具有发展潜力的投资对象并非易事。本书将2014年深沪两市19家石油加工、炼焦和核燃料加工业上市公司的财务报告所提供的信息，选取了13个能够综合反映财务能力的指标，作为评估19家上市公司投资价值的指标体系，运用SPSS软件，以因子分析法和聚类分析法确定了分析对象的投资价值总量及排名，划分了层级，并联系实际，结合2013年18家上市公司相关分析研究结果，进行具体比较分析，以期对投资者进行价值投资有所助益。

---

① 《2013年石油加工、炼焦及核燃料加工业经济运行概况分析》，http：//www.360doc.com/content/14/0628/06/17103623_390407727.shtml。

② 《国家统计局工业司何平博士解读2014年工业企业利润数据》，http：//www.stats.gov.cn/tjsj/sjjd/201501/t20150127_674601.html。

③ 《2014年全国规模以上工业企业利润总额比上年增长3.3%》，http：//www.stats.gov.cn/tjsj/zxfb/201501/t20150127_674600.html。

④ 中国产业信息网。

二、样本选取与数据处理

沪、深证交所的19家石油加工、炼焦及核燃料加工业上市公司的资料来源主要为其2014年的财务报告，具体初始数据如表6-36和表6-37所示。

表6-36 初始数据1

股票代码	名称	基本每股收益（元）	每股净资产（元）	销售净利率（%）	总资产报酬率（%）	流动比率	速动比率
000059	*ST华锦	-1.3216	5.3610	-4.3869	-2.7984	0.6105	0.3332
000637	茂化实华	0.1400	1.5669	2.8011	14.1458	2.3333	1.9964
000698	沈阳化工	0.0290	4.7157	0.1565	2.9352	0.4722	0.3256
000723	美锦能源	0.0300	1.6494	1.0014	2.1603	2.0056	1.4849
000819	岳阳兴长	0.1730	2.7238	2.4976	5.4423	5.0310	4.7226
000835	长城动漫	0.0195	1.3517	1.3302	2.3027	9.3122	7.5497
000968	煤气化	-1.9366	3.5665	-65.2967	-6.4242	0.7674	0.7268
002377	国创高新	0.1400	1.7178	2.3990	5.0080	1.3970	1.2841
600179	黑化股份	-0.7800	0.0176	-28.4947	-14.1669	0.5266	0.4495
600281	太化股份	0.0371	1.3518	0.6291	2.2499	0.7272	0.5085
600333	长春燃气	0.0500	3.5945	1.2649	0.9738	0.4997	0.2478
600688	上海石化	-0.0660	1.5340	-0.6850	-1.7755	0.7618	0.2867
600721	百花村	-0.8690	2.7492	-31.8754	-4.4411	0.2835	0.1927
600725	云维股份	-1.7000	0.5191	-19.5224	-5.4159	0.4219	0.3579
600740	山西焦化	0.0258	3.6912	0.4318	1.9597	0.8131	0.7585
600792	云煤能源	0.0400	3.4560	0.7755	1.8419	0.8078	0.6313
600997	开滦股份	0.0800	5.6756	1.1185	2.9472	1.3589	1.1592
601011	宝泰隆	0.1800	7.4843	3.5032	4.1566	1.0110	0.4843
601015	陕西黑猫	0.3700	4.5618	3.4601	4.8188	1.1388	1.0112

表6-37 初始数据2

股票代码	名称	资产负债率（%）	存货周转率（次）	总资产周转率（次）	固定资产周转率（次）	总资产增长率（%）	营业总收入增长率（%）	股东权益增长率（%）
000059	*ST华锦	71.9003	7.0869	1.2192	2.1706	8.0954	-13.1765	19.5558
000637	茂化实华	26.1497	29.6933	3.5652	10.9149	16.5929	23.7383	3.5557
000698	沈阳化工	58.8404	19.5455	1.4469	2.4656	7.4037	0.0310	0.6062

续 表

股票代码	名称	资产负债率（%）	存货周转率（次）	总资产周转率（次）	固定资产周转率（次）	总资产增长率（%）	营业总收入增长率（%）	股东权益增长率（%）
000723	美锦能源	40.1394	4.7492	1.1555	6.0084	−6.0618	−20.9962	1.6110
000819	岳阳兴长	13.5365	41.9329	1.9431	8.6658	6.6607	−24.0941	4.9168
000835	长城动漫	8.4128	4.0252	0.8980	6.1096	−17.7392	−54.3129	−2.1096
000968	煤气化	81.3914	7.3947	0.1270	0.2805	31.7911	−17.3601	−33.6749
002377	国创高新	61.5072	8.2948	0.9659	13.6291	37.3480	66.2152	0.7841
600179	黑化股份	99.6070	7.1830	0.5615	1.3455	−31.5063	−34.2137	−97.7980
600281	太化股份	71.9702	11.5941	1.3430	32.0526	2.4391	6.3188	2.6305
600333	长春燃气	56.0147	2.7557	0.4030	0.8666	17.4152	−6.1420	0.5597
600688	上海石化	45.9256	12.0304	3.0026	6.3114	−15.6300	−11.5605	−7.0717
600721	百花村	76.0599	4.1312	0.2577	0.4630	−6.1490	−10.2482	−24.2717
600725	云维股份	95.2297	6.8086	0.5054	1.0896	−6.9185	−21.8379	−76.8883
600740	山西焦化	68.2433	9.7822	0.5143	1.1009	24.9421	−15.4793	0.7337
600792	云煤能源	47.5739	9.2493	0.7701	1.7130	5.8727	−24.5172	7.7493
600997	开滦股份	59.3819	10.4115	0.6753	1.7519	6.3227	−16.7674	0.3752
601011	宝泰隆	47.3255	1.6096	0.3447	1.0900	6.0182	0.3228	2.7997
601015	陕西黑猫	60.0211	7.6897	0.6489	1.6640	35.0551	−10.0437	44.8481

在指标性质、单位不同的情况下，首先要对指标进行同趋势化处理。然后利用 SPSS 中的 Z - score 方法将 13 项指标的原始数据进行标准化处理。同趋势化数据及标准化数据略。

三、因子分析法适应性检验

为了检验所选用的指标是否适合使用因子分析法，本书利用 SPSS 软件中 KMO 和 Bartlett 球形检验方法来对样本进行检验。检验结果如表 6 - 38 所示。

表 6 - 38　　KMO 检验和 Bartlett 球形检验

取样足够度的 KMO 度量		0.479
Bartlett 球形检验	近似卡方	136.843
	df	78
	Sig.	0.000

由图 6－38 可知，KMO 为 0.479，小于 0.5，不适宜做因子分析，这应该是由于样本量过少，只有 19 个引起的。但 Bartlett 球形检验统计量为 136.843，相应的概率 Sig. 为 0.000，在 5%的显著性水平之下，拒绝原假设，因此可认为相关系数矩阵与单位矩阵有显著差异，说明样本适合做因子分析。

四、确定主因子

本书应用因子分析法中的主成分分析法来计算原始公因子的特征值、方差贡献率以及累计方差贡献率，并由此确定公因子。结果如表 6－39 所示。

表 6－39 解释的总方差

成分	初始特征值			提取平方和载入			旋转平方和载入		
	合计	方差百分比（%）	累积百分比（%）	合计	方差百分比（%）	累积百分比（%）	合计	方差百分比（%）	累积百分比（%）
1	4.522	34.788	34.788	4.522	34.788	34.788	2.872	22.090	22.090
2	2.548	19.601	54.389	2.548	19.601	54.389	2.863	22.022	44.112
3	2.109	16.221	70.610	2.109	16.221	70.610	2.293	17.639	61.751
4	1.130	8.693	79.303	1.130	8.693	79.303	2.282	17.552	79.303
5	0.741	5.701	85.004						
6	0.561	4.318	89.322						
7	0.378	2.907	92.230						
8	0.319	2.452	94.681						
9	0.245	1.883	96.565						
10	0.189	1.457	98.021						
11	0.141	1.085	99.106						
12	0.086	0.661	99.767						
13	0.030	0.233	100.000						

提取方法：主成分分析。

根据表 6－39 中数据可知，前 4 个主因子的方差贡献率已经达到了累计方差贡献率的 79.303%，即表明这 4 个主因子已包含原始数据信息量的 79.303%，所以只需选择前 4 个主因子就可以较好地代表原始指标，对公司的绩效进行描述。

特征值可用碎石图来列示，如图 6－6 所示。从图 6－6 可以看出，从第 5 个成分开始，特征值的值都小于 1，且折线的陡度变得比较平缓，这说明提取 4 个主因子是合适有效的。

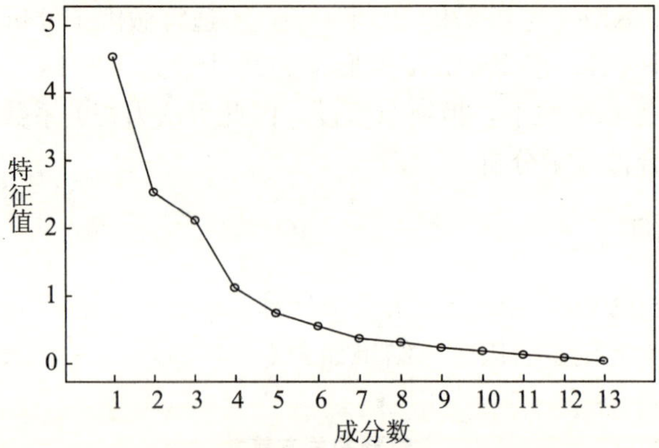

图 6-6 碎石图

五、旋转载荷矩阵分析

本书对原因子载荷矩阵进行最大方差旋转，以期得到主因子更明确的含义。结果如表 6-40 所示。

表 6-40 **旋转成分矩阵[a]**

变量	成分			
	F_1	F_2	F_3	F_4
基本每股收益	0.128	0.911	0.154	0.084
每股净资产	−0.081	0.167	−0.182	0.862
销售净利率	0.070	0.931	0.156	0.046
总资产报酬率	0.255	0.619	0.555	0.348
流动比率	0.804	0.222	−0.242	0.137
速动比率	0.926	0.050	−0.076	−0.103
资产负债率	0.128	0.376	−0.302	0.501
存货周转率	−0.074	0.084	0.864	0.021
总资产周转率	−0.009	0.307	0.791	−0.244
固定资产周转率	0.377	0.291	0.441	−0.441
总资产增长率	0.572	−0.067	0.204	0.717
营业总收入增长率	0.876	0.103	0.253	0.125
股东权益增长率	0.128	0.600	0.276	0.587

提取方法：主成分分析。

旋转法：具有 Kaiser 标准化的正交旋转法。

a. 旋转在 6 次迭代后收敛。

由表 6-40 中的数据可以看到，流动比率、速动比率，在主因子 F_1 上的载荷量分别为 0.804、0.926，它代表了公司的偿债能力，所以将其命名为偿债因子；基本每股收益、销售净利率、总资产报酬率，在主因子 F_2 上的载荷量分别为 0.911、0.931 和 0.619，它主要反映了公司的盈利能力，故而将 F_2 命名为盈利因子；主因子 F_3 在存货周转率（0.864）与总资产周转率（0.791）上的载荷量较大，体现了公司的营运能力，为营运因子；每股净资产、总资产增长率、股东权益增产率在主因子 F_4 上的载荷量分别为 0.862、0.717 和 0.587，它主要反映了公司的成长能力，故命名为成长因子。

六、石油加工、炼焦及核燃料加工业上市公司综合得分与排名

要得到因子的综合得分，需先对因子数据进行标准化处理，使其期望为 0，方差为 1，然后，对各因子的方差贡献率占因子总方差贡献率的比重作为权重加权汇总，使用计算综合得分的公式 $F=(\lambda_1F_1+\lambda_2F_2+\lambda_3F_3+\lambda_4F_4)/(\lambda_1+\lambda_2+\lambda_3+\lambda_4)=(0.22090\times F_1+0.22022\times F_2+0.17639\times F_3+0.17552\times F_4)/0.79303$ 来计算各样本的综合得分。得到结果按名次排列如表 6－41 所示。

表 6－41　　石油加工、炼焦及核燃料加工业上市公司综合得分与排名

股票代码	名称	F_1（偿债）	F_2（盈利）	F_3（营运）	F_4（成长）	F（综合）	排名
002377	国创高新	3.7869	0.1620	－0.2591	－0.4679	0.9386	1
000637	茂化实华	0.3321	0.1983	2.6967	－0.0906	0.7273	2
601015	陕西黑猫	0.1125	0.6758	－0.2298	1.4537	0.4896	3
000819	岳阳兴长	－0.7699	0.0727	2.1646	0.1154	0.3128	4
000698	沈阳化工	－0.3667	0.5000	0.2264	0.9280	0.2924	5
600997	开滦股份	0.2759	0.8263	－0.9921	0.8001	0.2627	6
600281	太化股份	0.5026	0.6562	0.7302	－1.3409	0.1879	7
601011	宝泰隆	－0.2002	0.5838	－0.7472	1.0171	0.1653	8
600740	山西焦化	－0.1660	0.0516	－0.0630	0.6664	0.1015	9
600333	长春燃气	－0.1924	0.6960	－1.0396	0.8721	0.1015	10
600792	云煤能源	－0.4693	0.4284	－0.2309	0.2186	－0.0147	11
000723	美锦能源	－0.0448	0.7435	－0.4731	－0.7504	－0.0773	12
000059	*ST 华锦	－0.3873	－0.6130	0.0978	0.8083	－0.0775	13
600688	上海石化	－0.4259	0.5113	0.5372	－1.1001	－0.1006	14
000835	长城动漫	－1.1361	0.8817	－0.4907	－1.0159	－0.4056	15
000968	煤气化	0.2396	－3.0529	0.2132	1.1170	－0.4864	16
600721	百花村	－0.2704	－1.0151	－0.5313	－0.1382	－0.5060	17
600725	云维股份	－0.2310	－1.3975	－0.4357	－1.0210	－0.7753	18
600179	黑化股份	－0.5896	－0.9091	－1.1735	－2.0718	－1.1362	19

表 6－41 中，石油加工、炼焦及核燃料加工业上市公司综合得分与其投资价值呈正相关关系。由于先对因子数据进行了标准化处理，因此，可以 0 为参考标准线，认为：综合得分大于 0 的石油加工、炼焦及核燃料加工业公司，综合业绩相对较好，且数值越大，投资价值越大；综合得分小于 0 的则相对较差，且数值越小，投资价值越小。依此可对上市公司的综合业绩和投资价值有一个基本的评价。

排名前十的公司分别为国创高新、茂化实华、陕西黑猫、岳阳兴长、沈阳化工、开滦股份、太化股份、宝泰隆、山西焦化和长春燃气。其中，国创高新：2013 年其偿债能力得分在 18 家石油加工、炼焦和核燃料加工业上市公司中排名第一，2014 年的结果印证了该优势。由 2013 年排名第五，跃居第一，进步较大，如今它的偿债成长能力得分优势依然明显，投资潜力巨大，可作为重点投资对象。茂化实华：其偿债成长能力和营运能力较强，盈利能力也很好。该公司综合排名第二，与 2013 年第三比较有所进步，是比较稳健的投资对象。陕西黑猫：2014 年 11 月上市新股，其盈利、成长能力很好，偿债成长能力也不错，营运能力表现一般。据现有数据显示，这家公司潜力较大，值得投资。岳阳兴长：2013 年综合排名第一，偿债、成长能力较差而营运能力显著，盈利能力和盈利成长能力表现一般，投资者可以考虑投资。沈阳化工：与 2013 年排名基本持平，营运能力和盈利成长能力好而偿债成长能力较弱，较适合短期投资。开滦股份：由 2013 年的第七进步到第六，其盈利能力尤为突出，是可关注的投资对象。太化股份：虽然 2013 年排名最后，但其偿债成长能力和营运能力较强。2014 年盈利能力进步非常明显，但其成长能力不足，可考虑短期投资。长城动漫：2014 年四川圣达更名为长城动漫，公司拟通过并购转型为大型文化类公司。与 2013 年度相比，其偿债、成长能力下降但盈利能力上升，公司转型升级的结果，我们拭目以待。投资者可以密切观望该公司发展情况考虑是否投资。

美锦能源和黑化股份今年名次都下滑得厉害，偿债成长能力和营运能力不足，投资价值下降；*ST 华锦、煤气化、百花村、云维股份这些排名靠后的公司综合得分均是负数，和去年一样排名靠后，暂不建议投资。

七、系统聚类分析

通过聚类分析把业绩相似的公司归类，可以对不同类别的上市公司进行对比分析，为投资者选择投资组合提供参考。

根据树状图（略）对 18 家石油加工、炼焦和核燃料加工业上市公司进行分类，本书选择将其分为 4 类，如表 6－42 所示。

表 6－42　　聚类分析

类别	石油加工、炼焦及核燃料加工业上市公司	数目
1	国创高新	1
2	茂化实华、岳阳兴长、太化股份、美锦能源、上海石化、长城动漫	6
3	陕西黑猫、沈阳化工、开滦股份、宝泰隆、山西焦化、长春燃气、云煤能源、*ST 华锦	8
4	煤气化、百花村、云维股份、黑化股份	4

表 6 - 42 中，类别 1 中只有国创高新一家公司。国创高新综合排名第一，其偿债成长因子排名第一，拥有非常优秀的偿债、成长能力。虽然其盈利能力表现一般，营运能力和盈利、成长能力低于同业平均，但是从排名第七位以后的公司偿债成长因子得分大多为负可以看出，偿债、成长能力对这些公司的投资价值极为关键，而国创高新在这点上优势明显，说明其仍具有投资价值。

类别 2 中有茂化实华、岳阳兴长等六家公司。综合排名，高中低档位置均有，茂化实华排名第二，最靠前；长城动漫排名十五，最靠后。茂化实华是以国家特大型国有企业——中国石化茂名石油化工公司为发起人，于 1988 年 10 月创立的股份制企业。综合因子得分排名第二，其中营运因子得分排名第一，偿债、成长因子排名第二，但是其盈利能力较去年下降。综合分析，该企业适合长期投资。由于盈利能力下降，岳阳兴长较去年排名下降，然而它在营运能力上的优势依然明显，投资者可以予以考虑。太化股份在 2014 年成功实现了逆袭。它的偿债成长能力、营运能力和盈利能力进步显著，就是成长能力依然弱后。鉴于其良好发展态势，投资者可以考虑短期投资。至于美锦能源、上海石化和长城动漫，它们盈利能力较好但是其他指标多为负数，综合排名靠后，一般不考虑投资。长城动漫是由原四川圣达更名而来，四川圣达将大步进军文化产业，投资者需追踪观察再考虑是否投资。

类别 3 中有陕西黑猫、沈阳化工等八家公司。陕西黑猫成立于 2003 年 11 月，2009 年 12 月整体变更为股份有限公司，2014 年 11 月首次公开上市，主要从事焦炭、甲醇、粗苯、焦油、硫铵、电力、蒸压粉煤灰砖和空心砌块的生产和销售。偿债能力、盈利能力、盈利成长能力排名均在前列，营运能力表现中等。总体来说，这家公司发展不错，值得长期投资。沈阳化工和开滦股份综合排名靠前且与去年基本持平，说明它们发展稳定，可以考虑投资。宝泰隆和山西焦化从综合排名靠后上升到行业中等地位，有一定的投资价值，但是价值不大。长春燃气和云煤能源排名中等偏后，没有突出优势项，暂不建议投资。*ST华锦综合排名靠后，排名靠前的因子优势也不明显，不值得投资。

不过总体来说，这些公司大多属于焦化行业，报告期内受焦炭市场产能严重过剩，且成本压力大，下游需求不旺等状况的影响，出现大面积亏损，且普遍出现存货和资金周转不灵的状况，整体情况不理想，暂不建议投资。

类别 4 中有煤气化、百花村、云维股份、黑化股份。煤气化盈利成长能力和营运能力较好，但是综合排名连续两年靠后，投资风险大。另外 3 家各项指标均为负数，暂不值得投资。

八、结语

综上所述，投资者在进行石油加工、炼焦及核燃料加工业上市公司投资价值评价时要综合考虑宏观、微观等各方面反映的财务信息，加以谨慎地分析，做出合理的选择。本书运用 SPSS 软件，利用 13 个指标综合分析该行业 19 家上市公司各方面表现情况，对投资者进行投资决策有一定的参考意义。但由于分析仅仅运用了 2014 年的财务报表资料，并结合 2013 年的相应分析结果联系实际进行比较分析，某些项目可能还会由于会计政策变更等的影响存在一定程度的偶然性，分析指标的选择也具有主观性。若能对更多年度进行跟踪分析，并适当增加分析指标，则可较大程度地消除偶然性，并反映出各分析对象的更加全面的动态状况，能更有效地据以预估未来，做出更加准确的投资决策。

（参著：黄晶）

第七节 化学原料和化学制品制造业上市公司投资价值比较分析研究

一、行业发展和投资价值状况

化学原料及化学制品制造业，习惯上称为“化学工业”，是指利用化学工艺生产经济社会所需的各种化学产品的社会生产部门的总称。化工产品与人类的关系十分密切，普及到人们生活的方方面面。在现代生活中，几乎随时随地都离不开化工产品，从衣、食、住、行等物质生活到文化艺术、娱乐等精神生活，都需要化工产品为之服务。

2014 年，纷纭错杂的宏观形势和具体市场因素，对我国化工市场及产品的影响利弊兼有。一方面，油价下跌令部分化工产品竞争力增强；另一方面，产能过剩、进口增加、装置密集投产等带来不利影响。面对复杂多变的宏观经济形势，化工行业稳步推进转型升级，积极化解产能过剩，生产稳步增长，出口势头良好，市场供需总体稳定，节能减排取得积极进展，但行业效益大幅下滑，投资动力不足。

2014 年，我国化学工业总体运行情况表现良好，全年行业增加值累计同比增长 10.4%，占全国工业的 6.8%；主营业务收入 8.8 万亿元，同比增长 8.2%，利润 4312.6 亿元，增长 0.33%，增速分别比去年下降 4.7 个和 11.9 个百分点，利润率 4.9%，比全国工业低 1 个百分点；进口 1864.8 亿美元，同比增长 0.6%；出口 1621 亿美元，增长 11.1%；完成固定资产投资 1.56 万亿元，同比增长 10.5%，增速逐步回落，比 2012 年和 2013 年分别下降 17.4 个和 4.1 个百分点，新开工项目 10714 个，同比增长 2.5%。2014 年前三季度，化工行业万元收入耗标煤 421 千克，同比下降 3.6%。①

2014 年我国化学工业发展中主要存在以下几个主要问题：①产能过剩矛盾依然突出。由于前期过剩程度严重，同时传统大宗化工产品需求增速明显下降，传统化工产能结构性过剩问题仍然严峻，低水平同质化竞争激烈，装置开工率低，包括：无机化工原料、农用化学品、橡胶制品、大部分有机原料和合成材料以及部分通用型化工新材料等。②创新能力不强。科技资源主要集中在大专院校和科研机构及大型国企，大部分中小企业科技创新能力弱。近年来，企业用于科研投入的资金占产值的比例有所提高，但与国际先进企业仍存在较大差距，特别是企业技术集成能力较弱，科技成果转化率仅约 30%。③资源环境安全压力较大。全年，天然橡胶、硫磺、钾肥进口对外依存度分别超过 80%、48%和 42%。化工行业的“三废”排放量较大，重大安全环保事故时有发生。危险化学品管理制度不健全，提升安全环保水平的基础性工作亟待进一步加强。④运行成本上升。化工行业物流、能源、财务成本上升。全年，化工行业每 100 元主营业务收入成本 87.48 元，同比上升 0.58 元，比全国工业高 1.84 元。⑤下行压力不断加大。2014 年，受下游市场需求不足、

① 中国产业信息网：www.chyxx.com。

产能过剩问题、成本高位运行等因素影响，化工行业经济运行下行压力不断增大。

化学原料及化学制品制造业，在国民经济中具有举足轻重的地位和作用。近年来，该行业增长具有两面性，即在增加价值的同时会过度消耗着资源。如果企业的生产经营、新产品开发和技术创新跟不上增长的步伐，企业将面临严重困境。只有能够创造价值的可持续增长的价值才能使企业长足发展。在此种状况下，如何准确分析上市公司的内在投资价值，促进资源有效配置，引领行业健康发展，成为投资者亟须研究的必要课题。本书以深沪两市 175 家化学原料和化学制品制造业上市公司为例，以 2014 年度财务报告为依据，选取 13 个能够综合反映财务能力的指标，作为评估各上市公司投资价值的指标体系，建立指标模型，运用 SPSS 软件，采用因子分析法与聚类分析法进行投资价值分析，确定分析对象的投资价值总量及排名，并合理划分层级，联系实际并结果 2013 年相关分析研究结果进行深入比较分析研究，得出量与质有机结合的投资价值结论，为投资者提供参考，以降低其投资风险，提高投资收益。

二、样本选取和数据处理

沪、深证交所的 175 家化学原料和化学制品制造业上市公司的资料来源于其 2014 年的财务报告。具体初始数据如表 6－43 和表 6－44 所示。

表 6－43　　初始数据 1

股票代码	名称	基本每股收益（元）	销售净利率（%）	每股净资产（元）	总资产报酬率（%）	流动比率	速动比率
000155	*ST 川化	−3.3300	−195.5457	−1.7485	−68.0246	0.2267	0.1885
000407	胜利股份	0.0500	1.8448	2.2794	3.0050	1.1015	0.8107
000422	湖北宜化	0.0350	0.4345	6.8236	4.0397	0.6409	0.4109
000510	*ST 金路	−0.2418	−7.1270	1.2058	−5.6391	0.5708	0.4252
000523	广州浪奇	0.0990	0.7389	2.3942	2.8171	1.1221	0.8134
000525	红太阳	0.8420	5.9512	7.4814	6.9518	0.8430	0.4488
000545	金浦钛业	0.1300	5.6736	4.2786	2.8088	3.0867	2.8659
000553	沙隆达 A	0.8280	15.6900	3.3803	24.4411	2.1011	1.4007
000565	渝三峡 A	0.2600	8.0653	3.6647	6.4043	1.7657	1.3583
000627	天茂集团	0.0620	10.4305	1.0705	6.4211	0.6822	0.4391
000635	英力特	0.1730	2.7059	9.1326	2.7648	1.6307	1.0698
000662	索芙特	0.0334	1.2505	1.9889	2.5930	1.9441	1.7995
000683	远兴能源	0.1500	3.8432	3.7354	5.2948	0.5335	0.4944
000707	双环科技	0.0166	0.0837	3.0780	2.4978	0.6814	0.2308
000731	四川美丰	−0.4134	−5.1453	4.5011	−4.3230	1.1935	0.9960
000737	南风化工	0.0587	1.9791	0.6717	5.9752	0.6053	0.4163

续 表

股票代码	名称	基本每股收益（元）	销售净利率（%）	每股净资产（元）	总资产报酬率（%）	流动比率	速动比率
000755	山西三维	0.1249	0.8046	3.6653	3.8420	0.3953	0.2745
000792	盐湖股份	0.8188	12.7109	11.1193	4.0120	0.6709	0.5141
000818	方大化工	0.1251	2.9851	2.9137	4.9190	0.8484	0.6284
000822	山东海化	0.1800	3.0173	2.3968	6.5326	1.0183	0.7994
000830	鲁西化工	0.2500	2.7712	4.0791	5.3759	0.2887	0.1495
000902	新洋丰	1.0900	7.0469	4.5419	23.3030	1.3133	0.6415
000912	*ST 天化	−1.9501	−33.6842	1.2918	−8.0428	0.3408	0.1965
000930	中粮生化	0.0370	0.4416	2.9955	3.0521	0.7276	0.3066
000950	建峰化工	−0.6000	−12.1476	3.4529	−3.8769	0.8767	0.6276
000953	河池化工	0.0606	3.2117	0.8149	3.9124	0.6650	0.5410
000985	大庆华科	0.1100	0.9782	3.8717	2.2790	1.8138	1.2145
000990	诚志股份	0.2290	1.9153	5.9801	3.7785	1.4288	1.2929
002002	鸿达兴业	0.4069	10.4499	3.2823	6.6356	0.5241	0.4655
002004	华邦颖泰	0.6700	9.1643	8.2522	6.4111	1.1857	0.9806
002010	传化股份	0.4400	5.7221	3.7773	10.6985	2.2171	1.8764
002018	华信国际	0.0900	1.9487	2.2511	3.9267	7.3425	6.1950
002037	久联发展	0.6700	6.8448	5.9243	7.2491	0.9211	0.8722
002053	云南盐化	0.2993	1.7994	4.8958	3.9452	0.3738	0.2515
002054	德美化工	0.3000	9.2816	4.9174	6.8731	2.0051	1.6509
002057	中钢天源	0.0978	5.5483	2.4912	3.5007	4.0046	3.3740
002061	江山化工	−0.3500	−6.6567	2.3472	−2.3379	0.6884	0.5809
002068	黑猫股份	0.2000	1.6534	2.8813	4.9688	0.7243	0.5563
002092	中泰化学	0.2520	3.1790	6.2663	4.1416	0.5525	0.4256
002094	青岛金王	0.1500	4.0204	1.9587	6.5370	1.7609	1.3736
002096	南岭民爆	0.5300	12.2483	5.4018	9.9915	1.2538	1.0646
002109	兴化股份	−0.4200	−15.8842	3.2377	−7.2529	0.6712	0.5525
002125	湘潭电化	−0.4400	−8.9990	1.8899	−1.3009	0.6020	0.3912
002136	安纳达	0.0151	0.4172	2.7653	1.9786	0.7663	0.4041
002145	中核钛白	0.0700	1.9923	3.5178	4.0444	0.6585	0.4771
002165	红宝丽	0.1700	4.6964	1.8672	8.4782	1.3724	1.0197
002167	东方锆业	0.0100	0.7013	3.2074	3.2955	1.0960	0.8195

续 表

股票代码	名称	基本每股收益（元）	销售净利率（%）	每股净资产（元）	总资产报酬率（%）	流动比率	速动比率
002170	芭田股份	0.2186	7.9370	1.8489	7.6579	1.0275	0.7692
002192	*ST 路翔	−0.5800	−16.3524	1.9815	−6.1180	0.6362	0.5046
002211	宏达新材	0.0300	1.8151	1.9082	2.1791	1.1628	0.8162
002215	诺普信	0.2800	8.8057	2.1940	9.2658	1.5716	1.1128
002217	合力泰	0.1500	4.8216	1.6879	9.3927	1.1974	0.8981
002226	江南化工	0.4056	13.0093	6.3861	8.3887	1.6846	1.5589
002246	北化股份	0.1800	3.9553	2.6824	5.5325	2.0429	1.2784
002250	联化科技	0.6900	14.0042	4.2206	13.1154	1.3458	0.9000
002256	彩虹精化	0.1300	8.6426	1.7416	5.5034	0.7961	0.6885
002258	利尔化学	0.4600	7.2259	5.7253	6.4253	1.8774	0.9460
002274	华昌化工	−0.2478	−2.9186	3.7413	−0.3480	0.4557	0.3199
002319	乐通股份	0.0300	1.4909	2.7864	2.2509	1.5133	1.1339
002326	永太科技	0.3300	7.8195	5.9257	5.6282	1.5752	1.0472
002341	新纶科技	0.2332	6.6981	4.1535	5.2094	1.0807	0.8952
002360	同德化工	0.3175	15.3345	2.3725	14.8551	2.3897	2.0755
002361	神剑股份	0.2700	6.9336	3.0919	7.9276	2.2190	2.0380
002386	天原集团	0.1263	0.4236	8.3268	2.1207	0.5710	0.5068
002391	长青股份	0.7400	12.8358	7.1541	10.5707	7.3411	4.9818
002407	多氟多	0.0200	0.3611	6.4560	1.6235	1.1459	0.8665
002408	齐翔腾达	0.5300	5.9685	6.5426	7.5119	1.5329	1.2228
002409	雅克科技	0.3624	4.5557	7.6866	4.8730	3.1260	2.6987
002411	九九久	0.0800	2.8338	2.4697	3.9460	1.1225	0.9430
002440	闰土股份	1.6800	25.9259	7.4472	24.0061	2.6720	1.9272
002442	龙星化工	0.0313	0.6153	2.3696	2.9607	0.8376	0.5937
002453	天马精化	0.0600	3.4057	2.0760	3.4624	1.3031	0.9815
002455	百川股份	0.2300	1.8875	3.4232	5.5076	0.8672	0.6849
002466	天齐锂业	0.5400	19.7920	11.4282	9.0275	1.2531	0.7971
002470	金正大	1.2300	6.4930	8.8150	10.9507	1.8721	1.3247
002476	宝莫股份	0.0783	7.2396	1.6635	4.8160	3.6860	3.3971
002496	辉丰股份	0.6300	8.0629	6.3675	6.5945	0.8965	0.5270
002497	雅化集团	0.4739	17.1106	4.5018	10.7605	1.7155	1.4079

续 表

股票代码	名称	基本每股收益（元）	销售净利率（%）	每股净资产（元）	总资产报酬率（%）	流动比率	速动比率
002513	蓝丰生化	−0.1800	−2.9922	5.3915	0.2127	0.7248	0.4941
002538	司尔特	0.4900	6.0575	5.9688	6.8257	1.6675	1.0643
002539	新都化工	0.3400	4.0072	7.0286	6.1972	0.7213	0.3927
002562	兄弟科技	0.1900	4.8635	3.8667	3.7583	1.8224	1.4631
002568	百润股份	0.3600	36.2662	4.0563	8.2991	30.2889	29.7363
002581	万昌科技	0.5800	25.5307	5.3238	11.1315	32.0226	30.2050
002584	西陇化工	0.3900	3.7054	5.5317	6.7337	1.8399	1.3136
002588	史丹利	1.7300	8.7572	10.6869	11.5454	1.8010	1.2566
002591	恒大高新	0.0225	2.1676	2.8561	1.1288	4.4192	4.0513
002597	金禾实业	0.5900	4.2911	6.7864	6.5273	2.2778	1.7569
002601	佰利联	0.3300	3.1362	11.5973	2.8644	0.7328	0.5318
002632	道明光学	0.2000	5.9756	6.6155	2.7924	3.3269	1.9207
002637	赞宇科技	0.3400	2.3319	6.6190	5.3068	1.5443	0.7881
002643	烟台万润	0.3500	9.0624	4.9911	6.8844	3.9246	2.3624
002648	卫星石化	0.0400	0.7561	4.4083	2.0166	0.9050	0.6624
002666	德联集团	0.5000	9.4390	5.0461	10.7075	3.5977	1.9767
002669	康达新材	0.3500	13.2606	3.1110	11.9048	3.3889	2.9613
002709	天赐材料	0.5200	9.0601	7.0341	7.9608	3.0234	2.4436
300019	硅宝科技	0.4900	14.4838	3.6062	11.2790	3.1994	2.6390
300037	新宙邦	0.7800	17.8754	7.8427	9.5265	3.9584	3.4622
300041	回天新材	0.6484	12.9859	6.2770	9.8955	2.9505	2.1306
300054	鼎龙股份	0.3100	17.1153	2.6619	12.3423	3.4020	2.7873
300063	天龙集团	0.0077	0.3933	3.2279	2.1785	1.4320	0.9855
300067	安诺其	0.3084	14.0727	2.6731	13.5576	4.7852	3.2786
300072	三聚环保	0.7900	13.6606	3.8006	14.2111	1.5612	1.3603
300082	奥克股份	0.2700	3.2036	8.5376	2.8703	1.6544	1.4836
300107	建新股份	0.1500	8.7014	3.2283	5.0505	8.4723	7.1700
300109	新开源	0.2600	11.8882	3.4744	7.8478	2.2277	1.1767
300121	阳谷华泰	0.1000	3.6177	1.6767	5.4470	1.1480	0.9226
300132	青松股份	0.1353	6.8408	1.5563	7.8951	1.3235	0.5415
300135	宝利沥青	0.1240	3.5659	2.2621	5.5363	1.6038	1.5257

续 表

股票代码	名称	基本每股收益（元）	销售净利率（%）	每股净资产（元）	总资产报酬率（%）	流动比率	速动比率
300174	元力股份	0.0596	2.0357	3.6679	1.0093	2.3570	1.5757
300192	科斯伍德	0.1629	7.5860	2.6815	5.3696	2.8963	2.5438
300200	高盟新材	0.2300	9.4457	3.5482	6.0783	10.2364	8.8766
300214	日科化学	0.1300	4.0575	3.0417	5.0677	5.2316	4.5240
300225	金力泰	0.3360	12.6582	3.0671	9.5908	3.0900	2.6480
300236	上海新阳	0.6000	17.9356	7.4397	7.6301	3.1349	2.7223
300243	瑞丰高材	0.1700	4.1316	2.0461	8.0009	1.2848	1.0428
300261	雅本化学	0.1674	10.0058	2.2347	6.4006	0.8526	0.5463
300285	国瓷材料	0.5000	19.3083	5.6592	10.1418	3.4367	2.3044
300343	联创节能	0.0800	1.4080	5.8433	2.8429	1.2115	0.9694
600075	新疆天业	0.0900	0.9454	3.5151	2.4097	1.3264	0.5583
600078	澄星股份	0.0340	1.5562	2.6791	3.3650	0.8383	0.3593
600091	* ST 明科	−0.4800	−756.5994	0.8532	−8.8813	0.7122	0.1193
600096	云天化	−2.2881	−5.0585	4.8972	−0.5714	0.6559	0.3501
600135	乐凯胶片	0.0806	3.2901	2.9020	2.9562	4.3471	2.8468
600141	兴发集团	1.0404	4.7342	9.2439	6.9178	0.4391	0.3232
600146	大元股份	0.0660	23.7066	0.7421	2.2196	0.8833	0.7939
600160	巨化股份	0.0900	1.6784	4.0079	2.5909	1.8715	1.3621
600226	升华拜克	0.2000	5.7205	3.5154	4.9982	1.7415	1.2487
600227	赤天化	−0.6047	−17.1689	2.9990	−4.8888	0.6239	0.4136
600228	昌九生化	0.1400	5.5641	0.3353	12.1023	0.5913	0.4676
600229	青岛碱业	0.1900	4.1842	2.9141	4.1903	0.7366	0.6353
600230	沧州大化	−0.6879	−6.9752	5.8718	−1.5365	1.0924	0.7791
600249	两面针	0.0487	−2.7281	4.8127	1.0377	0.9280	0.6719
600273	嘉化能源	0.5700	17.1930	2.1929	23.5484	0.8551	0.7524
600277	亿利能源	0.1200	1.9295	4.3226	3.8916	0.8659	0.7618
600299	蓝星新材	0.4700	1.5061	1.9029	3.8902	0.3442	0.2549
600301	* ST 南化	−1.0283	−49.4417	−0.8784	−15.4315	0.2968	0.2729
600309	万华化学	1.1200	14.5667	4.8994	12.4641	0.7372	0.5098
600315	上海家化	1.3400	17.0120	5.6590	22.2317	2.6878	2.3572
600319	亚星化学	−0.5700	−13.2213	0.5605	−4.7649	0.4186	0.3259

续 表

股票代码	名称	基本每股收益（元）	销售净利率（%）	每股净资产（元）	总资产报酬率（%）	流动比率	速动比率
600328	兰太实业	0.0400	−3.4354	3.4958	2.6541	0.4236	0.3090
600339	天利高新	−0.2929	−7.4608	1.7364	−1.2955	0.2014	0.0838
600352	浙江龙盛	1.6580	18.5329	7.3124	16.7646	1.5284	0.9484
600367	红星发展	0.0900	2.6581	4.1970	2.5538	2.4817	1.3897
600378	天科股份	0.2600	12.7694	2.4125	7.3498	2.0295	1.6853
600389	江山股份	1.0190	6.7797	6.7334	9.2985	0.5379	0.2320
600409	三友化工	0.2579	3.8207	3.2907	5.7957	0.5660	0.4160
600423	柳化股份	0.0200	0.2777	3.2618	4.1538	0.5562	0.4031
600426	华鲁恒升	0.8440	8.2844	6.9344	9.9738	1.1131	0.9742
600470	六国化工	−0.4000	−6.3368	3.8521	−2.9069	0.5868	0.2259
600481	双良节能	0.3613	4.6036	2.7594	6.7007	1.0034	0.7923
600486	扬农化工	1.7610	16.6274	10.5243	13.3136	2.0022	1.8612
600500	中化国际	0.4100	2.2864	5.2308	5.2096	1.3655	0.9822
600538	国发股份	−0.1300	−15.5974	1.4602	−6.8660	2.3785	2.0756
600589	广东榕泰	0.0500	2.5914	3.3692	3.0256	2.4574	1.9178
600596	新安股份	0.0732	0.7959	6.3308	1.8115	1.0234	0.6663
600599	熊猫金控	0.0800	7.1256	4.1896	3.7862	3.4220	3.2013
600618	氯碱化工	−0.5124	−8.3757	1.8719	−8.0306	0.7502	0.5379
600636	三爱富	0.0170	1.2472	4.2594	3.6586	1.0995	0.7976
600691	*ST 阳化	−0.0207	−0.0780	3.0988	2.4446	0.5750	0.5034
600722	*ST 金化	−0.4586	−21.3511	0.8978	−7.2602	0.4924	0.4365
600727	鲁北化工	0.0200	1.4272	2.9346	−0.3127	1.4873	1.0697
600731	湖南海利	0.0340	1.6697	2.2516	3.3535	0.8949	0.5024
600746	江苏索普	0.0342	1.5953	1.4276	2.4815	0.9764	0.7090
600769	祥龙电业	0.0030	6.6732	0.0966	1.6332	1.2600	1.2488
600796	钱江生化	0.0700	6.4598	1.8119	4.0457	1.4512	0.8976
600803	新奥股份	0.8200	18.9102	4.5627	13.9977	0.9737	0.8293
600844	丹化科技	0.0224	4.4160	1.0910	3.7240	0.5933	0.4443
600985	雷鸣科化	0.5600	10.4879	6.0714	9.5245	2.3482	2.0922
601208	东材科技	0.2700	11.6083	3.5938	7.3842	1.9206	1.5679
601216	内蒙君正	0.3735	15.7808	3.1672	9.3253	0.7433	0.6648

续　表

股票代码	名称	基本每股收益（元）	销售净利率（%）	每股净资产（元）	总资产报酬率（%）	流动比率	速动比率
601678	滨化股份	0.5500	7.2748	6.6960	8.4545	1.2590	1.0977
603002	宏昌电子	0.1600	5.1571	2.3373	4.9964	2.5794	2.4109
603010	万盛股份	0.5200	5.6304	5.1163	9.5351	2.6253	2.0850
603077	和邦股份	0.6900	30.7345	4.6999	11.0394	0.5325	0.2633

表 6-44　　　　初始数据 2

股票代码	名称	资产负债率（%）	存货周转率（次）	总资产周转率（次）	固定资产周转率（次）	总资产增长率（%）	营业总收入增长率（%）	股东权益增长率（%）
000155	*ST 川化	164.9887	4.4572	0.9281	0.3932	−53.9808	−53.4962	−212.0802
000407	胜利股份	50.6253	5.3361	4.6648	0.7565	17.5232	22.7913	58.3588
000422	湖北宜化	79.8840	3.6522	0.9427	0.5000	5.7127	−5.6954	0.2396
000510	*ST 金路	55.9173	13.6685	1.7207	1.1257	−2.0830	2.3260	−16.7174
000523	广州浪奇	64.2641	11.5070	11.3716	1.9642	20.6566	32.3422	2.0122
000525	红太阳	63.1668	2.2739	2.4792	0.6488	3.7554	−5.9219	12.0829
000545	金浦钛业	23.1992	7.1505	1.3105	0.4471	80.1988	−12.7292	115.3810
000553	沙隆达 A	31.5886	7.4464	2.4338	1.1098	8.3459	1.7125	29.8438
000565	渝三峡 A	33.1116	3.6061	2.3683	0.5751	−1.6768	0.4083	6.3641
000627	天茂集团	29.3458	6.0513	1.5302	0.3781	−2.2464	−16.6856	3.8129
000635	英力特	10.6284	10.2206	0.7479	0.5813	−12.7989	−29.4642	0.8714
000662	索芙特	30.7856	7.4448	1.9971	0.5820	−6.3770	−1.4009	1.7131
000683	远兴能源	56.2241	23.2390	1.0298	0.4603	66.1348	23.9002	152.6487
000707	双环科技	85.3113	1.1165	1.1233	0.4209	12.0588	7.4835	0.4218
000731	四川美丰	38.9214	15.0934	2.8147	1.0203	−6.1784	−17.3181	−9.3941
000737	南风化工	88.7481	3.7461	2.1768	0.7994	−5.8980	−8.2711	8.1689
000755	山西三维	70.2814	9.9664	1.3513	0.9389	−12.1230	5.6983	10.1514
000792	盐湖股份	71.6052	2.0173	0.6779	0.1721	26.2053	29.3998	7.7692
000818	方大化工	23.8306	16.3296	2.1658	1.0887	−3.3572	11.4028	4.4627
000822	山东海化	44.4773	11.3646	2.0431	1.0452	−28.9738	12.5381	7.0453
000830	鲁西化工	69.9157	6.8460	1.0395	0.6904	11.0778	17.8446	6.4841
000902	新洋丰	43.7120	8.1580	7.4577	2.5613	288.2842	21.2375	1585.6746

续 表

股票代码	名称	资产负债率（%）	存货周转率（次）	总资产周转率（次）	固定资产周转率（次）	总资产增长率（%）	营业总收入增长率（%）	股东权益增长率（%）
000912	*ST 天化	90.7888	4.7189	0.8554	0.3080	−5.3413	−1.6989	−61.2469
000930	中粮生化	54.7832	5.9066	1.7496	1.0664	4.7747	−2.5432	0.5800
000950	建峰化工	69.6282	8.6692	0.8042	0.4437	4.2932	−13.6306	−14.9601
000953	河池化工	84.9633	4.2062	0.9026	0.2937	−27.1770	−29.8972	−55.7508
000985	大庆华科	20.9660	19.3312	3.3904	2.2779	3.4029	21.0530	1.4176
000990	诚志股份	40.2611	19.7160	4.6024	1.1063	17.7422	0.2731	40.4601
002002	鸿达兴业	70.9393	10.3536	1.1785	0.3953	38.3129	37.3851	14.1982
002004	华邦颖泰	57.7545	4.1825	2.9906	0.4588	77.4162	8.9958	46.8348
002010	传化股份	50.5613	8.4605	6.3820	1.2559	20.4314	11.1487	4.7233
002018	华信国际	10.3753	18.7120	10.6961	1.7948	1.2156	37.0033	3.6127
002037	久联发展	70.8508	14.8468	4.1990	0.5634	27.7169	14.6896	9.8604
002053	云南盐化	74.2860	5.5478	1.0945	0.5094	8.6030	2.5967	6.5259
002054	德美化工	30.7856	4.6570	2.9941	0.5064	15.0787	3.7364	3.6378
002057	中钢天源	18.3473	5.1175	2.7724	0.5862	3.7148	10.2678	3.5832
002061	江山化工	61.6795	14.9697	2.5229	0.8668	2.3860	56.2783	−14.1439
002068	黑猫股份	77.9175	6.8070	2.3226	0.8994	−2.0526	3.0247	7.5131
002092	中泰化学	67.6891	8.1646	0.5929	0.3944	26.6652	−7.2133	2.9934
002094	青岛金王	48.4528	4.9760	6.8313	1.0477	10.7860	−15.8522	4.8537
002096	南岭民爆	32.0496	6.0668	2.0012	0.6049	9.4606	7.2611	8.5587
002109	兴化股份	39.7828	12.5613	0.8932	0.4950	2.5475	−15.2605	−11.5716
002125	湘潭电化	79.6821	3.0229	1.4824	0.4822	25.2331	−5.3998	−19.4264
002136	安纳达	42.8029	4.1033	1.1711	0.7229	−2.3303	54.3406	0.5499
002145	中核钛白	59.2381	3.6085	1.4147	0.5034	29.2769	9.4078	36.5188
002165	红宝丽	41.9675	7.3911	3.0168	1.1773	−2.6639	11.1802	4.0264
002167	东方锆业	53.6617	2.4426	0.8055	0.2802	−3.7180	46.0511	−1.6078
002170	芭田股份	48.8893	6.8184	8.2543	0.8398	25.8288	10.7222	9.3817
002192	*ST 路翔	65.1634	2.9088	2.8338	0.4643	−21.6894	−41.2283	−22.6905
002211	宏达新材	32.5825	4.1966	1.8621	0.5155	−27.1926	−3.6379	1.4416
002215	诺普信	37.9692	3.3383	8.7055	0.8630	−2.0322	26.9215	4.5967
002217	合力泰	43.3000	10.9152	2.8110	1.3149	123.8760	162.4776	121.5132

续　表

股票代码	名称	资产负债率（%）	存货周转率（次）	总资产周转率（次）	固定资产周转率（次）	总资产增长率（%）	营业总收入增长率（%）	股东权益增长率（%）
002226	江南化工	24.7290	9.4746	2.1339	0.4461	0.3306	−7.4019	−0.0200
002246	北化股份	29.6964	5.5004	4.0280	1.2219	−1.4865	1.1612	7.1478
002250	联化科技	39.8435	4.2190	2.2749	0.7674	25.9464	18.4635	28.8991
002256	彩虹精化	54.1830	5.5210	12.3360	0.5639	89.6143	−10.3936	8.4191
002258	利尔化学	31.2042	2.8951	1.8349	0.6857	13.4455	−8.5415	6.5777
002274	华昌化工	70.2545	8.4419	2.2858	0.7414	22.3077	−0.0795	−0.1938
002319	乐通股份	38.0925	4.8488	1.8791	0.5993	−8.1884	5.9103	0.7942
002326	永太科技	31.3191	2.1196	1.3782	0.4755	29.4021	37.9181	68.0368
002341	新纶科技	51.8483	3.2980	2.4906	0.4220	11.8542	−0.0560	4.6158
002360	同德化工	25.3755	6.1043	3.2451	0.6872	9.8283	8.4280	19.3373
002361	神剑股份	35.3297	11.6351	4.7278	0.8206	49.8482	27.1852	90.2321
002386	天原集团	70.9729	14.4582	1.2898	0.6309	7.7054	0.3490	0.9465
002391	长青股份	26.9314	3.2493	1.7236	0.6722	36.8277	15.3195	16.2686
002407	多氟多	47.6776	5.9781	1.9748	0.7255	16.6237	37.2014	−1.5542
002408	齐翔腾达	43.1442	9.0722	2.0313	0.8849	25.4724	37.8987	12.7550
002409	雅克科技	24.3153	6.2614	5.2098	0.8598	21.6636	1.0421	2.4396
002411	九九久	43.0393	7.4261	2.3764	0.7387	19.3009	18.5076	2.1867
002440	闰土股份	22.2278	2.7085	3.3079	0.7536	22.0051	11.3244	20.4572
002442	龙星化工	64.0169	5.0349	2.1707	0.7751	0.9746	4.0050	−0.2139
002453	天马精化	36.9055	4.0339	1.8528	0.5520	9.0053	−7.2651	1.7792
002455	百川股份	61.5379	10.6003	3.7544	1.4055	4.2780	15.9937	3.6370
002466	天齐锂业	22.5841	2.3112	1.9545	0.3644	264.9977	33.1573	241.6762
002470	金正大	36.5190	5.5899	6.8823	1.3753	26.5673	13.0276	68.6407
002476	宝莫股份	16.8455	6.9112	1.9209	0.5374	22.0779	−2.5367	2.1273
002496	辉丰股份	49.7781	2.5070	1.9489	0.5759	21.2984	16.4549	8.4914
002497	雅化集团	18.7932	6.3662	2.6833	0.5097	4.0293	13.2793	4.9521
002513	蓝丰生化	55.9954	4.4550	0.8367	0.4816	0.8713	−8.7470	−3.1363
002538	司尔特	47.7200	3.3814	2.6791	0.7855	26.2832	6.9473	6.9279
002539	新都化工	62.5070	4.3630	1.7190	0.7624	19.8939	21.2623	1.8790
002562	兄弟科技	31.3050	4.7477	1.8152	0.6792	7.3083	2.1304	5.1034

续 表

股票代码	名称	资产负债率（%）	存货周转率（次）	总资产周转率（次）	固定资产周转率（次）	总资产增长率（%）	营业总收入增长率（%）	股东权益增长率（%）
002568	百润股份	2.8054	5.3177	1.0825	0.2380	2.2630	22.3686	1.4069
002581	万昌科技	2.6099	6.5478	2.9287	0.4136	−0.5573	0.5946	1.5030
002584	西陇化工	31.5011	7.2527	7.7055	1.3570	5.2756	−1.8732	7.3958
002588	史丹利	39.9645	5.7141	6.6654	1.2048	18.6164	5.7712	14.4500
002591	恒大高新	16.7785	3.3626	2.8961	0.2733	4.3539	−25.2455	−0.9731
002597	金禾实业	36.6595	7.8557	2.4356	1.0003	10.3082	7.9764	7.7158
002601	佰利联	51.2130	4.1454	1.7232	0.4993	29.8624	19.7716	2.1264
002632	道明光学	14.0122	1.8034	0.9137	0.4354	0.7533	13.9148	2.3060
002637	赞宇科技	37.1715	5.3771	4.3013	1.4781	9.7414	12.5007	3.5625
002643	烟台万润	12.9946	2.6708	1.8683	0.6796	3.4880	10.7122	3.6088
002648	卫星石化	53.3908	6.6943	1.8198	0.6201	21.3937	29.8480	−2.7234
002666	德联集团	19.1418	2.5306	7.9993	0.9111	12.5235	5.6573	7.5610
002669	康达新材	19.7794	6.3730	4.0177	0.7379	18.7368	64.1737	10.2623
002709	天赐材料	17.4443	5.3692	1.9612	0.7748	28.9413	18.3921	54.4683
300019	硅宝科技	25.6607	5.7657	3.3125	0.7403	21.5212	18.2555	8.8488
300037	新宙邦	17.2355	4.2262	2.4661	0.4915	12.8266	10.5837	7.2550
300041	回天新材	20.4121	3.1539	2.0215	0.6876	19.0570	31.4013	8.4372
300054	鼎龙股份	16.7494	4.8319	2.4308	0.6248	13.4714	87.2716	12.8086
300063	天龙集团	39.3437	4.0216	3.1120	0.8395	25.4363	37.9450	0.3318
300067	安诺其	12.7980	2.8124	3.4063	0.7787	15.3696	47.2858	11.5260
300072	三聚环保	60.3988	4.7067	5.7998	0.7001	59.1446	150.6530	30.0098
300082	奥克股份	40.2749	12.5104	4.4613	0.6315	32.0512	15.5967	1.6315
300107	建新股份	5.4588	6.1801	0.9614	0.5281	7.2083	13.3812	4.4313
300109	新开源	15.6716	2.6141	1.0680	0.5647	12.3003	20.9912	6.1494
300121	阳谷华泰	61.3476	5.5567	1.8181	0.6515	13.8331	17.6125	3.8987
300132	青松股份	43.0529	1.6004	2.3540	0.7182	−1.5087	20.7349	7.2760
300135	宝利沥青	50.4248	16.6206	5.5008	0.7609	3.4968	−16.2847	3.3686
300174	元力股份	17.7312	3.9754	1.3378	0.6688	3.7002	6.6965	0.2630
300192	科斯伍德	20.1134	6.8221	3.4001	0.6656	8.3637	6.6215	4.5180
300200	高盟新材	8.5251	4.3249	3.3694	0.6245	−0.1309	3.1975	0.8228

续　表

股票代码	名称	资产负债率（%）	存货周转率（次）	总资产周转率（次）	固定资产周转率（次）	总资产增长率（%）	营业总收入增长率（%）	股东权益增长率（%）
300214	日科化学	11.1059	9.0108	2.5363	0.9431	0.9091	30.2283	4.5179
300225	金力泰	21.7301	5.5381	1.9885	0.6921	4.5222	9.5076	6.5216
300236	上海新阳	17.6491	3.8075	3.7066	0.3775	9.3358	80.1395	7.4723
300243	瑞丰高材	50.6690	6.1559	7.3248	1.0580	15.9104	11.4445	7.6321
300261	雅本化学	46.0055	2.7332	1.7527	0.4785	48.0084	28.0202	6.1214
300285	国瓷材料	14.7317	2.1199	1.4641	0.4550	25.8080	40.7126	11.0450
300343	联创节能	40.6253	12.1924	4.4750	1.0364	31.7140	67.0987	−2.0984
600075	新疆天业	44.9386	2.8335	3.0078	1.0452	−18.5283	8.3462	2.5934
600078	澄星股份	62.0034	1.8344	1.2310	0.5189	4.8865	5.5025	1.1388
600091	*ST明科	76.3751	0.0559	1.5064	0.0169	−7.0823	−16.4083	−35.9948
600096	云天化	90.0997	4.1199	2.9721	0.8122	4.3255	−2.5117	−32.6830
600135	乐凯胶片	15.2886	3.1505	3.7898	0.8312	9.0271	−0.0801	2.1044
600141	兴发集团	69.0727	9.8044	1.3165	0.6565	30.6816	4.1847	45.2553
600146	大元股份	27.9614	1.3705	0.4493	0.0689	−10.9104	−47.2634	5.1496
600160	巨化股份	18.6873	12.6400	2.4286	1.0524	−6.6633	0.2775	−2.6870
600226	升华拜克	37.8833	4.6852	1.6800	0.5769	0.3452	−16.3631	5.2404
600227	赤天化	58.1890	4.9946	0.6682	0.4295	−10.4705	−20.9691	−17.5734
600228	昌九生化	74.3329	14.5603	2.3457	1.1221	−7.3752	0.8511	170.0157
600229	青岛碱业	59.3559	8.6373	2.0163	0.6137	12.3902	0.9442	7.3387
600230	沧州大化	58.8017	8.2435	1.0446	0.6698	2.1660	−10.7431	7.5473
600249	两面针	44.3493	2.8802	1.0696	0.3229	26.6639	0.2906	20.8677
600273	嘉化能源	42.6519	10.6866	2.1240	1.0891	314.1194	45.3219	409.5866
600277	亿利能源	50.8480	11.7586	1.8804	0.5611	−10.9878	−16.5547	2.6533
600299	蓝星新材	94.3322	6.0957	1.4805	0.4996	−9.0207	15.5146	30.2614
600301	*ST南化	115.2508	19.3265	0.7291	0.3577	−35.0815	−5.1788	−938.5633
600309	万华化学	68.0572	5.7894	1.8580	0.6074	33.5490	9.1432	9.4665
600315	上海家化	31.2349	4.2393	24.6947	1.0612	22.4196	19.3836	14.4222
600319	亚星化学	90.6038	7.7393	1.2529	0.6718	6.8117	−8.5503	−53.0192
600328	兰太实业	79.5580	4.6926	0.6304	0.3879	−5.0551	34.9846	−0.4107
600339	天利高新	72.9242	7.9495	0.8855	0.6710	1.0114	−14.0930	−14.4693

续 表

股票代码	名称	资产负债率（%）	存货周转率（次）	总资产周转率（次）	固定资产周转率（次）	总资产增长率（%）	营业总收入增长率（%）	股东权益增长率（%）
600352	浙江龙盛	46.9273	1.9523	3.1754	0.7214	21.3438	7.5549	22.0840
600367	红星发展	26.2790	1.5939	2.7520	0.6120	2.1543	3.7720	1.8723
600378	天科股份	34.9210	3.4957	1.9848	0.5412	1.1530	−11.2036	7.4457
600389	江山股份	59.4374	4.6768	1.6054	0.9074	0.4335	−5.9020	10.1604
600409	三友化工	67.1275	7.9797	1.1100	0.6541	6.5583	7.2770	6.9272
600423	柳化股份	75.5849	5.2811	1.0916	0.6433	23.9988	−2.2833	−2.2319
600426	华鲁恒升	49.3271	20.4018	1.1249	0.7637	5.4286	14.6493	12.6799
600470	六国化工	67.0872	4.5956	1.4629	0.8200	0.0528	−7.7551	−11.2859
600481	双良节能	68.8463	6.4249	2.3418	0.9041	6.3433	3.7882	−10.3517
600486	扬农化工	35.1139	11.4701	3.9630	0.7097	18.3081	−6.1270	18.7115
600500	中化国际	52.1930	10.4652	7.0542	1.3075	4.0523	−20.0965	3.3471
600538	国发股份	26.3905	5.1817	1.2880	0.4940	43.4920	−8.1790	1424.5728
600589	广东榕泰	45.2526	2.0736	1.6577	0.3328	8.5109	0.3054	0.6999
600596	新安股份	41.4313	6.8250	2.3448	1.0144	10.1478	14.0497	−2.0336
600599	熊猫金控	22.6696	2.0341	3.2296	0.2085	1.6454	15.0921	5.5441
600618	氯碱化工	60.7928	14.3557	2.3225	1.1944	−3.9693	0.5907	−23.9992
600636	三爱富	45.6487	7.3359	3.3078	1.0935	16.7404	19.8758	−2.7143
600691	*ST 阳化	82.0576	11.3330	1.5915	0.6663	38.2130	−27.6639	1.7066
600722	*ST 金化	75.3765	10.3943	1.2783	0.4480	12.7616	−27.2594	−33.8918
600727	鲁北化工	24.3324	3.0303	0.6846	0.3960	3.7950	6.7589	0.6532
600731	湖南海利	52.4250	2.6210	1.6869	0.6612	−4.9180	−1.4137	−6.6952
600746	江苏索普	21.7575	22.2829	1.7972	1.1090	−10.4160	−10.8854	0.4540
600769	祥龙电业	64.4862	31.0322	7.3202	0.1863	−1.0172	−38.2345	3.7326
600796	钱江生化	48.7012	1.7258	0.9341	0.3545	−3.1453	−17.4301	2.4933
600803	新奥股份	46.5229	8.9203	1.0073	0.5398	10.3270	−0.5065	20.4311
600844	丹化科技	51.1195	4.3189	0.4082	0.3001	−8.6603	38.0816	2.0949
600985	雷鸣科化	20.2832	7.2613	2.6124	0.7122	10.3747	5.0904	9.2321
601208	东材科技	24.8030	4.2805	1.4102	0.5312	21.8413	31.6888	5.7054
601216	内蒙君正	46.8196	10.7875	0.8661	0.4362	26.3845	38.1977	10.7329
601678	滨化股份	35.6852	17.8703	1.2596	0.7268	9.8111	19.2323	8.8754

续 表

股票代码	名称	资产负债率（%）	存货周转率（次）	总资产周转率（次）	固定资产周转率（次）	总资产增长率（%）	营业总收入增长率（%）	股东权益增长率（%）
603002	宏昌电子	35.5299	12.6653	15.9622	0.8707	7.9421	0.7348	4.6962
603010	万盛股份	25.0106	7.9532	4.9531	1.2072	22.8916	15.7896	99.5822
603077	和邦股份	47.9632	2.3820	1.0042	0.2971	63.5881	36.3791	44.4330

在指标性质、单位不同的情况下，首先要对指标进行同趋化处理。然后利用 SPSS 中的 Z - score 方法将 13 项指标的原始数据进行标准化处理。同趋化数据和标准化数据略。

三、因子分析法适应性检验

为了检验所选用的指标是否适合使用因子分析法，本书利用 SPSS 软件中 KMO 和 Bartlett 球形检验方法来对样本进行检验。检验结果如表 6 - 45 所示。

表 6 - 45　　KMO 检验和 Bartlett 球形检验

取样足够度的 KMO 度量		0.605
Bartlett 球形检验	近似卡方	571.934
	df	78
	Sig.	0.000

由表 6 - 45 可知，KMO 值为 0.605，大于 0.5，可知各变量之间的相关程度存在一定差异，样本适合做因子分析。同时，Bartlett 球形检验相应的概率 Sig. 为 0.000，在 5% 的显著性水平之下，拒绝原假设，因此可认为相关系数矩阵与单位矩阵有显著差异，说明样本适合做因子分析。

四、确定主因子

本书应用因子分析法中的主成分分析法来计算原始公因子的特征值、方差贡献率以及累计方差贡献率，并由此确定公因子。结果如表 6 - 46 所示。

表 6 - 46　　解释的总方差

成分	初始特征值			提取平方和载入			旋转平方和载入		
	合计	方差百分比（%）	累积百分比（%）	合计	方差百分比（%）	累积百分比（%）	合计	方差百分比（%）	累积百分比（%）
1	3.147	24.207	24.207	3.147	24.207	24.207	2.568	19.750	19.750
2	1.609	12.376	36.584	1.609	12.376	36.584	1.722	13.244	32.994

续 表

成分	初始特征值			提取平方和载入			旋转平方和载入		
	合计	方差百分比（%）	累积百分比（%）	合计	方差百分比（%）	累积百分比（%）	合计	方差百分比（%）	累积百分比（%）
3	1.397	10.746	47.330	1.397	10.746	47.330	1.662	12.786	45.780
4	1.137	8.746	56.076	1.137	8.746	56.076	1.310	10.074	55.854
5	1.002	7.705	63.782	1.002	7.705	63.782	1.031	7.928	63.782
6	0.909	6.992	70.773						
7	0.870	6.696	77.469						
8	0.780	5.997	83.466						
9	0.665	5.113	88.579						
10	0.567	4.361	92.940						
11	0.486	3.737	96.677						
12	0.314	2.412	99.089						
13	0.118	0.911	100.000						

提取方法：主成分分析。

根据表 6-46 中数据可知，前 5 个主因子的方差贡献率已经达到了累计方差贡献率的 63.782%，即表明这 5 个主因子已包含原始数据信息量的 63.782%，所以只需选择前 5 个主因子就可以较好地代表原始指标，对化学原料和化学制品制造业上市公司的绩效进行描述。

特征值可用碎石图表示，如图 6-7 所示。从图 6-7 可以看出，从第 6 个成分开始，特征值的值都小于 1，且折线的陡度变得比较平缓，这说明提取 5 个主因子是合适有效的。

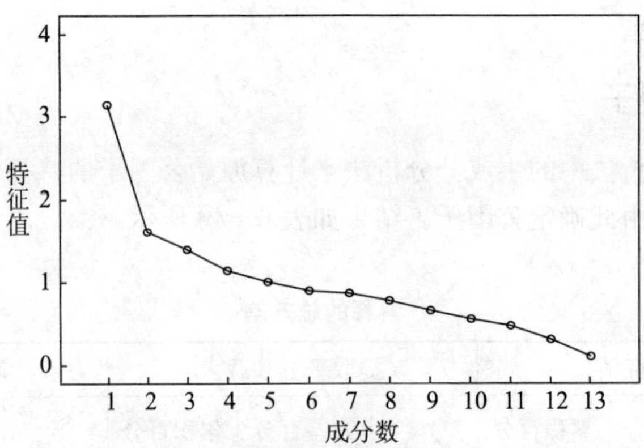

图 6-7 碎石图

五、旋转载荷矩阵分析

本书对原因子载荷矩阵进行最大方差旋转，以期得到主因子更明确的含义。结果如表6-47所示。

表 6-47　旋转后的因子载荷矩阵[a]

变量	成分				
	F_1	F_2	F_3	F_4	F_5
基本每股收益	0.869	0.176	0.057	0.156	−0.046
销售净利率	0.570	−0.130	0.186	−0.040	0.103
每股净资产	0.652	0.077	−0.188	0.185	−0.186
总资产报酬率	0.836	0.250	0.125	0.034	0.046
流动比率	0.131	−0.018	0.030	0.779	−0.070
速动比率	−0.002	0.003	0.000	0.745	0.085
资产负债率	0.012	0.016	−0.052	0.024	0.952
存货周转率	−0.131	−0.133	0.693	0.015	−0.148
固定资产增长率	0.202	0.072	0.672	0.026	0.032
总资产周转率	0.126	0.273	0.790	−0.026	0.079
总资产增长率	0.249	0.824	0.048	−0.071	0.016
营业总收入增长率	0.459	0.225	0.068	−0.277	0.184
股东权益增长率	0.037	0.882	0.084	0.038	0.005

提取方法：主成分分析。

旋转法：具有 Kaiser 标准化的正交旋转法。

a. 旋转在 5 次迭代后收敛。

由表6-47中的数据可以看到，基本每股收益、销售净利率、每股净资产、总资产报酬率，在主因子 F_1 上的载荷量分别为0.869、0.570、0.652和0.836，它主要反映了公司的盈利能力，所以将 F_1 命名为盈利因子；主因子 F_2 则在总资产增长率（0.824）和股东权益合计增长率（0.882）上有较大载荷量，代表了公司的成长能力，故而将其命名为成长因子；存货周转率、固定资产周转率、总资产周转率在主因子 F_3 上的载荷量分别为0.693、0.672和0.790，它主要反映了公司的营运能力，所以将 F_3 命名为营运因子；流动比率与速动比率在主因子 F_4 上的载荷分别为0.779与0.745，体现了公司的短期偿债能力，故而将其命名为偿债因子1；同样的，主因子 F_5 在资产负债率（0.952）上有较大载荷量，代表了公司的长期偿债能力，故将 F_5 也命名为偿债因子2。

六、化学原料和化学制品制造业上市公司综合得分与排名

要得到因子的综合得分，需先对因子数据进行标准化处理，使其期望为0，方差为1，

然后，对各因子的方差贡献率占因子总方差贡献率的比重作为权重加权汇总，使用计算综合得分的公式 $F=(\lambda_1F_1+\lambda_2F_2+\lambda_3F_3+\lambda_4F_4+\lambda_5F_5)/(\lambda_1+\lambda_2+\lambda_3+\lambda_4+\lambda_5)=(0.19750\times F_1+0.13244\times F_2+0.12786\times F_3+0.10074\times F_4+0.07928\times F_5)/0.63782$ 来计算各样本的综合得分。得到结果按名次排列如表 6-48 所示。

表 6-48　　化学原料和化学制品制造业上市公司综合得分与排名

股票代码	名称	F_1（盈利）	F_2（成长）	F_3（营运）	F_4（偿债 1）	F_5（偿债 2）	F（综合）	排名
000902	新洋丰	−0.2892	8.6005	2.5303	0.2309	0.4467	2.2955	1
600486	扬农化工	1.9424	−0.3298	0.3388	6.7607	−1.2374	1.5149	2
600315	上海家化	2.0665	−0.3197	3.1768	−0.0900	0.0637	1.2040	3
600273	嘉化能源	0.3883	4.8423	0.4101	−0.7033	0.2856	1.1323	4
002054	德美化工	0.0778	0.0404	−0.2923	6.3820	−0.0746	0.9726	5
600589	广东榕泰	−0.3003	−0.4372	−1.2863	0.7268	9.3313	0.8330	6
600636	三爱富	−0.1403	−0.2026	0.4221	0.1111	6.2863	0.7980	7
002470	金正大	1.4452	0.2542	0.9377	0.6173	−0.3543	0.7417	8
002588	史丹利	2.0409	−0.1524	0.5582	0.5496	−0.5152	0.7350	9
002217	合力泰	0.6598	1.8851	1.1052	−1.6469	1.3857	0.7294	10
601208	东材科技	−0.0688	0.2992	−0.5598	3.9203	0.7042	0.6353	11
300072	三聚环保	1.7743	0.6689	0.1238	−1.0956	0.7006	0.6271	12
300174	元力股份	−0.8143	0.2074	−0.3966	5.0663	0.8912	0.6224	13
000523	广州浪奇	−0.2380	0.1030	3.3616	−0.4361	0.2463	0.5833	14
002466	天齐锂业	1.2046	3.5759	−1.8714	−0.3192	−0.8926	0.5790	15
002440	闰土股份	2.2928	−0.0723	−0.5317	0.1101	−0.4166	0.5540	16
000553	沙隆达 A	1.0336	−0.0529	0.5876	0.6338	−0.0545	0.5202	17
600352	浙江龙盛	1.9299	−0.0814	−0.6971	0.0894	0.4601	0.5122	18
002018	华信国际	−0.2459	−0.3338	3.7484	−0.6239	0.0132	0.5091	19
000985	大庆华科	−0.4172	−0.1115	3.2955	0.0690	−0.1575	0.4996	20
002010	传化股份	0.3527	0.0079	1.3625	0.2017	0.1583	0.4355	21
002584	西陇化工	0.3081	−0.1621	1.4769	0.4738	−0.1787	0.4104	22
002226	江南化工	0.1936	−0.3153	−0.2794	2.9966	−0.0398	0.4068	23
603002	宏昌电子	−0.1479	−0.4854	2.7321	−0.0949	−0.0299	0.3824	24
603010	万盛股份	0.4798	0.3430	0.9311	−0.0931	−0.2204	0.3643	25
002666	德联集团	0.6909	−0.0958	0.5172	−0.0256	−0.1151	0.2794	26
002637	赞宇科技	0.4428	−0.0002	0.8755	−0.1175	−0.1268	0.2783	27

续　表

股票代码	名称	F_1（盈利）	F_2（成长）	F_3（营运）	F_4（偿债 1）	F_5（偿债 2）	F（综合）	排名
600500	中化国际	0.0674	−0.3070	1.6222	0.1930	−0.2857	0.2773	28
300135	宝利沥青	−0.6388	−0.4115	1.5094	1.5545	0.0963	0.2768	29
000990	诚志股份	−0.0941	−0.2113	1.8014	0.2618	−0.4326	0.2757	30
002408	齐翔腾达	0.7658	0.0252	0.0911	−0.1433	0.2848	0.2734	31
300082	奥克股份	0.4162	−0.0893	0.3182	0.8697	−0.3310	0.2704	32
002361	神剑股份	0.0654	0.5174	0.8542	−0.1263	−0.0901	0.2678	33
600075	新疆天业	−0.1724	−0.4128	0.0701	−0.0440	3.1339	0.2575	34
002597	金禾实业	0.5621	−0.1204	0.2136	0.6072	−0.2564	0.2559	35
300343	联创节能	0.3908	0.0772	0.9753	−0.6245	0.1268	0.2497	36
002256	彩虹精化	−0.2624	0.6505	1.0901	−0.1931	0.0045	0.2424	37
002246	北化股份	−0.1870	−0.1102	0.8507	0.9339	0.0081	0.2383	38
600426	华鲁恒升	0.8218	−0.5723	0.8550	−0.0486	−0.5215	0.2345	39
002215	诺普信	0.3268	−0.2429	0.8451	−0.2833	0.3665	0.2210	40
300243	瑞丰高材	−0.0395	−0.0116	1.1448	−0.2322	0.3070	0.2163	41
002094	青岛金王	−0.3328	−0.0682	0.9762	0.4711	0.4565	0.2096	42
600378	天科股份	−0.1820	−0.1485	−0.4489	2.3691	0.0979	0.2092	43
002170	芭田股份	−0.0125	0.0030	1.0522	−0.3072	0.3971	0.2085	44
600803	新奥股份	0.8097	−0.3241	−0.3664	−0.0429	0.8417	0.2078	45
002250	联化科技	0.8159	0.1380	−0.3028	−0.2800	0.0465	0.1822	46
002455	百川股份	−0.0446	−0.1361	1.4154	−0.3317	−0.0870	0.1785	47
600538	国发股份	−2.3945	4.9778	−0.7473	0.5718	−0.4575	0.1758	48
300261	雅本化学	0.0546	0.3153	−0.8328	−0.4124	2.5453	0.1667	49
002669	康达新材	0.7682	0.0104	0.2012	−0.8688	0.1594	0.1630	50
600309	万华化学	1.0834	0.0435	−0.4951	−0.2532	−0.4027	0.1552	51
600141	兴发集团	1.1437	0.0164	−0.4483	−0.0345	−0.9107	0.1490	52
002037	久联发展	0.6127	−0.2375	0.5655	−0.1679	−0.6427	0.1474	53
002004	华邦颖泰	0.9004	0.6811	−0.9592	−0.0635	−0.5895	0.1446	54
002538	司尔特	0.5500	0.0798	−0.4288	0.0342	0.2630	0.1390	55
000822	山东海化	−0.1635	−0.6482	0.8557	−0.1923	1.4417	0.1351	56
601678	滨化股份	0.6170	−0.4372	0.6188	−0.0926	−0.6188	0.1328	57
002409	雅克科技	0.5577	−0.0920	0.1973	−0.0906	−0.5364	0.1122	58
600389	江山股份	0.9819	−0.2658	−0.3339	−0.0539	−0.4971	0.1116	59

续 表

股票代码	名称	F_1（盈利）	F_2（成长）	F_3（营运）	F_4（偿债 1）	F_5（偿债 2）	F（综合）	排名
002165	红宝丽	−0.1100	−0.1821	0.8358	−0.2388	0.4268	0.1110	60
600228	昌九生化	−0.4675	0.1385	1.4375	−0.2900	−0.1394	0.1090	61
300041	回天新材	1.0317	0.0013	−0.6701	−0.3126	−0.2336	0.1070	62
603077	和邦股份	1.0098	0.5306	−1.3429	−0.5731	0.3500	0.1066	63
002709	天赐材料	0.7699	0.2280	−0.4311	−0.2400	−0.4464	0.1060	64
002391	长青股份	1.1012	0.1854	−0.8147	−0.3736	−0.4405	0.1024	65
300236	上海新阳	1.4806	−0.2136	−0.8438	−0.8129	−0.1256	0.1009	66
300067	安诺其	0.6889	0.0619	−0.1217	−0.7949	0.1900	0.0998	67
300054	鼎龙股份	0.9030	0.0183	−0.2743	−1.0981	0.3352	0.0966	68
300019	硅宝科技	0.5685	−0.0179	0.0143	−0.4092	−0.1231	0.0953	69
600985	雷鸣科化	0.6892	−0.2192	−0.1376	0.0367	−0.4510	0.0900	70
002497	雅化集团	0.5894	−0.2969	−0.3348	0.3123	−0.1926	0.0791	71
002360	同德化工	0.3803	−0.1214	0.0870	−0.1649	−0.0416	0.0788	72
601216	内蒙君正	0.4137	−0.1047	−0.2641	−0.5217	0.8209	0.0730	73
000683	远兴能源	−0.3137	0.6021	0.8501	−0.3825	−0.6373	0.0587	74
600160	巨化股份	−0.3306	−0.3952	0.9606	0.5407	−0.3217	0.0536	75
300037	新宙邦	1.1976	−0.2506	−0.8593	−0.2435	−0.5765	0.0364	76
002096	南岭民爆	0.6582	−0.2154	−0.4291	−0.1039	−0.3215	0.0167	77
002496	辉丰股份	0.7980	−0.0031	−0.9128	−0.2649	−0.0817	0.0115	78
000818	方大化工	−0.2876	−0.4114	1.3605	−0.3110	−0.3125	0.0103	79
000525	红太阳	0.9309	−0.2354	−0.8190	−0.0192	−0.5467	0.0042	80
300285	国瓷材料	1.0016	0.0733	−1.1021	−0.5239	−0.1588	0.0019	81
600596	新安股份	0.1112	−0.1102	0.1451	−0.2256	−0.0346	0.0007	82
002539	新都化工	0.6544	0.0039	−0.5600	−0.3401	−0.3602	−0.0073	83
002562	兄弟科技	−0.1203	−0.0864	−0.3528	0.7526	−0.0538	−0.0137	84
002258	利尔化学	0.4126	−0.0775	−0.6619	0.3384	−0.3846	−0.0154	85
000407	胜利股份	−0.2489	0.1842	0.2637	−0.3951	0.2559	−0.0166	86
002407	多氟多	0.2702	−0.0482	−0.3890	−0.3772	0.3440	−0.0211	87
002601	佰利联	1.0590	−0.0087	−1.2536	−0.1452	−0.6171	−0.0248	88
300063	天龙集团	−0.0681	0.1891	−0.0401	−0.4710	0.2688	−0.0308	89
002326	永太科技	0.6085	0.3555	−1.1299	−0.3242	−0.1556	−0.0348	90
600481	双良节能	0.0422	−0.1822	0.2199	−0.2541	−0.1406	−0.0383	91

续　表

股票代码	名称	F_1（盈利）	F_2（成长）	F_3（营运）	F_4（偿债1）	F_5（偿债2）	F（综合）	排名
002411	九九久	−0.2157	−0.0173	0.0947	−0.3276	0.4992	−0.0411	92
300214	日科化学	0.0112	−0.2118	0.5248	−0.6145	−0.0935	−0.0440	93
002581	万昌科技	0.8087	−0.5069	−0.4658	−0.3391	−0.4844	−0.0620	94
300225	金力泰	0.2799	−0.2022	−0.1943	−0.3539	−0.1410	−0.0677	95
000662	索芙特	−0.5124	−0.3198	−0.0353	1.0995	−0.0909	−0.0698	96
002002	鸿达兴业	0.3255	0.0930	−0.3262	−0.6007	−0.2471	−0.0709	97
300132	青松股份	0.0180	−0.1236	−0.3807	−0.4494	0.7471	−0.0745	98
600746	江苏索普	−0.8703	−0.6373	2.0025	−0.1229	−0.4738	−0.0787	99
000565	渝三峡A	0.0970	−0.2417	−0.4964	0.3068	−0.0804	−0.0812	100
000792	盐湖股份	1.5208	−0.0899	−1.9948	−0.2435	−0.7822	−0.0833	101
002643	烟台万润	0.4413	−0.1692	−0.6321	−0.2749	−0.2373	−0.0981	102
300109	新开源	0.3059	−0.0249	−0.7927	−0.1377	−0.0585	−0.0984	103
002068	黑猫股份	−0.1423	−0.2188	0.2476	−0.2798	−0.1805	−0.1065	104
300192	科斯伍德	−0.0897	−0.1897	0.1097	−0.3051	−0.1554	−0.1127	105
000930	中粮生化	−0.3640	−0.0850	0.2854	−0.2638	−0.0541	−0.1215	106
000545	金浦钛业	−0.3382	0.9663	−0.6625	−0.1332	−0.5469	−0.1259	107
002386	天原集团	0.2134	−0.4340	0.0788	−0.0656	−0.8886	−0.1290	108
000830	鲁西化工	0.1533	−0.1034	−0.3072	−0.4278	−0.2523	−0.1345	109
000755	山西三维	−0.1827	−0.3842	0.4132	−0.2964	−0.2940	−0.1369	110
002136	安纳达	0.0067	−0.1344	−0.4090	−0.7386	0.6853	−0.1393	111
600135	乐凯胶片	−0.2310	−0.0599	0.0183	−0.3096	−0.0973	−0.1413	112
600367	红星发展	−0.0786	−0.1256	−0.6285	0.2510	−0.0671	−0.1451	113
002648	卫星石化	0.0116	−0.0032	−0.3373	−0.4660	−0.0705	−0.1471	114
600769	祥龙电业	−1.2450	−1.0653	2.4975	0.3589	−0.8067	−0.1496	115
300200	高盟新材	0.1345	−0.2910	−0.2298	−0.4072	−0.2209	−0.1566	116
600409	三友化工	0.0020	−0.2000	−0.1753	−0.3301	−0.2681	−0.1615	117
300121	阳谷华泰	−0.1974	−0.0210	−0.1960	−0.4005	0.0394	−0.1631	118
002061	江山化工	−0.6152	−0.2939	1.0182	−0.7599	0.0150	−0.1656	119
600229	青岛碱业	−0.1952	−0.1684	−0.0169	−0.2537	−0.2457	−0.1694	120
600226	升华拜克	−0.1529	−0.2565	−0.4896	0.2788	−0.1544	−0.1739	121
600249	两面针	−0.1584	0.0894	−1.2546	−0.1053	0.9925	−0.1752	122
002341	新纶科技	0.1289	−0.1452	−0.7762	−0.1554	−0.1019	−0.1831	123

续 表

股票代码	名称	F_1（盈利）	F_2（成长）	F_3（营运）	F_4（偿债 1）	F_5（偿债 2）	F（综合）	排名
000635	英力特	0.2346	−0.6402	−0.4693	0.4302	−1.0061	−0.2115	124
002442	龙星化工	−0.3461	−0.1697	−0.0657	−0.3174	−0.0694	−0.2143	125
600277	亿利能源	−0.2387	−0.5895	0.1210	0.0067	−0.3527	−0.2149	126
000731	四川美丰	−1.0094	−0.4867	1.1535	0.0844	−0.3728	−0.2154	127
002145	中核钛白	−0.1141	0.2509	−0.7809	−0.3605	−0.1559	−0.2161	128
002568	百润股份	0.6188	−0.4317	−0.9703	−0.6196	−0.2559	−0.2222	129
002092	中泰化学	0.1828	−0.0932	−0.7977	−0.1161	−0.6684	−0.2241	130
002053	云南盐化	0.1537	−0.1813	−0.7099	−0.2512	−0.4209	−0.2244	131
002057	中钢天源	−0.1741	−0.2020	−0.2279	−0.4373	−0.1115	−0.2245	132
002632	道明光学	0.3891	−0.2160	−1.2714	−0.0302	−0.3387	−0.2261	133
600691	*ST 阳化	−0.6643	0.0704	0.2039	−0.0424	−0.5654	−0.2272	134
600299	蓝星新材	−0.0139	−0.2861	−0.4048	−0.4220	−0.1542	−0.2307	135
000737	南风化工	−0.4688	−0.1863	−0.0225	−0.2997	−0.0041	−0.2362	136
600423	柳化股份	−0.2656	0.0608	−0.4564	−0.2903	−0.2685	−0.2403	137
002476	宝莫股份	−0.3620	−0.0353	−0.2063	−0.3703	−0.1928	−0.2432	138
002319	乐通股份	−0.3009	−0.3135	−0.3674	−0.1102	0.0338	−0.2451	139
002274	华昌化工	−0.6001	0.0009	0.1066	−0.2859	−0.3228	−0.2495	140
300107	建新股份	0.0125	−0.1917	−0.5154	−0.5180	−0.2388	−0.2507	141
000510	*ST 金路	−1.2074	−0.3131	1.2029	−0.3229	−0.0916	−0.2601	142
002453	天马精化	−0.3925	−0.1140	−0.4795	−0.1326	−0.0227	−0.2651	143
000422	湖北宜化	0.1916	−0.2075	−1.0326	−0.1303	−0.5521	−0.2800	144
600731	湖南海利	−0.3223	−0.2397	−0.4910	−0.2853	0.0863	−0.2823	145
600618	氯碱化工	−1.4146	−0.3558	1.4107	−0.2849	−0.1736	−0.2957	146
600599	熊猫金控	0.1619	−0.2726	−1.0508	−0.4173	−0.1892	−0.3066	147
600078	澄星股份	−0.2149	−0.0981	−0.8564	−0.3660	−0.0591	−0.3237	148
002167	东方锆业	0.1232	−0.2249	−1.2046	−0.6271	0.1713	−0.3278	149
600328	兰太实业	0.0144	−0.2676	−0.9035	−0.5934	−0.1164	−0.3404	150
000627	天茂集团	−0.4198	−0.3570	−0.4665	−0.2166	−0.1608	−0.3518	151
000707	双环科技	−0.1907	−0.0149	−1.1047	−0.3940	−0.1452	−0.3639	152
600796	钱江生化	−0.3968	−0.2706	−1.0479	−0.0472	0.2457	−0.3661	153
600844	丹化科技	−0.1710	−0.3055	−0.9081	−0.6856	0.3266	−0.3661	154
002211	宏达新材	−0.4238	−0.5520	−0.4544	−0.1965	−0.0450	−0.3735	155

续　表

股票代码	名称	F_1（盈利）	F_2（成长）	F_3（营运）	F_4（偿债1）	F_5（偿债2）	F（综合）	排名
600727	鲁北化工	−0.3596	−0.1545	−0.9980	−0.1756	−0.1380	−0.3884	156
600470	六国化工	−0.7848	−0.1692	−0.2421	−0.2284	−0.2397	−0.3925	157
002513	蓝丰生化	−0.3108	−0.2572	−0.8944	−0.1336	−0.3701	−0.3960	158
600230	沧州大化	−0.7640	−0.2106	−0.2842	−0.0683	−0.4639	−0.4057	159
002591	恒大高新	−0.4699	−0.2860	−0.8038	−0.1387	−0.3652	−0.4333	160
600339	天利高新	−0.9925	−0.2558	−0.0684	−0.2461	−0.2562	−0.4448	161
002125	湘潭电化	−0.9297	0.1096	−0.7249	−0.3386	−0.1325	−0.4804	162
002109	兴化股份	−1.2440	−0.3729	0.0097	−0.0886	−0.3330	−0.5161	163
600319	亚星化学	−1.3984	−0.2439	0.0426	−0.3442	−0.1282	−0.5454	164
000953	河池化工	−0.5744	−0.8039	−0.7894	−0.1039	−0.2341	−0.5485	165
000950	建峰化工	−1.0989	−0.2751	−0.4240	−0.1483	−0.4238	−0.5584	166
600146	大元股份	−0.6866	−0.4881	−1.4016	0.0710	−0.2414	−0.6137	167
600722	*ST 金化	−1.5976	−0.2393	−0.0496	−0.1122	−0.3942	−0.6210	168
600096	云天化	−1.6601	−0.0823	−0.0575	−0.4320	−0.0934	−0.6225	169
600227	赤天化	−1.1974	−0.3636	−0.7623	−0.1208	−0.2843	−0.6535	170
002192	*ST 路翔	−1.4190	−0.5084	−0.5135	0.0476	−0.2663	−0.6734	171
000912	*ST 天化	−2.2527	−0.2618	−0.7715	−0.4985	−0.0363	−0.9898	172
600301	*ST 南化	−1.7674	−3.7777	0.8563	−0.6899	−0.2194	−1.2963	173
600091	*ST 明科	−4.7667	2.3497	−2.6772	0.7203	−1.3355	−1.5770	174
000155	*ST 川化	−6.8395	−0.6556	−0.6354	0.1027	−0.3108	−2.4038	175

表 6－48 中，化学原料和化学制品制造业上市公司综合得分与其投资价值呈正相关关系。由于先对因子数据进行了标准化处理，因此，可以 0 为参考标准线，认为：综合得分大于 0 的化学原料及化学制品制造业上市公司，综合业绩相对较好，且数值越大，投资价值越大；综合得分小于 0 的则相对较差，且数值越小，投资价值越小。依此可对上市公司的综合业绩和投资价值有一个基本的评价。

具体而言，表 6－48 中，化学原料和化学制品制造业上市公司各项能力得分与相应实力也呈正相关关系。排名前 20 位的公司分别为新洋丰、扬农化工、上海家化、嘉化能源、德美化工、广东榕泰、三爱富、金正大、史丹利、合力泰、东材科技、三聚环保、元力股份、广州浪奇、天齐锂业、闰土股份、沙隆达 A、浙江龙盛、华信国际、大庆华科。其中，某些上市公司排名靠前，主要是因为某一方面因子得分高，但其他方面因子得分为负，例如广东榕泰，偿债因子得分遥遥领先，高分排名第一，偿债能力极强，但是其营运因子得分排名倒数第六，营运能力较差，且盈利因子和成长因子得分都靠后，各方面能力极不平衡。这说明选择投资对象时还需要结合投资时间和市场状况等因素进行综合考虑，不能只看其综合排名情况；另有一些上市公司排名靠前则是因为各方面得分比较均衡，如金正大，盈利、成长、营运、偿债因子得分排名分别为第九、第十八、第二十八、第十五，各方面表现都比较均衡，说明其发展稳健，是投资者的理想投资对象。还有一些上市公司除了某一方面表现不佳，其他能力表现都比较优秀，其综合能力得分很靠前，如新洋丰，除了盈利能力得分靠后以外，其成长能力得分第一，成长能力极强，综合营运得分排名第六，偿债能力表现佳，故综合得分排名第一，适合作为长期投资对象。

2014 年，前二十名排名与 2013 年相比较变化较大，有九家公司是 2013 年排名靠后的，其中排名上升幅度最大的是天齐锂业，从 2013 年的排名倒数第十名一跃跻身到第六名，公司的盈利因子和成长因子都有了极大的增长，说明公司的财务状况得到了很大程度的改善，盈利能力增强，成长能力增强，投资者可以重点关注。在 2013 年前二十名中仍有六家公司排名在今年前 20 名。其中，扬农化工名次未变，均排名第二，财务实力强，投资价值高，非常适合作为长期投资对象；上海家化和金正大排名上升，分别从第八名上升至第三名，从第十三名上升至第八名，投资价值增强；而史丹利、广州浪奇和华信国际排名有所下降，但幅度不大，值得广大投资者长期重点关注。总的来说，这五家公司各方面能力都很好且发展稳定，是理想的投资对象。

排名末二十名的公司分别为鲁北化工、六国化工、蓝丰生化、沧州大化、恒大高新、天利高新、湘潭电化、兴化股份、亚星化学、河池化工、建峰化工、大元股份、*ST 金化、云天化、赤天化、*ST 路翔、*ST 天化、*ST 南化、*ST 明科、*ST 川化。2013 年排名末 20 名的公司分别为澄星股份、索芙特、鲁北化工、路翔股份、柳化股份、山西三维、ST 南化、泸天化、东方锆业、丹化科技、天齐锂业、*ST 海化、安纳达、双环科技、*ST 昌九、川化股份、*ST 新材、ST 明科、大元股份、宏达新材。其中，有七家公司在这两个年度都排在后 20 位，且均有恶化的趋势；也有*ST 海化、*ST 昌九和*ST 新材 3 家公司在各方面能力有所提高，在 2014 年成功摘帽，投资者可以关注。但总体来说，该类别的四项因子几乎都是负数，财务状况不很乐观，且后二十名中有不少是 ST 股，与股市行情相吻合，对于投资者来说，它们都不是理想的投资对象。

七、系统聚类分析

通过聚类分析把业绩相似的公司归类，可以对不同类别的上市公司进行对比分析，为投资者选择投资组合提供参考。

根据树状图（略）对 175 家化学原料和化学制品制造业上市公司进行分类，本书选择将其分为 4 类，如表 6－49 所示。

表 6－49　聚类分析

类别	化学原料和化学制品制造业上市公司	数目
1	新洋丰、嘉化能源、天齐锂业、国发股份	4
2	扬农化工、德美化工、东材科技、元力股份、江南化工、天科股份	6

续　表

类别	化学原料和化学制品制造业上市公司	数目
3	上海家化、金正大、史丹利 、合力泰、三聚环保、广州浪奇、闰土股份、沙隆达 A、浙江龙盛、华信国际、大庆华科、传化股份、西陇化工、宏昌电子、万盛股份、德联集团、赞宇科技、中化国际、宝利沥青、诚志股份、齐翔腾达、奥克股份、神剑股份、新疆天业、金禾实业、联创节能、彩虹精化、北化股份、华鲁恒升、诺普信、瑞丰高材、青岛金王、芭田股份、新奥股份、联化科技、百川股份、雅本化学、康达新材、万华化学、兴发集团、久联发展、华邦颖泰、司尔特、山东海化、滨化股份 、雅克科技、江山股份、红宝丽、昌九生化、回天新材、和邦股份、天赐材料、长青股份、上海新阳、安诺其、鼎龙股份、硅宝科技、雷鸣科化、雅化集团、同德化工、内蒙君正、远兴能源、巨化股份、新宙邦、南岭民爆、辉丰股份、方大化工、红太阳、国瓷材料、新安股份、新都化工、兄弟科技、利尔化学、胜利股份、多氟多、佰利联、天龙集团、永太科技、双良节能、九九久、日科化学、万昌科技、金力泰、索芙特、鸿达兴业、青松股份、江苏索普、渝三峡 A、盐湖股份、烟台万润、新开源、黑猫股份、科斯伍德、中粮生化、金浦钛业、天原集团、鲁西化工、山西三维、安纳达、乐凯胶片、红星发展、卫星石化、祥龙电业、高盟新材、三友化工、阳谷华泰、江山化工、青岛碱业、升华拜克、两面针、新纶科技、英力特、龙星化工、亿利能源、四川美丰、中核钛白、百润股份、中泰化学、云南盐化、中钢天源、道明光学、*ST阳化、蓝星新材、南风化工、柳化股份、宝莫股份、乐通股份、华昌化工、建新股份、*ST 金路、天马精化、湖北宜化、湖南海利、氯碱化工、熊猫金控、澄星股份、东方锆业、兰太实业、天茂集团、双环科技、钱江生化、丹化科技、宏达新材、鲁北化工、六国化工、蓝丰生化、沧州大化、恒大高新、天利高新、湘潭电化、兴化股份、亚星化学、河池化工、建峰化工、大元股份、*ST 金化、云天化、赤天化、*ST 路翔、*ST 天化、*ST 南化、*ST 明科、*ST 川化	163
4	广东榕泰、三爱富	2

表 6 - 49 中，类别 1 包括新洋丰、嘉化能源、天齐锂业和国发股份 4 家公司。根据表 6 - 48 中的数据显示，这个类别中公司中综合排名均比较靠前，财务状况相对较好，其成长因子得分最高，发展潜力巨大，都很适合长期投资。

其中，新洋丰是我国磷复肥行业龙头企业之一，截至 2014 年年底磷复肥产能达到 540 万吨/年，其中磷酸一铵和三元复合肥的市场占有率稳定在行业前三名。2014 年，公司实现营业收入 83.52 亿元，同比增长 21.24%，实现归属母公司股东净利润 5.71 亿元，同比增长 32.89%，折合每股收益 1.09 元/股，生产磷复肥 389 万吨，同比增长 11.68%，销售磷复肥 378 万吨，同比增长 9.99%，产销量的提升外加新增 11.70 亿元的原料化肥贸易收入带动公司营收增长。公司实施了稳健的财务政策，逐渐减少相关债务，资产负债率保持在合理的水平，使得公司偿债能力不断增强，且公司近年来主营产品销售良好且能够及时回款。其综合排名由 2013 年的第九十一名一跃成为第一名，各项能力都得到大幅度提升，除了盈利能力得分略靠后以外，营运因子得分排名第六，其成长能力得分第一，成长能力极强，偿债能力表现良好，适合作为长期投资对象。

天齐锂业作为我国目前最大的锂电新能源核心材料供应商，国内锂行业中技术领先、综合竞争力较强的龙头企业，全球最大的矿石提锂生产商。2014 年公司实现营业收入 14.22 亿元，同比增长 33.16%，主要系锂矿销售收入较 2013 年大幅增长所致；实现净利润 1.31 亿元，每股收益 0.54 元，同比扭亏为盈。2014 年同期，公司亏损 1.91 亿元，业绩扭亏的主要原因是，产品毛利率提高、管理费用大幅下降。公司 2014 年综合排名第十五名，盈利能力和成长能力排名分别为第十名和第四名，而在 2013 年度还排名倒数第十名，在 2014 年各项指标得到了大幅提升，特别是盈利能力方面，公司的财务状况在 2014 年得到了大幅改善，可谓打了个漂亮的翻身仗。加上 2014 年国内新能源汽车迎来“爆发”元年，从而推动动力锂电池和碳酸锂需求快速增长，行业高景气状态，未来发展空间巨大，是较为理想的长期投资对象，但是公司近两年营运因子得分排名居末几位，投资者关注的同时也要注意公司的经营状况。

类别 2 包括了扬农化工、德美化工、东材科技、元力股份、江南化工和天科股份 6 家公司，也是短期偿债因子得分排名最靠前的企业。该类企业流动比率和速冻比率高于同行业的其他公司，短期偿债能力强，综合排名比较靠前，其他各项指标相对均衡，值得关注。

其中，扬农化工综合排名第二与 2013 年持平，盈利能力和偿债能力大幅提升，分别位居第四和第一名，说明公司在 2014 年度流动比率和速冻比率提高，公司短期偿债能力增强，盈利能力增强，但同时营运能力和长期偿债能力下降，投资者需进一步关注公司的经营状况。扬农化工是 A 股市场上唯一以拟除虫菊酯仿生农药为主导产品的上市公司。在国内卫生菊酯市场，公司市占率约 70%；在国内农用菊酯市场，公司市占率 30%。菊酯业务毛利率稳定在 20%～25%，贡献稳定利润。总的来说，扬农化工综合排名稳定，且得分高，总体财务状况良好，盈利能力强，值得投资者长期关注。

东材科技综合排名由 2013 年的第一百四十一名一跃跻身为第十一名，2014 年公司财务状况大为改善，各方面能力得到提高，特别是偿债能力方面表现尤为突出。同样表现状况的还有德美化工，这类公司都值得投资者长期关注。2014 年公司实现营业收入 14.37 亿元，归属于母公司所有者净利润 1.65 亿元，同比增长 130%～150%，其中第 4 季度单季度预计实现净利润 0.52 亿～0.66 亿元，同比环比均实现大幅增长，略超之前市场预期。公司控股子公司四川东方绝缘材料股份有限公司以募集资金投资建设的“年产 2000 吨电容器用超薄型聚丙烯薄膜项目”的建设工作基本完成，单机调试进展顺利，已于 2014 年 10 月 8 日进行投料试车。该生产线代表目前国际先进水平，项目投产后将增加聚丙烯薄膜规格品种、提高产品档次，提高公司电容器用聚丙烯薄膜市场竞争力，对公司该产品市场份额和盈利能力的提高有积极正面的影响。

元力股份目前主营业务为木质活性炭和硅酸钠的研发、生产与销售，是国内综合实力最强的木质活性炭生产企业，也是国内唯一的活性炭上市公司。公司原有主营业务活性炭国内市占率超过 30%，为行业绝对龙头，有望凭借较强的研发实力逐渐拓展多个高端领域下游应用，取代被国外产品占据的活性炭高端市场，实现从活性炭生产企业向多应用领域的平台型公司的跨越。公司积极转型，着眼布局包括环保在内的六大新兴领域。这些新兴领域应用将打开公司新的成长空间和盈利模式，引领公司转型方向。该公司与 2013 年相比成长因子和偿债因子得分都有所提高，故综合排名上升，综合实力增强，加上独特的行业优势，发展潜力和空间都很大，值得关注。

类别 3 中，包含上海家化、金正大、史丹利、合力泰等 163 家公司，其综合排名高中低档位置均有，良莠不齐，需要投资者区别对待投资。排名靠前的可以投资，靠后的选择性投资，业绩太差的要尽量规避。

其中，上海家化是中国历史最悠久的日化企业之一，拥有国内同行业中最大的生产能力，是行业中通过国际质量认证 ISO 9000 最早的企业，亦是中国化妆品行业国家标准的参与制定企业。目前，拥有“佰草集”“六神”“美加净”“高夫”“启初”等诸多中国著名品牌。2014 年，公司旗下各品牌销售情况维持良好态势，全年实现营业收入 53.3 亿元，同比增长 19.4%，净利润 8.98 亿元，同比增长 12.2%，若剔除公司对天江药业的股权投资的持有意图发生改变而带发生的计提递延所得税费 7516 万元，净利润同比增长 21.6%。2014 年综合排名第三，比 2013 年上升了五名，整体实力进一步提高。特别是公司的营运能力由倒数第一名一跃跻身为 2014 年的第四名，公司经营状况的大幅改善，盈利能力也大大提高且远高于同行业企业，是投资者的理想投资对象。且目前化妆品行业仍旧保持较快发展，公司作为国内日化行业龙头具有优势，发展潜力巨大。在 2014 年其营运能力和偿债能力得到大幅提升的还有金正大、史丹利、广州浪奇、闰土股份、沙隆达 A、华信国际等公司，这类公司综合排名位置变化不大且靠前，公司整体状况良好，且发展较为稳定，值得投资者长期关注。

合力泰系原山东联合化工股份有限公司和原江西合力泰科技股份有限公司重组后成立。* ST 合泰 2014 年期内公司营业总收入 30.53 亿元，同比增加 162.45%，主要原因是反向收购合并报表范围不同以及江西合力泰吉州厂区及井冈山经济开发区厂区产能释放主营业务收入大幅增长。公司 2014 年实现净利润 1.47 亿元，较上年增长 2.36%；基本每股收益 0.1536 元。由于 2014 年净利润的大幅增涨，扭亏为盈，在 2015 年 4 月成功摘掉亏损的帽子。除了短期偿债能力得分不高以外，其他各项指标都大幅提高，故其综合排名由 2013 年的第一百三十名晋升到第十名，综合实力大幅提高，值得投资者期待。

祥龙电业综合排名由 2013 年的第一名跌到第一百一十五名，盈利因子和偿债因子得分急剧下降，特别是盈利因子得分由第一名跌至倒数第十一名，盈利能力大幅下降，长期偿债能力变差，但是营运因子的分大幅提升，名列第五名，公司的经营状况得到改善，这说明还是有一定的投资价值。公司 2014 年归属于母公司所有者的净利润为 130.29 万元，较 2013 年同期下降 99.75%；实现营业收入 1976.27 万元，较 2013 年同期减 38.23%；基本每股收益为 0.003 元，较上年同期减 99.78%。主要原因是，2013 年完成资产重组后，业务规模大幅度缩减。而净利大幅下降的原因是，营业收入下降，发生大量停工损失。目前公司正处于转型发展中，暂时性的结构调整导致的短期利润下降并不代表公司状况变糟，我们应用长远的眼光继续观望，结合其他情况来具体分析。同样的 2013 年表现不错的巨化股份、同德化工等在 2014 年都有所下降，投资者要结合具体的状况来选择性的投资。

阳煤化工 2014 年归属于上市公司股东净利润亏损 3036 万元，同比继续亏损。2013 年同期公司亏损 2234.73 万元。这主要是由于 2014 年上半年公司主要产品价格进入历史低谷，成本与销售价格倒挂导致公司亏损严重，下半年虽主要产品价格有一定幅度反弹，主要原材料价格有所下降，公司经营情况有所好转，但未能完全弥补上半年亏损。故 2014 年公司各项指标下降，综合排名也跌至第一百三十四名，2015 年被 ST（特别处理），投资者需谨慎对待。其他排名靠后的被ST的公司业绩都很糟糕，不适合投资，投资者应尽量规避。

类别4中包含有两家企业，分别为广东榕泰和三爱富，综合排名分别位列第六、第七。这两家公司的总体特征是偿债因子得分最高。与2013年相比综合排名都得到了大幅提升，除了偿债因子得分巨幅提高以外，其他能力因子变化不大，这主要是受益于公司偿债能力的大幅提升，投资价值也相应提高很多，但还需具体结合公司情况分析。广东榕泰是我国最大的氨基模塑料生产企业，生产能力7.5万吨/年（非公开募股项目达产后，生产能力将达13.5万吨/年）。公司的主要产品有ML氨基复合材料、仿瓷制品、甲醛、苯酐、增塑剂（DOP）。广东榕泰，偿债因子得分遥遥领先，排名第一，偿债能力极强，但是其营运因子得分排名倒数第六，营运能力极差，且盈利因子和成长因子得分都靠后，各方面能力极其不平衡。这些说明选择投资对象时还需要结合投资时间和市场状况等因素进行综合考虑，不能只看其综合排名情况。三爱富作为氟化工行业的标杆企业，具有深厚的技术积累以及丰富的产品线。但受制于全行业的产能过剩，公司从2012年以来主营业务的盈利能力不断下滑，过去两年保持盈利主要依靠CDM补贴产生的利润。三爱富2014年实现营业收入39亿元，同比增长20%，实现净利润647万元，同比下滑91%。公司盈利下滑的主要原因是产品价格的下降，另外2013年CDM项目提前终止，2014年仅获得补偿收益0.43亿元，明显少于2013年的补偿1.62亿元。这类型企业投资时除了排名以外，我们还需具体结合具体行业的大环境去分析其投资价值，切记盲从指标。

八、结语

综上所述，随着化学原料及化学制品制造业快速增长，其行业内部的上市公司成长也逐渐显出其两面性，既有逐渐落后于市场的企业，也有不断创新锐意进取的上市公司。只有当企业的生产经营、新产品开发和技术创新跟上增长的步伐，能够创造价值的可持续增长才能使企业长足发展。投资者在进行投资时还是需要谨慎投资，要做一名真正的投资者。从世界化学原料及化学制品制造业行业整体以及部分地区的发展情况、中国化学原料及化学制品制造业行业的宏观发展环境、中国化学原料及化学制品制造业行业整体发展现状入手结合企业各方面的财务信息，加以谨慎地分析，做出合理的选择。在此，本书利用13个指标综合分析2014年化学原料及化学制品制造行业175家上市公司各方面表现情况，运用SPSS软件，并结合2013年度相关分析研究结果加以对比分析，对投资者进行投资决策有一定的参考意义。但由于分析仅仅运用了两个年度的财务报表资料，某些项目还可能会由于会计政策变更等的影响存在一定程度的偶然性，分析指标的选择也具有主观性。因此，分析结果难以反映出完全的真实状况，因此，愿后续能对更多个连续年度进行跟踪分析，并适当增加分析指标，较大程度地消除偶然性，使得数据更加的动态，有效根据过去几个年度的信息预估未来年度的投资状况，帮助我们做出更加准确的投资决策。

（参著：李春花）

第八节　医药制造业上市公司投资价值比较分析研究

一、行业发展与投资价值状况

医药制造业作为国民经济的重要组成部分，是一个多学科、先进技术和手段高度融合的高科技产业，在各国产业体系和经济增长中都起着举足轻重的作用。

进入21世纪以来，我国医药制造业一直以较快的发展速度扩大其规模和影响范围，医学产品种类日益增多，技术水平不断提高，在推动社会进步和增进人类身体健康等方面扮演着十分重要的作用。但是在现阶段仍然面临着许多发展不足的地方，比如医药制造业企业数量相对较少、规模较小、集群效应较低，研发投入不足、自主创新不足；污染排放量大等问题。

据国家统计局统计数据显示，2014年我国医药制造业的全国主营业务总收入为23325.61亿元，同比增长13.3%。在2010—2014年期间，我国医药制造业主营业务总收入整体上升，2012—2014年主营业务总收入增长稳定。2014年，医药制造业利润总额2322.20亿元，同比增长12.1%。2010—2014年利润总额持续增长。2014年医药制造业毛利率40.12%。2010—2014年我国医药制造业毛利率增长较平稳，起伏波动较小。但行业中凸显两极分化、涨跌互现的局面，对此业内称降价应两看，市场理性无须担心资本冲击。

医药制造业是一个高投入、高回报、高风险的产业。由于其一直面临着不断创新的巨大压力，因此医药企业就必须得加大研究和开发力度。由于中国医药事业起步较晚，相比国外同业来说，其较低的创新能力和对知识产权保护的欠缺使得中国制药行业现阶段呈现出特有的竞争态势。从目前整体宏观环境来看，医药制造业是机遇与挑战并存，投资者需要抓准投资机遇，充分了解相关企业的战略规划与国家政策的契合程度，从长期利益考虑，适时把握。

总之，医药制造业都具有较大的社会需求和发展潜力，相应地对其上市公司进行价值投资就显得格外重要。本书以深沪两市的134家医药制造业上市公司为例，以2014年财务报告为依据，选取13个能够综合反映财务能力的财务指标，作为评估各医药制造业公司投资价值的指标体系，建立指标模型，运用SPSS软件，采用因子分析法与聚类分析法进行投资价值实证分析，确定公司的投资价值总量及其排名，并合理划分层级，结合投资者对医药制造业公司投资的实际情况及2013年相关分析结果进行深入比较分析研究，得出量与质有机结合的投资结论，为投资者提供参考，以降低其投资风险，提高投资收益。

二、样本选取与数据处理

沪、深证交所的134家医药制造业上市公司的资料来源主要为其2014年的财务报告所披露的相关信息。具体初始数据如表6-50和表6-51所示。

表 6-50　　初始数据 1

股票代码	名称	基本每股收益（元）	销售净利率（%）	每股净资产（元）	总资产报酬率（%）	流动比率	速动比率
000004	国农科技	0.0500	19.3835	0.9559	6.8684	1.7593	0.4661
000153	丰原药业	0.1313	2.4201	3.5639	4.0584	1.0099	0.7395
000403	ST 生化	0.4500	21.8454	1.5515	15.5216	0.5678	0.1696
000423	东阿阿胶	2.0879	34.2298	9.0554	23.3895	3.9995	2.9203
000513	丽珠集团	1.7400	9.9855	12.5000	9.5931	1.1861	0.8686
000518	四环生物	0.0058	−3.8081	0.6615	0.5457	3.8060	3.3437
000538	云南白药	2.4100	13.2735	10.7404	20.0454	3.5693	2.3046
000566	海南海药	0.3300	12.7018	3.2835	7.8519	1.5942	1.3679
000590	*ST 古汉	−0.3841	−42.2261	0.8244	−14.8443	0.8014	0.6693
000597	东北制药	0.2200	1.9343	5.6131	3.0431	0.9376	0.7159
000606	青海明胶	−0.2448	−35.3476	1.6997	−7.7983	1.4863	1.0581
000623	吉林敖东	1.5800	63.2915	14.0661	11.2146	3.9488	3.3735
000650	仁和药业	0.3000	14.3730	2.0521	17.0185	3.4282	2.6982
000661	长春高新	2.4200	19.6355	11.1189	17.5332	1.9331	1.2053
000739	普洛药业	0.3000	7.7188	2.0106	9.0099	0.9388	0.7036
000756	新华制药	0.1100	1.9036	3.9813	4.0272	0.9134	0.5456
000766	通化金马	0.0100	2.4785	1.4688	1.0913	1.1879	0.4342
000788	北大医药	−0.0500	−1.6755	1.8626	1.0132	0.7765	0.5635
000915	山大华特	1.2100	28.1147	5.3680	25.5520	2.4259	2.2084
000919	金陵药业	0.3912	8.8444	4.6045	8.4166	2.6258	2.1340
000952	广济药业	−0.8690	−47.2551	1.9792	−12.8053	0.6888	0.4705
000989	九芝堂	0.8300	17.5006	5.4038	14.4314	2.3096	1.8819
000999	华润三九	1.0600	14.7341	6.9057	12.0787	1.9181	1.5967
002001	新和成	0.7400	19.4044	6.4423	11.6359	2.7052	2.0682
002007	华兰生物	0.9266	43.3152	5.8530	16.3983	18.7470	15.1979
002019	亿帆鑫富	0.8700	14.1211	5.7780	13.6972	1.6178	1.2435
002020	京新药业	0.3970	8.6670	4.8823	7.3440	1.8867	1.5903
002022	科华生物	0.5931	24.6431	2.5529	24.5760	6.0831	4.2231
002030	达安基因	0.2800	14.6039	1.5507	15.4037	1.6256	1.4045
002038	双鹭药业	1.5200	56.4018	6.8907	26.2213	19.7262	18.7567
002099	海翔药业	0.1400	3.3854	4.4041	3.7942	1.5457	0.8821

续　表

股票代码	名称	基本每股收益（元）	销售净利率（%）	每股净资产（元）	总资产报酬率（%）	流动比率	速动比率
002107	沃华医药	0.2200	11.5912	3.8526	5.4073	13.2748	12.4689
002118	紫鑫药业	0.0900	6.0523	3.8854	4.6385	1.6314	0.5428
002166	莱茵生物	0.3200	6.2973	1.8447	5.4351	0.9697	0.1667
002198	嘉应制药	0.1451	13.0172	1.7011	9.1291	2.2160	1.7789
002219	恒康医疗	0.4175	37.5041	1.6569	20.6246	1.1310	1.0097
002252	上海莱士	0.4500	38.6831	6.3064	11.2632	9.7654	7.2201
002275	桂林三金	0.7500	30.3383	3.9318	18.8436	4.6840	4.2585
002287	奇正藏药	0.5900	24.7835	3.7049	16.9718	7.8061	7.2984
002294	信立泰	1.5900	36.1954	5.7812	29.0579	3.1903	2.9988
002317	众生药业	0.6200	16.5058	5.0035	11.5749	4.0096	3.6322
002332	仙琚制药	0.1100	1.9760	2.3700	4.8178	1.0418	0.7660
002349	精华制药	0.1973	7.0319	5.3204	3.6511	4.4480	3.7713
002365	永安药业	0.1700	4.8180	5.9245	3.0195	9.4301	8.5473
002370	亚太药业	0.2000	10.8008	3.6633	5.4248	4.9299	3.9719
002390	信邦制药	0.3200	6.2135	4.7895	7.8395	1.2274	1.0263
002393	力生制药	0.5100	12.0051	15.9484	2.9659	6.2816	5.4443
002399	海普瑞	0.4227	17.1187	10.3347	2.3690	36.2786	31.5352
002412	汉森制药	0.3973	16.2095	3.7822	10.2717	3.3308	2.8303
002422	科伦药业	1.3900	12.2726	14.9159	6.9053	1.5395	1.1728
002424	贵州百灵	0.6600	20.0076	4.9358	11.7061	2.2401	1.6232
002433	太安堂	0.3000	15.6704	5.1338	6.4022	4.8990	2.3488
002437	誉衡药业	0.6300	23.9088	4.1280	14.5374	1.0660	0.9524
002550	千红制药	0.7700	29.7267	6.5596	9.2435	11.1629	10.2048
002566	益盛药业	0.2900	12.2241	5.2288	5.4554	2.9793	1.2556
002603	以岭药业	0.6300	12.1354	8.0834	8.2486	6.1058	3.8357
002644	佛慈制药	0.1950	8.6834	4.1370	3.3481	4.9901	3.7801
002653	海思科	0.4200	37.2165	1.9508	18.5941	2.9349	2.8392
002675	东诚药业	0.6016	14.3625	6.7648	10.1333	4.0574	2.5804
002688	金河生物	0.3500	9.5354	4.3637	7.5078	3.3841	2.0537
002693	双成药业	0.2200	36.5593	3.3095	6.9310	27.3919	25.0525
300006	莱美药业	0.0500	1.2354	4.9262	1.9465	0.6921	0.4306

续 表

股票代码	名称	基本每股收益（元）	销售净利率（%）	每股净资产（元）	总资产报酬率（%）	流动比率	速动比率
300009	安科生物	0.3800	20.0535	2.5448	14.5376	2.9878	2.7558
300016	北陆药业	0.2800	21.4020	2.0021	14.1859	2.1753	1.7381
300026	红日药业	0.7800	15.6775	4.0861	19.6797	2.9983	2.5099
300039	上海凯宝	0.5527	23.5877	2.9430	20.1078	8.1485	7.6351
300049	福瑞股份	0.7000	13.1375	6.4315	9.9320	2.8091	2.4482
300086	康芝药业	0.1969	14.3435	5.8204	2.6777	14.6546	14.0331
300110	华仁药业	0.0800	6.1253	2.2013	4.0904	0.9493	0.7841
300119	瑞普生物	0.0700	4.9329	4.1499	1.6114	4.8212	4.0580
300122	智飞生物	0.1900	18.4788	3.0722	5.6830	12.3857	11.2189
300142	沃森生物	0.6100	13.4496	12.3201	4.7909	1.5690	1.4590
300147	香雪制药	0.3900	14.2091	3.4223	7.7786	1.0976	0.8476
300158	振东制药	0.1457	1.7984	6.8024	2.4459	1.7007	1.2804
300181	佐力药业	0.3300	20.7325	2.5369	11.6692	2.2629	1.9622
300186	大华农	0.2100	11.4612	3.9735	4.6029	8.5979	7.3998
300194	福安药业	0.1800	10.2254	6.5617	1.8168	11.3412	9.5099
300199	翰宇药业	0.4300	40.9037	3.2404	12.5637	8.3853	7.9742
300204	舒泰神	0.8100	17.8663	6.3068	12.5072	5.7239	5.6108
300233	金城医药	0.8800	10.3443	8.8409	8.0267	1.5409	1.2855
300239	东宝生物	0.0247	1.9470	1.7239	2.6659	1.7840	0.8508
300254	仟源医药	0.3064	8.5506	4.7655	5.7720	1.5930	1.3072
300255	常山药业	0.7100	16.5561	7.2699	9.8693	2.0749	1.1042
300267	尔康制药	0.6300	20.9735	3.5683	18.4219	3.1300	2.0638
300289	利德曼	0.8400	26.7650	6.1300	12.5183	1.5864	1.3601
300294	博雅生物	1.3700	26.3148	11.3200	12.3920	6.9383	5.4702
300357	我武生物	0.6200	41.5633	3.1779	28.7935	27.5827	26.8474
300363	博腾股份	1.1600	12.4162	7.4386	11.5288	0.9149	0.7434
600056	中国医药	0.5568	3.4366	4.9145	6.6677	1.6708	1.0761
600062	华润双鹤	0.9479	12.6996	9.9338	9.7500	4.7450	3.9539
600079	人福医药	0.8500	9.0154	8.9316	9.0509	1.3781	1.1061
600080	金花股份	0.1014	4.1819	3.3403	2.1019	1.9265	1.7053
600085	同仁堂	0.5820	12.9463	4.2090	12.0477	3.2717	1.8415

续 表

股票代码	名称	基本每股收益（元）	销售净利率（%）	每股净资产（元）	总资产报酬率（%）	流动比率	速动比率
600129	太极集团	−0.6500	−3.7942	2.3733	0.1551	0.7653	0.5690
600161	天坛生物	0.2500	12.3816	3.7655	7.1466	0.8153	0.4961
600195	中牧股份	0.6756	7.0308	6.6327	8.4149	1.9346	1.2068
600196	复星医药	0.9200	19.7067	7.2135	9.4530	0.9084	0.7402
600201	金宇集团	1.4400	37.8309	5.7115	24.9544	3.1576	2.6564
600216	浙江医药	0.1800	3.5458	6.9845	2.4734	2.8389	2.1576
600252	中恒集团	1.4530	49.6041	5.1100	28.7974	2.8420	2.3632
600267	海正药业	0.3500	5.4668	7.2747	6.3335	1.2709	0.9632
600276	恒瑞医药	1.0100	21.1068	5.2720	21.0763	10.0764	9.3054
600285	羚锐制药	0.1400	9.2242	2.8820	4.6110	1.0815	0.7877
600329	中新药业	0.4800	5.3541	3.7383	8.8396	1.4319	1.0678
600332	白云山	0.9230	6.4396	5.9900	11.0813	1.4665	1.0411
600351	亚宝药业	0.2458	8.7374	2.6186	7.4194	0.9196	0.6283
600380	健康元	0.2292	9.2183	2.8160	7.9075	1.4014	1.1019
600385	山东金泰	0.2500	1.9835	0.3607	29.1217	1.2117	0.2866
600420	现代制药	0.6603	9.0051	4.0562	9.8836	1.6900	0.9028
600421	仰帆控股	0.0100	8.3335	0.0279	3.8698	0.5299	0.3950
600422	昆药集团	0.8567	7.4674	5.6408	12.6344	2.0934	1.5553
600436	片仔癀	2.7300	30.1190	18.0778	14.6802	9.3579	5.8469
600479	千金药业	0.3448	5.3639	3.6791	7.0589	1.9022	1.5817
600488	天药股份	0.0900	6.2440	2.4715	3.6871	12.9843	7.9576
600513	联环药业	0.2800	6.5640	2.7691	9.2214	1.8411	1.5733
600518	康美药业	1.0400	14.3323	7.6026	12.5098	2.5041	1.6107
600521	华海药业	0.3400	9.9316	4.1001	7.4265	1.9687	1.3121
600530	交大昂立	0.2720	28.2590	6.6830	5.5017	1.0300	0.8164
600535	天士力	1.3200	11.5412	4.6840	17.4623	1.1510	0.9327
600557	康缘药业	0.6400	12.6071	4.8647	11.6036	1.5824	1.4809
600568	中珠控股	0.0885	2.9569	4.6867	2.4147	2.3915	1.2699
600572	康恩贝	0.6820	20.3192	3.4467	17.2899	1.1801	0.8559
600594	益佰制药	1.2170	15.2420	8.6630	13.4560	1.5426	1.3420
600613	神奇制药	0.4000	13.9831	4.4172	10.1479	5.4774	4.8830

续 表

股票代码	名称	基本每股收益（元）	销售净利率（%）	每股净资产（元）	总资产报酬率（%）	流动比率	速动比率
600614	鼎立股份	0.1300	5.9656	3.4615	3.7465	1.1163	0.4942
600664	哈药股份	0.1300	1.1974	4.2963	1.9406	1.5622	1.0670
600666	西南药业	0.1000	2.1662	1.3685	4.4277	0.8570	0.5026
600671	天目药业	0.0200	1.7533	0.6705	3.5337	0.7817	0.4861
600750	江中药业	0.8700	9.4129	6.9244	11.6075	3.0596	2.6015
600771	广誉远	0.1500	7.1467	0.3450	8.4161	1.0283	0.8379
600781	辅仁药业	0.0700	3.6644	1.7736	3.2115	0.8406	0.4887
600789	鲁抗医药	−0.2200	−5.9119	2.4224	−1.5059	0.9769	0.7215
600812	华北制药	0.0270	0.3382	3.1909	2.2237	0.6762	0.4784
600867	通化东宝	0.2700	19.0541	2.0753	12.4102	2.8476	1.4809

表 6－51　　　　初始数据 2

股票代码	名称	资产负债率（%）	存货周转率（次）	固定资产周转率（次）	总资产周转率（次）	总资产增长率（%）	营业总收入增长率（%）	股东权益增长率（%）
000004	国农科技	53.4754	0.3578	2.0432	0.2778	39.6984	10.7499	5.0449
000153	丰原药业	48.7414	5.3578	2.7333	0.8055	12.9484	11.0496	9.7511
000403	ST 生化	61.5809	0.9131	1.0334	0.4112	0.5601	2.4659	40.8032
000423	东阿阿胶	19.2000	1.3709	4.0754	0.5966	24.7536	−0.1816	18.3924
000513	丽珠集团	44.0964	2.8781	2.2535	0.7995	11.2184	20.0394	10.5203
000518	四环生物	11.7947	2.1703	1.0460	0.2941	−0.5472	15.5623	0.8824
000538	云南白药	30.8801	2.6978	12.8780	1.2877	26.8647	18.9669	23.8822
000566	海南海药	52.9454	2.7104	2.4490	0.3760	5.8025	31.5939	9.5094
000590	*ST 古汉	68.6265	1.8484	1.5543	0.3565	6.2000	−20.6557	−31.6887
000597	东北制药	67.7917	2.9004	2.6386	0.5374	13.4788	11.9550	77.2165
000606	青海明胶	34.7532	2.1989	0.6915	0.2579	−8.9830	−4.6835	−12.3949
000623	吉林敖东	8.0649	1.8297	1.5375	0.1731	13.7378	14.4741	18.9675
000650	仁和药业	16.7517	4.4057	5.3658	0.9149	11.5251	25.2219	11.3073
000661	长春高新	35.0592	0.9229	3.1934	0.7600	12.2576	10.4256	22.4241
000739	普洛药业	54.4443	5.1441	2.6076	0.8706	8.5700	9.7910	28.6556
000756	新华制药	54.9634	5.0941	2.1227	0.8870	10.2822	5.8540	3.4759

续　表

股票代码	名称	资产负债率（%）	存货周转率（次）	固定资产周转率（次）	总资产周转率（次）	总资产增长率（%）	营业总收入增长率（%）	股东权益增长率（%）
000766	通化金马	48.7007	0.2700	1.7340	0.1742	16.1332	41.0287	7.2210
000788	北大医药	75.4280	3.3605	1.4000	0.5126	9.0570	−2.1866	−2.9453
000915	山大华特	24.1689	4.9853	3.1859	0.7748	22.8005	25.4364	25.9484
000919	金陵药业	24.0527	5.3626	2.8687	0.8004	9.6180	6.3794	5.3796
000952	广济药业	68.0596	2.7339	0.8155	0.3100	1.9747	−0.2509	−30.5108
000989	九芝堂	25.1309	3.1005	2.7685	0.6956	13.6563	15.9679	4.3592
000999	华润三九	34.4205	3.0267	3.0712	0.6960	4.1469	−0.2289	9.9388
002001	新和成	23.1110	2.0967	1.6197	0.4711	6.6374	−1.7327	6.7667
002007	华兰生物	3.5467	1.1611	1.5727	0.3355	3.4672	11.2629	10.5599
002019	亿帆鑫富	23.7268	4.6996	3.4046	0.7667	214.3012	45.4813	401.1701
002020	京新药业	32.2630	3.8260	2.5351	0.7291	55.8668	26.7920	70.9751
002022	科华生物	11.2934	2.6559	5.1090	0.8701	4.2955	9.2828	11.0007
002030	达安基因	42.4825	5.2340	5.4671	0.7913	37.6575	27.1288	21.4074
002038	双鹭药业	4.1555	3.3386	4.0120	0.4122	22.3801	6.9869	22.6951
002099	海翔药业	23.7252	2.0479	1.3275	0.4203	97.5525	13.6509	411.0407
002107	沃华医药	5.5177	3.0084	1.7173	0.4800	3.6573	23.3610	4.4145
002118	紫鑫药业	50.7600	0.1837	1.2367	0.1981	7.2621	63.4230	2.4269
002166	莱茵生物	84.0653	0.8268	4.6927	0.4985	30.5806	54.8000	21.1702
002198	嘉应制药	16.6078	3.8290	2.9839	0.5791	12.6529	149.5405	6.6311
002219	恒康医疗	44.2032	2.7524	2.8251	0.4519	65.4618	21.4144	27.1487
002252	上海莱士	8.0512	1.0029	1.6634	0.2409	495.4657	165.8829	691.8909
002275	桂林三金	16.6354	2.7391	5.7470	0.5359	3.5129	−0.2027	5.3340
002287	奇正藏药	13.5167	2.6787	4.1825	0.5712	16.7690	−1.9971	6.7744
002294	信立泰	17.9365	4.8973	3.9358	0.6980	26.7011	23.8524	20.7776
002317	众生药业	17.6739	3.9339	2.9667	0.6104	16.4251	20.0443	9.7585
002332	仙琚制药	56.1849	3.3834	2.5267	0.8893	1.7712	6.7166	4.8989
002349	精华制药	18.6562	2.0937	1.5478	0.3907	76.1796	−21.1385	106.5060
002365	永安药业	6.6673	15.9762	1.0852	0.5511	−1.2745	25.9602	2.5963
002370	亚太药业	11.9281	2.5070	1.6013	0.4552	5.8196	19.7568	5.2814
002390	信邦制药	52.9435	4.2196	4.9191	0.7381	251.3534	334.8087	131.6083

续 表

股票代码	名称	资产负债率（%）	存货周转率（次）	固定资产周转率（次）	总资产周转率（次）	总资产增长率（%）	营业总收入增长率（%）	股东权益增长率（%）
002393	力生制药	10.4035	1.6783	3.2638	0.2392	0.7982	−25.9166	−0.4778
002399	海普瑞	15.8885	1.7853	3.7027	0.2152	20.0568	29.4543	3.5529
002412	汉森制药	15.6887	2.2940	1.8084	0.5483	3.4532	26.0701	4.0511
002422	科伦药业	48.2599	2.3990	1.4506	0.4099	18.1424	17.4512	10.0365
002424	贵州百灵	34.1434	0.8440	2.7639	0.4471	2.4722	12.0500	10.2549
002433	太安堂	15.9962	0.7576	1.6482	0.3483	75.8118	56.3538	87.5100
002437	誉衡药业	36.9774	4.9706	2.9647	0.4846	67.2573	45.7179	26.3517
002550	千红制药	7.7059	2.0890	7.1580	0.3722	11.8306	−5.3641	8.5333
002566	益盛药业	29.6841	0.2994	2.8709	0.3597	31.7187	22.3635	4.4891
002603	以岭药业	10.4917	1.4842	2.7979	0.5995	9.2287	17.3079	6.9455
002644	佛慈制药	29.7528	2.3652	2.5978	0.4094	15.8945	36.8894	4.5275
002653	海思科	26.6981	5.4603	3.1565	0.4541	17.0003	21.9943	9.3632
002675	东诚药业	15.0044	1.9827	2.9026	0.5729	13.4192	−3.0602	7.4638
002688	金河生物	37.0401	2.7242	2.1309	0.6624	49.3429	13.3232	5.5521
002693	双成药业	5.2979	1.3366	0.7613	0.1733	2.8894	7.7492	2.6341
300006	莱美药业	54.6796	2.7899	1.3811	0.4120	2.8304	20.1133	−9.4783
300009	安科生物	15.5209	5.1303	1.7641	0.6514	22.1077	26.0395	11.8525
300016	北陆药业	26.5348	1.7465	2.9729	0.5761	46.1633	32.6777	11.4090
300026	红日药业	22.5028	1.7503	4.1134	1.0883	37.1528	36.5420	38.7550
300039	上海凯宝	10.9911	2.2006	5.1526	0.7618	19.5705	11.9301	17.3434
300049	福瑞股份	31.2575	3.7736	7.1360	0.5221	16.5899	23.3120	16.9712
300086	康芝药业	5.1074	3.8592	1.1949	0.2132	1.1901	32.0691	1.1049
300110	华仁药业	43.5571	3.1328	0.8127	0.3676	10.7609	5.7151	1.3952
300119	瑞普生物	12.9722	1.8468	1.8004	0.2936	−1.0083	−22.4806	0.2193
300122	智飞生物	9.4574	1.9756	2.9361	0.3021	4.8916	2.6609	2.8661
300142	沃森生物	46.1774	1.5534	1.3468	0.1188	−2.7400	23.3112	5.1172
300147	香雪制药	47.8523	3.4933	1.4264	0.4315	3.2686	20.8439	8.6241
300158	振东制药	31.0751	3.9420	2.1278	0.6788	2.1968	15.7369	0.6761
300181	佐力药业	26.2166	1.6205	1.2960	0.4850	25.4401	22.7724	4.0367
300186	大华农	8.9494	3.2658	2.3167	0.4207	−1.8285	−5.4583	−1.3255

续 表

股票代码	名称	资产负债率（%）	存货周转率（次）	固定资产周转率（次）	总资产周转率（次）	总资产增长率（%）	营业总收入增长率（%）	股东权益增长率（%）
300194	福安药业	6.8052	1.8102	1.1128	0.2428	−1.6736	25.3760	0.1585
300199	翰宇药业	23.6422	1.8730	1.2157	0.2809	31.7207	39.1578	15.2943
300204	舒泰神	16.4213	1.9310	4.5344	0.6465	15.4477	22.4391	15.2496
300233	金城医药	37.4511	5.5150	1.5638	0.6253	13.2933	15.6394	9.2962
300239	东宝生物	35.8132	1.5056	1.2204	0.4781	2.1054	−34.2979	−3.1057
300254	仟源医药	30.3194	3.1573	1.9242	0.5755	8.3427	27.2914	4.5274
300255	常山药业	30.2172	0.7082	2.6022	0.4397	24.2786	15.1506	11.4255
300267	尔康制药	24.4374	3.4558	2.4630	0.7473	53.4590	35.5666	22.2331
300289	利德曼	32.3901	2.9059	0.7984	0.3755	29.9188	56.2641	13.3221
300294	博雅生物	9.2258	1.3761	2.5857	0.4330	1.3302	78.4884	8.3675
300357	我武生物	3.3414	0.9791	6.1264	0.6023	101.2870	23.7082	103.8627
300363	博腾股份	52.8601	3.6679	2.2152	0.7044	95.6515	34.4374	89.2083
600056	中国医药	61.4068	3.9837	12.7323	1.3231	11.0483	20.4178	44.7512
600062	华润双鹤	14.1242	3.6168	2.3035	0.6536	2.1352	−37.3632	6.4955
600079	人福医药	52.9240	3.8286	3.7290	0.6447	25.3438	17.3275	8.7654
600080	金花股份	19.4633	6.7383	1.7650	0.5814	6.8944	51.3035	2.3042
600085	同仁堂	33.2148	1.2544	7.9424	0.7793	8.6869	11.1447	9.9838
600129	太极集团	84.5494	3.2579	4.4954	0.7057	10.5059	5.3759	6.8845
600161	天坛生物	63.1344	0.9132	1.1512	0.3136	6.7603	−0.5420	0.7758
600195	中牧股份	25.9614	4.9213	4.5515	1.0097	15.2257	10.8714	10.3216
600196	复星医药	45.9394	4.1745	2.9309	0.3711	19.8848	20.2985	8.7572
600201	金宇集团	22.2832	1.3508	3.3777	0.5580	22.5704	58.3198	27.3728
600216	浙江医药	16.6178	4.8617	2.0178	0.6265	4.1430	−2.0399	1.2406
600252	中恒集团	26.2688	0.8494	3.9833	0.4565	32.4953	−19.5734	60.4823
600267	海正药业	52.2227	4.1773	2.7166	0.6458	23.8062	17.3452	43.7324
600276	恒瑞医药	8.7707	2.6778	5.5876	0.9140	25.8522	20.1381	24.8089
600285	羚锐制药	36.9253	1.7254	2.3662	0.4009	50.1376	20.2772	59.5642
600329	中新药业	45.8061	5.8877	8.5928	1.3247	3.3232	17.9154	14.3294
600332	白云山	43.9934	5.0468	10.5735	1.4210	16.0147	6.7678	13.2840
600351	亚宝药业	42.8606	2.9944	1.1958	0.5917	−0.5414	16.2950	7.6390

续 表

股票代码	名称	资产负债率（%）	存货周转率（次）	固定资产周转率（次）	总资产周转率（次）	总资产增长率（%）	营业总收入增长率（%）	股东权益增长率（%）
600380	健康元	45.8677	3.0143	2.0561	0.6498	12.4611	19.2611	6.5942
600385	山东金泰	76.3131	23.8629	459.6720	11.8414	106.5686	277.1093	213.1828
600420	现代制药	63.4531	2.2989	2.7349	0.7905	21.0961	16.9843	17.2746
600421	仰帆控股	80.1263	3.0772	1.0713	0.3334	−46.2263	−60.4077	66.0052
600422	昆药集团	32.2215	5.4761	10.7296	1.3944	4.7899	14.9601	9.4575
600436	片仔癀	18.1480	0.8858	5.8332	0.4209	11.9763	4.1552	16.0480
600479	千金药业	37.8299	4.9006	5.8744	1.0659	18.0381	11.2216	11.2321
600488	天药股份	17.3067	2.0159	1.0510	0.4623	−6.9032	−6.1882	3.0088
600513	联环药业	34.1002	4.7160	3.9559	1.0221	1.4602	7.2814	8.0270
600518	康美药业	40.0318	2.1100	3.9094	0.6363	25.2925	19.3915	38.9796
600521	华海药业	27.5817	1.8196	2.2902	0.5760	0.9832	12.5666	7.1258
600530	交大昂立	19.9467	1.6470	1.5097	0.1480	54.4912	5.8444	57.4361
600535	天士力	60.7745	5.7315	5.0498	1.0865	26.5285	13.2303	26.2443
600557	康缘药业	38.4774	4.9300	2.3212	0.6756	21.0588	14.9139	33.0015
600568	中珠控股	43.1865	0.5100	7.7870	0.2980	71.9248	35.3320	130.4189
600572	康恩贝	46.4941	2.0782	3.1163	0.6662	41.4256	22.4836	17.8581
600594	益佰制药	37.3753	2.0910	6.2028	0.7261	71.6930	13.3640	78.3037
600613	神奇制药	11.3418	2.3424	4.7561	0.6089	12.9364	39.2311	10.0952
600614	鼎立股份	57.6849	0.6124	1.8571	0.2824	132.8628	−1.2001	178.9543
600664	哈药股份	46.0073	3.5907	3.9483	1.0098	−1.2900	−8.7499	1.0833
600666	西南药业	80.6023	1.9253	5.7352	0.6954	3.4258	5.6347	−7.4318
600671	天目药业	69.4243	1.3373	2.2230	0.4853	−11.1667	−47.1603	0.4553
600750	江中药业	35.8842	4.1301	3.7805	0.8970	11.1821	2.0254	−0.0979
600771	广誉远	81.4697	1.4480	4.0471	0.7167	−12.1488	32.0924	77.2108
600781	辅仁药业	64.7427	1.7410	0.9176	0.4408	17.4917	11.3793	13.2872
600789	鲁抗医药	63.1763	3.9950	1.3643	0.5667	0.2493	4.5876	−7.7712
600812	华北制药	66.2923	4.8382	1.5373	0.6241	6.8955	−24.4182	28.8312
600867	通化东宝	26.9167	0.9288	1.3376	0.5137	9.7150	20.5191	7.3608

在指标性质、单位不同的情况下，首先要对指标进行同趋势化处理。然后利用 SPSS

中的 Z - score 方法将 13 项指标的原始数据进行标准化处理，同趋势化数据与标准化数据略。

三、因子分析法适应性检验

为了检验所选用的指标是否适合使用因子分析法，本书利用 SPSS 软件中 KMO 和 Bartlett 球形检验方法来对样本进行检验。检验结果如表 6 - 52 所示。

表 6 - 52　　KMO 检验和 Bartlett 球形检验

取样足够度的 KMO 度量		0.527
Bartlett 球形检验	近似卡方	1330.600
	df	78
	Sig.	0.000

由表 6 - 52 可知，KMO 值为 0.527，大于 0.5，可知各变量之间的相关程度无较大差异，原有变量适合做因子分析。同时，Bartlett 球形检验统计量 1330.600，相应的概率 Sig. 为 0.000，在 5%的显著性水平之下，拒绝原假设，因此可认为相关系数矩阵与单位矩阵有显著差异，说明样本适合做因子分析。

四、确定主因子

本书应用因子分析法中的主成分分析法来计算原始公因子的特征值、方差贡献率以及累计方差贡献率，并由此确定公因子。结果如表 6 - 53 所示。

表 6 - 53　　解释的总方差

成分	初始特征值			提取平方和载入			旋转平方和载入		
	合计	方差百分比（%）	累积百分比（%）	合计	方差百分比（%）	累积百分比（%）	合计	方差百分比（%）	累积百分比（%）
1	3.327	25.593	25.593	3.327	25.593	25.593	2.943	22.639	22.639
2	2.773	21.328	46.922	2.773	21.328	46.922	2.559	19.681	42.321
3	1.865	14.350	61.271	1.865	14.350	61.271	2.215	17.039	59.360
4	1.187	9.133	70.404	1.187	9.133	70.404	1.336	10.280	69.640
5	1.001	7.702	78.106	1.001	7.702	78.106	1.101	8.466	78.106
6	0.917	7.052	85.159						
7	0.693	5.332	90.491						
8	0.499	3.838	94.329						
9	0.337	2.594	96.922						
10	0.251	1.928	98.850						

续 表

成分	初始特征值			提取平方和载入			旋转平方和载入		
	合计	方差百分比（%）	累积百分比（%）	合计	方差百分比（%）	累积百分比（%）	合计	方差百分比（%）	累积百分比（%）
11	0.080	0.618	99.468						
12	0.057	0.440	99.908						
13	0.012	0.092	100.000						

提取方法：主成分分析。

根据表 6-53 中数据可知，前 5 个主因子的方差贡献率已经达到了累计方差贡献率的 78.106%，即表明这 5 个主因子已包含原始数据信息量的 78.106%，所以只需选择前 5 个主因子就可以较好地代表原始指标，对医药制造公司的绩效进行描述。

特征值可用碎石图列示，如图 6-8 所示。从图 6-8 可以看出，从第 6 个成分开始，特征值的值都小于 1，且折线的陡度变得比较平缓，这说明提取 5 个主因子是合适有效的。

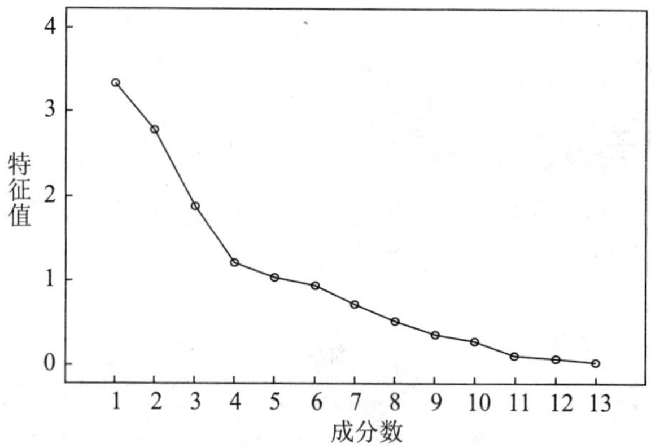

图 6-8　碎石图

五、旋转载荷矩阵分析

本书对原因子载荷矩阵进行最大方差旋转，以期得到主因子更明确的含义。结果如表 6-54所示。

表 6-54　　旋转后的因子载荷矩阵[a]

变量	成分				
	F_1	F_2	F_3	F_4	F_5
基本每股收益	−0.022	0.859	−0.019	0.170	0.335
销售净利率	−0.127	0.867	0.124	0.074	−0.148
每股净资产	−0.167	0.513	0.019	0.162	0.520

续 表

变量	成分				
	F_1	F_2	F_3	F_4	F_5
总资产报酬率	0.266	0.870	0.071	0.001	−0.122
流动比率	−0.009	0.163	−0.017	0.775	0.042
速动比率	−0.023	0.023	−0.040	0.816	−0.064
资产负债率	0.034	−0.064	−0.046	−0.082	0.818
存货周转率	0.861	−0.062	−0.007	−0.022	−0.002
固定资产周转率	0.942	0.025	0.126	−0.002	−0.022
总资产周转率	0.968	0.046	0.091	−0.022	−0.004
总资产增长率	0.016	0.086	0.972	−0.028	−0.024
营业总收入增长率	0.508	0.060	0.611	−0.021	−0.072
股东权益增长率	0.051	0.039	0.921	−0.032	0.004

提取方法：主成分分析。

旋转法：具有 Kaiser 标准化的正交旋转法。

a. 旋转在 5 次迭代后收敛。

由表 6－54 中的数据可以看到，存货周转率、固定资产周转率和总资产周转率在主因子 F_1 上的载荷量分别为 0.861、0.942、0.968，它主要反映了公司的营运能力，所以将 F_1 命名为营运因子；基本每股收益、销售净利率、每股净资产、总资产报酬率在主因子 F_2 上的载荷分别为 0.859、0.867、0.513 和 0.870，体现了公司的盈利能力，为盈利因子；主因子 F_3 则在总资产增长率（0.972）、营业总收入增长率（0.611）、股东权益增长率（0.921）上有较大载荷量，代表了公司的成长能力，故而将其命名为成长因子；主因子 F_4 在流动比率（0.775）、速动比率（0.816）上有较大载荷量，代表了公司的短期偿债能力，为偿债因子 1。主因子 F_5 在资产负债率（0.818）上有较大载荷量，代表了公司的长期偿债能力，为偿债因子 2。

六、医药制造业上市公司综合得分与排名

要得到因子的综合得分，需先对因子数据进行标准化处理，使其期望为 0，方差为 1，然后，对各因子的方差贡献率占因子总方差贡献率的比重作为权重加权汇总，使用计算综合得分的公式 $F=(\lambda_1F_1+\lambda_2F_2+\lambda_3F_3+\lambda_4F_4+\lambda_5F_5)/(\lambda_1+\lambda_2+\lambda_3+\lambda_4+\lambda_5)=(0.22639\times F_1+0.19681\times F_2+0.17039\times F_3+0.10280\times F_4+0.8466\times F_5)/0.78106$ 来计算各样本的综合得分。得到结果按名次排列如表 6－55 所示。

表 6－55　医药制造业上市公司综合得分与排名

股票代码	名称	F_1（营运）	F_2（盈利）	F_3（成长）	F_4（偿债 1）	F_5（偿债 2）	F（综合）	排名
600385	山东金泰	10.7564	0.0879	1.4712	0.0188	−0.3064	3.4301	1

续 表

股票代码	名称	F_1（营运）	F_2（盈利）	F_3（成长）	F_4（偿债 1）	F_5（偿债 2）	F（综合）	排名
002252	上海莱士	−1.3817	0.1548	8.4561	−0.1229	0.1629	1.4847	2
000423	东阿阿胶	−0.0599	1.7810	−0.0870	6.7195	0.5615	1.3577	3
000623	吉林敖东	−0.5311	1.7350	−0.0024	5.0773	0.3695	0.9910	4
002390	信邦制药	0.6152	−0.6151	4.1756	0.0326	−0.0192	0.9364	5
000999	华润三九	0.4243	−0.4305	−0.2201	−0.7039	8.4118	0.7856	6
002019	亿帆鑫富	−0.2819	0.1733	3.6254	−0.1129	0.3847	0.7797	7
000538	云南白药	0.2785	1.8853	−0.2548	0.1064	1.2817	0.6531	8
600436	片仔癀	−0.5441	2.6527	−0.3460	−0.1854	2.1131	0.6399	9
002294	信立泰	0.3524	2.0504	−0.2963	0.8902	−0.5598	0.6107	10
000661	长春高新	−0.2239	1.9267	−0.3190	−0.2987	1.9216	0.5200	11
002317	众生药业	0.2015	−0.0728	−0.1191	3.6531	−0.1426	0.4794	12
600201	金宇集团	−0.0962	1.9581	0.0233	0.0101	−0.5213	0.4154	13
002038	双鹭药业	−0.1476	2.7069	−0.3707	−0.8461	−0.5823	0.3840	14
000915	山大华特	0.3608	1.6153	−0.2828	−0.3015	−0.4207	0.3646	15
300363	博腾股份	−0.0776	0.5346	0.9002	−0.2036	0.5042	0.3364	16
000513	丽珠集团	−0.0579	1.0350	−0.2949	−0.1023	1.4483	0.3232	17
300294	博雅生物	−0.2091	1.3356	−0.0094	−0.2193	0.7057	0.3215	18
600252	中恒集团	−0.4545	2.4713	−0.1682	−0.3957	−0.7880	0.3168	19
600594	益佰制药	−0.2368	0.8061	0.5599	−0.1978	0.7269	0.3094	20
300357	我武生物	−0.3517	1.7099	0.9118	−0.8780	−1.2249	0.2795	21
002422	科伦药业	−0.3446	0.8601	−0.1505	−0.0089	1.6347	0.2600	22
600535	天士力	0.5199	0.8462	−0.3124	−0.3515	0.0143	0.2511	23
300026	红日药业	0.0971	0.6853	0.1271	−0.0010	−0.4658	0.1779	24
002437	誉衡药业	0.1644	0.5358	0.3480	−0.3817	−0.2847	0.1775	25
600276	恒瑞医药	0.1056	1.1741	−0.1940	−0.5896	−0.3169	0.1722	26
600422	昆药集团	0.6572	0.2553	−0.4958	−0.1931	0.3784	0.1623	27
002099	海翔药业	−0.7003	−0.9938	2.7279	−0.0510	0.2442	0.1615	28
300289	利德曼	−0.0926	0.7453	0.1052	−0.3042	0.0889	0.1535	29
300267	尔康制药	0.1216	0.6575	0.1500	−0.2209	−0.6102	0.1384	30
600518	康美药业	−0.1630	0.6359	0.0010	−0.1668	0.3999	0.1346	31
600332	白云山	0.5409	0.2396	−0.4116	−0.2124	0.3080	0.1328	32
002424	贵州百灵	−0.1981	0.0882	−0.2413	−0.4342	2.4844	0.1243	33

续 表

股票代码	名称	F_1（营运）	F_2（盈利）	F_3（成长）	F_4（偿债 1）	F_5（偿债 2）	F（综合）	排名
300233	金城医药	0.2066	0.2537	−0.3217	−0.1207	0.7918	0.1236	34
600750	江中药业	0.2131	0.2537	−0.4622	0.2494	0.5916	0.1218	35
002653	海思科	0.2593	0.7904	−0.3278	0.3127	−1.2201	0.1117	36
002365	永安药业	1.4709	−0.7422	−0.6678	−0.1766	0.2915	0.1020	37
600079	人福医药	0.0227	0.2943	−0.1761	−0.1433	0.6147	0.0901	38
300049	福瑞股份	0.0666	0.1689	−0.1670	0.1328	0.2496	0.0699	39
600196	复星医药	−0.0380	0.5482	−0.2255	−0.2623	0.2433	0.0698	40
000518	四环生物	−0.0676	−2.1949	−0.1260	5.8683	−0.9761	0.0664	41
002675	东诚药业	−0.2156	0.1470	−0.2995	1.0199	0.0817	0.0523	42
600062	华润双鹤	−0.1379	0.4849	−0.6714	0.3143	0.6838	0.0512	43
600513	联环药业	0.4866	−0.6643	−0.4148	−0.3449	1.8929	0.0430	44
000989	九芝堂	0.0327	0.6115	−0.3531	−0.2135	−0.1430	0.0429	45
002219	恒康医疗	−0.1537	1.0135	0.2122	−0.5951	−1.2647	0.0417	46
002022	科华生物	0.1597	1.0432	−0.5150	−0.3234	−1.0526	0.0402	47
002020	京新药业	0.0197	−0.3420	0.4976	−0.1217	0.2277	0.0367	48
300009	安科生物	0.2953	0.1797	−0.2136	0.3024	−0.8067	0.0366	49
600557	康缘药业	0.2029	0.1690	−0.1600	−0.2309	−0.0113	0.0349	50
600195	中牧股份	0.3117	−0.0010	−0.3376	−0.1534	0.3413	0.0333	51
002198	嘉应制药	0.4616	−0.3737	0.4386	−0.1537	−0.7967	0.0287	52
300204	舒泰神	−0.1406	0.5782	−0.1876	−0.2989	−0.0139	0.0232	53
002275	桂林三金	−0.0596	1.0455	−0.5436	−0.2001	−0.7382	0.0212	54
002007	华兰生物	−0.4414	1.5191	−0.3869	−0.6785	−0.5575	0.0207	55
002433	太安堂	−0.4951	−0.2599	1.0480	0.1373	−0.1734	0.0189	56
600572	康恩贝	−0.0933	0.6668	−0.0085	−0.4498	−0.5874	0.0163	57
000650	仁和药业	0.3985	0.1206	−0.3242	0.2321	−0.8750	0.0109	58
600056	中国医药	0.3949	−0.3274	−0.1183	−0.1435	0.1325	0.0017	59
002603	以岭药业	−0.2544	0.1144	−0.2166	0.4010	0.2812	−0.0089	60
600329	中新药业	0.6476	−0.2646	−0.4372	−0.2171	−0.1165	−0.0155	61
002030	达安基因	0.3895	0.0626	−0.0625	−0.3607	−0.8045	−0.0196	62
300039	上海凯宝	−0.0086	0.8292	−0.2860	−0.6171	−0.8507	−0.0294	63
300142	沃森生物	−0.4929	0.2300	−0.2258	−0.0242	0.9673	−0.0325	64
600267	海正药业	0.0343	−0.3190	0.0381	−0.1314	0.3423	−0.0423	65

续 表

股票代码	名称	F_1（营运）	F_2（盈利）	F_3（成长）	F_4（偿债1）	F_5（偿债2）	F（综合）	排名
300255	常山药业	−0.4325	0.3895	−0.0853	−0.2416	0.2539	−0.0501	66
002001	新和成	−0.2652	0.5204	−0.4168	−0.1176	−0.0257	−0.0549	67
300199	翰宇药业	−0.3431	0.8101	0.0682	−0.5774	−0.9338	−0.0576	68
002393	力生制药	−0.6252	0.2305	−0.4588	0.0163	1.4965	−0.0589	69
600085	同仁堂	−0.0919	0.1369	−0.2995	−0.1825	0.1635	−0.0638	70
002550	千红制药	−0.3557	0.7335	−0.3744	−0.4623	−0.0976	−0.0714	71
002287	奇正藏药	−0.0984	0.7571	−0.4193	−0.5582	−0.6690	−0.0752	72
000919	金陵药业	0.2990	−0.2354	−0.4278	−0.0183	−0.1129	−0.0806	73
002412	汉森制药	−0.0826	−0.0529	−0.2772	0.5631	−0.5271	−0.0807	74
002349	精华制药	−0.5393	−0.7437	0.7306	0.6616	0.0576	−0.0910	75
600613	神奇制药	−0.0327	0.0201	−0.1161	−0.1893	−0.3377	−0.0913	76
002399	海普瑞	−0.4543	0.0273	−0.0084	−0.2820	0.6422	−0.0941	77
600479	千金药业	0.3701	−0.4576	−0.2921	−0.1420	−0.0369	−0.0944	78
600420	现代制药	−0.0503	0.0272	−0.1614	−0.2702	−0.1716	−0.0971	79
002688	金河生物	−0.1089	−0.3167	0.0503	0.0040	−0.0086	−0.1008	80
300016	北陆药业	−0.1564	0.2200	0.1173	−0.3239	−0.8800	−0.1023	81
600530	交大昂立	−0.6382	0.1498	0.4191	−0.2573	−0.1188	−0.1026	82
600614	鼎立股份	−0.8283	−0.8325	1.7282	−0.1658	−0.1168	−0.1073	83
600568	中珠控股	−0.5652	−0.9090	1.1735	−0.0449	0.0737	−0.1348	84
600080	金花股份	0.4768	−0.9081	−0.1893	−0.0261	−0.1856	−0.1555	85
000739	普洛药业	0.3242	−0.3753	−0.3157	−0.3062	−0.4980	−0.1638	86
300181	佐力药业	−0.2359	0.1378	−0.1226	−0.2339	−0.7344	−0.1708	87
300254	仟源医药	−0.0152	−0.3881	−0.2249	−0.1691	0.0016	−0.1733	88
002644	佛慈制药	−0.1488	−0.7007	−0.0324	0.5341	−0.1567	−0.1734	89
600216	浙江医药	0.0876	−0.6770	−0.4361	0.1431	0.3255	−0.1862	90
000597	东北制药	−0.1813	−0.7233	0.1669	−0.1225	0.1899	−0.1940	91
300147	香雪制药	−0.0338	−0.1363	−0.3227	−0.2919	−0.3839	−0.1946	92
300158	振东制药	0.0630	−0.7338	−0.3333	−0.0607	0.4542	−0.1981	93
000566	海南海药	−0.1024	−0.2153	−0.2076	−0.2331	−0.4362	−0.2072	94
600285	羚锐制药	−0.3568	−0.6544	0.4498	−0.2346	−0.1805	−0.2206	95
000153	丰原药业	0.2902	−0.7876	−0.3108	−0.1807	−0.1416	−0.2213	96
002566	益盛药业	−0.4964	−0.2813	0.0493	−0.1555	−0.0406	−0.2289	97

续 表

股票代码	名称	F_1（营运）	F_2（盈利）	F_3（成长）	F_4（偿债 1）	F_5（偿债 2）	F（综合）	排名
300086	康芝药业	－0.1181	－0.3748	－0.2488	－0.3270	－0.0289	－0.2291	98
000403	ST 生化	－0.3537	0.4301	－0.2807	－0.5367	－0.9622	－0.2303	99
002370	亚太药业	－0.1505	－0.5004	－0.2463	0.2461	－0.3807	－0.2323	100
600380	健康元	0.0018	－0.3769	－0.2533	－0.2619	－0.4467	－0.2326	101
600867	通化东宝	－0.2739	0.1046	－0.2394	－0.3313	－0.8123	－0.2369	102
000756	新华制药	0.2708	－0.7818	－0.3875	－0.1891	－0.1002	－0.2388	103
600521	华海药业	－0.1867	－0.2507	－0.3390	－0.2187	－0.2122	－0.2430	104
002166	莱茵生物	－0.2303	－0.5622	0.2488	－0.2748	－0.4953	－0.2440	105
002107	沃华医药	－0.0889	－0.3706	－0.2858	－0.3891	－0.3118	－0.2665	106
600351	亚宝药业	－0.0169	－0.4032	－0.3708	－0.3028	－0.4327	－0.2742	107
600771	广誉远	－0.0847	－0.5671	0.0124	－0.3215	－0.8202	－0.2960	108
300194	福安药业	－0.3669	－0.4792	－0.2411	－0.2645	0.1249	－0.3009	109
002693	双成药业	－0.5296	0.3458	－0.3400	－0.5858	－0.8436	－0.3091	110
600664	哈药股份	0.1056	－0.8613	－0.5223	－0.1214	0.0181	－0.3144	111
002118	紫鑫药业	－0.3968	－0.6303	0.0736	－0.2213	－0.3118	－0.3207	112
002332	仙琚制药	0.1145	－0.7924	－0.4166	－0.2263	－0.3714	－0.3274	113
300186	大华农	－0.1496	－0.4146	－0.5179	－0.3228	－0.2709	－0.3327	114
300006	莱美药业	－0.1407	－0.8691	－0.3228	－0.1607	0.0040	－0.3509	115
300122	智飞生物	－0.3385	－0.2197	－0.3655	－0.4461	－0.5541	－0.3520	116
600161	天坛生物	－0.4495	－0.2385	－0.3548	－0.3194	－0.4034	－0.3535	117
600812	华北制药	0.0431	－1.0010	－0.4119	－0.1866	－0.1632	－0.3718	118
300110	华仁药业	－0.1413	－0.7592	－0.3233	－0.2432	－0.4349	－0.3819	119
000004	国农科技	－0.5405	－0.3350	0.0256	－0.3835	－0.9537	－0.3893	120
600781	辅仁药业	－0.2812	－0.8801	－0.1301	－0.2429	－0.4857	－0.4163	121
600666	西南药业	－0.0873	－0.8339	－0.4305	－0.2663	－0.5496	－0.4240	122
300119	瑞普生物	－0.4104	－0.8652	－0.4957	0.2504	－0.1707	－0.4306	123
600488	天药股份	－0.2609	－0.7163	－0.5020	－0.3427	－0.4223	－0.4565	124
000766	通化金马	－0.4619	－1.0609	0.0650	－0.2114	－0.5019	－0.4692	125
000788	北大医药	－0.0748	－1.1926	－0.3889	－0.1844	－0.3715	－0.4715	126
600789	鲁抗医药	0.0388	－1.5050	－0.4352	－0.1061	－0.2270	－0.5015	127
300239	东宝生物	－0.3624	－1.0004	－0.5774	－0.2496	－0.0938	－0.5261	128
600129	太极集团	0.0024	－1.6164	－0.2316	－0.1570	－0.4819	－0.5300	129

续 表

股票代码	名称	F_1（营运）	F_2（盈利）	F_3（成长）	F_4（偿债 1）	F_5（偿债 2）	F（综合）	排名
600421	仰帆控股	−0.2964	−0.8315	−0.8343	−0.3454	−0.7941	−0.6090	130
600671	天目药业	−0.3896	−0.9464	−0.7670	−0.2991	−0.6390	−0.6273	131
000606	青海明胶	−0.1384	−2.7916	−0.4309	0.0338	1.6724	−0.6518	132
000952	广济药业	−0.1387	−3.5055	−0.3854	0.2001	0.3523	−0.9431	133
000590	*ST 古汉	−0.3093	−3.2443	−0.4746	0.2005	0.3645	−0.9448	134

表 6－55 中，医药制造业上市公司综合得分与其投资价值呈正相关关系。由于先对因子数据进行了标准化处理，因此，可以 0 为参考标准线，认为：综合得分大于 0 的公司，综合业绩相对较好，且数值越大，投资价值越大；综合得分小于 0 的则相对较差，且数值越小，投资价值越小。依此可对上市公司的综合业绩和投资价值有一个基本的评价。

具体而言，表 6－55 中，公司各项能力得分与相应实力也呈正相关关系。

排名前十位的公司分别为山东金泰、上海莱士、东阿阿胶、吉林敖东、信邦制药、华润三九、亿帆鑫富、云南白药、片仔癀、信立泰。其中，山东金泰在综合业绩排名中位列第一。从总综合得分看，其分值远超其他公司，投资价值高。从各因子得分看出，虽然其余三个因子得分均不是很高，偿债因子还出现负数，但营运因子得分需要特别关注，高至 10.7564，说明山东金泰的营运能力强劲，但是其他能力还是有所欠缺，此公司适合短期投资。上海莱士，由 2013 年的综合排名第九十五跃居第二，位次整整上升九十三名，进步神速。需要关注的是其成长因子得分（8.4561），居行业首位，也是导致其排名扶摇直上的重要原因，说明在上海莱士成长能力很强，有着广阔的市场空间和发展潜力，具有较大投资价值。情况相似的还有排名第五的信邦制药（2013 年综合排名为第九十二）、排名第七的亿帆鑫富（2013 年综合排名为第一百二十五）。信邦制药、亿帆鑫富综合排名得以快速上升的原因同样得益于成长因子得分的增长。说明这几家公司在 2014 年的成长能力强劲，但是其他因子得分依然欠佳，适合短期投资。云南白药排名第八，比 2013 年下降三名，各因子得分差别较大。其中偿债因子由 2013 年负数提高至正数，说明偿债能力明显增强；但是成长因子得分却小于 0，成长潜力显出萎缩态势，较适宜短期投资。排名第九的片仔癀，相对 2013 年排名下降两名。究其原因，营运因子、成长因子得分均小于 0，说明营运能力及成长能力欠佳，应谨慎对其投资。

排名末十名的公司分别为通化金马、北大医药、鲁抗医药、东宝生物、太极集团、仰帆控股、天目药业、青海明胶、广济药业、*ST 古汉。其中北大医药、东宝生物、仰帆控股、天目药业四项因子得分均为负数，是其排名靠后的主要原因。该类公司综合实力较弱，暂不建议投资。

七、系统聚类分析

通过聚类分析把业绩相似的公司归类，可以对不同类别的上市公司进行对比分析，为投资者选择投资组合提供参考。

根据树状图（略）对 134 家医药制造业上市公司进行分类，本书选择将其分为 4 类，如表 6－56所示。

表 6－56　　聚类分析

类别	医药制造业上市公司	数目
1	鼎立股份、红日药业、尔康制药、普洛药业、康缘药业、中国医药、莱美药业、中新药业、天坛生物、海正药业、现代制药、达安基因、九芝堂、东北制药、华北制药、新华制药、中牧股份、仰帆控股、亚宝药业、江中药业、香雪制药、海思科、京新药业、福瑞股份、广誉远、恒瑞医药、辅仁药业、丰原药业、西南药业、双鹭药业、羚锐制药、贵州百灵、桂林三金、北陆药业、新和成、科华生物、国农科技、嘉应制药、同仁堂、舒泰神、千金药业、紫鑫药业、仙琚制药、健康元、海南海药、北大医药、安科生物、中珠控股、翰宇药业、仁和药业、仟源医药、联环药业、华润双鹤、通化金马、华仁药业、佐力药业、太安堂、金陵药业、上海凯宝、金河生物、天目药业、奇正藏药、华海药业、通化东宝、东诚药业、振东制药、太极集团、益盛药业、哈药股份、汉森制药、金花股份、以岭药业、我武生物、鲁抗医药、神奇制药、精华制药、海普瑞、力生制药、千红制药、浙江医药、佛慈制药、东宝生物、永安药业、亚太药业、华兰生物、智飞生物、大华农、天药股份、广济药业、瑞普生物、福安药业、* ST 古汉、沃华医药、双成药业、康芝药业、青海明胶、ST 生化、云南白药、长春高新、博腾股份、莱茵生物、片仔癀、丽珠集团、天士力、信立泰、中恒集团、金宇集团、益佰制药、山大华特、科伦药业、誉衡药业、复星医药、恒康医疗、康恩贝、白云山、利德曼、人福医药、康美药业、金城医药、昆药集团、华润三九、博雅生物、交大昂立、常山药业、沃森生物	125
2	东阿阿胶、四环生物、吉林敖东、众生药业	4
3	亿帆鑫富、海翔药业、上海莱士、信邦制药	4
4	山东金泰	1

表 6－56 中，类别 1 包括 125 家公司。其中华润三九、云南白药、片仔癀、信立泰在综合业绩排名中处于前十的位置。总体来说，综合排名参差不齐。其中，尔康药业自成立以来，一直从事医药产品的研发、生产和销售，主要业务包括药用辅料及新型抗生素产品。公司是国内品种最全、规模最大的专业药用辅料生产企业之一，秉承“专业成就未来，品质铸就辉煌”的经营理念，将药用辅料的生产专业化、品种系列化、应用科学化、服务优质化作为公司发展方向，将药用辅料的质量安全视为公司的生命，利用公司在药用辅料领域的优势，努力提升药用辅料的质量水平，推动药用辅料标准体系建设，积极开发针对各种制剂的药用辅料产品，实现产品品种规模化、产品质量标准化，将公司打造为我国药用辅料行业的领导者，并在新兴抗生素领域占有一席之地。其综合业绩排名第三十，较 2013 年的 54 位大大提高，营运因子、盈利因子及成长因子得分均为正，说明其营运、盈利及营运能力良好，具有长期发展潜力和较大的投资价值。云南白药由云南民间名医曲焕章先生于 1902 年创制，1971 年，公司前身云南白药厂正式成立，白药开始了专业化生产。公司于 1993 年在深交所挂牌上市，成为云南省第一家 A 股上市公司。经营涉及化学原料药、化学药制剂、中成药、中药材、生物制品等。就像可口可乐公司那张神秘配方一样，云南白药的神秘配方带给了人们无穷的想象，也是它保持恒久魅力的秘诀之一。直到

今天，云南白药的配方仍然秘而不宣。作为中药国宝第一号，相信它的神秘面纱还会一直戴下去。云南白药综合得分排名第八，较 2013 年的第五位稍有下降，但总体保持稳定，且其营运因子、盈利因子及偿债因子得分均为正，具有良好的投资价值，可以考虑对其投资。

类别 2 包括东阿阿胶、四环生物、吉林敖东、众生药业共四家公司。其中吉林敖东和东阿阿胶综合排名均在前 10，分别为第四和第三，较 2013 年的吉林敖东第十，东阿阿胶第十一，综合排名都有所上升。这两家公司的盈利因子得分分别为第九和第八，偿债因子 1 得分分别为第三和第一，说明两者的盈利能力和偿债能力较强，这也是这它们能够在综合得分排名上名列前茅的重要原因。总体来说，这两家公司实力较强，但由于两者的成长因子得分为负，因此建议短期投资。

类别 3 有亿帆鑫富、海翔药业、上海莱士、信邦制药四家公司。根据表 6－55 中的数据显示，上海莱士综合排名第二，引人注目的是其成长因子得分为全行业最高，说明其成长能力极强。上海莱士作为中国第一家中外合资的血液制品大型生产企业，是国内同行业中血浆综合利用率高、产品种类齐全、结构合理的领先血液制品生产企业之一。公司自成立以来，秉承“安全、优质、高效”的质量方针，产品长期占据着中国血制品消费的高端市场，在业内和消费者中拥有良好的知名度。同时，公司为适应国内市场消费特点，积极出口富余品种，提高经济效益，是我国最早开拓海外市场的血液制品生产企业，产品远销海外，为国内出口规模最大的血液制品生产企业。发展前景好，具有投资价值，适合长期投资。信邦制药秉承“精诚至信，众志兴邦；健康民众，发展民生”的公司理念规范管理、诚信经营，目前已实现了医药工业、医药流通和医疗服务各产业板块的布局，未来，公司将充分借助资本市场，通过内生式发展和外延式并购，进一步整合资源，实现各产业板块协同快速发展，不断做大做强，发展成为国内一流的医药医疗企业集团。而亿帆鑫富作为一家高科技上市公司，是世界最大的维生素 B_5 生产供应商，国内唯一的维生素原 B_5 生产企业。重点发展生物化工、医药保健食品、环保新材料三大支柱产业，主导产品 70% 以上销往欧美国家等世界各地。同时，以“健康人生、幸福天下、追求卓越、百年鑫富”为目标，打造拥有自主知识产权的创新型企业，建立高效的管理运行机制，增强团队核心竞争能力，立志成为诚信守信、可持续发展的企业。这两家公司的成长因子得分分别排名第二和第三，成长能力较强，综合排名第五和第七，较 2013 年有很大提升，具有投资价值，适合长期关注。

类别 4 只有山东金泰一家公司。根据表 6－55 中的数据显示，该公司综合排名第一，营运因子得分高，营运能力好。其营运因子和成长因子均为正，说明还有发展空间。近年来，山东金泰紧紧抓住国家医疗体制、医药生产及流通体制改革的机遇，将公司定位于医药批发业和连锁零售业，极具发展空间，是良好的投资对象。

八、结语

综上所述，投资者在进行投资价值分析时，只要具备理性的态度，结合宏观、行业、区位和上市公司财务状况等各类信息，能够利用定量分析模型的分析结果作为决策辅助工具，就能更快、更好地判断挖掘公司的内在价值，做出有价值的投资决策，获得相应的最大收益。本书以深沪两市 134 家医药制造业上市公司为例进行的投资价值分析，为投资者提供了一个全面、系统、客观的全要素投资价值评价体系和综合分析平台。考虑到分析仅以 2014 年一年的财务报告数据为基础，结合 2013 年的相关分析结果联系实际进行比较分析，某些项目可能会由于会计政策变更等的影响仍然存在一定程度的偶然性，投资分析的结果存在间断性和偶然性，分析指标的选择也具有主观性。因此，分析结果难以反映出完全的真实状况，若能对更多个年度进行跟踪分析，并适当增加分析指标，则可较大程度地消除偶然性，并反映出各分析对象的更加全面的动态状况，能更有效地据以预估未来，做出更加准确的投资决策。

（参著：梅菲菲）

第九节　化学纤维制造业上市公司投资价值比较分析研究

一、行业发展与投资价值状况

化学纤维制造业作为现代工业市场的重要领域，其对于国民经济的发展起着不可或缺的作用。随着我国工业化进程的加快，长期受短缺经济抑制的纺织品服装需求迅速膨胀，极大地刺激了化学纤维制造业的发展，我国化纤制造业在国际市场上的竞争力与日俱增。“十一五”时期，我国化纤工业持续快速发展，综合竞争力明显提高，全面完成了规划的各项目标和任务，有力推动和支撑了纺织工业和相关产业的发展，在世界化纤产业中的地位与作用进一步提升。“十二五”期间，随着世界经济的复苏和发展，在国际纺织品服装市场需求继续保持增长趋势的带动下，化纤工业作为纺织品服装的原料产业也将继续保持增长态势，我国化纤及其制品凭借较为明显的竞争优势，在国际市场上还有继续扩大的空间。①

进入 21 世纪后，化纤工业加大结构调整力度并取得明显成效。企业经济规模显著提高，企业所有制结构发生改变，行业资本结构日趋多元化，产业集群在东部地区已经形成。产业基础的加强，又极大地促进了技术进步，以大容量、高起点、低投入国产化聚酯及涤纶长丝工程与技术的开发与广泛应用为代表，中国化纤工业技术产品全面升级，已完全具备了国内外两个市场的竞争力，为世界化纤产业的结构调整做出了贡献。据中商产业研究院数据显示：2014 年中国规模以上化学纤维制造业行业销售收入为 7211.9 亿元，较 2013 年有微小下降；利润总额为 277.3 亿元，同比增幅为 6.76%。而 2013 年我国化学纤维制造业行业销售收入为 7281.76 亿元，较 2012 年同期增长 8.05%；行业利润总额为 259.78 亿元，同比增幅为 15.32%。②

中国化学纤维制造业无论在国内还是国际市场上，都有广阔的发展前景和较大的投资价值。本书以深沪两市的 24 家化学纤维制造业公司为例，选取 13 个能够综合反映财务能力的财务指标，作为评估各化学纤维制造业公司投资价值的指标体系，建立指标模型，运用 SPSS 软件，采用因子分析法与聚类分析法进行投资价值实证分析，确定公司的投资价

① 合成纤维网：www：//hcxw. shtexcloud. com。

② 同上。

值总量及其排名，并合理划分层级，结合投资者对化学纤维公司投资的实际情况进行深入分析研究，得出量与质有机结合的投资结论，为投资者提供参考，以降低其投资风险，提高投资收益。

二、样本选取与数据处理

沪、深证交所的24家化学纤维制造业上市公司的资料来源主要为其2014年的财务报告。具体初始数据如表6－57和表6－58所示。

表6－57 初始数据1

股票代码	名称	基本每股收益（元）	每股净资产（元）	销售净利率（%）	总资产报酬率（%）	流动比率	速动比率
000420	吉林化纤	0.0501	－0.1694	1.3784	2.47	0.5747	0.4705
000584	友利控股	0.2662	8.1154	3.0989	6.9107	1.732	0.922
000615	湖北金环	0.07	2.2664	3.6905	2.9748	0.6331	0.4463
000677	*ST海龙	－0.4973	－23.822	0.2445	－10.3848	0.3575	0.2506
000687	恒天天鹅	0.019	2.0043	1.8291	0.7565	1.85	1.3979
000703	恒逸石化	－0.31	－1.4128	4.3593	－0.1434	0.6506	0.5698
000782	美达股份	－0.52	－7.0571	2.3461	－7.2331	1.0474	0.7343
000936	华西股份	0.08	3.2192	2.9479	3.2688	1.6006	1.095
000949	新乡化纤	0.1012	3.1878	2.3395	4.8221	0.8865	0.4155
000976	*ST春晖	－0.36	－20.2783	0.3798	－22.9444	0.5849	0.3833
002064	华峰氨纶	0.53	17.39	3.7476	13.5916	2.2951	1.8828
002127	新民科技	0.02	0.758	0.9922	5.1833	1.6449	1.4329
002172	澳洋科技	－0.19	－4.4928	0.9253	－2.2813	0.4108	0.2719
002206	海利得	0.32	6.3328	4.5519	5.5797	1.2316	0.9226
002254	泰和新材	0.3	9.4485	3.6775	8.2828	2.3943	1.8271
002427	尤夫股份	0.4	4.1415	4.513	6.4272	0.9226	0.6432
002493	荣盛石化	－0.31	－1.8858	5.9023	－0.8133	0.3891	0.2963
600063	皖维高新	0.12	4.4599	2.4632	5.7774	0.4641	0.3229
600527	江南高纤	0.04	1.8813	2.1944	1.913	20.136	11.8685
600810	神马股份	0.14	0.5784	5.2502	3.9857	0.675	0.5171
600871	石化油服	0.08	1.3039	1.4596	6.0304	0.7398	0.5472
600889	南京化纤	0.02	2.1042	3.0442	3.2367	0.7598	0.1548
601113	华鼎股份	－0.12	－4.3464	2.5866	－1.1577	0.9423	0.7301
601233	桐昆股份	0.12	0.5171	7.0886	2.9301	0.806	0.4725

表 6-58　　　　初始数据 2

股票代码	名称	资产负债率（%）	存货周转率（次）	固定资产周转率（次）	总资产周转率（次）	总资产增长率（%）	营业总收入增长率（%）	股东权益增长率（%）
000420	吉林化纤	69.2103	3.2466	0.7067	0.2838	−17.2563	−25.6614	711.7936
000584	友利控股	40.2859	1.3176	1.7869	0.5688	−2.7513	−27.1895	−7.5393
000615	湖北金环	47.627	4.6374	2.2288	0.5156	23.8796	7.9151	28.6625
000677	*ST 海龙	81.1452	7.8952	0.9565	0.5688	−9.4713	−23.5592	−59.496
000687	恒天天鹅	36.6545	2.2275	0.8497	0.2761	−5.396	−9.7784	−2.5718
000703	恒逸石化	73.7606	17.1281	3.0427	1.1106	12.2953	−8.7415	−8.1808
000782	美达股份	49.6837	8.4491	4.1366	1.3034	−2.8519	−9.0936	19.5752
000936	华西股份	32.066	5.4083	4.5504	0.6525	21.8306	−6.654	20.9378
000949	新乡化纤	46.0909	2.7251	1.3073	0.6474	3.7394	−13.1107	38.7297
000976	*ST 春晖	67.5102	9.0383	2.4829	1.279	−27.3101	−15.1168	−48.7155
002064	华峰氨纶	29.1169	5.3056	2.4642	0.6551	59.6007	−0.4596	68.9348
002127	新民科技	49.4845	7.166	1.8262	0.8351	−67.5495	−61.9488	0.4173
002172	澳洋科技	71.6061	8.8857	1.9321	1.1171	−16.2555	−10.5654	−18.8268
002206	海利得	38.74	4.4575	2.0656	0.6924	2.2152	6.4024	2.532
002254	泰和新材	21.5306	5.0592	1.5596	0.7263	13.2242	0.3386	8.8342
002427	尤夫股份	56.096	5.8031	2.1841	0.9754	−0.787	40.9572	9.4164
002493	荣盛石化	71.6301	16.098	3.0751	1.0777	8.1089	8.3621	−6.6564
600063	皖维高新	49.406	7.1693	1.1621	0.6107	17.2538	15.4779	52.7262
600527	江南高纤	3.5121	4.4512	3.6527	0.8697	−3.9199	0.617	−2.3014
600810	神马股份	67.355	22.2726	6.768	2.0473	19.437	−14.6833	1.2966
600871	石化油服	77.0023	12.8669	5.6143	2.0556	664.8263	−12.0339	163.47
600889	南京化纤	63.8941	1.2076	1.3347	0.5506	−16.6347	−13.6657	−0.3992
601113	华鼎股份	55.9347	5.1245	1.7435	0.4982	22.0685	0.374	−6.0174
601233	桐昆股份	49.9686	12.5717	3.0575	1.7208	−10.7242	13.3574	1.693

在指标性质、单位不同的情况下，首先要对指标进行同趋势化处理。然后利用 SPSS 中的 Z-score 方法将 13 项指标的原始数据进行标准化处理，同趋势化数据与标准化数据略。

三、因子分析法适应性检验

为了检验所选用的指标是否适合使用因子分析法，本书利用 SPSS 软件中 KMO 和

Bartlett 球形检验方法来对样本进行检验。检验结果如表 6－59 所示。

表 6－59　KMO 检验和 Bartlett 球形检验

取样足够度的 KMO 度量		0.494
Bartlett 球形检验	近似卡方	171.679
	df	78
	Sig.	0.000

由表 6－59 可知，KMO 值为 0.494，接近于 0.5，可知各变量之间的相关程度无较大差异，原有变量比较适合做因子分析。同时，Bartlett 球形检验统计量为 171.679，相应的概率 Sig. 为 0.000，在 5%的显著性水平之下，拒绝原假设，因此可认为相关系数矩阵与单位矩阵有显著差异，说明样本适合做因子分析。

四、确定主因子

本书应用因子分析法中的主成分分析法来计算原始公因子的特征值、方差贡献率以及累计方差贡献率，并由此确定公因子。结果如表 6－60 所示。

表 6－60　解释的总方差

成分	初始特征值			提取平方和载入			旋转平方和载入		
	合计	方差百分比（%）	累积百分比（%）	合计	方差百分比（%）	累积百分比（%）	合计	方差百分比（%）	累积百分比（%）
1	3.317	25.516	25.516	3.317	25.516	25.516	3.207	24.669	24.669
2	3.116	23.966	49.482	3.116	23.966	49.482	2.982	22.939	47.608
3	1.664	12.800	62.282	1.664	12.800	62.282	1.712	13.173	60.781
4	1.405	10.806	73.089	1.405	10.806	73.089	1.600	12.308	73.089
5	0.922	7.094	80.183						
6	0.740	5.690	85.873						
7	0.612	4.705	90.579						
8	0.585	4.499	95.078						
9	0.254	1.954	97.032						
10	0.160	1.233	98.265						
11	0.132	1.015	99.280						
12	0.057	0.440	99.720						
13	0.036	0.280	100.000						

提取方法：主成分分析。

根据表 6－60 中数据可知，前 4 个主因子的方差贡献率已经达到了累计方差贡献率的 73.089%，即表明这 4 个主因子已包含原始数据信息量的 73.089%，所以只需选择前 4 个主因子就可以较好地代表原始指标，对化学纤维制造公司的绩效进行描述。

特征值可用碎石图列示，如图 6－9 所示。从图 6－9 可以看出，从第 5 个成分开始，特征值的值都小于 1，且折线的陡度变得比较平缓，这说明提取 4 个主因子是合适有效的。

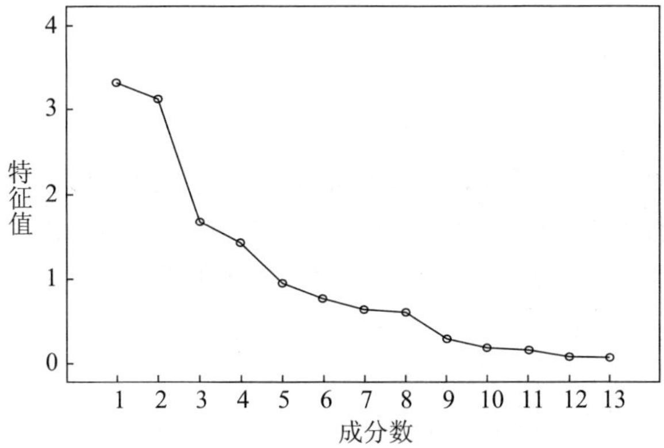

图 6－9　碎石图

五、旋转载荷矩阵分析

本书对原因子载荷矩阵进行最大方差旋转，以期得到主因子更明确的含义。结果如表 6－61所示。

表 6－61　　旋转后的因子载荷矩阵[a]

变量	成分			
	F_1	F_2	F_3	F_4
基本每股收益	0.916	−0.104	−0.006	0.057
销售净利率	0.952	−0.056	0.031	0.117
每股净资产	0.515	0.353	0.644	−0.095
总资产报酬率	0.940	−0.019	−0.038	0.044
流动比率	0.050	−0.254	−0.084	0.742
速动比率	0.132	−0.006	−0.057	0.836
资产负债率	−0.026	−0.060	0.529	−0.113
存货周转率	−0.209	0.835	0.172	−0.174
固定资产周转率	0.065	0.930	−0.032	0.085
总资产周转率	−0.098	0.920	0.064	−0.188
总资产增长率	0.218	0.564	−0.546	−0.111

续 表

变量	成分			
	F_1	F_2	F_3	F_4
营业总收入增长率	0.365	0.080	0.562	−0.299
股东权益增长率	0.231	−0.207	−0.597	−0.369

提取方法：主成分分析。

旋转法：具有 Kaiser 标准化的正交旋转法。

a. 旋转在 4 次迭代后收敛。

由表 6－61 中的数据可以看到，基本每股收益、销售净利率、每股净资产、总资产报酬率在主因子 F_1 上的载荷量分别为 0.916、0.952、0.515、0.940，它主要反映了公司的盈利能力，所以将 F_1 命名为盈利因子；主因子 F_2 则在存货周转率（0.835）、固定资产周转率（0.930）、总资产周转率（0.920）上有较大载荷量，代表了公司的营运能力，故而将其命名为营运因子；主因子 F_3 在总资产增长率（0.546）、股东权益增长率（0.597）、营业总收入增长率（0.562）上有较大载荷量，代表了公司的成长能力，为成长因子；流动比率与速动比率在主因子 F_4 上的载荷分别为 0.742 与 0.836，体现了公司的偿债能力，为偿债因子。

六、化学纤维制造业上市公司综合得分与排名

要得到因子的综合得分，需先对因子数据进行标准化处理，使其期望为 0，方差为 1，然后，对各因子的方差贡献率占因子总方差贡献率的比重作为权重加权汇总，使用计算综合得分的公式 $F=(\lambda_1F_1+\lambda_2F_2+\lambda_3F_3+\lambda_4F_4)/(\lambda_1+\lambda_2+\lambda_3+\lambda_4)=(0.24669\times F_1+0.22939\times F_2+0.13173\times F_3+0.12308\times F_4)/0.73089$ 来计算各样本的综合得分。得到结果按名次排列如表 6－62 所示。

表 6－62　化学纤维制造业上市公司综合得分与排名

股票代码	名称	F_1（盈利）	F_2（营运）	F_3（成长）	F_4（偿债）	F（综合）	排名
600810	神马股份	0.2254	2.5555	0.2517	0.1499	0.95	1
601233	桐昆股份	0.4170	0.8731	2.0908	−0.5930	0.69	2
000936	华西股份	0.3815	0.5672	−0.2535	2.5526	0.69	3
600871	石化油服	0.6498	2.5527	−2.7313	−0.4718	0.45	4
002064	华峰氨纶	1.8317	−0.2361	−0.3282	−0.2656	0.44	5
002427	尤夫股份	1.0755	−0.2031	1.3506	−0.6510	0.43	6
002206	海利得	0.9197	−0.2699	0.4460	0.2936	0.36	7
002493	荣盛石化	−0.3319	0.8253	0.9409	−0.4439	0.24	8
000584	友利控股	0.6953	−0.6206	−0.3551	1.2124	0.18	9
002254	泰和新材	0.9989	−0.4264	0.0357	−0.2474	0.17	10

续 表

股票代码	名称	F_1（盈利）	F_2（营运）	F_3（成长）	F_4（偿债）	F（综合）	排名
000703	恒逸石化	−0.5128	0.8601	0.3521	−0.1435	0.14	11
000687	恒天天鹅	−0.0671	−1.0294	−0.2500	2.7947	0.08	12
000615	湖北金环	0.3351	−0.5004	0.5608	−0.5060	−0.03	13
600063	皖维高新	0.4512	−0.7192	0.7673	−0.8333	−0.08	14
600527	江南高纤	0.0833	−0.0355	−0.2037	−0.5384	−0.11	15
002127	新民科技	−0.4223	−0.3977	−0.3762	1.1326	−0.14	16
000782	美达股份	−1.3397	0.5231	0.6846	−0.0447	−0.17	17
000949	新乡化纤	0.2560	−0.7875	−0.1539	−0.3860	−0.25	18
601113	华鼎股份	−0.4390	−0.5944	0.4767	−0.2156	−0.29	19
600889	南京化纤	0.1129	−0.8659	−0.0478	−0.3523	−0.3	20
002172	澳洋科技	−0.8319	−0.0617	−0.3014	−0.3237	−0.41	21
000976	*ST春晖	−2.5165	0.1418	0.1575	−0.2001	−0.87	22
000420	吉林化纤	0.3283	−1.5173	−2.3666	−1.6366	−1.07	23
000677	*ST海龙	−2.3003	−0.6337	−0.4320	−0.2829	−1.1	24

表6-62中，化学纤维制造业上市公司综合得分与其投资价值呈正相关关系。由于先对因子数据进行了标准化处理，因此，可以0为参考标准线，认为：综合得分大于0的化学纤维公司，综合业绩相对较好，且数值越大，投资价值越大；综合得分小于0的则相对较差，且数值越小，投资价值越小。依此可对上市公司的综合业绩和投资价值有一个基本的评价。

具体而言，表6-62中，各家公司各项能力得分与相应实力也呈正相关关系。

排名前十位的公司分别为神马股份、桐昆股份、华西股份、石化油服、华峰氨纶尤夫股份、海利得、荣盛石化、友利控股、泰和新材。2013年排名前十位的公司分别为桐昆股份、神马股份、友利控股、恒逸石化、美达股份、华西股份、荣盛石化、华鼎股份、海利得、江南高纤。两年比较差距不大，有七家公司仍在前十，这是行业排名变化相对较小的，可见化学纤维制造业发展较为稳定。其中，神马股份排名第一，各个因子得分均大于0，综合得分也远高于其他公司。同时比2013年的排名次序上升了一名，主要由于其盈利因子、成长因子和偿债因子都由负数变为正数，其盈利能力、成长能力和偿债能力均有大幅提高所致。这说明神马股份发展强劲稳健，投资前景乐观，是投资者的理想投资对象。桐昆股份由2013年的第一名下降为第二名，主要原因在于其偿债能力不足，其余各项因子得分较高，其中，成长能力尤为突出，居于行业之首。总体上，其综合得分变化不大，整体表现稳健，发展平稳，依然值得投资。华西股份，由2013年的第六名上升了三名，主要由于盈利因子和偿债因子都大幅度提高，特别是偿债因子为2.5526，居于行业之首。尽管其成长因子为负数，但总体业绩突出，状况稳定，发展实力强劲，具有较大投资价值。石化油服（由2013年*ST仪化改名）排名第四，比2013年上升了八名。其营运因子为2.5527，属行业中的佼佼者，说明其营运能力强劲；但其成长能力大幅下降，成长因子得分为－2.7313，是行业得分最低的。总的来看，该公司由2013年的“ST公司”，排名十二，说明其经营各方面都不尽如人意，但能在2014年异军突起，大部分能力指标都有所提高，唯有成长能力指标却下降，总体状况良好。石化油服综合业绩在短时间的提高不能给予太大的关注，应关注其长期发展状况，投资者需谨慎投资。华峰氨纶在盈利因子和偿债因子得分上有明显的提高，使其综合业绩大幅提高，位居行业第五，较2013年的第十一名，进步较大，值得投资者关注。尤夫股份情况和华峰氨纶相似，由2013年的第十四名一跃上升至第六名，整整前进八名。其功劳得力于盈利因子和成长因子得分的提高。但两者在营运因子得分上都有一定程度的下降，是短期投资的理想对象。海利得在2013年和2014年的排名上没有变化，均为第七名。在因子得分上，除了营运因子得分下降，其他都有相应程度的上升，成长因子得分提高。可知，海利得的发展前景较好，处于稳步前进的阶段，值得投资。荣盛石化的综合得分排名并没有太大的变化，比2013年仅下降一名，2014年排名第八。比较各因子的得分，除了营运偿债因子，其他因子都有明显变化。其中盈利因子：2013年为正数（0.7146），而2014年为负数(－0.3319)；成长因子：2013年为正数(0.0075)，而2014年为正数（0.94093）。这说明其各项能力状况不尽稳定，需要慎重对待。排名第九位的友利控股，在2013年排名第三位，综合得分显著下降。从各因子得分来看，主要是由盈利因子和成长因子得分下降引起。其中成长因子为负数（－0.3551），综合得分仅为0.18，投资价值有待观察。泰和新材由2013年排名十五位一跃进入前十位，得益于成长因子较为突出，综合得分也由负转正，具有一定发展潜力和投资价值。

在排名前十的公司中，只有神马股份各个因子得分均为正，说明其发展很稳健，且综合排名排第一。

排名末十名的公司分别为江南高纤、新民科技、美达股份、新乡化纤、华鼎股份、南京化纤、澳洋科技、*ST春晖、吉林化纤、*ST海龙。从这10家公司看到，十家公司综合得分均小于0，其中澳洋科技、*ST海龙各因子得分均小于零，导致其综合得分排名靠后，故暂不建议对其投资。

七、系统聚类分析

通过聚类分析把业绩相似的公司归类，可以对不同类别的上市公司进行对比分析，为投资者选择投资组合提供参考。

根据树状图（略）对24家化学纤维制造业上市公司进行分类，本书选择将其分为4类，如表6-63所示。

表6-63　　聚类分析

类别	化学纤维制造业上市公司	数目
1	神马股份、桐昆股份、石化油服、荣盛石化、恒逸石化、美达股份	6
2	华西股份、友利控股、恒天天鹅、新民科技	4
3	华峰氨纶、尤夫股份、海利得、泰和新材、湖北金环、皖维高新、江南高纤、新乡化纤、华鼎股份、南京化纤、澳洋科技、吉林化纤	12
4	*ST春晖、*ST海龙	2

表 6-63 中，类别 1 包括神马股份、桐昆股份、石化油服、荣盛石化、恒逸石化、美达股份六家上市公司。神马股份、桐昆股份、石化油服、荣盛石化这四家公司的综合排名均在前十以内。其中，神马股份、桐昆股份综合排名位居第一、第二，这说明它们拥有较强的发展潜力和扩展趋势，可以考虑作为长期投资的对象。其中桐昆股份是国内涤纶纤维制造业中的龙头企业，产能和产量连续多年位居行业第一。并且“桐昆”牌商标被国家工商总局商标局认定为中国驰名商标。荣盛石化的成长因子得分为正，说明其成长能力较强，但其偿债因子为负，适合长期投资。恒逸石化、美达股份这两家上市公司，综合排名并不靠前，美达股份的综合得分甚至为负，但两者的营运因子和成长因子均为正数，均适合于短期投资。其中，恒逸石化是全球领先的精对苯二甲酸和聚酯纤维制造商。并借助长三角地区发达的产业集群效应，率先实现了产业转型升级，形成了精对苯二甲酸和聚酯纤维上下游产业链一体化和产能规模化的产业格局，其产能规模、装备技术、成本控制、品质管理和产品差异化等方面在同类企业中处于领先地位，具有较高的投资价值。美达股份是全国首家引进锦纶 6 生产设备进行规模化生产的厂家，目前已形成了以高分子聚合物为龙头，以纤维新材料为主体的产业结构布局，成为了集锦纶 6 聚合、纺丝、织造和印染为一体的大型现代化企业，可作为价值投资选择对象。

类别 2 包括华西股份、友利控股、恒天天鹅、新民科技四家上市公司。综合排名分别为第三、第九、第十二和第十六。四家公司在各因子得分上有一些相同点，从偿债因子得分上看，四家公司得分都比较高，均在 1 以上，说明四家公司偿债能力强；同时成长因子得分均小于 0，说明四家公司的发展潜力和扩展趋势较弱，也是导致四家综合排名不高的主要原因。

类别 3 的 12 家公司，综合排名均匀分布。其中，华峰氨纶、尤夫股份、海利得、泰和新材排名在前十以内，分别为第五、第六、第七和第十名。四家公司的盈利因子均大于 0，说明其盈利能力较好，综合得分均在 0 以上，具有投资价值，但是营运能力均小于 0，说明其营运能力有较大提高空间，投资时需要谨慎。华峰股份是全球最大的聚氨酯鞋革树脂生产企业和国内最大、全球第三大氨纶纤维生产企业，并建有“国家级企业技术中心”“国家级行业研发中心”，拥有四家国家高新技术企业，是超纤合成革、氨纶长丝等五大产品国家行业标准的起草制定单位。湖北金环、皖维高新、江南高纤三家公司则在排名中间位置，分别为第十三、第十四、第十五名。首先三者的综合得分均在 0 以下，投资价值较小。其中，营运因子和偿债因子得分均小于 0，说明三者营运能力和偿债能力都不太明晰，但是盈利能力大于 0，较适宜短期投资。对于新乡化纤、华鼎股份、南京化纤、澳洋科技、吉林化纤这 5 家排名较后的公司，综合得分均小于 0，各项指标得分较低，投资价值较小。

类别 4 包括*ST 春晖、*ST 海龙两家 ST 公司。这两家公司的综合排名位居倒数第三和第一。*ST 春晖除了营运因子大于 0，其他均小于 0，而 ST 海龙的各项因子得分均小于 0，可以看出两家上市公司投资价值较小，投资者需谨慎对待。

八、结语

以深沪两市 24 家化学纤维制造业上市公司的投资价值比较分析为投资者提供一个全面系统的投资价值评价体系和综合分析模型。考虑到本次分析仅以 2014 年一年的财务报告数据为基础，并联系实际结合 2013 年的相关分析结果进行，投资分析存在间断性和偶然性，分析指标的选择也具有主观性。因此，分析结果难以反映出完全的真实状况，若能对多个年度进行跟踪分析，并适当增加分析指标，则可较大程度地消除偶然性，并反映出各分析对象的更加全面的动态状况，能更有效地据以预估未来，做出更加准确的投资决策。

（参著：梅菲菲）

第十节　橡胶和塑料制品业上市公司投资价值比较分析研究

一、行业发展与投资价值状况

橡胶制品业指以天然及合成橡胶为原料生产各种橡胶制品的活动，还包括利用废橡胶再生产的橡胶制品活动。目前，中国塑料制品市场需求主要集中于农用塑料制品、包装塑料制品、建筑塑料制品、工业交通及工程塑料制品等几个方面。

中商情报网数据显示：2014 年中国橡胶制品行业销售收入达 9177.49 亿元，同比增长 6.4%。从 2010 年以来我国橡胶制品行业销售收入呈不断上涨趋势，2014 年的销售收入达到近几年的最高值，但是增长率较 2013 年下降了 7.5%。从 2010—2014 年我国橡胶制品行业利润总额呈稳定增长趋势，2014 年我国橡胶制品行业利润总额为 599.12 亿元，为近几年最高，但是增长率急剧下降。2011—2013 年我国橡胶制品行业利润总额增长率都超过 20%，2014 年仅 1%。从 2012 年开始我国橡胶制品行业毛利率都超过了 17%，但是 2014 年中国橡胶制品行业毛利率小幅度下降了 0.46%。2014 年，我国塑料制品行业销售收入为 20392.39 亿元，同比增长 9.1%。从 2010 年开始塑料制品行业销售收入呈不断增长趋势，但是增长率有起伏，2014 年塑料制品行业销售收入达到近几年的最大值，增长率较 2013 年下降了 5.5%。

随着国家对新材料产业的大力扶持，以及对可持续发展的要求，塑料橡胶在国民经济的发展中的作用越来越重要，已逐渐成为不可替代的材料。本书以沪深两市 50 家橡胶和塑料制品行业上市公司为例，以 2014 年财务报告为依据，选取 13 个能够综合反映财务能力的指标，作为评估各上市公司投资价值的指标体系，建立指标模型，运用 SPSS 软件，采用因子分析法与聚类分析法进行投资价值分析，确定分析对象的投资价值总量及排名，并合理划分层级，联系实际，结合 2013 年相关分析研究结果进行深入比较分析研究，得出量与质有机结合的投资价值结论，为投资者提供参考，以降低其投资风险，提高投资收益。

二、样本选取与数据处理

沪、深证交所的 51 家橡胶和塑料制品业上市公司的资料来源主要为其 2014 年的财务报告。其中一家上市不足一年的公司予以剔除，参与分析的有 50 家公司。具体初始数据如表 6－64 和表 6－65 所示。

表 6-64　　初始数据 1

股票代码	名称	基本每股收益（元）	销售净利率（%）	每股净资产（元）	总资产报酬率（%）	流动比率	速动比率	资产负债率（%）
000509	华塑控股	−0.0617	−24.2546	0.0515	−4.9735	0.6619	0.3918	98.0329
000589	黔轮胎 A	0.2400	3.0014	4.8656	4.3159	1.1090	0.8817	61.2106
000599	青岛双星	0.1100	1.4623	3.6977	3.2617	1.1677	0.8936	50.4491
000619	海螺型材	0.3016	3.1264	6.5731	5.4289	5.4157	3.7903	35.3838
000659	*ST 中富	0.0300	1.5826	0.8712	5.4770	0.5951	0.4732	69.6732
000859	国风塑业	0.0100	0.4761	2.4421	0.8980	2.2330	1.8854	27.5241
000887	中鼎股份	0.5200	11.6595	2.6276	15.4026	1.7485	1.1206	43.3492
000973	佛塑科技	0.0800	4.0863	2.0456	4.3220	1.6864	0.7118	57.0254
002014	永新股份	0.4700	9.1992	4.7215	8.7684	3.3846	2.6327	20.6241
002108	沧州明珠	0.4900	8.1001	4.3876	11.2775	1.9961	1.7358	35.4125
002224	三力士	0.3000	20.4454	1.8718	17.4829	8.2855	6.8655	8.3129
002243	通产丽星	−0.0996	−3.3774	3.9417	−1.4868	1.7445	1.4032	24.1465
002263	大东南	0.0200	−0.9346	3.2733	1.3079	1.1338	0.8581	25.6914
002324	普利特	0.7300	9.6776	5.8601	11.2701	2.3883	2.0077	29.5811
002343	禾欣股份	0.2740	4.2640	6.0328	4.5935	3.0355	2.4152	20.4023
002372	伟星新材	0.8900	16.4743	4.8290	18.3664	3.5123	2.6054	17.2845
002381	双箭股份	0.5700	12.1558	4.9579	10.9363	3.1607	2.5868	21.0460
002382	蓝帆医疗	0.2600	4.0176	4.3442	5.0119	1.5684	1.2046	34.7640
002395	双象股份	0.0446	0.2220	4.4237	0.3935	2.6760	1.3414	24.0753
002420	毅昌股份	0.1100	1.3302	3.9827	1.7826	1.4795	1.2099	55.6217
002450	康得新	1.0600	19.2050	5.0340	15.0717	1.9341	1.7944	55.6232
002464	金利科技	−0.8900	−24.5072	5.1901	−13.4513	3.4085	2.8944	16.4923
002522	浙江众成	0.1400	11.0191	3.0721	4.5483	2.2944	1.9082	21.8017
002585	双星新材	0.2100	4.4311	9.2865	1.9103	5.2505	3.7488	8.8762
002641	永高股份	0.5200	6.7669	5.1159	8.8339	1.5053	1.0232	36.3502
002676	顺威股份	0.3000	3.4249	6.6676	5.1479	1.8610	1.2801	37.9585
002694	顾地科技	0.0800	1.0211	3.0018	3.0580	1.2049	0.9425	55.1783
002735	王子新材	0.5300	6.8759	5.4804	9.4585	3.6183	3.1404	22.6142
300021	大禹节水	0.0746	2.6228	1.7175	4.6743	1.1337	0.6580	68.7484
300031	宝通带业	0.2453	14.6476	2.7451	8.1739	4.1001	3.6946	16.3603
300169	天晟新材	0.0848	3.1769	3.7200	3.6753	2.0142	1.3112	34.0105

续 表

股票代码	名称	基本每股收益（元）	销售净利率（%）	每股净资产（元）	总资产报酬率（%）	流动比率	速动比率	资产负债率（%）
300180	华峰超纤	0.7300	11.9027	8.9818	8.0945	4.6324	3.2203	19.7377
300198	纳川股份	0.1180	4.9785	2.6785	4.6875	2.0776	1.7998	27.8211
300218	安利股份	0.2516	4.4241	4.3107	5.0219	1.0038	0.7285	44.0827
300221	银禧科技	0.1200	2.1072	3.5094	4.0079	1.6654	1.2475	42.0989
300230	永利带业	0.3502	15.1064	3.5871	9.7353	5.7674	4.2333	15.1859
300305	裕兴股份	0.4646	11.4788	8.6727	4.4515	38.2532	35.7869	3.9823
300320	海达股份	0.6150	10.2198	5.3678	11.8934	2.2578	1.8334	29.2821
300321	同大股份	0.6558	5.9333	12.0076	5.3215	1.9730	1.3665	26.0890
300325	德威新材	0.1800	4.4255	2.4085	6.1916	1.4363	1.2124	56.2970
300375	鹏翎股份	1.4300	11.4101	10.1090	14.1421	4.0085	3.0171	21.3175
600143	金发科技	0.1900	2.9978	3.1197	5.4986	1.8445	1.2302	40.5166
600155	宝硕股份	−0.3600	−37.0702	0.2688	−4.3391	1.0226	0.2039	92.1597
600182	S佳通	0.6151	10.4833	3.3161	17.2587	2.2221	1.7757	35.8386
600210	紫江企业	0.1130	2.0501	2.5487	4.6378	0.7825	0.4755	63.7160
600444	* ST 国通	−0.2700	−8.4974	−0.2251	−4.9722	0.4982	0.3815	110.8469
600458	时代新材	0.0700	0.7043	4.3681	1.4177	1.4883	1.0713	71.2787
600469	风神股份	0.8800	4.0627	7.4554	7.5185	0.9478	0.6657	60.0066
600623	双钱股份	0.3850	3.0513	3.3983	7.4767	0.9391	0.6444	65.5444
601058	赛轮金宇	0.7400	3.0915	8.1046	6.4610	0.7808	0.5991	68.5268

表 6－65　　　　初始数据 2

股票代码	名称	存货周转率（次）	固定资产周转率（次）	总资产周转率（次）	总资产增长率（%）	营业总收入增长率（%）	股东权益增长率（%）
000509	华塑控股	1.2751	1.7999	0.3362	−13.1130	−16.7142	−56.1065
000589	黔轮胎 A	4.0439	2.1771	0.6431	28.5129	−14.1129	58.4730
000599	青岛双星	4.6462	2.0332	0.8025	3.8962	−24.5417	60.0406
000619	海螺型材	5.1121	2.2542	0.9289	−6.5739	−3.6689	3.1646
000659	* ST 中富	6.5371	1.0485	0.5731	−18.3046	−15.1957	3.8876
000859	国风塑业	8.2251	2.3060	0.7842	34.1202	−3.5898	56.0099
000887	中鼎股份	3.6665	4.4283	1.0536	31.0166	21.1091	32.1076

续 表

股票代码	名称	存货周转率（次）	固定资产周转率（次）	总资产周转率（次）	总资产增长率（%）	营业总收入增长率（%）	股东权益增长率（%）
000973	佛塑科技	1.8578	2.1695	0.5293	2.1133	−9.5309	−2.8461
002014	永新股份	5.3117	3.3938	0.8643	3.7573	3.0890	3.7337
002108	沧州明珠	7.6714	3.3773	0.8960	17.3760	5.3947	36.2843
002224	三力士	3.9018	3.2283	0.7537	18.5330	2.6586	16.0979
002243	通产丽星	6.1128	1.4262	0.5339	−3.8686	−6.4121	−3.1839
002263	大东南	3.7810	0.7214	0.2608	−1.4076	23.3524	1.0831
002324	普利特	6.3283	4.2788	0.9485	10.9834	18.4739	9.4652
002343	禾欣股份	5.6102	2.8676	0.9070	−3.5017	10.5796	1.3183
002372	伟星新材	3.7668	3.8036	0.9685	11.2121	9.0264	8.8253
002381	双箭股份	4.6636	2.9132	0.7595	8.5612	−2.6949	8.0078
002382	蓝帆医疗	6.2455	2.1252	0.8690	−16.9402	14.9716	5.9201
002395	双象股份	2.3344	2.2738	0.7109	2.4295	46.2756	−0.1216
002420	毅昌股份	6.0045	3.9148	0.9269	9.5806	18.5589	2.7197
002450	康得新	6.6123	2.1274	0.5529	36.5923	63.1249	27.2888
002464	金利科技	5.6550	2.5533	0.5536	−9.8158	15.5260	−16.1123
002522	浙江众成	3.1928	0.9043	0.3560	34.1070	6.9676	27.7151
002585	双星新材	2.7671	1.1493	0.4620	34.3725	−7.7078	39.7661
002641	永高股份	5.2936	3.4027	1.0303	16.3785	13.9523	8.7724
002676	顺威股份	3.6800	3.9126	0.8763	7.2369	15.4776	3.6046
002694	顾地科技	4.8652	2.9547	0.8344	18.9496	4.1800	0.9385
002735	王子新材	6.6141	7.2682	0.9899	42.2637	0.7001	69.4862
300021	大禹节水	1.3605	2.6090	0.5339	7.8468	10.4613	0.7721
300031	宝通带业	5.7641	1.5790	0.5059	−1.1131	−10.4380	3.5996
300169	天晟新材	1.8627	1.5346	0.4462	18.2334	25.6153	40.2385
300180	华峰超纤	3.8001	1.4788	0.6146	27.2742	33.5508	7.3232
300198	纳川股份	9.9035	4.2861	0.6941	17.7259	52.3420	1.8722
300218	安利股份	5.3953	1.9344	0.8032	12.5788	12.6095	9.1922
300221	银禧科技	4.7273	6.0537	0.9734	17.0534	14.3071	3.9866
300230	永利带业	1.8738	2.0140	0.5763	3.6985	12.0332	6.9207
300305	裕兴股份	9.0455	1.4860	0.4552	3.2539	2.2697	4.4130

续 表

股票代码	名称	存货周转率（次）	固定资产周转率（次）	总资产周转率（次）	总资产增长率（%）	营业总收入增长率（%）	股东权益增长率（%）
300320	海达股份	5.2686	3.2207	0.9079	28.3686	30.1727	10.1450
300321	同大股份	4.3324	1.5466	0.6796	−0.2054	12.3480	4.7528
300325	德威新材	7.6054	8.9321	0.8460	24.7845	22.5995	7.0468
300375	鹏翎股份	4.6004	4.1990	1.0978	40.6845	9.5306	54.8700
600143	金发科技	4.6266	6.1436	1.1904	3.2934	11.5600	2.3363
600155	宝硕股份	0.2842	4.6318	0.2218	5.3804	471.0840	59.6409
600182	S佳通	7.2299	3.4977	1.1440	−17.1168	−14.2311	11.2410
600210	紫江企业	3.9618	2.1813	0.7931	1.4285	−1.4458	0.1469
600444	*ST国通	6.1344	1.8453	0.7834	−7.8498	−10.4583	−584.0396
600458	时代新材	4.1690	3.2985	0.7558	82.9873	44.2546	−5.7932
600469	风神股份	6.4003	2.4461	1.1492	−3.2350	−4.3492	13.0693
600623	双钱股份	6.4468	2.8658	1.1440	27.1600	2.7796	10.9961
601058	赛轮金宇	6.9715	2.7186	1.0033	66.7558	38.7238	49.0767

在指标性质、单位不同的情况下，首先要对其进行同趋势化处理。然后利用SPSS中的Z-score方法将13项指标的原始数据进行标准化处理。同趋势化处理后的三项指标数据如表3-4所示，标准化处理后的数据略。

三、因子分析法适应性检验

为了检验所选用的指标是否适合使用因子分析法，本书利用SPSS软件中KMO和Bartlett球形检验方法来对样本进行检验。检验结果如表6-66所示。

表6-66　　KMO检验和Bartlett球形检验

取样足够度的KMO度量		0.467
Bartlett球形检验	近似卡方	474.785
	df	78
	Sig.	0.000

由表6-66可知，Bartlett球形检验统计量为474.785，相应的概率Sig.为0.000，在5%的显著性水平之下，拒绝原假设，因此可认为相关系数矩阵与单位矩阵有显著差异，说明样本适合做因子分析。同时，KMO值为0.467，接近0.5，可知各变量之间的相关程度无较大差异，原有变量适合做因子分析。

四、确定主因子

本书应用因子分析法中的主成分分析法来计算原始公因子的特征值、方差贡献率以及累计方差贡献率，并由此确定公因子。结果如表 6－67 所示。

表 6－67 解释的总方差

成分	初始特征值			提取平方和载入			旋转平方和载入		
	合计	方差百分比（%）	累积百分比（%）	合计	方差百分比（%）	累积百分比（%）	合计	方差百分比（%）	累积百分比（%）
1	3.676	28.279	28.279	3.676	28.279	28.279	3.131	24.087	24.087
2	2.059	15.838	44.118	2.059	15.838	44.118	2.039	15.683	39.770
3	1.656	12.742	56.859	1.656	12.742	56.859	1.956	15.045	54.815
4	1.531	11.779	68.639	1.531	11.779	68.639	1.797	13.824	68.639
5	0.987	7.595	76.233						
6	0.861	6.625	82.858						
7	0.682	5.249	88.107						
8	0.657	5.054	93.161						
9	0.464	3.568	96.729						
10	0.268	2.058	98.786						
11	0.122	0.941	99.728						
12	0.029	0.226	99.953						
13	0.006	0.047	100.000						

提取方法：主成分分析。

根据表 6－67 中数据可知，前 4 个主因子的方差贡献率已经达到了累计方差贡献率的 68.639%，即表明这 4 个主因子已包含原始数据信息量的 68.639%，所以只需选择前 4 个主因子就可以较好地代表原始指标，对公司的绩效进行描述。

特征值可用碎石图列示，如图 6－10 所示。从图 6－10 可以看出，从第 5 个成分开始，特征值的值都小于 1，且折线的陡度变得比较平缓，这说明提取 4 个主因子是合适有效的。

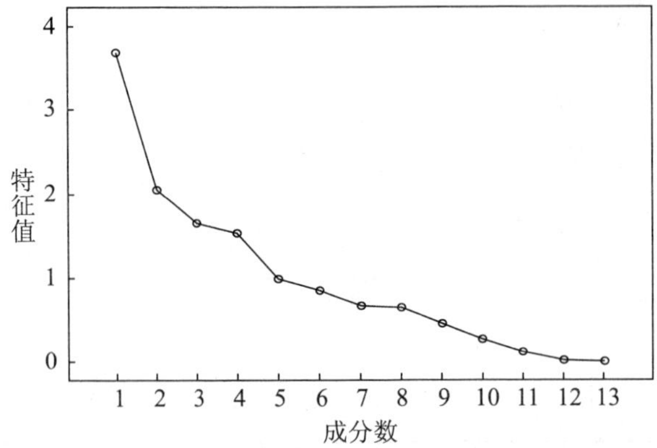

图 6-10　碎石图

五、旋转载荷矩阵分析

本书对原因子载荷矩阵进行最大方差旋转，以期得到主因子更明确的含义。结果如表 6-68所示。

表 6-68　旋转后的因子载荷矩阵[a]

变量	成分			
	F_1	F_2	F_3	F_4
基本每股收益	0.863	−0.001	0.281	0.081
销售净利率	0.715	−0.024	0.546	−0.029
每股净资产	0.636	0.152	0.100	−0.190
总资产报酬率	0.779	−0.046	0.317	0.191
流动比率	0.003	0.993	0.022	0.006
速动比率	−0.003	0.993	0.020	0.004
资产负债率	−0.145	−0.033	0.048	0.607
存货周转率	0.101	0.056	0.554	0.294
固定资产周转率	0.144	0.001	−0.152	0.877
总资产周转率	0.339	0.101	0.454	0.669
总资产增长率	0.563	−0.160	−0.269	0.154
营业总收入增长率	−0.093	0.004	−0.826	0.148
股东权益增长率	0.610	0.033	−0.418	0.019

提取方法：主成分分析。

旋转法：具有 Kaiser 标准化的正交旋转法。

a. 旋转在 6 次迭代后收敛。

由表 6-68 中的数据可以看到，基本每股收益、销售净利率、每股净资产、总资产报酬率、在主因子 F_1 上的载荷量分别为 0.863、0.715、0.636、0.779，它主要反映了公司的盈利能力，所以将 F_1 命名为盈利因子；流动比率、速动比率在主因子 F_2 上的载荷分别为 0.993、0.993，体现了公司的偿债能力，为偿债因子；主因子 F_3 则在营业总收入增长率（−0.826）上有较大载荷量，代表了公司的成长能力，故而将其命名为成长因子；主因子 F_4 在总固定资产周转率（0.877），资产周转率（0.669）上有较大载荷量，代表了公司的营运能力，为营运因子。

六、橡胶和塑料制品业上市公司综合得分与排名

要得到因子的综合得分，需先对因子数据进行标准化处理，使其期望为 0，方差为 1，然后，对各因子的方差贡献率占因子总方差贡献率的比重作为权重加权汇总，使用计算综合得分的公式 $F=(\lambda_1F_1+\lambda_2F_2+\lambda_3F_3+\lambda_4F_4)/(\lambda_1+\lambda_2+\lambda_3+\lambda_4)=(0.24087\times F_1+0.15683\times F_2+0.15045\times F_3+F_4\times 0.13824)/0.68639$ 来计算各样本的综合得分。得到结果按名次排列如表 6-69 所示。

表 6-69　　橡胶和塑料制品业上市公司综合得分与排名

股票代码	名称	F_1（盈利）	F_2（偿债）	F_3（成长）	F_4（营运）	F（综合）	排名
002343	禾欣股份	−0.06455	6.86969	0.11955	0.0145	1.5761	1
300375	鹏翎股份	2.30502	−0.05538	−0.05367	0.38146	0.8613	2
002735	王子新材	0.98355	−0.10963	−0.31888	1.68883	0.5903	3
002372	伟星新材	1.21938	−0.08809	0.43903	0.29673	0.5638	4
600182	S佳通	0.28595	−0.07222	1.43092	0.74629	0.5478	5
600143	金发科技	−1.02413	−0.21712	0.31494	4.14482	0.4948	6
002324	普利特	0.73905	−0.04407	0.43551	0.57833	0.4612	7
600469	风神股份	0.5714	0.00923	0.90801	0.11741	0.4253	8
601058	赛轮金宇	1.41163	−0.17567	−0.4418	0.2813	0.415	9
000887	中鼎股份	0.86611	−0.27925	−0.1071	0.90755	0.3994	10
002450	康得新	1.57507	−0.28469	−0.01109	−0.52011	0.3805	11
002108	沧州明珠	0.49655	−0.14915	0.54769	0.44058	0.349	12
300320	海达股份	0.88288	−0.15053	0.07586	0.22637	0.3377	13
300325	德威新材	−0.12181	−0.21127	−0.2338	2.30074	0.3211	14
002381	双箭股份	0.55938	0.2473	0.38201	−0.23795	0.2886	15
002641	永高股份	0.45596	−0.13363	0.30039	0.44419	0.2848	16
600623	双钱股份	0.17424	−0.19773	0.45396	0.64961	0.2463	17
002014	永新股份	0.25341	0.0244	0.46091	0.13793	0.2233	18
002224	三力士	0.64869	−0.39284	0.33755	0.01782	0.2155	19

续 表

股票代码	名称	F_1（盈利）	F_2（偿债）	F_3（成长）	F_4（营运）	F（综合）	排名
300180	华峰超纤	1.19037	−0.12833	−0.23461	−1.11739	0.1119	20
300221	银禧科技	−0.23518	−0.14196	−0.22486	1.34655	0.1069	21
300321	同大股份	0.8432	0.09944	0.15873	−1.23405	0.1049	22
300305	裕兴股份	0.34367	−0.10166	0.83372	−1.0874	0.0611	23
300198	纳川股份	−0.35698	−0.15841	0.27664	0.79832	0.06	24
002676	顺威股份	0.16251	−0.04415	−0.1295	0.19117	0.0571	25
000619	海螺型材	−0.06402	−0.03141	0.55582	−0.24099	0.0437	26
002420	毅昌股份	−0.41633	−0.10095	0.12468	0.58455	−0.0241	27
002382	蓝帆医疗	−0.42543	−0.04128	0.7009	−0.15184	−0.0357	28
300218	安利股份	−0.06273	−0.16733	0.21774	−0.27224	−0.0673	29
000859	国风塑业	−0.33375	−0.17685	0.12649	0.15995	−0.0976	30
300031	宝通带业	−0.12195	−0.23775	0.68553	−0.8595	−0.12	31
600458	时代新材	0.45027	−0.35095	−1.23604	0.26192	−0.1404	32
000589	黔轮胎 A	0.28188	−0.21214	−0.35028	−0.58188	−0.1435	33
300230	永利带业	0.31099	−0.26754	−0.05301	−0.89374	−0.1436	34
002694	顾地科技	−0.37416	−0.20191	−0.00941	0.15014	−0.1493	35
000599	青岛双星	−0.28703	−0.13438	0.1767	−0.35365	−0.1639	36
600210	紫江企业	−0.50058	−0.19252	0.19208	−0.25006	−0.2279	37
002585	双星新材	0.64221	−0.13501	−0.67006	−1.52638	−0.2598	38
000659	*ST 中富	−1.01437	−0.21233	0.81802	−0.70007	−0.3662	39
002522	浙江众成	0.19599	−0.29246	−0.48933	−1.3347	−0.3741	40
002395	双象股份	−0.46248	0.04254	−0.57381	−0.48175	−0.3754	41
000973	佛塑科技	−0.50316	−0.2462	−0.20676	−0.7704	−0.4333	42
300021	大禹节水	−0.43446	−0.27506	−0.55577	−0.57324	−0.4526	43
300169	天晟新材	−0.03848	−0.2074	−0.84801	−1.07584	−0.4634	44
002243	通产丽星	−1.01314	−0.09761	0.25952	−0.79057	−0.4802	45
002263	大东南	−0.71207	−0.20271	−0.36422	−1.46825	−0.6717	46
600444	*ST 国通	−3.63523	−0.39886	2.5398	0.08723	−0.7926	47
002464	金利科技	−2.36542	0.21008	−0.60961	−0.32311	−0.9808	48
000509	华塑控股	−2.00318	−0.21204	−0.67716	−0.9183	−1.0848	49
600155	宝硕股份	−1.27876	0.02776	−5.4739	0.80913	−1.4793	50

表 6－69 中，橡胶和塑料制品业上市公司综合得分与其投资价值呈正相关关系。由于先对因子数据进行了标准化处理，因此，可以 0 为参考标准线，认为：综合得分大于 0 的公司，综合业绩相对较好，且数值越大，投资价值越大；综合得分小于 0 的则相对较差，且数值越小，投资价值越小。依此可对上市公司的综合业绩和投资价值有一个基本的评价。

具体而言，表 6－69 中，公司各项能力得分与相应实力也呈正相关关系。

排名前十位的公司分别为禾欣股份、鹏翎股份、王子新材、伟星新材、S 佳通、金发科技、普利特、风神股份、赛轮金宇、中鼎股份。其中，禾欣股份排名第一，其偿债因子得分排名也是第一，说明其偿债能力非常强。由 2013 年综合得分第三位跃居第一，进步明显，发展实力强劲，具有较大发展空间和投资价值。鹏翎股份综合得分排名第二，其盈利因子高分排名第一，说明其盈利能力很强，较 2013 年的综合排名第一位下降一位，主要是因为偿债因子得分下降导致，但综合考虑该公司的发展前景，可以考虑长期投资。王子新材，营运因子得分排名第三，营运能力较强，综合得分排名第三，盈利因子得分为正，说明其盈利能力良好，可以考虑长期适当投资。伟星新材，综合得分排名第四，盈利能力排名第四，说明其盈利能力较强。而偿债因子为负，说明其偿债能力较弱，综合比较 2013 年的情况，其综合排名保持稳定，实力较强，较适合适量长期投资。S 佳通，综合排名第五，相对去年的综合排名下降了一位，但总体还比较稳定，可以考虑短期投资。

排名末十名的公司包括双象股份、佛塑科技、大禹节水、天晟新材、通产丽星、大东南、*ST 国通、金利科技、华塑控股、宝硕股份。从这 10 家公司的数据看到，佛塑科技、大禹节水、天晟新材、大东南、华塑控股在盈利因子、偿债因子、营运因子以及成长因子上的得分均为负数，是沦为末尾的主要原因。而双象股份、金利科技、宝硕股份虽然在偿债因子上得分为正，但由于另几项因子得分情况欠佳，导致其综合得分排名靠后。该类公司综合实力薄弱，暂不建议投资。

七、系统聚类分析

通过聚类分析把业绩相似的公司归类，可以对不同类别的上市公司进行对比分析，为投资者选择投资组合提供参考。

根据树状图（略）对 50 家橡胶和塑料制品业上市公司进行进一步分类，本书选择将其分为 4 类，如表 6－70 所示。

表 6－70　　　　聚类分析

类别	橡胶和塑料制品业上市公司	数目
1	顺威股份、华峰超纤、青岛双星、同大股份、顾地科技、黔轮胎 A、永利带业、海螺型材、蓝帆医疗、宝通带业、天晟新材、紫江企业、佛塑科技、裕兴股份、大禹节水、双星新材、*ST 中富、通产丽星、大东南、华塑控股、金利科技、*ST 国通、浙江众成、国风塑业、双象股份、安利股份	26
2	中鼎股份、沧州明珠、永新股份、三力士、普利特、双箭股份、伟星新材、毅昌股份、康得新、王子新材、永高股份、海达股份、银禧科技、纳川股份、金发科技、鹏翎股份、德威新材、S 佳通、时代新材、赛轮金宇、风神股份、双钱股份	22

续 表

类别	橡胶和塑料制品业上市公司	数目
3	禾欣股份	1
4	宝硕股份	1

表 6 - 70 中，类别 1 包括顺威股份、华峰超纤等 26 家公司，其中，国风塑业是一家以塑料为主的经营生产型公司。主要产品是塑料薄膜、工程塑料、非金属材料和新型木塑建材。公司目前是国内烟草厂商 BOPP 薄膜的主要供应商之一，拥有亚洲最大的 BOPP 薄膜生产线。2010 年公司新增专利授权 10 项（其中发明专利 3 项），新增专利申报 12 项(其中发明专利 3 项)。公司自主研发的云雾型消光膜等四项新产品获得了省级新产品鉴定。综合排名第 30 位，且考虑到较弱的营利性和成长性，投资者须谨慎考虑。佛塑科技是一家为现代工、农业以及现代科技、交通通信领域提供新型材料的高新技术企业集团，是中国塑料加工工业的“排头兵”。主要从事各种塑料复合包装材料、PVC 薄膜和人造革、塑料编织复合制品、塑料建筑与装饰材料以及其他功能性高分子材料五大系列产品的生产经营，主要产品 BOPP 薄膜、BOPET 薄膜、BOPA 薄膜、PVC 人造革、各类塑料片材和宽幅塑料编织复合材料，多年来在全国同行中产销量和市场占有率均处于领先位置，是全国唯一的 BOPA（双向拉伸尼龙）薄膜生产基地。该公司五项能力得分均为负值，表现欠佳，暂不建议投资。青岛双星，是一家集科研、设计、制造、安装调试与咨询服务于一体的综合性机械装备制造企业，主要产品是橡胶轮胎，双星轮胎被评为“十大民族品牌”，并荣获全国质量管理先进企业荣誉称号。综合得分排在第三十六位，由于其营运能力、盈利能力以及营运能力欠佳，投资时须谨慎考虑。华峰超纤拥有聚氨酯树脂制造、共混纺丝、无纺布加工、PU 浸渍、开纤、干法贴面及后整理的全流程超细纤维聚氨酯合成革生产技术，生产能力位居国内第二。2007—2009 年公司销售量位居国内首位。2010 年 1 月被中国塑料加工工业协会认定为“中国聚氨酯超细纤维复合材料研发制造基地”，公司技术储备丰富，是国家行业标准《聚氨酯束状超细纤维合成革》起草与制定单位之一，是《防护鞋用合成革》起草与制定单位。公司为国内少数几家通过中国塑料加工协会认证获准使用“中国生态超细纤维合成革”证明商标的人造革合成革生产企业之一。该公司的盈利能力很强，得分排在第五位，但是营运能力和偿债能力都欠佳，综合排名处于第二十位，建议适量对其短期投资。同大股份是一家从事海岛型超细纤维人工革及基布的研发、生产和销售的公司。公司主要产品包括各种海岛型超纤革基布和海岛型超纤绒面革、超纤光面革等，是目前国内技术实力最强、产品种类最多、市场份额最大的超纤革制造企业之一。公司借助国内较强的技术研发实力和长期的专业研发，在超纤革领域获得多项具有领先水平的技术成果，充分确立了公司在国内超纤革行业内技术引领者的领先地位。同大股份的综合排名虽然在第二十二位，但盈利能力、偿债能力为正，可以考虑短期投资。*ST 国通是安徽省重点高新技术企业之一，国内首家专业生产新型塑料管材的上市公司，是截至 2010 年国内同行业生产规模最大、产品品种规格最全、市场占有率最高和品牌竞争力最强的新型塑料管材专业化生产基地之一。该公司综合得分排在倒数第四位，主要是由于其盈利因子得分较低，暂不建议投资。

类别 2 包括中鼎股份、沧州明珠、永新股份等 22 家企业，其中中鼎股份、王子新材等处于行业的前十名。其中，纳川股份是一家致力于以先进制造技术生产和推广有利于环保、节能减排的新型排水管材的公司，主营业务是 HDPE 缠绕增强管及配套管件的研发、生产和销售，以及为 HDPE 缠绕增强管系统的设计和施工提供技术支持服务。公司目前国内三家主要生产 HDPE 缠绕增强管的厂商中产值最大、产品应用范围最广的公司，是第一批福建省政府投资项目甲控设备材料供应商、我国核电系统第一家大口径塑料排水管道合格供应商，先后被认定为中国核工业福清核电项目部合格供应商、中国核工业秦山核电二期扩建工程项目合格供应方、国家电力商务网上合格供应商、中国石化物质供应管理综合信息平台供应商、广州市污水治理有限责任公司准入管材生产厂家等，是最早将大口径塑料埋地排水管应用于石油化工、港口码头和核电火电的厂商之一。公司产品被中国工程建设标准化协会认定为工程建设推荐产品。公司盈利能力和偿债能力欠佳，建议暂时观望。金发科技凭借其优秀的营运能力，综合得分排名第六。其营运因子得分排名第一。这是一家集高性能改性塑料研发、生产和销售于一体的国家火炬计划重点高新技术企业。其主要产品包括阻燃树脂、增强增韧树脂、塑料合金、功能色母和降解塑料五大系列 60 多个品种 2000 多个牌号。公司是国内产品最齐全、产量最大的改性塑料生产企业之一，国内改性塑料行业第一家上市公司。公司目前有广州、上海、四川绵阳三大生产基地，具备产年 40 万吨改性塑料的生产能力，公司已先后在美国、加拿大、日本、马来西亚、泰国、墨西哥、印度、韩国等 20 多个国家注册了“Kingfa”商标，值得适量对其长期投资。

类别 3 仅有禾欣股份一家公司，禾欣股份是一家集生产经营 PU 合成革、超细纤维合成革、合成革基布、浆料、色料为一体的国内产业链配套最完整的公司，是目前国内综合实力最强的 PU 合成革生产厂家之一，产品占据了中国高档 PU 合成革市场较大的市场份额，稳居行业首位。而且该公司综合得分排名第一，较 2013 年的排名第三有所上升，且其偿债因子得分排名第一，说明其财务状况良好，使其成为稳健的投资对象。

类别 4 仅有宝硕股份一家公司。宝硕股份在 2007 年重组完成后，成为一家以化工产品（主要包括 PVC 树脂、离子膜烧碱等）、塑料制品（主要包括 PE 农地膜等）和水泥的生产和销售为主营业务的公司。该公司综合得分排名末尾，很大程度上是由于盈利因子和成长因子得分较低导致，暂不建议投资。

八、结语

综上所述，投资者在进行投资时，要综合考虑宏观、微观等各方面反映的财务信息，加以谨慎地分析，做出合理的选择。在此，运用 SPSS 软件，利用 13 个指标综合分析橡胶和塑料制品行业 50 家上市公司各方面表现情况，对投资者进行投资决策有一定的参考意义。但由于分析仅仅运用了 2014 年一个年度的财务报表资料，并联系实际结果与 2013 年相关分析研究结果进行比较，某些项目仍可能会由于会计政策变更等的影响存在一定程度的偶然性，分析指标的选择也具有主观性。因此，分析结果难以反映出完全的真实状况，若后续能对多个连续年度进行跟踪分析，并适当增加分析指标，则可较大程度地消除偶然性，帮助投资者做出更加准确的投资决策，以更加有效地配置投资资源，促进橡胶和塑料制品业的更加健康和谐发展。

（参著：刘蕊）

第十一节　非金属矿物制品业上市公司投资价值比较分析研究

一、行业发展和投资价值状况

非金属矿物材料，是指以非金属矿物和岩石为基本或主要原料，通过深加工或精加工制备的具有一定功能的现代新材料，它是无机非金属材料的一种，如功能填料和颜料、摩擦材料、密封材料、保温隔热材料、电功能材料、吸附催化材料、环保材料、胶凝与流变材料、聚合物/纳米黏土复合材料、建筑装饰材料等。而非金属矿物制品则是以这些非金属矿物材料经过进一步加工形成的产品。例如我们常见的建筑材料、玻璃、人造金刚石、磨料磨具、石棉制品等。

非金属矿物制品是人类利用最早的产品，原始人使用的石斧、石刀等都是用无机非金属矿物或者岩石材料制备的。但随着现代科技的进步、人类生活水平的提高和环境保护意识的觉醒，人们开创了应用非金属制品的新时代。目前，非金属矿物制品广泛应用于化工、机械、能源、汽车、轻工、食品加工、冶金、建材等传统产业以及航空航天、电子信息、新材料等为代表的高新技术产业和环境保护生态建设等领域。以电子信息、航空航天、海洋开发、新材料和新能源为代表的高新技术产业和非金属材料密切相关。例如，石墨、云母、石英、锆英石、金红石基矿物材料与电子信息产业有关；石墨、重晶石、膨润土、石英基矿物材料等与新能源开发有关；沸石、麦饭石、硅藻土、凹凸棒石、海泡石、膨润土、蛋白土、珍珠岩、高岭土基矿物材料等与生化产业有关；石墨、石棉、云母、石英基矿物材料等与航空航天产业有关。

非金属矿物材料是现代高温、高压、高速工业的基础原材料，也是支撑现代高新技术产业的原辅材料和多功能环保材料。因此，非金属矿或非金属矿物制品工业是现代社会的朝阳工业之一。中国是全球非金属矿产资源品种较多、储量较为丰富的国家之一，许多非金属矿种，如石墨、滑石、菱镁矿、重晶石、萤石等的储量和年产量都居世界前列。非金属矿物制品在中国具有高成长性和高利润积累能力的双重特点。

中商情报网数据显示：从 2010 年开始，中国金属制品行业销售收入呈不断增长趋势，2014 年销售收入系近几年最高，达到 35271.24 亿元，同比增长 7.4%。但是从 2011 年开始，增长幅度呈下滑趋势，2014 年的增长率仅 7.4%。2014 年中国金属制品行业利润总额为 2005.16 亿元，达到五年最高。从 2010 年开始中国金属制品行业利润总额不断增长，但是增幅度也在不断下滑，2014 年的增长率与 2013 年相比下降了 8.8%。2014 年中国金属制品行业毛利率为 14.47%，延续了 2013 年的下滑趋势，较上一年相比下降了 0.7%。但非金属制品应用广泛，行业历史悠久，规模巨大，发展前景广阔，一直是广大投资者关注的重点行业之一。

二、样本选取和数据处理

沪、深证交所的 81 家非金属矿物制品业上市公司的资料来源主要为其 2014 年的财务报告。具体初始数据如表 6－71 和表 6－72 所示。

表 6-71　初始数据 1

股票代码	名称	基本每股收益（元）	销售净利率（%）	每股净资产（元）	总资产报酬率（%）	流动比率	速动比率
000012	南玻 A	0.4200	13.3404	4.0228	7.9354	0.2419	0.1720
000023	深天地 A	0.1243	1.3793	2.6097	2.6752	1.2678	0.8555
000401	冀东水泥	0.0260	−1.7714	8.7520	3.0270	0.5265	0.4204
000519	江南红箭	0.5400	19.4792	5.3960	10.1288	2.9285	1.6055
000546	金圆股份	0.3012	17.8369	2.7306	15.9815	0.3420	0.1636
000672	上峰水泥	0.4600	13.4997	2.1349	15.9048	0.6069	0.4570
000786	北新建材	1.8180	17.7109	10.1957	15.3247	1.1681	0.7897
000789	万年青	1.3449	13.1086	6.1390	15.3397	0.9505	0.8181
000795	太原刚玉	0.0400	1.3830	2.2564	4.2293	1.2890	1.0449
000877	天山股份	0.2900	3.8938	7.7701	4.1218	0.5008	0.4233
000885	同力水泥	0.3732	6.1864	4.5694	8.2008	0.4155	0.1933
000935	四川双马	0.0500	8.3060	3.3200	5.5253	1.1462	0.9722
002066	瑞泰科技	0.0290	2.2997	1.9469	5.2047	1.0084	0.6933
002080	中材科技	0.3805	3.9046	6.3135	4.1809	1.0518	0.8334
002088	鲁阳股份	0.3400	6.6642	6.7032	5.1265	2.6788	2.1148
002102	冠福股份	0.0100	0.1706	3.2307	3.3588	0.7126	0.4504
002162	斯米克	0.0330	1.6819	1.8418	3.7059	0.6728	0.3424
002201	九鼎新材	0.0500	1.4432	1.8735	3.0754	0.9816	0.7783
002205	国统股份	0.5800	7.4876	8.4046	4.9245	2.2044	1.7037
002225	濮耐股份	0.2000	6.3246	2.7594	5.5460	1.5318	1.0482
002233	塔牌集团	0.6798	13.6330	4.7316	15.8638	1.8903	1.3806
002271	东方雨虹	1.5900	11.6377	8.2543	16.3136	2.2714	1.8731
002297	博云新材	0.0100	2.1949	2.8448	1.0807	1.8211	1.3063
002302	西部建设	0.6400	3.5797	7.2029	6.0568	1.4010	1.3517
002346	柘中股份	0.1900	18.2200	3.2460	7.2643	3.1100	2.7615
002392	北京利尔	0.3400	10.8074	4.8919	6.6185	2.3968	1.9564
002457	青龙管业	0.1700	7.1927	5.1806	3.7156	2.5106	1.7344
002571	德力股份	0.0245	1.0114	4.0360	1.1548	1.7551	1.3317
002596	海南瑞泽	0.0800	2.0192	4.9867	3.5156	2.3247	2.1155
002619	巨龙管业	0.0600	1.8919	4.5554	2.8158	1.2774	0.8663
002623	亚玛顿	0.2400	4.3838	13.1609	0.0415	3.1783	3.0052

续 表

股票代码	名称	基本每股收益（元）	销售净利率（%）	每股净资产（元）	总资产报酬率（%）	流动比率	速动比率
002671	龙泉股份	0.3700	12.7239	3.3542	10.6924	2.4795	2.0436
002742	三圣特材	1.4000	7.9654	9.4765	11.1842	1.3069	1.2106
300064	豫金刚石	0.1009	9.5187	2.4001	4.7159	0.9787	0.7646
300073	当升科技	−0.1600	−4.0948	5.1096	−2.7626	3.0530	2.2464
300080	新大新材	0.0912	1.2574	6.4003	2.4783	1.4188	0.8694
300089	长城集团	0.0600	1.8730	5.2658	2.5335	1.7188	1.4639
300093	金刚玻璃	0.0900	4.4521	4.0508	3.1984	2.1296	1.8660
300160	秀强股份	0.1953	3.9204	5.8078	2.6386	3.5694	3.2732
300179	四方达	0.1700	17.5308	3.3144	3.6730	6.4448	5.5277
300196	长海股份	0.7700	13.3697	5.7300	12.1131	1.3742	1.1998
300224	正海磁材	0.4700	14.6932	6.2189	5.7238	3.0012	2.5232
300234	开尔新材	0.4000	20.6395	2.0022	17.5494	2.6009	1.8336
300344	太空板业	−0.0834	−15.9606	2.8835	−1.7521	2.0733	1.2868
300395	菲利华	1.3275	24.2430	10.0446	13.8282	7.0878	6.5333
300409	道氏技术	1.4400	16.1778	8.6835	14.6809	3.1982	2.6225
600145	*ST 国创	−4.0700	−3643.6991	−3.7925	−1610.9624	0.1094	0.0208
600172	黄河旋风	0.4192	13.4531	4.5200	7.6900	0.8769	0.5660
600176	中国巨石	0.5438	7.5522	4.6071	6.9181	0.5634	0.4484
600217	*ST 秦岭	−0.3788	−37.1332	−0.3175	−6.0986	0.1769	0.0934
600291	西水股份	0.2219	817.6596	8.1672	0.6601	0.2092	0.2086
600293	三峡新材	0.0330	0.8629	2.1590	4.1167	0.4649	0.4299
600318	巢东股份	0.4400	8.6172	4.4813	9.9495	0.4442	0.2841
600381	贤成矿业	0.3989	203.1745	1.2204	4.3630	1.7567	1.5411
600425	青松建化	0.0040	−4.3349	3.8494	1.3048	0.7744	0.4005
600449	宁夏建材	0.5679	8.4739	8.8588	6.7875	0.8978	0.7306
600516	方大炭素	0.1624	7.6405	3.3418	4.5112	3.2273	2.4560
600529	山东药玻	0.4800	7.3110	8.2226	6.1795	2.2040	1.5187
600539	*ST 狮头	−0.1800	−240.2601	2.0311	−5.3631	0.7830	0.6302
600552	方兴科技	0.3053	11.7863	4.7629	6.2715	2.2124	1.8808
600585	海螺水泥	2.0700	19.0716	12.5000	15.8709	1.7432	1.4393
600586	金晶科技	−0.1400	−5.5702	2.7627	0.0269	0.6201	0.4719

续　表

股票代码	名称	基本每股收益（元）	销售净利率（%）	每股净资产（元）	总资产报酬率（%）	流动比率	速动比率
600629	棱光实业	0.0130	1.4805	2.2426	1.0659	1.2883	1.1274
600634	中技控股	0.2300	5.1476	4.1033	4.9645	0.8024	0.7605
600660	福耀玻璃	1.1100	17.1508	4.3926	18.2166	1.0324	0.6954
600668	尖峰集团	0.8200	14.1592	5.9890	12.2758	1.2153	0.9419
600678	四川金顶	−0.1061	−69.7466	0.0676	−8.4595	0.1338	0.1211
600720	祁连山	0.7200	9.0415	6.1713	8.9116	0.6830	0.4550
600801	华新水泥	0.8200	9.3383	6.5357	9.8795	0.6838	0.5457
600802	福建水泥	0.1300	3.5428	3.5471	3.3650	0.3330	0.2536
600819	耀皮玻璃	0.0600	0.4570	3.3998	2.1603	1.0240	0.7901
600876	洛阳玻璃	0.0320	0.0560	0.0988	1.2820	0.5911	0.2534
600881	亚泰集团	0.1000	1.1460	4.3046	3.3952	0.9985	0.6847
600883	博闻科技	−0.2025	−322.0551	2.6205	−5.1107	7.3628	7.1358
601012	隆基股份	0.5500	8.1137	5.8750	6.4211	1.3103	0.8735
601636	旗滨集团	0.2795	5.9478	4.7723	5.3314	0.8429	0.3963
601992	金隅股份	0.5200	6.5686	6.5015	4.5895	1.2605	0.4397
603021	山东华鹏	0.7300	8.8881	6.1100	7.4492	0.5526	0.3456
603268	松发股份	0.7400	15.8254	4.3900	16.3120	2.4795	1.6730
603601	再升科技	0.7171	17.1347	3.8651	17.7658	2.4410	1.8526
603688	石英股份	0.3700	18.1858	5.2557	6.7996	14.3055	12.1020

表 6－72　　　　初始数据 2

股票代码	名称	资产负债率（%）	存货周转率（次）	固定资产周转率（次）	总资产周转率（%）	总资产增长率（%）	营业总收入增长率（%）	股东权益增长率（%）
000012	南玻 A	42.7561	13.8385	0.7901	0.4666	0.2516	−8.9127	3.7360
000023	深天地 A	71.1966	2.3708	8.8900	0.7750	9.5983	2.1333	3.3378
000401	冀东水泥	69.4987	5.9968	0.6066	0.3595	2.2278	−0.2928	−0.8981
000519	江南红箭	18.7685	1.3072	1.3053	0.4143	−0.1934	−2.1418	10.9336
000546	金圆股份	58.1223	5.1219	0.9774	0.6272	1309.7962	−13.7288	843.4936
000672	上峰水泥	53.8752	7.4011	1.3919	0.7643	16.2911	7.5839	19.0057
000786	北新建材	36.2489	3.7928	1.4428	0.6924	26.2882	10.7469	69.5960

续 表

股票代码	名称	资产负债率（%）	存货周转率（次）	固定资产周转率（次）	总资产周转率（%）	总资产增长率（%）	营业总收入增长率（%）	股东权益增长率（%）
000789	万年青	52.4300	12.2959	1.5634	0.8012	12.6301	8.1527	19.5175
000795	太原刚玉	57.2082	2.6345	3.0821	0.4641	19.0040	−12.3111	261.9251
000877	天山股份	62.6193	6.4420	0.4484	0.3047	1.4006	−17.2845	2.4748
000885	同力水泥	43.5783	7.8405	1.1847	0.7861	−7.1814	−1.5884	25.9996
000935	四川双马	27.7294	8.5192	0.6058	0.4192	−2.2913	−1.0265	1.6376
002066	瑞泰科技	70.9461	2.3908	2.7422	0.6584	5.4434	12.0744	1.5109
002080	中材科技	65.9113	3.7156	2.1533	0.6083	24.0649	28.5029	9.5078
002088	鲁阳股份	20.5105	3.9534	1.6311	0.6107	4.7296	14.7368	3.6402
002102	冠福股份	53.8907	4.7580	3.4107	0.5787	121.6075	0.3627	210.3640
002162	斯米克	63.4306	1.5887	1.1756	0.3922	6.6257	−5.3763	33.7661
002201	九鼎新材	73.8956	3.6417	1.4000	0.5122	30.5920	18.7464	1.8846
002205	国统股份	40.8358	2.1852	1.7495	0.4294	−11.2250	−7.7528	4.7238
002225	濮耐股份	50.0917	1.9060	3.8268	0.6014	29.5055	7.3396	28.1716
002233	塔牌集团	21.3263	6.0515	1.7630	0.8212	−0.6834	16.7867	12.0762
002271	东方雨虹	32.6587	5.7737	6.2055	1.1559	46.0552	28.2706	104.3971
002297	博云新材	31.7757	1.2348	0.8149	0.2053	−11.6716	3.5856	0.4616
002302	西部建设	62.9903	33.3634	4.0771	1.0285	21.0468	18.5357	8.1802
002346	柘中股份	24.2150	4.1598	2.8675	0.3195	87.4384	−15.4133	50.7412
002392	北京利尔	27.3650	2.7820	5.2732	0.4924	12.0558	27.0992	6.3342
002457	青龙管业	22.2291	1.4970	2.2815	0.3687	−6.2873	−30.9245	2.4191
002571	德力股份	30.2900	2.8967	1.5314	0.4435	13.1928	−0.5499	0.6105
002596	海南瑞泽	37.9452	14.8920	2.5595	0.6049	28.9167	1.7502	41.6861
002619	巨龙管业	44.9747	1.3094	1.1157	0.3687	2.2617	−25.6191	−11.2256
002623	亚玛顿	18.9797	11.1065	1.6054	0.3528	13.3833	22.9097	1.5115
002671	龙泉股份	36.5886	3.3263	2.3604	0.5642	8.4409	37.9478	14.9722
002742	三圣特材	52.6174	14.9716	3.2057	0.9277	12.8224	8.2486	14.8758
300064	豫金刚石	45.4057	1.8568	0.5621	0.2388	12.7482	21.5817	3.6655
300073	当升科技	19.7021	4.0331	2.6414	0.6216	2.5412	−0.7867	−3.3106
300080	新大新材	41.7755	1.5138	1.6785	0.4259	9.8941	45.9603	0.8064
300089	长城集团	32.1044	3.3404	3.0355	0.4019	8.8465	8.0005	1.0752

续 表

股票代码	名称	资产负债率（%）	存货周转率（次）	固定资产周转率（次）	总资产周转率（%）	总资产增长率（%）	营业总收入增长率（%）	股东权益增长率（%）
300093	金刚玻璃	45.1869	2.6619	0.8417	0.2851	10.6210	8.1753	2.0775
300160	秀强股份	20.3871	8.0718	2.1698	0.5915	−7.1987	6.4218	2.5627
300179	四方达	14.8816	1.3235	1.3674	0.2243	1.4361	24.9189	3.8677
300196	长海股份	25.8058	11.9594	1.4166	0.7499	7.1974	20.9741	12.6963
300224	正海磁材	24.6341	2.8204	2.6788	0.3920	7.8584	40.4434	7.3373
300234	开尔新材	30.1805	1.5972	5.2151	0.7264	20.7779	65.5036	23.3258
300344	太空板业	21.1599	0.6396	0.6672	0.1368	−6.9846	−41.1390	−3.3499
300395	菲利华	14.3417	2.9879	1.6989	0.4870	79.5248	1.7561	102.2627
300409	道氏技术	30.7795	2.2419	5.1575	0.7131	86.3204	39.9440	122.2597
600145	*ST 国创	4615.9358	4.6893	2.5869	0.4422	−79.9894	16.8860	−1431.4717
600172	黄河旋风	51.5104	2.0066	0.7102	0.3496	9.4673	6.7949	8.9019
600176	中国巨石	78.8158	2.8793	0.5773	0.3252	0.4946	20.3183	8.5081
600217	*ST 秦岭	110.3682	5.0573	0.4328	0.3146	−7.9866	−15.4603	−618.0946
600291	西水股份	82.1617	37.0183	0.1560	0.0015	177.7705	12.7193	40.7374
600293	三峡新材	70.6318	13.6032	0.9100	0.4775	−11.1079	15.6289	1.5643
600318	巢东股份	42.9348	11.6465	0.8229	0.6173	−7.7293	3.7536	8.8733
600381	贤成矿业	78.5090	0.4799	0.4265	0.0205	−3.6113	617.5243	809.0635
600425	青松建化	51.3133	1.9523	0.4657	0.2285	1.7534	12.6114	−1.5066
600449	宁夏建材	44.6523	6.3124	0.8186	0.4827	1.6614	−7.4695	3.9072
600516	方大炭素	37.2008	1.4354	2.0029	0.3478	−6.5218	2.2398	3.6950
600529	山东药玻	24.5748	2.5866	1.5222	0.6123	4.1663	9.4894	4.2536
600539	*ST 狮头	23.8760	0.5038	0.4887	0.0225	0.5354	−74.7667	−1.4000
600552	方兴科技	28.9765	3.7202	1.9292	0.4129	14.0451	−4.1144	5.8213
600585	海螺水泥	31.9226	9.9804	1.1171	0.6221	9.8380	9.9469	17.9953
600586	金晶科技	54.5182	5.3680	0.8458	0.4129	6.7071	3.3659	−4.8422
600629	棱光实业	30.3847	5.1966	0.7846	0.3108	−0.4625	27.3425	0.5673
600634	中技控股	63.4798	10.3126	2.4224	0.4241	3.5844	−20.5269	5.4522
600660	福耀玻璃	47.8381	3.6857	2.0735	0.8218	15.6886	12.4071	12.1855
600668	尖峰集团	40.5425	8.6128	1.8823	0.6479	17.3800	4.9085	18.6358
600678	四川金顶	92.3297	10.0164	0.5330	0.1589	11.9768	66.9842	−60.6657

续 表

股票代码	名称	资产负债率（%）	存货周转率（次）	固定资产周转率（次）	总资产周转率（%）	总资产增长率（%）	营业总收入增长率（%）	股东权益增长率（%）
600720	祁连山	51.4923	5.6035	0.9366	0.5647	−0.8690	5.7448	15.3833
600801	华新水泥	57.5800	10.1169	1.0828	0.6166	0.8985	0.0738	11.8990
600802	福建水泥	60.7044	8.4629	0.8986	0.4085	15.1351	13.3139	28.4018
600819	耀皮玻璃	51.0463	3.4639	0.8807	0.3771	9.9931	0.5658	−0.1463
600876	洛阳玻璃	103.7263	2.7965	1.0105	0.5365	−13.8163	63.0248	48.3184
600881	亚泰集团	77.3629	1.2108	1.1023	0.2827	9.3636	7.4890	1.4893
600883	博闻科技	9.7656	2.1883	0.7198	0.0209	−7.0282	−57.4861	−9.6438
601012	隆基股份	49.4125	3.2480	1.6860	0.6609	37.5793	61.3783	8.6311
601636	旗滨集团	56.9688	2.4647	0.7914	0.4339	18.9316	5.4075	27.9837
601992	金隅股份	68.6672	0.7234	2.3597	0.3845	17.0432	−7.9221	18.3680
603021	山东华鹏	64.0841	3.0129	1.4484	0.4907	12.2659	−2.0257	5.7516
603268	松发股份	23.3377	3.2549	3.0241	0.8041	−2.0905	5.2017	15.7641
603601	再升科技	23.3831	4.7979	1.8663	0.8778	12.3533	3.7153	18.9977
603688	石英股份	6.2386	1.8413	1.2747	0.3412	51.1062	4.9130	50.6632

在指标性质、单位不同的情况下，首先要对其进行同趋势化处理。然后利用 SPSS 中的 Z - score 方法将 13 项指标的原始数据进行标准化处理。同趋势化数据和标准化数据略。

三、因子分析法适应性检验

为了检验所选用的指标是否适合使用因子分析法，本书利用 SPSS 软件中 KMO 和 Bartlett 球形检验方法对样本进行检验。检验结果如表 6 - 73 所示。

表 6 - 73　KMO 检验和 Bartlett 球形检验

取样足够度的 KMO 度量		0.512
Bartlett 球形检验	近似卡方	699.893
	df	78
	Sig.	0.000

由表 6 - 73 可知，KMO 值为 0.512，大于 0.5，可知各变量之间的相关程度无较大差异，原有变量适合做因子分析。同时，Bartlett 球形检验统计量为 699.893，相应的概率 Sig. 为 0.000，在 5%的显著性水平之下，拒绝原假设，因此可认为相关系数矩阵与单位矩阵有显著差异，说明样本适合做因子分析。

四、确定主因子

本书应用因子分析法中的主成分分析法来计算原始公因子的特征值、方差贡献率以及累计方差贡献率，并由此确定公因子。结果如表 6－74 所示。

表 6－74　　解释的总方差

成分	初始特征值			提取平方和载入			旋转平方和载入		
	合计	方差百分比（%）	累积百分比（%）	合计	方差百分比（%）	累积百分比（%）	合计	方差百分比（%）	累积百分比（%）
1	3.707	28.512	28.512	3.707	28.512	28.512	3.445	26.498	26.498
2	1.992	15.324	43.836	1.992	15.324	43.836	1.828	14.064	40.562
3	1.709	13.143	56.978	1.709	13.143	56.978	1.667	12.825	53.387
4	1.289	9.913	66.891	1.289	9.913	66.891	1.355	10.420	63.807
5	1.090	8.385	75.277	1.090	8.385	75.277	1.272	9.779	73.586
6	1.047	8.057	83.334	1.047	8.057	83.334	1.267	9.747	83.334
7	0.800	6.154	89.488						
8	0.545	4.191	93.679						
9	0.374	2.876	96.555						
10	0.258	1.968	98.541						
11	0.097	0.744	99.285						
12	0.078	0.602	99.887						
13	0.015	0.113	100.000						

提取方法：主成分分析。

根据表 6－74 中数据可知，前 6 个主因子的方差贡献率已经达到了累计方差贡献率的 83.334%，即表明这 6 个主因子已包含原始数据信息量的 83.334%，所以只需选择前 6 个主因子就可以较好地代表原始指标，对公司的绩效进行描述。

特征值可用碎石图列示，如图 6－11 所示。从图 6－11 可以看出，从第 7 个成分开始，特征值的值都小于 1，且折线的陡度变得比较平缓，这说明提取 5 个主因子是合适有效的。

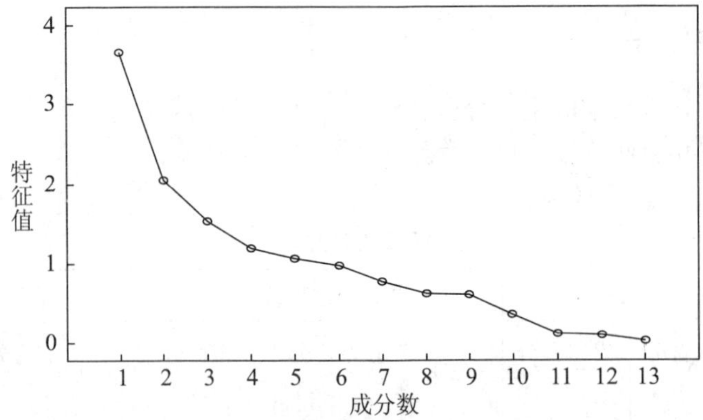

图 6-11 碎石图

五、旋转载荷矩阵分析

本书对原因子载荷矩阵进行最大方差旋转，以期得到主因子更明确的含义。结果如表 6-75所示。

表 6-75　　旋转后的因子载荷矩阵[a]

变量	成分					
	F_1	F_2	F_3	F_4	F_5	F_6
每股收益	0.851	0.123	0.292	0.208	−0.043	−0.153
销售净利率	0.954	−0.006	−0.094	0.049	0.060	0.074
总资产报酬率	0.966	−0.039	−.054	−0.044	0.023	0.033
流动比率	0.035	0.905	−0.114	−0.083	−0.018	−0.046
速动比率	0.058	0.710	0.069	0.373	−0.162	−0.254
资产负债率	0.036	−0.024	−0.043	0.118	−0.097	0.887
每股净资产	0.513	0.057	0.164	0.446	−0.159	−0.460
存货周转率	0.028	−0.049	0.019	0.864	0.105	0.102
总资产周转率	−0.040	−0.023	0.881	−0.175	−0.102	−0.048
固定资产周转率	0.098	−0.055	0.865	0.276	0.025	−0.032
总资产增长率	0.073	−0.061	0.012	0.099	0.944	−0.069
营业总收入增长率	0.071	0.650	−0.001	−0.253	0.152	0.385
股东权益增长率	0.765	0.228	−0.003	−0.148	0.527	0.068

提取方法：主成分分析。

旋转法：具有 Kaiser 标准化的正交旋转法。

a. 旋转在 9 次迭代后收敛。

由表 6-75 中的数据可以看到，基本每股收益、销售净利率、总资产报酬率、股东权

益增长率在主因子 F_1 上的载荷量分别为 0.851、0.954、0.966、0.765，它主要反映了公司的盈利能力，所以将 F_1 命名为盈利因子；流动比率与速动比率在主因子 F_2 上的载荷分别为 0.905 和 0.710，体现了公司的偿债能力，为偿债因子；主因子 F_3 则在固定资产周转率（0.865）总资产周转率（0.881）上载荷量分别较大，F_4 在存货周转率（0.864）上的载荷量比较大，代表了公司的营运能力，故而将 F_3、F_4 命名为营运因子；主因子 F_5 在总资产增长率（0.944），股东权益增长率（0.527）上有较大载荷量，代表了公司的成长能力，为成长因子。资产负债率（0.887）在主因子 F6 上的载荷量最大，它代表公司的偿债能力，与 F_2 同为偿债因子。

六、非金属矿物制品业上市公司综合得分与排名

要得到因子的综合得分，需先对因子数据进行标准化处理，使其期望为 0，方差为 1，然后，对各因子的方差贡献率占因子总方差贡献率的比重作为权重加权汇总，使用计算综合得分的公式 $F=(\lambda_1 F_1+\lambda_2 F_2+\lambda_3 F_3+\lambda_4 F_4+\lambda_5 F_5+\lambda_6 F_6)/(\lambda_1+\lambda_2+\lambda_3+\lambda_4+\lambda_5+\lambda_6)=(0.26498\times F_1+0.14064\times F_2+0.12825\times F_3+0.10420\times F_4+0.09779\times F_5+0.09747\times F_6)/0.83334$ 来计算各样本的综合得分。得到结果按名次排列如表 6－76 所示。

表 6－76　非金属矿物制品业上市公司综合得分与排名

股票代码	名称	F_1（盈利）	F_2（偿债）	F_3（营运 1）	F_4（营运 2）	F_5（成长）	F_6（偿债）	F（综合）	排名
600381	贤成矿业	0.63646	5.74456	−1.04192	−2.62297	1.64444	2.52209	1.1715	1
600585	海螺水泥	0.51474	4.59831	0.14929	3.29644	−1.34278	−2.15572	0.9652	2
600876	洛阳玻璃	0.20940	−0.13231	0.23108	0.88471	−0.95473	7.22516	0.9235	3
002302	西部建设	−0.19147	0.46432	1.87825	3.75739	0.36642	0.70064	0.9013	4
000546	金圆股份	−0.10321	−0.33354	−0.04204	0.50009	8.21741	−0.54982	0.8669	5
002271	东方雨虹	0.61641	0.03961	3.46236	−0.06848	0.00486	−0.15306	0.7096	6
002742	三圣特材	0.49930	−0.01583	1.61199	1.61594	−0.23166	−0.17148	0.5590	7
600291	西水股份	0.44316	−0.52190	−2.27060	4.05951	1.13861	0.83224	0.4419	8
300409	道氏技术	0.68867	−0.08439	2.06991	−0.58134	0.12953	−0.45052	0.4131	9
002233	塔牌集团	0.02405	1.49304	0.71710	0.72773	−0.35062	−0.40696	0.3722	10
000789	万年青	0.44103	−0.25342	0.69874	1.10869	−0.10244	0.07206	0.3400	11
000023	深天地 A	−0.20858	−0.18232	3.41002	−1.55277	−0.04035	0.45394	0.2819	12
000786	北新建材	0.93431	−0.16015	0.57037	0.38807	−0.41959	−0.75471	0.2689	13
300196	长海股份	0.19095	0.02288	0.42493	1.01836	−0.04348	0.02457	0.2551	14
300234	开尔新材	−0.02533	0.08578	1.96550	−1.29441	0.12158	0.40233	0.2084	15
600660	福耀玻璃	0.36692	−0.23690	0.99321	−0.16055	−0.15260	0.01419	0.1932	16
603601	再升科技	0.18560	−0.23174	0.94055	−0.01811	−0.04610	0.02618	0.1600	17

续 表

股票代码	名称	F_1（盈利）	F_2（偿债）	F_3（营运 1）	F_4（营运 2）	F_5（成长）	F_6（偿债）	F（综合）	排名
603268	松发股份	0.21415	−0.13349	1.25172	−0.33777	−0.22160	−0.10274	0.1579	18
002596	海南瑞泽	−0.11865	−0.26184	0.37701	0.95187	0.30975	0.19607	0.1544	19
600668	尖峰集团	0.28168	−0.21384	0.40632	0.49339	−0.09539	−0.13061	0.1512	20
300089	长城集团	−0.21292	1.91113	0.14788	0.07088	−0.41841	−0.76373	0.1480	21
601012	隆基股份	0.20507	0.07881	0.43253	−0.21557	0.00510	−0.01663	0.1168	22
600801	华新水泥	0.31926	−0.35873	0.01050	0.82464	−0.19823	−0.07653	0.1135	23
002102	冠福股份	−0.02629	−0.29958	0.75933	−0.55955	0.92305	0.11118	0.1093	24
002571	德力股份	−0.26021	2.33567	−0.46054	−0.37369	−0.19649	−0.56622	0.1046	25
300395	菲利华	0.78692	−0.39297	0.11653	0.08445	−0.04095	−0.89222	0.1032	26
000672	上峰水泥	0.01377	−0.34900	0.43917	0.12501	0.14312	0.39314	0.0915	27
000885	同力水泥	0.09160	−0.40603	0.37627	0.40000	−0.05903	0.09750	0.0730	28
002392	北京利尔	0.05925	−0.09494	1.38632	−0.99697	−0.13337	−0.11425	0.0625	29
002080	中材科技	0.17212	−0.15054	0.43561	−0.15543	−0.11786	−0.05622	0.0565	30
600318	巢东股份	0.07913	−0.38609	−0.17326	0.80876	−0.03378	0.16067	0.0493	31
600529	山东药玻	0.26381	0.26766	0.18407	0.22367	−0.45599	−0.72370	0.0472	32
002225	濮耐股份	−0.07071	0.00673	1.01917	−0.93201	0.07431	0.06479	0.0353	33
002671	龙泉股份	0.06262	−0.10025	0.41756	−0.59179	−0.02895	0.11812	0.0037	34
002623	亚玛顿	0.37157	−0.28228	−0.48401	1.15172	−0.33850	−0.84295	0.0017	35
600720	祁连山	0.32762	−0.33311	−0.13263	0.22000	−0.26231	−0.20729	0.0000	36
300160	秀强股份	0.04860	−0.38933	0.29259	0.23113	−0.13004	−0.10604	−0.0040	37
000795	太原刚玉	0.07915	−0.16920	0.37814	−0.94917	0.39046	0.09529	−0.0069	38
600293	三峡新材	−0.19361	−0.33701	−0.52102	0.75987	0.12073	0.67221	−0.0108	39
000012	南玻 A	0.03297	−0.46709	−0.57019	0.98107	0.03365	0.15868	−0.0109	40
002066	瑞泰科技	−0.13697	−0.26981	0.71901	−0.74207	−0.01021	0.42074	−0.0232	41
002088	鲁阳股份	0.18661	−0.25556	0.19678	−0.05873	−0.21942	−0.33268	−0.0255	42
600634	中技控股	−0.02722	−0.44608	−0.02857	0.35189	−0.04751	0.11481	−0.0365	43
603021	山东华鹏	0.34335	−0.38160	−0.07440	−0.16120	−0.29885	−0.25956	−0.0523	44
300224	正海磁材	0.23619	−0.15855	0.17745	−0.57534	−0.22236	−0.27509	−0.0546	45
600449	宁夏建材	0.37656	−0.36759	−0.42177	0.52914	−0.38719	−0.58864	−0.0553	46
002297	博云新材	−0.25793	2.55268	−1.29133	−0.82133	−0.32071	−0.56174	−0.0560	47
600678	四川金顶	−0.35189	−0.12406	−1.24598	0.23609	0.07161	1.75659	−0.0812	48

续　表

股票代码	名称	F_1（盈利）	F_2（偿债）	F_3（营运1）	F_4（营运2）	F_5（成长）	F_6（偿债）	F（综合）	排名
300073	当升科技	−0.10530	−0.37918	0.51688	−0.34005	−0.09345	−0.16897	−0.0912	49
002205	国统股份	0.37949	−0.14435	−0.14004	−0.12896	−0.55788	−0.73206	−0.0925	50
002201	九鼎新材	−0.12849	−0.24601	−0.14027	−0.44364	0.13058	0.43168	−0.0936	51
600802	福建水泥	−0.02762	−0.34187	−0.62184	0.21798	0.10825	0.21171	−0.0975	52
601992	金隅股份	0.30237	−0.30730	0.01783	−0.60186	−0.32589	−0.37603	−0.1105	53
300080	新大新材	0.10273	0.04286	−0.19472	−0.54145	−0.19900	−0.27897	−0.1138	54
600552	方兴科技	0.09437	−0.21521	−0.16943	−0.34999	−0.14469	−0.29951	−0.1282	55
600176	中国巨石	0.25902	−0.27862	−0.78606	−0.26760	−0.29208	0.13416	−0.1377	56
002346	柘中股份	−0.01292	−0.46275	−0.04120	−0.61569	0.40322	−0.20022	−0.1416	57
000519	江南红箭	0.25984	−0.16199	−0.33583	−0.37792	−0.36493	−0.51439	−0.1466	58
000935	四川双马	−0.08606	−0.29391	−0.76143	0.27961	−0.01154	0.02273	−0.1579	59
601636	旗滨集团	0.14924	−0.33549	−0.53311	−0.33516	−0.09313	−0.17105	−0.1641	60
000401	冀东水泥	0.19251	−0.39900	−0.85785	0.43263	−0.33821	−0.39849	−0.1704	61
603688	石英股份	0.22319	−0.44562	−0.53788	−0.53792	0.07696	−0.42318	−0.1947	62
000877	天山股份	0.25240	−0.47955	−1.02598	0.42715	−0.34356	−0.46284	−0.1996	63
600172	黄河旋风	0.19886	−0.31935	−0.73033	−0.43843	−0.20532	−0.22976	−0.2088	64
600629	棱光实业	−0.12941	−0.05374	−0.87624	−0.31112	−0.01059	0.08562	−0.2152	65
600586	金晶科技	−0.16086	−0.38529	−0.66346	−0.19380	0.02076	0.12688	−0.2252	66
600819	耀皮玻璃	−0.03276	−0.32728	−0.68481	−0.36486	−0.07479	−0.06990	−0.2336	67
002457	青龙管业	0.09253	−0.37583	−0.15772	−0.59428	−0.35580	−0.53936	−0.2374	68
600881	亚泰集团	0.07321	−0.30046	−0.75812	−0.59249	−0.22728	0.03149	−0.2412	69
600516	方大炭素	0.03434	−0.37848	−0.26965	−0.84533	−0.20698	−0.14574	−0.2415	70
002162	斯米克	−0.05210	−0.40921	−0.51758	−0.76622	−0.01504	0.12654	−0.2481	71
300093	金刚玻璃	0.01552	−0.11851	−0.90125	−0.46269	−0.13409	−0.22373	−0.2535	72
002619	巨龙管业	0.03459	−0.39357	−0.62780	−0.51950	−0.27257	−0.39653	−0.2954	73
300179	四方达	0.06341	−0.34407	−0.77465	−0.89985	−0.14148	−0.15635	−0.3045	74
300064	豫金刚石	−0.01591	−0.23170	−1.08015	−0.71448	−0.04141	−0.02021	−0.3070	75
600425	青松建化	0.01024	−0.32166	−1.16499	−0.57363	−0.16907	−0.16384	−0.3410	76
300344	太空板业	−0.10778	−0.08236	−1.37694	−0.64759	−0.32392	−0.57324	−0.4461	77
600217	*ST秦岭	−0.82871	−0.76527	−1.04403	0.22134	−1.04958	1.48067	−0.4756	78
600883	博闻科技	−0.34001	−0.73121	−1.59261	−0.72034	−0.17837	−0.53752	−0.6505	79

续 表

股票代码	名称	F_1（盈利）	F_2（偿债）	F_3（营运 1）	F_4（营运 2）	F_5（成长）	F_6（偿债）	F（综合）	排名
600539	*ST 狮头	−0.28242	−0.71262	−1.69887	−0.86447	−0.18852	−0.59224	−0.6710	80
600145	*ST 国创	−8.54557	0.37851	0.64113	0.43936	−0.15374	−0.35142	−2.5589	81

表 6 - 76 中，非金属矿物制品业上市公司综合得分与其投资价值呈正相关关系。由于先对因子数据进行了标准化处理，因此，可以 0 为参考标准线，认为：综合得分大于 0 的公司，综合业绩相对较好，且数值越大，投资价值越大；综合得分小于 0 的则相对较差，且数值越小，投资价值越小。依此可对上市公司的综合业绩和投资价值有一个基本的评价。

具体而言，表 6 - 76 中，公司各项能力得分与相应实力也呈正相关关系。排名前十位的公司分别为贤成矿业、海螺水泥、洛阳玻璃、西部建设、金圆股份、东方雨虹、三圣特材、西水股份、道氏技术、塔牌集团。2013 年排名前十位的公司分别为东方雨虹、金圆股份、三圣特材、西部建设、道氏技术、福耀玻璃、海螺水泥、北新建材、北京利尔、万年青。两年比较，差距较大，其中，有六家公司仍然保持在前十位，说明这六家公司较为稳定，也具有较大投资价值。其中，贤成矿业现名青海春天，排名第一，主要是偿债因子排名第一，成长因子也排名靠前，由 2013 年的排名第七十九跃升为第一，发展迅速，具有较大发展潜力和投资价值；但是其营运因子为负数，说明该公司的营运能力不是很好，投资时还需谨慎。海螺水泥排名第二，除了成长因子为负数之外，其他因子几乎都为正数，排名比较靠前，其中营运因子得分较高，说明该公司的营运能力比较好，发展潜力较大，由 2013 年的排名第七升至第二，发展速度较快，属行业龙头，具有较大投资价值；但其成长能力不是很好，投资者在投资时要进行综合分析。洛阳玻璃排名第三，由 2013 年的第七十位跃升至第三，进步巨大，说明有较大发展实力，但其排名靠前的主要原因是偿债因子得分很高，说明其偿债能力很强，但其他因子的得分并不是很高，成长因子甚至是负数，说明成长能力较弱，适宜作为短期投资对象。西部建设、金圆股份、东方雨虹、三圣特材、道氏技术五家公司两年都在前十名，充分说明其综合实力较强且发展稳定，是投资者关注的对象。西水股份排名第八，2013 年第四十一，进步较大，其突出优势是营运能力和成长能力，说明其潜力较大，是长期投资的对象。

排名末十名的公司分别为金刚玻璃、巨龙管业、四方达、豫金刚石、青松建化、太空板业、*ST 秦岭、博闻科技、*ST 狮头、*ST 国创。从这 10 家公司的数据看到，每家公司至少有三项要素都处于行业的底端，有的全部得分均为负值，是沦为末尾的主要原因，暂不建议对其投资。

七、系统聚类分析

通过聚类分析把业绩相似的公司归类，可以对不同类别的上市公司进行对比分析，为投资者选择投资组合提供参考。

根据树状图（略）进一步分类，本书选择将其分为 4 类，如表 6 - 77 所示。

表 6-77 聚类分析

类别	非金属矿物制品业上市公司	数目
1	贤成矿业、海螺水泥、长城集团、德力股份、博云新材	5
2	金圆股份	1
3	三圣特材、西部建设、福耀玻璃、北新建材、万年青、菲利华、尖峰集团、宁夏建材、长海股份、塔牌集团、同力水泥、隆基股份、海南瑞泽、华新水泥、冠服股份、濮耐股份、山东药玻、国统股份、鲁阳股份、祁连山、亚玛顿、上峰水泥、中材科技、巢东股份、金刚玻璃、秀强玻璃、山东华鹏、当升科技、西水股份、金隅股份、太原刚玉、南玻A、正海磁材、巨龙管业、中技控股、瑞泰科技、江南红箭、新大新材、柘中股份、冀东水泥、旗滨集团、天山股份、石英股份、黄河旋风、豫金刚石、方大炭素、福建水泥、耀皮玻璃、九鼎新材、中国巨石、三峡新材、四川双马、金晶科技、斯米克、亚泰集团、洛阳玻璃、青松建化、四方达、棱光实业、太空板业、*ST狮头、博闻科技、四川金顶、*ST秦岭、东方雨虹、道式技术、北京利尔、深天地A、再升科技、松发股份、开尔新材、方兴科技、龙泉股份、青龙管业	74
4	*ST国创	1

类别1中，包含贤成矿业、海螺水泥、长城集团、德力股份、博云新材，排名比较靠前，其中贤成矿业排名第一、海螺水泥排名第二。其中，贤成矿业，即贤成集团有限公司前身为广州贤成集团，是一家跨地域经营的民营股份制企业集团，由黄贤优等四位自然人股东共同出资组成，注册资本人民币2亿元，总部设在广州。目前，集团属下拥有包括上市公司（贤成矿业SH600381）在内的二十余家各级全资和控股的成员公司，集团及下属公司员工5000余人，分布于广州、深圳、北京、青海省、贵州省、云南省、四川省、河南省、中国香港以及美国、东南亚等城市、国家和地区。位于广州总部的员工有100多人，平均年龄35岁，博士占6.7%；硕士占27.1%；本科学历占52.7%。贤成矿业排名第一，其中偿债因子得分排名第一，说明其偿债能力很强，成长因子得分较高，说明其未来发展前景比较乐观。投资者可以作为重点投资对象。海螺水泥主要生产水泥及辅料、水泥制品生产、销售、出口，机械设备、仪器仪表、零配件及企业生产、科研所需的原辅材料生产、销售、进口；煤炭批发、零售；电子设备生产、销售；技术服务。公司依靠技术进步，彻底解决水泥生产的环境污染问题，严格控制污染物的产生，全面实现达标排放，大力发展循环经济，推行清洁生产，开展资源综合利用。美化绿化工厂，着力打造生态型工厂。海螺水泥综合排名第二，其偿债因子和营运因子得分较高，说明公司的营运能力比较强，可作为重点投资对象。

类别2中仅有金圆股份一家公司。金圆股份综合得分排名第五，其盈利因子、营运因子和偿债因子排名居中，说明其盈利能力、营运能力和偿债能力一般，然而，成长因子得分却排名第一，虽然其偿债能力不够优秀，但是其优秀的成长性，说明该公司处于生命力强劲的发展阶段，可作为长期投资对象。

类别3中，包含三圣特材、西部建设、福耀玻璃等74家公司。其中，西部建设是一家预拌混凝土公司，主要从事预拌混凝土生产、销售业务。公司是全国十大预拌混凝土生产企业，2008年排名全国第七，是西北地区最大的预拌混凝土生产企业，公司曾获得中国建筑业协会颁发的“全国建筑业科技进步与技术创新先进企业”（2008年9月），人事部、中国建筑材料联合会颁发的“全国建材行业优秀集体”称号（2007年），国家建设部颁发的“十五”全国建设科技进步先进集体”（2006年），中国混凝土行业优秀企业（2005—2007年、2003—2004年），全国施工企业设备管理优秀单位（2003—2004年）等多项荣誉。西部建设综合排名第四，在于其优秀的成长性和营运能力。除了盈利因子，其他三个因子都为正数，说明相对而言盈利能力较弱，可以考虑作为长期投资对象。

新疆天山水泥股份有限公司是一家水泥生产企业。公司主要产品为水泥产品、商品混凝土等。它是西北地区最大的水泥生产厂家、最大的油井水泥生产基地和全国重要的特种水泥生产基地，拥有代表世界水泥工艺先进水平的窑外分解工艺线13条，于1999年4月通过国家建材质量体系认证中心ISO 9002质量体系认证，是目前疆内唯一一家通过产品质量和质量体系双认证的水泥生产企业。天山股份综合得分排在第六十三位，其四项因子得分都不高，因此需谨慎投资。

巨龙管业是一家以混凝土输水管道的研发、生产和销售为主营业务的公司。其主要产品包括PCCP、PCP、RCP和自应力管四大系列100多个规格，其中PCCP为主导产品。公司具有二级预制构件专业资质，是中国混凝土与水泥制品协会常务理事单位、浙江省水泥制品协会副会长单位、国家高新技术企业、浙江省科技型中小企业、浙江省首批标准创新型企业、浙江省工商企业AAA级重合同、守信用单位，是国内混凝土制管行业龙头企业之一。巨龙管业综合得分排在行业的第七十三位，处于下游水平。除了盈利能力较强之外，营运能力、盈利能力和成长性表现并没有超过行业平均水平。说明其发展前景不明朗，暂不建议投资。

深天地A，综合得分排名第十二，公司是全国唯一一家从事商品混凝土生产经营的上市公司，目前，公司碎石生产量及储量为深圳第一，混凝土产量在深圳市的市场占有率达20%，在深圳同行业名列前茅。除了偿债能力较弱之外，盈利能力、营运能力以及成长性都较强。比较值得投资。

开尔新材、再升科技和松发股份，综合排名分别为第十七、第十八和第十五位。巧合的是，这三家公司的偿债能力都居于行业较高水平。其中，开尔新材在科技研发方面有较强实力，截至2010年年底，公司已拥有14项专利技术和涉及专用釉料研发、搪瓷钢板处理工艺的多项非专利技术，另有2项发明专利和2项实用新型专利获受理，主营产品“新型装饰搪瓷钢板”和“GGH搪瓷波纹板传热元件”均获得国家火炬计划项目和浙江省高新技术产品认定，“高乳浊光亮钛白釉料”获得浙江省高新技术产品认定。公司还是中国搪瓷工业协会副理事长单位、中国硅酸盐学会搪瓷分会副理事长单位。公司作为第一起草单位负责编制了迄今唯一一部行业标准《建筑装饰用搪瓷钢板》，作为复审单位参与了《搪瓷工业安全技术规程》的复审工作，并主持制定了《GGH搪瓷波纹板传热元件》标准建议稿。公司具有良好发展前景和较强的市场竞争力，应是投资者关注的重点对象。再升科技在2009年被认定为国家高新技术企业，2012年公司通过重庆市国家高新技术企业复审。2010年9月，公司被重庆市知识产权局、重庆市中小企业局评为“重庆市第二批企业知识产权工作试点单位”。2010年12月，公司被重庆市科学技术委员会评为“创新基金重点培育企业”。2011年1月，公司被重庆市科学技术委员会、重庆市发展和改革委员会等部门授予“重庆市创新型试点企业”。2011年，公司被重庆市经济和信息化委员会、重庆市财政局评为“2011 年度重庆市技术创新示范企业”。具有较大投资潜力。松发股份也是各种实力较强，发展潜力较大的公司，值得投资者关注。

方兴科技、龙泉股份、青龙管业则分别排在第五十五、三十四和六十八位，处于中下的位置。它们的共同点是偿债能力突出，盈利能力较强，成长性较弱，不适合作为长期投资对象。

类别 4 只有 *ST 国创一家企业，新疆亿路万源实业投资控股股份有限公司属于建筑材料类公司，是专业卫浴上市公司，也是国内极少数掌握保洁釉抗菌卫生洁具的生产厂商。公司产品包括卫生陶瓷、五金龙头、浴缸及瓷砖等。公司还是国内获得中国名牌和国家质量免检产品的卫浴公司之一。综合得分排在行业的最后一名，是因为盈利能力非常差，暂不建议投资。

八、结语

综上所述，投资者在进行投资时，要综合考虑宏观、微观等各方面反映的财务信息，加以谨慎地分析，做出合理的选择。在此，本文运用 SPSS 软件，利用 13 个财务指标综合分析非金属矿物制品业 81 家上市公司各方面表现情况，对投资者进行投资决策有一定的参考意义。但由于分析仅仅运用了 2014 年一个年度的财务报表资料，并联系实际结合 2013 年相关分析结果进行，具有时限性，某些项目还可能会由于会计政策变更等的影响存在一定程度的偶然性，分析指标的选择也具有主观性。因此，分析结果难以反映出完全的真实状况，若后续能对多个连续年度进行跟踪动态比较分析，并适当增加分析指标，则可较大程度地消除偶然性，帮助投资者做出更加准确的投资决策，以更加有效地配置投资资源，促进非金属矿物制品业的更加健康和谐发展。

（参著：刘蕊）

第十二节　黑色、有色金属冶炼及压延加工和金属制品业上市公司投资价值比较分析研究

一、行业发展和投资价值状况

黑色金属主要指铁、锰、铬及其合金，如钢、生铁、铁合金、铸铁等。新中国成立以来，中国矿业得到全面持续发展，现已形成了一大批保证中国经济建设所需要的黑色金属原料基地。与此同时，中国黑色金属冶炼及压延加工业也取得了长足发展，黑色金属冶炼及压延加工业的主体是钢铁行业。

在中国，有色金属冶炼及压延加工业是资源密集型与劳动密集型相结合的基础产业，其产品是国民经济发展的基础材料，航空、航天、汽车、机械制造、电力、通信、建筑、家电等绝大部分行业都以有色金属材料为生产基础。随着技术的不断进步和产业结构的调整，我国有色金属冶炼加工的技术水平、装备水平和中高档有色金属材料生产能力的大幅提高，我国已经成为制造业大国，在国际制造业市场占有率日益提高。据中国情报网数据显示，从 2010 年开始我国有色金属冶炼和压延加工业销售收入呈不断增长趋势，且 2014

年销售收入达到 50748.17 亿元，为近几年最高，同比增长 9.1%，利润总额为 1490.05 亿元，增长率为 3.1%。2014 年中国有色金属冶炼和压延加工业毛利率为 7.41%。从 2012 年开始中国有色金属冶炼和压延加工业毛利率呈下滑趋势，2014 年为近几年最低。

金属制品行业包括结构性金属制品制造、金属工具制造、集装箱及金属包装容器制造、不锈钢及类似日用金属制品制造等。随着社会的进步和科技的发展，金属制品在工业、农业以及人们的生活各个领域的运用越来越广泛，也给社会创造了越来越大的价值。我国是钢铁生产大国，也是金属制品大国，但还不是金属制品生产强国。若要实现制品行业由大国向强国的转变，就要正视我国金属制品业与世界先进水平的差距。2014 年中国金属制品行业利润总额为 2005.16 亿元，达到五年最高。从 2010 年开始中国金属制品行业利润总额不断增长，但是增长幅度呈下滑趋势，如 2014 年的增长率与 2013 年相比下降了 8.8%。2014 年中国金属制品行业毛利率为 14.47%，延续了 2013 年的下滑趋势，较上一年相比下降了 0.7%。进入 2015 年，黑色金属冶炼及压延加工业供给收缩已经开始改善，其行业竞争力逐步加强，若需求不再下滑，预计未来随着供给进一步收缩，行业竞争力将进一步增强，其行业信用风险较高的局面或将得到改善，投资前景依然乐观。

总之，黑色、有色金属冶炼及压延加工和金属制品业都具有较大的社会需求和发展潜力，相应地对其上市公司进行价值投资就显得格外重要。

二、样本选取与数据处理

沪、深证交所的 126 家黑色、有色金属冶炼及压延加工和金属制品业上市公司的资料来源主要为其 2014 年的财务报告。具体初始数据如表 6－78 和表 6－79 所示。

表 6－78　　　　初始数据 1

股票代码	名称	基本每股收益（元）	销售净利率（%）	每股净资产（元）	总资产报酬率（%）	流动比率	速动比率
000039	中集集团	0.9300	4.3298	8.3400	5.0500	1.0423	0.6553
000055	方大集团	0.1300	4.7819	1.6315	4.4141	1.1831	0.7542
000060	中金岭南	0.2300	2.2411	2.9233	5.8020	0.7909	0.4109
000511	烯碳新材	−0.2300	−16.4432	1.2106	−5.8650	1.2879	0.5473
000612	焦作万方	0.3050	6.7900	3.9306	6.4395	0.4931	0.3162
000630	铜陵有色	0.1900	0.3798	7.7548	2.5705	1.0165	0.6499
000657	中钨高新	0.0350	0.5578	5.5382	3.0745	1.3766	0.7389
000708	大冶特钢	0.5960	3.6458	7.3819	6.3906	1.4496	0.8578
000709	河北钢铁	0.0660	0.7300	4.0530	2.3674	0.5086	0.2432
000717	韶钢松山	−0.5700	−7.1206	1.2138	−4.4826	0.2959	0.1764
000751	锌业股份	0.0600	2.0389	1.3720	2.9792	1.3951	0.3663
000761	本钢板材	0.0740	0.7602	4.9058	2.2705	0.7895	0.4465
000778	新兴铸管	0.2292	0.9158	4.5598	3.5479	0.9398	0.7155

续　表

股票代码	名称	基本每股收益（元）	销售净利率（%）	每股净资产（元）	总资产报酬率（%）	流动比率	速动比率
000790	华神集团	0.1717	12.5125	1.6430	9.1457	1.6132	1.4073
000807	云铝股份	−0.3030	−3.7786	2.2276	−0.1791	0.5218	0.2871
000825	太钢不锈	0.0780	0.3200	4.3853	1.8151	0.5151	0.2820
000831	五矿稀土	−0.0570	−8.9791	2.5343	−3.3439	68.9655	28.1077
000878	云南铜业	0.0500	0.2070	3.8942	3.5516	0.9023	0.3058
000890	法尔胜	0.0137	0.7339	2.7431	3.1550	0.9818	0.7401
000898	鞍钢股份	0.1280	1.2479	6.6100	3.1267	0.7244	0.4288
000932	华菱钢铁	0.0247	0.2636	3.3898	2.6371	0.4505	0.2989
000933	神火股份	−0.1929	−1.7208	3.6121	2.4628	0.5007	0.3559
000959	首钢股份	0.0118	−0.1191	4.4521	1.0027	0.2282	0.0657
000960	锡业股份	0.0300	0.1430	6.1426	3.7078	0.8106	0.3367
000962	东方钽业	−0.7637	−13.7289	4.7288	−5.9630	1.2955	0.5644
000969	安泰科技	−0.2201	−4.4765	3.5594	−1.4779	1.7434	1.2083
002026	山东威达	0.3400	12.2793	4.4376	7.5973	3.2207	2.5226
002032	苏泊尔	1.0880	8.0228	5.9763	14.3689	2.2561	1.5838
002075	沙钢股份	0.0223	0.6741	1.5153	2.6761	1.0122	0.5535
002082	栋梁新材	0.4500	0.9898	5.4023	8.7146	4.2391	2.7620
002084	海鸥卫浴	0.1000	2.6726	1.9639	4.4053	1.3096	0.8005
002110	三钢闽光	0.0600	0.1773	4.8497	3.3246	0.7376	0.4389
002114	罗平锌电	0.1000	3.5091	2.9294	4.7029	0.4942	0.2547
002132	恒星科技	0.0840	2.5045	2.2042	4.6388	0.9908	0.8064
002149	西部材料	0.0300	3.1943	5.0370	3.9873	1.0638	0.5802
002150	通润装备	0.2300	6.1306	2.3155	9.4088	1.8599	1.3898
002160	常铝股份	0.0600	0.9888	2.1800	4.0485	0.6905	0.4467
002171	精诚铜业	0.1300	0.6804	2.7539	7.7051	1.4388	0.8487
002182	云海金属	0.0960	0.5651	3.1698	3.2988	0.8748	0.5454
002203	海亮股份	0.2919	3.7466	2.0945	7.1440	0.9795	0.7990
002237	恒邦股份	0.5500	1.5475	7.8141	5.8497	1.2105	0.5494
002295	精艺股份	−0.2644	−2.3734	3.7082	−2.0656	1.8162	1.3136
002318	久立特材	0.6100	6.4518	7.1441	7.5300	2.0871	1.0046
002333	罗普斯金	0.2100	4.9713	5.3287	3.5476	1.6633	1.3581

续 表

股票代码	名称	基本每股收益（元）	销售净利率（%）	每股净资产（元）	总资产报酬率（%）	流动比率	速动比率
002342	巨力索具	0.0300	2.0753	2.4811	2.6503	1.5251	1.0498
002352	鼎泰新材	0.3100	2.9686	9.2238	3.6541	3.4289	2.6227
002359	齐星铁塔	−0.1973	−13.9589	2.2297	−4.7074	1.7128	1.3384
002374	丽鹏股份	0.1600	4.9980	5.6626	3.0669	1.5468	0.7593
002378	章源钨业	0.1500	3.1938	4.4724	5.4600	1.7402	1.0218
002379	鲁丰环保	−0.3733	−16.9989	1.4144	−3.3449	0.7530	0.6254
002384	东山精密	0.0600	1.2611	1.9522	3.0517	0.8488	0.6050
002403	爱仕达	0.3400	4.0110	6.9180	4.3044	2.3969	1.6825
002428	云南锗业	0.1900	22.5368	2.3709	7.8143	1.6084	0.9878
002443	金洲管道	0.1500	2.3402	3.7128	3.9641	2.9157	1.7271
002444	巨星科技	0.5000	17.7124	3.8454	13.0813	2.4470	2.3012
002445	中南重工	0.2600	9.0178	4.0873	2.9171	1.1132	0.7816
002460	赣锋锂业	0.2400	9.7069	3.8893	5.6371	2.3559	1.6777
002478	常宝股份	0.6100	7.4859	7.1384	7.7163	2.5829	1.8388
002487	大金重工	0.1300	15.3694	4.3145	2.4572	5.1623	3.9907
002501	利源精制	0.8500	20.5873	7.3426	10.4708	1.6144	1.5714
002514	宝馨科技	0.0700	3.9562	3.4086	1.5389	1.9933	1.5928
002540	亚太科技	0.5333	9.8203	5.9265	9.7652	7.3910	6.5387
002541	鸿路钢构	0.5100	3.2653	8.8188	4.9511	1.1569	0.6085
002545	东方铁塔	0.2059	5.3921	10.9676	2.2658	2.1806	1.5191
002547	春兴精工	0.3600	4.7389	5.0585	6.1603	1.5356	1.2171
002578	闽发铝业	0.2100	2.6573	5.7495	3.0523	1.7704	1.1870
002615	哈尔斯	0.7700	9.4170	7.0779	9.7706	2.5892	1.7812
002652	扬子新材	0.2300	2.6330	3.6616	5.7140	1.7288	1.4424
002701	奥瑞金	1.3200	14.7625	6.1120	18.5876	1.8349	1.5025
002716	金贵银业	0.5200	2.7292	8.1309	5.3425	1.7331	0.5838
300034	钢研高纳	0.3465	17.7728	3.4528	8.8929	3.8157	2.8500
300057	万顺股份	0.4255	10.1044	4.1869	7.0212	0.9869	0.6995
300328	宜安科技	0.4368	9.5024	5.5852	7.6801	2.2421	1.9364
300337	银邦股份	0.1500	3.8872	4.6245	2.9221	1.5570	1.0714
300345	红宇新材	0.1200	5.5263	6.4924	1.9697	2.7607	2.4247

续 表

股票代码	名称	基本每股收益（元）	销售净利率（%）	每股净资产（元）	总资产报酬率（%）	流动比率	速动比率
600005	武钢股份	0.1250	1.3008	3.5923	3.7917	0.6365	0.4315
600010	包钢股份	0.0125	0.6757	1.1843	1.4657	0.5321	0.2959
600019	宝钢股份	0.3500	3.2499	6.9369	3.7921	0.8334	0.5330
600022	山东钢铁	−0.2173	−2.6869	1.8042	−0.8939	0.2759	0.1481
600111	北方稀土	0.2650	4.5129	3.4284	4.0719	1.7892	0.7482
600114	东睦股份	0.3500	10.6544	3.6600	8.9744	1.7859	1.3288
600117	西宁特钢	0.0600	0.9868	3.6371	3.8743	0.3749	0.2261
600126	杭钢股份	0.0100	0.1670	3.9425	2.5275	1.4632	1.0360
600165	新日恒力	−0.3940	−8.4935	3.3611	−1.1100	0.7878	0.5181
600206	有研新材	0.0700	2.8690	3.2545	3.9099	12.1087	10.3941
600219	南山铝业	0.4700	7.0783	9.2255	4.0909	1.6923	1.0725
600231	凌钢股份	−0.8860	−4.9578	3.8400	−4.1270	0.5359	0.3378
600255	鑫科材料	0.0200	0.6030	1.2807	2.6405	1.3466	1.1026
600282	南钢股份	0.0753	1.0481	2.2082	3.1374	0.5312	0.3665
600295	鄂尔多斯	0.4100	5.5721	6.7251	5.7890	0.6051	0.4263
600307	酒钢宏兴	0.0062	0.0233	2.6194	2.4900	0.7014	0.4392
600331	宏达股份	−0.2476	−9.0327	2.0886	−0.0914	0.8879	0.4951
600338	西藏珠峰	0.0540	0.6727	0.2385	4.5840	0.7751	0.5724
600362	江西铜业	0.8200	1.4331	13.2075	4.2474	1.6475	1.2970
600390	金瑞科技	−0.0720	−1.8263	2.2805	0.5167	1.0322	0.6379
600392	盛和资源	0.5100	12.9192	3.3333	15.5811	3.0248	2.2616
600399	抚顺特钢	0.0900	0.8612	3.3626	4.2920	0.6700	0.4402
600408	*ST 安泰	−0.6800	−25.5303	1.4907	−6.9446	1.6173	1.4527
600432	吉恩镍业	−0.5300	−17.1609	5.1135	−0.5619	1.0737	0.8681
600456	宝钛股份	0.0277	0.7109	8.4085	2.0695	2.2125	1.1340
600459	贵研铂业	0.3300	1.3296	6.6904	5.2077	2.2550	1.4276
600490	鹏欣资源	0.0509	9.8417	1.1109	5.4360	4.1113	3.2951
600507	方大特钢	0.4300	5.2017	2.2490	9.8780	0.7013	0.5270
600531	豫光金铅	0.0800	0.3046	4.6018	2.5358	0.9584	0.3427
600549	厦门钨业	0.6468	9.2017	8.9383	9.6283	1.3184	0.6362
600558	大西洋	0.1851	3.2674	4.4722	4.3665	2.5399	1.8693

续 表

股票代码	名称	基本每股收益（元）	销售净利率（%）	每股净资产（元）	总资产报酬率（%）	流动比率	速动比率
600569	安阳钢铁	0.0120	0.1245	3.0168	3.1871	0.6111	0.3071
600581	八一钢铁	−2.6500	−9.8596	2.0880	−6.9943	0.3047	0.1069
600595	中孚实业	0.0200	−1.8503	3.1450	2.7772	0.4523	0.3499
600608	*ST 沪科	−0.0400	−2.5928	−0.0740	−2.4076	0.7488	0.5297
600615	丰华股份	0.0700	21.7133	2.6170	2.6427	4.3291	3.1544
600673	东阳光科	0.1700	3.6755	3.7572	5.7195	0.9328	0.7124
600768	宁波富邦	0.0190	0.3087	0.7390	3.4461	0.7848	0.6174
600782	新钢股份	0.2900	1.3226	5.7688	2.7718	0.9626	0.7566
600808	马钢股份	0.0286	0.4414	3.0251	2.4272	0.7609	0.4954
600961	株冶集团	0.0800	0.2637	1.4079	5.0421	0.4916	0.1493
600992	贵绳股份	0.0828	1.0983	5.4456	1.3229	2.3662	1.6980
601003	柳钢股份	0.0658	0.4737	2.2242	3.4473	0.8712	0.4768
601005	重庆钢铁	0.0120	0.4217	2.2484	2.8768	0.4722	0.1747
601028	玉龙股份	0.3600	4.4163	7.1792	4.2849	2.0598	1.5509
601137	博威合金	0.3200	2.4302	9.2703	3.7018	2.2031	1.2179
601388	怡球资源	0.0565	0.6972	4.1215	1.4900	1.9187	1.2688
601600	中国铝业	−1.2000	−12.0259	2.0907	−5.2607	0.6090	0.3937
601677	明泰铝业	0.4400	2.9376	6.6246	6.1222	1.6022	1.1810
601700	风范股份	0.4400	8.4014	6.2228	6.2523	2.0675	1.3241
603399	新华龙	0.1600	2.3154	3.1251	5.7744	1.4098	0.8539

表 6－79　　初始数据 2

股票代码	名称	资产负债率（%）	存货周转率（次）	固定资产周转率（次）	总资产周转率（次）	总资产增长率（%）	营业总收入增长率（%）	股东权益增长率（%）
000039	中集集团	68.9185	3.5907	4.3042	0.8738	20.8939	21.0740	7.8179
000055	方大集团	64.4927	2.2549	4.0694	0.6190	40.8978	10.9122	6.4009
000060	中金岭南	54.0798	12.4212	5.7614	1.7145	−1.6186	16.2875	1.0871
000511	烯碳新材	61.4595	1.1564	401.7498	0.4754	9.4395	165.2526	−17.1317
000612	焦作万方	48.3120	11.1592	1.5624	0.6425	27.1497	−6.5177	9.2783
000630	铜陵有色	66.6115	8.7407	6.2392	2.0495	18.0635	15.4185	33.1034

续 表

股票代码	名称	资产负债率（%）	存货周转率（次）	固定资产周转率（次）	总资产周转率（次）	总资产增长率（%）	营业总收入增长率（%）	股东权益增长率（%）
000657	中钨高新	49.8505	2.9435	3.0439	0.9612	−18.7186	−25.4288	−0.0848
000708	大冶特钢	34.0129	6.7845	3.1064	1.5432	11.6792	−1.1451	5.6756
000709	河北钢铁	73.4403	2.9632	1.3144	0.5827	2.0792	−10.8816	1.1201
000717	韶钢松山	84.1851	7.2669	1.4612	0.9696	−14.2130	1.6983	−32.4382
000751	锌业股份	42.4323	4.2665	4.6274	1.2436	−9.5760	4.1101	4.5896
000761	本钢板材	67.7920	3.4038	2.3193	0.8983	14.2166	2.7095	0.4979
000778	新兴铸管	66.7699	8.4193	3.5827	1.1644	4.1657	−3.6011	4.6006
000790	华神集团	40.4916	4.3604	2.7693	0.5093	5.0136	−19.7007	8.0037
000807	云铝股份	80.7475	6.9545	1.5142	0.8061	6.2618	27.8999	−12.0625
000825	太钢不锈	65.9902	7.8342	2.1163	1.1408	0.6522	−17.3813	1.4197
000831	五矿稀土	1.5610	0.6525	4.1585	0.2553	−9.3275	−64.7955	−6.0765
000878	云南铜业	72.6197	6.9533	7.9657	2.4253	−6.4651	24.5591	2.1609
000890	法尔胜	63.4225	3.0146	2.2037	0.4897	−3.6559	−0.9161	0.6216
000898	鞍钢股份	47.2062	5.6406	1.6172	0.8042	−1.6949	−1.7032	1.6310
000932	华菱钢铁	79.8889	6.1325	1.3652	0.7729	3.2496	−6.7537	0.9861
000933	神火股份	79.6247	5.5247	1.3142	0.5070	17.7871	−6.6963	−9.3960
000959	首钢股份	61.1595	8.5341	1.1303	0.6204	290.2384	−8.5105	231.0104
000960	锡业股份	68.4656	4.1173	2.5933	1.1554	−0.3347	19.2132	0.2161
000962	东方钽业	49.2250	1.7766	1.3867	0.5540	−13.3087	−14.6457	−14.3516
000969	安泰科技	43.2293	3.1733	1.5762	0.5457	3.1384	7.9838	−6.2606
002026	山东威达	20.8234	2.2526	3.8053	0.5331	90.8346	12.2633	122.3784
002032	苏泊尔	35.4983	4.6767	10.3079	1.5414	15.6197	13.7345	14.1380
002075	沙钢股份	41.0101	5.8004	3.2044	1.3284	−14.8521	−4.4387	1.5856
002082	栋梁新材	16.4208	34.6789	25.8364	7.3882	0.1335	−2.8392	9.1266
002084	海鸥卫浴	50.9862	3.1923	3.3099	0.9890	2.0955	−1.5336	2.6772
002110	三钢闽光	67.7343	10.8030	4.0613	2.1671	−6.5043	−6.6130	−7.1137
002114	罗平锌电	48.3068	2.3137	1.3203	0.3991	−11.7957	−22.2995	3.8152
002132	恒星科技	64.0321	4.3044	1.7477	0.5569	2.9332	7.2888	4.0020
002149	西部材料	62.7090	1.8250	0.9398	0.4312	4.0973	6.9756	0.8686
002150	通润装备	33.7644	4.4243	3.5586	1.1031	−1.0333	4.5176	6.6185

续 表

股票代码	名称	资产负债率（%）	存货周转率（次）	固定资产周转率（次）	总资产周转率（次）	总资产增长率（%）	营业总收入增长率（%）	股东权益增长率（%）
002160	常铝股份	68.3788	3.6485	3.0547	0.8488	26.9427	17.7987	70.8604
002171	精诚铜业	46.0157	18.6301	15.1272	4.7606	56.8056	4.9637	77.9690
002182	云海金属	59.3255	6.0304	2.7370	1.1752	−1.2285	−13.5562	−0.4209
002203	海亮股份	60.5384	13.4961	13.0400	1.5530	12.3006	−7.8910	12.3708
002237	恒邦股份	65.8905	3.6426	5.2899	1.4104	−6.9632	29.9110	6.2181
002295	精艺股份	39.7416	9.6222	8.1844	1.7461	−6.8554	−10.1835	−6.6559
002318	久立特材	29.1470	2.8538	2.2996	0.8765	13.5693	1.8690	34.6553
002333	罗普斯金	26.0388	6.9630	2.3624	0.6544	21.4072	1.4913	0.2580
002342	巨力索具	41.0612	1.7862	1.0369	0.3703	−7.1203	−8.4721	0.5494
002352	鼎泰新材	25.5236	4.5446	3.6143	0.7684	−16.2693	12.5557	−0.9667
002359	齐星铁塔	38.4944	2.8063	1.2278	0.3814	−4.6879	−14.8834	−8.1101
002374	丽鹏股份	34.5013	1.1962	0.9955	0.3376	128.0976	6.2551	130.8208
002378	章源钨业	34.7069	2.4634	1.8986	0.6621	5.7166	4.4231	45.2559
002379	鲁丰环保	74.0599	4.3294	1.2892	0.3442	−25.6877	−15.4859	−21.0970
002384	东山精密	70.4895	4.2569	2.8202	0.8394	55.8520	33.3703	12.0873
002403	爱仕达	38.4104	2.6214	5.0271	0.8682	13.9262	3.3653	2.0494
002428	云南锗业	20.2578	1.6544	0.7835	0.2750	1.6529	−32.5410	4.7428
002443	金洲管道	21.7479	4.2779	6.4504	1.1550	0.3795	−13.0489	1.8475
002444	巨星科技	27.1261	11.3028	6.6626	0.5697	18.1307	8.2974	10.1670
002445	中南重工	58.5130	1.1643	1.6147	0.2983	7.3103	−38.2466	5.9814
002460	赣锋锂业	28.9940	2.4931	2.0985	0.4637	8.8290	26.6971	3.3923
002478	常宝股份	23.0141	4.1586	3.2471	0.9837	7.6312	−5.3020	6.1951
002487	大金重工	21.6524	1.2639	1.4934	0.1573	2.8935	−12.8478	2.8755
002501	利源精制	48.7214	16.0867	1.4677	0.3427	46.4175	2.8981	11.1199
002514	宝馨科技	21.3118	3.3864	2.0803	0.4445	86.0025	27.9496	77.8523
002540	亚太科技	9.9004	8.5835	4.0585	0.8592	10.2203	9.3894	5.9648
002541	鸿路钢构	68.0365	1.3405	3.4131	0.6029	11.6645	−14.2990	5.3115
002545	东方铁塔	28.5131	1.0445	2.7259	0.2408	−5.2554	−41.4074	1.0209
002547	春兴精工	47.4126	4.7326	3.0555	0.8768	80.8488	78.3626	116.0088
002578	闽发铝业	23.7716	6.6339	3.3981	1.0420	7.2131	13.8940	3.7211

续　表

股票代码	名称	资产负债率（%）	存货周转率（次）	固定资产周转率（次）	总资产周转率（次）	总资产增长率（%）	营业总收入增长率（%）	股东权益增长率（%）
002615	哈尔斯	20.4866	4.6241	3.8733	0.9552	8.0023	21.5939	6.8058
002652	扬子新材	41.0625	11.2269	6.8362	1.5782	31.8096	−6.5700	3.6899
002701	奥瑞金	42.9455	6.5140	2.5737	0.8989	25.9389	16.8409	14.2347
002716	金贵银业	67.0198	1.4435	7.0873	0.9353	58.9277	19.0528	73.6163
300034	钢研高纳	21.4658	2.5644	2.0829	0.4473	9.5223	18.6261	8.2301
300057	万顺股份	53.2707	2.9260	1.5485	0.5235	18.2097	6.8796	11.1120
300328	宜安科技	26.9253	6.1157	1.8691	0.6467	16.5935	10.9819	7.8264
300337	银邦股份	33.5630	3.6086	2.6821	0.5868	14.5925	−9.0086	2.1717
300345	红宇新材	22.8166	2.0025	1.4715	0.2564	0.8982	11.5286	0.2749
600005	武钢股份	61.9219	7.8288	1.8687	1.0420	1.4651	−2.0852	0.9036
600010	包钢股份	81.5206	1.6696	1.2283	0.3110	17.9041	−21.1237	0.1885
600019	宝钢股份	45.6797	5.8351	2.2164	0.8232	0.8754	−1.1772	3.3894
600022	山东钢铁	75.1607	9.4591	1.4924	1.0529	−8.9071	−26.4008	−10.7346
600111	北方稀土	40.6006	0.5430	2.7131	0.3284	−7.4567	−31.0921	6.1818
600114	东睦股份	27.1255	4.6659	1.4602	0.6483	22.6293	7.9345	85.8924
600117	西宁特钢	84.5779	3.3230	0.8014	0.3649	30.3704	0.8192	−4.2420
600126	杭钢股份	48.3287	8.1879	6.7411	1.8531	−17.9445	−15.9130	0.0709
600165	新日恒力	61.4992	2.6928	1.9057	0.5414	−6.2688	−23.8526	−11.2041
600206	有研新材	8.2260	7.4180	5.5382	1.0567	115.6028	5.2295	124.4197
600219	南山铝业	37.4761	3.4145	1.1956	0.4598	7.7648	−3.2255	4.7297
600231	凌钢股份	78.4532	6.8070	1.9666	1.0071	0.6995	−8.1644	−19.3598
600255	鑫科材料	39.9386	16.8180	10.5552	1.7347	5.0932	34.5567	0.7047
600282	南钢股份	78.3189	6.2512	1.5376	0.7314	7.7007	3.9630	3.4378
600295	鄂尔多斯	69.9119	2.7561	0.8781	0.3752	12.6887	11.5151	4.5490
600307	酒钢宏兴	68.8446	9.4807	3.8083	1.7321	−7.4367	1.2514	−0.1044
600331	宏达股份	51.3706	1.8632	1.5232	0.4163	29.2563	7.0591	455.5180
600338	西藏珠峰	87.6357	15.7903	14.4941	2.9837	−6.5011	−1.7508	38.7740
600362	江西铜业	50.6661	13.3146	10.8127	2.1602	7.3853	13.0441	2.7202
600390	金瑞科技	54.8701	3.6082	1.7696	0.6771	27.5186	23.8525	−3.7396
600392	盛和资源	29.5418	3.5192	10.7544	0.9680	42.9379	10.1696	18.1510

续 表

股票代码	名称	资产负债率（%）	存货周转率（次）	固定资产周转率（次）	总资产周转率（次）	总资产增长率（%）	营业总收入增长率（%）	股东权益增长率（%）
600399	抚顺特钢	84.9943	2.0826	1.9053	0.4708	1.2506	−0.1273	2.1355
600408	*ST 安泰	74.4106	4.2728	1.2048	0.4380	2.5318	−25.1243	−31.1165
600432	吉恩镍业	70.0732	1.6112	0.5541	0.1527	33.0320	49.2935	176.5351
600456	宝钛股份	43.3290	1.0939	1.2066	0.3669	5.2752	4.5800	−0.0474
600459	贵研铂业	36.3511	9.3728	18.1188	2.6124	19.9941	26.7963	3.5862
600490	鹏欣资源	20.4106	7.5756	1.1564	0.5136	−5.7367	−1.5540	8.4979
600507	方大特钢	65.5106	8.6746	3.8397	1.1950	−6.8942	−12.9050	15.4071
600531	豫光金铅	83.6467	2.3707	5.6534	1.0550	8.8222	−21.3624	1.2237
600549	厦门钨业	47.5047	1.5124	2.2472	0.6191	12.0952	2.7065	78.7573
600558	大西洋	26.4434	3.9215	4.5591	0.8832	17.8724	−0.3489	62.0285
600569	安阳钢铁	76.2606	3.6063	1.9007	0.8395	1.0213	2.7318	0.5409
600581	八一钢铁	92.4613	5.6563	1.3603	0.9438	−5.6573	−11.0345	−56.1020
600595	中孚实业	75.4980	6.9630	0.9938	0.3735	−5.4683	−9.3311	1.1438
600608	*ST 沪科	105.8225	13.0847	15.6553	2.8228	−14.2939	168.4190	−2446.5432
600615	丰华股份	23.4349	0.3874	1.2105	0.1116	3.0256	−7.8961	2.7472
600673	东阳光科	62.3405	4.3011	1.5546	0.4819	9.9311	5.3107	45.4648
600768	宁波富邦	86.2004	8.7293	3.8166	1.1848	1.4636	−5.9381	−1.0267
600782	新钢股份	71.9693	7.6567	2.6149	1.0373	−4.4471	−3.9764	5.2983
600808	马钢股份	62.2114	5.9614	1.7670	0.8556	−3.9346	−18.9955	0.7095
600961	株冶集团	87.5291	8.4215	5.0377	2.5591	1.1575	−6.6018	5.6904
600992	贵绳股份	35.0712	3.6705	5.3125	0.9311	7.3777	−4.1379	0.9795
601003	柳钢股份	77.1993	4.9109	3.3155	1.4612	5.2572	−3.3388	1.6148
601005	重庆钢铁	78.8068	1.5103	0.4510	0.2573	−1.8598	−30.2810	0.5708
601028	玉龙股份	35.2663	3.0186	3.0880	0.7254	26.7995	−4.6217	27.2451
601137	博威合金	28.2454	4.0143	3.2446	1.0602	6.6130	17.1746	1.9101
601388	怡球资源	42.3556	3.6965	12.1479	1.1481	2.8771	−11.5457	−1.4290
601600	中国铝业	79.4277	6.0791	1.6798	0.7231	−3.4460	−18.0687	−36.2553
601677	明泰铝业	43.8479	6.9988	7.4445	1.5062	54.1250	15.0205	9.4928
601700	风范股份	31.5421	2.2523	7.4962	0.6274	21.8700	28.5878	2.3367
603399	新华龙	54.0032	3.4326	8.2508	0.9692	7.7432	3.9403	5.2955

在指标性质、单位不同的情况下，首先要对指标进行同趋势化处理。然后利用 SPSS 中的 Z-score 方法将 13 项指标的原始数据进行标准化处理，标准化数据与同趋势化数据略。

三、因子分析法适应性检验

为了检验所选用的指标是否适合使用因子分析法，以下利用 SPSS 软件中 KMO 和 Bartlett 球形检验方法来对样本进行检验。检验结果如表 6-80 所示。

表 6-80　KMO 检验和 Bartlett 球形检验

取样足够度的 KMO 度量		0.493
Bartlett 球形检验	近似卡方	624.549
	df	78
	Sig.	0.000

由表 6-80 可知，KMO 值为 0.493，接近于 0.5，可知各变量之间的相关程度无较大差异，原有变量比较适合做因子分析。同时，Bartlett 球形检验统计量为 624.549，相应的概率 Sig. 为 0.000，在 5%的显著性水平之下，拒绝原假设，因此可认为相关系数矩阵与单位矩阵有显著差异，说明样本适合做因子分析。

四、确定主因子

本书应用因子分析法中的主成分分析法来计算原始公因子的特征值、方差贡献率以及累计方差贡献率，并由此确定公因子。结果如表 6-81 所示。

表 6-81　解释的总方差

成分	初始特征值			提取平方和载入			旋转平方和载入		
	合计	方差百分比（%）	累积百分比（%）	合计	方差百分比（%）	累积百分比（%）	合计	方差百分比（%）	累积百分比（%）
1	2.907	22.364	22.364	2.907	22.364	22.364	2.780	21.382	21.382
2	2.119	16.301	38.665	2.119	16.301	38.665	1.910	14.692	36.074
3	1.579	12.145	50.810	1.579	12.145	50.810	1.718	13.213	49.287
4	1.203	9.257	60.067	1.203	9.257	60.067	1.295	9.958	59.245
5	1.160	8.925	68.992	1.160	8.925	68.992	1.267	9.747	68.992
6	0.930	7.155	76.147						
7	0.876	6.735	82.882						
8	0.808	6.217	89.100						
9	0.673	5.178	94.278						

续 表

成分	初始特征值			提取平方和载入			旋转平方和载入		
	合计	方差百分比（%）	累积百分比（%）	合计	方差百分比（%）	累积百分比（%）	合计	方差百分比（%）	累积百分比（%）
10	0.264	2.033	96.311						
11	0.223	1.715	98.026						
12	0.161	1.242	99.267						
13	0.095	0.733	100.000						

提取方法：主成分分析。

根据表 6-81 中数据可知，前 5 个主因子的方差贡献率已经达到了累计方差贡献率的 68.992%，即表明这 5 个主因子已包含原始数据信息量的 68.992%，所以只需选择前 5 个主因子就可以较好地代表原始指标，对公司的绩效进行描述。

特征值可用碎石图列示，如图 6-12 所示。从图 6-12 可以看出，从第 6 个成分开始，特征值的值都小于 1，且折线的陡度变得比较平缓，这说明提取 5 个主因子是合适有效的。

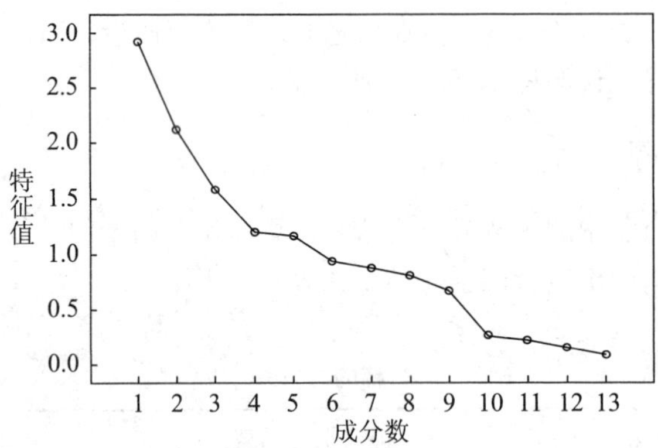

图 6-12 碎石图

五、旋转载荷矩阵分析

本书对原因子载荷矩阵进行最大方差旋转，以期得到主因子更明确的含义。结果如表 6-82所示。

表 6-82 旋转后的因子载荷矩阵

变量	成分				
	F_1	F_2	F_3	F_4	F_5
每股收益	0.873	0.074	0.084	0.048	0.194
销售净利率	0.864	−0.069	−0.147	−0.078	−0.011

续　表

变量	成分				
	F_1	F_2	F_3	F_4	F_5
每股净资产	0.442	−0.084	−0.017	0.119	0.582
总资产报酬率	0.918	0.145	−0.084	0.055	−0.004
流动比率	0.177	−0.170	0.080	−0.074	0.715
速动比率	−0.246	0.227	−0.094	−0.021	0.591
资产负债率	−0.158	0.029	0.024	0.622	−0.026
存货周转率	0.071	0.940	0.012	−0.027	−0.076
固定资产周转率	−0.184	−0.022	0.782	0.122	0.027
总资产周转率	0.041	0.932	0.080	−0.064	0.034
总资产增长率	0.257	−0.031	0.210	0.568	−0.077
营业总收入增长率	0.069	0.100	0.918	−0.121	−0.023
股东权益增长率	0.065	−0.164	−0.401	0.721	0.119

由表 6－82 中的数据可以看到，基本每股收益、销售净利率、总资产报酬率在主因子 F_1 上的载荷量分别为 0.873、0.864、0.918，它主要反映了公司的盈利能力，所以将 F_1 命名为盈利因子；存货周转率、总资产周转率在主因子 F_2 上的载荷分别为 0.940、0.932，体现了公司的营运能力，为营运因子；主因子 F_3 则在营业总收入增长率（0.918）上有较大载荷量，代表了公司的成长能力，故而将其命名为成长因子；主因子 F_4 在资产负债率（0.622）上有较大载荷量，主因子 F_5 在流动比率（0.715）上有较大载荷量，代表了公司的偿债能力，为偿债因子。

六、黑色、有色金属冶炼及压延加工和金属制品业上市公司综合得分与排名

要得到因子的综合得分，需先对因子数据进行标准化处理，使其期望为 0，方差为 1，然后，对各因子的方差贡献率占因子总方差贡献率的比重作为权重加权汇总，使用计算综合得分的公式 $F=(\lambda_1F_1+\lambda_2F_2+\lambda_3F_3+\lambda_4F_4+\lambda_5F_5)/(\lambda_1+\lambda_2+\lambda_3+\lambda_4+\lambda_5)=(0.21382\times F_1+0.14692\times F_2+0.13213\times F_3+0.09958\times F_4+0.09747\times F_5)/0.68992$ 来计算各样本的综合得分。得到结果按名次排列如表 6－83 所示。

表 6－83　黑色、有色金属冶炼及压延加工和金属制品业上市公司综合得分与排名

股票代码	名称	F_1（盈利）	F_2（营运）	F_3（成长）	F_4（偿债 1）	F_5（偿债 2）	F（综合）	排名
002082	栋梁新材	0.53	6.90693	−0.24028	0.47483	0.17208	1.68	1
600362	江西铜业	0.60197	1.71698	0.35478	1.18353	2.14737	1.09	2
002171	精诚铜业	0.26702	3.66593	0.11789	1.08603	−0.42744	0.98	3

续 表

股票代码	名称	F_1（盈利）	F_2（营运）	F_3（成长）	F_4（偿债1）	F_5（偿债2）	F（综合）	排名
002701	奥瑞金	2.8133	0.15392	0.29527	0.095	−0.00729	0.97	4
000511	烯碳新材	−2.23815	−1.19161	8.52192	1.4898	0.17878	0.92	5
002501	利源精制	2.14813	0.76568	−0.04817	0.58067	−0.09989	0.89	6
002318	久立特材	0.98478	−1.06247	0.52153	−0.70869	5.27021	0.82	7
002032	苏泊尔	1.9398	0.24061	0.37656	−0.02847	0.55261	0.8	8
000959	首钢股份	0.34707	0.15425	0.85964	4.20084	−0.91608	0.78	9
002547	春兴精工	0.83776	−0.1262	1.66538	1.1341	−0.1877	0.69	10
600459	贵研铂业	0.37155	1.26044	0.69033	0.16338	0.96518	0.68	11
601700	风范股份	0.6855	−0.7677	0.76015	−0.40444	3.17317	0.58	12
601677	明泰铝业	0.69074	0.47317	0.463	0.63997	0.2389	0.53	13
002444	巨星科技	1.79484	0.37899	−0.06835	−0.15791	−0.5863	0.52	14
002615	哈尔斯	1.46879	−0.13117	0.32703	−0.17726	0.25131	0.5	15
600392	盛和资源	1.81517	−0.15288	0.21306	0.22354	−0.8394	0.48	16
000039	中集集团	1.05334	−0.29859	0.50037	0.11735	0.53509	0.45	17
002716	金贵银业	0.78177	−0.52377	0.61194	0.74531	0.57325	0.44	18
002540	亚太科技	1.26023	0.28098	−0.01238	−0.11816	−0.24981	0.4	19
600549	厦门钨业	1.37961	−0.65237	−0.05963	0.25255	0.49513	0.38	20
000708	大冶特钢	0.77104	0.45443	−0.09174	0.03402	0.41403	0.38	21
000630	铜陵有色	0.07165	0.91257	0.23433	0.25965	0.50117	0.37	22
2026	山东威达	1.19932	−0.65052	0.36419	1.02953	−0.61713	0.36	23
601137	博威合金	0.38094	−0.30658	0.36582	−0.20774	1.80473	0.35	24
600331	宏达股份	−1.9694	0.03947	0.29815	6.58065	−0.44013	0.34	25
002237	恒邦股份	0.62666	0.02486	0.49163	−0.21872	0.53455	0.34	26
601028	玉龙股份	0.47994	−0.74898	0.13513	−0.10609	2.38472	0.34	27
300328	宜安科技	1.00585	−0.23962	0.12841	−0.18981	0.49337	0.33	28
600206	有研新材	0.27601	0.26763	0.35373	1.53604	−0.79295	0.32	29
000060	中金岭南	0.16655	1.2528	0.09022	0.08231	−0.49697	0.28	30
002652	扬子新材	0.27047	0.99589	−0.16652	0.27911	−0.19499	0.28	31
002478	常宝股份	1.04289	−0.17721	−0.19777	−0.1451	0.33536	0.27	32
002374	丽鹏股份	0.50689	−0.89437	0.48225	1.63866	−0.21244	0.27	33
600255	鑫科材料	−0.30352	1.69096	0.4574	−0.08071	−0.68054	0.25	34
002203	海亮股份	0.36801	1.26877	−0.27132	0.08553	−0.70175	0.25	35

续　表

股票代码	名称	F_1（盈利）	F_2（营运）	F_3（成长）	F_4（偿债 1）	F_5（偿债 2）	F（综合）	排名
600114	东睦股份	0.87217	−0.16973	−0.12199	0.05311	0.11245	0.23	36
002295	精艺股份	−2.92957	2.54586	−1.16394	−0.28518	5.98814	0.22	37
600338	西藏珠峰	−0.2823	2.31689	−0.30343	−0.12231	−0.83446	0.21	38
000612	焦作万方	0.58428	0.47724	−0.28098	0.34054	−0.54441	0.2	39
002514	宝馨科技	0.1057	−0.69575	0.79045	0.78822	0.26009	0.19	40
600219	南山铝业	0.71959	−0.62401	−0.1485	−0.11472	0.7962	0.16	41
000878	云南铜业	−0.17206	0.96776	0.28482	−0.26645	−0.14958	0.15	42
300057	万顺股份	0.8401	−0.5045	0.02959	0.29055	−0.44208	0.14	43
002403	爱仕达	0.42604	−0.45543	0.06327	−0.06113	0.52259	0.11	44
300034	钢研高纳	1.32666	−0.68912	0.08159	−0.41827	−0.76379	0.11	45
002578	闽发铝业	0.1188	0.10434	0.14119	−0.16016	0.32981	0.11	46
002352	鼎泰新材	0.35632	−0.29883	0.05155	−0.37726	0.7178	0.1	47
002110	三钢闽光	−0.19595	1.2552	−0.38803	−0.19597	−0.02147	0.1	48
600507	方大特钢	0.72178	0.56382	−0.54681	−0.29178	−0.71062	0.1	49
600295	鄂尔多斯	0.69673	−0.66955	0.11382	−0.10669	0.08921	0.09	50
600608	*ST 沪科	−0.52087	1.88073	5.02274	−6.27588	−1.53378	0.08	51
600019	宝钢股份	0.31433	−0.07376	−0.17043	−0.07157	0.26356	0.08	52
002541	鸿路钢构	0.61688	−0.70812	−0.27871	0.00176	0.62279	0.08	53
002333	罗普斯金	0.23206	−0.03519	−0.09102	−0.01171	0.17448	0.07	54
002150	通润装备	0.60351	−0.01242	−0.14928	−0.39288	−0.28922	0.06	55
002460	赣锋锂业	0.64234	−0.71753	0.35476	−0.37716	−0.11989	0.04	56
002384	东山精密	−0.02566	−0.20556	0.70277	0.3994	−0.77568	0.03	57
600961	株冶集团	−0.16867	1.26992	−0.369	−0.19097	−0.66286	0.03	58
000778	新兴铸管	0.01247	0.43275	−0.24122	−0.1015	−0.12827	0.02	59
600782	新钢股份	0.04293	0.24905	−0.2742	−0.21744	0.13348	0	60
000960	锡业股份	−0.0526	−0.07594	0.19358	−0.20666	0.14912	0	61
600558	大西洋	0.18877	−0.26299	−0.11612	0.07438	−0.05713	−0.02	62
002084	海鸥卫浴	−0.27913	−0.03346	−0.07918	1.18055	−0.6117	−0.02	63
603399	新华龙	0.11718	−0.17751	0.01558	0.11289	−0.39518	−0.04	64
000898	鞍钢股份	−0.02006	−0.09554	−0.21579	−0.05432	0.21491	−0.05	65
600456	宝钛股份	−0.09485	−1.01545	0.08634	−0.21733	1.50876	−0.05	66
002545	东方铁塔	0.25658	−1.214	−0.77744	−0.42179	2.40193	−0.05	67

续 表

股票代码	名称	F_1（盈利）	F_2（营运）	F_3（成长）	F_4（偿债 1）	F_5（偿债 2）	F（综合）	排名
600005	武钢股份	−0.06907	0.31007	−0.27039	−0.17268	−0.35384	−0.08	68
600673	东阳光科	0.27424	−0.39649	−0.1087	−0.05061	−0.40485	−0.08	69
600307	酒钢宏兴	−0.38476	0.87278	−0.25763	−0.29741	−0.42861	−0.09	70
002378	章源钨业	0.22673	−0.53568	−0.09847	−0.1509	−0.01418	−0.09	71
002160	常铝股份	−0.06435	−0.25486	0.2174	0.18935	−0.65418	−0.1	72
600126	杭钢股份	−0.42848	0.80416	−0.55255	−0.18239	−0.02949	−0.1	73
000055	方大集团	0.191	−0.55591	0.21085	0.15206	−0.82486	−0.11	74
600992	贵绳股份	−0.22975	−0.31989	−0.13314	−0.16552	0.39771	−0.13	75
000790	华神集团	0.78012	−0.37223	−0.68557	−0.36393	−0.79005	−0.13	76
000761	本钢板材	−0.15441	−0.30129	−0.04873	−0.05952	−0.08703	−0.14	77
601388	怡球资源	−0.40962	−0.14763	−0.22365	−0.199	0.51042	−0.16	78
300345	红宇新材	0.13388	−0.90023	0.05343	−0.34431	0.21731	−0.16	79
002443	金洲管道	−0.01893	−0.04263	−0.39852	−0.26206	−0.22953	−0.16	80
300337	银邦股份	0.05783	−0.47248	−0.28138	−0.11284	−0.07122	−0.16	81
000825	太钢不锈	−0.30783	0.33874	−0.55168	−0.15736	−0.14566	−0.17	82
601003	柳钢股份	−0.23334	0.22802	−0.24827	−0.2135	−0.52892	−0.18	83
600117	西宁特钢	−0.02108	−0.57369	−0.04829	0.06497	−0.46536	−0.19	84
002182	云海金属	−0.22303	0.19243	−0.47244	−0.19164	−0.35995	−0.2	85
002149	西部材料	0.05494	−0.74248	−0.05123	−0.24173	−0.12337	−0.2	86
600282	南钢股份	−0.18784	−0.04063	−0.13188	−0.20753	−0.62454	−0.21	87
600390	金瑞科技	−0.57847	−0.36004	0.42659	0.22347	−0.54647	−0.22	88
600490	鹏欣资源	0.29478	−0.05165	−0.43296	−0.51313	−1.01636	−0.22	89
002132	恒星科技	−0.00682	−0.34655	−0.08377	−0.28326	−0.63394	−0.22	90
600768	宁波富邦	−0.3437	0.51339	−0.36677	−0.27616	−0.83928	−0.23	91
002428	云南锗业	1.16487	−0.93888	−1.01223	−0.63075	−0.82107	−0.24	92
000932	华菱钢铁	−0.28537	−0.04277	−0.35024	−0.22261	−0.38029	−0.25	93
000751	锌业股份	−0.27387	0.01525	−0.1612	−0.41669	−0.60319	−0.26	94
600531	豫光金铅	−0.23127	−0.319	−0.48982	−0.12318	−0.0797	−0.26	95
000657	中钨高新	−0.32102	−0.25797	−0.69823	−0.00702	0.17909	−0.26	96
600569	安阳钢铁	−0.26369	−0.27826	−0.15257	−0.29134	−0.42765	−0.27	97
002075	沙钢股份	−0.40954	0.24821	−0.38438	−0.45331	−0.59464	−0.3	98
600399	抚顺特钢	−0.06922	−0.64783	−0.18771	−0.31328	−0.40147	−0.3	99

续 表

股票代码	名称	F_1（盈利）	F_2（营运）	F_3（成长）	F_4（偿债1）	F_5（偿债2）	F（综合）	排名
002487	大金重工	0.49286	−1.07039	−0.52345	−0.48347	−0.45935	−0.31	100
000807	云铝股份	−0.90368	0.05322	0.32307	−0.2375	−0.53756	−0.32	101
000933	神火股份	−0.49428	−0.25421	−0.28135	−0.04532	−0.39594	−0.32	102
600808	马钢股份	−0.36232	−0.00823	−0.61312	−0.26962	−0.39357	−0.33	103
000709	河北钢铁	−0.24208	−0.51435	−0.39237	−0.25629	−0.2389	−0.33	104
600595	中孚实业	−0.4054	−0.15136	−0.43957	−0.30785	−0.4053	−0.34	105
600432	吉恩镍业	−1.48627	−0.84462	0.87131	0.72617	0.16935	−0.34	106
600615	丰华股份	0.69076	−1.23377	−0.50258	−0.6424	−0.85835	−0.36	107
002445	中南重工	0.2645	−0.91691	−0.90522	−0.21202	−0.30244	−0.36	108
000890	法尔胜	−0.27237	−0.54045	−0.2366	−0.34878	−0.4614	−0.36	109
002114	罗平锌电	−0.04166	−0.63781	−0.69875	−0.27421	−0.50173	−0.39	110
600111	北方稀土	0.10827	−0.94903	−0.77123	−0.43623	−0.1072	−0.39	111
000969	安泰科技	−1.01058	−0.53301	0.02111	−0.21159	0.07692	−0.44	112
002342	巨力索具	−0.28213	−0.7628	−0.40194	−0.44103	−0.39754	−0.45	113
600022	山东钢铁	−1.02411	0.47611	−0.82529	−0.35886	−0.54314	−0.5	114
600010	包钢股份	−0.45227	−0.78922	−0.52893	−0.15739	−0.78683	−0.54	115
601005	重庆钢铁	−0.37477	−0.82649	−0.81057	−0.37149	−0.57435	−0.58	116
600231	凌钢股份	−1.72863	0.07361	−0.44843	−0.25913	−0.17757	−0.67	117
000717	韶钢松山	−1.75294	0.15675	−0.27804	−0.52725	−0.54171	−0.72	118
600165	新日恒力	−1.36463	−0.5379	−0.64788	−0.2553	−0.16837	−0.72	119
002359	齐星铁塔	−1.87807	−0.53738	−0.40197	−0.24827	0.29163	−0.77	120
000962	东方钽业	−2.25311	−0.65657	−0.44628	−0.02732	0.28561	−0.89	121
002379	鲁丰环保	−2.02169	−0.40914	−0.52826	−0.51422	−0.30992	−0.93	122
000831	五矿稀土	−1.44114	−0.92	−1.35067	−0.32922	−0.26406	−0.99	123
601600	中国铝业	−2.4698	−0.11115	−0.64759	−0.3234	−0.40577	−1.02	124
600408	*ST安泰	−2.88172	−0.34805	−0.51724	−0.07417	−0.01473	−1.08	125
600581	八一钢铁	−3.55565	−0.1412	−0.78401	−0.51163	−0.61801	−1.44	126

表6－83中，黑色、有色金属冶炼及压延加工和金属制品业上市公司综合得分与其投资价值呈正相关关系。由于先对因子数据进行了标准化处理，因此，可以0为参考标准线，认为：综合得分大于0的公司，综合业绩相对较好，且数值越大，投资价值越大；综合得分小于0的则相对较差，且数值越小，投资价值越小。依此可对上市公司的综合业绩和投资价值有一个基本的评价。

具体而言，表6-83中，公司各项能力得分与相应实力也呈正相关关系。排名前十位的公司分别为栋梁新材、江西铜业、精诚铜业、奥瑞金、烯碳新材、利源精制、久立特材、苏泊尔、首钢股份、春兴精工。2013年排名前十位的公司分别为*ST锌业、鑫科材料、栋梁新材、江西铜业、奥瑞金、海鸥卫浴、利源精制、西藏珠峰、贵研铂业、罗平锌电。2013年和2014年两年中有五家公司保持在前十位，充分显示出它们的综合实力和稳定性。其中，栋梁新材排名第一，其营运因子得分排名也是第一，说明其营运能力非常强，其偿债因子较落后，说明其偿债能力较差。由2013年的综合排名第三，升至第一，说明其实力强劲，行业龙头地位稳定，具有较大值得投资。江西铜业综合得分排名第二，其各个因子均为正值，具有较好的营运能力和偿债能力。由2013年排名第四升至第二，其优秀的偿债能力和营运能力起了主要作用，说明其发展潜力巨大，值得长期投资。精诚铜业综合排名第三，其营运能力排名第二，偿债能力排名第九，虽然其他能力较弱，但是其优秀的偿债能力和营运能力，使其由2013年的第二十四跃居第三，进步神速，比较适宜进行长期投资。奥瑞金和利源精制两年的排名都是稳中有升，发展潜力较大，具有较大投资价值。烯碳新材于2014年1月由银基烯碳更名而来，凭借其优异的成长能力跃居第五位，具有较好的发展前景。久立特材由2013年的第三十七位跃居第七，进步巨大，得益于其突出的偿债能力。苏泊尔由2013年的第十六位升至第八位，盈利能力、营运能力和成长能力都表现不错，综合实力较强，投资价值较大。首钢股份由2013年的一百零二位跃升至第九位，可谓后来居上，突出表现在其优异的偿债能力，成长能力、盈利能力和营运能力也不错，可见其综合实力较强，投资价值较大。春兴精工由2013年的第七十九位升入前十，也有巨大进步，其成长因子和偿债因子得分较高，有较大投资价值。

值得一提的是*ST锌业，2013年排名第一，由于其2010年、2011年、2012年连续三年亏损，根据交易所相关规定，公司股票自2013年5月8日起暂停上市。暂停上市期间，公司力保生产经营正常，促使2013年公司盈利能力得到大幅提高，实现了连续四年来的首次盈利，为公司恢复上市创造了有利条件。自2014年8月6日起撤销公司股票交易的退市风险警示，并于同日起恢复上市交易，公司股票简称由“*ST锌业”变更为“锌业股份”。公司表示，通过成功实施破产重整，卸掉了沉重的债务负担，实现了轻装上阵，恢复了活力，展现了良好的发展前景。

总体来说，排名前十的公司除江西铜业外有一个共同特点，即都有一个或几个因子得分为负值，某个因子得分特别高，与其他因子得分存在的差距较大，说明这些公司在某个运行能力上特别出色，但各项能力差距较大，发展不尽均衡，若能够改善自身弱势，未来的发展肯定会更好。

排名末十的公司分别为凌钢股份、韶钢松山、新日恒力、齐星铁塔、东方钽业、鲁丰环保、五矿稀土、中国铝业、*ST安泰、八一钢铁。从这10家公司看到，其各个因子得分均为负分，远远低于行业平均值，是沦为末尾的主要原因，这说明它们的各项能力都较薄弱，前景迷茫，故暂不建议对其投资。

七、系统聚类分析

通过聚类分析把业绩相似的公司归类，可以对不同类别的上市公司进行对比分析，为投资者选择投资组合提供参考。

根据树状图（略）对124家黑色、有色金属冶炼及压延加工和金属制品业公司进行进一步分类，本书选择将其分为4类，如表6-84所示。

表6-84　　聚类分析

类别	黑色、有色金属冶炼及压延加工和金属制品业公司	数目
1	栋梁新材、精诚铜业、精艺股份	3
2	江西铜业、奥瑞金、利源精制、久立特材、苏泊尔、首钢股份、春兴精工、贵研铂业、风范股份、明泰铝业、巨星科技、哈尔斯、盛和资源、中集集团、金贵银业、亚太科技、厦门钨业、大冶特钢、铜陵有色、山东威达、博威合金、恒邦股份、玉龙股份、宜安科技、有研新材、中金岭南、扬子新材、常宝股份、丽鹏股份、鑫科材料、海亮股份、东睦股份、西藏珠峰、焦作万方、宝馨科技、南山铝业、云南铜业、万顺股份、爱仕达、钢研高纳、闽发铝业、鼎泰新材、三钢闽光、方大特钢、鄂尔多斯、宝钢股份、鸿路钢构、罗普斯金、通润装备、赣锋锂业、东山精密、株冶集团、新兴铸管、新钢股份、锡业股份、大西洋、海鸥卫浴、新华龙、鞍钢股份、宝钛股份、东方铁塔、武钢股份、东阳光科、酒钢宏兴、章源钨业、常铝股份、杭钢股份、方大集团、贵绳股份、华神集团、本钢板材、怡球资源、红宇新材、金洲管道、银邦股份、太钢不锈、柳钢股份、西宁特钢、云海金属、西部材料、南钢股份、鹏欣资源、恒星科技、宁波富邦、云南锗业、华菱钢铁、锌业股份、豫光金铅、中钨高新、安阳钢铁、沙钢股份、抚顺特钢、大金重工、神火股份、马钢股份、河北钢铁、中孚实业、丰华股份、中南重工、法尔胜、罗平锌电、北方稀土、巨力索具、山东钢铁、包钢股份、重庆钢铁	106
3	烯碳新材、*ST沪科	2
4	宏达股份、金瑞科技、云铝股份、吉恩镍业、安泰科技、凌钢股份、韶钢松山、新日恒力、齐星铁塔、东方钽业、鲁丰环保、五矿稀土、中国铝业、*ST安泰、八一钢铁	15

类别1包括栋梁新材、精诚铜业、精艺股份3家公司，综合排名都比较靠前。其中，栋梁新材是专业生产各种铝合金型材、铝装饰板及PS版铝基板的大型铝业集团公司，有强大的研发能力、自主创新能力，技术力量雄厚。其综合排名为第一，有很高的营运能力。其在2013年也具有很高的营运能力，具有较高的投资价值。精诚铜业是中国有色金属行业铜板带材专业制造商、安徽省原材料加工产业骨干企业之一，是芜湖市重点扶持发展的骨干企业，中国有色金属加工工业协会理事单位。精艺股份排名相对靠后，排在第三十七位。但其营运能力排名第三，具有较强的营运能力。2014年，有色金属行业总体保持平稳运行态势，随着行业政策及环保治理的推进，部分有色金属品种迎来政策红利。排名第一的栋梁新材和第三的精诚铜业以及精艺股份均为有色金属冶炼和压延加工业，各项能力基本均为行业领先，显示出其良好的发展前景和较大的投资价值。

类别2包括江西铜业、奥瑞金、利源精制等106家上市公司。该类公司排名有的靠前，有的居中，它们的投资价值需要联系其实际逐个进行分析。其中，江西铜业是中国有色金属行业集铜的采、选、冶、加于一体的特大型联合企业，是中国最大的铜产品生产基地和重要的硫化工原料及金银产地。综合排名第二，具有较强的偿债能力，可作为投资的主要对象。

类别 3 包括烯碳新材、* ST 沪科 2 家上市公司。烯碳新材在 2013 年战略转型碳新材料，从此公司步入新的快速成长阶段。其优秀的偿债能力值得投资者关注。其中，* ST 沪科为信息技术行业，其营运能力排名第五，但其综合排名居中，有一定投资风险，需谨慎对待。

类别 4 包括宏达股份、金瑞科技、云铝股份等 15 家公司，其排名都比较靠后。综合得分都为负数，没有一项比较突出的指标，在考虑市场发展情况，公司运行能力等各项因素之后，暂不建议对其投资。

总之，2014 年有色金属行业总体保持平稳运行态势，随着行业政策及环保治理的推进，部分有色金属品种迎来政策红利。排名第一的栋梁新材和第三的精诚铜业以及精艺股份均为有色金属冶炼和压延加工业，具有良好的投资前景。

八、结语

综上所述，投资者在进行投资时，要综合考虑宏观、微观等各方面反映的财务信息，加以谨慎地分析，做出合理的选择。但由于上述分析仅仅运用 2014 年一个年度的财务报表资料，并联系实际结合 2013 年的相应分析结果进行的对比分析，某些项目仍可能会由于会计政策变更等的影响存在一定程度的偶然性，分析指标的选择也具有主观性。因此，分析结果难以反映出完全的真实状况，若后续能对多个连续年度进行跟踪分析，并适当增加分析指标，则可较大程度地消除偶然性，帮助投资者做出更加准确的投资决策，以更加有效地配置投资资源，促进黑色、有色金属冶炼及压延加工和金属制品业的更加健康和谐发展。

（参著：李秋萍）

第十三节　通用设备制造业上市公司投资价值比较分析研究

一、行业发展与投资价值状况

改革开放以来，我国通用设备制造业取得了举世瞩目的巨大进步，产业规模快速增长，产品结构不断丰富，产业链逐步完善，自主创新能力显著增强，已经形成了一个较为完整的通用设备制造产业体系，成为电子信息产业的支柱。2000—2008 年期间，我国通用设备制造业累计完成工业总产值 49310.1 亿元，占电子信息制造业工业产值的 19.1%，年均增长率达到 11.53%。我国通用设备制造业在全球通用制造业的总产值不断上升，已经成为全球第二大通用设备生产国家。①

2014 年，中国通用设备行业销售收入高达 46255.43 亿元，同比增长 8.1%。从 2010 年以来中国通用设备行业收入整体呈现上涨的趋势，但 2014 年通用设备行业销售收入的

---

① 产业网：《2013 年通用设备制造业经济运行概况分析》，2014 年 6 月 9 日。

增长率低于近年来增速的平均水平。2014 年，中国通用设备行业利润总额高达 3018.47 亿元，利润总额系近年来最高，同比增长 5.3%。虽然从 2010 年以来，各年利润总额呈现上下浮动的态势，但是整体呈小幅增长。2014 年中国通用设备行业毛利率较去年同期小幅度下降，2010—2014 年毛利率呈现凸形增长，且从 2014 年中国通用设备行业毛利率为近年来最低。①

总之，通用设备制造业都具有较大的社会需求和发展潜力，相应地对其上市公司进行价值投资就显得格外重要。为此，本书以深沪两市的 95 家通用设备制造业上市公司为例，以 2014 年财务报告为依据，选取 13 个能够综合反映财务能力的财务指标，作为评估各通用设备制造业公司投资价值的指标体系，建立指标模型，运用 SPSS 软件，采用因子分析法与聚类分析法进行投资价值实证分析，确定公司的投资价值总量及其排名，并合理划分层级，联系实际，结合 2013 年的相关分析研究结果进行深入比较分析研究，得出量与质有机结合的投资结论，为投资者提供参考，以降低其投资风险，提高投资收益。

二、样本选取与数据处理

沪、深证交所的 95 家通用设备制造业上市公司的资料来源主要为其 2014 年的财务报告。具体初始数据如表 6-85 和表 6-86 所示。

表 6-85　　初始数据 1

股票代码	名称	基本每股收益（元）	销售净利率（%）	每股净资产（元）	总资产报酬率（%）	流动比率	速动比率
000404	华意压缩	0.3345	4.1350	3.6756	4.9519	1.2775	1.0332
000410	沈阳机床	0.0330	0.2826	3.5342	4.0170	1.1387	0.7441
000530	大冷股份	0.3300	8.0324	5.6198	3.8743	1.4270	1.0911
000570	苏常柴 A	0.1100	2.6376	3.4503	2.5912	1.6175	1.1642
000595	西北轴承	0.0800	4.6262	1.1807	6.0262	0.9271	0.6371
000617	石油济柴	−0.4000	−12.3914	2.0832	−3.1639	0.9853	0.6343
000678	襄阳轴承	0.0100	0.6077	2.4747	1.0115	0.9124	0.4576
000757	浩物股份	0.0400	4.4853	1.1710	4.4212	1.9985	1.7147
000777	中核科技	0.1876	6.8321	2.7983	4.7373	2.2173	1.2803
000811	烟台冰轮	0.5300	13.4652	4.0861	9.7212	1.1743	0.7395
000816	江淮动力	0.0400	1.8345	2.3324	1.0892	1.2239	1.0356
000837	秦川机床	0.0301	1.0888	4.3340	2.6568	1.5616	0.8635
000880	潍柴重机	0.1700	1.5159	4.5378	1.2232	0.6400	0.3927
000903	云内动力	0.2340	6.3995	4.4180	4.0540	2.0795	1.6360

① 中国情报网：《2014 年中国通用设备行业经济运行情况分析》，2015 年 2 月 7 日。

续 表

股票代码	名称	基本每股收益（元）	销售净利率（%）	每股净资产（元）	总资产报酬率（%）	流动比率	速动比率
000908	景峰医药	0.5500	13.1508	1.3286	29.6677	1.3426	1.1814
002009	天奇股份	0.3000	5.2276	4.4419	3.9473	1.2601	0.9331
002011	盾安环境	0.1500	1.5953	4.1430	3.3126	0.8921	0.6862
002046	轴研科技	0.0600	2.9952	4.0218	1.6690	1.6413	0.8781
002050	三花股份	0.6300	8.3927	4.5690	10.1109	1.3979	1.0436
002122	天马股份	0.0300	1.6234	3.9835	1.6744	2.5549	1.4714
002131	利欧股份	0.4800	7.4150	5.1191	7.8659	1.2790	1.0318
002147	方圆支承	0.0080	0.4690	3.1990	1.4026	0.9245	0.6424
002152	广电运通	0.9000	25.9342	4.6251	15.4845	2.5667	1.7833
002158	汉钟精机	0.6948	18.5249	3.6646	17.5460	3.0325	2.5425
002164	宁波东力	0.0500	4.6933	2.4968	3.3400	1.1585	0.9001
002197	证通电子	0.2400	6.4810	4.2133	4.9325	1.9441	1.5706
002202	金风科技	0.6790	10.4693	5.4805	6.5632	1.2587	1.0952
002248	华东数控	0.0100	−7.5560	3.5193	1.1638	1.0720	0.4800
002255	海陆重工	0.2460	4.6756	5.9967	2.7733	1.5257	0.8638
002266	浙富控股	0.0700	15.2832	1.8789	3.8837	1.2227	0.5721
002270	法因数控	0.1000	6.1124	3.1227	2.3642	2.7139	2.0639
002272	川润股份	0.0253	1.2555	2.9091	0.4198	2.0047	1.5670
002282	博深工具	0.1400	5.5783	3.5401	3.6326	2.8342	1.9742
002347	泰尔重工	0.0400	2.2582	5.3670	1.0722	2.3285	1.5848
002366	丹甫股份	0.2640	6.1467	5.4919	3.0947	3.9968	3.5156
002367	康力电梯	0.5444	14.3418	2.7447	13.4103	1.3954	0.9305
002418	康盛股份	−0.1300	−1.7505	4.9307	1.9376	1.1437	0.8863
002438	江苏神通	0.2590	11.5584	4.5084	4.5170	3.4367	2.6242
002468	艾迪西	0.0300	0.2688	2.1928	2.3704	1.2561	0.8023
002472	双环传动	0.4400	9.6572	5.3988	7.3289	1.5548	0.6923
002480	新筑股份	0.0195	0.7260	3.8261	2.4465	1.8637	1.5123
002483	润邦股份	0.2900	6.6336	6.0844	4.6747	2.0531	0.9612
002520	日发精机	0.2200	9.1776	3.0916	5.9603	1.4615	0.7415
002523	天桥起重	0.0400	2.5894	3.2383	0.7259	3.6180	3.1691
002529	海源机械	0.0200	1.5650	6.2215	0.1793	4.6039	1.8960

续 表

股票代码	名称	基本每股收益（元）	销售净利率（%）	每股净资产（元）	总资产报酬率（%）	流动比率	速动比率
002530	丰东股份	0.1200	9.5043	2.5028	4.6682	2.6696	1.8103
002532	新界泵业	0.2700	8.1538	3.3941	7.1676	1.7750	1.1337
002534	杭锅股份	0.1800	3.3558	6.6085	2.5194	1.7739	1.5049
002537	海立美达	0.2000	2.0363	9.3022	4.1164	1.5480	1.0535
002552	宝鼎重工	0.0500	4.3933	2.6994	1.8062	4.1411	2.2789
002553	南方轴承	0.3750	21.6583	3.5918	11.0359	10.3290	9.1640
002559	亚威股份	0.4800	9.3962	7.2761	4.9773	3.2518	2.3142
002598	山东章鼓	0.2437	13.7114	2.3440	7.9926	2.8644	1.9664
002630	华西能源	0.4112	4.5617	7.4307	3.7988	1.4313	0.7962
002633	*ST 申科	−0.2500	−14.0668	3.4292	−2.2172	1.4051	1.0995
002639	雪人股份	−0.0500	−2.0546	7.1592	0.0093	1.3549	0.8247
002685	华东重机	0.0588	2.3796	3.9751	0.6295	2.9000	1.9360
002686	亿利达	0.3000	13.1986	2.8826	10.7469	2.1055	1.6500
002689	博林特	0.3600	9.6473	2.6498	8.3799	1.4563	1.2172
300004	南风股份	0.5000	13.1602	11.7700	5.6626	2.2938	1.4714
300024	机器人	0.5000	21.7967	2.9536	13.9668	2.8037	1.5229
300090	盛运环保	0.5420	19.8288	3.9308	7.6482	1.1713	1.0561
300091	金通灵	0.0700	1.5482	3.8816	2.3034	1.2289	0.9395
300097	智云股份	0.1900	10.4701	3.8113	4.0142	5.7661	4.3402
300126	锐奇股份	0.2041	9.2305	3.3811	4.7036	5.0394	4.3795
300145	南方泵业	0.7600	12.4828	5.5215	11.6891	2.2753	1.6359
300154	瑞凌股份	0.5000	16.1703	6.6987	5.4370	6.5028	5.5910
300161	华中数控	0.0662	2.7305	5.3134	1.4876	3.0761	2.3749
300185	通裕重工	0.0900	3.6065	3.9004	3.2243	0.9977	0.5796
300193	佳士科技	0.2367	8.3604	8.6100	1.1427	8.3696	7.3970
300202	聚龙股份	0.6700	32.5907	2.5170	26.6888	4.0581	3.5201
300257	开山股份	0.7600	16.6900	7.8717	8.4344	3.3339	2.6739
300260	新莱应材	0.0870	1.1934	6.4341	1.1356	2.0304	1.0554
300263	隆华节能	0.3800	11.8772	4.0541	7.3525	1.4764	1.0922
300266	兴源环境	0.4300	10.6517	6.2293	8.4032	2.0833	1.6978
300280	南通锻压	0.0237	0.8154	4.9095	−0.2680	2.0196	0.9552

续 表

股票代码	名称	基本每股收益（元）	销售净利率（%）	每股净资产（元）	总资产报酬率（%）	流动比率	速动比率
300362	天保重装	0.3308	8.3615	5.9748	5.7727	1.3973	0.5787
600218	全柴动力	0.1300	1.3049	3.9066	1.9250	1.1451	0.7643
600243	青海华鼎	−0.0200	−0.3605	3.1055	2.1026	1.2284	0.8354
600416	湘电股份	0.0900	0.7020	3.5036	3.0206	1.0300	0.7769
600475	华光股份	0.3251	3.8767	5.3388	2.9804	1.2447	0.9146
600592	龙溪股份	0.1200	3.8748	5.7347	1.8892	3.3243	2.4299
600619	海立股份	0.1400	2.0181	3.5889	3.2109	1.1662	0.9542
600765	中航重机	0.2000	2.2022	4.5349	3.2786	1.4089	0.9949
600806	昆明机床	−0.3800	−24.1348	2.0441	−5.5239	1.3731	0.6708
600835	上海机电	0.8400	8.6616	6.1214	6.5674	1.2994	0.8956
600841	上柴股份	0.1700	5.3315	3.9534	2.2930	1.9490	1.7841
600875	东方电气	0.6400	3.3831	9.7532	1.7479	1.1618	0.6868
600894	广日股份	0.8127	15.2238	5.0591	12.4461	1.6299	1.3667
601002	晋亿实业	0.1700	4.4849	2.9400	5.7096	2.0283	0.7978
601177	杭齿前进	0.0506	0.9145	4.3401	2.1101	1.1840	0.5531
601313	江南嘉捷	0.5831	8.8817	3.7919	10.3118	1.7699	1.4843
601558	华锐风电	0.0100	2.2303	1.4572	0.4034	1.8456	1.1315
601727	上海电气	0.1992	6.1546	2.6698	4.1439	1.1922	0.9116
603699	纽威股份	0.7500	20.9237	3.1862	19.6084	2.0827	1.5679

表 6－86　　初始数据 2

股票代码	名称	资产负债率（%）	存货周转率（次）	固定资产周转率（次）	总资产周转率（次）	总资产增长率（%）	营业总收入增长率（%）	股东权益增长率（%）
000404	华意压缩	59.1573	5.4356	6.6687	1.0799	3.7565	4.3652	6.8322
000410	沈阳机床	86.3882	1.0640	3.9087	0.4280	23.0473	5.9070	0.9963
000530	大冷股份	32.4261	3.3933	3.5222	0.4736	2.9164	−7.1623	3.1467
000570	苏常柴 A	38.3240	4.4438	4.1766	0.8020	4.0901	−14.9543	7.0381
000595	西北轴承	72.0412	2.0253	2.2088	0.4235	−0.9116	36.9751	5.9782
000617	石油济柴	72.8326	1.7036	1.5370	0.4096	−5.5403	−42.7892	−15.6152
000678	襄阳轴承	50.9652	2.5635	1.8497	0.5763	4.0940	37.8343	−0.2924

续　表

股票代码	名称	资产负债率（%）	存货周转率（次）	固定资产周转率（次）	总资产周转率（次）	总资产增长率（%）	营业总收入增长率（%）	股东权益增长率（%）
000757	浩物股份	42.4692	3.7939	5.0315	0.5649	78.2233	−8.4680	340.8243
000777	中核科技	39.0611	1.6849	2.3926	0.5697	−0.4987	10.5193	4.9533
000811	烟台冰轮	41.2951	3.1160	5.6059	0.6180	14.1518	10.6623	7.2218
000816	江淮动力	47.9443	3.6709	2.6541	0.3717	31.4765	−15.8412	94.5836
000837	秦川机床	44.5899	2.5409	2.7086	0.8061	181.2497	2.6250	177.9404
000880	潍柴重机	64.3916	5.3556	2.4179	0.9566	21.8721	32.3931	3.8725
000903	云内动力	44.9199	3.2437	1.2911	0.4047	16.1549	−5.8396	29.8062
000908	景峰医药	48.0595	3.5728	11.1198	1.7395	468.2637	37.9044	19753.3168
002009	天奇股份	58.9513	1.5908	2.8501	0.4559	−0.7175	1.9615	6.6989
002011	盾安环境	66.0421	5.0131	4.8913	0.6637	9.4873	2.0838	3.2954
002046	轴研科技	39.8295	0.8089	0.9783	0.2363	11.7546	−21.2686	29.2889
002050	三花股份	49.4156	3.8134	3.1279	0.8559	6.5595	10.4232	12.4934
002122	天马股份	33.6168	0.8846	0.9772	0.2890	−0.8733	7.0937	0.3403
002131	利欧股份	50.3955	5.4409	5.5464	0.8160	47.7592	56.1023	32.4964
002147	方圆支承	36.0427	1.9228	0.6059	0.2526	−6.7799	−2.3189	0.1555
002152	广电运通	34.8761	0.9635	6.7571	0.5388	31.4361	25.2798	18.9899
002158	汉钟精机	23.5002	4.6398	3.8605	0.8212	10.2483	16.5054	11.4398
002164	宁波东力	39.2298	2.4056	0.7144	0.2703	−4.7081	−10.7822	2.1904
002197	证通电子	41.8233	2.4207	6.0379	0.5376	16.7719	22.2654	4.2874
002202	金风科技	66.7368	3.8840	3.1109	0.4418	33.1911	43.8376	10.4751
002248	华东数控	49.5832	0.5292	0.3716	0.1367	−12.2747	2.8887	44.1705
002255	海陆重工	48.3799	1.3691	2.5772	0.4601	12.8150	−5.1907	3.3257
002266	浙富控股	39.5535	0.6334	1.2765	0.1476	18.9661	−13.8336	27.4511
002270	法因数控	23.0422	1.9805	1.0202	0.3807	−5.4623	−17.9581	1.5329
002272	川润股份	35.2765	2.6814	1.6867	0.4376	−4.5038	3.7132	0.8764
002282	博深工具	21.2732	2.3506	1.8305	0.5240	−6.1330	−3.1074	2.3242
002347	泰尔重工	29.2622	0.7546	1.2435	0.2222	3.2831	4.1962	30.2502
002366	丹甫股份	20.2181	5.8446	3.5731	0.6263	0.7121	−6.9489	0.2563
002367	康力电梯	45.6471	2.5403	4.5028	0.8353	26.9270	26.6059	17.5350
002418	康盛股份	49.8086	6.3243	1.8267	0.8228	−0.4598	26.6062	−2.3330

续 表

股票代码	名称	资产负债率（%）	存货周转率（次）	固定资产周转率（次）	总资产周转率（次）	总资产增长率（%）	营业总收入增长率（%）	股东权益增长率（%）
002438	江苏神通	25.7958	1.3525	2.7376	0.3712	1.5240	−8.9045	4.8547
002468	艾迪西	52.8216	4.0223	3.6385	1.0837	4.7906	17.8645	0.7709
002472	双环传动	35.2501	1.5954	1.3251	0.5534	10.1372	27.8034	7.2535
002480	新筑股份	44.7869	2.0366	1.3840	0.3067	18.2858	2.2327	31.9847
002483	润邦股份	31.3718	1.9789	2.5579	0.6575	15.0496	−3.7963	2.8303
002520	日发精机	48.2261	1.0731	2.0254	0.4765	40.0306	122.9522	7.7308
002523	天桥起重	21.6800	2.6197	1.7875	0.3422	−1.8660	8.9834	−0.2720
002529	海源机械	12.2922	0.4370	0.5371	0.1825	0.4105	−18.1527	−0.2097
002530	丰东股份	26.6851	1.4643	1.7186	0.3960	17.3242	−4.2425	3.1096
002532	新界泵业	23.4425	3.6862	2.2247	0.7840	6.1226	1.6893	7.5218
002534	杭锅股份	55.1232	3.0459	3.0810	0.4508	−0.7096	−47.2790	1.1089
002537	海立美达	38.7566	3.8407	3.6096	0.8647	−13.5452	−19.7013	0.5938
002552	宝鼎重工	10.9465	2.0294	0.9070	0.3647	4.5354	49.9630	0.8409
002553	南方轴承	7.3132	3.3435	2.1732	0.4555	3.9329	12.5285	4.3613
002559	亚威股份	25.7881	1.8791	2.4223	0.5280	7.8635	4.9646	3.3092
002598	山东章鼓	26.3809	1.8475	2.5331	0.5627	1.5906	−2.2548	1.9037
002630	华西能源	61.7187	1.4431	3.6249	0.5277	37.1529	4.1955	55.4680
002633	*ST 申科	45.1744	1.6987	0.9454	0.2911	3.9447	7.1564	−4.5721
002639	雪人股份	34.9360	1.5726	0.9792	0.2563	30.4454	9.5115	−1.6823
002685	华东重机	25.5779	1.7270	3.2183	0.4763	8.7366	29.3915	1.0689
002686	亿利达	27.4612	3.5913	4.2422	0.6524	22.7465	4.1356	8.5910
002689	博林特	50.2578	4.2603	3.4537	0.7267	6.7134	18.4897	5.6183
300004	南风股份	20.0330	1.4588	1.8836	0.3298	217.3550	100.8379	243.0136
300024	机器人	38.7024	1.1529	5.3476	0.5380	33.9421	15.5002	19.7459
300090	盛运环保	65.2120	2.1824	1.4455	0.2308	34.9257	3.4243	13.0651
300091	金通灵	56.3829	2.7097	1.9505	0.4919	16.7104	21.7483	1.5104
300097	智云股份	14.3521	1.1948	2.8857	0.3881	−4.7506	−0.9447	5.8097
300126	锐奇股份	15.3243	4.2240	3.9997	0.5647	7.8151	12.2326	6.0219
300145	南方泵业	26.3692	3.3355	3.2698	0.8219	15.8026	16.8817	14.1459
300154	瑞凌股份	14.2683	2.4189	6.6252	0.3989	6.1022	−0.6814	4.8347

续　表

股票代码	名称	资产负债率（%）	存货周转率（次）	固定资产周转率（次）	总资产周转率（次）	总资产增长率（%）	营业总收入增长率（%）	股东权益增长率（%）
300161	华中数控	31.8106	1.8024	3.9892	0.4399	4.9047	17.2603	0.8562
300185	通裕重工	47.0371	1.4736	1.3152	0.3006	1.5184	24.4358	1.1574
300193	佳士科技	9.7905	2.1618	1.3954	0.2768	−0.5365	0.6062	0.3899
300202	聚龙股份	21.1764	3.0486	5.5757	0.7544	41.1322	31.1402	32.3495
300257	开山股份	21.6101	2.4321	2.2103	0.4858	12.3264	2.3637	5.5409
300260	新莱应材	30.2801	1.2233	1.6781	0.4567	5.7036	−4.6282	1.0300
300263	隆华节能	41.7123	2.4155	4.1593	0.5263	30.4086	70.7598	8.9334
300266	兴源环境	30.6904	4.7911	2.5030	0.6729	109.6198	66.4841	88.4569
300280	南通锻压	19.8867	1.6618	1.4418	0.4351	6.7668	9.1173	0.4059
300362	天保重装	60.7799	0.5615	1.0330	0.2731	18.6465	12.1953	85.3223
600218	全柴动力	53.5488	5.1710	3.0872	1.0905	−2.6523	−14.8862	4.0719
600243	青海华鼎	64.6799	1.8869	2.8442	0.4900	3.6683	2.8040	−0.7271
600416	湘电股份	86.3580	2.0307	5.3930	0.4787	6.3450	16.9468	0.9294
600475	华光股份	66.0574	2.6711	4.6768	0.6880	−2.6859	−5.4328	4.4021
600592	龙溪股份	24.7652	1.2981	1.2739	0.2476	10.5270	3.5952	23.0613
600619	海立股份	63.9894	6.8972	2.5202	0.8116	6.4723	2.8215	1.1144
600765	中航重机	66.6221	1.9666	2.1940	0.4590	9.1819	−8.8211	5.1999
600806	昆明机床	58.4104	0.8103	1.6494	0.3095	0.7823	−15.6971	−18.1167
600835	上海机电	71.0710	2.3124	12.9545	0.7305	9.7662	4.3796	8.7964
600841	上柴股份	36.0688	8.1321	2.7171	0.5122	−1.8704	−6.8427	3.4354
600875	东方电气	75.9835	1.1413	4.3906	0.4788	9.4987	−7.9136	10.4575
600894	广日股份	37.0088	5.8803	6.8323	0.7233	29.2520	11.3295	45.2557
601002	晋亿实业	36.4714	1.6398	2.4447	0.7158	−8.7051	10.0771	2.7934
601177	杭齿前进	53.0625	1.5444	1.5402	0.4596	4.2057	−4.5535	0.8938
601313	江南嘉捷	44.5303	5.8299	7.5525	1.0297	13.6140	12.8320	10.7099
601558	华锐风电	49.6128	0.4873	2.6745	0.1746	−27.3919	0.3865	−3.5575
601727	上海电气	68.3561	2.5144	5.7268	0.5628	11.0276	−3.0681	6.3045
603699	纽威股份	39.8528	1.8235	5.9318	0.7804	39.0367	11.2373	90.9663

在指标性质、单位不同的情况下，首先要对指标进行同趋势化处理。然后利用 SPSS

中的 Z - score 方法将 13 项指标的原始数据进行标准化处理，同趋势化数据和标准化数据略。

三、因子分析法适应性检验

为了检验所选用的指标是否适合使用因子分析法，本书利用 SPSS 软件中 KMO 和 Bartlett 球形检验方法来对样本进行检验。检验结果如表 6 - 87 所示。

表 6 - 87　　KMO 检验和 Bartlett 球形检验

取样足够度的 KMO 度量		0.629
Bartlett 球形检验	近似卡方	701.538
	df	78
	Sig.	0.000

由表 6 - 87 可知，KMO 值为 0.629，大于 0.5，可知各变量之间的相关程度无较大差异，原有变量适合做因子分析。同时，Bartlett 球形检验统计量为 701.538，相应的概率 Sig. 为 0.000，在 5%的显著性水平之下，拒绝原假设，因此可认为相关系数矩阵与单位矩阵有显著差异，说明样本适合做因子分析。

四、确定主因子

本书应用因子分析法中的主成分分析法来计算原始公因子的特征值、方差贡献率以及累计方差贡献率，并由此确定公因子。结果如表 6 - 88 所示。

表 6 - 88　　解释的总方差

成分	初始特征值			提取平方和载入			旋转平方和载入		
	合计	方差百分比（%）	累积百分比（%）	合计	方差百分比（%）	累积百分比（%）	合计	方差百分比（%）	累积百分比（%）
1	4.139	31.835	31.835	4.139	31.835	31.835	2.597	19.974	19.974
2	1.783	13.712	45.547	1.783	13.712	45.547	2.333	17.943	37.918
3	1.510	11.617	57.164	1.510	11.617	57.164	2.194	16.875	54.793
4	1.333	10.255	67.419	1.333	10.255	67.419	1.641	12.627	67.419
5	0.993	7.638	75.057						
6	0.983	7.563	82.621						
7	0.883	6.795	89.415						
8	0.462	3.551	92.967						
9	0.422	3.243	96.209						
10	0.221	1.703	97.912						

续　表

成分	初始特征值			提取平方和载入			旋转平方和载入		
	合计	方差百分比（%）	累积百分比（%）	合计	方差百分比（%）	累积百分比（%）	合计	方差百分比（%）	累积百分比（%）
11	0.120	0.922	98.834						
12	0.087	0.669	99.503						
13	0.065	0.497	100.000						

提取方法：主成分分析。

根据表 6－88 中数据可知，前 4 个主因子的方差贡献率已经达到了累计方差贡献率的 67.419%，即表明这 4 个主因子已包含原始数据信息量的 67.419%，所以只需选择前 4 个主因子就可以较好地代表原始指标，对公司的绩效进行描述。

特征值可用碎石图列示，如图 6－13 所示。从图 6－13 可以看出，从第 5 个成分开始，特征值的值都小于 1，且折线的陡度变得比较平缓，这说明提取 4 个主因子是合适有效的。

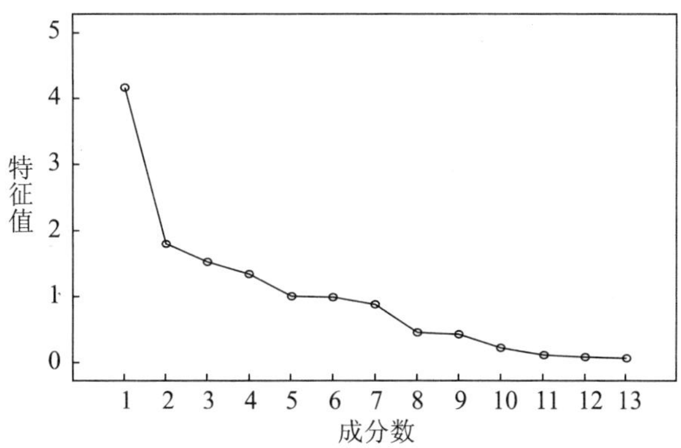

图 6－13　碎石图

五、旋转载荷矩阵分析

本书对原因子载荷矩阵进行最大方差旋转，以期得到主因子更明确的含义。结果如表 6－89所示。

表 6－89　　旋转后的因子载荷矩阵

变量	成分			
	F_1	F_2	F_3	F_4
基本每股收益	0.912	0.071	0.298	0.047
销售净利率	0.861	0.099	0.159	0.140
每股净资产	0.466	−0.196	−0.267	−0.197

续 表

变量	成分			
	F_1	F_2	F_3	F_4
总资产报酬率	0.669	0.465	0.386	0.165
流动比率	0.097	−0.003	0.010	0.602
速动比率	0.060	−0.007	−0.024	0.851
资产负债率	−0.038	0.027	0.024	0.662
存货周转率	0.003	−0.127	0.847	−0.063
固定资产周转率	0.369	0.304	0.627	0.124
总资产周转率	0.132	0.381	0.824	−0.010
总资产增长率	0.157	0.913	0.097	0.013
营业总收入增长率	0.406	0.377	−0.115	0.075
股东权益增长率	−0.038	0.912	0.216	−0.055

由表 6-89 中的数据可以看到，基本每股收益、销售净利率、总资产报酬率在主因子 F_1 上的载荷量分别为 0.912、0.861、0.669，它主要反映了公司的盈利能力，所以将 F_1 命名为盈利因子；总资产增长率与股东权益增长率在主因子 F_2 上的载荷分别为 0.913 与 0.912，体现了公司的成长能力，为成长因子；主因子 F_3 则在存货周转率（0.849）、固定资产周转率（0.627）和总资产周转率（0.824）上有较大载荷量，代表了公司的营运能力，故而将其命名为营运因子；主因子 F_4 在流动比率（0.602）、速动比率（0.851）和资产负债率（0.662）上有较大载荷量，代表了公司的偿债能力，为偿债因子。

六、通用设备制造业上市公司综合得分与排名

要得到因子的综合得分，需先对因子数据进行标准化处理，使其期望为 0，方差为 1，然后，对各因子的方差贡献率占因子总方差贡献率的比重作为权重加权汇总，使用计算综合得分的公式 $F=(\lambda_1F_1+\lambda_2F_2+\lambda_3F_3+\lambda_4F_4)/(\lambda_1+\lambda_2+\lambda_3+\lambda_4)=(0.19974\times F_1+0.17943\times F_2+0.16875\times F_3+0.12627\times F_4)/0.67419$ 来计算各样本的综合得分。得到结果按名次排列如表 6-90 所示。

表 6-90　通用设备制造业上市公司综合得分与排名

股票代码	名称	F_1（盈利）	F_2（成长）	F_3（营运）	F_4（偿债）	F（综合）	排名
000908	景峰医药	−0.4052	8.75238	2.09934	−0.56298	2.63	1
603699	纽威股份	1.67475	0.13478	0.48278	3.85826	1.38	2
300202	聚龙股份	2.51083	0.42134	0.8639	−0.19739	1.04	3
002197	证通电子	−0.59631	−0.0262	0.17538	5.99826	0.98	4
002152	广电运通	2.61412	0.16092	−0.18637	−0.02928	0.77	5

续 表

股票代码	名称	F_1（盈利）	F_2（成长）	F_3（营运）	F_4（偿债）	F（综合）	排名
300024	机器人	1.30611	0.27396	−0.20243	1.82154	0.75	6
601313	江南嘉捷	0.49229	−0.47053	2.43313	0.50885	0.72	7
600894	广日股份	1.49629	−0.55892	1.78515	−0.21021	0.7	8
002686	亿利达	0.30681	−0.2157	0.74172	2.39908	0.67	9
300266	兴源环境	1.05058	0.58861	−0.0073	0.9709	0.65	10
002158	汉钟精机	1.49551	−0.29407	1.33612	−0.39833	0.62	11
600835	上海机电	1.51439	−0.37123	1.37822	−0.46541	0.61	12
300145	南方泵业	1.40387	−0.31894	0.59337	0.48309	0.57	13
300004	南风股份	2.45225	1.78368	−2.75987	−0.00974	0.51	14
002367	康力电梯	0.96407	0.2723	0.68906	−0.16184	0.5	15
300263	隆华节能	0.70956	0.48649	−0.38036	1.31072	0.49	16
002131	利欧股份	0.75516	0.10605	1.19618	−0.50176	0.46	17
000811	烟台冰轮	0.86555	−0.18703	0.67541	0.10683	0.4	18
002050	三花股份	0.76808	−0.33837	0.97265	−0.44853	0.3	19
000404	华意压缩	−0.31109	−0.47297	2.34736	−0.42137	0.29	20
002202	金风科技	1.28627	−0.11641	−0.09341	−0.54005	0.23	21
002689	博林特	0.15062	−0.19335	1.01237	−0.18762	0.21	22
000757	浩物股份	−1.15039	0.44401	0.91592	1.09063	0.21	23
002553	南方轴承	1.06402	−0.27327	0.07362	−0.47499	0.17	24
300257	开山股份	1.92144	−0.55481	−0.46655	−0.799	0.16	25
002520	日发精机	0.81253	1.2238	−1.54204	−0.18204	0.15	26
300154	瑞凌股份	1.34665	−0.49934	0.02205	−0.67864	0.14	27
002272	川润股份	−1.08585	−0.33114	−0.27536	2.968	0.08	28
002532	新界泵业	−0.09934	−0.25604	0.80565	−0.21022	0.06	29
300090	盛运环保	1.18906	−0.1187	−0.77835	−0.35553	0.06	30
000903	云内动力	−0.16198	−0.41096	−0.18348	1.39105	0.06	31
000777	中核科技	−0.22881	−0.03657	−0.20595	0.98234	0.05	32
000837	秦川机床	−0.84887	1.38278	−0.00689	−0.36792	0.05	33
002483	润邦股份	0.28713	−0.24443	−0.17101	0.3093	0.04	34
002598	山东章鼓	0.15611	−0.05855	0.02352	−0.13196	0.01	35
002472	双环传动	0.87911	0.03461	−0.71722	−0.44331	0.01	36
300126	锐奇股份	−0.07973	−0.28069	0.74409	−0.47949	0	37
601002	晋亿实业	−0.33055	−0.00599	0.05611	0.40199	−0.01	38

续 表

股票代码	名称	F_1（盈利）	F_2（成长）	F_3（营运）	F_4（偿债）	F（综合）	排名
601727	上海电气	−0.32408	−0.07501	0.58206	−0.23943	−0.02	39
002468	艾迪西	−1.15566	0.00507	1.51451	−0.31774	−0.02	40
000880	潍柴重机	−0.55227	−0.17559	1.22929	−0.66051	−0.03	41
600841	上柴股份	−0.69365	−1.11915	1.85788	−0.02295	−0.04	42
002011	盾安环境	−0.57546	−0.41674	1.27908	−0.50158	−0.06	43
600619	海立股份	−0.87054	−0.65656	1.87805	−0.51812	−0.06	44
002559	亚威股份	0.99835	−0.34715	−0.54391	−0.70227	−0.06	45
600475	华光股份	0.03578	−0.40776	0.51231	−0.51944	−0.07	46
000570	苏常柴 A	−0.87558	−0.46352	1.40985	−0.21956	−0.07	47
002366	丹甫股份	−0.12021	−0.83981	1.2831	−0.71739	−0.07	48
600218	全柴动力	−1.00968	−0.60277	1.94004	−0.54261	−0.08	49
002630	华西能源	0.6834	−0.00642	−0.61321	−0.66212	−0.08	50
000530	大冷股份	0.29495	−0.55254	0.23118	−0.47054	−0.09	51
002537	海立美达	0.16337	−0.86116	0.79088	−0.73419	−0.12	52
600875	东方电气	1.23384	−0.53777	−0.73712	−0.92101	−0.13	53
600416	湘电股份	−0.46263	0.1103	0.03313	−0.31748	−0.16	54
000595	西北轴承	−0.45894	0.33344	−0.35056	−0.15041	−0.16	55
002534	杭锅股份	−0.34271	−0.85927	0.18597	0.58286	−0.17	56
002480	新筑股份	−0.77459	−0.00831	−0.75233	1.24224	−0.19	57
002009	天奇股份	0.1066	−0.16783	−0.39852	−0.39951	−0.19	58
002438	江苏神通	0.34046	−0.2355	−0.58008	−0.4342	−0.19	59
002530	丰东股份	−0.28462	0.08212	−0.52762	−0.03715	−0.2	60
002418	康盛股份	−1.10736	−0.41231	1.29792	−0.57485	−0.22	61
300097	智云股份	0.13039	−0.13299	−0.57362	−0.44151	−0.22	62
300362	天保重装	0.73318	0.09962	−1.50324	−0.51288	−0.23	63
002282	博深工具	−0.38269	−0.24444	−0.06411	−0.28809	−0.25	64
002255	海陆重工	0.14322	−0.16351	−0.63849	−0.47223	−0.25	65
002685	华东重机	−0.40545	0.17372	−0.52044	−0.28051	−0.26	66
000410	沈阳机床	−0.56495	0.32789	−0.49329	−0.30575	−0.26	67
300161	华中数控	−0.19027	−0.0145	−0.47337	−0.44906	−0.26	68
002347	泰尔重工	−0.35436	−0.0943	−1.47051	1.25603	−0.26	69
300091	金通灵	−0.52391	0.08711	−0.25848	−0.38665	−0.27	70
000678	襄阳轴承	−0.82806	0.22206	−0.15992	−0.31898	−0.29	71

续　表

股票代码	名称	F_1（盈利）	F_2（成长）	F_3（营运）	F_4（偿债）	F（综合）	排名
600765	中航重机	－0.30342	－0.17428	－0.30722	－0.41099	－0.29	72
002266	浙富控股	－0.16915	0.10392	－1.14056	－0.03318	－0.31	73
002552	宝鼎重工	－0.36727	0.30555	－0.90019	－0.3311	－0.31	74
300260	新莱应材	－0.24529	－0.20368	－0.87145	0.12139	－0.32	75
000816	江淮动力	－1.10522	－0.12948	0.33707	－0.24096	－0.32	76
300185	通裕重工	－0.21782	0.11624	－1.0177	－0.34089	－0.35	77
300280	南通锻压	－0.57214	－0.07208	－0.77169	0.13833	－0.36	78
600243	青海华鼎	－0.91409	0.05308	－0.17368	－0.29852	－0.36	79
002122	天马股份	－0.55639	0.02174	－1.18393	0.36053	－0.39	80
002270	法因数控	－0.57316	－0.31486	－0.37314	－0.24477	－0.39	81
300193	佳士科技	0.68498	－0.56131	－1.10582	－0.93053	－0.4	82
002523	天桥起重	－0.69373	－0.15665	－0.35896	－0.41435	－0.41	83
601177	杭齿前进	－0.61278	－0.06398	－0.54879	－0.43316	－0.42	84
002164	宁波东力	－0.73456	－0.24343	－0.42709	－0.16786	－0.42	85
600592	龙溪股份	－0.03967	－0.08272	－1.2094	－0.54641	－0.44	86
601558	华锐风电	－0.88829	－0.06801	－0.92245	0.17653	－0.48	87
002046	轴研科技	－0.6017	－0.07568	－1.07556	－0.15586	－0.5	88
002147	方圆支承	－0.85408	－0.15645	－0.75434	－0.32819	－0.54	89
002639	雪人股份	－0.41427	0.08161	－1.38348	－0.60721	－0.56	90
002529	海源机械	－0.36452	－0.22191	－1.55765	－0.53334	－0.66	91
002248	华东数控	－1.02813	0.06452	－1.43397	－0.33908	－0.71	92
002633	*ST 申科	－1.94631	0.17706	－0.84491	－0.21665	－0.78	93
000617	石油济柴	－2.65915	－0.13748	－0.08931	－0.28783	－0.9	94
600806	昆明机床	－3.00475	0.26033	－0.69873	－0.24155	－1.04	95

表 6－90 中，通用设备制造业上市公司综合得分与其投资价值呈正相关关系。由于先对因子数据进行了标准化处理，因此，可以 0 为参考标准线，认为：综合得分大于 0 的公司，综合业绩相对较好，且数值越大，投资价值越大；综合得分小于 0 的则相对较差，且数值越小，投资价值越小。依此可对上市公司的综合业绩和投资价值有一个基本的评价。

具体而言，表 6－90 中，公司各项能力得分与相应实力也呈正相关关系。排名前十位的公司分别景峰医药、纽威股份、聚龙股份、证通电子、广电运通、机器人、江南嘉捷、广日股份、亿利达、兴源环境。2013 年排在前十位的分别是江南嘉捷、广日股份、南方泵业、隆华节能、法因数控、证通电子、华意压缩、广电运通、机器人、纽威股份。两年比较差别较大，有纽威股份、江南嘉捷、广日股份、证通电子、广电运通、机器人六家公司站住了前十，说明它们状态比较稳定，发展实力强劲，应是投资者关注的重点对象。其中，景峰药业，由天一科技更名而来，2013 年综合排名第五十四，一跃为第一，进步巨大，其成长因子得分排名第一，说明其成长能力非常强劲，营运能力与偿债因子得分排第七，其营运和偿债能力较具实力，盈利因子得分排名第二十一，说明盈利能力一般，综合各个因子得分及综合得分，景峰药业值得投资。纽威股份综合得分排名由 2013 年的第十跃居第二，得胜于其盈利因子和偿债因子排名均为第三，说明其盈利能力以及偿债能力强，营运因子得分排名和成长因子得分排名靠后。虽然其成长能力不够优秀，但依然是短期投资的理想对象。聚龙股份盈利能力排名第二，成长能力排名第八，可考虑对其长期投资。排名第四的证通电子盈利能力以及成长能力较差，但其偿债能力排名第一，具有一定的投资风险，投资者需要谨慎。

在排名前十的公司中，只有纽威股份各个因子得分均为正，说明其发展稳健，且综合排名排第一，是投资者的最理想的投资对象。

排名末十名的公司分别为龙溪股份、华锐风电、轴研科技、方圆支承、雪人股份、海源机械、华东数控、*ST 申科、石油济柴、昆明机床。从这 10 家公司看到，它们的盈利因子、偿债因子都为负数，是沦为末尾的主要原因。而香梨股份偿债因子得分排名倒数第二，成长因子得分倒数第二，且与平均分差距太大，导致其综合得分排名靠后，故暂不建议对其投资。

七、系统聚类分析

通过聚类分析把业绩相似的公司归类，可以对不同类别的上市公司进行对比分析，为投资者选择投资组合提供参考。

根据树状图（略）对 95 家通用设备制造业上市公司进行进一步分类，本书选择将其分为 4 类，如表 6－91 所示。

表 6－91　　　　聚类分析

类别	通用设备制造业上市公司	数目
1	华意压缩、大冷股份、苏常柴 A、烟台冰轮、潍柴重机、盾安环境、三花股份、利欧股份、广电运通、汉钟精机、丹甫股份、康力电梯、康盛股份、艾迪西、新界泵业、海立美达、博林特、锐奇股份、南方泵业、聚龙股份、全柴动力、华光股份、海立股份、上海机电、上柴股份、广日股份、江南嘉捷、上海电气	28
2	南风股份、金风科技、日发精机、瑞凌股份、盛运环保、亚威股份、华西能源、江苏神通、天保重装、佳士科技、云内动力、中核科技、润邦股份、普亿实业、新筑股份、泰尔重工、浩物股份、秦川机床、山东章鼓、湘电股份、西北轴承、杭锅股份、丰东股份、博深工具、华东重机、沈阳机床、华中数控、金通灵、襄阳轴承、中航重机、浙富控股、宝鼎重工、新莱应材、江淮动力、南通锻压、青海华鼎、天马股份、法因数控、天桥起重、杭齿前进、宁波东力、龙溪股份、华锐风电、轴研科技、方圆支承、雪人股份、海源机械、华东数控、*ST 申科、石油济柴、昆明机床、南方轴承、开山股份、双环传动、东方电气、天奇股份、智云股份、天保重装、海陆重工	59

续 表

类别	通信设备制造业上市公司	数目
3	景峰医药	1
4	证通电子、川润股份、亿利达、机器人、隆华节能、兴源环境、纽威股份	7

表 6-91 中，类别 1 包括聚龙股份、广电运通、江南嘉捷、博林特、新界泵业等 28 家上市公司。其中，聚龙股份盈利能力排名第二，是一家专业从事金融机具研发、生产和销售的高新技术企业，具有高技术含量、高成长性的特点，属于先进制造业。广电运通是一家以银行自动柜员机（ATM）、智能交通自动售检票系统（AFC）等自助设备产业为核心，自主研发、生产、销售及服务的现代化高科技企业。江南嘉捷主营垂直升降电梯，是内资电梯品牌龙头企业，其垂直升降电梯的技术能力和产品质量已达到了国际先进水平。其盈利能力排名第一，具有较强的盈利水平，营运因子得分居行业首位，在 2013 年也居首位，具有较强的营运能力，是较理想的投资对象。博林特是集电梯整机产品的研发、设计、生产、销售、安装及售后维保为一体的专业电梯制造商，综合排名为第二十二。新界泵业只有营运能力为正，其他因子得分均为负数，显现出具有投资风险的状况。

该类公司盈利能力较好，盈利因子排名前十的公司占据一半，营运能力也较好，比较值得投资者关注。

类别 2 中包括浩物股份等 59 家上市公司。其中，浩物股份的成长能力和偿债能力较好，值得进行长期投资。

该类公司除前几家公司排名稍靠前，而其他公司则排名参差不齐，各因子得分差别较大，总的来说，该类别的公司存在一些风险，须根据具体市场情况谨慎投资。

类别 3 仅有景峰医药 1 家公司，它以自有资产进行医药、医疗项目投资；生物制药技术项目的研发与投资；商品进出口贸易；企业管理咨询、医疗医药研发技术咨询。公司综合得分排名第一，优秀的成长能力及营运能力具有吸引长期投资的巨大优势。

类别 4 中，包含了纽威股份、亿利达等 7 家公司。该类别中的公司在综合排名中大部分比较靠前，个别居中。纽威股份综合排名第二，其作为中国最大的工业阀门制造商与出口商，一直致力于工业阀门的生产和研发，以生产具有世界先进水平的工业阀门为己任，其质量和持续创新能力已经得到全球行业内各主要最终用户和工程公司的认证，具有较高的投资价值。亿利达综合排名第九，是一个集通信产品（无绳电话、车载电台、对讲机、录音电话等）、商用产品（收款机、打字机、商业 POS 等）、机械产品（注塑机、剪草机等）及配套产业（五金、塑胶模具设计和制造、金属材料加工、塑胶啤塑、SMT 电路板加工等）一体化的生产加工企业实体，内部配套能力极强，各类产品开发生产几乎都可以做到“足不出户”，生产销量跻身世界四强，并且商用收款机在中国市场的占有率连续多年高踞榜首，被业内公认质量第一，具有较好的发展前景和较大的投资价值。

该类别上市公司的证通电子、纽威股份、川润股份偿债能力排名分别为第一、第二及第三。说明该类公司总体表现良好，偿债能力较强，其成长能力较弱，可以考虑投资，但是投资风险较大，要谨慎分析选择。

八、结语

综上所述，投资者在进行投资时，要综合考虑宏观、微观等各方面反映的财务信息，加以谨慎地分析，做出合理的选择。在此，运用SPSS软件，利用13个指标综合分析通用设备制造业95家上市公司各方面表现情况，对投资者进行投资决策有一定的参考意义。但由于分析仅仅运用了2014年一个年度的财务报表资料并结合2013年的分析结果联系实际进行，某些项目仍可能会由于会计政策变更等的影响存在一定程度的偶然性，分析指标的选择也具有主观性。因此，分析结果难以反映出完全的真实状况，若后续能对更多个连续年度进行跟踪分析，并适当增加分析指标，则可较大程度地消除偶然性，帮助投资者做出更加准确的投资决策，以更加有效地配置投资资源，促进通用设备制造业的更加健康和谐发展。

（参著：李秋萍）

第十四节　专用设备制造业上市公司投资价值比较分析研究

一、行业发展与投资价值状况

专用设备制造业是制造业的基础性产业，它与上游、下游产业间存在紧密的关联，该产业的兴衰直接影响着关联产业的发展，是为国民经济各部门以及国防和基础设施建设提供专用装备的重要产业。专用设备制造业在国民经济行业分类GB/T 4754—2002中的大类行业代码是36。专用设备制造业中属于机械工业的种类行业有9个，即：矿山、冶金、建筑专用设备制造（361），化工、木材、非金属加工专用设备制造（362），食品、饮料、烟草及饲料生产专用设备制造（363），印刷、制药、日化生产专用设备制造（364），纺织、服装和皮革工业专用设备制造（365），电子和电工机械专用设备制造（366），农、林、牧、渔专用机械制造（367），医疗仪器设备及器械制造（368），环保、社会公共安全及其他专用设备制造（369）。专用设备制造业主要具有以下特点：

（1）准入门槛高，规模效益强。专用设备制造业是典型的资本密集型产业，初期资金投入大，准入门槛较高，要求社会关系链、产业技术链及资本链的高度融合，同时也具有较高的规模效益。

（2）技术含量高，人才需求强。研究经费及专业人才的多寡很大程度上决定产业的产出能力及创新能力。专用设备制造业对技术、人才的依赖度更是高于其他产业，技术的先进性及专业人才素质已经成为决定企业在市场上的话语权及持续发展能力的关键因素。

（3）关联效益大，带动作用强。专用设备制造业是制造业的基础产业，与上、下游关系链接紧密。专用设备制造业的一般产业链条是钢材采购—锻造加工—毛坯或半成品制造加工—外购配件—装置包装，在这个环节中涉及钢材、化学制品、电子、机械装备制造业等多个行业，带动作用明显。同时，专用设备制造业也是典型的下游需求拉动型产业，其产品主要是钢铁、冶金、化工企业的配套生产设备，专用设备制造业的健康发展对于促进其下游产业升级有着不可忽视的作用。由于技术高及市场垄断等方面原因，专用设备制造业产品毛利率较高，投入产出比较高，对经济发展的贡献也较大。

（4）政府作为大，路径依赖强。专用设备制造业是下游需求拉动型产业，下游市场活跃程度、固定资产投资力度，决定着专用设备制造业的可持续发展，政府的扶持政策及基础设施建设在其中发挥着决定性的作用，存在着较强的制度依赖及路径依赖。

中国是工程机械设备的制造大国，几大龙头企业也在国际市场上打出了一片天下。但是，风光背后，却有着困扰多年的行业隐痛——关键零部件一直受制于人。中国自主品牌制造业的核心竞争力普遍薄弱，中低端产能过剩、竞争尤为激烈，很多产业的高端环节都被外资品牌牢牢掌控；同时，在关键零部件和核心技术方面，长期以来一直被外资品牌“卡着脖子”。中国装备制造业“大而不强”是不争的事实。特别是受国际金融危机及欧债危机的影响，中国装备制造业面临着前有堵截、后有追兵的严峻形势。在高端装备方面，美国、欧盟等发达国家开始将高技术、高附加值的装备产品的生产和加工制造产业由海外开始陆续收回至本土，并采取了很多鼓励政策，如税收减免、补贴奖励等，鼓励投资商、制造商回归本土。

未来，中国专业设备制造业必将走向信息化和工业化高层次深度结合的两化融合，其核心是以信息化为支撑，追求可持续化的发展模式。未来装备制造业将在以下三个方面实现与信息化更好地融合。大力研发新技术，整合新技术，应用新技术；进行产业融合，将信息技术或产品渗透到相关行业类产品中，增加其技术含量；实施管理融合，将信息技术应用到管理流程、业务流程和设计、制造的各个环节，推动全行业业务创新和管理升级。尽快赶上并超越国际先进水平是中国专业设备制造业发展的目标。

总之，专用设备制造业具有较大的社会需求和发展潜力，相应地对其上市公司进行价值投资就显得格外重要。然而，要从诸多上市公司中选择具有投资价值的投资对象并非易事。为此，本书以深沪两市的153家专用设备制造业上市公司为例，以其2014年财务报告为依据，选取13个能够综合反映财务能力的财务指标，作为评估各农林牧渔公司投资价值的指标体系，建立指标模型，运用SPSS软件，采用因子分析法与聚类分析法进行投资价值实证分析，确定公司的投资价值总量及其排名，并合理划分层级，结合2013年相关分析研究结果，联系实际进行深入比较分析研究，得出量与质有机结合的投资结论，为投资者提供参考，以降低其投资风险，提高投资收益。

二、样本选取与数据处理

沪、深证交所的153家专用设备制造业上市公司的资料来源主要为其2014年的财务报告。具体初始数据如表6-92和表6-93所示。

表6-92　　初始数据1

股票代码	名称	基本每股收益（元）	每股净资产（元）	销售净利率（%）	总资产报酬率（%）	流动比率	速动比率
000010	深华新	−0.1268	0.9289	−32.7045	−9.1692	3.5229	2.8281
000157	中联重科	0.08	5.2986	2.4288	1.7848	2.9325	2.5218

续 表

股票代码	名称	基本每股收益（元）	每股净资产（元）	销售净利率（%）	总资产报酬率（%）	流动比率	速动比率
000425	徐工机械	0.2	9.1	1.746	2.3245	1.8489	1.4585
000528	柳工	0.1764	8.0844	1.8765	1.7894	2.0034	1.5164
000622	恒立实业	−0.09	0.4713	−73.1791	−10.8538	2.58	2.3203
000666	经纬纺机	0.77	7.9402	39.1295	14.7308	2.0232	1.8232
000680	山推股份	0.0374	3.2832	−0.3836	1.567	1.5249	1.0424
000821	京山轻机	0.03	3.1277	2.3787	2.5404	1.6877	1.1381
000852	江钻股份	0.18	2.9657	3.7471	3.8002	1.4208	0.8268
000856	冀东装备	−0.38	1.9206	−5.2455	−1.4441	1.0117	0.8057
000923	河北宣工	−0.364	2.2698	−29.5827	−5.6922	0.8486	0.43
000925	众合科技	0.04	3.015	0.7125	2.533	0.8923	0.7878
002006	精功科技	0.03	1.865	1.0658	5.1487	1.4139	1.0623
002008	大族激光	0.67	3.906	12.8772	13.1189	1.7502	1.208
002021	中捷资源	0.005	2.079	0.8815	1.2639	1.2528	1.0793
002031	巨轮股份	0.3222	5.1096	14.3863	7.0026	2.6753	2.0929
002073	软控股份	0.26	4.6931	6.4452	4.1483	1.2691	0.9258
002097	山河智能	0.0143	4.7995	0.2171	2.5127	1.2014	0.8838
002111	威海广泰	0.36	4.0814	10.9464	6.4669	1.4507	0.9346
002177	御银股份	0.17	2.114	13.5851	8.3509	5.2757	3.8081
002190	成飞集成	0.12	4.7178	3.2607	1.1117	2.7309	1.8884
002196	方正电机	0.07	4.7207	1.6365	1.6777	1.7084	1.1404
002204	大连重工	0.02	6.7354	0.0723	0.3838	1.2417	0.9321
002209	达意隆	0.07	3.3338	1.3864	2.205	1.1611	0.6815
002223	鱼跃医疗	0.56	3.2924	17.7125	16.7573	4.6127	3.7365
002278	神开股份	0.19	3.7626	8.5601	3.4551	2.856	2.1438
002323	中联电气	0.1167	7.9275	3.2081	1.3782	5.8433	5.4109
002337	赛象科技	0.26	6.4883	7.5257	3.0106	3.3901	2.7688
002353	杰瑞股份	1.26	8.2178	27.3232	15.344	2.9118	2.1502
002423	中原特钢	−0.0995	4.0477	−3.8278	−0.9633	1.2262	0.9055
002430	杭氧股份	0.16	4.2547	2.7461	3.8605	1.2655	1.0121
002432	九安医疗	0.03	2.0397	1.9727	0.685	2.8959	1.7625
002435	长江润发	0.24	4.3292	3.9195	5.5829	1.5537	1.0769

续　表

股票代码	名称	基本每股收益（元）	每股净资产（元）	销售净利率（%）	总资产报酬率（%）	流动比率	速动比率
002459	天业通联	0.12	3.908	1.7523	2.7644	6.7032	5.0873
002490	山东墨龙	0.03	3.3769	0.5653	1.1018	0.889	0.5229
002499	科林环保	0.08	4.9951	2.0135	0.4583	1.7696	1.5183
002509	天广消防	0.28	3.2853	17.324	9.9951	3.7128	3.4803
002526	山东矿机	0.0049	3.6531	1.1404	2.3214	1.5811	1.2175
002535	林州重机	0.1	4.0591	3.0349	2.4025	0.8524	0.6631
002551	尚荣医疗	0.28	3.7603	9.5136	5.7616	2.0369	1.6295
002564	天沃科技	0.09	3.907	2.8081	3.2923	1.3654	0.9581
002595	豪迈科技	1.26	6.4022	27.6441	21.6557	4.9067	3.6936
002611	东方精工	0.24	2.4602	9.2032	10.2035	1.9465	1.4032
002613	北玻股份	0.04	3.0575	2.6318	0.9762	3.1559	2.5102
002614	蒙发利	0.39	6.0521	4.9336	4.616	2.5303	2.1617
002621	大连三垒	0.27	4.8379	32.8828	4.1922	17.7933	16.2976
002645	华宏科技	0.065	4.4036	2.786	0.772	4.5382	3.4359
002651	利君股份	0.65	4.6755	35.252	11.1949	4.618	4.1326
002667	鞍重股份	0.69	11.1598	19.977	5.2732	6.573	5.2699
002680	黄海机械	0.18	8.8837	13.2621	1.125	10.1652	6.8495
002690	美亚光电	0.7426	5.0276	37.9286	15.9611	12.0438	11.3761
002691	石中装备	0.19	4.1194	12.2238	4.3587	10.215	6.8205
002698	博实股份	0.47	4.0279	30.5713	10.5662	4.7082	3.5487
002722	金轮股份	0.26	4.145	8.5331	7.8281	2.5903	2.0217
002730	电光科技	0.45	5.382	9.2488	7.7117	2.0818	1.7564
300003	乐普医疗	0.5212	3.8702	27.1021	15.1096	3.3161	2.8333
300023	宝德股份	0.17	3.7774	18.6394	3.6104	2.6247	2.3494
300029	天龙光电	0.1474	2.9809	4.0123	1.774	1.8108	1.0985
300030	阳普医疗	0.18	2.4661	12.2879	6.741	2.3587	1.7856
300035	中科电气	0.23	3.6378	24.2766	4.9954	6.8184	5.9123
300045	华力创通	0.18	3.0088	10.4946	4.2498	4.5157	3.8113
300056	三维丝	0.39	3.0951	13.4441	9.915	1.4858	1.2203
300092	科新机电	0.12	5.6227	2.2318	1.7281	1.9515	1.2185
300095	华伍股份	0.2049	3.8467	6.8495	6.0232	2.7825	1.9849

续 表

股票代码	名称	基本每股收益（元）	每股净资产（元）	销售净利率（%）	总资产报酬率（%）	流动比率	速动比率
300099	尤洛卡	0.023	3.853	4.8438	0.136	7.0779	6.3446
300103	达刚路机	0.2381	3.8126	15.2454	4.1942	5.6676	4.977
300130	新国都	0.7	9.89	11.7328	4.906	4.3818	3.8434
300151	昌红科技	0.26	3.863	8.7905	5.2914	4.8394	4.4133
300156	神雾环保	0.11	5.0078	6.8651	1.8203	1.6926	1.0323
300159	新研股份	0.31	3.0715	19.9758	9.6796	8.1683	6.6783
300171	东富龙	1.08	8.2023	27.9141	8.893	2.4638	1.6809
300173	智慧松德	0.07	7.7707	3.8341	0.9558	2.2299	1.5296
300195	长荣股份	1.1	13.1147	19.57	9.876	3.686	2.9753
300201	海伦哲	0.0468	1.8939	2.8333	2.4787	1.9292	1.4126
300206	理邦仪器	0.07	5.96	2.182	−0.8927	10.4059	9.5195
300210	森远股份	0.45	3.55	22.5979	8.8922	1.9376	1.4437
300216	千山药机	0.73	5.2555	22.5078	11.9379	1.7539	1.4082
300228	富瑞特装	1.61	9.0869	10.7679	10.3631	1.2429	0.7811
300238	冠昊生物	0.41	4.3012	26.3207	8.8233	9.417	8.737
300246	宝莱特	0.2314	2.8157	12.1826	7.5699	4.2607	3.5875
300249	依米康	0.07	3.8245	5.6741	3.1564	1.8314	1.4621
300273	和佳股份	0.39	2.1218	24.2607	14.5038	1.5391	1.4406
300276	三丰智能	0.12	2.2953	8.6584	3.7648	3.2338	2.347
300278	华昌达	0.24	5.0524	11.2492	4.6108	1.9139	1.2243
300281	金明精机	0.5	5.6122	16.6799	8.2405	2.0787	1.4505
300293	蓝英装备	0.2738	2.8007	12.1277	6.4683	0.8102	0.7425
300298	三诺生物	0.99	5.5547	36.2141	19.0007	14.3488	13.7615
300307	慈星股份	−0.43	4.6712	−45.6294	−8.0684	6.8739	5.6049
300308	中际装备	0.04	2.5228	6.8764	0.6694	4.0542	3.0482
300314	戴维医疗	0.34	4.181	23.5964	7.8799	10.7992	9.8315
300316	晶盛机电	0.16	4.3038	26.2163	2.3502	10.4002	8.4844
300318	博晖创新	0.2328	4.4197	36.1925	4.6952	7.3171	7.0919
300326	凯利泰	0.3879	5.9304	30.1036	8.3806	4.0297	3.6845
300334	津膜科技	0.33	3.2838	16.2637	9.051	2.782	1.6469
300358	楚天科技	1.35	7.1317	15.6096	14.4451	1.625	0.9706

续　表

股票代码	名称	基本每股收益（元）	每股净资产（元）	销售净利率（%）	总资产报酬率（%）	流动比率	速动比率
300368	汇金股份	0.37	4.2455	17.6172	9.6782	2.0665	1.7584
300382	斯莱克	1.63	11.6434	29.3621	14.6184	3.9232	2.685
300385	雪浪环境	0.6574	8.1239	10.9645	7.2472	2.548	2.1236
300396	迪瑞医疗	2.03	14.9955	20.8355	13.7613	10.4764	8.8999
300400	劲拓股份	0.49	4.4921	11.809	9.3706	4.4298	3.4902
300402	宝色股份	0.2821	3.4709	6.7216	5.5183	1.3823	0.9604
300412	迦南科技	1.07	6.6941	23.2643	14.3849	3.5127	2.8255
300415	伊之密	0.84	4.2332	6.4513	9.5848	1.0227	0.5206
300425	环能科技	1	7.5364	22.8142	10.2903	2.3887	1.7793
300430	诚益通	1.14	6.83	16.3006	9.1623	1.4984	0.9595
300434	金石东方	0.63	4.34	18.5766	12.7145	3.5101	2.6214
300442	普丽盛	1.21	6.65	15.6186	14.848	2.1134	1.3275
300443	金雷风电	2.03	9.35	20.1138	18.6033	2.2513	1.5664
300448	浩云科技	0.95	4.05	14.7707	19.8635	2.5073	1.8937
600031	三一重工	0.093	3.1229	2.4896	3.0272	1.828	1.4793
600055	华润万东	0.119	3.0851	3.4308	2.3858	1.4618	1.0841
600169	太原重工	0.0133	2.2331	0.3682	1.7122	1.1065	0.7427
600184	光电股份	0.3	4.7203	3.3797	3.3367	1.0932	0.844
600262	北方股份	0.73	7.0339	7.2557	5.8706	1.3266	0.8071
600302	标准股份	−0.2826	3.2067	−12.0266	−5.874	2.8735	1.5646
600320	振华重工	0.045	3.3667	0.5906	2.5328	0.7962	0.6712
600343	航天动力	0.0959	3.4024	5.7575	1.8885	2.3012	1.8144
600346	大橡塑	−0.67	2.2809	−21.6616	−3.5677	0.7387	0.3914
600388	龙净环保	1.08	7.3564	7.7487	6.0602	1.358	0.6767
600499	科达洁能	0.647	5.1852	9.5884	7.6392	1.2358	0.8724
600526	菲达环保	0.14	3.2798	2.0605	3.2047	1.2251	0.5499
600560	金自天正	0.0787	3.1401	3.5839	0.9573	1.3036	0.6331
600579	天华院	0.16	1.7393	7.6497	6.8664	1.4286	1.1571
600582	天地科技	0.8444	5.6387	11.2318	10.0428	1.8643	1.4623
600587	新华医疗	0.82	7.2287	6.2272	8.3501	1.1759	0.6932
600610	中毅达	0.09	0.9385	143.056	14.0259	8.6123	1.0643

续 表

股票代码	名称	基本每股收益（元）	每股净资产（元）	销售净利率（%）	总资产报酬率（%）	流动比率	速动比率
600710	*ST 常林	−0.28	2.6406	−15.4767	−5.9934	1.7762	1.3551
600761	安徽合力	0.92	6.2067	9.0566	13.6509	2.3754	1.6519
600815	厦工股份	0.01	4.2471	0.3789	2.0269	1.7028	1.1843
600843	上工申贝	0.3774	2.9094	12.0103	12.8906	2.7041	2.0951
600855	航天长峰	0.0696	2.5126	5.3036	2.5309	1.7427	1.5691
600860	京城股份	0.05	2.179	0.7204	2.2244	1.3346	0.7177
600879	航天电子	0.237	5.018	5.2659	4.2333	1.7265	0.6655
600970	中材国际	0.14	4.0634	0.2439	1.174	1.1364	0.8742
600984	*ST 建机	−0.5292	2.4424	−45.1418	−12.9466	1.8319	1.1829
601038	一拖股份	0.1684	4.6124	1.8392	2.5722	1.1745	0.9002
601100	恒立油缸	0.15	5.4663	8.1649	2.3448	4.3427	3.1692
601106	中国一重	0.0039	2.5638	0.2632	1.7302	2.0661	1.5854
601218	吉鑫科技	0.0936	2.3645	5.6866	3.617	1.8906	1.6253
601268	*ST 二重	−3.4435	−2.6495	−202.147	−40.7201	0.4047	0.2646
601608	中信重工	0.15	2.8658	7.7123	2.8772	1.6888	1.1596
601717	郑煤机	0.13	5.8184	3.1567	1.438	3.5185	2.9531
601798	蓝科高新	0.159	5.4604	6.5472	3.1204	2.0964	1.5741
601908	京运通	0.13	4.3806	16.9735	2.7169	1.68	0.9992
603012	创力集团	0.96	5.1956	17.289	14.2506	2.2301	1.8085
603088	宁波精达	0.59	5.6356	16.142	8.7187	2.8365	1.7283
603169	兰石重装	0.8385	2.2577	29.9029	12.1903	0.7873	0.4913
603308	应流股份	0.27	4.5449	7.9219	5.4943	0.9219	0.5484
603309	维力医疗	0.9	4.93	13.6609	18.109	1.666	1.2852
603318	派思股份	0.4	3.18	9.889	8.9854	1.2903	1.003
603338	浙江鼎力	1.89	7.47	24.5671	24.0035	2.5084	1.7544
603686	龙马环卫	1.3	4.8295	10.9696	16.6481	1.6558	1.265
603789	星光农机	0.8407	3.55	21.8815	19.0566	2.0127	1.8945

表 6-93 初始数据 2

股票代码	名称	资产负债率（%）	存货周转率（次）	固定资产周转率（次）	总资产周转率（次）	总资产增长率（%）	营业总收入增长率（%）	股东权益增长率（%）
000010	深华新	31.4128	0.8991	5.0185	0.2514	−21.7526	−36.4488	−11.9553
000157	中联重科	56.006	1.9496	4.518	0.2821	4.714	−32.9268	−1.8941
000425	徐工机械	58.1602	2.4945	3.2552	0.4759	−0.5015	−17.138	3.7968
000528	柳工	56.1288	2.1106	3.6364	0.479	−6.2128	−18.2069	−2.5414
000622	恒立实业	40.5503	1.708	1.365	0.1362	−13.0413	−70.1052	−15.4269
000666	经纬纺机	43.6092	2.6637	2.7859	0.2547	12.9941	−5.1607	9.3243
000680	山推股份	59.7773	2.6637	3.0723	0.6111	−10.8847	−28.2764	−4.0146
000821	京山轻机	39.4635	2.1804	1.6373	0.483	3.0117	27.4889	0.7069
000852	江钻股份	46.5307	2.0505	2.2374	0.7153	−1.899	−11.2579	4.5646
000856	冀东装备	78.3297	4.1876	7.0174	0.6863	16.3335	11.9848	−11.42
000923	河北宣工	69.3266	0.6003	1.3161	0.1628	−4.0659	−34.6326	−13.9898
000925	众合科技	73.8767	6.7375	6.6922	0.5334	15.6949	25.2039	−3.6606
002006	精功科技	48.86	2.2144	2.3825	0.4901	−17.2571	21.1896	2.4189
002008	大族激光	39.9683	2.1958	4.3911	0.8046	8.4127	28.4095	15.2463
002021	中捷资源	62.182	1.9659	2.3343	0.3043	23.6134	−11.7477	45.8291
002031	巨轮股份	27.5005	1.3503	1.1043	0.3139	41.4319	18.4185	62.8032
002073	软控股份	55.6509	1.6146	2.321	0.4029	16.8211	17.0572	5.8308
002097	山河智能	62.0472	1.145	1.6205	0.3051	14.2074	−12.934	43.6921
002111	威海广泰	49.9516	1.1921	2.1725	0.4417	19.8522	14.662	7.4116
002177	御银股份	13.1493	2.2043	2.6496	0.5416	6.7529	14.498	7.1848
002190	成飞集成	30.2314	1.4782	0.8641	0.285	8.3698	17.9464	1.6377
002196	方正电机	35.7469	2.3825	2.2218	0.5725	40.7971	27.764	30.7175
002204	大连重工	65.1218	2.134	2.1339	0.439	−1.017	−6.7132	−0.2591
002209	达意隆	56.9599	1.6546	2.2412	0.604	−8.2607	6.4805	1.4486
002223	鱼跃医疗	17.6153	3.3912	4.1761	0.8512	17.9184	18.0773	16.1872
002278	神开股份	34.4916	1.5706	3.7387	0.3853	19.3606	−12.1986	1.5792
002323	中联电气	12.5995	4.7713	1.5467	0.3963	−2.2999	24.848	−0.4187
002337	赛象科技	23.9868	1.8618	2.7733	0.4021	−3.4402	9.1194	−0.9425
002353	杰瑞股份	27.177	1.1936	3.7284	0.4936	62.2689	20.5492	97.2105
002423	中原特钢	42.5344	2.7254	1.2373	0.3741	19.2296	−7.4029	13.701
002430	杭氧股份	58.0581	5.4816	1.6122	0.6122	−5.8409	7.8344	8.257

续 表

股票代码	名称	资产负债率（%）	存货周转率（次）	固定资产周转率（次）	总资产周转率（次）	总资产增长率（%）	营业总收入增长率（%）	股东权益增长率（%）
002432	九安医疗	24.3095	1.2268	2.5784	0.4394	7.3098	4.3882	1.4813
002435	长江润发	37.4223	4.3435	3.4272	0.9461	11.7499	6.3245	3.4176
002459	天业通联	13.4677	1.2662	1.5077	0.3738	7.7975	−5.0902	203.3169
002490	山东墨龙	54.5	1.9637	1.4255	0.4261	4.3331	11.0064	0.7547
002499	科林环保	42.0188	2.7046	1.5318	0.3486	15.9634	−13.4255	1.8612
002509	天广消防	17.1832	7.5583	2.6453	0.4926	82.5092	21.1993	65.2561
002526	山东矿机	45.3896	1.874	2.3549	0.4046	10.4154	−0.0717	−0.6576
002535	林州重机	65.7277	2.027	1.1507	0.3049	25.6103	−7.3786	−0.8762
002551	尚荣医疗	38.1768	2.6705	4.7579	0.5333	16.7047	59.6355	9.0879
002564	天沃科技	57.238	1.4159	1.1769	0.362	15.097	12.432	2.0046
002595	豪迈科技	12.1276	2.9316	2.5061	0.6742	18.0442	54.4507	13.942
002611	东方精工	47.7985	4.2502	5.0397	0.8142	105.069	225.7804	11.2388
002613	北玻股份	20.0063	2.7046	1.8897	0.4313	−0.2282	1.5004	−0.0996
002614	蒙发利	34.3312	5.4313	5.7091	0.8625	4.0306	26.0666	5.3945
002621	大连三垒	4.7872	1.4369	2.1852	0.1666	6.5664	13.7007	5.2325
002645	华宏科技	17.0042	2.04	2.2505	0.4228	−5.147	−18.5015	0.1186
002651	利君股份	19.4529	1.5168	4.2729	0.3049	−7.7817	−16.2884	−0.6376
002667	鞍重股份	14.1606	0.8647	2.2924	0.2648	−0.2486	−1.3123	5.7803
002680	黄海机械	9.3144	0.3365	0.8976	0.1372	1.0352	−46.6172	0.6336
002690	美亚光电	9.4927	3.2979	2.8556	0.3714	12.1596	16.4953	11.4694
002691	石中装备	11.018	0.7297	3.9638	0.3341	1.6881	−6.4518	4.2807
002698	博实股份	19.5594	0.7772	4.3634	0.3072	6.6976	−20.4219	9.6258
002722	金轮股份	24.6403	2.4637	1.7019	0.5756	14.5092	−3.5575	58.3701
002730	电光科技	35.3771	2.6937	2.7925	0.5378	32.8603	−12.8114	67.2596
300003	乐普医疗	14.03	2.5893	3.2966	0.4796	22.4306	28.0348	11.14
300023	宝德股份	30.2283	2.0738	0.7384	0.2045	29.5268	102.9368	4.8204
300029	天龙光电	39.9745	0.3885	0.4888	0.1272	1.5941	−37.1678	1.5484
300030	阳普医疗	23.2828	2.9609	2.1977	0.4855	15.4293	16.3974	6.6672
300035	中科电气	15.1929	0.758	1.2754	0.197	−6.9255	−19.0274	2.0771
300045	华力创通	20.2648	2.1187	4.8007	0.4097	17.0097	32.8239	8.6002
300056	三维丝	45.7004	3.4333	2.0299	0.5732	21.2368	4.7403	9.4272

续　表

股票代码	名称	资产负债率（%）	存货周转率（次）	固定资产周转率（次）	总资产周转率（次）	总资产增长率（%）	营业总收入增长率（%）	股东权益增长率（%）
300092	科新机电	31.2425	1.8755	0.8172	0.4047	－1.9445	37.7004	1.895
300095	华伍股份	23.7044	2.4234	2.4747	0.6178	6.7879	60.3707	4.6519
300099	尤洛卡	9.1972	1.2762	1.4408	0.2061	16.0704	2.9796	8.6505
300103	达刚路机	14.8435	3.0574	2.7976	0.3502	0.7753	－38.0596	3.8832
300130	新国都	17.9516	3.2216	28.4802	0.5149	10.247	35.8635	9.4265
300151	昌红科技	18.4119	7.8687	3.0107	0.6079	0.243	－6.273	5.6043
300156	神雾环保	37.1843	0.4484	2.996	0.1163	－11.212	8.6597	2.485
300159	新研股份	11.3036	2.38	2.8728	0.4584	8.6878	－1.9979	7.5364
300171	东富龙	35.7839	0.6326	5.9603	0.3168	10.3075	23.2659	10.5113
300173	智慧松德	22.9241	0.5811	1.2602	0.1412	149.7207	－4.1017	183.7459
300195	长荣股份	16.5809	2.1169	2.4942	0.4352	82.3129	55.4028	66.4925
300201	海伦哲	37.2011	2.0776	2.6408	0.5528	6.9368	44.3199	2.2891
300206	理邦仪器	14.2051	3.1636	13.081	0.3979	6.5026	14.9951	－1.1473
300210	森远股份	39.977	1.308	3.7722	0.3649	18.2139	6.1259	13.1331
300216	千山药机	42.5894	1.1049	2.8085	0.4033	38.9063	28.4061	9.3966
300228	富瑞特装	62.3144	1.408	4.8583	0.6347	7.4313	－2.3658	18.8333
300238	冠昊生物	14.192	1.0333	0.9437	0.3194	8.2126	12.97	6.7158
300246	宝莱特	17.5462	3.1628	4.2476	0.5834	10.025	23.0639	6.8851
300249	依米康	42.3664	2.1333	7.063	0.4584	105.5765	26.5716	41.1643
300273	和佳股份	48.2333	4.2956	20.4281	0.4693	52.8046	25.7193	17.404
300276	三丰智能	26.8152	1.4223	7.1141	0.4323	5.4563	16.3848	5.0618
300278	华昌达	30.2965	1.0294	2.398	0.3095	133.57	106.0383	151.5815
300281	金明精机	30.3557	1.5655	2.2606	0.3758	8.6305	30.9267	10.1987
300293	蓝英装备	64.9943	5.3441	7.771	0.3157	27.2507	－26.4755	7.9787
300298	三诺生物	8.2942	3.6026	6.7378	0.4821	15.5486	21.3493	17.4693
300307	慈星股份	12.9693	0.726	3.5124	0.167	－10.8168	－61.8269	－10.2933
300308	中际装备	16.8965	1.0086	0.9189	0.1702	－11.3844	31.1734	2.9508
300314	戴维医疗	6.9265	2.1588	2.7267	0.3261	6.5545	4.5738	6.4962
300316	晶盛机电	6.8186	0.661	2.5653	0.1322	4.1785	40.1724	2.3262
300318	博晖创新	9.1036	1.6151	0.9414	0.1301	6.239	－5.5216	3.8239

续 表

股票代码	名称	资产负债率（%）	存货周转率（次）	固定资产周转率（次）	总资产周转率（次）	总资产增长率（%）	营业总收入增长率（%）	股东权益增长率（%）
300326	凯利泰	16.5745	2.6823	2.5382	0.2312	114.8355	75.5225	105.1546
300334	津膜科技	29.2141	1.1109	3.5861	0.4573	19.606	37.33	9.8331
300358	楚天科技	41.9904	1.5114	3.3364	0.8003	33.4219	26.0891	82.9512
300368	汇金股份	26.4387	3.8143	1.5633	0.4932	102.1221	47.5802	68.3172
300382	斯莱克	21.6207	0.6842	4.7104	0.4318	40.7106	－9.2898	95.5552
300385	雪浪环境	30.5501	2.6723	5.2677	0.5232	39.9961	1.0826	87.949
300396	迪瑞医疗	12.1249	1.4758	3.0888	0.6109	91.7057	4.752	130.4874
300400	劲拓股份	21.392	1.9828	5.5188	0.7017	46.9173	10.6928	73.2392
300402	宝色股份	53.5999	1.6343	2.117	0.5039	24.1574	－12.8993	54.0122
300412	迦南科技	21.4658	1.6405	2.1111	0.5305	91.4647	19.1643	110.6917
300415	伊之密	69.214	2.4845	4.8021	1.0221	24.5734	12.619	25.3338
300425	环能科技	31.9153	1.3098	2.9929	0.4217	21.8506	0.6296	11.0244
300430	诚益通	57.2468	1.0359	6.956	0.4706	15.9127	11.0035	20.0651
300434	金石东方	22.8605	1.6583	7.9389	0.6114	3.2823	－27.5613	10.9704
300442	普丽盛	36.0273	1.6919	6.749	0.8044	17.1425	24.6102	22.2526
300443	金雷风电	32.3913	2.5676	3.6815	0.7786	14.03	22.7978	27.777
300448	浩云科技	34.8844	3.1437	7.0366	1.1284	19.9247	17.4911	22.7505
600031	三一重工	60.7347	2.7015	1.8819	0.4786	－1.3439	－18.6541	－0.4282
600055	华润万东	44.7133	2.5637	3.3879	0.6244	7.3346	－3.244	0.3332
600169	太原重工	80.3764	1.4113	1.8109	0.3513	16.1064	－5.5289	0.1415
600184	光电股份	65.722	3.7964	3.8823	0.6736	15.9926	5.3436	6.9959
600262	北方股份	64.1053	1.1725	3.14	0.446	－3.6996	－32.1605	8.2873
600302	标准股份	26.2579	1.1941	3.5127	0.4782	－8.4387	－2.7935	－8.0448
600320	振华重工	73.3527	4.2104	1.7253	0.4762	14.2214	8.0506	1.8607
600343	航天动力	34.4126	1.9075	1.6513	0.3365	5.5198	－5.4882	－0.3955
600346	大橡塑	74.9182	1.3372	0.6175	0.2974	4.1038	－28.0632	15.5297
600388	龙净环保	71.6476	1.1611	7.0047	0.6034	34.0526	8.2334	13.0238
600499	科达洁能	49.2806	2.9323	3.0883	0.6378	17.8988	17.1563	25.5592
600526	菲达环保	71.7382	1.2868	11.023	0.6771	37.5961	42.0077	2.7159
600560	金自天正	62.5133	0.5932	3.8292	0.2964	－0.6962	－44.4758	－0.1291

续　表

股票代码	名称	资产负债率（%）	存货周转率（次）	固定资产周转率（次）	总资产周转率（次）	总资产增长率（%）	营业总收入增长率（%）	股东权益增长率（%）
600579	天华院	49.8558	3.0264	3.4214	0.6014	−1.4613	−33.8743	10.183
600582	天地科技	47.3221	3.0466	5.076	0.7042	48.7564	−8.6371	82.609
600587	新华医疗	57.2078	2.7092	9.2261	0.9336	49.7089	49.8288	20.7668
600610	中毅达	11.9958	0.1314	1.1662	0.0935	227.291	−17.8463	1051.617
600710	*ST 常林	33.6578	2.791	2.0638	0.431	−7.0661	1.2956	−9.6721
600761	安徽合力	27.4038	5.1289	4.0597	1.268	8.3497	2.2523	12.1769
600815	厦工股份	62.341	1.6009	3.2301	0.4027	−4.8771	−29.8256	0.2421
600843	上工申贝	40.1237	3.1889	7.8939	0.8247	33.4319	8.6723	100.5399
600855	航天长峰	43.5075	3.4285	13.5335	0.4319	4.2632	−29.8241	3.7913
600860	京城股份	42.3913	2.4809	2.0862	0.6769	−11.3622	−36.1312	14.4302
600879	航天电子	45.2278	0.9501	2.8081	0.5326	14.3964	19.3673	5.2697
600970	中材国际	82.0847	4.1815	12.769	0.9375	6.0284	10.2896	3.9789
600984	*ST 建机	42.4978	0.9037	1.6145	0.2711	−3.5118	−37.396	−17.1908
601038	一拖股份	56.9362	4.6415	3.2994	0.7434	5.8907	−18.3658	2.6727
601100	恒立油缸	14.2853	1.8826	0.7683	0.2763	5.3277	−11.0959	0.2801
601106	中国一重	57.5707	0.8952	1.0087	0.1936	12.0107	−12.4362	0.2937
601218	吉鑫科技	38.166	3.3453	1.974	0.426	1.0138	17.1431	4.1231
601268	*ST 二重	139.8525	1.4296	0.606	0.2223	−23.4098	−20.2275	−434.498
601608	中信重工	60.4058	1.0722	1.4292	0.2826	12.7711	3.9972	0.045
601717	郑煤机	21.3942	3.2687	3.9769	0.4934	−3.5011	−23.9699	−0.9091
601798	蓝科高新	31.2552	1.3601	1.2387	0.3045	−1.015	−5.746	12.7508
601908	京运通	30.0758	0.7517	0.3171	0.1399	19.2142	49.1447	2.6655
603012	创力集团	36.5812	2.6751	7.5964	0.6638	−0.9208	−14.3153	12.0089
603088	宁波精达	23.5045	1.1555	1.4663	0.4403	27.0424	9.8894	55.1554
603169	兰石重装	78.0657	0.9502	1.0791	0.3099	86.8299	10.9099	72.8284
603308	应流股份	58.1002	1.235	0.8316	0.3361	18.3251	3.1869	59.3079
603309	维力医疗	29.5965	5.3016	3.1148	0.9935	11.0427	13.5526	22.4632
603318	派思股份	56.3062	2.5097	3.2476	0.5925	16.0226	−5.4965	11.5258
603338	浙江鼎力	26.6026	2.4331	5.9018	0.8387	25.2258	9.7035	30.8334
603686	龙马环卫	55.6064	4.1814	23.567	1.255	36.7149	34.3702	26.6113
603789	星光农机	36.0418	16.6664	4.7078	0.7681	24.5443	−5.0395	9.9412

在指标性质、单位不同的情况下，首先要对其进行同趋势化处理。然后利用 SPSS 中的 Z - score 方法将 13 项指标的原始数据进行标准化处理。同趋势化数据和标准化数据略。

三、因子分析法适应性检验

为了检验所选用的指标是否适合使用因子分析法，本书利用 SPSS 软件中 KMO 和 Bartlett 球形检验方法来对样本进行检验。检验结果如表 6 - 94 所示。

表 6 - 94　　KMO 检验和 Bartlett 球形检验

取样足够度的 KMO 度量		0.511
Bartlett 球形检验	近似卡方	1116.731
	df	78
	Sig.	0.000

由表 6 - 94 可知，KMO 值为 0.511，大于 0.5，可知各变量之间的相关程度无较大差异，原有变量适合做因子分析。同时，Bartlett 球形检验统计量为 1116.731，相应的概率 Sig. 为 0.000，在 5%的显著性水平之下，拒绝原假设，因此可认为相关系数矩阵与单位矩阵有显著差异，说明样本适合做因子分析。

四、确定主因子

本书应用因子分析法中的主成分分析法来计算原始公因子的特征值、方差贡献率以及累计方差贡献率，并由此确定公因子。结果如表 6 - 95 所示。

表 6 - 95　　解释的总方差

成分	初始特征值			提取平方和载入			旋转平方和载入		
	合计	方差百分比（%）	累积百分比（%）	合计	方差百分比（%）	累积百分比（%）	合计	方差百分比（%）	累积百分比（%）
1	3.732	28.709	28.709	3.732	28.709	28.709	2.488	19.139	19.139
2	1.931	14.852	43.562	1.931	14.852	43.562	2.369	18.220	37.359
3	1.754	13.491	57.053	1.754	13.491	57.053	1.999	15.374	52.733
4	1.296	9.973	67.026	1.296	9.973	67.026	1.758	13.524	66.257
5	1.006	7.737	74.763	1.006	7.737	74.763	1.106	8.505	74.763
6	0.914	7.030	81.792						
7	0.763	5.869	87.661						
8	0.563	4.327	91.988						
9	0.466	3.586	95.575						
10	0.252	1.935	97.510						

续　表

成分	初始特征值			提取平方和载入			旋转平方和载入		
	合计	方差百分比（%）	累积百分比（%）	合计	方差百分比（%）	累积百分比（%）	合计	方差百分比（%）	累积百分比（%）
11	0.206	1.581	99.091						
12	0.076	0.587	99.678						
13	0.042	0.322	100.000						

提取方法：主成分分析。

根据表 6－95 中数据可知，前 5 个主因子的方差贡献率已经达到了累计方差贡献率的 74.763%，即表明这 5 个主因子已包含原始数据信息量的 74.763%，所以只需选择前 5 个主因子就可以较好地代表原始指标，对公司的绩效进行描述。

特征值可用碎石图列示，如图 6－14 所示。从图 6－14 可以看出，从第 6 个成分开始，特征值的值都小于 1，且折线的陡度变得比较平缓，这说明提取 5 个主因子是合适有效的。

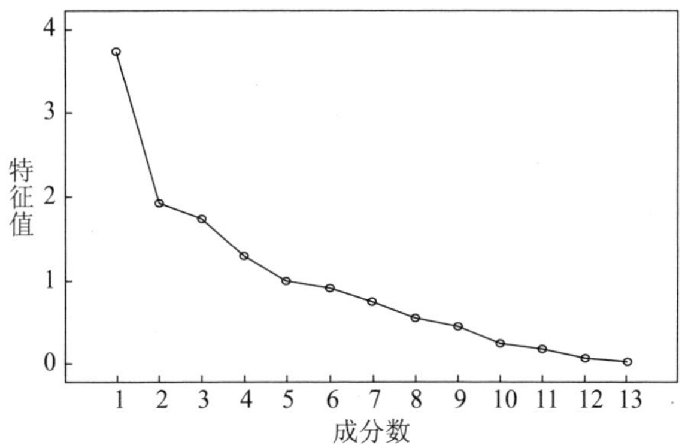

图 6－14　碎石图

五、旋转载荷矩阵分析

本书对原因子载荷矩阵进行最大方差旋转，以期得到主因子更明确的含义。结果如表 6－96所示。

表 6－96　　旋转后的因子载荷矩阵[a]

变量	成分				
	F_1	F_2	F_3	F_4	F_5
基本每股收益	0.907	0.226	0.250	0.014	0.034
销售净利率	0.572	0.677	0.017	−0.011	0.045
每股净资产	0.832	−0.024	−0.062	−0.038	−0.061

续 表

变量	成分				
	F_1	F_2	F_3	F_4	F_5
总资产报酬率	0.720	0.426	0.383	−0.003	0.094
流动比率	−0.016	−0.013	−0.004	0.937	−0.004
速动比率	−0.014	−0.020	−0.025	0.936	−0.002
资产负债率	−0.013	−0.101	−0.078	−0.022	0.908
存货周转率	−0.125	0.018	0.767	−0.009	0.075
固定资产周转率	0.161	−0.033	0.626	−0.003	−0.094
总资产周转率	0.242	−0.052	0.819	−0.025	0.081
总资产增长率	0.046	0.874	0.032	−0.026	0.055
营业总收入增长率	0.049	0.370	0.324	0.033	0.484
股东权益增长率	0.151	0.873	−0.150	−0.013	−0.083

提取方法：主成分分析。

旋转法：具有 Kaiser 标准化的正交旋转法。

a. 旋转在 5 次迭代后收敛。

由表 6 - 96 中的数据可以看到，基本每股收益、销售净利率、每股净资产、总资产报酬率在主因子 F_1 上的载荷量分别为 0.907、0.572、0.832、0.720，它主要反映了公司的盈利能力，所以将 F_1 命名为盈利因子；总资产增长率与股东权益增长率在主因子 F_2 上的载荷分别为 0.874 与 0.873，体现了公司的成长能力，为成长因子；主因子 F_3 则在存货周转率（0.767）、固定资产周转率（0.626）、总资产周转率（0.819）上有较大载荷量，代表了公司的营运能力，故而将其命名为营运因子；主因子 F_4 在流动比率（0.937）、速动比率（0.936）上有较大载荷量，代表了公司的短期偿债能力，为偿债因子 1；主因子 F_5 在资产负债率（0.908）上有较大载荷量，代表了公司的长期偿债能力，为偿债因子 2。

六、专用设备制造业上市公司综合得分与排名

得到因子的综合得分，需先对因子数据进行标准化处理，使其期望为 0，方差为 1，然后，对各因子的方差贡献率占因子总方差贡献率的比重作为权重加权汇总，使用计算综合得分的公式 $F=(\lambda_1F_1+\lambda_2F_2+\lambda_3F_3+\lambda_4F_4+\lambda_5F_5)/(\lambda_1+\lambda_2+\lambda_3+\lambda_4+\lambda_5)=(0.19139\times F_1+0.18220\times F_2+0.15374\times F_3+0.13524\times F_4+0.8505\times F_5)/0.74763$ 来计算各样本的综合得分。得到结果按名次排列如表 6 - 97 所示。

表 6 - 97　　专用设备制造业上市公司综合得分与排名

股票代码	名称	F_1（盈利）	F_2（成长）	F_3（营运）	F_4（偿债 1）	F_5（偿债 2）	F（综合）	排名
002613	北玻股份	−0.5072	−0.2018	−0.0653	9.4007	−0.1342	1.4928	1
600610	中毅达	−1.6188	8.7961	−2.1716	−0.3826	−1.3478	1.0601	2

续　表

股票代码	名称	F_1（盈利）	F_2（成长）	F_3（营运）	F_4（偿债 1）	F_5（偿债 2）	F（综合）	排名
002611	东方精工	−1.6107	2.3992	2.4160	−0.0215	2.5598	0.9565	3
603686	龙马环卫	0.7476	0.0243	3.9073	−0.1871	−0.4997	0.9101	4
603789	星光农机	−0.7909	0.5225	4.3074	0.0638	−0.0205	0.8198	5
603338	浙江鼎力	2.3272	−0.1427	0.9303	0.1577	−0.0610	0.7739	6
002353	杰瑞股份	1.5900	0.7556	−0.3510	1.2723	0.0155	0.7509	7
300443	金雷风电	2.6039	−0.4743	0.5032	−0.0258	0.1939	0.6719	8
300396	迪瑞医疗	3.1916	0.4309	−0.6517	−0.5537	−0.3040	0.6533	9
300448	浩云科技	0.7572	0.0035	1.9399	0.2297	0.1309	0.6500	10
300412	迦南科技	0.8874	1.3225	−0.2091	0.6142	0.0243	0.6203	11
300195	长荣股份	1.9171	0.6116	−0.5411	0.2480	0.3863	0.6173	12
300276	三丰智能	−0.4692	−0.0203	0.1761	3.8811	−0.0944	0.6025	13
300382	斯莱克	2.7636	−0.0311	−0.8982	0.7206	−0.4322	0.5964	14
002595	豪迈科技	1.4676	0.1968	0.6802	−0.2081	0.5830	0.5922	15
002551	尚荣医疗	0.0535	−0.5957	−0.5402	−0.1557	7.4943	0.5818	16
300023	宝德股份	−0.5497	0.8143	−0.4140	2.5748	1.2239	0.5776	17
600761	安徽合力	0.8313	−0.4961	2.1594	−0.0123	−0.1548	0.5161	18
603309	维力医疗	0.6449	−0.0779	1.7939	−0.2188	0.0645	0.4827	19
600843	上工申贝	−0.2535	0.6377	1.3519	0.6308	−0.0257	0.4797	20
300003	乐普医疗	0.3209	0.4162	0.2924	1.1591	0.2058	0.4768	21
300358	楚天科技	1.4694	0.2070	0.3325	−0.2620	0.2251	0.4732	22
300273	和佳股份	−0.5310	0.8699	2.3218	−0.1650	−0.4525	0.4722	23
600587	新华医疗	0.6221	0.1711	1.5039	−0.3323	0.1580	0.4681	24
300442	普丽盛	1.4232	−0.2574	0.7275	−0.1379	0.3005	0.4604	25
300130	新国都	1.1261	−0.6872	2.2432	−0.2355	−0.7972	0.4488	26
300326	凯利泰	−0.3291	2.1795	−0.2527	−0.1309	0.6418	0.4443	27
300278	华昌达	−0.8948	2.6000	−0.3764	−0.1748	1.0086	0.4103	28
300368	汇金股份	−0.6163	1.7174	0.4784	−0.0152	0.4186	0.4040	29
002509	天广消防	−1.0758	1.5117	1.4478	−0.0012	0.0151	0.3922	30
300298	三诺生物	1.0878	0.2152	0.7240	−0.5109	−0.0078	0.3865	31
002614	蒙发利	0.0182	−0.3906	1.6096	0.6430	0.1276	0.3713	32
000157	中联重科	0.0877	−0.5537	−0.6260	3.7697	−0.6636	0.3652	33
300434	金石东方	0.7382	−0.3857	0.4058	1.3766	−0.6443	0.3541	34

续 表

股票代码	名称	F_1（盈利）	F_2（成长）	F_3（营运）	F_4（偿债 1）	F_5（偿债 2）	F（综合）	排名
601218	吉鑫科技	−0.2524	−0.9864	−1.0742	−0.2247	7.9916	0.3426	35
002223	鱼跃医疗	0.2060	0.2023	1.2754	−0.2387	0.0569	0.3276	36
300385	雪浪环境	0.8022	0.2128	0.0325	0.5320	−0.3260	0.3230	37
603012	创力集团	1.0663	−0.5215	0.6836	0.0380	−0.0772	0.2846	38
600582	天地科技	0.4919	0.4277	0.6217	−0.1894	−0.4024	0.2780	39
002008	大族激光	0.4205	−0.0829	0.8198	−0.2167	0.4767	0.2711	40
300415	伊之密	0.3669	−0.0630	1.2611	−0.3628	−0.1002	0.2609	41
300228	富瑞特装	2.1484	−0.7942	−0.1050	−0.3295	−0.2946	0.2417	42
300171	东富龙	1.6485	−0.3408	−0.7108	0.0707	0.2492	0.2339	43
300095	华伍股份	−0.3091	0.0854	0.4751	0.5968	0.5896	0.2144	44
300400	劲拓股份	0.0666	0.5775	0.5519	−0.2002	−0.1965	0.2127	45
000666	经纬纺机	1.4795	−0.1089	−0.6246	0.0011	−0.1244	0.2098	46
002690	美亚光电	0.7892	0.2439	0.0729	−0.5132	0.0735	0.1920	47
300216	千山药机	0.6716	0.3721	−0.3912	−0.1752	0.3276	0.1877	48
300425	环能科技	1.4104	−0.2274	−0.5937	0.0670	−0.0901	0.1854	49
603169	兰石重装	−0.0434	1.5538	−0.6266	−0.3496	0.0196	0.1777	50
603088	宁波精达	0.5742	0.2410	−0.5850	0.4799	−0.0318	0.1686	51
300430	诚益通	1.3055	−0.2922	−0.1295	−0.2806	−0.1945	0.1635	52
600388	龙净环保	1.1262	−0.2677	0.1022	−0.3395	−0.2699	0.1520	53
300334	津膜科技	−0.0552	0.2967	−0.0771	0.3586	0.3265	0.1443	54
002435	长江润发	−0.2219	−0.3692	1.2240	−0.3192	0.8276	0.1413	55
300249	依米康	−0.9574	1.3563	0.3761	−0.1952	0.0399	0.1320	56
002031	巨轮股份	0.0817	0.6024	−0.7524	0.5889	0.0832	0.1290	57
600499	科达洁能	0.3247	−0.0352	0.4257	−0.3231	0.0278	0.1068	58
600970	中材国际	−0.5502	−0.4181	2.1279	−0.3527	−0.4992	0.0743	59
002730	电光科技	0.2248	0.2054	−0.0284	−0.0593	−0.1953	0.0688	60
002722	金轮股份	−0.0531	0.1131	0.0357	0.3770	−0.2123	0.0653	61
600526	菲达环保	−0.5952	0.2605	1.0230	−0.3415	0.0022	0.0600	62
300056	三维丝	−0.1895	0.1849	0.4599	−0.2617	−0.0091	0.0427	63
002337	赛象科技	0.4134	−0.5416	−0.4710	0.9415	−0.0859	0.0375	64
300281	金明精机	0.5204	−0.0621	−0.4432	−0.1258	0.2799	0.0360	65
300246	宝莱特	−0.4105	0.1094	0.6746	−0.1796	0.0656	0.0352	66

续　表

股票代码	名称	F_1（盈利）	F_2（成长）	F_3（营运）	F_4（偿债 1）	F_5（偿债 2）	F（综合）	排名
300173	智慧松德	−0.4040	2.1453	−1.5734	−0.1607	−0.4377	0.0170	67
300151	昌红科技	−0.6357	−0.1745	1.5443	−0.3696	−0.3043	0.0108	68
002278	神开股份	−0.1715	−0.1100	−0.3943	1.0018	−0.2151	0.0050	69
000925	众合科技	−1.1556	0.1160	1.6478	−0.3521	−0.0745	−0.0009	70
300210	森远股份	0.1981	0.1431	−0.4000	−0.1610	0.2102	−0.0019	71
300030	阳普医疗	−0.5284	0.2159	0.2511	0.0678	0.0746	−0.0102	72
603318	派思股份	−0.0684	−0.0132	0.3256	−0.3145	−0.2360	−0.0375	73
600184	光电股份	−0.2214	−0.1909	0.7291	−0.3595	−0.2013	−0.0412	74
002196	方正电机	−0.5094	0.3284	0.0852	−0.2785	0.3621	−0.0421	75
002651	利君股份	0.8828	−0.3095	−0.5440	−0.3022	−0.3710	−0.0582	76
300201	海伦哲	−0.8282	0.0335	0.1982	−0.1665	1.0921	−0.0690	77
300045	华力创通	−0.4974	0.2190	0.1383	−0.2455	0.1488	−0.0730	78
002177	御银股份	−0.4159	0.1083	0.2377	−0.3036	0.0345	−0.0822	79
002430	杭氧股份	−0.4705	−0.3188	0.8613	−0.3273	−0.0826	−0.0896	80
300293	蓝英装备	−0.6218	0.1911	0.8287	−0.3777	−0.7101	−0.0913	81
002111	威海广泰	0.0603	0.0495	−0.3808	−0.3037	0.0591	−0.0990	82
300159	新研股份	−0.0356	0.0469	0.0200	−0.4952	−0.1772	−0.1033	83
002698	博实股份	0.5833	−0.0829	−0.6807	−0.2394	−0.4354	−0.1037	84
002667	鞍重股份	1.8707	−0.8386	−1.3699	−0.4832	−0.2418	−0.1221	85
600879	航天电子	0.0978	−0.1832	−0.2874	−0.3173	0.1031	−0.1244	86
601038	一拖股份	−0.3262	−0.4474	0.9076	−0.3747	−0.4667	−0.1268	87
300238	冠昊生物	0.3827	0.0586	−0.7852	−0.5129	0.0803	−0.1329	88
601717	郑煤机	0.0585	−0.6823	0.0455	0.3735	−0.5639	−0.1386	89
300314	戴维医疗	0.1737	−0.0016	−0.3718	−0.5336	−0.1131	−0.1418	90
002323	中联电气	0.1363	−0.5024	0.0845	−0.4644	0.0752	−0.1456	91
002073	软控股份	−0.0326	−0.0587	−0.3856	−0.3245	0.0371	−0.1564	92
300206	理邦仪器	−0.2277	−0.4405	0.7811	−0.5527	−0.4672	−0.1581	93
002432	九安医疗	−0.7112	−0.0998	−0.3010	0.6767	−0.1080	−0.1582	94
300402	宝色股份	−0.2011	0.1833	−0.2701	−0.3312	−0.3480	−0.1618	95
002190	成飞集成	−0.1805	−0.1819	−0.8048	0.3772	0.1333	−0.1726	96
600855	航天长峰	−0.6483	−0.3424	1.0134	−0.1842	−0.8828	−0.1748	97
000821	京山轻机	−0.5592	−0.1511	−0.1021	−0.2641	0.6375	−0.1762	98

续 表

股票代码	名称	F_1（盈利）	F_2（成长）	F_3（营运）	F_4（偿债 1）	F_5（偿债 2）	F（综合）	排名
300092	科新机电	−0.0335	−0.3252	−0.4732	−0.2168	0.3795	−0.1812	99
601908	京运通	−0.1932	0.3099	−1.1508	−0.2564	0.5587	−0.1934	100
600055	华润万东	−0.4905	−0.2496	0.3391	−0.3108	−0.1864	−0.1941	101
000425	徐工机械	0.8041	−0.8935	−0.4196	−0.2418	−0.4925	−0.1979	102
600262	北方股份	1.1214	−0.8451	−0.7004	−0.3644	−0.6125	−0.1985	103
600320	振华重工	−0.7598	−0.0155	0.3825	−0.3839	−0.0865	−0.1989	104
603308	应流股份	0.0163	0.1797	−0.8044	−0.3827	−0.1273	−0.2011	105
000852	江钻股份	−0.2936	−0.4076	0.2636	−0.3466	−0.2506	−0.2115	106
000856	冀东装备	−1.5130	−0.0331	1.3123	−0.3739	−0.2494	−0.2215	107
600579	天华院	−0.4792	−0.2683	0.4221	−0.3065	−0.5753	−0.2221	108
002621	大连三垒	0.2300	0.0730	−0.9708	−0.5614	−0.0019	−0.2247	109
000528	柳工	0.6527	−0.9328	−0.4189	−0.1977	−0.4980	−0.2388	110
002006	精功科技	−0.6351	−0.2838	0.1333	−0.2809	0.1409	−0.2391	111
300316	晶盛机电	−0.0366	0.1311	−1.0531	−0.5043	0.3070	−0.2503	112
002459	天业通联	−0.4040	0.6017	−0.8026	−0.4681	−0.4370	−0.2562	113
600343	航天动力	−0.3681	−0.2262	−0.5591	0.0361	−0.0673	−0.2655	114
002564	天沃科技	−0.3115	−0.0544	−0.5769	−0.3207	0.0239	−0.2669	115
002209	达意隆	−0.3508	−0.4410	0.0000	−0.3653	−0.0888	−0.2735	116
300318	博晖创新	0.1996	0.0664	−1.1564	−0.5023	−0.1780	−0.2816	117
601798	蓝科高新	0.1955	−0.4163	−0.9150	−0.1324	−0.1644	−0.2822	118
002526	山东矿机	−0.4429	−0.1962	−0.3378	−0.2810	−0.1242	−0.2956	119
601100	恒立油缸	0.1098	−0.3686	−0.8924	−0.1106	−0.2751	−0.2965	120
600031	三一重工	−0.4195	−0.3807	−0.0765	−0.2056	−0.3865	−0.2970	121
002499	科林环保	−0.2583	−0.2735	−0.4935	−0.2153	−0.2117	−0.2973	122
601608	中信重工	−0.3852	−0.0062	−0.7671	−0.2617	−0.0752	−0.3137	123
002691	石中装备	0.0813	−0.2931	−0.6643	−0.5261	−0.3103	−0.3177	124
300103	达刚路机	−0.0741	−0.3477	−0.2874	−0.4550	−0.6593	−0.3201	125
002490	山东墨龙	−0.5345	−0.2016	−0.3077	−0.3882	−0.0086	−0.3204	126
002535	林州重机	−0.3660	−0.0110	−0.6261	−0.3940	−0.2377	−0.3235	127
002204	大连重工	0.1512	−0.6618	−0.4906	−0.3703	−0.3131	−0.3261	128
300308	中际装备	−0.5583	−0.1251	−0.9501	0.0655	0.2665	−0.3266	129
000680	山推股份	−0.4008	−0.6656	0.1918	−0.3329	−0.5576	−0.3490	130

续　表

股票代码	名称	F_1（盈利）	F_2（成长）	F_3（营运）	F_4（偿债1）	F_5（偿债2）	F（综合）	排名
300156	神雾环保	0.1697	−0.5537	−1.3583	−0.2909	0.5998	−0.3552	131
002021	中捷资源	−0.8871	0.2820	−0.4715	−0.3253	−0.3715	−0.3564	132
600860	京城股份	−0.5396	−0.5563	0.1937	−0.3830	−0.4937	−0.3593	133
002645	华宏科技	−0.1757	−0.5568	−0.4314	−0.2356	−0.4215	−0.3599	134
002097	山河智能	−0.1700	−0.1029	−0.9103	−0.3667	−0.3749	−0.3648	135
002423	中原特钢	−0.7037	−0.1090	−0.3865	−0.3693	−0.1657	−0.3718	136
600169	太原重工	−0.7128	−0.0234	−0.5138	−0.3658	−0.2309	−0.3863	137
300035	中科电气	0.1880	−0.2704	−1.1938	−0.4834	−0.3372	−0.3890	138
600302	标准股份	−0.8880	−0.6446	−0.3284	0.4762	−0.2817	−0.3978	139
600815	厦工股份	−0.1460	−0.6138	−0.5004	−0.2981	−0.5936	−0.4113	140
300099	尤洛卡	−0.4423	−0.0166	−0.9605	−0.5018	−0.1403	−0.4215	141
601106	中国一重	−0.5639	−0.1041	−1.0565	−0.1283	−0.2670	−0.4406	142
600710	*ST常林	−1.2084	−0.5413	−0.1074	−0.2519	−0.0867	−0.5188	143
600560	金自天正	−0.2092	−0.5362	−0.8949	−0.3920	−0.7795	−0.5278	144
002680	黄海机械	1.0655	−0.8695	−1.9264	−0.5907	−0.7562	−0.5281	145
300029	天龙光电	−0.1615	−0.4156	−1.5480	−0.2917	−0.2303	−0.5399	146
000010	深华新	−1.2601	−1.0182	−0.6819	0.5340	−0.6997	−0.6939	147
000622	恒立实业	−1.6232	−1.3646	−1.0739	1.7555	−0.8233	−0.7450	148
600346	大橡塑	−1.3784	−0.3545	−0.8724	−0.4586	−0.5397	−0.7630	149
000923	河北宣工	−1.1190	−0.7475	−1.2569	−0.4448	−0.6143	−0.8774	150
600984	*ST建机	−1.5406	−1.0017	−1.0614	−0.3273	−0.5864	−0.9827	151
300307	慈星股份	−0.7772	−1.3327	−1.3000	−0.5693	−1.0857	−1.0176	152
601268	*ST二重	−6.0940	−3.7189	−0.3425	−0.6170	−0.2987	−2.6824	153

表6－97中，专用设备制造业上市公司综合得分与其投资价值呈正相关关系。由于先对因子数据进行了标准化处理，因此，可以0为参考标准线，认为：综合得分大于0的公司，综合业绩相对较好，且数值越大，投资价值越大；综合得分小于0的则相对较差，且数值越小，投资价值越小。依此可对上市公司的综合业绩和投资价值有一个基本的评价。

具体而言，表6－97中，公司各项能力得分与相应实力也呈正相关关系。排名前十位的公司分别为北玻股份、中毅达、东方精工、龙马环卫、星光农机、浙江鼎力、杰瑞股份、金雷风电、迪瑞医疗、浩云科技。2013年排名前十位的公司分别为蓝英装备、聚龙股份、新华医疗、华宏科技、杰瑞股份、富瑞特装、楚天科技、斯莱克、成飞集成、豪迈科技。两年比较差距很大，除杰瑞股份外都不相同，实属罕见，说明行业内部竞争激烈，公司发展弹性大，不尽稳定，后起之秀居多。杰瑞股份两年都进入前十位，证明其发展稳定，财务能力全面强劲，应是投资者关注的重点。另外，两年比较公司总量变化较大，从 2013 年的 133 家增加到 153 家，公司数量大幅度增加，说明行业发展迅速，前景乐观。

其中，北玻股份排名第一，其偿债因子高分排名也是第一，说明其偿债能力强，但其他因子状况一般，综合来说较适宜短期投资。中毅达综合得分排名第二，其成长因子高分排名第一，说明其成长能力强，但其他因子状况一般，较适宜长期投资。东方精工，综合排名第三，在于其优秀的成长能力和营运能力，其成长因子和营运因子得分排名第三，另外偿债因子得分排名靠前，只有盈利能力排名居后，比较适宜长期投资。龙马环卫，综合排名第四，在于其优秀的营运能力。营运因子得分排名为第二。盈利因子得分排名第二十九，而成长能力排名第五十七，说明相对而言盈利能力不错，成长能力偏弱，较适宜短期投资。星光农机，综合排名第五，营运能力尤其突出，排名第一，成长能力因子得分表现也不错，排名第十九。营运和盈利能力则表现一般，营运因子和盈利因子得分排名都是第三十一，较适宜长期投资。浙江鼎力，盈利因子得分排名第四，其盈利能力较强，营运因子得分排名第二十二，偿债因子得分排名第二十八，说明营运和偿债能力都不错。成长能力较差，综合得分排名第六，总体实力较强，考虑其优秀的盈利能力和运营能力能力，比较适宜长期投资。杰瑞股份，盈利因子得分排名第九，偿债能力很强，相比较而言，成长因子得分排名第十三，成长能力较强，而营运能力相对较差，排名第八十四，但考虑只有这家公司连续两年排在前十位，发展稳定，可以重点关注，适量投资。金雷风电，综合得分排名第八，主要在于其较好的盈利能力，排名第三，偿债能力和营运能力分别排名第四十一、第三十六，说明其盈利营运能力还不错。而成长因子得分较差，排名靠后，较适合短期投资。迪瑞医疗，盈利因子得分排名第一，成长能力也不错，营运能力和偿债能力较差。综合其良好的成长势头和较优秀的盈利能力，非常适合长期投资。

2014 年排名末十名的公司分别为金自天正、黄海机械、天龙光电、深华新、恒立实业、大橡塑、河北宣工、* ST 建机、慈星股份、* ST 二重。2013 年排名末十名的公司分别为晶盛机电、松德股份、光电股份、常林股份、宝德股份、* ST 精功、天龙光电、天立环保、* ST 二重、* ST 天业。两年比较可以看到，深华新、恒立实业、大橡塑、河北宣工、* ST建机、慈星股份、* ST 二重连续两年排名末十，其盈利因子得分远远低于行业平均值，是沦为末尾的主要原因。而* ST 二重盈利因子、成长因子、偿债因子得分排名均倒数第一，且与平均分差距太大，导致其综合得分排名靠后，故暂不建议对其投资。

七、系统聚类分析

通过聚类分析把业绩相似的公司归类，可以对不同类别的上市公司进行对比分析，为投资者选择投资组合提供参考。

根据树状图（略）对 153 家专用设备制造业上市公司进行进一步分类，本书选择将其分为 4 类，如表 6 - 98 所示。

表 6-98 聚类分析

类别	专用设备制造业上市公司	数目
1	北玻股份、三丰智能、宝德股份、中联重科	4
2	中毅达	1
3	东方精工、龙马环卫、星光农机、浙江鼎力、杰瑞股份、金雷风电、迪瑞医疗、浩云科技、迦南科技、长荣股份、斯莱克、豪迈科技、安徽合力、维力医疗、上工申贝、乐普医疗、楚天科技、和佳股份、新华医疗、普丽盛 、新国都、华昌达、汇金股份、天广消防、三诺生物、蒙发利、鱼跃医疗、雪浪环境、创力集团、天地科技、大族激光、伊之密、富瑞特装、东富龙、华伍股份、劲拓股份、经纬纺机、美亚光电、千山药机、环能科技、兰石重装、宁波精达、诚益通、龙净环保、津膜科技、长江润发、依米康、巨轮股份、科达洁能、中材国际、电光科技、金轮股份、菲达环保、三维丝、赛象科技、金明精机、宝莱特、智慧松德、昌红科技、神开股份、众合科技、森远股份、阳普医疗、派思股份、光电股份、方正电机、利君股份、海伦哲、华力创通、御银股份、杭氧股份、蓝英装备、威海广泰、新研股份、博实股份、鞍重股份、航天电子、一拖股份、冠昊生物、郑煤机、戴维医疗、中联电气、软控股份、理邦仪器、九安医疗、宝色股份、成飞集成、航天长峰、京山轻机、科新机电、京运通 、华润万东、徐工机械、北方股份、振华重工、应流股份、江钻股份、冀东装备、天华院、大连三垒、柳工、精功科技、晶盛机电、天业通联、航天动力、天沃科技、达意隆、博晖创新、蓝科高新、山东矿机、恒立油缸、三一重工、科林环保、中信重工、石中装备、达刚路机、山东墨龙、林州重机、大连重工、中际装备、山推股份、神雾环保、中捷资源、京城股份、华宏科技、山河智能、中原特钢、太原重工、中科电气、标准股份、厦工股份、尤洛卡、中国一重、*ST 常林 、金自天正、黄海机械、天龙光电、深华新 、恒立实业、大橡塑、河北宣工、*ST 建机、慈星股份、*ST 二重	146
4	尚荣医疗、吉鑫科技	2

表 6-98 中，类别 1 包含北玻股份等 4 家公司，综合排名，高、中档位置均有。其中，北玻股份排名第一，最靠前，中联重科排名第三十三，排名较靠前。2013 年北玻股份排名第七十三位，有了较大的提升，这很大程度上得益于其偿债因子得分的提高。中联重科 2013 年排名第八十二位，2014 年也有了较大的提升。这很大程度上也是得益于其偿债因子得分的提高。牧原股份是第一家玻璃设备行业上市公司，是一家居于行业龙头地位、集玻璃深加工技术设备和高端节能深加工玻璃产品的研发、制造和销售为一体，具有完整产业链和持续自主创新能力的高新技术企业，具有较高的投资价值。三丰智能国内最早从事智能输送成套设备研发设计、制造、安装调试与技术服务的企业之一，自成立以来不断丰富完善产品品种，提升产品技术含量，目前公司智能输送成套设备涵盖空中、地面输送两大类别，共 11 大系列、50 余个品种、120 余种规格，已形成较完备的产品体系，能满足不同行业客户个性化的智能输送要求，具有较大投资价值。宝德股份，综合得分排名第十七。其中，西安宝德自动化股份有限公司是国家批准认证的高新技术企业，专业从事石油、煤炭、冶金、专用设备、新能源等自动化设备的研发、制造及系统成套。公司通过 ISO 9001、ISO 14001 及 OHSAS 18001 认证，产品荣获国家科技部、国家质检总局等

五大部委颁发的国家重点新产品奖及 2007 年度西安市科技进步一等奖，并获多项国家专利。深圳宝德科技集团股份有限公司，中国最有影响力、最具创新精神的高科技产业集团之一，具有较好投资价值。中联重科，主要从事建筑工程、能源工程、环境工程、交通工程等基础设施建设所需重大高新技术装备的研发制造，是一家持续创新的全球化企业。偿债能力和盈利能力较好，营运能力稍微逊色，整体综合能力较佳，值得投资。

类别 2 中，只有中毅达一家公司，也是成长因子得分排名最靠前的公司。其成长因子得分排名第一，说明其成长能力较强，可以考虑持续关注。

类别 3 中，包含东方精工、龙马环卫、星光农机等 146 家公司。其中，东方精工，综合排名第三，较 2013 年其综合排名为第六十一而言有了巨大的提升，其成长因子得分和营运因子得分排名第三，优势突出，另外偿债因子得分排名靠前，比较适宜长期投资。龙马环卫，综合排名第四，在于其优秀的营运能力。营运因子得分排名为第二。盈利因子得分排名第二十九，而成长能力排名第五十七，说明相对而言盈利能力不错，成长能力偏弱，较适宜短期投资。星光农机，综合排名第五，营运能力尤其突出，排名第一，成长能力因子得分表现也不错，排名第十九。营运和盈利能力则表现一般，较适宜长期投资。*ST二重的盈利因子得分远远低于行业平均值，是沦为末尾的主要原因。而*ST二重盈利因子、成长因子、偿债因子得分排名均倒数第一，且与平均分差距太大，导致其综合得分排名靠后，*ST二重 2013 年综合排名也靠后，故暂不建议对其投资。

类别 4，包含尚荣医疗、吉鑫科技 2 家公司，2013 年尚荣医疗综合排名第二十八位，2014 年较 2013 年提升十二位，吉鑫科技 2013 年综合排名第一百零四位，2014 年排在第三十五位，提升了六十九位，进步巨大。两家公司综合排名都较靠前，财务状况良好，拥有较强的发展潜力和扩展趋势，值得投资者关注。

八、结语

综上所述，投资者在进行投资时，要综合考虑宏观、微观等各方面反映的财务信息，加以谨慎地分析，做出合理的选择。在此，运用 SPSS 软件，利用 13 个指标综合分析专用设备制造业 153 家上市公司各方面表现情况，对投资者进行投资决策有一定的参考意义。但由于分析仅仅运用了 2014 年一个年度的财务报表资料，结合 2013 年相关分析研究结果，联系实际进行，某些项目仍可能会由于会计政策变更等的影响存在一定程度的偶然性，分析指标的选择也具有主观性。因此，分析结果难以反映出完全的真实状况，若后续能对多个连续年度进行跟踪分析，并适当增加分析指标，则可较大程度地消除偶然性，帮助投资者做出更加准确的投资决策，以更加有效地配置投资资源，促进专用设备制造业的更加健康和谐发展。

（参著：李筱筱）

第十五节　汽车制造业上市公司投资价值比较分析研究

一、行业发展与投资价值状况

中国汽车制造业经过五十多年的发展，已取得了可喜的成绩，具备了较好的产业基础，并且随着中国经济建设的不断发展，中国的汽车制造业还将稳步向前。

据中国汽车工业协会统计分析，2011 年中国汽车产量为 1841.89 万辆，比 2010 年增长了 0.84%；销量为 1850.51 万辆，比 2010 年增长了 2.45%。汽车产销增长率相对 2010 年有所回落，宏观调控是汽车产销增速下滑的主要因素，包括汽车鼓励政策退出以及多地的限购措施等。可以看出，中国汽车市场由高速增长期步入到了平稳发展期，从大方向上看，走势依然理性健康。

2012 年以来，中国汽车产销市场总体保持平稳增长，汽车行业整体经济效益较好，各类车型增长幅度相差较大，市场集中度进一步提高。2012 年中国汽车工业再次取得良好成绩：全国汽车产销 1927.18 万辆和 1930.64 万辆，比上年分别增长 4.6%和 4.3%。[①] 2013 年中国累计生产汽车 2211.68 万辆，同比增长 14.76%，销售汽车 2198.41 万辆，同比增长 13.87%，产销同比增长率较 2012 年分别提高了 10.2 个和 9.6 个百分点。并且再次刷新全球纪录，已连续五年蝉联全球第一。[②] 据国家统计局统计，2014 年，我国累计生产汽车 2372.29 万辆，同比增长 7.3%，销售汽车 2349.19 万辆，同比增长 6.9%。连续第六年位居全球第一。自 2013 年起，汽车制造业产值跃居我国工业产值前五位，如表 6－99 所示。

表 6－99　　2013 年全国工业产值前五位产业相关情况

主导行业	规模以上企业单位数（个）	工业总产值（亿元）	资产总计（亿元）	单位企业产值（亿元）	单位企业资产（亿元）
计算机、通信和其他电子设备	12669	77226.31	50768.81	6.095691	4.007326
化学原料和化学制品制造业	24211	76329.77	59604.98	3.15269	2.461897
黑色金属冶炼和压延加工业	11034	76316.93	62638.33	6.916524	5.676847
电气机械和器材制造业	21368	61018.14	46375.08	2.855585	2.170305
汽车制造业	11599	60540	46788.28	5.219415	4.03382

资料来源：2014 年统计年鉴。

① 车讯网：《2012 年全国汽车产销刷新纪录突破 1900 万辆》，2013 年 1 月 21 日。

② 汽车口碑网：《2013 年我国汽车产销数据报告汇总》，2014 年 1 月 10 日。

汽车制造是典型的资本密集型产业，初期资金投入大，准入门槛较高，要求社会关系链、产业技术链及资本链的高度融合，同时也具有较高的规模效益。从表 6 - 99 中我们也可以看出，工业总产值排名前五的行业分别为计算机、通信和其他电子设备；化学原料和化学制品制造业；黑色金属冶炼和压延加工业；电气机械和器材制造业；汽车制造业。在工业总产值相差不大的五个主导行业中，汽车制造业规模以上行业仅有 11599 家，是化学原料和化学制品制造业的 1/2，但其单位企业产值是化学原料和化学制品制造业的两倍，并且与总产值第一的计算机、通信和其他电子设备接近。这些数据有力地说明汽车制造业良好的发展前景。

总之，汽车制造业具有较大的社会需求和发展潜力，相应地对其上市公司进行价值投资就显得格外重要。本书以深沪两市的 91 家汽车制造业上市公司为例，根据其 2014 年财务报告，选取 13 个能够综合反映财务能力的财务指标，作为评估各汽车制造业上市公司投资价值的指标体系，建立指标模型，运用 SPSS 软件，采用因子分析法与聚类分析法进行投资价值实证分析，确定公司的投资价值总量及其排名，并合理划分层级，结合 2013 年相关分析研究结果，联系实际进行深入比较分析研究，得出量与质有机结合的投资结论，为投资者提供参考，以降低其投资风险，提高投资收益。

二、样本选取与数据处理

沪、深证交所的 91 家汽车制造业上市公司的资料来源主要为其 2014 年的财务报告。具体初始数据如表 6 - 100 和表 6 - 101 所示。

表 6 - 100　　　　初始数据 1

股票代码	名称	基本每股收益（元）	每股净资产（元）	销售净利率（%）	总资产报酬率（%）	流动比率	速动比率
000030	富奥股份	0.4800	3.3143	13.4214	9.9780	1.6931	1.3847
000338	潍柴动力	2.5100	16.2395	7.2636	7.1661	1.3394	1.0769
000550	江铃汽车	2.4400	12.2779	8.2540	12.3765	1.4715	1.2783
000559	万向钱潮	0.3700	2.0817	7.9587	9.8010	1.3514	1.0607
000572	海马汽车	0.1296	4.3833	2.1752	2.4178	1.1260	0.9092
000581	威孚高科	1.5100	10.6440	25.0072	12.2243	2.7084	2.3124
000625	长安汽车	1.6200	5.4982	14.2081	12.3152	0.9137	0.7466
000700	模塑科技	0.7960	4.4989	7.3287	9.2085	0.6665	0.5025
000710	天兴仪表	0.0455	0.8600	2.4818	2.8022	0.9058	0.7298
000760	斯太尔	0.0200	2.8934	1.3294	1.5180	1.8279	1.4208
000800	一汽轿车	0.0991	5.3733	0.4048	0.7381	0.9725	0.6105
000868	安凯客车	0.0300	1.7779	0.9717	1.5429	1.0867	0.9713
000927	*ST 夏利	−1.0401	0.9513	−51.3015	−20.3830	0.3010	0.1617
000951	中国重汽	1.0300	10.5030	2.4058	5.6713	1.3356	1.0932

续 表

股票代码	名称	基本每股收益（元）	每股净资产（元）	销售净利率（%）	总资产报酬率（%）	流动比率	速动比率
000957	中通客车	1.1700	4.4594	7.9892	9.7027	0.9848	0.8124
000980	金马股份	0.0800	3.8222	3.7853	1.8036	2.5414	1.8030
002048	宁波华翔	0.9900	8.1030	8.2858	11.2409	1.4413	1.0306
002085	万丰奥威	1.1200	5.0175	9.5666	14.0829	1.2930	1.0783
002101	广东鸿图	0.6200	7.0391	5.3252	6.7105	1.1720	0.8381
002126	银轮股份	0.4600	4.5551	6.7583	7.1389	1.4444	1.0817
002213	特尔佳	0.0700	1.6607	5.4334	3.7258	2.2586	1.8718
002265	西仪股份	0.0300	1.7717	1.7644	1.7359	1.9942	1.0673
002283	天润曲轴	0.2400	5.7018	8.5425	3.7648	1.0837	0.6613
002284	亚太股份	0.6000	6.7228	5.5245	6.7746	1.7509	1.4358
002328	新朋股份	0.1900	4.8938	4.2784	5.3940	2.1390	1.7140
002355	兴民钢圈	0.1000	3.8034	3.7738	3.3162	1.8389	1.0208
002363	隆基机械	0.1500	4.3766	3.5910	3.6100	1.4245	0.7631
002406	远东传动	0.4600	7.6537	10.8897	6.2310	6.0071	4.8394
002434	万里扬	0.5600	6.3874	14.3857	4.8241	3.1494	2.7680
002448	中原内配	0.7703	8.0432	16.6958	8.7555	2.0706	1.4422
002454	松芝股份	0.6800	5.7129	11.9199	10.1422	2.3707	1.9903
002488	金固股份	0.3500	7.7466	4.7369	4.5285	1.2327	0.8692
002510	天汽模	0.4000	4.0551	11.1253	6.4929	1.2587	0.5485
002536	西泵股份	0.4200	12.3590	2.5480	3.4819	0.9727	0.5858
002555	顺荣三七	0.2500	8.1413	9.7968	2.4106	2.1423	2.0390
002590	万安科技	0.3600	3.5772	5.6667	6.1961	1.0879	0.8034
002592	八菱科技	0.4900	5.3005	14.8088	7.8934	3.4760	3.1562
002593	日上集团	0.1900	5.7407	2.9449	3.4842	1.2917	0.5708
002594	比亚迪	0.1800	10.2446	1.2713	2.5424	0.7682	0.5800
002602	世纪华通	0.6000	7.0627	12.3302	7.5984	2.4483	1.6834
002625	龙生股份	0.2200	2.6785	9.7339	8.0926	1.4648	1.1803
002662	京威股份	0.7000	5.5135	17.5007	13.6572	4.3250	3.2024
002664	信质电机	0.9300	6.6112	11.8439	12.4087	2.4787	1.9295
002703	浙江世宝	0.1600	4.4977	4.4966	3.3891	2.2969	1.9713
002708	光洋股份	0.3400	4.8526	10.1229	7.5602	3.8089	3.1024

续 表

股票代码	名称	基本每股收益（元）	每股净资产（元）	销售净利率（%）	总资产报酬率（%）	流动比率	速动比率
002715	登云股份	0.2100	5.4401	6.2906	5.3518	1.9392	1.1956
002725	跃岭股份	0.9600	8.7072	11.2815	12.2699	3.0791	2.4080
300100	双林股份	0.4700	4.8072	8.9977	6.5601	1.1424	0.8200
300176	鸿特精密	0.1488	5.2703	1.2918	3.6318	0.8402	0.5646
300237	美晨科技	0.9300	9.3984	8.7286	7.3650	1.2675	0.6244
300258	精锻科技	0.6976	6.5480	20.0101	11.0563	1.2785	0.8686
300304	云意电气	0.4100	4.7554	18.8454	7.0968	6.1193	5.2344
300432	富临精工	1.5197	4.4300	19.5514	23.8052	1.4482	1.1830
600006	东风汽车	0.0703	3.0455	1.0088	0.7963	1.1845	1.0274
600066	宇通客车	1.7700	7.3135	10.3102	15.2813	1.3936	1.2998
600081	东风科技	0.6472	3.1535	7.7842	13.7305	0.9425	0.7975
600093	禾嘉股份	0.1100	1.4239	8.7487	6.4610	0.7652	0.5170
600104	上汽集团	2.5370	14.2999	6.1034	10.7540	1.1856	0.9917
600148	长春一东	0.2721	2.6188	8.2485	7.6941	1.7501	1.4908
600166	福田汽车	0.1700	5.4408	1.3613	1.3208	0.6691	0.5474
600178	东安动力	0.0702	3.7329	4.3636	1.3655	1.1288	0.9959
600213	亚星客车	−0.6600	0.2047	−9.8272	−6.2207	1.0896	0.9843
600303	曙光股份	0.0200	3.6459	0.5852	2.7241	0.7268	0.6289
600375	华菱星马	−0.6800	6.4145	−7.6739	−4.4052	0.8784	0.5499
600418	江淮汽车	0.4100	5.4479	1.5777	1.9741	0.8115	0.7358
600480	凌云股份	0.3800	5.5762	4.2102	7.0845	1.2555	0.9394
600501	航天晨光	0.2200	3.2176	2.7828	4.3866	1.0295	0.7600
600523	贵航股份	0.4600	6.3974	4.9361	5.9405	1.5164	1.1641
600609	金杯汽车	−0.1310	0.2271	−0.2051	2.2047	0.9180	0.8105
600654	中安消	0.4800	2.2851	16.5268	7.6995	2.2650	2.2435
600686	金龙汽车	0.5600	5.5023	2.2707	3.4539	1.1346	1.0082
600698	湖南天雁	0.0148	0.7185	2.4851	2.0340	2.2842	1.9258
600699	均胜电子	0.5500	3.8047	4.9399	8.6571	1.0636	0.7288
600715	*ST松辽	−0.2100	−0.1694	−450.0926	−20.3531	0.3433	0.0000
600741	华域汽车	1.7250	9.1432	8.3754	11.9646	1.2902	1.1506
600742	一汽富维	2.6100	17.1806	5.3773	10.5307	1.3013	0.8954

续　表

股票代码	名称	基本每股收益（元）	每股净资产（元）	销售净利率（%）	总资产报酬率（%）	流动比率	速动比率
600760	中航黑豹	−0.4100	1.7606	−6.8481	−3.5702	0.6617	0.4144
600960	渤海活塞	0.3400	6.1707	8.3219	6.0298	2.5000	2.0430
601238	广汽集团	0.5000	5.4886	13.0832	5.5277	1.3324	1.2009
601633	长城汽车	2.6431	10.9951	12.8473	16.7694	1.3507	1.2180
601689	拓普集团	0.7700	2.8372	14.6062	20.0302	1.2464	0.7348
601777	力帆股份	0.4034	5.3294	3.3059	3.2243	0.8106	0.6739
601799	星宇股份	1.1378	8.2870	13.5121	10.3182	2.0857	1.6333
601965	中国汽研	0.6500	5.5075	26.3114	11.2728	5.3828	4.9803
603006	联明股份	0.9500	7.1221	12.5564	14.9755	2.1451	1.3656
603009	北特科技	0.4800	4.1588	7.1605	8.9347	1.1803	0.8799
603158	腾龙股份	1.1200	4.3300	16.5725	21.7042	1.8293	1.3018
603166	福达股份	0.2800	2.3574	9.0962	7.2762	0.7665	0.5658
603306	华懋科技	1.0418	6.5894	22.3124	16.1516	4.3314	4.0360
603788	宁波高发	0.9300	3.2957	16.5560	22.8349	1.9394	1.5963
603997	继峰股份	0.5600	2.1702	20.0390	25.7186	2.0523	1.4087

表 6-101　　初始数据 2

股票代码	名称	资产负债率（%）	存货周转率（次）	总资产周转率（次）	固定资产周转率（次）	总资产增长率（%）	营业总收入增长率（%）	股东权益增长率（%）
000030	富奥股份	34.5046	6.8762	0.6967	3.6329	2.261	−4.166	13.4174
000338	潍柴动力	66.0711	5.9041	0.8006	4.5033	53.3482	36.5715	17.114
000550	江铃汽车	45.6394	11.2192	1.4195	5.8422	18.2773	22.2482	15.4909
000559	万向钱潮	63.3816	4.6201	0.9082	3.6638	22.1753	6.1186	15.2624
000572	海马汽车	39.661	8.5154	0.8253	3.7339	16.5408	20.681	3.2009
000581	威孚高科	22.2622	4.5178	0.4611	4.5055	10.8179	13.6899	13.1059
000625	长安汽车	63.472	7.6571	0.86	3.7386	30.587	35.184	36.5258
000700	模塑科技	64.609	5.1768	0.8688	3.9892	1.0479	17.0369	0.4625
000710	天兴仪表	70.8361	5.1507	0.6394	3.7822	8.7224	4.3505	12.6382
000760	斯太尔	34.3427	1.8979	0.3063	4.2184	0.9251	17.1962	−1.6265
000800	一汽轿车	57.9037	7.7932	1.6114	5.7602	−0.7146	14.093	1.599

续 表

股票代码	名称	资产负债率（%）	存货周转率（次）	总资产周转率（次）	固定资产周转率（次）	总资产增长率（%）	营业总收入增长率（%）	股东权益增长率（%）
000868	安凯客车	71.1928	10.6254	1.0297	7.5613	11.6676	36.627	1.9405
000927	*ST 夏利	77.2247	5.8054	0.4311	1.0571	−16.9298	−42.5358	−52.2238
000951	中国重汽	70.553	6.6767	1.4712	12.4709	6.0134	11.245	7.7818
000957	中通客车	74.6473	6.7027	0.9655	5.5786	29.8478	12.288	33.3525
000980	金马股份	30.3187	1.6306	0.3887	2.0306	3.537	23.148	1.7287
002048	宁波华翔	43.5189	6.0778	1.1124	5.9539	21.5297	19.4874	26.2982
002085	万丰奥威	52.4391	11.2066	1.1936	5.3	20.1658	21.5886	17.4023
002101	广东鸿图	47.1359	5.0077	0.8953	2.6441	6.5749	21.519	6.7266
002126	银轮股份	53.4978	4.1413	0.7242	3.2246	11.4772	26.1187	11.41
002213	特尔佳	26.562	3.667	0.5725	3.2692	4.1881	−20.1857	1.1339
002265	西仪股份	32.6679	1.8482	0.6084	1.8636	2.7103	27.3277	1.6303
002283	天润曲轴	34.0425	1.8772	0.338	0.877	5.8868	3.1625	3.9434
002284	亚太股份	40.0405	5.883	0.9629	4.2243	60.6453	20.6092	104.9247
002328	新朋股份	31.4529	8.4621	0.9672	2.9054	4.7702	37.4014	3.5087
002355	兴民钢圈	32.9413	1.535	0.4522	1.754	0.9767	3.1553	2.2066
002363	隆基机械	39.8035	1.7459	0.5434	1.3823	2.6646	9.3517	2.3889
002406	远东传动	11.3135	2.7512	0.4975	2.8264	3.0154	7.6661	2.1375
002434	万里扬	44.3873	2.6672	0.3695	2.2762	18.7878	−3.0358	6.9063
002448	中原内配	22.9952	2.2094	0.4496	1.2945	6.9638	−2.3042	7.5947
002454	松芝股份	34.4732	4.3993	0.7133	9.6874	12.1806	28.4065	8.5623
002488	金固股份	54.1811	1.8675	0.4317	1.5815	37.9462	12.5981	71.3892
002510	天汽模	52.0822	0.9395	0.4594	2.0913	17.925	27.6528	8.4051
002536	西泵股份	52.3135	2.8396	0.684	1.6783	14.5111	29.7974	1.8213
002555	顺荣三七	16.8127	6.4744	0.2838	1.8091	326.3221	132.6676	258.5909
002590	万安科技	58.2764	3.567	0.7225	2.8343	0.5977	3.0472	10.0008
002592	八菱科技	19.4595	4.9473	0.4987	4.6001	78.1101	5.8546	85.0307
002593	日上集团	56.9502	1.1331	0.4976	2.1855	10.1344	9.1367	2.235
002594	比亚迪	69.2641	5.4008	0.683	2.0015	23.0597	10.0875	16.8396
002602	世纪华通	13.4009	2.851	0.5462	2.0495	102.7931	39.497	121.2971

续　表

股票代码	名称	资产负债率（%）	存货周转率（次）	总资产周转率（次）	固定资产周转率（次）	总资产增长率（%）	营业总收入增长率（%）	股东权益增长率（%）
002625	龙生股份	25.4754	7.0039	0.6937	2.8823	21.5107	38.0027	8.488
002662	京威股份	14.2354	2.7904	0.6184	3.2239	60.5778	36.0256	51.2137
002664	信质电机	28.2047	4.1109	0.8957	4.7761	16.1426	17.2249	13.4296
002703	浙江世宝	31.3629	3.1013	0.4751	1.8329	59.8797	20.2559	91.0594
002708	光洋股份	20.1019	3.0396	0.6464	2.6063	41.8292	7.1681	79.8515
002715	登云股份	29.0383	1.5599	0.4313	1.4358	5.6368	−2.4257	74.975
002725	跃岭股份	17.231	6.2343	0.9697	3.3145	58.0966	−0.9702	82.4563
300100	双林股份	47.5121	2.929	0.5459	2.6709	97.5881	24.183	91.8375
300176	鸿特精密	68.893	4.254	0.7449	1.7544	21.1321	16.7579	0.9347
300237	美晨科技	57.5764	1.3702	0.5953	4.0679	194.0579	89.6855	110.3255
300258	精锻科技	25.7724	3.0445	0.4287	0.9397	18.5029	18.0178	9.246
300304	云意电气	13.6287	2.6366	0.3701	2.5563	7.5199	−0.777	5.8748
300432	富临精工	47.9448	5.2308	1.0267	3.8799	29.6771	30.5031	45.9838
600006	东风汽车	59.2964	8.6515	0.8817	5.358	−3.7272	−9.5021	2.0477
600066	宇通客车	54.4123	15.2188	1.2857	7.7844	47.0807	15.9038	23.521
600081	东风科技	65.9305	11.6946	1.4249	6.7015	60.9277	59.0041	18.0067
600093	禾嘉股份	40.4756	4.2394	0.5501	1.4574	10.0379	4.2512	8.363
600104	上汽集团	55.408	15.7644	1.5896	21.1639	11.0346	11.3456	14.4509
600148	长春一东	51.2156	4.1377	0.7609	3.88	0.8705	0.1786	9.361
600166	福田汽车	55.1924	11.1517	1.0038	3.6906	6.9833	−1.3506	2.1352
600178	东安动力	39.7798	7.6551	0.258	2.2062	−1.0971	−13.1233	1.9763
600213	亚星客车	94.4121	7.3293	0.7389	6.423	18.8903	21.9274	−76.3456
600303	曙光股份	69.8007	6.0676	0.5086	1.7648	10.3671	−16.1244	9.8436
600375	华菱星马	58.6413	3.371	0.5805	1.586	5.0938	−23.8266	−13.2211
600418	江淮汽车	72.6354	23.2805	1.3523	4.6994	13.4839	1.6492	2.3439
600480	凌云股份	61.0127	4.8636	0.9242	4.3413	12.8129	16.3464	4.8657
600501	航天晨光	64.6119	4.4144	0.8895	4.1764	1.7333	−3.743	6.1616
600523	贵航股份	44.9682	4.4445	0.879	4.8947	16.5035	12.766	5.69
600609	金杯汽车	92.8865	5.1377	0.6108	6.4469	22.8777	−9.5529	−38.0479

续 表

股票代码	名称	资产负债率（%）	存货周转率（次）	总资产周转率（次）	固定资产周转率（次）	总资产增长率（%）	营业总收入增长率（%）	股东权益增长率（%）
600654	中安消	37.6153	4.9275	0.3621	10.7963	94.5678	42.2992	76.899
600686	金龙汽车	75.9819	10.6806	1.2417	12.2164	14.5496	2.9729	7.07
600698	湖南天雁	37.0702	3.4857	0.5441	3.0354	9.32	−9.8816	2.1002
600699	均胜电子	60.5386	6.6053	1.179	3.4069	8.9322	15.9452	5.7896
600715	*ST 松辽	122.6131	0	0.0532	0.1383	−27.341	−80.1475	−486.83
600741	华域汽车	54.9072	16.0679	1.259	10.907	16.5298	6.0469	26.8127
600742	一汽富维	34.9681	12.7966	1.8472	8.4472	14.0257	19.0118	15.2361
600760	中航黑豹	74.7133	4.6735	0.7605	2.46	−12.7227	−20.8322	−18.9272
600960	渤海活塞	30.124	2.3562	0.4645	1.7497	42.3062	−7.8901	107.2551
601238	广汽集团	42.0472	8.0729	0.3726	3.0868	7.8361	18.8679	6.1984
601633	长城汽车	45.361	14.5171	1.0986	3.9205	16.6153	10.2401	19.4884
601689	拓普集团	40.8638	3.9266	1.1755	3.7561	19.6866	18.5418	2.7167
601777	力帆股份	73.8091	4.4041	0.5943	2.8789	18.5628	13.3374	−5.3578
601799	星宇股份	36.839	3.5253	0.6714	4.0406	11.1124	23.5079	5.1633
601965	中国汽研	13.7359	6.4466	0.3861	1.3748	4.7026	4.5764	8.7933
603006	联明股份	22.5698	4.1619	0.8699	2.4345	54.0435	30.3326	71.7642
603009	北特科技	51.0328	4.1752	0.7965	2.448	38.9644	19.456	77.7655
603158	腾龙股份	38.5953	3.5444	1.0255	5.6474	17.148	23.1752	24.9064
603166	福达股份	65.188	3.0995	0.4228	0.9021	6.8333	−2.2467	46.4544
603306	华懋科技	17.7245	6.3005	0.6203	2.3466	89.6247	33.9852	128.6898
603788	宁波高发	39.1946	5.753	1.1512	5.342	23.4476	29.3402	24.7991
603997	继峰股份	26.6023	3.8716	1.0711	4.1632	28.5567	35.6329	14.7447

在指标性质、单位不同的情况下，首先要对其进行同趋势化处理。然后利用 SPSS 中的 Z－score 方法将 13 项指标的原始数据进行标准化处理。同趋势化数据和标准化数据略。

三、因子分析法适应性检验

为了检验所选用的指标是否适合使用因子分析法，本书利用 SPSS 软件中 KMO 和 Bartlett 球形检验方法来对样本进行检验。检验结果如表 6－102 所示。

表 6-102　　KMO 检验和 Bartlett 球形检验

取样足够度的 KMO 度量		0.537
Bartlett 球形检验	近似卡方	712.345
	df	78
	Sig.	0.000

由表 6-102 可知，KMO 值为 0.537，大于 0.5，可知各变量之间的相关程度无较大差异，原有变量适合做因子分析。同时，Bartlett 球形检验统计量为 712.345，相应的概率 Sig. 为 0.000，在 5%的显著性水平之下，拒绝原假设，因此可认为相关系数矩阵与单位矩阵有显著差异，说明样本适合做因子分析。

四、确定主因子

本书应用因子分析法中的主成分分析法来计算原始公因子的特征值、方差贡献率以及累计方差贡献率，并由此确定公因子。结果如表 6-103 所示。

表 6-103　　解释的总方差

成分	初始特征值			提取平方和载入			旋转平方和载入		
	合计	方差百分比（%）	累积百分比（%）	合计	方差百分比（%）	累积百分比（%）	合计	方差百分比（%）	累积百分比（%）
1	4.068	31.292	31.292	4.068	31.292	31.292	3.124	24.034	24.034
2	2.394	18.416	49.708	2.394	18.416	49.708	3.018	23.212	47.246
3	1.474	11.339	61.047	1.474	11.339	61.047	1.596	12.280	59.526
4	1.071	8.235	69.282	1.071	8.235	69.282	1.268	9.757	69.282
5	0.989	7.607	76.889						
6	0.871	6.702	83.592						
7	0.663	5.096	88.688						
8	0.489	3.759	92.447						
9	0.393	3.020	95.467						
10	0.284	2.188	97.655						
11	0.204	1.569	99.223						
12	0.066	0.507	99.730						
13	0.035	0.270	100.000						

提取方法：主成分分析。

根据表 6-103 中数据可知，前 4 个主因子的方差贡献率已经达到了累计方差贡献率的 69.282%，即表明这 4 个主因子已包含原始数据信息量的 69.282%，所以只需选择前 4 个主因子就可以较好地代表原始指标，对公司的绩效进行描述。

特征值可用碎石图列示，如图 6 - 15 所示。从图 6 - 15 可以看出，从第 5 个成分开始，特征值的值都小于 1，且折线的陡度变得比较平缓，这说明提取 4 个主因子是合适有效的。

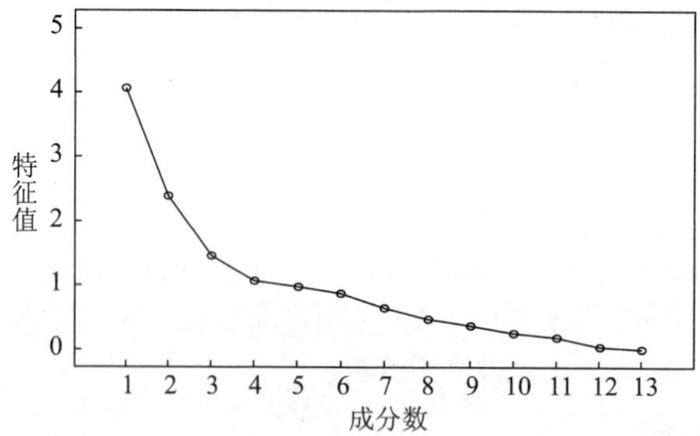

图 6 - 15　碎石图

五、旋转载荷矩阵分析

本书对原因子载荷矩阵进行最大方差旋转，以期得到主因子更明确的含义。结果如表 6 - 104所示。

表 6 - 104　旋转后的因子载荷矩阵[a]

变量	成分			
	F_1	F_2	F_3	F_4
基本每股收益	0.255	0.679	0.162	0.501
销售净利率	0.722	0.164	0.198	−0.049
每股净资产	0.290	0.494	−0.098	0.517
总资产报酬率	0.530	0.352	0.424	0.284
流动比率	−0.037	−0.072	0.789	−0.112
速动比率	0.050	0.144	0.810	0.095
资产负债率	−0.060	−0.123	0.002	0.782
存货周转率	−0.013	0.823	0.004	−0.086
固定资产周转率	0.031	0.822	−0.014	−0.084
总资产周转率	0.032	0.863	0.136	0.081
总资产增长率	0.767	−0.113	−0.194	0.035
营业总收入增长率	0.849	0.100	−0.045	0.112
股东权益增长率	0.925	0.016	0.073	−0.006

提取方法：主成分分析。

旋转法：具有 Kaiser 标准化的正交旋转法。

a. 旋转在 5 次迭代后收敛。

由表 6-104 中的数据可以看到，总资产增长率、营业总收入增长率、股东权益增长率在主因子 F_1 上的载荷量分别为 0.767、0.849、0.925，它主要反映了公司的成长能力，所以将 F_1 命名为成长因子；存货周转率、固定资产周转率与总资产周转率在主因子 F_2 上的载荷分别为 0.823、0.822 与 0.863，体现了公司的营运能力，为营运因子；主因子 F_3 则在流动比率（0.789）、速动比率（0.810）有较大载荷量，代表了公司的偿债能力，故而将其命名为偿债因子；主因子 F_4 在基本每股收益（0.501），每股净资产（0.517），资产负债率（0.782）上有较大载荷量，主要代表了公司的盈利能力，为盈利因子。

六、汽车制造业上市公司综合得分与排名

要得到因子的综合得分，需先对因子数据进行标准化处理，使其期望为 0，方差为 1，然后，对各因子的方差贡献率占因子总方差贡献率的比重作为权重加权汇总，使用计算综合得分的公式 $F=（\lambda_1F_1+\lambda_2F_2+\lambda_3F_3+\lambda_4F_4）/\lambda_1+\lambda_2+\lambda_3+\lambda_4）=（F_1\times0.24034+F_2\times0.23212+F_3\times0.12280+F_4\times0.9757）/0.69282$ 来计算各样本的综合得分。得到结果按名次排列如表 6-105 所示。

表 6-105　　汽车制造业上市公司综合得分与排名

股票代码	名称	F_1（成长）	F_2（营运）	F_3（偿债）	F_4（盈利）	F（综合）	排名
600104	上汽集团	−0.37509	4.24037	−0.7968	0.24674	1.18	1
600742	一汽富维	−0.13816	2.97541	−0.58498	1.43801	1.05	2
600066	宇通客车	0.05043	1.92596	1.79527	0.2182	1.01	3
000550	江铃汽车	−0.11719	1.77693	1.03504	1.84215	1	4
601633	长城汽车	−0.07222	1.67981	0.46411	1.71375	0.86	5
603006	联明股份	0.68353	−0.22262	2.95132	0.65146	0.78	6
600741	华域汽车	−0.22227	2.4983	−0.12484	−0.02471	0.73	7
603158	腾龙股份	0.23921	0.26172	2.85477	0.37003	0.73	8
002555	顺荣三七	4.5039	−1.33267	−1.82469	−0.52865	0.72	9
000338	潍柴动力	0.52957	0.90419	−0.52985	1.89325	0.66	10
300432	富临精工	0.54859	0.2326	0.85652	1.37388	0.61	11
300237	美晨科技	2.54011	−0.65699	−1.10685	0.45993	0.53	12
000030	富奥股份	−0.59471	−0.69875	6.29988	−1.09095	0.52	13
600081	东风科技	0.7163	1.30737	−0.38424	−0.81127	0.5	14
603997	继峰股份	0.5765	0.08261	1.57162	−0.07833	0.5	15
000951	中国重汽	−0.36417	1.96107	−0.36604	−0.04799	0.46	16
603788	宁波高发	0.4512	0.57269	0.63336	−0.03321	0.46	17
002284	亚太股份	0.59686	−0.06404	1.69156	−0.33028	0.44	18
002085	万丰奥威	0.06678	1.15013	0.10265	−0.08407	0.41	19

续 表

股票代码	名称	F_1（成长）	F_2（营运）	F_3（偿债）	F_4（盈利）	F（综合）	排名
603306	华懋科技	1.48842	−0.18057	−0.42648	0.20621	0.41	20
000625	长安汽车	0.50337	0.52417	−0.19102	0.32086	0.36	21
002048	宁波华翔	0.10984	0.73959	−0.00739	0.42078	0.34	22
002725	跃岭股份	0.49957	0.36835	−0.38954	0.33603	0.27	23
000581	威孚高科	0.20416	0.21877	−0.30974	0.99097	0.23	24
601689	拓普集团	0.1842	0.26306	0.32701	0.05089	0.22	25
600686	金龙汽车	−0.47919	1.78793	−0.49535	−1.01619	0.2	26
000957	中通客车	0.11956	0.60335	−0.19718	−0.14267	0.19	27
002602	世纪华通	1.44942	−0.73733	−0.4758	0.10583	0.19	28
600418	江淮汽车	−0.6314	2.11709	−0.71241	−1.26723	0.19	29
601799	星宇股份	0.13846	0.05182	−0.00117	0.65833	0.16	30
002101	广东鸿图	−0.89824	−1.29374	−0.24601	6.71636	0.16	31
002664	信质电机	0.12572	0.29927	−0.13396	0.26157	0.16	32
600654	中安消	1.13638	0.04903	−0.66045	−0.9754	0.16	33
002454	松芝股份	0.14224	0.57783	−0.33778	−0.26113	0.15	34
002662	京威股份	0.92613	−0.40669	−0.36319	0.13621	0.14	35
300100	双林股份	0.81319	−1.1043	−0.45298	1.56427	0.05	36
600523	贵航股份	−0.19243	0.04256	0.24251	0.29048	0.03	37
603009	北特科技	0.50528	−0.3699	−0.11925	−0.05479	0.02	38
600699	均胜电子	−0.14662	0.42273	−0.13123	−0.32789	0.02	39
002592	八菱科技	0.71394	−0.30032	−0.57824	−0.3239	0	40
000800	一汽轿车	−0.48858	1.08055	−0.52684	−0.75097	−0.01	41
002625	龙生股份	0.25354	−0.22665	0.33478	−0.58556	−0.01	42
002328	新朋股份	0.02631	0.25436	−0.23173	−0.47432	−0.01	43
000700	模塑科技	−0.12196	0.20475	−0.18534	−0.05103	−0.01	44
600480	凌云股份	−0.09508	0.14715	−0.16083	−0.18508	−0.04	45
000868	安凯客车	−0.11905	0.82518	−0.46053	−1.37595	−0.04	46
600148	长春一东	−0.40547	−0.44744	1.8456	−0.55688	−0.04	47
002448	中原内配	−0.13887	−0.63622	0.65933	0.67239	−0.05	48
002536	西泵股份	0.11333	−0.3188	−0.64857	0.92599	−0.05	49
002126	银轮股份	0.07013	−0.26999	0.11946	−0.07416	−0.06	50
601238	广汽集团	−0.06007	−0.22659	0.21276	−0.03634	−0.06	51

续　表

股票代码	名称	F_1（成长）	F_2（营运）	F_3（偿债）	F_4（盈利）	F（综合）	排名
300258	精锻科技	0.25884	−0.68045	0.01549	0.43905	−0.07	52
000559	万向钱潮	−0.06204	−0.08801	0.21735	−0.50619	−0.08	53
002708	光洋股份	0.46061	−0.52931	−0.3885	−0.21119	−0.12	54
601965	中国汽研	0.02434	−0.36333	−0.20699	0.11006	−0.13	55
000572	海马汽车	−0.15104	0.16494	−0.40116	−0.57967	−0.15	56
002594	比亚迪	−0.039	−0.18059	−0.65019	0.26248	−0.15	57
002488	金固股份	0.42996	−0.87503	−0.33146	0.32047	−0.16	58
600166	福田汽车	−0.53275	0.62912	−0.55389	−0.61755	−0.16	59
600960	渤海活塞	0.42352	−0.82411	−0.29393	−0.00294	−0.18	60
002703	浙江世宝	0.69787	−0.90334	−0.44443	−0.34407	−0.19	61
002406	远东传动	−0.11468	−0.41514	−0.46295	0.28126	−0.22	62
002715	登云股份	0.05634	−0.98316	0.50091	−0.01948	−0.22	63
002510	天汽模	0.21973	−0.91516	−0.16532	0.12025	−0.24	64
601777	力帆股份	−0.13411	−0.33357	−0.41738	−0.12874	−0.25	65
002590	万安科技	−0.26536	−0.33885	−0.07664	−0.23231	−0.25	66
300176	鸿特精密	−0.06068	−0.40775	−0.41355	−0.19292	−0.26	67
600501	航天晨光	−0.44202	−0.01795	−0.17718	−0.53861	−0.27	68
600006	东风汽车	−0.70049	0.39925	−0.20261	−0.93222	−0.28	69
002434	万里扬	−0.15674	−0.71353	−0.39446	0.52261	−0.29	70
000760	斯太尔	−0.26272	−0.93582	1.03615	−0.49473	−0.29	71
300304	云意电气	−0.11116	−0.67098	−0.30347	−0.03356	−0.32	72
002593	日上集团	−0.1482	−0.81345	−0.25896	0.07106	−0.36	73
603166	福达股份	−0.01497	−0.91891	−0.03717	−0.29456	−0.36	74
002363	隆基机械	−0.21414	−0.86894	−0.05477	−0.05421	−0.38	75
600093	禾嘉股份	−0.16576	−0.72982	−0.10559	−0.45422	−0.38	76
002265	西仪股份	−0.08421	−0.88624	0.07477	−0.52375	−0.39	77
000710	天兴仪表	−0.28281	−0.36333	−0.22923	−0.91207	−0.39	78
002355	兴民钢圈	−0.30553	−0.98276	0.3621	−0.25085	−0.41	79
002283	天润曲轴	−0.1731	−0.99402	−0.22991	0.13823	−0.41	80
000980	金马股份	−0.05094	−0.96617	−0.27958	−0.23837	−0.42	81
600303	曙光股份	−0.48398	−0.50933	−0.29414	−0.50723	−0.46	82
600178	东安动力	−0.56901	−0.54922	−0.17536	−0.46802	−0.48	83

续 表

股票代码	名称	F_1（成长）	F_2（营运）	F_3（偿债）	F_4（盈利）	F（综合）	排名
002213	特尔佳	−0.58696	−0.53315	−0.04729	−0.66835	−0.48	84
600609	金杯汽车	−0.63484	−0.14509	−0.2975	−1.18026	−0.49	85
600698	湖南天雁	−0.47747	−0.67789	−0.13326	−0.75252	−0.52	86
600213	亚星客车	−0.70893	−0.01781	−0.61773	−1.63573	−0.59	87
600760	中航黑豹	−0.99889	−0.45699	−0.38534	−0.98762	−0.71	88
600375	华菱星马	−0.83447	−0.77585	−0.58511	−0.44968	−0.72	89
000927	* ST 夏利	−1.88973	−1.00663	−0.96351	−1.4502	−1.37	90
600715	* ST 松辽	−6.27984	−1.47467	−1.46447	1.02071	−2.79	91

表 6 - 105 中，汽车制造业上市公司综合得分与其投资价值呈正相关关系。由于先对因子数据进行了标准化处理，因此，可以 0 为参考标准线，认为：综合得分大于 0 的公司，综合业绩相对较好，且数值越大，投资价值越大；综合得分小于 0 的则相对较差，且数值越小，投资价值越小。依此可对上市公司的综合业绩和投资价值有一个基本的评价。

具体而言，表 6 - 105 中，公司各项能力得分与相应实力也呈正相关关系。排名前十位的公司分别为上汽集团、一汽富维、宇通客车、江铃汽车、长城汽车、联明股份、华域汽车、腾龙股份、顺荣三七、潍柴动力。2013 年排名前十的是上汽集团、长城汽车、斯太尔、一汽富维、宇通客车、贵航股份、江铃汽车、华域汽车、跃岭股份、潍柴动力。比较可见，上汽集团、一汽富维、宇通客车、江铃汽车、长城汽车和华域汽车，这六家公司连续两年排名前十。说明其发展稳定，实力雄厚，具有较大的投资价值。

其中，上汽集团，排名第一，其营运因子得分排名也是第一，说明其营运能力非常强，盈利能力得分排第二十六，说明其盈利状况良好，其成长能力一般，偿债因子排名靠后，综合各个因子得分及综合得分和连续两年排名第一的情况，上汽集团作为行业龙头，具有强劲发展动力和巨大投资价值。

一汽富维，综合得分排名第二，其营运因子得分排名第二，说明其营运能力也极其优秀，盈利因子排名第六，成长因子得分排名居中，偿债因子排名靠后。虽然其偿债能力不够突出，但是其出众的营运能力和盈利能力，以及由第四名跃居第二的较大进步，说明值得投资，尤其短期投资。

宇通客车，综合排名第三，在于其优秀的偿债和营运能力，其偿债能力排名第五，盈利因子得分排名第六，另外两种因子能力排名靠前，盈利和成长能力分别排名第二十七、第三十八。相对而言这两种能力表现一般，考虑其优秀的营运和偿债能力，以及比 2013 年的较大进步，比较适宜进行长期投资。

江铃汽车，综合排名第四，进步较大，在于其优秀的盈利能力、偿债能力和营运能力。盈利、偿债和营运因子得分排名分别为第三、第八和第九。成长因子得分排名第五十二，居中，说明相对而言盈利能力不错，成长能力偏弱，考虑长期，值得投资。

长城汽车，综合排名第五，盈利能力和营运能力尤其突出，排名第四和第九，偿债能力因子得分表现也不错，排名第十四。成长能力则表现很一般，成长因子得分排名都是第四十七。虽然其成长因子得分表现一般，但是考虑其优秀的盈利、成长和偿债能力，可以考虑长期投资。

联明股份，其偿债能力很强，偿债因子得分排名第二，成长能力佳，成长因子得分排名第十一，营运能力较佳，盈利能力也很不错，因子得分排名第十三。考虑其优秀的偿债能力和成长能力，是很值得长期投资的。

腾龙股份，偿债因子得分排名第三，偿债能力极佳，相比较而言，盈利因子得分排名第十八，盈利能力也较佳，而成长和营运能力相对也不错，分别排名第二十五和第二十六，综合来说各个得分都居于前列，非常值得长期投资。

华域汽车，综合得分排名第八，主要在于其较好的营运能力，排名第三，表现很好，偿债能力和盈利能力分别排名第三十三、第三十八，说明其偿债盈利能力还不错。而成长因子得分较差，排名第六十六，成长能力较差，因此其适合长期投资。

顺荣三七，2013 年的综合排名倒数第四，2014 年一举进入前十，主要因为其成长能力表现出色，成长因子得分排名第一，其他能力都较一般，营运、偿债、盈利能力得分排名分别为第九十、第九十一、第七十。综合其极其好的成长势头，适合长期投资。

在排名前十的公司中，宇通客车、腾龙股份各个因子得分均为正，说明其发展很稳健，且综合排名靠前，是投资者理想的投资对象。

排名末十名的公司分别为曙光股份、东安动力、特尔佳、金杯汽车、湖南天雁、亚星客车、中航黑豹、华菱星马、*ST 夏利 、*ST 松辽，这几家公司 2013 年的排名也都比较靠后。从这 10 家公司看到，特尔佳、金杯汽车、湖南天雁、亚星客车、中航黑豹、*ST 夏利的盈利因子得分远远低于行业平均值，是沦为末尾的主要原因。而*ST 松辽成长、营运因子得分排名倒数第一，偿债因子得分倒数第二，且与平均分差距太大，导致其综合得分排名靠后，故暂不建议对其投资。

七、系统聚类分析

通过聚类分析把业绩相似的公司归类，可以对不同类别的上市公司进行对比分析，为投资者选择投资组合提供参考。

根据树状图（略）对 39 家汽车制造业上市公司进行进一步分类，本书选择将其分为 4 类，如表 6－106 所示。

表 6－106　　聚类分析

类别	汽车制造业上市公司	数目
1	上汽集团、一汽富维、宇通客车、江铃汽车、长城汽车、华域汽车、潍柴动力、富临精工、东风科技、中国重汽、宁波高发、万丰奥威、长安汽车、宁波华翔、跃岭股份、拓普集团、金龙汽车、中通客车、江淮汽车、星宇股份、信质电机、中安消、松芝股份、贵航股份、均胜电子、一汽轿车、龙生股份、新朋股份、模塑科技、凌云股份、安凯客车、银轮股份、广汽集团、万向钱潮、福田汽车	35
2	联明股份、腾龙股份、富奥股份、继峰股份、亚太股份、长春一东	6

续表

类别	汽车制造业上市公司	数目
3	顺荣三七、美晨科技、华懋科技、威孚高科、世纪华通、京威股份、双林股份、北特科技、八菱科技、中原内配、西泵股份、精锻科技、光洋股份、中国汽研、海马汽车、比亚迪、金固股份、渤海活塞、浙江世宝、远东传动、登云股份、天汽模、力帆股份、万安科技、鸿特精密、航天晨光、东风汽车、万里扬、斯太尔、云意电气、日上集团、福达股份、隆基机械、禾嘉股份、西仪股份、天兴仪表、兴民钢圈、天润曲轴、金马股份、曙光股份、东安动力、特尔佳、金杯汽车、湖南天雁、亚星客车、中航黑豹、华菱星马、*ST夏利	48
4	广东鸿图、*ST松辽	2

类别1中，包含华域汽车等35家公司，综合排名，高中低档位置均有，华域汽车排名第八，最靠前，华菱星马排名第九十，排名最后。其中，华域汽车为独立汽车零部件研发、生产及销售公司。其业务主要包括金属成型与模具、内外饰、电子电器、功能件、热加工、新能源六个业务板块。华域汽车经过资产重组后恢复了生产活力，投资价值不断升高，是较为理想的投资对象。富临精工主要从事房地产开发、建筑与安装、物业管理、精工制造、医院、进出口贸易、汽车客运、客车制造、高科技产业投资等综合类业务，集团公司遵循“以人为本、诚信敬业、发展实业、造福社会”的企业经营理念，建立了较为科学的企业管理体制与运行机制，初步形成了具有富临特色的管理模式和企业文化。2001年被中共中央和四川省委分别授予“全国先进基层党组织”和“四川省先进基层党组织”的荣誉称号。据国家统计局四川省企业调查队公布的“2001年四川省企业集团龙虎榜”上，富临集团分别名列“综合实力第17位”“资产规模第32位”“经营规模第43位”。2002年被全国工商联、国家劳动社会保障部授予“工商联先进会员企业”和“推进就业再就业，积极参加社会保障先进单位”的称号。同时集团在首届四川省企业集团龙虎榜100强排名中的排名分别为，综合实力第36强、资产规模第40强、经营规模第47强。拥有较好的发展能力。东风科技是以汽车零部件研发、制造、销售为主业的上市公司。控股股东为东风汽车有限公司，占公司总股本的75%。公司控股子公司东风襄樊仪表系统有限公司被认定为高新技术企业。按相关税收政策，该控股子公司自获得高新技术企业认定后三年内（2008—2010年），可申请享受税收优惠政策，有较大投资潜力。江铃汽车，综合排名第四，由1968年成立的江西汽车制造厂发展而来，2004年产销量6.7万辆，在中国所有汽车制造商中位列第十四位。江铃吸收世界最前沿的产品技术、制造工艺、管理理念，有效的股权制衡机制、高效透明的运作和高水准的经营管理，使公司形成了规范的管理运作体制，以科学的制度保证了公司治理和科学决策的有效性。江铃建立了研发、物流、销售服务和金融支持等符合国际规范的体制和运行机制，成为中国本地企业与外资合作成功的典范。发展不错。

类别2中，包含联明股份、腾龙股份、富奥股份、继峰股份、亚太股份、长春一东6家企业。其中，联明股份，综合排名第六。公司在上海、山东烟台拥有两个大型生产基地，并即将在辽宁沈阳、湖北武汉规划建设新的生产基地，为公司的后期持续发展奠定了坚实的基础。富奥股份，前身是富奥汽车零部件有限公司，按照国家有关国有企业改制的相关政策和一汽集团公司体制改革的统一部署，原富奥公司进行了整体改制。宁波华翔电子股份有限公司成功地实现了对富奥公司的参股，使新富奥真正成为自主经营、自负盈亏、自我发展、自我约束的法人实体和市场竞争主体。主要为一汽集团的一汽解放、一汽大众、一汽丰田、一汽夏利、一汽客车、一汽轻型车等品牌车型配套；在社会市场上，为上海大众、上海通用、东风神龙、沈阳华晨、广州风神、奇瑞汽车、中国重汽、北方奔驰、安徽华菱、丹东黄海等 40 多家整车厂、主机厂配套；部分产品远销美国、法国、意大利、韩国、日本和中东地区等十几个国家，公司年销售收入超过 100 亿元，投资潜力不错。长春一东，前身是一汽集团与兵器集团所属二二八厂合资兴办的一汽东光离合器厂。长春一东离合器股份有限公司的"一东"牌产品多次被评为省、市名牌产品，"一东"商标被评为吉林省著名商标，公司多种产品为国家重点新产品，公司连续获得柳州五菱"服务优秀供应商"，绰丰柳机"优秀供应商"，大柴"优秀质量奖"，包头北奔"优秀协作配套单位"等称号，公司目前是郑州宇通 A 级供应商。公司应用计算机辅助设计系统进行产品设计，公司建立了产品实验室，技术中心被评为省级技术中心，并设立博士后工作站。技术支持了公司的发展。

类别 3 中，包含顺荣三七等 48 家企业。其中顺荣三七综合排名第九名，投资潜力不错。主要从事多层汽车塑料燃油箱的研制、生产和销售，2015 年经过重大资产更名后，公司主营已由单一的汽车零部件制造、销售变为涵盖了网络游戏运营及开发等多元化发展，网络游戏运营及开发成为公司的主营业务。比亚迪，2014 年全年销售 14747 台，成为新能源汽车年度销量冠军，公交电动化也在稳步推进。在此基础上，比亚迪提出"542 战略"，为后续新能源汽车划定全新的性能、安全、油耗标准。2015 年一月比亚迪宣布其首款 542 战略车型——唐于前日开启预售。唐是全球首款三擎四驱双模 SUV，三擎动力实现百公里加速 5 秒以内；超级全时电四驱，电子科技颠覆传统机械时代，带来高效传动、极速响应和更高安全；双模自由切换，短途纯电，长途混动，百公里油耗仅 2 升。而且作为一款双模 SUV，唐还为消费者在插电式混合动力车型上提供了更多的选择，也为比亚迪汽车销量开辟了一个新的增长点。发展潜力巨大，值得投资。

类别 4，只有广东鸿图、* ST 松辽 2 家企业，排名都不是很靠前，各项因子得分较低，投资价值相对较小，暂不建议对其投资。

八、结语

综上所述，投资者在进行投资时，要综合考虑宏观、微观等各方面反映的财务信息，加以谨慎地分析，做出合理的选择。在此，运用 SPSS 软件，以 2014 年财务报告为依据，利用 13 个指标综合分析汽车制造业 91 家上市公司各方面表现情况，对投资者进行投资决策有一定的参考意义。但由于分析仅仅运用了 2014 年一个年度的财务报表资料，并结合 2013 年相关分析结果联系实际进行比较分析，某些项目仍可能会由于会计政策变更等的影响存在一定程度的偶然性，分析指标的选择也具有主观性。因此，分析结果难以反映出完全的真实状况，若后续能对更多个连续年度进行跟踪分析，并适当增加分析指标，则可较大程度地消除偶然性，帮助投资者做出更加准确的投资决策，以更加有效地配置投资资源，促进汽车制造业的更加健康和谐发展。

（参著：李筱筱）

第十六节　铁路、船舶、航空航天和其他运输设备制造业上市公司投资价值比较分析研究

一、行业发展和投资价值状况

铁路、船舶、航空航天和其他运输设备制造业在中国行业发展中具有举足轻重的地位，对其他行业的生存和发展起着不可或缺的作用。

改革开放30年来，铁路这个中国交通运输大动脉一直在畅通前行。从1997—2007年，铁路实施了六次大提速，短短十年时间，中国铁路完成了过去几十年的跨越。第六次大提速是中国铁路史上具有里程碑意义的重大事件，标志着中国铁路已经进入世界先进行列。未来，中国铁路将获得更大发展，主要基于以下几个方面：第一，中国是一个幅员辽阔的大陆型国家，加上资源与生产力之间的错位分布，决定了铁路是中国大宗、重质、散装货物运输的主力；第二，中国人口较多并且人均收入较低，决定了铁路是中国大部分旅客首选的运输方式；第三，铁路的市场开拓和国土开发功能及其在大城市中的主导作用，在中国都能得到充分发挥；第四，铁路对实现可持续发展的特殊优势，决定了中国铁路在21世纪的重要战略地位。由此可见，铁路的发展在中国仍具有不错的前景。

船舶工业是为水上交通、海洋开发和国防建设等行业提供技术装备的现代综合性产业，也是劳动、资金、技术密集型产业，对机电、钢铁、化工、航运、海洋资源勘采等上、下游产业发展具有较强带动作用，对促进劳动力就业、发展出口贸易和保障海防安全意义重大。中国劳动力资源丰富，工业和科研体系健全，产业发展基础稳固，拥有适宜造船的漫长海岸线，发展船舶工业具有较强的比较优势。同时，中国对外贸易的迅速增长，也为船舶工业提供了较好的发展机遇，中国船舶工业有望成为最具国际竞争力的产业之一。

航空航天产业是典型的高技术壁垒、高成长领域，也是自主创新密集的领域。随着神舟系列飞船发射成功，载人航天工程将向纵深发展。随着大飞机计划正式启动，“十一五”将是飞机制造的起步阶段，为行业中长期持续快速发展奠定了基础。国内飞机制造业产品升级加快，自主创新能力明显增强，满足国内三代换装飞机的需求。空间巨大的国际市场向中国走来。航空转包市场机体、发动机分别都有约百亿美元的市场规模。航空零部件加工向中国转移的趋势明显，国内主要飞机制造商逐步进入跨国公司的全球采购体系，业务规模加速发展。空客单通道飞机总装落户中国天津预示着中国制造水平的快速提升。航天发射中国的低成本优势也将逐步转化为市场优势。资产整合将显著提升行业投资价值。中国航空航天类上市公司普遍是相关集团内小部分资产发起上市，研发总装等核心业务通常保留在集团内部，并形成大量关联交易，盈利可预测性低。随着国家对航空航天产业发展思路的转变，民间资本进入该领域的范围将持续扩大。

随着中国证券市场的不断发展，投资者的理念正在向价值投资逐步转变。铁路、船舶、航空航天和其他运输设备制造业作为中国经济发展过程中举足轻重的行业，逐步成为投资者价值投资的热点。然而，如何在众多的上市公司中选择具有良好投资前景的投资对象并非易事。本书以深沪两市34家铁路、船舶、航空航天和其他运输设备制造业上市公司为例，以2014年上市公司财务报告数据为基础，选取13个能够综合反映财务能力的指

标，作为评估各上市公司投资价值的指标体系，建立指标模型，运用 SPSS 软件，采用因子分析法与聚类分析法进行投资价值分析，确定分析对象的投资价值总量及排名，并合理划分层级，联系实际结合 2013 年的分析结果进行深入比较分析研究，得出量与质有机结合的投资价值结论，为投资者提供参考，以降低其投资风险，提高投资收益。

二、样本选取与数据处理

沪、深证交所的 34 家铁路、船舶、航空航天和其他运输设备制造业上市公司的资料来源主要为其 2014 年的财务报告。具体初始数据如表 6－107 与表 6－108 所示。

表 6－107　　初始数据 1

股票代码	名称	基本每股收益（元）	销售净利率（%）	每股净资产（元）	总资产报酬率（%）	流动比率	速动比率
000017	深中华 A	0.0089	2.7269	0.0216	7.6408	1.2156	1.0532
000738	中航动控	0.1615	7.3441	3.9855	3.7438	3.2471	2.5548
000768	中航飞机	0.1326	1.7721	4.4919	1.9690	1.3700	0.6945
000901	航天科技	0.1200	2.5331	4.1313	3.4460	3.0041	2.2548
000913	钱江摩托	－0.4300	－9.1990	4.5724	－4.0883	1.7722	0.9927
000920	南方汇通	0.4300	11.7098	2.2423	13.1902	2.1744	1.6763
001696	宗申动力	0.3300	9.5766	2.8784	10.4673	3.0900	2.8434
002013	中航机电	0.5300	5.0490	6.5149	4.7132	1.2930	0.9768
002023	海特高新	0.4700	29.6316	4.9419	7.8471	3.8038	3.3353
002105	信隆实业	0.0150	－0.2450	1.5645	2.7628	1.0360	0.7304
002608	*ST 舜船	－4.8200	－60.1693	0.5684	－18.8990	0.9737	0.6061
300011	鼎汉技术	0.3863	21.9559	3.4801	13.3965	6.9377	6.0440
300123	太阳鸟	0.0800	5.4600	3.1940	3.0027	1.4065	0.7965
300424	航新科技	0.8100	15.7998	4.5100	11.5853	1.3684	1.0194
600038	中直股份	0.5629	2.6644	10.4732	1.8456	1.2383	0.4015
600072	钢构工程	0.0220	1.2029	2.3742	1.2326	1.2947	0.8382
600099	林海股份	0.0134	0.8186	2.1433	－0.3242	4.0861	3.4387
600150	中国船舶	0.0300	－0.1425	12.6272	0.1099	1.6395	1.0415
600316	洪都航空	0.1376	2.9286	6.8579	1.5566	1.3740	0.7738
600372	中航电子	0.3400	9.2812	2.9319	6.3775	1.2572	0.9432
600391	成发科技	0.0900	1.8976	5.0590	2.7193	1.3286	0.6235
600495	晋西车轴	0.2100	5.6091	4.5444	3.7424	2.7460	2.1237
600679	金山开发	0.1091	6.4008	1.8802	6.4066	1.1867	1.0636

续 表

股票代码	名称	基本每股收益（元）	销售净利率（%）	每股净资产（元）	总资产报酬率（%）	流动比率	速动比率
600685	广船国际	0.1470	1.5783	5.4625	1.1536	1.0408	0.7435
600818	中路股份	0.0400	2.1485	1.1819	3.9357	1.0079	0.7654
600877	中国嘉陵	0.0167	0.8462	0.2791	2.3018	0.5549	0.4474
600893	中航动力	0.5000	3.7420	7.3128	7.8802	0.9497	0.5376
600967	北方创业	0.2440	6.8100	2.8361	5.7945	2.4938	1.9201
601299	中国北车	0.4800	5.4559	3.9800	5.6611	1.1037	0.7754
601766	中国南车	0.3900	5.5390	2.9349	6.1708	1.2131	0.8542
601890	亚星锚链	0.0639	1.8022	5.9504	0.6507	5.2359	4.1392
601989	中国重工	0.1300	3.3621	3.2834	0.8102	1.4536	1.0510
603111	康尼机电	0.5856	10.9477	3.3004	11.6406	1.8710	1.4598
603766	隆鑫通用	0.7600	9.5952	5.0873	12.3638	1.9617	1.8266

表 6-108　　　　初始数据 2

股票代码	名称	资产负债率（%）	存货周转率（次）	固定资产周转率（次）	总资产周转率（次）	总资产增长率（%）	营业总收入增长率（%）	股东权益增长率（%）
000017	深中华 A	73.7887	37.1327	423.3849	2.0894	−66.0160	−21.7774	69.9668
000738	中航动控	28.1929	2.5836	2.0642	0.3968	0.7125	−1.3875	3.7114
000768	中航飞机	62.0594	1.4073	4.3928	0.6408	6.0292	22.6340	2.9712
000901	航天科技	31.5967	3.2041	8.7975	0.8091	31.1929	14.3661	60.1899
000913	钱江摩托	42.3210	2.0754	2.8836	0.6208	−11.5675	−26.8810	−7.4111
000920	南方汇通	30.5740	7.0937	6.4163	1.0200	−36.3832	−9.7362	−12.4228
001696	宗申动力	36.3326	12.3040	7.5902	0.8318	18.7186	4.1060	11.5290
002013	中航机电	68.0465	2.3622	2.8863	0.4803	13.4792	12.3723	7.7147
002023	海特高新	41.6910	1.2190	0.7238	0.1890	25.1437	16.3224	7.8241
002105	信隆实业	59.8889	5.8819	3.2853	1.0954	2.2393	10.1890	−0.0233
002608	*ST 舜船	97.7221	1.3812	1.6137	0.3566	25.8547	1.5860	−90.0388
300011	鼎汉技术	14.4754	4.7969	5.4738	0.5163	122.8818	76.1354	133.7140
300123	太阳鸟	34.9037	0.9794	0.9093	0.2751	7.9940	−43.1917	−0.2830
300424	航新科技	47.3688	1.8130	2.2097	0.5889	−2.3357	7.0222	17.0428
600038	中直股份	69.6445	1.0040	4.9617	0.6059	−1.6592	15.0015	4.7795
600072	钢构工程	49.8715	1.7299	1.3136	0.4315	11.4944	6.3608	−0.3486

续　表

股票代码	名称	资产负债率（%）	存货周转率（次）	固定资产周转率（次）	总资产周转率（次）	总资产增长率（%）	营业总收入增长率（%）	股东权益增长率（%）
600099	林海股份	16.5195	5.7226	2.8925	0.6479	3.7998	27.6300	−1.6804
600150	中国船舶	62.1678	2.2879	2.0555	0.5510	1.4865	27.5947	0.3081
600316	洪都航空	44.5800	1.6707	4.2402	0.4222	19.8550	20.6342	3.5874
600372	中航电子	62.7457	1.8953	2.9317	0.4766	9.4447	10.1371	5.4483
600391	成发科技	55.5745	1.2395	1.4230	0.4529	5.1162	8.1547	1.0187
600495	晋西车轴	24.5055	4.1407	3.3929	0.6118	9.0405	−11.5700	3.3341
600679	金山开发	42.8668	9.4788	6.5423	0.5110	3.3367	−13.9943	11.7156
600685	广船国际	76.0367	3.2681	2.3558	0.5255	87.8522	63.2460	44.2073
600818	中路股份	45.0462	8.7282	5.7829	0.9031	0.9577	0.3879	0.3479
600877	中国嘉陵	92.4091	5.7079	2.2570	0.5408	−13.1763	−13.6873	4.4095
600893	中航动力	64.4764	3.3706	4.4734	1.0115	391.5662	3.7381	217.6540
600967	北方创业	28.7335	5.2706	4.5646	0.8553	−3.2424	−6.8635	6.2656
601299	中国北车	66.0416	3.5524	4.4037	0.7745	24.1292	7.2499	29.1521
601766	中国南车	65.7811	3.9116	5.0768	0.8813	24.3009	20.4760	10.8059
601890	亚星锚链	23.2809	2.0430	2.5469	0.4063	2.1311	8.4619	1.2943
601989	中国重工	69.7808	1.5418	1.9742	0.3210	19.0848	5.8664	26.0268
603111	康尼机电	46.8674	2.7399	6.8999	0.8186	33.6188	25.6837	122.7400
603766	隆鑫通用	31.5641	21.5165	4.1999	1.1361	10.9337	2.1267	14.1185

在指标性质、单位不同的情况下，首先要对指标进行同趋势化处理。然后利用 SPSS 中的 Z-score 方法将 13 项指标的原始数据进行标准化处理。同趋势化数据与标准化数据略。

三、因子分析法适应性检验

为了检验所选用的指标是否适合使用因子分析法，本书利用 SPSS 软件中 KMO 和 Bartlett 球形检验方法来对样本进行检验。检验结果如表 6-109 所示。

表 6-109　　KMO 检验和 Bartlett 球形检验

取样足够度的 KMO 度量		0.459
Bartlett 球形检验	近似卡方	338.612
	df	78
	Sig.	0.000

由表 6－109 可知，KMO 值为 0.459，小于 0.5，这主要是由于样本数量较少所致。同时，Bartlett 球形检验统计量为 338.612，相应的概率 Sig. 为 0.000，在 5％的显著性水平之下，拒绝原假设，因此可认为相关系数矩阵与单位矩阵有显著差异，说明样本适合做因子分析。

四、确定主因子

本书应用因子分析法中的主成分分析法来计算原始公因子的特征值、方差贡献率以及累计方差贡献率，并由此确定公因子。结果如表 6－110 所示。

表 6－110　　　　解释的总方差

成分	初始特征值			提取平方和载入			旋转平方和载入		
	合计	方差百分比（％）	累积百分比（％）	合计	方差百分比（％）	累积百分比（％）	合计	方差百分比（％）	累积百分比（％）
1	3.603	27.717	27.717	3.603	27.717	27.717	2.924	22.489	22.489
2	2.929	22.531	50.248	2.929	22.531	50.248	2.879	22.147	44.636
3	1.555	11.963	62.211	1.555	11.963	62.211	2.032	15.633	60.269
4	1.201	9.237	71.449	1.201	9.237	71.449	1.423	10.945	71.214
5	1.092	8.397	79.845	1.092	8.397	79.845	1.122	8.631	79.845
6	0.832	6.398	86.243						
7	0.751	5.779	92.021						
8	0.625	4.810	96.831						
9	0.212	1.635	98.465						
10	0.105	0.810	99.275						
11	0.041	0.316	99.592						
12	0.032	0.247	99.839						
13	0.021	0.161	100.000						

提取方法：主成分分析。

根据表 6－110 中数据可知，前 5 个主因子的方差贡献率已经达到了累计方差贡献率的 79.845％，即表明这 5 个主因子已包含原始数据信息量的 79.845％，所以只需选择前 5 个主因子就可以较好地代表原始指标对铁路、船舶、航空航天和其他运输设备制造业公司的绩效进行描述。

特征值可用碎石图列示，如图 6－16 所示。从图 6－16 可以看出，从第 6 个成分开始，特征值的值都小于 1，且折线的陡度变得比较平缓，这说明提取 5 个主因子是合适有效的。

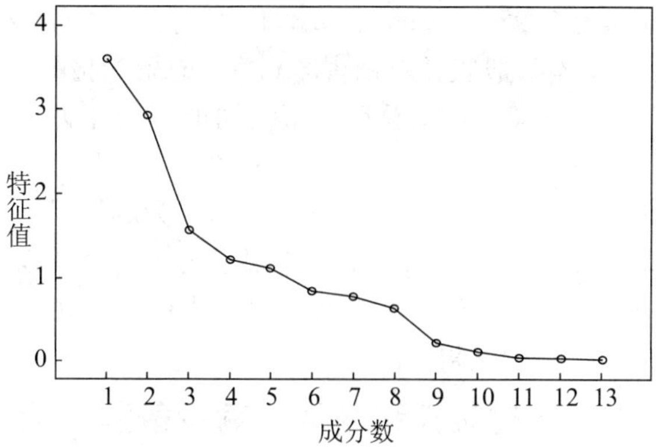

图 6-16 碎石图

五、旋转载荷矩阵分析

本书对原因子载荷矩阵进行最大方差旋转，以期得到主因子更明确的含义。结果如表 6-111所示。

表 6-111 旋转后的因子载荷矩阵[a]

变量	成分				
	F_1	F_2	F_3	F_4	F_5
基本每股收益	-0.002	0.958	0.095	0.055	0.061
销售净利率	-0.021	0.979	0.085	-0.006	-0.002
每股净资产	-0.450	0.188	0.256	0.018	0.539
总资产报酬率	0.228	0.876	0.173	0.252	-0.020
流动比率	0.120	0.111	-0.151	0.811	0.266
速动比率	0.028	0.095	0.146	0.772	-0.283
资产负债率	-0.157	0.045	-0.034	0.020	-0.802
存货周转率	0.920	0.116	-0.146	0.162	0.094
固定资产周转率	0.904	0.011	-0.054	-0.134	-0.034
总资产周转率	0.894	0.115	0.086	0.204	0.058
总资产增长率	-0.090	-0.037	0.910	-0.046	0.069
营业总收入增长率	-0.306	0.131	0.524	-0.024	0.117
股东权益增长率	0.252	0.362	0.861	0.111	-0.039

提取方法：主成分分析。
旋转法：具有 Kaiser 标准化的正交旋转法。
a. 旋转在 4 次迭代后收敛。

由表 6-111 中的数据可以看到，存货周转率、固定资产周转率、总资产周转率在主

因子 F_1 上的载荷量分别为 0.920、0.904、0.894，它主要反映了公司的营运能力，所以将 F_1 命名为营运因子；基本每股收益、销售净利率、总资产报酬率在主因子 F_2 上的载荷量分别为 0.958、0.979、0.876，它主要反映了公司的盈利能力，所以将 F_2 命名为盈利因子；总资产增长率、营业总收入增长率和股东权益合计增长率在主因子 F_3 上的载荷分别为 0.910、0.524 和 0.861，体现了公司的成长能力，为成长因子；流动比率和速动比率在主因子 F_4 上的载荷分别为 0.811、0.772，体现了公司的短期偿债能力，所以将 F_4 命名为偿债因子 1；同样地，在资产负债率上载荷量较大的主因子 F_5 代表了公司的长期偿债能力，故将主因子 F_5 命名为偿债因子 2。

六、铁路、船舶、航空航天和其他运输设备制造业上市公司综合得分与排名

要得到因子的综合得分，需先对因子数据进行标准化处理，使其期望为 0，方差为 1，然后，对各因子的方差贡献率占因子总方差贡献率的比重作为权重加权汇总，使用计算综合得分的公式 $F=(\lambda_1F_1+\lambda_2F_2+\lambda_3F_3+\lambda_4F_4+\lambda_5F_5)/(\lambda_1+\lambda_2+\lambda_3+\lambda_4+\lambda_5)=(0.22489\times F_1+0.22147\times F_2+0.15633\times F_3+0.10945\times F_4+0.8631\times F_5)/0.79845$ 来计算各样本的综合得分。得到结果按名次排列如表 6－112 所示。

表 6－112　铁路、船舶、航空航天和其他运输设备制造业上市公司综合得分与排名

股票代码	名称	F_1（营运）	F_2（盈利）	F_3（成长）	F_4（偿债 1）	F_5（偿债 2）	F（综合）	排名
000017	深中华 A	−0.3421	5.0771	0.0277	−0.7982	−0.2009	1.2396	1
600893	中航动力	4.3098	0.6169	−0.2751	−0.2781	0.3758	0.9438	2
603766	隆鑫通用	−0.8863	0.7764	0.5700	3.6269	1.8933	0.9051	3
603111	康尼机电	1.4389	−0.2134	0.3104	3.7935	−1.7108	0.6428	4
300011	鼎汉技术	2.1837	−0.0951	0.9794	−0.7150	0.0114	0.5757	5
000920	南方汇通	−0.9292	0.3502	0.7540	1.0714	−0.3070	0.2395	6
001696	宗申动力	−0.2770	0.5332	0.5982	−0.3769	0.0593	0.2166	7
000901	航天科技	0.5261	0.1073	−0.0686	−0.2648	0.1294	0.0919	8
601766	中国南车	0.0528	0.1022	0.2443	−0.2309	0.0152	0.0769	9
601299	中国北车	0.0546	0.0154	0.2918	−0.2842	0.1178	0.0697	10
300424	航新科技	−0.3530	−0.3865	1.1168	−0.1868	−0.3491	0.0685	11
600685	广船国际	1.2855	−0.4561	−0.2703	−0.3314	0.5457	0.0618	12
600967	北方创业	−0.4804	0.2061	0.2352	0.0171	−0.0773	0.0232	13
002105	信隆实业	−0.2164	0.4805	−0.2413	−0.2099	−0.1918	−0.0235	14
600818	中路股份	−0.4179	0.4893	−0.0757	−0.2430	−0.4325	−0.0451	15
002023	海特高新	−0.3036	−0.8277	1.2129	−0.7941	0.1118	−0.0529	16
600679	金山开发	−0.5676	0.2012	0.2252	−0.1341	−0.4281	−0.0567	17

续表

股票代码	名称	F_1（营运）	F_2（盈利）	F_3（成长）	F_4（偿债1）	F_5（偿债2）	F（综合）	排名
002013	中航机电	−0.1478	−0.5428	0.3282	−0.1948	0.5478	−0.0583	18
600038	中直股份	−0.1335	−0.7242	0.2346	−0.3238	1.3646	−0.0619	19
600150	中国船舶	0.0893	−0.9247	−0.1577	0.1393	1.7249	−0.0812	20
600372	中航电子	−0.3063	−0.3529	0.4094	−0.2754	−0.1494	−0.0997	21
600495	晋西车轴	−0.4791	−0.1338	0.1371	−0.2305	0.2254	−0.1007	22
000768	中航飞机	−0.0768	−0.3451	−0.0952	−0.2604	0.2784	−0.1442	23
600099	林海股份	−0.1307	−0.0186	−0.3044	−0.5279	0.0603	−0.1811	24
600316	洪都航空	−0.0026	−0.6761	−0.0357	−0.2567	0.5080	−0.1811	25
000738	中航动控	−0.4865	−0.3962	0.2122	−0.4657	0.1148	−0.1994	26
601989	中国重工	−0.0615	−0.4701	−0.1429	−0.1492	−0.0834	−0.2136	27
600391	成发科技	−0.2864	−0.5243	−0.0247	−0.2883	0.1508	−0.2338	28
600877	中国嘉陵	−0.7137	0.1591	−0.1626	−0.4260	−0.4525	−0.2473	29
601890	亚星锚链	−0.2941	−0.5422	−0.1032	−0.5721	0.5585	−0.2570	30
300123	太阳鸟	−0.9470	−0.3948	0.0636	−0.2971	−0.1969	−0.3410	31
000913	钱江摩托	−0.7350	−0.1946	−0.9442	0.2927	0.2458	−0.3939	32
600072	钢构工程	−0.2073	−0.7645	0.0522	−0.1518	−4.3723	−0.7349	33
002608	*ST舜船	−0.1590	−0.1313	−5.1017	0.3262	−0.0870	−1.4479	34

表6－112中，铁路、船舶、航空航天和其他运输设备制造业上市公司综合得分与其投资价值呈正相关关系。由于先对因子数据进行了标准化处理，因此，可以0为参考标准线，认为：综合得分大于0的上市公司，综合业绩相对较好，且数值越大，投资价值越大；综合得分小于0的则相对较差，且数值越小，投资价值越小。依此可对上市公司的综合业绩和投资价值有一个基本的评价。

具体而言，表6－112中，铁路、船舶、航空航天和其他运输设备制造公司各项能力得分与相应实力也呈正相关关系。排名前十位的公司分别为深中华A、中航动力、隆鑫通用、康尼机电、鼎汉技术、南方汇通、宗申动力、航天科技、中国南车、中国北车。2013年排名前十位的公司分别为深中华A、隆鑫通用、晋西车轴、航空动力、哈飞股份、广船国际、北方创业、南方汇通、航天科技、中航动控。与2014年比较差距较大，2014年增加了康尼机电和*ST舜船。其中，深中华A连续两年排名第一，其盈利因子得分排名第一，远高于其他公司，说明其盈利能力很强，但是营运、偿债因子得分为负，说明其营运、偿债能力较弱，较适宜短期投资。中航动力与隆鑫通用的综合得分在34家公司中排名第二、第三，盈利指标均为正值，发展较快且盈利营运能力也相对较强，是投资者理想的投资对象。前述两家公司的共同特点是较为稳定，属行业中的佼佼者。其中，隆鑫通用的偿债能力在34家公司中排名第一，但是其营运因子的得分为负值，从而使得其综合排名位于第三，投资者在投资时应保持谨慎态度。康尼机电的综合排名第四，且因子得分相对综合排名来讲比较稳定，可以考虑作为长期投资的对象。鼎汉技术由2013年的排名第二十七跃升至第五，进步巨大，其营运能力和成长能力较强，前景乐观，具有较大投资价值。

排名末十名的公司分别为洪都航空、中航动控、中国重工、成发科技、中国嘉陵、亚星锚链、太阳鸟、钱江摩托、钢构工程、*ST舜船。由这10家公司的各项因子得分大部分为负可以看出，其综合能力相对较弱。盈利能力、营运能力和偿债能力对公司的投资价值尤为关键，可以看到，钢构工程、*ST舜船的三项因子得分远远低于行业平均值，是居于末尾的主要原因，暂不建议对其投资。

七、系统聚类分析

通过聚类分析把业绩相似的公司归类，可以对不同类别的上市公司进行对比分析，为投资者选择投资组合提供参考。

根据树状图（略）对34家铁路、船舶、航空航天和其他运输设备制造业上市公司进行进一步分类，本书选择将其分为4类，如表6-113所示。

表6-113　　聚类分析

类别	铁路、船舶、航空航天和其他运输设备制造业上市公司	数目
1	深中华A	1
2	中航动力、鼎汉技术、南方汇通、宗申动力、航天科技、中国南车、中国北车、航新科技、广船国际、北方创业、信隆实业、中路股份、海特高新、金山开发、中航机电、中直股份、中国船舶、中航电子、晋西车轴、中航飞机、林海股份、洪都航空、中航动控、中国重工、成发科技、中国嘉陵、亚星锚链、太阳鸟、钱江摩托、钢构工程	30
3	隆鑫通用、康尼机电	2
4	*ST舜船	1

表6-113中，类别1只有深中华A一家公司。根据表6-112中的数据显示，该公司综合排名第一，其中盈利因子得分排名第一，盈利能力较好。但是其他四项因子除了成长因子外得分均为负值，具有较强的不稳定性，不宜作为长期投资的对象。较2013年而言，该公司综合排名稳定，盈利能力保持稳定，同时在成长能力上有所提高。

类别2中，盈利因子和成长因子得分均为正的有南方汇通、中国南车的综合排名分别为第六和第九，排名靠前。南方汇通是以贵阳车辆厂主体生产经营性资产重组，募集方式创立的高新技术上市公司，为中国铁路工业第一股。南方汇通是我国西南地区唯一的铁路货车大修基地，在铁路货车制造上也具有相当的实力。公司能制造和修理敞车、平车、罐车、棚车、漏斗车等各型铁路通用、专用货车。公司已先后通过了ISO 9001质量管理体系认证和ISO 14001环境管理体系认证，其盈利因子和成长因子在行业中排名靠前，但是营运能力和偿债能力则处于中等水平，具有一定的投资风险。与2013年比较而言，其营运能力有所下降，但同时盈利及成长能力均有所提高，因此综合排名也有所提高。中国南车集团公司前身中国南方机车车辆工业集团公司，是经国务院批准，从原中国铁路机车车辆工业总公司分离重组，于 2000 年 9 月组建成立的国有独资大型集团公司，主要从事铁路机车车辆和城市轨道交通车辆及相关产品的设计制造，在我国轨道交通装备行业中具有重要地位和影响力。其下属 27 个子公司，分布在全国 10 个省市，2014 年公司实现净利润 53.15 亿元，同比增长 27.61%，每股收益为 0.39 元，公司实现营业收入 1197 亿元，同比增长 20.48%。其盈利因子得分与营运因子得分均高于行业平均水平，但是盈利营运因子得分为负，从而使其综合得分排名行业第九位，如果作为长期投资应该谨慎对待。与 2013 年比较而言，其营运能力有所下降，但其盈利和成长能力均有很大提高，这也使其综合排名得以提升。中航动控是国家高新技术企业，湖南省“双百工程”企业，株洲市“5115 工程”企业，具有较大的发展空间，可以认为是一支具有发展潜力的股票。宗申动力拥有核心技术，其宗申技术中心是国家认定企业（集团）技术中心，其检测中心进入国家实验室名录。2007 年 9 月，国家知识产权局在宗申技术中心设立首批企业专利工作站。宗申集团技术中心设有国家博士后工作站，并建立起了全国行业最完备的知识产权数据库。宗申集团投资 30 亿元启动的“赛科·龙”计划是中国摩托车行业规模最大的自主研发计划。其盈利因子和成长因子均为正值，且综合得分排名为第七名，是值得考虑投资的对象。洪都航空、中航动控、中国重工、成发科技、中国嘉陵、亚星锚链、太阳鸟、钱江摩托、钢构工程、*ST 舜船的综合排名绝大部分在尾列，其中盈利因子得分均为负，投资风险较大。中国重工各项因子得分均为负，暂不具有投资价值。这个类别的公司在盈利因子和成长因子的得分上多为负数，所以可以判断该类别的公司不是理想的长期投资对象。

类别 3 中有隆鑫通用、康尼机电两个公司，根据表 6－112 的数据显示，隆鑫通用公司综合排名第三，其中偿债因子得分排名第一，具有较强的偿债能力。但是其营运因子为负值，投资者投资时应格外谨慎。该公司 2013 年综合排名第二，其中营运因子得分排名第一，在 2014 年营运能力降低，导致了其综合排名的降低。康尼机电综合排名虽第四，但其盈利因子和偿债因子均为负值，存在投资风险。

类别 4 中只有*ST 舜船一家公司，根据表 6－112 的数据显示，该公司的综合排名末尾，除了偿债营运因子外，其他的因子均为负值，投资价值不高。与 2013 年比较而言，其成长能力出现了明显的下降，很大程度上导致了其综合排名下降。

八、结语

综上所述，投资者在进行投资时，要综合考虑宏观、微观等各方面反映的财务信息，加以谨慎的分析，做出合理的选择。在此，运用 SPSS 软件，利用 13 个指标综合分析 34 家铁路、船舶、航空航天和其他运输设备制造业上市公司各方面表现情况，对投资者进行投资决策有一定的参考意义。但由于分析仅仅运用了 2014 年一个年度的财务报表资料并结合 2013 年的相关分析结果联系实际进行，某些项目还可能会由于会计政策变更等的影响存在一定程度的偶然性，分析指标的选择也具有主观性。因此，分析结果难以反映出完全的真实状况，若后续能对更多个连续年度进行跟踪分析，并适当增加分析指标，则可较大程度地消除偶然性，帮助投资者做出更加准确的投资决策，以更加有效地配置投资资源，促进铁路、船舶、航空航天和其他运输设备制造业的更加健康和谐发展。

（参著：谢星星）

第十七节　电气机械及器材制造业上市公司投资价值比较分析研究

一、行业发展和投资价值状况

中国的电气行业自始至今30多年来，一直主要围绕着低端家电的生产不断发展。中国是一个高度人口密集型国家，对诸多电气的需求量巨大，特别是一些日常家用电器；但在一些高端电气生产方面，中国的技术水平相对较低；在一些自主产权方面，缺乏经验，特别是在一些高、低压电气领域少有建树。与国外发达国家和地区比较，中国电气行业起步较晚，基本处在不断学习和仿制的过程中，为了尽快缩小与它们的差距，在许多环节和领域也不断加强技术革新和新产品研发，也出现了越来越多的国际品牌产品，国际市场潜力巨大。

机械行业一直是一个国家发展水平的标志。机械行业为国民经济各个部门提供装备，其发展直接关系到国民经济中各个部门水平和经济效益的提高。一个国家没有现代化的机械制造行业可能会是机械大国，但不可能成为机械强国。新中国成立以来，中国的机械行业发展非常迅速，特别是改革开放以来，中国已逐渐形成了一条具有中国特色的现代化制造业之路。从当前国内外市场的供求预测来看，今后的机械产品市场依然十分巨大，主要表现在以下几个方面：基础件国内市场需求目前呈增长势头，且出口前景广阔，国际基础件贸易不断增长；交通运输设备的需求大增，尤其汽车市场，现实的和潜在的市场很大；工程机械产品市场需求扩大，今后一段时间内，工程机械产品仍将保持一定的增长速度，尤其是大型、名牌工程机械市场；机床产品尤其是数控机床。今后市场的总体趋势是高精度、高效率、高自动化、智能化和环保化。

电气机械及器材制造业是中国国民经济行业分类中一个非常重要的大类，该行业产品技术密集程度相对较高，其在提升产业经济、提高国民生活质量方面起着不可替代的基础性作用，具有广阔的发展空间和较大的投资价值。本书以深沪两市174家电气机械与器材制造业上市公司为例，选取13个能够综合反映财务能力的指标，作为评估各上市公司投资价值的指标体系，建立指标模型，运用SPSS软件，采用因子分析法与聚类分析法进行投资价值分析，确定分析对象的投资价值总量及排名，并合理划分层级，联系实际进行深入分析研究，得出量与质有机结合的投资价值结论，为投资者提供参考，以降低其投资风险，提高投资收益。

二、样本选取与数据处理

沪、深证交所的174家电气机械及器材制造业上市公司的资料来源主要为其2014年的财务报告。具体初始数据如表6-114和表6-115所示。

表 6－114　　初始数据 1

股票代码	名称	基本每股收益（元）	销售净利率（%）	每股净资产（元）	总资产报酬率（%）	流动比率	速动比率
000049	德赛电池	1.1428	4.8967	3.6141	10.1947	1.1967	1.0034
000070	特发信息	0.2051	3.7011	3.9435	3.8560	1.4653	0.9955
000333	美的集团	2.4900	8.2209	9.3625	12.7289	1.1816	0.9763
000400	许继电气	1.0573	15.4233	5.6227	15.0990	2.4563	1.9755
000418	小天鹅 A	1.1000	7.3196	7.0009	8.9084	1.5757	1.4783
000521	美菱电器	0.3856	2.6048	4.4816	2.6606	1.3783	1.0274
000533	万家乐	0.1800	4.1105	1.8685	6.8708	2.1066	1.7269
000541	佛山照明	0.2700	8.6900	3.1113	8.5356	4.1675	3.0385
000585	东北电气	0.0100	3.0672	0.3277	1.9998	2.2317	1.9804
000633	合金投资	−0.0750	−33.0301	0.5140	−10.2250	12.4775	8.8377
000651	格力电器	4.7100	10.3469	14.6791	10.8517	1.1085	1.0291
000676	智度投资	−0.2180	−22.0222	0.4513	−8.4045	0.8021	0.5733
000682	东方电子	0.0452	5.9146	1.4954	4.5339	1.7414	1.1436
000806	银河投资	0.0373	2.8679	1.1714	4.1666	1.1282	0.8611
000836	鑫茂科技	−0.4910	−18.5339	2.1043	−4.4238	1.3000	0.3556
000921	海信科龙	0.5000	2.6815	2.5457	6.2021	0.9074	0.5784
000922	佳电股份	0.0100	0.2754	3.8888	0.3049	2.1087	1.5007
000967	上风高科	0.2200	2.2747	4.5294	5.9504	1.5112	1.3214
002005	德豪润达	0.0109	0.3215	3.9779	2.6755	0.9600	0.7033
002028	思源电气	0.7400	13.7252	5.7433	10.6664	2.7217	2.2731
002035	华帝股份	0.7800	6.8605	4.0751	13.2177	1.4350	1.1936
002056	横店东磁	0.9300	10.3966	8.0169	10.0448	3.0767	2.4886
002074	东源电器	0.1500	5.3598	1.9538	6.3327	1.1085	0.8994
002076	雪莱特	0.0937	3.7878	2.2360	3.0950	2.1629	1.4524
002090	金智科技	0.5234	9.7977	3.4694	9.1887	1.6328	1.3044
002112	三变科技	0.0800	1.7360	2.3649	3.5346	1.2344	0.9449
002123	荣信股份	−0.5100	−29.4095	3.5490	−5.5624	2.7037	2.1217
002129	中环股份	0.1436	2.7585	6.2727	3.3550	1.4795	1.1388
002139	拓邦股份	0.3000	5.6854	2.5367	8.0360	1.5681	1.2721
002141	蓉胜超微	0.0123	0.3557	1.6559	3.0870	1.3485	0.9583
002168	深圳惠程	−0.1200	−38.1179	1.3784	−8.1556	3.6058	3.1714

续 表

股票代码	名称	基本每股收益（元）	销售净利率（%）	每股净资产（元）	总资产报酬率（%）	流动比率	速动比率
002169	智光电气	0.1567	8.2256	2.2373	5.4171	1.3724	1.1399
002176	江特电机	0.0800	5.5171	3.6579	3.4085	6.1290	4.8683
002184	海得控制	0.2520	4.2399	3.4922	6.5363	1.8477	1.4419
002212	南洋股份	0.1000	2.2927	3.4305	4.3773	2.8741	2.0139
002218	拓日新能	−0.0100	−0.9051	2.8654	1.9021	0.8588	0.4724
002227	奥特迅	0.3734	17.7247	3.4746	9.6252	3.8348	2.8692
002242	九阳股份	0.7000	10.3546	4.0337	15.5943	2.0594	1.7792
002249	大洋电机	0.3900	7.6115	4.2053	7.3652	1.8341	1.3757
002260	伊立浦	0.2100	5.0269	2.2519	7.4431	1.2825	1.0070
002276	万马股份	0.2500	4.0495	2.8921	7.0552	2.1719	1.9249
002290	禾盛新材	−0.5800	−10.3154	3.9854	−8.7031	1.7896	1.1488
002298	鑫龙电器	0.0362	2.0576	3.0942	2.3583	2.0482	1.3304
002300	太阳电缆	0.3700	5.2199	2.7001	11.4948	1.0279	0.7738
002309	中利科技	0.5200	2.7006	7.3857	5.2236	1.5873	1.2653
002322	理工监测	0.2300	30.9188	4.3687	2.8367	15.8510	14.9688
002334	英威腾	0.4547	15.1243	4.0674	10.0130	5.2366	4.5658
002335	科华恒盛	0.5800	9.2394	5.0445	8.6262	1.7805	1.5081
002339	积成电子	0.3400	12.7281	3.5690	8.5042	2.9353	2.3937
002350	北京科锐	0.3400	5.7116	4.9441	5.5935	2.0865	1.5935
002358	森源电气	0.6600	23.6684	5.2371	10.4744	1.7440	1.4226
002364	中恒电气	0.4900	20.9199	3.6823	12.8758	5.0133	3.6146
002380	科远股份	0.4200	13.8562	9.2512	3.4677	4.6798	4.0328
002413	常发股份	0.1500	1.5427	5.4671	3.4434	2.5732	1.9051
002451	摩恩电气	0.0600	4.7603	1.5115	4.4379	0.8156	0.7057
002452	长高集团	0.3470	18.4123	4.4874	7.0766	5.3387	3.8622
002471	中超电缆	0.2000	3.0849	3.2370	5.7981	1.4952	1.1446
002473	圣莱达	−0.0600	−6.6872	2.4349	−3.0257	4.8455	4.0112
002491	通鼎互联	0.4971	6.1264	5.8772	6.8232	1.3788	0.8537
002498	汉缆股份	0.2200	5.1336	3.9316	5.8468	2.7420	2.0928
002508	老板电器	1.8000	15.8179	7.7567	19.3159	2.6421	2.1541
002518	科士达	0.5100	10.9064	5.2299	8.2295	2.9585	2.4824

续　表

股票代码	名称	基本每股收益（元）	销售净利率（%）	每股净资产（元）	总资产报酬率（%）	流动比率	速动比率
002527	新时达	0.5500	15.5727	5.1909	10.3563	3.4671	2.6782
002531	天顺风能	0.4200	12.4679	4.8692	7.1165	1.8991	1.5282
002533	金杯电工	0.2360	4.1848	3.5457	5.1618	3.1009	2.4990
002543	万和电气	0.6066	6.7095	5.8647	8.2151	2.1674	1.4422
002546	新联电子	0.6100	26.8755	5.2284	10.3144	4.0235	3.7678
002560	通达股份	0.3400	9.3263	9.9328	5.7230	2.9888	2.5019
002576	通达动力	−0.1000	−1.5738	5.0979	−1.0187	2.7952	2.1519
002580	圣阳股份	0.1800	1.5564	7.6147	2.9390	1.8942	1.4335
002606	大连电瓷	0.1300	4.2043	3.6516	3.1731	1.5963	1.0110
002610	爱康科技	0.2900	3.2848	6.3416	4.1854	0.6256	0.5899
002616	长青集团	0.4226	4.5318	9.5018	4.8259	1.4041	1.1320
002617	露笑科技	−0.2200	−1.5855	4.7095	2.6647	1.3299	1.1005
002622	永大集团	0.3200	29.3423	8.1307	2.2359	3.9806	3.4642
002638	勤上光电	0.0300	1.2112	5.9226	−0.3469	5.2563	4.7392
002647	宏磊股份	−0.2200	−1.2719	4.5080	−0.9014	1.4705	1.1242
002665	首航节能	0.8000	18.8297	7.3425	8.8077	2.1147	1.8549
002668	奥马电器	1.2300	4.5539	9.1693	7.7829	1.3238	0.8495
002670	华声股份	0.4668	6.2361	4.1321	10.4248	1.9612	1.5128
002677	浙江美大	0.6900	29.3295	4.9392	14.0119	5.2982	5.0783
002684	猛狮科技	0.1000	2.1537	4.9175	1.6831	0.7688	0.4254
002692	远程电缆	0.3020	4.4006	3.9550	7.1210	1.4625	1.1635
002705	新宝股份	0.4897	3.7501	4.9348	7.3028	1.2709	0.8614
002706	良信电器	1.1900	11.7184	8.8940	14.2322	3.4022	2.9187
002723	金莱特	0.4472	7.0090	6.6440	6.9716	1.6410	1.0729
002724	海洋王	0.4790	16.2461	3.8375	12.6084	5.4710	5.1286
002733	雄韬股份	0.9400	5.0438	8.0853	8.8296	2.1658	1.5726
300001	特锐德	0.4000	9.2417	3.5273	8.5563	1.4784	1.2368
300014	亿纬锂能	0.2100	6.6925	2.4458	7.8342	1.9091	1.3456
300018	中元华电	0.2600	22.2078	3.8300	5.2084	9.5909	8.7649
300032	金龙机电	0.4000	6.2201	5.4730	5.9606	1.2769	0.9106
300040	九洲电气	−0.2000	−29.4033	4.2609	−5.3698	6.4657	5.5463

续 表

股票代码	名称	基本每股收益（元）	销售净利率（%）	每股净资产（元）	总资产报酬率（%）	流动比率	速动比率
300048	合康变频	0.1300	7.6631	4.4986	3.1310	3.6064	2.5181
300062	中能电气	0.2000	7.3268	4.9514	3.5852	3.8077	2.8641
300068	南都电源	0.1800	2.7163	4.6367	3.8719	2.0525	1.5126
300069	金利华电	0.1300	7.3598	4.1400	3.1224	2.3493	1.2307
300105	龙源技术	0.3300	10.4238	4.1875	6.1917	2.8764	2.5374
300120	经纬电材	0.0240	1.1624	2.9084	0.6519	3.9687	3.5317
300124	汇川技术	0.8500	30.7713	4.4300	16.6748	4.0935	3.6425
300129	泰胜风能	0.3000	6.7114	4.6748	4.9213	1.7262	1.1010
300140	启源装备	0.0697	5.4505	6.4706	0.4778	3.7011	3.1913
300141	和顺电气	0.3100	15.9883	4.1172	6.7765	5.0624	4.5622
300152	燃控科技	0.1800	5.7649	6.1511	2.7774	1.6328	1.3024
300153	科泰电源	0.2000	4.9370	5.8681	2.2934	4.1049	3.1267
300207	欣旺达	0.6800	4.0063	5.7494	6.5139	1.2846	0.9852
300208	恒顺众昇	0.3800	17.4826	2.6673	12.4623	1.4451	1.2454
300217	东方电热	0.2596	10.3697	2.9308	7.4915	2.6486	2.0040
300222	科大智能	0.5300	13.3081	7.8601	6.7963	2.5363	1.8565
300242	明家科技	0.0500	2.4252	3.4269	0.9693	3.6040	2.8206
300247	桑乐金	0.0789	6.9201	2.5973	3.5296	3.2890	2.2601
300252	金信诺	0.5100	7.8665	4.6927	8.2146	1.2335	1.0472
300265	通光线缆	0.2400	3.7627	5.7874	4.3182	2.0140	1.6350
300272	开能环保	0.2516	18.2203	2.0861	11.0332	5.8746	5.2580
300274	阳光电源	0.4300	9.2509	3.5950	7.0518	1.8089	1.4776
300279	和晶科技	0.1955	3.4730	4.3831	3.7990	1.2923	0.7841
300283	温州宏丰	0.1700	3.4515	4.0486	4.4228	1.8687	1.0908
300317	珈伟股份	0.0584	0.9048	4.2014	1.1643	1.6628	0.9630
300341	麦迪电气	0.2044	12.2914	2.9776	6.2675	6.9936	6.2774
300342	天银机电	0.4600	22.2426	3.9564	11.3690	6.4869	5.9616
300356	光一科技	0.2764	8.5463	8.0396	2.6181	2.2688	2.1086
300372	欣泰电气	0.5141	10.5247	7.6623	6.8578	2.3056	2.0911
300376	易事特	0.9800	8.7848	6.0590	9.4626	1.7602	1.4957
300403	地尔汉宇	1.2417	20.1888	8.5241	17.0215	11.5609	10.4180

续 表

股票代码	名称	基本每股收益（元）	销售净利率（%）	每股净资产（元）	总资产报酬率（%）	流动比率	速动比率
300407	凯发电气	1.4000	21.6537	10.7651	10.0174	2.5523	2.1136
300423	鲁亿通	0.6500	14.0829	3.2600	12.2592	1.5317	1.4365
300438	鹏辉能源	0.9600	8.5256	7.3500	9.2745	1.6216	1.0997
300447	全信股份	0.8107	24.0046	4.5300	17.6777	4.6688	3.1058
600089	特变电工	0.5240	5.0213	6.0329	4.7189	1.2305	0.9278
600105	永鼎股份	0.3800	9.2842	4.4528	7.8194	1.8180	1.5607
600110	中科英华	−0.2279	−15.0955	1.5184	−1.1240	0.8440	0.7661
600112	天成控股	0.0312	3.2527	2.4895	2.9695	0.9627	0.8366
600192	长城电工	0.1759	3.9984	4.1984	3.6891	1.5497	1.1060
600202	哈空调	0.0588	2.1298	2.2332	3.4170	1.2434	0.9732
600261	阳光照明	0.3000	9.0359	2.7789	7.3405	2.0462	1.5936
600268	国电南自	−0.5400	−5.7027	3.1247	−0.5514	0.9569	0.7981
600290	华仪电气	0.1700	5.3108	3.7882	3.6407	1.6611	1.4660
600312	平高电气	0.6553	15.2718	5.1595	10.3362	1.7046	1.3614
600336	澳柯玛	0.1000	1.7187	1.4530	4.4439	0.8652	0.5250
600379	宝光股份	0.0861	3.4471	1.7260	4.6659	2.1736	1.5184
600468	百利电气	0.1065	6.1310	1.3990	4.7787	1.1120	0.8705
600478	科力远	−0.0973	−5.1811	1.8583	−0.6641	0.7384	0.6223
600482	风帆股份	0.2700	2.4154	3.8849	6.1060	1.6578	0.8665
600487	亨通光电	0.8680	3.6800	9.8951	6.8784	1.0961	0.7356
600517	置信电气	0.2300	7.2732	1.8486	9.1680	1.5108	1.2648
600520	中发科技	−0.4655	−23.5238	2.9898	−8.6275	1.8933	1.4935
600522	中天科技	0.7600	6.8437	9.1082	7.5660	2.5710	1.9422
600537	亿晶光电	0.2500	3.5450	2.7970	3.4669	0.7252	0.4732
600550	保变电气	0.0490	1.9562	0.5960	4.4330	1.0342	0.7435
600577	精达股份	0.1700	1.7472	2.7967	6.5572	1.7213	1.4478
600580	卧龙电气	0.4014	6.9056	3.3963	6.0472	1.3050	0.9840
600590	泰豪科技	0.1200	1.9919	4.3187	3.1983	0.9977	0.7976
600651	飞乐音响	0.0870	3.6426	2.9411	3.3349	1.3152	0.8557
600690	青岛海尔	1.7400	7.5384	7.1702	11.2267	1.4287	1.2472
600847	万里股份	0.0100	0.9525	4.5211	−0.2807	3.9539	3.5260

续 表

股票代码	名称	基本每股收益（元）	销售净利率（%）	每股净资产（元）	总资产报酬率（%）	流动比率	速动比率
600854	春兰股份	0.0213	−1.6783	3.6784	0.3594	2.1193	0.3764
600869	智慧能源	0.1846	1.7561	3.1454	3.9959	1.0979	0.9830
600884	杉杉股份	0.8480	8.9788	10.3276	6.2820	1.4305	1.1428
600885	宏发股份	0.8100	14.5608	4.8907	15.7806	2.6072	1.9955
600973	宝胜股份	0.3130	1.0637	5.0087	5.0008	1.1417	0.9318
600983	惠而浦	0.5100	5.3339	5.3513	4.7364	1.9649	1.6642
601126	四方股份	0.8400	10.2838	8.4581	7.8042	2.6088	2.1294
601179	中国西电	0.1330	4.7692	3.5166	2.5064	2.0967	1.7037
601311	骆驼股份	0.7900	13.2885	4.7219	15.3266	3.8468	2.9810
601369	陕鼓动力	0.3200	10.9361	3.7311	3.7755	1.5102	1.3183
601616	广电电气	0.0416	4.6643	2.7053	1.2118	3.7828	3.4553
601877	正泰电器	1.8200	15.4081	5.9714	20.7163	2.2023	1.8961
603333	明星电缆	−0.1300	−11.4023	2.8407	−3.2480	4.6999	4.2330
603366	日出东方	0.5400	7.0348	8.8079	4.4640	3.2435	2.9711
603519	立霸股份	0.9140	7.4366	6.3563	11.6882	2.1860	1.6660
603606	东方电缆	0.5500	4.0807	5.4578	7.0376	1.4798	1.0589
603618	杭电股份	0.7300	4.7057	5.2708	7.4600	1.2221	0.7315
603703	盛洋科技	0.8000	13.8306	3.9300	14.3784	1.1234	0.6576
603988	中电电机	0.8580	16.4417	7.6123	8.9687	3.5007	2.8940

表 6－115　　初始数据 2

股票代码	名称	资产负债率（%）	存货周转率（次）	固定资产周转率（次）	总资产周转率（次）	总资产增长率（%）	营业总收入增长率（%）	股东权益增长率（%）
000049	德赛电池	80.3558	9.1940	45.4499	1.5881	38.6970	45.1357	38.9253
000070	特发信息	51.6340	3.2224	4.2374	0.7871	15.7389	21.7122	4.6471
000333	美的集团	61.9830	6.9939	7.2476	1.3043	24.0815	17.3552	20.1631
000400	许继电气	42.2345	3.0049	8.2268	0.8761	30.1688	−4.7307	72.4007
000418	小天鹅 A	54.7790	11.4086	9.5610	1.0490	23.3587	23.7886	13.2796
000521	美菱电器	61.8340	4.9019	9.1130	1.2281	5.7127	2.1432	7.3860
000533	万家乐	48.3665	5.0815	22.0714	1.0070	1.9377	68.6157	4.7110

续 表

股票代码	名称	资产负债率（%）	存货周转率（次）	固定资产周转率（次）	总资产周转率（次）	总资产增长率（%）	营业总收入增长率（%）	股东权益增长率（%）
000541	佛山照明	17.1864	3.9332	6.5569	0.8631	10.7572	21.4495	5.3278
000585	东北电气	40.6092	4.5154	3.0435	0.4179	4.2929	0.7855	2.3222
000633	合金投资	23.2329	2.9236	0.7992	0.3164	−12.6720	−33.0009	−12.7409
000651	格力电器	71.1123	8.1045	9.5087	0.9502	16.8500	16.6293	27.6723
000676	智度投资	76.1481	2.1912	2.3225	0.5522	−12.9337	−15.2893	−32.5733
000682	东方电子	43.5378	1.8934	4.3005	0.6364	15.9464	10.5267	2.1019
000806	银河投资	61.7743	1.8313	2.0155	0.3740	5.8437	2.2762	−1.9681
000836	鑫茂科技	62.3431	0.8938	1.7265	0.4249	−7.0284	−8.8679	−18.9197
000921	海信科龙	70.2974	7.6806	10.0120	2.1033	10.8827	8.9261	25.8167
000922	佳电股份	41.3909	2.1551	3.6713	0.5966	35.1368	−23.2545	49.8108
000967	上风高科	42.5011	13.0462	8.1109	1.2102	3.5654	11.6006	73.7713
002005	德豪润达	54.4834	2.7713	1.1191	0.3483	18.4651	32.7436	31.3983
002028	思源电气	30.6745	3.3259	7.1752	0.7042	8.8463	8.4397	10.9724
002035	华帝股份	43.0705	8.7827	6.8233	1.6905	11.5104	14.0525	17.8291
002056	横店东磁	31.0448	5.6742	2.0003	0.7998	8.9055	12.2471	11.7789
002074	东源电器	58.7327	3.9321	2.3110	0.6973	0.6542	19.9134	6.0690
002076	雪莱特	31.3759	2.5819	3.2104	0.7490	7.6227	12.7037	1.9916
002090	金智科技	51.4986	3.4729	6.2242	0.7393	7.0949	12.0365	20.6350
002112	三变科技	63.0260	2.7783	4.0995	0.7758	20.3844	0.2921	3.1800
002123	荣信股份	48.0845	0.9084	1.3684	0.2340	−20.3603	−29.7293	−13.0273
002129	中环股份	52.6772	2.8522	1.0468	0.3842	32.8945	27.9512	87.0442
002139	拓邦股份	43.2069	8.4722	6.8282	1.1895	10.2844	11.6383	8.9712
002141	蓉胜超微	46.4877	7.8264	4.5794	1.5360	−9.8138	−1.1036	−5.0277
002168	深圳惠程	20.4816	1.6467	0.7054	0.2066	9.9892	−27.6288	−6.7933
002169	智光电气	56.9541	2.8168	1.9174	0.4048	12.6956	7.7483	6.0014
002176	江特电机	12.5252	2.4770	1.8059	0.4094	44.7730	−7.2577	114.1681
002184	海得控制	42.8429	4.6530	6.3547	1.0921	21.0129	7.8676	4.4680
002212	南洋股份	41.8255	4.5088	4.0527	0.7648	3.8120	23.2601	2.5610
002218	拓日新能	56.0839	0.7385	0.4136	0.1895	24.5815	−46.3637	−2.5165
002227	奥特迅	21.0671	1.5930	26.1036	0.5070	15.6796	31.6145	13.8679

续 表

股票代码	名称	资产负债率（%）	存货周转率（次）	固定资产周转率（次）	总资产周转率（次）	总资产增长率（%）	营业总收入增长率（%）	股东权益增长率（%）
002242	九阳股份	35.2255	9.1600	8.6531	1.2514	9.5484	11.5499	5.2084
002249	大洋电机	39.3118	4.1142	5.2358	0.8168	37.3116	35.7515	36.6376
002260	伊立浦	48.5138	5.7202	6.1652	1.1702	39.6069	1.5749	5.5741
002276	万马股份	41.6784	13.1170	9.0765	1.3437	16.2223	20.4159	7.8798
002290	禾盛新材	41.1572	2.7705	5.8772	0.8553	6.1845	8.7373	−13.6529
002298	鑫龙电器	41.8362	0.8950	2.5944	0.3546	−1.0299	−10.5819	0.2247
002300	太阳电缆	54.3361	7.7275	3.9190	1.2458	6.6062	−0.1894	5.5294
002309	中利科技	69.7025	2.5907	3.0442	0.5717	12.3709	14.5017	56.2785
002322	理工监测	6.1373	1.2258	0.9788	0.1495	2.0967	−37.0858	−0.2125
002334	英威腾	15.2846	3.8435	10.8580	0.6173	13.6051	13.9853	11.3741
002335	科华恒盛	41.5509	5.4447	5.8587	0.8124	37.0283	46.5709	8.3355
002339	积成电子	28.9707	2.9811	8.7697	0.6094	21.0779	25.1725	8.5888
002350	北京科锐	34.1840	3.8694	6.9450	0.8512	17.7909	35.6682	5.9424
002358	森源电气	45.3970	1.4090	2.0676	0.3423	37.5213	−13.1545	11.0559
002364	中恒电气	20.2914	1.7305	5.9292	0.5484	22.4335	39.1357	11.6897
002380	科远股份	15.3503	1.8064	1.5637	0.2867	4.7093	29.4894	3.5346
002413	常发股份	24.9452	6.7522	4.5309	1.2743	−10.3499	16.7547	0.8303
002451	摩恩电气	56.9306	6.7528	3.9221	0.4605	28.6271	46.0929	4.0575
002452	长高集团	15.7738	0.9810	2.3842	0.3528	6.7575	−3.6119	7.9471
002471	中超电缆	63.3757	4.1686	7.6561	0.8598	16.3443	9.3942	3.3628
002473	圣莱达	11.1356	3.1380	1.0937	0.3322	−4.8477	−9.1254	−8.9758
002491	通鼎互联	57.3911	1.8572	3.0949	0.6313	16.8831	7.4268	16.2939
002498	汉缆股份	28.3909	3.5667	9.1764	0.8484	16.8521	−3.5326	2.3500
002508	老板电器	31.5632	3.1107	11.0621	1.1166	29.3652	35.2373	21.9281
002518	科士达	27.3348	3.6263	3.1941	0.6589	6.2380	18.4542	10.1762
002527	新时达	17.5205	3.0265	3.5342	0.6134	38.9708	30.4336	33.2004
002531	天顺风能	32.1206	3.6309	1.7614	0.4754	1.5137	8.6455	6.1203
002533	金杯电工	25.3994	7.1403	7.0424	1.1583	9.4221	5.8492	7.8855
002543	万和电气	31.3009	3.7386	5.6961	1.0877	5.5777	7.7248	3.3234
002546	新联电子	20.0344	5.4036	2.2210	0.3670	22.4740	6.8599	7.0245

续　表

股票代码	名称	资产负债率（%）	存货周转率（次）	固定资产周转率（次）	总资产周转率（次）	总资产增长率（%）	营业总收入增长率（%）	股东权益增长率（%）
002560	通达股份	18.4105	3.5333	4.2443	0.4232	35.2874	−17.6271	49.6478
002576	通达动力	24.9911	5.0804	4.0798	0.9123	−2.6676	14.6197	−2.4962
002580	圣阳股份	48.1115	4.2155	2.7865	0.8115	6.8788	22.4406	1.2447
002606	大连电瓷	42.8603	1.5066	1.2959	0.4342	−5.2061	−5.0878	0.8032
002610	爱康科技	71.7075	14.6627	1.0978	0.4700	93.4160	55.5018	85.8516
002616	长青集团	41.7005	4.6933	1.6421	0.5745	44.5392	23.9603	55.6833
002617	露笑科技	60.9841	8.5797	5.3325	1.2019	1.2396	−2.9827	−5.3735
002622	永大集团	13.2082	0.8675	1.4033	0.1217	13.1383	−12.7994	3.6857
002638	勤上光电	31.2053	2.8811	2.5031	0.2818	2.1739	−20.5808	0.2249
002647	宏磊股份	58.0125	9.5811	14.9892	1.7421	0.5872	24.5480	−5.9793
002665	首航节能	33.9221	2.6004	3.7749	0.3991	17.1912	14.3867	10.3959
002668	奥马电器	52.8377	4.7604	7.4359	1.4685	12.3704	4.7876	12.2216
002670	华声股份	39.1590	5.7108	5.5397	1.0986	−0.6397	0.6852	4.2064
002677	浙江美大	12.6719	7.0621	2.3915	0.4261	5.4156	20.1492	7.3616
002684	猛狮科技	47.6393	2.6912	1.6294	0.5241	17.1117	69.5076	2.0979
002692	远程电缆	49.7353	5.3855	5.5374	0.9458	9.9581	−8.2793	6.1878
002705	新宝股份	50.1507	5.5076	4.6962	1.4618	29.6680	12.5774	65.1114
002706	良信电器	24.2614	5.3096	9.6190	1.0364	69.5803	25.1307	108.7316
002723	金莱特	23.0776	4.8658	1.9610	0.8287	34.1264	3.5266	77.0437
002724	海洋王	13.6470	3.6950	17.8989	0.6888	37.8261	−6.6190	49.7089
002733	雄韬股份	41.3588	4.5100	9.4297	1.2709	57.0407	19.6931	76.7029
300001	特锐德	48.2982	4.0166	5.3695	0.7220	30.4909	42.7715	10.0765
300014	亿纬锂能	39.2788	4.2333	4.0132	0.8194	32.3088	16.3471	9.6801
300018	中元华电	8.8027	1.6835	4.1076	0.2701	5.1067	9.6897	4.2330
300032	金龙机电	41.3738	2.9917	2.2947	0.5463	148.8139	175.0551	122.3381
300040	九洲电气	15.2293	1.2049	0.7494	0.1330	−3.8938	−9.4116	−5.5545
300048	合康变频	19.7789	1.0864	1.8422	0.3384	12.9210	0.8453	1.7935
300062	中能电气	19.9376	1.7493	2.7036	0.4444	−0.5924	2.5551	3.1792
300068	南都电源	39.0945	4.2827	3.5291	0.8322	15.0288	7.9496	−0.6882
300069	金利华电	26.2997	0.9206	0.8930	0.3074	−5.3398	8.1325	1.0111

续 表

股票代码	名称	资产负债率（%）	存货周转率（次）	固定资产周转率（次）	总资产周转率（次）	总资产增长率（%）	营业总收入增长率（%）	股东权益增长率（%）
300105	龙源技术	31.7612	3.6291	13.0270	0.5329	7.2192	18.6503	6.2620
300120	经纬电材	15.1790	11.8476	1.4444	0.6106	3.8760	2.8145	−2.5977
300124	汇川技术	21.9502	2.9298	10.5439	0.5297	23.0800	29.9375	12.8944
300129	泰胜风能	38.1791	2.2514	2.3582	0.5586	16.5138	33.2575	4.8552
300140	启源装备	16.0154	2.0753	1.4405	0.2516	7.0392	11.9232	−0.3673
300141	和顺电气	16.0266	2.8091	4.1476	0.4029	3.1157	−5.2232	7.5933
300152	燃控科技	39.0429	2.8640	2.5207	0.3530	34.3891	47.6456	2.3687
300153	科泰电源	18.4586	3.2164	4.6395	0.5695	6.9224	36.2031	1.7175
300207	欣旺达	67.4401	5.4441	12.9820	1.1234	71.5039	94.2092	13.4270
300208	恒顺众昇	43.7896	9.3244	2.4596	0.5106	20.8686	296.5640	15.2590
300217	东方电热	27.5803	2.8107	3.6945	0.6277	5.9726	23.1466	6.7167
300222	科大智能	24.4160	2.1028	4.8891	0.4833	121.7442	84.5112	111.4253
300242	明家科技	18.3754	2.6932	2.4273	0.5380	0.4941	17.5351	1.6194
300247	桑乐金	15.3819	1.7154	1.0666	0.3869	19.2128	7.1967	15.3625
300252	金信诺	55.2398	5.2443	6.1413	0.7199	20.8655	59.9303	10.9229
300265	通光线缆	35.0343	4.2710	3.2042	0.7303	5.1314	11.5941	2.3781
300272	开能环保	11.3166	4.1802	2.8643	0.5242	55.1972	20.4148	5.6127
300274	阳光电源	51.4995	2.8780	11.0188	0.6971	24.9140	44.4187	15.5414
300279	和晶科技	45.0900	3.1309	7.2839	0.8338	85.6607	38.3388	64.3379
300283	温州宏丰	35.8777	2.4119	3.7247	0.8481	29.4803	0.8657	4.1618
300317	珈伟股份	55.6395	1.2618	25.8782	0.5419	22.9940	6.1532	−0.2050
300341	麦迪电气	11.4380	4.6477	2.5633	0.5112	6.9623	−3.0051	5.5019
300342	天银机电	12.6256	5.0599	3.4965	0.4652	6.0926	−8.3764	5.5053
300356	光一科技	30.8133	3.0605	2.7193	0.2353	113.5897	6.1546	90.8876
300372	欣泰电气	37.0071	3.8674	3.2824	0.4670	38.9174	−11.5016	61.8755
300376	易事特	56.8037	4.7081	9.0822	0.9347	49.0923	46.0892	41.9231
300403	地尔汉宇	7.8895	4.9297	5.0540	0.7258	126.2143	9.0453	158.8152
300407	凯发电气	31.8875	1.2935	6.1875	0.3840	55.1225	15.3666	128.5183
300423	鲁亿通	54.7122	7.1633	6.1169	0.6802	13.0677	15.4155	24.8921
300438	鹏辉能源	42.5046	3.2101	4.1930	0.9444	19.6344	4.8069	14.9515

续　表

股票代码	名称	资产负债率（%）	存货周转率（次）	固定资产周转率（次）	总资产周转率（次）	总资产增长率（%）	营业总收入增长率（%）	股东权益增长率（%）
300447	全信股份	17.5850	1.1506	3.9020	0.6382	8.2422	9.9696	8.6431
600089	特变电工	64.5475	4.0784	2.0724	0.6562	17.0381	23.6509	33.8733
600105	永鼎股份	31.6702	6.9442	6.5051	0.7215	−4.1824	69.4081	9.0337
600110	中科英华	73.9570	4.9565	0.8166	0.2833	7.6182	−4.0860	−12.2394
600112	天成控股	51.8632	1.3340	1.2151	0.1717	−14.0639	−25.2766	6.8828
600192	长城电工	54.5816	1.8500	4.2031	0.5127	11.0676	2.3383	3.9785
600202	哈空调	67.2668	1.7355	1.9571	0.3967	−3.9732	20.3884	2.7071
600261	阳光照明	36.1625	3.3784	3.8114	0.7371	1.5067	2.5936	7.5094
600268	国电南自	73.9579	3.2020	3.9972	0.4717	1.6610	−6.4078	−15.4506
600290	华仪电气	56.6319	3.2963	3.9617	0.3757	4.1592	14.1154	4.0139
600312	平高电气	38.5677	3.4501	3.3836	0.5661	55.8582	20.6221	81.8177
600336	澳柯玛	65.0518	4.9319	6.6258	1.3135	−7.9985	−4.4350	7.7795
600379	宝光股份	34.0100	4.2599	2.4111	0.9367	−3.8572	0.3311	3.7566
600468	百利电气	51.6836	4.1833	3.4793	0.6437	17.2900	20.4032	6.3543
600478	科力远	55.0035	5.0611	1.0722	0.3801	35.8803	−24.8492	−8.2035
600482	风帆股份	51.9129	4.4907	5.8974	1.3556	5.0163	10.0379	7.0403
600487	亨通光电	63.1621	3.5122	3.8163	0.9319	24.2239	21.8897	51.2230
600517	置信电气	52.3742	5.3723	8.7471	0.8681	18.2609	28.5254	8.5835
600520	中发科技	32.1627	2.7112	1.9211	0.4204	25.0822	−7.6988	135.3004
600522	中天科技	31.1359	4.0313	4.0741	0.8315	31.3170	27.6165	49.8963
600537	亿晶光电	74.4291	4.2393	1.3138	0.6371	11.0107	20.7847	8.8247
600550	保变电气	86.7766	1.9249	3.3046	0.4212	−13.6813	−10.6435	1343.2535
600577	精达股份	41.1392	12.6578	9.6621	1.8225	4.6709	−2.9476	67.7719
600580	卧龙电气	57.7223	4.4999	2.8662	0.7379	10.1796	20.3384	5.2931
600590	泰豪科技	61.1114	3.3282	2.4325	0.4802	−8.2377	16.7589	2.4332
600651	飞乐音响	45.6776	2.5312	3.2786	0.5349	127.4932	−0.3861	144.8155
600690	青岛海尔	61.1767	8.9232	14.2912	1.3053	22.9294	2.5054	50.9634
600847	万里股份	20.1861	4.4630	1.3194	0.2727	6.6610	68.6519	1.0813
600854	春兰股份	26.5807	0.3245	1.1115	0.1829	−1.5797	−50.9365	0.0907
600869	智慧能源	73.0200	10.0512	6.5970	1.0227	22.9733	−1.9232	2.7623

续 表

股票代码	名称	资产负债率（%）	存货周转率（次）	固定资产周转率（次）	总资产周转率（次）	总资产增长率（%）	营业总收入增长率（%）	股东权益增长率（%）
600884	杉杉股份	51.8848	3.3557	4.3020	0.4404	23.0289	−9.6081	31.9010
600885	宏发股份	26.3290	3.9021	3.9934	0.8911	8.3804	18.6149	19.8789
600973	宝胜股份	75.0662	11.0585	13.0885	1.5840	26.3016	24.0064	3.8622
600983	惠而浦	44.5415	3.7206	8.0557	0.8427	30.4662	3.3707	113.3156
601126	四方股份	32.1497	2.7048	11.2863	0.6672	7.7718	6.9306	7.8899
601179	中国西电	39.1429	2.1709	2.7506	0.4375	−4.9019	6.7012	1.9315
601311	骆驼股份	30.0542	5.6393	4.0104	0.9216	12.3523	11.8533	15.6060
601369	陕鼓动力	56.0998	2.4090	3.2187	0.3349	−1.4135	−22.7040	0.5560
601616	广电电气	16.8839	4.1246	1.3475	0.2810	−5.4529	−19.3860	−0.2638
601877	正泰电器	47.2025	7.0259	10.1938	1.1002	10.8628	6.7806	15.0211
603333	明星电缆	13.9983	5.6366	1.2360	0.3244	−15.1278	−38.4961	−4.6010
603366	日出东方	21.6484	7.7580	6.8042	0.6722	−1.8068	−1.2252	0.0704
603519	立霸股份	37.3092	5.6446	7.9995	1.3184	19.2641	9.7662	16.7906
603606	东方电缆	53.0899	3.9388	5.0753	1.0453	17.1442	19.4794	47.6593
603618	杭电股份	67.0414	2.6291	8.6211	1.0340	5.1751	10.8104	16.1122
603703	盛洋科技	54.4402	2.2524	2.3722	0.7024	10.3399	14.8291	25.5064
603988	中电电机	24.0001	1.7498	3.4000	0.4945	49.6832	−13.0773	111.8760

在指标性质、单位不同的情况下，首先要对指标进行同趋势化处理。然后利用 SPSS 中的 Z - score 方法将 13 项指标的原始数据进行标准化处理。同趋势化数据和标准化数据略。

三、因子分析法适应性检验

为了检验所选用的指标是否适合使用因子分析法，以下利用 SPSS 软件中 KMO 和 Bartlett 球形检验方法来对样本进行检验。检验结果如表 6 - 116 所示。

表 6 - 116　　KMO 检验和 Bartlett 球形检验

取样足够度的 KMO 度量		0.586
Bartlett 球形检验	近似卡方	710.629
	df	78
	Sig.	0.000

由表 6－116 可知，Bartlett 球形检验统计量为 710.629，相应的概率 Sig. 为 0.000，在 5%的显著性水平之下，拒绝原假设，因此可认为相关系数矩阵与单位矩阵有显著差异，说明样本适合做因子分析。同时，KMO 值为 0.586，大于 0.5，可知各变量之间的相关程度无较大差异，说明样本适合做因子分析。

四、确定主因子

本书应用因子分析法中的主成分分析法来计算原始公因子的特征值、方差贡献率以及累计方差贡献率，并由此确定公因子。结果如表 6－117 所示。

表 6－117　　解释的总方差

成分	初始特征值			提取平方和载入			旋转平方和载入		
	合计	方差百分比（%）	累积百分比（%）	合计	方差百分比（%）	累积百分比（%）	合计	方差百分比（%）	累积百分比（%）
1	3.279	25.219	25.219	3.279	25.219	25.219	2.670	20.536	20.536
2	1.836	14.121	39.340	1.836	14.121	39.340	2.174	16.720	37.256
3	1.329	10.220	49.560	1.329	10.220	49.560	1.566	12.044	49.300
4	1.220	9.382	58.942	1.220	9.382	58.942	1.253	9.642	58.942
5	0.994	7.648	66.591						
6	0.988	7.598	74.188						
7	0.810	6.229	80.418						
8	0.682	5.250	85.667						
9	0.667	5.131	90.798						
10	0.515	3.959	94.758						
11	0.327	2.513	97.271						
12	0.261	2.011	99.282						
13	0.093	0.718	100.000						

提取方法：主成分分析。

根据表 6－117 中数据可知，前 5 个主因子的方差贡献率已经达到了累计方差贡献率的 58.942%，即表明这 5 个主因子已包含原始数据信息量的 58.942%，所以只需选择前 5 个主因子就可以较好地代表原始指标，对电气机械与器材制造行业公司的绩效进行描述。

特征值可用碎石图列示，如图 6－17 所示。从图 6－17 可以看出，从第 5 个成分开始，特征值的值都小于 1，且折线的陡度变得比较平缓，这说明提取 5 个主因子是合适有效的。

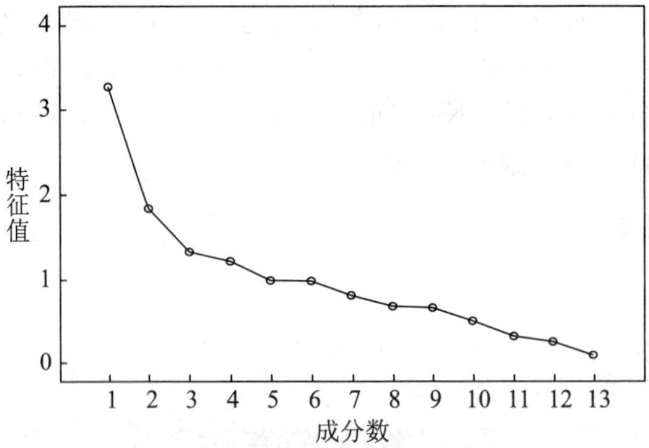

图 6-17　碎石图

五、旋转载荷矩阵分析

本书对原因子载荷矩阵进行最大方差旋转，以期得到主因子更明确的含义。结果如表 6-118所示。

表 6-118　　旋转后的因子载荷矩阵[a]

变量	成分			
	F_1	F_2	F_3	F_4
基本每股收益	0.830	0.256	0.023	−0.024
销售净利率	0.796	−0.018	0.108	0.024
每股净资产	0.708	−0.057	0.172	−0.046
总资产报酬率	0.818	0.323	0.077	0.046
流动比率	0.006	−0.096	0.684	0.105
速动比率	0.151	−0.065	−0.018	0.791
资产负债率	−0.154	0.066	0.008	0.777
存货周转率	0.005	0.824	0.007	0.010
固定资产周转率	0.192	0.656	0.024	−0.021
总资产周转率	0.107	0.872	−0.090	0.019
总资产增长率	0.266	0.034	0.756	0.022
营业总收入增长率	0.098	0.323	0.612	0.009
股东权益增长率	0.019	−0.078	0.307	−0.080

提取方法：主成分分析。
a. 已提取了 5 个成分。

由表 6-118 中的数据可以看到，基本每股收益、销售净利率、每股净资产与总资产报酬率在主因子 F_1 上的载荷分别为 0.830、0.796、0.708 和 0.818，体现了公司的盈利能力，为盈利因子；存货周转率、总资产周转率和固定资产周转率在主因子 F_2 上的载荷量分别为 0.824、0.872、0.656，它主要反映了公司的营运能力，所以将 F_2 命名为营运因子；主因子 F_3 则在总资产增长率（0.756）和营业总收入增长率（0.612）上有较大载荷量，代表了公司的成长能力，故而将其命名为成长因子；同样地，在速动比率（0.791）和资产负债率（0.777）上载荷量较大的主因子 F_4 代表了公司的偿债能力，故将主因子 F_4 命名为偿债因子。

六、电气机械及器材制造业上市公司综合得分与排名

要得到因子的综合得分，需先对因子数据进行标准化处理，使其期望为 0，方差为 1，然后，对各因子的方差贡献率占因子总方差贡献率的比重作为权重加权汇总，使用计算综合得分的公式 $F=(\lambda_1F_1+\lambda_2F_2+\lambda_3F_3+\lambda_4F_4)/(\lambda_1+\lambda_2+\lambda_3+\lambda_4)=(0.20536\times F_1+0.16720\times F_2+0.12044\times F_3+0.09642\times F_4)/0.58942$ 来计算各样本的综合得分。得到结果按名次排列如表 6-119 所示。

表 6-119　电气机械及器材制造业上市公司综合得分与排名

股票代码	名称	F_1（盈利）	F_2（营运）	F_3（成长）	F_4（偿债）	F（综合）	排名
300222	科大智能	−0.32579	−1.12956	8.95754	0.90831	1.5450	1
000651	格力电器	4.11220	0.83046	−0.86506	−0.64733	1.3857	2
000049	德赛电池	0.13877	4.37793	0.41174	−0.53484	1.2869	3
002508	老板电器	2.40935	0.57936	−0.11920	0.72191	1.0975	4
300208	恒顺众昇	−0.40531	1.78246	3.40070	−0.12813	1.0383	5
601877	正泰电器	2.16196	1.12716	−0.87004	0.54487	0.9843	6
300403	地尔汉宇	2.07698	−0.14988	1.83302	−0.58288	0.9603	7
300032	金龙机电	−0.33594	0.16433	4.58245	0.33350	0.9205	8
000333	美的集团	2.14610	1.13645	−0.44313	−0.45340	0.9054	9
000585	东北电气	−1.66830	0.10433	−0.44949	9.45275	0.9028	10
300407	凯发电气	2.36611	−1.38428	1.15063	1.29095	0.8780	11
002706	良信电器	1.57170	0.65516	0.91250	−0.43867	0.8481	12
600690	青岛海尔	1.26398	1.82821	−0.43397	−0.40683	0.8038	13
000400	许继电气	1.61836	−0.09789	−0.32556	1.92955	0.7852	14
600885	宏发股份	1.45856	−0.12696	−0.56701	2.46380	0.7593	15
002733	雄韬股份	0.71564	0.86148	0.64964	0.57515	0.7205	16
300207	欣旺达	−0.01313	1.45296	1.79427	−0.46178	0.6987	17
000418	小天鹅 A	0.61205	1.70996	−0.03330	−0.28652	0.6446	18
002276	万马股份	−0.69134	2.40331	−0.15492	1.31428	0.6242	19

续 表

股票代码	名称	F_1（盈利）	F_2（营运）	F_3（成长）	F_4（偿债）	F（综合）	排名
002242	九阳股份	0.60936	1.64083	−0.55970	0.21198	0.5981	20
002212	南洋股份	−0.04308	−0.22642	−0.57449	4.83854	0.5949	21
002035	华帝股份	0.29552	2.02897	−0.49583	0.00972	0.5788	22
300376	易事特	0.72124	0.64264	0.75798	−0.29577	0.5401	23
600577	精达股份	−1.03651	2.92118	−0.52041	0.96766	0.5195	24
603519	立霸股份	0.80586	1.02348	−0.35342	0.07695	0.5115	25
600522	中天科技	0.96781	−0.23691	0.50845	0.81547	0.5073	26
300124	汇川技术	1.74036	−0.11865	−0.07787	−0.32062	0.5043	27
002610	爱康科技	−0.52975	1.17074	2.14996	−0.51992	0.5018	28
600973	宝胜股份	−0.61419	2.55765	0.12079	−0.40965	0.4692	29
300372	欣泰电气	1.06803	−0.97888	−0.09167	2.26322	0.4459	30
002668	奥马电器	1.04891	0.87316	−0.56086	−0.42326	0.4293	31
002335	科华恒盛	0.23183	0.51686	0.58375	0.47762	0.4248	32
601126	四方股份	1.24459	−0.27785	−0.45539	0.99342	0.4243	33
300356	光一科技	0.60151	−1.34456	1.76296	1.35812	0.4106	34
300217	东方电热	0.41577	−0.61230	−0.44634	3.08947	0.3854	35
000921	海信科龙	−0.59185	2.49388	−0.49001	−0.36611	0.3412	36
000533	万家乐	−0.66075	1.84945	0.24206	−0.02987	0.3390	37
002724	海洋王	0.75352	0.54360	−0.03335	−0.44995	0.3363	38
601311	骆驼股份	0.97809	0.42045	−0.44533	−0.23118	0.3312	39
002227	奥特迅	0.54275	0.64747	0.01645	−0.36025	0.3172	40
000967	上风高科	−0.68522	2.11668	−0.23567	0.01891	0.3166	41
600312	平高电气	0.78753	−0.42880	0.73070	0.05480	0.3110	42
002498	汉缆股份	0.14344	0.02198	−0.51416	2.09664	0.2941	43
002677	浙江美大	1.37990	−0.16065	−0.41633	−0.35575	0.2919	44
002056	横店东磁	1.10289	−0.02474	−0.41867	−0.16339	0.2650	45
300438	鹏辉能源	0.97238	−0.06907	−0.33087	−0.01105	0.2498	46
300423	鲁亿通	0.52563	0.53566	−0.27324	−0.18972	0.2482	47
002705	新宝股份	−0.04665	1.01505	0.08342	−0.34732	0.2319	48
002028	思源电气	0.99123	−0.15948	−0.46018	0.14044	0.2291	49
300447	全信股份	1.68349	−0.67601	−0.61578	−0.25078	0.2279	50
002249	大洋电机	−0.03770	0.25351	0.55965	0.32739	0.2267	51

续　表

股票代码	名称	F_1（盈利）	F_2（营运）	F_3（成长）	F_4（偿债）	F（综合）	排名
600487	亨通光电	0.91102	−0.12104	0.12231	−0.50822	0.2249	52
300252	金信诺	0.12815	0.44781	0.49125	−0.34653	0.2154	53
600105	永鼎股份	−0.03749	0.75915	0.16680	−0.16124	0.2100	54
002665	首航节能	1.36128	−0.94390	−0.22394	0.28295	0.2071	55
002527	新时达	0.78137	−0.40345	0.44523	−0.26904	0.2048	56
002616	长青集团	0.42865	−0.45368	0.70818	0.16178	0.1918	57
300279	和晶科技	−0.40774	0.19079	1.62614	−0.32107	0.1918	58
002139	拓邦股份	−0.44036	1.41896	−0.33165	0.00262	0.1818	59
002364	中恒电气	0.90603	−0.42699	0.15978	−0.32998	0.1732	60
002670	华声股份	0.14566	0.73418	−0.72738	0.37197	0.1712	61
603988	中电电机	1.37007	−1.09886	0.25334	−0.40612	0.1510	62
002546	新联电子	1.18136	−0.59442	−0.19297	−0.34493	0.1471	63
002647	宏磊股份	−1.38499	2.58819	−0.22605	−0.37727	0.1437	64
300274	阳光电源	0.06292	0.28341	0.38404	−0.23182	0.1429	65
300001	特锐德	0.07296	0.17650	0.44945	−0.23077	0.1296	66
002300	太阳电缆	−0.11485	1.17223	−0.61766	−0.25963	0.1238	67
002334	英威腾	0.54049	0.15867	−0.24390	−0.41290	0.1159	68
002543	万和电气	0.44827	0.31484	−0.51854	−0.20825	0.1055	69
603703	盛洋科技	0.99673	−0.40448	−0.40157	−0.29597	0.1021	70
300272	开能环保	0.31936	−0.27115	0.61151	−0.35018	0.1020	71
002413	常发股份	−0.44145	0.87327	−0.37814	0.51769	0.1013	72
600983	惠而浦	0.09673	0.10556	0.19066	−0.08269	0.0891	73
600517	置信电气	−0.30253	0.78309	0.04616	−0.22719	0.0890	74
002339	积成电子	0.28187	−0.05411	0.06112	−0.05407	0.0865	75
603606	东方电缆	0.15840	0.33848	−0.03910	−0.35945	0.0844	76
002260	伊立浦	−0.42863	0.88253	0.09039	−0.23018	0.0818	77
002350	北京科锐	−0.05681	0.28147	0.16764	−0.12132	0.0745	78
002723	金莱特	0.36839	−0.12888	0.19831	−0.39505	0.0677	79
603366	日出东方	0.48429	0.30458	−0.60156	−0.41279	0.0647	80
600884	杉杉股份	1.25177	−0.89342	−0.25056	−0.41889	0.0630	81
603618	杭电股份	0.37048	0.32147	−0.47838	−0.41279	0.0550	82
300014	亿纬锂能	−0.31693	0.21628	0.19661	0.36981	0.0516	83

续 表

股票代码	名称	F_1（盈利）	F_2（营运）	F_3（成长）	F_4（偿债）	F（综合）	排名
002184	海得控制	−0.30826	0.62377	−0.15470	0.06968	0.0493	84
002533	金杯电工	−0.45670	1.06673	−0.36881	−0.15855	0.0422	85
002358	森源电气	1.33214	−1.31012	−0.17776	−0.09159	0.0412	86
600869	智慧能源	−0.77780	1.34250	−0.14719	−0.35184	0.0222	87
600651	飞乐音响	−0.52637	−0.63141	2.14541	−0.34877	0.0188	88
300105	龙源技术	0.12388	0.16104	−0.20475	−0.18359	0.0170	89
002518	科士达	0.49523	−0.30653	−0.29882	−0.14604	0.0006	90
002560	通达股份	0.90680	−0.96472	0.01291	−0.30493	−0.0050	91
002090	金智科技	0.29536	0.02661	−0.38081	−0.23656	−0.0061	92
300342	天银机电	0.87631	−0.40875	−0.68092	−0.36708	−0.0098	93
000541	佛山照明	−0.03262	0.31615	−0.19021	−0.30595	−0.0106	94
600482	风帆股份	−0.35031	0.86566	−0.44867	−0.31009	−0.0189	95
000521	美菱电器	−0.37641	0.86806	−0.48890	−0.37717	−0.0465	96
300152	燃控科技	−0.14801	−0.69336	0.77500	0.14026	−0.0670	97
002692	远程电缆	−0.12727	0.42404	−0.53845	−0.25094	−0.0751	98
600089	特变电工	0.15100	−0.29317	0.08706	−0.41989	−0.0815	99
300317	珈伟股份	−0.53542	0.54198	0.04678	−0.46130	−0.0987	100
300068	南都电源	−0.38667	0.05350	−0.16361	0.29002	−0.1055	101
002471	中超电缆	−0.38088	0.37324	−0.16503	−0.32057	−0.1130	102
600580	卧龙电气	−0.12753	0.02593	−0.16933	−0.31877	−0.1238	103
002580	圣阳股份	−0.08770	−0.13030	−0.09641	−0.25934	−0.1296	104
002451	摩恩电气	−0.85799	0.32569	0.62845	−0.34193	−0.1341	105
002309	中利科技	0.36662	−0.65093	−0.05002	−0.41575	−0.1351	106
002491	通鼎互联	0.41075	−0.65213	−0.18513	−0.37956	−0.1418	107
300129	泰胜风能	−0.05297	−0.54967	0.17231	−0.04574	−0.1467	108
300265	通光线缆	−0.08357	−0.16035	−0.30206	−0.06989	−0.1478	109
002531	天顺风能	0.42455	−0.64653	−0.46424	−0.14243	−0.1536	110
002617	露笑科技	−0.97303	1.16982	−0.50102	−0.33147	−0.1638	111
002141	蓉胜超微	−1.16180	1.54893	−0.82028	−0.19198	−0.1644	112
600261	阳光照明	−0.02693	−0.16192	−0.56391	0.01629	−0.1679	113
002380	科远股份	0.83667	−1.31161	−0.05427	−0.50301	−0.1739	114
000070	特发信息	−0.37350	−0.05520	0.01405	−0.32295	−0.1957	115

续 表

股票代码	名称	F_1（盈利）	F_2（营运）	F_3（成长）	F_4（偿债）	F（综合）	排名
300283	温州宏丰	−0.28770	−0.23426	0.00032	−0.19681	−0.1988	116
002576	通达动力	−0.81100	0.16389	−0.36206	0.67633	−0.1994	117
300153	科泰电源	−0.19007	−0.33320	0.08867	−0.41393	−0.2103	118
002129	中环股份	−0.14187	−0.86846	0.67797	−0.41184	−0.2246	119
002684	猛狮科技	−0.56924	−0.41349	0.72918	−0.37419	−0.2278	120
600336	澳柯玛	−0.85323	0.96552	−0.82127	−0.33759	−0.2464	121
300141	和顺电气	0.42001	−0.77390	−0.58404	−0.39566	−0.2573	122
600468	百利电气	−0.63618	−0.01150	0.03948	−0.28220	−0.2630	123
300341	麦迪电气	−0.03231	−0.36597	−0.46371	−0.40073	−0.2754	124
300120	经纬电材	−1.15313	0.86156	−0.29039	−0.38221	−0.2792	125
300018	中元华电	0.48798	−1.09655	−0.35217	−0.43594	−0.2843	126
002622	永大集团	1.24584	−1.97963	−0.43602	−0.42295	−0.2858	127
002452	长高集团	0.66505	−1.24850	−0.51824	−0.37231	−0.2892	128
002074	东源电器	−0.46655	−0.05869	−0.30533	−0.29809	−0.2904	129
600537	亿晶光电	−0.53655	−0.18571	−0.05366	−0.39196	−0.3147	130
600379	宝光股份	−0.68354	0.17681	−0.62876	−0.07479	−0.3287	131
000682	东方电子	−0.58280	−0.36569	−0.10861	−0.05663	−0.3382	132
000922	佳电股份	−0.72917	−0.65715	0.03825	0.57386	−0.3388	133
600290	华仪电气	−0.28801	−0.57682	−0.22729	−0.24342	−0.3502	134
002112	三变科技	−0.65200	−0.15727	−0.14505	−0.33230	−0.3558	135
002176	江特电机	−0.32618	−0.92556	0.49322	−0.50530	−0.3581	136
002076	雪莱特	−0.63543	−0.23492	−0.22320	−0.17235	−0.3618	137
600847	万里股份	−0.85485	−0.44142	0.62261	−0.44909	−0.3693	138
002169	智光电气	−0.26799	−0.69707	−0.18931	−0.27281	−0.3744	139
600192	长城电工	−0.21454	−0.68567	−0.26472	−0.32644	−0.3767	140
601179	中国西电	−0.41593	−0.75538	−0.48573	0.45655	−0.3838	141
300247	桑乐金	−0.31877	−1.01560	−0.05284	0.13839	−0.3873	142
300062	中能电气	0.01592	−0.93670	−0.48276	−0.32573	−0.4121	143
002005	德豪润达	−0.62652	−0.74216	0.39475	−0.39865	−0.4134	144
600590	泰豪科技	−0.42159	−0.51633	−0.40538	−0.38188	−0.4387	145
300048	合康变频	−0.03818	−1.21850	−0.23749	−0.20415	−0.4409	146
601369	陕鼓动力	0.11966	−1.01608	−0.84011	−0.25937	−0.4606	147

续 表

股票代码	名称	F_1（盈利）	F_2（营运）	F_3（成长）	F_4（偿债）	F（综合）	排名
300242	明家科技	−0.66891	−0.54306	−0.22118	−0.31934	−0.4845	148
300140	启源装备	−0.13114	−1.22577	−0.11073	−0.42691	−0.4859	149
002322	理工监测	0.84227	−1.84803	−0.97186	−0.42190	−0.4984	150
002606	大连电瓷	−0.32447	−0.98744	−0.63570	−0.03467	−0.5287	151
600550	保变电气	−1.07147	−1.13864	1.79378	−1.24569	−0.5335	152
300069	金利华电	−0.12666	−1.26667	−0.42902	−0.28467	−0.5377	153
600202	哈空调	−0.63544	−0.76740	−0.28299	−0.33866	−0.5523	154
002298	鑫龙电器	−0.54551	−1.07102	−0.57853	0.27793	−0.5666	155
000806	银河投资	−0.66797	−0.80611	−0.34528	−0.30968	−0.5826	156
002290	禾盛新材	−2.12671	0.04582	−0.00233	0.76395	−0.6035	157
002638	勤上光电	−0.37831	−1.08577	−0.56799	−0.43405	−0.6269	158
600478	科力远	−1.27138	−0.49648	0.00412	−0.35382	−0.6408	159
601616	广电电气	−0.61249	−0.82277	−0.74563	−0.36398	−0.6587	160
600268	国电南自	−1.37039	−0.49090	−0.35118	−0.38597	−0.7516	161
600112	天成控股	−0.45234	−1.36318	−0.97849	−0.30332	−0.7939	162
002218	拓日新能	−0.54962	−1.57415	−0.50811	−0.35603	−0.8001	163
600110	中科英华	−1.77904	−0.42283	−0.18409	−0.39153	−0.8414	164
002473	圣莱达	−1.32498	−0.79826	−0.52453	−0.43910	−0.8671	165
600854	春兰股份	−0.52234	−1.66913	−1.00357	−0.37823	−0.9224	166
603333	明星电缆	−1.50936	−0.52572	−1.01211	−0.44821	−0.9551	167
600520	中发科技	−2.40565	−0.70952	0.52773	−0.37451	−0.9929	168
002123	荣信股份	−2.01732	−1.33103	−0.94242	1.14163	−1.0862	169
000836	鑫茂科技	−2.02003	−0.89150	−0.46398	−0.42730	−1.1214	170
300040	九洲电气	−1.96647	−1.22052	−0.31558	−0.56115	−1.1876	171
000676	智度投资	−2.45893	−0.45503	−0.69668	−0.43235	−1.1989	172
002168	深圳惠程	−2.70385	−0.96132	−0.26205	−0.45837	−1.3433	173
000633	合金投资	−2.80251	−0.67709	−0.77954	−0.52732	−1.4140	174

表 6－119 中，电气机械及器材制造业上市公司综合得分与其投资价值呈正相关关系。由于先对因子数据进行了标准化处理，因此，可以 0 为参考标准线，认为：综合得分大于 0 的电气机械及器材制造业上市公司，综合业绩相对较好，且数值越大，投资价值越大；综合得分小于 0 的则相对较差，且数值越小，投资价值越小。依此可对上市公司的综合业绩和投资价值有一个基本的评价。

具体而言，表 6 - 119 中，电气机械及器材制造业上市公司各项能力得分与相应实力也呈正相关关系。排名前十位的公司分别为科大智能、格力电器、德赛电池、老板电器、恒顺众昇、正泰电器、地尔汉宇、金龙机电、美的集团、东北电气。2013 年，排名前十位的公司分别为德赛电池、美的集团、万里股份、置信电气、格力电器、易事特、宏发股份、通达动力、北京科锐、老板电器。两年相比差距较大，只有德赛电池、美的集团、格力电器和老板电器四家公司保住了前十。其中科大智能排名第一，其成长因子远高于同行业平均水平，说明其成长能力较强，由 2013 年排名一百一十一跃升到行业龙头，涨势迅猛，可作为重点投资对象；但是盈利与营运因子为负，低于行业平均水平，说明其盈利能力较弱，公司营运水平较差，选择其作为投资对象时还需要考虑到其市场地位以及产业政策等方面的因素。格力电器排名第二，其盈利因子得分排名第一，说明其盈利能力较强，由 2013 年排名第五升至第二，进步较大，在行业中居于优势地位，投资价值较大；但是成长因子和偿债因子为负，低于行业平均水平，说明其成长能力和偿债能力较弱，对其投资时要进行理智判断。老板电器的盈利能力得分在电气机械与器材制造公司中较高，由 2013 年的排名第十跃至第四，进步较大，具有较大内含发展潜力和较大投资价值；但是它的成长因子得分为负，投资时也应谨慎对待。恒顺众昇排名第五，由 2013 年的一百二十七位发展至此，进步了一百二十二位，是行业发展最迅速的公司之一，得益于其突出的成长能力和营运能力，发展潜力巨大，势头迅猛，具有良好前景和较大投资价值，适宜作为长期投资对象；但其盈利因子为负，投资时还须谨慎。正泰电器由 2013 年的排名第十三跃居第六，进步较大，得益于其优秀的盈利能力和营运能力，具有较大投资价值。地尔汉宇是 2014 年 10 月上市的一家民营企业，有较强的盈利能力和成长能力，投资价值较大。金龙机电和东北电气，分别由 2013 年的第一百二十四和第一百四十六位跃入前十，发展迅速，具有较强实力和较大投资价值。美的集团虽由 2013 年排名第二位降至第九位，但仍属行业佼佼者，具有较大投资价值。

排名末十名的公司分别为圣莱达、春兰股份、明星电缆、中发科技、荣信股份、鑫茂科技、九洲电气、智度投资、深圳惠程、合金投资。上述公司的各项因子得分几乎都为负。分析其盈利因子可以看到，合金投资的盈利因子得分远远低于行业平均值，是沦为末尾的主要原因。排名末十位的公司总体实力较差，暂不建议投资。

七、系统聚类分析

通过聚类分析把业绩相似的公司归类，可以对不同类别的上市公司进行对比分析，为投资者选择投资组合提供参考。

根据树状图（略）对 174 家电气机械及器材制造业上市公司进行进一步分类，本书选择将其分为 4 类，如表 6 - 120 所示。

表 6-120　聚类分析

类别	电气机械及器材制造业上市公司	数目
1	和晶科技、亿纬锂能、飞乐音响、燃控科技、卧龙电气、南都电源、圣阳股份、通光线缆、泰胜风能、通达动力、阳光照明、特发信息、温州宏丰、科泰电源、中环股份、猛狮科技、麦迪电气、百利电气、东源电器、亿晶光电、宝光股份、东方电子、华仪电气、佳电股份、三变科技、江特电机、雪莱特、万里股份、智光电气、长城电工、中国西电、桑乐金、德豪润达、中能电气、泰豪科技、陕鼓动力、合康变频、明家科技、启源装备、大连电瓷、保变电气、金利华电、鑫龙电器、哈空调、银河投资、勤上光电、禾盛新材、科力远、广电电气、国电南自、拓日新能、天成控股、中科英华、春兰股份、明星电缆、圣莱达、荣信股份、九洲电气、鑫茂科技、深圳惠城、智度投资、合金投资、中发科技	63
2	科大智能、金龙机电、恒顺众昇、欣旺达、爱康科技	5
3	东北电气	1
4	易事特、四方股份、平高电气、新宝股份、海洋王、汇川技术、鹏辉能源、横店东磁、科华恒盛、骆驼股份、思源电气、首航节能、大洋电机、鲁亿通、东方电缆、新时达、奥特迅、浙江美大、华声股份、全信股份、日出东方、万和电气、拓邦股份、万家乐、常发股份、杭电股份、盛洋科技、金信诺、太阳电缆、新联电子、中利科技、永鼎股份、英威腾、森源电气、阳光电源、金杯电工、伊立浦、中恒电气、海得控制、北京科锐、特锐德、特变电工、智慧能源、积成电子、美菱电器、金智科技、科士达、风帆股份、置信电气、龙源技术、远程电缆、开能环保、天银机电、通鼎互联、佛山照明、珈伟股份、中超电缆、科远股份、露笑科技、天顺风能、蓉胜超微、永大集团、澳柯玛、和顺电气、长高集团、摩恩电气、经纬电材、中元华电、理工监测、格力电器、地尔汉宇、凯发电气、德赛电池、良信电器、老板电器、美的集团、正泰电器、青岛海尔、雄韬股份、光一科技、中天科技、精达股份、小天鹅 A、奥马电器、华帝股份、立霸股份、万马股份、中电电机、九阳股份、上风高科、亨通光电、惠而浦、许继电气、宏发股份、宝胜股份、长青集团、海信科龙、金莱特、杉杉股份、通达股份、宏磊股份、欣泰电气、南洋股份、东方电热、汉缆股份	105

表 6-120 中，类别 1 包括了 63 家公司。前十位有和晶科技、亿纬锂能、飞乐音响、燃控科技、卧龙电气、南都电源、圣阳股份、通光线缆、泰胜风能、通达电力。它们的因子得分在该类别中较高，是价值投资的主要选择对象。排名末十位的公司为国电南自、明星电缆、圣莱达、中科英华、荣信股份、九洲电气、鑫茂科技、深圳惠程、智度投资、合金投资。大部分公司的指标因子均为负值，作为投资对象要慎重考虑。其中，万里股份公司仍位于此类别，它作为全国同行业首家上市公司，以生产“万里”牌各型铅酸蓄电池闻名于世，被誉为“中国蓄能专家”，所生产的“万里”牌铅酸蓄电池已有 70 年历史。它在综合得分的排名中位于第一百三十八，比 2013 年骤降。除了成长因子大于 0，其他各项因子都为负值，综合得分排名也靠后，潜在投资价值较低。总之，此类公司都拥有较大的产业规模，但应该在提高盈利能力与营运能力方面投入更多努力，不是投资的即时决策对象。

类别 2 中，与 2013 年相比，变化最大。属于类别 2 的上市公司由去年的 90 个急剧下降到5个，大部分公司都沦为了类别1。偿债因子与营运因子得分普遍较低。其中，偿债因子与成长因子得分均为正的科大智能综合排名第一。科大智能专注行业细分领域核心技术的创新研发与应用，致力于工业智能化相关领域，机器人应用、配用电自动化、通信与信息技术产品的研发、生产与技术服务，是国家高新技术企业、软件企业，承担国家火炬计划项目1项，科技部中小企业创新基金1项，拥有自主创新产品和重点新产品多项，多次获得国家和省市的科技进步奖，其中实用型配电自动化关键技术研究与应用获得了国家电网公司科学技术进步二等奖，具有较高的投资价值。金龙机电公司自成立以来一直专注于微特电机的研发、生产和销售。公司在技术方面的优势在于拥有自主知识产权的技术和快速的新产品创新体系。先后通过了ISO 14001环境管理体系认证、ISO 9001：2000质量管理体系认证以及GB/T 28001—2001职业健康安全管理体系认证。它的综合排名第十三，较靠前，且它的盈利因子、成长因子和偿债因子均为正值，具有一定的投资价值。属于类别2的第三个公司为恒顺众昇，综合得分排名为第五十一，属于中上游。它的盈利、营运、成长因子均为正值，但它的偿债因子为负值，存在一定的投资风险，投资者需谨慎考虑。欣旺达公司是以锂离子电池模组的研发、设计、生产及销售为主营业务的高新技术企业，是国内领先的锂离子电池模组解决方案及产品提供商，致力于为客户提供安全、轻便、持久的绿色能源产品。凭借持续的自主创新能力，优秀的锂离子电池模组整体开发与设计能力，优秀的成本控制能力及合理的业务定位与优质客户资源，公司目前已成为国内锂能源领域设计能力最强、配套能力最完善、产品系列最多的锂离子电池模组制造商之一。该公司综合得分排名第十七，偿债和收入因子为负值，存在一定的投资风险。

类别3中，东北电气综合排名为第十，公司的偿债因子、盈利因子、营运因子、成长因子和收入因子均为正值，具有较强的偿债能力、盈利能力、营运能力和成长能力，是理想的长期投资对象。

类别4包括了格力电器等105家公司。根据表6-119中的数据显示，这个类别中的绝大多数公司综合排名较靠前，财务状况良好。在公司营运因子的得分上总体较好，拥有较强的营运能力。格力电器在因子综合得分排名中位居第二，比2013年进步较大。格力电器是目前全球最大的集研发、生产、销售、服务于一体的专业化空调企业，2009年销售收入426.37亿元，连续9年上榜美国《财富》杂志“中国上市公司100强”。格力电器旗下的“格力”品牌空调，是中国空调业唯一的“世界名牌”产品，业务遍及全球100多个国家和地区。2005年至今，格力空调连续5年全球销量领先。它的各项指标除成长因子和偿债因子外都大于0，且远高于行业平均值，是具有较大投资价值的一家公司，但是由于其偿债能力不足，成长也有欠缺，因此，投资时还应保持谨慎态度。与去年相比，置信电气今年排名落后不少，由2013年的第二降到第九十四，各项能力得分普遍较低，有待观察。综合得分排名第二的为地尔汉宇公司。江门市地尔汉宇电器股份有限公司，成立于2002年，是中国排名第一、世界排名第二的洗衣机、洗碗机专用排水泵供应商，是国家首批高新技术企业，为全球领先的家电企业提供优质电器配件。目前，地尔汉宇的主要客户包括韩国的三星、LG、大宇电子，国内的海尔、美的，日本的东芝、夏普、三洋，美国的惠而浦，欧洲的伊莱克斯、ARCELIK、VESTEL、CANDY等国内外著名的家电制造企业。地尔汉宇汇集了专业涵盖电磁学、流体力学、结构设计、模具设计等多学科及应用技术的技术研发队伍，研发人员科研能力及未来人才储备的优势突出。具备持续和强有力的研发能力与技术配套优势，能够在客户开发新产品阶段即切入、参与配套研发工作，从而提前占领市场先机。地尔汉宇通过持续技术创新、提升产品质量、加强成本优势以及与客户长期合作，获得了众多国内外领先的家电制造客户的认可，从而进入了客户的供应链并与客户形成了长期稳定的合作关系，拥有强大的客户优势和销售网络优势。它的各项指标除了偿债因子为负值外，其他均为正值，具有相当高的投资潜力，可考虑作为重点投资对象。海尔集团是世界第四大白色家电制造商、中国最具价值品牌。海尔在全球建立了29个制造基地，8个综合研发中心，19个海外贸易公司，全球员工总数超过5万人，已发展成为大规模的跨国企业集团，财报显示，2014年海尔电器营业收入达到人民币671.34亿元，同比增长7.8%；净利润达到人民币24.47亿元，同比增长20.1%；摊薄后每股收益达到89.76分，同比增长14.9%；营运净现金流为人民币29.03亿元，同比增长31.4%。作为海尔集团的上市公司，青岛海尔在家电领域也是行业中的领头军，在174家电气机械与器材制造公司中排名仍为第十一，市场价值稳定，在盈利与营运能力上表现良好，具有较高的投资价值。老板电器是中国厨房电器行业的领导者，也是迄今为止历史最悠久的专业厨房电器品牌，现已成为中国厨房电器行业发展历史最长、生产规模最大、产品类别最齐全、销售区域最广的龙头企业之一。“老板”在中国厨电领域已成为社会公认的领导品牌，先后被授予中国名牌产品、中国驰名商标，“老板”品牌连续五年荣登“中国500最具价值品牌”。老板电器今年综合排名第七，比去年进步了两名，除了成长因子为负值外，其他各项指标因子都大于0，发展状况良好，具有较高的投资价值。易事特长期致力于UPS电源、EPS电源、稳压电源产品的研发、生产和销售，是全球领先的整体电源解决方案供应商，公司总部坐落于国家知名高新技术产业园区——广东东莞松山湖科技产业园，是国内电源行业快速发展强力进军国际市场的标志性企业集团。该公司综合得分排名第四，位于前列，除了成长因子为负值外，其他各因子均大于0，值得作为良好的投资对象。

总的来看，与2013年相比，在运用SPSS进行聚类分析时，类别2和类别4变化最大。2013年许多位于类别2的公司今年都沦为类别4，所以对上市公司进行投资价值分析时，时效性是非常重要的。但同时，考量一家公司的投资价值时，也要全面进行分析，仅从打分聚类得出的结果判断，有时也不一定准确，还需要结合投资时的市价予以比较分析。

八、结语

电气机械与器材制造行业虽然发展时间较短，但是具有广阔的发展前景，对中国基础工业的发展起着举足轻重的作用。随着“十二五”规划的不断推进，电气机械与器材制造行业逐步走向高端产业之列，对中国经济的发展乃至整个实力的提高具有非常重要的作用。在上述分析中我们可以得知，在整个行业中有几家公司的发展状况不错，具有良好的投资前景。但是也有一些公司不尽如人意，对此投资者应谨慎对待。

（参著：谢星星）

第十八节　计算机、通信和其他电子设备制造业上市公司投资价值比较分析研究

一、行业发展与投资价值状况

计算机、通信和其他电子设备制造业，广义上主要是指从事通信设备、雷达及配套设备、广播电视设备、电子计算机、电子元器件、家用视听设备和其他电子设备的生产制造活动①。其中通信设备制造包括：通信传输设备，指有线或无线通信传输设备的制造；通信交换设备，指实现电路（信息）交换或接口功能设备的制造；通信终端设备，指有线电话机、可视电话、传真设备等各种有线通信终端接收设备的制造，但不包括无线电话机的制造；以及移动通信及终端设备的制造，指移动通信设备及无线电话机（手机）等终端设备的制造。雷达及配套设备制造，指雷达整机及雷达配套产品的制造。广播电视设备制造指广播电视节目制造及发射设备、接受设备及器材、应用电视设备的制造。电子计算机制造指电子计算机整机指可进行算术运算或逻辑运算，包括中央处理机，并配有输入、输出装置和存储功能及其他外围设备的成套数字系统装置的制造，还包括来件组装电子计算机的加工活动；计算机网络设备的制造，指建立某一计算机系统网络所需各种相关设备或装置的制造；计算机外部设备的制造，指电子计算机外部设备及附件的制造。电子器件制造：指电子真空器件、半导体分立器件、集成电路、光电子器件的制造。电子元件制造：指电子元件及组件、印刷电路板的制造。家用视听设备制造：指家用影视设备、家用音响设备的制造。

21 世纪以来，中国在通信、高性能计算机、数字电视等领域取得了一系列重大技术突破，电子及通信设备制造业的产业规模、产业结构、技术水平均得到大幅提升，成为全球最大的制造基地，目前主要产品如手机、程控交换机、微型计算机、显示器、彩电、激光视盘机等产量在国际上均拔得头筹。2013 年，我国计算机、通信和其他电子设备制造业总资产达到 50768.81 亿元，同比增长 12.54%；行业销售收入为 77226.31 亿元，较 2012 年同期增长 11.65%。截至 2014 年年底，我国计算机、通信和其他电子设备制造业企业数量达 13218 家②。中商产业研究院数据显示：2014 年中国规模以上通信设备、计算机及其他电子设备制造业行业总资产为 58168.5 亿元，同比增长 14.58%。

总之，计算机、通信和其他电子设备制造业已经逐步发展成为国民经济中重要的组成部分，相应地对其上市公司进行价值投资就显得格外重要。本书以深沪两市的 224 家计算机、通信和其他电子设备制造业上市公司为例，选取 13 个能够综合反映财务能力的财务指标，作为评估各农林牧渔公司投资价值的指标体系，建立指标模型，运用 SPSS 软件，采用因子分析法与聚类分析法进行投资价值实证分析，确定公司的投资价值总量及其排名，并合理划分层级，结合投资者对这些上市公司投资的实际情况进行深入分析研究，得出量与质有机结合的投资结论，为投资者提供参考，以降低其投资风险，提高投资收益。

---

① 大公国际资信评估有限公司：《2010 年通信设备、计算机及其他电子设备制造业行业分析报告》，2011 年 1 月。

② 统计数据服务：http：//data.acmr.com.cn/member/hygk/hygkmshow.asp？code=39。

二、样本选取与数据处理

沪、深证交所的224家计算机、通信和其他电子设备制造业上市公司的资料来源主要为其2014年的财务报告。具体初始数据如表6-121和表6-122所示。

表6-121　　初始数据1

股票代码	名称	基本每股收益（元）	销售净利率（%）	每股净资产（元）	总资产报酬率（%）	流动比率	速动比率
000016	深康佳A	0.0437	0.3116	3.4083	1.1294	1.1372	0.7922
000020	深华发A	0.0271	1.1064	0.9936	5.4137	3.0264	2.9211
000021	深科技	0.1332	0.9764	3.3687	0.5085	1.2377	1.1633
000032	深桑达A	0.0900	1.2435	3.8286	1.8232	2.3246	1.5725
000050	深天马A	0.7116	7.3686	7.1989	8.0823	1.0770	0.7613
000063	中兴通信	0.7700	3.3481	7.2400	4.6633	1.2473	0.9501
000066	长城电脑	0.0440	−0.0642	1.9264	1.5428	1.0882	0.7655
000068	*ST华赛	−0.1208	−156.8387	0.0975	−16.1484	0.5224	0.5147
000100	TCL集团	0.3480	4.1896	1.9248	6.7747	1.1564	0.9600
000413	东旭光电	0.3300	42.4171	2.4179	10.6076	3.3933	3.1785
000536	华映科技	0.3205	5.3299	3.5954	6.4956	1.2600	1.2051
000547	闽福发A	0.2300	26.7771	2.4017	8.7703	5.5159	4.4808
000561	烽火电子	0.0600	4.6377	1.5809	3.1757	2.0356	1.4455
000586	汇源通信	0.0400	1.8790	1.0957	2.0484	1.6529	1.3757
000636	风华高科	0.1400	4.2311	4.6025	2.8883	2.3845	2.0541
000670	盈方微	0.0105	2.7927	0.6064	1.1077	3.1525	1.8780
000725	京东方A	0.0870	7.3769	2.1580	2.7285	3.0925	2.8731
000727	华东科技	0.0290	1.5058	1.0012	0.5665	0.9923	0.9772
000733	振华科技	0.2800	3.2036	7.1090	4.5561	2.6594	1.9576
000748	长城信息	0.2413	5.7371	5.7334	3.3013	3.1389	2.7154
000801	四川九洲	0.1873	3.4918	3.2823	2.9366	1.6121	1.4257
000810	创维数字	0.8571	10.9952	3.9829	16.4831	2.2610	2.1066
000823	超声电子	0.3119	4.9413	5.2672	6.2944	1.8825	1.5117
000938	紫光股份	0.6110	1.5453	8.6346	7.3532	1.2190	0.8785
000970	中科三环	0.2800	8.8865	3.4837	8.0336	4.1567	3.1502
000977	浪潮信息	0.7153	4.6369	4.8668	10.1216	1.3393	0.8197

续　表

股票代码	名称	基本每股收益（元）	销售净利率（%）	每股净资产（元）	总资产报酬率（%）	流动比率	速动比率
000988	华工科技	0.1900	7.1740	3.1653	5.3846	1.6519	1.2428
002017	东信和平	0.1998	4.5599	2.6291	4.5968	1.8216	1.1330
002025	航天电器	0.6200	13.1959	5.4065	8.8945	3.8159	3.2019
002027	七喜控股	0.0200	1.6617	1.6386	1.1815	1.3555	1.2426
002045	国光电器	0.2200	4.5038	3.1051	5.1036	1.3791	1.0640
002049	同方国芯	0.5016	27.9555	4.3117	9.6412	4.5978	3.7297
002052	同洲电子	−0.6100	−26.0175	1.2357	−10.0346	0.9677	0.7983
002055	得润电子	0.2379	3.3321	3.3024	4.5724	1.2718	0.9685
002079	苏州固锝	0.0580	3.9256	1.7469	2.2165	4.9182	4.1138
002089	新海宜	0.2600	12.8672	3.0829	7.2054	1.3307	1.2030
002104	恒宝股份	0.4100	18.8417	1.7544	21.9049	3.5997	2.8469
002106	莱宝高科	0.0200	0.7312	5.7461	−0.5540	3.4786	2.9137
002115	三维通信	0.0339	1.6340	2.2247	1.7932	2.4880	1.8588
002119	康强电子	0.0100	0.5733	3.4434	3.2059	1.0489	0.6803
002130	沃尔核材	0.2400	8.3559	2.0751	9.0944	0.7032	0.5312
002134	天津普林	0.0400	1.8501	2.3212	1.4805	1.7246	1.1706
002137	实益达	0.0311	2.3339	1.0852	0.9334	2.3575	2.1769
002138	顺络电子	0.6000	18.1412	5.7074	10.1352	1.7716	1.3796
002151	北斗星通	0.1300	5.3364	5.0118	3.5791	2.6103	2.0009
002156	通富微电	0.1900	5.7792	3.6384	4.2952	1.1311	0.8977
002161	远望谷	0.0620	8.5480	1.9618	3.7767	3.9578	3.1991
002179	中航光电	0.7300	10.7248	6.1728	8.1454	2.3269	1.8923
002180	艾派克	0.5900	43.6847	1.3330	43.7485	8.0008	7.3447
002185	华天科技	0.4483	9.2506	3.4536	9.7142	1.2641	1.0042
002188	新嘉联	−0.1300	−17.4453	1.9304	−4.6062	7.3819	6.3086
002189	利达光电	0.0700	1.8572	2.5627	2.4276	2.3567	1.9545
002194	武汉凡谷	0.2500	7.7092	3.6393	6.0026	3.8600	2.8692
002199	东晶电子	−0.7400	−52.3691	2.9468	−7.4696	0.7297	0.4714
002214	大立科技	0.2300	14.0153	4.0730	6.7365	7.3369	5.5821
002222	福晶科技	−0.0539	−7.0332	2.0520	−1.1633	5.6422	2.8726

续 表

股票代码	名称	基本每股收益（元）	销售净利率（%）	每股净资产（元）	总资产报酬率（%）	流动比率	速动比率
002231	奥维通信	0.0219	1.0506	1.8263	0.6805	4.2065	3.3288
002236	大华股份	1.0100	15.6067	4.4457	17.5023	2.8379	2.3086
002241	歌尔声学	1.0900	13.2634	5.4578	14.2852	1.9138	1.6273
002273	水晶光电	0.4000	16.0089	3.6506	11.9976	2.8511	2.0277
002281	光迅科技	0.7600	5.9238	11.6793	4.4942	2.5578	1.8777
002288	超华科技	0.0172	0.9162	2.9333	2.0690	1.2921	0.8925
002289	宇顺电子	−1.9735	−11.7713	8.9210	−6.2488	1.2094	0.8860
002296	辉煌科技	0.2629	19.0853	3.6848	6.0421	4.7861	4.2375
002308	威创股份	0.1300	13.1001	2.4863	3.5762	8.3160	7.1970
002312	三泰控股	0.2500	7.5660	3.7246	5.5455	1.7882	1.6781
002313	日海通信	0.0400	1.9307	6.1824	2.2009	1.6369	0.8386
002351	漫步者	0.3100	13.3761	5.6760	6.2563	12.6545	11.6861
002362	汉王科技	0.0500	2.9387	3.4188	0.9704	4.5383	3.7481
002369	卓翼科技	0.0900	1.2357	2.8367	2.4362	1.0682	0.8640
002371	七星电子	0.1200	7.6450	5.1984	2.8785	1.8292	1.1225
002376	新北洋	0.5100	33.6922	3.0377	14.1339	2.2147	1.8864
002383	合众思壮	0.2140	7.5515	7.6018	3.0056	3.0671	2.2680
002388	新亚制程	0.0600	2.6105	2.8271	2.7289	1.4765	1.1832
002389	南洋科技	0.0900	7.8106	3.6491	3.4073	1.2325	1.0141
002396	星网锐捷	0.6886	10.2073	6.1117	10.4868	2.3681	1.8615
002402	和而泰	0.2900	5.3708	5.6128	4.5283	2.8135	2.2815
002414	高德红外	0.1133	17.0760	4.0598	2.8360	26.3411	16.1020
002415	海康威视	1.1700	27.1611	3.6475	28.8833	3.1262	2.7512
002417	*ST 元达	−1.2100	−63.6978	1.5464	−24.6927	1.4868	1.0497
002426	胜利精密	0.1595	4.5405	3.0312	4.3204	1.8645	1.5560
002429	兆驰股份	0.4155	9.3655	2.8008	11.0009	2.1867	1.8745
002436	兴森科技	0.5600	7.5111	7.6706	6.6864	0.9857	0.8142
002446	盛路通信	0.3300	8.9614	7.2347	4.4756	2.9435	2.4949
002449	国星光电	0.3367	8.6825	5.2774	5.1551	4.3472	3.3862
002456	欧菲光	0.7100	3.4983	5.6468	8.9934	1.4877	1.0336
002463	沪电股份	−0.0100	−0.3679	1.9246	−0.0393	1.7995	1.4407

续 表

股票代码	名称	基本每股收益（元）	销售净利率（%）	每股净资产（元）	总资产报酬率（%）	流动比率	速动比率
002465	海格通信	0.4400	17.8379	4.9540	8.5395	2.4850	1.8282
002475	立讯精密	0.8000	10.1242	5.5198	11.5315	1.3550	1.0916
002484	江海股份	0.4615	14.0759	4.7536	9.1671	4.6009	3.6415
002506	*ST集成	1.0700	99.3692	0.1284	55.3700	1.0101	0.8504
002512	达华智能	0.2873	16.9951	3.9785	7.1375	1.4890	1.2218
002519	银河电子	0.5300	10.4251	7.1169	6.4503	3.2567	2.5914
002528	英飞拓	0.0700	3.4429	4.6822	1.4413	4.1636	3.2242
002577	雷柏科技	0.1300	12.6265	4.9674	2.2593	2.1210	1.9315
002579	中京电子	0.0800	4.0017	2.6881	2.0170	0.7972	0.6193
002583	海能达	0.0600	2.2194	2.8763	2.7238	1.8259	1.4577
002587	奥拓电子	0.3000	18.8115	2.7639	9.4895	4.0907	3.2211
002600	江粉磁材	0.0100	−0.1700	3.9284	1.6679	1.2143	0.9259
002618	丹邦科技	0.5000	18.1110	8.7219	5.8868	3.2888	3.1851
002635	安洁科技	0.7000	16.8447	7.0707	7.2081	1.2395	1.0063
002636	金安国纪	0.1500	1.8263	4.7703	1.8910	1.5542	1.3596
002654	万润科技	0.2300	7.4824	3.1673	5.3212	1.2597	1.0514
002655	共达电声	0.0700	3.6639	1.7178	3.4205	1.3038	0.9011
002660	茂硕电源	−0.1900	−7.8811	2.5887	−5.1748	1.5680	1.3808
002681	奋达科技	0.4800	13.4633	3.6209	11.9806	3.8333	3.4174
002729	好利来	0.6400	20.1111	5.5541	10.6818	7.9098	6.9849
002745	木林森	1.0800	10.9543	3.6720	13.4318	0.7924	0.6266
300028	金亚科技	0.1000	4.7159	2.3567	3.8714	1.5164	1.3514
300038	梅泰诺	0.3300	9.6985	6.6029	5.4032	1.9590	1.4837
300042	朗科科技	0.1502	9.5103	6.2268	0.8641	20.8481	19.6075
300046	台基股份	0.3090	19.8015	5.7512	3.8274	12.4287	11.1072
300053	欧比特	0.1250	14.2926	3.2849	4.0716	5.3251	4.1474
300065	海兰信	0.0900	4.6166	2.8493	2.2743	5.5531	4.8403
300076	GQY视讯	0.0900	7.6228	5.0815	0.8102	8.7995	8.2314
300077	国民技术	0.0400	2.3815	9.9700	−1.8693	19.3021	18.1476
300078	中瑞思创	0.4700	16.5242	6.8825	6.3290	6.9253	5.9503
300079	数码视讯	0.2700	34.1181	4.2038	4.0912	9.9441	8.8843

续 表

股票代码	名称	基本每股收益（元）	销售净利率（%）	每股净资产（元）	总资产报酬率（%）	流动比率	速动比率
300083	劲胜精密	0.3700	1.8399	7.4132	3.3347	0.9531	0.6234
300088	长信科技	0.3200	10.0335	4.2241	7.5052	1.1899	0.8991
300101	振芯科技	0.1900	16.2644	2.7274	6.9102	2.7654	2.0633
300102	乾照光电	0.1900	13.1111	6.0502	3.1234	3.7076	3.1854
300111	向日葵	0.0300	2.2835	1.0786	3.7803	0.8370	0.6110
300114	中航电测	0.4500	11.1167	5.7700	8.0992	2.8505	1.9671
300115	长盈精密	0.5600	12.5104	3.8145	12.1471	1.4887	0.9052
300118	东方日升	0.1135	2.6333	4.1415	3.5267	1.3165	1.1085
300127	银河磁体	0.2200	19.1852	3.1050	6.1715	9.5206	8.4939
300128	锦富新材	0.1800	3.0525	4.9551	3.5962	1.2863	1.0669
300131	英唐智控	0.1100	4.9388	2.6641	4.4095	2.0502	1.7051
300134	大富科技	1.3900	21.8446	6.6949	19.8454	1.8273	1.4489
300136	信维通信	0.2313	7.8104	2.4716	7.7470	1.5746	1.3159
300139	福星晓程	0.5400	25.4874	11.1015	2.3478	7.2288	5.1205
300155	安居宝	0.2300	12.8739	3.0536	5.3972	5.4388	4.5380
300162	雷曼光电	0.1900	7.9196	5.5801	3.4455	4.1826	3.5556
300177	中海达	0.2500	15.3838	2.5310	9.3354	5.1796	4.2251
300205	天喻信息	0.1363	4.4011	2.5810	3.3652	1.9369	1.4043
300211	亿通科技	0.1252	4.9661	5.8535	1.6098	3.8334	3.3872
300213	佳讯飞鸿	0.2800	10.0278	3.5158	7.4874	2.7186	2.3237
300219	鸿利光电	0.3700	9.2339	3.6885	8.0499	1.4961	1.2450
300220	金运激光	0.0856	2.9857	2.3277	2.4271	4.8730	2.8827
300223	北京君正	−0.0964	−16.9292	10.1675	−3.3610	76.4578	72.0846
300227	光韵达	0.2000	11.6348	2.5238	7.4752	1.2416	1.0458
300232	洲明科技	0.3000	8.2453	3.1819	8.1341	1.3238	0.7087
300241	瑞丰光电	0.1109	2.6179	2.9193	2.7018	1.1287	0.9837
300250	初灵信息	0.4000	15.7510	5.0334	8.1043	6.4907	5.9752
300256	星星科技	0.1200	0.8565	7.1501	2.0354	1.0835	0.8033
300269	联建光电	0.8660	13.7665	9.0464	10.5955	2.1949	1.9222
300270	中威电子	0.3500	20.5829	4.2460	7.2978	4.2489	3.8875
300282	汇冠股份	0.1200	2.6529	10.5917	2.8080	1.4352	1.1915

续　表

股票代码	名称	基本每股收益（元）	销售净利率（%）	每股净资产（元）	总资产报酬率（%）	流动比率	速动比率
300292	吴通通信	0.2900	7.1044	4.2437	6.1873	1.5805	1.3560
300296	利亚德	0.5200	13.8818	3.4126	13.0401	2.3274	1.7224
300301	长方照明	0.1877	5.5008	2.8983	4.4868	0.7271	0.3656
300303	聚飞光电	0.6300	17.8532	3.7166	14.8368	2.9410	2.7167
300319	麦捷科技	0.2200	13.1379	2.4218	7.7636	2.2275	1.7474
300322	硕贝德	0.2400	5.8704	2.5919	5.9234	1.2908	1.0714
300323	华灿光电	0.2000	12.8747	3.9292	4.9309	1.2803	0.9280
300327	中颖电子	0.2015	8.4092	3.7356	2.8903	10.0678	9.1725
300331	苏大维格	0.0900	0.4590	5.1428	1.1351	4.4349	3.7650
300340	科恒股份	−0.4819	−12.5944	8.6926	−5.9650	6.0388	5.0984
300346	南大光电	0.5067	33.9885	11.6618	2.4072	20.0214	18.2599
300351	永贵电器	0.7400	29.4507	6.4961	11.3159	7.0526	6.1479
300353	东土科技	0.1187	10.6535	2.4663	5.3752	3.7158	3.3559
300367	东方网力	1.1597	21.4790	7.0089	14.0750	1.7501	1.5425
300373	扬杰科技	0.6900	17.3481	4.3747	18.1398	3.9142	3.4442
300389	艾比森	2.2820	14.7150	9.2096	18.5229	2.0679	1.7538
300390	天华超净	0.6000	10.6734	4.2383	14.3922	3.6001	2.9446
300394	天孚通信	1.5000	44.1954	5.5100	33.5268	12.0587	10.4913
300397	天和防务	0.7700	33.7576	10.7928	4.4907	6.8302	6.0114
300408	三环集团	1.6800	29.5414	8.4200	22.9978	10.1267	9.4326
300433	蓝思科技	1.9400	8.1140	12.2300	9.2842	0.7158	0.5113
300449	汉邦高科	1.0700	10.0755	6.0400	11.7941	1.8131	1.6446
600060	海信电器	1.0700	4.9740	8.2695	8.0197	1.9128	1.5470
600074	保千里	0.0290	3.0763	0.6961	3.3547	1.1521	0.8045
600076	青鸟华光	−0.0300	−86.3673	0.3473	−2.3731	1.7319	0.1304
600083	博信股份	0.0250	9.6162	0.1684	10.3816	1.1468	1.0267
600100	同方股份	0.3438	4.6681	5.2518	5.2698	0.9248	0.6224
600118	中国卫星	0.3000	8.7937	3.6383	4.6096	1.9563	1.7984
600130	波导股份	0.1000	4.6390	1.1700	6.5790	3.1558	2.8400
600151	航天机电	0.0179	1.2672	2.9961	2.2631	1.1436	0.9536
600171	上海贝岭	0.0600	8.6438	2.4146	1.9225	5.4559	5.0744

续 表

股票代码	名称	基本每股收益（元）	销售净利率（%）	每股净资产（元）	总资产报酬率（%）	流动比率	速动比率
600183	生益科技	0.3600	7.0421	3.0836	8.0120	1.4365	1.0387
600198	大唐电信	0.2562	3.1021	4.5695	5.1456	1.5387	1.2388
600234	山水文化	−0.0500	−198.3147	0.3108	−0.5095	0.0688	0.0685
600237	铜峰电子	−0.1500	−12.7646	2.5110	−2.9896	1.6988	1.3027
600271	航天信息	1.2400	8.3763	7.2695	19.9733	3.5825	3.1832
600288	大恒科技	0.0608	0.2733	3.3378	1.6143	1.6241	1.0389
600330	天通股份	0.0210	1.1158	2.2851	2.0724	0.8551	0.5501
600345	长江通信	0.2200	4.5765	5.9885	2.4645	2.9584	2.6010
600353	旭光股份	0.2325	12.0266	3.6101	6.3296	3.7137	3.0624
600355	精伦电子	0.0200	1.5854	1.7016	1.3837	2.9109	1.7459
600360	华微电子	0.0500	2.2077	2.6602	1.8335	1.5510	1.4130
600363	联创光电	0.3000	7.4318	4.0196	5.8085	1.4381	1.0774
600366	宁波韵升	0.3849	15.2997	6.0092	6.1587	5.2853	4.2239
600401	*ST 海润	−0.8013	−18.8127	3.0749	−4.3678	0.8462	0.7526
600405	动力源	0.1080	4.8973	1.7588	4.0418	1.2660	0.9967
600435	北方导航	0.0400	7.0448	2.7113	3.7749	1.5297	1.2140
600460	士兰微	0.1300	8.9339	1.9233	5.5509	1.8125	1.2774
600485	信威集团	0.6732	60.5014	3.5319	29.6381	3.9088	3.7495
600498	烽火通信	0.5600	5.8773	6.2299	4.0533	1.6371	1.0712
600525	长园集团	0.4200	11.5564	3.2209	9.8505	1.2416	0.9811
600562	国睿科技	0.5700	15.1642	3.4342	12.6980	2.6293	1.4802
600563	法拉电子	1.3600	22.8166	7.8355	18.4857	7.2848	6.0650
600584	长电科技	0.1800	3.2475	3.8228	5.0149	0.8584	0.7241
600601	方正科技	0.1192	4.6225	1.6088	5.5491	0.8606	0.6623
600602	仪电电子	0.0900	10.7055	2.2330	4.3962	6.2921	5.7497
600667	太极实业	0.0100	2.5585	1.3151	4.4008	0.8411	0.7406
600680	上海普天	0.0240	0.5496	3.5888	1.6684	1.1215	0.7639
600703	三安光电	0.6100	32.9819	4.7301	12.8380	4.0603	3.5825
600707	彩虹股份	−1.3900	−717.1232	1.9154	−15.4076	0.1176	0.0747
600775	南京熊猫	0.1677	5.6321	3.4787	4.8501	2.5333	2.1159
600776	东方通信	0.1429	4.7757	2.2812	5.2220	4.2511	3.3568

续　表

股票代码	名称	基本每股收益（元）	销售净利率（%）	每股净资产（元）	总资产报酬率（%）	流动比率	速动比率
600800	天津磁卡	0.0400	12.2347	0.1807	4.1584	0.6548	0.6033
600839	四川长虹	0.0128	0.4496	3.0441	0.8135	1.2906	0.9734
600870	*ST 厦华	−0.4409	−103.6338	0.0095	−53.1548	0.8584	0.0000
600888	新疆众和	−0.8279	−9.9308	4.9792	−3.9556	1.2593	0.8852
600980	北矿磁材	−0.2180	−12.4245	1.7316	−8.7691	2.3958	1.8350
600990	四创电子	0.5864	4.8900	6.7037	4.6596	1.1889	0.9871
601231	环旭电子	0.6900	4.4188	5.8146	7.8645	1.6524	1.3363
603005	晶方科技	0.8800	31.8785	6.9357	13.5104	2.8770	2.7244
603019	中科曙光	0.4900	4.2205	3.9353	6.5465	1.2955	1.0587
603025	大豪科技	0.5500	32.8774	2.2900	25.7353	8.1652	6.6838
603118	共进股份	0.8600	3.5132	5.7534	7.1093	1.2447	0.9500
603328	依顿电子	0.8100	13.7334	8.1169	11.0193	4.8153	4.4838
603678	火炬电子	1.0989	15.3232	5.0122	19.5064	2.1095	1.6425

表 6－122　　　　　　　　　　初始数据 2

股票代码	名称	资产负债率（%）	存货周转率（次）	固定资产周转率（次）	总资产周转率（次）	总资产增长率（%）	营业总收入增长率（%）	股东权益增长率（%）
000016	深康佳 A	74.3884	4.4700	10.5214	1.1945	6.5811	−2.9153	0.5642
000020	深华发 A	75.8028	15.2309	3.6381	0.7337	58.9859	10.8514	2.8091
000021	深科技	65.0302	25.9822	12.5428	1.1677	5.1909	9.3396	2.1393
000032	深桑达 A	27.4148	4.1126	22.3535	0.9850	−5.1376	−11.3527	1.6870
000050	深天马 A	45.4445	7.5018	1.5797	0.7877	96.7277	11.6164	448.2561
000063	中兴通信	75.2458	3.4821	11.0113	0.7899	6.1298	8.2909	10.4112
000066	长城电脑	78.5853	7.8082	20.9242	1.9205	1.2482	−2.6418	−4.9214
000068	*ST 华赛	72.3252	35.1653	0.3201	0.1328	−28.8817	−90.6901	−55.3363
000100	TCL 集团	71.0795	7.7090	4.9753	1.1819	18.9500	18.4696	28.4157
000413	东旭光电	48.0613	2.9071	2.0415	0.1994	38.0294	130.0028	10.7171
000536	华映科技	61.7403	18.2063	3.5973	0.6996	8.4143	26.5940	14.3093
000547	闽福发 A	30.0708	1.1258	5.0199	0.2709	22.7470	59.6533	39.3994
000561	烽火电子	45.5170	1.2808	6.1274	0.5184	14.3624	17.0112	3.6211

续 表

股票代码	名称	资产负债率（%）	存货周转率（次）	固定资产周转率（次）	总资产周转率（次）	总资产增长率（%）	营业总收入增长率（%）	股东权益增长率（%）
000586	汇源通信	56.1730	5.5500	12.0446	0.9248	9.8273	15.1457	3.3715
000636	风华高科	25.8933	5.3501	1.9140	0.5022	31.3842	0.7719	64.1561
000670	盈方微	29.0102	0.4281	49.7562	0.2996	87.2494	5.3563	129.5405
000725	京东方 A	43.5120	7.9377	0.8991	0.3219	47.2256	9.0069	169.5582
000727	华东科技	96.3696	5.4380	3.1909	0.1585	1144.3308	20.5875	2.9854
000733	振华科技	32.2552	3.9441	4.8599	0.9221	39.6407	28.7209	49.7137
000748	长城信息	40.1100	3.8361	7.6490	0.4979	41.9345	3.1624	79.5199
000801	四川九洲	48.2847	5.8322	10.2171	0.7246	−6.2533	−9.3930	7.1681
000810	创维数字	48.4940	12.2590	11.0869	1.4002	258.0584	−2.7884	302.3273
000823	超声电子	33.9810	6.0651	2.7259	0.9111	19.9463	12.3295	45.1540
000938	紫光股份	55.0677	15.5392	217.9699	2.8245	44.9482	30.8083	74.2771
000970	中科三环	18.8772	2.9971	4.4950	0.7200	−0.3623	6.7730	5.3835
000977	浪潮信息	60.7400	4.2313	49.9405	1.5566	72.9508	72.9896	119.2390
000988	华工科技	38.4425	2.4713	2.1711	0.5310	12.4127	32.4047	6.1852
002017	东信和平	51.9783	2.2141	5.1248	0.8593	11.0403	10.1673	6.1441
002025	航天电器	24.6400	2.8087	3.1600	0.6039	14.1611	17.0332	8.9489
002027	七喜控股	16.1431	23.3860	5.7534	0.6224	−13.6010	−72.0233	1.3484
002045	国光电器	48.7681	5.0484	3.0862	0.7770	−1.9052	−0.2880	4.5973
002049	同方国芯	24.7899	2.3881	3.4914	0.3309	13.3844	18.1061	11.2521
002052	同洲电子	71.7357	3.9494	4.3999	0.5090	−9.7256	−18.1102	−33.1912
002055	得润电子	57.6913	4.0547	3.8669	0.8339	15.1174	27.2859	6.1130
002079	苏州固锝	13.1129	5.3977	2.0417	0.6273	1.8489	12.5813	2.2409
002089	新海宜	47.1391	3.9576	2.0178	0.3957	58.4734	38.7214	47.0297
002104	恒宝股份	20.9793	3.9436	4.3505	1.1027	28.8121	22.9794	29.6526
002106	莱宝高科	20.2393	5.1539	1.5906	0.4527	−0.5817	17.1179	−1.3839
002115	三维通信	52.8138	1.4419	5.1484	0.4499	2.4368	14.2959	1.5592
002119	康强电子	51.7071	4.0759	2.7227	0.8346	−2.9275	4.5595	−0.3983
002130	沃尔核材	54.9100	4.8785	2.2408	0.7182	41.5575	22.2682	14.5441
002134	天津普林	30.0588	4.0056	1.6401	0.6421	1.3862	1.0011	1.7379

续　表

股票代码	名称	资产负债率（%）	存货周转率（次）	固定资产周转率（次）	总资产周转率（次）	总资产增长率（%）	营业总收入增长率（%）	股东权益增长率（%）
002137	实益达	23.2795	11.7332	3.7583	0.7127	−23.6664	−11.6593	3.4092
002138	顺络电子	23.0533	4.1680	0.9970	0.4735	27.2715	13.9955	53.3436
002151	北斗星通	29.5039	2.9945	2.3985	0.5324	11.9709	22.5714	66.0979
002156	通富微电	40.2160	6.4598	0.9974	0.5472	7.2938	18.2968	4.8032
002161	远望谷	12.3152	3.1904	2.4312	0.3879	10.1491	18.6587	2.6674
002179	中航光电	47.3781	3.4318	3.7485	0.6037	17.1802	34.1877	11.2165
002180	艾派克	13.0210	3.2278	10.1311	0.8760	58.7560	3.4752	51.4794
002185	华天科技	39.2776	8.3725	1.8438	0.8567	16.8317	35.0740	35.5676
002188	新嘉联	9.7027	2.8339	1.2645	0.3349	−5.9751	−27.8417	−6.2181
002189	利达光电	33.0610	7.8288	2.3143	0.9376	2.1236	17.0768	2.1132
002194	武汉凡谷	20.7128	3.5348	5.3344	0.7307	10.9633	57.6402	4.1734
002199	东晶电子	55.8682	1.9782	0.3557	0.1954	18.0593	26.6536	23.9661
002214	大立科技	26.5210	0.7180	3.6523	0.3525	62.7703	38.5450	94.0783
002222	福晶科技	9.7119	0.8977	0.5703	0.2929	−8.6563	13.4631	−6.9756
002231	奥维通信	22.8695	1.7824	6.0209	0.5214	3.8416	28.6074	1.2618
002236	大华股份	34.7802	4.0284	12.1790	1.0461	32.5582	35.5223	24.8063
002241	歌尔声学	52.0096	6.6042	2.7429	0.8367	40.9747	26.3729	31.5122
002273	水晶光电	20.5425	4.2892	1.7277	0.6418	44.1922	56.0113	24.8448
002281	光迅科技	33.7179	2.7268	4.0359	0.7811	35.6224	14.0834	42.1636
002288	超华科技	48.9449	2.2727	2.0220	0.5154	2.7617	29.2724	−0.0291
002289	宇顺电子	57.3342	3.6657	5.2021	0.7077	2.7027	90.4396	9.0363
002296	辉煌科技	28.0007	1.5625	5.3164	0.2812	6.4531	35.6261	−3.6526
002308	威创股份	9.9993	1.7254	1.5663	0.3356	−6.7970	−20.9246	−2.8981
002312	三泰控股	42.4074	6.4559	3.2442	0.5438	62.2950	39.8513	90.8105
002313	日海通信	49.6248	1.2084	4.7998	0.5771	12.7474	16.8097	−1.6073
002351	漫步者	6.5578	3.9435	3.0000	0.3805	0.8482	−7.2030	2.4173
002362	汉王科技	13.8509	2.2769	1.6266	0.4170	1.0909	27.1050	1.8951
002369	卓翼科技	57.2259	9.6460	4.3383	1.2870	41.1696	75.5159	2.1726
002371	七星电子	49.4580	1.0648	1.6410	0.2520	3.7398	11.8911	0.3646
002376	新北洋	27.1060	2.9345	1.3116	0.3885	16.0094	15.9579	15.5572

续 表

股票代码	名称	资产负债率（%）	存货周转率（次）	固定资产周转率（次）	总资产周转率（次）	总资产增长率（%）	营业总收入增长率（%）	股东权益增长率（%）
002383	合众思壮	21.5816	1.4017	3.1158	0.2687	4.9540	−20.9569	1.5676
002388	新亚制程	30.1807	5.6514	8.8165	0.7247	36.9312	23.2113	1.6796
002389	南洋科技	23.6468	4.6482	1.3010	0.3026	58.9709	58.3044	36.6849
002396	星网锐捷	35.4295	3.2858	8.3819	0.9666	8.1022	11.1571	6.7909
002402	和而泰	25.7853	4.3304	3.6015	0.7541	21.8271	15.6381	21.5278
002414	高德红外	3.3435	0.3507	0.7370	0.1519	−7.3830	11.7059	2.3602
002415	海康威视	30.1137	5.1488	15.4134	0.9747	51.3021	60.3691	32.7767
002417	*ST 元达	62.9134	1.2628	10.2405	0.4107	−19.3309	−31.2583	−43.8815
002426	胜利精密	40.9283	5.8806	5.1215	0.8536	106.2508	53.4666	112.5473
002429	兆驰股份	34.9486	7.3115	25.6788	1.0075	−4.3871	4.8923	17.2434
002436	兴森科技	34.4834	8.7774	1.2334	0.6809	13.6694	28.6769	5.5609
002446	盛路通信	18.9615	3.7391	3.7831	0.4465	81.5395	65.0397	87.8597
002449	国星光电	34.0701	3.1272	1.6888	0.4359	8.1704	35.0720	4.6446
002456	欧菲光	58.8883	7.2224	6.2273	1.6458	48.6943	114.0496	78.1552
002463	沪电股份	40.8449	6.9900	1.6875	0.6420	13.3093	9.0953	−4.6856
002465	海格通信	36.5519	1.6181	4.1062	0.4157	48.3462	75.4305	8.2406
002475	立讯精密	48.7779	6.0856	4.1708	0.9202	57.2049	58.8958	98.1451
002484	江海股份	13.8897	3.7117	2.4032	0.6128	7.6503	4.1783	8.3905
002506	*ST 集成	89.5751	9.8150	1.8687	0.5757	−50.4345	361.8276	197.6390
002512	达华智能	27.4277	3.3367	2.0985	0.3467	6.9979	42.0642	0.0478
002519	银河电子	17.0732	3.3258	4.2176	0.5946	51.4614	−2.8707	72.4512
002528	英飞拓	17.6666	1.5134	10.7380	0.3877	9.9650	1.9659	−0.5032
002577	雷柏科技	22.3630	3.7338	1.5713	0.3098	26.0442	31.6645	0.4061
002579	中京电子	40.2445	5.6456	1.2726	0.5198	31.8125	8.1302	3.2413
002583	海能达	44.9890	2.6385	2.6770	0.5519	6.3899	15.8006	1.2858
002587	奥拓电子	19.1843	1.9277	3.6091	0.5131	13.1963	30.9969	8.7097
002600	江粉磁材	49.0284	4.9804	2.6888	0.8329	25.3510	46.6222	−2.1445
002618	丹邦科技	28.9496	12.9768	0.6408	0.2346	10.0310	75.0944	5.5296
002635	安洁科技	44.3928	3.1959	1.5651	0.3881	62.9295	20.8010	7.2822
002636	金安国纪	41.9473	12.3123	4.5429	0.9616	−4.2259	−4.7577	−0.4397

续　表

股票代码	名称	资产负债率（%）	存货周转率（次）	固定资产周转率（次）	总资产周转率（次）	总资产增长率（%）	营业总收入增长率（%）	股东权益增长率（%）
002654	万润科技	42.7008	4.7587	1.7019	0.5937	23.9730	19.9075	4.9565
002655	共达电声	38.4606	3.6316	2.1330	0.6723	7.7271	28.9073	6.3802
002660	茂硕电源	38.4712	6.0637	3.1128	0.5723	12.4029	3.5382	−4.7083
002681	奋达科技	21.0160	7.5143	6.2171	0.8322	15.3238	2.0064	10.5583
002729	好利来	22.8383	3.0723	4.5895	0.4720	88.7309	−16.0614	102.9732
002745	木林森	71.1768	6.1173	2.2006	0.9275	51.1313	39.2540	41.9227
300028	金亚科技	51.1185	4.5512	8.5007	0.4178	−1.8138	−5.9553	3.2798
300038	梅泰诺	41.5188	1.4561	4.7784	0.3647	18.3372	8.9631	5.3525
300042	朗科科技	3.4020	5.6128	2.4281	0.2434	−1.3582	−8.7929	2.4713
300046	台基股份	7.0824	1.9637	1.2070	0.2481	−3.0994	0.7269	−1.5576
300053	欧比特	11.4501	1.1821	1.7539	0.2466	10.2078	16.7052	3.2885
300065	海兰信	17.4287	3.4789	4.4529	0.4730	−1.0786	9.5730	2.1968
300076	GQY 视讯	8.7562	2.0447	1.4713	0.2214	−2.1989	−20.2948	1.1775
300077	国民技术	5.2955	1.8401	10.2073	0.1492	0.9090	−1.8279	0.2260
300078	中瑞思创	8.6427	3.3204	3.7464	0.3909	3.6410	15.5816	−0.8937
300079	数码视讯	7.8798	0.8324	2.1228	0.1789	15.9407	41.5908	8.5138
300083	劲胜精密	60.3031	5.9215	3.6996	1.2289	38.5348	21.4308	5.3027
300088	长信科技	38.3494	5.2511	1.2697	0.5685	56.1634	49.7587	30.8049
300101	振芯科技	31.8957	0.9876	4.2203	0.3755	17.9948	56.1331	6.6726
300102	乾照光电	16.2955	2.1766	0.6955	0.2070	7.3316	−11.0808	−0.1566
300111	向日葵	61.6929	4.4452	1.0573	0.5454	9.7443	46.3945	4.0948
300114	中航电测	24.5419	2.2859	3.8557	0.6473	40.5812	9.8711	40.5896
300115	长盈精密	47.7824	2.5072	2.0251	0.7425	66.9128	34.4578	16.7201
300118	东方日升	52.4370	5.3030	2.2788	0.5922	43.1955	36.4408	33.8838
300127	银河磁体	8.4743	2.8768	1.7979	0.3501	3.8191	7.0953	2.4107
300128	锦富新材	36.3390	8.3106	5.9525	0.9110	102.9206	30.0497	77.7432
300131	英唐智控	41.9157	2.6401	2.6468	0.4763	−11.1700	−21.8337	3.8312
300134	大富科技	25.5122	5.6231	3.3329	0.7618	16.4797	29.3146	17.1437
300136	信维通信	35.6962	8.2664	2.9296	0.8759	31.1714	129.2820	7.2472
300139	福星晓程	7.8397	0.6741	3.7538	0.1936	4.0839	−12.7022	3.6342

续 表

股票代码	名称	资产负债率（%）	存货周转率（次）	固定资产周转率（次）	总资产周转率（次）	总资产增长率（%）	营业总收入增长率（%）	股东权益增长率（%）
300155	安居宝	16.9845	2.6007	2.9321	0.4787	5.1485	22.5705	1.3608
300162	雷曼光电	15.5384	3.0530	1.7001	0.4533	4.9277	15.5845	1.6823
300177	中海达	14.7105	2.3248	5.7385	0.5609	14.2879	27.6703	9.7564
300205	天喻信息	44.9342	2.0661	9.9503	0.7183	15.8658	6.6223	3.3004
300211	亿通科技	15.4775	4.2200	1.4154	0.3638	−0.1313	−20.0395	0.8318
300213	佳讯飞鸿	28.1220	2.8583	6.4209	0.6717	23.0977	69.7292	23.9018
300219	鸿利光电	41.2722	7.5243	2.2894	0.7747	48.9279	38.3799	11.4819
300220	金运激光	28.2993	0.9792	2.1686	0.4631	2.9869	21.5364	1.7926
300223	北京君正	1.3990	0.4916	0.9022	0.0546	−1.6005	−37.7514	−1.8973
300227	光韵达	35.6888	4.1831	0.9891	0.4687	19.6070	45.4367	6.5862
300232	洲明科技	49.4196	1.9455	4.1436	0.8264	31.4694	23.3780	9.6549
300241	瑞丰光电	48.5485	9.1718	3.4789	0.8409	36.3047	32.9722	5.7996
300250	初灵信息	12.6020	4.1068	9.2321	0.4964	11.6973	14.0330	7.6698
300256	星星科技	45.6629	5.0796	3.1455	0.6364	36.5235	290.9976	21.6458
300269	联建光电	23.6699	4.5157	5.4511	0.6533	123.5956	65.6565	174.9510
300270	中威电子	20.8420	2.5788	3.4846	0.3466	30.9573	70.4720	10.2996
300282	汇冠股份	33.3451	6.8081	8.1420	0.6883	541.0407	580.1714	377.2151
300292	吴通通信	32.4594	5.8935	12.6514	0.7332	112.9626	144.0184	110.0422
300296	利亚德	43.5279	2.1325	20.0213	0.7381	57.5767	51.6368	49.6674
300301	长方照明	54.7377	3.0009	1.3278	0.6039	32.8021	13.3205	3.9950
300303	聚飞光电	26.5531	9.6215	3.7434	0.7352	14.0048	31.4320	14.7896
300319	麦捷科技	28.2642	2.7847	1.5484	0.5220	27.9720	39.3662	10.8467
300322	硕贝德	41.1439	7.5053	2.7316	0.8527	33.3716	65.9672	10.5375
300323	华灿光电	53.2057	1.8393	0.4742	0.2262	53.2447	123.3004	5.4200
300327	中颖电子	9.1592	3.8209	10.0534	0.5836	0.3452	9.8902	0.5289
300331	苏大维格	27.9388	4.1447	2.0180	0.5572	17.4363	23.3623	3.1697
300340	科恒股份	13.5671	2.4779	3.2607	0.3776	−4.5127	2.6406	−5.4583
300346	南大光电	7.3326	0.8100	1.0789	0.1213	4.9343	10.9514	2.7008
300351	永贵电器	11.0151	1.7230	4.1630	0.3556	14.2992	70.9607	10.3908
300353	东土科技	18.5852	3.3634	2.3943	0.4741	15.8205	38.4577	2.6261

续 表

股票代码	名称	资产负债率（%）	存货周转率（次）	固定资产周转率（次）	总资产周转率（次）	总资产增长率（%）	营业总收入增长率（%）	股东权益增长率（%）
300367	东方网力	45.7798	2.4836	9.5942	0.5251	84.5610	46.4822	128.5576
300373	扬杰科技	18.5558	5.9426	3.4968	0.9031	63.8290	22.2155	87.2328
300389	艾比森	40.3698	6.1162	9.1072	1.1367	86.7208	47.9178	112.0377
300390	天华超净	18.9512	6.4503	4.4878	1.1253	42.7841	12.7937	66.6992
300394	天孚通信	5.6737	2.8987	2.8683	0.6527	27.9836	33.0455	28.4632
300397	天和防务	13.8646	0.8641	3.5522	0.1987	102.7856	−26.4951	124.4966
300408	三环集团	13.6894	5.6124	2.9297	0.6614	72.7833	8.7226	104.3448
300433	蓝思科技	59.3267	6.9321	1.8366	0.9198	37.2918	8.5785	19.1165
300449	汉邦高科	53.3890	5.2186	52.5705	0.8943	20.2050	1.1287	21.5174
600060	海信电器	46.2666	7.3748	20.3492	1.4300	4.2099	1.8512	9.4296
600074	保千里	26.0035	6.7866	1.5553	0.6130	−28.0221	−47.2262	564.8482
600076	青鸟华光	68.4197	0.0263	6.0411	0.0257	40.3805	26.2333	−8.0703
600083	博信股份	74.3201	4.6882	32.1305	0.6725	106.0629	10.4072	22.4731
600100	同方股份	69.1021	2.8062	4.7704	0.5633	16.8143	14.7618	7.8062
600118	中国卫星	43.6158	7.2905	9.5900	0.5589	10.8911	−2.9025	6.2329
600130	波导股份	25.1838	17.0679	15.5116	1.4039	10.9582	19.9008	9.0195
600151	航天机电	56.5760	4.4626	1.5236	0.4574	11.6980	12.7407	−0.8315
600171	上海贝岭	11.1895	5.7674	4.5284	0.2362	−11.8960	−20.0871	−7.8584
600183	生益科技	45.7906	5.1944	3.1119	0.9131	4.7975	12.9037	−0.6046
600198	大唐电信	69.4159	3.9706	9.6042	0.6358	25.2493	0.8700	74.6204
600234	山水文化	81.8450	0.1137	10.3348	0.0232	6.2036	1.2814	42.8125
600237	铜峰电子	29.5066	2.5172	0.9915	0.3237	3.7956	3.8120	−5.9229
600271	航天信息	24.3344	19.1158	23.3280	2.0023	14.4121	20.3633	9.8666
600288	大恒科技	43.4608	3.2433	6.9347	1.0296	−5.4205	−5.6136	3.5911
600330	天通股份	46.8011	2.5641	0.9399	0.4336	13.2077	−6.9956	26.5910
600345	长江通信	17.6226	4.7199	10.6744	0.4747	−15.7610	−18.6116	10.2222
600353	旭光股份	20.7292	2.9247	2.3437	0.4474	7.2215	22.9484	2.0064
600355	精伦电子	24.1893	1.7457	2.6251	0.6809	−4.2556	21.5093	1.4728
600360	华微电子	45.3119	4.9085	1.1116	0.3504	3.1680	−0.9658	1.0761
600363	联创光电	38.1918	4.1929	3.9071	0.6512	14.4390	22.1421	7.1974

续 表

股票代码	名称	资产负债率（%）	存货周转率（次）	固定资产周转率（次）	总资产周转率（次）	总资产增长率（%）	营业总收入增长率（%）	股东权益增长率（%）
600366	宁波韵升	18.7676	2.4246	1.9411	0.3643	−0.0777	−32.8775	4.0697
600401	*ST 海润	68.9091	7.7614	0.8185	0.3415	15.5365	4.1979	114.5213
600405	动力源	58.1110	2.2772	3.4134	0.5459	7.5122	18.4120	4.4210
600435	北方导航	40.8725	2.1196	1.7425	0.4107	10.2940	14.7291	−3.5961
600460	士兰微	39.8938	2.2373	1.8243	0.4588	−2.7991	14.1700	6.2576
600485	信威集团	24.5339	0.9439	12.6632	0.4262	2269.7302	33.8532	2138.2204
600498	烽火通信	54.0367	1.7802	9.3493	0.7198	7.4846	17.6938	9.8000
600525	长园集团	51.8562	2.7067	3.9247	0.6063	31.6274	18.6825	10.1477
600562	国睿科技	35.5901	1.3228	9.4479	0.7213	5.6826	6.4041	13.8385
600563	法拉电子	10.7588	3.7556	3.8699	0.7250	7.3693	6.7419	9.2169
600584	长电科技	63.1163	7.1474	1.5787	0.6955	43.7820	25.9937	54.7412
600601	方正科技	61.4853	8.1853	2.6862	0.8827	44.0003	−6.6530	−18.5323
600602	仪电电子	12.6813	7.0855	7.4930	0.4139	13.3017	10.3597	4.5894
600667	太极实业	61.8865	13.2222	1.5086	0.7361	0.2503	5.7777	0.4264
600680	上海普天	55.9556	3.1953	13.8761	0.6048	16.6795	3.5593	0.9760
600703	三安光电	32.6567	2.2650	0.9396	0.3017	27.5028	22.7112	62.4611
600707	彩虹股份	72.5923	2.1598	0.0851	0.0243	−21.5698	−33.4064	−30.9768
600775	南京熊猫	26.8302	6.7123	6.0247	0.7961	11.7462	−15.6804	1.8015
600776	东方通信	19.9259	5.5980	16.2753	1.0502	5.4962	7.9828	4.4637
600800	天津磁卡	88.8276	3.4305	1.3934	0.2083	9.0724	−15.7059	46.8414
600839	四川长虹	67.7002	4.1641	8.5126	0.9995	2.3584	1.0677	0.0567
600870	*ST 厦华	91.4130	0.0000	12.4982	0.5203	−92.7616	−81.1266	−97.3858
600888	新疆众和	63.6601	4.2385	1.3896	0.6312	8.9442	43.1821	−14.1639
600980	北矿磁材	27.3929	4.0347	2.4348	0.7250	−2.8295	−9.5630	−12.3092
600990	四创电子	64.8269	4.5249	11.5802	0.7134	26.3847	50.8531	8.8745
601231	环旭电子	48.7084	8.0236	10.8000	1.5254	45.4705	11.2151	66.4307
603005	晶方科技	23.2463	6.3955	0.9450	0.3960	93.0135	36.7151	109.4218
603019	中科曙光	59.1051	6.1035	3.7984	1.0296	16.2711	39.8613	64.8334
603025	大豪科技	8.6223	2.4259	4.8736	0.6767	6.4116	−18.5608	9.6690
603118	共进股份	62.0405	8.4490	10.2327	1.6941	9.9694	10.7064	9.5287

续　表

股票代码	名称	资产负债率（%）	存货周转率（次）	固定资产周转率（次）	总资产周转率（次）	总资产增长率（%）	营业总收入增长率（%）	股东权益增长率（%）
603328	依顿电子	17.0300	8.2624	2.9643	0.6673	54.6147	1.3430	70.5910
603678	火炬电子	37.2556	4.4296	5.5236	0.9845	22.3604	10.7528	21.8620

在指标性质、单位不同的情况下，首先要对其进行同趋势化处理。然后利用 SPSS 中的 Z－score 方法将 13 项指标的原始数据进行标准化处理。同趋化数据与标准化数据略。

三、因子分析法适应性检验

为了检验所选用的指标是否适合使用因子分析法，本书利用 SPSS 软件中 KMO 和 Bartlett 球形检验方法来对样本进行检验。检验结果如表 6－123 所示。

表 6－123　　KMO 检验和 Bartlett 球形检验

取样足够度的 KMO 度量		0.554
Bartlett 球形检验	近似卡方	790.298
	df	78
	Sig.	0.000

由表 6－123 可知，KMO 值为 0.554，大于 0.5，可知各变量之间的相关程度无较大差异，原有变量适合做因子分析。同时，Bartlett 球形检验统计量为 790.298，相应的概率 Sig. 为 0.000，在 5%的显著性水平之下，拒绝原假设，因此可认为相关系数矩阵与单位矩阵有显著差异，说明样本适合做因子分析。

四、确定主因子

本书应用因子分析法中的主成分分析法来计算原始公因子的特征值、方差贡献率以及累计方差贡献率，并由此确定公因子。结果如表 6－124 所示。

表 6－124　　解释的总方差

成分	初始特征值			提取平方和载入			旋转平方和载入		
	合计	方差百分比（%）	累积百分比（%）	合计	方差百分比（%）	累积百分比（%）	合计	方差百分比（%）	累积百分比（%）
1	2.757	21.206	21.206	2.757	21.206	21.206	2.330	17.922	17.922
2	1.845	14.193	35.399	1.845	14.193	35.399	1.897	14.592	32.514
3	1.500	11.542	46.940	1.500	11.542	46.940	1.797	13.824	46.338

续 表

成分	初始特征值			提取平方和载入			旋转平方和载入		
	合计	方差百分比（%）	累积百分比（%）	合计	方差百分比（%）	累积百分比（%）	合计	方差百分比（%）	累积百分比（%）
4	1.329	10.221	57.161	1.329	10.221	57.161	1.382	10.629	56.968
5	1.018	7.831	64.992	1.018	7.831	64.992	1.043	8.025	64.992
6	0.965	7.424	72.416						
7	0.875	6.727	79.144						
8	0.775	5.962	85.106						
9	0.643	4.945	90.051						
10	0.596	4.584	94.635						
11	0.351	2.700	97.335						
12	0.201	1.543	98.878						
13	0.146	1.122	100.000						

提取方法：主成分分析。

根据表 6－124 中数据可知，前 5 个主因子的方差贡献率已经达到了累计方差贡献率的 64.992%，即表明这 5 个主因子已包含原始数据信息量的 64.992%，所以只需选择前 5 个主因子就可以较好地代表原始指标，对公司的绩效进行描述。

特征值可用碎石图列示，如图 6－18 所示。从图 6－18 可以看出，从第 6 个成分开始，特征值的值都小于 1，且折线的陡度变得比较平缓，这说明提取 5 个主因子是合适有效的。

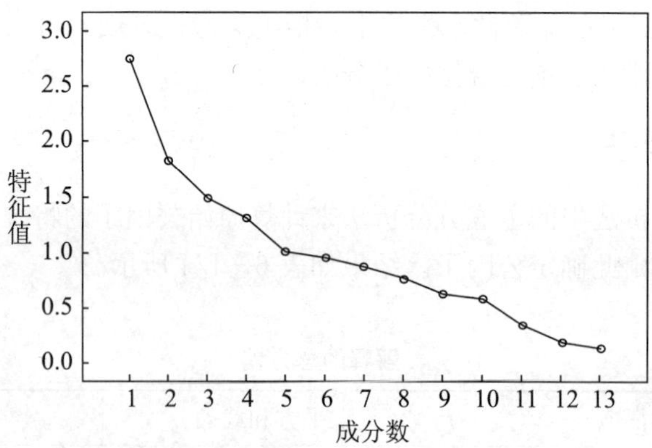

图 6－18　碎石图

五、旋转载荷矩阵分析

本书对原因子载荷矩阵进行最大方差旋转，以期得到主因子更明确的含义。结果如表 6－125所示。

表 6-125 旋转后的因子载荷矩阵[a]

变量	成分				
	F_1	F_2	F_3	F_4	F_5
基本每股收益	0.832	0.024	0.191	0.059	0.173
销售净利率	0.667	0.042	−0.036	0.036	0.059
每股净资产	0.591	−0.102	−0.006	−0.072	−0.292
总资产报酬率	0.756	0.226	0.098	0.135	0.244
流动比率	0.069	0.013	0.068	0.807	−0.035
速动比率	−0.002	−0.006	0.007	0.811	−0.007
资产负债率	0.072	−0.023	0.004	−0.066	0.881
存货周转率	−0.111	−0.013	0.674	0.127	0.115
固定资产周转率	0.047	0.047	0.757	−0.124	−0.170
总资产周转率	0.236	−0.036	0.846	0.089	0.066
总资产增长率	0.069	0.948	−0.017	0.000	−0.015
营业总收入增长率	0.412	0.217	−0.032	−0.047	−0.205
股东权益增长率	0.133	0.939	0.021	0.013	0.001

提取方法：主成分分析。

旋转法：具有 Kaiser 标准化的正交旋转法。

a. 旋转在 5 次迭代后收敛。

由表 6-125 中的数据可以看到，基本每股收益、销售净利率、每股净资产、总资产报酬率在主因子 F_1 上的载荷量分别为 0.832、0.667、0.591 和 0.756，它主要反映了公司的盈利能力，所以将 F_1 命名为盈利因子；总资产增长率、股东权益增长率在主因子 F_2 上的载荷分别为 0.948、0.939，代表了公司的成长能力，故称其为成长因子；主因子 F_3 则在存货周转率（0.674）、固定资产周转率（0.757）、总资产周转率（0.846）上有较大载荷量，代表了公司的营运能力，故而将其命名为营运因子；流动比率与速动比率在主因子 F_4 上的载荷分别为 0.807 与 0.811，体现了公司的短期偿债能力，为短期偿债因子；同样地，在资产负债率上载荷量较大的主因子 F_5 代表了长期偿债能力，故称其为长期偿债因子（与前文中划分四项能力并不矛盾，为尊重数据处理结果，这里就将其称为偿债因子 2，不会影响分析结果的准确性）。

六、计算机、通信和其他电子设备制造业上市公司综合得分与排名

要得到因子的综合得分，需先对因子数据进行标准化处理，使其期望为 0，方差为 1，然后，对各因子的方差贡献率占因子总方差贡献率的比重作为权重加权汇总，使用计算综合得分的公式 $F=(\lambda_1 F_1+\lambda_2 F_2+\lambda_3 F_3+\lambda_4 F_4+\lambda_5 F_5)/(\lambda_1+\lambda_2+\lambda_3+\lambda_4+\lambda_5)=(0.17922\times F_1+0.14592\times F_2+0.13824\times F_3+0.10629\times F_4+0.08025\times F_5)/0.64992$ 来计算各样本的综合得分。得到结果按名次排列如表 6-126 所示。

表 6-126　计算机、通信和其他电子设备制造业上市公司综合得分与排名

股票代码	名称	F_1（盈利）	F_2（成长）	F_3（营运）	F_4（偿债 1）	F_5（偿债 2）	F（综合）	排名
600485	信威集团	0.1155	13.4705	−0.3952	0.2673	0.3882	199.1258	1
300390	天华超净	−0.0063	−0.0821	0.0967	11.9336	−0.1121	125.9692	2
603678	火炬电子	0.9885	−0.3466	0.0675	−0.9266	13.0824	108.7396	3
600271	航天信息	1.3008	−0.454	3.4667	3.9622	−0.005	106.6998	4
000938	紫光股份	0.3647	0.1302	9.6784	−1.9069	−2.6132	100.9943	5
002506	*ST 集成	3.3146	0.9846	−0.1036	0.0406	0.5663	77.3515	6
000810	创维数字	0.4445	1.4153	1.8539	0.0517	0.6172	59.7549	7
300389	艾比森	2.77	−0.1222	0.8237	−0.2584	0.0231	56.7165	8
002104	恒宝股份	0.4636	0.0571	0.4077	3.1628	0.4276	51.8321	9
002415	海康威视	1.6688	0.0544	0.6669	0.397	0.476	47.9801	10
300282	汇冠股份	2.1451	2.9818	−0.2334	−0.9259	−3.1228	43.85	11
002180	艾派克	1.3812	0.3351	0.218	0.0402	1.2105	42.8132	12
000977	浪潮信息	0.7371	0.3499	2.3235	−0.5978	−0.6156	39.1508	13
300394	天孚通信	2.4129	−0.198	−0.3224	−0.167	0.5855	38.8472	14
300408	三环集团	2.2952	−0.0648	−0.031	−0.2631	0.1756	38.3981	15
002106	莱宝高科	−0.3151	−0.3535	−0.4627	5.4959	−0.8427	34.4477	16
002456	欧菲光	0.9551	0.0735	1.4427	−0.2447	−0.322	32.9596	17
000050	深天马 A	0.6169	1.259	0.315	−0.2178	−0.1102	30.5893	18
002236	大华股份	1.1675	−0.1447	0.5997	0.0443	0.319	30.1464	19
600130	波导股份	−0.8027	−0.0021	2.408	0.6276	0.5431	29.8922	20
300433	蓝思科技	2.4273	−0.7586	0.3913	−0.3855	−0.5131	29.6535	21
300373	扬杰科技	0.8155	0.1892	0.34	0.4439	0.3088	29.2802	22
603118	共进股份	0.6681	−0.4259	1.818	−0.1957	0.0502	29.2217	23
600060	海信电器	1.1573	−0.5739	1.6315	−0.3243	−0.3285	28.8518	24
300134	大富科技	1.8108	−0.374	0.115	−0.1321	0.2002	28.8084	25
601231	环旭电子	0.543	−0.0963	1.5654	−0.1858	0.0025	28.0184	26
300449	汉邦高科	0.9627	−0.2567	1.676	−0.5521	−0.4259	27.3998	27
002745	木林森	0.9131	−0.0173	0.4026	−0.1228	0.3824	23.4508	28
000021	深科技	−1.0157	−0.1505	2.8473	0.0641	0.4299	23.0827	29
002241	歌尔声学	1.1338	−0.1775	0.3159	−0.0966	0.2193	22.8434	30
600563	法拉电子	1.8761	−0.5201	−0.0943	−0.2706	0.0336	22.1446	31
300269	联建光电	1.4059	0.4226	−0.133	−0.2955	−0.6448	21.2242	32

续　表

股票代码	名称	F_1（盈利）	F_2（成长）	F_3（营运）	F_4（偿债 1）	F_5（偿债 2）	F（综合）	排名
002475	立讯精密	0.91	0.1493	0.3851	−0.2035	−0.0547	21.2179	33
300367	东方网力	1.5341	0.217	−0.3186	−0.309	−0.2382	21.0773	34
300303	聚飞光电	0.5192	−0.1263	0.476	0.2853	0.3821	20.1474	35
603005	晶方科技	1.202	0.2097	−0.3948	0.0906	−0.1156	19.1924	36
000727	华东科技	−1.2628	3.3675	−0.6005	−0.1749	0.1785	17.7661	37
002681	奋达科技	0.2308	−0.1722	0.4959	0.6138	0.3007	17.4176	38
002429	兆驰股份	0.0197	−0.1314	1.2721	−0.1624	0.3311	16.9537	39
000066	长城电脑	−0.6984	−0.2252	2.3908	−0.1938	0.1836	16.6526	40
603328	依顿电子	0.9886	−0.1342	0.2173	−0.1225	−0.1599	16.1894	41
603025	大豪科技	0.7716	−0.1133	−0.2137	−0.0619	0.801	14.9983	42
000413	东旭光电	0.5651	0.134	−1.0079	1.625	−0.2871	13.1231	43
000536	华映科技	−0.3559	−0.0954	1.2503	0.0301	0.3823	12.8975	44
300296	利亚德	0.5416	0.1707	0.2394	−0.2197	−0.0511	12.7667	45
002396	星网锐捷	0.8176	−0.3804	0.3093	−0.1661	0.0493	12.019	46
300292	吴通通讯	0.3774	0.6089	0.3022	−0.3405	−0.5241	12.0053	47
002185	华天科技	0.1782	−0.0442	0.4798	−0.0884	0.4191	11.608	48
600074	保千里	−1.1244	1.6182	0.1721	0.0046	0.7063	11.5455	49
000100	TCL 集团	−0.2357	−0.0245	0.9757	−0.0658	0.4125	11.5154	50
000020	深华发 A	−0.9791	0.1538	1.0493	0.6493	0.5915	10.8402	51
603019	中科曙光	0.2282	−0.0085	0.5568	−0.1617	0.0541	10.3812	52
002618	丹邦科技	0.7704	−0.3527	−0.0724	0.7337	−0.6463	10.2797	53
300128	锦富新材	−0.1465	0.2763	0.6352	−0.2217	0.2255	9.6381	54
300136	信维通信	0.1241	0.1006	0.457	−0.1484	0.1319	9.4929	55
002369	卓翼科技	−0.3395	−0.0029	1.204	−0.1402	−0.019	8.8716	56
002519	银河电子	0.5766	−0.0866	−0.2941	0.5593	−0.3699	7.9873	57
002273	水晶光电	0.4448	0.0358	−0.2184	0.1128	0.0584	7.1467	58
600562	国睿科技	0.4941	−0.1918	−0.125	−0.0452	0.3867	6.9569	59
002025	航天电器	0.6386	−0.2956	−0.3506	0.5292	−0.1268	6.8984	60
002426	胜利精密	−0.237	0.5295	0.3356	−0.1468	0.0418	6.8898	61
300115	长盈精密	0.5614	0.0067	−0.2137	−0.1538	0.1526	6.7999	62
300083	劲胜精密	0.4328	−0.3529	0.7384	−0.287	−0.4315	6.3058	63
300219	鸿利光电	0.1141	−0.0268	0.2987	−0.1095	0.1998	6.2235	64

续 表

股票代码	名称	F_1（盈利）	F_2（成长）	F_3（营运）	F_4（偿债 1）	F_5（偿债 2）	F（综合）	排名
002729	好利来	0.5989	0.2002	−0.4242	−0.263	0.068	5.5484	65
600083	博信股份	−0.635	0.4435	0.8028	−0.2654	0.2534	5.3961	66
002436	兴森科技	0.6633	−0.3912	0.2152	−0.2384	−0.2053	4.9788	67
600776	东方通信	−0.4004	−0.1281	0.9106	0.0415	0.1231	4.9671	68
002027	七喜控股	−1.5296	−0.1789	1.8006	0.2064	0.9501	4.6689	69
600703	三安光电	0.7862	−0.0125	−0.8718	0.1714	0.0998	4.4885	70
000823	超声电子	0.1582	−0.1325	0.3493	−0.1395	0.0277	4.4725	71
002281	光迅科技	1.3704	−0.5009	−0.1816	−0.3123	−0.9039	4.1817	72
300322	硕贝德	−0.1164	0.0204	0.4093	−0.1257	0.1683	3.8841	73
002179	中航光电	0.8297	−0.3078	−0.2808	−0.1696	−0.2225	2.9172	74
600183	生益科技	0.028	−0.214	0.3176	−0.1041	0.2762	2.8807	75
002636	金安国纪	−0.4176	−0.322	1.0679	−0.0818	0.133	2.7734	76
000733	振华科技	0.4082	−0.1419	0.1819	−0.1306	−0.456	2.717	77
000063	中兴通讯	0.7601	−0.4517	0.1901	−0.3579	−0.4176	2.5125	78
002194	武汉凡谷	0.1132	−0.137	−0.0703	0.4575	−0.1929	2.3722	79
002138	顺络电子	0.6682	−0.11	−0.4517	−0.1608	−0.0304	2.1815	80
600990	四创电子	0.6521	−0.2764	0.1662	−0.3726	−0.5387	1.6765	81
002376	新北洋	0.5214	−0.1003	−0.66	−0.0245	0.3552	1.3522	82
300114	中航电测	0.4964	−0.1212	−0.3216	0.0129	−0.1844	1.3432	83
300088	长信科技	0.2051	0.0538	−0.2323	−0.2025	0.2331	0.9713	84
002312	三泰控股	−0.0816	0.2927	−0.0657	−0.1357	0.0349	0.7354	85
600353	旭光股份	0.0089	−0.1838	−0.563	1.0479	−0.0943	0.075	86
300351	永贵电器	1.2468	−0.2714	−0.8124	−0.366	−0.4133	−0.0377	87
300213	佳讯飞鸿	0.2351	−0.0059	−0.179	−0.0431	−0.1656	−0.1313	88
002130	沃尔核材	−0.1451	0.0453	0.0147	−0.1071	0.3391	−0.1544	89
000725	京东方 A	−0.6949	0.5698	−0.2335	0.4544	0.2731	−0.3544	90
002465	海格通信	0.6475	−0.0634	−0.735	−0.2006	0.1522	−0.3847	91
600601	方正科技	−0.614	−0.0668	0.5784	−0.0348	0.4932	−0.4014	92
002446	盛路通信	0.554	0.1707	−0.5119	−0.0248	−0.696	−0.5006	93
002484	江海股份	0.3875	−0.2696	−0.2568	−0.0476	0.0484	−0.6524	94
600667	太极实业	−0.8932	−0.0623	0.8207	0.0368	0.5613	−0.6847	95
300241	瑞丰光电	−0.4632	−0.0316	0.5931	−0.1133	0.1266	−0.7584	96

续　表

股票代码	名称	F_1（盈利）	F_2（成长）	F_3（营运）	F_4（偿债 1）	F_5（偿债 2）	F（综合）	排名
300353	东土科技	−0.2293	−0.0648	−0.479	1.0304	−0.0363	−1.0195	97
600584	长电科技	−0.1976	0.0969	0.1574	−0.1486	0.0427	−1.1908	98
600525	长园集团	0.2309	−0.083	−0.2969	−0.1632	0.1786	−1.4757	99
300232	洲明科技	0.1125	−0.0874	−0.0817	−0.1802	0.1002	−1.4987	100
000970	中科三环	0.0481	−0.2181	−0.1112	0.1365	0.1	−1.6029	101
000748	长城信息	0.0285	0.0349	−0.2579	0.2646	−0.2461	−1.708	102
002402	和而泰	0.1784	−0.2156	0.0001	0.0083	−0.2345	−1.7388	103
600775	南京熊猫	−0.3483	−0.209	0.3981	0.0203	0.1998	−1.9749	104
002189	利达光电	−0.5474	−0.1584	0.5746	0.0134	0.2561	−1.9867	105
002635	安洁科技	0.8572	−0.24	−0.6563	−0.2875	−0.2921	−2.6023	106
300256	星星科技	1.0245	0.1321	−0.3335	−0.543	−1.5734	−2.7085	107
000670	盈方微	−0.9336	0.7073	0.4469	0.016	−0.3289	−2.7131	108
002587	奥拓电子	0.165	−0.0906	−0.523	0.1734	0.1052	−2.906	109
600363	联创光电	0.0509	−0.1818	−0.1224	−0.2067	0.3297	−2.9833	110
000016	深康佳 A	−0.4708	−0.2395	0.8292	−0.2219	−0.0396	−3.1512	111
000032	深桑达 A	−0.4097	−0.2681	0.8558	−0.229	−0.1801	−3.3084	112
600118	中国卫星	−0.2173	−0.183	0.2406	−0.1226	0.139	−3.4294	113
600198	大唐电信	−0.0488	0.0333	0.023	−0.2308	−0.1183	−3.4739	114
300250	初灵信息	0.347	−0.234	−0.1931	−0.279	−0.132	−3.8865	115
600498	烽火通信	0.5348	−0.3633	−0.1108	−0.3277	−0.3968	−3.9088	116
002055	得润电子	−0.1094	−0.1477	0.1212	−0.1783	0.0219	−4.1603	117
300397	天和防务	1.2448	−0.0236	−1.097	−0.472	−0.77	−4.3831	118
002049	同方国芯	0.5102	−0.1966	−0.7329	−0.0803	0.0235	−4.5158	119
000586	汇源通信	−0.7358	−0.0443	0.6504	−0.1345	0.2171	−4.5366	120
300177	中海达	0.0518	−0.0632	−0.3507	−0.1298	0.1417	−5.0834	121
002137	实益达	−1.0414	−0.1567	0.7404	0.1207	0.5311	−5.1812	122
002045	国光电器	−0.2432	−0.2164	0.1391	−0.1192	0.2069	−5.2021	123
002089	新海宜	0.0007	0.1762	−0.5227	−0.162	0.0745	−5.7657	124
300270	中威电子	0.4256	−0.0622	−0.731	−0.0248	−0.2704	−5.8141	125
002017	东信和平	−0.2221	−0.1493	0.039	−0.1423	0.1187	−6.1852	126
000801	四川九洲	−0.397	−0.2269	0.3521	−0.1656	0.0983	−6.5339	127
300319	麦捷科技	−0.0279	−0.0042	−0.4793	−0.0659	0.1472	−6.7068	128

续 表

股票代码	名称	F_1（盈利）	F_2（成长）	F_3（营运）	F_4（偿债 1）	F_5（偿债 2）	F（综合）	排名
300227	光韵达	−0.0723	−0.0294	−0.4426	−0.1503	0.3349	−6.7553	129
002388	新亚制程	−0.4656	−0.0362	0.2712	−0.1834	0.027	−6.8629	130
002654	万润科技	−0.1514	−0.1067	−0.1841	−0.1447	0.1562	−7.1013	131
600288	大恒科技	−0.4294	−0.2625	0.4052	−0.182	0.0401	−7.5423	132
300118	东方日升	−0.1795	0.0303	−0.1442	−0.193	−0.1421	−7.9632	133
002156	通富微电	−0.2189	−0.1722	−0.1125	−0.1443	0.1691	−8.169	134
600839	四川长虹	−0.5424	−0.215	0.4958	−0.2012	−0.017	−8.287	135
002449	国星光电	0.2939	−0.2555	−0.5888	−0.0558	−0.1858	−8.681	136
000636	风华高科	−0.2448	0.0214	−0.245	−0.0703	−0.0715	−8.7874	137
600100	同方股份	0.2255	−0.2458	−0.3395	−0.2722	−0.2195	−8.8905	138
002600	江粉磁材	−0.287	−0.1288	0.1403	−0.2132	−0.2056	−9.003	139
002214	大立科技	0.1705	0.2857	−0.8495	−0.3077	−0.1743	−9.1861	140
300078	中瑞思创	0.6211	−0.4037	−0.5848	−0.3293	−0.3742	−9.3397	141
000547	闽福发 A	0.1706	0.1146	−0.8923	−0.2058	0.014	−9.6788	142
000988	华工科技	−0.0826	−0.1183	−0.482	−0.1854	0.2613	−9.7452	143
002151	北斗星通	−0.0202	−0.0296	−0.4407	−0.0812	−0.2501	−9.757	144
002655	共达电声	−0.4821	−0.0594	−0.1624	−0.1492	0.4378	−9.8299	145
300205	天喻信息	−0.353	−0.1227	−0.0195	−0.1822	0.0494	−9.9304	146
600345	长江通信	−0.0527	−0.3878	−0.1062	0.0522	−0.3238	−10.1173	147
300102	乾照光电	0.0802	−0.3566	−1.0046	1.0015	−0.3931	−10.1639	148
600602	仪电电子	−0.5183	−0.0543	−0.0224	−0.1485	0.1961	−10.4012	149
002512	达华智能	0.2152	−0.1756	−0.6686	−0.1931	−0.0744	−10.5978	150
300101	振芯科技	0.0692	−0.0343	−0.7864	−0.0106	−0.0537	−10.6734	151
002119	康强电子	−0.3979	−0.2313	0.0976	−0.1701	0.0313	−10.719	152
300301	长方照明	−0.23	−0.0827	−0.3315	−0.1768	0.109	−10.9189	153
300327	中颖电子	−0.189	−0.2289	−0.0488	−0.3228	−0.106	−11.6867	154
002079	苏州固锝	−0.6284	−0.1056	−0.0398	−0.0311	0.2295	−11.8473	155
300155	安居宝	−0.0654	−0.1646	−0.5052	−0.1632	0.0393	−11.9784	156
002351	漫步者	0.2252	−0.3398	−0.526	−0.3026	−0.135	−12.4908	157
002161	远望谷	−0.4647	−0.0681	−0.5668	0.3348	0.1029	−12.779	158
002579	中京电子	−0.5383	−0.0635	−0.1902	−0.1487	0.2377	−12.8839	159
300162	雷曼光电	0.0978	−0.3033	−0.5679	0.0208	−0.3244	−12.9049	160

续　表

股票代码	名称	F_1（盈利）	F_2（成长）	F_3（营运）	F_4（偿债1）	F_5（偿债2）	F（综合）	排名
002463	沪电股份	−0.8198	−0.1026	0.1205	−0.0626	0.2854	−12.9075	161
600366	宁波韵升	0.2918	−0.408	−0.7033	−0.1882	−0.0905	−13.1706	162
002389	南洋科技	−0.1756	0.1588	−0.6212	−0.2117	−0.1917	−13.2081	163
300038	梅泰诺	0.4226	−0.3161	−0.7527	−0.2735	−0.3598	−13.2319	164
300211	亿通科技	−0.1609	−0.3696	−0.5629	0.4783	−0.2842	−13.2561	165
300111	向日葵	−0.5599	0.0181	−0.2759	−0.1256	0.2014	−13.3106	166
300331	苏大维格	−0.1593	−0.2242	−0.3118	−0.0798	−0.3087	−13.7652	167
600460	士兰微	−0.3265	−0.1083	−0.5718	−0.1071	0.3226	−13.89	168
002296	辉煌科技	0.1501	−0.182	−0.8208	−0.164	−0.1269	−14.0722	169
600355	精伦电子	−0.566	−0.1283	−0.301	0.1303	0.0762	−14.1873	170
600680	上海普天	−0.4492	−0.1502	0.0358	−0.2935	−0.1877	−14.3787	171
300028	金亚科技	−0.5235	−0.1382	−0.2043	−0.1512	0.1688	−14.481	172
600405	动力源	−0.4215	−0.0748	−0.4009	−0.1543	0.1646	−14.5128	173
300323	华灿光电	0.3322	0.0917	−1.0649	−0.3014	−0.4961	−14.612	174
300127	银河磁体	−0.0725	−0.1765	−0.6756	−0.2265	0.1207	−14.6517	175
002134	天津普林	−0.6007	−0.1599	−0.16	−0.1039	0.1871	−14.9197	176
002583	海能达	−0.391	−0.1477	−0.3976	−0.1483	0.0277	−16.0178	177
300131	英唐智控	−0.435	−0.2231	−0.467	−0.0777	0.276	−16.1235	178
000561	烽火电子	−0.5006	−0.0439	−0.4511	−0.1346	0.1282	−16.2559	179
300065	海兰信	−0.4254	−0.1688	−0.365	−0.1727	0.0222	−16.7942	180
002231	奥维通信	−0.5769	−0.0852	−0.4126	0.0474	−0.033	−17.0525	181
002577	雷柏科技	−0.0266	−0.1784	−0.6996	−0.1795	−0.3123	−17.1667	182
600151	航天机电	−0.4995	−0.1308	−0.3812	−0.1599	0.0301	−17.594	183
002383	合众思壮	0.2663	−0.4485	−0.928	0.1156	−0.536	−17.6704	184
002313	日海通讯	0.0463	−0.3096	−0.5011	−0.3087	−0.514	−18.0197	185
002528	英飞拓	−0.2336	−0.239	−0.5126	−0.0317	−0.3674	−18.0484	186
600435	北方导航	−0.3658	−0.1318	−0.6617	−0.1646	0.1141	−18.4643	187
300220	金运激光	−0.3907	−0.1274	−0.6776	−0.0556	0.0278	−18.6007	188
300079	数码视讯	0.2764	−0.1574	−1.1378	−0.346	−0.2588	−18.823	189
002288	超华科技	−0.3904	−0.1435	−0.5072	−0.2018	−0.074	−18.845	190
300139	福星晓程	1.1031	−0.6739	−1.1413	−0.5129	−0.9789	−19.1373	191
600360	华微电子	−0.5936	−0.1484	−0.4709	−0.1123	0.1603	−19.2268	192

续 表

股票代码	名称	F_1（盈利）	F_2（成长）	F_3（营运）	F_4（偿债 1）	F_5（偿债 2）	F（综合）	排名
002115	三维通信	−0.515	−0.1191	−0.5569	−0.0759	0	−19.4776	193
600800	天津磁卡	−0.8204	0.139	−0.7394	−0.0727	0.5202	−19.5034	194
300046	台基股份	0.2661	−0.3764	−0.9429	−0.3446	−0.2635	−19.5325	195
600330	天通股份	−0.6166	−0.0343	−0.5728	−0.1583	0.18	−19.7139	196
002362	汉王科技	−0.3444	−0.1757	−0.6519	−0.0831	−0.1745	−20.0361	197
600171	上海贝岭	−0.6762	−0.2203	−0.4315	−0.1018	0.2167	−20.6485	198
300346	南大光电	1.2749	−0.6728	−1.3399	−0.5824	−1.1196	−20.6528	199
300053	欧比特	−0.1544	−0.1428	−0.9746	−0.1811	−0.0642	−20.7665	200
300042	朗科科技	−0.0982	−0.3617	−0.5663	−0.3408	−0.3179	−21.0395	201
002308	威创股份	−0.4025	−0.2284	−0.7666	−0.203	0.2109	−21.6137	202
002660	茂硕电源	−1.0968	−0.1374	−0.0185	−0.1686	0.2115	−22.0254	203
002371	七星电子	0.0031	−0.2772	−1.0027	−0.2382	−0.3187	−22.94	204
000068	*ST 华赛	−3.7482	−0.2122	2.4156	0.3303	1.1049	−24.543	205
300076	GQY 视讯	−0.2415	−0.3276	−0.9242	−0.3056	−0.2118	−26.8344	206
002414	高德红外	−0.0797	−0.2475	−1.2129	−0.3456	−0.186	−26.9751	207
600980	北矿磁材	−1.3352	−0.213	0.0131	−0.0605	0.0063	−27.4639	208
002222	福晶科技	−0.7435	−0.1643	−0.9229	−0.1296	−0.0317	−30.1202	209
300077	国民技术	0.278	−0.529	−0.8871	−0.6025	−1.1266	−30.441	210
600401	*ST 海润	−1.6344	0.3644	−0.2411	−0.1545	−0.2057	−30.6186	211
600237	铜峰电子	−0.9338	−0.146	−0.714	−0.1668	−0.0484	−30.9091	212
600888	新疆众和	−1.0497	−0.1578	−0.2742	−0.2752	−0.6871	−33.3551	213
002188	新嘉联	−1.1848	−0.1933	−0.6132	−0.2002	0.1022	−33.8508	214
300340	科恒股份	−0.4877	−0.4542	−0.7162	−0.4307	−1.073	−38.4647	215
600076	青鸟华光	−1.4194	0.1709	−1.0455	−0.1993	0.0018	−39.5165	216
300223	北京君正	−0.033	−0.5848	−1.3483	−0.5427	−1.0128	−41.6589	217
002052	同洲电子	−1.8669	−0.1987	−0.2048	−0.1902	−0.0729	−41.8155	218
600234	山水文化	−2.1048	0.3242	−0.7319	−0.2641	0.0685	−45.3903	219
002199	东晶电子	−1.6458	0.1071	−0.9414	−0.2792	−0.4779	−47.7681	220
002289	宇顺电子	−1.3513	−0.0818	−0.3036	−0.4876	−1.7717	−49.0245	221
002417	*ST 元达	−2.9896	−0.2434	−0.369	−0.346	−0.6607	−71.2451	222
600870	*ST 厦华	−3.8661	−0.8701	−0.0459	−0.5092	−0.7374	−93.9913	223
600707	彩虹股份	−6.5189	0.4365	−0.1247	−0.2518	−0.5985	−119.7376	224

表 6－126 中，计算机、通信和其他电子设备制造业上市公司综合得分与其投资价值呈正相关关系。由于先对因子数据进行了标准化处理，因此，可以 0 为参考标准线，认为：综合得分大于 0 的公司，综合业绩相对较好，且数值越大，投资价值越大；综合得分小于 0 的则相对较差，且数值越小，投资价值越小。依此可对上市公司的综合业绩和投资价值有一个基本的评价。

具体而言，表 6－126 中，公司各项能力得分与相应实力也呈正相关关系。排名前十位的公司分别为信威集团、天华超净、火炬电子、航天信息、紫光股份、* ST 集成、创维数字、艾比森、恒宝股份、海康威视。2013 年排名前十位的公司分别为紫光股份、江海股份、博信股份、欧菲光、航天信息、东方网力、大华股份、扬杰科技、旭光股份、宇顺电子。两年比较差距较大，只有紫光股份一家公司保持在前十位。说明该行业发展波动较大，竞争激烈。其中，信威集团，原名信维通信，排名第一，由 2013 年的排名一百九十一位跃升至行业龙头，得益于成长因子得分排名第一，说明其成长能力强劲，虽然其他各因子排名并不很突出，但也均有不同程度提升。2014 年 9 月，公司与北京信威通信技术股份有限公司完成重组，旋即变成一匹黑马，未来发展令人期待，值得投资者密切关注；天华超净综合得分排名第二，其偿债因子高分排名第一，说明其偿债能力相当强，虽然其他能力不够优异，但是其突出的偿债能力说明其还是值得短期投资。火炬电子，综合排名第三，在于其优秀的偿债能力，其盈利因子得分差强人意，另外三种因子能力排名居中，相对而言这三种能力表现一般，考虑其优秀的偿债和盈利能力，比较适宜进行短期投资。航天信息，综合排名第四，在于其优秀的偿债能力和营运能力，与 2013 年相比，排名上升了一位，总的来说处于健康发展平稳上升阶段，说明相对而言盈利能力不错，成长能力偏弱，考虑长期，值得投资。紫光股份，综合排名第五，与 2013 年的第一相比排名有所下降，但幅度不大，营运能力因子比较突出，盈利和成长能力因子得分表现也很不错，偿债能力则表现一般，可以考虑长期投资。* ST 集成，其盈利能力较强，成长因子得分较高，说明其成长能力强，营运能力和偿债能力一般，考虑其优秀的盈利能力和成长能力，可考虑作为长期投资的对象。创维数字，相比而言各方能力表现比较平稳，所有因子均为正值，但都不很突出，成长和营运因子表现较好，说明公司发展全面稳定，可以考虑中长期适量投资。艾比森，综合得分排名第八，主要在于其较好的盈利能力，成长因子和偿债因子得分较差，成长能力较差，因此比较适合短期投资。恒宝股份，偿债能力优秀，其余各因子处于一个正常的得分范围内，综合来说是一个平稳发展中的公司，并且相较于去年排名上升了四位，前景值得期待，适合长期投资。

排名末十名的公司分别为科恒股份、青鸟华光、北京君正、同洲电子、山水文化 、东晶电子、宇顺电子、* ST 元达、* ST 厦华、彩虹股份。从这 10 家公司看到，各因子的得分远远低于行业平均值，是沦为末尾的主要原因。这些公司各项能力都相对较差，暂不建议对其投资。

七、系统聚类分析

通过聚类分析把业绩相似的公司归类，可以对不同类别的上市公司进行对比分析，为投资者选择投资组合提供参考。

根据树状图（略）对 224 家公司进行进一步分类，本书选择将其分为 4 类，如表 6－

127 所示。

表 6-127　　聚类分析

类别	计算机、通信和其他电子设备制造业上市公司	数目
1	信威集团、天华超净、火炬电子、航天信息、紫光股份	5
2	*ST 集成、创维数字、艾比森、恒宝股份、海康威视、汇冠股份、艾派克、浪潮信息、天孚通信、三环集团、莱宝高科、欧菲光、深天马 A、大华股份、波导股份、蓝思科技、扬杰科技、共进股份、海信电器、大富科技、环旭电子、汉邦高科、木林森、深科技、歌尔声学、法拉电子、联建光电、立讯精密、东方网力、聚飞光电、晶方科技、华东科技、奋达科技、兆驰股份、长城电脑、依顿电子、大豪科技、东旭光电、华映科技、利亚德、星网锐捷、吴通通信、华天科技、保千里、TCL 集团、深华发 A、中科曙光、丹邦科技、锦富新材、信维通信、卓翼科技	51
3	银河电子、水晶光电 、国睿科技、航天电器 、胜利精密、长盈精密、劲胜精密、鸿利光电、好利来 、博信股份 、兴森科技、东方通信、七喜控股、三安光电、超声电子、光迅科技、硕贝德、中航光电 、生益科技、金安国纪 、振华科技、中兴通信、武汉凡谷、顺络电子、四创电子、新北洋、中航电测 、长信科技、三泰控股、旭光股份、永贵电器、佳讯飞鸿、沃尔核材、京东方 A、海格通信、方正科技、盛路通信、江海股份、太极实业、瑞丰光电、东土科技、长电科技、长园集团、洲明科技、中科三环、长城信息、和而泰、南京熊猫、利达光电、安洁科技、星星科技、盈方微、奥拓电子、联创光电、深康佳 A、深桑达 A 、中国卫星、大唐电信、初灵信息、烽火通信、得润电子、天和防务、同方国芯	63
4	汇源通信、中海达、实益达、国光电器、新海宜、中威电子、东信和平、四川九洲、麦捷科技、光韵达、新亚制程、万润科技、大恒科技、东方日升、通富微电、四川长虹、国星光电、风华高科、同方股份、江粉磁材、大立科技、中瑞思创、闽福发 A 、华工科技、北斗星通、共达电声、天喻信息 、长江通信、乾照光电、仪电电子、达华智能、振芯科技、康强电子、长方照明、中颖电子、苏州固锝、安居宝、漫步者、远望谷、中京电子、雷曼光电、沪电股份、宁波韵升、南洋科技、梅泰诺、亿通科技、向日葵、苏大维格、士兰微、辉煌科技、精伦电子、上海普天、金亚科技、动力源、华灿光电、银河磁体、天津普林、海能达、英唐智控、烽火电子、海兰信、奥维通信、雷柏科技、航天机电、合众思壮、日海通信、英飞拓 、北方导航、金运激光、数码视讯、超华科技、福星晓程、华微电子、三维通信、天津磁卡、台基股份、天通股份、汉王科技、海贝岭、南大光电、欧比特、朗科科技、威创股份、茂硕电源、七星电子、*ST 华赛、GQY 视讯、高德红外、北矿磁材、福晶科技、国民技术、*ST 海润、铜峰电子、新疆众和、新嘉联、科恒股份、青鸟华光、北京君正、同洲电子、山水文化、东晶电子、宇顺电子、*ST 元达、*ST 厦华、彩虹股份	105

类别 1 中，包含信威集团等 5 家公司，综合排名都很靠前，位列前十名内。其中，信威集团是立足于自主知识产权通信技术研发及产业化的通信集团公司，于 1995 年成立，2003 年成功上市，2014 年 9 月与北京信威通信技术股份有限公司完成重组，目前集团下属企业近三十家。信威集团拥有国际领先的无线通信技术，是中国唯一拥有多项国家和国

际通信标准（ITU）的企业，在世界通信领域具备着巨大的实力和崇高的地位，具有较大投资价值。天华超净，成立于1997年11月，是一家集研发、制造、营销于一体的技术企业，公司坐落在享誉“全球九大科技新兴城市”盛名的中国一新加坡苏州工业园区，2006年被中国国际专利与名牌博览会组织委员会批准为“中国专利十佳企业”，主要从事防静电超净技术产品研发、生产。航天信息，经过十余年的发展，航天信息已建立了覆盖全国的销售渠道和服务体系，在全国31个省、市、自治区和5个计划单列市建立了近40家省级服务单位、200余家地市级服务单位、400余家基层服务网点。航天信息拥有自己的核心技术和创新团队，设立了信息安全、智能商务和RFID等博士后工作站，是实力雄厚发展前景良好的企业。与2013年相比，已从类别2跻身类别1的行列，排名也较去年上升了一位，可以看出正处于平稳发展的阶段，是一个值得长期投资的公司。紫光股份是主营信息电子产业的高科技A股上市公司，其前身是清华大学科技开发总公司。依托清华大学的综合性人才和科技资源优势，一直健康可持续发展，是国家重点高新技术企业、国家“863计划”成果产业化基地，历年入选中国电子信息“百强”企业，曾荣获国家技术发明奖、创新奖等上百项奖励，是一家非常有前景的公司。

类别2包括*ST集成、创维数字、艾比森等51家公司，也是综合得分排名比较靠前的公司。其中，汇冠股份，是国内首家红外触摸屏研发生产企业，拥有世界领先的红外及光学触摸技术，专注于触摸屏在现代信息领域的应用，为各行业客户提供整体解决方案。它的盈利和成长因子比较突出，虽然其他因子表现一般，但是与2013年相比已经有了非常大的进步，排名呈现直线上升状态，所以从公司属性和发展前景综合来看，是值得长期持有的。波导股份，从事电子通信产品、通信系统、计算机及配件、现代办公设备的研究开发、制造、维修；信息服务和进出口业务，是国家火炬计划重点高新技术企业，公司的营运因子和偿债因子得分较高，说明公司在这一年的营运能力和偿债能力表现很好，与2013年相比，综合排名上升了十二名，反映出公司良好的发展前景，值得投资者期待。大富科技，成立于2001年，是一家集产品研发、生产和销售为一体的国家级高新技术公司，2010年10月26日于深圳市证券交易所挂牌上市，公司致力于成为全球领先的射频解决方案提供商，通过不断完善横向通用技术的综合融通能力，强化自主创新的研究开发和纵向一体化精密制造的能力，最终成为端到端网络工业技术提供商。比对2013年和2014年的排名数据，大富科技从第一百零八名上升至第五十六名，主要归功于公司的营运能力的大幅提高。公司成长能力较强，值得投资者期待。莱宝高科是专业研发和生产中小尺寸平板显示上游材料的厂商。公司持续专注于平板显示行业上游材料产品的研发和生产，在行业内具有明显的技术优势，是国内目前唯一一家完整掌握平板显示行业前段工艺技术的厂商，也是国内自主掌握批量生产TN型、STN型、CSTN型ITO导电玻璃及彩色滤光片生产技术的厂家，2008年成为国内首家实现彩色滤光片和TFT－Array全部自制并且成盒的2.5代TFT－LCD空盒制造厂商；公司于2007年全球首家自主研发并批量生产多点触摸控制的电容式触摸屏面板，产品质量稳定优异，成为国际一流品牌的智能手机、PMP、平板电脑等高端消费电子产品所需电容式触摸屏面板的重要供应商。公司被认定为“国家级高新技术企业”，自1995年起连年被评为深圳市“高新技术企业”，公司先后获得“深圳市质量管理优秀企业”“质量效益型企业”“先进技术企业”等荣誉称号。随着触屏电脑手机的普遍流行，公司将会有很光明的前景。尤其是与2013年相比排名有了较大幅度提升，偿债因子的表现尤为突出，偿债能力显著增强，因此也是值得投资的。卓翼科技是一家高新技术企业，为国内外的品牌商提供网络通信类和消费电子类产品的合约制造服务，与 2013 年相比，排名下降了十五位，除了营运因子，其他因子均为负值，盈利能力、成长能力和偿债能力表现不佳，投资时需要谨慎考虑。

类别 3 包括银河电子、水晶光电等 63 家企业，该类别公司的排名大致处于中等发展水平，各个因子得分不突出但也并不落后，表现平平，在投资时除了关注各个因子的变化情况外还应对企业其他方面有更深刻的了解才能做出谨慎的判断。例如，水晶光电是国内专业从事精密薄膜光学及延伸产品研发、生产和销售的知名光电元器件制造的公司，是浙江省高新技术企业和国家火炬计划重点高新技术企业。公司成立于 2002 年 8 月 2 日，2008 年 9 月 19 日在深圳证券交易所中小企业板上市，成为一家公众公司，从 2014 年的数据分析来看，除了营运因子为负值以外，其余全为正，说明公司的盈利能力、成长能力和偿债能力表现不错，并且综合 2013 年的排名，公司在这一年取得了非常大的进步，是一个有发展前景的公司，值得投资者期待。

类别 4 包括汇源通信、中海达、实益达等 105 家企业。该类公司排名不够稳定，既包括一些综合排名靠前值得投资的公司，也有排名落后，需要谨慎对待的公司，在分析时也应该综合考虑衡量，并比对 2013 年的数据分析作出理性判断。其中，汇源通信始建于 1993 年，是在原成都汇源光缆厂的基础上改制而成立的高新技术企业。2002 年，公司通过资产重组在深交所借壳上市，更名为汇源光通信股份有限公司，从而实现了产业与资本的有机整合；2003 年，公司在保持主导产业继续发展的基础上，成功开辟了网络安全技术、塑料光纤等新业务，实现了科、工、贸一体化的战略转型。对比 2013 年和 2014 年的排名，汇源通信从第一百五十八名上升至第一百二十名，有明显进步，其偿债能力和营运能力表现较为突出，但是依然有很大的发展空间，值得中长期投资者关注。北京君正、同洲电子、山水文化、东晶电子、宇顺电子、*ST 元达、*ST 厦华、彩虹股份，这八家企业排名靠后，且盈利因子、成长因子、营运因子和偿债因子均为负值，在投资时需要谨慎考虑，各项能力表现不佳，暂不建议投资。

八、结语

综上所述，投资者在进行投资时，要综合考虑宏观、微观等各方面反映的财务信息，加以谨慎的分析，做出合理的选择。在此，运用 SPSS 软件，利用 13 个指标综合分析计算机、通信和其他设备制造业 224 家上市公司各方面表现情况，对投资者进行投资决策有一定的参考意义。但由于分析仅仅运用了 2014 年一个年度的财务报表资料，并联系实际结合 2013 年相关分析结果进行，某些项目仍可能会由于会计政策变更等的影响存在一定程度的偶然性，分析指标的选择也具有主观性。因此，分析结果难以反映出完全的真实状况，若后续能对多个连续年度进行跟踪分析，并适当增加分析指标，则可较大程度地消除偶然性，帮助投资者做出更加准确的投资决策，以更加有效地配置投资资源，促进计算机、通信和其他设备制造业的更加健康和谐发展。

（参著：严岑）

第十九节　仪器仪表制造业上市公司投资价值比较分析研究

一、行业发展与投资价值状况

仪器仪表是用以检出、测量、观察、计算各种物理量、物质成分、物性参数等的器具或设备。真空检漏仪、压力表、测长仪、显微镜、乘法器等均属于仪器仪表。广义来说，仪器仪表也可具有自动控制、报警、信号传递和数据处理等功能，例如用于工业生产过程自动控制中的气动调节仪表和电动调节仪表，以及集散型仪表控制系统也皆属于仪器仪表。

在 20 世纪 90 年代，仪器仪表产业的主要特点是企业较多，突出问题是总体规模较小，产业集中度低。经过“十五”期间国家大力政策支持，进入 21 世纪以来，产业规模迅速扩张，成为中国装备制造业中发展最快的行业之一。国家统计局数据显示，2014 年我国仪器仪表制造业主营业务收入 8185.7 亿元，比上年增长 11%；利润总额 686.7 亿元，比上年增加 9.7%。

在 2013 年，工信部、科技部、财政部、国家标准化管理委员会联合印发《加快推进传感器及智能化仪器仪表产业发展行动计划》，该行动计划实施期为 2013—2025 年，总体目标为传感器及智能化仪器仪表产业整体水平跨入世界先进行列，涉及国防和重点产业安全、重大工程所需的传感器及智能化仪器仪表实现自主制造和自主可控，高端产品和服务市场占有率提高到 50%以上，制定的近期目标是未来将培育产值超 10 亿元的行业龙头企业和产值 5000 万元以上的“小（中）而精、精而专、专而强”的创新型企业。该政策的出台会极大推动传感器及智能化仪器仪表产业发展，加速智能仪表更换升级，相关企业也从中受益。①

总体来看，仪器仪表业在当前国家政策支持的背景下有较好的发展前景；同时，在城镇化背景下仪器仪表行业需求提升，市场发展前景良好。于投资者来说，部分企业有一定的投资价值，需要通过理论分析结合实际宏观环境进行投资价值分析，甄别其中有投资价值的企业。自 2001 年《中华人民共和国国民经济和社会发展第十个五年计划纲要》中首次将仪器仪表放在振兴装备制造业的政策和措施的重要位置，整个仪器仪表行业迎来一次飞跃式发展，2006 年成为世界第二大仪器仪表生产国。但是行业内存在企业发展参差不齐的情况。投资者在对该行业进行投资时需要进行有效甄别。为此，本书以深沪两市 33 家仪器仪表制造业上市公司为例，以其 2014 年财务报告为依据，选取 13 个能够综合反映财务和盈利能力的指标，运用 SPSS 软件，采用因子分析法与聚类分析法进行投资价值分析，并对各上市仪器仪表公司进行综合排名，并联系实际结合 2013 年相关分析研究结果进行深入比较分析研究，得出关于投资价值结论，为投资者提供参考，以降低其投资风险，提高投资收益。

---

① 工信部网站：《加快推进传感器及智能化仪器仪表产业发展行动计划》，百度文库。

二、样本选取与数据处理

沪、深证交所的33家仪器仪表制造业上市公司的资料来源主要为其2014年的财务报告，具体初始数据如表6-128和表6-129所示。

表6-128 初始数据1

股票代码	名称	基本每股收益（元）	销售净利率（%）	每股净资产（元）	总资产报酬率（%）	流动比率	速动比率
002058	威尔泰	0.0400	4.2648	1.3691	2.9826	5.2134	3.9863
002121	科陆电子	0.3169	6.5993	3.6273	5.3303	0.9619	0.7920
002175	广陆数测	0.1633	8.9546	5.5709	3.3860	2.0941	1.7452
002338	奥普光电	0.4900	17.6138	5.9261	8.1835	7.7015	5.4698
002356	浩宁达	0.5000	5.1846	14.1142	3.4241	1.8698	0.9955
002658	雪迪龙	0.7200	26.8173	4.9154	15.3517	5.4101	4.1413
002747	埃斯顿	0.4900	8.3229	3.1989	12.2701	1.6767	1.2141
300007	汉威电子	0.4700	14.6187	7.8577	5.1972	1.4923	1.1022
300066	三川股份	0.5000	20.6315	4.5083	12.1066	4.9776	4.2680
300112	万讯自控	0.0900	8.0506	1.9446	5.1295	3.0512	2.4726
300137	先河环保	0.2200	16.3030	3.1610	6.7294	6.2718	4.9745
300165	天瑞仪器	0.3200	17.5642	9.5937	1.4896	21.8457	18.9551
300203	聚光科技	0.4300	15.9782	4.5867	8.2809	3.2445	2.5094
300259	新天科技	0.3800	28.0868	2.9400	12.2219	4.8452	4.5788
300286	安科瑞	0.5100	25.2111	3.4290	13.2891	4.1492	3.6896
300306	远方光电	0.7500	43.2357	8.7005	6.9136	13.3587	12.7982
300309	吉艾科技	0.3900	37.3536	6.0036	6.8783	11.8414	10.6308
300338	开元仪器	0.3884	15.5779	6.0132	5.9714	5.4205	4.4792
300349	金卡股份	0.7600	24.4293	4.8292	13.6157	3.1555	3.0008
300354	东华测试	0.0859	8.1385	3.8381	1.3411	15.3753	12.6074
300360	炬华科技	0.9000	21.6414	3.5722	20.4341	2.3030	1.6761
300370	安控科技	0.5758	13.2852	4.4893	10.8526	1.5358	1.1443
300371	汇中股份	0.7800	36.8557	4.7969	23.3014	9.9732	8.3159
300410	正业科技	0.7400	10.7077	6.3750	9.6102	3.8123	3.2121
300416	苏试试验	0.8448	16.4729	5.6412	13.7285	1.9651	1.4613
300417	南华仪器	0.9825	20.6134	6.1875	16.5893	5.6586	4.3069

续 表

股票代码	名称	基本每股收益（元）	销售净利率（%）	每股净资产（元）	总资产报酬率（%）	流动比率	速动比率
300427	红相电力	0.8500	21.0411	4.8500	16.8044	3.9654	3.7396
300445	康斯特	1.1385	24.7304	5.7200	18.8316	1.8194	1.4799
600071	* ST 光学	−0.4245	−17.7535	2.0733	−15.7046	1.3614	1.0847
600848	自仪股份	−0.1500	−5.7898	0.3376	−0.6148	0.6912	0.5498
601222	林洋电子	1.1500	18.5642	8.2977	12.0096	2.0970	1.8186
601567	三星电气	0.9300	12.9781	5.9326	9.8509	1.0086	0.8395
603100	川仪股份	0.4700	4.6509	4.3234	6.3724	1.4526	1.2486

表 6-129　　初始数据 2

股票代码	名称	资产负债率（%）	存货周转率（次）	固定资产周转率（次）	总资产周转率（次）	总资产增长率（%）	营业总收入增长率（%）	股东权益增长率（%）
002058	威尔泰	15.6569	1.8211	3.0899	0.5094	−3.3936	−6.6000	1.5332
002121	科陆电子	68.4244	3.0000	3.5901	0.5124	58.2043	38.7443	8.8526
002175	广陆数测	28.2595	2.0235	1.9001	0.2729	69.4234	37.4048	52.0059
002338	奥普光电	14.4813	1.2023	1.7584	0.4062	1.4859	31.5673	4.2117
002356	浩宁达	37.2019	1.1838	5.6133	0.4109	67.2200	26.5150	56.0014
002658	雪迪龙	16.4828	1.5598	24.8814	0.4995	20.6152	25.8801	14.5195
002747	埃斯顿	36.3578	4.6940	3.7484	1.2012	13.9210	13.7161	11.1908
300007	汉威电子	31.5393	1.6189	1.1141	0.2899	94.8529	32.0143	79.0239
300066	三川股份	13.4057	3.8313	4.0764	0.5255	14.1779	3.2125	11.3334
300112	万讯自控	16.3476	3.2293	2.7785	0.5659	3.8229	1.8481	2.7765
300137	先河环保	12.9840	1.4907	2.3542	0.3830	8.1425	31.6138	5.9906
300165	天瑞仪器	5.2473	0.5820	1.9620	0.1773	0.7549	−14.9408	2.2901
300203	聚光科技	27.4489	1.7015	6.1443	0.4631	20.7111	30.7649	9.2444
300259	新天科技	16.4946	4.5764	3.3145	0.4206	14.3563	16.1134	11.6947
300286	安科瑞	20.0246	2.7655	4.0844	0.5015	21.9962	34.1276	6.8170
300306	远方光电	6.1208	2.0315	2.1188	0.1943	6.9989	6.1430	6.9775
300309	吉艾科技	6.2444	1.3275	1.8767	0.1775	−1.5014	7.8977	5.1413
300338	开元仪器	12.9103	1.5116	2.1415	0.3583	4.9968	8.8593	2.0151
300349	金卡股份	19.4697	9.2282	3.7251	0.5379	11.8928	18.6785	16.6889

续 表

股票代码	名称	资产负债率（%）	存货周转率（次）	固定资产周转率（次）	总资产周转率（次）	总资产增长率（%）	营业总收入增长率（%）	股东权益增长率（%）
300354	东华测试	7.9054	0.8204	1.3798	0.2596	5.2420	5.0231	0.2203
300360	炬华科技	42.0651	2.1850	14.0890	0.8454	75.2874	28.9954	81.5324
300370	安控科技	50.7961	1.5958	4.6969	0.5777	53.3249	26.8216	79.0097
300371	汇中股份	7.7950	1.4380	14.7001	0.5594	125.1015	10.0471	146.3254
300410	正业科技	22.9418	3.2694	4.9000	0.7511	49.5547	17.8056	73.0846
300416	苏试试验	36.2185	1.9544	2.5791	0.6351	20.1615	13.2030	17.5303
300417	南华仪器	14.6044	1.8268	19.9073	0.7132	18.3983	16.2867	18.8789
300427	红相电力	23.9911	7.0998	6.9788	0.6789	16.4172	10.5341	14.7837
300445	康斯特	28.8534	1.7810	1.3604	0.6214	18.4420	19.6749	19.6667
600071	*ST 光学	41.3956	7.8934	2.6907	0.8878	15.2844	27.6862	−16.9952
600848	自仪股份	92.1568	4.3358	4.0253	0.5905	−3.6910	−4.1804	−30.6114
601222	林洋电子	31.2874	3.6127	5.8699	0.5762	34.8301	10.7944	12.9970
601567	三星电气	56.5573	4.8415	6.7087	0.6175	48.9982	27.9144	8.0562
603100	川仪股份	56.8559	5.4483	7.4272	0.9123	19.4516	4.9900	72.4041

在指标性质、单位不同的情况下，首先要对指标进行同趋势化处理。然后利用 SPSS 中的 Z－score 方法将 13 项指标的原始数据进行标准化处理，同趋势化数据和同趋化数据略。

三、因子分析法适应性检验

为了检验所选用的指标是否适合使用因子分析法，本书利用 SPSS 软件中 KMO 和 Bartlett 球形检验方法来对样本进行检验。检验结果如表 6－130 所示。

表 6－130　　KMO 检验和 Bartlett 球形检验

取样足够度的 KMO 度量		0.503
Bartlett 球形检验	近似卡方	226.485
	df	78
	Sig.	0.000

由表 6－130 可知，Bartlett 球形检验统计量为 226.485，相应的概率 Sig. 为 0.000，在 5%的显著性水平之下，拒绝原假设，因此可认为相关系数矩阵与单位矩阵有显著差异，说明样本适合做因子分析。同时，KMO 值为 0.503，大于 0.5，说明样本适合做因子分析。

四、确定主因子

本书应用因子分析法中的主成分分析法来计算原始公因子的特征值、方差贡献率以及累计方差贡献率，并由此确定公因子。结果如表 6-131 所示。

表 6-131　　解释的总方差

成分	初始特征值			提取平方和载入			旋转平方和载入		
	合计	方差百分比（%）	累积百分比（%）	合计	方差百分比（%）	累积百分比（%）	合计	方差百分比（%）	累积百分比（%）
1	3.504	26.951	26.951	3.504	26.951	26.951	2.842	21.859	21.859
2	2.109	16.221	43.172	2.109	16.221	43.172	1.984	15.258	37.117
3	1.962	15.089	58.261	1.962	15.089	58.261	1.966	15.126	52.243
4	1.299	9.994	68.255	1.299	9.994	68.255	1.700	13.080	65.323
5	1.110	8.537	76.791	1.110	8.537	76.792	1.491	11.468	76.791
6	0.947	7.286	84.077						
7	0.700	5.385	89.462						
8	0.553	4.251	93.713						
9	0.391	3.009	96.723						
10	0.181	1.392	98.115						
11	0.134	1.031	99.146						
12	0.066	0.509	99.654						
13	0.045	0.346	100.000						

提取方法：主成分分析。

根据表 6-131 中数据可知，前 5 个主因子的方差贡献率已经达到了累计方差贡献率的 76.791%，即表明这 5 个主因子已包含原始数据信息量的 76.791%，所以只需选择前 5 个主因子就可以较好地代表原始指标，对仪器仪表公司的绩效进行描述。

特征值可用碎石图列示，如图 6-19 所示。从图 6-19 可以看出，从第 6 个成分开始，特征值的值都小于 1，且折线的陡度变得比较平缓，这说明提取 5 个主因子是合适有效的。

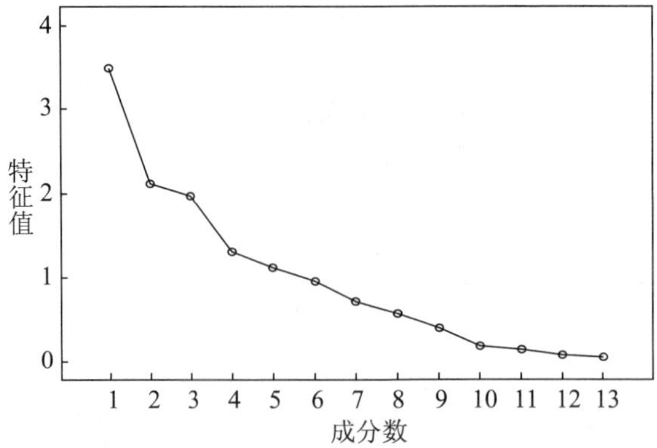

图 6-19　碎石图

五、旋转载荷矩阵分析

本书对原因子载荷矩阵进行最大方差旋转，以期得到主因子更明确的含义。结果如表 6-132所示。

表 6-132　　旋转后的因子载荷矩阵[a]

变量	成分				
	F_1	F_2	F_3	F_4	F_5
基本每股收益	0.872	−0.006	0.217	0.072	−0.046
每股净资产	0.817	−0.400	−0.185	0.061	−0.039
销售净利率	0.288	−0.577	0.410	−0.193	−0.100
总资产报酬率	0.913	0.091	0.051	0.232	0.062
流动比率	0.265	0.110	−0.678	0.037	0.094
速动比率	0.032	−0.085	−0.239	0.912	−0.041
资产负债率	−0.064	−0.173	−0.084	−0.103	0.783
存货周转率	−0.037	0.792	−0.201	−0.193	−0.076
总资产周转率	0.340	0.137	0.248	0.833	0.000
固定资产周转率	0.044	0.882	0.228	0.141	−0.076
总资产增长率	0.312	0.018	0.714	0.004	0.440
营业总收入增长率	0.037	0.084	0.249	0.071	0.767
股东权益增长率	0.453	0.033	0.683	0.022	0.237

提取方法：主成分分析。

旋转法：具有 Kaiser 标准化的正交旋转法。

a. 旋转在 7 次迭代后收敛。

由表 6-132 中的数据可以看到，每股收益、每股净资产、总资产报酬率在主因子 F_1

上的载荷量分别为 0.872、0.817 和 0.913，它主要反映了公司的盈利能力，所以将 F_1 命名为盈利因子；主因子 F_2 则在存货周转率（0.792）、固定资产周转率（0.882）上有较大载荷量，代表了公司的营运能力，故而将其命名为营运因子；总资产增长率、股东权益增长率在主因子 F_3 上的载荷为 0.714、0.683，体现了公司的成长能力，为成长因子；同样地，在速动比率上载荷量（0.912）较大的主因子 F_4 代表了公司的偿债能力，故将主因子 F_4 命名为偿债因子；而资产负债率（0.783）和营业总收入增长率（0.767）在 F_5 上载荷量较大，将其命名为偿债和成长因子。

六、仪器仪表制造业上市公司综合得分与排名

要得到因子的综合得分，需先对因子数据进行标准化处理，使其期望为 0，方差为 1，然后，对各因子的方差贡献率占因子总方差贡献率的比重作为权重加权汇总，使用计算综合得分的公式 $F=(\lambda_1F_1+\lambda_2F_2+\lambda_3F_3+\lambda_4F_4+\lambda_5F_5)/(\lambda_1+\lambda_2+\lambda_3+\lambda_4+\lambda_5)(0.21859\times F_1+0.15258\times F_2+0.15126\times F_3+0.13080\times F_4+0.11468\times F_5)/0.76791$ 来计算各样本的综合得分。得到结果按名次排列如表 6-133 所示。

表 6-133　　仪器仪表制造业上市公司综合得分与排名

股票代码	名称	F_1（盈利）	F_2（营运）	F_3（成长）	F_4（偿债）	F_5（偿债和成长）	F（综合）	排名
300371	汇中股份	1.8494	0.0653	2.0347	0.4461	0.1310	1.0357	1
300360	炬华科技	1.1769	1.0257	1.2913	0.6526	0.4666	0.9740	2
002658	雪迪龙	0.1238	−0.7025	−0.3729	4.7672	0.1150	0.6514	3
300417	南华仪器	0.7950	0.1461	0.3625	1.6578	−0.5771	0.5229	4
300410	正业科技	0.3077	0.5713	1.0518	−0.2585	−0.0646	0.3546	5
300427	红相电力	0.9782	1.1749	−0.4618	−0.1971	−0.4475	0.3205	6
002747	埃斯顿	−0.0096	1.9937	0.1789	−0.2515	−0.5077	0.3100	7
300370	安控科技	0.1349	0.1179	1.0353	−0.1020	0.3427	0.2996	8
601567	三星电气	0.3958	0.6678	0.4526	−0.2887	0.0510	0.2929	9
603100	川仪股份	−0.2105	1.4972	0.8874	−0.1294	−0.8371	0.2653	10
300445	康斯特	1.2084	−0.1186	−0.3550	−0.6954	0.5300	0.2112	11
300349	金卡股份	0.9327	1.2904	−0.6569	−0.8980	−0.2613	0.2005	12
601222	林洋电子	0.8844	−0.0410	0.3651	−0.5211	−0.6123	0.1353	13
300007	汉威电子	−0.1266	−0.8920	1.4416	−0.6140	0.9207	0.1036	14
300286	安科瑞	0.3135	0.0520	−0.5517	0.0767	0.6005	0.0936	15
002121	科陆电子	−0.7280	0.3018	0.4567	−0.0967	0.8474	0.0528	16
300203	聚光科技	−0.3590	−0.5737	−0.7872	−0.0293	2.7841	0.0395	17
002175	广陆数测	−0.8681	−0.8678	0.1861	−0.4418	3.2107	0.0213	18

续 表

股票代码	名称	F_1（盈利）	F_2（营运）	F_3（成长）	F_4（偿债）	F_5（偿债和成长）	F（综合）	排名
300416	苏试试验	0.5010	0.0255	0.1318	−0.4449	−0.5188	0.0204	19
300259	新天科技	1.3196	0.5630	−2.9894	−0.5066	0.8197	−0.0652	20
002356	浩宁达	−0.3987	−1.3309	1.9602	−0.3620	−0.1309	−0.0730	21
300066	三川股份	0.7872	0.2753	−1.8485	0.1525	−0.1919	−0.0880	22
002338	奥普光电	−0.2231	−0.7174	−0.2187	−0.2789	0.1358	−0.2764	23
300137	先河环保	−0.6107	−0.4421	−0.4162	−0.0128	0.4326	−0.2812	24
600071	*ST 光学	−2.9585	1.9927	0.2509	−0.1703	0.2461	−0.3890	25
300112	万讯自控	−0.9051	0.3413	−0.3895	−0.1522	−0.6974	−0.3966	26
300338	开元仪器	−0.3834	−0.8801	−0.4086	−0.1060	−0.6195	−0.4751	27
300306	远方光电	0.8259	−1.6540	−0.4457	−0.8760	−1.0531	−0.4878	28
002058	威尔泰	−1.2982	−0.1626	−0.8769	1.0783	−0.8390	−0.5162	29
300309	吉艾科技	0.2132	−1.5283	−0.6752	−0.5801	−0.7691	−0.5896	30
600848	自仪股份	−1.8667	0.7914	−0.5322	0.0486	−0.9788	−0.6168	31
300354	东华测试	−1.2209	−0.9985	−0.1964	−0.2366	−0.6568	−0.7230	32
300165	天瑞仪器	−0.5807	−1.9838	0.0956	−0.6299	−1.8709	−0.9273	33

表 6－133 中，仪器仪表制造业上市公司综合得分与其投资价值呈正相关关系。由于先对因子数据进行了标准化处理，因此，可以 0 为参考标准线，认为：综合得分大于 0 的仪器仪表公司，综合业绩相对较好，且数值越大，投资价值越大；综合得分小于 0 的则相对较差，且数值越小，投资价值越小。依此可对上市公司的综合业绩和投资价值有一个基本的评价。

具体而言，排名前十位的公司分别为汇中股份、炬华科技、雪迪龙、南华仪器、正业科技、红相电力、埃斯顿、安控科技、三星电气和川仪股份。其中，汇中股份排名第一，其盈利因子得分排名第一，说明其盈利能力较强；而且其成长因子得分排名也为第一，说明其成长能力较强，推荐持有。而炬华科技的综合能力得分在 33 家仪器仪表公司中排名第二，各项因子得分均为正值且排名中上，所以可以考虑短期或长期投资。雪迪龙偿债因子得分远远大于其他公司，可见其财务状况十分稳定，偿债能力强，但其他因子如营运、成长因子得分稍逊，盈利能力和成长空间都不足，所以可考虑短期持有。南华仪器各项因子得分均不错，尤其是偿债因子排名靠前，可见公司发展稳健，可考虑长期持有。正业科技的偿债因子得分为负，所以该公司的财务状况不太稳定；但其成长因子得分十分靠前，可以考虑投资，但需关注公司的财务状况。红相电力的盈利能力和营运能力较强，但其成长潜力得分为负，可以考虑短期投资。埃斯顿运营能力较强，但偿债因子得分稍逊，对其投资有一定的风险。安控科技除偿债因子外四个因子的得分都为正数，虽然没有十分突出的能力，但总体来看，该公司发展较稳定，可以考虑长期投资。三星电气的情况与安控科技类似。川仪股份的盈利和偿债因子得分拖了后腿，可以考虑短期投资。

排名末十名的公司分别为奥普光电、先河环保、*ST光学、万讯自控、开元仪器、远方光电、威尔泰、吉艾科技、自仪股份、东华测试、天瑞仪器 。由这10家仪器仪表公司的综合得分均为负的，且其盈利因子得分基本为负可以看出，盈利能力对公司的投资价值最为关键，对其的投资需谨慎。

2013年排名前十的公司为汇中股份、炬华科技、金卡股份、奥普光电、安控科技、雪迪龙、华智控股、广陆数测、新天科技、三川股份。末十的公司为聚光科技、威尔泰 、开元仪器、科陆电子、凤凰光学、吉艾科技、远方光电、浩宁达、东华测试、天瑞仪器。需要指出的是在2014年的前十中，除已在2013年前十行列中的汇中股份、炬华科技、安控科技、雪迪龙外，南华仪器、正业科技、红相电力、埃斯顿和川仪股份均为2014年、2015年新上市的公司，受上市影响，公司的相关财务指标会发生较大变化，但我们也可窥见在仪器仪表制造这个行业中呈现出一派生气勃勃的气息。

七、系统聚类分析

通过聚类分析把业绩相似的公司归类，可以对不同类别的上市公司进行对比分析，为投资者选择投资组合提供参考。

根据树状图（略）对33家仪器仪表制造业上市公司进行分类，本书选择将其分为4类，如表6-134所示。

表6-134　　聚类分析

类别	仪器仪表制造业上市公司	数目
1	汇中股份、炬华科技、南华仪器、正业科技、红相电力、埃斯顿、安控科技、三星电气、川仪股份、康斯特、金卡股份、林洋电子、安科瑞、科陆电子、苏试试验、新天科技、三川股份	17
2	雪迪龙	1
3	汉威电子、浩宁达、奥普光电、先河环保、*ST光学、万讯自控、开元仪器、远方光电、威尔泰、吉艾科技、自仪股份、东华测试、天瑞仪器	13
4	聚光科技、广陆数测	2

表6-134中，类别1包括汇中股份、炬华科技等17家公司，打分排名范围有前有后。

其中，南华仪器于2015年1月23日上市，公司收入占比最高的工况法系统全套设备由南华设计、生产和集成，较市场上其他系统集成企业产品具有成本优势和技术优势。2014年实现营业收入1.46亿元，同比增长16.29%，净利润同比增长4.43%，同时拟向全体股东每10股派发红利2元。作为汽车尾气检测第一股，在环保形势日益明朗的背景下，南华仪器正努力抓住市场需求，保持各项研发业务的积极投入，目前，公司与中国科学院半导体研究所共同建立的研发项目已经启动。且其各项因子得分均不错，尤其是偿债因子排名靠前，可见公司发展稳健，推荐投资持有。

正业科技于2014年12月31日上市，是一家专业从事精密仪器设备及高端电子材料的集研发、生产、销售和技术服务于一体的国家火炬计划重点高新技术企业，成立于1997年，注册资本6000万元。社保业务是公司发展的根基。随着我国对劳动和社会保障领域的投资逐步增加，该领域的信息化水平也在快速提升。公司在社会保障领域有完整的产业链产品，包括社会保险经办机构及相关部门的管理信息系统、金融社保卡的发放和数据采集等。公司依托在社保领域的业务优势，研发了社保一体机和医疗卫生服务自助机两款产品。公司具有良好的发展潜力，可考虑长期投资持有。

红相电力于2015年2月17日上市，是电力行业设备检测、监测的龙头企业，将受益电网智能化投资加速。电改的推进和售电牌照的下放即将打破电力行业的既有格局，公司覆盖电力系统发电、输电、变电、配电、用电各个环节，在电力信息化领域全面布局，数据资源丰富。公司管理层具备电力行业和金融背景，长期维持研发高投入，专注于高毛利产品线，并为客户提供高附加值的技术解决方案，并存在扩展到其他行业的可能性。公司有一定技术实力，主营业务增长较稳定；由于细分领域的市场规模太小，扩张和转型是非常现实的需求，因此可考虑逐步投入。

埃斯顿于2015年3月20日上市，其发展中心为国产机器人业务。公司伺服系统优势在于方向、角度可调的高端产品。下游是智能制造装备行业，主要包括机床、纺织机械、电子机械、包装印刷机械等。这部分业务市场前景好，但竞争也非常激烈，市占率超过10%。对其的投资需要谨慎，尤其要考虑到工业机器人及成套设备研发及市场拓展风险。

川仪股份于2014年8月5日上市，主要业务是工业自动控制系统装置及工程成套，包括单项产品和系统集成及总包服务，单项产品主要包括智能执行机构、智能变送器、智能调节阀、智能流量仪表、温度仪表、控制设备及装置和分析仪器等。受2014年上市影响，公司的相关财务指标发生了较大变化，资产总额395624万元，较2013年年末增长18.35%；负债合计220820万元，较2013年年末下降5.31%，归属于上市公司股东的所有者权益172793万元，较2013年年末增长74.44%，因此对其投资需谨慎进行。

类别2仅有1家公司。雪迪龙在2013年的排名中便表现良好，除持续发展烟气监测仪器主业之外，持续进行多点布局。在水质监测仪器、VOCs监测仪器、环境大数据、环保信息平台等领域，公司通过成立合资公司、合作研发等方式，已进行前瞻布局。公司在手现金充足，无有息负债，且大股东股权比例较高，有能力延续目前发展思路，持续进行多点布局。2015—2017年盈利预测EPS分别为0.48元、0.71元和0.95元，维持“增持”评级。

类别3中有汉威电子等13家公司。总体来看，13家公司大部分盈利因子得分为负，盈利能力较差，且总排名均靠后，所以大多数公司一般不考虑投资。

类别4包括聚光科技和广陆数测2家公司。这两家公司排名中等，但均具有良好的偿债和成长因子得分，可以考虑长期投资，但需谨慎。

八、结语

以上关于深沪两市33家仪器仪表制造业上市公司的投资价值分析，主要是以2014年财务报表数据为基础进行的实证分析并与13年的成果进行比较分析，投资分析的结果存在间断性和偶然性，若能推演至更多个年度，连续反映公司的发展趋势，更有利于帮助投资者做出正确合理的投资决策。从智能化仪器仪表长期的投资逻辑看，城镇化建设会拉动行业需求，智能化的进程将使整个智能化仪器仪表的市场占有率提升，可长期看好，对相关新上市公司如南华仪器、正业科技、红相电力、埃斯顿等未来发展前景看好。

（参著：杨枫）

第二十节　其他制造业和废弃资源利用业上市公司投资价值比较分析研究

一、行业发展与投资价值状况

其他制造业是除了一般可列名制造业以外的制造行业，主要包括珠宝首饰业、集成吊顶业两个行业。

目前，中国珠宝首饰业呈现出群雄纷争的局面。中国产业信息网发布的《2014—2019年中国珠宝首饰行业市场全景调研及投资前景评估报告》指出：随着国民经济的持续增长和人民生活水平的不断提高，昔日属于奢侈品的珠宝首饰日渐“平民化”，成为继住房、汽车之后我国居民的第三大消费热点，并呈现出持续繁荣态势。2006—2011年期间，即便是在国内经济受到全球性金融危机影响较大的年份，我国金银珠宝首饰年销售总额仍保持了增长，2010年和2011年在金融危机阴影逐渐退去及国家调控房地产价格的双重背景下，分别呈现出46%和42%的增长速度。进入2012年后增幅虽然放缓，但2012年和2013年金银珠宝年销售额仍分别达到2209亿元和2959亿元，同比分别增长16%和26%。受累于国际金价大幅下挫等因素，2014年中国珠宝首饰市场销售额或创下10年来最低增长率。不过，在民众消费能级不断提升的背景下，暂时“遇冷”的中国珠宝首饰消费市场依然展现出诱人的前景。

集成吊顶行业竞争激烈，越来越多的中小集成吊顶企业在竞争当中面临生存难关。一方面，原材料成本上升，稀有树种短缺，让集成吊顶小企业常常面临资源短缺；另一方面，资金周转也面临问题，中小集成吊顶企业运营出现困难，集成吊顶品牌大企业也面临较大挑战。那些较大的集成吊顶企业，各种税种使得他们无法在价格上占据优势，再加上每年高税率的税额，利润难以获得大幅增长。

总体来看，珠宝首饰业作为有较长发展历史的传统行业，随着行业内来自“新进入者”以及境外企业进入中国市场，行业内竞争比较激烈。加上黄金市场的波动起伏，投资者要在珠宝首饰业投资获利仍需要付出较大努力。

当下中国经济增长动力已发生重大改变，实现向较高水平的可持续增长路径改变；再生资源产业将成为战略性新兴产业节能环保产业的子产业，前景广阔，再生资源产业增长潜力巨大。放眼全球：到2020年再生资源占原料总量将由2000年的30%提高到60%～80%；未来5年我国再生资源行业将以每年10%～20%的高速度增长，年产业规模可望突破1万亿元。我国《“十二五”循环经济发展规划》提出，到2015年，主要再生资源利用总量达到2.66亿吨，产值达到1.2万亿元。

由于其他制造业和废弃资源利用业中涉及的企业大多经营范围和领域不是完全一致，投资者在分析时需要结合与特定企业相关的宏观环境情况进行投资决策。本书以深沪两市19家其他制造业和废弃资源利用业上市公司为例，依据其2014年财务报告，选取13个能够综合反映财务能力的指标，作为评估各上市公司投资价值的指标体系，建立指标模型，运用SPSS软件，采用因子分析法与聚类分析法进行投资价值分析，确定分析对象的投资价值总量及排名，并合理划分层级，联系实际结合2013年相关分析研究结果，进行深入比较分析研究，得出量与质有机结合的投资价值结论，为投资者提供参考，以降低其投资风险，提高投资收益。

二、样本选取与数据处理

沪、深证交所的19家其他制造业和废弃资源利用业上市公司的资料来源主要为其2014年的财务报告，具体初始数据如表6－135与表6－136所示。

表6－135　　初始数据1

股票代码	名称	基本每股收益（元）	销售净利率（%）	每股净资产（元）	总资产报酬率（%）	流动比率	速动比率
000587	金叶珠宝	0.2600	1.4030	2.3429	8.1244	1.9113	1.3509
002098	浔兴股份	0.5000	7.4513	4.4323	9.3610	0.8789	0.5423
002120	新海股份	0.5600	11.0169	3.6235	14.6522	1.7088	1.2328
002173	千足珍珠	−0.0500	−5.9143	2.3347	2.0419	1.5777	0.2944
002247	帝龙新材	0.3800	11.4682	3.7339	9.4595	4.0903	3.5100
002340	格林美	0.2500	6.6228	4.6427	5.2493	1.1380	0.6292
002345	潮宏基	0.2600	9.0973	2.8499	7.6162	1.9090	0.7996
002574	明牌珠宝	0.3800	2.9145	5.7666	6.0302	5.5437	3.4405
002718	友邦吊顶	2.0500	27.6480	10.2089	25.6363	7.5409	7.1529
002721	金一文化	0.4100	1.3049	5.3226	7.4660	1.2434	0.9113
002731	萃华珠宝	0.8200	2.9768	6.8362	10.8008	1.9229	0.8223
300061	康耐特	0.2391	6.7727	2.6121	7.7479	1.4756	0.7153
300116	坚瑞消防	0.0357	2.8135	2.7814	1.5518	1.7595	1.3666
300163	先锋新材	0.2000	6.9601	4.2255	5.1093	4.3872	2.7462
300393	中来股份	1.1500	24.6846	6.2053	18.3618	2.7173	2.3641
600086	东方金钰	0.2802	2.1620	2.8143	5.3117	1.1031	0.1519
600612	老凤祥	1.7967	3.7408	7.5433	17.1131	1.5134	0.7535
600687	刚泰控股	0.5120	5.2970	3.2778	12.8166	1.7509	1.2970
603015	弘讯科技	0.6000	19.6488	3.5641	15.0672	3.2753	2.5888

表 6-136　　初始数据 2

股票代码	名称	资产负债率（%）	存货周转率（次）	总资产周转率（次）	固定资产周转率（次）	总资产增长率（%）	营业总收入增长率（%）	股东权益增长率（%）
000587	金叶珠宝	50.8606	10.6393	145.6430	4.0721	29.0992	16.9978	9.4780
002098	浔兴股份	50.1184	3.2670	1.8343	0.7789	4.5217	4.2962	7.1790
002120	新海股份	24.6388	7.3290	3.4276	1.1143	−5.4211	−0.4909	14.0824
002173	千足珍珠	54.0148	0.1625	2.7813	0.1752	−0.9896	−38.7233	−4.5677
002247	帝龙新材	18.1827	5.9307	2.8250	0.7383	9.9526	15.6145	10.1979
002340	格林美	59.1146	1.6464	1.6376	0.4046	49.7661	12.1292	83.4205
002345	潮宏基	44.3270	1.0644	10.2134	0.6349	27.8167	19.1095	7.8684
002574	明牌珠宝	39.0445	3.1616	73.9619	1.3870	2.8550	−20.0483	6.1229
002718	友邦吊顶	9.9267	7.8500	4.0311	0.8250	75.6113	22.6740	87.5057
002721	金一文化	70.2411	8.0376	27.8996	2.3729	51.3256	83.6619	47.1783
002731	萃华珠宝	47.2882	3.3837	32.7168	2.0680	57.7539	−10.0865	96.7691
300061	康耐特	41.2654	2.0198	2.3156	0.8404	8.7106	47.9864	1.1893
300116	坚瑞消防	35.7200	2.0964	2.8250	0.3269	106.6154	30.2858	93.9284
300163	先锋新材	29.9570	2.1818	1.2710	0.5355	40.4396	102.0771	1.5244
300393	中来股份	29.7326	3.8576	2.6507	0.6132	112.3605	37.7925	170.6092
600086	东方金钰	83.4283	0.9568	36.3107	0.8038	18.3962	−23.3715	11.0558
600612	老凤祥	59.9942	5.8985	72.5740	3.1407	23.9285	−0.4537	18.3924
600687	刚泰控股	55.7820	9.9211	15.0325	1.6735	78.7797	236.7763	16.1447
603015	弘讯科技	25.9288	2.2332	10.1093	0.6561	7.4776	4.2931	4.7940

在指标性质、单位不同的情况下，首先要对指标进行同趋势化处理。然后利用 SPSS 中的 Z-score 方法将 13 项指标的原始数据进行标准化处理，同趋化数据和标准化数据略。

三、因子分析法适应性检验

为了检验所选用的指标是否适合使用因子分析法，本书利用 SPSS 软件中 KMO 和 Bartlett 球形检验方法来对样本进行检验。检验结果如表 6-137 所示。

表 6-137　　KMO 检验和 Bartlett 球形检验

取样足够度的 KMO 度量		0.452
Bartlett 球形检验	近似卡方	211.611
	df	78
	Sig.	0.000

由表 6-130 可知，KMO 值为 0.452，小于 0.5，这主要是由于样本容量太小造成的。同时，Bartlett 球形检验统计量为 211.611，相应的概率 Sig. 为 0.000，在 5%的显著性水平之下，拒绝原假设，因此可认为相关系数矩阵与单位矩阵有显著差异，说明样本适合做因子分析。

四、确定主因子

本书应用因子分析法中的主成分分析法来计算原始公因子的特征值、方差贡献率以及累计方差贡献率，并由此确定公因子。结果如表 6-138 所示。

表 6-138　　解释的总方差

成分	初始特征值			提取平方和载入			旋转平方和载入		
	合计	方差百分比（%）	累积百分比（%）	合计	方差百分比（%）	累积百分比（%）	合计	方差百分比（%）	累积百分比（%）
1	4.106	31.586	31.586	4.106	31.586	31.586	3.549	27.297	27.297
2	2.763	21.254	52.840	2.763	21.254	52.840	2.540	19.537	46.833
3	2.308	17.755	70.595	2.308	17.755	70.595	2.471	19.009	65.843
4	1.293	9.942	80.538	1.293	9.942	80.538	1.748	13.449	79.292
5	1.024	7.878	88.416	1.024	7.878	88.416	1.186	9.124	88.416
6	0.709	5.456	93.871						
7	0.294	2.264	96.135						
8	0.213	1.635	97.770						
9	0.169	1.303	99.073						
10	0.055	0.426	99.499						
11	0.042	0.322	99.820						
12	0.016	0.126	99.946						
13	0.007	0.054	100.000						

提取方法：主成分分析。

根据表 6-138 中数据可知，前 5 个主因子的方差贡献率已经达到了累计方差贡献率的 88.416%，即表明这 5 个主因子已包含原始数据信息量的 88.416%，所以只需选择前 5 个主因子就可以较好地代表原始指标，对其他制造业公司的绩效进行描述。

特征值可用碎石图列示，如图 6 - 20 所示。从图 6 - 20 可以看出，从第 6 个成分开始，特征值的值都小于 1，且折线的陡度变得比较平缓，这说明提取 5 个主因子是合适有效的。

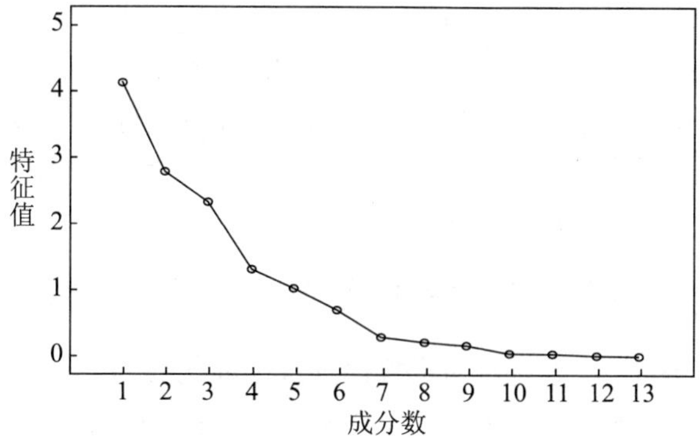

图 6 - 20　碎石图

五、旋转载荷矩阵分析

本书对原因子载荷矩阵进行最大方差旋转，以期得到主因子更明确的含义。结果如表 6 - 139所示。

表 6 - 139　旋转后的因子载荷矩阵[a]

变量	成分				
	F_1	F_2	F_3	F_4	F_5
基本每股收益	0.935	0.170	0.111	−0.056	−0.126
每股净资产	0.780	−0.332	0.242	0.121	0.160
销售净利率	0.849	0.057	0.118	−0.193	−0.318
总资产报酬率	0.945	0.090	0.104	0.168	0.043
流动比率	0.065	0.079	0.828	0.017	0.348
速动比率	−0.392	0.399	0.489	0.528	0.073
资产负债率	−0.096	−0.079	−0.024	−0.090	0.889
存货周转率	0.354	0.610	−0.014	0.612	−0.179
总资产周转率	−0.078	0.942	−0.054	−0.129	−0.003
固定资产周转率	0.101	0.960	−0.029	0.130	−0.056
总资产增长率	0.184	−0.107	0.821	0.320	−0.203
营业总收入增长率	−0.011	−0.070	0.086	0.926	−0.056
股东权益增长率	0.332	−0.143	0.875	−0.106	−0.213

提取方法：主成分分析。

旋转法：具有 Kaiser 标准化的正交旋转法。

a. 旋转在 5 次迭代后收敛。

由表 6-139 中的数据可以看到，基本每股收益、每股净资产、销售净利率、总资产报酬率在主因子 F_1 上的载荷量分别为 0.935、0.780、0.849 和 0.945，它主要反映了公司的盈利能力，所以将 F_1 命名为盈利因子；主因子 F_2 则在存货周转率（0.610）、总资产周转率（0.942）和固定资产周转率（0.960）有较大载荷量，代表了公司的营运能力，故而将其命名为营运因子；总资产增长率和股东权益增长率在 F_3 上的载荷分别为 0.821 和 0.875，将 F_3 命名为成长因子 1；同样地，在营业总收入增长率（0.926）上载荷量较大的主因子 F_4 代表了公司的成长能力，故将主因子 F_4 命名为成长因子 2；最后，资产负债率（0.889）在主因子 F_5 载荷较大，体现公司偿债能力，F_5 命名为偿债因子。

六、其他制造业和废弃资源利用业上市公司综合得分与排名

要得到因子的综合得分，需先对因子数据进行标准化处理，使其期望为 0，方差为 1，然后，对各因子的方差贡献率占因子总方差贡献率的比重作为权重加权汇总，使用计算综合得分的公式 $F=(\lambda_1F_1+\lambda_2F_2+\lambda_3F_3+\lambda_4F_4+\lambda_5F_5)/(\lambda_1+\lambda_2+\lambda_3+\lambda_4+\lambda_5)=(0.27297\times F_1+0.19537\times F_2+0.19009\times F_3+0.13449\times F_4+0.09124\times F_5)/0.88416$ 来计算各样本的综合得分。得到结果按名次排列如表 6-140 所示。

表 6-140　　其他制造业和废弃资源利用业上市公司综合得分与排名

股票代码	名称	F_1（盈利）	F_2（营运）	F_3（成长 1）	F_4（成长 2）	F_5（偿债）	F（综合）	排名
300393	中来股份	1.0727	−0.4884	3.0693	−0.2556	0.4671	0.8925	1
002718	友邦吊顶	2.9738	−0.5643	−0.3053	0.1105	−0.7588	0.6663	2
000587	金叶珠宝	−0.7823	3.1521	0.3264	0.3587	0.4056	0.6216	3
600612	老凤祥	1.2566	1.6667	−0.4599	−0.6934	−0.3184	0.5190	4
600687	刚泰控股	−0.1648	0.0709	0.0132	3.2592	−0.1648	0.4464	5
002731	萃华珠宝	0.2347	0.5792	0.9708	−1.0740	−0.2439	0.2206	6
002345	潮宏基	−0.1289	−0.4397	−0.0826	−0.1886	3.5584	0.1838	7
002120	新海股份	0.2085	0.1406	−0.4325	0.5399	0.3120	0.1168	8
002721	金一文化	−0.2021	0.5637	−0.0896	0.7225	−0.9366	0.0561	9
603015	弘讯科技	0.4962	−0.5591	−0.4860	−0.0326	0.5445	−0.0236	10
300116	坚瑞消防	−1.5501	−0.5676	1.7970	0.2545	−0.7851	−0.2599	11
002247	帝龙新材	0.1404	−0.5205	−0.9104	0.1713	−0.2515	−0.2673	12
300061	康耐特	−0.3964	−0.5801	−0.6509	0.2166	0.8127	−0.2737	13
002574	明牌珠宝	−0.1597	0.6071	−0.8369	−1.1331	−0.2785	−0.2962	14
002098	浔兴股份	0.0319	−0.4690	−0.8054	−0.2418	−0.0616	−0.3101	15
300163	先锋新材	−0.4848	−0.9480	−0.5878	0.7278	−0.5402	−0.4306	16
002340	格林美	−0.4868	−0.8424	0.4095	−0.5911	−0.9183	−0.4331	17
600086	东方金钰	−0.7230	−0.1791	−0.4360	−0.9997	−0.4888	−0.5590	18
002173	千足珍珠	−1.3359	−0.6220	−0.5030	−1.1510	−0.3537	−0.8696	19

表6-140中，其他制造业和废弃资源利用业上市公司综合得分与其投资价值呈正相关关系。由于先对因子数据进行了标准化处理，因此，可以0为参考标准线，认为：综合得分大于0的公司，综合业绩相对较好，且数值越大，投资价值越大；综合得分小于0的则相对较差，且数值越小，投资价值越小。依此可对上市公司的综合业绩和投资价值有一个基本的评价。

具体而言，排名前五位的公司分别为中来股份、友邦吊顶、金叶珠宝、老凤祥和刚泰控股。其中，中来股份主要依靠成长因子1和盈利因子分数较高，获得综合排名第一。友邦吊顶的盈利因子得分较高，所以排名第二，说明其盈利情况较好，有一定的发展空间；但其运营和偿债因子得分均为负分，可见其财务状况不稳定，需谨慎投资，可以考虑短期投资。排名第三的金叶珠宝的运营因子、成长因子、偿债因子的得分都比较靠前，总体来看该公司发展较为稳健，推荐可长期持有。老凤祥综合排名位列第四，盈利因子和营运因子得分位列第二，但是其成长因子得分为负值，可以考虑投资。刚泰控股综合排名第五，其成长因子得分较高，可考虑长期持有。

排名末五名的公司分别为浔兴股份、先锋新材、格林美、东方金钰和千足珍珠。由这5家其他制造业公司的盈利因子得分均低于行业平均值可以看出，其投资价值有限；尤其可以看到，千足珍珠的盈利因子得分远远低于行业平均值，是居于末尾的主要原因。

2013年的排名前五分别为金叶珠宝、友邦吊顶、老凤祥、富奥股份、潮宏基；末五为东方金钰、康耐特、浔兴股份、千足珍珠、先锋新材。值得一提的是今年排名第一的中来股份是2014年9月12日刚上市的新股，凭借其盈利优势及良好的成长潜力跃居第一，有较广阔的发展空间和较大投资价值；而2013年1月，大冶矿业完成资产重组，进入刚泰控股，使公司焕发新的活力，同样具有良好的成长潜力。

七、系统聚类分析

通过聚类分析把业绩相似的公司归类，可以对不同类别的上市公司进行对比分析，为投资者选择投资组合提供参考。

本书选择将其分为4类，如表6-141所示。

表6-141　　聚类分析

类别	其他制造业和废弃资源利用业上市公司	数目
1	中来股份、友邦吊顶	2
2	金叶珠宝、老凤祥、明牌珠宝、萃华珠宝	4
3	刚泰控股、新海股份、金一文化、弘讯科技、坚瑞消防、帝龙新材、康耐特、浔兴股份、先锋新材、格林美、东方金钰、千足珍珠	12
4	潮宏基	1

表6-141中，类别1包括了中来股份、友邦吊顶2家公司，其综合得分排名分别为第一、第二名，具有不错的盈利因子得分。其中，中来股份是为组件厂商供应关键部件——太阳能背板的企业，创造性的通过使用涂覆技术开发出黏合度高，品质过硬的国产

背板。公司是国内首家同时通过德国TUV、美国UL和日本JET太阳能背板认证的企业，其下游客户包括韩华新能源、阿特斯等国际一线组件厂商，2013年占据市场份额为5.8%。小行业也可出大公司：光伏辅料市场空间一般在数十亿至百来亿之间，供需匹配度较高，容易形成寡头垄断。涂覆型技术核心在工艺和配方，公司对配方采取了有效的保密措施，而工艺也是享有专利并自制设备防止抄袭。国内从事涂覆型背板的企业众多，但仅乐凯、福斯特和中来能够量产，其中又只有中来被一线厂商所信赖。综上，中来股份具有较好的投资前景，推荐投资。

类别2中，有4家公司，分别为金叶珠宝、老凤祥、明牌珠宝、萃华珠宝。这四家公司除明牌珠宝外，综合排名均靠前；而除了萃华珠宝为2014年11月新上市外，其他三家在2013年的排名中也均取得不错的排名，总体来说是值得投资的一类。萃华珠宝是一家从事珠宝饰品设计、加工、批发和零售的“中华老字号”企业，是一家典型的由“前店后厂”发展起来的企业。公司产品以黄金饰品为主，兼营铂金饰品、镶嵌饰品等珠宝饰品，目前已在全国建立了包括10家直营店和339家加盟店的营销网络。从收入地区分布看，东北地区是公司的传统优势区域；以销售模式分，公司主营收入主要来源于批发业务。2014年1—6月，公司实现收入17.99亿元，税后净利润4369.49万元。“萃华”品牌始创于1895年，品牌历史悠久；公司是首批5家珠宝首饰行业“中华老字号”企业之一，获评“2012年度中国珠宝业最具竞争力品牌”。明牌珠宝则如2013年中分析的那般是全球最大铂金首饰生产商与第一零售商，经营能力较强；但是在近年黄金市场起伏波动的市场环境下，公司盈利状况不佳，偿债能力较弱，成长能力欠缺，因此投资需谨慎。

类别3包括了刚泰控股等12家公司，大部分排名较靠后，在盈利能力、偿债能力、营运能力和成长能力上均或有一定欠缺。因此如要投资需要进一步观察其发展动向。不过其中康耐特的偿债因子得分较高，说明其财务状况较为稳定，可考虑投资。

类别4中仅有潮宏基一家企业，其综合排名为第七，而偿债因子得分排名第一。从其因子分析结果可知，该公司的财务状况较稳定，但除偿债因子以外的其他因子得分均为负值。因此，目前不考虑进行投资，投资者可以关注其未来盈利状况，确定是否进行长期投资，不过其去年的综合排名为第五，可以看见其表现还是较为不错的。

八、结语

以上分析研究为投资者提供了一个全面、系统、客观的全要素投资价值评价体系和综合分析平台。但分析主要是以2014年财务报表数据为基础进行的实证分析并只与2013年的成果进行比较分析，投资分析的结果存在间断性和偶然性。如果作为未来投资决策还需要将以上分析方法扩展到连续的更多个年度，并且充分考虑投资当年以及对未来公司发展有重大影响的宏观环境变化包括政策以及法律环境等的变化。

（参著：杨枫）

第七章　电力、热力、燃气及水生产和供应业上市公司投资价值比较分析研究

第一节　电力、热力、燃气生产和供应业上市公司投资价值比较研究

一、行业发展与投资价值状况

电力工业是国民经济的基础产业和公用事业，也是典型的资金密集型产业之一。我国的电力企业通常是国有大型股份制企业，资金实力相对雄厚，高效的资金管理和使用，对于企业提高效益、降低风险、保持健康发展起到重要作用。截至 2014 年年底，全国发电装机容量 136019 万千瓦，同比增长 8.7%；其中，水电 30183 万千瓦（含抽水蓄能 2183 万千瓦），占全部装机容量的 22.2%；火电 91569 万千瓦（含煤电 82524 万千瓦、气电 5567 万千瓦），占全部装机容量的 67.4%，比 2013 年降低 1.7 个百分点；核电 1988 万千瓦，并网风电 9581 万千瓦，并网太阳能发电 2652 万千瓦。2014 年，全国基建新增发电设备容量 10350 万千瓦，其中，水电新增 2185 万千瓦，火电新增 4729 万千瓦，核电新增 547 万千瓦，并网风电新增 2072 万千瓦，并网太阳能发电新增 817 万千瓦。全国 6000 千瓦及以上电厂发电设备平均利用小时数 4286 小时，同比降低 235 小时。其中，水电设备平均利用小时 3653 小时，同比增加 293 小时；火电设备平均利用小时 4706 小时，同比降低 314 小时；核电 7489 小时，同比降低 385 小时；风电 1905 小时，同比降低 120 小时。①

热力生产和供应行业指的是利用煤炭、油、燃气等能源，通过锅炉等装置生产蒸汽和热水，或外购蒸汽、热水进行供应销售、供热设施的维护和管理的活动。热力生产和供应行业的产品主要包括蒸汽和热水，业务包括蒸汽和热水的供应销售和供热设施的维护和管理。热力生产和供应行业和日常生活息息相关，而且和很多行业也保持了紧密的联系，比如说电力、建筑、煤炭等行业，各个涉及的行业在“十二五”期间的规划和热力生产和供应行业有一定的关系。近年来，中国热力生产和供应业迅速成长，行业开放性逐渐提高，民营企业和外资企业在中国热力生产和供应行业取得较快的发展，市场化程度不断加深。根据国家统计局数据：2014 年，在 41 个工业大类行业中，28 个行业利润总额比上年增长，2 个行业持平，11 个行业下降，电力、热力生产和供应业规模以上企业主营业务收入全年累计 56846.5 亿元，比上年增长 3.2%；利润总额 4229.4 亿元，比上年增长 19.1%。

① 中国市场调研网：《中国电力生产行业发展监测分析与市场前景预测报告（2015—2020 年）》，2015 年 5 月 17 日。

燃气是气体燃料的总称，包括人工燃气（俗称煤气）、液化石油气（LPG）、天然气等。进入21世纪以来，城市用气人口保持了快速的增长态势，相应的，中国燃气业的普及率也得到了快速提升。“十一五”期间，西气东输工程进展顺利、大型LNG项目纷纷开建、液化石油气产量持续增长、民用燃气市场规模不断扩张，中国燃气行业发展势头良好。2012年，中国燃气生产和供应业实现销售收入3184.992亿元，完成利润总额288.247亿元，同比增加13.88%。① 2013年以来，国内天然气需求继续增长，非常规天然气开发提速；液化石油气市场保持平稳发展，用气人口持续增加；煤制气示范项目快速推进，有望实现产业化。建设资源节约型与环境友好型社会的提出、国家对城市燃气领域的开放，以及管道建设的延伸，为中国城市燃气的发展提供了难得的机遇。根据统计局资料，2014年燃气生产和供应业规模以上企业主营业务收入全年累计4928.8亿元，比上年增长21.4%；利润总额389.4亿元，比上年增长4.1%。

从目前整体宏观环境来看，电力与热力生产与供应行业是机遇与挑战并存，但作为传统国民经济基础行业其发展前景还是比较乐观。投资者需要抓准投资机遇，充分了解相关企业的战略规划是否与国家政策契合，有效评估其发展前景，进行长期投资的审慎选择。自2002年《国务院关于引发电力体制改革方案的通知》文件出台，电力改革已在逐步推进，深化改革；另外《“十二五”能源规划》以及《“十二五”建筑节能专项规划》等多个政策出台都对电力、热力和燃气行业产生重大影响，在国家政策不断推陈出新的背景下，投资者需对电力、热力和燃气行业有重新的分析和评价。本书以深沪两市71家电力、热力生产和供应业以及燃气生产和供应业上市公司为例，以2014年度财务报告为依据，选取13个能够综合反映财务能力的指标，建立指标模型，运用SPSS软件，采用因子分析法与聚类分析法进行投资价值分析，确定分析对象的投资价值总量及排名，并联系实际，结合2013年相关分析研究结果进行深入比较分析研究，得出投资价值结论，为投资者提供参考，以降低其投资风险，提高投资收益。

二、样本选取与数据处理

沪、深证交所的71家电力、热力、燃气生产和供应业上市公司的资料来源主要为其2014年的财务报告。具体初始数据如表7－1和表7－2所示。

表7－1　　初始数据1

股票代码	名称	基本每股收益（元）	销售净利率（%）	每股净资产（元）	总资产报酬率（%）	流动比率	速动比率
000027	深圳能源	0.7696	18.6798	6.7012	9.7075	0.8684	0.7807
000037	深南电A	－0.5500	－34.1651	2.1079	－3.4495	0.8732	0.5013
000301	东方市场	0.1800	28.6120	2.5644	8.5336	3.3020	1.9729
000531	穗恒运A	0.9421	18.0467	4.5794	13.5042	0.9584	0.7006

① 《2014—2018年中国燃气行业银行信贷风险评估及建议报告》，2014年11月7日，http：//www.ocn.com.cn/reports/2008654ranqixindai.shtml。

续 表

股票代码	名称	基本每股收益（元）	销售净利率（%）	每股净资产（元）	总资产报酬率（%）	流动比率	速动比率
000539	粤电力 A	0.6900	14.9028	4.8706	10.5431	0.6738	0.5762
000543	皖能电力	0.8800	12.6870	8.3885	11.4370	0.6893	0.6115
000600	建投能源	1.3210	24.4246	5.0163	17.5951	0.8481	0.7904
000601	韶能股份	0.2400	9.0023	3.4940	6.6497	0.8375	0.5820
000669	金鸿能源	0.7821	13.4564	8.2761	8.5942	0.7818	0.7775
000690	宝新能源	0.5900	21.7469	2.9039	16.1733	1.6812	1.6046
000692	惠天热电	0.0985	2.9949	2.4104	3.8514	0.4690	0.3456
000695	滨海能源	0.0152	0.5119	1.4386	2.9193	0.5274	0.4583
000720	新能泰山	0.0920	4.0982	0.9969	6.3472	0.3476	0.2513
000722	湖南发展	0.4200	71.0742	5.2766	7.6760	2.0372	1.9880
000767	漳泽电力	0.2443	6.1946	2.3014	6.1040	0.5321	0.4679
000791	甘肃电投	0.2746	14.0319	5.0541	5.3539	0.3881	0.3866
000862	银星能源	0.0400	1.9871	3.1200	6.9544	1.5715	1.2035
000875	吉电股份	0.0512	1.2789	2.5569	4.1582	0.3152	0.3023
000883	湖北能源	0.2100	17.7582	2.7113	7.7749	0.1773	0.1487
000899	赣能股份	0.6000	14.5303	3.2544	12.2038	0.3681	0.3057
000958	东方能源	0.4000	25.4057	1.7630	10.6869	0.2875	0.2236
000966	长源电力	1.2456	11.9654	4.1161	12.5304	0.2487	0.1584
000993	闽东电力	0.0700	1.7477	3.9653	4.9872	0.8893	0.3279
001896	豫能控股	0.4330	14.0387	3.8853	8.8442	0.8589	0.8013
002039	黔源电力	0.9634	23.8039	6.2578	6.5346	0.5677	0.5677
002267	陕天然气	0.4923	9.6892	4.0522	8.9500	0.6468	0.6281
002479	富春环保	0.2400	5.8637	2.9730	8.3021	1.3467	1.2133
002700	新疆浩源	0.4500	30.3756	3.1863	13.0780	2.6719	2.4341
300335	迪森股份	0.2000	10.9759	2.4802	7.1129	2.2998	2.0699
600011	华能国际	0.7500	10.6567	4.7986	9.9652	0.3577	0.2922
600021	上海电力	0.6195	12.1250	4.5611	9.4479	0.5512	0.5178
600023	浙能电力	0.5000	16.0214	3.6726	10.4203	1.4133	1.2588
600027	华电国际	0.7360	10.9049	3.5941	8.5391	0.2949	0.2483
600098	广州发展	0.4477	8.7765	5.0987	8.3824	1.3663	1.1351
600101	明星电力	0.3000	6.5411	5.6229	3.9776	0.7500	0.5421

续 表

股票代码	名称	基本每股收益（元）	销售净利率（%）	每股净资产（元）	总资产报酬率（%）	流动比率	速动比率
600116	三峡水利	0.5300	9.6681	4.3096	5.5434	0.6951	0.6004
600131	岷江水电	0.3100	18.2961	1.5980	10.3773	0.3521	0.3497
600167	联美控股	0.7715	24.6114	4.6868	7.1292	1.6308	1.6079
600207	安彩高科	−0.3912	−13.7756	1.1214	−5.5112	0.7990	0.6530
600236	桂冠电力	0.2600	16.6686	1.7160	9.0690	0.8185	0.7640
600310	桂东电力	0.1389	1.9971	13.8347	4.3358	0.8170	0.7655
600396	金山股份	0.3247	9.9635	2.4248	7.4883	0.2514	0.2021
600452	涪陵电力	0.4500	5.6723	3.2844	11.1208	0.5803	0.5761
600483	福能股份	0.7300	13.7681	4.6026	18.6518	2.0695	1.8316
600505	西昌电力	0.1695	7.8769	2.5533	4.9329	0.4698	0.4567
600509	天富能源	0.3800	10.0889	4.8616	4.6507	0.5835	0.4801
600578	京能电力	0.5500	24.6430	3.0966	13.6840	0.5626	0.5080
600617	国新能源	0.7367	8.0021	3.5171	6.2187	0.5024	0.4929
600635	大众公用	0.2100	9.0596	2.6800	4.9901	0.5929	0.5044
600642	申能股份	0.4530	10.6941	5.1001	8.4699	1.0155	0.9507
600644	*ST 乐电	−3.0025	−119.3902	1.6617	−61.8455	1.1173	1.0604
600674	川投能源	1.6573	319.2740	6.8318	19.9927	0.7725	0.7253
600719	大连热电	0.0478	1.3934	3.5888	1.7025	0.7933	0.6570
600726	华电能源	0.0700	1.6083	1.5921	4.6702	0.5338	0.4637
600744	华银电力	−0.2500	−3.4255	1.7937	2.1347	0.8538	0.7026
600758	红阳能源	0.0600	4.9522	1.6399	2.5453	0.5676	0.4798
600780	通宝能源	0.4926	8.9350	3.7868	10.8748	0.6342	0.6014
600795	国电电力	0.3480	14.8212	2.5051	7.5285	0.1873	0.1609
600863	内蒙华电	0.2300	15.1756	1.8317	9.5258	0.1790	0.1325
600864	哈投股份	0.5300	25.8458	8.5275	6.5140	1.0433	0.9689
600868	梅雁吉祥	−0.0287	−14.9396	1.1216	−0.8357	1.3087	1.2345
600886	国投电力	0.8247	30.8316	3.4071	10.2532	0.4614	0.4241
600900	长江电力	0.7170	43.9821	5.2203	12.6250	0.2804	0.2599
600917	重庆燃气	0.2500	6.2153	2.1169	5.6907	1.6443	1.5849
600969	郴电国际	0.7804	9.0085	9.4854	5.4021	1.4675	1.4425
600979	广安爱众	−0.1693	−13.4351	1.9396	−1.1833	0.6848	0.6272

续　表

股票代码	名称	基本每股收益（元）	销售净利率（%）	每股净资产（元）	总资产报酬率（%）	流动比率	速动比率
600982	宁波热电	0.2613	16.9090	3.1151	10.5466	10.7901	10.4103
600995	文山电力	0.2200	5.1486	2.9155	6.8952	0.4601	0.4546
601016	节能风电	0.1110	19.2030	1.7959	4.9099	0.5335	0.5091
601139	深圳燃气	0.3600	7.6827	2.7400	7.8497	0.6703	0.5917
601991	大唐发电	0.1351	2.7439	3.2910	4.5791	0.3325	0.2803

表 7－2　　初始数据 2

股票代码	名称	资产负债率（%）	存货周转率（次）	总资产周转率（次）	固定资产周转率（次）	总资产增长率（%）	营业总收入增长率（%）	股东权益增长率（%）
000027	深圳能源	47.0503	7.8808	0.8828	0.3482	15.1164	1.2571	8.5433
000037	深南电 A	72.7446	1.3529	0.6614	0.2351	−7.0562	11.1375	−20.6435
000301	东方市场	21.5455	0.9796	3.1998	0.2053	8.7324	−23.5171	5.5492
000531	穗恒运 A	53.5875	2.8853	1.3969	0.5534	−10.6671	33.9516	24.4541
000539	粤电力 A	59.7825	12.9787	0.7200	0.4240	1.7169	−5.7870	11.8350
000543	皖能电力	45.5475	33.1364	0.9011	0.5742	5.2742	2.3751	32.3228
000600	建投能源	56.6119	19.2205	0.7791	0.5035	40.3723	9.2303	148.2163
000601	韶能股份	53.5824	6.6221	0.4328	0.3479	−0.8967	28.6304	4.7797
000669	金鸿能源	54.4689	121.0768	0.8287	0.3532	66.7268	61.6551	94.8032
000690	宝新能源	47.5295	10.0389	1.0182	0.4848	−2.7313	−16.9473	9.3404
000692	惠天热电	65.8962	3.4170	0.8058	0.4211	3.1088	0.9630	1.3300
000695	滨海能源	71.2942	13.8800	0.8804	0.5799	−3.6001	−9.7384	1.3688
000720	新能泰山	79.4783	9.6468	0.8159	0.5712	−0.8244	8.4000	10.3496
000722	湖南发展	18.2451	17.4613	0.1527	0.0917	6.5452	12.9259	8.5965
000767	漳泽电力	79.8957	12.0629	0.6279	0.3594	−0.5823	19.3607	11.6652
000791	甘肃电投	72.2105	313.1804	0.1334	0.1095	3.3541	−8.3274	3.7697
000862	银星能源	80.4407	2.1827	0.2638	0.2014	100.2037	8.6386	827.1599
000875	吉电股份	77.5653	40.8736	0.3357	0.2462	11.1109	3.6591	−1.0936
000883	湖北能源	53.4478	19.5649	0.3280	0.2225	6.2686	−34.4080	7.5272
000899	赣能股份	64.4837	12.4049	0.6469	0.4416	−3.0393	0.7532	19.2987
000958	东方能源	62.0720	10.0489	0.8362	0.3492	−3.3244	2.6384	19.6634

续 表

股票代码	名称	资产负债率（%）	存货周转率（次）	总资产周转率（次）	固定资产周转率（次）	总资产增长率（%）	营业总收入增长率（%）	股东权益增长率（%）
000966	长源电力	75.6603	11.4778	0.8925	0.6120	−6.9011	−12.9291	36.7889
000993	闽东电力	59.7812	0.6076	0.9576	0.2883	−7.8720	−30.9224	−9.0410
001896	豫能控股	69.3992	13.9130	0.9759	0.3989	159.0950	−4.2747	263.8974
002039	黔源电力	79.0654	9136.2811	0.1648	0.1200	8.3837	111.0364	18.4004
002267	陕天然气	52.8042	83.4204	0.8836	0.5783	12.6314	31.1569	43.3547
002479	富春环保	35.2415	24.8062	2.5879	1.0082	6.5804	17.7512	7.1347
002700	新疆浩源	19.0811	6.3754	1.0756	0.4046	23.4196	25.6128	13.7404
300335	迪森股份	23.9555	9.4582	1.7865	0.6073	21.3262	0.4931	−0.1624
600011	华能国际	69.3495	14.2751	0.7585	0.4711	4.5683	−6.2959	12.0659
600021	上海电力	69.7337	26.2582	0.7490	0.3908	35.0637	6.4120	23.2338
600023	浙能电力	50.9331	12.0071	0.9736	0.4503	13.2430	−18.0597	20.2831
600027	华电国际	77.1628	15.3686	0.5936	0.3788	8.9382	2.6613	37.8660
600098	广州发展	48.5671	15.6422	1.1972	0.5761	0.1385	15.1011	3.7965
600101	明星电力	31.7189	9.4738	0.7744	0.4734	4.8765	15.1904	4.8559
600116	三峡水利	66.4965	7.3015	0.6904	0.3640	2.3726	−5.2062	2.9960
600131	岷江水电	64.7305	494.0159	0.6925	0.3606	−2.1793	7.5222	24.0411
600167	联美控股	65.7526	23.6671	0.7407	0.2361	6.7160	13.6554	13.8880
600207	安彩高科	70.6075	8.3942	1.3032	0.6614	0.9786	8.9385	−25.6951
600236	桂冠电力	73.7298	16.2274	0.3385	0.2588	0.9834	15.3573	12.8683
600310	桂东电力	54.6967	10.2279	0.7737	0.2419	12.7191	−4.9093	16.1847
600396	金山股份	80.2269	16.3601	0.3629	0.3081	0.5239	4.5250	59.5769
600452	涪陵电力	37.1493	620.2979	2.9297	1.6143	13.6675	1.9863	22.5292
600483	福能股份	57.3578	15.0050	1.1898	0.7501	1165.0650	0.7367	680.3910
600505	西昌电力	44.0133	152.0080	0.5935	0.4132	−2.9932	16.9149	5.7804
600509	天富能源	68.2480	4.9353	0.8471	0.2784	26.8443	14.5278	1.8220
600578	京能电力	55.1700	19.0591	0.6429	0.3657	29.5317	1.9598	9.0086
600617	国新能源	81.6118	114.6269	1.6479	0.4399	31.8704	25.2526	82.4779
600635	大众公用	56.3920	11.5544	1.2073	0.3582	14.3643	7.2078	11.6986
600642	申能股份	47.1633	34.8695	1.1736	0.7791	3.0657	−0.1663	12.7260
600644	*ST 乐电	73.2932	18.0740	0.4391	0.2525	2.3168	−7.2873	23.0674

续 表

股票代码	名称	资产负债率（%）	存货周转率（次）	总资产周转率（次）	固定资产周转率（次）	总资产增长率（%）	营业总收入增长率（%）	股东权益增长率（%）
600674	川投能源	63.0620	19.5474	0.6120	0.3666	8.8988	−0.7013	−2.0506
600719	大连热电	36.4413	6.9706	0.7033	0.1866	43.3651	5.7273	53.8023
600726	华电能源	20.7207	22.3516	0.2068	0.1428	−5.7028	−17.6948	−3.1010
600744	华银电力	75.2540	15.7449	0.2806	0.1984	8.1842	16.2962	25.2479
600758	红阳能源	41.4014	22.5918	0.2120	0.1814	−1.7466	18.5048	10.1755
600780	通宝能源	59.6577	50.7287	0.6346	0.3701	29.4861	3.3660	62.2643
600795	国电电力	68.4214	11.1954	0.5040	0.2885	40.7109	20.8903	−10.0724
600863	内蒙华电	17.1730	25.7433	3.1687	0.4602	70.8163	42.4884	135.8837
600864	哈投股份	51.6373	406.0163	1.0413	0.7253	7.8556	−0.7766	4.7388
600868	梅雁吉祥	70.9556	10.0346	0.1340	0.0936	7.9672	9.2638	15.2623
600886	国投电力	79.1332	13.2226	0.4385	0.2356	3.1051	−6.6906	−0.2675
600900	长江电力	20.7207	22.3516	0.2068	0.1428	−5.7028	−17.6948	−3.1010
600917	重庆燃气	75.2540	15.7449	0.2806	0.1984	8.1842	16.2962	25.2479
600969	郴电国际	41.4014	22.5918	0.2120	0.1814	−1.7466	18.5048	10.1755
600979	广安爱众	59.6577	50.7287	0.6346	0.3701	29.4861	3.3660	62.2643
600982	宁波热电	68.4214	11.1954	0.5040	0.2885	40.7109	20.8903	−10.0724
600995	文山电力	17.1730	25.7433	3.1687	0.4602	70.8163	42.4884	135.8837
601016	节能风电	51.6373	406.0163	1.0413	0.7253	7.8556	−0.7766	4.7388
601139	深圳燃气	70.9556	10.0346	0.1340	0.0936	7.9672	9.2638	15.2623
601991	大唐发电	79.1332	13.2226	0.4385	0.2356	3.1051	−6.6906	−0.2675

在指标性质、单位不同的情况下，首先要对指标进行同趋势化处理。然后利用 SPSS 中的 Z-score 方法将 13 项指标的原始数据进行标准化处理，同趋化数据和标准化数据略。

三、因子分析法适应性检验

为了检验所选用的指标是否适合使用因子分析法，本书利用 SPSS 软件中 KMO 和 Bartlett 球形检验方法来对样本进行检验。检验结果如表 7-3 所示。

表 7-3　KMO 检验和 Bartlett 球形检验

取样足够度的 KMO 度量		0.552
Bartlett 球形检验	近似卡方	525.843
	df	78
	Sig.	0.000

由表 7－3 可知，KMO 值为 0.552，大于 0.5，可知各变量之间的相关程度无较大差异，原有变量适合做因子分析。Bartlett 球形检验统计是 525.843，相应的概率 Sig. 为 0.000，在 5%的显著性水平之下，拒绝原假设，说明样本适合做因子分析。

四、确定主因子

本书应用因子分析法中的主成分分析法来计算原始公因子的特征值、方差贡献率以及累计方差贡献率，并由此确定公因子。结果如表 7－4 所示。

表 7－4　解释的总方差

成分	初始特征值			提取平方和载入			旋转平方和载入		
	合计	方差百分比（%）	累积百分比（%）	合计	方差百分比（%）	累积百分比（%）	合计	方差百分比（%）	累积百分比（%）
1	2.921	22.468	22.468	2.921	22.468	22.468	2.546	19.582	19.582
2	2.379	18.299	40.766	2.379	18.299	40.766	2.527	19.441	39.023
3	1.763	13.559	54.325	1.763	13.559	54.325	1.805	13.888	52.911
4	1.677	12.899	67.224	1.677	12.899	67.224	1.676	12.895	65.806
5	1.449	11.144	78.367	1.449	11.144	78.367	1.633	12.561	78.367
6	0.662	5.091	83.459						
7	0.558	4.296	87.754						
8	0.485	3.649	91.448						
9	0.415	3.189	94.637						
10	0.337	2.589	97.226						
11	0.277	2.130	99.356						
12	0.059	0.450	99.807						
13	0.025	0.193	100.000						

提取方法：主成分分析。

根据表 7－4 中数据可知，前 5 个主因子的方差贡献率已经达到了累计方差贡献率的 73.084%，即表明这 5 个主因子已包含原始数据信息量的 78.367%，所以只需选择前 5 个主因子就可以较好地代表原始指标，对电力、热力生产和供应业以及燃气生产和供应业公司的绩效进行描述。

特征值可用碎石图列示，如图 7－1 所示。从图 7－1 可以看出，从第 6 个成分开始，特征值都小于 1，且折线的陡度变得比较平缓，这说明提取 5 个主因子是合适有效的。

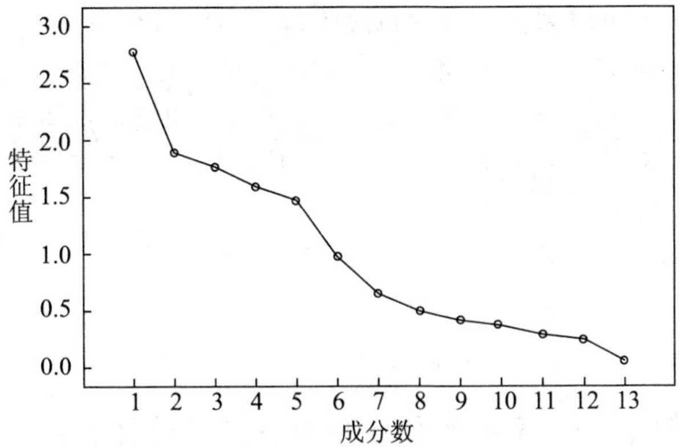

图 7－1　碎石图

五、旋转载荷矩阵分析

本书对原因子载荷矩阵进行最大方差旋转，以期得到主因子更明确的含义。结果如表7－5所示。

表 7－5　　旋转后的因子载荷矩阵[a]

变量	成分				
	F_1	F_2	F_3	F_4	F_5
基本每股收益	0.943	0.056	0.094	0.065	0.124
销售净利率	0.806	－0.065	0.033	－0.075	－0.048
每股净资产	0.415	0.069	0.583	－0.176	0.138
总资产报酬率	0.899	0.130	－0.060	0.166	－0.001
流动比率	－0.094	－0.076	0.799	0.175	－0.023
速动比率	0.022	0.018	0.885	0.006	0.011
资产负债率	0.076	0.935	－0.009	0.065	－0.045
存货周转率	0.047	－0.021	－0.012	－0.105	0.886
总资产周转率	0.018	0.017	－0.052	0.893	0.023
固定资产周转率	0.073	0.114	0.142	0.868	－0.066
总资产增长率	0.049	0.968	－0.039	0.085	－0.007
营业总收入增长率	0.016	0.004	0.067	0.064	0.896
股东权益增长率	－0.010	0.817	0.023	0.001	0.029

提取方法：主成分分析。

旋转法：具有 Kaiser 标准化的正交旋转法。

a. 旋转在 5 次迭代后收敛。

由表 7-5 中的数据可以看到，基本每股收益、销售净利率、总资产报酬率在主因子 F_1 上的载荷量分别为 0.943、0.806 和 0.899，它主要反映了公司的盈利能力，所以将 F_1 命名为盈利因子；主因子 F_2 在总资产增长率（0.968）和股东权益增长率（0.817）上载荷量较大的主因子 F_2 代表了公司的成长能力，故将主因子 F_2 命名为成长因子。主因子 F3 则在流动比率（0.799）、速动比率（0.885）上，代表了公司的偿债能力，故而将其命名为偿债因子；总资产周转率与固定资产周转率在主因子 F_4 上的载荷分别为 0.893 与 0.868，体现了公司的营运能力，为营运因子；存货周转率在主因子 F_5 上载荷量为 0.886，而营业总收入增长率在 F5 的载荷量为 0.896，所以将 F_5 命名为营运和成长因子。

六、电力、热力、燃气生产和供应业上市公司综合得分与排名

要得到因子的综合得分，需先对因子数据进行标准化处理，使其期望为 0，方差为 1，然后，对各因子的方差贡献率占因子总方差贡献率的比重作为权重加权汇总，使用计算综合得分的公式 $F=(\lambda_1F_1+\lambda_2F_2+\lambda_3F_3+\lambda_4F_4+\lambda_5F_5)/(\lambda_1+\lambda_2+\lambda_3+\lambda_4+\lambda_5)=(F_1\times 0.19582+F_2\times 0.19441+F_3\times 0.13888+F_4\times 0.12895+F_5\times 0.12561)/0.78367$ 来计算各样本的综合得分，得到结果按名次排列如表 7-6 所示。

表 7-6　电力、热力、燃气生产供应业上市公司综合得分与排名

股票代码	名称	F_1（盈利）	F_2（成长）	F_3（偿债）	F_4（营运）	F_5（营运和成长）	F（综合）	排名
600483	福能股份	0.4088	7.7687	−0.562	0.5793	−0.2553	1.9842	1
002039	黔源电力	0.3678	−0.1115	−0.1425	−1.1917	7.3518	1.0213	2
000531	穗恒运 A	0.1868	−0.3611	3.0153	1.3369	0.4533	0.7841	3
000600	建投能源	1.0223	0.7383	1.8205	0.0798	−0.1242	0.7545	4
600674	川投能源	3.9814	−0.5816	0.7517	−0.8415	−0.7761	0.7209	5
000669	金鸿能源	0.4053	0.3552	1.852	−0.2728	1.4744	0.709	6
600452	涪陵电力	0.1093	−0.3642	−0.2234	4.3406	0.1557	0.6366	7
600642	申能股份	−0.2693	−0.309	3.6333	1.3038	−0.4866	0.6365	8
600864	哈投股份	0.2627	−0.2025	2.6634	0.6369	−0.1767	0.5639	9
001896	豫能控股	−0.1153	0.8877	2.0923	−0.0713	−0.4689	0.4753	10
600995	文山电力	−0.311	0.1055	−0.6541	2.1077	1.0679	0.3505	11
000027	深圳能源	0.4803	−0.1539	1.9413	−0.2623	−0.2896	0.3363	12
600863	内蒙华电	−0.1679	0.075	−1.0536	2.1825	1.0372	0.3153	13
002479	富春环保	−0.1514	−0.3804	−0.3713	2.8257	0.2845	0.3126	14
600310	桂东电力	0.221	0.1083	2.5365	−1.1126	−0.3012	0.3002	15
000543	皖能电力	0.8275	−0.1257	0.6353	0.1623	−0.1192	0.2958	16
002267	陕天然气	0.1274	−0.0643	0.0645	0.4953	0.5956	0.2043	17

续 表

股票代码	名称	F_1（盈利）	F_2（成长）	F_3（偿债）	F_4（营运）	F_5（营运和成长）	F（综合）	排名
000862	银星能源	−0.5331	2.1933	−0.202	−1.1489	0.0593	0.1956	18
600617	国新能源	0.153	−0.0416	−0.3868	0.7861	0.5629	0.179	19
600098	广州发展	0.1805	−0.2465	0.0946	0.6298	0.1692	0.1315	20
000966	长源电力	0.937	−0.2373	−0.5139	0.472	−0.5672	0.0709	21
600969	郴电国际	0.6125	−0.1303	0.3911	−1.2825	0.3468	0.0346	22
002700	新疆浩源	0.4631	−0.2317	−0.8986	0.3196	0.4087	0.0171	23
000539	粤电力 A	0.5047	−0.1156	0.0454	−0.1223	−0.4337	0.0158	24
600021	上海电力	0.3646	−0.096	−0.1566	−0.1222	−0.0748	0.0075	25
600780	通宝能源	0.2376	0.1106	−0.0796	−0.2285	−0.1839	0.0056	26
600101	明星电力	−0.0755	−0.2209	0.2421	0.0363	0.1605	0.0009	27
600578	京能电力	0.5041	−0.0393	−0.411	−0.1723	−0.2804	−0.0299	28
000601	韶能股份	−0.1789	−0.1659	0.1823	−0.2833	0.4283	−0.0315	29
600236	桂冠电力	−0.159	−0.1989	0.8023	−0.55	−0.0209	−0.0407	30
600011	华能国际	0.5287	−0.2166	−0.342	0.018	−0.4051	−0.0442	31
600167	联美控股	0.5096	−0.2048	−0.4485	−0.4749	0.1413	−0.0584	32
600635	大众公用	−0.2337	0.1372	−0.4209	0.2431	−0.0893	−0.0733	33
600509	天富能源	0.0159	−0.1615	−0.1318	−0.3054	0.1544	−0.0849	34
601016	节能风电	−0.2555	−0.2519	−0.497	0.9304	−0.1596	−0.0869	35
000899	赣能股份	0.438	−0.2105	−0.5655	−0.0072	−0.2726	−0.0879	36
300335	迪森股份	−0.1025	−0.3123	−0.9178	1.2668	−0.2114	−0.0912	37
600027	华电国际	0.3771	−0.1497	−0.5278	−0.2273	−0.1791	−0.1026	38
000690	宝新能源	0.6538	−0.2919	−0.7636	0.365	−0.7564	−0.1056	39
600023	浙能电力	0.3451	−0.1752	−0.343	0.1591	−0.7647	−0.1144	40
600116	三峡水利	0.1287	−0.2253	0.0709	−0.2629	−0.414	−0.1208	41
600131	岷江水电	0.0802	−0.2137	−0.7984	−0.0616	0.1135	−0.1664	42
600886	国投电力	0.6709	−0.2803	−0.4652	−0.6857	−0.4873	−0.1753	43
000767	漳泽电力	−0.2055	−0.2386	−0.4957	−0.1113	0.2201	−0.1814	44
000301	东方市场	0.1053	−0.4422	−1.1516	1.3889	−0.7698	−0.1823	45
600795	国电电力	0.0276	−0.1666	−0.7388	−0.3693	0.2589	−0.1847	46
600505	西昌电力	−0.2629	−0.2456	−0.4722	−0.0635	0.2197	−0.1855	47
000958	东方能源	0.2396	−0.2263	−0.8517	0.007	−0.2535	−0.1867	48

续 表

股票代码	名称	F_1（盈利）	F_2（成长）	F_3（偿债）	F_4（营运）	F_5（营运和成长）	F（综合）	排名
000722	湖南发展	0.7322	−0.2443	−0.4829	−1.3718	0.0016	−0.1887	49
600982	宁波热电	0.1703	−0.1593	−0.9748	−0.3931	0.2687	−0.1913	50
600719	大连热电	−0.5273	0.0193	0.2708	−0.5886	−0.1305	−0.1967	51
600900	长江电力	0.9475	−0.2896	−0.3672	−1.2298	−0.7889	−0.229	52
000720	新能泰山	−0.3615	−0.2776	−0.8421	0.5475	−0.0956	−0.2337	53
600207	安彩高科	−1.3659	−0.3559	0.0265	1.0861	−0.066	−0.2568	54
600396	金山股份	−0.0178	−0.1024	−0.6918	−0.5057	−0.1771	−0.264	55
601139	深圳燃气	−0.0175	−0.1504	−0.2089	−1.1321	−0.0823	−0.2782	56
000692	惠天热电	−0.3657	−0.2419	−0.5764	0.0824	−0.2639	−0.2823	57
600744	华银电力	−0.9032	−0.1291	0.4456	−0.7078	0.0531	−0.2867	58
600979	广安爱众	−0.9691	0.1311	−0.1145	−0.1778	−0.1875	−0.2893	59
000993	闽东电力	−0.3103	−0.2311	0.2218	−0.1716	−1.1411	−0.3067	60
000695	滨海能源	−0.5291	−0.294	−0.5762	0.5072	−0.5729	−0.3156	61
600917	重庆燃气	−0.1946	−0.1523	−0.7429	−0.7435	0.1378	−0.3183	62
000791	甘肃电投	0.0927	−0.1753	−0.2283	−1.3462	−0.354	−0.339	63
600758	红阳能源	−0.5044	−0.2072	−0.5255	−0.8164	0.1707	−0.3775	64
000875	吉电股份	−0.3744	−0.2012	−0.6076	−0.6704	−0.1895	−0.3918	65
601991	大唐发电	−0.2269	−0.2263	−0.5268	−0.6908	−0.4607	−0.3937	66
000037	深南电 A	−1.5024	−0.2885	0.0985	−0.2951	0.0003	−0.478	67
000883	湖北能源	0.0873	−0.1511	−0.7082	−0.8728	−1.2542	−0.4858	68
600868	梅雁吉祥	−0.8759	−0.1387	−0.491	−1.0594	−0.0608	−0.5244	69
600726	华电能源	−0.3687	−0.2649	−0.5899	−1.0021	−0.8085	−0.5569	70
600644	*ST 乐电	−6.0721	0.0423	0.9441	−0.89	−0.3414	−1.5406	71

表 7-6 中，电力、热力、燃气生产和供应业上市公司综合得分与其投资价值呈正相关关系。由于先对因子数据进行了标准化处理，因此，可以以 0 为参考标准线，认为：综合得分大于 0 的公司，综合业绩相对较好，且数值越大，投资价值越大；综合得分小于 0 的则相对较差，且数值越小，投资价值越小。依此可对上市公司的综合业绩和投资价值有一个基本的评价。

具体而言，表 7-6 中，排名前十位的公司为福能股份、黔源电力、穗恒运 A、建投能源、川投能源、金鸿能源、涪陵电力、申能股份、哈投股份、豫能控股。

其中，福能股份综合排名第一，其盈利因子得分为 0.7494，说明其盈利状况良好，但是成长因子得分为负，说明其成长能力较差，选择其作为投资对象时还需要考虑到其财务稳定性以及金融市场利率变动等方面的因素，另外福能股份营运因子得分排名位列第一，具有良好的营运潜力，可以考虑作为短期投资对象。黔源电力的营运和成长因子得分在71家电力、热力生产和供应业以及燃气生产和供应业公司中排名第一，所以虽然它的其他因子得分排名并不高，综合得分还是排在第二，该公司发展较为稳健，有一定的投资价值，可以考虑长期投资。穗恒运A在偿债、成长因子上的得分都相对靠前，但是它的营运能力比较一般，具有一定的投资价值。建投能源公司各个因子得分较平均都不错，因此综合得分还是比较靠前，排在第四位，投资风险较小，适合短期投资。川投能源排名第五，其盈利因子得分在行业中得分遥遥领先，说明其盈利能力很强，但其他能力一般，发展不尽均衡。综合得分位列第七的涪陵电力，它的其他因子排名都属于中等，但它的偿债因子在众多公司中排名十分靠前，说明该公司财务状况稳定，偿债能力强。该公司投资风险较小，同时相应的投资收益也往往较小，适合风险厌恶性投资者进行投资；同样，金鸿能源虽然盈利因子、营运因子以及偿债因子的得分都一般，但由于它的成长因子排名较靠前，所以综合得分比较靠前，总分第六，具有一定的投资价值。此外，申能股份由于成长因子得分位列第一，尽管营运因子、盈利因子得分都比较靠后，且均为负值，其综合排名还是比较靠前，位列第八；川投能源的盈利因子得分排名第一，现阶段盈利能力较强，适合进行短期投资；豫能控股成长因子和偿债因子得分均是正值，说明公司财务状况较稳定，适合长期投资。

排名末十名的公司分别为重庆燃气、甘肃电投、红阳能源、吉电股份、大唐发电、深南电A、湖北能源、梅雁吉祥、华电能源、*ST乐电。这10家电力、热力生产和供应业以及燃气生产和供应业公司中每一家公司的盈利因子得分远远低于行业平均值，是沦为末尾的主要原因。尤其可以看到，*ST乐电的盈利因子排名最末，因此尽管其他因子得分中等，综合排名还是最末。

2013年排名前十的公司为东方热电、深圳能源、*ST联华、闽东电力、漳泽电力、皖能电力、涪陵电力、深圳燃气、金鸿能源、湖南发展；排名末十的为吉电股份、滨海能源、华银电力、深南电A、华电能源、桂冠电力、新能泰山、岷江水电、梅雁吉祥、乐山电力。2014年的前十名中除涪陵电力、金鸿能源为2013年的前十外，其他均为后来者居上，尤其是豫能控股，财务状况稳定，内部人力资源和生产资料的配置组合优良，而2014年其营运分子和成长因子均为正值，符合我们对其做出的适合长期投资的判断。而2013年排名不错的如东方热电（更名为东方能源）、*ST联华（更名为国新能源）表现不佳，尤其是东方能源，2014年跌至第四十八名，究其原因，可能是由于成长因子均为负值，偿债能力较差，选择其作为投资对象时需要考虑到其财务稳定性以及金融市场利率变动等方面的因素。

七、系统聚类分析

通过聚类分析把业绩相似的公司归类，可以对不同类别的上市公司进行对比分析，为投资者选择投资组合提供参考。

根据树状图（略）进一步分类，本书选择将其分为4类，如表7-7所示。

表 7-7 聚类分析

类别	电力、热力、燃气生产和供应业上市公司	数目
1	福能股份	1
2	黔源电力	1
3	穗恒运 A 金鸿能源、建投能源、申能股份、川投能源、豫能控股、深圳能源、桂东电力、哈投股份	9
4	国新能源、陕天然气、深圳燃气、郴电国际、广州发展、通宝能源、重庆燃气、长源电力、新疆浩源、上海电力、明星电力、粤电力 A、华能国际、文山电力、长江电力、迪森股份、联美控股、京能电力、韶能股份、桂冠电力、天富能源、赣能股份、宝新能源、国投电力、华电国际、浙能电力、东方市场、三峡水利、大连热电、大众公用、岷江水电、漳泽电力、西昌电力、东方能源、湖南发展、新能泰山、安彩高科、金山股份、惠天热电、内蒙华电、滨海能源、闽东电力、广安爱众、国电电力、华电能源、甘肃电投、华银电力、大唐发电、吉电股份、节能风电、深南电 A、湖北能源、红阳能源、梅雁吉祥、*ST乐电、皖能电力、涪陵电力、宁波热电、富春环保、银星能源	60

表 7-7 中，类别 1 包括福能股份，排名为第一。福能股份是福建省能源集团的部分优质资产借壳福建南纺而来，在 2014 年借壳上市时，福能集团已将大部分电力资产（鸿山热电、福能新能源、晋江气电）注入上市公司，并承诺将剩余电力资产（热电火电权益装机 4077.27MW、宁德核电权益装机 435.6MW）注入上市公司，根据历史经验和行业惯例，注入资产存在较大的增值空间。重组成立的福建福能股份有限公司资产规模、竞争实力大幅提升。控股股东福建省能源集团有限责任公司综合实力雄厚，系中国 500 强企业，资产总额超 500 亿元，旗下包括福能股份、福建水泥等上市公司在内的全资、控股企业近 40 家。福能股份拥有福建省鸿山热电有限责任公司、福建晋江天然气发电有限公司、福建省福能新能源有限责任公司、福建南纺有限责任公司 4 家子公司，已形成热电联产、天然气发电、风电等多元化发电组合，并涉及 PU 革基布、卫生材料、环保过滤材料、车用材料、PU 革、针织布等 10 余类纺织产品的生产和销售。截至 2014 年 9 月末，公司资产总额 140 亿元，净资产 55 亿元，电力投运总装机容量 3144 MW，其中热电 1200 MW，气电 1528 MW，风电 416 MW。其成长因子排名最高，具有较好的投资价值及潜力。

类别 2 中只包含了黔源电力一家公司，黔源电力在 2013 年中排名第二十六，但其成长因子排名较靠前，是推荐长期持有的一只股。2014 年其排名第二，成长和营运因子排名较靠前，因此维持 2013 年的判断，仍建议长期持有。

类别 3 中包括穗恒运 A 等 9 家公司。这 9 家公司在 2014 年的排名均是靠前，而在 13 年的行业排名中也大都排名中上。其大部分的因子得分均为正值，各方表现都较为稳健，具有较好的投资价值。

类别 4 中，共有国新能源等 59 家公司，排名涵盖范围较大。其中，以宁波热电和东方能源为代表的一类公司偿债因子得分较低，偿债能力不够。宁波热电股份有限公司是目前宁波市最大的公用热电生产企业，也是宁波唯一的热、电、冷三联产企业，主营业务为热电联产。考虑到公司目前市场份额较小，规模有限，成长能力不足，可以考虑短期投资，长期投资价值不大。银星能源自 2006 年由中铝宁能集团公司（原宁夏发电集团公司）重组后，开始进入新能源发电和装备制造领域；经过近 8 年的快速发展，迅速成长为中铝宁能集团公司新能源产业的一支重要力量，被国家工信部授予国家级新能源装备制造产业化示范基地。公司主营新能源发电、新能源装备制造、检修安装服务三大业务。截至 2014 年年末，公司资产总额 96.52 亿元，风光发电装机规模 131.22 万千瓦，其中风电装机规模 128.72 万千瓦，是宁夏地区风电运营龙头企业。自 2012 年以来，银星能源装备制造业突遇“寒流”——产能过剩、行业低迷、竞争激烈，产业发展路途弥坚。为改善产业发展环境，提升企业竞争力，2013 年中铝通过收购宁夏发电集团股权及增资扩股，成为宁夏发电集团（更名为中铝宁夏能源）第一大股东。在中铝公司、集团公司的正确领导和支持下，集团公司开展市场化改革，分批分类对装备制造产业实行风险抵押承包的经营方式，并通过风电资产重组、业务结构调整、内部改革深化、运营管理提升等一系列有力举措，取得积极的进展和成果，有效降低了生产经营成本，推进了企业的改革发展。其 2014 年成长因子排名较高，同样具有较好的投资价值及潜力。以* ST 乐电（原乐山电力）为代表的一类公司盈利因子得分较差，与 13 年相比进益不大。不过以* ST 乐电为例，公司是乐山区域电力资源整合以及推动乐山电力电网升级的平台，2014 年已相继完成了洪雅南部山区电力资源整合，和四川恒泽动力输变电资产的收购。公司对乐山川犍电力公司和四川大渡河电力公司的股权收购工作也在推进中。在电力体制改革逐步推进的大背景下，有利于公司加快推进乐山区域电力资源的整合，届时公司的电力资产和售电量规模等都将在现有基础上出现大幅增长。总之，对其投资具有一定的风险，投资需谨慎。

八、结语

深沪两市 71 家电力、热力生产和供应业以及燃气生产和供应业上市公司的投资价值分析为投资者提供了一个全面系统的投资价值评价体系和综合分析模型。考虑到本次分析仅以 2014 年一年的财务报告数据为基础，并只与 2013 年的相关成果进行比较分析，存在间断性和偶然性，难以反映出完全真实的情况，若将分析方法推进到多个年度进行连续的趋势分析，并对各行业政策和体制改革及市价变动情况进行综合分析，更加有利于做出有效投资决策。

（参著：杨枫）

第二节 水的生产和供应业上市公司投资价值比较分析研究

一、行业发展和投资价值状况

水是生命之源。人类，以及其他万事万物都离不开水。随着社会的进步和发展，人类社会对水资源的需求在不断扩大，而可利用的水资源却在不断减少。在这一背景下，水的生产和供应业正在逐步成为关系到经济发展和社会进步的重要产业。

水的生产和供应业可以分为三类。一是自来水的生产和供应。它是指将天然水（地下水、地表水）经过蓄集、净化达到生活饮用水或其他用水标准，并向居民家庭、企业和其他用户供应的活动。包括：取水、输水、净水及配水。二是污水处理及其再生利用。它是指对污水的收集、处理及净化后的再利用活动，包括对污水的收集、处理及深度净化。三是其他水的处理、利用与分配。它是指将海水淡化处理，达到可以使用标准的生产活动，以及对雨水、微咸水等类似水进行收集、处理和利用活动，包括：海水淡化处理；雨水的收集、处理、利用；微咸水及其他类似水的收集、处理和再利用。

近几年，本行业发展总体呈现上升趋势，业务量增加的同时，水的价格也稍有提升，实现了营业收入的稳定增长。同时，外界对本行业的投资开始加大，尤其以污水行业为主，具有良好的发展势头。但目前也存在区域垄断性强，市场集中度低，盈利水平稳中偏低的现象。

政策方面，环保部提出在“十二五”期间将投入 3.1 万亿元用于环保投资，环境污染治理设施建设投入 1 万亿元。这对整个水的生产和供应业，尤其是污水处理方面的企业，都是一个极大的机遇。在这样的宏观态势下，水的生产和供应上市公司将拥有很强的竞争优势以及良好的发展态势。

二、样本选取和数据处理

沪、深证交所的 13 家水的生产和供给业上市公司的资料来源主要为其 2014 年的财务报告。具体初始数据如表 7－8 和表 7－9 所示。

表 7－8　　初始数据 1

股票代码	名称	基本每股收益（元）	每股净资产（元）	销售净利率（%）	总资产报酬率（%）	流动比率	速动比率
000544	中原环保	0.2500	3.2936	11.7521	6.5777	0.5441	0.5334
000598	兴蓉投资	0.2500	2.4960	27.9509	8.9627	1.1663	1.1190
000605	渤海股份	0.2400	4.9157	5.3689	3.7939	0.5705	0.5238
000685	中山公用	0.9600	9.5986	67.2144	9.8002	3.1944	3.1219
600008	首创股份	0.2774	2.8397	12.3115	5.5097	1.4707	1.0169
600168	武汉控股	0.4600	5.8296	27.6213	6.7502	1.0503	1.0483
600187	国中水务	0.1032	1.8289	21.5193	5.8729	1.9072	1.8115
600283	钱江水利	0.0600	3.4053	−1.3668	2.6036	0.7488	0.1421
600323	瀚蓝环境	0.4900	4.6444	14.4389	6.8397	0.4262	0.3996
600461	洪城水业	0.4500	5.6204	10.4869	6.5550	0.5908	0.5569
600874	创业环保	0.2200	2.9221	17.3796	5.8699	1.8263	1.8190
601158	重庆水务	0.3000	2.7597	35.0347	7.6746	2.2604	2.1985
601199	江南水务	0.7600	8.4605	23.6575	6.6385	1.3488	1.1694

表 7-9 初始数据 2

股票代码	名称	资产负债率（%）	存货周转率（次）	总资产周转率（次）	固定资产周转率（次）	总资产增长率（%）	营业总收入增长率（%）	股东权益增长率（%）
000544	中原环保	60.6739	38.5227	0.2788	1.0458	23.9376	17.9267	6.8298
000598	兴蓉投资	38.3473	13.4065	0.2416	0.5361	16.8035	12.7286	10.0773
000605	渤海股份	54.4648	24.0792	0.5101	1.2455	402.5929	3.1051	182.4046
000685	中山公用	23.2986	22.5434	0.1272	0.6993	21.3309	10.2137	14.2694
600008	首创股份	69.0112	1.2877	0.2258	1.4796	3.4849	32.1163	2.5309
600168	武汉控股	42.6118	301.2477	0.1604	0.2405	4.3535	13.8205	7.4628
600187	国中水务	28.3405	7.3256	0.1922	1.5447	10.9132	22.1455	5.9837
600283	钱江水利	75.1259	0.4413	0.2040	0.5917	19.0044	9.4363	5.7825
600323	瀚蓝环境	66.4079	22.5103	0.2968	1.1584	102.2666	12.9372	36.2918
600461	洪城水业	61.5259	31.3385	0.3017	1.6214	7.2626	21.9600	6.2438
600874	创业环保	60.0535	29.9550	0.1667	1.0222	−1.9349	4.4700	4.8784
601158	重庆水务	35.5622	12.1482	0.2045	0.5910	3.4646	3.4255	1.6754
601199	江南水务	41.3774	1.7718	0.2344	0.5833	11.6983	27.9810	7.4622

在指标性质、单位不同的情况下，首先要对其进行同趋势化处理。然后利用 SPSS 中的 Z-score 方法将 13 项指标的原始数据进行标准化处理。同趋势化数据和标准化数据略。

三、因子分析法适应性检验

为了检验所选用的指标是否适合使用因子分析法，以下利用 SPSS 软件中 KMO 和 Bartlett 球形检验方法来对样本进行检验。但由于此组数据中样本数量小于变量个数，所以 KMO 和 Bartlett 检验结果不能正常显示。所以我们用多重共线性检验来验证变量间的共线性，检验结果如表 7-10 和表 7-11 所示。

表 7-10 共线性检验 1

变量	基本每股收益（元）	销售净利率（%）	每股净资产（元）	总资产报酬率（%）	正向化后流动比率	正向化后速动比率
基本每股收益	1.000	0.704	0.925	0.624	0.392	0.411
销售净利率	0.704	1.000	0.520	0.839	0.020	0.063
每股净资产	0.925	0.520	1.000	0.340	0.408	0.424
总资产报酬率	0.624	0.839	0.340	1.000	0.060	0.126
正向化后流动比率	0.392	0.020	0.408	0.060	1.000	0.992

续 表

变量	基本每股收益（元）	销售净利率（%）	每股净资产（元）	总资产报酬率（%）	正向化后流动比率	正向化后速动比率
正向化后速动比率	0.411	0.063	0.424	0.126	0.992	1.000
正向化后资产负债率	−0.087	−0.316	0.108	−0.323	0.081	0.105
存货周转率	0.119	0.120	0.178	0.088	−0.102	−0.060
固定资产周转率	−0.265	−0.392	−0.288	−0.272	−0.271	−0.334
总资产周转率	−0.223	−0.541	−0.072	−0.415	−0.053	−0.048
总资产增长率	−0.109	−0.289	0.072	−0.389	−0.151	−0.143
主营业务收入增长率	0.161	−0.135	0.093	0.025	0.519	0.465
股东权益增长率	−0.091	−0.257	0.095	−0.372	−0.139	−0.130

表 7-11　　共线性检验 2

变量	正向化后资产负债率（%）	存货周转率（次）	固定资产周转率（次）	总资产周转率（次）	总资产增长率（%）	主营业务收入增长率（%）	股东权益增长率（%）
基本每股收益	−0.087	0.119	−0.265	−0.223	−0.109	0.161	−0.091
销售净利率	−0.316	0.120	−0.392	−0.541	−0.289	−0.135	−0.257
每股净资产	0.108	0.178	−0.288	−0.072	0.072	0.093	0.095
总资产报酬率	−0.323	0.088	−0.272	−0.415	−0.389	0.025	−0.372
正向化后流动比率	0.081	−0.102	−0.271	−0.053	−0.151	0.519	−0.139
正向化后速动比率	0.105	−0.060	−0.334	−0.048	−0.143	0.465	−0.130
正向化后资产负债率	1.000	0.240	0.031	0.766	0.812	−0.307	0.837
存货周转率	0.240	1.000	−0.440	−0.209	−0.087	−0.085	−0.059
固定资产周转率	0.031	−0.440	1.000	0.405	0.218	0.366	0.203
总资产周转率	0.766	−0.209	0.405	1.000	0.875	−0.134	0.856
总资产增长率	0.812	−0.087	0.218	0.875	1.000	−0.390	0.996
主营业务收入增长率	−0.307	−0.085	0.366	−0.134	−0.390	1.000	−0.396
股东权益增长率	0.837	−0.059	0.203	0.856	0.996	−0.396	1.000

由表 7-10 和表 7-11 我们可以看到，销售净利率和总资产报酬率，流动比率和速动比率，存货周转率和销售净利率，每股净资产与总资产周转率，总资产增长率与总资产报酬率，股东权益合计增长率与总资产报酬率，这几组主要指标各自变量指标之间存在着多重共线性，可以用因子分析法进行分析。

四、确定主因子

本书应用因子分析法中的主成分分析法来计算原始公因子的特征值、方差贡献率以及累计方差贡献率，并由此确定公因子。结果如表 7 - 12 所示。

表 7 - 12 **解释的总方差**

成分	初始特征值			提取平方和载入			旋转平方和载入		
	合计	方差百分比（%）	累积百分比（%）	合计	方差百分比（%）	累积百分比（%）	合计	方差百分比（%）	累积百分比（%）
1	4.615	35.499	35.499	4.615	35.499	35.499	3.873	29.796	29.796
2	2.957	22.47	58.246	2.957	22.747	58.246	3.010	23.152	52.948
3	2.256	17.352	75.598	2.256	17.352	75.598	2.608	20.058	73.006
4	1.398	10.753	86.351	1.398	10.753	86.351	1.735	13.345	86.351
5	0.854	6.567	92.918						
6	0.515	3.964	96.882						
7	0.186	1.431	98.312						
8	0.151	1.161	99.473						
9	0.042	0.326	99.799						
10	0.015	0.117	99.916						
11	0.010	0.079	99.995						
12	0.001	0.005	100.000						
13	2.212×10^{-17}	1.702×10^{-16}	100.000						

提取方法：主成分分析。

根据表 7 - 12 中数据可知，前 4 个主因子的方差贡献率已经达到了累计方差贡献率的 86.351%，即表明这 4 个主因子已包含原始数据信息量的 86.351%，所以只需选择前 4 个主因子就可以较好地代表原始指标，对公司的绩效进行描述。

特征值可用碎石图列示，如图 7 - 2 所示。从图 7 - 2 可以看出，从第 5 个成分开始，特征值的值都小于 1，且折线的陡度变得比较平缓，这说明提取 4 个主因子是合适有效的。

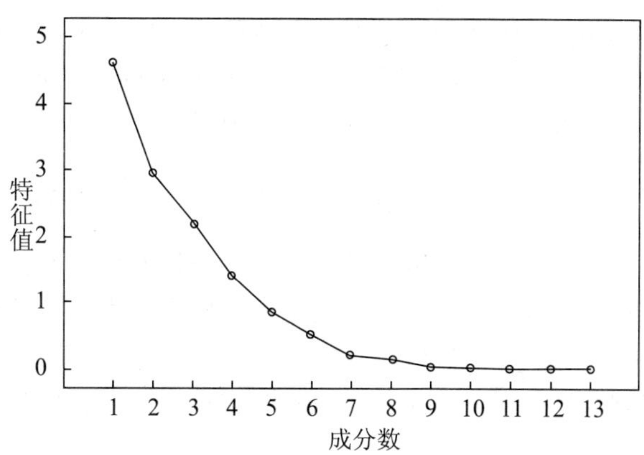

图 7 - 2 碎石图

五、旋转载荷矩阵分析

本书对原因子载荷矩阵进行最大方差旋转，以期得到主因子更明确的含义。结果如表 7－13 所示。

表 7－13　　旋转后的因子载荷矩阵

变量	成分			
	F_1	F_2	F_3	F_4
基本每股收益	0.002	0.910	0.324	−0.045
每股净资产	0.205	0.780	0.380	−0.137
销售净利率	−0.284	0.883	−0.144	−0.171
总资产报酬率	−0.354	0.785	−0.073	−0.049
流动比率	−0.013	0.123	0.968	−0.059
速动比率	0.001	0.163	0.949	−0.119
资产负债率	0.901	−0.122	0.097	−0.233
存货周转率	−0.008	0.027	−0.049	−0.768
总资产周转率	0.883	−0.235	0.018	0.283
固定资产周转率	0.150	−0.239	−0.152	0.857
总资产增长率	0.969	−0.053	−0.142	0.081
营业总收入增长率	−0.352	−0.070	0.649	0.444
股东权益增长率	0.974	−0. 030	−0.136	0.054

由表 7－13 中的数据可以看到，总资产增长率和股东权益增长率在主因子 F_1 上的载荷量分别为 0.969 和 0.974，它主要反映了公司的成长能力，所以将 F_1 命名为成长因子；基本每股收益、每股净资产、销售净利率和总资产报酬率在主因子 F_2 上的载荷分别为 0.910、0.780、0.883 和 0.785，体现了公司的盈利能力，为盈利因子；主因子 F_3 则在流动比率（0.968）和速动比率（0.949）上有较大载荷量，代表了公司的偿债能力，故而将其命名为偿债因子；主因子 F_4 在存货周转率（0.768）和固定资产周转率（0.857）上有较大载荷量，代表了公司的营运能力，定义为营运因子。

六、水的生产和供应行业上市公司综合得分与排名

要得到因子的综合得分，需先对因子数据进行标准化处理，使其期望为 0，方差为 1，然后，对各因子的方差贡献率占因子总方差贡献率的比重作为权重加权汇总，使用计算综合得分的公式 $F=(\lambda_1 F_1+\lambda_2 F_2+\lambda_3 F_3+\lambda_4 F_4)/(\lambda_1+\lambda_2+\lambda_3+\lambda_4)=(0.29796\times F_1+0.23152\times F_2+0.20058\times F_3+0.13345\times F_4)/0.86351$ 来计算各样本的综合得分。得到结果按名次排列如表 7－14 所示。

表 7 - 14　　水的生产和供给业上市公司综合得分与排名

股票代码	名称	F_1（盈利）	F_2（成长）	F_3（偿债）	F_4（营运）	F（综合）	排名
000605	渤海股份	3.18962	−0.29541	−0.38826	0.10906	0.95	1
601199	江南水务	0.1576	0.63507	3.09125	−0.12598	0.92	2
000685	中山公用	−0.32115	2.8007	−0.80955	0.18524	0.48	3
600461	洪城水业	−0.0168	0.08783	−0.00256	1.14947	0.19	4
600323	瀚蓝环境	0.26092	0.27205	−0.3865	0.5833	0.16	5
600008	首创股份	−0.62561	−0.6495	0.5007	1.26501	−0.08	6
000598	兴蓉投资	−0.35135	0.06106	0.02076	−0.36258	−0.16	7
000544	中原环保	−0.14583	−0.45873	−0.1863	0.1979	−0.19	8
600187	国中水务	−0.7312	−0.65329	−0.32536	1.01818	−0.35	9
601158	重庆水务	−0.46848	0.2071	−0.86563	−0.49147	−0.38	10
600874	创业环保	−0.3292	−0.49649	−0.56723	−0.38661	−0.44	11
600168	武汉控股	−0.16769	−0.01663	0.06562	−2.60596	−0.45	12
600283	钱江水利	−0.45084	−1.49376	−0.14694	−0.53555	−0.67	13

上市公司综合得分与其投资价值呈正相关关系。由于先对因子数据进行了标准化处理，因此，可以 0 为参考标准线，认为：综合得分大于 0 的公司，综合业绩相对较好，且数值越大，投资价值越大；综合得分小于 0 的则相对较差，且数值越小，投资价值越小。依此可对上市公司的综合业绩和投资价值有一个基本的评价。

具体而言，表 7 - 14 中，水的生产和供给业上市公司各项能力得分与相应实力也呈正相关关系。排名从第一到第十三分别是渤海股份、江南水务、中山公用、洪城水业、瀚蓝环境、首创股份、兴蓉投资、中原环保、国中水务、重庆水务、创业环保、武汉控股、钱江水利。与 2013 年相比，增加了渤海股份，减少了锦龙股份。两年的排名也有所不同。这说明行业内部竞争激烈，发展不尽稳定。其中，渤海股份自 2014 年 11 月 4 日起，行业从原来的医药制造业变更为水的生产和供应业，属新加入该行业的公司。从数据上看，渤海股份虽然在盈利能力和偿债能力方面稍显薄弱，甚至略低于行业平均水平，而其营运能力亦不突出，但其还是能夺得 2014 年行业的桂冠，要归功于其极其出色的成长能力，将同行业的其他公司远远地甩在后面，这也表明该公司具有巨大的发展潜力，值得投资者关注。江南水务，由 2013 年的第五升到了第二，除营运因子外，其余因子均为正值，综合实力较强，偿债能力异常突出，具有较大发展潜力和长期投资价值。中山公用，由 2013 年的第二升至第三，符合 2013 年对其“综合能力相对较平均稳定”的判断，与 2013 年相同，其成长能力依然较弱，低于行业平均水平。2013 年远超其他公司的偿债能力在 2014 年依然出众，盈利能力的表现也较为突出，达到了行业最高，是短期投资的首选对象。

洪城水业、瀚蓝环境、首创股份这三家公司的排名较 2013 年都有不同程度的上升。洪城水业、瀚蓝环境在 2013 年属于中等偏下水平，2014 年成功上升到中等偏上。首创股份，2013 年排名第十一位，居行业倒数第三位。但 2014 年其偿债能力和营运能力均有一定幅度的上升，最终成功进入中游行列。兴蓉投资、中原环保排名变化不大，2014 年依然处于行业的中等水平。

国中水务、重庆水务这两家公司的综合排名较 2013 年有较明显的下滑。其中，国中水务 2013 年的成长因子、偿债因子不高，仅依靠其出色的营运能力达到了第三的位置。2014 年其偿债能力大幅下降，甚至降至行业平均以下，而其盈利能力和成长能力也有一定程度的下滑，尽管营运能力表现尚为良好，但依然无法挽回颓势，造成了综合排名的下滑。重庆水务 2013 年的表现尚属良好，虽没有突出的能力亮点，但除成长因子外，其他因子均为正值。但 2014 年的情况却恰恰相反，除仅盈利因子的得分为正值外，其他各项能力均低于行业平均水平，最终导致了排名的下降。

创业环保、武汉控股、钱江水利是综合排名在末三位的公司。其中创业环保和钱江水利在 2013 年也属于行业的末三位，比较稳定，而武汉控股在 2013 年排名倒数第四位。说明这些公司的经营状况并没有太大改变。数值显示除武汉控股的营运偿债因子略大于 0 外，所有的参数均小于 0 值，说明这三家公司综合能力相对较弱，暂不建议对其投资。

七、系统聚类分析

通过聚类分析把业绩相似的公司归类，可以对不同类别的上市公司进行对比分析，为投资者选择投资组合提供参考。

根据树状图（略）对 13 家水的生产和供应业上市公司进行进一步分类，本书选择将其分为 4 类，如表 7 - 15 所示。

表 7 - 15　　聚类分析

类别	水的生产和供应业上市公司	数目
1	洪城水业、瀚蓝环境、首创股份、兴蓉投资、中原环保、国中水务、重庆水务、创业环保、武汉控股、钱江水利	10
2	渤海股份	1
3	中山公用	1
4	江南水务	1

表 7 - 15 中，类别 1 包括 10 家公司，其在表 7 - 14 中的名次差距较大，各项能力表现差异也相对较大，不能概括地对其进行可投资价值方面的评价，而应分别进行讨论分析。洪城水业是类别 1 中综合排名最高的公司，位列第四，2013 年排名第八，具有较大上升。它是由南昌水业集团有限责任公司为主发起人，以其主业突出、效益稳定的青云水厂、朝阳水厂、下正街水厂、长埈水厂全部生产经营性资产作为投入，联合北京市自来水集团有限责任公司、泰豪信息技术股份有限公司、南昌市煤气公司、南昌市公用信息技术有限公司共同发起设立的股份公司，主营业务包括自来水、纯净水、水质净化剂、水表、给排水设备、节水设备、仪器仪表、环保设备的生产、销售，给排水工程设计、安装、技术咨询

及培训等。其营运能力较强，在行业中仅次于首创股份；其余几方面的能力与行业平均较为接近，没有过于亮眼也没有过分落后，属于发展较为平稳的行业中上游公司，投资者可给予一定的关注。国中水务的排名由2013年的第三直降至第九位，下滑幅度较大，主要原因在于其2013年出色的营运能力在2014年并未得到全然体现，而盈利能力和成长能力亦有不同程度的下滑，营运能力虽有提升，但效果不明显。对于该公司，投资者应谨慎。钱江水利是一家主要从事水力发电、供水、水利资源开发、水利工程承包、水产养殖、实业投资、经济信息咨询及旅游服务的公司。其在2013年和2014年的行业综合排名均列末位。所有指标两年均为负值，意味着其综合能力在两年内均低于行业平均水平。但对比两年的参数可以发现，其与行业平均值之间的差距有缩小的趋势，说明其经营状况有一定程度的改善。但总的来说，暂不建议投资。

类别2仅有渤海股份一家公司。该公司在2014年向中国上市公司协会递交了行业类别变更申请，由原来的医药制造业变更为水的生产和供应业。其主要经营城乡公用基础设施、水土环境治理及环保项目、供水、污水治理及再生水利用的投资。其作为一家新加入本行业的公司，可谓来势汹汹，一举拿下2014年水的生产和供应业的综合能力第一。其成长因子的参数高达3.18962，远超同行业的其他公司，证明了其后期发展的巨大潜力，投资者可对其高度关注。

类别3仅有中山公用一家公司，其在2014年综合能力排名第三，是一家公用事业类大型上市公司，主要业务包括供水和污水处理两项，拥有九家参、控股供水子公司及六家供水分公司，供水覆盖面积约1500平方千米，管网长度达3800千米，日供水能力达175万立方米；其旗下的污水处理公司，污水日处理能力达30万立方米，规划日处理能力达65万立方米。公司充分利用自身优势和现有资源，改善了中山市水体水质和人居环境，为中山市环保事业的发展做出了很多的贡献。数据方面，其主要的亮点在于其优良的盈利能力，是本行业中最好的一家。成长能力和营运能力与行业平均水平类似，偿债能力略低于行业平均，是一家中规中矩的公司。投资者可以适当对其进行关注。

类别4仅有江南水务一家公司，其成立于2003年，主要经营自来水制售、给水工程设计、供水工程建设、水质检测、水表计量检测及对公用基础设施行业进行投资等业务。公司先后荣获了“全国优秀县镇供水企业”“全国城建规范化服务先进单位”“中国供水企业文化建设先进单位”、江阴市“百强明星企业”“社会求助服务工作先进集体”“维权达标行业投诉站”“十佳服务品牌”“十佳诚信服务窗口”等称号。数据上看，除营运能力略低于行业平均水平外，其余均为正值，尤以其偿债能力最为突出，远超同行业的其他公司，排名为第二，是较为理想的投资对象。

八、结语

综上所述，2014年水的生产和供应业依然保持着上升的良好势头，随着水资源的日益短缺，其重要性越发凸显。投资者在进行投资时，要综合考虑宏观、微观等各方面反映的财务信息，做出合理的选择。在此，运用SPSS软件，利用13个指标综合分析水的生产和供应业13家上市公司各方面表现情况，对投资者进行投资决策有一定的参考意义。但由于分析仅仅运用了2014年的财务报表资料，并结合2013年的分析结果联系实际进行，某些项目仍可能会由于会计政策变更等的影响存在一定程度的偶然性，分析指标的选择也具有主观性。因此，分析结果难以反映出完全的真实状况，若后续能对更多个连续年度进行跟踪分析，并适当增加分析指标，则可较大程度地消除偶然性，帮助投资者做出更加准确的投资决策，以更加有效地配置投资资源，促进水的生产和供应业的更加健康和谐发展。

（参著：沈傅一）

第八章　建筑业上市公司投资价值比较分析研究

一、行业发展和投资价值状况

建筑业是专门从事土木工程、房屋建设和设备安装以及工程勘察设计工作的生产部门。其产品是各种工厂、矿井、铁路、桥梁、港口、道路、管线、住宅以及公共设施的建筑物、构筑物和设施。按照建筑业生产方式、提供形式以及最终产品内容的区别，可将建筑业细分为房屋建筑业、土木工程建筑业、建筑装饰和其他建筑业三个细分行业。

近几年，我国建筑业整体呈现出经营效率低、收益差，建筑业面临竞争激烈的市场环境。2014 年建筑业总体上依然保持了这一趋势。建筑业受宏观周期影响较大，外部因素，如政治、经济、技术等都会给建筑业带来不小的影响。

政治方面，2014 年是全面深化改革的关键之年，也是“十二五”规划的收官之年。有序推进国企混合制改革，大幅放宽民间投资市场准入，在基础设施、公用事业等领域积极推广政府和社会资本合作模式（PPP），推进“一带一路”建设，并与区域开发相结合，作为基础设施建设主力的建筑行业，无疑将因此迎来大好前景。同时节能环保也是国家关注的重点，能源结构改革、降低能源消耗已成为国家关于节约资源、保护环境及可持续发展的方针政策。

经济方面，中国经济下行压力加大，2014 年建筑业总产值增速仅为 10.2%，房地产投资及新开工面积持续下滑，项目资金紧张，跨年度工程减少，房地产业急转直下，建筑业全面高增长的时代正式过去，分化也将由此开始。因此，随着宏观经济进入新常态，中国建筑业除基础设施领域外，将面临全面下调。

技术方面，依靠科技创新、技术进步，走科技兴业之路，将原来的粗放型经营模式转化为集约型经营模式的理念已经深入建筑行业之中，大量的新技术、新材料、新工艺、新设备开始投入使用，以保持建筑业企业在成本上的优势。截至 2014 年年底，全国已设立了 3 个产业化试点城市，2 个产业化基地城区，36 个住宅开发和部品部件生产企业为产业化基地，评定了 320 多个国家康居示范工程项目，960 多个住宅项目获得 A 级性能认定，600 多个建筑部品、产品获得认证标识，原来的粗放型经营模式已经逐渐转化为集约型经营模式。另外，BIM 应用爆发性增长，国产品牌 BIM 技术取得优势。

2014 年是中国全面深化改革元年，也是建筑业的转型升级之年。受宏观环境及国际经济缓慢复苏的影响，房地产企业库存高筑，新开工面积增速一路下滑，建筑业总产值增速创近 10 多年以来新低。但是相关的政策、投资规划、战略行动、发展热点也为建筑业提供了更多的机遇，例如新一届政府所提出“京津冀一体化”“一带一路”“长江经济带”三大战略部署，都为建筑业的稳定增长注入长期的活力。

总之，建筑业在未来依然具有较大的发展潜力，对于投资者而言，当前相对低迷的经营状态反而给建筑行业赐予了一个很好的投资机会，此时，相应地对其上市公司进行价值投资分析就显得格外重要。本书以深沪两市的68家建筑业上市公司为例，选取13个能够综合反映财务能力的财务指标，作为评估各建筑行业公司投资价值的指标体系，建立指标模型，运用SPSS软件，采用因子分析法与聚类分析法进行投资价值实证分析，确定公司的投资价值总量及其排名，并合理划分层级，结合投资者对建筑行业公司投资的实际情况进行深入分析研究，得出量与质有机结合的投资结论，为投资者提供参考，以降低其投资风险，提高投资收益。

二、样本选取和数据处理

沪、深证交所的68家建筑业上市公司的资料来源主要为其2014年的财务报告。具体初始数据如表8-1和表8-2所示。

表8-1　　　　初始数据1

股票代码	名称	基本每股收益（元）	每股净资产（元）	销售净利率（%）	总资产报酬率（%）	流动比率	速动比率
000065	北方国际	0.7300	3.7878	7.4178	5.1995	1.1726	1.0747
000090	天健集团	0.7628	6.6724	7.9548	6.0164	1.3489	0.5018
000498	山东路桥	0.2784	2.3682	4.5582	4.6181	1.3481	0.8152
000628	高新发展	−0.1910	0.7450	−2.0393	−1.3099	0.9589	0.7555
000928	中钢国际	0.3416	3.6843	1.6841	7.463	1.2180	1.0868
000961	中南建设	0.8200	7.5492	4.2967	2.3713	1.2878	0.3351
002047	宝鹰股份	0.2200	1.6405	5.0712	11.0059	1.5840	1.5228
002051	中工国际	1.1300	6.8550	8.1101	4.4272	1.2785	1.1309
002060	粤水电	0.1634	4.1519	1.6507	3.4415	1.0665	0.7251
002062	宏润建设	0.2600	2.8537	2.4947	2.8287	1.2290	0.2841
002081	金螳螂	1.0700	4.0728	9.1753	11.5035	1.4348	1.4270
002135	东南网架	0.0900	2.4894	1.5786	2.2447	1.0521	0.6087
002140	东华科技	0.5900	4.1240	7.8143	4.7083	1.2416	0.7904
002163	中航三鑫	0.0200	1.1954	−2.8493	1.2014	0.7827	0.4927
002307	北新路桥	0.0500	2.3005	0.1863	2.1569	1.0707	0.7011
002310	东方园林	0.6400	5.6510	13.7427	7.4725	2.1808	1.2072
002314	雅致股份	−0.8700	2.2563	−31.0973	−13.1481	2.4145	1.9796
002325	洪涛股份	0.4100	3.6293	8.6686	7.8946	1.9283	1.9213
002375	亚厦股份	1.1800	7.2432	8.2759	8.2542	1.5151	1.4284
002431	棕榈园林	0.9300	6.3775	8.9515	7.9466	1.5869	0.5930

续　表

股票代码	名称	基本每股收益（元）	每股净资产（元）	销售净利率（%）	总资产报酬率（%）	流动比率	速动比率
002482	广田股份	1.0400	8.0806	5.6158	7.5942	1.6162	1.5079
002504	东光微电	0.6900	1.6566	6.6273	16.2005	1.2857	1.1697
002524	光正集团	−0.1700	1.5234	−10.8994	−1.5008	0.9340	0.7456
002542	中化岩土	0.2900	3.2184	10.8085	8.1486	1.5112	0.8610
002586	围海股份	0.2900	4.2750	6.0449	6.3242	1.2569	1.2450
002620	瑞和股份	0.4600	8.4895	3.6004	4.1992	1.6828	1.5710
002628	成都路桥	0.1900	3.5699	9.2057	2.8744	1.4027	1.1197
002659	中泰桥梁	0.0400	1.9347	1.3499	1.6826	1.2151	0.5179
002663	普邦园林	0.7000	5.6109	12.5848	11.3801	4.0798	2.2142
002713	东易日盛	0.9600	7.4477	6.1864	10.1913	1.8099	1.6538
002717	岭南园林	0.7300	4.6243	10.7528	9.4161	1.3633	0.7643
300055	万邦达	0.8191	10.6446	18.6857	6.7343	2.6945	1.8846
300117	嘉寓股份	0.1500	4.0100	2.5900	3.0603	1.4677	0.6652
300197	铁汉生态	0.4800	4.0075	12.1605	9.279	1.1046	0.5774
300262	巴安水务	0.2820	2.2489	21.4147	10.2475	1.5090	1.4984
300355	蒙草抗旱	0.3800	3.2728	11.1335	10.3592	1.6130	1.4240
600039	四川路桥	0.2958	2.4721	3.4292	4.9432	0.9161	0.3923
600068	葛洲坝	0.5290	4.5040	4.1339	5.375	1.1537	0.6609
600133	东湖高新	0.4661	2.3922	3.9784	5.2506	1.2394	0.5351
600170	上海建工	0.4800	3.9281	1.6254	2.6467	1.1622	0.6471
600209	罗顿发展	0.0211	1.6441	−0.6439	0.6553	1.8773	1.2062
600248	延长化建	0.4325	3.6254	3.8110	4.6576	1.3040	1.0055
600284	浦东建设	0.5089	6.8524	11.8747	5.3497	0.9074	0.6408
600326	西藏天路	0.1200	2.0571	7.8544	5.6121	0.8703	0.6717
600463	空港股份	0.1700	3.1698	6.0279	3.7714	1.1823	0.3068
600477	杭萧钢构	0.1120	2.1199	1.8719	3.1841	1.1375	0.3312
600491	龙元建设	0.2600	3.4866	1.4970	2.4869	1.2206	0.5478
600496	精工钢构	0.4400	4.9098	3.8477	5.0833	1.2465	0.5643
600502	安徽水利	0.4600	3.5119	2.7672	4.291	1.1914	0.8045
600512	腾达建设	0.0300	1.5885	0.3946	1.6302	1.1082	0.3206
600528	中铁二局	0.1938	4.1682	0.5160	1.5524	1.1046	0.7792

续 表

股票代码	名称	基本每股收益（元）	每股净资产（元）	销售净利率（%）	总资产报酬率（%）	流动比率	速动比率
600545	新疆城建	0.1430	3.0912	2.7032	3.1998	1.1949	0.8006
600681	万鸿集团	0.0100	0.0816	5.2143	2.5949	0.4260	0.3689
600820	隧道股份	0.5100	4.9741	5.5670	4.8451	1.1143	0.8915
600846	同济科技	0.2900	2.7055	6.5205	5.153	1.3878	0.3604
600853	龙建股份	0.0336	1.4719	0.3380	1.7884	1.0573	0.5689
600986	科达股份	0.1600	2.2768	4.4888	1.886	1.0958	0.3716
601117	中国化学	0.6400	4.7939	4.6966	5.0754	1.3101	0.9528
601186	中国铁建	0.9200	7.3707	1.9548	3.2106	1.2100	0.6823
601390	中国中铁	0.4820	4.6348	1.7493	3.036	1.1574	0.6448
601618	中国中冶	0.2100	2.4771	2.0119	3.0755	1.1357	0.6466
601668	中国建筑	0.7500	4.6340	4.1470	5.7448	1.3172	0.6777
601669	中国电建	0.4986	4.1752	3.1581	3.9156	1.1255	0.6060
601789	宁波建工	0.3768	4.4576	1.4378	4.1252	1.1611	0.7142
601800	中国交建	0.8600	7.2382	3.7533	4.0726	1.0490	0.6969
601886	江河创建	0.2400	4.5403	2.3847	2.8769	1.3294	1.0585
603030	全筑股份	0.6251	3.4982	4.2584	8.6324	1.2637	1.1679
603828	柯利达	1.0200	5.2800	4.9923	7.9381	1.2052	1.1824

表 8-2　　初始数据 2

股票代码	名称	资产负债率（%）	存货周转率（次）	总资产周转率（次）	固定资产周转率（次）	总资产增长率（%）	营业总收入增长率（%）	股东权益增长率（%）
000065	北方国际	75.9830	5.7721	0.6795	21.7108	23.4892	2.2258	19.9952
000090	天健集团	66.4769	0.8650	0.509	24.6196	12.6208	17.3864	9.6881
000498	山东路桥	73.5114	1.6583	0.7037	15.5097	6.4330	−4.4558	15.2057
000628	高新发展	95.9318	2.6762	0.5558	13.3836	10.0558	−6.0431	−22.3777
000928	中钢国际	77.4269	9.1144	1.7254	36.6851	406.8278	1.4561	534.9452
000961	中南建设	84.7284	0.3419	0.2917	11.3226	29.4388	18.9109	13.9558
002047	宝鹰股份	55.8635	29.6092	1.3964	53.855	76.2081	44.4255	98.7897
002051	中工国际	67.5489	4.2131	0.5542	7.8249	8.4670	3.2175	13.2906
002060	粤水电	79.9406	3.1308	0.5065	1.458	13.6232	11.2049	1.3723

续 表

股票代码	名称	资产负债率（%）	存货周转率（次）	总资产周转率（次）	固定资产周转率（次）	总资产增长率（%）	营业总收入增长率（%）	股东权益增长率（%）
002062	宏润建设	80.9151	0.8418	0.6039	8.9934	11.2636	1.4740	8.9377
002081	金螳螂	66.2519	177.2892	1.0459	26.8243	21.5943	12.3508	29.4820
002135	东南网架	74.9912	1.6363	0.5961	7.1445	14.8476	13.6014	3.1570
002140	东华科技	74.1983	1.7422	0.5737	12.9174	55.5677	24.4781	15.0672
002163	中航三鑫	75.0858	3.7356	0.6252	1.6543	−2.4784	19.6052	1.6077
002307	北新路桥	86.3269	2.6432	0.631	8.3815	19.9304	15.8744	0.5218
002310	东方园林	56.2198	0.5987	0.3734	106.6246	8.8872	−5.9121	11.2161
002314	雅致股份	54.7222	5.2129	0.4884	1.4258	−20.7801	−18.1098	−29.0096
002325	洪涛股份	46.2029	110.5153	0.7463	13.7431	47.1324	−4.3154	58.5806
002375	亚厦股份	61.9309	15.3041	0.8488	28.1819	39.7338	6.3754	49.2103
002431	棕榈园林	67.4757	0.9237	0.6054	14.6081	30.4143	16.5138	13.9220
002482	广田股份	62.1862	12.3353	0.9708	25.1151	28.1844	12.6177	12.6059
002504	东光微电	73.3971	14.8448	1.7672	15.5834	170.5723	43.0210	4.4169
002524	光正集团	49.0694	4.0208	0.3109	0.8801	2.2664	23.9156	−9.8273
002542	中化岩土	44.3865	1.7380	0.5952	2.8379	198.4897	138.5272	96.8046
002586	围海股份	52.7783	100.7276	0.6085	8.2286	31.2042	13.0937	66.5792
002620	瑞和股份	49.4950	11.7654	0.7669	16.9964	3.3439	0.9061	4.3514
002628	成都路桥	58.2016	1.4762	0.2109	16.3467	−20.3599	−64.9303	2.6774
002659	中泰桥梁	67.4835	1.0907	0.4605	2.4799	18.0039	25.1359	2.1973
002663	普邦园林	34.0900	1.4477	0.7116	19.9672	61.4552	32.0641	66.0085
002713	东易日盛	44.0549	10.0943	1.3182	15.8586	39.5995	18.0904	123.7510
002717	岭南园林	60.6401	1.3563	0.698	47.5127	58.8483	35.1136	76.7385
300055	万邦达	28.1586	1.6442	0.3394	2.1876	53.5466	33.3117	41.5457
300117	嘉寓股份	63.5760	1.1279	0.5715	5.1008	26.7654	31.8697	2.9180
300197	铁汉生态	59.6068	1.2011	0.4621	6.9703	40.4836	34.4449	13.6645
300262	巴安水务	48.9131	32.6472	0.3018	4.1157	4.8487	−22.2262	13.0603
300355	蒙草抗旱	54.7901	4.5219	0.6162	10.8099	97.7741	117.6730	60.3496
600039	四川路桥	84.0811	1.7426	0.5594	9.9127	17.8666	6.0795	14.7722
600068	葛洲坝	74.9126	2.3949	0.7509	6.5057	22.2262	20.2895	51.9446
600133	东湖高新	87.6044	1.2105	0.625	8.2354	30.0796	46.9305	28.7460

续 表

股票代码	名称	资产负债率（%）	存货周转率（次）	总资产周转率（次）	固定资产周转率（次）	总资产增长率（%）	营业总收入增长率（%）	股东权益增长率（%）
600170	上海建工	83.6245	2.8494	1.069	20.3415	22.4669	10.4669	38.4228
600209	罗顿发展	16.7713	1.4835	0.1949	0.8457	−8.1180	−0.8382	9.4939
600248	延长化建	66.2184	4.5158	1.1171	12.6257	20.5423	3.9149	38.3767
600284	浦东建设	56.7379	2.6675	0.2573	14.4357	3.7757	−1.5698	2.7894
600326	西藏天路	54.7727	2.4530	0.4651	2.0543	8.6896	−18.8811	5.5078
600463	空港股份	69.3737	0.3623	0.2802	14.5993	4.9809	−17.4399	2.2194
600477	杭萧钢构	75.7537	0.8481	0.6176	5.1423	5.3937	−1.0282	48.7689
600491	龙元建设	83.9223	1.4672	0.8443	48.893	18.3965	5.8868	6.4388
600496	精工钢构	65.4878	1.3994	0.7577	7.5684	16.7225	−8.4303	46.2097
600502	安徽水利	83.5788	2.6199	0.7731	9.9608	31.0461	23.4460	13.6069
600512	腾达建设	79.3113	0.7949	0.5203	21.1712	2.2271	57.3582	−1.7796
600528	中铁二局	88.3333	4.2811	1.2987	39.5721	15.3163	−10.1226	2.3033
600545	新疆城建	77.3118	2.0264	0.6292	11.0704	13.6975	27.5626	1.1363
600681	万鸿集团	84.6955	3.0416	0.3425	313.7403	10.6692	−23.4742	11.3840
600820	隧道股份	72.8638	3.8745	0.4388	11.5601	3.0851	8.1727	25.8705
600846	同济科技	63.9529	0.8469	0.623	19.6314	1.9297	11.2452	10.1963
600853	龙建股份	88.3082	1.9390	0.8038	18.86	−2.4755	−1.4885	0.6406
600986	科达股份	82.9735	0.4338	0.2544	13.6528	12.4339	22.8541	7.5434
601117	中国化学	68.9507	3.8886	0.9062	10.955	13.9278	12.1955	12.3114
601186	中国铁建	83.3241	2.4684	1.0119	14.4267	11.5702	0.8826	12.2845
601390	中国中铁	84.0328	2.3294	0.9309	15.2448	8.7308	9.2989	13.9512
601618	中国中冶	82.1999	1.7531	0.6651	6.5135	0.9582	6.4609	6.2772
601668	中国建筑	78.5755	2.0856	0.9396	36.8204	17.2597	17.3420	17.7764
601669	中国电建	83.2351	2.0627	0.6449	3.6999	23.8883	15.3638	18.2885
601789	宁波建工	78.1822	4.1840	1.434	26.1756	19.7051	1.0748	5.4109
601800	中国交建	79.0293	2.9074	0.6386	7.2439	21.6984	10.2821	22.5847
601886	江河创建	70.8079	3.4969	0.9089	18.8484	30.6328	33.6264	12.5897
603030	全筑股份	74.1723	15.3087	1.2936	88.2201	41.2333	8.1164	21.7549
603828	柯利达	74.9299	47.7776	1.1006	18.1866	30.4167	7.9877	24.0096

在指标性质、单位不同的情况下，首先要对其进行同趋势化处理。然后利用 SPSS 中的 Z-score 方法将 13 项指标的原始数据进行标准化处理。同趋势化数据和标准化数据略。

三、因子分析法适应性检验

为了检验所选用的指标是否适合使用因子分析法，本书利用 SPSS 软件中 KMO 和 Bartlett 球形检验方法来对样本进行检验。检验结果如表 8－3 所示。

表 8－3　　KMO 和 Bartlett 球形检验

取样足够度的 KMO 度量		0.521
Bartlett 球形检验	近似卡方	404.703
	df	78
	Sig.	0.000

由表 8－3 可知，KMO 值为 0.521，大于 0.5，可知各变量之间的相关程度无较大差异，原有变量适合做因子分析。同时，Bartlett 球形检验统计量为 404.730，相应的概率 Sig. 为 0.000，在 5%的显著性水平之下，拒绝原假设，因此可认为相关系数矩阵与单位矩阵有显著差异，说明样本适合做因子分析。

四、确定主因子

本书应用因子分析法中的主成分分析法来计算原始公因子的特征值、方差贡献率以及累计方差贡献率，并由此确定公因子。结果如表 8－4 所示。

表 8－4　　解释的总方差

成分	初始特征值			提取平方和载入			旋转平方和载入		
	合计	方差百分比（%）	累积百分比（%）	合计	方差百分比（%）	累积百分比（%）	合计	方差百分比（%）	累积百分比（%）
1	3.344	25.723	25.723	3.344	25.723	25.723	2.758	21.214	21.214
2	1.994	15.335	41.058	1.994	15.335	41.058	2.383	18.328	39.542
3	1.240	9.538	50.596	1.240	9.538	50.596	1.231	9.466	49.008
4	1.144	8.803	59.399	1.144	8.803	59.399	1.182	9.094	58.103
5	1.059	8.147	67.546	1.059	8.147	67.546	1.159	8.912	67.015
6	1.023	7.871	75.417	1.023	7.871	75.417	1.092	8.402	75.417
7	0.925	7.115	82.532						
8	0.861	6.626	89.158						
9	0.672	5.168	94.326						
10	0.478	3.679	98.004						

续 表

成分	初始特征值			提取平方和载入			旋转平方和载入		
	合计	方差百分比（%）	累积百分比（%）	合计	方差百分比（%）	累积百分比（%）	合计	方差百分比（%）	累积百分比（%）
11	0.124	0.956	98.960						
12	0.080	0.618	99.578						
13	0.055	0.422	100.000						

提取方法：主成分分析。

根据表 8-4 中数据可知，前 6 个主因子的方差贡献率已经达到了累计方差贡献率的 75.417%，即表明这 6 个主因子已包含原始数据信息量的 75.417%，所以只需选择前 6 个主因子就可以较好地代表原始指标，对公司的绩效进行描述。

特征值可用碎石图列示，如下图所示。从下图可以看出，从第 7 个成分开始，特征值的值都小于 1，且折线的陡度变得比较平缓，这说明提取 6 个主因子是合适有效的。

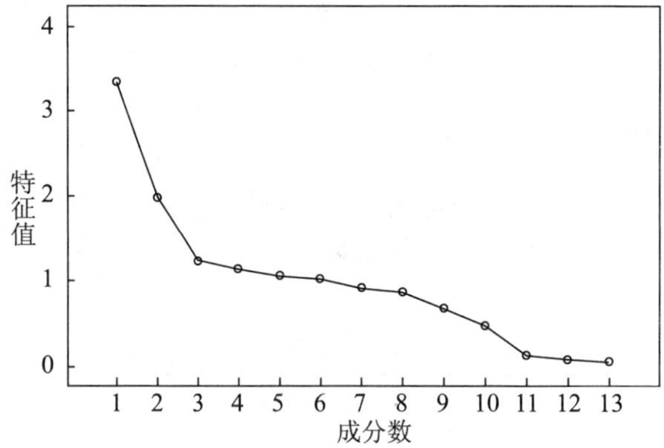

碎石图

五、旋转载荷矩阵分析

本书对原因子载荷矩阵进行最大方差旋转，以期得到主因子更明确的含义。结果如表 8-5 所示。

表 8-5　旋转后的因子载荷矩阵

变量	成分					
	F_1	F_2	F_3	F_4	F_5	F_6
基本每股收益	0.822	0.130	0.268	−0.122	0.245	0.198
销售净利率	0.911	−0.036	−0.058	0.139	−0.095	−0.026

续 表

变量	成分					
	F_1	F_2	F_3	F_4	F_5	F_6
每股净资产	0.561	0.000	0.319	−0.297	0.166	0.434
总资产报酬率	0.858	0.337	−0.074	0.049	0.069	−0.151
流动比率	0.101	−0.029	0.649	0.169	−0.310	−0.212
速动比率	0.032	−0.021	−0.165	0.025	−0.144	0.786
资产负债率	0.018	−0.016	0.653	−0.121	0.053	−0.002
存货周转率	0.246	0.066	−0.203	−0.009	0.728	−0.246
固定资产周转率	0.068	0.050	−0.066	0.898	0.002	−0.022
总资产周转率	0.056	0.736	0.158	−0.033	0.349	−0.094
总资产增长率	0.160	0.915	−0.136	−0.033	−0.183	−0.076
营业总收入增长率	0.298	0.248	−0.285	−0.448	−0.501	−0.306
股东权益增长率	0.077	0.896	−0.052	0.069	−0.031	0.094

由表 8－5 中的数据可以看到，基本每股收益、销售净利率、每股净资产、总资产报酬率在主因子 F_1 上的载荷量分别为 0.822、0.911、0.561 和 0.858，它主要反映了公司的盈利能力，所以将 F_1 命名为盈利因子；总资产增长率和股东权益增长率在主因子 F_2 上的载荷分别为 0.915 与 0.896，体现了公司的成长能力，为成长因子；主因子 F_3 则在流动比率（0.649）和资产负债率（0.653）上有较大载荷量，代表了公司的偿债能力，故而将其命名为偿债因子 1；主因子 F_4 在固定资产周转率（0.898）上有较大载荷量，主因子 F_5 在存货周转率（0.728）上有较大载荷量，这两个主因子代表了公司的营运能力，分别定义为营运因子 1 和营运因子 2；速动比率在主因子 F_6 的载荷量为 0.786，因此定义其为偿债因子 2。

六、建筑业上市公司综合得分与排名

要得到因子的综合得分，需先对因子数据进行标准化处理，使其期望为 0，方差为 1，然后，对各因子的方差贡献率占因子总方差贡献率的比重作为权重加权汇总，使用计算综合得分的公式 $F=(\lambda_1 F_1+\lambda_2 F_2+\lambda_3 F_3+\lambda_4 F_4+\lambda_5 F_5+\lambda_6 F_6)/(\lambda_1+\lambda_2+\lambda_3+\lambda_4+\lambda_5+\lambda_6)=(0.21214\times F_1+0.18328\times F_2+0.09466\times F_3+0.09094\times F_4+0.08912\times F_5+0.08402\times F_6)/0.75417$ 来计算各样本的综合得分。得到结果按名次排列如表 8－6 所示。

表 8－6　建筑业上市公司综合得分与排名

股票代码	名称	F_1（盈利）	F_2（成长）	F_3（偿债）	F_4（营运）	F_5（营运 2）	F_6（偿债 2）	F（综合）	排名
000928	中钢国际	−1.13703	6.73113	0.16021	0.94177	−0.25464	1.08448	1.54	1

续 表

股票代码	名称	F_1（盈利）	F_2（成长）	F_3（偿债）	F_4（营运）	F_5（营运2）	F_6（偿债2）	F（综合）	排名
002713	东易日盛	0.91585	1.19224	0.34486	−0.44812	0.83879	0.69389	0.71	2
002081	金螳螂	1.55578	−0.00417	−0.78007	−0.1588	4.32161	−1.55139	0.66	3
002375	亚厦股份	1.23037	0.20242	0.3869	−0.11906	0.75815	0.72303	0.6	4
002504	东光微电	0.87244	1.91883	−0.25099	−0.16924	0.10363	−1.35877	0.52	5
601117	中国化学	−0.15896	0.23493	4.39793	−0.89897	0.40077	−0.12933	0.49	6
002482	广田股份	1.00076	0.07852	0.47942	−0.45998	0.83015	0.73283	0.49	7
603030	全筑股份	0.32666	0.65866	0.13335	1.34251	0.68978	−0.25952	0.48	8
600820	隧道股份	0.25746	−0.17973	−1.34643	0.2164	−1.14759	6.39794	0.46	9
603828	柯利达	0.74972	0.27658	0.12184	−0.30179	1.65465	−0.02352	0.45	10
000090	天健集团	1.03968	−0.47031	3.2345	0.62502	−1.68438	−0.63421	0.39	11
002310	东方园林	1.23268	−0.76578	−0.2982	1.94392	−0.20597	0.47907	0.39	12
600681	万鸿集团	−0.29505	−0.48922	−0.90748	6.50971	−0.50142	−0.21786	0.39	13
002717	岭南园林	1.15967	0.39764	0.2309	0.59535	−0.97669	−0.29936	0.37	14
002051	中工国际	0.84915	−0.4877	1.33335	−0.58015	0.38496	0.75917	0.35	15
300055	万邦达	1.98037	−0.4936	−0.17701	−0.95189	−0.62734	1.0232	0.34	16
002663	普邦园林	1.38662	0.29763	−0.53107	−0.13104	−0.5023	0.03266	0.32	17
002431	棕榈园林	1.04838	−0.2525	0.80433	−0.48598	0.01993	0.40679	0.32	18
601186	中国铁建	0.17918	0.04885	0.69988	−0.55112	0.87	0.95208	0.29	19
002047	宝鹰股份	0.16143	1.47806	−0.85274	0.58027	0.20905	−1.11915	0.27	20
002325	洪涛股份	0.53229	0.08824	−1.08638	0.09387	2.5019	−0.83552	0.25	21
601668	中国建筑	0.35294	0.08113	0.50713	0.21894	−0.00115	−0.00184	0.21	22
601789	宁波建工	−0.51023	0.54513	0.37131	0.00205	0.90136	0.14335	0.16	23
601800	中国交建	0.44018	−0.21769	0.3079	−0.69913	0.33103	0.83759	0.16	24
002620	瑞和股份	0.22058	−0.3386	0.28728	−0.49581	0.7478	0.85836	0.14	25
600248	延长化建	−0.29928	0.41481	0.6798	−0.04684	0.37396	−0.06193	0.13	26
000498	山东路桥	−0.09588	−0.21226	3.33193	1.37097	−1.81198	−1.48127	0.13	27
600496	精工钢构	−0.13816	0.0501	0.44515	−0.1067	0.36406	0.42939	0.11	28
000065	北方国际	0.37426	−0.2195	−0.03866	0.16442	0.19471	0.15048	0.11	29
002586	围海股份	0.31485	−0.03923	−0.96894	−0.29716	1.91609	−0.79971	0.06	30
600528	中铁二局	−0.91724	0.36071	0.28156	0.40486	0.89966	0.26985	0.05	31

续　表

股票代码	名称	F_1（盈利）	F_2（成长）	F_3（偿债）	F_4（营运）	F_5（营运 2）	F_6（偿债 2）	F（综合）	排名
300262	巴安水务	1.24155	−1.07523	−0.98832	0.82623	0.30079	−0.58678	0.03	32
600170	上海建工	−0.46619	0.3894	0.1098	−0.13463	0.39392	0.17954	0.03	33
600284	浦东建设	0.85621	−1.00016	−0.17416	−0.0655	−0.13641	0.62646	0.02	34
000961	中南建设	0.51097	−0.57881	0.26506	−0.68007	−0.31329	0.80756	0.01	35
600068	葛洲坝	0.09432	0.12252	−0.05566	−0.44724	−0.05105	0.1288	0	36
601390	中国中铁	−0.30971	−0.00009	0.11356	−0.29392	0.37227	0.25565	−0.04	37
002140	东华科技	0.40086	−0.12538	−0.19717	−0.28008	−0.49411	−0.04508	−0.04	38
002628	成都路桥	−0.29317	−1.1884	0.22997	1.13464	0.5156	0.64231	−0.07	39
300197	铁汉生态	1.03795	−0.40245	−0.7162	−0.29389	−0.83956	−0.3951	−0.07	40
601886	江河创建	−0.31011	0.174	1.03365	−0.27597	−0.63083	−0.4658	−0.07	41
600491	龙元建设	−0.54767	−0.03481	−0.08379	0.54659	0.09793	0.02408	−0.09	42
600463	空港股份	−0.39096	−0.72996	1.16862	0.17455	−0.03343	0.05508	−0.12	43
601669	中国电建	−0.08406	−0.17815	−0.17664	−0.46753	−0.06106	0.11586	−0.14	44
600502	安徽水利	−0.1376	−0.00228	−0.25442	−0.38908	−0.14551	−0.13383	−0.15	45
600846	同济科技	−0.00948	−0.42299	−0.05447	0.23786	−0.37316	−0.36896	−0.17	46
600326	西藏天路	−0.20607	−0.63131	−0.49516	0.36829	0.01028	−0.16058	−0.25	47
600039	四川路桥	−0.27005	−0.31108	−0.45724	0.00377	−0.14992	−0.189	−0.25	48
300355	蒙草抗旱	1.26699	0.52913	−1.56848	−1.16798	−2.17941	−1.36998	−0.26	49
002062	宏润建设	−0.5256	−0.34621	−0.1899	−0.03681	−0.04909	−0.04643	−0.27	50
002542	中化岩土	1.01515	1.42437	−1.80097	−1.55431	−2.94436	−1.39154	−0.28	51
600133	东湖高新	0.08757	−0.05515	−0.6342	−0.51169	−0.7875	−0.57743	−0.29	52
600477	杭萧钢构	−0.77707	−0.10399	−0.26262	0.0327	−0.04692	−0.10203	−0.29	53
601618	中国中冶	−0.59161	−0.35443	−0.31412	−0.13442	−0.01695	−0.18451	−0.33	54
002060	粤水电	−0.42263	−0.45785	−0.31718	−0.45941	−0.14337	0.02672	−0.34	55
300117	嘉寓股份	−0.339	−0.28449	−0.30476	−0.62336	−0.55988	−0.22578	−0.37	56
600853	龙建股份	−1.06177	−0.23806	−0.3398	0.24891	0.16091	−0.29785	−0.38	57
600545	新疆城建	−0.41082	−0.32798	−0.44347	−0.35254	−0.43942	−0.34494	−0.38	58
002135	东南网架	−0.72466	−0.33007	−0.37177	−0.24036	−0.25129	−0.26281	−0.42	59
002307	北新路桥	−0.84458	−0.25186	−0.5035	−0.24578	−0.24821	−0.32834	−0.46	60
002659	中泰桥梁	−0.8315	−0.3844	0.20069	−0.51779	−0.59362	−0.51955	−0.49	61
600986	科达股份	−0.36792	−0.72046	−0.73957	−0.09969	−0.79483	−0.32292	−0.51	62

续 表

股票代码	名称	F_1（盈利）	F_2（成长）	F_3（偿债）	F_4（营运）	F_5（营运 2）	F_6（偿债 2）	F（综合）	排名
002163	中航三鑫	−1.20685	−0.33218	−0.48042	−0.42511	−0.18129	−0.51092	−0.61	63
600209	罗顿发展	−1.05205	−0.83286	−0.63759	−0.09789	−0.32242	−0.13286	−0.64	64
000628	高新发展	−1.61324	−0.51373	−0.52717	0.18967	−0.04556	−0.34728	−0.67	65
600512	腾达建设	−0.6628	−0.45252	−0.91007	−0.45607	−1.0495	−0.85056	−0.68	66
002524	光正集团	−1.89217	−0.53775	−0.64096	−0.71431	−0.39285	−0.37808	−0.92	67
002314	雅致股份	−4.79173	−0.31965	0.21687	−0.90608	0.82451	0.47607	−1.36	68

建筑业上市公司综合得分与其投资价值呈正相关关系。由于先对因子数据进行了标准化处理，因此，可以 0 为参考标准线，认为：综合得分大于 0 的公司，综合业绩相对较好，且数值越大，投资价值越大；综合得分小于 0 的则相对较差，且数值越小，投资价值越小。依此可对上市公司的综合业绩和投资价值有一个基本的评价。

具体而言，表 8 - 6 中，建筑业各公司各项能力得分与相应实力也呈正相关关系。

2014 年综合排名前十的公司分别是中钢国际、东易日盛、金螳螂、亚厦股份、东光微电、中国化学、广田股份、全筑股份、隧道股份、柯利达。与 2013 年相比，这 10 家公司中的中钢国际、东光微电、全筑股份、柯利达这四家企业是 2014 年纳入建筑业行业的企业，也是 2014 年新纳入的唯有四家企业，可见其强劲的势头。中钢国际，原中钢吉炭，在 2014 年完成资产重组后，强势闯入建筑行业，凭借其超高的成长因子得分（6.7311）远超其他公司，夺得 2014 年综合得分第一名，证明了其拥有强大的发展潜力，十分值得投资者关注。东易日盛在 2013 年凭借其优秀的偿债能力和较高的盈利能力，取得了行业排名 11 的位置，今年东易日盛在保持了较强偿债能力的同时，提升了盈利能力和成长能力，在今年综合排名上升到了第二位，具有较大长期投资价值。金螳螂的排名较 2013 年没有太大变化，仅由第二名下降到了第三名，但从其因子上分析，其 2013 年占有绝对优势的成长因子在今年下降到了平均水平之下，尽管由于盈利因子等其他因素的提升使企业的综合排名并没有太大变化，但其可能存在着后续发展动力不足的问题，投资者应谨慎投资。亚厦股份、中国化学、广田机电和隧道股份的综合排名较 2013 年都有着不同程度的提升，尤其是中国化学和隧道股份两家企业上升尤为显著，这都依赖于两家公司在偿债方面的快速提升。2013 年处于前十位的公司，仅 3 家在 2014 年继续保持，其余 7 家企业由于新进企业的冲击和自身某些因素的限制都退出了前十的行列。2013 年综合排名第一的普邦园林在 2014 年度仅排在第十七位，其 2013 年度极高的盈利能力在 2014 年大幅缩水，而其偿债因子和营运因子都低于了行业平均水平。这个结果与 2013 年对该公司所做出的成长能力较弱的预测是一致的。中化岩土排名下降极为严重，由 2013 年的第五直降至 2014 年的第五十一名。分析原因，可以发现尽管其拥有较好的盈利能力和成长能力，但其营运因子远低于行业平均水平，大大拉低了最终的综合得分，可见其在 2014 年度的营运方面出现了很大的问题，投资者在对其进行投资是应予以适当的考虑。浦东建设排名下降也较为明显，由第八下降到了第三十四，其原因可以看作是 2013 年较为突出的偿债能力和成长能力在2014年没有突出的表现，而其他因子表现也不突出。

2014年位于后十位的是东南网架、北新路桥、中泰桥梁、科达股份、中航三鑫、罗顿发展、高新发展、腾达建设、光正集团、雅致股份，他们的各项指标基本均为负值，低于行业平均水平，投资者对待这些企业应更加谨慎。与2013年相比，排名较后的企业名单并没有太大的变化，其中有5家企业（中泰桥梁、科达股份、中航三鑫、罗顿发展、高新发展）同时出现在了两年的后十名排名中，而另有3家企业（东南网架、北新路桥、腾达建设）在2013年中虽然勉强没有排在后十位，却也并没有理想的排位，并在2014年落后在后十位。光正集团在2013年凭借其突出的成长因子和较为突出的盈利能力、营运能力取得了当年第十二名的好成绩，但这一成绩并没有在2014年得到保持，盈利能力大幅下滑，成长能力等其他方面也统统降低到了负值，最终在2014年排名落后。雅致股份也类似于光正集团，当年其优秀偿债能力使其在当年排在第二十六的位置，但2014年盈利能力下滑明显，尽管在偿债能力和营运能力上还是有不错的表现，但依然无法挽回盈利能力方面带来的漏洞，最终在2014年综合排名垫底。与光正集团和雅致股份相反的是，2013年排名末尾的万鸿集团在2014年成功实现了大逆袭，尽管除营运因子外的其他因素依然为负值，但其营运能力得分十分亮眼，最终取得了第十三的好成绩。但投资者在对其进行投资时，依然要保持适度的谨慎性。

七、系统聚类分析

通过聚类分析把业绩相似的公司归类，可以对不同类别的上市公司进行对比分析，为投资者选择投资组合提供参考。

根据树状图（略）对68家建筑业上市公司进行进一步分类，本书选择将其分为4类，如表8－7所示。

表8－7　聚类分析

类别	建筑业上市公司	数目
1	中钢国际、隧道股份	2
2	东易日盛、金螳螂、亚厦股份、东光微电、广田股份、全筑股份、柯利达、东方园林、岭南园林、中工国际、万邦达、普邦园林、棕榈园林、中国铁建、宝鹰股份、洪涛股份、中国建筑、宁波建工、中国交建、瑞和股份、延长化建、精工钢构、北方国际、围海股份、中铁二局、巴安水务、上海建工、浦东建设、中南建设、葛洲坝、中国中铁、东华科技、成都路桥、铁汉生态、江河创建、龙元建设、空港股份、中国电建、安徽水利、同济科技、西藏天路、四川路桥、蒙草抗旱、宏润建设、中化岩土、东湖高新、杭萧钢构、中国中冶、粤水电、嘉寓股份、龙建股份、新疆城建、东南网架、北新路桥、中泰桥梁、科达股份、中航三鑫、罗顿发展、高新发展、腾达建设、光正集团、雅致股份	62
3	中国化学、天健集团、山东路桥	3
4	万鸿集团	1

类别1包括中钢国际和隧道股份两家企业，它们的排名也均名列前茅。中钢国际，原

名中钢吉炭，主要从事冶金工程总承包、矿业工程总承包、电力工程总承包、化工工程总承包、环保工程设计及施工、建筑工程总承包、建筑装修装饰工程、建筑工程监理、机电设备安装工程等一系列建筑承包工作，属于土木工程建筑业。2014 年 10 月 12 日晚间，中钢吉炭发布公告，公司中文名称正式由“中钢集团吉林炭素股份有限公司”变更为“中钢国际工程技术股份有限公司”，公司证券简称由“中钢吉炭”变更为“中钢国际”。完成了资产重组的中钢国际强势加入了建筑行业，成功扭亏为盈的同时完成了 2014 年重组业绩的承诺。2014 年，公司实现主营业务收入 110.61 亿元，利润总额 3.37 亿元，可见其有着非常优秀的盈利能力。由于公司前些年的债务影响，公司当年的净利润并不突出，导致了数据分析中盈利因子的得分不高，甚至偏低。但公司出色的成长能力在成长因子中得到了充分的体现：受国家政策影响，“一带一路”的战略实施为公司带来了良好的发展机遇，公司作为央企控股上市公司，将成为国家政策的执行者和受益者，发展潜力巨大，这和其 6.73113 的成长因子得分相匹配。该公司十分值得投资者关注。隧道股份，也属于土木工程建筑业，主要从事隧道、市政、建筑、公路及桥梁、交通、消防、地基与基础、建筑装修装饰、拆除工程、自有房屋租赁、实业投资、自营和代理各类商品及技术的进出口业务。2014 年其综合排名有一定程度的上升，达到第九位，其偿债能力尤为突出，也是其获得该名次的主要原因，但其他方面的能力并不算突出，投资者在考虑投资时应注意多角度进行分析。

类别 3 囊括了 62 家公司，其分布较广，类别特点并不突出，投资价值也差距较大，我们不可笼统地对其进行分析，而应逐个进行讨论。东易日盛是 2014 年 2 月 19 日上市的企业，属于建筑行业里的一颗新星，在 2014 年综合排名位列第二。其属于建筑装饰和其他建筑业，主要从事园林绿化工程服务、风景园林设计服务、市政公用施工、绿化管理、室内装饰和设计、对外承包工程业务、工程总承包业务、古建筑工程、工程围栏装卸施工、市政工程设计服务、花卉出租服务、市政设施管理、路牌、路标广告牌安装施工。数据上看，其各项指标均为正值，堪称优秀，但没有较为突出的项目，是一家较为稳定的公司，值得投资者关注。雅致股份是 2014 年排名最末尾的公司，其也属于建筑装饰和其他建筑业的范畴，主要经营包括房屋、金属结构件、建筑材料、设备的生产（分公司经营）、销售、租赁及相关服务，国内商业、物资供销业（不含专营、专控、专卖商品）等，尽管其在偿债能力上表现良好，但其极低的盈利能力最终导致其不佳的综合分数。投资者在面对这样的公司时，应提高谨慎。

类别 3 包括中国化学、天健集团、山东路桥三家公司，其排名分列第六、十一、二十七位，属于相对靠前的名次，投资者对于这一类别的企业应适当予以关注。中国化学属土木工程建筑业，主要从事建筑工程、基础设施工程和境外工程的承包，化工、石油、医药、电力、煤炭工业工程的承包以及工程咨询、勘察、设计、施工及项目管理和服务等项目。2014 年受“一带一路”工程的影响，业绩开始上升，海外订单增长成为公司未来发展的亮点，值得投资者期待。天健集团同属土木工程建筑业，2014 年实现营业收入 53 亿元，同比增长 17.4%；实现归属于上市公司股东的净利润 4.2 亿元，同比增长 11.4%；每股收益 0.76 元，公司拟每 10 股派发现金红利 2.3 元（含税）。此外，公司一季度实现营业收入 11.47 亿元，同比增长 26.7%；净利润 4725 万元，同比增长 300.5%，具有优秀的盈利能力和偿债能力，同样值得投资者关注。山东路桥亦属土木工程建筑业，主要从事公路、桥梁工程、隧道工程、市政工程、建筑工程、交通工程、港口与航道工程、铁路工程、城市轨道交通工程施工；承包境外公路、桥梁、隧道工程、港口与航道工程、铁路工程、城市轨道交通工程及境内国际招标工程等项目，2014 年表现尚可，在偿债能力上较为突出，可予以适当关注。

类别 4 仅有万鸿集团一家公司，在 2014 年排名第十三位，而在 2013 年度则位列最后一名，是一家排名上升极快的公司。其主营业务涉猎较广，属建筑装饰和其他建筑业。2014 年凭借其十分突出的营运能力实现了综合排名的大幅度提升，但其他几个指标依然低于行业的平均水平，投资者在选择其作为投资对象时应注意到这一点。

八、结语

综上所述，2014 年的建筑行业是充满机遇和挑战的一年。一方面，建筑业受到外部环境的冲击，发展受到阻滞；另一方面，政府新政策出台又给建筑行业带来了巨大的商机，把握住机会的公司必然将在未来的市场获得丰厚的回报。因此，投资者在进行投资时，要综合考虑宏观、微观等各方面反映的财务信息，加以谨慎地分析，做出合理的选择。在此，运用 SPSS 软件，利用 13 个指标综合分析建筑行业 68 家上市公司各方面表现情况，对投资者进行投资决策有一定的参考意义。但由于分析仅仅运用了 2014 年一个年度的财务报表资料，并联系实际结合 2013 年的相关分析结果进行，某些项目仍可能会由于会计政策变更等的影响存在一定程度的偶然性，分析指标的选择也具有主观性。因此，分析结果难以反映出完全的真实状况，若后续能对多个连续年度进行跟踪分析，并适当增加分析指标，则可较大程度地消除偶然性，帮助投资者做出更加准确的投资决策，以更加有效地配置投资资源，促进建筑业的更加健康和谐发展。

（参著：沈傅一）

第九章　批发和零售业上市公司投资价值比较分析研究

一、行业发展和投资价值状况

批发和零售业是社会化大生产过程中的重要环节，是决定经济运行速度、质量和效益的引导性力量，是中国市场化程度最高、竞争最为激烈的行业之一。它包括批发业和零售业两个行业。批发业是指批发商向批发、零售单位及其他企业、事业、机关批量销售生活用品和生产资料的活动，以及从事进出口贸易和贸易经纪与代理的活动。零售业指从工农业生产者、批发贸易业或居民购进商品，转卖给城乡居民作为生活消费和售给社会集团作为公共消费的商品流通企业。批发零售业在我国国民经济中占有相当重要的地位。由于批发零售业是连接生产者和使用者的桥梁和纽带，处于市场经济中最活跃的环节，对各种影响因素的反映敏感度要高于其他行业，因而其发展变化轨迹可以作为观察我国国民经济和社会发展的晴雨表。

随着我国市场经济的快速发展，批发零售业也得到了前所未有的高速发展。目前，中国的客户中，从事批发零售行业的客户占45%，包括从事服装、图书、建材等产品销售的客户，均属于此类行业。根据智研数据研究中心提供的报告数据显示，近年来我国批发业经营单位数量快速增长，到2012年，我国批发业单位数量已经超过150万家，营收接近30万亿元。2012年工业消费品批发法人企业为36万个，比上年增长3.3%，全国零售业经营单位达2354万个。2014年全国零售业实现销售额16.17万亿元，较上年增长14.1%。其中大中型法人企业实现销售额6.66万亿元，比上年增长13.8%；小微型及个体户实现销售额9.51万亿元，较上年增长14.4%。全国零售业企业年末营业面积为7.5亿平方米，比上年增长7%。

未来，批发零售业企业为进一步扩大经营网络，增强竞争实力，取得区域市场优势地位，通过跨区并购及强强联合是最为迅速和有效的途径。因此，未来零售业与金融业、制造业企业的结合趋势将更加明显，以资本为纽带的跨区域并购将进入快速发展阶段，通过控股、参股、输出管理团队等多种方式整合商业资源，进行资本化扩张，实现跨区域企业并购。同时，零售业将通过连锁经营不断增强辐射力，积极向中小城市、农村市场拓展，进一步推动行业组织化程度的提升。大型零售企业销售额在整个行业中的比重会进一步增大，对供货商、生产商的影响力将不断增强，对区域市场、中小零售商的整合能力将进一步强化，满足消费者多种消费需求的能力将不断提升。①

从长远来看，中国居民消费无论是从总量上，还是从结构上都有相当大的发展空间，

① 智研数据研究中心：《2015—2020年中国批发零售行业深度研究与行业前景预测报告》，www.abaogao.com。

当前中国经济增长正在由投资拉动型转变为消费拉动型，这为中国批发零售行业的发展提供了良好的中长期宏观环境。批发零售业具有广阔的发展前景，是投资者关注的热门行业。该行业上市公司是行业企业的佼佼者，一般具有优于行业非上市企业的相对甚至绝对优势，是投资者关注的焦点。本书以上市公司为例进行的投资价值分析，能够为投资者进行价值投资提供决策参考。但由于批发零售业涉及面广，其中各个企业的经营范围和领域不甚稳定，投资者在运用本书分析结果进行投资时需结合特定对象的相关宏观环境情况进行投资决策。

二、样本选取与数据处理

沪、深证交所的155家批发和零售业上市公司的资料来源主要为其2014年的财务报告。其中，金谷源、民生控股、*ST博元、宝诚股份四家公司由于数据不全，在处理数据时应当剔除，但是由于不剔除时其旋转所得的因子分类比较清晰，故实际操作时未予剔除。具体初始数据如表9－1和表9－2所示。

表9－1　　初始数据1

股票代码	名称	基本每股收益（元）	销售净利率（%）	每股净资产（元）	总资产报酬率（%）	流动比率	速动比率
000025	特力A	0.0470	1.8422	0.8711	3.5841	0.4165	0.2857
000026	飞亚达A	0.3710	4.4569	4.1587	7.3637	1.8308	0.3875
000028	国药一致	1.9000	2.7963	13.1390	8.1505	1.4298	1.1277
000045	深纺织A	−0.2200	−9.3803	4.3359	−3.0168	3.8002	3.2572
000078	海王生物	0.0325	0.8531	1.9652	3.8577	1.0198	0.8910
000096	广聚能源	0.0800	4.3263	3.5410	1.7846	8.4586	8.4030
000151	中成股份	0.3831	4.4403	3.3642	5.9370	1.3870	1.3398
000159	国际实业	0.2682	11.2679	4.5005	7.6019	3.0796	1.9770
000408	金谷源	−0.2190	−97.8410	0.5376	−10.0567	1.3529	—
000411	英特集团	0.3200	0.9120	2.9329	6.0590	1.2299	0.8757
000416	民生控股	0.1653	23.1904	1.6438	13.3784	16.3498	—
000417	合肥百货	0.4693	4.4739	4.1722	7.2075	1.2076	1.0018
000419	通程控股	0.2634	3.2096	3.4257	4.9950	1.1318	0.8898
000501	鄂武商A	1.3000	3.7367	7.0102	6.5556	0.3748	0.2983
000516	国际医学	0.4900	9.0196	2.2344	13.4015	0.7675	0.7449
000554	泰山石油	0.0141	0.1641	1.9018	1.0221	1.0759	0.6406
000560	昆百大A	0.4151	5.4532	7.2328	4.6311	1.0412	0.3923
000564	西安民生	0.1277	1.5211	3.6162	2.5441	0.8143	0.7801
000591	桐君阁	0.0141	−0.0896	1.4496	2.3959	0.8553	0.6211

续　表

股票代码	名称	基本每股收益（元）	销售净利率（%）	每股净资产（元）	总资产报酬率（%）	流动比率	速动比率
000593	大通燃气	0.0610	3.8766	2.3751	2.7475	2.9831	2.4759
000594	*ST 国恒	0.0039	125.6147	1.7403	0.7968	1.5823	1.5783
000626	如意集团	1.1486	1.2639	3.2032	11.9326	1.2292	0.9167
000632	三木集团	0.0260	0.0688	2.7034	3.4659	1.1351	0.7166
000638	万方发展	0.0098	1.8348	0.7521	1.0225	2.6704	2.3411
000652	泰达股份	0.1679	9.3594	1.6009	5.2012	1.0459	0.4762
000679	大连友谊	0.1600	3.0812	4.1208	3.2999	1.3652	0.3883
000701	厦门信达	0.5500	0.7669	5.8267	6.3545	1.2000	0.8350
000705	浙江震元	0.1200	1.9609	3.6262	2.3559	2.0578	1.5006
000715	中兴商业	0.3000	2.6701	3.9362	6.1074	1.1183	1.0212
000753	漳州发展	0.1600	1.8741	2.8114	5.5912	1.8507	1.0205
000759	中百集团	0.2700	1.0872	4.4392	3.1907	0.6977	0.3281
000785	武汉中商	0.1000	1.2461	3.3675	3.9274	0.6917	0.4877
000829	天音控股	0.0200	−1.0458	2.3270	1.8820	1.2133	0.9611
000851	高鸿股份	0.1045	1.4227	4.3186	3.7350	1.4637	1.0865
000889	茂业物流	0.2146	5.1395	3.3880	6.4675	1.4260	0.6862
000906	物产中拓	0.2200	0.3524	3.3166	3.7109	1.1985	0.8900
000963	华东医药	1.7400	4.9757	5.2228	15.7602	1.1096	0.8206
000987	广州友谊	0.7300	7.8131	6.0557	8.9240	2.1225	2.0143
000996	中国中期	0.0413	11.2269	2.5116	1.5479	1.6789	1.0787
002024	苏宁云商	0.1200	0.7565	3.9661	1.5762	1.2025	0.8217
002091	江苏国泰	0.5700	3.6202	4.2441	11.9039	1.9218	1.5774
002187	广百股份	0.7000	3.0460	6.9692	6.1105	1.3577	1.2507
002221	东华能源	0.2200	1.0345	4.1610	3.0532	1.1153	0.9340
002251	步步高	0.5783	2.8049	5.6607	5.4245	0.6426	0.3482
002262	恩华药业	0.5679	8.8454	2.6539	15.6965	1.4945	1.2355
002264	新华都	0.0700	0.3533	1.9833	1.4624	0.6496	0.3754
002277	友阿股份	0.6265	5.6302	5.2444	6.5909	0.8038	0.4140
002336	人人乐	−1.1513	−3.8005	6.8026	−5.0745	1.1244	0.7370
002416	爱施德	0.0290	0.0977	4.3210	3.2240	1.8284	1.3350
002419	天虹商场	0.6700	3.1605	5.6635	6.0526	1.0368	0.8338

续　表

股票代码	名称	基本每股收益（元）	销售净利率（%）	每股净资产（元）	总资产报酬率（%）	流动比率	速动比率
002441	众业达	0.9100	3.0167	9.5904	9.1954	2.1699	1.6469
002462	嘉事堂	0.9500	5.4992	5.3632	11.9722	1.2581	1.0245
002556	辉隆股份	0.2933	1.4387	4.2328	4.9987	1.1491	0.8723
002561	徐家汇	0.6200	13.0228	4.4809	15.6812	3.3187	3.2568
002589	瑞康医药	0.8300	2.3345	8.2512	6.2328	1.3104	1.1259
002607	亚夏汽车	−0.2100	−1.1259	2.9370	0.8643	0.8117	0.4399
002640	百圆裤业	0.2400	3.4044	8.6417	3.4112	3.1268	2.3249
002697	红旗连锁	0.2100	3.5732	2.3869	6.8059	1.9564	1.4108
002727	一心堂	1.3050	6.6625	8.0012	13.7524	2.8033	1.9076
300022	吉峰农机	−1.0831	−12.4666	0.2140	−13.9346	0.9847	0.6481
300081	恒信移动	0.0800	1.2036	5.8378	0.4760	7.4461	6.9960
300184	力源信息	0.1300	4.0538	3.3561	4.5427	1.9150	1.1138
300413	快乐购	0.4700	5.6286	2.9062	9.0737	2.5666	2.4537
600051	宁波联合	0.3800	5.5057	5.9793	5.7640	1.3234	0.2134
600058	五矿发展	0.1960	−0.0968	8.0600	2.8913	1.0175	0.7076
600113	浙江东日	0.0500	3.4412	1.8436	1.7983	2.2447	0.4539
600120	浙江东方	1.2200	6.5028	8.1927	9.6070	1.2231	0.6197
600122	宏图高科	0.3212	2.2984	6.9645	4.8140	1.7419	1.2791
600128	弘业股份	0.2859	1.9730	6.0110	3.5549	1.3416	1.2014
600136	道博股份	0.0100	1.8690	1.2902	2.5078	1.0021	0.9750
600153	建发股份	0.9400	2.7906	6.0218	5.6352	1.5468	0.4861
600175	美都能源	0.1100	5.2629	1.8290	8.7175	1.3333	0.7839
600180	瑞茂通	0.5739	6.0144	2.4584	9.9641	1.3962	1.2535
600203	福日电子	0.2878	1.8093	3.8853	4.4873	0.9942	0.7898
600211	西藏药业	0.1440	1.2115	2.7774	2.0956	1.3390	0.8344
600241	时代万恒	−0.4800	−6.4535	1.9614	−1.0415	1.0297	0.4030
600247	*ST 成城	−1.0295	−1532.9429	0.1360	−29.1538	0.8885	0.8866
600250	南纺股份	0.0600	0.4557	1.4640	3.9177	0.6006	0.5604
600272	开开实业	0.1500	4.1504	1.6804	4.5794	1.2560	0.8223
600278	东方创业	0.2600	1.1544	5.6757	3.5492	1.4560	1.3097
600280	中央商场	0.7100	5.9480	2.9237	5.7692	1.1387	0.2210

续 表

股票代码	名称	基本每股收益（元）	销售净利率（%）	每股净资产（元）	总资产报酬率（%）	流动比率	速动比率
600287	江苏舜天	0.1198	1.5622	2.7440	4.0379	1.0166	0.8629
600306	商业城	0.1800	0.3676	0.6717	7.2128	0.3129	0.2547
600313	农发种业	0.3010	5.0443	3.1012	7.7343	3.4164	2.6824
600327	大东方	0.2820	1.7779	2.7841	5.8691	0.8065	0.4312
600335	国机汽车	1.3852	0.8654	8.1096	5.5573	1.0774	0.4718
600361	华联综超	0.1500	0.7636	4.6439	2.2290	1.0917	0.8996
600382	广东明珠	2.4700	684.1430	7.3016	52.4113	8.9666	8.8956
600386	北巴传媒	0.4700	6.6656	4.1946	10.6451	2.1457	1.7752
600387	海越股份	0.2900	2.5132	3.0804	2.1664	0.7114	0.4735
600511	国药股份	1.0080	4.3165	5.1797	12.5057	1.6277	1.2436
600515	海岛建设	0.0880	3.3495	1.9362	4.8454	1.1215	1.1109
600546	山煤国际	−0.8700	−2.5152	3.1193	−0.3033	0.7551	0.6624
600576	万好万家	−0.0600	−188.9731	2.2319	−2.8085	4.2641	0.7737
600605	汇通能源	0.0540	0.3748	3.2939	3.5466	1.2360	1.2359
600626	申达股份	0.2078	2.4089	3.1745	5.3624	1.5870	1.3941
600628	新世界	0.4500	7.4414	4.8223	7.9110	0.4824	0.4116
600648	外高桥	0.6400	9.6717	7.8290	4.6188	1.0675	0.3298
600653	申华控股	−0.1139	−2.8628	1.0731	0.2317	0.8325	0.5752
600655	豫园商城	0.6980	5.3588	5.2245	9.6775	1.5917	0.8586
600656	*ST 博元	−0.5193	−203.1699	−2.0049	−19.9574	0.0391	—
600677	航天通信	−0.5921	−3.8681	3.6933	−1.1552	1.0288	0.7474
600682	南京新百	1.1200	5.5450	4.9326	7.2729	0.6696	0.3157
600693	东百集团	0.4261	7.5590	3.5337	4.8220	1.8668	0.5199
600694	大商股份	4.1800	4.1117	20.7580	11.4266	1.1163	1.0149
600697	欧亚集团	1.8800	3.8606	9.9957	6.9110	0.4450	0.1764
600704	物产中大	0.4103	1.2091	5.8278	3.0166	1.2766	0.4226
600712	南宁百货	0.0299	0.6510	1.9867	1.4516	0.5575	0.3889
600713	南京医药	0.1410	0.6904	2.3860	4.6871	1.1647	0.9666
600723	首商股份	0.5080	4.2609	4.6341	9.6886	1.5631	1.4452
600729	重庆百货	1.2100	1.6352	11.2198	4.5003	1.0975	0.8385
600734	实达集团	−0.1126	−36.5530	0.3332	−2.2406	1.3497	0.2026

续　表

股票代码	名称	基本每股收益（元）	销售净利率（%）	每股净资产（元）	总资产报酬率（%）	流动比率	速动比率
600738	兰州民百	0.2820	8.5539	2.9727	7.3555	1.3028	0.7685
600739	辽宁成大	0.5841	10.4455	9.4129	5.8641	1.7848	1.3870
600753	东方银星	0.0030	7.0438	0.7918	−0.0772	1.9720	1.8596
600755	厦门国贸	0.5700	1.5712	4.4531	5.2702	1.2294	0.5308
600759	洲际油气	0.0696	6.7346	3.0855	3.2289	1.1975	0.8184
600774	汉商集团	0.1100	2.5685	3.2044	3.3949	0.2064	0.1893
600778	友好集团	0.2950	3.1967	5.5148	6.1106	1.1015	0.6717
600785	新华百货	0.8700	2.3250	7.6183	7.3090	0.9303	0.6392
600811	东方集团	0.6252	17.4495	6.0881	7.7788	0.6553	0.4815
600814	杭州解百	0.3400	6.3094	2.5941	16.1926	1.3938	1.3614
600821	津劝业	0.0300	1.7281	1.4380	3.5618	0.2442	0.2351
600822	上海物贸	0.0300	0.0653	1.9619	4.2809	1.0553	0.6637
600824	益民集团	0.2070	6.3316	2.0439	11.3535	1.3217	0.5138
600826	兰生股份	1.2550	37.6268	9.5713	15.6011	1.2526	1.1255
600827	百联股份	0.6100	2.4102	9.2724	3.4535	0.7797	0.6438
600828	成商集团	0.3404	9.3626	2.1909	11.9920	0.4734	0.2558
600830	香溢融通	0.2200	9.9039	4.1186	5.2531	1.3154	1.2733
600833	第一医药	0.1700	2.6171	2.8866	4.4719	1.7216	0.9180
600838	上海九百	0.1097	40.0588	1.8815	5.4166	0.5874	0.4845
600856	长百集团	0.0010	0.0774	0.5575	3.1027	0.3638	0.3559
600857	工大首创	0.1840	3.5058	2.5821	6.7639	2.0452	1.7562
600858	银座股份	0.3474	1.2362	5.6556	3.6665	0.5111	0.2239
600859	王府井	1.3750	3.4807	14.8757	6.7778	1.5534	1.4677
600861	北京城乡	0.3226	4.9013	7.1283	2.9767	3.0576	0.9964
600865	百大集团	0.4100	14.7934	3.5565	8.5251	4.0234	4.0172
600891	秋林集团	0.1400	11.9605	2.5998	4.6062	2.2800	2.2310
600892	宝诚股份	0.0200	2.0461	0.1179	2.4480	0.4369	—
600898	三联商社	0.1261	3.8631	1.3818	6.8656	1.6292	1.3401
600976	健民集团	0.7600	6.7836	6.3346	8.7050	2.2402	1.9754
600981	汇鸿股份	0.0332	0.2194	1.8528	2.3081	1.1328	0.6546
600993	马应龙	0.6100	11.8627	4.7362	9.9833	3.4507	2.9549

续 表

股票代码	名称	基本每股收益（元）	销售净利率（%）	每股净资产（元）	总资产报酬率（%）	流动比率	速动比率
600998	九州通	0.3600	1.3837	4.7500	5.3037	1.3835	0.9441
601010	文峰股份	0.6000	5.6563	5.3405	9.0730	0.9714	0.3279
601116	三江购物	0.2673	2.4708	3.8859	3.7448	1.3808	1.0330
601258	庞大集团	0.0500	0.2182	3.7445	2.0321	0.9518	0.7522
601607	上海医药	0.9636	3.2382	10.3470	6.9251	1.5205	1.1115
601933	永辉超市	0.2600	2.3217	1.9783	8.0447	0.9277	0.5117
603003	龙宇燃油	0.0366	0.1971	3.8974	1.8488	1.6873	1.4862
603020	爱普股份	1.2891	9.3636	7.3068	17.2489	4.0041	2.7475
603123	翠微股份	0.3500	2.7266	5.3124	5.4777	0.9677	0.9023
603368	柳州医药	1.8500	3.1346	10.2724	8.2190	1.4211	1.1742
603883	老百姓	1.0100	6.0362	4.8400	13.8644	1.2410	0.6987
603939	益丰药房	1.1700	6.3851	4.9200	16.7843	1.3720	0.8688

表 9-2　　初始数据 2

股票代码	名称	资产负债率（%）	存货周转率（次）	总资产周转率（次）	固定资产周转率（次）	总资产增长率（%）	营业总收入增长率（%）	股东权益合计增长率（%）
000025	特力 A	74.9071	7.0144	3.1760	0.6170	15.0252	−4.4669	0.2761
000026	飞亚达 A	55.2603	0.9653	10.3965	0.9085	2.7841	5.6274	6.3112
000028	国药一致	62.1854	10.5945	31.6793	2.0057	16.0161	12.9950	112.2549
000045	深纺织 A	22.1956	5.3156	1.4220	0.4268	−1.0161	7.0599	−4.4214
000078	海王生物	81.4926	9.0026	15.5349	1.1107	20.1074	22.6300	−5.5480
000096	广聚能源	7.0359	56.7008	12.1007	0.4939	−0.7471	16.0775	0.9080
000151	中成股份	65.6582	26.9916	42.7023	0.9383	17.2587	63.2005	2.4697
000159	国际实业	26.4477	1.5419	4.7332	0.3954	−0.4941	10.1195	5.0332
000408	金谷源	69.8550	—	1.5035	0.1096	−20.8606	−70.5903	−28.9432
000411	英特集团	73.7726	10.5561	56.2122	2.8123	8.6191	13.7801	12.2175
000416	民生控股	4.9781	—	8.8644	0.4597	0.0165	−7.1056	11.0181
000417	合肥百货	53.2677	10.4746	9.4245	1.2894	5.7466	0.6273	7.4482
000419	通程控股	48.7812	8.2782	3.6537	1.1312	−0.9259	0.9793	5.0072
000501	鄂武商 A	75.9467	14.4709	2.8551	1.2134	23.8750	1.8928	22.8002

续　表

股票代码	名称	资产负债率（%）	存货周转率（次）	总资产周转率（次）	固定资产周转率（次）	总资产增长率（%）	营业总收入增长率（%）	股东权益合计增长率（%）
000516	国际医学	54.5332	83.9364	2.5176	1.0901	−2.7242	8.9092	24.5929
000554	泰山石油	16.0959	38.9512	9.8503	3.5212	−2.8894	2.2744	0.7559
000560	昆百大A	71.6329	0.6241	3.8713	0.3528	−6.9011	−8.4272	11.5727
000564	西安民生	76.5431	16.2676	2.3376	0.5653	11.2802	2.7574	3.0818
000591	桐君阁	85.6287	6.0419	10.3955	1.4622	4.8304	2.4480	−12.4614
000593	大通燃气	13.5010	5.6968	1.3076	0.5289	−15.1530	−3.7129	−0.3636
000594	*ST国恒	36.5206	5.7256	0.0085	0.0018	0.8143	−98.1344	−7.7569
000626	如意集团	81.9093	24.6968	625.7474	6.7102	43.6998	0.9818	53.4530
000632	三木集团	75.8119	3.0931	20.7847	0.7509	4.3008	−16.6240	1.1976
000638	万方发展	86.4367	0.6535	83.7883	0.1044	109.5206	94.1025	7.2777
000652	泰达股份	85.2888	0.6369	20.8526	0.2940	15.3681	−24.6607	11.4626
000679	大连友谊	76.5699	0.4362	4.9983	0.3917	−5.9577	−0.9646	−1.4094
000701	厦门信达	79.0127	8.5319	53.5504	2.7746	24.4539	2.7645	76.2603
000705	浙江震元	32.1773	6.0427	6.8276	1.1738	3.3741	3.1259	3.6814
000715	中兴商业	50.7915	34.1212	3.6885	1.4139	1.3610	−9.9196	−13.6900
000753	漳州发展	58.1802	2.0950	13.8826	0.9106	17.1985	10.7181	77.7503
000759	中百集团	65.5902	6.4497	5.2037	1.9095	0.0043	2.6129	3.5890
000785	武汉中商	66.2581	11.3684	6.1550	1.5116	−4.2221	3.3815	3.1841
000829	天音控股	75.6689	9.8375	96.1213	3.0771	−5.2262	15.8933	0.8570
000851	高鸿股份	55.0447	6.7976	42.5260	1.2120	12.1563	13.9870	19.1306
000889	茂业物流	24.8841	2.5779	3.3354	0.8471	63.2045	−8.8471	81.1086
000906	物产中拓	73.6874	20.8409	59.3975	4.4957	25.2266	−6.9351	5.6149
000963	华东医药	72.0374	8.3756	19.7484	2.2718	17.3819	13.3353	−11.9031
000987	广州友谊	36.8554	15.9499	22.1936	0.9535	−4.5161	−17.8256	3.9802
000996	中国中期	11.7592	3.1901	1.2367	0.1292	3.8696	−12.4843	2.9138
002024	苏宁云商	64.0644	5.3815	9.5111	1.3248	−0.0704	3.4505	3.2169
002091	江苏国泰	42.3920	17.1305	18.1352	2.4074	32.8482	8.0928	12.5757
002187	广百股份	47.2352	23.9784	7.0432	1.6255	−7.8325	−1.4820	5.8868
002221	东华能源	70.5205	10.2518	12.7648	1.4018	46.8095	41.6779	86.9201
002251	步步高	61.5598	6.2503	4.1809	1.4268	4.2333	7.9812	1.4021

续 表

股票代码	名称	资产负债率（%）	存货周转率（次）	总资产周转率（次）	固定资产周转率（次）	总资产增长率（%）	营业总收入增长率（%）	股东权益合计增长率（%）
002262	恩华药业	44.9177	7.4427	10.9106	1.4339	22.7482	11.8637	24.4922
002264	新华都	71.9059	7.7586	17.6571	1.8771	−2.8027	−4.8950	3.5376
002277	友阿股份	55.4804	4.1195	5.8357	0.8237	20.8979	−0.4974	11.0888
002336	人人乐	60.6144	5.9537	15.7842	1.6890	−7.1410	−4.7110	−17.4165
002416	爱施德	51.5437	14.1053	1260.0050	4.6341	−25.1655	19.5786	−6.3775
002419	天虹商场	60.2747	11.2965	11.1011	1.5458	9.5819	6.0220	5.7966
002441	众业达	40.1351	8.3357	27.9370	1.9624	7.5012	9.1595	7.4265
002462	嘉事堂	63.1736	8.6588	17.3870	1.5192	63.0810	57.2156	8.4615
002556	辉隆股份	63.5118	7.7637	24.9821	1.6530	9.7417	−6.6630	4.9710
002561	徐家汇	18.7149	61.6501	3.2852	0.9076	4.5116	−1.7394	6.1744
002589	瑞康医药	67.8550	11.5701	24.7658	1.5368	27.4817	31.3890	10.1859
002607	亚夏汽车	75.2270	6.2471	8.2439	1.6379	14.1457	3.7892	−7.5776
002640	百圆裤业	16.9173	1.8371	22.3755	0.5291	125.4969	88.5991	163.4261
002697	红旗连锁	38.1467	5.4654	7.1107	1.6014	7.9404	7.3736	7.1770
002727	一心堂	29.1937	3.8383	13.3599	1.7663	41.9032	24.8613	98.8806
300022	吉峰农机	88.6428	3.4871	34.4336	1.2529	−38.5615	−34.5375	−83.6525
300081	恒信移动	10.1729	7.5343	17.2330	0.7285	−6.2381	−28.8425	1.3430
300184	力源信息	30.8693	2.6739	5.9282	0.8989	86.9886	87.1729	37.1829
300413	快乐购	34.6714	33.0426	56.8005	1.9082	5.3919	−13.0756	12.1472
600051	宁波联合	73.0472	0.6965	6.0718	0.5768	−0.7275	57.3445	4.5353
600058	五矿发展	77.5488	13.7362	13.3266	2.8940	1.3994	−33.7991	1.1455
600113	浙江东日	38.6433	0.6896	19.0430	0.4467	15.8439	28.1907	1.7993
600120	浙江东方	56.4967	3.2159	29.5646	0.9171	−4.1470	−2.8205	−4.8994
600122	宏图高科	53.4393	4.3172	24.6887	1.0807	22.9902	9.7863	37.9769
600128	弘业股份	51.2052	15.6304	12.2827	1.3238	16.9851	6.4193	4.6822
600136	道博股份	24.4093	28.0797	0.8419	0.3686	−1.0223	−19.0464	0.7131
600153	建发股份	76.2846	2.1668	145.6670	1.3934	16.8383	18.4750	36.0161
600175	美都能源	66.7815	0.9631	21.5904	0.3398	39.5135	−18.0698	105.9939
600180	瑞茂通	72.9821	14.9319	433.4300	1.1410	20.4851	28.4835	23.6446
600203	福日电子	59.5718	10.3277	13.9808	1.1770	100.6463	40.4810	206.0671

续 表

股票代码	名称	资产负债率（%）	存货周转率（次）	总资产周转率（次）	固定资产周转率（次）	总资产增长率（%）	营业总收入增长率（%）	股东权益合计增长率（%）
600211	西藏药业	60.4199	4.6406	18.2883	1.5276	−8.0018	18.9567	4.0530
600241	时代万恒	75.1935	1.3735	11.2204	0.7086	17.8429	−15.5506	−21.7335
600247	* ST 成城	94.3123	3.6407	7.5482	0.0227	−22.3307	−73.1094	−88.0311
600250	南纺股份	83.0685	19.7745	14.6534	1.1669	−27.0720	−45.9561	−4.2740
600272	开开实业	55.1608	5.6018	4.4217	0.9093	−8.7144	2.7180	8.0290
600278	东方创业	47.5559	37.3605	17.0296	2.4939	10.2519	3.4820	12.1178
600280	中央商场	87.5725	0.7970	3.1902	0.5798	33.7730	−6.1124	29.1058
600287	江苏舜天	67.6603	12.4748	14.9763	1.2527	−9.9818	−0.3457	1.7699
600306	商业城	95.1068	2.6618	1.1236	0.4965	−29.9113	−19.7105	77.9482
600313	农发种业	26.4305	10.3605	15.5744	1.4896	31.1831	20.6082	11.0936
600327	大东方	64.3643	7.7457	6.8979	1.8719	−0.0452	−3.8791	5.7641
600335	国机汽车	84.5107	5.8997	74.3700	3.2094	58.6291	13.7369	42.5320
600361	华联综超	72.9639	6.6728	19.3048	1.1690	1.8562	4.5826	2.0258
600382	广东明珠	4.0099	6.9271	3.3586	0.0588	42.5302	148.0039	50.1715
600386	北巴传媒	31.7538	8.4100	6.3208	1.1714	6.9179	−3.3967	7.5908
600387	海越股份	80.3677	6.1753	2.4504	0.3748	37.2428	−32.9237	6.1613
600511	国药股份	53.3972	10.5887	30.2513	2.1735	9.0292	14.4509	17.6915
600515	海岛建设	77.8690	59.1879	0.7821	0.3426	31.4487	5.5664	3.7272
600546	山煤国际	80.6166	16.4189	7.1341	1.3477	3.7998	−22.2442	−22.4591
600576	万好万家	19.8536	0.0293	0.1255	0.0175	−9.8864	−85.0904	−2.9041
600605	汇通能源	47.6742	103337.2311	6.2289	2.4173	11.8820	−3.2740	1.1986
600626	申达股份	38.4018	24.0932	9.6765	1.8091	4.7296	0.9631	4.9265
600628	新世界	49.7564	13.8356	1.1851	0.6384	−0.2317	−3.4110	6.9170
600648	外高桥	64.5826	0.5821	5.9742	0.3034	4.6154	9.9214	64.7237
600653	申华控股	71.4485	5.8709	4.5818	0.7833	−0.1626	−31.5689	−7.6389
600655	豫园商城	41.9335	4.4803	19.7145	1.3915	0.9752	−14.9621	14.2607
600656	* ST 博元	402.5975	—	57.5443	0.1330	−79.4968	−68.6943	−598.8981
600677	航天通信	74.0335	4.3973	6.6718	0.8888	−1.9916	−18.5668	−14.1229
600682	南京新百	88.7935	3.1342	3.3674	0.8477	217.7605	133.3548	27.0372
600693	东百集团	68.7844	0.7990	5.1898	0.4705	24.7014	−14.2582	13.7106

续 表

股票代码	名称	资产负债率（%）	存货周转率（次）	总资产周转率（次）	固定资产周转率（次）	总资产增长率（%）	营业总收入增长率（%）	股东权益合计增长率（%）
600694	大商股份	57.1165	30.3842	7.9157	2.1627	−1.4115	−4.5877	14.7409
600697	欧亚集团	78.7830	4.7635	1.9013	1.0152	39.9384	11.8945	18.3834
600704	物产中大	75.9658	2.1962	27.6962	1.3142	10.6576	−5.7687	38.8318
600712	南宁百货	47.9597	13.0042	2.1220	1.1702	−5.0206	−13.7346	1.0093
600713	南京医药	78.5490	12.8514	47.5177	2.1013	17.7480	14.7632	111.0263
600723	首商股份	46.2060	25.9060	12.7666	1.8394	−0.8779	−2.0918	8.1303
600729	重庆百货	60.8689	13.6779	12.3948	2.5996	2.3294	−3.9375	4.0952
600734	实达集团	92.9407	0.1170	17.5888	0.1405	31.1447	75.9832	−25.2507
600738	兰州民百	41.7626	2.6877	3.5230	0.6667	6.8829	−14.9266	6.5109
600739	辽宁成大	26.5835	7.3109	2.5562	0.4840	13.3600	−10.5991	20.8699
600753	东方银星	46.7789	0.8466	2573.0185	0.0531	1.2213	12.4330	0.3536
600755	厦门国贸	75.5666	3.3316	60.4906	1.7606	21.4236	11.9761	34.3262
600759	洲际油气	53.0371	0.3616	47.9191	0.1481	70.3707	−15.5847	137.0880
600774	汉商集团	58.5304	46.8981	0.7797	0.5677	−1.3412	−6.1423	3.6246
600778	友好集团	73.4611	3.4310	3.7984	1.0881	6.4723	−13.8028	5.0390
600785	新华百货	56.3019	9.8027	4.8505	1.7209	−0.1654	3.2102	11.1279
600811	东方集团	46.4070	4.3110	11.3685	0.3128	17.2809	−30.0187	20.4853
600814	杭州解百	45.0909	111.9623	6.4351	2.0786	253.1236	−8.9047	126.7721
600821	津劝业	68.8228	34.9982	0.7693	0.3152	−2.1301	−29.0663	1.7795
600822	上海物贸	86.0225	20.8225	103.9272	7.2848	−17.4786	−28.5899	0.8131
600824	益民集团	30.3715	3.4528	18.0623	1.2118	12.7492	4.8082	7.7417
600826	兰生股份	24.4269	23.9530	34.5449	0.3290	75.4895	11.9168	74.5557
600827	百联股份	56.4421	11.6623	4.2629	1.2056	7.8257	−1.4670	23.5437
600828	成商集团	45.1832	8.9518	2.5158	0.8946	−0.0597	−6.5726	12.0352
600830	香溢融通	33.1881	30.8694	6.0566	0.4038	32.1370	1.2734	3.8243
600833	第一医药	39.7796	4.6774	15.1047	1.4168	17.9900	4.9207	21.7024
600838	上海九百	24.4218	2.2159	0.7814	0.1055	−7.8886	−21.9415	4.6369
600856	长百集团	71.3668	79.9167	1.2981	0.7963	−1.7568	−9.2595	0.2200
600857	工大首创	23.6103	21.6107	8.8573	1.5751	2.4037	−20.0199	5.2111
600858	银座股份	74.9932	4.4732	3.9654	1.0841	4.5845	−2.8123	4.4868

续 表

股票代码	名称	资产负债率（%）	存货周转率（次）	总资产周转率（次）	固定资产周转率（次）	总资产增长率（%）	营业总收入增长率（%）	股东权益合计增长率（%）
600859	王府井	49.8941	37.6622	7.9948	1.3154	−2.0710	−7.6440	9.9121
600861	北京城乡	47.6475	1.0046	2.7922	0.5539	26.6057	−9.8054	2.5186
600865	百大集团	28.0752	139.7351	5.9537	0.4502	−33.8357	−14.7662	9.6688
600891	秋林集团	27.8635	15.0088	2.8196	0.3127	−1.3514	−0.3106	3.9593
600892	宝诚股份	84.2361	—	6.2474	0.3668	−35.3660	−87.7831	19.7914
600898	三联商社	44.7304	8.3873	5.7622	1.3124	0.9729	1.6615	10.0461
600976	健民集团	35.2202	9.4100	7.7963	1.1720	7.0178	−11.9908	6.4238
600981	汇鸿股份	78.8019	5.7604	38.8786	1.9975	14.5756	7.7801	3.0221
600993	马应龙	22.2766	4.4884	7.2110	0.7694	7.8017	1.1558	10.1378
600998	九州通	66.4781	6.7859	19.5768	1.9226	29.7311	22.8194	52.9661
601010	文峰股份	42.0706	2.6254	3.8798	1.1317	−2.1566	8.5904	4.8118
601116	三江购物	43.9503	7.0851	5.5983	1.4977	−7.7494	−5.2335	1.8472
601258	庞大集团	81.8970	5.2716	8.0840	0.9083	4.1219	−5.7369	34.2244
601607	上海医药	51.6648	6.7258	22.3696	1.5317	14.2582	18.1227	7.1986
601933	永辉超市	58.2403	8.3736	14.4766	2.5816	19.3232	20.2469	8.9368
603003	龙宇燃油	52.6000	21.5345	31.5360	3.6110	40.1605	17.2737	0.9419
603020	爱普股份	20.0897	5.1433	11.6012	1.5574	9.2335	12.6214	14.7533
603123	翠微股份	40.2677	41.8238	2.9774	1.5411	42.3716	−10.5455	64.7810
603368	柳州医药	68.5749	9.7154	361.8357	1.7581	38.4654	24.3535	130.6657
603883	老百姓	57.0838	3.5219	23.2239	1.6745	16.0568	18.7151	19.5242
603939	益丰药房	52.3751	4.5444	15.0216	1.9586	21.8761	23.6062	18.5932

在指标性质、单位不同的情况下，首先要对其进行同趋势化处理。然后利用 SPSS 中的 Z-score 方法将 13 项指标的原始数据进行标准化处理。同趋势化处理后的数据和标准化处理后的数据略。

三、因子分析法适应性检验

为了检验所选用的指标是否适合使用因子分析法，本书利用 SPSS 软件中 KMO 和 Bartlett 球形检验方法来对样本进行检验。检验结果如表 9 - 1 所示。

表 9-3　　KMO 检验和 Bartlett 球形检验

取样足够度的 KMO 度量		0.581
Bartlett 球形检验	近似卡方	522.986
	df	78
	Sig.	0.000

由表 9-3 可知，KMO 值为 0.581，大于 0.5，可知各变量之间的相关程度无较大差异，原有变量适合做因子分析。同时，Bartlett 球形检验统计量为 522.986，相应的概率 Sig. 为 0.000，在 5%的显著性水平之下，拒绝原假设，因此可认为相关系数矩阵与单位矩阵有显著差异，说明本文样本适合做因子分析。

四、确定主因子

本书应用因子分析法中的主成分分析法来计算原始公因子的特征值、方差贡献率以及累计方差贡献率，并由此确定公因子。结果如表 9-4 所示。

表 9-4　　解释的总方差

成分	初始特征值			提取平方和载入			旋转平方和载入		
	合计	方差百分比（%）	累积百分比（%）	合计	方差百分比（%）	累积百分比（%）	合计	方差百分比（%）	累积百分比（%）
1	3.305	25.423	25.423	3.305	25.423	25.423	2.232	17.172	17.172
2	1.407	10.825	36.248	1.407	10.825	36.248	1.933	14.872	32.045
3	1.181	9.083	45.331	1.181	9.083	45.331	1.609	12.374	44.419
4	1.078	8.293	53.624	1.078	8.293	53.624	1.190	9.153	53.572
5	1.017	7.823	61.446	1.017	7.823	61.446	1.024	7.874	61.446
6	0.985	7.576	69.022						
7	0.978	7.520	76.542						
8	0.837	6.437	82.979						
9	0.759	5.837	88.816						
10	0.661	5.081	93.897						
11	0.359	2.762	96.659						
12	0.331	2.549	99.208						
13	0.103	0.792	100.000						

提取方法：主成分分析。

根据表 9-4 中数据可知，前 5 个主因子的方差贡献率已经达到了累计方差贡献率的 61.446%，即表明这 5 个主因子已包含原始数据信息量的 61.446%，所以只需选择前 5 个主因子就可以较好地代表原始指标，对公司的绩效进行描述。

特征值可用碎石图列示，如下图所示。从下图可以看出，从第 6 个成分开始，特征值的值都小于 1，且折线的陡度变得比较平缓，这说明提取 5 个主因子是合适有效的。

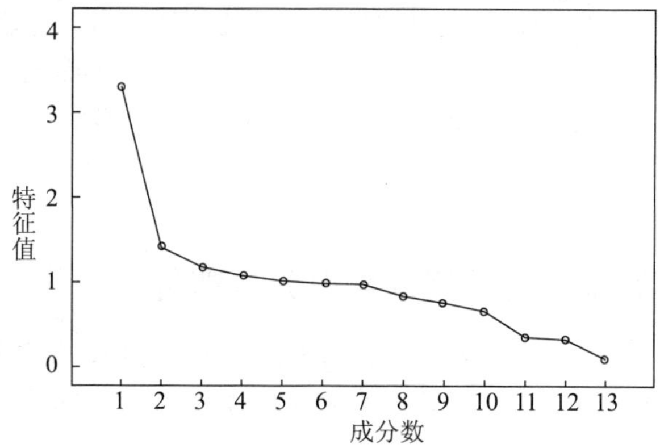

碎石图

五、旋转载荷矩阵分析

本书对原因子载荷矩阵进行最大方差旋转，以期得到主因子更明确的含义。结果如表 9－5 所示。

表 9－5　旋转后的因子载荷矩阵[a]

变量	成分				
	F_1	F_2	F_3	F_4	F_5
基本每股收益	0.265	0.775	0.379	0.068	−0.044
销售净利率	0.282	0.062	0.772	−0.044	0.004
每股净资产	0.174	0.830	0.120	0.029	−0.001
总资产报酬率	0.450	0.336	0.710	−0.032	0.001
流动比率	−0.210	−0.083	0.485	0.116	−0.002
速度比率	0.103	−0.085	−0.010	−0.328	−0.081
资产负债率	−0.043	0.616	−0.173	0.086	−0.026
存货周转率	0.022	−0.081	−0.007	0.122	0.924
固定资产周转率	0.111	−0.221	−0.022	0.729	−0.336
总资产周转率	0.066	0.177	0.075	0.705	0.209
总资产增长率	0.867	−0.009	−0.078	−0.087	0.029
营业总收入增长率	0.729	0.075	0.259	0.034	−0.059
股东权益增长率	0.702	0.202	0.072	0.019	0.030

提取方法 ：主成分分析。

旋转法 ：具有 Kaiser 标准化的正交旋转法。

a. 旋转在 5 次迭代后收敛。

由表9-5中的数据可以看到，总资产增长率、营业总收入增长率、股东权益增长率在主因子 F_1 上的载荷量分别为0.867、0.729和0.702，它主要反映了公司的成长能力，所以将 F_1 命名为成长因子；基本每股收益、每股净资产、资产负债率在主因子 F_2 上的载荷分别为0.775、0.830和0.616，主要体现了公司的偿债能力，为偿债因子；主因子 F_3 则在基本每股收益（0.379）、销售净利率（0.772）、总资产报酬率（0.710）上有较大载荷量，代表了公司的盈利能力，故而将其命名为盈利因子；固定资产周转率、总资产周转率在主因子 F_4 上的载荷量分别为0.729、0.705，所以 F_4 为营运因子1；存货周转率在主因子 F_5 上的载荷量0.924，代表了公司的营运能力，所以 F_5 为营运因子2。

六、批发和零售业上市公司综合得分与排名

要得到因子的综合得分，需先对因子数据进行标准化处理，使其期望为0，方差为1，然后，对各因子的方差贡献率占因子总方差贡献率的比重作为权重加权汇总，使用计算综合得分的公式 $F=(\lambda_1F_1+\lambda_2F_2+\lambda_3F_3+\lambda_4F_4+\lambda_5F_5)/(\lambda_1+\lambda_2+\lambda_3+\lambda_4+\lambda_5)=(0.17172\times F_1+0.14872\times F_2+0.12374\times F_3+0.09513\times F_4+0.07874\times F_5)/0.61446$ 来计算各样本的综合得分。得到结果按名次排列如表9-6所示。

表9-6　批发和零售业上市公司综合得分与排名

股票代码	名称	F_1（成长）	F_2（偿债）	F_3（盈利）	F_4（营运1）	F_5（营运2）	F（综合）	排名
600382	广东明珠	2.41444	0.68509	5.67146	−1.34113	−0.45064	1.72	1
600605	汇通能源	0.27059	−1.00172	−0.08641	1.51074	11.42297	1.51	2
600694	大商股份	−0.9492	7.02211	−0.37877	0.68596	−0.23142	1.43	3
000626	如意集团	0.96852	0.02093	0.25313	4.42444	0.05548	1.02	4
603368	柳州医药	1.25668	1.4712	−0.05802	1.09878	−0.48347	0.8	5
000028	国药一致	0.51905	2.46221	−0.01556	0.36219	0.00844	0.8	6
600682	南京新百	4.32158	−0.5438	−0.92329	−0.62044	−0.12197	0.78	7
600814	杭州解百	3.94787	−0.88538	−1.05433	−0.18108	0.48546	0.71	8
600335	国机汽车	0.87487	1.02001	−0.20995	1.06013	0.21728	0.64	9
002727	一心堂	1.13035	0.98243	0.29282	0.08282	0.06409	0.63	10
002640	百圆裤业	3.30541	−0.12415	−1.13814	−0.60509	−0.09038	0.56	11
600511	国药股份	−1.95758	−0.35486	4.79265	1.27689	−0.00154	0.53	12
600826	兰生股份	1.31219	0.99014	0.31943	−0.79736	−0.17883	0.52	13
603883	老百姓	−0.02198	2.31183	−0.41832	0.34677	−0.13813	0.51	14
000963	华东医药	0.05989	0.96272	0.91594	0.40201	0.04561	0.5	15
600203	福日电子	2.62772	0.09597	−1.27918	−0.16718	0.06702	0.48	16
603939	益丰药房	0.40359	0.65912	0.75902	0.22275	0.03056	0.46	17

续　表

股票代码	名称	F_1（成长）	F_2（偿债）	F_3（盈利）	F_4（营运 1）	F_5（营运 2）	F（综合）	排名
002462	嘉事堂	1.25794	0.32085	0.19069	−0.03609	−0.0606	0.45	18
600697	欧亚集团	0.3826	1.61984	0.08271	−0.30856	−0.12136	0.45	19
600729	重庆百货	−0.44166	1.96417	−0.14952	0.67654	0.14176	0.44	20
002416	爱施德	0.0636	−0.85392	−0.01815	5.17049	−1.31461	0.44	21
603020	爱普股份	0.11339	0.96278	0.89136	−0.03758	−0.02257	0.44	22
600859	王府井	−0.61321	2.30725	0.28711	−0.04524	−0.06274	0.43	23
600822	上海物贸	−0.69615	−0.24168	0.13956	3.43204	0.94963	0.43	24
601933	永辉超市	−0.06101	1.89708	−1.12523	0.90161	0.04157	0.36	25
002441	众业达	−0.0738	1.10989	0.2816	0.28347	0.03954	0.35	26
000701	厦门信达	0.53545	0.29105	−0.10664	0.79419	0.23057	0.35	27
002589	瑞康医药	0.44318	0.73129	0.0075	0.01774	−0.05912	0.3	28
600785	新华百货	−0.35934	1.6415	−0.21741	0.22696	−0.01952	0.29	29
002091	江苏国泰	0.38723	0.04409	0.36355	0.44151	0.18614	0.28	30
000906	物产中拓	0.07934	−0.19815	−0.15371	1.74495	0.52023	0.28	31
600120	浙江东方	−0.60393	2.0536	−0.02746	−0.13431	−0.23064	0.27	32
000501	鄂武商 A	0.14241	0.88968	0.11102	−0.18713	−0.04617	0.24	33
600153	建发股份	0.28756	0.33784	0.24194	0.36103	−0.23224	0.24	34
603003	龙宇燃油	0.35606	−0.26236	−0.23687	1.2559	0.37518	0.23	35
000753	漳州发展	0.08068	2.22556	−1.5721	0.05638	−0.21844	0.23	36
601607	上海医药	0.20815	1.12242	0.14085	−0.78014	−0.27682	0.2	37
600998	九州通	0.66185	−0.0288	−0.14939	0.26016	0.09516	0.2	38
600827	百联股份	−0.28681	1.7857	−0.67655	−0.04222	−0.07821	0.2	39
002262	恩华药业	0.36141	−0.22465	0.76492	−0.10356	0.01634	0.19	40
002221	东华能源	1.30943	−0.37508	−0.45983	−0.0481	0.0293	0.18	41
300184	力源信息	2.15381	−0.94411	−0.41658	−0.62447	−0.15998	0.17	42
600180	瑞茂通	0.66584	−0.64852	0.36543	0.92363	−0.68859	0.16	43
000411	英特集团	0.11787	−0.29362	0.14535	0.84998	0.17722	0.15	44
600713	南京医药	0.81472	−0.54715	−0.20189	0.4432	0.13912	0.14	45
600755	厦门国贸	0.35712	−0.00195	−0.0151	0.27874	−0.00214	0.14	46
002419	天虹商场	−0.13316	0.75177	−0.09707	0.08578	−0.01863	0.14	47
600278	东方创业	−0.07783	0.154	−0.07086	0.58726	0.19908	0.12	48

续 表

股票代码	名称	F_1（成长）	F_2（偿债）	F_3（盈利）	F_4（营运 1）	F_5（营运 2）	F（综合）	排名
603123	翠微股份	0.55972	0.04666	−0.29677	−0.06297	0.13841	0.12	49
600723	首商股份	−0.35142	0.12559	0.63936	0.22667	0.07403	0.11	50
002187	广百股份	−0.42636	0.66621	0.22908	0.09333	0.0206	0.11	51
600122	宏图高科	0.24963	0.42618	−0.19214	−0.15786	−0.06131	0.1	52
600655	豫园商城	−0.56131	0.2472	0.88726	0.03594	−0.00389	0.09	53
002561	徐家汇	−0.10712	0.11509	0.8015	−0.42678	−0.05961	0.09	54
600058	五矿发展	−0.65382	0.60113	−0.19237	0.75355	0.32922	0.08	55
600648	外高桥	0.17585	0.69679	−0.11632	−0.62162	−0.18557	0.07	56
600976	健民集团	−0.28094	0.51926	0.31566	−0.21824	−0.02414	0.07	57
000151	中成股份	0.66518	−0.38965	0.1631	−0.16815	−0.21841	0.07	58
002251	步步高	−0.18154	0.53333	−0.02281	−0.00911	−0.02344	0.07	59
000516	国际医学	−0.03684	0.04758	0.51357	−0.23243	−0.0586	0.06	60
600313	农发种业	0.50749	−0.43757	0.11163	−0.04201	0.02292	0.05	61
002277	友阿股份	−0.02023	0.68119	−0.18881	−0.34461	−0.11338	0.05	62
601010	文峰股份	−0.1745	0.25824	0.40248	−0.22012	−0.06149	0.05	63
600739	辽宁成大	−0.19027	0.78613	0.06873	−0.59693	−0.11528	0.04	64
600051	宁波联合	0.33195	0.01821	0.22826	−0.45441	−0.23107	0.04	65
300413	快乐购	−0.19135	−0.17666	0.35146	0.31292	0.05813	0.03	66
000889	茂业物流	0.97082	−0.48485	−0.2894	−0.47402	0.05114	0.03	67
000829	天音控股	−0.1054	−0.58451	−0.03487	1.14744	0.15745	0.02	68
600386	北巴传媒	−0.12512	−0.01838	0.45054	−0.23582	−0.01454	0.01	69
600993	马应龙	−0.05856	0.09861	0.42311	−0.44919	−0.10031	0.01	70
000417	合肥百货	−0.16751	0.19416	0.12651	−0.10065	−0.02722	0.01	71
600704	物产中大	−0.00624	0.18403	−0.16273	−0.039	−0.00173	0	72
000554	泰山石油	−0.24625	−0.57492	−0.08172	1.14628	0.39311	0	73
000987	广州友谊	−0.50996	0.48652	0.4112	−0.28523	−0.08394	0	74
600128	弘业股份	−0.00072	0.2067	−0.17327	−0.07973	−0.01016	0	75
000638	万方发展	2.3738	−1.58813	−0.7079	−0.63829	−0.35534	−0.01	76
000026	飞亚达 A	−0.21543	0.32609	0.0579	−0.25715	−0.11608	−0.02	77
000759	中百集团	−0.2417	0.02692	−0.07426	0.24863	0.0953	−0.03	78
002556	辉隆股份	−0.19384	0.0416	−0.05056	0.13235	0.04315	−0.03	79

续 表

股票代码	名称	F_1（成长）	F_2（偿债）	F_3（盈利）	F_4（营运 1）	F_5（营运 2）	F（综合）	排名
000851	高鸿股份	0.07725	0.06453	−0.25669	−0.02043	−0.09755	−0.03	80
600759	洲际油气	1.29345	−0.4502	−0.83796	−0.70126	−0.09616	−0.04	81
600898	三联商社	−1.60631	−1.39215	3.34555	0.49933	−0.02504	−0.04	82
600626	申达股份	−0.34073	−0.42283	0.53808	0.25138	0.0882	−0.04	83
600824	益民集团	0.08716	−0.56969	0.49376	−0.19097	−0.01517	−0.05	84
600327	大东方	−0.26355	−0.16645	0.10649	0.21449	0.09782	−0.05	85
600753	东方银星	0.96464	−2.80791	−0.40415	6.15037	−3.99521	−0.05	86
002697	红旗连锁	−0.00038	−0.47715	0.22596	0.04073	0.05354	−0.06	87
600280	中央商场	0.29455	−0.19335	0.02356	−0.56151	−0.09201	−0.06	88
600833	第一医药	0.1136	−0.49211	0.0842	−0.01555	0.02984	−0.07	89
600811	东方集团	−0.2623	0.41756	0.12846	−0.70569	−0.12683	−0.07	90
600628	新世界	−0.27387	0.16262	0.24257	−0.49783	−0.11551	−0.08	91
600175	美都能源	0.72766	−0.61347	−0.12329	−0.67442	−0.05674	−0.08	92
600778	友好集团	−0.31092	0.1216	0.08044	−0.26493	−0.00511	−0.08	93
600858	银座股份	−0.23682	0.13558	−0.05229	−0.23531	−0.03173	−0.08	94
600828	成商集团	−0.19174	−0.33337	0.55694	−0.39508	−0.04994	−0.09	95
600211	西藏药业	−0.22221	−0.07177	−0.18058	0.1597	−0.04079	−0.1	96
600861	北京城乡	−0.05181	0.32359	−0.30237	−0.57313	−0.09376	−0.1	97
000715	中兴商业	−0.43971	−0.00382	0.13802	−0.06615	0.02411	−0.1	98
600981	汇鸿股份	0.07487	−0.71117	−0.12471	0.36005	0.08789	−0.11	99
000560	昆百大 A	−0.44642	0.44925	0.05293	−0.62511	−0.1625	−0.12	100
601116	三江购物	−0.44551	−0.12312	0.1142	0.01938	0.02986	−0.12	101
000419	通程控股	−0.24536	−0.18919	0.09706	−0.19581	−0.03308	−0.13	102
000785	武汉中商	−0.2651	−0.26949	0.00441	0.02997	0.03198	−0.13	103
000159	国际实业	−0.1088	−0.18068	0.29947	−0.631	−0.16818	−0.13	104
600774	汉商集团	−0.57422	1.11484	−0.85115	−0.31726	−0.19966	−0.14	105
600857	工大首创	−0.37706	−0.39427	0.22612	0.01092	0.09156	−0.14	106
600361	华联综超	−0.19893	−0.16725	−0.10837	−0.1279	−0.04541	−0.14	107
600830	香溢融通	0.20672	−0.34935	−0.0292	−0.66247	−0.12008	−0.15	108
002024	苏宁云商	−0.25378	−0.15345	−0.18262	−0.0421	−0.00986	−0.15	109
000078	海王生物	0.26568	−0.78981	−0.03287	−0.20312	−0.05492	−0.16	110

续 表

股票代码	名称	F_1（成长）	F_2（偿债）	F_3（盈利）	F_4（营运 1）	F_5（营运 2）	F（综合）	排名
600693	东百集团	−0.03514	−0.17757	−0.02014	−0.59906	−0.10471	−0.16	111
000416	民生控股	−0.15589	−0.63635	0.70598	−0.65189	−0.11642	−0.17	112
000705	浙江震元	−0.17253	−0.37107	−0.06248	−0.16405	−0.01688	−0.18	113
002264	新华都	−0.31809	−0.54196	−0.10344	0.26568	0.09742	−0.19	114
600738	兰州民百	−0.27865	−0.31108	0.25457	−0.50077	−0.07381	−0.19	115
600287	江苏舜天	−0.38419	−0.3728	0.08978	−0.08291	−0.02689	−0.2	116
600272	开开实业	−0.35929	−0.17675	−0.03838	−0.24542	−0.09926	−0.2	117
601258	庞大集团	−0.0817	−0.37246	−0.19467	−0.31072	−0.02855	−0.2	118
002607	亚夏汽车	−0.05761	−0.67052	−0.28553	0.07637	0.08518	−0.21	119
600865	百大集团	−0.80002	−0.06329	0.59305	−0.5603	−0.14314	−0.22	120
000564	西安民生	−0.06899	−0.39834	−0.12806	−0.52568	−0.10883	−0.24	121
000591	桐君阁	−0.20535	−0.76836	−0.02456	−0.00463	0.02924	−0.25	122
600113	浙江东日	0.28623	−0.8394	−0.12447	−0.52303	−0.19004	−0.25	123
000096	广聚能源	−0.08701	−0.50067	−0.06524	−0.50987	−0.16053	−0.26	124
000679	大连友谊	−0.39653	−0.26051	0.07764	−0.58461	−0.15973	−0.27	125
600306	商业城	−0.37983	−0.62952	0.33794	−0.5317	−0.07993	−0.28	126
600891	秋林集团	−0.24342	−0.54454	0.16047	−0.662	−0.15722	−0.29	127
600387	海越股份	−0.08364	−0.37453	−0.31631	−0.69671	−0.0663	−0.29	128
300081	恒信移动	−0.68523	0.01613	−0.23458	−0.39125	−0.06334	−0.3	129
000632	三木集团	−0.36013	−0.52469	−0.03763	−0.38474	−0.07309	−0.3	130
600712	南宁百货	−0.47406	−0.52328	−0.12156	−0.1634	0.0084	−0.31	131
000025	特力 A	−0.06152	−0.85269	−0.04619	−0.51256	−0.08182	−0.32	132
000652	泰达股份	−0.21266	−0.66383	0.06339	−0.67248	−0.12892	−0.33	133
600734	实达集团	0.84777	−1.41021	−0.44607	−0.63479	−0.31522	−0.33	134
000593	大通燃气	−0.49466	−0.5787	0.09985	−0.51589	−0.12456	−0.35	135
600856	长百集团	−0.34619	−0.83764	0.01122	−0.38751	−0.04742	−0.36	136
002336	人人乐	−0.61202	−0.22661	−0.96742	0.20878	0.1043	−0.38	137
600838	上海九百	−0.54688	−0.62641	0.34033	−0.80903	−0.15705	−0.38	138
000996	中国中期	−0.45653	−0.71044	0.20326	−0.73358	−0.16756	−0.39	139
000045	深纺织 A	−0.26161	−0.53322	−0.47591	−0.55039	−0.13608	−0.4	140
600250	南纺股份	−1.11476	−0.50738	0.2044	−0.15057	0.02486	−0.41	141

续 表

股票代码	名称	F_1（成长）	F_2（偿债）	F_3（盈利）	F_4（营运 1）	F_5（营运 2）	F（综合）	排名
600136	道博股份	−0.45366	−0.77864	−0.00597	−0.63947	−0.10821	−0.43	142
600821	津劝业	−0.57295	−0.62637	−0.00856	−0.67162	−0.10454	−0.43	143
600677	航天通信	−0.57611	−0.72422	−0.40609	−0.32742	−0.0026	−0.47	144
600653	申华控股	−0.6378	−0.78544	−0.21786	−0.3904	−0.02307	−0.48	145
600546	山煤国际	−0.54252	−0.98559	−0.41037	−0.11063	0.10706	−0.48	146
600241	时代万恒	−0.29344	−1.01044	−0.45165	−0.43864	−0.03799	−0.49	147
000594	*ST 国恒	−1.55358	−0.69516	0.63711	−0.87527	−0.0425	−0.62	148
600892	宝诚股份	−1.54949	−0.63787	0.11197	−0.61521	−0.02837	−0.66	149
600515	海岛建设	1.08424	−1.38658	−0.14014	−3.95854	−0.9577	−0.8	150
600576	万好万家	−1.34395	−0.32883	−1.12425	−0.75918	−0.08209	−0.81	151
000408	金谷源	−1.56283	−0.76515	−1.02944	−0.63842	−0.11395	−0.94	152
300022	吉峰农机	−1.66507	−1.53104	−0.82027	0.0743	−0.00563	−0.99	153
600656	*ST 博元	−5.52659	−1.44506	−0.49716	−0.39195	−0.55565	−2.13	154
600247	*ST 成城	−1.90092	−0.22142	−7.71767	0.03368	−0.21335	−2.16	155

上市公司综合得分与其投资价值呈正相关关系。由于先对因子数据进行了标准化处理，因此，可以 0 为参考标准线，认为：综合得分大于 0 的公司，综合业绩相对较好，且数值越大，投资价值越大；综合得分小于 0 的则相对较差，且数值越小，投资价值越小。依此可对上市公司的综合业绩和投资价值有一个基本的评价。

具体而言，表 9-6 中，批发和零售业上市公司各项能力得分与相应实力也呈正相关关系。排名前十的分别是广东明珠、汇通能源、大商股份、如意集团、柳州医药、国药一致、南京新百、杭州解百、国机汽车、一心堂。2013 年排名前十位的公司依次为大商股份、瑞茂通、广东明珠、汇通能源、爱施德、王府井、瑞康医药、中国高科、刚泰控股、东方创业。其中，广东明珠、汇通能源、大商股份连续两年排名前十，而且都名列前茅，是行业龙头企业，值得关注。广东明珠排名第一，其盈利因子得分相当高，成长能力和偿债能力也表现出色，由 2013 年的排名第三升至首位，说明其有很好的获利能力和发展前景。汇通能源排名第二，其营运因子得分很高，成长因子也不错，由 2013 年排名第四升至第二，得益于其突出的营运能力，发展前景乐观。大商股份排名第三，偿债因子得分尤其突出，其他各项能力得分一般，保住了第三名，主要归功于突出的偿债能力。如意集团排名第四，营运因子异常突出，其他因子得分也都为正，说明其各种能力发展均衡，综合实力强劲，由 2013 年的第十四名升至第四，是全面发展的结果，是各项因子均为正数的排名最靠前的公司，综合实力强劲，值得投资。

排名倒数十位的公司分别为山煤国际、时代万恒、*ST 国恒、宝诚股份、海岛建设、万好万家、金谷源、吉峰农机、*ST 博元、*ST 成城。其中，时代万恒、*ST 国恒、万好万家和吉峰农机四家公司连续两年位居末十位，这些公司的各项因子得分几乎是负数，说明其能力相对薄弱，财务状况不佳，成长能力不强，暂不适宜对其投资。

七、系统聚类分析

通过聚类分析把业绩相似的公司归类，可以对不同类别的上市公司进行对比分析，为投资者选择投资组合提供参考。

根据树状图（略）对155家批发和零售业上市公司进行进一步分类，本文选择将其分为4类，如表9-7所示。

表9-7　聚类分析

类别	批发和零售业上市公司	数目
1	广东明珠、柳州医药、南京新百、杭州解百、国机汽车、一心堂、百圆裤业、国药股份、兰生股份、华东医药、福日电子、益丰药房、嘉事堂、欧亚集团、爱普股份、众业达、厦门信达、瑞康医药、江苏国泰、物产中拓、鄂武商、建发股份、龙宇燃油、上海医药、九州通、恩华药业、东华能源、力源信息、瑞茂通、英特集团、南京医药、厦门国贸、天虹商场、东方创业、翠微股份、首商股份、广百股份、宏图高科、豫园商城、徐家汇、五矿发展、外高桥、健民集团、中成股份、步步高、国际医学、农发种业、友阿股份、文峰股份、辽宁成大、宁波联合、快乐购、茂业物流、天音控股、北巴传媒、马应龙、合肥百货、物产中大、泰山石油、广州友谊、弘业股份、万方发展、飞亚达A、中百集团、辉隆股份、高鸿股份、洲际油气、三联商社、申达股份、益民集团、大东方、红旗连锁、中央商场、第一医药、东方集团、新世界、美都能源、友好集团、银座股份、成商集团、西藏药业、北京城乡、中兴商业、汇鸿股份、昆百大A、三江购物、通程控股、武汉中商、国际实业、汉商集团、工大首创、华联综超、香溢融通、苏宁云商、海王生物、东百集团、民生控股、浙江震元、新华都、兰州民百、江苏舜天、开开实业、庞大集团、亚夏汽车、百大集团、西安民生、桐君阁、浙江东日、广聚能源、大连友谊、商业城、秋林集团、海越股份、恒信移动、三木集团、南宁百货、特力A、泰达股份、实达集团、大通燃气、长百集团、人人乐、上海九百、中国中期、深纺织A、南纺股份、道博股份、津劝业、航天通信、申华控股、山煤国际、时代万恒、*ST国恒、宝诚股份、海岛建设、万好万家、金谷源、吉峰农机、*ST博元	139
2	汇通能源	1
3	大商股份、国药一致、老百姓、重庆百货、王府井、永辉超市、新华百货、浙江东方、漳州发展、百联股份、*ST成城	11
4	如意集团、爱施德、上海物贸、东方银星	4

表9-7中，类别1中有广东明珠、柳州医药、南京新百、杭州解百、国机汽车、一心堂、北圆裤业、国药股份、兰生股份、华东医药、福日电子、益丰药业、嘉事堂、欧亚集团和重庆百货等139家上市公司，这个类别中的公司数量比较庞大，其中综合排名在半数以下的公司各项因子得分几乎均为负数，财务状况不佳，大多不适合投资；综合排名半数以上的公司，盈利因子、营运因子、偿债因子、成长因子各有正负，投资行为值得商

権，但具体风险还要看其具体的行业环境、政策影响以及不同公司的企业目标。其中，广东明珠，是国家重点高新技术企业，也是广东省高新技术企业和技术创新优势企业及省级重点阀门工程技术研究开发中心。其综合因子得分排名第一，是行业龙头企业，具有较大投资价值。其中，柳州医药即广西柳州医药股份有限公司，是一家区域性医药流通企业，2014 年 12 月 4 日在上交所挂牌上市，作为一家经营历史 60 多年的老牌医药企业，已经逐步形成“以规模以上医院销售业务为核心，第三终端和药店零售业务为两翼，商业调拨等业务为补充”的综合性医药商业业务体系。自 2002 年改制以来，实现了连续十余年营业收入稳步增长，2014 年实现营业收入 565534.67 万元，同比增长 24.35%；归属于上市公司股东的净利润 16979.73 万元，同比增长 13.64 %；基本每股收益 1.89 元。综合实力排名在全国医药行业百强企业中位列 24 位，广西唯一一家进入全国 50 强的行业龙头企业。在表 9－6 中总分排名第五，成长能力和偿债能力尤为突出，可见，公司资金实力雄厚，发展前景广阔，是较理想的投资对象。南京新百前身南京市新街口百货商店，成立于 1952 年 8 月，是全国十大百货商店之一，具有 42 年的经营历史。1992 年 4 月 29 日，经南京市经济体制改革委员会批准，原国营南京市新街口百货商店作为独家发起人改制为南京新街口百货商店股份有限公司。经营范围广，一般经营百货、化妆品、纺织品、针织品、服装、鞋帽、眼镜（不含角膜接触镜及护理液）、钟表、玉器、珠宝、金银制品、乐器、体育、文化办公用品等上百个项目，公司综合实力较强，不断扩展业务和规模，呈现稳定发展态势，2014 年实现营业收入 782523 万元，同比增长 133.35%，归属于上市公司股东的净利润 4 亿元，增幅 196.06%。在表 9－6 中，总分排名行业第七位，其成长因子得分行业第一，可见其成长能力强劲，是值得关注的投资对象。杭州解百即杭州解百集团股份有限公司位于闻名遐迩的西子湖畔，是一座集商场、宾馆、停车场等为一体的多功能、智能化购物中心，也是浙江省历史最久、颇具规模的商业上市公司。商场营业面积 3.1 万平方米，由解放路百货商店和新世纪商厦两部分组成，经营国内外各类名、优、新、特商品 5 万余种。既面向大众消费，又面向中高档收入的消费群体。杭州解百通过有形资产和无形资产的有机组合，构成以大型百货分店和连锁超市为主体的规模化零售网络。先后以控股、参股、特许经营等形式在浙江省内的义乌、东阳等地开设了 6 家分店，其经营规模和经营效益成为当地的龙头企业。同时，公司积极向高科技领域拓展，出资在上海交大科技园设立的“杭州解百——上海交大科技创业投资基金”，目前已涉足新型环保包装材料和深海潜网养殖设备的生产领域，前景看好。在表 9－6 中，综合得分排名第八，成长能力尤为突出，但盈利能力和偿债能力一般，2014 年实现营业收入 60.55 亿元，同比减少 8.9%；全年盈利 2.4 亿元，较上年减少 13.75%；每股收益 0.34 元。总的来说，杭州解百是具有强大竞争力的行业龙头企业，值得投资者关注。国机汽车、一心堂、北圆裤业、国药股份、兰生股份等也具有不俗的业绩及良好的前景，是值得投资者关注的投资对象。

类别 2 只有汇通能源一家公司，其综合因子排名行业第二，突出特点是营运因子得分很高，说明其营运能力超强。公司主营贸易、风力发电、房产租赁、物业管理，战略重点是风力发电行业，公司良好的营运能力为其全面发展开辟了广阔的前景。在董事会既定战略方针下实现公司平稳发展。2014 年，公司全年累计完成营业收入 21.23 亿元；实现净利润 795.82 万元，同比增长 19.52%。公司投资价值总分排名第二位，营运能力尤为突出，但是其盈利能力和成长能力没有明显优势，建议暂时观望，等待合适的时机。

类别 3 包括了大商股份、国药一致、老百姓、重庆百货、王府井、永辉超市、新华百货、浙江东方、漳州发展、百联股份和*ST 成城 11 家公司，这类公司的共同特点是偿债能力强，除*ST 成城外，它们的偿债因子得分均居于行业前列。其中，大商集团是中国最大的百货商业集团，公司是国内最优秀的连锁百货公司之一。大商集团以“创建享誉世界的大公司”为企业理想，以“无限发展 无微不至”为经营理念。300 家大中型店铺遍布 15 省 80 多个城市，店网布设覆盖东北、跨越华北、进入西部。2015 年销售突破 2000 亿元，员工总数 25 万人。公司在行业内的网络、规模、品牌优势，以及经营调整创新，逐渐在运营指标上兑现。公司于 2011 年来是一个毛利率的稳步提升的过程，业绩更加平滑稳健。大商集团 2014 年实现营业收入 397 亿元，归属净利润 6.38 亿元，截至 2014 年年底归属于母公司所有者权益 3.45 亿元。行业总分排名第三位，偿债能力尤为突出，值得投资者关注。国药一致前身为深圳市益力矿泉水股份有限公司，经历改制，增资扩股，资产置换等全面发展后，2001 年 6 月 18 日，本公司更名为深圳一致药业股份有限公司。公司一路在改革中发展，规模越来越大，2014 年公司按照“再创新、稳增长、促合规”的总体部署，聚焦重点，扎实推进，赢得了效益增速高于规模增速的良好局面，达到了对标改进、提质增效的年初预期，全年公司实现营业收入 239.54 亿元，同比增长 12.99%；归属于上市公司股东的净利润 6.52 亿元，同比增长 25.36%，继续保持增长态势。分销事业部实现营业收入 222.95 亿元，同比增长 14.32%；实现净利润 3.54 亿元，同比增长 17.83%。制药事业部实现营业收入 16.72 亿元，同比下降 2.26%；实现净利润 2.27 亿元，同比增长 8.43%。在行业综合得分排名第六，偿债、营运、发展能力都较强，是具有良好发展前景和较大投资价值的企业。

类别 4 包括如意集团、爱施德、上海物贸和东方银星四家公司。它们属于业绩较好的一类公司，共同特点是营运因子 1 得分遥遥领先，说明其固定资产和总资产周转能力强。其中爱施德是一家致力于全球最新移动通信产品、数码电子产品的引进和推广的上市公司。2013 年公司的业绩大幅改善，扭亏为盈，虽然在行业中处于中下游，但是发展潜力较好，2014 年实现公司营业总收入 4832056.75 万元，较上年同期增长 19.58%；营业利润−5435.61 万元，利润总额 3121.22 万元，归属上市公司股东的净利润 2914.40 万元，较上年同期分别降低 105.37%、97.02%和 96.28%。综合能力得分排名第二十一位，运营能力排名前列，成长前景良好同时也确立了公司作为国内外著名品牌在中国核心代理商的地位和渠道服务领域的领先地位，可以谨慎投资。

八、结语

本书为投资者提供了一个全面、系统、客观的全要素投资价值评价体系和综合分析平台。但由于分析仅仅运用了一个年度的财务报表资料，并联系实际结合 2013 年度相关分析研究结果进行，某些项目还可能会由于会计政策变更等的影响存在一定程度的偶然性，分析指标的选择也具有主观性。因此，分析结果难以反映出完全的真实状况。建议投资者在投资时，能够结合当时市价及行业投资顺序（方法见本书第二十二章）等情况，有效地据以预估行业未来，做出更加准确的投资决策。

（参著：李杭丹、裘玲玲）

第十章　交通运输、仓储和邮政业上市公司投资价值比较分析研究

第一节　交通运输业上市公司投资价值比较分析研究

一、行业发展与投资价值状况

交通运输业是指使用运输工具或人力、畜力将货物或旅客送达目的地，使其空间位置得到转移的业务活动。现代交通运输业主要包括铁路运输业、道路运输业、水上运输业、航空运输业。这 4 个行业的运输方式不同，但都是运输行业，都从事与运输相关的业务，具有一定的相似性。因此，将它们合并在一起进行分析，以综合反映交通运输业的情况。交通运输业是国民经济的基础性行业，是国民经济结构中的先行和重点战略产业。现代社会的交通运输是国家的经济命脉，也是国民经济发展的重要支柱，是经济发展的大动脉，特别是进入全流通时代后，交通运输业在国民经济运行中的作用更加突出。自改革开放以来，各地政府和人民都认识到交通运输业发展的重要性，抓住国家加快基础性设施建设的历史机遇，加大了对交通运输业的投资力度，使整个交通运输业与整个国民经济发展实现了全面“提速”，极大地促进了国民经济的发展和人民生活水平的提高。

2014 年，交通运输业是全面实现现代化转型的关键一年，交通运输部加强顶层设计，全面深化交通运输业改革，研究制定了《全面深化交通运输改革的意见》，部署 9 项改革试点任务，取消下放 26 项行政审批项目，将 12 项工商登记改为后置，建立管理权力清单制度，加强事中事后监管。据国民经济和社会发展统计公报显示，2014 年交通运输主动服务国家战略，狠抓稳增长措施落地，加大固定资产投资，固定资产投资额达 42984 亿元，比上年增长 18.6%。同时，运输生产平稳，交通运输平稳增长。全年货物运输总量 439 亿吨，比上年增长 7.1%。货物运输周转量 184619 亿吨·公里，增长 9.9%。全年规模以上港口完成货物吞吐量 111.6 亿吨，比上年增长 4.8%，其中外贸货物吞吐量 35.2 亿吨，增长 5.9%。规模以上港口集装箱吞吐量 20093 万标准箱，增长 6.1%。

总之，交通运输业具有较大的社会需求和发展潜力，相应地，对其上市公司进行价值投资就显得格外重要。本书以深沪两市的 66 家交通运输业上市公司为例，以 2014 年财务报告为研究依据，选取 13 个能够综合反映财务能力的财务指标，作为评估各交通运输公司投资价值的指标体系，建立指标模型，运用 SPSS 软件，采用因子分析法与聚类分析法进行投资价值实证分析，确定公司的投资价值总量及其排名，并合理划分层级，结合投资者对交通运输公司投资的实际情况及 2013 年相关分析研究结果进行深入比较分析研究，得出量与质有机结合的投资结论，为投资者提供参考，以降低其投资风险，提高投资

收益。

二、样本选取与数据处理

沪、深证交所的 66 家交通运输业上市公司的资料来源主要为其 2014 年的财务报告。具体初始数据如表 10－1 和表 10－2 所示。

表 10－1　　初始数据 1

股票代码	名称	基本每股收益（元）	销售净利率（%）	每股净资产（元）	总资产报酬率（%）	流动比率	速动比率
000089	深圳机场	0.1584	9.2893	4.6718	3.8665	0.8673	0.8657
000099	中信海直	0.3495	15.3643	4.4444	7.4194	2.2202	1.5667
600004	白云机场	0.9500	20.9284	7.3832	14.3723	1.9932	1.9609
600009	上海机场	1.0900	39.1275	9.5812	12.3713	5.9011	5.8896
600029	南方航空	0.1800	2.2324	3.6213	2.7686	0.5147	0.4840
600115	东方航空	0.2696	3.9523	2.1852	3.9752	0.2984	0.2615
600221	海南航空	0.2130	7.3318	2.3519	5.6762	0.7469	0.7453
600270	外运发展	0.6819	14.7838	7.2056	7.9360	3.7757	3.7710
600897	厦门空港	1.5387	35.2898	9.3592	18.1772	0.9328	0.9325
601111	中国国航	0.3100	4.0543	4.1529	3.7296	0.3388	0.3206
000022	深赤湾 A	0.6480	29.3551	6.3826	10.3573	0.7792	0.7595
000507	珠海港	0.0217	0.7914	3.1014	2.6270	0.7370	0.6786
000520	*ST 凤凰	4.2559	441.9153	0.1226	727.5291	1.1974	1.1252
000582	北部湾港	0.7170	14.3539	4.1441	10.6740	0.4384	0.3976
000905	厦门港务	0.5400	4.2958	4.7844	9.1104	1.3681	1.1316
002040	南京港	0.0832	15.3536	2.5834	3.8068	1.2319	1.1979
002320	海峡股份	0.2000	14.0138	4.5996	4.9612	4.5326	4.4439
600017	日照港	0.1860	14.1780	3.2325	6.6577	1.1051	1.0607
600018	上港集团	0.2974	27.2694	2.3978	11.8024	0.8534	0.6945
600026	中海发展	0.0913	3.2705	6.2702	2.3775	0.4755	0.4140
600190	锦州港	0.1100	10.9035	2.9036	4.4395	0.4661	0.3941
600242	*ST 中昌	−1.2100	−141.5640	−0.2281	−14.0029	0.3206	0.2860
600279	重庆港九	0.2200	8.1624	7.1017	4.7438	0.8321	0.7565
600317	营口港	0.0834	14.3987	1.4713	5.9758	1.5221	1.4918
600428	中远航运	0.1170	2.5637	3.8620	1.9955	0.7989	0.7300
600692	亚通股份	0.1089	8.9549	1.5513	3.7087	1.4448	0.4651

续　表

股票代码	名称	基本每股收益（元）	销售净利率（%）	每股净资产（元）	总资产报酬率（%）	流动比率	速动比率
600717	天津港	0.6900	6.4550	8.1152	7.2365	1.2363	1.1703
600751	天津海运	0.0843	18.6314	4.1027	1.5131	18.2259	18.2154
600798	宁波海运	0.0085	−1.1805	2.2156	3.7286	0.4366	0.3987
600896	中海海盛	−0.3300	−17.1364	3.5240	0.4850	0.1661	0.1372
601000	唐山港	0.5400	23.1911	3.4157	12.0785	0.6671	0.5505
601008	连云港	0.1000	6.7046	3.1506	2.6897	0.2964	0.2902
601018	宁波港	0.2200	22.4840	2.4000	9.0928	0.9580	0.9309
601866	中海集运	0.0908	2.9936	2.1221	3.6997	1.0077	0.9181
601872	招商轮船	0.0400	8.6450	2.1374	1.7887	1.8807	1.8116
601880	大连港	0.1176	7.6258	3.0966	4.5516	1.3568	1.1341
601919	中国远洋	0.0400	2.4091	2.3863	1.4601	1.4363	1.3742
603167	渤海轮渡	0.4134	17.7714	5.6411	8.9713	1.0130	0.9125
600125	铁龙物流	0.2620	5.7738	3.5887	8.1262	3.6260	1.5234
601006	大秦铁路	0.9500	26.2903	5.6366	17.5376	0.8778	0.7879
601333	广深铁路	0.0900	4.4668	3.7758	2.9368	1.2762	1.1668
000088	盐田港	0.2265	157.3734	2.6398	8.2495	12.4091	—
000548	湖南投资	0.0400	9.4319	2.9814	2.1124	2.8870	1.8136
000900	现代投资	0.4100	9.7095	6.4171	6.3435	0.7630	0.7528
000916	华北高速	0.2087	34.7303	3.9786	4.8198	1.0702	1.0685
002627	宜昌交运	0.4744	5.1153	6.7393	6.2938	1.3454	1.0709
002682	龙洲股份	0.1000	1.5079	5.0765	2.7723	0.9958	0.8813
600012	皖通高速	0.5190	37.0864	4.5833	10.7059	0.5959	0.5938
600020	中原高速	0.3962	23.0577	3.4382	6.1869	0.5774	0.3798
600033	福建高速	0.2189	30.0049	2.8324	8.0631	0.3503	0.3489
600106	重庆路桥	0.2720	72.7069	3.2436	7.1344	2.8846	2.1337
600119	长江投资	0.1326	3.5344	2.5298	2.6453	1.1038	1.0035
600269	赣粤高速	0.3000	14.0305	5.2866	4.9780	1.0058	0.8807
600350	山东高速	0.5350	38.3716	4.4026	9.2316	2.3162	0.8996
600368	五洲交通	0.0900	0.6336	3.5470	3.5850	1.1728	0.5734
600377	宁沪高速	0.5111	33.5990	4.0392	13.8198	0.9668	0.4285
600548	深高速	1.0030	62.7416	5.4098	14.3480	1.3719	1.1897

续 表

股票代码	名称	基本每股收益（元）	销售净利率（%）	每股净资产（元）	总资产报酬率（%）	流动比率	速动比率
600561	江西长运	0.6300	7.4625	6.3125	7.2869	0.6622	0.6285
600611	大众交通	0.2700	18.2583	4.0202	6.5260	1.2127	0.8567
600650	锦江投资	0.3880	12.2626	4.2147	9.1582	1.5179	1.3739
600662	强生控股	0.1776	5.0605	2.9474	5.0876	0.8637	0.3761
600676	交运股份	0.3700	3.9791	4.0271	7.2645	1.7008	1.2181
600708	海博股份	0.3222	4.6408	3.1242	7.8566	0.5259	0.3860
601107	四川成渝	0.3169	12.7630	3.8475	6.5437	1.3876	1.1344
601188	龙江交通	0.2299	59.9328	2.5781	8.6670	1.9591	0.4814
601518	吉林高速	0.2100	43.9515	2.0143	7.1386	0.2982	0.2980

表 10－2　　初始数据 2

股票代码	名称	资产负债率（%）	存货周转率（次）	总资产周转率（次）	固定资产周转率（次）	总资产增长率（%）	营业总收入增长率（%）	股东权益增长率（%）
000089	深圳机场	37.6038	727.2849	0.3414	0.2421	7.0501	16.7635	1.4383
000099	中信海直	38.8661	2.7545	0.5225	0.3229	16.0013	12.7961	10.9721
600004	白云机场	20.0229	57.7029	0.8075	0.5259	11.2984	7.5149	9.8682
600009	上海机场	18.2046	171.0364	0.5688	0.2618	10.0234	10.2731	8.9551
600029	南方航空	76.6607	57.5278	0.8554	0.6105	14.8669	10.3771	4.1448
600115	东方航空	81.9698	34.8983	0.9067	0.5957	18.7009	1.8579	12.5090
600221	海南航空	73.9923	444.6691	0.7897	0.3200	18.1059	8.3168	12.7613
600270	外运发展	13.8896	1347.1202	6.0472	0.5931	18.1171	4.6797	17.1463
600897	厦门空港	21.4192	2461.2500	0.7204	0.3943	23.4969	7.8435	9.2125
601111	中国国航	71.6319	81.9111	0.7953	0.5052	2.0846	7.3723	0.3431
000022	深赤湾 A	29.7041	48.7754	0.5871	0.2527	−5.5905	1.3472	4.2416
000507	珠海港	50.6720	39.2969	1.6102	0.4604	36.3542	30.2049	0.1197
000520	* ST 凤凰	75.3074	37.4353	4.3970	1.6404	−24.7488	−27.4941	102.4006
000582	北部湾港	58.5073	32.3470	0.6998	0.4938	0.3326	13.8702	−7.6461
000905	厦门港务	44.6650	19.1585	8.2852	1.6165	21.5859	56.9715	10.9451
002040	南京港	37.4847	47.2811	0.4029	0.1427	0.3196	−11.2757	2.5068
002320	海峡股份	10.3849	35.9926	0.6712	0.2886	14.2472	11.1232	3.4856

续　表

股票代码	名称	资产负债率（%）	存货周转率（次）	总资产周转率（次）	固定资产周转率（次）	总资产增长率（%）	营业总收入增长率（%）	股东权益增长率（%）
600017	日照港	37.4210	33.2466	0.5308	0.3039	10.5443	2.3785	4.9806
600018	上港集团	36.1182	6.0653	0.8156	0.3147	6.3963	2.1888	9.5207
600026	中海发展	65.5550	12.7261	0.2762	0.1980	11.7397	8.2670	2.8342
600190	锦州港	51.2014	11.6033	0.2709	0.1818	8.8997	15.3074	3.2021
600242	*ST 中昌	101.6746	6.0463	0.2381	0.1127	−11.2953	−40.0672	−123.2738
600279	重庆港九	40.4494	13.6893	0.5622	0.3141	46.8456	49.2575	55.7787
600317	营口港	40.2505	46.2575	0.3253	0.2344	6.6738	6.0583	−2.4913
600428	中远航运	63.0789	23.3508	0.6268	0.4328	2.1124	2.9793	0.7098
600692	亚通股份	71.3047	0.6303	4.6727	0.2993	69.8138	1.8932	7.5474
600717	天津港	45.3711	46.1033	2.0339	0.8035	12.6142	53.5319	7.1309
600751	天津海运	5.4528	61.6553	2.9646	0.0657	3824.3638	26.3118	28315.5551
600798	宁波海运	62.6039	24.2780	0.4755	0.1672	−3.6169	2.6292	0.2261
600896	中海海盛	61.9967	12.5507	0.2580	0.1731	15.6334	0.1103	28.8212
601000	唐山港	48.6734	7.4040	0.6638	0.3650	18.7430	12.6752	15.6377
601008	连云港	49.3682	82.3546	0.7874	0.2385	2.3180	−0.8367	0.7208
601018	宁波港	27.5752	50.4920	0.6972	0.3101	7.8927	17.7234	6.9024
601866	中海集运	53.5358	25.4361	1.0834	0.6944	5.3609	5.5108	4.2950
601872	招商轮船	51.9527	8.4489	0.2141	0.1156	66.5045	1.3742	1.9355
601880	大连港	46.2044	9.5230	0.5511	0.2884	2.2697	13.7565	1.9385
601919	中国远洋	71.1344	24.7050	0.8552	0.4143	−8.0935	3.9402	0.6464
603167	渤海轮渡	23.3437	44.2833	0.4289	0.3488	23.6783	−4.1458	4.8921
600125	铁龙物流	29.7889	2.5119	2.8802	0.9764	24.3286	37.9633	7.8659
601006	大秦铁路	21.0060	19.4305	0.8476	0.5133	2.2885	5.1185	8.7258
601333	广深铁路	12.2810	31.2693	0.6107	0.4642	−8.1106	−6.3282	0.3576
000088	盐田港	18.8218	—	1.7599	0.0485	22.1738	−2.2245	8.0044
000548	湖南投资	21.9023	0.1726	0.8192	0.1059	0.0059	−7.1085	1.1645
000900	现代投资	61.8340	70.4966	1.5045	0.2593	7.6441	146.9233	6.8096
000916	华北高速	25.7292	170.9489	0.2964	0.1298	34.3166	6.7863	5.6225
002627	宜昌交运	45.8459	6.7224	1.8417	0.7149	17.2939	6.6588	4.2856
002682	龙洲股份	57.9934	9.8135	2.9035	0.7580	2.4905	14.3776	−0.7706

续 表

股票代码	名称	资产负债率（%）	存货周转率（次）	总资产周转率（次）	固定资产周转率（次）	总资产增长率（%）	营业总收入增长率（%）	股东权益增长率（%）
600012	皖通高速	26.7311	288.4903	2.7466	0.1971	−5.4948	0.4062	7.6836
600020	中原高速	80.2895	0.9532	0.2360	0.1041	11.2202	27.3453	10.8477
600033	福建高速	48.9304	128.7926	0.1539	0.1391	−2.7108	0.4156	3.5199
600106	重庆路桥	53.2873	0.0958	0.9788	0.0561	8.4258	1.4676	29.8424
600119	长江投资	52.1372	19.6211	4.2397	0.7559	4.4704	−2.0601	3.9950
600269	赣粤高速	54.0054	4.5994	0.2195	0.1385	9.6074	4.2727	8.0441
600350	山东高速	48.9582	0.2174	0.7223	0.1530	12.6509	8.9733	9.5572
600368	五洲交通	77.4974	1.1664	0.4452	0.2359	0.1364	−46.7289	−1.1586
600377	宁沪高速	23.7138	1.3546	6.8933	0.2903	2.2768	3.4784	3.8367
600548	深高速	46.0726	3.8766	3.3768	0.1535	6.5202	10.4010	18.2784
600561	江西长运	60.0719	37.6723	1.7218	0.5989	2.2945	4.5530	7.6699
600611	大众交通	38.2701	1.6529	1.2605	0.2539	10.4797	−7.1937	14.7149
600650	锦江投资	23.8920	16.1121	2.2147	0.6446	3.7428	4.4800	4.8337
600662	强生控股	48.2669	2.7335	2.2490	0.7278	−1.3574	12.3400	4.3389
600676	交运股份	46.4039	7.9159	3.8971	1.2796	7.8522	6.6124	9.5068
600708	海博股份	65.0385	12.8638	3.6401	0.9532	40.9736	78.5933	8.3551
601107	四川成渝	57.0564	4.9634	14.6365	0.3146	20.1490	16.3352	6.9201
601188	龙江交通	17.0028	0.2072	0.2758	0.1209	3.0668	10.1437	5.9664
601518	吉林高速	45.6297	515.5282	0.3181	0.1291	20.9023	−23.1094	7.8000

在指标性质、单位不同的情况下，首先要对其进行同趋势化处理。同趋势化处理后的三项指标数据略。

三、因子分析法适应性检验

为了检验本书选用的指标是否适合使用因子分析法，以下利用 SPSS 软件中 KMO 和 Bartlett 球形检验方法来对样本进行检验。检验结果如表 10－3 所示。

表 10－3　　**KMO 检验和 Bartlett 球形检验**

取样足够度的 KMO 度量		0.546
Bartlett 球形检验	近似卡方	770.054
	df	78
	Sig.	0.000

由表 10－3 可知，KMO 值为 0.546，大于 0.5，可知各变量之间的相关程度无较大差异，原有变量适合做因子分析。同时，Bartlett 球形检验统计量为 770.054，相应的概率 Sig. 为 0.000，在 5%的显著性水平之下，拒绝原假设，因此可认为相关系数矩阵与单位矩阵有显著差异，说明本文样本适合做因子分析。

四、确定主因子

本书应用因子分析法中的主成分分析法来计算原始公因子的特征值、方差贡献率以及累计方差贡献率，并由此确定公因子。结果如表 10－4 所示。

表 10－4　　解释的总方差

成分	初始特征值			提取平方和载入			旋转平方和载入		
	合计	方差百分比（%）	累积百分比（%）	合计	方差百分比（%）	累积百分比（%）	合计	方差百分比（%）	累积百分比（%）
1	3.148	24.213	24.213	3.148	24.213	24.213	2.987	22.980	22.980
2	2.053	15.794	40.007	2.053	15.794	40.007	2.026	15.583	38.563
3	1.766	13.582	53.589	1.766	13.582	53.589	1.642	12.629	51.192
4	1.597	12.286	65.875	1.597	12.286	65.875	1.538	11.829	63.021
5	1.067	8.211	74.086	1.067	8.211	74.086	1.438	11.065	74.086
6	0.987	7.593	81.679						
7	0.782	6.015	87.694						
8	0.638	4.909	92.603						
9	0.458	3.521	96.124						
10	0.373	2.872	98.997						
11	0.084	0.644	99.640						
12	0.046	0.357	99.997						
13	0.000	0.003	100.000						

提取方法：主成分分析。

根据表 10－4 中数据可知，前 5 个主因子的方差贡献率已经达到了累计方差贡献率的 74.086%，即表明这 5 个主因子已包含原始数据信息量的 74.086%，所以只需选择前 5 个主因子就可以较好地代表原始指标，对公司的绩效进行描述。

特征值可用碎石图列示，如图 10－1 所示。从图 10－1 可以看出，从第 6 个成分开始，特征值的值都小于 1，且折线的陡度变得比较平缓，这说明提取 5 个主因子是合适有效的。

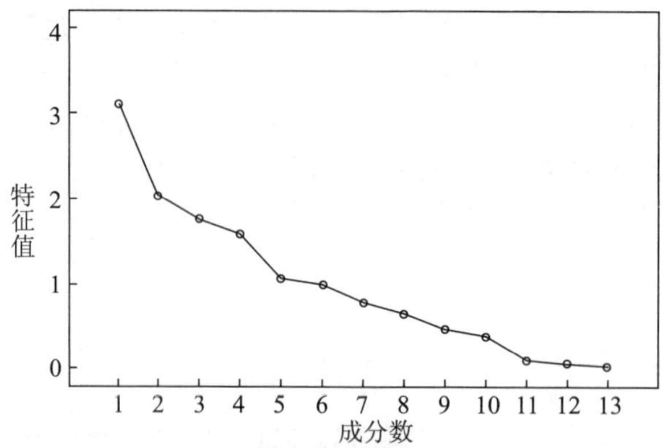

图 10-1 碎石图

五、旋转载荷矩阵分析

本书对原因子载荷矩阵进行最大方差旋转，以期得到主因子更明确的含义。结果如表 10-5 所示。

表 10-5 旋转后的因子载荷矩阵

变量	成分				
	F_1	F_2	F_3	F_4	F_5
基本每股收益	0.923	−0.045	0.044	0.277	0.124
销售净利率	0.942	0.016	−0.044	−0.047	−0.040
每股净资产	−0.101	−0.004	−0.005	0.840	0.291
总资产报酬率	0.958	−0.007	0.042	−0.138	−0.027
流动比率	−0.052	0.019	0.737	−0.055	0.065
速动比率	0.073	−0.112	0.726	−0.106	0.095
资产负债率	−0.034	0.035	0.458	0.378	−0.238
存货周转率	0.114	−0.019	−0.112	0.733	−0.086
固定资产周转率	0.209	0.087	0.265	−0.082	0.603
总资产周转率	0.470	−0.134	0.505	−0.014	0.482
总资产增长率	−0.024	0.995	−0.049	−0.006	0.047
营业总收入增长率	−0.178	0.042	−0.117	0.177	0.812
股东权益增长率	−0.012	0.995	−0.046	−0.009	0.041

由表 10-5 中的数据可以看到，基本每股收益、销售净利率、总资产报酬率在主因子 F_1 上的载荷量分别为 0.923、0.943、0.958，它主要反映了公司的盈利能力，故将 F_1 命名为盈利因子；总资产增长率、股东权益增长率在主因子 F_2 上的载荷分别为 0.995、

0.995，代表了公司的成长能力，故将 F_2 命名为成长因子 1；流动比率与速动比率在主因子 F_3 上的载荷分别为 0.737 与 0.726，体现了公司的偿债能力，故称其为偿债因子；主因子 F_4 则在存货周转率（0.733）、每股净资产（0.840）上有较大载荷量，代表了公司的营运能力，故将其命名为营运因子；同样的，在营业总收入增长率（0.812）上载荷量较大的主因子 F_5 代表了成长能力，故称其为成长因子 2。

六、交通运输业上市公司综合得分与排名

要得到因子的综合得分，需先对因子数据进行标准化处理，使其期望为 0，方差为 1，然后，对各因子的方差贡献率占因子总方差贡献率的比重作为权重加权汇总，使用计算综合得分的公式 $F=(\lambda_1F_1+\lambda_2F_2+\lambda_3F_3+\lambda_4F_4+\lambda_5F_5)/(\lambda_1+\lambda_2+\lambda_3+\lambda_4+\lambda_5)=(0.22980\times F_1+0.15583\times F_2+0.12629\times F_3+0.11829\times F_4+0.11065\times F5)/0.74086$ 来计算各样本的综合得分。得到结果按名次排列如表 10－6 所示。

表 10－6　　交通运输业上市公司综合得分与排名

股票代码	名称	F_1（盈利）	F_2（成长）	F_3（偿债）	F_4（营运）	F_5（成长因子 2）	F（综合）	排名
000520	*ST 凤凰	7.5599	0.0000	0.3428	−1.3079	−0.3067	2.1487	1
600751	天津海运	−0.1281	7.9642	−0.3660	−0.0809	0.3210	1.6081	2
600676	交运股份	−0.4238	0.1828	5.8312	−0.4162	0.5180	0.9119	3
600897	厦门空港	0.8937	−0.1482	−0.4881	5.0403	−0.6334	0.8730	4
002627	宜昌交运	−0.2672	0.3278	3.2268	2.9391	−1.8074	0.7354	5
000905	厦门港务	0.2360	−0.2772	1.0658	−0.2689	3.3929	0.6604	6
600270	外运发展	0.3622	−0.0951	−0.3262	2.4456	0.6691	0.5271	7
600717	天津港	−0.1182	−0.2461	0.6948	1.1752	1.6490	0.4639	8
601107	四川成渝	−0.0172	0.0468	0.6178	−0.8536	2.4301	0.3364	9
600548	深高速	0.3648	−0.0338	0.8381	0.5095	−0.0477	0.3231	10
600009	上海机场	0.2964	−0.1438	−0.7402	1.8592	0.1559	0.2557	11
600650	锦江投资	−0.0773	−0.2229	1.8404	−0.3456	0.1908	0.2162	12
600004	白云机场	0.2530	−0.1772	−0.2795	1.0039	0.2372	0.1893	13
000900	现代投资	−0.6487	−0.2887	−1.3383	0.7450	3.4287	0.1410	14
600708	海博股份	−0.1479	−0.2395	−0.4227	−0.4905	2.5289	0.1311	15
600125	铁龙物流	−0.0759	−0.2414	0.3576	−0.4537	1.4391	0.1291	16
601006	大秦铁路	0.3337	−0.1778	−0.2397	0.4583	0.0605	0.1074	17
600561	江西长运	0.0607	−0.1843	−0.1692	0.5544	0.3273	0.0886	18
600377	宁沪高速	0.1897	−0.0423	−0.2847	−0.3669	0.7789	0.0592	19

续 表

股票代码	名称	F_1（盈利）	F_2（成长）	F_3（偿债）	F_4（营运）	F_5（成长因子 2）	F（综合）	排名
002682	龙洲股份	−0.2099	−0.2016	0.0785	−0.0420	0.8111	0.0203	20
600279	重庆港九	−0.4437	−0.1531	−0.6157	0.7519	1.0059	−0.0045	21
000022	深赤湾 A	0.0795	−0.1465	−0.3963	0.6611	−0.2604	−0.0070	22
600012	皖通高速	0.1514	−0.0937	−0.4492	0.3730	−0.1718	−0.0154	23
000582	北部湾港	0.1289	−0.1874	−0.4082	0.0435	0.1332	−0.0422	24
600119	长江投资	−0.0553	−0.1552	0.3710	−0.8011	0.4518	−0.0470	25
000089	深圳机场	−0.2321	−0.1514	−0.4506	1.0314	−0.3104	−0.0623	26
603167	渤海轮渡	−0.0498	−0.1299	−0.1638	0.3700	−0.3915	−0.0701	27
601919	中国远洋	−0.3836	−0.2194	1.6546	−0.8381	−0.3765	−0.0731	28
600662	强生控股	−0.0960	−0.1896	−0.1147	−0.5428	0.4600	−0.1072	29
000099	中信海直	−0.1568	−0.1513	−0.0858	−0.0276	−0.0724	−0.1103	30
600350	山东高速	0.0418	−0.1059	−0.3946	0.0384	−0.2919	−0.1140	31
601000	唐山港	0.0627	−0.1335	−0.4281	−0.2149	−0.0879	−0.1290	32
601333	广深铁路	−0.2607	−0.1930	0.6414	−0.3321	−0.4712	−0.1355	33
601111	中国国航	−0.1271	−0.1800	−0.3333	−0.0056	−0.0104	−0.1366	34
600029	南方航空	−0.1750	−0.1835	−0.2396	−0.2357	0.1287	−0.1521	35
000088	盐田港	0.6106	0.0053	−0.8914	−0.6193	−0.6733	−0.1609	36
601880	大连港	−0.3454	−0.1265	0.4235	−0.2862	−0.3639	−0.1616	37
000916	华北高速	−0.1456	−0.0935	−0.1716	0.0439	−0.5295	−0.1661	38
601518	吉林高速	0.1008	0.0407	0.0233	0.4103	−1.8977	−0.1741	39
600269	赣粤高速	−0.2405	−0.1235	−0.3746	0.2397	−0.4113	−0.1876	40
000507	珠海港	−0.3664	−0.1465	−0.3692	−0.4383	0.5659	−0.1929	41
601866	中海集运	−0.1480	−0.1952	0.0718	−0.7546	0.0057	−0.1943	42
600611	大众交通	−0.1061	−0.1039	−0.2019	−0.1915	−0.5033	−0.1949	43
600221	海南航空	−0.1276	−0.1286	−0.3831	−0.0178	−0.4155	−0.1968	44
600026	中海发展	−0.4205	−0.1375	−0.5217	0.4745	−0.1692	−0.1978	45
002320	海峡股份	−0.2211	−0.1345	−0.6153	0.0579	−0.0808	−0.2046	46
600017	日照港	−0.1890	−0.1406	0.0094	−0.3774	−0.4372	−0.2122	47
600115	东方航空	−0.0566	−0.1606	−0.2346	−0.6424	−0.1689	−0.2191	48
600428	中远航运	−0.2599	−0.1677	−0.2292	−0.2179	−0.2160	−0.2220	49

续 表

股票代码	名称	F_1（盈利）	F_2（成长）	F_3（偿债）	F_4（营运）	F_5（成长因子 2）	F（综合）	排名
600692	亚通股份	−0.1538	−0.0012	−0.2444	−1.0501	0.1988	−0.2276	50
601018	宁波港	−0.1314	−0.1484	−0.3155	−0.5559	−0.0890	−0.2278	51
600106	重庆路桥	0.1228	−0.0611	−0.6347	−0.3736	−0.6056	−0.2331	52
002040	南京港	−0.2792	−0.1321	0.7382	−0.6272	−1.0168	−0.2405	53
600018	上港集团	0.0031	−0.1248	−0.3536	−0.6029	−0.4223	−0.2449	54
600020	中原高速	−0.1728	−0.1302	−0.7731	−0.2130	0.0037	−0.2462	55
601188	龙江交通	0.0316	−0.1007	−0.6367	−0.5393	−0.4976	−0.2804	56
600033	福建高速	−0.0858	−0.1107	−0.5567	−0.2616	−0.7560	−0.2995	57
600317	营口港	−0.2543	−0.1367	0.1663	−0.8658	−0.5917	−0.3059	58
601008	连云港	−0.2615	−0.1211	−0.4293	−0.3001	−0.5278	−0.3065	59
600190	锦州港	−0.3126	−0.1303	−0.5881	−0.4305	−0.2656	−0.3330	60
000548	湖南投资	−0.3153	−0.1025	−0.3461	−0.5042	−0.7593	−0.3723	61
600368	五洲交通	−0.1676	−0.0853	−0.0646	−0.3590	−1.6209	−0.3803	62
601872	招商轮船	−0.3391	−0.0429	−0.3585	−0.6799	−0.7284	−0.3927	63
600798	宁波海运	−0.3729	−0.1290	−0.4947	−0.6547	−0.5820	−0.4186	64
600896	中海海盛	−0.6683	−0.1132	−0.4706	−0.3895	−0.5725	−0.4590	65
600242	*ST 中昌	−1.6476	−0.1454	0.0002	−1.6495	−1.7505	−1.0664	66

表 10－6 中，交通运输业上市公司综合得分与其投资价值呈正相关关系。由于先对因子数据进行了标准化处理，因此，可以 0 为参考标准线，认为：综合得分大于 0 的公司，综合业绩相对较好，且数值越大，投资价值越大；综合得分小于 0 的则相对较差，且数值越小，投资价值越小。依此可对上市公司的综合业绩和投资价值有一个基本的评价。

具体而言，表 10－6 中，公司各项能力得分与相应实力也呈正相关关系。排名前十位的公司分别为*ST 凤凰、天津海运、交运股份、厦门空港、宜昌交运、厦门港务、外运发展、天津港、四川成渝、深高速。其中，*ST 凤凰排名第一，其盈利因子得分排名也是第一，说明其盈利能力非常强，而其营运因子与成长因子得分均小于零，低于行业平均水平，偿债因子得分排名十四，表现尚可。*ST 凤凰 2013 年排名居行业最末，2014 年公司净利润“转正”主要是因为破产重组收益增加及结构优化经营盈利能力增强。因连年亏损，*ST 凤凰已于 2014 年 5 月 16 日起暂停上市。因此虽然其综合排名第一，但短期内并不适宜投资。天津海运综合得分排名第二，其成长因子高分排名第一，但盈利因子、偿债因子、营运因子都处于或略低于行业平均水平。与 2013 年排名五十八的得分相比，天津海运在偿债能力和营运能力上都有大幅下降，仅凭成长能力的提升拉升总排名，说明其短期内不具备投资价值。交运股份，综合排名第三，在于其优秀的偿债能力，其偿债因子得分排名第一，相对而言另外三种能力表现一般，盈利因子得分排名落后，为六十二名，成长因子得分排名第三，营运因子得分排名第二十七。交运股份 2013 年的综合排名为第十，考虑其优秀的偿债能力，以及稳定的综合排名，比较适宜进行长期适量投资。厦门空港，综合排名第四，在于其优秀的盈利能力和营运能力。盈利和营运因子得分排名分别为第二和第一。成长因子得分排名第四十二，而偿债能力排名第五十四，说明相对而言盈利能力不错，成长能力偏弱。考虑其 2013 年综合排名第四，发展相对稳健，是值得短期投资的，但要注意其偿债风险。宜昌交运，综合排名第五，成长、偿债、营运因子得分排名均为第二，虽然盈利得分排名第五十二，但是考虑其优秀的成长、偿债和营运能力，可以考虑长期投资。相较 2013 年，其综合排名上升八位，主要归功于其成长能力的上升。厦门港务，其成长因子得分排名落后，营运能力也较为一般，但其盈利能力佳，盈利因子得分排名第九，偿债能力也很不错，得分排名第五，综合得分排名第六，故考虑其优秀的盈利能力和偿债能力，是值得短期投资的。相较 2013 年，其综合排名下降一位，变动不大。外运发展，营运因子得分排名第三，营运能力极佳，盈利能力也较佳，相比较而言，成长和偿债能力相对较差，分别排名第十六和第三十六，可以考虑短期适量投资。天津港，综合得分排名第八，主要在于其较好的营运能力，排名第五，偿债能力和盈利能力分别排名第八和第三十，而成长因子得分较差，排名第六十四，因此其适合短期投资。四川成渝，成长因子得分排名第四，偿债能力也不错，偿债因子得分排名第十，盈利能力一般，因子得分排名第二十一，营运能力较差，得分排名第六十二。综合其极其好的成长势头和比较优秀的偿债能力，非常适合长期投资。相较 2013 年，其综合排名下降七位，主要是由于 2014 年其营运能力有所下降。

排名末十名的公司分别为福建高速、连云港、营口港、锦州港、湖南投资、五洲交通、招商轮船、宁波海运、中海海盛、*ST 中昌。从表 10－6 看到，招商轮船、宁波海运、中海海盛、*ST 中昌、锦州港、湖南投资的盈利因子得分远远低于行业平均值，是沦为末尾的主要原因。而*ST 中昌盈利因子得分排名倒数第二，营运因子得分倒数第二，且与平均分差距太大，导致其综合得分排名靠后，故暂不建议对其投资。

值得一提的是，2013 年综合排名分别为第一、第七、第八的山东高速、盐湖港、珠海港今年分别跌落至第三十二、第三十八、第四十一。通过对比分析，我们可以发现山东高速各项能力均有明显下降，投资价值也随之下降；盐田港的盈利和成长能力依旧出色，但偿债和营运因子得分排名跌落至行业底部，可进行适量长期投资；珠海港各项因子得分排名均跌至倒数，暂不再适合投资。

七、系统聚类分析

通过聚类分析把业绩相似的公司归类，可以对不同类别的上市公司进行对比分析，为投资者选择投资组合提供参考。

根据树状图（略）对 66 家交通运输业上市公司进行进一步分类，本文选择将其分为 4 类，如表 10－7 所示。

表 10－7　　　　聚类分析

类别	交通运输业上市公司	数目
1	* ST 凤凰	1
2	天津海运	1
3	交运股份、厦门空港、宜昌交运	3
4	厦门港务、外运发展、天津港、四川成渝、深高速、上海机场、锦江投资、白云机场、现代投资、海博股份、铁龙物流、大秦铁路、江西长运、宁沪高速、龙洲股份、重庆港九、深赤湾 A、皖通高速、北部湾港、长江投资、深圳机场、渤海轮渡、中国远洋、强生控股、中信海直、山东高速、唐山港、广深铁路、中国国航、南方航空、盐田港、大连港、华北高速、吉林高速、赣粤高速、珠海港、中海集运、大众交通、海南航空、中海发展、海峡股份、日照港、东方航空、中远航运、亚通股份、宁波港、重庆路桥、南京港、上港集团、中原高速、龙江交通、福建高速、营口港、连云港、锦州港、湖南投资、五洲交通、招商轮船、宁波海运、中海海盛、* ST 中昌	61

由表 10－7 可以看到，类别 1 只有* ST 凤凰一家公司，其盈利因子、成长因子、偿债因子排名分别为第一、第七、第十四，也正是盈利能力的急剧上升令其 2014 年在业内的综合排名从 2013 年的最末跃至第一。但是其营运因子却排第六十四，居业内倒数第二位，说明其营运能力较差，在短期内不适合作为投资对象。* ST 凤凰国内沿海、内河货物运输（有效期与水路运输许可证一致）；国际船舶货物运输（有效期与国际船舶运输经营许可证一致）；船舶租赁、销售、维修及技术开发；引航、国内船舶代理、货运代理业务；劳务服务及与水路运输相关业务；综合物流；对交通环保产业、交通科技产业的投资；高新科技产品研制、开发及应用（国家有专项审批的项目经审批后方可经营）。公司以江海直达、江海联运的特色为客户设计提供全程物流服务，是同类企业中唯一能够实现远洋、沿海、长江、运河全程物流服务的水运企业。因公司 2011 年、2012 年、2013 年连续三个会计年度经审计的净利润为负值，2012 年、2013 年连续两个会计年度经审计的期末净资产为负值，根据《深圳证券交易所股票上市规则》第 14.1.1 条和第 14.1.2 条的规定，深圳证券交易所决定公司股票自 2014 年 5 月 16 日起暂停上市。据* ST 凤凰于 2015 年 4 月 28 日披露的 2014 年年报显示，2014 年其实现营业收入 9.82 亿元，同比降 27.49%，营业成本 8.58 亿元，减幅 45%；实现净利润 43.07 亿元，而上年同期净利润为－45.15 亿元。对于业绩扭亏为盈，* ST 凤凰归结于两个方面原因，一是业务结构优化，营业成本减幅远大于营业收入减幅，经营情况同比转好；二是破产重整债务重组收益的实现。在公告中，* ST 凤凰表示，将于 2014 年年度报告披露后按规定向深交所申请恢复上市。若* ST 凤凰在规定期限内未能实现恢复上市的相关条件，其将被终止上市。* ST 凤凰能否恢复上市仍是未知数，投资风险较大，综合来说该公司暂不适合投资。

类别 2 只有天津海运一家公司，其综合排名为第二名。成长排名为第一，但是盈利能力、偿债能力和营运能力的表现都中规中矩，处于业内平均水平，其中偿债能力尤弱，排名第四十二。考虑到天津海运在 2013 年的综合排名为第五十八，2014 年跃升至第二主要归功于成长能力的提升，而其成长能力的提升主要体现在因 2014 年为募集资金而非公开发行 A 股股票带来的总资产的增长，其表现并不稳定，故不建议投资。

类别 3 只有交运股份、厦门空港和宜昌交运三家公司，其综合排名十分接近，分别为第三、第四和第五，均很靠前，财务状况总体良好。交运股份和宜昌交运两家公司的偿债因子排名分别为第一和第二名，企业偿债能力强，成长因子排名也分别为第三和第二名，但是盈利因子都小于 0，特别是宜昌交运的盈利能力极差，只适宜长期少量投资。而厦门空港不仅营运能力强，盈利因子排名第二，盈利能力很强，其他两个因子表现也都在同行业中等，极具投资价值，投资者选择该行业时可以优先考虑。

类别 4 中包括了厦门港务、外运发展、天津港等 61 家公司，其综合排名比较分散，有排名前十的也有排名后十的。综合得分为负的，其营运因子和偿债因子也表现很差，亟须提高公司的偿债能力和资本营运能力，目前不适合作为投资对象，不建议投资。譬如盐田港虽然盈利因子和成长因子排名分别为第三和第六，然而其偿债因子排名却为第六十五。但是锦江投资、中国远洋和深高速的偿债因子是大于 0 且表现比其他 58 家都好，说明其偿债能力相对于其他家公司来说还是不错的。该类公司除了吉林高速各项因子都为正数以外，其他的都各有正负，良莠不齐，具体投资时还要看具体的行业环境、政策影响以及不同公司的企业目标等各因素，区别投资，谨慎选择。

盐田港即深圳市盐田港股份有限公司，盐田港系占据我国第二大港深圳港近一半市场份额的港口，具备持续成长能力。盐田港拥有 12 家控参股企业（其中控股企业 8 家、参股企业 4 家），形成以港口集装箱装卸业为龙头，以疏港高速公路和隧道营运为支柱，以仓储、运输、商品混凝土等为配套的产业格局。公司 2014 年实现营业收入 3.01 亿元，同比下降 2.19%；归属于上市公司的净利润 4.44 亿元，同比增长 14.17%；基本每股收益 0.2283 元。公司称，净利润增长主要是已完成西港区两宗土地注资，产生净收益 4359 万元以及投资收益同比增加 1133 万元共同影响。盐田港在 2013 年的因子综合得分排名中位居第三，各项指标都大于 0，而 2014 年盐田港综合排名虽下跌至第三十七位，其盈利能力和成长能力仍相对出色。尽管其营运能力和偿债能力都为负数，表现较差，投资价值相对于厦门空港较低，需继续观察，但可以作为长期投资的后备选择。

八、结语

综上所述，投资者在进行投资时，要综合考虑宏观、微观等各方面反映的财务信息，加以谨慎地分析，做出合理的选择。在此，本书运用 SPSS 软件，利用 13 个指标综合分析交通运输行业 66 家上市公司各方面表现情况，对投资者进行投资决策有一定的参考意义。但由于分析仅仅运用了 2014 年一个年度的财务报表资料，并联系实际结合 2013 年度相关分析研究结果进行，某些项目还可能会由于会计政策变更等的影响存在一定程度的偶然性，分析指标的选择也具有主观性。因此，分析结果难以反映出完全的真实状况，若后续能对多个连续年度进行跟踪分析，并适当增加分析指标，则可较大程度地消除偶然性，帮助投资者做出更加准确的投资决策，以更加有效地配置投资资源，促进交通运输业的更加健康和谐发展。

（参著：王亚萍）

第二节 仓储和邮政业上市公司投资价值比较分析研究

一、行业发展与投资价值状况

仓储业是一个传统产业，是现代物流业的重要组成部分，是发展潜力较大的朝阳产业。新中国的仓储业，与中国经济发展与改革开放的总体形势相适应。装卸搬运与运输代理业同样是物流业的组成部分。随着经济的不断发展，最初由网购带动的物流行业经历了快速发展，已经不再局限于网络购物方面。本书将仓储业、装卸搬运与运输代理业一起比较，正是由于它们是同一流程的不同阶段，彼此关联，首尾相成，本质上是相通的，具有可比性。

国家统计局数据显示，2014 年，交通运输、仓储和邮政业固定资产投资额累计 42984.47 亿元，比上年度增长 18.60 %。其中，仓储业固定资产投资额 5158.71 亿元，增长率 22.40 %。2014 年交通运输部加强顶层设计，全面深化交通运输业改革，研究制定了《全面深化交通运输改革的意见》，部署 9 项改革试点任务，取消下放 26 项行政审批项目，将 12 项工商登记改为后置，建立管理权力清单制度，加强事中事后监管。

总之，仓储业、装卸搬运与运输代理业具有较大的社会需求和发展潜力，相应地对其上市公司进行价值投资就显得格外重要。本书以深沪两市 9 家仓储业、装卸搬运与运输代理业上市公司为例，以 2014 年财务报告为依据，选取 13 个能够综合反映财务能力的财务指标，作为评估各交通运输公司投资价值的指标体系，建立指标模型，运用 SPSS 软件，采用因子分析法与聚类分析法进行投资价值实证分析，确定公司的投资价值总量及其排名，并合理划分层级，联系实际，结合 2013 年的相关分析研究结果进行深入比较分析研究，得出量与质有机结合的投资结论，为投资者提供参考，以降低其投资风险，提高投资收益。

二、样本选取与数据处理

沪、深证交所的 9 家交通运输业上市公司的资料来源主要为其 2014 年的财务报告。具体初始数据如表 10 - 8 和表 10 - 9 所示。

表 10 - 8 初始数据 1

股票代码	名称	基本每股收益（元）	销售净利率（%）	每股净资产（元）	总资产报酬率（%）	流动比率	速动比率
002245	澳洋顺昌	0.4083	13.5665	3.1790	11.7027	2.7601	2.3556
002492	恒基达鑫	0.1847	25.3893	3.7033	4.8463	1.0940	1.0894
002711	欧浦钢网	0.8600	7.1228	8.2923	12.0707	2.6996	2.6733
300013	新宁物流	0.0400	2.1375	1.8923	3.6012	1.4233	1.4208
300240	飞力达	0.2000	1.7042	5.8460	4.3881	2.6480	2.6075

续 表

股票代码	名称	基本每股收益（元）	销售净利率（%）	每股净资产（元）	总资产报酬率（%）	流动比率	速动比率
300350	华鹏飞	0.3600	4.8636	4.9170	7.1434	1.8907	1.8388
600787	中储股份	0.2938	2.5996	3.2730	6.2425	1.9479	1.5672
600794	保税科技	0.2400	16.0469	3.2902	7.1593	2.2630	2.2032
603128	华贸物流	0.2900	1.4961	3.4470	5.6867	1.4750	1.4518

表 10－9　　初始数据 2

股票代码	名称	资产负债率（%）	存货周转率（次）	固定资产周转率（次）	总资产周转率（次）	总资产增长率（%）	营业总收入增长率（%）	股东权益增长率（%）
002245	澳洋顺昌	31.9755	5.4869	2.9104	0.6811	28.1279	6.3609	85.5665
002492	恒基达鑫	27.4417	120.5855	0.2794	0.1500	12.5586	4.5074	4.6816
002711	欧浦钢网	29.8997	92.9754	9.8288	1.2706	74.2111	187.7750	100.0801
300013	新宁物流	46.5027	509.8073	2.6643	0.6626	26.7256	9.7590	1.3936
300240	飞力达	27.0944	97.1636	9.7470	1.7758	6.9950	15.8570	－1.3286
300350	华鹏飞	44.4895	30.8992	9.2325	0.9226	15.5512	67.8144	5.3305
600787	中储股份	51.3248	11.3698	11.3087	1.6183	－8.9225	－22.9073	8.7118
600794	保税科技	41.7638	16.9292	1.0419	0.2565	11.3448	93.0940	78.1547
603128	华贸物流	54.7502	150.0285	45.7188	2.6456	6.5547	－6.6378	6.8380

在指标性质、单位不同的情况下，首先要对其进行同趋势化处理。然后利用 SPSS 中的 Z-score 方法将 13 项指标的原始数据进行标准化处理。同趋势化数据与标准化数据略。

三、因子分析法适应性检验

为了检验所选用的指标是否适合使用因子分析法，本书利用 SPSS 软件中 KMO 和 Bartlett 球形检验方法来对样本进行检验。但由于此组数据中样本数量小于变量个数，所以 KMO 和 Bartlett 检验结果不能正常显示。所以我们用多重共线性检验来验证变量间的共线性，结果如表 10－10 与表 10－11 所示。

表 10－10　　共线性检验 1

变量	基本每股收益（元）	销售净利率（%）	每股净资产（元）	总资产报酬率（%）	流动比率	速动比率
基本每股收益	1.000	－0.024	0.800	0.859	－0.041	0.020

续　表

变量	基本每股收益（元）	销售净利率（%）	每股净资产（元）	总资产报酬率（%）	流动比率	速动比率
销售净利率	−0.024	1.000	−0.114	0.170	−0.291	−0.166
每股净资产	0.800	−0.114	1.000	0.484	−0.148	0.039
总资产报酬率	0.859	0.170	0.484	1.000	−0.084	0.021
流动比率	−0.041	−0.291	−0.148	−0.084	1.000	0.438
速动比率	0.020	−0.166	0.039	0.021	0.438	1.000
资产负债率	−0.109	0.302	−0.189	0.091	0.083	0.291
存货周转率	−0.433	−0.276	−0.345	−0.508	−0.366	−0.244
总资产周转率	0.088	−0.511	0.035	−0.110	−0.008	−0.028
固定资产周转率	0.153	−0.745	0.223	−0.099	0.135	−0.100
总资产增长率	0.754	0.065	0.624	0.667	−0.490	−0.143
营业总收入增长率	0.761	0.086	0.744	0.593	−0.196	0.130
股东权益合计增长率	0.701	0.319	0.362	0.881	−0.238	−0.200

表 10－11　　共线性检验 2

变量	资产负债率（%）	存货周转率（%）	总资产周转率（次）	固定资产周转率（次）	总资产增长率（%）	营业总收入增长率（%）	股东权益增长率（%）
基本每股收益	−0.109	−0.433	0.088	0.153	0.754	0.761	0.701
销售净利率	0.302	−0.276	−0.511	−0.745	0.065	0.086	0.319
每股净资产	−0.189	−0.345	0.035	0.223	0.624	0.744	0.362
总资产报酬率	0.091	−0.508	−0.110	−0.099	0.667	0.593	0.881
流动比率	0.083	−0.366	−0.008	0.135	−0.490	−0.196	−0.238
速动比率	0.291	−0.244	−0.028	−0.100	−0.143	0.130	−0.200
资产负债率	1.000	−0.191	−0.375	−0.531	−0.043	0.369	0.406
存货周转率	−0.191	1.000	−0.006	−0.049	0.153	−0.167	−0.372
总资产周转率	−0.375	−0.006	1.000	0.879	−0.182	−0.196	−0.258
固定资产周转率	−0.531	−0.049	0.879	1.000	−0.176	−0.198	−0.291
总资产增长率	−0.043	0.153	−0.182	−0.176	1.000	0.800	0.668
营业总收入增长率	0.369	−0.167	−0.196	−0.198	0.800	1.000	0.679
股东权益合计增长率	0.406	−0.372	−0.258	−0.291	0.668	0.679	1.000

由表 10－10 和表 10－11 我们可以看到，每股收益和总资产报酬率，股东权益合计增长率与总资产报酬率，固定资产周转率与总资产周转率，总资产增长率与营业收入增长率，这几组主要指标各自变量指标之间存在着多重共线性，可以用因子分析法进行分析。

四、确定主因子

本书应用因子分析法中的主成分分析法来计算原始公因子的特征值、方差贡献率以及累计方差贡献率，并由此确定公因子。结果如表 10－12 所示。

表 10－12　　解释的总方差

成分	初始特征值			提取平方和载入			旋转平方和载入		
	合计	方差百分比（%）	累积百分比（%）	合计	方差百分比（%）	累积百分比（%）	合计	方差百分比（%）	累积百分比（%）
1	4.762	36.632	36.632	4.762	36.632	36.632	4.446	34.204	34.204
2	2.885	22.194	58.825	2.885	22.194	58.825	3.004	23.109	57.313
3	2.008	15.448	74.272	2.008	15.448	74.273	1.761	13.550	70.862
4	1.183	9.099	83.372	1.183	9.099	83.372	1.626	12.509	83.372
5	0.810	6.228	89.600						
6	0.635	4.885	94.485						
7	0.490	3.767	98.252						
8	0.227	1.748	100.000						
9	2.307×10^{-16}	1.775×10^{-15}	100.000						
10	7.793×10^{-17}	5.995×10^{-16}	100.000						
11	-1.179×10^{-17}	-9.073×10^{-17}	100.000						
12	-1.419×10^{-16}	-1.092×10^{-15}	100.000						
13	-3.810×10^{-16}	-2.931×10^{-15}	100.000						

提取方法：主成分分析。

根据表 10－12 中数据可知，前 4 个主因子的方差贡献率已经达到了累计方差贡献率的 83.372%，即表明这 4 个主因子已包含原始数据信息量的 83.372%，所以只需选择前 4 个主因子就可以较好地代表原始指标，对公司的绩效进行描述。

特征值可用碎石图列示，如图 10－2 所示。从图 10－2 可以看出，从第 5 个成分开始，特征值的值都小于1，且折线的陡度变得比较平缓，这说明提取4个主因子是合适有效的。

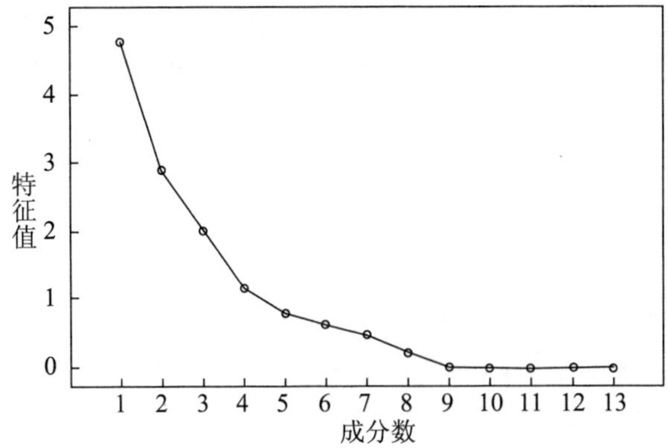

图 10-2　碎石图

五、旋转载荷矩阵分析

本书对原因子载荷矩阵进行最大方差旋转，以期得到主因子更明确的含义。结果如表10-13所示。

表 10-13　旋转成分矩阵

变量	成分			
	F_1	F_2	F_3	F_4
基本每股收益	0.923	0.169	−0.008	0.297
销售净利率	−0.036	−0.733	−0.400	0.340
每股净资产	0.817	0.244	0.057	0.057
总资产报酬率	0.789	−0.112	−0.096	0.462
流动比率	−0.254	0.122	0.705	0.390
速动比率	0.039	−0.102	0.873	0.004
资产负债率	0.067	−0.696	0.370	0.078
存货周转率	−0.213	0.033	−0.228	−0.911
固定资产周转率	−0.060	0.840	−0.016	0.074
总资产周转率	−0.002	0.974	0.044	0.070
总资产增长率	0.899	−0.118	−0.255	−0.282
营业总收入增长率	0.912	−0.233	0.153	−0.099
股东权益增长率	0.739	−0.367	−0.227	0.345

由表10-13中的数据可以看到，基本每股收益、每股净资产、总资产报酬率、总资

产增长率、营业总收入增长率、股东权益增长率在 F_1 上的载荷量分别为 0.923、0.817、0.789、0.899、0.912 和 0.739，代表了公司的盈利和成长能力，故将 F_1 命名为盈利成长因子；主因子 F_2 则在存货周转率（0.840）、总资产周转率（0.974）上有较大载荷量，代表了公司的营运能力，故将其命名为营运因子 1；流动比率与速动比率在主因子 F_3 上的载荷分别为 0.705 与 0.873，体现了公司的偿债能力，故称其为偿债因子；存货周转率（−0.911）在主因子 F_4 上的载荷量较大，体现了公司的营运能力，故称其为营运因子 2。

六、仓储和邮政业上市公司综合得分与排名

要得到因子的综合得分，需先对因子数据进行标准化处理，使其期望为 0，方差为 1，然后，对各因子的方差贡献率占因子总方差贡献率的比重作为权重加权汇总，使用计算综合得分的公式 $F=(\lambda_1F_1+\lambda_2F_2+\lambda_3F_3+\lambda_4F_4)/(\lambda_1+\lambda_2+\lambda_3+\lambda_4+\lambda_4)=(0.34204\times F_1+0.23109\times F_2+0.13550\times F_3+0.12509\times F_4)/0.83372$ 来计算各样本的综合得分。得到结果按名次排列如表 10－14 所示。

表 10－14　　仓储和邮政业上市公司综合得分与排名

股票代码	名称	F_1（盈利成长）	F_2（运营）	F_3（偿债）	F_4（营运）	F（综合）	排名
002711	欧浦钢网	2.4448	0.3152	−0.3944	−0.2192	0.9934	1
300350	华鹏飞	0.2544	−0.1540	2.1589	−0.1727	0.3866	2
603128	华贸物流	−0.4310	1.7820	−0.4637	0.1076	0.2579	3
600787	中储股份	−0.8362	0.6809	0.7405	1.1200	0.1341	4
300240	飞力达	−0.2736	0.7441	−0.1966	−0.3375	0.0114	5
002245	澳洋顺昌	0.2176	−0.5224	−0.9323	1.0763	−0.0456	6
600794	保税科技	−0.0047	−1.5671	0.4228	0.4979	−0.2929	7
002492	恒基达鑫	−0.7601	−0.9023	−1.1378	0.1863	−0.7189	8
300013	新宁物流	−0.6111	−0.3762	−0.1973	−2.2586	−0.7259	9

表 10－14 中，仓储和邮政业上市公司综合得分与其投资价值呈正相关关系。由于先对因子数据进行了标准化处理，因此，可以 0 为参考标准线，认为：综合得分大于 0 的公司，综合业绩相对较好，且数值越大，投资价值越大；综合得分小于 0 的则相对较差，且数值越小，投资价值越小。依此可对上市公司的综合业绩和投资价值有一个基本的评价。

具体而言，表 10－14 中，公司各项能力得分与相应实力也呈正相关关系。9 家公司的排名分别为欧浦钢网、华鹏飞、华贸物流、中储股份、飞力达、澳洋顺昌、保税科技、恒基达鑫、新宁物流。其中，欧浦钢网排名第一，其盈利成长因子得分排名也是第一，说明其盈利能力和成长能力非常强，营运因子 1 得分排名第四，说明其营运能力较强，而其偿债因子得分较低。2013 年，欧浦钢网综合排名第三，其盈利因子排名第一，成长因子排名第二，说明长期来看其这两项能力上居于行业优势，有良好的发展空间，总分排名上升两位，跃居第一，说明其综合实力有所增强且居行业龙头，因此具有较大投资价值。华鹏

飞排名第二，其盈利成长因子得分排名也是第二，盈利成长能力乐观；偿债因子得分排名第一，偿债能力最强；而其营运因子1得分排名第五，低于行业平均；营运因子1得分低于0，说明营运能力不尽稳定。2013年，华鹏飞综合排名第五，盈利因子排名第三，其他各项指标都为负数，需谨慎。两年比较，进步较大，综合实力较强，适宜对其长期投资。华贸物流排名第三，其营运因子1得分排名第一，营运因子1排名第五，营运能力较好。但剩余因子均低于行业平均，拉低总体价值。华贸物流综合排名比2013年降一位，总体稳定，投资时应该注意其成长和偿债能力，谨慎投资。中储股份综合排名比上年度上升四位，提升迅速。如此快速提升在于其盈利能力的增强，从低于行业平均到行业第一。其营运因子1和偿债因子都高于行业平均，只有盈利成长能力一般，较适宜短期投资。飞力达营运因子1排名第二，其他因子均低于行业平均值，与2013年比较，其营运能力增强而成长能力减弱，总体排名上升一位，较为稳定，可以考虑短期投资。与2013年相比，澳洋顺昌的综合排名下跌两位。但是其盈利成长因子保持了2013年的优势，成长和盈利能力较好，但偿债能力较差，较适合短期投资。

保税科技偿债和营运能力2较好，其因子均排名第三。但营运因子1得分倒数第一，盈利成长因子低于平均。2013年，保税科技4个因子均低于平均水平，2014年有所改善，但仍需谨慎投资。恒基达鑫除营运因子2略高于行业平均水平外，其余因子都低于平均，各项都没有明显优势。2013年其综合排名第七，较为靠后，暂不适合投资。新宁物流各项能力指标都为负数，从2013年的行业第一跌至行业第九，急速滑坡，极不稳定，暂不建议对其投资。

七、系统聚类分析

通过聚类分析把业绩相似的公司归类，可以对不同类别的上市公司进行对比分析，为投资者选择投资组合提供参考。

根据树状图（略）对9家仓储和邮政业上市公司进行进一步分类，本书选择将其分为4类，如表10－15所示。

表10－15 聚类分析

类别	仓储和邮政业上市公司	数目
1	欧浦钢网	1
2	华鹏飞、华贸物流、中储股份、飞力达	4
3	澳洋顺昌、保税科技、恒基达鑫	3
4	新宁物流	1

表10－15中，类别1只有欧浦钢网一家公司，其盈利成长因子、营运因子1排名分别为第一、第四，正是成长能力的急剧上升使其在业内的综合排名比2013年上升两位。但是其营运因子2、偿债因子却排第七和第六，为业内倒数，说明其偿债能力较差，营运能力发展不均衡，在短期内不适宜作为投资对象。欧浦钢网是广东省内信息服务业务（仅限互联网信息服务和移动网信息服务业务，不含新闻、出版、教育、医疗保健、药品、医

疗器械、电子公告以及其他按法律、法规规定需前置审批或专项审批的服务项目），普通货运，搬运装卸，货运站经营，仓储服务（不含危险化学品），仓储理货（上述经营范围涉及行政许可的项目凭有效的许可证或批准证明经营）。以下经营范围不含法律、行政法规以及国务院决定禁止或应经许可经营的项目：钢铁加工、配送，提供地磅称重服务，物业租赁、管理服务，网上提供钢铁、塑料、家具交易服务，国内商业，物资供销业，货物和技术的进出口，设计、制作、发布国内外各类广告，投资兴办实业。2013 年，公司继续加大技术研发投入和产品创新力度，对欧浦钢网和仓储系统等服务产品进行了技术改造，加大物联网智能仓的研发，通过实验仓的试运行，为物联网技术在钢铁仓储的全面应用做好了充分的技术准备。通过技术研发和技术创新，提高了公司的竞争优势，提升了服务的附加值，进一步满足了客户新的需求。通过强大的技术支撑和优质的产品服务，为公司其他业务开拓提供了坚实的保障。同时，通过改进生产工艺，狠抓加工过程的精细化管理，有效控制材料消耗，提高生产效率，运行质量得到了有效提升。公司是国内领先的第三方钢铁物流企业，欧浦钢铁交易市场占地约 350 亩，仓储能力达到 150 万吨，年设计加工能力 250 万吨。2014 年，其营业收入比上年增长 187%，总资产比上年增长 74.21%，股东权益比上年增长 100.08%，体现了其较强的成长能力。华菱涟钢、五矿钢铁、中钢集团、中铁集团、浙江金属、浙江物产等国内众多知名大型钢铁生产企业和贸易商的产品进入公司仓库储存和交易，公司的规模化经营使公司在业内享有良好的声誉。长期来看其发展空间很大。对欧浦钢网，该公司的经营状况好，成长能力显著，拥有较强的发展潜力和扩展趋势，可以成为投资者进行长期投资的首选对象，是值得看好的绩优股。

类别 2 中包括华鹏飞、华贸物流、中储股份、飞力达四家公司。根据表 10 - 14 中的数据显示，这一类别的公司整体特征是营运因子 1、偿债因子排名靠前，其各项指标中都至少有一项属于本行业领先，且各项能力没有特别低的排名，综合能力较强，说明其在部分能力方面都亟待提高，投资时还要结合各自具体的行业环境、政策影响以及不同公司的企业目标等多方面因素进行分析，谨慎投资。这个类别中的四家公司是进行即时投资时重点关注对象。其中，华鹏飞主营普通货运、货物专用运输、大型物件运输（一级），仓储服务、航空货运代理、信息咨询（不含人才中介及限制项目）；兴办实业（具体项目另行申报）；国内贸易（不含专营、专控、专卖商品）。2013 年第一季度报告期内，公司实现营业收入 5955.35 万元，比同期下降 20.91%，实现归属于公司普通股股东的净利润 739.80 万元。2014 年，其经营活动产生的现金流量净额比上年增加 44.98%，偿债能力强；股东权益增加，盈利成长能力较强，有较大的投资价值。华贸物流承办海运、陆运、空运进出口货物、过境货物、国际展品和私人物品的国际运输代理业务，包括：揽货、订舱、仓储、包装、中转、集装箱拼装拆箱、结算运杂费、报关、报检、保险、相关的短途运输服务及运输咨询业务；国内航空货运销售代理业务；无船承运业务；道路普通货运、道路货物专用运输（集装箱货运、冷藏保鲜货运）。2014 年，华贸物流每股收益同比增长 45%，归属股东的净利润增加 42.6%。华贸物流盈利成长能力都很一般，但公司的经营状况良好，总体实力较强，具有一定的投资价值。中储股份与华贸物流情况类似，比较适宜短期投资。飞力达主要经营综合货运站（场）（仓储）、货物专用运输（集装箱）、普通货运；承办空运、海运进出口货物的国际运输代理业务（包括揽货、订仓、仓储、中转、集装箱拼装、拆箱、结算运杂费、报关、报验及咨询业务）；自营和代理各类商品及技术的进出口业务；代签提单、运输合同，代办接受订舱业务；办理船舶、集装箱以及货物的报关手续；承揽货物、组织货载，办理货物、集装箱的托运和中转；代收运费，代办结算及其他相关业务、货运代理（代办），设计许可证、资格证的凭许可证、资格证生产经营。2014 年公司紧紧围绕发展战略和年度经营计划，继续加大市场开拓力度，积极探索新的业务模式和管理创新，稳步推进资讯系统建设和募投项目建设，但是总体表现不佳。报告期内，公司实现营业收入 2741664762.48 元，比上年同期增长 15.86%，实现归属于公司普通股股东的净利润 949808876.16 元，比上年同期减少 1.33%，其余指标多数比上年有所减少。虽然 2014 年总体排名上升一位，但应该谨慎投资。

类别 3 中包括澳洋顺昌、保税科技、恒基达鑫三家公司。这一类别的公司整体特征是综合排名靠后，指标多为负，表现普遍较差，个别公司某项指标表现较好。其中，澳洋顺昌从事冷轧钢板的涂层生产及涂层板、镀锌板、铝合金板等金属材料的加工；电子元器件专用材料开发、生产；提供原材料供给方案的技术服务；货物仓储服务，供应链管理技术开发、技术转让和与之相关的技术咨询、技术服务等；供应链管理软件开发；销售、仓储、配送自产产品。2014 年，公司在合并报表范围内实现营业总收入 151739.95 万元，同比增长 8.5%；归属上市公司股东的净利润 17074.67 万元，同比增长 83.32%；每股收益增长 59.93%。营运因子 2 不错，但是偿债因子排名倒数第二，应该谨慎投资。保税科技 2013 年各项指标都是倒数第一或第二，盈利能力低，经营状况差，财务状况也很糟糕，2014 年总资产有所增加，情况好于上年度，但总体经营不佳，暂不适宜投资。恒基达鑫多项指标为负，暂不适宜投资。

类别 4 中只有新宁物流一家公司，2014 年，其各项因子以及综合得分都小于零，盈利能力低，经营状况差，财务状况也很糟糕。公司主要经营进出口货物的仓储、集装箱堆存及有关配套业务；保税仓库内货物的代理报关、报检、运输代理业务；库内货物的分级、分装、挑选、贴商标、制标签、整理等；供应链管理技术转让、技术开发和与之相关的技术咨询、技术服务业务等（涉及许可证的凭许可证生产经营。2013 年新宁物流总体表现良好，最突出的特点就是偿债因子排名第一，且远远高于第二名，今年综合排名下降八位，为行业最末，暂不适宜投资。

八、结语

综上所述，投资者在进行投资时，要综合考虑宏观、微观等各方面反映的财务信息，加以谨慎地分析，做出合理的选择。在此，运用 SPSS 软件，利用 13 个指标综合分析仓储和邮政业 9 家上市公司各方面表现情况，对投资者进行投资决策有一定的参考意义。但由于分析仅仅运用了 2014 年一个年度的财务报表资料，并联系实际，结合 2013 年分析研究结果进行，某些项目还可能会由于会计政策变更等的影响存在一定程度的偶然性，分析指标的选择也具有主观性。因此，分析结果难以反映出完全的真实状况，若后续能对更多个连续年度进行跟踪分析，并适当增加分析指标，则可较大程度地消除偶然性，帮助投资者做出更加准确的投资决策，以更加有效地配置投资资源，促进交通运输业的更加健康和谐发展。

（参著：赵荻）

第十一章　住宿和餐饮业上市公司投资价值比较分析研究

一、行业发展和投资价值状况

（一）住宿业

中国住宿业经过改革开放30多年来的快速发展，已经从一个传统服务行业转变为具有高度现代化因素的民生服务业，成为国民经济的重要组成部分，成为中国对外开放重要的窗口行业，成为扩大消费、改善民生、促进就业和发展经济的重要行业。

近年来，随着中国住宿业的快速增长，行业规模持续扩大，新型业态不断涌现，住宿业高端饭店在硬件上达到或者超过了发达国家水平，大众化的经济型饭店从自主扩张进入品牌并购重组、新产品开发并存的新阶段，低碳环保的绿色饭店在行业内逐步得到普及；国际品牌不断进入中国，民族品牌不断成熟壮大，饭店行业集团化、连锁化水平不断提升，电子商务平台和信息化管理得到广泛应用。住宿业在国际化、现代化、品牌化方面走在了生活性服务业前列。

与此同时，中国住宿业发展也存在一些矛盾和问题。比如行业发展规划滞后带来结构性失衡；多头管理造成行业政策和国家标准执行力不足；行业统计等基础工作薄弱；行业组织作用发挥不充分；粗放型发展造成服务与管理跟不上硬件发展；行业自律和服务规范化程度不高，一些小旅馆、旅店卫生安全服务存在隐患等。这些矛盾和问题制约了住宿业的进一步发展。

（二）餐饮业

改革开发30年来，中国餐饮业伴随着经济的发展和社会的进步走过了具有历史性、跨越性和巨变性的30年，在行业规模、服务质量、管理水平和经济贡献等方面都有很大的提高。在这30年的发展过程中，餐饮业作为第三产业中的传统服务性行业之一，始终保持着旺盛的发展势头。

据国家统计局资料，2004年全国餐饮业营业额达到1160.5亿元，2006年实现1573.60亿元，2008年突破了2000亿元，达到2592.82亿元。2014年达27860亿元，同比增长9.7%，终止了连续三年增速下滑趋势。中国烹饪协会副会长李亚光日前在沪透露，2015年1—2月全国餐饮营业额超过5079亿元，同比增长11%，预计全年将超过3万亿元。餐饮业发展迅速，已成为中国服务业的支柱性行业，在扩大内需、繁荣市场、吸纳就业和改善群众生活质量等方面正发挥着越来越重要的作用。根据餐饮行业协会统计，餐饮业的增长率要比其他行业高出10个百分点。尤其是面向中低端消费群体的大众化餐饮，由于其具有服务对象范围广、消费便利快捷、经营方式灵活、营养卫生安全、价格经济实惠等特点，正越来越受到百姓的欢迎。目前，餐饮消费继续成为拉动消费需求快速增长的重要力量，其中作为大众化餐饮典型代表的快餐业占到1/3强，快餐业，大众化餐饮有着巨大的市场发展空间。

由于住宿业和餐饮业的业务与发展具有一定的相似性和关联性，受宏观经济情况影响及变化等较为相似，相互依赖、荣辱与共，所以，我们将这两个行业合并为一类来分析。

随着服务业的蓬勃发展，住宿业和餐饮业总体表现良好，已成为中国第三产业中的支柱性行业，在扩大内需、繁荣市场、吸纳就业和改善群众生活质量等方面正发挥着越来越重要的作用。本书以深沪两市9家住宿和餐饮行业上市公司为例，以2014年财务报告为依据，选取13个能够综合反映财务能力的指标，作为评估各上市公司投资价值的指标体系，建立指标模型，运用SPSS软件，采用因子分析法与聚类分析法进行投资价值分析，确定分析对象的投资价值总量及排名，并合理划分层级，联系实际，结合2013年的相关分析研究结果进行深入比较分析研究，得出量与质有机结合的投资价值结论，为投资者提供参考，以降低其投资风险，提高投资收益。

二、样本选取和数据处理

沪、深证交所的9家住宿与餐饮业上市公司的资料来源主要为其2014年的财务报告。具体初始数据如表11－1和表11－2所示。

表11－1　初始数据1

股票代码	名称	基本每股收益（元）	销售净利率（%）	每股净资产（元）	总资产报酬率（%）	流动比率	速动比率
000524	东方宾馆	0.1300	12.0499	2.0530	6.7242	1.4333	1.3750
000613	大东海A	0.0069	12.3922	0.2318	2.2303	0.8784	0.8681
000721	西安饮食	0.0222	2.2205	1.3873	3.1040	1.2774	1.1724
000796	易食股份	0.1450	9.7602	2.2004	7.6660	1.6405	1.6239
002186	全聚德	0.4243	7.4985	4.2382	11.3019	2.4737	2.2736
002306	*ST云网	−0.8500	−114.9777	−0.1080	−48.5175	0.9783	0.8513
600754	锦江股份	0.7857	16.8266	10.8124	7.8103	1.9425	1.9275
601007	金陵饭店	0.1328	5.2363	4.5412	1.6076	1.5000	1.1196
603199	九华旅游	0.8000	16.0654	6.4289	11.7029	0.4160	0.3629

表11－2　初始数据2

股票代码	名称	资产负债率（%）	存货周转率（次）	固定资产周转率（次）	总资产周转率（次）	总资产增长率（%）	营业总收入增长率（%）	股东权益增长率（%）
000524	东方宾馆	29.1150	25.8009	0.8174	0.3914	2.6011	−10.8792	−13.4022
000613	大东海A	26.0040	1.0820	0.3455	0.1772	0.1054	−14.6176	3.0563

续 表

股票代码	名称	资产负债率（%）	存货周转率（次）	固定资产周转率（次）	总资产周转率（次）	总资产增长率（%）	营业总收入增长率（%）	股东权益增长率（%）
000721	西安饮食	33.5810	8.5792	2.5048	0.5238	4.3714	−6.8908	−1.4447
000796	易食股份	47.9718	37.5847	3.1881	0.4663	−1.0727	−8.1737	6.4218
002186	全聚德	19.4840	11.3933	3.1264	1.1803	22.8490	−2.9615	43.2518
002306	*ST 云网	105.4770	4.3234	1.6137	0.4544	−37.2221	−22.5553	−114.3619
600754	锦江股份	23.1895	9.9627	1.0345	0.3159	60.4179	8.5193	100.2654
601007	金陵饭店	37.8176	1.2297	0.7203	0.1966	7.4069	14.5919	1.1773
603199	九华旅游	41.4632	25.2686	0.5780	0.4490	−0.7047	6.4681	11.7857

在指标性质、单位不同的情况下，首先要对指标进行同趋势化处理。然后利用 SPSS 中的 Z-score 方法将 13 项指标的原始数据进行标准化处理。同趋化数据和标准化数据略。

三、因子分析法适应性检验

为了检验所选用的指标是否适合使用因子分析法，本文利用 SPSS 软件中 KMO 和 Bartlett 球形检验方法来对样本进行检验。但由于此组数据中样本数量小于变量个数，所以 KMO 和 Bartlett 检验结果不能正常显示。所以我们用多重共线性检验来验证变量间的共线性，结果如表 11－3 所示。

表 11－3　　　　共线性检验 1

变量	基本每股收益（元）	销售净利率（%）	每股净资产（元）	总资产报酬率（%）	正向化后流动比率	正向化后速动比率	正向化后资产负责率
基本每股收益	1.000	0.827	0.817	0.859	−0.128	−0.218	0.482
销售净利率	0.827	1.000	0.449	0.985	0.158	0.136	0.269
每股净资产	0.817	0.449	1.000	0.469	−0.232	−0.337	0.327
总资产报酬率	0.859	0.985	0.469	1.000	0.123	0.091	0.299
正向化后流动比率	−0.128	0.158	−0.232	0.123	1.000	0.922	−0.152
正向化后速动比率	−0.218	0.136	−0.337	0.091	0.922	1.000	−0.179
正向化后资产负债率	0.482	0.269	0.327	0.299	−0.152	−0.179	1.000
存货周转率	0.322	0.312	0.083	0.385	0.231	0.083	0.268
固定资产周转率	−0.118	−0.080	−0.184	0.035	−0.199	−0.087	−0.367
总资产周转率	0.122	−0.020	0.009	0.133	−0.211	−0.233	−0.141
总资产增长率	0.785	0.666	0.825	0.662	−0.095	−0.137	−0.090

续　表

变量	基本每股收益（元）	销售净利率（%）	每股净资产（元）	总资产报酬率（%）	正向化后流动比率	正向化后速动比率	正向化后资产负责率
主营业务收入增长率	0.752	0.586	0.803	0.588	－0.091	－0.106	0.529
股东权益增长率	0.890	0.817	0.783	0.822	－0.164	－0.200	0.072

表 11－4　　共线性检验 2

变量	存货周转率（次）	固定资产周转率（次）	总资产周转率（次）	总资产增长率（%）	主营业务收入增长率（%）	股东权益增长率（%）
基本每股收益	0.322	－0.118	0.122	0.785	0.752	0.890
销售净利率	0.312	－0.080	－0.020	0.666	0.586	0.817
每股净资产	0.083	－0.184	0.009	0.825	0.803	0.783
总资产报酬率	0.385	0.035	0.133	0.662	0.588	0.822
正向化后流动比率	0.231	－0.199	－0.211	－0.095	－0.091	－0.164
正向化后速动比率	0.083	－0.087	－0.233	－0.137	－0.106	－0.200
正向化后资产负债率	0.268	－0.367	－0.141	－0.090	0.529	0.072
存货周转率	1.000	0.328	0.154	－0.023	－0.016	0.117
固定资产周转率	0.328	1.000	0.721	－0.011	－0.219	0.024
总资产周转率	0.154	0.721	1.000	0.099	－0.096	0.127
总资产增长率	－0.023	－0.011	0.099	1.000	0.643	0.957
主营业务收入增长率	－0.016	－0.219	－0.096	0.643	1.000	0.672
股东权益增长率	0.117	0.024	0.127	0.957	0.672	1.000

由表 11－3 和表 11－4 我们可以看到，销售净利率和总资产报酬率、流动比率和速动比率、存货周转率和销售净利率、每股净资产与总资产周转率、总资产增长率与总资产报酬率、股东权益合计增长率与总资产报酬率、这几组主要指标各自变量指标之间存在多重共线性，可以用因子分析法进行分析。

四、确定主因子

本书应用因子分析法中的主成分分析法来计算原始公因子的特征值、方差贡献率以及累计方差贡献率，并由此确定公因子。结果如表 11－5 所示。

表 11－5　　解释的总方差

成分	初始特征值			提取平方和载入			旋转平方和载入		
	合计	方差百分比（%）	累积百分比（%）	合计	方差百分比（%）	累积百分比（%）	合计	方差百分比（%）	累积百分比（%）
1	5.699	43.838	43.838	5.699	43.838	43.838	5.462	42.018	42.018
2	2.317	17.824	61.662	2.317	17.824	61.662	2.272	17.478	59.496
3	2.020	15.540	77.201	2.020	15.540	77.201	2.080	16.003	75.499
4	1.389	10.681	87.883	1.389	10.681	87.883	1.610	12.384	87.883
5	0.617	4.745	92.628						
6	0.559	4.302	96.930						
7	0.319	2.451	99.381						
8	0.080	0.619	100.000						
9	2.631×10^{-16}	2.024×10^{-15}	100.000						
10	5.513×10^{-17}	4.241×10^{-16}	100.000						
11	-1.199×10^{-16}	-9.220×10^{-16}	100.000						
12	-1.497×10^{-16}	-1.152×10^{-15}	100.000						
13	-3.372×10^{-16}	-2.594×10^{-15}	100.000						

提取方法：主成分分析。

根据表 11－5 中数据可知，前 4 个主因子的方差贡献率已经达到了累计方差贡献率的 87.883%，即表明这 4 个主因子已包含原始数据信息量的 87.883%，所以只需选择前 4 个主因子就可以较好地代表原始指标，对住宿与餐饮公司的绩效进行描述。

特征值可用碎石图列示，如下图所示。从下图可以看出，从第 5 个成分开始，特征值的值都小于 1，且折线的陡度变得比较平缓，这说明提取 4 个主因子是合适有效的。

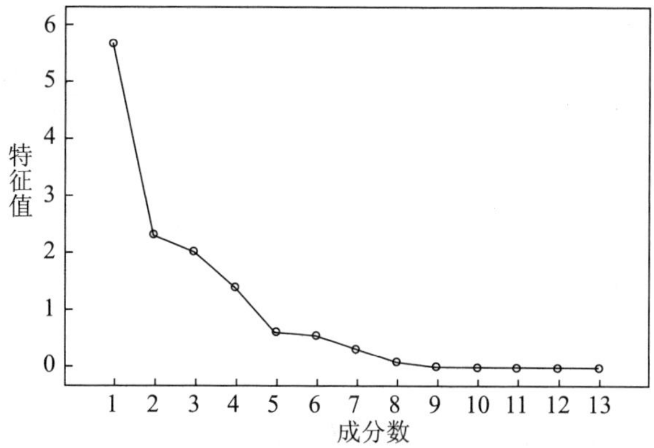

碎石图

五、旋转载荷矩阵分析

本书对原因子载荷矩阵进行最大方差旋转，以期得到主因子更明确的含义。结果如表11-6所示。

表 11-6　旋转后的因子载荷矩阵[a]

变量	成分			
	F_1	F_2	F_3	F_4
基本每股收益	0.919	−0.129	−0.005	0.340
销售净利率	0.850	0.283	0.033	0.261
每股净资产	0.815	−0.342	−0.172	0.042
总资产报酬率	0.850	0.236	0.158	0.324
流动比率	−0.036	0.944	−0.131	0.042
速动比率	−0.084	0.943	−0.112	−0.042
资产负债率	0.179	−0.259	−0.395	0.817
存货周转率	0.120	0.257	0.414	0.723
固定资产周转率	−0.076	−0.057	0.931	−0.027
总资产周转率	0.066	−0.211	0.830	0.019
总资产增长率	0.941	−0.064	0.059	−0.285
营业总收入增长率	0.775	−0.170	−0.309	0.196
股东权益增长率	0.979	−0.089	0.113	−0.071

提取方法：主成分分析。

旋转法：具有 Kaiser 标准化的正交旋转法。

a. 旋转在 5 次迭代后收敛。

由表 11－6 中的数据可以看到，基本每股收益、销售净利率、每股净资产、总资产报酬率、总资产成长率、营业总收入增长率、股东权益增长率，在主因子 F_1 上的载荷量分别为 0.919、0.850、0.815、0.850、0.941、0.775 和 0.979，它们主要反映了公司的盈利能力和成长能力，所以将 F_1 命名为盈利成长因子；流动比率与速动比率在主因子 F_2 上的载荷分别为 0.944 与 0.943，体现了公司的偿债能力，为偿债因子；固定资产周转率、总资产周转率在主因子 F_3 上的载荷量分别为 0.931、0.830，它主要反映了公司的营运能力，所以将 F_3 命名为营运因子；主因子 F_4 则在资产负债率（0.817）和存货周转率（0.723）上有较大载荷量，为偿债营运因子。

六、住宿和餐饮业上市公司综合得分与排名

要得到因子的综合得分，需先对因子数据进行标准化处理，使其期望为 0，方差为 1，然后，对各因子的方差贡献率占因子总方差贡献率的比重作为权重加权汇总，使用计算综合得分的公式 $F=(\lambda_1F_1+\lambda_2F_2+\lambda_3F_3+\lambda_4F_4)/(\lambda_1+\lambda_2+\lambda_3+\lambda_4)=(0.42018\times F_1+0.17478\times F_2+0.16003\times F_3+0.12384\times F_4)/0.87883$ 来计算各样本的综合得分。得到结果按名次排列如表 11－7 所示。

表 11－7　住宿和餐饮业上市公司综合得分与排名

股票代码	名称	F_1（盈利成长）	F_2（偿债）	F_3（营运）	F_4（偿债营运）	F（综合）	排名
000524	东方宾馆	−0.0593	2.1875	−0.1353	0.2558	0.4181	1
600754	锦江股份	1.6023	−0.6631	−0.4484	−1.1224	0.3944	2
002186	全聚德	0.5473	−0.6897	1.7994	−0.4164	0.3935	3
000796	易食股份	−0.1571	0.1397	1.2608	0.9299	0.3133	4
000721	西安饮食	−0.1014	0.7723	0.4550	−0.3279	0.1418	5
603199	九华旅游	0.3064	−0.9529	−0.7328	2.1582	0.1277	6
601007	金陵饭店	0.2979	0.1848	−1.2765	−0.1834	−0.0791	7
000613	大东海 A	−0.2319	−0.1270	−0.7392	−0.6613	−0.3639	8
002306	*ST 云网	−2.2042	−0.8517	−0.1829	−0.6326	−1.3457	9

表 11－7 中，住宿和餐饮业上市公司综合得分与其投资价值呈正相关关系。由于先对因子数据进行了标准化处理，因此，可以 0 为参考标准线，认为：综合得分大于 0 的住宿与餐饮公司，综合业绩相对较好，且数值越大，投资价值越大；综合得分小于 0 的则相对较差，且数值越小，投资价值越小。依此可对上市公司的综合业绩和投资价值有一个基本的评价。

具体而言，表 11－7 中，住宿与餐饮公司各项能力得分与相应实力也呈正相关关系。排名前五位的公司分别为东方宾馆、锦江股份、全聚德、易食股份、西安饮食。2013 年排名前五位的公司分别为西安饮食、锦江股份、全聚德、易食股份、金陵饭店。两年比较

差距较大。首先，上市公司总数发生了巨大变化，由 2013 年参评的 12 家，减少到 2014 年的 9 家，少了 3 家，实际是减少了 5 家增加了 2 家，减少的 5 家是零七股份、宝丽来、ST 新都、华天酒店、湘鄂情，增加的 2 家即 ST 云网、九华旅游。减少的原因主要是：零七股份，据中国证券报 2015 年 5 月 25 日报道，5 月 24 日晚接到深圳证监局正式立案的通知书，主要原因系公司信息披露涉嫌违反证券法律、法规；ST 新都，中国证券报报道，因公司 2013 年、2014 年连续两年的财务会计报告被出具无法表示意见的审计报告，根据《深圳证券交易所股票上市规则（2014 年修订）》14.1.1 条和 14.1.3 条的规定，自 2015 年 5 月 21 日起暂停上市；湘鄂情，自 2014 年 6 月 23 日起临时停牌，2014 年 7 月 2 日发布公告称，公司退市更名为“中科云网科技集团股份有限公司”，彻底转型；宝利来，因连续四年被 ST，将其剔除；华天酒店因有退市风险不予评估。行业公司数大幅减少，是股市罕见的，这与其他各个行业基本都在不断增加的趋势相悖。由此可见，住宿和餐饮业公司很不稳定，这充分体现了行业特点以及在目前环境状况下的行业不稳定性，是有待改进完善的预警信号。其次，排名变化较大。其中，东方宾馆排名第一，主要是因为偿债因子得分高排名第一所致，但盈利成长因子和营运因子都是为负值，可见成长及营运能力并不是很理想，但其排名从 2013 年的第八上升为第一，发展迅速，具有较大投资价值。全聚德的营运能力排名第一，偿债营运因子得分拉低了综合排名，与 2013 年综合排名第三相比，保持稳定，较适宜长期投资。易食股份和西安饮食都较稳定，是可关注的投资对象。

排名末三位的公司分别是金陵饭店、大东海 A、* ST 云网，其中大东海 A、* ST 云网的四项因子得分均为负值，大大拉低了综合得分，这三家企业的营运因子均为负值，相比之下，可以看出营运能力对公司的投资价值非常关键。这 3 家公司总体财务实力薄弱，暂不建议投资。

七、系统聚类分析

通过聚类分析把业绩相似的公司归类，可以对不同类别的上市公司进行对比分析，为投资者选择投资组合提供参考。

根据树状图（略）对 9 家住宿和餐饮业上市公司进行分类，本书选择将其分为 4 类，如表11－8所示。

表 11－8　　　　聚类分析

类别	住宿和餐饮业上市公司	数目
1	西安饮食、东方宾馆、易食股份、全聚德	4
2	大东海 A、锦江股份、金陵饭店	3
3	* ST 云网	1
4	九华旅游	1

表 11－8 中，类别 1 包括西安饮食、东方宾馆、易食股份、全聚德 4 家公司，这 4 家公司综合排名较为靠前，分别为第五、第一、第四和第三，综合实力较强。其中，全聚德

是中华著名老字号品牌，创建于1864年（清朝同治三年），历经几代人的创业拼搏获得了长足发展。1999年1月，全聚德被国家工商总局认定为“驰名商标”，是中国第一例服务类中国驰名商标。全聚德的排名保持2013年的第三，可见其较为稳定，具有良好的发展前景。全聚德的品牌效应好，现金流充足，值得投资。易食股份的综合排名与2013年一样都为第四。公司主要提供航空铁路的配餐及服务。最近该股票被停牌，不知道这对于投资者来说是否是一个机遇，投资前景还有待观察。

类别2包括大东海A、锦江股份、金陵饭店三家公司。其中，锦江股份经营的业务主要有酒店营运、管理和连锁餐饮业务；全资和参股的酒店共12家；参股20%股权的锦江之星在地域上以上海为主，并向全国扩张，酒店管理业务位居行业民族品牌第一名。2014年综合排名第二位，与2013年保持稳定，其盈利成长因子得分排名第一，说明有良好的发展前景，投资者可以考虑投资。金陵饭店是江苏省唯一一家酒店类上市公司，主要从事原南京金陵饭店五星级酒店经营业务，是经国务院批准成立的全国首批涉外旅游饭店之一。公司在国内外享有极高的知名度和影响力，自成立以来的20余年中，始终保持着南京酒店业龙头企业的领先地位。其综合得分排名第七，较2013年下降两位，主要是营运和偿债因子表现不佳，投资者需要综合考虑其市场前景和行业动态来选择是否投资。

类别3中有*ST云网一家公司。其综合排名末尾，主要是由于各项因子均为负值，财务能力较差，暂不建议对其投资。

类别4中有九华旅游一家公司。其综合排名第六，其偿债、营运因子得分有正有负，说明各项能力发展不尽均衡，公司各个方面能力参差不齐，投资者应审慎观察。

八、结语

综上所述，随着服务业的蓬勃发展，住宿业和餐饮业总体表现良好，已成为中国第三产业中的支柱性行业，在扩大内需、繁荣市场、吸纳就业和改善群众生活质量等方面正发挥着越来越重要的作用。但是在中央厉行节俭的政策引导下，目前市场行情纷纷走低，预计未来仍然会保持平稳发展，难以出现过快的增长，所以基本上不宜进行短期投资，但可以考虑长期持有。与此同时，住宿业和餐饮业也应该积极进行转型升级，拓展新的市场机遇，寻求长远的发展。

（参著：兰丽红）

第十二章 信息传输、软件和信息技术服务业上市公司投资价值比较分析研究

第一节 信息传输业上市公司投资价值比较分析研究

一、行业发展与投资价值状况

信息传输业是一个新兴行业，包括电信、广播电视、卫星传播服务业与互联网和相关服务业两个子行业。

自2000年以来我国电信服务业发展增速明显高于其他服务行业，在国民经济中的比重迅速上升，其行业地位和作用日益明显。目前，我国电信服务业已经形成打破垄断、不同规模、不同业务、不同所有制形式之间互相竞争的市场格局，整个电信服务也保持了平稳增长势头，我国已经成为世界上最大的电信市场。电信服务业的技术进步对于物价总水平的变动也具有一定的影响。这种影响表现在两个方面，一是直接影响，即由于电信技术进步而导致电信服务的价格下降，直接影响了物价总水平；二是间接影响，即由于电信服务产业以外的其他经济部门广泛应用电信技术和产品而产生的间接效应。下面将运用投入产出价格影响模型分析电信服务业价格下降对物价总水平和对其他产业价格水平所产生的直接和间接影响。电信服务业的TFP增长率长期高位运行，一方面说明技术进步对于推动电信服务业的增长起到了重要的作用，另一方面说明电信服务业对促进中国整体技术进步和技术创新的作用不断加强。但也要看到金融危机以来的影响，电信服务业的技术进步的增长速度出现缓和下降的趋势。

经过20多年的建设和发展，我国有线电视网络作为国家重要的信息化基础设施，已成为世界上用户规模最大的有线电视网络。在深化广播电视体制机制改革，加速数字化和三网融合进程的大好形势下，全国广播电视事业产业继续保持良好发展态势。2013年全国广播电视网络收入预计755亿元，比2012年的661亿元增加94亿元，增幅为14.22%，与2012年比增幅略有下降。在三网融合快速推进的大趋势下，广播电视网络发展、业务增值尚未出现明显的成果，预计增量将在后两年体现。目前，我国广电网络整体处于数字化阶段的中后期、双向化改造的前期。①

卫星通信商用化始于20世纪60年代，经过几十年的飞速发展，现已成为重要的现代通信手段之一。基于卫星通信发展起来的卫星传输服务业，成为近年来信息服务业的重要组成部分。卫星传输服务包括GPS导航、广播电视、互联网宽带、气象预报等多个方面，

① 中国产业信息网：《我国广电网络行业市场发展现状分析》，2014年6月3日。

而作为支持各类服务应用的卫星通信，有着巨大的市场潜力和发展空间，是卫星传输服务业重要的发展动力。我国在 1973 年建立了国际通信卫星组织 A 型地面站，并租用国际通信卫星开展卫星通信业务，1984 年 4 月起，我国又相继发射了多颗地球同步卫星，逐步建立起基于 VAST 系统卫星通信网络。①

互联网始于 1969 年，美军在 ARPA（阿帕网，美国国防部研究计划署）制定的协定下将美国西南部的大学 UCLA（加利福尼亚大学洛杉矶分校）、Stanford Research Institute（斯坦福大学研究学院）、UCSB（加利福尼亚大学）和 University of Utah（犹他州大学）的四台主要的计算机连接起来。这个协定由剑桥大学的 BBN 和 MA 执行，在 1969 年 12 月开始联机。1983 年，ARPA 和美国国防部通信局研制成功了用于异构网络的 TCP/IP 协议，美国加利福尼亚伯克莱分校把该协议作为其 BSD UNIX 的一部分，使得该协议得以在社会上流行起来，从而诞生了真正的互联网。互联网（Internet，又译因特网、网际网），即广域网、局域网及单机按照一定的通信协议组成的国际计算机网络。通过互联网，人们可以与远在千里之外的朋友相互发送邮件、共同完成一项工作、共同娱乐。运用互联网处理信息的技术称为互联网技术。互联网技术指在计算机技术的基础上开发建立的一种信息技术（Information Technology，IT）。它有三层含义：第一层是硬件，主要指数据存储、处理和传输的主机和网络通信设备；第二层是指软件，包括可用来收集、存储、检索、分析、应用、评估信息的各种软件，它包括我们通常所指的 ERP（企业资源计划）、CRM（客户关系管理）、SCM（供应链管理）等商用管理软件，也包括用来加强流程管理的 WF（工作流）管理软件、辅助分析的 DW/DM（数据仓库和数据挖掘）软件等；第三层是指应用，指收集、存储、检索、分析、应用、评估使用各种信息，包括应用 ERP、CRM、SCM 等软件直接辅助决策，也包括利用其他决策分析模型或借助 DW/DM 等技术手段来进一步提高分析质量，辅助决策者做决策（强调一点，只是辅助而不是替代人决策）。② 目前，有些人理解的互联网技术是将前两层合二为一，统指信息的存储、处理和传输，后者则为信息的应用；也有人把后两层合二为一，则划分为前硬后软，而第三层还没有得到足够的重视。事实上却是唯有当信息得到有效应用时 IT 的价值才能得到充分发挥，也才真正实现了信息化的目标。因为信息化本身不是目标，它只是在当前时代背景下实现目标的一种较好的手段。互联网技术的普遍应用，是进入信息社会的标志。中国产业发展研究网 2015 年 1 月 24 日报道：目前，全球活跃网站数量接近 9 个亿，域名注册数量达 3 个亿，中国的网民数量也有着井喷式的增长，2014 年年底中国互联网网民达到 6.48 亿。无论在规模还是应用内容上，中国移动互联网已经发展成世界榜样：全球前十的市值公司中国有四家，而且随着互联网经济迅速发展，2013 年中国互联网经济占整个 GDP 的 3.3%，已经超过美国达到领先水平，网络零售交易额也首次超过美国位居全球第一。在 2014 年，中国互联网经济占 GDP 比重进一步升至 7%，互联网消费成为拉动 GDP 增长的新引擎。

总体而言，我国在电信、广播电视、卫星传播服务业这几年得到了快速的发展，不论从技术上还是体制上都得到了良好的提高；互联网和相关服务业是进入 21 世纪才得到巨大发展并旋即兴盛起来的产业，正日益普及并广泛应用于各行各业，具有较大的使用价值

① 百度文库：《卫星传输服务业研究阅读报告》。

② 百度文库：《互联网发展史》。

和强大的生命力。随着现代化技术和信息化程度的不断提高，信息传输业具有广阔的发展前景和巨大的投资价值。

二、样本选取与数据处理

沪、深证交所的 29 家信息传输业上市公司的资料来源主要为其 2014 年的财务报告。由于生意宝、游族网络、东方财富、三六五网、腾信股份、昆仑万维、* ST 星美部分数据不可获取，因此将这几家公司剔除，参与分析的公司只有 22 家。具体初始数据如表 12－1 和表 12－2 所示。

表 12－1　　初始数据 1

股票代码	名称	基本每股收益（元）	每股净资产（元）	销售净利率（%）	总资产报酬率（%）	流动比率	速动比率
000839	中信国安	0.1207	7.9802	4.1179	5.2398	2.0960	1.9036
000917	电广传媒	0.2300	7.0732	6.8848	3.7679	1.3500	0.8942
002238	天威视讯	0.5400	16.5675	5.9842	8.2956	2.4404	2.4189
300288	朗玛信息	0.3300	24.4939	7.8099	2.9409	3.4650	3.4650
300310	宜通世纪	0.2100	5.1772	2.9500	5.7315	2.7619	2.2348
600037	歌华有线	0.5359	23.0742	5.9122	5.4875	4.0603	3.9465
600050	中国联通	0.1878	4.1473	3.6485	3.6891	0.1945	0.1794
600637	百视通	0.7053	23.8447	4.0137	12.9342	2.0772	1.9814
600831	广电网络	0.2075	5.6925	3.1778	4.3306	0.3205	0.2737
600959	江苏有线	0.3300	19.2850	3.6270	6.3326	0.5694	0.5239
601929	吉视传媒	0.2792	19.9446	3.4363	5.5158	1.9294	1.6137
000503	海虹控股	0.0278	9.9131	1.4578	2.2540	11.0577	11.0525
002315	焦点科技	1.0200	23.3805	15.4757	4.7672	6.3517	6.3450
002439	启明星辰	0.4100	15.2319	3.6026	9.4909	2.0592	1.9049
002467	二六三	0.3100	21.5890	2.9394	8.8500	2.5053	2.4866
300104	乐视网	0.4400	1.8888	3.7647	3.1294	0.8140	0.6475
300113	顺网科技	0.5400	24.7094	3.5442	11.4979	2.2809	2.2567
300226	上海钢联	0.1204	0.1763	2.8422	1.9091	2.0560	1.6040
300383	光环新网	0.8800	21.9048	6.3905	16.9525	1.8340	1.8269
300431	暴风科技	0.4700	10.8375	3.1900	8.9436	1.9918	1.9744
600804	鹏博士	0.3900	7.6663	3.5262	5.4082	0.3666	0.3597
603000	人民网	0.6000	28.1312	4.5862	15.3825	4.7381	4.7316

表 12-2　　初始数据 2

股票代码	名称	资产负债率（%）	存货周转率（次）	固定资产周转率（次）	总资产周转率（次）	总资产增长率（%）	营业总收入增长率（%）	股东权益增长率（%）
000839	中信国安	42.0210	2.9457	1.3350	0.2088	−4.2162	14.7179	11.5954
000917	电广传媒	35.9324	2.2815	0.9459	0.3346	−6.8936	7.2723	2.6417
002238	天威视讯	19.6265	134.1564	1.7262	0.5157	47.0992	1.3489	51.0583
300288	朗玛信息	22.2748	120529.9585	11.2047	0.1390	106.2727	−19.9660	67.4218
300310	宜通世纪	30.0214	4.9192	18.6444	1.0195	17.5272	29.1191	6.0778
600037	歌华有线	39.7838	16.9156	0.5007	0.2374	1.3182	9.6188	8.8416
600050	中国联通	57.9021	40.3333	0.7711	0.5351	2.9660	−4.9901	3.3097
600637	百视通	28.4226	10.2589	6.8335	0.5108	26.4108	12.9093	20.1530
600831	广电网络	64.0015	14.8070	0.6946	0.4778	13.7247	13.1079	6.6120
600959	江苏有线	37.9709	11.6248	0.5260	0.3025	6.7929	11.8569	4.1755
601929	吉视传媒	45.9663	3.1381	0.5706	0.2615	48.2091	6.6900	17.8508
000503	海虹控股	7.4383	153.5683	1.9855	0.1363	0.4826	−5.2622	4.2960
002315	焦点科技	14.5128	125.2844	19.7407	0.2407	2.1515	−0.1921	1.5749
002439	启明星辰	32.7258	3.9847	5.8169	0.5648	31.1249	26.0665	12.1261
002467	二六三	15.8591	28.2884	7.6464	0.4169	5.3399	−4.3405	7.0121
300104	乐视网	62.2250	13.2435	26.1026	0.9832	76.3038	188.7858	97.9836
300113	顺网科技	21.9655	28.8190	14.4565	0.5016	5.3449	87.0782	17.2512
300226	上海钢联	46.2073	41.0051	32.6083	6.2913	92.6156	386.5970	16.9158
300383	光环新网	19.0865	255.5220	1.4319	0.6611	90.9515	41.0170	126.5135
300431	暴风科技	36.2137	34.7777	14.7933	0.9490	25.7242	18.9169	17.1296
600804	鹏博士	67.7330	42.5407	0.9600	0.5035	24.6746	19.6683	14.0859
603000	人民网	15.3039	249.6334	13.5813	0.5026	26.0916	54.1054	10.3756

在指标性质、单位不同的情况下，首先要对指标进行同趋势化处理。然后利用 SPSS 中的 Z-score 方法将 13 项指标的原始数据进行标准化处理。同趋化数据和标准化数据略。

三、因子分析法适应性检验

为了检验本文选用的指标是否适合使用因子分析法，本书利用 SPSS 软件中 KMO 和 Bartlett 球形检验方法来对样本进行检验。检验结果如表 12-3 所示。

表 12-3　　KMO 检验和 Bartlett 球形检验

取样足够度的 KMO 度量		0.405
Bartlett 球形检验	近似卡方	191.164
	df	78
	Sig.	0.000

由表 12-3 可知，KMO 值为 0.405，小于 0.5，主要由于样本较少造成。Bartlett 球形检验统计量为 191.164，相应的概率 Sig. 为 0.000，在 5%的显著性水平之下，拒绝原假设，因此可认为相关系数矩阵与单位矩阵有显著差异，说明样本适合做因子分析。

四、确定主因子

本书应用因子分析法中的主成分分析法来计算原始公因子的特征值、方差贡献率以及累计方差贡献率，并由此确定公因子。结果如表 12-4 所示。

表 12-4　　解释的总方差

成分	初始特征值			提取平方和载入			旋转平方和载入		
	合计	方差百分比（%）	累积百分比（%）	合计	方差百分比（%）	累积百分比（%）	合计	方差百分比（%）	累积百分比（%）
1	3.340	25.695	25.695	3.340	25.695	25.695	2.841	21.850	21.850
2	2.809	21.608	47.302	2.809	21.608	47.302	2.202	16.936	38.786
3	1.946	14.972	62.274	1.946	14.972	62.274	1.924	14.797	53.538
4	1.482	11.396	73.670	1.482	11.396	73.670	1.887	14.519	68.102
5	1.149	8.840	82.510	1.149	8.840	82.510	1.873	14.408	82.510
6	0.892	6.858	89.368						
7	0.611	4.696	94.064						
8	0.306	2.351	96.415						
9	0.231	1.777	98.192						
10	0.107	0.827	99.019						
11	0.073	0.565	99.584						
12	0.038	0.295	99.879						
13	0.016	0.121	100.000						

提取方法：主成分分析。

根据表 12-4 中数据可知，前 5 个主因子的方差贡献率已经达到了累计方差贡献率的 82.510%，即表明这 5 个主因子已包含原始数据信息量的 82.510%，所以只需选择前 5 个主因子就可以较好地代表原始指标，对公司的绩效进行描述。

特征值可用碎石图列示，如图 12-1 所示。从图 12-1 可以看出，从第 6 个成分开始，特征值的值都小于 1，且折线的陡度变得比较平缓，这说明提取 5 个主因子是合适有效的。

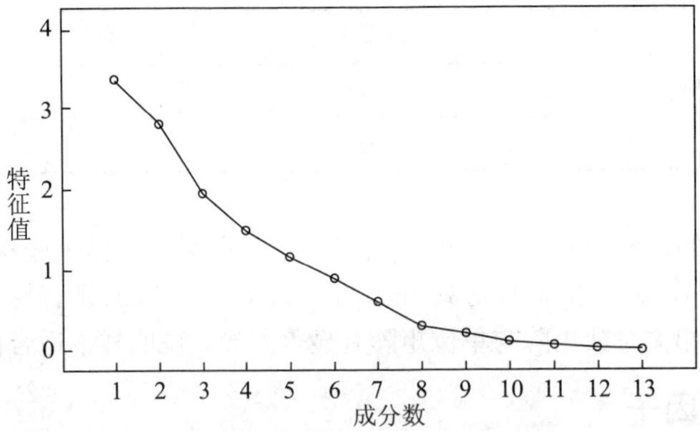

图 12-1 碎石图

五、旋转载荷矩阵分析

本书对原因子载荷矩阵进行最大方差旋转，以期得到主因子更明确的含义。结果如表 12-5 所示。

表 12-5　旋转后的因子载荷矩阵[a]

变量	成分				
	F_1	F_2	F_3	F_4	F_5
基本每股收益	−0.008	0.120	0.696	−0.091	0.668
销售净利率	−0.400	0.180	0.561	0.218	0.459
每股净资产	−0.031	0.017	0.931	−0.150	−0.025
总资产报酬率	−0.161	0.115	0.072	0.127	0.917
流动比率	0.039	0.016	−0.096	0.909	0.089
速度比率	−0.062	−0.025	0.029	0.928	0.018
资产负债率	−0.069	−0.430	−0.029	−0.221	−0.027
存货周转率	−0.218	0.676	0.319	−0.002	−0.496
固定资产周转率	0.863	0.136	0.249	0.090	−0.071
总资产周转率	0.906	0.077	−0.195	−0.002	−0.109
总资产增长率	0.385	0.876	0.001	−0.126	0.029
营业总收入增长率	0.937	0.154	−0.198	−0.087	−0.003
股东权益增长率	0.072	0.826	0.003	−0.156	−0.156

提取方法：主成分分析。

旋转法：具有 Kaiser 标准化的正交旋转法。

a. 旋转在 5 次迭代后收敛。

由表 12－5 中的数据可以看到，固定资产周转率、总资产周转率在主因子 F_1 上的载荷量分别为 0.863、0.906，它主要反映了公司的营运能力，所以将 F_1 命名为营运因子；总资产增长率、股东权益增长率在主因子 F_2 上的载荷分别为 0.876、0.826，体现了公司的成长能力，为成长因子；主因子 F_3 则在每股收益率（0.696）、销售净利率（0.561）和每股净资产（0.931）上有较大载荷量，代表了公司的盈利能力，故而将其命名为盈利因子；主因子 F_4 在流动比率（0.909）和速动比率（0.928）上有较大载荷量，代表了公司的偿债能力，为偿债因子。主因子 F_5 在每股收益、销售净利率、总资产报酬率上有较大载荷量，为 0.668、0.459、0.917，代表了公司的盈利能力，为盈利因子。

六、信息传输业上市公司综合得分与排名

要得到因子的综合得分，需先对因子数据进行标准化处理，使其期望为 0，方差为 1，然后，对各因子的方差贡献率占因子总方差贡献率的比重作为权重加权汇总，使用计算综合得分的公式来计算各样本的综合得分。公式如下：$F=(\lambda_1 F_1+\lambda_2 F_2+\lambda_3 F_3+\lambda_4 F_4+\lambda_5 F_5)/(\lambda_1+\lambda_2+\lambda_3+\lambda_4+\lambda_5)=(0.2185\times F_1+0.16936\times F_2+0.14797\times F_3+0.14519\times F_4+0.14408\times F_5)/0.82510$ 来计算各样本的综合得分。得到结果按名次排列如表 12－6 所示。

表 12－6　　信息传输业上市公司综合得分与排名

股票代码	名称	F_1（营运）	F_2（成长）	F_3（盈利）	F_4（偿债）	F_5（盈利）	F（综合）	排名
300226	上海钢联	3.7952	0.3079	−0.6414	−0.0186	−0.8202	0.8067	1
300383	光环新网	−0.2650	1.9918	−0.1267	−0.6649	2.5282	0.6404	2
002467	二六三	−0.2702	−0.1417	−0.1214	4.0917	0.0307	0.6029	3
002315	焦点科技	0.6396	−1.1447	3.7274	−0.2486	−0.2172	0.5212	4
300104	乐视网	1.3637	1.2768	−0.4625	−0.6216	−0.0656	0.4194	5
603000	人民网	0.1033	−0.0972	0.4471	−0.1329	1.4997	0.3261	6
300113	顺网科技	0.2620	−0.2647	0.2197	0.3838	1.0067	0.2978	7
002238	天威视讯	−0.3287	0.6104	0.0306	0.6944	0.5127	0.2554	8
300288	朗玛信息	−0.9760	3.0218	1.4256	−0.0065	−2.2265	0.2275	9
600637	百视通	−0.2175	−0.0668	0.2188	−0.0662	1.3510	0.1922	10
300310	宜通世纪	0.5188	−0.4550	−0.4471	0.8669	−0.4940	0.0301	11
300431	暴风科技	0.2901	−0.6931	−0.1585	−0.4290	0.4061	−0.0984	12
002439	启明星辰	−0.1707	−0.4438	−0.3054	−0.3360	0.4704	−0.1680	13
600037	歌华有线	−0.5314	−0.5947	0.5858	−0.3316	0.0575	−0.2061	14
601929	吉视传媒	−0.6196	0.3174	−0.4857	−0.1642	−0.0911	−0.2308	15
600804	鹏博士	−0.3701	−0.0723	−0.5626	−0.4729	−0.1974	−0.3314	16

续 表

股票代码	名称	F_1（营运）	F_2（成长）	F_3（盈利）	F_4（偿债）	F_5（盈利）	F（综合）	排名
600959	江苏有线	−0.5985	−0.5782	−0.2394	−0.4229	−0.0101	−0.3963	17
000839	中信国安	−0.5406	−0.4843	−0.6571	−0.1235	−0.5821	−0.4838	18
600831	广电网络	−0.4658	−0.2573	−0.8111	−0.4275	−0.6035	−0.5022	19
600050	中国联通	−0.4987	−0.4610	−0.7023	−0.4243	−0.7965	−0.5664	20
000917	电广传媒	−0.3752	−1.4466	0.1777	−0.7895	−0.8083	−0.6445	21
000503	海虹控股	−0.7445	−0.3245	−1.1115	−0.3560	−0.9505	−0.6917	22

表12-6中，信息传输业上市公司综合得分与其投资价值呈正相关关系。由于先对因子数据进行了标准化处理，因此，可以0为参考标准线，认为：综合得分大于0的公司，综合业绩相对较好，且数值越大，投资价值越大；综合得分小于0的则相对较差，且数值越小，投资价值越小。依此可对上市公司的综合业绩和投资价值有一个基本的评价。

具体而言，表12-6中，各项能力得分与相应实力也呈正相关关系，排名前十位的公司分别为上海钢联、光环新网、二六三、焦点科技、乐视网、人民网、顺网科技、天威视讯、朗玛信息、百事通。2013年排名前七位的是光环新网、百视通、顺网科技、人民网、乐视网、启明星辰、焦点科技、电广传媒、吉视传媒、二六三和上海钢联。两年相比，有七家公司两年都在前十，且基本都是互联网公司。这说明互联网行业发展迅速，实力强劲。其中，上海钢联总分排名第一，由2013年的第十跃居行业龙头，突出表现在其遥遥领先的营运能力，成长能力也不错，但其余三项得分为负值，明显较差，发展不尽均衡，较适宜对其长期投资。光环新网总分排名第二，2013年第一，均居行业领先地位，总体实力强，第二项盈利能力得分排名第一，营运能力也不错，但其余各项得分均为负值，发展不尽均衡，较适宜短期投资。二六三排名第三，2013年第九，进步较大，偿债能力得分遥遥领先，盈利能力也不错，但其余各项得分均为负值，发展不尽均衡，较适宜短期投资。焦点科技总分排名第四，2013年第七，有所进步，第一项盈利能力得分排名第一，营运能力也不错，但其余各项得分均为负值，发展不尽均衡，较适宜短期投资。乐视网综合排名第五，两年不变，发展稳健，营运能力和成长能力表现不错，其余各项均为负值，较适宜对其长期投资。人民网和顺网科技，较突出的是营运能力和盈利能力，其余各项均为负值，较适宜对其短期投资。天威视讯综合排名第八，除营运能力外，其余得分均为正值，发展教委均衡，值得投资者关注。朗玛信息主要依靠其成长能力而排名第九。该公司成长性较好，其他各项能力表现一般，较适宜对其长期投资。百事通综合排名由2013年的第二位降至第十，盈利因子得分较高，其他各项能力一般，可以考虑对其短期投资。

排名末十位的公司包括启明星辰、歌华有线、吉视传媒、鹏博士、江苏有线、中信国安、广电网络、中国联通、电广传媒和海虹控股。这些公司各项能力得分基本都为负值，相对而言能力较差。2013年，他们的综合排名也较靠后，其中，吉视传媒，综合排名第四，期偿债能力十分强，位于行业第一，成长能力表现得也比较好，盈利能力和营运能力排名靠中，说明盈利能力和营运能力有待提高。其余五家公司，除广电传媒一项盈利因子得分为正外，各项因子得分均为负值，总体实力较差，暂不建议对其投资。

七、系统聚类分析

通过聚类分析把业绩相似的公司归类，可以对不同类别的上市公司进行对比分析，为投资者选择投资组合提供参考。

根据树状图（略）对 22 家信息传输业上市公司进行分类，本文选择将其分为 4 类，如表 12-7 所示。

表 12-7　　　　聚类分析

类别	信息传输业上市公司	数目
1	上海钢联、乐视网	2
2	光环新网、二六三、人民网、顺网科技、天威视讯、百事通	6
3	焦点科技、朗玛科技	2
4	中信国安、电广传媒、宜通世纪、歌华有线、中国联通、广电网络、江苏有线、吉视传媒、海虹控股、启明星辰、暴风科技、鹏博士	12

表 12-7 中，类别 1 中，包含上海钢联和乐视网 2 家公司，综合排名均居于上游，上海钢联排名第一，乐视网第五，他们的突出优势是成长能力和营运能力得分较高，说明他们发展潜力大，远景乐观，适宜对其长期投资。其中，上海钢联主营范围：钢铁、能源、矿业和有色金属等相关行业信息服务为基础的 B2B 电子商务服务。报告期公司营业收入、营业成本分别为 7557110151.61 元和 7355490503.37 元，比 2013 年数分别增加 386.60% 和 426.66%，主要原因是子公司上海钢银电子商务有限公司于报告期内推出了钢材超市（寄售模式）且发展迅速，导致公司营业收入、营业成本均出现了大幅上升。2014 年是公司发展大宗商品电子商务的关键一年，基于前期对钢铁电商的持续探索及取得的成果，公司提出了建设线上线下一体化的电商生态体系，致力于打造交易闭环，让大宗商品交易更安全、更便捷、更高效的目标。除了继续大力发展钢铁在线交易平台——钢银平台，也开始建设集合支付结算、仓储、物流、数据、金融服务的服务体系，并致力于推动各个平台的无缝对接、通融发展，形成完整的电商生态体系。经过一年的努力，公司的电商模式逐渐成熟，包括信息流、物流、资金流在内的交易闭环逐步形成，在交易量、用户黏性、市场占有率上持续攀升。同时，钢银平台线上交易量快速上升，经过一年多的发展，钢银平台已经形成了两大交易模式：钢材集市（撮合交易模式）与钢材超市（寄售模式）；公司实现了线上线下联动发展，服务体系建设初具规模，报告期内，公司成立了上海钢联宝网络科技有限公司，计划从事第三方网络支付业务，目前正在申请《支付业务许可证》；公司参股成立了上海钢联物联网有限公司，通过租赁、改造、管理大宗商品仓库打造云仓储，提高仓库的可视化、信息化、智能化；公司计划合资成立天津钢联俊安金控投资有限公司（筹），围绕大宗商品供应链提供金融服务。作为行业龙头，有广阔的发展前景和巨大的投资价值。乐视网主营范围：提供网络视频基础服务和视频平台增值服务。2014 年，公司互联网行业取得了突飞猛进的发展，产品与服务呈现出更为智能化、未来化的趋势，

行业竞争越发激烈。公司围绕年度经营计划，不断夯实并完善乐视生态，持续拓展和创新，进一步提升用户体验，开拓更为有效的营销模式，生态协同效应更为凸显，公司各主营业务实现了稳定、快速的增长。公司网站的流量、覆盖人数等各项关键指标继续大幅提升，截至2014年年底，公司网站的日均UV（独立访问用户）约4700万，峰值接近7000万；日均pv2.4亿，峰值3亿，vv日均2.6亿，峰值3.2亿。乐视云视频开放平台覆盖超过400个CDN节点，总带宽6T，成为全球最大的开放视频云计算平台。报告期公司实现营业收入681809.86万元，较2013年同期增长188.75%；归属于上市公司普通股股东的净利润为32201.36万元，较2013年同期增长26.82。2014年，公司"乐视TV超级电视"已完成Max70、X60S、X50Air、S50Air、S40Air、S40AirL全系产品线建设。经过一年多时间的经验累积和持续建设，乐视TV的研发、物流、客服等体系更趋完善，通过深度的互联网营销不断提升品牌价值，提前完成2014年150万台年度销量目标。乐视网综合得分排名第六，各项能力发展较为均衡，具有较强的行业实力和竞争力。

类别2中，包含光环新网等6家公司，该类公司的总体实力相对较强，偿债能力和盈利能力较为突出，比较适宜对其短期投资。其中，光环新网主营范围：宽带接入服务、IDC及其增值服务以及其他互联网服务。2014年，公司根据企业发展战略及年度经营计划，积极推进各项工作顺利开展，取得了骄人的业绩，实现营业收入43454.31万元，同比增长41.02%；利润总额11248.87万元，同比增长42.45%；属于公司股东的净利润9518.44万元，同比增长41.51%。综合得分排名第二，营运和盈利能力较为突出，2013年排名第一，充分说明了公司的综合实力和稳定的行业龙头地位，具有较大的投资价值。天威视讯凭借科学的经营管理，创新的技术应用，良好的业务结构和优质的服务水平，2014年，天威视讯经营业绩再上新台阶，总资产达30.38个亿，营业收入13.15个亿，营业利润2.18亿；截至2014年年底，天威公司共拥有的有线数字电视用户终端数217.46万个，高清交互电视用户终端数84.6万个，有线宽频缴费用户数25.57万户。公司行业地位和品牌影响力不断提升。其盈利能力和成长能力都很优秀，建议投资。百视通是中国电子信息行业的大型骨干企业之一。通过产业布局调整，形成了年产3万台DLP数字光学电视，9万台PDP等离子电视机，200万台LCD产品的平板显示类产品和100万台以上CRT彩电生产能力的两大产品生产、研发基地。公司连续数年名列中国电子信息产业百强企业前茅，先后荣获上海市高新技术企业、上海市先进制造业十大品牌等称号，SVA品牌连续多年荣获上海市名牌产品称号。他的综合排名第二，建议投资。

类别3中，包含焦点科技和朗玛科技2家公司，这两家公司的盈利能力最为突出，比较适宜对其短期投资。其中，焦点科技主营范围：综合型第三方BZB电子商务平台，专注服务于全球贸易领域。2014年，公司实现营业收入50989.01万元，净利润11921.46万元，较2013年同期分别下降0.19%和12.54%。业绩下滑在公司预期之内，有些项目下滑是战略调整做出的主动选择。在外部总体弱势的背景下，公司通过线下服务的拓展，增强用户的黏性，全面提升平台的公信力和用户的满意度，加大了对新业务的支持力度，优化员工与公司利益共享机制，不断增强员工的认同感和归属感，提高员工的创造力和工作热情，为公司的长远发展奠定了坚实的基础。即使在净利润下降的情势下，仍然维持了其行业优先的盈利能力和总分排名第四的优势地位，具有较大投资价值。朗玛信息技术股份有限公司成立于1998年，2010年11月1日正式更名为"贵阳朗玛信息技术股份有限公司”，注册资金 5340 万元。由公司自主开发并运营的“朗玛电话对对碰系统”，目前已经成为中国电信和中国联通在电话语音增值领域首选的合作平台，在中国电信和中国联通的增值业务收入中占据了举足轻重的分量，并在中国电信和中国联通的电话 Q 吧业务中占据了绝对的优势。朗玛信息综合排名第一，其成长因子得分排名也是第一，说明其成长能力非常强，营运能力得分排名第三，说明其营运状况也较佳，其盈利因子和偿债因子排名靠前，说明盈利能力和偿债能力也较佳，综合各个因子得分及综合得分，朗玛信息非常值得投资。

类别 4 中，包含中信国安等 12 家公司，总体实力较差，排名均居于中下游。其中，中信国安是一家以信息产业为主营的高科技上市企业，主要从事信息网络基础设施的投资建设、信息服务业中的相应服务与应用软件开发，也是国内最大的锂离子二次电池正极材料钴酸锂和锰酸锂的生产企业，为国内外唯一大规模生产动力锂离子二次电池的厂家。它的各项因子排名都居中，不建议长期投资。电广传媒是国内唯一的两家数字电视内容提供商之一，其所属的传媒业是属于资源垄断型行业。公司依托大股东湖南广电集团的雄厚实力，在国内数字传媒领域迅速崛起，成为了国内数字电视的领跑者，具有广阔的发展前景。鹏博士以开发的 EasyCDN 网络加速软件和技术为基础，以全国分布式 IDC 资源为依托，为客户提供 IDC 服务，是中国目前主要的依托 CDN 技术的 IDC 服务商之一。该公司综合绩效不佳，不建议投资。宜通世纪作为国内较早从事通信技术服务的企业之一，凭借自身丰富的行业经验、强大的技术实力和人才优势，通过对通信网络工程建设、维护、优化和系统解决方案等不同业务类型和环节进行有效整合，形成了跨技术专业、多网络制式、多厂家设备的全业务服务模式，改变了以往分散的多环节服务模式，降低了电信运营商或设备商的网络建设成本和管理成本，提高了整体服务效益。排名第六，归功于其突出的营运能力，营运因子排名第一，建议投资。歌华有线，综合排名第六，其成长因子得分排名第四，盈利因子排名第三，营运因子和偿债因子排名最后，为第十和第十一，综合各个因子的得分及综合得分，歌华有线在投资时需要仔细谨慎考虑。中国联通拥有覆盖全国、通达世界的现代通信网络，积极推进固定网络和移动网络的宽带化，为广大用户提供全方位、高品质信息通信服务。2009 年 1 月，中国联通获得了当今世界上技术最为成熟、应用最为广泛、产业链最为完善的 WCDMA 制式的 3G 牌照。在短短几个月的时间里，中国联通便建成了全球规模最大的 WCDMA 网络。目前，3G 网络已经覆盖了全国所有城市。其综合排名第九，各项能力排名都较居中 ，营运因子排名第六，偿债能力排名第七，盈利能力排名第十一，成长能力排名第六，各个能力都中等，甚至下等，不太建议投资。广电网络脱胎于黄河机电股份有限公司，1992 年 4 月成立，1994 年 2 月 24 日在上海证券交易所上市，是陕西省首批上市公司之一，股票简称“广电网络”，属于文化与传播行业。综合得分排名第八，偿债能力和营运能力较好，排名第四和第五，盈利能力、成长能力和偿债能力分别排名第九、第十，说明其盈利成长能力还有待提高。因此，其适合短期投资。江苏有线是江苏省委、省政府根据中央文化体制改革精神，在整合全省广电网络资源基础上组建的国有大型文化企业。公司主要从事广电网络的建设运营，广播电视节目传输、数据宽带业务以及数字电视增值业务的开发与经营。其综合排名第十一，成长能力和偿债因子得分排名第十，说明企业的成长性和偿债性不好，营运能力排名第十一，说明公司内部的营运能力不过关，相比较而言，盈利因子得分排名第四，靠前，可以考虑短期适量投资。吉视传媒可转债 2014 在上海证券交易所正式挂牌交易，融资 17 亿元，成为目前国内有线电视行业规模最大的一单可转债发行项目；公司也因此成为吉林省历史上第一家以发行可转债方式实现再融资的上市公司，吉林市第一家上市后实现再融资的文化企业。与此同时，公司还实现 2014 年全年收入 22.50 亿元、税后净利润 4.10 亿元，这是自 2007 年以来，公司收入和利润连续第八年实现高速增长。虽然他的营运能力表现较为一般，但其成长能力排名第三，盈利能力排名第五，偿债能力排名第一。综合各项指标，该公司在谨慎考虑后可以选择投资。

八、结语

综上所述，投资者在进行信息传输业的投资价值分析时，需要具备理性的态度，结合电信、广播电视、卫星传输服务业的宏观、区位情况和上市公司财务状况等各类信息，利用定量分析模型的分析结果作为决策辅助工具，就能更快、更好地判断挖掘公司的内在价值，做出有价值的投资决策，获得相应的最大收益。但由于分析仅涉及了两个年度的财务报表资料，某些项目还可能会由于会计政策变更等的影响存在一定程度的偶然性，分析指标的选择也具有主观性。因此，分析结果难以反映出完全的真实状况，若能对更多年度进行跟踪分析，并适当增加分析指标，则可较大程度地消除偶然性，并反映出各分析对象的更加全面的动态状况，能更有效地据以预估未来，做出更加准确的投资决策。

（参著：冯银波、李秋萍）

第二节　软件和信息技术服务业上市公司投资价值比较分析研究

一、行业发展和投资价值状况

软件产业是国民经济和社会发展的基础性、先导性、战略性和支柱性产业，对经济社会发展具有重要的支撑和引领作用。发展和提升软件和信息技术服务业，对于推动信息化和工业化深度融合，培育和发展战略性新兴产业，加快经济发展方式转变和产业结构调整，提高国家信息安全保障能力和国际竞争力具有重要意义。2000 年以来，国务院先后发布了《鼓励软件产业和集成电路产业发展的若干政策》和《进一步鼓励软件产业和集成电路产业发展的若干政策》，从财税、投融资、研究开发、进出口、人才、知识产权、市场等方面给予了较为全面的政策支持。经过全行业的共同努力，我国软件和信息技术服务业步入新的快速发展阶段，初步形成了较为完整的技术和产业体系。

2014 年，我国软件和信息技术服务业整体呈平稳较快增长态势，收入增速比去年同期有所放缓，但仍高于电子信息制造业水平，产业结构和布局良性调整，新兴领域业务快速增长。2014 年 1—12 月快报数据显示，我国软件和信息技术服务业实现软件业务收入 3.7 万亿元，同比增长 20.2%，增速比 2013 年下降 3.2 个百分点，但仍高于电子信息制造业 10 个百分点左右。全年发展呈稳中有降趋势，月度累计增速稳定在 20%～22%，第一至第四季度增速分别为20.9%、22.6%、18.5%和19.1%，下半年增速有所放缓。新兴信息技术服务比重继续提高。1—12月，信息技术咨询服务、数据处理和存储类服务分别实现收入3841亿元和6834亿元，同比增长22.5%和22.1%，增速高出全行业平均水平2.3和1.9个百分点；占全行业比重分别达10.3%和18.4%，同比提高0.2和0.3个百分点。传统的软件产品和信息系统集成服务分别实现收入11324亿元和7679亿元，同比增长17.6 %和18.2%，占全行业比重同比下降0.7和0.3个百分点。嵌入式系统软件实现收入6457亿元，同比增长24.3 %，增速高出全行业平均水平4.1个百分点。集成电路设计业实现收入1099亿元，同比增长18.6%。[①] 由于政策利导和政府扶持，我国中西部软件产业发展速度加快，中心城市软件业保持了较快增长。

在2014年行业迅速发展取得了重大成绩的基础上，对2015年软件与信息技术服务业形势的基本判断[②]。

（一）产业规模增长有力，转型稳步推进

在全球经济潜在增长持续下降的背景下，我国经济步入发展新常态，维持高增长同时增速小幅放缓的健康发展态势。政策措施有力推动结构调整和转型升级取得新进展，促进服务业发展水平的提高和经济质效的增强。2014年，信息技术服务产业运行态势良好，产业规模不断扩大。统计数据显示，1—9月，我国软件和信息技术服务业增速稳中趋缓，实现业务收入26815亿元，同比增长20.6%。其中，数据处理和存储服务实现收入4785亿元，同比增长24.6%，增速继续保持全行业首位，高出全行业平均水平4个百分点；集成电路设计、信息系统集成服务和信息技术咨询服务分别完成收入757亿元、5551亿元和2845亿元，同比分别增长20.7%、20.2%和20.4%。

2015年，在国家政策、社会需求和产业资金等多方面有力因素的驱动下，信息技术服务业将保持有力增长。随着我国经济转型成效逐步扩大，产业得到新的驱动力量和发展机会。一是高速发展的信息消费，逐渐成为推动我国经济增长的主要因素，不断深入社会经济和社会组织形式，带动数字内容、移动互联网等产业发展，信息平台建设和对接需求大大增加；二是发展空间巨大的新兴科技领域，随着以云计算、移动互联和大数据为代表的技术创新和突破，产业发展方向愈发明显，与传统行业融合不断深化，催生IT系统建设需求。

（二）政策推动日益强化，支持力度不断加大

2014年，政府接连出台促进服务业增长、提高服务业水平的政策，信息技术服务业的政策环境持续优化。

2015年，随着政策的逐步落实，相关配套政策和地方政策相继出台，信息技术服务业的战略地位将提升到前所未有的高度。

国家和地方层面的利好政策连续出台，有力带动产业新兴领域的快速发展。云计算领域，2014年，我国积极制定并完善政府采购政策，推动政府的云服务应用。2014年8月，中央政府采购网发布信息，京东、浪潮等多家企业的云产品及云服务入围“2014年中央国家机关政府采购协议供货商名单”，为云计算在政务领域的广泛应用奠定政策基础。地

---

① 《2014年1—12月我国软件行业发展情况解析》，2015年1月27日，www.chinabgao.com。

② 工业和信息化部赛迪研究院信息技术服务业形势分析课题组：《2015年信息技术服务业发展形势展望》，《中国信息化周报》2015年第5期。

方也积极将云计算纳入政府采购。2015 年，在相关政策的推动和落实下，政府将成为云计算的重要用户。大数据领域，2014 年贵州省等地方积极出台大数据产业发展规划和支持大数据产业发展的具体政策，为大数据及其关联产业发展提供利好机遇。2015 年，我国国家层面的大数据战略思路也将逐渐成型并有望确定发布，引导和推动大数据的有序发展。各部委、各地方将继续出台或实施与大数据相关的政策文件和专项，政策内容将随着对大数据本质的认识而越发明确，有关配套工作也将有序推进。

（三）企业加速跨界发展，市场竞合加剧

随着互联网的深度渗透和新兴技术的不断创新，企业加速跨界发展步伐，通过并购合作抢占新市场或补充自身短板，增强市场竞争力。一方面，2014 年科技行业的投资并购交易达到新的高峰，IT 业跨界并购进入井喷期。目前国内跨界并购活动主要由资本充足的龙头公司开展，专注于产业新兴增长点。并购对象包括云计算、金融 IT 服务等领域企业，一般拥有细分领域领先的核心技术、客户资源等无形资产。另一方面，IT 企业通过签署战略合作协议，发挥各自信息技术和资源优势，如中软与华为、浪潮与金蝶强强联手推动跨界融合，加强在云服务、大数据和智慧城市等领域的共赢发展。在信息安全监管趋严的背景下，国际巨头如 IBM、思科也积极寻求与我国企业开展合作从而实现本土业务突破。

2015 年，受跨界并购合作热潮和软硬件服务化态势的推动，信息技术服务业竞合持续加剧。随着信息化向纵深发展，信息技术服务日益综合化、集成化，市场将从单一企业竞争到以聚合生态系统的协同效应参与全产业链竞争。多元化并购合作活动的增长趋势在 2015 年延续，主要围绕大数据、云计算、物联网等新兴技术以及金融、医疗、数字内容等需求大、普及率高的领域展开，我国企业的海外战略投资与合作也将保持活跃。

（四）信息技术深度渗透生活生产领域

新一代信息技术已经成为引领各领域创新不可或缺的重要动力和支撑，成为实施创新驱动发展战略、建设创新型国家的关键所在，在深层次上改变交通、医疗、电信、能源、金融等基础领域的面貌。

智慧城市领域，新一代信息技术在城市主体范围内的创新应用对于我国城市化进程尤为重要。经过 2013 年的大范围试点，2014 年智慧城市进入大力推广阶段，相关企业与各地政府签署众多框架协议，主要围绕政务、交通、医疗等方面，并逐步由小部分项目开始实质性落地。2015 年，基于新一代信息技术的数据互联互通与统一管理平台是智慧城市发展的重要趋势，在智慧医疗、社保、教育、平安城市、电子政务、工商管理等领域的应用将不断增加。

互联网金融领域，在资本推动和我国客户金融需求逐步释放的影响下，市场快速发展并日益壮大，2014 年延续 2013 年的强势表现，在理财、投资以及信贷领域均有突破，阿里、腾讯和联想等企业相继投资互联网金融。2015 年，随着金融改革的不断深化和政策监管的逐步松绑，互联网金融创新和巨头布局进一步加速。大数据与金融融合成为行业发展趋势，有助于金融企业提升竞争力，推动互联网金融模式创新和产品精准营销。行业边界日渐模糊，参与者包括传统金融机构、互联网企业、通信运营商以及基础设施提供商等，跨界合作活动频繁。

综上所述，随着我国经济的不断发展，软件和信息技术服务业有广阔的发展空间和美好的发展前景，也具有巨大的投资价值。

二、样本选取和数据处理

沪、深证交所的 114 家软件和信息技术服务业上市公司的资料来源主要为其 2014 年的财务报告。具体初始数据如表 12－8 和表 12－9 所示。

表 12－8　　初始数据 1

股票代码	名称	基本每股收益（元）	每股净资产（元）	销售净利率（%）	总资产报酬率（%）	流动比率	速动比率
000008	神州高铁	0.0300	2.5283	1.8819	2.9974	3.1302	3.0143
000555	神州信息	0.6482	4.3776	6.3845	5.4208	1.5518	1.3588
000948	南天信息	0.0500	0.5299	5.7455	1.4051	1.5875	1.1985
000997	新大陆	0.5400	13.5586	3.5846	9.7527	1.7639	0.8889
002063	远光软件	0.4126	21.7678	3.4596	9.1449	8.5058	8.4581
002065	东华软件	0.7013	20.0853	4.1510	16.2328	4.0537	3.2253
002093	国脉科技	0.0631	9.9275	1.5055	3.7665	3.0257	1.3271
002148	北纬通信	0.0600	5.9592	4.0140	0.9253	4.9863	4.9688
002153	石基信息	1.2400	18.0759	6.0956	18.1248	2.8412	2.3227
002195	二三四五	0.6900	17.3600	11.6458	4.5624	7.6183	7.6006
002230	科大讯飞	0.4700	21.8840	4.6160	8.2353	2.3836	2.2157
002232	启明信息	0.0188	0.5598	2.4563	0.0315	2.0128	1.6764
002253	川大智胜	0.0788	6.7034	5.8024	1.4657	2.6901	1.9433
002261	拓维信息	0.1400	11.6318	2.6000	6.3456	5.2702	4.9695
002268	卫士通	0.5523	10.1156	5.6973	9.8823	2.7356	2.4686
002279	久其软件	0.4134	21.9319	4.2651	9.1684	6.7017	6.7005
002280	联络互动	1.2200	51.2803	3.0030	26.9089	11.1239	11.1200
002316	键桥通讯	0.0500	2.5729	2.1115	2.3379	1.5946	1.2916
002331	皖通科技	0.2579	7.7694	4.8189	5.0489	3.4834	3.0323
002368	太极股份	0.7100	4.6571	7.2806	5.3662	1.4302	1.3813
002373	千方科技	0.5400	19.7098	1.8917	19.1858	1.4541	0.9708
002401	中海科技	0.1684	9.5746	2.2088	3.7869	1.9111	1.7308
002405	四维图新	0.1700	12.2207	3.5579	4.4648	4.5190	4.4105
002410	广联达	0.7920	34.3856	3.7149	21.1299	6.5009	6.4831
002421	达实智能	0.5086	11.6970	6.3240	8.8236	2.7238	2.3870

续 表

股票代码	名称	基本每股收益（元）	每股净资产（元）	销售净利率（%）	总资产报酬率（%）	流动比率	速动比率
002474	榕基软件	0.0358	3.6716	2.1791	1.0637	4.1464	3.3377
002544	杰赛科技	0.1800	4.7447	2.2000	5.4971	1.6581	1.3553
002609	捷顺科技	0.3500	17.8585	2.7058	9.4872	3.8801	3.4262
002642	荣之联	0.4461	12.2651	6.2114	8.2189	2.7426	2.3453
002649	博彦科技	1.0300	10.8796	9.2844	9.7743	2.5077	2.5077
002657	中科金财	0.6100	7.1811	9.4713	5.3242	2.4081	1.6446
300002	神州泰岳	0.4868	23.7018	3.6487	13.2223	4.5656	4.1867
300010	立思辰	0.3640	13.3601	4.4824	8.0885	2.4818	2.0618
300017	网宿科技	1.5400	25.3144	5.1559	28.7567	5.4031	5.3461
300020	银江股份	0.6800	7.9687	6.7001	6.7480	1.5132	0.9692
300025	华星创业	0.4200	8.6181	3.4531	8.4383	1.5981	1.5328
300033	同花顺	0.2200	22.7621	4.4326	2.2449	3.3513	3.3500
300036	超图软件	0.3750	12.6608	5.2798	5.7213	2.8012	2.7874
300044	赛为智能	0.2300	10.0455	2.9037	6.7471	2.7630	1.8798
300047	天源迪科	0.1900	5.7850	3.8376	5.1695	2.0003	1.5396
300050	世纪鼎利	0.2000	9.6762	9.0702	0.2096	3.9824	3.7779
300051	三五互联	0.0200	0.9408	1.5488	−0.4704	3.0744	3.0667
300052	中青宝	−0.0800	1.3178	3.5474	−0.2867	1.3390	1.3390
300074	华平股份	0.0940	12.9121	3.0750	2.4794	12.4220	10.5886
300075	数字政通	0.6300	23.2574	6.0005	9.4150	4.9130	4.7040
300085	银之杰	0.1130	14.6821	3.1688	3.2416	5.2120	4.9353
300096	易联众	0.1090	10.9786	1.5852	5.1332	3.5479	3.1771
300098	高新兴	0.7000	18.1446	5.2786	10.7951	1.4149	1.2490
300150	世纪瑞尔	0.4600	37.6461	5.3700	6.8528	8.7628	8.2742
300166	东方国信	0.5200	21.9179	5.3677	9.9459	2.6817	2.5820
300167	迪威视讯	−0.0300	−2.3515	2.2843	−0.3224	2.2264	1.9600
300168	万达信息	0.3899	12.8985	3.2751	8.5294	1.2974	0.9522
300170	汉得信息	0.3300	17.5140	2.9423	9.8576	10.5212	10.5131
300182	捷成股份	0.5600	21.4353	3.6027	13.9112	2.8828	2.5527
300183	东软载波	1.1000	38.1538	8.3979	11.3110	11.5995	11.2052
300188	美亚柏科	0.5200	20.4643	4.2587	11.0308	2.9470	2.3605

续 表

股票代码	名称	基本每股收益（元）	每股净资产（元）	销售净利率（%）	总资产报酬率（%）	流动比率	速动比率
300209	天泽信息	0.0600	5.0722	5.3283	−0.7631	15.4096	14.8314
300212	易华录	0.4470	9.8656	3.0215	8.0167	1.3346	0.3017
300229	拓尔思	0.4526	33.0748	6.0639	7.3445	6.1184	6.0863
300231	银信科技	0.2700	11.7991	1.7890	13.9205	5.4891	5.3589
300235	方直科技	0.1400	27.1936	2.1228	6.6424	19.3185	18.9204
300245	天玑科技	0.4000	18.3665	3.6829	10.1459	7.2997	6.9563
300248	新开普	0.2600	12.0701	3.7561	6.5518	5.1692	3.9378
300253	卫宁软件	0.5600	24.9571	3.5158	12.3072	2.5788	2.4916
300264	佳创视讯	0.0800	11.2024	2.7040	1.2207	18.9525	17.9579
300271	华宇软件	0.9900	16.5755	7.4600	10.7709	2.1816	1.5857
300275	梅安森	0.1800	10.0934	4.0691	3.3715	6.2995	5.6500
300277	海联讯	−0.3800	−12.6131	3.4216	−7.9573	2.2967	1.8026
300287	飞利信	0.3700	13.6002	4.4023	6.7798	1.3712	1.1506
300290	荣科科技	0.4187	14.1417	3.1808	11.0682	2.5280	2.3326
300297	蓝盾股份	0.1800	7.0343	3.6389	4.4244	1.4175	1.3233
300299	富春通信	0.0800	8.4080	2.2406	4.8558	3.2941	3.2900
300300	汉鼎股份	0.4457	12.1262	3.7919	9.0262	2.1264	1.4618
300302	同有科技	0.2400	10.5185	4.6770	4.0233	6.6089	6.0788
300311	任子行	0.3700	12.6161	3.9208	6.6211	3.7281	3.3828
300312	邦讯技术	0.0600	1.1967	4.9316	1.6028	1.8960	1.3535
300315	掌趣科技	0.2700	45.2335	3.0764	9.8639	1.6755	1.6800
300324	旋极信息	0.3100	18.5629	3.1472	9.4583	2.4901	2.2648
300330	华虹计通	0.0800	5.8562	2.5699	1.7875	2.8247	2.5011
300333	兆日科技	0.3300	26.9227	7.2692	4.6897	20.7939	19.7186
300339	润和软件	0.4500	15.5955	5.1278	8.5015	2.2697	2.0593
300348	长亮科技	0.7044	15.0452	8.5774	5.7125	5.4898	5.4775
300352	北信源	0.2500	25.8794	2.6289	8.6881	7.7741	7.6606
300359	全通教育	0.4600	23.3040	3.8188	16.1280	11.8563	11.7638
300365	恒华科技	0.9500	26.6287	6.0289	15.2922	19.1188	16.4415
300366	创意信息	0.7200	14.5604	6.0141	11.2019	2.9406	2.7363
300369	绿盟科技	1.0800	20.5589	7.1684	15.3544	5.2139	5.1073

续 表

股票代码	名称	基本每股收益（元）	每股净资产（元）	销售净利率（%）	总资产报酬率（%）	流动比率	速动比率
300377	赢时胜	0.4200	23.1913	3.8560	14.0599	13.8719	13.8900
300378	鼎捷软件	0.4200	5.9793	7.4258	5.4535	3.8132	3.7874
300379	东方通	1.1222	29.4204	13.5618	10.2691	2.9037	2.8878
300380	安硕信息	0.5680	17.5484	6.0645	8.8318	6.5781	5.8040
300386	飞天诚信	3.1100	24.4520	14.6285	24.8278	7.9939	6.7647
300399	京天利	0.5700	26.9555	5.7875	10.7972	33.8559	33.6966
300419	浩丰科技	1.7400	18.9103	7.8459	17.4578	2.6286	1.7206
300440	运达科技	1.3000	30.0027	6.2400	17.3410	2.7340	2.1813
600289	亿阳信通	0.1718	7.7624	3.4184	4.3898	2.3030	2.1040
600406	国电南瑞	0.5300	14.6105	2.9426	10.4539	1.7872	1.5082
600410	华胜天成	0.1477	2.4651	3.6107	2.8843	1.8919	1.6240
600446	金证股份	0.5800	7.4778	3.1545	5.2857	1.2387	0.6667
600476	湘邮科技	0.0450	4.4688	1.4327	3.4832	2.1685	1.4530
600536	中国软件	0.0700	1.4892	3.8673	1.6468	1.8766	1.5101
600570	恒生电子	0.5800	24.9691	3.1014	14.0497	2.0220	1.9597
600571	信雅达	0.5500	11.0194	3.4299	12.4898	1.8501	1.4111
600588	用友网络	0.4700	13.0207	3.4000	8.6390	1.4002	1.3939
600718	东软集团	0.2100	3.1339	4.4109	3.9205	1.5461	1.1810
600728	佳都科技	0.2298	5.3897	2.4001	6.1380	1.6915	1.0948
600756	浪潮软件	0.2810	7.1303	3.0314	4.7995	0.9960	0.7297
600764	中电广通	0.0160	2.5298	1.8440	3.7125	1.0045	0.6058
600770	综艺股份	0.0336	19.7428	2.6353	4.5991	2.1711	1.9088
600797	浙大网新	−0.1900	−3.1814	1.8797	−0.1761	1.0976	0.8398
600845	宝信软件	0.8980	7.9834	7.0032	7.7292	1.7776	1.4594
600850	华东电脑	0.7760	4.8424	4.3717	9.2745	1.6152	1.0516
601519	大智慧	0.0540	16.8780	1.5231	3.9656	10.1175	10.1161
603636	南威软件	1.1600	26.6507	8.0397	11.3231	3.2806	2.6738

表 12-9　　初始数据 2

股票代码	名称	资产负债率（%）	存货周转率（次）	总资产周转率（次）	固定资产周转率（次）	总资产增长率（%）	营业总收入增长率（%）	股东权益增长率（%）
000008	神州高铁	11.2276	18.4773	0.9549	0.4723	7.5647	0.8977	1.3783
000555	神州信息	53.7506	8.0853	36.8276	1.0548	6.1420	−14.9665	54.0613
000948	南天信息	45.6446	3.2632	5.7028	0.7070	1.5180	−15.1872	0.8266
000997	新大陆	47.9723	0.8172	13.2735	0.6037	0.4890	20.1973	14.6956
002063	远光软件	15.8224	38.2941	5.1685	0.4368	4.9841	−12.0814	−2.9920
002065	东华软件	20.5575	2.7313	10.0081	0.7422	31.8545	16.9150	69.2831
002093	国脉科技	45.6307	0.3020	1.4548	0.1964	5.8917	20.2264	3.1197
002148	北纬通信	10.1883	113.7431	4.9537	0.2636	99.0778	−19.0664	89.5137
002153	石基信息	22.6189	5.1773	7.3878	0.8999	3.7342	99.7167	17.1420
002195	二三四五	5.0525	124.8595	4.3531	0.2738	778.6753	64.1392	802.6024
002230	科大讯飞	24.5358	5.2100	2.9520	0.3738	19.4654	41.5968	11.9639
002232	启明信息	34.7238	5.5154	3.6891	0.8195	−4.7324	3.5233	0.6928
002253	川大智胜	17.5961	1.6378	1.1105	0.2209	4.6642	−13.8811	−2.0457
002261	拓维信息	18.8639	5.9153	6.6926	0.5455	31.3796	17.5817	27.8263
002268	卫士通	33.4790	7.4089	6.4201	0.8757	115.8198	60.4462	119.5787
002279	久其软件	7.9428	25.5447	2.2552	0.4117	8.1765	12.8246	5.7899
002280	联络互动	12.2104	—	9.6184	0.4420	92.9372	80.3542	98.3722
002316	键桥通讯	56.2533	1.5082	4.1155	0.2679	−1.8753	−17.8929	3.1934
002331	皖通科技	23.2338	3.6473	5.9134	0.5592	27.9211	−1.7044	54.7553
002368	太极股份	51.3074	32.8771	139.9741	1.0612	7.7007	26.4155	7.5837
002373	千方科技	53.2107	2.4130	5.6428	0.8996	165.4417	20.9619	102.3522
002401	中海科技	35.7564	6.4745	16.9726	0.5542	10.4337	0.8753	8.2549
002405	四维图新	15.4668	4.7510	7.6585	0.3473	4.1259	20.2230	2.1102
002410	广联达	11.8931	12.7280	4.5094	0.5876	13.5841	26.3284	13.3319
002421	达实智能	32.8005	3.9121	13.7503	0.6205	76.8237	24.8218	109.0428
002474	榕基软件	19.5577	1.9679	14.0332	0.3663	6.6627	−0.8020	0.4214
002544	杰赛科技	61.5682	4.2431	6.3112	0.7749	42.9790	15.5502	6.3442
002609	捷顺科技	26.2550	2.2146	5.2428	0.5374	18.8427	19.0068	12.1094
002642	荣之联	19.9995	3.8131	7.0000	0.5580	48.7413	27.5849	58.7312
002649	博彦科技	25.8253	49866.0397	7.9345	0.7975	15.6389	17.5062	10.6227

续 表

股票代码	名称	资产负债率（%）	存货周转率（次）	总资产周转率（次）	固定资产周转率（次）	总资产增长率（%）	营业总收入增长率（%）	股东权益增长率（%）
002657	中科金财	35.6111	2.0790	11.8845	0.5929	70.7886	7.3859	113.1728
300002	神州泰岳	10.9302	8.0584	7.4967	0.5257	33.1016	33.6947	35.0883
300010	立思辰	28.8986	3.4093	7.5530	0.5362	57.1403	37.1070	58.8575
300017	网宿科技	17.2776	39.0748	6.9085	1.1343	42.1399	58.5711	43.7287
300020	银江股份	53.7038	1.6638	28.3976	0.6981	60.2166	25.0395	92.6305
300025	华星创业	55.2676	13.9179	34.0727	0.7053	35.9058	47.7848	12.5591
300033	同花顺	24.6382	—	1.9096	0.1832	19.8910	44.4400	4.5990
300036	超图软件	23.8345	45.5811	1.5587	0.4301	6.3653	15.4086	3.2922
300044	赛为智能	31.5625	1.9127	37.9639	0.6203	−1.1654	44.6641	4.9632
300047	天源迪科	33.9421	3.7362	11.1996	0.6813	21.0124	15.9886	6.5209
300050	世纪鼎利	17.2616	3.8788	4.1678	0.2290	54.4191	27.3051	38.7556
300051	三五互联	28.9953	65.8265	4.5153	0.3979	21.2559	−3.6086	−1.6016
300052	中青宝	34.9054	476.2730	10.3912	0.3330	9.2778	50.8671	−2.4799
300074	华平股份	4.6125	0.8440	2.6062	0.2089	1.1177	−13.4582	1.1773
300075	数字政通	18.4697	6.9201	6.4880	0.4088	12.0995	34.3859	9.9486
300085	银之杰	13.2084	4.0649	26.7369	0.2565	80.0006	74.5396	59.4669
300096	易联众	23.2912	3.2418	3.8406	0.4719	10.6985	33.6456	4.2709
300098	高新兴	39.0728	4.8019	10.8781	0.5101	36.5906	37.3489	12.3191
300150	世纪瑞尔	10.3018	2.4059	14.0623	0.2088	4.0633	40.4038	5.1511
300166	东方国信	17.2234	13.3098	28.5656	0.4168	60.0422	31.4219	47.7533
300167	迪威视讯	36.1426	1.6354	7.1167	0.2179	12.0099	8.0146	−2.0197
300168	万达信息	54.9867	3.0212	9.1351	0.5309	79.6741	27.1820	13.4976
300170	汉得信息	7.7496	667.2230	7.1665	0.6234	19.1330	19.1401	20.3382
300182	捷成股份	26.1825	4.3932	8.2947	0.5795	21.9970	32.0371	20.1860
300183	东软载波	8.9212	5.7183	48.5285	0.3321	14.0034	28.0395	8.1052
300188	美亚柏科	25.6941	1.4409	2.5352	0.5111	25.7323	54.4761	13.9844
300209	天泽信息	5.2066	3.2407	1.6730	0.1876	−0.4475	9.3296	0.8414
300212	易华录	66.2112	0.7639	13.3754	0.5804	48.8365	90.5240	14.1334
300229	拓尔思	9.7176	13.3002	2.9344	0.2295	63.2781	49.4027	63.9668
300231	银信科技	23.8004	35.8756	6.4904	1.0090	17.8176	28.1720	13.3484

续　表

股票代码	名称	资产负债率（%）	存货周转率（次）	总资产周转率（次）	固定资产周转率（次）	总资产增长率（%）	营业总收入增长率（%）	股东权益增长率（%）
300235	方直科技	5.2172	3.5628	4.3333	0.2403	6.0105	10.3061	5.4056
300245	天玑科技	12.1951	8.5811	4.3099	0.5490	11.8980	18.5831	12.3177
300248	新开普	14.8206	1.6702	3.4053	0.5129	10.9105	42.5879	5.6851
300253	卫宁软件	34.9691	12.6869	17.3037	0.5016	64.3066	40.8751	22.3349
300264	佳创视讯	4.9920	2.5180	8.4729	0.2282	4.5642	3.1956	0.5799
300271	华宇软件	35.5235	1.7332	15.3504	0.5887	39.9867	34.7475	16.3436
300275	梅安森	12.5204	2.6306	2.6177	0.3548	9.7750	−9.6225	2.1918
300277	海联讯	34.1547	3.8747	4.0010	0.5746	0.1764	6.1265	−10.6136
300287	飞利信	51.7660	2.2036	8.4493	0.3841	173.1571	26.0670	123.4692
300290	荣科科技	32.3621	7.1990	6.6023	0.6753	15.6865	9.6738	11.9246
300297	蓝盾股份	45.3192	8.5162	2.0995	0.4368	20.7535	32.7641	4.7532
300299	富春通信	23.6827	—	16.5891	0.4382	20.1348	22.0872	3.1896
300300	汉鼎股份	40.3303	1.8893	7.5916	0.6738	28.8526	53.8565	14.5879
300302	同有科技	15.1557	4.7618	3.0360	0.4324	9.2627	11.4787	4.7557
300311	任子行	28.2069	3.1875	2.2216	0.5052	14.8569	20.9441	9.0615
300312	邦讯技术	46.5009	0.8226	21.6346	0.3679	18.4975	79.6570	1.1519
300315	掌趣科技	19.7570	—	8.0675	0.2229	160.6137	103.6152	161.8872
300324	旋极信息	24.5659	3.0339	7.2910	0.4287	63.8977	48.9743	42.8219
300330	华虹计通	29.1563	3.2717	3.8527	0.3612	−3.6409	−0.5107	−1.0176
300333	兆日科技	4.1082	1.8756	53.2899	0.2142	2.7659	−5.0415	1.8294
300339	润和软件	34.0357	6.9367	6.0040	0.4367	107.1080	53.7832	104.8109
300348	长亮科技	24.8358	77.5516	46.5441	0.4596	45.3690	40.2781	14.7337
300352	北信源	11.4051	4.0940	8.4732	0.3510	12.2061	15.1308	8.2990
300359	全通教育	6.1862	50.0378	30.6638	0.6072	65.7928	11.7955	72.8337
300365	恒华科技	6.2304	2.2114	3.8485	0.5355	92.1796	14.8364	120.8696
300366	创意信息	31.4683	9.4368	17.0340	0.6865	61.3652	−0.3361	68.1941
300369	绿盟科技	20.6353	7.4039	20.9595	0.7177	66.4362	12.7795	107.6080
300377	赢时胜	7.6985	—	3.4624	0.5750	98.2590	18.9229	114.8249
300378	鼎捷软件	22.2969	26.6748	11.7703	0.8488	46.7541	−0.5741	81.0671
300379	东方通	19.5166	1.3347	17.9006	0.3065	227.8667	7.7272	286.8021

续 表

股票代码	名称	资产负债率（%）	存货周转率（次）	总资产周转率（次）	固定资产周转率（次）	总资产增长率（%）	营业总收入增长率（%）	股东权益增长率（%）
300380	安硕信息	13.3533	2.6005	9.3834	0.5859	86.4894	7.4876	87.3799
300386	飞天诚信	13.3523	2.9137	81.8779	0.9515	155.8734	27.7370	174.1352
300399	京天利	2.7101	34.7919	3.4555	0.3620	64.5460	−29.8492	76.9286
300419	浩丰科技	30.2836	2.1572	4.8812	0.8686	12.7764	14.6633	21.6032
300440	运达科技	33.0197	2.0586	5.6297	0.5147	24.7245	16.8264	18.9908
600289	亿阳信通	30.0736	2.8174	2.9667	0.4118	−3.2998	5.0931	1.9801
600406	国电南瑞	51.2140	3.1118	18.4802	0.6346	11.4744	−6.9826	17.7071
600410	华胜天成	59.7684	5.8071	23.8417	0.6948	15.7823	−11.1601	−0.1215
600446	金证股份	51.1181	3.7799	31.3415	1.2717	6.2894	16.5597	22.6803
600476	湘邮科技	38.0736	1.5825	2.5555	0.4450	5.7353	−30.8899	3.3685
600536	中国软件	47.5031	2.8401	8.9968	0.7224	−2.0854	8.4498	0.7733
600570	恒生电子	32.8292	1.4358	16.6360	0.5296	29.5929	17.4543	16.1193
600571	信雅达	41.2451	2.8570	24.6870	1.0048	26.9877	19.0912	13.3532
600588	用友网络	49.5778	63.7032	4.5176	0.5454	21.8655	0.2648	23.5174
600718	东软集团	42.0638	4.8261	4.3398	0.8207	2.6203	4.6101	1.5959
600728	佳都科技	52.9478	2.9950	30.9591	0.9335	20.0831	7.0619	10.5959
600756	浪潮软件	57.8409	3.0123	24.0262	0.6334	42.5207	23.8956	9.8799
600764	中电广通	49.5523	2.4602	9.0760	0.4902	−2.9642	−11.0227	0.4957
600770	综艺股份	31.1638	1.0541	0.4851	0.1227	29.3398	92.3478	44.3172
600797	浙大网新	63.5961	5.5867	19.0924	0.9794	−7.0465	−9.6204	−15.2608
600845	宝信软件	49.2449	4.2517	17.8385	0.8806	26.8638	13.6993	51.5197
600850	华东电脑	60.3310	3.3850	153.4367	1.5261	4.7661	3.1044	13.8191
601519	大智慧	6.6815	974.4238	2.2815	0.2451	−5.0656	−8.2538	3.7718
603636	南威软件	25.6516	1.2088	7.2318	0.3837	85.6766	15.2280	118.4666

指标性质、单位不同的情况下，首先要对其进行同趋势化处理。然后利用 SPSS 中的 Z-score 方法将 13 项指标的原始数据进行标准化处理。同趋势化数据与标准化数据略。

三、因子分析法适应性检验

为了检验所选用的指标是否适合使用因子分析法，以下利用 SPSS 软件中 KMO 和 Bartlett 球形检验方法来对样本进行检验。检验结果如表 12－10 所示。

表 12-10 KMO 检验和 Bartlett 球形检验

取样足够度的 KMO 度量		0.502
Bartlett 球形检验	近似卡方	1181.004
	df	78
	Sig.	0.000

由表 12-10 可知，KMO 值为 0.502，大于 0.5，可知各变量之间的相关程度无较大差异，原有变量适合做因子分析。同时，Bartlett 球形检验统计量为 1181.004，相应的概率 Sig. 为 0.000，在 5%的显著性水平之下，拒绝原假设，因此可认为相关系数矩阵与单位矩阵有显著差异，说明样本适合做因子分析。

四、确定主因子

本书应用因子分析法中的主成分分析法来计算原始公因子的特征值、方差贡献率以及累计方差贡献率，并由此确定公因子。结果如表 12-11 所示。

表 12-11 解释的总方差

成分	初始特征值			提取平方和载入			旋转平方和载入		
	合计	方差百分比（%）	累积百分比（%）	合计	方差百分比（%）	累积百分比（%）	合计	方差百分比（%）	累积百分比（%）
1	3.399	26.147	26.147	3.399	26.147	26.147	2.449	18.842	18.842
2	2.070	15.924	42.071	2.070	15.924	42.071	2.388	18.370	37.211
3	1.878	14.448	56.520	1.878	14.448	56.520	1.966	15.124	52.336
4	1.454	11.188	67.707	1.454	11.188	67.707	1.963	15.097	67.433
5	1.067	8.207	75.914	1.067	8.207	75.914	1.103	8.481	75.914
6	0.989	7.607	83.521						
7	0.803	6.176	89.698						
8	0.694	5.339	95.037						
9	0.428	3.292	98.329						
10	0.117	0.900	99.228						
11	0.046	0.351	99.579						
12	0.036	0.274	99.853						
13	0.019	0.147	100.000						

提取方法：主成分分析。

根据表 12-11 中数据可知，前 5 个主因子的方差贡献率已经达到了累计方差贡献率的 75.914%，即表明这 5 个主因子已包含原始数据信息量的 75.914%，所以只需选择前 5

个主因子就可以较好地代表原始指标，对公司的绩效进行描述。

特征值可用碎石图列示，如图 12-2 所示。从图 12-2 可以看出，从第 6 个成分开始，特征值的值都小于 1，且折线的陡度变得比较平缓，这说明提取 5 个主因子是合适有效的。

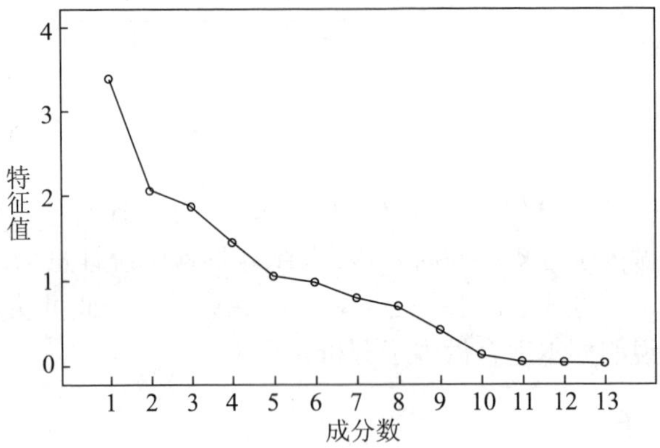

图 12-2 碎石图

五、旋转载荷矩阵分析

对原因子载荷矩阵进行最大方差旋转，可得到主因子更明确的含义。结果如表 12-12 所示。

表 12-12 旋转后的因子载荷矩阵[a]

变量	成分				
	F_1	F_2	F_3	F_4	F_5
基本每股收益	0.691	0.289	−0.018	0.535	0.206
销售净利率	0.890	0.120	0.006	−0.172	−0.035
每股净资产	0.238	0.656	0.018	0.360	0.312
总资产报酬率	0.883	0.026	0.013	0.312	0.029
流动比率	0.032	−0.019	0.988	−0.040	−0.029
速动比率	0.016	−0.020	0.989	−0.041	−0.018
资产负债率	−0.067	−0.036	−0.043	−0.191	0.269
存货周转率	0.000	0.015	0.013	0.050	0.906
固定资产周转率	−0.045	0.063	−0.056	0.793	−0.148
总资产周转率	0.000	−0.108	−0.040	0.843	0.024
总资产增长率	0.126	0.944	−0.032	−0.096	−0.100
营业总收入增长率	0.550	0.171	0.049	−0.162	−0.169
股东权益增长率	0.133	0.960	−0.022	−0.042	−0.074

提取方法：主成分分析。

旋转法：具有 Kaiser 标准化的正交旋转法。

a. 旋转在 5 次迭代后收敛。

由表 12-12 中的数据可以看到，基本每股收益、销售净利率、总资产报酬率在主因子 F_1 上的载荷量分别为 0.691、0.890 和 0.8839，它主要反映了公司的盈利能力，所以将 F_1 命名为盈利因子；每股净资产、总资产增长率、股东权益率在主因子 F_2 上的载荷量分别为 0.656、0.944 和 0.960，它主要代表了公司的成长能力，故而将其命名为成长因子；流动比率与速动比率在主因子 F_3 上的载荷分别为 0.988 与 0.989，体现了公司的偿债能力，为偿债因子；主因子 F_4 在固定资产周转率（0.793）总资产周转率（0.843）上载荷量较大，体现了公司的营运能力，将 F_4 命名为营运因子 1；存货周转率（0.906）在 F_5 上有较大载荷量，代表了公司的营运能力，为营运因子 2。

六、软件和信息技术服务业上市公司综合得分与排名

要得到因子的综合得分，需先对因子数据进行标准化处理，使其期望为 0，方差为 1，然后，对各因子的方差贡献率占因子总方差贡献率的比重作为权重加权汇总，使用计算综合得分的公式 $F=(\lambda_1F_1+\lambda_2F_2+\lambda_3F_3+\lambda_4F_4+\lambda_5F_5)/(\lambda_1+\lambda_2+\lambda_3+\lambda_4+\lambda_5)=(0.18842\times F_1+0.18370\times F_2+0.15124\times F_3+0.15097\times F_4+0.08481\times F_5)/0.75914$ 来计算各样本的综合得分。得到结果按名次排列如表 12-13 所示。

表 12-13 软件和信息技术服务业上市公司综合得分与排名

股票代码	名称	F_1（盈利）	F_2（成长）	F_3（偿债）	F_4（营运）	F_5（营运 2）	F（综合）	排名
300386	飞天诚信	2.2629	2.0918	−0.1448	3.8738	0.6925	1.8867	1
300002	神州泰岳	0.7461	−0.2073	7.7651	0.0311	−0.3373	1.6505	2
002195	二三四五	−0.9478	8.6567	−0.2391	−1.3292	−0.9983	1.436	3
002649	博彦科技	0.0211	0.1582	0.1528	0.5584	9.5907	1.2565	4
300379	东方通	0.5425	3.1699	0.0239	0.1264	0.6086	0.9996	5
300017	网宿科技	2.6779	−0.5497	0.3668	1.4307	−0.0533	0.8833	6
002405	四维图新	−0.4512	−0.2667	5.5136	−0.3655	−0.1879	0.8283	7
300369	绿盟科技	0.8135	0.5714	0.7269	0.9518	0.1721	0.6935	8
300419	浩丰科技	1.4355	−0.1549	−0.1935	1.2637	0.8624	0.6279	9
300075	数字政通	0.7672	−0.1763	2.1465	−0.2618	0.0981	0.5343	10
002280	联络互动	3.78	−0.2885	−0.6332	−0.7083	−0.6037	0.534	11
002153	石基信息	2.021	−0.4586	−0.1253	0.7224	−0.116	0.4964	12
603636	南威软件	0.9861	0.9102	−0.0302	−0.0859	0.4731	0.4948	13
600850	华东电脑	−1.1204	−0.299	−0.1889	5.0738	−1.2949	0.4763	14
002368	太极股份	−1.0546	0.1821	−0.1638	3.9468	−0.9267	0.4311	15
300440	运达科技	1.7756	−0.3079	−0.2158	0.1872	0.4337	0.4088	16

续 表

股票代码	名称	F_1（盈利）	F_2（成长）	F_3（偿债）	F_4（营运）	F_5（营运 2）	F（综合）	排名
300183	东软载波	1.5576	−0.0167	−0.4877	0.5155	0.1313	0.4026	17
300348	长亮科技	0.0478	0.4765	0.3453	0.7675	0.0527	0.3545	18
002065	东华软件	0.8522	−0.2055	0.4753	0.4484	−0.1095	0.3334	19
300365	恒华科技	1.1487	0.5843	−0.5552	−0.0374	0.1205	0.3219	20
300378	鼎捷软件	−0.8878	0.6301	0.8336	0.9058	0.2648	0.3079	21
300271	华宇软件	0.6977	0.1332	−0.2295	0.4947	0.2759	0.2889	22
002268	卫士通	0.2032	0.8303	−0.0982	0.3843	−0.3028	0.2744	23
002657	中科金财	−0.6556	1.1892	−0.1411	0.5274	0.4717	0.2545	24
600845	宝信软件	−0.2133	0.2637	−0.2145	1.2095	0.2397	0.2354	25
300366	创意信息	0.0689	0.3244	−0.0564	0.6409	0.2075	0.235	26
002410	广联达	2.0727	−0.8422	−0.2607	−0.1287	−0.0916	0.2229	27
002373	千方科技	0.8604	0.2835	−0.3904	0.3135	−0.6092	0.1987	28
300020	银江股份	−0.3573	0.6812	−0.2585	0.8652	−0.0684	0.1891	29
002421	达实智能	−0.101	0.7218	−0.1164	0.253	−0.0062	0.176	30
300380	安硕信息	0.051	0.5949	−0.0811	0.124	0.0688	0.1728	31
000555	神州信息	−1.0344	0.1574	−0.2085	1.9368	0.0979	0.1359	32
300050	世纪鼎利	−0.7319	0.8483	0.9245	−0.6092	0.3825	0.1294	33
300315	掌趣科技	2.0361	0.8333	−0.4298	−1.901	−1.0501	0.126	34
300166	东方国信	0.5367	0.1775	−0.148	0.0063	−0.2435	0.1207	35
300248	新开普	0.0268	−0.3599	1.4582	−0.3584	−0.2287	0.1132	36
300359	全通教育	0.7311	−0.0376	−0.5161	0.4016	−0.4074	0.1039	37
300229	拓尔思	1.1038	0.3241	−0.1191	−1.1584	−0.091	0.0881	38
300339	润和软件	0.3625	0.7253	−0.233	−0.5627	−0.274	0.0766	39
300098	高新兴	0.7133	−0.1676	−0.3306	−0.0359	−0.0116	0.0622	40
300253	卫宁软件	1.0095	−0.251	−0.2139	−0.232	−0.3655	0.0602	41
002642	荣之联	0.0018	0.3172	−0.1245	−0.0037	0.0604	0.0584	42
600571	信雅达	0.1183	−0.4984	−0.277	1.1945	−0.3294	0.0543	43
300377	赢时胜	0.7012	0.3616	−0.549	−0.3331	−0.2843	0.0542	44
300182	捷成股份	0.9474	−0.5146	−0.1633	−0.1366	−0.1154	0.038	45
300399	京天利	0.3464	0.3104	−0.6013	−0.3638	0.3539	0.0085	46

续　表

股票代码	名称	F_1（盈利）	F_2（成长）	F_3（偿债）	F_4（营运）	F_5（营运 2）	F（综合）	排名
600570	恒生电子	0.9541	−0.5588	−0.3191	−0.059	−0.1987	0.0041	47
300231	银信科技	0.2837	−0.8015	0.2986	0.5826	−0.4365	0.0031	48
300287	飞利信	−0.2123	1.155	−0.3405	−0.5916	−0.355	0.0017	49
300188	美亚柏科	0.949	−0.3765	−0.1651	−0.4808	−0.1332	0.0011	50
300085	银之杰	0.0064	0.334	0.8111	−0.7961	−0.8243	−0.0064	51
600446	金证股份	−0.6031	−0.4507	−0.2964	1.7898	−0.4094	−0.0076	52
002148	北纬通信	−1.4094	0.7852	1.3808	−0.6389	−0.0278	−0.0148	53
002609	捷顺科技	0.2969	−0.5379	0.3837	−0.3376	−0.1374	−0.0625	54
300025	华星创业	−0.0238	−0.2684	−0.2823	0.6338	−0.5729	−0.065	55
300333	兆日科技	−0.0399	0.0031	−0.536	0.2411	0.0086	−0.067	56
300150	世纪瑞尔	1.2604	−0.3744	−0.4584	−0.9921	−0.0936	−0.0768	57
300300	汉鼎股份	0.3672	−0.3305	−0.2751	−0.011	−0.3125	−0.0808	58
002230	科大讯飞	0.7078	−0.2984	−0.2427	−0.7089	−0.0303	−0.0893	59
300010	立思辰	0.0091	0.0788	−0.4408	−1.3293	2.1611	−0.0894	60
300311	任子行	−0.0823	−0.3421	0.2724	−0.5017	0.4177	−0.1021	61
002261	拓维信息	−0.3367	−0.2841	0.7068	−0.2959	−0.3078	−0.1047	62
000997	新大陆	0.222	−0.4997	−0.3305	0.1824	−0.1317	−0.1101	63
300290	荣科科技	0.1695	−0.5438	−0.2032	0.1199	−0.0586	−0.1127	64
300324	旋极信息	0.5498	−0.0875	−0.2388	−0.6945	−0.3972	−0.1148	65
002331	皖通科技	−0.7419	0.134	0.127	−0.0026	0.0999	−0.1158	66
600406	国电南瑞	0.0064	−0.5199	−0.314	0.4149	−0.1197	−0.1176	67
300212	易华录	0.5491	−0.2472	−0.3628	−0.2699	−0.672	−0.1246	68
300245	天玑科技	0.4036	−0.4951	−0.3037	−0.2337	−0.0883	−0.1365	69
002279	久其软件	0.4826	−0.4586	−0.2485	−0.5177	0.0509	−0.138	70
300168	万达信息	0.0679	−0.0876	−0.3593	−0.2214	−0.2935	−0.1528	71
300036	超图软件	−0.145	−0.2201	−0.0788	−0.3689	0.2188	−0.1539	72
600588	用友网络	−0.0758	−0.335	−0.3331	−0.0756	0.0128	−0.1799	73
300044	赛为智能	−0.1623	−0.5228	−0.1962	0.4018	−0.5571	−0.1882	74
300170	汉得信息	0.282	−0.5063	−0.4819	−0.1332	−0.126	−0.1891	75
300033	同花顺	0.287	−0.1893	0.1289	−1.295	−0.0901	−0.2165	76

续 表

股票代码	名称	F_1（盈利）	F_2（成长）	F_3（偿债）	F_4（营运）	F_5（营运 2）	F（综合）	排名
600728	佳都科技	−0.8166	−0.4653	−0.2902	1.057	−0.4819	−0.2167	77
002063	远光软件	0.239	−0.6118	−0.4315	−0.3455	0.1046	−0.2317	78
600756	浪潮软件	−0.5652	−0.2052	−0.3451	0.2922	−0.4147	−0.2469	79
300047	天源迪科	−0.6611	−0.2763	−0.2561	0.1914	−0.1279	−0.2582	80
300302	同有科技	−0.4582	−0.2141	−0.1298	−0.3916	0.0857	−0.2597	81
600718	东软集团	−0.9384	−0.3239	−0.2689	0.4576	0.0482	−0.2685	82
300352	北信源	0.5528	−0.6175	−0.4091	−0.7717	−0.2484	−0.2749	83
300312	邦讯技术	−0.5216	0.0001	−0.2444	−0.4085	−0.4737	−0.3123	84
300299	富春通信	−0.5269	−0.4255	0.1164	−0.3417	−0.3792	−0.3209	85
002544	杰赛科技	−0.69	−0.3724	−0.2992	0.182	−0.3386	−0.3226	86
600410	华胜天成	−1.2844	−0.2672	−0.2391	0.6216	−0.1427	−0.3234	87
000948	南天信息	−1.4837	−0.0839	−0.241	0.3955	0.2693	−0.3278	88
300275	梅安森	−0.7277	−0.2564	−0.0279	−0.4976	0.1422	−0.3313	89
300096	易联众	−0.206	−0.5964	0.1257	−0.6534	−0.3978	−0.3448	90
002474	榕基软件	−1.1866	−0.3711	0.665	−0.3644	−0.2262	−0.3495	91
300297	蓝盾股份	−0.3922	−0.2616	−0.3152	−0.5457	−0.1604	−0.3499	92
600770	综艺股份	0.6906	−0.1807	−0.3212	−1.8383	−0.577	−0.3664	93
600536	中国软件	−1.1829	−0.3266	−0.2401	0.2636	−0.0909	−0.3782	94
002401	中海科技	−0.7212	−0.4679	−0.2888	−0.0261	−0.2605	−0.3841	95
600289	亿阳信通	−0.6157	−0.4285	−0.2415	−0.5353	0.1946	−0.3894	96
002253	川大智胜	−1.0578	−0.0197	−0.1699	−0.6636	0.3857	−0.3901	97
300235	方直科技	0.4331	−0.6764	−0.6292	−1.1659	−0.2432	−0.4405	98
000008	神州高铁	−1.0374	−0.485	0.0083	−0.4455	−0.168	−0.4806	99
002232	启明信息	−1.3852	−0.4888	−0.2384	0.2247	−0.1524	−0.4819	100
300330	华虹计通	−0.9741	−0.4747	−0.2056	−0.9136	0.6503	−0.5067	101
300052	中青宝	−0.9065	−0.1964	−0.2976	−0.7506	−0.2543	−0.5095	102
300209	天泽信息	−1.0389	−0.0223	−0.4832	−0.8696	0.2006	−0.5101	103
002093	国脉科技	−0.3971	−0.5456	−0.24	−1.1546	−0.2935	−0.5408	104
300074	华平股份	−0.6825	−0.4014	−0.5041	−0.9121	0.0616	−0.5415	105
600764	中电广通	−1.1323	−0.5646	−0.3647	−0.1957	−0.1738	−0.5487	106

续　表

股票代码	名称	F_1（盈利）	F_2（成长）	F_3（偿债）	F_4（营运）	F_5（营运 2）	F（综合）	排名
600797	浙大网新	−1.8758	−0.6344	−0.2982	0.84	−0.3763	−0.5535	107
601519	大智慧	−0.3785	−0.6724	−0.5065	−1.0433	0.0179	−0.563	108
300264	佳创视讯	−0.7139	−0.3848	−0.5598	−0.8608	−0.1295	−0.5675	109
600476	湘邮科技	−1.2105	−0.5563	−0.2959	−0.3739	−0.0298	−0.5717	110
300051	三五互联	−1.4422	−0.3972	−0.1124	−1.1273	1.0958	−0.5782	111
002316	键桥通讯	−1.201	−0.4381	−0.3251	−0.6488	−0.0185	−0.6	112
300167	迪威视讯	−1.3922	−0.2616	−0.232	−0.7996	−0.1588	−0.6318	113
300277	海联讯	−2.602	−0.0882	−0.1597	−0.235	−0.0865	−0.7554	114

表 12－13 中，软件和信息技术服务业上市公司综合得分与其投资价值呈正相关关系。由于先对因子数据进行了标准化处理，因此，可以 0 为参考标准线，认为：综合得分大于 0 的公司，综合业绩相对较好，且数值越大，投资价值越大；综合得分小于 0 的则相对较差，且数值越小，投资价值越小。依此可对上市公司的综合业绩和投资价值有一个基本的评价。

具体而言，表 12－13 中，公司各项能力得分与相应实力也呈正相关关系。排名前十位的公司分别为飞天诚信、神州泰岳、二三四五、博彦科技、东方通、网宿科技、四维图新、绿盟科技、浩丰科技、数字政通。2013 年排名前十位的公司分别是安硕信息、恒华科技、网宿科技、科大讯飞、北纬通信、石基信息、绿盟科技、数字政通、神州信息、东华软件。两年相比变化较大，公司数量也变化较大，去年共 101 家公司，今年增加到 114 家，规模发展较快。在 2014 年新增加的 13 家公司中，有五家进入了前十名，可见“后生可畏”。

其中，飞天诚信综合排名第一；其盈利因子得分排名第三，说明其盈利能力很强；营运因子 1 得分排第三，营运因子 2 排名五，说明其营运状况非常好；偿债因子为负，说明偿债能力一般，综合各个因子得分及综合得分，作为一家新上市公司，飞天股份前景广阔，非常值得投资。

神州泰岳综合排名第二，在于其优秀的偿债能力，偿债因子排名第一，其盈利因子得分排名第二十二，说明其盈利能力较佳，成长因子为负，排名第五十二，成长能力居中，营运因子排名第七，营运状况良好。与 2013 年综合排名第二十七的相比，进步较大，主要原因就在于其偿债能力的提高，较适宜对其短期投资。

二三四五综合排名第三，盈利因子排名第九十四，靠后，而成长因子单项排名第一，得分超过 8，十分少见，说明成长能力强劲；偿债因子排名靠后，偿债能力不佳；营运因子排名倒数，营运状况不佳。综合看来，二三四五的综合排名靠前，但各项能力发展不均衡，作为一家新上市公司，其发展前景有待观察。

博彦科技综合排名第四，盈利因子排名第五十四，盈利能力居中；成长因子排名第二十九，成长能力尚可；偿债因子排名第十八，偿债能力良好；营运因子两项排名第一和第二十一，营运能力很不错。综合看来博彦科技比较值得投资，是新上市公司的佼佼者。

东方通也是一家新上市公司，综合排名第五，盈利因子排名第三十二，尚可；成长因子单项第二，说明成长能力很不错；偿债能力第二十三居中；成长因子排名第四十二，尚可两项营运因子得分分别为较高，说明其营运能力很不错。综合来看东方通比较值得投资。

网宿科技综合排名第六，其盈利因子单项排名第二，说明其盈利能力非常强；成长因子排名倒数，成长能力不佳；偿债因子1排名十四，偿债能力较好；营运能力两项得分都较高，成长状况不错。综合来看，网宿科技投资价值还不错，值得投资。2013年网宿科技综合排名第三，2014年略有下滑，但总体来说，具有较大的投资价值。

四维图新综合排名第七，盈利因子排名第七十四，靠后，盈利能力不佳；成长因子排名第六十，居中；偿债因子1排名第二，偿债能力突出；营运因子两项排名靠后，营运状况不佳。但综合排名与2013年第八十一名相比，有了较大提升，主要是因为偿债因子1表现非常好，较适宜对其短期投资。

绿盟科技综合排名第八，盈利因子排名第二十，盈利能力还不错；成长因子排名第十七，成长能力较佳；偿债因子得分排名第九，偿债能力较强；营运能力两项得分较高，营业状况良好。同时绿盟科技是前十名中唯一一个五个因子均为正的公司，排名均较为靠前，各项能力发展均衡。综合来看绿盟科技投资价值很高，且适合长期投资。与2013年相比，综合排名下降一名，但偿债、成长、营运因子均反负为正，总体表现很好。

浩丰科技是一家新上市公司，综合排名第九，盈利因子排名第九，盈利能力很好；成长因子排名第四十四，居中；偿债因子得分排名第四十六，居中；营运能力两项得分分别排名第四和第七，营运状况很好。综合来看，浩丰科技投资价值还不错。

数字政通综合排名第十，盈利因子排名第二十一，盈利能力较佳；成长因子排名第四十六，居中；偿债因子得分排名第三，偿债能力强；营运能力表现一般。与2013年的排名第十相比，略有下滑，但总的来说，数字政通具有比较不错的投资价值。

排名末十名的公司分别为华平股份、中电广通、浙大网新、大智慧、佳创视讯、湘邮科技、三五互联、键桥通讯、海联讯。这几家公司最多只有一个因子为正值，且效益不佳。总体而言，全部指标几乎都为负值，尤其是盈利因子表现不佳。特别是浙大网新、海联讯这两家，已经接近−2甚至小于−2，所以暂不建议对其投资。

七、系统聚类分析

通过聚类分析把业绩相似的公司归类，可以对不同类别的上市公司进行对比分析，为投资者选择投资组合提供参考。

根据树状图（略）对114家软件和信息技术服务业上市公司进行进一步分类，本书选择将其分为4类，如表12－14所示。

表 12－14　　聚类分析

类别	软件和信息技术服务业上市公司	数据
1	新大陆、荣科科技、国电南瑞、万达信息、用友网络、兆日科技、天玑科技、汉得信息、远光软件、华星创业、赛为智能、信雅达、银信科技、捷成股份、恒生电子、卫宁软件、美亚柏科、千方科技、全通教育、东方国信、高新兴、汉鼎股份、易华录、北信源、方直科技、久其软件、旋极信息、拓尔思、世纪瑞尔、同花顺、综艺股份、南威软件、恒华科技、润和软件、赢时胜、京天利、飞利信、立思辰、联络互动、掌趣科技、东华软件、华宇软件、绿盟科技、浩丰科技、运达科技、东软载波、石基信息、广联达、网宿科技、世纪鼎利、北纬通、捷顺科技、拓维信息、新开普、银之杰、数字政通、鼎捷软件、中科金财、达实智能、安硕信息、荣之联、卫士通、长亮科技、创意信息、宝信软件、银江股份、东方通、华东电脑、太极股份、飞天诚信、天源迪科、杰赛科技、浪潮软件、中海科技、邦讯技术、蓝盾股份、富春通信、易联众、任子行、超图软件、梅安森、亿阳信通、同有科技、皖通科技、川大智胜、天泽信息、华虹计通、三五互联、国脉科技、大智慧、华平股份、佳创视讯、中青宝、键桥通讯、迪威视讯、中电广通、湘邮科技、神州高铁、榕基软件、金证股份、佳都科技、神州信息、中国软件、启明信息、东软集团、华胜天成、南天信息、浙大网新、海联讯	110
2	博彦科技	1
3	二三四五	1
4	神州泰岳、四维图新	2

表 12－14 中，类别 1 包括了新大陆、荣科科技等 110 家公司。根据表 12－13 中的数据显示，从因子分析的结果来看，该类别总体囊括了行业中大部分公司，表现较为悬殊，综合排名从第一到倒数第一都有。其中，宝信软件凭借 20 年宝钢信息化建设的经验，已具备信息技术与现代管理技术相结合、项目规划咨询和工程实施相结合、软件构件化和定制化设计相结合的能力，拥有构建最佳性价比的网络技术、提供决策平台系统的软件技术、解决信息孤岛问题的集成技术和为用户提供专业服务的支持技术等，产品与服务业绩遍及冶金、石化、电力、交通、金融、零售、传媒、政府、医疗卫生等多个行业，在企业信息化、过程自动化和城市信息化等领域占有领先优势。长亮科技是一家专业为银行提供金融 IT 服务的高科技软件开发企业。作为上百家商业银行的主要 IT 合作伙伴，长亮科技被业界誉为“最熟悉中国的银行 IT 专家”，其率先提出并付诸实施的一些先进理念目前已成为业界的发展方向。自 2002 年成立以来，公司以自主核心技术为基础，创立并完善了一系列满足客户不同需求的解决方案，全面涵盖商业银行业务类、管理类、渠道类三大系列，为国内仅有。东华软件作为专业信息技术服务供应商，十分注重同业界各类知名 IT 厂商建立和保持良好的合作关系，通过共享市场资源与技术资源跟踪最新的技术发展趋势与市场动态，把国内外先进的技术和产品用一流的服务带给用户。多年良好的业绩及服务已经得到众多厂家的信任与认可，目前，东华已成为数十家国际国内知名 IT 企业的增值代理商、系统集成商或战略合作伙伴，为向用户提供全面解决方案及优质服务奠定了坚实

的基础。达实智能是国内领先的建筑智能化及节能服务商，是国家高新技术企业、国家火炬计划软件产业基地骨干企业。公司通过物联网及智能技术，提供全生命周期建筑智能化及节能服务与智慧城市顶层规划设计和总体解决方案。服务内容包括绿色建筑认证咨询服务，智能化系统专项设计及工程服务，供配电系统专项设计及工程服务，中央空调系统设计、工程及投资运营服务（合同能源管理），以及智能卡产品等。迄今为止，达实智能的用户遍及全国各地，包括深圳市民中心、深圳地铁、华为、长安标致雪铁龙、沃尔玛、大连万达以及恒大地产等。华东电脑、太极股份、飞天诚信 3 家公司。其综合排名均在前十五内，分别为第一、第十四、第十五。同时这也是成长因子排名最靠前的三家企业。华东电脑是以中国著名的计算机研究和开发机构——华东计算技术研究所雄厚的科技实力为依托，集计算机与信息技术研究开发、生产、销售和服务于一体的高科技公司，也是中国信息产业界的首家上市公司。公司股票于 1994 年 3 月 24 日在上海证券交易所挂牌交易。华东电脑成长因子单项排名第一，盈利、偿债、营运能力一般，可以考虑长期投资。太极股份围绕“做中国最优秀的 IT 服务提供商”的战略目标，确定了以“IT 咨询、行业解决方案与服务、IT 产品增值服务、IT 基础设施服务”等为主营业务，面向政府、金融、能源、冶金、媒体等行业提供一体化 IT 服务。和华东电脑类似，太极股份成长因子表现很好，但盈利、偿债、营运能力一般，适合长期投资。

类别 2 中只有博彦科技一家公司，前文已有分析。

类别 3 中只有二三四五一家公司，前文已有分析。

类别 4 中包括神州泰岳、四维图新 2 家公司，前文也有所分析。

八、结语

综上所述，投资者在进行投资时，要综合考虑宏观、微观等各方面反映的财务信息，加以谨慎地分析，做出合理的选择。在此，运用 SPSS 软件，利用 13 个指标综合分析软件和信息技术服务行业 114 家上市公司各方面表现情况，对投资者进行投资决策有一定的参考意义。分析运用 2014 年与 2013 年的年度财务报表资料进行比较分析，某些项目可能会由于会计政策变更等的影响存在一定程度的偶然性，分析指标的选择也具有主观性。因此，分析结果难以反映出完全的真实状况，若后续能对多个连续年度进行跟踪分析，并适当增加分析指标，则可较大程度地消除偶然性，帮助投资者做出更加准确的投资决策，以更加有效地配置投资资源，促进软件与信息技术服务业的更加健康和谐发展。

（参著：归镓妍）

第十三章　金融业上市公司投资价值比较分析研究

一、行业发展和投资价值状况

金融业是指经营金融商品的特殊行业。它包括银行业、保险业、信托业、证券业和租赁业。

银行是经营货币和信用业务的金融机构，通过发行信用货币、管理货币流通、调剂资金供求、办理货币存贷与结算，充当信用的中介人。在我国是指中国人民银行、监管机构、自律组织，以及在中华人民共和国境内设立的商业银行、城市信用合作社、农村信用合作社等吸收公众存款的金融机构、非银行金融机构以及政策性银行。银行是现代金融业的主体，是国民经济运转的枢纽。据中国银行业协会发布的《2014 年度中国银行业服务改进情况报告》显示：2014 年中国银行业服务有所改进，调查数据显示，2014 年银行综合服务满意度平均得分为 76.93 分，较 2013 年的 72.30 分提升 4.63 分。

2014 年腾讯、阿里等五家公司先后获银监会批准，拿到民营银行的牌照，首家民营银行年底开门迎客；P2P 经过 2013 年的疯狂扩张之后，在监管力度和法规完善后开始趋于理性；众筹平台如雨后春笋般涌现；京东推出了"白条"，阿里小微金融更名为"蚂蚁金融"。这些都表明了市场利率化又迈出了新的一大步。

保险业是指将通过契约形式集中起来的资金，用以补偿被保险人的经济利益业务的行业。改革开放以来，我国保险市场的发展取得了令人瞩目的成就。1980 年，国内保险业务恢复，全国保费收入仅 4.6 亿元。2000 年，全国保费收入达 1596 亿元，年均增长 34%，但是在发展过程中还存在许多问题。从世界保险业现状看，我国保险业发展水平还相当低。2014 年，保险业"新国十条"发布，明确了两大目标：保险深度（保费收入与 GDP 比值）要达到 5%，保险密度（保费收入与总人口比值）达到 3500 元/人，无疑成为保险业发展的最强利好。同时，大病医保落实到全国各个省份，健康险将与基本医疗保险合作，保险在惠及民生方面将发挥更大作用。

证券业指从事证券发行和交易服务的专门行业，是证券市场的基本组成要素之一，主要由证券交易所、证券公司、证券协会及金融机构组成。并为双方证券交易提供服务，促使证券发行与流通高效地进行，并维持证券市场的运转秩序。中国证券业至少发挥着 4 个重要作用。第一，通过为企业发展筹集巨额资金进行资源分配。第二，促进众多公司以重组方式发展壮大。绝大多数上市公司已成为行业的领头羊，而且，这些公司在公司治理水平、风险控制能力和企业文化建设等方面都有了极大提高。第三，提供了不同的投资工具，有助于金融服务业的发展。经过近 20 年的发展，投资产品的数量和种类成倍增长，为投资者提高了差别化的投资选择。同时，证券业的发展对银行业的改革、增加金融基础设施建设和加强服务都有促进作用。第四，随着日益加强的国际合作和对外开放，证券业为外资在中国的投资提供了一个新渠道。2014 年，在全球股市低迷不振甚至连连走低时，A 股却在年末近 60 个交易日里，两市总流通市值达到了 361986 亿元，迎来了中国的牛市。

租赁业是以金融信贷和物资信贷相结合的方式提供信贷服务的经营业。我国现代租赁的历史是从改革开放 20 世纪 80 年代初开始的。1981 年从日本引进融资租赁业务模式，成立第一家中外合资租赁公司——东方租赁有限公司和第一家国有租赁公司——中国租赁有限公司。现代租赁业的经营活动有两类：①融资性质的租赁；②服务性质的租赁。租赁业务给企业和社会带来的经济利益是显著的。对企业来说，不用投资购置就可租到临时或短期需要的通用设备，没有资金也可以得到所需的技术和设备，只用较少的租金就可满足生产或其他经营活动的需要。从社会角度来看，租赁业务则提高了设备利用率和资金使用效果，减少资金占压。

信托“是指委托人基于对受托人的信任，将其财产权委托给受托人，由受托人按委托人的意愿以自己的名义，为受益人的利益或者特定目的，进行管理或者处分的行为”。其基本职能为“受人之托，代人理财”，其所面对的是瞬息万变的资本市场和货币市场。2014 年，在经济下行和竞争加剧的双重挑战下，信托业结束了自 2008 年以来的高速增长阶段，步入了转型发展的阶段。在新的历史发展阶段，信托业主要业务数据发生了较大的结构性变化，信托规模再创历史新高，业务结构继续优化，系统风险可控，行业发展平稳，转型态势良好，同时，信托业也面临着增幅放缓、业绩下滑、个案风险增加等方面的挑战。

金融业是连接商品市场和其他各种要素市场的枢纽，以及贯通生产、流通、分配和消费各个环节的桥梁，在市场配给资源中起着核心作用，是发达经济体和发展中经济体的最重要部分。随着改革开放的逐步深入，中国在金融领域的市场化程度日益提高，金融业的地位和作用日益增强，对促进国民经济的持续、稳定增长发挥了重要作用。在证券市场上，金融业一直是广大投资者关注的对象和投资的热门行业。

二、样本选取与数据处理

沪、深证交所的 45 家金融业上市公司的资料来源主要为其 2014 年的财务报告。由于金融产品的特殊性，我们选择九项能够综合反映其财务能力的指标进行投资价值分析。具体初始数据如表 13 - 1 所示。

表 13 - 1　　初始数据

股票代码	名称	基本每股收益（元）	销售净利率（%）	每股净资产（元）	资产负债率（%）	总资产周转率（次）	固定资产周转率（次）	总资产增长率（%）	营业总收入增长率（%）	股东权益合计增长率（%）
000001	平安银行	1.7300	26.9756	11.4600	94.0109	0.0360	19.5596	15.5792	40.6561	16.8343
000166	申万宏源	0.5100	40.4819	3.2100	83.7511	0.0707	9.3409	32.2871	44.3701	−35.2484
000415	渤海租赁	0.5500	17.2016	5.5168	81.3970	0.1098	0.2597	18.5475	7.4565	72.9555
000563	陕国投 A	0.2887	41.9678	3.1399	10.4145	0.2041	14.5064	8.3492	0.3247	8.6750

续 表

股票代码	名称	基本每股收益（元）	销售净利率（%）	每股净资产（元）	资产负债率（%）	总资产周转率（次）	固定资产周转率（次）	总资产增长率（%）	营业总收入增长率（%）	股东权益合计增长率（%）
000686	东北证券	0.5400	34.7671	4.4300	74.5380	0.1132	4.3823	73.8653	74.9244	16.7187
000712	锦龙股份	0.4300	1166.5194	2.8557	73.7887	0.0032	0.2572	47.7673	231.5417	15.4298
000728	国元证券	0.7000	39.3497	8.8895	67.1459	0.0835	2.6260	75.2174	75.5187	12.5288
000750	国海证券	0.3000	28.1067	2.9230	72.8931	0.1241	13.8056	81.1290	39.9294	9.2224
000776	广发证券	0.8500	38.4138	6.6900	82.7666	0.0749	16.7657	104.6032	63.2032	14.3167
000783	长江证券	0.3600	37.5051	2.9400	79.4517	0.0914	15.6079	115.1075	49.2350	9.9399
002142	宁波银行	1.8900	36.6883	10.4900	93.8344	0.0301	5.3470	18.4577	20.3368	33.6555
002500	山西证券	0.2300	29.9309	2.9135	71.3467	0.0891	5.2258	66.6495	48.2881	6.3703
002673	西部证券	0.5500	34.0722	4.4613	81.2814	0.0968	11.9294	159.6704	71.1933	15.2178
600000	浦发银行	2.5210	38.4475	13.1460	93.7252	0.0313	12.6886	14.0158	23.1625	27.2998
600015	华夏银行	2.0200	32.8378	11.3900	94.4860	0.0311	6.2974	10.7137	21.3760	18.7755
600016	民生银行	1.3100	33.6365	7.0300	93.8294	0.0374	4.9393	24.4536	16.8985	21.4605
600030	中信证券	1.0300	40.6250	9.0000	78.9145	0.0778	15.7137	76.7529	81.1793	13.0122
600036	招商银行	2.2200	33.7923	12.4700	93.3417	0.0379	6.6601	17.8127	25.0814	18.4352
600109	国金证券	0.3230	30.7374	3.4788	62.3855	0.1362	46.5072	92.1952	76.0196	46.6783
600369	西南证券	0.4900	36.6492	5.9345	70.4137	0.0833	12.7202	94.0223	87.0974	54.8218
600643	爱建股份	0.4640	145.4947	4.6610	36.6773	0.0499	11.6836	36.7245	37.0078	9.2897
600705	中航资本	0.5000	98.3020	3.6039	81.6795	0.0293	1.3126	27.5540	25.9383	169.3970
600816	安信信托	2.2539	56.5679	3.9740	38.9075	0.7946	90.3793	84.5683	116.0128	108.6855
600837	海通证券	0.8000	45.1597	7.1326	79.5066	0.0689	17.5317	108.4997	71.9613	11.1490
600999	招商证券	0.7224	35.3059	7.1516	78.4931	0.0796	30.7257	132.5813	80.6894	52.9392
601009	南京银行	1.8900	35.3702	10.9300	94.2801	0.0318	5.4758	32.0448	52.6158	22.0343
601099	太平洋	0.1710	42.1256	1.8134	49.3811	0.1444	13.1787	206.4811	178.6487	193.2222
601166	兴业银行	2.4700	38.0551	13.5400	94.0746	0.0309	14.5298	19.8226	14.2844	29.1161
601169	北京银行	1.4800	42.4264	9.0800	93.6931	0.0258	6.5582	14.0394	20.2844	22.7731
601288	农业银行	0.5500	34.4643	3.0500	93.5357	0.0341	3.4064	9.6967	12.5875	22.2935
601318	中国平安	4.9300	10.3547	32.5600	91.1677	0.1257	21.4054	19.2125	27.6455	58.4837
601328	交通银行	0.8900	37.2236	6.3400	92.4444	0.0290	3.5429	5.1563	7.8852	12.2733
601336	新华保险	2.0500	4.4746	15.5000	92.4867	0.2368	35.5921	13.7599	10.4889	23.0133
601377	兴业证券	0.3426	34.6916	2.8236	79.2812	0.1028	7.6067	106.5058	80.9652	12.9007
601398	工商银行	0.7800	41.9319	4.3300	92.5410	0.0333	4.2883	8.9450	11.7454	20.1490
601555	东吴证券	0.4900	34.6981	5.2144	75.2295	0.0849	3.9028	204.9296	101.3448	79.8278
601601	中国太保	1.2200	5.1165	12.9300	85.5539	0.2838	25.6855	14.0376	13.7938	18.3524
601628	中国人寿	1.1400	7.2938	10.0500	87.2102	0.2113	24.9929	13.8689	5.2312	28.9519

续 表

股票代码	名称	基本每股收益（元）	销售净利率（%）	每股净资产（元）	资产负债率（%）	总资产周转率（次）	固定资产周转率（次）	总资产增长率（%）	营业总收入增长率（%）	股东权益合计增长率（%）
601688	华泰证券	0.8011	37.6361	7.3747	84.5921	0.0651	8.9840	177.0797	67.9449	15.6868
601788	光大证券	0.6051	32.3661	7.5509	76.8408	0.0782	6.9195	113.4705	64.2299	13.0181
601818	光大银行	0.6200	36.8364	3.8300	93.4424	0.0305	6.1180	13.3297	20.2508	17.1003
601901	方正证券	0.2637	36.7448	3.6900	64.5614	0.0793	19.4526	137.5075	41.8945	96.2252
601939	建设银行	0.9100	40.0103	4.9700	92.5206	0.0355	3.9715	8.9885	12.1630	16.5325
601988	中国银行	0.6100	38.8310	3.7000	92.2405	0.0313	2.7559	9.9254	11.9809	23.4808
601998	中信银行	0.8700	33.2387	5.5500	93.5405	0.0321	8.7606	13.6665	19.2793	15.1045

指标性质、单位不同的情况下，首先要对指标进行同趋势化处理。然后利用 SPSS 中的 Z-score 方法将 9 项指标的原始数据进行标准化处理。同趋势化数据和标准化数据略。

三、因子分析法适应性检验

为了检验所选用的指标是否适合使用因子分析法，本书利用 SPSS 软件中 KMO 和 Bartlett 球形检验方法来对样本进行检验。检验结果如表 13-2 所示。

表 13-2　　KMO 检验和 Bartlett 球形检验

取样足够度的 KMO 度量		0.478
Bartlett 球形检验	近似卡方	241.102
	df	36
	Sig.	0.000

由表 13-2 可知，KMO 为 0.478，小于 0.5，不适宜做因子分析，这主要是由于样本量较少造成的。但 Bartlett 球形检验统计量为 241.102，相应的概率 Sig. 为 0.000，在 5% 的显著性水平之下，拒绝原假设，因此可认为相关系数矩阵与单位矩阵有显著差异，说明样本适合做因子分析。

四、确定主因子

本书应用因子分析法中的主成分分析法来计算原始公因子的特征值、方差贡献率以及累计方差贡献率，并由此确定公因子。结果如表 13-3 所示。

表 13-3 解释的总方差

成分	初始特征值			提取平方和载入			旋转平方和载入		
	合计	方差百分比（%）	累积百分比（%）	合计	方差百分比（%）	累积百分比（%）	合计	方差百分比（%）	累积百分比（%）
1	2.670	29.667	29.667	2.670	29.660	29.667	2.195	24.391	24.391
2	2.228	24.758	54.424	2.228	24.758	54.424	2.103	23.372	47.736
3	1.325	14.720	69.145	1.325	14.720	69.145	1.699	18.877	66.641
4	1.056	11.733	80.877	1.056	11.733	80.877	1.281	14.237	80.877
5	0.985	10.648	91.526						
6	0.492	5.465	96.991						
7	0.128	1.421	98.411						
8	0.085	0.944	99.355						
9	0.058	0.645	100.000						

提取方法：主成分分析。

由表 13-3 中数据可知，前 4 个主因子的方差贡献率已经达到了累计方差贡献率的 80.877%，即表明这 4 个主因子已包含原始数据信息量的 80.877%，所以只需选择前 4 个主因子就可以较好地代表原始指标，对金融公司的绩效进行描述。

特征值可用碎石图列示，如下图所示。从下图可以看出，从第 5 个成分开始，特征值的值都小于 1，且折线的陡度变得比较平缓，这说明提取 4 个主因子是合适有效的。

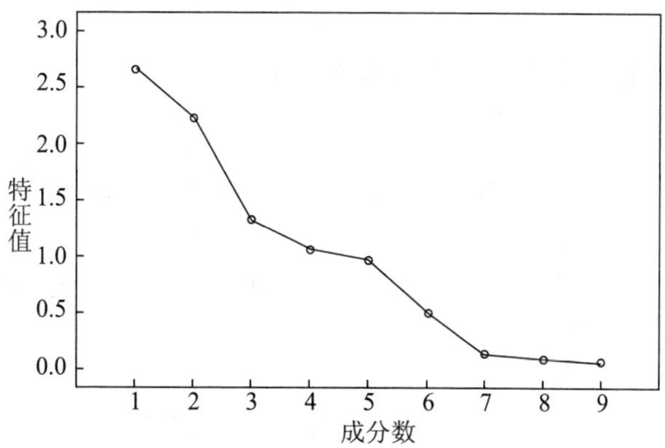

碎石图

五、旋转载荷矩阵分析

本书对原因子载荷矩阵进行最大方差旋转，以期得到主因子更明确的含义。结果如表 13-4 所示。

表 13-4　　旋转后的因子载荷矩阵[a]

变量	成分			
	F_1	F_2	F_3	F_4
基本每股收益	0.142	0.951	−0.075	−0.125
销售净利率	−0.192	−0.006	0.890	−0.129
每股净资产	−0.008	0.942	−0.089	−0.034
资产负债率	−0.117	−0.042	−0.040	0.922
总资产周转率	0.896	0.082	−0.077	−0.008
固定资产周转率	0.878	0.205	−0.072	0.014
总资产增长率	0.350	−0.422	0.309	0.550
营业总收入增长率	0.291	−0.221	0.861	0.260
股东权益增长率	0.586	−0.184	0.207	−0.131

提取方法：主成分分析法。

旋转法：具有 Kaiser 标准化的正交旋转法。

a. 旋转在 5 次迭代后收敛。

由表 13-4 中的数据可以看到，总资产周转率与固定资产周转率在主因子 F_1 上的载荷分别为 0.896 与 0.878，体现了公司的营运能力，为营运因子；基本每股收益、每股净资产在主因子 F_2 上的载荷量分别为 0.951 和 0.942，它主要反映了公司的盈利能力，所以将 F_2 命名为盈利因子；主因子 F_3 则在营业总收入增长率（0.861）上有较大载荷量，代表了公司的成长能力，故将其命名为成长因子；同样的，在资产负债率（0.922）上载荷量较大的主因子 F_4 代表了公司的偿债能力，故将主因子 F_4 命名为偿债因子。

六、金融业上市公司综合得分与排名

要得到因子的综合得分，需先对因子数据进行标准化处理，使其期望为 0，方差为 1，然后，对各因子的方差贡献率占因子总方差贡献率的比重作为权重加权汇总，使用计算综合得分的公式 $F=(\lambda_1F_1+\lambda_2F_2+\lambda_3F_3+\lambda_4F_4)/(\lambda_1+\lambda_2+\lambda_3+\lambda_4)=(0.24391\times F_1+0.23372\times F_2+0.18877\times F_3+0.14237\times F_4)/0.80877$ 来计算各样本的综合得分。得到结果按名次排列如表 13-5 所示。

表 13-5　　金融行业上市公司综合得分与排名

股票代码	名称	F_1（营运）	F_2（盈利）	F_3（成长）	F_4（偿债）	F（综合）	排名
600816	安信信托	5.2294	0.4869	0.2082	−0.3139	1.7111	1
601318	中国平安	0.4247	4.4730	0.4287	0.1759	1.5517	2
000712	锦龙股份	−1.2586	0.2156	5.8077	−0.7982	0.8978	3

续 表

股票代码	名称	F_1（营运）	F_2（盈利）	F_3（成长）	F_4（偿债）	F（综合）	排名
600837	海通证券	−0.5377	0.4592	−0.1444	4.1707	0.6710	4
601336	新华保险	0.8939	1.4429	−0.6208	−0.2855	0.4914	5
601099	太平洋	1.8819	−1.6607	1.7032	−0.0041	0.4845	6
600999	招商证券	0.7048	−0.2098	0.2728	0.8861	0.3716	7
600030	中信证券	−0.1499	0.3370	0.2281	1.0946	0.2981	8
000783	长江证券	−0.4064	−0.3578	−0.4681	3.2122	0.2303	9
600000	浦发银行	−0.3427	1.3851	−0.1038	−0.3617	0.2090	10
601166	兴业银行	−0.2912	1.3792	−0.1960	−0.3436	0.2045	11
601601	中国太保	0.7401	0.7215	−0.7276	−0.3321	0.2034	12
600109	国金证券	1.2838	−0.7145	−0.0244	−0.0767	0.1615	13
601555	东吴证券	0.4846	−0.9413	0.7616	0.5832	0.1546	14
000001	平安银行	−0.1968	0.8653	−0.1222	−0.3016	0.1091	15
601688	华泰证券	−0.0137	−0.3371	0.3006	0.7064	0.0929	16
600036	招商银行	−0.5318	1.1410	−0.1357	−0.3423	0.0774	17
601377	兴业证券	−0.3286	−0.5845	−0.0010	1.9539	0.0757	18
601009	南京银行	−0.4815	0.7988	0.1460	−0.2594	0.0740	19
000776	广发证券	0.0361	−0.1791	0.0794	0.3629	0.0416	20
002673	西部证券	0.0909	−0.6392	0.1462	0.9088	0.0368	21
601628	中国人寿	0.5514	0.3615	−0.7971	−0.4956	−0.0025	22
600369	西南证券	0.2773	−0.5727	0.3752	−0.0835	−0.0090	23
600015	华夏银行	−0.5839	0.9352	−0.2250	−0.4387	−0.0356	24
601788	光大证券	−0.2123	−0.2974	0.1065	0.4179	−0.0516	25
000728	国元证券	−0.3488	−0.0892	0.2649	−0.0125	−0.0714	26
002142	宁波银行	−0.4973	0.7193	−0.2071	−0.4969	−0.0779	27
601901	方正证券	0.7495	−1.1229	−0.0567	−0.2033	−0.1475	28
000686	东北证券	−0.1632	−0.5889	0.1148	−0.0622	−0.2035	29
601169	北京银行	−0.5766	0.4120	−0.2896	−0.5257	−0.2150	30
600016	民生银行	−0.5575	0.0896	−0.4002	−0.5259	−0.3282	31
000750	国海证券	0.0336	−0.8512	−0.3931	−0.1237	−0.3494	32
600643	爱建股份	−0.4542	−0.4552	0.0362	−0.5499	−0.3569	33
600705	中航资本	0.2411	−1.0019	0.0602	−0.9993	−0.3787	34

续 表

股票代码	名称	F_1 （营运）	F_2 （盈利）	F_3 （成长）	F_4 （偿债）	F （综合）	排名
601998	中信银行	−0.5469	−0.2295	−0.4935	−0.5969	−0.4515	35
000166	申万宏源	−0.6861	−0.4847	−0.3903	−0.1094	−0.4573	36
000415	渤海租赁	−0.1886	−0.5768	−0.6519	−0.4792	−0.4601	37
002500	山西证券	−0.3476	−0.8934	−0.2688	−0.2304	−0.4663	38
601328	交通银行	−0.7613	−0.1543	−0.5832	−0.6642	−0.5272	39
601939	建设银行	−0.6738	−0.2847	−0.5403	−0.6857	−0.5323	40
000563	陕国投 A	0.0955	−0.7428	−0.9372	−0.8333	−0.5513	41
601398	工商银行	−0.6515	−0.4237	−0.5568	−0.7266	−0.5768	42
601818	光大银行	−0.6079	−0.5445	−0.5130	−0.6739	−0.5790	43
601988	中国银行	−0.6737	−0.5974	−0.5794	−0.7610	−0.6450	44
601288	农业银行	−0.6484	−0.6883	−0.6131	−0.7756	−0.6741	45

表 13－5 中，金融业上市公司综合得分与其投资价值呈正相关关系。由于先对因子数据进行了标准化处理，因此，可以把 0 为参考标准线，认为：综合得分大于 0 的金融公司，综合业绩相对较好，且数值越大，投资价值越大；综合得分小于 0 的则相对较差，且数值越小，投资价值越小。依此可对上市公司的综合业绩和投资价值有一个基本的评价。

具体而言，表 13－5 中，金融公司各项能力得分与相应实力也呈正相关关系。排名前十位的公司分别为安信信托、中国平安、锦龙股份、海通证券、新华保险、太平洋、招商证券、中信证券、长江证券、浦发银行。2013 年排名前十位的公司分别为安信信托、中国平安、新华保险、平安银行、国海证券、中国太保、兴业银行、招商银行、浦发银行和西南证券。两年比较变化不大，说明，我国金融业发展状况良好，较为稳定。其中，安信信托、中国平安、新华保险及浦发银行依旧保持了 2013 年的实力，仍然进入前十。安信信托排名第一，其营运因子也是同行业第一，且远远超过其他行业，说明营运能力好，前景广阔，具有较大投资价值。中国平安排名第二，主要由于其盈利因子领先，说明该公司的盈利能力很好，且营运因子、成长因子、偿债因子都是正数，企业财务状况良好，投资价值较大。排名第四的海通证券的偿债因子是处于同行业首位，说明其偿债能力很强，且可以看到盈利因子为正的，盈利能力较强。但其营运因子和成长因子都是负数，可以说在这两个方面，公司需要进一步努力，加以改善，比较适宜短期投资。2013 年排名最后的太平洋在 2014 年一跃到了第六名，公司的成长因子和营运因子都有了明显增长，说明企业的财务状况得到了很大程度的改善，发展潜力较大，适宜长期投资。

排名末十位的公司分别是申万宏源、渤海租赁、山西证券、交通银行、建设银行、陕国投 A、工商银行、光大银行、中国银行和农业银行。2013 年排名末十名的公司分别为建设银行、宏源证券、中航投资、工商银行、广发证券、东吴证券、中国银行、农业银行、光大证券和太平洋。可以看到 2014 年五大商业银行都位于最后十名，2013 年除了交通银行，也位于最后十名。说明商业银行的发展潜力不大，投资价值较小。2014 年申银万国证券吸收宏源证券，并改名为“申万宏源”，由于重组方案是在年底进行的，对公司业绩没有多大影响，所以公司排名没有大的变化，2014 年的各项因子都是负数，其财务状况不容乐观，但是在经历重组之后，该公司如何还尚不得知，投资者可拭目以待。总体来说，该类别的四项因子几乎都是负数，财务状况不是很乐观，对于投资者来说，它们都难以成为理想的投资对象。

七、系统聚类分析

通过聚类分析把业绩相似的公司归类，可以对不同类别的上市公司进行对比分析，为投资者选择投资组合提供参考。

根据树状图（略）对 48 家金融业上市公司进行分类，本书选择将其分为 4 类，如表 13 - 6 所示。

表 13 - 6 聚类分析

类别	金融业上市公司	数目
1	安信信托、中国平安、新华保险、浦发银行、兴业银行、中国太保、平安银行、招商银行、南京银行、中国人寿、华夏银行、宁波银行、	12
2	锦龙股份	1
3	海通证券、长江证券	2
4	太平洋、招商证券、中信证券、国金证券、东吴证券、华泰证券、兴业证券、广发证券、西部证券、西南证券、光大证券、国元证券、方正证券、东北证券、北京银行、民生银行、国海证券、爱建股份、中航资本、中信银行、申万宏源、渤海租赁、山西证券、交通银行、建设银行、陕国投 A、工商银行、光大银行、中国银行、农业银行	30

表 13 - 6 中，类别 1 包括了安信信托、中国平安、新华保险、浦发银行等 12 家企业，这一类别位于同行业的中上，投资者可以关注。其中，安信信托、中国平安排名是第一和第二。安信信托是国内最早一批金融类上市公司，也是目前我国仅有的两家上市信托公司之一，2014 年年初安信信托对特定对象进行了非公开增发，筹集了一定资金，扩大了公司规模。由于 2013 年经营业绩较好，推出高送转的分配方案，每 10 股送 10 股派 2 元，这在一定程度上传递了公司有优良业绩的信号，促进投资者进行持续关注、投资。就 2014 年的各个因子来看，只有偿债因子是负数，其他都为正。但是相比 2013 年，成长因子在下滑，说明公司的成长能力在趋于稳定，营运因子增加一倍多，且是全行业第一，说明营运能力不断增强。企业的综合实力很强，适合进行长期投资。中国平安，是中国第一家股份制保险企业，至今已经发展成为融保险、银行、投资等金融业务为一体的整合、紧密、多元的综合金融服务集团。从年报数据来看营业收入同比增长 27.655%，每股收益同比增长 38.48%，但是资产负债率高达 91.17%，这可能是由于金融业采用高负债经营有关。此处体现了中国平安较高的盈利水平和未来良好的发展潜力。新华保险排名第五，其营运因子和盈利因子都比较突出，但是其成长因子和偿债因子为负数，投资者进行投资时要综

合考虑。2014 年，新华保险录入总保费 1099 亿元，其中新契约保费 441 亿元；实现新业务价值 49 亿元，增长 16.0%；利润 64 亿元，增长 44.9%；投资收益率 5.8%，增加 0.6 个百分点。2014 全年 A 股上证指数上涨 52.87%，而新华 A 股上涨 116.61%；同期 H 股恒生指数上涨 1.28%，而新华 H 股上涨 50.58%，这两个涨幅与同业上市公司相比也颇为领先。说明公司的财务状况良好亦为投资者所看好。

类别 2 只有 1 家公司：锦龙股份。锦龙股份排名第三，其成长因子特别突出，达到了 5.8077，成长能力特别突出。为使公司主营业务逐步转向证券业务和其他金融业务，2014 年 3 月公司完成了转让自来水公司 80%股权事项。公司有意进一步增加持有金融类资产，同时公司看好中山证券未来的发展前景，2014 年 6 月完成了收购中山证券 4.43%股权（对应 6000 万元中山证券的注册资本出资）事项，此次股权收购完成后公司共持有中山证券 66.05%股权。报告期内，经中国上市公司协会核准，公司所属行业由“水的生产和供应业”变更为“金融业的资本市场服务”，并自 2014 年 7 月起正式启用新行业分类。中山证券于 2014 年上半年陆续推出了“小融通”“惠率通”等互联网金融业务。公司共实现营业总收入 113646.65 万元，比 2013 年同期增长 231.54%；营业利润 52566.95 万元，比上年同期增长 405.81%；实现投资收益 69528.27 万元，比 2013 年同期增长 403.68%；利润总额 53826.40 万元，比 2013 年同期增长 404.93%；归属于母公司所有者的净利润 38675.53 万元，比上年同期增长 624.53%。报告期内，控股子公司中山证券实现营业收入 111860.54 万元，实现归属于母公司所有者的净利润 16399.93 万元；参股公司东莞证券实现营业收入 181188.08 万元，实现归属于母公司所有者的净利润 62326.10 万元。投资者可以对其进行投资。

类别 3 包括海通证券和长江证券，它们的排名分别为第四和第九。这两家企业在 2013 年的排名为第二十四、第二十七，进步较大。其中，长江证券是总部设在武汉的全国性综合类上市证券公司。公司秉承以“追求卓越”为核心价值观的企业文化，致力于成为提供全面理财和融资服务的一流金融企业。公司紧紧围绕年初工作部署，抓住市场有利因素，加快业务转型和创新发展步伐，超额完成目标任务。2014 年，公司实现营业收入 45.48 亿元，同比增长 49.23%；实现归属于上市公司股东的净利润 17.05 亿元，同比增长 69.43%。2014 年，公司整体呈现良好发展势头，发展战略和经营计划得以有效执行，多项业务取得长足进步。

类别 4 包括太平洋、招商证券、中信证券、国金证券、东吴证券等 30 家公司，它们主要是排名中下部分的企业，建议投资者要谨慎投资。其中，建设银行、工商银行、光大银行、中国银行、农业银行，与 2013 年相比，排名没什么太大变化，仍然处于最后十名。其中建设银行排名第四十一，在四个因子的得分方面，都是负数，财务状况不容乐观。2014 年，中国经济下行压力加大但运行总体平稳。中国经济体量大，市场广阔，抗风险能力较强，建设银行应该密切关注国内外经济走势、监管政策变化，坚持转型发展和稳健经营，强化风险防控，适时适度调整经营策略，各项业务平稳增长，资产质量基本稳定，核心指标表现平稳。兴业证券排名第十八，在 2014 年公司把握行业发展趋势，以战略规划为导向，以客户为中心，加大转型与创新力度，积极推进公司的客户策略、行业策略、区域策略和国际化策略，在更高层次、更宽范围为实体经济转型发展及客户多元化的理财需求提供更优质的服务。其经营业绩实现超越行业的快速增长，全年实现营业收入 56.09

亿元，同比增长 81%，实现利润总额 25.66 亿元，同比增长 149%，实现归属于母公司股东的净利润 17.82 亿元，同比增长 166%。截至 2014 年 12 月 31 日，公司资产总额 734.88 亿元，较 2013 年年底增长 102%，归属于母公司股东的净资产 146.83 亿元，较 2013 年年底增长 13%，母公司净资本为 135.71 亿元，基本每股收益为 0.34 元，加权平均净资产收益率为 12.88%。

但这一类别中也包括太平洋这种排名靠前，且较 2013 年，成长较好的公司。太平洋排名第六，是一家全国性综合类证券公司，其前身为太平洋证券有限责任公司。从其年报中可以看出 2013 年的营业收入为 4.88 亿元，而 2014 年的营业收入是 13.6 亿元，增幅达到了 179%，这在一定程度上说明了公司的成长能力很强，也同时体现了 2014 年 7 月以来我国股市大热给证券类企业带来的契机。2014 年 10 月，太平洋开通了 A 股交易单元的沪港通业务交易权限公司与时俱进将业务及时扩展，从 2013 年的排名可以看到，太平洋位于第四十三位，处于行业之末，但是 2014 年一跃到第六，单从各项因子来看，营运因子由 0.2210 提高到了 1.8819，成长因子 1 和成长因子 2 分别是－1.68 和－0.068，提高到了 1.7032，且偿债因子在 2014 年也比较突出，只有盈利因子有点不尽如人意，适宜作为长期投资对象。

八、结语

2014 年中国股市迎来了春天，金融企业也随着牛市的到来而取得了业绩上的突破。但是投资者进行投资时还是需要谨慎投资，不做投机者而做投资者。要综合考虑宏观、微观等各方面信息，加以谨慎地分析，做出合理的选择。在此，结合金融行业特殊性，利用 9 个指标综合分析金融业 45 家上市公司各方面表现情况，运用 SPSS 软件加以分析，对投资者进行投资决策有一定的参考意义。但由于以上分析都是以 2014 年财务报表数据，并联系实际结合 2013 年的相关分析研究结果而进行的，所得结论具有间断性和偶然性，若能将以上分析方法扩展到连续的更多个年度，并且充分考虑投资时的环境变化及市值进行投资，更有利于获得理想投资收益。

（参著：潘群芳）

第十四章　房地产业上市公司投资价值比较分析研究

一、行业发展和投资价值状况

房地产是指房产和地产的总称，包括土地和土地上永久建筑物及其所衍生的权利。房产是指建筑在土地上的各种房屋，包括住宅、厂房、仓库和商业、服务、文化、教育、卫生、体育用房及其办公用房等。地产是指土地及其上下一定的空间，包括地下的各种基础设施、地面道路等。房地产由于其自己的特点即位置的固定性和不可移动性，在经济学上又被称为不动产。它可以有三种存在形态，即土地、建筑物、房地合一。在房地产拍卖中，其拍卖标的也可以有三种存在形态，即土地（或土地使用权）、建筑物和房地合一状态下的物质实体及其权益。随着个人财产所有权的发展，房地产已经成为商业交易的主要组成部分。

回顾过去的十年，可以看见我国的房产价格基本一直处于猛增态势，尽管政府出台了一系列的宏观调控政策来抑制房价过快增长，但消费者的感觉依然越调越涨。所以导致了楼市走向两个极端，从过热迅速走向过冷，并威胁到经济稳定发展。2014 年，中国房地产市场政策走势趋向于平稳基调，局部出现微调与收紧现象，楼市表现形式多变、综合复杂，在政府的强力维稳下，楼市出现了短期的情绪低落和小幅调整。但总体保持平稳微调，市场分化背离延续，房价稳中有升。

在这一大环境下，房地产公司开始转变战略，不再将规模的扩张作为衡量公司成长性的唯一标准，更关注规模扩张的质量问题。质量问题的改善主要体现在公司利润、产品品质、成本控制、内部管控等方面的优化。同时，可以看到越来越多的房地产公司开始向多元化发展，以适应市场的调整。

房产是关系国计民生的长期资产，地产是不可再生资源。房地产比其他几乎任何行业产品都具有保值增值的绝对优势。近二十几年来，房地产业一直是投资的热门行业，虽然其中也积累了不少“水分”，需要较大幅度的宏观调控，但从长远看，仍然具有较大投资价值。

二、样本选取和数据处理

沪、深证交所的 132 家房地产业上市公司的资料来源主要为其 2014 年的财务报告。具体初始数据如表 14－1 和表 14－2 所示。

表 14 - 1　　初始数据 1

股票代码	名称	基本每股收益（元）	每股净资产（元）	销售净利率（%）	总资产报酬率（%）	流动比率	速动比率
000002	万科 A	1.4300	7.9900	13.1756	5.2390	1.3447	0.4255
000005	世纪星源	0.0472	0.7325	81.7855	5.8288	0.3782	0.3544
000006	深振业 A	0.3763	3.0626	22.0057	7.3830	1.7530	0.4923
000011	深物业 A	0.7005	3.4804	32.9140	13.9258	2.1365	0.5812
000014	沙河股份	0.3013	3.3016	12.2668	4.5510	2.6384	0.3711
000024	招商地产	1.6552	12.0710	12.6999	6.3770	1.7506	0.4897
000029	深深房 A	0.2946	2.1366	13.9782	10.1070	2.0362	0.5260
000031	中粮地产	0.3300	3.2997	9.9859	4.0652	1.7186	0.3377
000036	华联控股	0.0306	1.6698	14.6808	1.6889	4.0608	0.4474
000038	深大通	−0.5100	1.1414	−25.7792	−8.4845	1.2796	0.1144
000040	宝安地产	0.1100	2.7019	5.1300	3.3454	1.4714	0.3055
000042	中洲控股	0.6381	6.8898	10.0771	4.8844	1.6880	0.1804
000043	中航地产	0.7384	5.2587	7.7037	5.3036	1.4533	0.3415
000046	泛海控股	0.3420	2.0350	27.4520	4.6967	1.9210	0.7307
000056	深国商	−1.2600	7.1742	−548.6214	−3.1341	0.0864	0.0598
000150	宜华健康	0.0900	2.5505	18.9142	2.3434	1.5269	0.0512
000402	金融街	0.9700	8.1023	14.1249	8.2857	2.0596	0.5349
000502	绿景控股	0.0200	1.1029	6.1519	1.3570	5.3496	1.7826
000505	珠江控股	−0.4100	0.0365	−75.6602	−8.0583	0.6769	0.3739
000506	中润资源	−0.2331	1.5196	−78.4155	−8.4131	1.5207	0.5758
000514	渝开发	0.1450	3.3284	5.5358	3.1955	1.9819	0.6851
000517	荣安地产	0.2828	3.4580	8.7406	5.2716	3.7939	0.3930
000526	银润投资	0.0204	1.6260	10.7792	1.8441	0.2665	0
000534	万泽股份	0.1000	2.5619	7.8390	3.3062	2.1519	0.4220
000537	广宇发展	0.5500	3.5301	33.6668	9.2063	1.5736	0.3263
000540	中天城投	1.2215	4.2512	14.0665	5.5903	1.3825	0.2825
000558	莱茵置业	0.0600	1.9152	3.4299	4.1358	1.7832	0.3387
000567	海德股份	0.0410	1.2906	33.6597	1.7649	2.5124	0.3950
000573	粤宏远 A	0.0225	2.5611	0.6895	2.0878	1.6215	0.4241
000608	阳光股份	−0.7800	4.3927	−38.4260	−2.8653	1.3899	0.3389
000609	绵世股份	0.4039	4.2970	18.7177	8.6267	2.9936	2.2369

续 表

股票代码	名称	基本每股收益（元）	每股净资产（元）	销售净利率（%）	总资产报酬率（%）	流动比率	速动比率
000616	海航投资	0.1300	2.9488	10.2148	4.8942	3.2692	0.7999
000620	新华联	0.2600	2.1985	11.5194	2.7027	1.5444	0.3892
000631	顺发恒业	0.5600	3.3752	11.9120	6.7605	1.6884	0.1904
000656	金科股份	0.7800	7.6385	4.9819	1.1666	1.6448	0.2827
000667	美好集团	0.0294	2.1295	3.5546	1.4293	2.2325	0.4463
000668	荣丰控股	−0.3100	4.2403	−432.3450	−1.1334	6.1314	2.3989
000671	阳光城	1.2200	5.0012	9.2254	4.8205	1.4583	0.3361
000691	亚太实业	−0.0648	0.3970	−64.4206	−6.5543	2.0427	0.2168
000711	*ST 京蓝	−0.4500	1.5779	−108.5521	−1.9083	0.1319	0.1301
000718	苏宁环球	0.3730	2.3858	13.9757	5.8489	1.4347	0.1936
000732	泰禾集团	0.7705	3.7478	8.5079	1.9867	1.8950	0.2581
000736	中房地产	0.2500	5.6749	9.4951	2.1790	5.3958	0.5853
000797	中国武夷	0.2900	3.7392	4.6486	2.8744	1.5196	0.4097
000838	国兴地产	0.4119	2.4293	12.3027	4.3756	2.0205	0.1791
000863	三湘股份	0.1900	3.2147	9.3479	2.9722	2.7148	0.6865
000882	华联股份	0.0334	2.6736	4.3571	2.7711	0.4883	0
000886	海南高速	0.0510	2.7708	16.8361	1.7282	4.2878	2.5472
000897	津滨发展	0.0063	0.8848	10.8194	5.8241	1.3955	0.3200
000918	嘉凯城	0.0200	2.3987	−0.8789	1.7919	1.6391	0.2596
000926	福星股份	0.9900	9.7313	10.6819	4.5483	1.7163	0.7709
000965	天保基建	0.3000	4.2145	16.7867	6.3526	4.7836	1.7139
000979	中弘股份	0.1500	1.9486	11.8461	3.5595	2.3019	0.7722
000981	银亿股份	0.7100	5.5147	9.5424	3.8443	1.5920	0.2659
002016	世荣兆业	0.0228	2.4148	1.6527	0.1405	2.5188	0.6896
002077	大港股份	0.1500	3.7610	1.5078	4.8135	1.1797	0.8610
002113	天润控股	0.0050	0.7991	3.8195	0.5189	0.6233	0
002133	广宇集团	0.2100	3.6839	8.9160	2.7986	2.6409	0.4969
002146	荣盛发展	1.7100	7.2890	14.9465	6.8107	1.4623	0.4133
002208	合肥城建	0.5400	4.6554	9.7799	5.2614	1.4400	0.3328
002244	滨江集团	0.6100	5.8881	6.8546	3.4836	1.4755	0.1278
002285	世联行	0.5200	2.6528	12.6647	16.9610	1.6496	0

续　表

股票代码	名称	基本每股收益（元）	每股净资产（元）	销售净利率（%）	总资产报酬率（%）	流动比率	速动比率
002305	南国置业	0.5100	3.0884	18.5308	7.5679	1.7042	0.4617
600007	中国国贸	0.5300	5.1861	24.0392	9.0732	0.5242	0.5104
600048	保利地产	1.1400	5.7233	13.0495	5.9320	1.8731	0.4467
600052	浙江广厦	0.2400	2.2982	12.2752	5.3301	1.3000	0.1101
600053	中江地产	0.1743	2.0224	9.4056	4.0548	1.4474	0.0964
600064	南京高科	1.1810	15.9993	19.7148	6.0202	1.0202	0.2190
600067	冠城大通	0.6300	4.6335	11.9966	7.7558	1.9059	0.5681
600077	宋都股份	0.0300	2.7913	2.3486	0.8316	2.2186	0.3578
600094	大名城	0.2111	2.7564	10.9349	5.0605	2.2819	0.3738
600158	中体产业	0.1222	1.7882	9.3830	3.5693	2.0396	0.5501
600159	大龙地产	0.1600	2.5667	10.9815	5.4222	3.1528	1.3194
600162	香江控股	0.3340	2.3555	5.6180	4.0396	1.2810	0.3146
600173	卧龙地产	0.3585	2.2150	13.0741	9.7176	2.5203	1.0023
600185	格力地产	0.5400	5.6889	21.3359	2.6565	1.8591	0.3481
600208	新湖中宝	0.1700	2.3928	10.3820	3.1698	1.8890	0.5426
600215	长春经开	0.0200	5.1967	0.9306	1.8957	1.7253	0.3826
600223	鲁商置业	0.2100	2.0217	4.2949	1.3310	1.2035	0.1809
600225	天津松江	0.0200	1.5064	1.7374	5.4047	1.6899	0.5975
600238	海南椰岛	0.0900	1.9780	8.6279	4.3843	1.7970	0.5787
600239	云南城投	0.5400	4.8949	12.5768	3.9917	2.1007	0.5642
600240	华业地产	0.2900	2.7021	14.9190	5.1059	1.9078	0.6130
600246	万通地产	0.0371	2.9002	5.1083	1.7760	1.7006	0.3473
600266	北京城建	1.1100	9.9972	14.9789	4.7303	2.0862	0.4926
600275	武昌鱼	0.0113	0.4326	47.8254	1.9497	0.8293	0.8116
600322	天房发展	0.1500	4.1501	9.6669	3.1347	2.5359	0.1633
600325	华发股份	0.7900	8.4620	8.8504	1.6323	1.9173	0.4769
600340	华夏幸福	2.6700	7.4032	14.1392	5.3933	1.2700	0.3462
600376	首开股份	0.7349	6.5016	9.5041	3.5098	1.4469	0.3349
600383	金地集团	0.8900	7.0098	10.8773	5.9188	1.9389	0.5504
600393	东华实业	0.2100	3.3000	6.4685	4.1291	1.9737	0.6437
600503	华丽家族	0.0158	2.2428	4.8100	1.2150	6.6733	2.5509

续 表

股票代码	名称	基本每股收益（元）	每股净资产（元）	销售净利率（%）	总资产报酬率（%）	流动比率	速动比率
600510	黑牡丹	0.3000	5.8458	6.0492	2.7167	1.9405	1.0617
600533	栖霞建设	0.0123	3.4381	0.4364	0.7482	1.6536	0.3358
600555	九龙山	0.0300	1.2912	128.4534	2.6288	1.1967	0.4327
600565	迪马股份	0.3200	2.5121	8.3816	5.2203	1.6805	0.4017
600604	市北高新	0.0300	2.2739	10.1981	1.1925	1.6944	0.5667
600606	金丰投资	−0.7000	3.5983	−333.8795	−3.6882	1.1749	0.1396
600621	华鑫股份	0.2953	3.3453	25.4792	5.9167	1.9345	0.9204
600622	嘉宝集团	0.6970	5.7629	24.4086	6.3583	2.1831	0.3542
600638	新黄浦	0.3020	6.1798	16.5199	2.3660	1.7678	0.4004
600639	浦东金桥	0.4627	6.2565	27.0616	7.1690	1.0650	0.3732
600641	万业公司	0.4968	4.4847	26.4607	8.5688	2.8356	0.3253
600647	同达创业	−0.0242	1.7319	−12.6590	−2.2177	1.3450	0.9769
600649	城投控股	0.6600	5.5830	40.3855	7.4176	1.5213	0.2885
600657	信达地产	0.5000	5.1110	15.6910	4.2597	2.1651	0.3251
600658	电子城	0.8600	5.2011	35.1058	14.4527	2.7301	1.9725
600663	陆家嘴	0.8575	6.1726	34.1540	6.1070	0.8406	0.1628
600665	天地源	0.3410	2.9894	8.9938	3.0345	1.9326	0.7101
600675	中华公司	−0.2620	2.7211	−9.9869	2.4131	1.7516	0.2516
600683	京投银泰	0.0300	2.5220	5.5356	1.4700	1.4068	0.2466
600684	珠江实业	0.3800	2.9129	12.5377	6.7227	3.6194	0.6876
600696	多伦股份	0.2090	1.7488	693.6211	6.5804	1.8364	0.4356
600716	凤凰股份	0.2044	2.8607	8.0714	5.2813	1.7740	0.3332
600724	宁波富达	0.0774	2.6027	5.1268	4.2334	1.5452	0.2576
600730	中国高科	0.5300	4.5768	15.8619	8.7485	2.1461	1.8144
600732	*ST 新梅	−0.0800	1.0616	−21.7476	−1.6300	0.6986	0.1340
600733	S前锋	0.0660	1.5615	40.3247	2.0462	3.6758	1.9395
600736	苏州高新	0.1600	3.3141	6.1620	3.2414	1.5347	0.2467
600743	华远地产	0.3600	2.1263	9.9692	4.9696	1.6595	0.3219
600745	中茵股份	0.0500	5.3871	3.1204	2.2571	1.5490	0.3136
600747	大连控股	0.0100	1.4524	2.9517	2.0751	4.9773	4.7852
600748	上实发展	0.8200	4.4146	24.1553	6.9148	2.0558	0.7620

续　表

股票代码	名称	基本每股收益（元）	每股净资产（元）	销售净利率（%）	总资产报酬率（%）	流动比率	速动比率
600767	运盛实业	0.0760	1.0743	15.7796	6.2730	2.3639	0.8704
600773	西藏城投	0.1300	3.3363	4.7362	2.0173	1.7156	0.4434
600791	京能置业	0.1800	3.1659	11.4986	6.4194	2.8638	1.1989
600807	天业股份	0.1400	1.0844	9.6636	4.5057	1.3443	0.1762
600823	世茂股份	1.6100	13.7135	20.5328	6.5021	1.1279	0.3805
600862	南通科技	−0.3200	1.6752	−13.8237	−1.2924	1.0824	0.3564
600890	中房股份	−0.0200	0.5452	−87.4207	−3.8274	0.9417	0.9334
601588	北辰实业	0.1600	3.2376	9.4197	3.2018	2.2546	0.4053

表 14－2　　　　初始数据 2

股票代码	名称	资产负债率（%）	存货周转率（次）	总资产周转率（次）	固定资产周转率（次）	总资产增长率（%）	营业总收入增长率（%）	股东权益增长率（%）
000002	万科 A	77.2046	0.3161	0.2964	65.9685	6.0941	8.1002	14.6543
000005	世纪星源	50.9964	2.5303	0.0413	2.0818	14.9758	1.3739	7.2841
000006	深振业 A	64.1420	0.2398	0.2144	485.9965	17.9076	−49.4946	1.0138
000011	深物业 A	46.5632	0.2353	0.3271	18.2026	0.2591	−21.6632	15.0579
000014	沙河股份	67.6601	0.1507	0.2479	20.2019	18.1759	−9.2446	9.5076
000024	招商地产	71.1609	0.3030	0.3037	22.3406	13.1691	33.2145	16.3474
000029	深深房 A	53.5301	0.4891	0.4965	37.0718	3.7959	0.7479	16.0029
000031	中粮地产	76.9711	0.1822	0.2080	15.3408	14.0600	−11.1784	10.6719
000036	华联控股	45.4282	0.0394	0.0468	1.0349	8.8906	6.5736	0.1505
000038	深大通	78.5173	0.3311	0.3126	2057.8544	0.3491	26.5726	−30.9950
000040	宝安地产	70.2902	0.2219	0.2519	14.4402	7.8079	27.1648	0.4841
000042	中洲控股	79.6201	0.1827	0.2507	36.3024	102.5005	37.0459	7.6271
000043	中航地产	79.2970	0.4516	0.3295	33.7986	13.2652	0.0268	8.1986
000046	泛海控股	82.3456	0.0783	0.1086	17.5584	74.0121	5.1741	0.4105
000056	深国商	62.8363	1.5820	0.0126	1.6165	0.8801	180.3364	−14.9794
000150	宜华健康	67.3085	0.0533	0.0601	3.1906	−6.9373	−78.3791	3.7441
000402	金融街	69.3987	0.3272	0.2693	8.0491	15.1397	10.8302	8.6868
000502	绿景控股	16.7579	0.1486	0.2108	2.1658	−12.5909	110.7722	1.6268

续 表

股票代码	名称	资产负债率（%）	存货周转率（次）	总资产周转率（次）	固定资产周转率（次）	总资产增长率（%）	营业总收入增长率（%）	股东权益增长率（%）
000505	珠江控股	98.8419	0.7398	0.1657	0.5371	32.9416	6.0344	−86.6645
000506	中润资源	51.5011	0.2839	0.1090	1.1696	−6.3485	−60.6308	−15.1645
000514	渝开发	56.5628	0.4084	0.2528	1.2328	2.2544	110.7867	5.5158
000517	荣安地产	39.0083	0.5492	0.4822	425.7170	−26.8429	−26.0266	12.7506
000526	银润投资	21.4994	0	0.0943	0.4433	1.4357	84.9454	1.2853
000534	万泽股份	53.2798	0.1291	0.1575	1.7290	9.0832	−53.0770	−1.7194
000537	广宇发展	48.0995	0.2749	0.2862	873.3971	15.9658	−13.7333	18.3532
000540	中天城投	82.4051	0.2821	0.2853	3.5922	19.0518	50.3500	114.6108
000558	莱茵置业	62.6100	0.7717	0.6795	14.1744	−25.3164	77.2456	83.8279
000567	海德股份	24.7274	0.0952	0.0499	2.7414	14.7805	15.7424	3.2774
000573	粤宏远 A	51.3962	0.3954	0.2786	9.0078	13.5620	−15.2368	0.8982
000608	阳光股份	61.2349	0.2170	0.1372	37.9640	31.2717	96.9408	12.1993
000609	绵世股份	31.3943	0.7868	0.3373	15.5950	4.6329	97.0595	10.3864
000616	海航投资	50.7899	0.2340	0.1965	13.6615	−26.6769	−22.8136	−0.5343
000620	新华联	84.8133	0.1984	0.1630	8.1103	35.2123	34.5939	7.7040
000631	顺发恒业	70.4834	0.3212	0.3951	322.6452	−7.1987	74.7427	17.3515
000656	金科股份	83.9565	0.2464	0.2398	20.6741	31.5261	7.8029	34.1025
000667	美好集团	64.5221	0.1273	0.1358	5.3511	5.5523	−39.2437	1.3781
000668	荣丰控股	58.5729	0.0048	0.0067	2.6605	10.9129	−90.8550	−7.0954
000671	阳光城	84.6881	0.3457	0.3520	541.2952	41.3285	86.6440	96.1063
000691	亚太实业	52.6886	0.1908	0.1165	2.3915	6.3989	52.5932	−14.0319
000711	*ST 京蓝	73.3338	27.4441	0.0600	1.0107	8.8814	8.7679	−21.9827
000718	苏宁环球	77.1962	0.1939	0.2594	17.6535	3.2822	−18.8074	12.9319
000732	泰禾集团	89.2263	0.1505	0.1707	37.3404	74.7998	36.6130	17.3420
000736	中房地产	51.5506	0.1136	0.1320	25.7616	31.0563	−17.1061	4.3709
000797	中国武夷	78.3546	0.3259	0.2820	10.6208	11.9844	−10.9914	7.9349
000838	国兴地产	82.6006	0.1661	0.2520	127.4340	32.2232	34.3036	14.7296
000863	三湘股份	73.3370	0.1175	0.1297	24.2472	42.6212	−54.2373	62.2749
000882	华联股份	49.4737	0	0.1129	9.2850	−0.2899	37.0896	0.1733
000886	海南高速	15.7716	0.2101	0.0925	1.8659	1.5672	−39.5792	0.0649

续 表

股票代码	名称	资产负债率（%）	存货周转率（次）	总资产周转率（次）	固定资产周转率（次）	总资产增长率（%）	营业总收入增长率（%）	股东权益增长率（%）
000897	津滨发展	72.7356	0.2500	0.2420	172.8145	−15.1555	−28.4372	10.0677
000918	嘉凯城	83.7598	0.2514	0.2452	23.4752	14.0779	−24.8845	0.8880
000926	福星股份	72.0614	0.4268	0.2393	3.7522	6.1517	−12.7402	2.3052
000965	天保基建	17.1602	0.3303	0.3031	6.2375	−2.9936	81.1077	63.2295
000979	中弘股份	68.1950	0.1586	0.1689	5.3288	53.4953	121.9930	136.5272
000981	银亿股份	81.1541	0.2394	0.2500	5.0664	10.3643	37.1079	11.4055
002016	世荣兆业	61.6642	0.1197	0.1041	3.7128	27.0994	−56.7249	−2.3158
002077	大港股份	80.4761	1.0841	0.2711	2.0894	−6.3214	−42.8888	2.8696
002113	天润控股	20.3442	0	0.1413	10.4146	−0.1329	−43.0091	1.3320
002133	广宇集团	60.9817	0.1880	0.2031	79.2009	6.8280	1.5530	43.7410
002146	荣盛发展	79.5815	0.3373	0.3420	22.8039	27.5845	20.5948	26.7268
002208	合肥城建	74.0251	0.3177	0.3251	110.3695	14.9856	11.7328	10.4195
002244	滨江集团	75.9180	0.2887	0.3022	31.1569	−3.3339	13.2601	9.3446
002285	世联行	49.2818	0	1.0004	14.5958	64.7934	29.0728	18.5668
002305	南国置业	71.1350	0.2413	0.2869	139.5919	30.3210	59.9149	14.8528
600007	中国国贸	46.1607	43.1748	0.2349	1.7486	4.1282	8.9807	7.5180
600048	保利地产	77.8896	0.2923	0.3209	48.8750	16.5082	18.0834	18.6363
600052	浙江广厦	78.6569	0.1701	0.1798	4.6930	−7.4525	−8.4171	9.5967
600053	中江地产	65.1890	0.2526	0.3005	23.2473	−10.9362	32.7896	8.2572
600064	南京高科	57.2618	0.3030	0.1805	22.4500	30.8775	−6.8965	66.1101
600067	冠城大通	64.3503	0.4945	0.4260	7.6176	25.9266	−8.0393	17.8564
600077	宋都股份	71.6159	0.1794	0.1858	38.0457	20.8430	−16.7759	43.7427
600094	大名城	66.9438	0.2468	0.2939	11.6356	42.7016	82.9966	111.1083
600158	中体产业	50.5012	0.4173	0.3167	8.2674	0.4213	16.9217	5.8949
600159	大龙地产	28.9217	0.5701	0.3836	22.0713	−10.2034	79.9205	6.5616
600162	香江控股	83.0379	0.3324	0.3255	7.8523	3.4840	50.9518	12.0761
600173	卧龙地产	63.8998	0.4852	0.4875	128.7918	26.3735	91.0671	9.7103
600185	格力地产	82.0568	0.0763	0.0858	9.7809	18.1653	−32.2286	10.8269
600208	新湖中宝	71.0563	0.2287	0.1706	45.8512	20.9460	19.8642	48.9957
600215	长春经开	40.3114	0.3742	0.2258	18.5909	−14.4072	49.3901	0.2832

续 表

股票代码	名称	资产负债率（%）	存货周转率（次）	总资产周转率（次）	固定资产周转率（次）	总资产增长率（%）	营业总收入增长率（%）	股东权益增长率（%）
600223	鲁商置业	92.6915	0.1918	0.1955	10.8781	12.8895	7.3460	10.8098
600225	天津松江	91.6126	0.1397	0.1941	15.3214	5.9045	−10.3295	1.4830
600238	海南椰岛	37.3720	0.5358	0.3461	1.7654	−0.4781	−46.0153	−0.3304
600239	云南城投	85.2234	0.1368	0.1369	12.5825	38.4452	33.2869	6.0971
600240	华业地产	77.1933	0.1839	0.1797	12.0370	22.9589	−1.5007	11.8503
600246	万通地产	73.2098	0.1681	0.1462	59.6207	19.3265	−42.0603	−5.4105
600266	北京城建	66.8587	0.2317	0.2312	67.0667	38.8758	−3.2162	83.6199
600275	武昌鱼	39.4739	4.3845	0.0350	0.2643	16.4768	1.4602	2.6882
600322	天房发展	68.3587	0.1451	0.1749	23.5957	6.6786	81.8321	2.7734
600325	华发股份	80.7420	0.1192	0.1278	13.2110	54.2052	1.2423	8.3274
600340	华夏幸福	84.7353	0.2609	0.2859	22.3544	53.8107	27.6632	47.2623
600376	首开股份	83.4746	0.2067	0.2198	24.1597	5.9672	54.4328	4.4523
600383	金地集团	67.4979	0.4216	0.3672	155.9639	0.5980	31.0041	8.1402
600393	东华实业	67.7489	0.2979	0.2639	9.9654	1.8940	82.0609	3.2911
600503	华丽家族	18.2216	0.1039	0.1103	95.7715	42.7884	−42.8924	82.4007
600510	黑牡丹	68.8355	0.6553	0.3457	13.5292	10.6945	15.7469	2.7036
600533	栖霞建设	74.4127	0.2483	0.1982	129.3111	4.3374	31.3950	−2.5598
600555	九龙山	49.2947	0.0266	0.0101	0.2702	20.8187	−54.1737	2.6774
600565	迪马股份	73.5881	0.4071	0.4188	60.3752	97.2772	46.6275	361.0575
600604	市北高新	59.3981	0.0525	0.0452	1.2017	52.2008	−71.0847	−0.2222
600606	金丰投资	74.8251	−0.0038	0.0162	7.5489	20.9523	−87.6426	−14.7367
600621	华鑫股份	49.6165	0.2933	0.1699	3.9851	8.3242	−46.5104	4.8038
600622	嘉宝集团	61.3340	0.1712	0.1946	92.1215	13.0176	−13.7992	10.4750
600638	新黄浦	62.6147	0.1294	0.1035	80.8776	7.0245	20.6531	3.2959
600639	浦东金桥	49.5296	0.3911	0.1685	2.9591	20.4639	33.9896	25.8695
600641	万业公司	47.2928	0.1921	0.2399	97.6944	−10.2337	−0.0926	36.0254
600647	同达创业	48.1707	1.0474	0.2569	5.4154	14.0883	−49.3238	10.2605
600649	城投控股	58.9833	0.1755	0.1297	16.3425	20.9979	40.2133	16.9039
600657	信达地产	78.1757	0.1310	0.1562	53.7006	54.4999	8.2819	8.9558
600658	电子城	29.8985	0.4206	0.3348	57.5575	9.4614	−6.0100	13.0935

续 表

股票代码	名称	资产负债率（%）	存货周转率（次）	总资产周转率（次）	固定资产周转率（次）	总资产增长率（%）	营业总收入增长率（%）	股东权益增长率（%）
600663	陆家嘴	66.5861	0.1227	0.1216	10.3645	18.3773	13.4643	2.2791
600665	天地源	81.3447	0.2944	0.2515	26.2730	21.2092	19.4812	8.7702
600675	中华公司	81.9940	0.1180	0.1144	20.2443	12.1750	－34.6660	－11.4207
600683	京投银泰	92.6788	0.1238	0.1299	62.8826	23.5341	249.9209	0.1169
600684	珠江实业	63.0648	0.3026	0.3540	10.0984	28.6753	－8.8448	13.1498
600696	多伦股份	53.2418	0.0063	0.0082	0.8569	30.9230	－90.8522	13.5509
600716	凤凰股份	71.4838	0.1863	0.2250	143.5483	7.9643	13.1936	3.7876
600724	宁波富达	75.9755	0.2308	0.2738	7.8714	－6.0387	4.8101	－1.6107
600730	中国高科	48.5593	1.5056	0.3648	20.3463	－19.0202	39.8979	10.4022
600732	*ST 新梅	49.3079	0.3390	0.1712	18.5183	0.2307	794.4525	－6.7888
600733	S 前锋	23.8769	0.0633	0.0597	2.4248	－4.7755	－83.2200	4.6365
600736	苏州高新	79.1143	0.1925	0.1730	2.3447	5.8597	5.3442	2.9657
600743	华远地产	79.0789	0.3570	0.3574	73.3598	17.6753	42.9616	12.9627
600745	中茵股份	48.3517	0.3871	0.2402	2.1949	13.2371	－31.4531	204.4577
600747	大连控股	17.5391	4.9878	0.2422	4.5413	115.7062	9.1392	183.9138
600748	上实发展	70.5136	0.2578	0.1935	142.4157	－8.8015	－2.5999	－3.7082
600767	运盛实业	35.5010	0.2427	0.3065	7.4625	5.8268	－30.6149	7.6353
600773	西藏城投	77.5121	0.1018	0.1064	150.6294	22.2089	55.0323	97.1351
600791	京能置业	66.1597	0.2519	0.2907	110.0739	－15.2301	28.4572	4.5037
600807	天业股份	80.1855	0.2443	0.2583	16.2852	24.8667	0.7460	16.0109
600823	世茂股份	65.9850	0.3418	0.2331	17.6112	17.5948	25.0898	13.2066
600862	南通科技	83.8636	0.4152	0.2388	1.6566	13.9307	49.3743	－18.0290
600890	中房股份	21.3699	15.1766	0.0385	27.8712	2.2267	－75.8604	－4.0785
601588	北辰实业	70.6145	0.1465	0.1786	2.3811	17.3822	13.2358	3.1101

在指标性质、单位不同的情况下，首先要对指标进行同趋势化处理。然后利用 SPSS 中的 Z-score 方法将 13 项指标的原始数据进行标准化处理。同趋势化数据和标准化数据略。

三、因子分析法适应性检验

为了检验所选用的指标是否适合使用因子分析法，本书利用 SPSS 软件中 KMO 和

Bartlett 球形检验方法来对样本进行检验。检验结果如表 14 - 3 所示。

表 14 - 3　　KMO 检验和 Bartlett 球形检验

取样足够度的 KMO 度量		0.510
Bartlett 球形检验	近似卡方	300.815
	df	78
	Sig.	0.000

由表 14 - 3 可知，Bartlett 球形检验统计量为 300.815，相应的概率 Sig. 为 0.000，在 5%的显著性水平之下，拒绝原假设，因此可认为相关系数矩阵与单位矩阵有显著差异，说明样本适合做因子分析。同时，KMO 值为 0.510，大于 0.5，说明样本适合做因子分析。

四、确定主因子

本书应用因子分析法中的主成分分析法来计算原始公因子的特征值、方差贡献率以及累计方差贡献率，并由此确定公因子。结果如表 14 - 4 所示。

表 14 - 4　　解释的总方差

成分	初始特征值			提取平方和载入			旋转平方和载入		
	合计	方差百分比（%）	累积百分比（%）	合计	方差百分比（%）	累积百分比（%）	合计	方差百分比（%）	累积百分比（%）
1	2.594	19.955	19.955	2.594	19.955	19.955	1.890	14.540	14.540
2	1.358	10.447	30.402	1.358	10.447	30.402	1.626	12.504	27.044
3	1.253	9.636	40.038	1.253	9.636	40.038	1.472	11.321	38.365
4	1.171	9.006	49.045	1.171	9.006	49.045	1.196	9.199	47.564
5	1.091	8.394	57.439	1.091	8.394	57.439	1.115	8.576	56.140
6	1.019	7.835	65.274	1.019	7.835	65.274	1.109	8.535	64.674
7	1.002	7.708	72.982	1.002	7.708	72.982	1.080	8.308	72.982
8	0.928	7.137	80.120						
9	0.894	6.879	86.999						
10	0.749	5.761	92.760						
11	0.473	3.636	96.396						
12	0.261	2.007	98.4034						
13	0.208	1.597	100.000						

提取方法：主成分分析。

根据表 14 - 4 中数据可知，前 7 个主因子的方差贡献率已经达到了累计方差贡献率的 72.982%，即表明这 7 个主因子已包含原始数据信息量的 72.982%，所以只需选择前 7 个主因子就可以较好地代表原始指标，对房地产公司的绩效进行描述。

特征值可用碎石图列示，如下图所示。从下图可以看出，从第 8 个成分开始，特征值的值都小于 1，且折线的陡度变得比较平缓，这说明提取 7 个主因子是合适有效的。

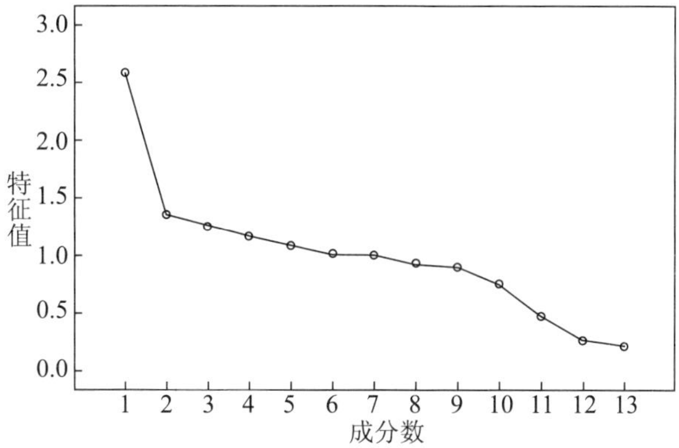

碎石图

五、旋转载荷矩阵分析

本书对原因子载荷矩阵进行最大方差旋转，以期得到主因子更明确的含义。结果如表 14 - 5 所示。

表 14 - 5　　旋转后的因子载荷矩阵[a]

变量	成分						
	F_1	F_2	F_3	F_4	F_5	F_6	F_7
基本每股收益	0.833	0.340	0.145	−0.017	0.013	0.066	0.020
销售净利率	0.922	−0.144	0.062	−0.018	−0..065	0.014	−0.076
每股净资产	−0.062	0.826	0.107	−0.165	−0.031	0.085	−0.098
总资产报酬率	0.478	0.697	0.004	0.198	0.001	−0.027	0.223
流动比率	0.088	0.144	−0.142	0.110	−0.303	0.678	−0.168
速动比率	−0.034	−0.262	−0.095	−0.595	0.048	0.288	0.165
资产负债率	−0.050	−0.008	0.026	−0.068	−0.107	−0.044	0.886
存货周转率	−1.107	0.013	−0.148	0.071	−0.220	−0.695	−0.077
总资产周转率	0.288	0.390	−0.009	0.348	0.404	0.195	0.383
固定资产周转率	−0.063	−0.032	−0.054	−0.017	0.875	0.006	−0.119
总资产增长率	0.077	−0.010	0.847	−0.045	−0.138	0.060	−0.029

续 表

变量	成分						
	F_1	F_2	F_3	F_4	F_5	F_6	F_7
营业总收入增长率	−0.047	−0.248	0.018	0.783	0.023	0.167	0.045
股东权益增长率	0.086	123	0.814	0.130	0.092	−0.024	0.058

提取方法：主成分分析。

旋转法：具有 Kaiser 标准化的正交旋转法。

a. 旋转在 5 次迭代后收敛。

由表 14-5 中的数据可以看到，基本每股收益、销售净利率在主因子 F_1 上的载荷量分别为 0.833 和 0.922，每股净资产、总资产报酬率在 F_2 上的载荷量是 0.826 和 0.697，它们主要反映了公司的盈利能力，所以将 F_1、F_2 命名为盈利因子；总资产增长率和股东权益合计增长率在 F_3 上载荷量为 0.847 和 0.814，营业总收入增产率在 F_4 上载荷量为 0.783，代表了公司的成长能力，故将主因子 F_3、F_4 命名为成长因子；主因子 F_5 则在总资产周转率（0.404）、固定资产周转率（0.875）上有较大载荷量，代表了公司的营运能力，故将其命名为营运因子；流动比率和速动比率在 F_6 上的载荷量较大，分别为 0.678 和 0.288，同时资产负债率在 F_7 上的载荷量为 0.886，它们主要反映了公司的偿债能力，因而将 F_6、F_7 定义为偿债因子。

六、房地产业上市公司综合得分与排名

要得到因子的综合得分，需先对因子数据进行标准化处理，使其期望为 0，方差为 1，然后，对各因子的方差贡献率占因子总方差贡献率的比重作为权重加权汇总，使用计算综合得分的公式 $F=(\lambda_1F_1+\lambda_2F_2+\lambda_3F_3+\lambda_4F_4+\lambda_5F_5+\lambda_6F_6+\lambda_7F_7)/(\lambda_1+\lambda_2+\lambda_3+\lambda_4+\lambda_5+\lambda_6+\lambda_7)$ $(14.54\%\times F_1+13.504\%\times F_2+11.321\%\times F_3+9.199\%\times F_4+8.576\%\times F_5+8.535\%\times F_6+8.308\%\times F_7)/72.982\%$来计算各样本的综合得分。得到结果按名次排列如表 14-6 所示。

表 14-6　房地产行业上市公司综合得分与排名

股票代码	名称	F_1（盈利）	F_2（盈利）	F_3（成长）	F_4（成长）	F_5（营运）	F_6（偿债）	F_7（偿债）	F（综合）	排名
002285	世联行	0.6933	2.2493	0.6386	1.7078	1.4368	0.5826	2.1363	1.3488	1
600565	迪马股份	−0.6335	0.3089	6.1187	0.9460	0.8352	0.0778	0.4960	1.1630	2
600684	珠江实业	−0.5657	−0.0919	0.2927	−0.7769	−1.2171	−0.5063	10.1070	0.7661	3
000671	阳光城	1.0168	−0.0402	1.5505	0.5184	2.3095	0.0020	−0.1187	0.7591	4
600340	华夏幸福	2.8904	0.0510	1.3233	−0.3097	0.0719	−0.1388	−0.1425	0.7275	5
002146	荣盛发展	2.1622	0.2444	0.3198	−0.0219	0.2093	−0.1379	0.1258	0.5456	6
600173	卧龙地产	−0.0382	0.9065	−0.0214	1.2019	0.8685	0.1145	0.7690	0.5113	7
000024	招商地产	3.2253	−0.3777	−0.2316	−0.0833	0.0389	−0.0639	−0.1282	0.5087	8

续 表

股票代码	名称	F_1（盈利）	F_2（盈利）	F_3（成长）	F_4（成长）	F_5（营运）	F_6（偿债）	F_7（偿债）	F（综合）	排名
000558	莱茵置业	−0.4610	0.7569	−0.4691	1.6520	1.1806	0.4166	1.1799	0.5054	9
000540	中天城投	0.8546	0.3061	1.2442	0.4115	0.2226	−0.1666	0.1655	0.4973	10
600658	电子城	1.2083	1.3604	−0.4672	0.1770	0.3012	−0.4155	0.4604	0.4815	11
000537	广宇发展	0.3192	0.8087	−0.1111	−0.3042	3.3552	−0.2952	−0.3288	0.4800	12
600383	金地集团	1.3673	0.5130	−1.2762	0.6581	−0.7516	3.2106	−0.6056	0.4705	13
600266	北京城建	2.0723	−0.4059	1.2903	−0.3638	0.0182	0.0254	−0.3461	0.4577	14
600064	南京高科	3.5827	−0.9642	0.8771	−0.6199	−0.1817	−0.5253	−0.5185	0.4515	15
600823	世茂股份	3.5244	−0.5941	−0.1007	−0.3290	−0.1015	−0.3767	−0.3183	0.4429	16
000029	深深房 A	−0.0317	1.3063	−0.6598	0.6323	0.4123	0.5028	0.7560	0.4060	17
600067	冠城大通	0.7648	0.5456	−0.1298	−0.3288	−0.0623	1.2588	0.5193	0.3908	18
600094	大名城	−0.4285	0.1426	1.8016	0.8260	0.0969	0.0788	0.2428	0.3728	19
000631	顺发恒业	0.2951	0.5168	−0.7074	0.8173	1.5452	0.0655	0.3001	0.3711	20
000042	中洲控股	0.9402	−0.4150	2.0689	−0.0923	−0.3845	0.1481	−0.2170	0.3673	21
600048	保利地产	1.2720	0.3296	−0.1335	0.1387	0.0261	0.4124	−0.0022	0.3622	22
600747	大连控股	−1.1134	−0.1077	4.5584	0.1479	−0.2799	−0.7204	−0.0715	0.3587	23
000002	万科 A	2.0517	−0.0091	−0.3262	−0.1907	0.3493	−0.2423	−0.0333	0.3414	24
000011	深物业 A	0.7477	1.2790	−0.7352	−0.6008	0.2143	0.2409	0.7756	0.3375	25
000402	金融街	1.7659	0.1979	−0.3251	−0.0788	−0.2352	0.1698	−0.0115	0.3190	26
002305	南国置业	0.1108	0.4837	0.2626	0.4708	0.4124	0.0653	0.1496	0.2848	27
600745	中茵股份	−0.0713	−0.1785	2.2198	−0.0646	0.2933	−0.3615	0.0028	0.2815	28
000979	中弘股份	−0.8503	−0.1839	2.4941	0.9161	−0.2098	0.0816	−0.0445	0.2788	29
000517	荣安地产	0.1545	0.6649	−1.2599	0.1437	2.3469	−0.2498	0.4239	0.2713	30
000609	绵世股份	0.3880	0.4998	−0.4858	0.9945	0.1625	−0.1579	0.4273	0.2691	31
000965	天保基建	0.1400	0.2814	0.0387	0.8507	0.2399	−0.1981	0.3311	0.2359	32
600730	中国高科	0.6476	0.7559	−1.1768	0.6801	0.2332	−0.1745	0.4203	0.2269	33
600510	黑牡丹	0.4373	0.3490	−1.0629	0.8261	−1.6107	3.5308	−0.7892	0.2248	34
000043	中航地产	0.8413	0.2302	−0.2274	0.0038	0.2446	−0.1665	0.1797	0.2051	35
002208	合肥城建	0.5065	0.2310	−0.1471	0.1057	0.5257	−0.1256	0.1525	0.1986	36
600743	华远地产	−0.2593	0.4348	−0.0443	0.5205	0.4194	0.0867	0.3250	0.1840	37
600641	万业公司	0.4786	0.6800	−0.5052	0.0410	0.4235	−0.3975	0.1269	0.1657	38
000732	泰禾集团	0.1889	−0.2595	1.4822	−0.0480	−0.7080	0.7958	−0.5338	0.1626	39
000926	福星股份	2.0471	−0.3284	−0.4866	−0.3986	−0.1447	−0.2142	−0.2240	0.1538	40
000656	金科股份	1.1871	−0.6158	0.6590	−0.2626	−0.0560	−0.0708	−0.2685	0.1463	41

续 表

股票代码	名称	F_1（盈利）	F_2（盈利）	F_3（成长）	F_4（成长）	F_5（营运）	F_6（偿债）	F_7（偿债）	F（综合）	排名
000006	深振业A	0.0189	0.6380	−0.2109	−0.6197	1.6238	−0.1923	−0.2938	0.1459	42
000838	国兴地产	−0.2554	0.3010	0.2881	0.2972	0.0237	0.6520	−0.1773	0.1458	43
600732	*ST新梅	−1.4743	−2.3528	−0.4074	6.1760	−0.3721	1.2987	0.2307	0.1206	44
600159	大龙地产	−0.2759	0.4274	−0.8392	0.9683	0.4129	−0.0595	0.5193	0.1167	45
600639	浦东金桥	0.7342	0.1031	0.2066	0.0458	−0.2905	−0.3358	−0.1167	0.1165	46
600622	嘉宝集团	0.8553	0.2633	−0.1882	−0.3400	0.0853	−0.1899	−0.2008	0.1121	47
600649	城投控股	0.7107	0.2560	0.1351	−0.0088	−0.3700	−0.2585	−0.2349	0.1084	48
600393	东华实业	−0.2254	0.3754	−1.0458	1.1199	−1.3065	2.6931	−0.5122	0.1066	49
000981	银亿股份	0.7584	−0.0981	−0.1918	0.1473	−0.0552	−0.0870	−0.0279	0.1019	50
600325	华发股份	1.3182	−0.6578	0.7124	−0.4256	−1.1163	1.1430	−0.8938	0.0985	51
600665	天地源	−0.2305	0.3729	−0.3694	0.4657	−1.1135	2.2228	−0.5645	0.0893	52
002244	滨江集团	0.8090	−0.0544	−0.5867	0.0730	0.2453	−0.1553	0.0752	0.0885	53
600748	上实发展	0.6994	0.5468	−0.9748	−0.1526	0.2045	0.0738	−0.2220	0.0775	54
600657	信达地产	0.3927	−0.1599	0.9245	−0.3165	−0.3308	−0.0090	−0.3518	0.0722	55
600376	首开股份	0.9893	−0.3148	−0.3661	0.1776	−0.0375	−0.1327	−0.1293	0.0698	56
600162	香江控股	−0.2514	0.2658	−0.3615	0.5494	0.2041	−0.0403	0.3178	0.0677	57
600663	陆家嘴	1.0158	0.0968	−0.0620	−0.3329	−0.3618	−0.3664	−0.3148	0.0475	58
000514	渝开发	−0.3133	0.0776	−0.8114	1.1971	−0.9618	1.8845	−0.3399	0.0457	59
000038	深大通	−1.6154	−1.3945	−0.7246	−0.5150	8.1541	0.0345	−1.4159	0.0438	60
000046	泛海控股	−0.5403	0.3623	1.1024	−0.1500	−1.3200	1.3705	−0.7021	0.0367	61
600791	京能置业	−0.1005	0.4801	−0.9792	0.3855	0.5631	−0.2382	0.2485	0.0321	62
600773	西藏城投	−0.5026	−0.3847	1.2477	0.1907	0.2623	−0.0675	−0.3811	0.0258	63
600696	多伦股份	−2.0586	4.9230	0.6581	−2.2377	−1.1593	0.1700	−1.5935	0.0231	64
000718	苏宁环球	−0.1660	0.5945	−0.3703	−0.0832	0.0899	−0.2364	0.1704	0.0113	65
000014	沙河股份	−0.0817	0.2562	0.0003	−0.1327	0.0146	−0.1895	0.0642	0.0013	66
600621	华鑫股份	−0.1152	0.8617	−0.8235	−0.0476	−1.4749	2.1470	−0.7458	−0.0044	67
600716	凤凰股份	−0.2429	0.2997	−0.3815	0.0846	0.3472	−0.0019	−0.0499	−0.0066	68
600239	云南城投	0.4234	−0.3494	0.4504	−0.5196	−0.4619	0.3455	−0.1903	−0.0115	69
600767	运盛实业	−0.6885	0.8368	−0.3989	−0.0113	0.1255	−0.1652	0.3400	−0.0115	70
600240	华业地产	−0.2747	0.3940	−0.0433	−0.0788	−0.7058	0.8723	−0.2850	−0.0118	71
600807	天业股份	−0.7527	0.4396	0.2639	0.0603	0.0101	−0.1275	0.1643	−0.0151	72
600208	新湖中宝	−0.5543	0.0868	0.4648	0.0236	−0.3443	0.5952	−0.2502	−0.0186	73
000797	中国武夷	−0.0042	0.0607	−0.1747	−0.1090	0.0691	−0.1212	0.0833	−0.0270	74

续　表

股票代码	名称	F_1（盈利）	F_2（盈利）	F_3（成长）	F_4（成长）	F_5（营运）	F_6（偿债）	F_7（偿债）	F（综合）	排名
600158	中体产业	−0.5626	0.3737	−0.6207	0.2160	−0.0474	0.5396	0.2199	−0.0294	75
600053	中江地产	−0.4607	0.3678	−0.7667	0.4317	0.2491	−0.0921	0.2714	−0.0388	76
002133	广宇集团	−0.1739	−0.0528	0.1724	−0.1399	0.2621	−0.2237	−0.0871	−0.0406	77
000863	三湘股份	−0.3729	−0.0191	1.3492	−0.7231	−0.2131	−0.3326	−0.2755	−0.0550	78
000031	中粮地产	−0.0881	0.1907	−0.0911	−0.1862	−0.1459	−0.0930	−0.0720	−0.0561	79
600683	京投银泰	−0.7813	−0.8197	0.1703	1.6910	−0.2301	0.2909	−0.1847	−0.0818	80
000040	宝安地产	−0.4106	0.0872	−0.3510	0.2203	0.0059	−0.0823	0.0966	−0.0903	81
600503	华丽家族	−0.8470	−0.1852	1.6659	−0.6178	0.0949	−0.3802	−0.3663	−0.0975	82
000620	新华联	−0.5248	−0.0581	0.5031	0.0197	−0.3284	−0.0475	−0.1667	−0.0979	83
600724	宁波富达	−0.3893	0.3055	−0.7673	0.1554	0.0773	−0.1335	0.1923	−0.1051	84
600322	天房发展	−0.1220	−0.2816	−0.3148	0.4713	−0.1559	−0.0866	−0.1162	−0.1075	85
000897	津滨发展	−0.8088	0.7238	−0.8640	−0.0959	0.7286	−0.3142	0.1323	−0.1094	86
002077	大港股份	0.0010	0.3361	−0.7582	−0.2355	0.0626	−0.4376	0.1575	−0.1108	87
600238	海南椰岛	−0.3292	0.1808	−0.7701	−1.3639	0.3143	0.7357	0.7855	−0.1111	88
000573	粤宏远 A	−0.5271	0.0615	−0.2009	−0.0957	0.0241	−0.0602	0.0941	−0.1304	89
601588	北辰实业	−0.3022	−0.0248	−0.0522	−0.0670	−0.2770	−0.0794	−0.1273	−0.1376	90
600077	宋都股份	−0.6212	−0.1902	0.5685	−0.2665	−0.0354	−0.0830	−0.1963	−0.1406	91
600185	格力地产	0.5135	−0.1731	0.0242	−0.6713	−0.6314	0.1024	−0.6057	−0.1418	92
600052	浙江广厦	−0.3458	0.4378	−0.6302	−0.0965	−0.1025	−0.3242	0.0209	−0.1454	93
600638	新黄浦	0.4324	−0.4441	−0.3096	−0.2502	−0.1805	−0.0827	−0.5028	−0.1637	94
600225	天津松江	−0.6767	0.3606	−0.4301	−0.2440	−0.1227	−0.0334	0.1299	−0.1691	95
000736	中房地产	0.3356	−0.5904	0.3383	−1.0100	−0.2002	−0.0783	−0.1924	−0.1718	96
600215	长春经开	0.0549	−0.3769	−0.9336	0.3460	−0.0326	−0.0186	−0.0700	−0.1740	97
000918	嘉凯城	−0.5910	0.0264	−0.1617	−0.2209	0.0064	−0.0846	−0.0059	−0.1756	98
600736	苏州高新	−0.2601	−0.0062	−0.3397	−0.0985	−0.2168	−0.1950	−0.1138	−0.1793	99
600223	鲁商置业	−0.5897	−0.0618	−0.0043	−0.0894	−0.0850	−0.1577	−0.0885	−0.1794	100
600533	栖霞建设	−0.4306	−0.3647	−0.4171	0.0721	0.3118	−0.0343	−0.2150	−0.2007	101
000502	绿景控股	−0.9744	−0.1338	−0.7470	0.8688	−0.0070	−0.0391	0.0908	−0.2203	102
000616	海航投资	−0.2479	0.3923	−1.2465	−0.1726	0.0532	−0.4156	0.0605	−0.2274	103
000534	万泽股份	−0.4701	0.2137	−0.3317	−0.5690	−0.3170	−0.1378	−0.1847	−0.2517	104
600246	万通地产	−0.5151	−0.0830	−0.0665	−0.5880	−0.1390	−0.1498	−0.3083	−0.2714	105
000882	华联股份	−0.5692	−0.1518	−0.4607	0.0763	−0.2675	−0.2563	−0.1912	−0.2865	106
000005	世纪星源	−1.0903	0.8548	−0.0342	−0.3254	−0.6470	−0.7052	−0.3731	−0.3064	107
000526	银润投资	−0.9090	−0.2283	−0.3532	0.4157	−0.3531	−0.1476	−0.2142	−0.3089	108
600647	同达创业	−0.8879	−0.2986	0.0403	−0.4415	0.0481	−0.2254	−0.0662	−0.3098	109

续 表

股票代码	名称	F_1（盈利）	F_2（盈利）	F_3（成长）	F_4（成长）	F_5（营运）	F_6（偿债）	F_7（偿债）	F（综合）	排名
600862	南通科技	−1.1543	−0.5254	−0.2949	0.3295	−0.0852	0.0121	0.0069	−0.3392	110
000667	美好集团	−0.7057	−0.0212	−0.3109	−0.5263	−0.2786	−0.1736	−0.2408	−0.3395	111
000567	海德股份	−1.0287	0.0319	0.0280	−0.2868	−0.5129	−0.2134	−0.4111	−0.3629	112
002016	世荣兆业	−0.7152	−0.2653	0.2571	−0.8428	−0.3933	−0.2548	−0.3811	−0.3773	113
600604	市北高新	−0.7189	−0.3780	0.8777	−1.6375	−0.6174	0.1249	−0.3448	−0.3806	114
000886	海南高速	−0.5700	−0.0227	−0.3819	−0.6209	−0.3204	−0.4337	−0.3358	−0.3819	115
600555	九龙山	−1.2076	0.8230	0.2140	−1.0795	−0.6537	−0.3518	−0.6554	−0.3837	116
600675	中华公司	−0.7685	−0.1550	−0.3386	−0.4434	−0.3863	−0.1374	−0.2835	−0.3839	117
000608	阳光股份	−1.0549	−1.4779	0.5491	0.5345	−0.2500	0.0620	−0.3200	−0.3896	118
002113	天润控股	−1.0612	0.0549	−0.3876	−0.5223	−0.1245	−0.3004	−0.1830	−0.3978	119
000036	华联控股	−0.8943	−0.1204	−0.1548	−0.3550	−0.4596	−0.3145	−0.3733	−0.4025	120
000150	宜华健康	−0.5635	0.1717	−0.5705	−0.9367	−0.3784	−0.4449	−0.4109	−0.4304	121
600733	S 前锋	−0.8736	0.3816	−0.4588	−1.0077	−0.3420	−0.5164	−0.4067	−0.4485	122
600275	武昌鱼	−1.2404	0.2969	−0.0130	−0.3434	−0.7114	−0.8735	−0.4931	−0.4794	123
000691	亚太实业	−1.3825	−1.2463	−0.3596	0.2006	−0.4966	0.5476	−0.4758	−0.5850	124
600007	中国国贸	1.1212	1.1129	−1.5378	0.8114	−1.7948	−6.2161	−0.4640	−0.6976	125
000505	珠江控股	−1.6876	−1.4660	−0.4473	−0.3143	−0.3572	0.0314	−0.3193	−0.7911	126
000668	荣丰控股	0.3173	−3.4043	−0.3210	−0.4858	−0.3246	−0.7552	0.0386	−0.7998	127
600606	金丰投资	−0.4839	−3.0248	−0.0696	−0.6421	−0.4034	−0.5311	−0.1771	−0.8775	128
000056	深国商	0.2647	−5.3954	−0.7489	1.9636	−0.4650	−0.5017	0.2575	−0.8983	129
600890	中房股份	−0.9864	−0.7880	−0.6469	−0.6460	−0.8360	−2.4656	−0.6718	−0.9871	130
000506	中润资源	−0.5888	−3.4204	−0.9223	−6.3636	0.6906	2.8978	1.6883	−1.0831	131
000711	*ST 京蓝	−0.9058	−0.9449	−1.0631	0.4035	−1.5056	−4.0196	−0.6625	−1.1918	132

表 14－6 中，房地产业上市公司综合得分与其投资价值呈正相关关系。由于先对因子数据进行了标准化处理，因此，可以 0 为参考标准线，认为：综合得分大于 0 的房地产公司，综合业绩相对较好，且数值越大，投资价值越大；综合得分小于 0 的则相对较差，且数值越小，投资价值越小。依此可对上市公司的综合业绩和投资价值有一个基本的评价。

具体而言，表 14－6 中，排名前十的分别是世联行、迪马股份、珠江实业、阳光城、华夏幸福、荣盛发展、卧龙地产、招商地产、莱茵置业、中天城投。2013 年排在前十的分别是深国商、宜华地产、泰禾集团、云南城投、中房股份、珠江实业、万泽股份、新华联、华夏幸福、三湘股份。两年的排名差异较大，只有珠江实业和华夏幸福都位于前十，说明行业竞争激烈，稳定性较差。其中，世联行排名第一，其营运因子、偿债因子、成长因子和盈利因子表现都比较突出，具有较大投资价值。珠江实业的偿债因子行业第一，远超其他公司，到达了 10.107，说明其偿债能力非常强，其他各项因子都比较平均。华夏幸福的各项因子变动不大，较为稳定。2013 年排名第一的深国商在 2014 年的排名到了第一百二十九，是倒数第四，观察可以看出，主要是由其盈利因子剧烈下降所致。2013 年位于第五的中房股份在 2014 年排名到了第一百三十，主要是由于营运因子由 6.45 下降到了－0.83，且其他因子都是负值所致。对于这些各项能力不太均衡的公司，投资者对其投资时需要谨慎。

排名后十位是武昌鱼、亚太实业、中国国贸、珠江控股、荣丰股份、金丰投资、深国商、中房股份、中润资源、*ST 子蓝。2013 年排名最后的十位是运盛实业、西藏城投、珠江控股、亚太实业、华丽家族、华联控股、武昌鱼、九龙山、世纪新源、上海新梅。比较可见，武昌鱼、珠江控股和亚太实业两年都位于最后十名，说明其财务状况没有明显改善，但是还有很多公司的排名有了很大的升幅，如华丽家族排名由第一百二十四升到了第八十二，上海新梅由第一百三十二升至第四十四，说明了这些公司的财务状况和经营成果都得到了较大改善，具有较大发展潜力和投资价值。

七、系统聚类分析

通过聚类分析把业绩相似的公司归类，可以对不同类别的上市公司进行对比分析，为投资者选择投资组合提供参考。

本书选择对 132 家房地产业上市公司分为 4 类，如表 14－7 所示。

表 14－7　　聚类分析

类别	房地产业上市公司	数目
1	世联行、阳光城、华夏幸福、荣盛发展、卧龙地产、莱茵置业、电子城、广宇发展、北京城建、南京高科、世贸股份、深深房 A、冠城大通、顺发恒业、保利地产、万科 A、深物业 A、金融街、南国置业、荣安地产、绵世股份、天保基建、中国高科、中航地产、合肥城建、华远地产、万业公司、福星股份、深振业 A、大龙地产、浦东金桥、嘉宝集团、城投控股、银亿股份、滨江集团、上实发展、首开股份、香江控股、陆家嘴、海南椰岛	40
2	迪马股份、中天城投、金地集团、大名城 、中洲控股、大连控股、中茵置业、中弘股份、黑牡丹、泰和集团、金科股份、国兴地产、*ST 新梅、东华实业、华发股份、天地源、信达地产、渝开发、泛海控股、京能置业、西藏城投、多伦股份、苏宁环球、沙河股份、华鑫股份、凤凰股份、云南城投、运盛实业、华业地产、天业股份、新湖中宝、中国武夷、中体产业、中江地产、广宇集团、三湘股份、中粮地产、京投银泰、宝安地产、华丽家族、新华联、宁波富达、天房发展、津滨发展、大港股份、粤宏远 A、北辰实业、宋都股份、格力地产、浙江广厦、新黄浦、天津松江、中房地产、长春经开、嘉凯城、苏州高新、鲁商置业、栖霞建设、绿景控股、海航投资、万泽股份、万通地产、华联股份、世纪新源、银润投资、同达创业、南通科技、美好集团、海德股份、世荣兆业、市北高新、海南高速、九龙山、中华公司、阳光控股、天润控股、华联控股、宜华健康、S 前锋、武昌鱼、亚太实业、中国国贸、珠江控股、荣丰控股、金丰投资、深国商、中房股份、*ST 京蓝	89
3	珠江实业	1
4	深大通、中润资源	2

表14－7中，类别1包括了世联行、阳光城等40家公司，这一类别的公司名次都比较靠前。最高为世联行，排名第一，最差的是海南椰岛，排名在八十八。该类别的公司财务状况良好，投资者可以在其中进行选择，找准时机进行投资。其中，世联行排在首位，2014年1月10日，世联正式对外宣告世联地产更名“世联行”。世联地产成立于1993年，是国内最早从事房地产专业咨询的服务机构。2007年，世联地产整体改制，成立深圳世联地产顾问股份有限公司。业务范围覆盖房地产代理销售、顾问策划、资产服务、金融服务及经纪业务。在全国设立并运营的全资子公司41家、控股子公司3家（不包括子公司投资设立的三级子公司），员工人数超过14000人，基本完成代理顾问业务的全国布局。2014年世联行收购山东怡高，并实现代理销售186亿元，市场份额在山东排名第一，促进了公司进一步提高市场占有率，加快布局房地产综合业务服务。从2014年的数据来看，该公司的4个因子都具有强势表现，特别是偿债因子，位于132家公司之首，说明该公司偿债能力强。投资者在进行投资时可以将其考虑进行长期投资。阳光城原名为福建省石狮新发股份有限公司，于1991年经福建省经济体制改革委员会闽体改〔1991〕010号文和中国人民银行福建省分行闽银〔1991〕118号文批准设立。主要的经营范围有基础设施开发、房地产开发；家用电器及电子产品，机械电子设备、五金交电、建筑材料，百货，针纺织品等。阳光发展过去三年平均销售增长率为56.75％，外延式增长合理。2013年阳光城的排名在第十七位，2014年到达了第四位，从各个数据上来看，主要是盈利因子、成长因子、营运因子有了较大提高，说明公司整体实力较强，投资者可以持续关注。北京城建、南京高科、世贸股份分别排名第十四、第十五、第十六，可以看到各个数据之中，3家公司的盈利因子表现最为突出，远远高于同行业平均水平，说明公司盈利状况良好，获利能力较强。但是也可以看出营运因子和偿债因子表现不尽如人意，投资者在选择时要兼顾各项指标进行谨慎投资。

类别2包括89家公司，排名比较分散。排名最靠前的是迪马股份位于第二，排名最低的是*ST京蓝位于第一百三十二位。但中间的一部分排名相对比较集中。其中，迪马股份由2013年的第八十五名升到了第二名，升幅相当大。主要原因是迪马股份的成长因子有了大幅度提高，位于同行业之首。营运因子也有所提高，但是盈利因子几乎没有变化，说明公司维持着一个较为稳定的盈利模式。中天城投、金地集团、大名城、中洲控股、大连控股、中茵置业、中弘股份等公司排名靠前，投资者可以观察选择进行投资。但是该类别中也有排名靠后的公司，比如天润控股、华联控股、宜华健康、S前锋、武昌鱼、亚太实业、中国国贸、珠江控股、荣丰控股、金丰投资、深国商、中房股份、*ST京蓝等，几乎是位于行业的末端，各项因子大多数是为负数，尤其是盈利因子，说明2014年这些公司的盈利状况不是很好，不是投资者投资的良好选择。

类别3只有珠江实业一家公司，其排名第三，较2013年排名第六有较大提升。珠江实业是广州市成立最早的房地产综合开发公司之一。公司注册资本为18703.94万元，经营范围：经营土地开发、承建、销售、租赁商品房；实业投资、物业管理；承接小区建设规划和办理拆迁、报建，工程咨询及自用有余的建筑物业展销；车辆保管；批发和零售贸易。2014年珠江实业的偿债因子位于同行业第一，说明公司偿债能力强，可作为投资对象。

类别4有深大通和中润资源两家公司。深大通排名六十，由2013年的排名第三十六下降至此，主要原因是盈利因子下降幅度较大，但其营运能力很强，2014年甚至是2013

年的一倍，说明公司具有较大发展潜力。深大通于 1994 年在深交所上市，2007 年由于连续三年亏损，被暂停上市。2007 年 11 月，青岛亚星实业有限公司对深大通进行了资产重组，至 2009 年 4 月，公司收到了重组注入的 2.09 亿元，并且在 2008 年获得盈利。目前，公司的主营业务已经逐渐转为房地产开发和经营，公司计划通过进一步重组，加快产业扩张，加大土地资源储备，使之组建发展成为一家全国性的房地产公司。中润资源排名第一百三十一，2013 年排名第一百一十九，有所下降，说明该公司在过去一年没有改善自身的财务状况。投资者在对这一类别进行投资选择时需要谨慎，不应盲目。

八、结语

2014 年我国宏观经济环境仍然保持稳定增长态势，这决定了中国楼市不可能大涨大跌，后五年内还会出现一定程度的阶段性调整，前几年累积的房地产泡沫在这个过程中将被稀释，中国楼市越走越健康的基础和预期将被逐步放大，尤其一线城市前景乐观。这对于股票市场来说，房地产业的投机机会将会减少，投资价值将会逐步显现。投资者应把握机遇，结合投资价值状况以理性的态度去分析上市公司的财务状况，挖掘其内在价值，选择适合自己的投资方向和目标，回避风险。由于本书分析仅运用了 2014 年的财务报表级相关资料，联系实际结合 2013 年的相关分析结果进行，仍可能存在间断性，且指标的选择具有主观性与偶然性，得出的结论难免具有片面性，如果对多年度进行动态比较分析，可以做出更加准确的分析。本书只是提供了一个投资价值评价的方法，如果扩展到其他上市公司以及多个年度，并与价值投资操作方法相结合，可以更全面地把握投资方向。

（参著：潘群芳）

第十五章　租赁和商务服务业上市公司投资价值比较分析研究

一、行业发展和投资价值状况

租赁和商务服务业是2002年国民经济行业分类的新增门类，是我国国家统计局2002年大范围修订国民经济行业分类标准后提出的一个行业名称。在我国《国民经济行业分类》（GB/T 4754—2002）具体行业分类中，租赁和商务服务业同属于第L门类，其中租赁业包括机械设备租赁、文化和日用品出租两个中类，共包括7个小类；商务服务业包括九个中类：企业管理服务、法律服务、咨询与调查、广告业、知识产权服务、职业中介服务、市场管理、旅行社、会议及展览等其他商务服务，共包括20个具体小类。租赁和商务服务业是生产性服务业的一个重要组成部分，主要是为生产、商务活动提供服务。随着我国国际化程度的提高和工农业产业化的快速发展，对各类专业化的租赁和商务服务需求也快速增长，其作用日益突出。

“现代租赁是融贸易、金融、租借为一体的一项综合性金融业务。它以融物方式来实现融资，以融资方式来实现融物，既是融资方式的创新，又是融物方式的创新。”① 因此，现代租赁业的运作方式在现代市场经济发展中发挥着独特的功能和作用。我国现代租赁业的发展进程与我国的改革开放基本同步，自1981年诞生以来进入新兴发展时期，曾在九十年代因经济环境恶化，出现过萎缩现象，经过调整，2001年至现在，由于租赁的四大支柱——法律、会计准则、监管和税收的建设日益完善，使得各公司的各项经营活动有了新的可靠依据，经营管理日益规范有序。另外，现代租赁的理论与实践经验的积累以及国外先进经验的借鉴，使得中国的现代租赁行业不断成熟，尤其2002年下半年以来，创新租赁业务不断涌现，使整个行业呈现良好的发展态势。

近几年，政府对第三产业的主导发展也为服务业的发展提供了良好的先机。越来越多的投资者瞄准服务行业，但却时常无从下手。随着中国证券市场的不断成熟，投资者的理念正在向价值投资逐步转变。如何准确分析上市公司的内在投资价值成为投资者需要研究的必要课题。然而要从众多上市公司中选取具有良好前景的投资对象绝非易事。为此，本书以深沪两市18家租赁和商务服务业上市公司为例，以2014年财务报告为依据，选取13个能够综合反映财务能力的指标，作为评估各上市公司投资价值的指标体系，建立指标模型，运用SPSS软件，采用因子分析法与聚类分析法进行投资价值分析，确定分析对象的投资价值总量及排名，并合理划分层级，联系实际，结合2013年相关分析研究结果进行深入比较分析研究，得出量与质有机结合的投资价值结论，为投资者提供参考，以降低其

---

① 《现代租赁的特征与优势》，www.chinaleasing.org。

投资风险，提高投资收益。

二、样本选取和数据处理

沪、深证交所的18家租赁和商务服务业上市公司的资料来源为其2014年的财务报告所披露的相关信息。具体初始数据如表15-1和表15-2所示。

表15-1　　初始数据1

股票代码	名称	基本每股收益（元）	销售净利率（%）	每股净资产（元）	总资产报酬率（%）	流动比率	速动比率
000415	渤海租赁	0.5500	17.2016	5.5168	3.8065	0.6610	0.6609
000058	深赛格	0.0616	11.5469	1.6552	5.1182	1.3281	1.0835
000061	农产品	0.0497	8.2148	2.8814	2.7354	0.4532	0.4529
000062	深圳华强	0.7200	17.6687	3.4701	14.9327	1.3528	0.8444
000861	海印股份	0.2600	14.8412	2.4742	9.4511	3.2549	1.5029
002181	粤传媒	0.3253	14.2397	5.9895	4.3245	4.3453	4.1719
002183	怡亚通	0.3200	1.4756	3.1750	3.9967	1.0866	0.8826
002210	飞马国际	0.3700	0.4605	2.0226	0.1712	1.0396	1.0261
002344	海宁皮城	0.8400	39.5166	4.0864	15.5109	1.0495	0.6630
002400	省广股份	0.7400	7.6886	3.2374	15.5775	1.7329	1.7325
300071	华谊嘉信	0.2000	4.4724	2.5805	6.9116	1.8511	1.8505
600057	象屿股份	0.3200	0.7346	3.6407	6.7539	1.1347	0.8991
600138	中青旅	0.5300	4.7842	6.1029	8.2303	1.1377	0.9131
600258	首旅酒店	0.4861	4.7872	4.9514	8.8857	0.9615	0.9316
600358	国旅联合	−0.3800	−187.1600	0.6776	−15.6709	0.6529	0.6427
600415	小商品城	0.1500	10.5759	3.2399	3.8145	0.7687	0.1421
600640	号百控股	0.1638	3.9808	4.7205	2.9546	3.6738	3.6163
601888	中国国旅	1.5061	8.3789	10.3435	15.2814	2.8249	2.4293

表15-2　　初始数据2

股票代码	名称	资产负债率（%）	存货周转率（次）	固定资产周转率（次）	总资产周转率（次）	总资产增长率（%）	营业总收入增长率（%）	股东权益增长率（%）
000415	渤海租赁	81.3970	2041.0070	0.2597	0.1098	18.5475	7.4565	72.9555
000058	深赛格	43.7772	2.9815	16.3618	0.2842	24.5804	17.4849	3.8990
000061	农产品	55.4065	438.1924	0.5619	0.1266	12.9405	−24.4764	0.4502

续 表

股票代码	名称	资产负债率（%）	存货周转率（次）	固定资产周转率（次）	总资产周转率（次）	总资产增长率（%）	营业总收入增长率（%）	股东权益增长率（%）
000062	深圳华强	41.1927	1.2029	8.3123	0.5983	−16.9763	28.5407	18.5206
000861	海印股份	56.7571	0.5799	6.3591	0.3270	38.0759	−10.1908	58.2349
002181	粤传媒	13.9077	7.1605	2.0635	0.3459	17.9149	−3.1767	13.1554
002183	怡亚通	82.1338	7.6429	68.9125	1.2069	50.4948	90.5009	18.4888
002210	飞马国际	95.2604	248.9909	741.3840	2.1633	34.9612	7.5998	15.4840
002344	海宁皮城	44.6850	0.5229	4.7249	0.2996	15.4224	−16.8142	20.1758
002400	省广股份	56.3844	3937.6696	199.6772	1.5947	57.1872	13.3555	28.8669
300071	华谊嘉信	43.5847	4317.0963	25.2429	1.1505	70.8240	−11.1325	65.1383
600057	象屿股份	73.8376	14.5027	58.4223	2.8462	57.4447	36.6689	108.6924
600138	中青旅	36.5661	11.6723	4.7244	1.2379	7.4877	13.8599	50.9333
600258	首旅酒店	39.7422	106.1354	4.1923	1.2682	2.6431	−5.8663	7.1907
600358	国旅联合	59.5289	5.5858	0.2096	0.0992	−30.6221	−25.3109	−36.1739
600415	小商品城	67.4325	0.2120	0.6839	0.1462	18.3965	5.1613	1.5764
600640	号百控股	18.6405	68.3776	2.5653	0.6494	3.6736	27.6262	2.5599
601888	中国国旅	26.5855	10.7206	18.3110	1.4414	13.4196	14.2579	11.3902

在指标性质、单位不同的情况下，首先要对指标进行同趋势化处理。然后利用 SPSS 中的 Z-score 方法将 13 项指标的原始数据进行标准化处理。同趋势化数据与标准化数据略。

三、因子分析法适应性检验

为了检验所选用的指标是否适合使用因子分析法，本书利用 SPSS 软件中 KMO 和 Bartlett 球形检验方法来对样本进行检验。检验结果如表 15－3 所示。

表 15－3　KMO 检验和 Bartlett 球形检验

取样足够度的 KMO 度量		0.300
Bartlett 球形检验	近似卡方	150.090
	df	78
	Sig.	0.000

由表 15－3 可知，虽然 KMO 值为 0.300，小于 0.5，但这是由于样本数量太少造成。

Bartlett 球形检验统计量为 150.090，相应的概率 Sig. 为 0.000，在 5%的显著性水平之下，拒绝原假设，因此可认为相关系数矩阵与单位阵有显著差异，说明样本适合做因子分析。

四、确定主因子

本书应用因子分析法中的主成分分析法来计算原始公因子的特征值、方差贡献率以及累计方差贡献率，并由此确定公因子。结果如表 15－4 所示。

表 15－4　　解释的总方差

成分	初始特征值			提取平方和载入			旋转平方和载入		
	合计	方差百分比（%）	累积百分比（%）	合计	方差百分比（%）	累积百分比（%）	合计	方差百分比（%）	累积百分比（%）
1	3.832	29.479	29.479	3.832	29.479	29.479	2.911	22.390	22.390
2	2.711	20.855	50.334	2.711	20.855	50.334	2.229	17.144	39.534
3	1.907	14.670	65.005	1.907	14.670	65.005	2.176	16.741	56.275
4	1.231	9.468	74.473	1.231	9.468	74.473	1.754	13.496	69.771
5	1.024	7.879	82.352	1.024	7.879	82.352	1.635	12.581	82.352
6	0.807	6.207	88.559						
7	0.601	4.624	93.182						
8	0.349	2.682	95.864						
9	0.266	2.044	97.907						
10	0.138	1.064	98.971						
11	0.085	0.657	99.628						
12	0.043	0.330	99.958						
13	0.005	0.042	100.000						

提取方法：主成分分析。

根据表 15－4 中数据可知，前 5 个主因子的方差贡献率已经达到了累计方差贡献率的 82.352%，即表明这 5 个主因子已包含原始数据信息量的 82.352%，所以只需选择前 5 个主因子就可以较好地代表原始指标，对租赁和商务服务业的绩效进行描述。

特征值可用碎石图列示，如下图所示。从下图可以看出，从第 6 个成分开始，特征值的值都小于 1，且折线的陡度变得比较平缓，这说明提取 5 个主因子是合适有效的。

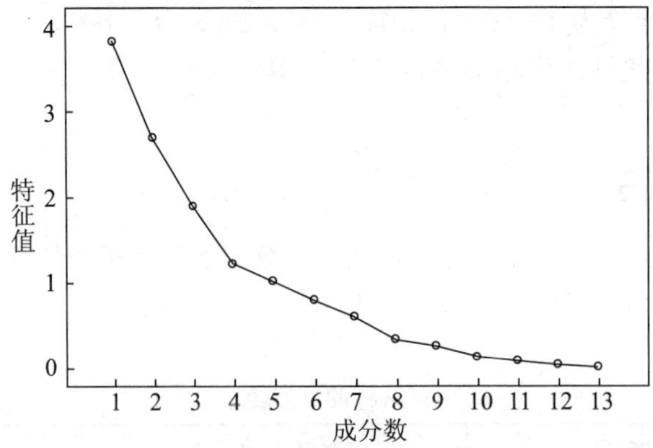

碎石图

五、旋转载荷矩阵分析

本书对原因子载荷矩阵进行最大方差旋转，以期得到主因子更明确的含义。结果如表15-5所示。

表 15-5　　旋转后的因子载荷矩阵[a]

变量	成分				
	F_1	F_2	F_3	F_4	F_5
基本每股收益	0.922	0.058	−0.003	−0.207	0.175
销售净利率	0.743	0.016	0.374	0.195	−0.055
每股净资产	0.734	−0.200	0.041	−0.513	−0.116
总资产报酬率	0.920	0.217	0.160	0.163	−0.031
流动比率	0.133	0.860	0.036	0.122	0.236
速动比率	0.004	−0.031	0.205	0.881	0.152
资产负债率	−0.045	0.451	−0.395	0.633	−0.274
存货周转率	−0.002	0.934	0.168	−0.023	−0.050
固定资产周转率	−0.083	0.073	−0.008	0.138	0.913
总资产周转率	0.165	0.151	0.502	−0.105	0.688
总资产增长率	0.093	0.482	0.706	0.249	0.189
营业总收入增长率	0.096	−0.168	0.606	−0.258	0.284
股东权益增长率	0.227	0.182	0.814	0.179	−0.089

提取方法：主成分分析。

旋转法：具有 Kaiser 标准化的正交旋转法。

a. 旋转在 17 次迭代后收敛。

由表 15－5 中的数据可以看到，基本每股收益、销售净利率、每股净资产、总资产报酬率在主因子 F_1 上的载荷量分别为 0.922、0.743、0.734 和 0.920，它主要反映了公司的盈利能力，定义为盈利因子；存货周转率在主因子 F_2 上的载荷为 0.934，因此将 F_2 命名为营运因子 1；总资产增长率、营业总收入增长率、股东权益增长率在 F_3 上的载荷量为 0.706、0.606 和 0.814，体现了公司的成长能力，所以 F_3 命名为成长因子；主因子 F_4 在速动比率、资产负债率上载荷量分别为 0.881 和 0.633，代表了公司的偿债能力，故而将其命名为偿债因子；固定资产周转率、总资产周转率在 F_5 上的载荷量分别为 0.913、0.688，故将 F_5 命名为营运因子 2。

六、租赁和商务服务业上市公司综合得分与排名

要得到因子的综合得分，需先对因子数据进行标准化处理，使其期望为 0，方差为 1，然后，对各因子的方差贡献率占因子总方差贡献率的比重作为权重加权汇总，使用计算综合得分的公式 $F=(\lambda_1F_1+\lambda_2F_2+\lambda_3F_3+\lambda_4F_4+\lambda_5F_5)/(\lambda_1+\lambda_2+\lambda_3+\lambda_4+\lambda_5)=(22.390\times F_1+17.144\times F_2+16.741\times F_3+13.496\times F_4+12.581\times F_5)/82.352$ 来计算各样本的综合得分。得到结果按名次排列如表 15－6 所示。

表 15－6　　租赁和商务服务业上市公司综合得分与排名

股票名称	F_1（盈利）	F_2（营运 1）	F_3（成长）	F_4（偿债）	F_5（营运 2）	F（综合）	排名
省广股份	0.6640	3.0343	−0.4434	0.3140	0.9196	0.9140	1
华谊嘉信	−0.5936	2.1927	1.0675	−0.1499	−0.6838	0.3831	2
象屿股份	−0.3666	−0.2399	2.4041	−0.1177	0.4054	0.3817	3
海印股份	0.2023	−0.8666	0.4449	3.0588	−0.7049	0.3586	4
飞马国际	−0.4791	−0.4894	−0.2517	0.5216	3.3793	0.3184	5
中国国旅	2.1531	−0.5029	−0.6478	−1.3535	0.4155	0.1907	6
海宁皮城	1.1959	−0.1106	−0.8262	0.4080	−0.4833	0.1272	7
深圳华强	0.8610	−0.1976	−0.6269	0.0146	0.0509	0.0757	8
中青旅	0.4873	−0.4544	0.3309	−0.2389	−0.1280	0.0465	9
怡亚通	−0.5525	−0.5644	1.5308	−0.4989	0.4833	0.0356	10
深赛格	−0.4243	−0.2143	−0.0443	1.0445	−0.1744	−0.0244	11
首旅酒店	0.4738	−0.4236	−0.5368	0.0191	0.1211	−0.0469	12
渤海租赁	0.0590	0.1649	0.7983	−0.7385	−1.1020	−0.0768	13
农产品	−0.2819	0.2661	−1.1950	0.7977	−0.9704	−0.2817	14
粤传媒	0.0873	−0.5133	−0.0854	−0.9625	−0.5974	−0.3495	15
小商品城	−0.3700	−0.3420	−0.1808	−0.3889	−0.5456	−0.3556	16
号百控股	−0.3400	−0.6253	0.0714	−1.0727	−0.2859	−0.4276	17
国旅联合	−2.7757	−0.1137	−1.8095	−0.6567	−0.0994	−1.2690	18

表 15 - 6 中，租赁和商务服务业上市公司综合得分与其投资价值呈正相关关系。由于先对因子数据进行了标准化处理，因此，可以 0 为参考标准线，认为：综合得分大于 0 的商务服务行业和租赁行业公司，综合业绩相对较好，且数值越大，投资价值越大；综合得分小于 0 的则相对较差，且数值越小，投资价值越小。依此可对上市公司的综合业绩和投资价值有一个基本的评价。

具体而言，表 15 - 6 中，商务服务行业和租赁行业公司各项能力得分与相应实力也呈正相关关系。排名前五位的公司分别为省广股份、华谊嘉信、象屿股份、海印股份、飞马国际。其中，省广股份排名第一，其营运因子、盈利因子、偿债因子得分均为正值，且其营运因子得分排名第一，说明该股是比较理想的投资对象。排在第二位的华谊嘉信，成长因子得分排名第三，说明其成长能力好，但其盈利因子和偿债因子得分为负，说明其盈利能力和偿债能力欠佳，投资还须谨慎。象屿股份在成长因子得分排名第一，说明其成长能力较好，后期可能会有上升的趋势，值得投资者关注。

而排名末五名的公司分别为农产品、粤传媒、小商品城、号百控股、国旅联合。其中小商品城所有因子得分均为负值，这也是其排名靠后的原因，暂不建议对其投资。

七、系统聚类分析

通过聚类分析把业绩相似的公司归类，可以对不同类别的上市公司进行对比分析，为投资者选择投资组合提供参考。

根据树状图（略）对 18 家租赁和商务服务业上市公司进行分类，本书选择将其分为 4 类，如表 15 - 7 所示。

表 15 - 7　　聚类分析

类别	租赁和商务服务业上市公司	数目
1	省广股份、华谊嘉信	2
2	怡亚通、飞马国际、象屿股份	3
3	渤海租赁、深赛格、农产品、深圳华强、海宁皮革、中青旅、首旅酒店、小商品城、粤传媒、号百控股、中国国旅、海印股份	12
4	国旅联合	1

表 15 - 7 中，类别 1 包括省广股份、华谊嘉信 2 家公司。其中，省广股份是我国最早一批成立的广告公司，也是目前我国最大的整合营销传播集团，被业内誉为“中国广告业的扛旗者”，打造多方共赢的平台生态系统是省广股份的使命。在不断的发展过程中，省广股份一直坚持以“国际化 IMC 平台运营商”为发展愿景，为客户提供一站式的全方位整合营销服务。由表 15 - 7 可见，省广股份的综合得分排名第一，由 2013 年综合排名第五位升至首位，发展迅速。且其营运因子得分排名第一，说明其有较强的营运能力，且偿债因子和盈利因子得分均为正，说明其盈利能力、偿债能力及营运能力良好，是一家综合实力强劲，投资价值较大的公司。华谊嘉信的核心团队具有十年以上的营销服务业经验，在服务品牌、客户资源、网络覆盖、信息技术运用、渠道资源、供应商资源、服务质量、

产品线等方面具有核心竞争优势。公司现已拥有一批建立了长期稳定合作关系的客户，其中不仅包括3M中国、AMD、惠普、微软、苹果、红牛、多美滋、可口可乐、卡夫、三星、克莱斯勒等世界500强企业，还包括联想、伊利、王老吉、中粮集团等国内知名企业，合作深度逐年加强。由表15－6可见，华谊嘉兴综合得分排名第二，较2013年提高五位，进步巨大，其盈利因子和偿债因子得分均为负，说明其盈利能力和偿债能力欠佳，但是其成长因子得分均为正，排名第三，说明其具有良好成长能力，这也是其排名较为靠前的主要原因，投资者可以考虑对其进行长期投资。

类别2有怡亚通、飞马国际、象屿股份三家公司。其中，怡亚通是中国率先与国际接轨的供应链服务商之一，主营业务有承接企业非核心业务的外包——物流外包、商务外包、结算外包、信息系统及数据处理外包，提供以采购执行、分销执行为核心的多样化服务产品，包括进出口通关、供应商管理库存、虚拟生产、DC、国际物流等。飞马国际致力于高端物流服务的专业供应链运营商。主营业务有国内、国外客户采购与销售方案和运作的建设，为世界五百强企业及大型制造业和流通领域的企业提供国际国内采购执行、国际订单执行、塑化市场与供应链服务、大型特种设备国际采购与物流、贸易执行、全国口岸进出口通关、保税物流、集团采购与标案执行、国际国内物流服务、集货与分拨、精益化仓储管理等“一体化”供应链服务，处于国内领先地位。象屿股份主营业务为供应链管理及流通服务、物流平台开发运营。目前，公司已形成覆盖全国的市场网络，并拥有完善的海外代理网络，已成为国内外一批大型企业的战略合作伙伴。怡亚通综合得分排名第十，较2013年排名第六有所下降，这家公司在盈利因子、偿债因子上的得分均为负，是其综合排名居中的主要原因。但怡亚通在成长因子上表现出色，成长因子排名第二，说明其具有良好的成长能力，因此，投资者还是可以考虑关注，但要仔细分析相关行业的发展情况及相关政策。象屿股份、飞马国际综合得分排名较为靠前，分别排名第三和第五，都有着较强的财务能力和较大的投资价值。

类别3涵盖渤海租赁、深赛格、农产品、深圳华强、海宁皮革、中青旅、首旅酒店、小商品城、粤传媒、号百控股、中国国旅、海印股份共12家公司。其中，渤海租赁主要从事企业资产重组、购并及项目策划；财务顾问；信息咨询服务；交通、能源、新技术、新材料的投资；酒店管理；游艇码头设施投资；租赁、信托行业投资；公共设施、房屋、基础设施、各种先进或适用的生产设备、通信设备、科研设备、检验检测设备、工程机械、交通运输工具（包括飞机、汽车、船舶）等设备及其附带技术的融资租赁业务；租赁交易咨询和担保业务。由表15－6可见，渤海租赁偿债因子得分为负，这也是其综合得分较为靠后的重要原因，但其成长因子和盈利因子得分均为正，说明成长能力和盈利能力较好，可以关注，在投资时需要谨慎考虑其所处的行业环境和相关政策。中国国旅是目前国内规模最大、实力最强的旅行社企业集团，荣列国家统计局公布的“中国企业500强”，是500强中唯一的旅游公司。中国国旅系中国最早获得特许经营出境旅游的旅行社。连续多年蝉联旅游业最具价值品牌第一位。中国国旅与100多个国家的1400多家旅行商建立了长期稳定的合作关系，形成立足国内、放眼全球的现代化经营网络。中国国旅是众多国内外知名公司旅游服务的指定供应商，并与国内20多家主要旅游目的地省市政府部门建立起长期而紧密的战略合作伙伴关系。由表15－6可见，中国国旅综合得分排名第六，虽然其成长因子及偿债因子得分为负，说明其成长及偿债能力欠佳，但是其盈利因子得分表现突出，排名第一，说明其盈利能力好，可以考虑短期投资。

类别 4 仅包括国旅联合 1 家公司。国旅联合主要经营业务有旅游产业投资、旅游信息咨询服务、国内贸易（国家有专项规定的办理审批手续后经营）、旅游电子商务、旅行服务预定、资产租赁、酒店管理及度假区管理咨询、投资咨询。由表 15 - 6 可见，其盈利因子、偿债因子、成长因子和营运因子得分均为负，说明其盈利能力、成长能力、偿债能力及营运能力欠佳，这是导致其排名靠后的重要原因，投资者须谨慎考虑投资。

总体来说，与 2013 年相比，2014 年综合得分排名前三的公司有省广股份、华谊嘉信、象屿股份。这三家公司在 2013 年的综合得分排名分别为第五、第七和第三。对比可见，三家企业中，华谊嘉信进步较大。对比两年中华谊嘉兴在各项因子上的得分可见，2013 年，其在成长因子上得分为 0.85897，而 2014 年，其在成长因子上得分为 1.06748，有较大提高。2014 年省广股份在营运因子上的得分为 3.03429，2013 年为 0.70603，说明经过一年的发展，省广股份的营运能力有较大的提升，这可以在一定程度上更好地保护投资者的利益。象屿股份的综合得分排名并没有发生变化，说明这家公司的综合实力强，且发展稳定，值得关注。并且相较于 2013 年象屿股份在成长因子上的得分为 0.40404，2014 年，象屿股份在成长因子上得分为 2.40411，这说明经过一年的发展，其发展潜力有所提升，值得关注。

八、结语

综上所述，租赁和商务服务业作为国民经济行业新增门类，在当前市场具有一定的投资价值。服务类行业的兴起，使该行业的大多数公司都拥有很大的发展空间，但也存在着因管理不当等原因而在短期内不适合投资的公司。因此投资者必须透过现象看到本质，以理性的态度，结合宏观、行业、区位和上市公司财务状况等各类信息，能够利用定量分析模型的分析结果作为决策辅助工具，就能更快、更好地判断挖掘公司的内在价值，做出有价值的投资决策，获得相应的最大收益。但由于分析仅仅运用了一个年度的财务报表资料并联系实际结合 2013 年的相关分析研究结果进行，某些项目还可能会由于会计政策变更等的影响存在一定程度的偶然性，分析指标的选择也具有主观性。因此，分析结果难以反映出完全的真实状况，若能对更多个年度进行跟踪分析，并适当增加分析指标，则可较大程度地消除偶然性，并反映出各分析对象的更加全面的动态状况，能更有效地据以预估未来，做出更加准确的投资决策。可见，上市公司投资价值分析可以此法扩展到全部上市公司并推演至多个年度。本书为投资者提供了一个全面、系统、客观的全要素投资价值评价体系和综合分析平台。

（参著：戚歆茹）

第十六章　科学研究和技术服务业上市公司投资价值比较分析研究

一、行业发展和投资价值状况

科学研究和技术服务业是指运用现代科技知识、现代技术和分析研究方法，以及经验、信息等要素向社会提供智力服务的新兴产业，主要包括科学研究、专业技术服务、技术推广、科技信息交流、科技培训、技术咨询、技术孵化、技术市场、知识产权服务、科技评估和科技鉴证等活动。科技服务业是现代服务业的重要组成部分，是推动产业结构升级优化的关键产业。

2014 年中国研究与试验发展（R&D）经费支出 13312 亿元，比上年增长 12.4%，与国内生产总值之比为 2.09%，其中基础研究经费 626 亿元。全年国家安排了 3997 项科技支撑计划课题，2129 项“863”计划课题。截至 2014 年年底，累计建设国家工程研究中心 132 个，国家工程实验室 154 个，国家认定企业技术中心 1098 家。全年国家新兴产业创投计划累计支持设立 213 家创业投资企业，资金总规模 574 亿元，投资创业企业 739 家。全年受理境内外专利申请 236.1 万件，授予专利权 130.3 万件，有效专利 464.3 万件。全年共签订技术合同 29.7 万项，技术合同成交金额 8577 亿元，比上年增长 14.8%。①

一批科技服务机构发展，得益于经济的发展和各级政府的支持。从目前现状可以看到，不管是政府还是企业，在观念上对科技服务已经有了很大改变，政府支持力度和企业资金预算不断提高。截至 2012 年年底，我国专业技术服务业企业数达到 12.32 万个；科技交流和推广服务业企业数达到 8.11 万个；地质勘查业企业数达到 3770 个。

《国务院办公厅关于加快发展高技术服务业的指导意见》指出，“十二五”期间，高技术服务业营业收入年均增长 18%以上，到 2015 年，发展成为国民经济的重要增长点，对经济结构调整、发展方式转变的支撑能力明显增强；培育一批创新能力较强、服务水平较高、具有一定国际影响力的骨干企业；形成若干产业特色鲜明、比较优势突出的产业基地和创新集聚区；基本建立高技术服务产业体系、标准体系、统计体系和政策体系。到 2020 年，形成较为完善的高技术服务产业体系，成为服务业发展的主导力量，基本满足建设创新型国家和全面建设小康社会的需要，为经济社会可持续发展提供强有力的支撑。总之，在转变中国经济增长方式的政策指导下，目前我国以高新技术为代表的一批新兴产业逐步占据经济发展的主导地位，给科技服务业的发展创造了良好的机遇。

总之，我国科学研究和技术服务业发展迅速，具有广阔的前途和巨大的投资价值。投资科学研究和技术服务业，其中一个有效的途径便是证券市场。证券市场是资金供需双方

① 全球经济数据：www.qqjjsj.com。

融通资金的市场。在我国证券市场逐步成熟的发展阶段，制约证券市场的因素较多，且变化莫测；不同行业，不同发展阶段的公司，侧重点也不尽相同；加上投资价值本身的不确定性，致使投资价值的确定尤为困难。以下以该行业上市公司为研究对象，选取 13 个能够综合反映财务能力的财务指标，作为评估各科技公司投资价值的指标体系，建立指标模型，运用 SPSS 软件，采用因子分析法与聚类分析法进行投资价值实证分析，确定公司的投资价值总量及其排名，并合理划分层级，联系实际结合 2013 年相关分析研究结果进行深入比较分析研究，得出量与质有机结合的投资结论，为投资者提供参考，以降低其投资风险，提高投资收益。

二、样本选取和数据处理

沪、深证交所的 11 家科学研究和技术服务业上市公司的资料来源主要为其 2014 年的财务报告。具体初始数据如表 16－1 和表 16－2 所示。

表 16－1　　初始数据 1

股票代码	名称	基本每股收益（元）	销售净利率（%）	每股净资产（元）	总资产报酬率（%）	流动比率	速动比率
002116	中国海诚	0.6500	3.6413	2.8536	6.7194	1.2165	0.9621
002178	延华智能	0.1600	7.5019	2.0370	5.4925	1.9791	1.2987
002398	建研集团	0.8400	12.7968	6.9093	11.8246	3.3240	3.2083
002469	三维工程	0.4700	21.2457	3.3589	13.7829	3.5661	3.4074
300008	上海佳豪	0.1840	4.8597	3.3297	5.7583	1.5257	0.8266
300012	华测检测	0.3900	16.0576	3.3342	12.6325	2.8951	2.8901
300125	易世达	0.1200	5.6221	9.2851	0.6108	1.5113	0.9404
300215	电科院	0.1078	18.3966	1.8298	4.1640	0.4297	0.4285
300284	苏交科	0.5173	12.4454	3.9214	8.4606	1.5813	1.5631
300332	天壕节能	0.4400	30.9605	4.1968	8.8069	0.6682	0.5805
600645	中源协和	0.1000	9.8297	2.7503	2.4021	0.7912	0.7436

表 16－2　　初始数据 2

股票代码	名称	资产负债率（%）	存货周转率（次）	固定资产周转率（次）	总资产周转率（次）	总资产增长率（%）	营业总收入增长率（%）	股东权益增长率（%）
002116	中国海诚	72.6633	7.7230	21.7360	1.6519	−4.2487	−5.0000	24.7773
002178	延华智能	41.2339	1.7607	6.3805	0.6448	13.3226	6.2240	13.8827
002398	建研集团	23.2301	19.9061	4.0738	0.7510	4.3064	0.9506	12.0229
002469	三维工程	24.4687	6.9622	5.7158	0.5632	29.3711	31.3530	15.8308

续　表

股票代码	名称	资产负债率（%）	存货周转率（次）	固定资产周转率（次）	总资产周转率（次）	总资产增长率（%）	营业总收入增长率（%）	股东权益增长率（%）
300008	上海佳豪	36.1288	3.5604	4.3879	0.8633	105.1544	257.3373	59.4306
300012	华测检测	18.5966	320.2840	2.4093	0.6761	37.8199	19.1937	30.8005
300125	易世达	46.7857	0.6923	0.8301	0.1406	59.4823	−35.0304	1.0291
300215	电科院	58.3018	233.0947	0.3909	0.1419	22.0755	−11.5014	1.8244
300284	苏交科	50.9114	45.4271	9.7583	0.5833	37.6221	32.8819	27.4289
300332	天壕节能	41.2661	4.3136	0.4990	0.2223	42.9683	37.5567	9.5134
600645	中源协和	52.1576	2.9393	2.1287	0.2444	62.7573	31.9822	105.8730

在指标性质、单位不同的情况下，首先要对指标进行同趋势化处理。然后利用 SPSS 中的 Z-score 方法将 13 项指标的原始数据进行标准化处理。同趋势化数据与标准化数据略。

三、因子分析法适应性检验

为了检验所选用的指标是否适合使用因子分析法，以下利用 SPSS 软件中 KMO 和 Bartlett 球形检验方法来对样本进行检验。但由于此组数据中样本数量小于变量个数，所以 KMO 和 Bartlett 检验结果不能正常显示。所以用多重共线性检验来验证变量间的共线性，结果如表 16－3 与表 16－4 所示。

表 16－3　　线性检验 1

变量	基本每股收益（元）	销售净利率（%）	每股净资产（元）	总资产报酬率（%）	正向化后流动比率	正向化后速动比率
基本每股收益	1.000	0.161	0.198	0.711	−0.277	0.166
销售净利率	0.161	1.000	−0.132	0.491	−0.551	−0.075
每股净资产	0.198	−0.132	1.000	−0.123	0.104	−0.032
总资产报酬率	0.711	0.491	−0.123	1.000	−0.396	0.041
正向化后流动比率	−0.277	−0.551	0.104	−0.396	1.000	0.611
正向化后速动比率	0.166	−0.075	−0.032	0.041	0.611	1.000
正向化后资产负债率	−0.208	0.320	−0.091	−0.128	0.263	−0.056
存货周转率	−0.117	0.242	−0.275	0.240	−0.333	−0.075
固定资产周转率	0.492	−0.453	−0.238	0.117	0.201	0.265
总资产周转率	0.560	−0.476	−0.220	0.294	0.085	0.011
总资产增长率	−0.569	−0.124	0.114	−0.347	0.291	−0.011

续　表

变量	基本每股收益（元）	销售净利率（%）	每股净资产（元）	总资产报酬率（%）	正向化后流动比率	正向化后速动比率
营业总收入增长率	−0.171	−0.160	−0.231	0.031	0.265	−0.009
股东权益增长率	−0.279	−0.300	−0.319	−0.234	−0.020	−0.007

表 16-4　　线性检验 2

变量	正向化后资产负债率（%）	存货周转率（次）	固定资产周转率（次）	总资产周转率（次）	总资产增长率（%）	主营业务收入增长率（%）	股东权益增长率（%）
基本每股收益	−0.208	−0.117	0.492	0.560	−0.569	−0.171	−0.279
销售净利率	0.320	0.242	−0.453	−0.476	−0.124	−0.160	−0.300
每股净资产	−0.091	−0.275	−0.238	−0.220	0.114	−0.231	−0.319
总资产报酬率	−0.128	0.240	0.117	0.294	−0.347	0.031	−0.234
流动比率	0.263	−0.333	0.201	0.085	0.291	0.265	−0.020
速动比率	−0.056	−0.075	0.265	0.011	−0.011	−0.009	−0.007
资产负债率	1.000	−0.312	−0.210	−0.249	−0.023	−0.024	−0.240
存货周转率	−0.312	1.000	−0.265	−0.140	−0.121	−0.177	−0.151
固定资产周转率	−0.210	−0.265	1.000	0.889	−0.457	−0.058	−0.001
总资产周转率	−0.249	−0.140	0.889	1.000	−0.343	0.184	0.046
总资产增长率	−0.023	−0.121	−0.457	−0.343	1.000	0.740	0.520
营业总收入增长率	−0.024	−0.177	−0.058	0.184	0.740	1.000	0.456
股东权益增长率	−0.240	−0.151	−0.001	0.046	0.520	0.456	1.000

由表 16-3 和表 16-4 可以看到，销售净利率和总资产报酬率，流动比率和速动比率，存货周转率和销售净利率，每股净资产与总资产周转率，总资产增长率与总资产报酬率，股东权益合计增长率与总资产报酬率，这几组主要指标各自变量指标之间存在着多重共线性，可以用因子分析法进行分析。

四、确定主因子

本书应用因子分析法中的主成分分析法来计算原始公因子的特征值、方差贡献率以及累计方差贡献率，并由此确定公因子。结果如表 16-5 所示。

表 16-5　　解释的总方差

成分	初始特征值			提取平方和载入			旋转平方和载入		
	合计	方差百分比（%）	累积百分比（%）	合计	方差百分比（%）	累积百分比（%）	合计	方差百分比（%）	累积百分比（%）
1	3.261	25.087	25.087	3.261	25.087	25.087	2.790	21.463	21.463
2	2.840	21.842	46.930	2.840	21.842	46.930	2.311	17.775	39.238
3	1.894	14.569	61.498	1.894	14.569	61.498	2.221	17.084	56.322
4	1.373	10.558	72.056	1.373	10.558	72.056	1.619	12.456	68.778
5	1.246	9.583	81.640	1.246	9.583	81.640	1.431	11.005	79.783
6	1.166	8.968	90.608	1.166	8.968	90.608	1.407	10.825	90.608
7	0.704	5.414	96.022						
8	0.256	1.972	97.994						
9	0.162	1.246	99.240						
10	0.099	0.760	100.000						
11	1.518×10^{-16}	1.168×10^{-15}	100.000						
12	-9.103×10^{-17}	-7.002×10^{-16}	100.000						
13	-2.455×10^{-16}	-1.888×10^{-15}	100.000						

提取方法：主成分分析。

由表 16-5 中数据可知，前 6 个主因子的方差贡献率已经达到了累计方差贡献率的 90.608%，即表明这 6 个主因子已包含原始数据信息量的 90.608%，所以只需选择前 6 个主因子就可以较好地代表原始指标，对科学研究和技术服务业上市公司的绩效进行描述。

特征值可用碎石图列示，如下图所示。从下图可以看出，从第 7 个成分开始，特征值的值都小于 1，且折线的陡度变得比较平缓，这说明提取 6 个主因子是合适有效的。

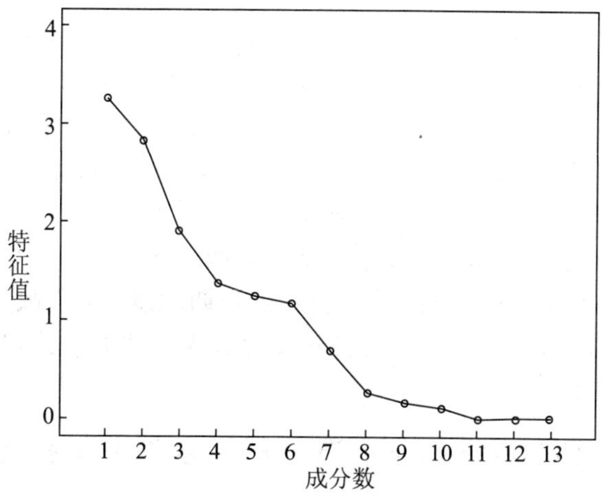

碎石图

五、旋转载荷矩阵分析

本书对原因子载荷矩阵进行最大方差旋转，以期得到主因子更明确的含义。结果如表 16－6 所示。

表 16－6　　旋转后的因子载荷矩阵[a]

变量	成分					
	F_1	F_2	F_3	F_4	F_5	F_6
基本每股收益	0.505	−0.243	0.749	0.013	−0.074	0.272
销售净利率	−0.588	−0.184	0.648	−0.173	0.213	−0.220
每股净资产	−0.167	−0.156	−0.031	0.025	−0.053	0.957
总资产报酬率	0.110	−0.053	0.932	−0.035	−0.115	−0.101
流动比率	0.150	0.162	−0.415	0.791	0.278	0.125
速动比率	0.064	−0.034	0.109	0.943	−0.074	−0.032
资产负债率	−0.241	−0.133	−0.041	0.051	0.910	−0.152
存货周转率	−0.352	−0.236	0.124	−0.040	−0.634	−0.475
固定资产周转率	0.937	−0.140	0.036	0.182	−0.007	−0.114
总资产周转率	0.944	0.059	0.174	−0.012	−0.066	−0.086
总资产增长率	−0.392	0.839	−0.253	0.104	−0.008	0.155
营业总收入增长率	0.063	0.922	0.091	0.095	0.108	−0.077
股东权益增长率	0.120	0.716	−0.258	−0.126	−0.186	−0.206

提取方法 ：主成分分析。

旋转法 ：具有 Kaiser 标准化的正交旋转法。

a. 旋转在 7 次迭代后收敛。

由表 16－6 中的数据可以看到，固定资产周转率、总资产周转率在主因子 F_1 上的载荷量分别为 0.937、0.944，它主要反映了公司的营运能力，所以将 F_1 命名为营运因子；主因子 F_2 则在总资产增长率（0.839）、营业总收入增长率（0.922）、股东权益增长率（0.716）上有较大载荷量，代表了公司的成长能力，故而将其命名为成长因子；基本每股收益、销售净利率、总资产报酬率在主因子 F_3 上的载荷分别为 0.749、0.648 和 0.932，体现了公司的盈利能力，为盈利因子 1；流动比率（0.791）、速动比率（0.943）在 F_4 上的载荷量较大，主要反映了公司的短期偿债能力，因而将它定义为偿债因子 1；F_5 在资产负债率（0.910）上占的比重较大，代表了公司的长期偿债能力，故将主因子 F_5 命名为偿债因子 2。F_6 在每股净资产（0.957）上占的比重较大，代表了公司的盈利能力，故将主因子 F_6 命名为盈利因子 2。

六、科学研究和技术服务业上市公司综合得分与排名

要得到因子的综合得分，需先对因子数据进行标准化处理，使其期望为 0，方差为 1，

然后，对各因子的方差贡献率占因子总方差贡献率的比重作为权重加权汇总，使用计算综合得分的公式 $F=(\lambda_1F_1+\lambda_2F_2+\lambda_3F_3+\lambda_4F_4+\lambda_5F_5+\lambda_6F_6)/(\lambda_1+\lambda_2+\lambda_3+\lambda_4+\lambda_5+\lambda_6)=(0.21463\times F_1+0.17775\times F_2+0.17084\times F_3+0.12456\times F_4+0.11005\times F_5+0.10825\times F_6)/0.90608$ 来计算各样本的综合得分。得到结果按名次排列如表 16－7 所示。

表 16－7　　科学研究和技术服务业上市公司综合得分与排名

股票代码	名称	F_1（营运）	F_2（成长）	F_3（盈利 1）	F_4（偿债 1）	F_5（偿债 2）	F_6（盈利 2）	F（综合）	排名
300008	上海佳豪	0.2937	2.5483	－0.2366	0.1767	0.1651	0.1356	0.5854	1
300284	苏交科	0.1086	－0.0474	0.5180	2.7683	－0.4205	－0.0258	0.4405	2
002116	中国海诚	2.5332	－0.6632	－0.2693	－0.5237	－0.1243	－0.2742	0.2993	3
002398	建研集团	0.4326	－0.4775	1.1627	－0.6184	－0.3600	1.4954	0.2779	4
002469	三维工程	－0.0300	0.0985	1.2400	－0.5408	0.0236	0.0316	0.1783	5
300332	天壕节能	－1.0633	－0.0772	1.1216	－0.4679	1.8840	－0.0784	0.0996	6
002178	延华智能	0.3293	－0.7041	－0.9448	0.4654	1.7139	－0.9443	－0.0789	7
600645	中源协和	－0.2526	1.0049	－1.1614	－0.8600	－0.4026	－0.4033	－0.297	8
300012	华测检测	－0.5231	－0.1002	0.7089	－0.2144	－1.4875	－0.8333	－0.3196	9
300125	易世达	－0.7572	－0.6276	－1.5300	0.1503	－0.1106	2.1085	－0.3318	10
300215	电科院	－1.0710	－0.9545	－0.6090	－0.3353	－0.8811	－1.2117	－0.8537	11

表 16－7 中，科学研究和技术服务业上市公司综合得分与其投资价值呈正相关关系。由于先对因子数据进行了标准化处理，因此，可以 0 为参考标准线，认为：综合得分大于 0 的科技公司，综合业绩相对较好，且数值越大，投资价值越大；综合得分小于 0 的则相对较差，且数值越小，投资价值越小。依此可对上市公司的综合业绩和投资价值有一个基本的评价。

具体而言，表 16－7 中，科学研究和技术服务业上市公司各项能力得分与相应实力也呈正相关关系。其中，上海佳豪、苏交科、中国海诚分别为第一、第二、第三名，他们分别依靠其强大的成长能力、偿债能力和营运能力取得了这样的成绩。另外，建研集团具有很高的盈利能力，且排名第四，较为靠前，也非常具有投资价值。最为突出的是上海豪佳，由 2013 年的排名倒数第一跃居第一，进步神速，其偿债能力和盈利能力均居首位，具有很大发展潜力；苏交科由 2013 年的排名第四到 2014 年的排名第二，主要依靠其营运能力；中国海诚则主要依靠了营运能力由 2013 年的第五位进步到 2014 年的第三位。

而华测检测、易世达、电科院等上市公司的综合得分都低于 0，且排名相对靠后，短期内不建议进行投资。

七、系统聚类分析

通过聚类分析把业绩相似的公司归类，可以对不同类别的上市公司进行对比分析，为投资者选择投资组合提供参考。

本书选择对11家科学研究和技术服务业上市公司分为4类，如表16-8所示。

表16-8 聚类分析

类别	科学研究和技术服务业上市公司	数目
1	中国海诚 、延华智能、建研集团、三维工程、天壕节能	5
2	上海佳豪、易世达、中源协和	3
3	华测检测、电科院	2
4	苏交科	1

表16-8中，类别1包括中国海诚 、延华智能、建研集团、三维工程、天壕节能5家公司。根据表16-7中的数据显示，这五家公司综合排名较分散，前后中都有。其中，中国海诚是国内第一家专业设计服务业上市公司，也是国内最大的综合性股份制工程科技上市公司之一。公司主要从事工程总承包、设计、咨询和监理，服务领域涵盖轻纺、商物粮、农林、机械、市政公用、化工医药、建筑等行业，客户遍及亚、欧、非、美及大洋洲等地。公司一直致力于优质设计精品设计，上海本部共获得各种奖励300余项，其中国家优秀工程设计奖、国家科技进步奖、国家创造发明奖等40余项。数据上来看，其综合排名为第三，财务状况良好，其营运因子排名第一，说明其营运能力好，使其成为一家值得关注与考虑投资的公司。延华智能主要从事智慧城市顶层设计、电子政务、智慧医疗、智慧节能、智慧环保、智能建筑、智慧交通、智慧养老等智慧城市各专业领域，是一家智能建筑与数字社区的全面服务提供商，是国内规模最大、资质最全的智能建筑服务商之一。受益于智能化，未来必将长期受到国家政策的支持，虽然其盈利因子和成长因子均为负，导致其综合排名较为靠后，但是其偿债因子排名靠前，说明其偿债能力好，总体上仍然是一家可以考虑投资的公司。三维工程具有化工石化医药行业工程咨询甲级，化工石化医药行业设计甲级、市政行业（城镇燃气）和建筑工程乙级，以及A1、A2、A3类压力容器和GA、GB、GC、GD类压力管道设计资质，拥有对外承包工程资格。具备以设计为主导的工程总承包资质和能力，为国家级高新技术企业。公司40余年来完成设计项目几千项，为全国客户完成常减压、催化、焦化、加氢、硫磺回收等各类炼油化工装置200余套。公司自主开发了无在线炉硫磺回收国产化技术，达到了国际先进水平，应用于各行各业，取得了良好的效益，受到了客户的推崇。由表16-7可见，虽然其营运因子为负，导致其综合排名较为居中，但是其盈利因子及成长因子均为正，说明其盈利能力和成长能力良好，总体上仍然是一家可以考虑的企业。

类别2中包括上海佳豪、易世达、中源协和三家公司。上海佳豪创立于2001年，是中国国内第三方独立船舶设计公司和民营船舶设计公司中的领先者，率先获得中国船级社认定的船舶和海上设施设计最高级资质，是国内最大的民营船舶设计企业，由表16-7可见，上海佳豪在营运因子、成长因子和偿债因子上的得分均为正，说明公司有较好的营运能力、成长能力和偿债能力，且公司综合得分为正，排名第四，尤其是其成长因子得分排名第一，说明其成长能力强，该公司可以考虑长期投资。而易世达和中源协和综合得分为负，综合排名靠后，须谨慎考虑是否投资，需要充分考虑其所处的市场环境以及行业动态，以及相关行业的相关政策。

类别 3 包括华测检测、电科院 2 家公司。其中华测检测是一家第三方检测验证公司，在工业品检测、消费品检测、贸易保障及生命科学四大领域，提供有害物质、安规、EMC、可靠性、失效分析、材料分析、环境安全、计量校准、纺织品、鞋类、皮革、玩具、汽车、验货、食品、药品、化妆品等十多项检测服务。电科院是主要从事电子元器件、低压电器、低压成套开关设备、高压电器、高压成套开关设备、机床电器、船用电器、电容器等电器产品检测、研究人员培训、标准、情报及电器检测装备研制等具有第三方公正地位的检测机构。由表 16－7 可见，这两家公司均排名靠后，分别为第九和第十一，这两家公司在营运因子、成长因子以及偿债因子上得分均为负，说明它们在营运能力、成长能力以及偿债能力上表现不佳，是它们排名靠后的主要原因。须谨慎考虑是否投资，需要充分考虑其所处的市场环境和行业动态，以及相关行业的相关政策。

类别 4 包括苏交科 1 家公司。苏交科是全国交通行业省属科研设计院所中第一个由事业单位改制为员工持股的科技型民营企业，主营业务有公路、市政、水工、城市轨道、铁路、航空和建筑、环境等。公司坚持“一切从人开始”，坚持自主科技创新，先后申请并获准成立 16 个国家级、部省级科研平台。其综合得分排名第 2，且营运因子为正，说明其具有较好的营运能力，是一家值得考虑投资的企业。

与 2013 年相比，2014 年综合得分排名前三的为上海佳豪、苏交科、中国海诚，而 2013 年，上海佳豪排名末尾，苏交科排名第四，中国海诚排名第五，可见，这几家公司的综合排名均有所上升，尤其是上海佳豪进步巨大，由各因子得分对比可见，上海佳豪 2013 年在盈利因子、营运因子以及成长因子上的得分均为负，导致其排名靠后，而 2014 年上海佳豪在营运因子、成长因子以及偿债因子上的得分均为正，且其在成长因子上的得分更是排名第一，这在很大程度上推动了其综合得分排名的上升，同时也说明较 2013 年而言，上海佳豪的发展前景更加乐观了，值得投资者长期关注。

八、结语

综上所述，科学研究和技术服务业是运用现代科技知识、现代技术和分析研究方法，以及经验、信息等要素向社会提供智力服务的新兴产业，是社会经济发展的根本驱动力产业。在我国经济发展由外延发展为主向内涵纵深发展的经济转型期，科技创新尤为重要也备受重视，未来将有巨大的发展前景，值得投资者密切关注。行业中一些公司具有不错的成长能力，适合进行长期投资，但也有公司各方面能力较差，不适合短期内介入。投资者必须以理性的态度来分析各公司的财务数据，学会利用定量分析模型，挖掘公司的内在价值，并结合投资时的市价进行全动态分析研究，从而选择适合自己的投资对象，做出更加准确的投资决策。

（参著：戚歆茹）

第十七章　水利、环境和公共设施管理业上市公司投资价值比较分析研究

一、行业发展与投资价值状况

水利管理业主要包括对河流、湖泊、行蓄洪区及沿海的防洪、防涝设施的管理、水库管理、调水、引水管理和其他水利管理等。环境管理业主要包括自然保护区管理、野生动植物保护管理、城市市容管理、城市环境卫生管理、江河湖泊、水库、地表地下的水污染治理和对制造、维护、医疗等活动产生的危险废物的治理。公共设施管理业主要包括对城市污水排放、雨水排放、路灯、道路、桥梁、隧道、广场、涵洞、防空等市政设施的维护、抢险、紧急处理、管理等活动、城市园林绿化的管理活动、风景名胜区的管理和城市公园管理。这三个行业均属于国民经济基础设施业。基础设施是国民经济各项事业发展的基础，在现代社会中，经济越发展，对基础设施的要求越高。完善的基础设施对加速社会经济活动，促进其空间分布形态演变起着巨大的推动作用。建立完善的基础设施往往需较长时间和巨额投资。对新建、扩建项目，特别是远离城市的重大项目和基地建设，更需优先发展基础设施，以便项目建成后尽快发挥效益。

据国家统计局资料，2011 年，我国基础设施行业固定资产投资总额达到 72617 亿元，其中交通运输、仓储和邮政业投资额最高，达到了 27280 亿元；卫生、社会保障和社会福利业增速最快，为 28.1%。2012 年，我国基础设施行业固定资产投资额总额达到了 83452 亿元。其中交通运输、仓储和邮政业投资额最高，达到了 30296 亿元；卫生和社会工作增速最快，为 23%。2013 年，我国基础设施行业固定资产投资额总额达到了 102206 亿元。其中水利、环境和公共设施管理投资额最高，达到了 37598 亿元；增速也最快，为 26.9%。2013 年 9 月国务院发布《关于加强城市基础设施建设的意见》明确要求优先加强供水、供气、供热、电力、通信、公共交通、物流配送、防灾避险等与民生密切相关的基础设施建设，加强老旧基础设施改造。

2014 年 3 月，中共中央、国务院印发了《国家新型城镇化规划（2014—2020 年）》，提出促进约 1 亿农业转移人口落户城镇，改造约 1 亿人居住的城镇棚户区和城中村，引导约 1 亿人在中西部地区就近城镇化。这凸显了政府以人为本、优化布局推进新型城镇化的决心，同时也将推进交通、水利、能源、市政等基础设施建设。

未来，基础设施建设行业发展空间仍然巨大，行业运行的整体市场化程度将有所提高，行业经营成本持续上升的趋势明显。在证券市场上，水利、环境和公共设施管理业一直是投资者关注的对象。然而。要从众多上市公司中选取具有良好前景的投资对象绝非易事。本书以深沪两市 26 家公共设施管理及生态保护和环境治理行业上市公司为例，根据其 2014 年财务报告，选取 13 个能够综合反映财务能力的指标，作为评估各上市公司投资

价值的指标体系，建立指标模型，运用 SPSS 软件，采用因子分析法与聚类分析法进行投资价值分析，确定分析对象的投资价值总量及排名，并合理划分层级，联系实际，结合 2013 年相关分析研究结果进行深入比较分析研究，得出量与质有机结合的投资价值结论，为投资者提供参考，以降低其投资风险，提高投资收益。

二、样本选取与数据处理

沪、深证交所的 26 家水利、环境和公共设施管理业上市公司的资料来源主要为其 2014 年的财务报告。具体初始数据如表 17－1 和表 17－2 所示。

表 17－1　　初始数据 1

股票代码	名称	基本每股收益（元）	销售净利率（%）	每股净资产（元）	总资产报酬率（%）	流动比率	速动比率
000035	中国天楹	0.35	31.7691	2.6195	14.207	0.9329	0.8843
000826	桑德环境	0.955	18.182	6.1437	13.0216	1.8212	1.7097
002549	凯美特气	0.08	11.9896	2.0416	3.3954	1.6657	1.5928
002573	国电清新	0.5078	21.6528	4.5446	7.2918	1.0089	0.9138
002672	东江环保	0.74	13.7957	7.0215	8.2615	1.7011	1.4731
300070	碧水源	0.88	29.3892	5.64	13.6123	1.531	1.44
300172	中电环保	0.49	14.3404	5.5153	7.1033	2.7792	2.5618
300187	永清环保	0.27	6.0416	4.5163	3.8861	1.7623	1.2088
300190	维尔利	0.59	15.176	8.5133	6.8678	2.3322	1.5836
600292	中电远达	0.43	7.2631	7.9345	4.8003	1.3076	1.0242
000069	华侨城 A	0.6566	18.2004	3.867	9.2744	1.5918	0.4993
000430	张家界	0.19	12.4052	1.5381	14.2229	0.6952	0.6515
000610	西安旅游	−0.106	−2.9781	2.2132	−3.3396	1.2695	1.2488
000802	北京文化	0.2129	18.3922	2.3801	4.5559	4.1552	3.5061
000809	铁岭新城	0.05	10.9366	6.3264	1.8202	5.3151	1.1564
000888	峨眉山 A	0.7193	18.9217	6.694	11.0592	1.7191	1.605
000978	桂林旅游	0.114	2.9228	4.069	3.0226	0.7738	0.6944
002033	丽江旅游	0.656	32.3577	6.7451	12.7529	5.8207	5.76
002059	云南旅游	0.2055	8.1574	4.3531	3.5589	1.4018	0.6806
002159	三特索道	−0.3	−6.7143	6.5975	3.0438	0.7653	0.691
002558	世纪游轮	0.16	2.0504	9.2987	2.8003	4.2869	2.1512
600054	黄山旅游	0.44	14.8908	4.7122	10.0803	1.0996	0.3342
600593	大连圣亚	0.4186	13.4368	3.8819	9.9031	0.9515	0.9393

续 表

股票代码	名称	基本每股收益（元）	销售净利率（%）	每股净资产（元）	总资产报酬率（%）	流动比率	速动比率
600706	曲江文旅	0.16	2.4719	4.3716	3.5459	0.7212	0.655
600749	西藏旅游	−0.1769	−21.6094	3.3277	−2.0193	0.4936	0.4086
600832	东方明珠	0.369	28.6363	2.8569	11.2247	1.4307	0.9657

表 17－2　初始数据 2

股票代码	名称	资产负债率（%）	存货周转率（次）	固定资产周转率（次）	总资产周转率（次）	总资产增长率（%）	营业总收入增长率（%）	股东权益合计增长率（%）
000035	中国天楹	50.4266	5.9087	1.5281	0.3356	31237.94	120.5232	12903.51
000826	桑德环境	44.7513	16.084	8.0835	0.5147	28.2209	62.9869	18.1243
002549	凯美特气	29.6513	8.8544	0.684	0.2303	10.6372	12.7266	3.916
002573	国电清新	45.8787	6.3466	0.8688	0.3017	31.6478	66.8965	8.5524
002672	东江环保	43.063	5.0745	2.972	0.4962	52.5795	29.3489	8.947
300070	碧水源	38.7769	8.969	11.8216	0.3695	29.5457	10.0816	25.5417
300172	中电环保	28.1775	5.2067	11.6885	0.4763	8.3414	12.3257	7.3602
300187	永清环保	41.5658	1.9327	6.5834	0.6142	13.0036	40.8665	5.9123
300190	维尔利	24.1932	1.7466	5.0536	0.4129	67.2087	133.7681	53.4131
600292	中电远达	42.759	3.2425	1.271	0.4838	50.5584	7.1885	66.6959
000069	华侨城 A	66.0105	0.291	2.049	0.3362	7.9617	9.0985	17.8372
000430	张家界	27.2118	69.4075	1.3624	0.7518	13.5992	−3.26	13.6194
000610	西安旅游	24.2374	194.5329	2.8187	1.1462	−10.2937	4.1474	−5.7879
000802	北京文化	38.1532	2.9693	1.7198	0.3229	37.0819	158.3149	8.8358
000809	铁岭新城	43.9679	0.0201	0.9686	0.0444	9.8973	−84.397	0.834
000888	峨眉山 A	18.0879	13.7878	0.9456	0.4804	14.1723	20.3035	10.5588
000978	桂林旅游	47.6624	3.5673	0.9936	0.3393	10.4519	123.13	2.8939
002033	丽江旅游	21.7771	11.6555	0.8524	0.3385	47.1417	11.3285	90.0112
002059	云南旅游	50.5118	0.7331	1.7526	0.3148	83.9547	34.0855	48.124
002159	三特索道	45.1102	3.4814	0.5237	0.2053	25.0445	12.6909	58.7242
002558	世纪游轮	7.4788	4.0786	1.1235	0.7565	−6.8988	26.4606	0.4887
600054	黄山旅游	34.4154	0.8992	0.8024	0.4391	2.2841	15.1318	9.3754
600593	大连圣亚	42.7143	75.7027	0.9581	0.4105	−8.3552	14.9259	12.0868

续　表

股票代码	名称	资产负债率（%）	存货周转率（次）	固定资产周转率（次）	总资产周转率（次）	总资产增长率（%）	营业总收入增长率（%）	股东权益合计增长率（%）
600706	曲江文旅	54.8703	14.4836	1.0885	0.5851	－10.9838	－16.6015	3.8479
600749	西藏旅游	52.1283	4.3029	0.4112	0.1278	14.3996	－10.3276	－4.4242
600832	东方明珠	40.6597	1.3137	2.5331	0.2888	24.0654	16.9331	19.3719

在指标性质、单位不同的情况下，首先要对指标进行同趋势化处理。然后利用 SPSS 中的 Z-score 方法将 13 项指标的原始数据进行标准化处理。同趋势化和标准化处理后的数据略。

三、因子分析法适应性检验

为了检验所选用的指标是否适合使用因子分析法，本书利用 SPSS 软件中 KMO 和 Bartlett 球形检验方法来对样本进行检验。检验结果如表 17－3 所示。

表 17－3　　KMO 检验和 Bartlett 球形检验

取样足够度的 KMO 度量		0.496
Bartlett 球形检验	近似卡方	348.900
	df	78
	Sig.	0.000

由表 17－3 可知，KMO 值为 0.496，小于 0.5，但这是因为样本数量太少所致。Bartlett 球形检验统计量为 348.900，相应的概率 Sig. 为 0.000，在 5%的显著性水平之下，拒绝原假设，因此可认为相关系数矩阵与单位矩阵有显著差异，说明样本适合做因子分析。

四、确定主因子

本书应用因子分析法中的主成分分析法来计算原始公因子的特征值、方差贡献率以及累计方差贡献率，并由此确定公因子。结果如表 17－4 所示。

表 17－4　　解释的总方差

成分	初始特征值			提取平方和载入			旋转平方和载入		
	合计	方差百分比（%）	累积百分比（%）	合计	方差百分比（%）	累积百分比（%）	合计	方差百分比（%）	累积百分比（%）
1	3.650	28.077	28.077	3.650	28.077	28.077	2.704	20.801	20.801
2	2.633	20.250	48.327	2.633	20.250	48.327	2.562	19.710	40.511

续 表

成分	初始特征值			提取平方和载入			旋转平方和载入		
	合计	方差百分比（%）	累积百分比（%）	合计	方差百分比（%）	累积百分比（%）	合计	方差百分比（%）	累积百分比（%）
3	1.824	14.031	62.359	1.824	14.031	62.359	2.319	17.841	58.352
4	1.365	10.501	72.860	1.365	10.501	72.860	1.886	14.508	72.860
5	0.993	7.640	80.500						
6	0.830	6.387	86.887						
7	0.742	5.708	92.595						
8	0.424	3.264	95.859						
9	0.206	1.585	97.444						
10	0.138	1.064	98.509						
11	0.109	0.835	99.344						
12	0.085	0.656	100.000						
13	1.397×10^{-5}	0.000	100.000						

提取方法：主成分分析。

根据表 17－4 中数据可知，前 4 个主因子的方差贡献率已经达到了累计方差贡献率的 72.860%，即表明这 4 个主因子已包含原始数据信息量的 72.860%，所以只需选择前 4 个主因子就可以较好地代表原始指标，对该行业公司的绩效进行描述。

特征值可用碎石图列示，如下图所示。从下图可以看出，从第 5 个成分开始，特征值的值都小于 1，且折线的陡度变得比较平缓，这说明提取 4 个主因子是合适有效的。

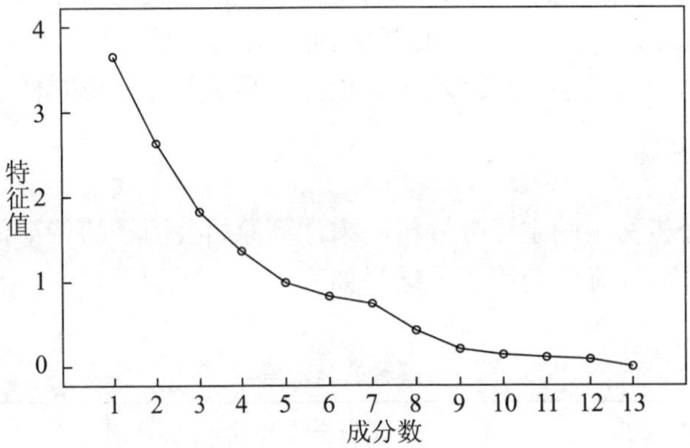

碎石图

五、旋转载荷矩阵分析

本书对原因子载荷矩阵进行最大方差旋转，以期得到主因子更明确的含义。结果如表 17－5 所示。

表 17-5　　旋转后的因子载荷矩阵[a]

变量	成分			
	F_1	F_2	F_3	F_4
基本每股收益	0.134	0.880	0.309	−0.133
销售净利率	0.543	0.556	0.301	−0.201
每股净资产	−0.388	0.427	−0.039	−0.349
总资产报酬率	0.498	0.643	0.223	−0.155
流动比率	−0.115	0.719	0.022	0.169
速动比率	−0.094	0.167	0.878	0.086
资产负债率	0.026	0.003	0.948	−0.118
存货周转率	−0.034	−0.205	0.046	0.908
固定资产周转率	−0.072	0.457	0.630	0.118
总资产周转率	−0.091	0.182	−0.023	0.889
总资产增长率	0.927	−0.092	−0.051	−0.010
主营业务收入增长率	0.487	0.199	−0.080	−0.052
股东权益增长率	0.927	−0.091	−0.052	−0.012

提取方法：主成分分析。

旋转法：具有 Kaiser 标准化的正交旋转法。

a. 旋转在 6 次迭代后收敛。

由表 17-5 中的数据可以看到，总资产增长率、股东权益增长率在主因子 F_1 上的载荷量分别为 0.927、0.927，它主要反映了公司的成长能力，所以将 F_1 命名为成长因子；主因子 F_2 则在基本每股收益（0.880）、销售净利率（0.556）及总资产报酬率（0.643）上有较大载荷量，代表了公司的盈利能力，故而将其命名为盈利因子；速动比率、资产负债率在主因子 F_3 上的载荷量较大，分别为 0.878、0.948，体现了公司的偿债能力，为偿债因子；同样的，在存货周转率（0.908）、总资产周转率（0.889）上载荷量较大的主因子 F_4 代表了公司的营运能力，故将主因子 F_4 命名为营运因子。

六、水利、环境和公共设施管理业上市公司综合得分与排名

要得到因子的综合得分，需先对因子数据进行标准化处理，使其期望为 0，方差为 1，然后，对各因子的方差贡献率占因子总方差贡献率的比重作为权重加权汇总，使用计算综合得分的公式 $F=(\lambda_1F_1+\lambda_2F_2+\lambda_3F_3+\lambda_4F_4)/(\lambda_1+\lambda_2+\lambda_3+\lambda_4)$　$(0.20801\times F_1+0.19710\times F_2+0.17841\times F_3+0.14508\times F_4)/0.7286$ 来计算各样本的综合得分。得到结果按名次排列如表 17-6 所示。

表 17-6　　水利、环境和公共设施管理业上市公司综合得分与排名

股票代码	名称	F_1（成长）	F_2（盈利）	F_3（偿债）	F_4（营运）	F（综合）	排名
000035	中国天楹	4.54334	−0.45531	−0.25237	−0.04114	1.1	1
300070	碧水源	−0.02965	0.19601	4.66739	−0.41908	1.1	1
000826	桑德环境	−0.21393	2.90785	−0.46577	0.65294	0.74	2
000610	西安旅游	−0.38073	−1.24354	0.3076	4.05106	0.44	3
000430	张家界	0.38455	−0.15932	−0.1836	1.4719	0.31	4
002672	东江环保	−0.42178	1.03643	0.45299	0.00706	0.27	5
000888	峨眉山 A	−0.1892	1.32846	−0.44203	−0.01303	0.19	6
300187	永清环保	−0.46621	0.60012	0.0301	0.65311	0.17	7
300172	中电环保	−0.29931	0.53897	0.28597	0.04052	0.14	8
300190	维尔利	−0.13202	0.96364	−0.18475	−0.45583	0.09	9
600593	大连圣亚	0.1239	−0.10715	−0.12637	0.5901	0.09	10
600832	东方明珠	0.36432	0.14899	0.09522	−0.46676	0.07	11
002033	丽江旅游	0.202	0.80319	−0.4652	−0.7211	0.02	12
000069	华侨城 A	0.02134	0.57704	−0.37898	−0.35563	0	13
000802	北京文化	0.60142	−0.737	0.36592	−0.44391	−0.03	14
002573	国电清新	0.2081	0.15232	−0.31259	−0.54179	−0.08	15
600054	黄山旅游	0.0104	0.17461	−0.39134	−0.31348	−0.11	16
002549	凯美特气	−0.10676	−0.67705	−0.01076	−0.21774	−0.26	17
600292	中电远达	−0.5902	0.19088	−0.4113	−0.35772	−0.29	18
600706	曲江文旅	−0.43216	−0.62814	−0.36925	0.29266	−0.33	19
002059	云南旅游	−0.21777	−0.43568	−0.35575	−0.41779	−0.35	20
000978	桂林旅游	0.03952	−0.67381	−0.4786	−0.33742	−0.36	21
002558	世纪游轮	−0.76046	−0.01417	−0.73437	0.12666	−0.38	22
000809	铁岭新城	−0.76951	−1.14597	0.1286	−1.30729	−0.76	23
002159	三特索道	−0.66943	−1.30263	−0.43595	−0.83027	−0.82	24
600749	西藏旅游	−0.81979	−2.03875	−0.33481	−0.64604	−1	25

表 17-6 中，这三个行业作为典型的基础设施服务业，综合得分与其投资价值呈正相关关系。由于先对因子数据进行了标准化处理，因此，可以 0 为参考标准线，认为：综合得分大于 0 的公司，综合业绩相对较好，且数值越大，投资价值越大；综合得分小于 0 的则相对较差，且数值越小，投资价值越小。依此可对上市公司的综合业绩和投资价值有一

个基本的评价。

具体而言，表 17－6 中，这三个行业 26 家公司各项能力得分与相应实力也呈正相关关系，排名前五位的公司分别为中国天楹、碧水源、桑德环境、西安旅游、张家界。2013 年排名前五位的公司分别为碧水源、铁岭新城、国电清新、桑德环境、峨眉山 A。两年比较变化较大，只有碧水源和桑德环境两家公司保住了前五位，说明行业内部竞争激烈。其中，中国天楹排名第一，其成长因子得分排名第一，说明其成长能力较强，是投资者可以考虑进行长期投资的目标，但是营运因子和偿债因子得分为负，说明企业的营运能力和偿债能力状况不佳，作为一家新上市的公司，选择其作为投资对象时还需要考虑其市场地位以及产业政策等方面的因素。碧水源排名第二，2013 年总分排名第一，说明公司发展稳定，作为行业龙头，其偿债因子得分排名第一，反映出这些企业偿债能力强，偿债能力越强，债权人的权益越有保证，流动比率高，不仅反映企业拥有的营运资金多，可用以抵偿债务，而且表明企业可以变现的资产数额大，债权人遭受损失的风险小，所以，这些企业可以考虑投资。桑德环境由 2013 年的排名第三进到第四，主要由于其突出的盈利能力和较强的营运能力，前景乐观，具有较大投资价值。西安旅游综合排名由 2013 年的第十一跃居第四，进步突出，主要由于其营运因子得分排名第一，说明其经营能力好，但其成长因子和盈利因子均为负，选择其作为投资对象时还需要考虑到它的市场地位以及产业政策等方面的因素。张家界较为稳定，其营运能力和盈利能力较强，具有较大的投资价值。

排名末五名的公司分别为桂林旅游、世纪游轮、铁岭新城、三特索道、西藏旅游。这五家公司各项因子得分几乎都为负值，是导致其排名靠后的主要原因，由此可见，它们的各项能力都较为薄弱，投资价值较低，暂不推荐。

七、系统聚类分析

通过聚类分析把业绩相似的公司归类，可以对不同类别的上市公司进行对比分析，为投资者选择投资组合提供参考。

根据树状图（略）对 26 家公司进一步分类，本书选择将其分为 4 类，如表 17－7 所示。

表 17－7　聚类分析

类别	水利、环境和公共设施管理业上市公司	数目
1	中国天楹	1
2	桑德环境、凯美特气、国电清新、东江环保、中电环保、永清环保、维尔利、中电远达、华侨城 A、张家界、北京文化、铁岭新城、峨眉山 A、桂林旅游、丽江旅游、云南旅游、三特索道、世纪游轮、黄山旅游、大连圣亚、曲江文旅、西藏旅游、东方明珠	23
3	碧水源	1
4	西安旅游	1

表 17－7 中，类别 1 仅包括中国天楹 1 家公司，中国天楹业务类型有投资、建设、运

营、维护环保基础设施项目和环保设备的研发、生产、销售；业务范围覆盖生活垃圾焚烧发电及蒸汽生产、污泥处理、餐厨垃圾处理、危险废弃物处理、建筑垃圾处理、污水处理等领域。公司在引进、消化、吸收国外先进技术的基础上，尤为注重提升自主创新水平，在垃圾焚烧发电领域拥有7项发明专利及108项实用新型专利，充分实现了该领域核心设备和关键设备的国产化，关键技术研究被国家科技部列入国家火炬计划项目。同时，公司致力于打造环保治理精品工程和以污水处理、烟气净化、垃圾压缩、垃圾焚烧设备为主导产品的国内领先环保装备制造基地。由表17-6可见，中国天楹的综合得分排名第一，其中中国天楹成长因子得分表现突出，排名第一，说明其成长能力在行业内占据主要位置。随着“大气十条”等环保措施的推出和执行，中国天楹在未来的发展前景较好，所以中国天楹无疑是环保行业较具有投资价值的公司。

类别2包括桑德环境、凯美特气、国电清新等23家公司。从表17-6中看到，桑德环境、峨眉山A、东江环保综合得分排名靠前，分别排名第三、第七和第六。这几家公司的盈利因子得分均较高，排名分别为第一、第二和第三，出色的盈利能力也是这几家公司综合排名靠前的重要原因。其中桑德环境集投资、研发、咨询、设计、建设、运营、设备制造于一体，拥有完善的产业链条，在固废处理领域可为客户提供全面的“一站式”服务及整体环境解决方案。是目前A股市场唯一一家主营业务为固废处理处置的上市公司，连续三年获得“固废行业十大影响力企业”“上市公司中国成长百强”“金牛上市公司百强”等荣誉。东江环保是一家专业从事废物管理和环境服务的高科技环保企业。经过近年来的高速发展，东江环保已逐步成长为中国废物处理行业的领先企业，先后被评定为广东省及国家环保骨干企业、“国家资源节约与环境保护重大示范工程”单位、“国家首批循环经济试点单位”“国家高新技术企业”“广东省百强民营企业”等。同时，作为一个快速成长型的高新技术企业，一直坚持走自主创新之路，累计研发投入超过1亿元，为公司的业务发展提供了强大的技术研发支持体系，在环保行业越来越被重视的今天，东江环保作为该行业的龙头企业。综上所述，这几家公司都是可以考虑的投资对象。而凯美特气在各项因子上的得分均为负，说明其在这些方面存在不足，这是导致其综合得分排名靠后的主要原因。三特索道、西藏旅游综合得分排名为末二位，且这两家公司在各项因子中的得分均为负，说明其在营运能力、成长能力、偿债能力以及盈利能力上存在不足，综上所述，投资者需要重点考虑这些企业的市场地位、产业结构以及相关政策来进行投资决策，须谨慎思考。在这23家公司中，维尔利、中电环保排名较居中，维尔利经营业务主要有：针对所需处理垃圾渗滤液处理项目的渗滤液水质及其变化情况、处理规模等特征，依托分体式膜生化反应器及其衍生工艺等高效渗滤液处理工艺，为客户提供垃圾渗滤液处理系统综合解决方案，即通过工艺方案优化设计和整体统筹，提供渗滤液处理工程施工、设备集成和销售、现场系统集成、调试运行，以及后续运营和相关技术咨询服务等，为客户的垃圾渗滤液达标处理提供高质量的一体化专业服务。维尔利在引进、消化和吸收国外先进技术基础上，针对我国垃圾渗滤液的特点，凭借雄厚的研发实力，创新出一整套符合我国渗滤液处理的产品、技术和工艺，在我国的市场上有不错的发展前景。中电环保主要从事环保、电力、化工、水处理设备的研发、设计、制造、系统集成及销售；自动控制、计算机软件、仪器仪表的研发、设计、系统集成及销售；工程总承包、施工、安装、调试、技术服务及设备运营；市政公用工程；机电设备安装；高科技产业投资。是江苏省高新技术企业，一贯重视新技术、新工艺的研发工作。公司在凝结水精处理、膜法给水处理、废污水处理及中水回用等方面拥有较强的技术研发优势。此外，在火电、核电水处理领域，公司也具有明显的竞争优势以及较强的市场竞争力，位居市场的第一梯队。且由表 17－6 可见中电环保、维尔利综合得分排名第九、第十，且其盈利因子和偿债因子得分均为正，说明其具有良好的盈利能力和偿债能力，所以可以考虑投资。

类别 3 仅包括碧水源 1 家公司。碧水源综合得分排名第一，其偿债因子表现突出，排名第一，说明其有较好的偿债能力。其盈利因子得分为正，说明其盈利能力良好。碧水源以技术创新为核心竞争力，攻克了“膜材料研发、膜设备制造和膜应用工艺”三大国际技术难题，研发出拥有完全自主知识产权的 PVDF 增强型微/超滤膜、超低压反渗透膜以及膜生物反应器（MBR）技术，是世界上同时拥有上述三项技术自主知识产权的少数企业之一。碧水源拥有 200 余项专利技术，填补国内多项空白，承担了国家“863”计划项目、国家水专项、国家科技支撑计划、国家火炬计划等国家重大项目课题。在饮水问题越来越被关注的今天，其发展前景是很好的，可以考虑投资。

类别 4 仅包括西安旅游 1 家公司，综合得分排名第四。其营运因子表现突出，排名第一，说明其有较好的经营能力。西安旅游经营业务涉及旅行社、餐饮、宾馆、娱乐、旅游服务、旅游交通、景区开发、房地产开发、能源开发等多个领域。且经过多年的积累，建立了完善的法人治理结构，公司运作规范，资产结构良好，货币资金充裕，资产负债率低，银行资信和市场信誉良好，可以考虑投资。

碧水源在 2013 年综合得分排名第一，桑德环境综合得分排名第四，西安旅游综合得分排名第十一，进步较大。对比两年其各项因子的得分情况可见，西安旅游的营运因子得分一直很突出，两年中其营运因子得分排名均为第一，说明其具有很好的经营能力，这也是促使其综合得分排名上升的重要原因。而碧水源在 2013 年各因子得分均为正，但在 2014 年，其在成长因子以及营运因子上得分为负，值得关注，但其 2014 年在偿债因子得分综合排名上表现突出，排名第一，说明其具有很好的偿债能力，可以在一定程度上保护投资者的利益，同时，这也是其在 2014 年仍能保持综合得分排名第一的重要原因。

八、结语

综上所述，投资者在进行投资价值分析时，只要具备理性的态度，结合宏观、行业、区位和上市公司财务状况等各类信息，能够利用定量分析模型的分析结果作为决策辅助工具，就能更快、更好地判断挖掘公司的内在价值，做出有价值的投资决策，获得相应的最大收益。但由于分析主要运用了 2014 年的财务报表资料，并结合 2013 年的分析结果，联系实际进行，某些项目还可能会由于会计政策变更等的影响存在一定程度的偶然性，分析指标的选择也具有主观性。因此，分析结果难以反映出完全的真实状况，若能对更多个年度进行跟踪分析，并适当增加分析指标，则可较大程度地消除偶然性，并反映出各分析对象的更加全面的动态状况，能更有效地据以预估未来，做出更加准确的投资决策。本书为投资者提供了一个全面、系统、客观的全要素投资价值评价体系和综合分析平台。

（参著：戚歆茹）

第十八章　教育和卫生业上市公司投资价值比较分析研究

一、行业发展与投资价值状况

教育卫生业是关系国计民生的基础性行业，在国民经济体系中占有重要地位。近几年，随着经济改革的不断深入和社会需求的不断提高，教育和卫生业不断寻求突破体制改革，我国政府陆续发布了一系列政策，鼓励民资进入这两个领域。2010 年 12 月 3 日，国家发改委、卫生部等部门联合发布的意见规定：鼓励和支持社会资本举办各类医疗机构，调整和新增医疗卫生资源优先考虑社会资本，合理确定非公立医疗机构执业范围，鼓励社会资本参与公立医院改制，允许境外资本举办医疗机构，简化并规范外资办医的审批程序。2010 年 7 月，《国家中长期教育改革和发展规划纲要（2010—2020）》发布，要求学历教育和非学历教育协调发展，职业教育和普通教育相互沟通，使现代国民教育体系更加完善，基本形成终身教育体系。党的“十八大”报告也提出，充分利用社会力量和社会资金以多种方式进入非学历教育产业，有利于加快现代教育体系的建成。经过近几年的探索，民办教育局部发展环境明显改善，一些制度瓶颈得到破解，社会力量已加速进入民办教育领域。随着社会经济稳步发展和居民收入水平的提高，教育需求也将持续高速增长。但是截至 2015 年 6 月，中国教育行业门类仅有一家上市公司——新南洋。

教育卫生业以公立事业单位为主体，是具有国家垄断性质的行业，民营企业和上市公司数量相对较少。但随着改革的不断深入和国家乃至每个家庭及个人对教育、卫生的日益重视，该行业将有更加广阔的发展前景和较大的投资价值。

二、样本选取与数据处理

沪、深证交所的 5 家教育和卫生业上市公司的资料来源主要为其 2014 年的财务报告。具体初始数据如表 18 - 1 和表 18 - 2 所示。

表 18 - 1　　初始数据 1

股票代码	名称	基本每股收益（元）	销售净利率（%）	每股净资产（元）	总资产报酬率（%）	流动比率	速动比率	资产负债率（%）
300015	爱尔眼科	0.4747	13.0257	3.0941	17.0781	2.7936	2.4804	17.7638
300244	迪安诊断	0.61	9.5763	3.3265	15.5483	2.0037	1.7821	36.6972
300347	泰格医药	0.59	21.8386	4.0161	15.0368	2.0348	2.034	32.4628
600661	新南洋	0.2503	4.5067	3.2079	6.7151	1.0335	0.9122	45.9566
600763	通策医疗	0.69	19.4991	3.9272	20.1869	2.9827	2.7729	13.4571

表 18-2　　　　初始数据 2

股票代码	名称	存货周转率（次）	固定资产周转率（次）	总资产周转率（次）	总资产增长率（%）	营业总收入增长率（%）	股东权益增长率（%）
300015	爱尔眼科	10.2707	4.2042	1.0289	20.3691	21.0119	21.5168
300244	迪安诊断	10.615	14.1617	1.3906	36.6254	31.4755	18.5952
300347	泰格医药	1011.1209	8.1173	0.5768	68.02	85.5948	16.0713
600661	新南洋	6.864	4.1623	0.8604	74.6389	−4.0776	136.9544
600763	通策医疗	18.7689	6.093	0.812	23.0133	26.0845	21.2116

在指标性质、单位不同的情况下，首先要对指标进行同趋势化处理。然后利用 SPSS 中的 Z-score 方法将 13 项指标的原始数据进行标准化处理。同趋势化数据和标准化数据略。

三、因子分析法适应性检验

为了检验所选用的指标是否适合使用因子分析法，本书利用 SPSS 软件中 KMO 和 Bartlett 球形检验方法来对样本进行检验。但由于此组数据中样本数量小于变量个数，所以 KMO 和 Bartlett 检验结果不能正常显示。所以我们用多重共线性检验来验证变量间的共线性，结果如表 18-3 与表 18-4 所示。

表 18-3　　　　共线性检验 1

变量	基本每股收益（元）	销售净利率（%）	每股净资产（元）	总资产报酬率（%）	流动比率	速动比率
每股收益	1	0.761	0.652	0.9	0.436	0.273
销售净利率	0.761	1	0.854	0.724	0.388	0.625
每股净资产	0.652	0.854	1	0.436	0.413	0.632
总资产收益率	0.9	0.724	0.436	1	0.123	0.045
流动比率	0.436	0.388	0.413	0.123	1	0.813
速动比率	0.273	0.625	0.632	0.045	0.813	1
资产负债率	0.314	0.585	0.571	0.073	0.887	0.988
存货周转率	0.227	0.648	0.664	0.022	0.729	0.991
固定资产周转率	0.514	0.019	0.125	0.206	0.739	0.227
总资产周转率	0.053	−0.569	−0.645	0.068	0.012	−0.556
总资产增长率	−0.563	−0.224	0.123	−0.818	0.284	0.483
主营业务收入增长率	0.575	0.795	0.716	0.375	0.839	0.939
股东权益增长率	−0.894	−0.732	−0.42	−0.902	−0.502	−0.351

表 18-4 共线性检验 2

变量	资产负债率（%）	存货周转率（次）	总资产周转率（次）	固定资产增长率（%）	总资产增长率（%）	营业总收入增长率（%）	股东权益增长率（%）
每股收益	0.314	0.227	0.514	0.053	−0.563	0.575	−0.894
销售净利率	0.585	0.648	0.019	−0.569	−0.224	0.795	−0.732
每股净资产	0.571	0.664	0.125	−0.645	0.123	0.716	−0.42
总资产收益率	0.073	0.022	0.206	0.068	−0.818	0.375	−0.902
流动比率	0.887	0.729	0.739	0.012	0.284	0.839	−0.502
速动比率	0.988	0.991	0.227	−0.556	0.483	0.939	−0.351
资产负债率	1	0.959	0.351	−0.423	0.432	0.949	−0.415
存货周转率	0.959	1	0.104	−0.662	0.513	0.913	−0.29
固定资产周转率	0.351	0.104	1	0.584	−0.068	0.357	−0.449
总资产周转率	−0.423	−0.662	0.584	1	−0.453	−0.429	−0.123
总资产增长率	0.432	0.513	−0.068	−0.453	1	0.171	0.633
营业总收入增长率	0.949	0.913	0.357	−0.429	0.171	1	−0.643
股东权益增长率	−0.415	−0.29	−0.449	−0.123	0.633	−0.643	1

由表 18-3 和表 18-4 可以看到，销售净利率和总资产报酬率，流动比率和速动比率，存货周转率和销售净利率，每股净资产与总资产周转率，总资产增长率与总资产报酬率，股东权益合计增长率与总资产报酬率，这几组主要指标各自变量指标之间存在着多重共线性，可以用因子分析法进行分析。

四、确定主因子

本书应用因子分析法中的主成分分析法来计算原始公因子的特征值、方差贡献率以及累计方差贡献率，并由此确定公因子。结果如表 18-5 所示。

表 18-5 解释的总方差

成分	初始特征值			提取平方和载入			旋转平方和载入		
	合计	方差百分比（%）	累积百分比（%）	合计	方差百分比（%）	累积百分比（%）	合计	方差百分比（%）	累积百分比（%）
1	6.831	52.543	52.543	6.831	52.543	52.543	6.074	46.720	46.720
2	3.606	27.739	80.283	3.606	27.739	80.283	4.221	32.472	79.192
3	2.041	15.703	95.986	2.041	15.703	95.986	2.183	16.795	95.986
4	0.522	4.014	100.000						

续　表

成分	初始特征值			提取平方和载入			旋转平方和载入		
	合计	方差百分比（%）	累积百分比（%）	合计	方差百分比（%）	累积百分比（%）	合计	方差百分比（%）	累积百分比（%）
5	4.437×10^{-16}	3.413×10^{-15}	100.000						
6	3.472×10^{-16}	2.671×10^{-15}	100.000						
7	2.325×10^{-16}	1.789×10^{-15}	100.000						
8	5.115×10^{-17}	3.935×10^{-16}	100.000						
9	-1.620×10^{-17}	-1.246×10^{-16}	100.000						
10	-6.099×10^{-17}	-4.692×10^{-16}	100.000						
11	-1.997×10^{-16}	-1.536×10^{-15}	100.000						
12	-3.052×10^{-16}	-2.348×10^{-15}	100.000						
13	-3.757×10^{-16}	-2.890×10^{-15}	100.000						

提取方法：主成分分析。

根据表 18－5 中数据可知，前 3 个主因子的方差贡献率已经达到了累计方差贡献率的 95.986%，即表明这 3 个主因子已包含原始数据信息量的 95.986%，所以只需选择前 3 个主因子就可以较好地代表原始指标，对教育和卫生业公司的绩效进行描述。

特征值可用碎石图列示，如下图所示。从下图可以看出，从第 4 个成分开始，特征值的值都小于 1，这说明提取 3 个主因子是合适有效的。

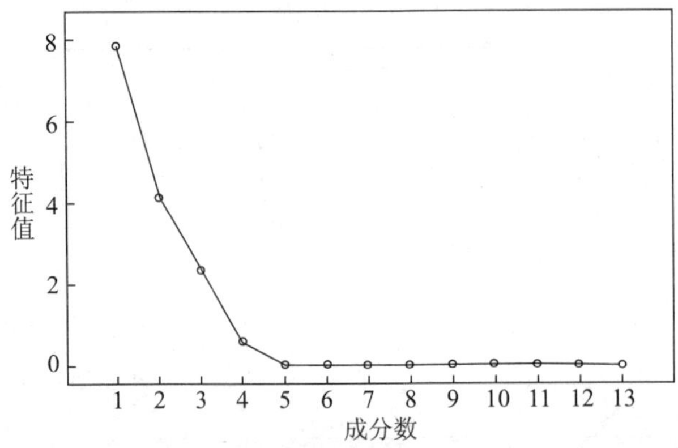

碎石图

五、旋转载荷矩阵分析

本书对原因子载荷矩阵进行最大方差旋转，以期得到主因子更加明确的含义。结果如表 18－6 所示。

表 18－6　　旋转后的因子载荷矩阵[a]

变量	成分		
	F_1	F_2	F_3
基本每股收益	0.274	0.913	0.199
销售净利率	0.598	0.728	−0.336
每股净资产	0.675	0.467	−0.330
总资产报酬率	0.000	0.998	0.009
流动比率	0.821	0.116	0.558
速动比率	0.991	0.038	−0.016
资产负债率	0.976	0.063	0.132
存货周转率	0.982	0.016	−0.148
固定资产周转率	0.272	0.215	0.892
总资产周转率	−0.557	0.058	0.827
总资产增长率	0.543	−0.807	−0.114
营业总收入增长率	0.920	0.368	0.068
股东权益增长率	−0.295	−0.888	−0.272

提取方法：主成分分析。

旋转法：具有 Kaiser 标准化的正交旋转法。

a. 旋转在 6 次迭代后收敛。

由表 18－6 中的数据可以看到，流动比率、速动比率、资产负债率、总资产增长率在主因子 F_1 上的载荷量分别为 0.821、0.991、0.976 和 0.5430，它们主要反映了公司的偿债能力，所以将 F_1 命名为偿债成长因子；主因子 F_2 则在每股收益（0.913）、销售净利率（0.728）、每股净资产（0.467）、总资产收益率（0.998）、总资产增长率（－0.807）、股东权益增长率（－0.888）上有较大载荷量，代表了公司的盈利能力和成长能力，故而将其命名为盈利成长因子，主因子 F_3 在固定资产周转率（0.892）、总资产周转率（0.827）上有较大载荷量，代表了公司的营运能力，故而将其命名为营运因子。

六、教育和卫生业上市公司综合得分与排名

要得到因子的综合得分，需先对因子数据进行标准化处理，使其期望为 0，方差为 1，然后，对各因子的方差贡献率占因子总方差贡献率的比重作为权重加权汇总，使用计算综合得分的公式来计算各样本的综合得分。公式如下：$F=(\lambda_1F_1+\lambda_2F_2+\lambda_3F_3)/(\lambda_1+\lambda_2+\lambda_3)=(0.4672\times F_1+0.32472\times F_2+0.16795\times F_3)/0.95986$ 来计算各样本的综合得分。得到结果按名次排列如表 18－7 所示。

表 18－7　教育和卫生业上市公司综合得分与排名

股票代码	名称	F_1（偿债）	F_2（盈利成长）	F_3（营运）	F（综合）	排名
300347	泰格医药	1.75615	0.01409	－0.26011	0.81	1
300244	迪安诊断	－0.1527	0.1328	1.73789	0.27	2
600763	通策医疗	－0.45482	1.1241	－0.80853	0.02	3
300015	爱尔眼科	－0.68847	0.34197	－0.20346	－0.26	4
600661	新南洋	－0.46017	－1.61296	－0.4658	－0.85	5

表 18－7 中，教育和卫生业上市公司综合得分与其投资价值呈正相关关系。由于先对因子数据进行了标准化处理，因此，可以 0 为参考标准线，认为：综合得分大于 0 的公司，综合业绩相对较好，且数值越大，投资价值越大；综合得分小于 0 的则相对较差，且数值越小，投资价值越小。依此可对上市公司的综合业绩和投资价值有一个基本的评价。

具体而言，表 18－7 中，教育、卫生业各项能力得分与相应实力也呈正相关关系，排名从前到后分别为泰格医药、迪安诊断、通策医疗、爱尔眼科、新南洋，2013 年停牌未进行分析的泰格医药排名第一，其他公司的排名顺序与 2013 年的排名顺序相同，说明该行业发展较稳定，竞争形势不显著。泰格医药主要依靠其突出的偿债成长能力而排名第一。迪安诊断营运能力排名第一，情况与 2013 年相似，其盈利成长得分接近平均水平，偿债能力因子负值，但综合得分为正值，营运能力突出，具有较大发展潜力，可以考虑长期投资。通策医疗，盈利成长能力很好，营运和偿债因子得分为负值，综合得分为正值，也与 2013 年情况相似。考虑其优秀的盈利能力，可以进行短期投资。爱尔眼科，盈利能力尚可，但是偿债成长、营运因子得分都为负值，综合得分为负，需谨慎投资。新南洋，综合得分为负值，各项因子得分也都为负值，排名末尾，暂不建议投资。

七、系统聚类分析

通过聚类分析把业绩相似的公司归类，可以对不同类别的上市公司进行对比分析，为投资者选择投资组合提供参考。

根据树状图（略）对5家教育和卫生业上市公司进行分类，本书选择将其分为4类，如表18－8所示。

表18－8 聚类分析

类别	教育和卫生业上市公司	数目
1	泰格医药	1
2	迪安诊断	1
3	爱尔眼科、通策医疗	2
4	新南洋	1

表18－8中，类别1的泰格医药2013年度被证监会分在科学研究和技术服务业，2014年度变更了行业，被分入卫生行业。2013年，泰格医药凭借其优秀的盈利能力和获利能力在科学研究和技术服务业中排名第三，2014年又凭借偿债能力和盈利成长能力在卫生行业排名第一，虽然其两个年度的营运能力都略低于同业平均，但综合实力较强，可以投资。

类别2只有迪安诊断1家公司，它是以提供诊断服务外包为核心业务的独立第三方医学诊断服务机构，凭借具有迪安特色的“服务加产品”一体化商业模式成为行业领先者，拥有专家团队，与世界一流企业及机构，复星医药等国内知名企业、院校、研究院等形成战略合作，是“国家科技支撑计划”多项课题承担单位，发展潜能比较大，具有投资价值。

类别3包括了爱尔眼科和通策医疗。这两家公司的盈利能力都比较好，但是偿债成长能力和营运能力不理想。爱尔眼科是中国首家IPO上市医疗机构，首家医疗驰名商标，旗下近50家连锁医院，为目前中国规模最大的眼科医疗机构，是中国目前矫治近视人群最多的眼科医院，其与中南大学联合建立了中南大学爱尔眼科学院。中南大学爱尔眼科学院是中国第一所专门培养眼科精英人才的学院。其盈利成长能力较强，但是偿债因子得分较低，原因是资本结构过于保守限制了发展。与2013年相比，爱尔眼科的综合得分和排名没有太大变化，营运能力仍然不太理想，情况与2013年相比没有太大变化，结构比较稳定，短期内难有太大的投资价值。通策医疗是目前国内唯一一家以医疗投资、医院管理为主营业务的主板上市公司。该公司以口腔医疗服务为主营方向，计划进军多项专业医疗服务领域，构建以医疗服务为支柱的现代企业发展战略。与2013年相似，通策医疗的盈利能力较好，但是偿债能力和营运能力仍不理想，因此需谨慎投资。

类别4中有新南洋1家公司，其各项指标都低于行业水平，暂不建议投资。但是由于它是中国教育行业唯一的一家上市公司，较为特殊，建议对其多加关注。

八、结语

综上所述，投资者在进行教育和卫生业的投资价值分析时，需要具备理性的态度，结合教育和卫生业的宏观、区位情况和上市公司财务状况等各类信息，利用定量分析模型的分析结果作为决策辅助工具，就能更快、更好地判断挖掘公司的内在价值，做出有价值的投资决策，获得相应的最大收益。但由于分析仅涉及了两个年度的财务报表资料，某些项目可能会由于会计政策变更等的影响存在一定程度的偶然性，分析指标的选择也具有主观性。因此，分析结果难以反映出完全的真实状况，若能对更多年度进行跟踪分析，并适当增加分析指标，则可较大程度地消除偶然性，并反映出各分析对象的更加全面的动态状况，能更有效地据以预估未来，做出更加准确的投资决策。可见，上市公司投资价值分析可以此法扩展到全部上市公司并推演至多个年度。本文为投资者提供了一个全面、系统、客观的全要素投资价值评价体系和综合分析平台。

（参著：裘玲玲）

第十九章　文化、体育和娱乐业上市公司投资价值比较分析研究

一、行业发展与投资价值状况

文化产业是指从事文化产品生产和提供文化服务的经营性行业，以满足人们的文化需要作为目标，是指文化意义本身的创作与销售。文化产业基本上可以划分为三类：一是生产与销售以相对独立的物态形式呈现的文化产品的行业（如生产与销售图书、报刊、影视、音像制品等行业）；二是以劳务形式出现的文化服务行业（如戏剧舞蹈的演出、体育、娱乐、策划、经纪业等）；三是向其他商品和行业提供文化附加值的行业（如装潢、装饰、形象设计、文化旅游等）。目前的中国文化产业的发展和投入以政府宏观调控为主导。

体育产业是指生产体育物质产品和精神产品，提供体育服务的各行业的总和。体育产业作为国民经济的一个重要产业，具有与其他产业相同的共性，即注重市场效益、讲求经济效益，同时又具有不同于其他产业部门的特性。其产品的重要功能还在于提高居民身体素质、发展社会生产、振奋民族精神、实现个人的全面发展和社会文明的全面进步。与文化产业雷同，目前的中国体育产业的发展和投入也以政府宏观调控为主导。

娱乐业是指为娱乐活动提供场所和服务的行业，包括经营歌厅、舞厅、卡拉 OK 歌舞厅、音乐茶座、台球、高尔夫球、保龄球场、网吧、游艺场等娱乐场所，以及娱乐场所为顾客进行娱乐活动提供服务的业务，此外，电影、音乐、电视、广播等大众媒体也可以列为娱乐业。美国金融风暴爆发时，全球的娱乐业都受到了不同程度的影响，例如好莱坞很多电影公司都放慢了投拍电影的速度。这股寒流也波及中国娱乐圈，中国的一些影视制作公司收紧了对影视剧的投资，但是经过这几年的调整，娱乐业已经慢慢恢复了生机。

中国文化、体育和娱乐业发展至今，已经初具规模，并且前景可观。随着科学技术和人们生活水平的不断提高，其发展潜力越来越大，在证券市场上也越来越受到投资者的关注。由于文化、体育和娱乐业的上市公司较少，并且三个行业具有一定相似性特点，其发展也具有一定的相关性，受宏观经济状况影响较大，相互依赖，荣辱与共，因此，我们将其合并为一起进行分析。

二、样本选取与数据处理

沪、深证交所的 32 家文化、体育和娱乐业上市公司的资料主要来源于其 2014 年的财务报告。其中万达院线、中文在线和唐德影视为 2015 年新上市公司，由于上市不足一年，不具可比性，故将其剔除，实际参入分析的公司只有 29 家。具体初始数据如表 19－1 和表 19－2 所示。

表 19-1　　初始数据 1

股票代码	名称	基本每股收益（元）	销售净利率（%）	每股净资产（元）	总资产报酬率（%）	流动比率	速动比率
000156	华数传媒	0.33	15.9175	1.9163	7.5257	0.6611	0.6408
000504	南华生物	−0.08	−144.568	0.0151	−21.784	0.3665	0.3655
000607	华媒控股	0.36	13.6875	1.2398	10.2447	2.3824	2.3262
000665	湖北广电	0.51	13.747	7.8951	4.7333	0.6474	0.6264
000673	当代东方	−0.0027	−2.5543	0.0516	−0.4054	1.0888	1.0339
000681	视觉中国	0.2348	36.5694	2.028	18.5385	3.3969	3.3403
000719	大地传媒	0.87	8.9835	7.075	10.6697	2.3038	1.9558
000793	华闻传媒	0.53	26.56	3.4972	14.3554	2.0281	1.7729
002071	长城影视	0.43	40.6886	1.6199	23.8645	2.2273	1.5224
002624	完美环球	0.66	23.0248	1.5494	24.9692	2.7206	1.9276
002699	美盛文化	0.47	21.5157	3.4012	15.1134	4.9617	3.3837
002739	万达院线	1.602	15.0321	5.9962	25.9802	1.2673	1.242
300027	华谊兄弟	0.73	43.2967	4.06	16.1181	1.8021	1.5219
300133	华策影视	0.62	21.2191	5.1841	14.9986	2.5575	1.7384
300144	宋城演艺	0.65	39.0028	6.1753	13.1167	3.2628	3.2571
300148	天舟文化	0.39	23.0805	5.0145	10.3615	3.2902	3.1309
300251	光线传媒	0.33	28.8874	3.1232	11.8385	1.458	1.153
300291	华录百纳	0.523	19.7646	9.256	6.7561	4.9824	4.0361
300336	新文化	0.63	19.5557	5.3941	12.3359	4.0168	2.5977
300364	中文在线	0.51	17.0911	3.3467	14.321	1.5245	1.513
300426	唐德影视	1.43	21.019	5.77	19.0066	1.7767	0.9924
600088	中视传媒	0.159	7.4339	3.4371	4.352	3.2248	2.8759
600373	中文传媒	0.68	8.6002	5.4082	7.5148	1.8198	1.5924
600551	时代出版	0.7708	7.3177	7.2467	6.8364	1.8693	1.4619
600633	浙报传媒	0.44	19.9438	3.2091	10.0491	1.8449	1.8041
600757	长江传媒	0.17	4.3543	3.9106	3.0371	2.2166	1.7629
600825	新华传媒	0.05	2.8213	2.4109	1.3457	0.7843	0.6675
600880	博瑞传播	0.26	20.7083	3.3151	8.239	3.7867	3.7381
601098	中南传媒	0.82	16.9129	5.7543	9.4548	3.1545	2.8977
601801	皖新传媒	0.76	12.1792	5.6613	9.4509	2.9516	2.6143
601928	凤凰传媒	0.4737	12.8219	3.9524	7.5532	1.9132	1.4282
601999	出版传媒	0.14	5.035	3.2796	2.0605	2.3813	1.6503

表 19-2　　　　初始数据 2

股票代码	名称	资产负债率（%）	存货周转率（次）	固定资产周转率（次）	总资产周转率（次）	总资产增长率（%）	营业总收入增长率（%）	股东权益增长率（%）
000156	华数传媒	60.2917	28.7417	1.1193	0.4532	9.3154	33.8905	21.1608
000504	南华生物	93.4099	79.4657	0.3443	0.158	−15.3004	−30.0906	346.3142
000607	华媒控股	32.1592	7.6554	4.3552	0.7601	−0.1006	−5.2759	240.5088
000665	湖北广电	33.1647	11.4343	0.597	0.329	126.8081	13.3772	116.4279
000673	当代东方	90.4748	0.9496	15.9244	0.221	47.8973	33.4004	−4.9187
000681	视觉中国	9.2627	19.2957	74.5222	0.4515	630.4594	49.2636	809.5626
000719	大地传媒	34.7621	7.4948	8.3472	1.2342	192.3222	9.9093	176.2922
000793	华闻传媒	32.8621	6.0367	3.4772	0.4389	50.9852	5.4218	56.1602
002071	长城影视	35.4259	0.8573	2.7432	0.4258	37.125	15.6087	170.8093
002624	完美环球	50.8657	1.6537	5.7729	0.7697	116.9119	−6.4946	48.8818
002699	美盛文化	22.9314	2.4917	2.097	0.5142	19.5044	97.2866	8.4136
002739	万达院线	34.3351	98.6563	4.6667	1.3304	32.4793	32.7263	36.4537
300027	华谊兄弟	42.1496	1.3424	7.1204	0.2806	36.1365	18.6229	27.773
300133	华策影视	32.7107	1.5314	39.3339	0.5376	138.6109	108.1634	90.5586
300144	宋城演艺	8.5366	199.2934	0.6908	0.2563	11.1851	37.7777	9.8136
300148	天舟文化	12.5632	5.613	12.6221	0.3866	217.7843	57.2674	228.864
300251	光线传媒	34.8515	2.3005	50.7427	0.3216	92.3759	34.7168	42.5129
300291	华录百纳	9.5735	1.5962	135.4666	0.2924	253.4597	101.0077	251.3761
300336	新文化	25.1774	0.892	39.4159	0.4821	19.7766	28.85	11.9851
300364	中文在线	30.2951	100.0477	59.0925	0.7156	35.0372	22.4211	14.3807
300426	唐德影视	61.8717	0.6733	93.3499	0.525	41.7352	27.7022	32.9272
600088	中视传媒	21.6431	5.396	1.7589	0.4966	−1.8294	−39.0452	2.9049
600373	中文传媒	44.0962	9.4715	8.3086	0.8629	3.8751	−7.7602	11.8121
600551	时代出版	38.574	5.3351	6.9667	0.9222	12.7709	24.0437	8.5561
600633	浙报传媒	33.961	31.4777	5.5059	0.4493	7.9652	27.1635	7.6185
600757	长江传媒	32.4684	3.3846	4.8877	0.6917	12.4954	11.377	6.7144
600825	新华传媒	56.5717	3.7552	4.3899	0.2973	−5.9829	−3.1645	1.1859
600880	博瑞传播	14.7004	30.6478	2.9625	0.3355	0.1197	5.5464	4.1458
601098	中南传媒	27.8579	4.8864	8.0149	0.6421	16.3506	12.5197	12.0041
601801	皖新传媒	27.7426	6.329	11.4407	0.8538	15.3435	24.9996	11.5207
601928	凤凰传媒	36.5587	2.979	3.4842	0.6134	16.3292	25.7544	5.6142
601999	出版传媒	35.4483	1.8542	8.1632	0.5527	7.262	12.6619	3.111

在指标性质、单位不同的情况下，首先要对指标进行同趋势化处理。然后利用 SPSS 中的 Z-score 方法将 13 项指标的原始数据进行标准化处理。同趋势化数据和标准化数据略。

三、因子分析法适应性检验

为了检验所选用的指标是否适合使用因子分析法，本书利用 SPSS 软件中 KMO 和 Bartlett 球形检验方法来对样本进行检验。检验结果如表 19－3 所示。

表 19－3　　KMO 检验和 Bartlett 球形检验

取样足够度的 KMO 度量		0.438
Bartlett 球形检验	近似卡方	232.401
	df	78
	Sig.	0.000

由表 19－3 可知，Bartlett 球形检验统计量为 232.401，相应的概率 Sig. 为 0.000，在 5%的显著性水平之下，拒绝原假设，因此可认为相关系数矩阵与单位矩阵有显著差异，说明样本适合做因子分析。同时，KMO 值为 0.438，不足 0.5，主要由于样本较少造成，但接近 0.5，可知各变量之间的相关程度无较大差异，原有变量适合做因子分析。

四、确定主因子

本书应用因子分析法中的主成分分析法来计算原始公因子的特征值、方差贡献率以及累计方差贡献率，并由此确定公因子。结果如表 19－4 所示。

表 19－4　　解释的总方差

成分	初始特征值			提取平方和载入			旋转平方和载入		
	合计	方差百分比（%）	累积百分比（%）	合计	方差百分比（%）	累积百分比（%）	合计	方差百分比（%）	累积百分比（%）
1	3.192	24.555	24.555	3.192	24.555	24.555	2.390	18.382	18.382
2	2.578	19.827	44.382	2.578	19.827	44.382	2.297	17.670	36.051
3	2.052	15.782	60.164	2.052	15.782	60.164	2.250	17.305	53.356
4	1.328	10.213	70.377	1.328	10.213	70.377	1.924	14.798	68.154
5	1.029	7.913	78.291	1.029	7.913	78.291	1.318	10.137	78.291
6	0.800	6.155	84.445						
7	0.663	5.103	89.548						
8	0.434	3.341	92.889						
9	0.423	3.254	96.143						

续 表

成分	初始特征值			提取平方和载入			旋转平方和载入		
	合计	方差百分比（%）	累积百分比（%）	合计	方差百分比（%）	累积百分比（%）	合计	方差百分比（%）	累积百分比（%）
10	0.244	1.875	98.018						
11	0.188	1.446	99.464						
12	0.038	0.296	99.760						
13	0.031	0.240	100.000						

提取方法：主成分分析。

根据表 19-4 中数据可知，前 5 个主因子的方差贡献率已经达到了累计方差贡献率的 78.291%，即表明这 5 个主因子已包含原始数据信息量的 78.291%，所以只需选择前 5 个主因子就可以较好地代表原始指标，对文化、教育和娱乐业公司的绩效进行描述。

特征值可用碎石图列示，如下图所示。从下图可以看出，从第 6 个成分开始，特征值的值都小于 1，且折线的陡度变得比较平缓，这说明提取 5 个主因子是合适有效的。

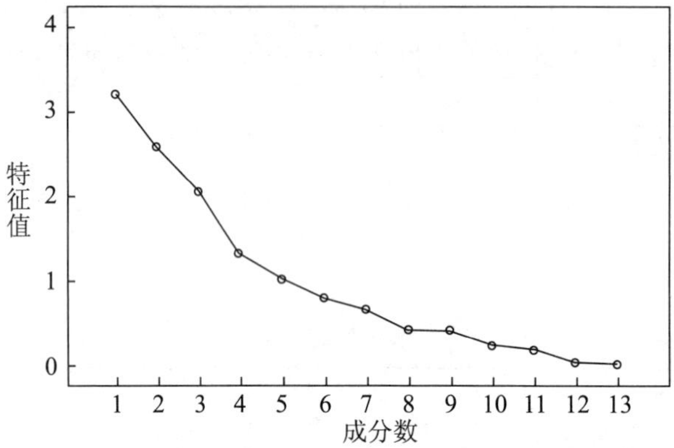

碎石图

五、旋转载荷矩阵分析

本书对原因子载荷矩阵进行最大方差旋转，以期得到主因子更明确的含义。结果如表 19-5 所示。

表 19-5　　旋转后的因子载荷矩阵[a]

变量	成分				
	F_1	F_2	F_3	F_4	F_5
基本每股收益	0.361	0.570	−0.239	0.457	0.354
销售净利率	−0.072	0.852	0.028	0.190	−0.237
每股净资产	0.286	0.146	−0.170	0.827	0.112
总资产报酬率	0.076	0.966	0.100	0.090	0.044
流动比率	0.822	−0.053	0.091	−0.168	−0.328
速动比率	0.868	−0.098	0.144	0.091	−0.085
资产负债率	0.272	0.166	−0.187	−0.182	−0.563
存货周转率	−0.013	0.017	−0.060	−0.113	0.797
固定资产周转率	−0.183	0.052	0.490	0.669	−0.029
总资产周转率	0.751	0.356	−0.189	0.065	0.154
总资产增长率	0.054	0.173	0.922	0.211	−0.040
营业总收入增长率	−0.240	0.285	0.272	0.636	−0.149
股东权益增长率	0.065	−0.100	0.941	−0.067	0.087

提取方法：主成分分析。

旋转法：具有 Kaiser 标准化的正交旋转法。

a. 旋转在 10 次迭代后收敛。

由表 19-5 中的数据可以看到，流动比率、速动比率、总资产周转率在主因子 F_1 上的载荷量分别为 0.822、0.868 和 0.751，它主要反映了公司的偿债能力，所以将 F_1 命名为偿债因子；主因子 F_2 则在每股收益（0.570）、销售净利率（0.852）、总资产报酬率（0.966）上有较大载荷量，代表了公司的盈利能力，故而将其命名为盈利因子；总资产增长率、股东权益增长率在主因子 F_3 上的载荷分别为 0.922 和 0.941，体现了公司的成长能力，为成长因子；同样的，在每股净资产和固定资产周转率上载荷量较大的主因子 F_4，以及在存货周转率上载荷量较大的主因子 F_5 代表了公司的营运能力，故将主因子 F_4 和 F_5 命名为营运因子。

六、文化、体育和娱乐业上市公司综合得分与排名

要得到因子的综合得分，需先对因子数据进行标准化处理，使其期望为 0，方差为 1，然后，对各因子的方差贡献率占因子总方差贡献率的比重作为权重加权汇总，使用计算综合得分的公式 $F=(\lambda_1F_1+\lambda_2F_2+\lambda_3F_3+\lambda_4F_4+\lambda_5F_5)/(\lambda_1+\lambda_2+\lambda_3+\lambda_4+\lambda_5)=(0.18382\times F_1+0.17670\times F_2+0.17305\times F_3+0.14798\times F_4+0.10137\times F_5)/0.78291$ 来计算各样本的综合得分。得到结果按名次排列如表 19-6 所示。

表 19－6　　文化、体育和娱乐业上市公司综合得分与排名

股票代码	名称	F_1（偿债）	F_2（盈利）	F_3（成长）	F_4（营运 1）	F_5（营运 2）	F（综合）	排名
000719	大地传媒	4.75262	−0.55993	0.79064	0.51915	−0.46868	1.2	1
000681	视觉中国	−0.37664	0.92595	4.59961	−0.64324	0.41025	1.07	2
300291	华录百纳	−0.70111	−0.87207	1.31525	3.46716	−0.54997	0.51	3
300144	宋城演艺	−0.42275	0.58183	−0.42445	−0.09038	2.69719	0.27	4
300133	华策影视	−0.36228	0.35736	0.35439	1.31279	−0.64199	0.24	5
002624	完美环球	0.05769	1.34582	0.20732	−1.2786	0.36531	0.17	6
300148	天舟文化	−0.46945	0.05846	0.91648	0.37299	−0.15653	0.16	7
601801	皖新传媒	0.25029	0.06202	−0.70001	0.55532	0.31888	0.06	8
600551	时代出版	0.51321	−0.17131	−0.94064	0.89523	0.14073	0.06	9
000607	华媒控股	0.8778	0.12063	0.47271	−1.52803	−0.26779	0.01	10
601098	中南传媒	0.06098	0.0632	−0.72015	0.45888	0.27255	−0.01	11
600373	中文传媒	0.38127	−0.12195	−0.76389	0.12569	0.47433	−0.02	12
300336	新文化	−0.38357	0.02553	−0.41239	0.79893	−0.11425	−0.04	13
000665	湖北广电	−0.15635	−0.53904	−0.16572	0.7459	−0.05476	−0.06	14
300027	华谊兄弟	−0.5474	0.74363	−0.3243	−0.13412	−0.24037	−0.09	15
002071	长城影视	−0.05979	1.43037	0.26967	−1.54123	−1.30594	−0.09	16
002699	美盛文化	−0.72166	0.46287	−0.28253	0.42909	−0.4555	−0.11	17
000793	华闻传媒	−0.24906	0.46814	−0.17086	−0.55672	−0.18365	−0.12	18
300251	光线传媒	−0.71919	0.20314	0.16561	0.15937	−1.03088	−0.19	19
600633	浙报传媒	−0.38576	0.16171	−0.42581	−0.35204	−0.10283	−0.23	20
000156	华数传媒	−0.60591	−0.04054	−0.23858	−0.54871	0.11991	−0.29	21
600757	长江传媒	0.21509	−0.63956	−0.44851	−0.2411	−0.47208	−0.3	22
600880	博瑞传播	−0.60761	−0.14191	−0.39829	−0.51595	0.13927	−0.34	23
601999	出版传媒	0.71633	−0.61119	−0.45614	−0.62266	−1.8229	−0.42	24
601928	凤凰传媒	0.14023	0.30281	−0.89427	−0.39407	−2.01419	−0.43	25
600088	中视传媒	−0.23239	−0.58336	−0.53605	−0.8176	0.0293	−0.46	26
600825	新华传媒	−0.68969	−0.87801	−0.38636	−0.59326	−0.34852	−0.6	27
000673	当代东方	−1.03934	−0.94004	0.06702	−0.59949	−0.6579	−0.64	28
000504	南华生物	−0.12298	−4.05616	0.58992	−1.20884	1.77173	−0.81	29

表 19－6 中，文化、体育和娱乐业上市公司综合得分与其投资价值呈正相关关系。由于先对因子数据进行了标准化处理，因此，可以 0 为参考标准线，认为：综合得分大于 0 的文化、教育和娱乐业公司，综合业绩相对较好，且数值越大，投资价值越大；综合得分小于 0 的则相对较差，且数值越小，投资价值越小。依此可对上市公司的综合业绩和投资价值有一个基本的评价。

具体而言，表 19－6 中，文化、体育和娱乐业上市公司各项能力得分与相应实力也呈正相关关系。排名前十位的公司分别为大地传媒、视觉中国、华录百纳、宋城演艺、华策影视、完美环球、天舟文化、皖新传媒、时代出版、华媒控股。2013 年排名前十位的公司分别为*ST 传媒、新文化、浙报传媒、华录百纳、光线传媒、中南传媒、华谊兄弟、皖新传媒、博瑞传播、中文传媒。两年比较差距较大。其中，大地传媒，由 2013 年排名第十三，跃升第一位，主要是依靠极高的偿债因子得分，证明其偿债结构合理，偿债能力强；成长因子得分排名第四，体现出公司有较大的成长空间；但其盈利能力不佳，没能表现出持续的发展潜力，较适宜短期投资。视觉中国依靠出色的盈利能力和成长能力排名第二，发展潜力大，值得长期投资。华录百纳相比上一年度排名上升一位，综合实力稳定，但偿债能力和盈利能力均不理想，建议观望，等待合适的投资机会。完美环球综合排名第六，盈利因子得分排名第二，偿债和成长因子得分均为正值，有较好的投资价值。

值得关注的是，2013 年排名第一的*ST 传媒，2014 年改名为南华生物，其业务扩张至炙手可热的生物制药领域，并且成功摘掉了 ST 的帽子，但综合排名却骤跌至倒数第一，有点令人费解。该公司上一年度的优秀表现可能是为了摘帽所做的努力，公司本身仍存在一定隐患，暂不建议对其投资。排名第二的新文化，成长和偿债因子得分仍旧不佳，盈利因子得分仍为正值，但是失去了突出的营运能力的支持，综合排名掉落至第十三位。2013 年综合排名第三、成长能力突出的浙报传媒，2014 年综合排名掉落至倒数第十，盈利因子微正，其他因子均为负值，表现不佳，暂不建议对其投资。

排名最后的十家公司，各项指标排名大多垫底，得分基本为负值，其中浙报传媒、博瑞传播、南华生物从 2013 年的前十名跌落，而其他公司在 2013 年的排名就较为靠后。如新华传媒，2014 年综合得分排名倒数第三，2013 年度排名倒数第二，综合实力差，暂不建议投资；出版传媒，2013 年综合得分排名末尾，2014 年度虽然上升 5 个名次，但是综合得分和各因子得分仍不理想，暂不建议对其投资。

七、系统聚类分析

通过聚类分析把业绩相似的公司归类，可以对不同类别的上市公司进行对比分析，为投资者选择投资组合提供参考。

根据树状图（略）进行进一步分类，本书选择将其分为 4 类，如表 19－7 所示。

表 19－7　　聚类分析

类别	文化、体育和娱乐业上市公司	数目
1	大地传媒	1
2	视觉中国	1

续 表

类别	文化、体育和娱乐业上市公司	数目
3	湖北广电、华策影视、宋城演艺、天舟文化、华录百纳、新文化、中文传媒、时代出版、中南传媒、皖新传媒	10
4	华数传媒、南华生物、华媒控股、当代东方、华闻传媒、长城影视、完美环球、美盛文化、华谊兄弟、光线传媒、中视传媒、浙报传媒、长江传媒、新华传媒、博瑞传播、凤凰传媒、出版传媒	17

表 19－7 中，类别 1 只有大地传媒 1 家公司，是河南省唯一的文化上市公司。其偿债能力保障水平合理，且实现了出版、印刷、物供、发行产业链的整体上市，凭借突出的偿债能力和成长能力获得排名第一，有较好的投资价值。

类别 2 中只有综合排名第二的视觉中国 1 家公司。视觉（中国）于 2014 年 2 月上市，主营视觉内容与服务，拥有国内最大的视觉内容互联网版权交易平台，是 A 股唯一的互联网文化创意上市公司。该公司于 2014 年 12 月 3 日中标国家旅游局招标的“国家智慧旅游公共服务平台”项目，由公司在约定的期限内（首期 20 年）负责设计、建设和运营相关公共服务职能，并拥有对建设成果的所有权以及增值服务收益。2014 年视觉中国表现了良好的盈利能力和成长能力，发展潜力巨大，值得长期投资。

类别 3 中包括了湖北广电等 10 家公司，综合排名靠前，整体实力较强。其中华录百纳是国务院国资委主管，公司秉承“近市场、大制作、出精品”的经营理念，着力打造具有深厚文化内涵和强大影响力的影视剧，累计获得“五个一”工程奖，综合排名从 2013 年度的第四名提升到了 2014 年度的第三名，有一定的发展实力，值得投资。宋城演艺、华策影视、天舟文化盈利能力较好，但是偿债指标均不太理想，需结合市场环境、政策和风险，谨慎投资。皖新传媒、时代出版、中南传媒、中文传媒等公司偿债能力健康，盈利能力和成长能力一般，可以考虑投资价值。新文化和湖北广电的偿债能力和成长能力都不理想，不是理想的投资对象。

类别 4 包括了华数传媒等 17 家公司。根据表 19－7 中的数据显示，这个类别中的 17 家公司综合排名靠后，除完美环球和华媒控股的综合得分为正数，此类别其他公司综合得分均为负数。完美环球原名金磊股份，2014 年完成资产重组，从传统高温材料制造企业转型为从事影视剧投资、制作、发行等相关业务的文化创意类公司，2014 年盈利 1.9 亿元，同比增长 46.29%，各项能力指标健康，具有较大投资价值。华媒控股同样于 2014 年进行资产重组，由主营仪器仪表制造的企业转变为报业经营性资产整体上市公司。2014 年的盈利、成长和偿债能力良好，也具有较大投资。长城影视虽然综合得分为负，但盈利能力高居第一，成长能力也不错，可以考虑对其短期投资。华谊兄弟的盈利能力较好，但是其他指标不佳，投资需要谨慎。

八、结语

综上所述，投资者在进行投资文化、体育和娱乐业上市公司决策的时候，不仅要关注该行业的微观环境，同时也要关注整个市场的宏观环境；既要关注市场的正面信息，同时更要关注市场的负面信息；同时还得结合上市公司的区位和财务状况等信息进行全面分析。由于上述分析仅仅运用了 2014 年一个年度的财务报表资料，结合 2013 年相关分析研究结果及实际情况进行，某些项目仍可能会由于会计政策变更等的影响存在一定程度的偶然性，分析指标的选择也具有主观性，此分析结果难以反映出完全的真实状况，若能对更多个年度进行跟踪分析，并适当增加分析指标，则可较大程度地消除偶然性，并反映出各分析对象的更加全面的动态状况，能更有效地据以预估未来，做出更加准确的投资决策。

（参著：裘玲玲）

第二十章　综合上市公司投资价值比较分析研究

一、行业发展与投资价值状况

综合上市公司是指有多项主营业务的企业集团，旗下通常有多个从事不同业务、各自独立运作的子公司。其经营业务范围涉及较广，业务复杂度综合度较高，与宏观经济环境的关联度也较高。

在我国证券市场逐步成熟的发展阶段，制约证券市场的因素较多，且变化莫测；不同行业，不同发展阶段的公司，侧重点也不尽相同；加上投资价值本身的不确定性，致使投资价值的确定尤为困难。为此，本书以深、沪两市的 24 家综合行业上市公司（以下简称综合公司）为例，以其 2014 年财务报告为依据，选取 13 个能够综合反映财务能力的财务指标，作为评估各综合公司投资价值的指标体系，建立指标模型，运用 SPSS 软件，采用因子分析法与聚类分析法进行投资价值实证分析，并联系实际，结合 2013 年相关分析研究结果，进行深入比较分析，得出量与质有机结合的研究结论，为投资者进行价值投资提供参考。

二、样本选取与数据处理

沪、深证交所共计 24 家综合上市公司，其中，廊坊发展和 ST 宏盛 2014 年的数据不全，故将其剔除，参入分析样本为 22 家。其数据来源主要为 2014 年的财务报告的相关信息。具体初始数据如表 20－1 和表 20－2 所示。

表 20－1　　初始数据 1

股票代码	名称	基本每股收益（元）	销售净利率（%）	每股净资产（元）	总资产报酬率（%）	流动比率	速动比率
000009	中国宝安	0.2	10.9602	2.1774	5.4234	1.6498	0.6517
000034	深信泰丰	0.17	12.0755	0.4627	15.1089	0.8864	0.5576
000421	南京中北	0.4673	10.692	3.2303	10.1926	1.7969	1.2149
000532	力合股份	0.0916	26.6297	1.9735	6.4744	2.5763	2.1828
000551	创元科技	0.08	3.4557	3.3083	3.7967	1.3203	0.8303
000881	大连国际	0.24	5.0779	5.3051	2.478	1.2013	0.4707
000909	数源科技	0.12	2.7056	2.4361	1.3907	1.4613	0.2395

续 表

股票代码	名称	基本每股收益（元）	销售净利率（%）	每股净资产（元）	总资产报酬率（%）	流动比率	速动比率
000931	中关村	0.0204	0.4514	0.9309	3.2238	1.0544	0.4217
600082	海泰发展	0.0631	4.4226	2.7019	2.6879	2.3782	0.2303
600200	江苏吴中	0.065	2.8315	1.5878	5.1395	1.2569	0.5107
600212	江泉实业	−0.033	−2.5352	1.9733	−1.3667	1.6929	1.1026
600260	凯乐科技	0.09	2.9441	3.3076	3.5069	1.5553	0.6251
600455	博通股份	0.096	4.8907	2.0982	3.5788	0.3875	0.3543
600603	大洲兴业	−0.121	−50.9242	0.2195	−3.912	0.3604	0.3018
600620	天宸股份	0.18	211.1485	1.8208	8.2672	6.1814	5.7017
600624	复旦复华	0.109	4.5676	2.5316	4.6819	2.3439	1.3716
600701	工大高新	−0.0294	−2.0909	1.8159	1.4085	0.4296	0.4052
600777	新潮实业	−0.06	1.9934	1.88	1.1384	1.6299	0.3457
600783	鲁信创投	0.41	132.5205	4.4036	9.5259	4.0204	3.7469
600784	鲁银投资	0.065	1.2086	2.472	2.7877	1.391	0.5448
600805	悦达投资	1.25	47.4674	7.4077	13.2751	0.738	0.6125
600895	张江高科	0.28	13.8014	4.5997	5.3239	1.1355	0.4144

表 20－2　　初始数据 2

股票代码	名称	资产负债率（%）	存货周转率（次）	固定资产周转率（次）	总资产周转率（次）	总资产增长率（%）	营业总收入增长率（%）	股东权益增长率（%）
000009	中国宝安	62.8934	0.4958	2.6655	0.3043	8.1818	3.7654	2.3676
000034	深信泰丰	64.1221	6.0239	8.9639	1.2122	22.0662	−4.5029	56.133
000421	南京中北	38.7614	2.5288	3.0018	0.6657	−4.3085	−5.6509	18.6056
000532	力合股份	21.3197	1.6816	0.9482	0.158	1.7632	−21.0485	−0.1274
000551	创元科技	46.3045	2.5636	2.3642	0.678	−4.1464	1.7709	2.8269
000881	大连国际	62.2324	1.0382	0.6871	0.3336	−1.5425	1.6021	2.1608
000909	数源科技	82.5907	0.4097	54.9827	0.3189	8.8689	11.7675	3.7632
000931	中关村	72.4722	2.4348	6.2311	0.8846	−42.1318	−15.8378	11.5477
600082	海泰发展	49.1226	0.2647	21.4961	0.2807	9.4506	5.9284	2.3901
600200	江苏吴中	71.6681	1.4854	8.4606	0.7715	2.2522	−20.871	2.6172
600212	江泉实业	18.9594	5.2105	1.4987	0.5603	9.956	−2.1256	−1.5723

续 表

股票代码	名称	资产负债率（%）	存货周转率（次）	固定资产周转率（次）	总资产周转率（次）	总资产增长率（%）	营业总收入增长率（%）	股东权益增长率（%）
600260	凯乐科技	66.8039	0.5192	1.8268	0.3145	1.9926	−9.1968	−1.2215
600455	博通股份	75.3355	7.3666	0.4461	0.2922	1.3778	−20.2279	4.7991
600603	大洲兴业	77.3984	2.7989	0.2697	0.1264	7.9063	4.8233	396.9207
600620	天宸股份	8.0902	0.9954	1.8893	0.0408	−8.7055	1.5199	0.5011
600624	复旦复华	34.3315	2.3718	6.7235	0.6309	7.3429	5.91	72.5436
600701	工大高新	61.7196	16.9502	3.4576	0.2975	26.9774	−4.5508	−1.1474
600777	新潮实业	58.0843	0.1803	3.2236	0.1823	−28.7017	−52.9526	−3.1776
600783	鲁信创投	32.5275	2.1683	2.1603	0.0498	15.569	0.0807	7.4666
600784	鲁银投资	70.0662	1.164	8.6608	0.6206	−6.1628	−40.985	42.4413
600805	悦达投资	35.6226	5.769	1.8675	0.2258	12.5155	8.1738	20.7398
600895	张江高科	57.7474	0.2937	16.0125	0.1668	−3.2563	56.4683	3.1144

在指标性质、单位不同的情况下，首先要对指标进行同趋势化处理。然后利用 SPSS 中的 Z-score 方法将 13 项指标的原始数据进行标准化处理。同趋势化数据和标准化数据略。

三、因子分析法适应性检验

为了检验所选用的指标是否适合使用因子分析法，本书利用 SPSS 软件中 KMO 和 Bartlett 球形检验方法来对样本进行检验。检验结果如表 20 - 3 所示。

表 20 - 3　　KMO 检验和 Bartlett 球形检验

取样足够度的 KMO 度量		0.263
Bartlett 球形检验	近似卡方	150.870
	df	78
	Sig.	0.000

由表 20 - 3 可知，KMO 值为 0.263，小于 0.5，但这主要由于样本量较少造成。Bartlett 球形检验统计量为 150.870，相应的概率 Sig. 为 0.000，在 5%的显著性水平之下，拒绝原假设，因此可认为相关系数矩阵与单位矩阵有显著差异，说明样本适合做因子分析。

四、确定主因子

本书应用因子分析法中的主成分分析法来计算原始公因子的特征值、方差贡献率以及累计方差贡献率，并由此确定公因子。结果如表 20 - 4 所示。

表 20－4　　解释的总方差

成分	初始特征值			提取平方和载入			旋转平方和载入		
	合计	方差百分比（%）	累积百分比（%）	合计	方差百分比（%）	累积百分比（%）	合计	方差百分比（%）	累积百分比（%）
1	3.021	23.236	23.236	3.021	23.236	23.236	2.718	20.910	20.910
2	2.081	16.011	39.248	2.081	16.011	39.248	2.087	16.052	36.962
3	1.659	12.760	52.007	1.659	12.760	52.007	1.651	12.698	49.659
4	1.556	11.971	63.978	1.556	11.971	63.978	1.486	11.433	61.092
5	1.296	9.967	73.945	1.296	9.967	73.945	1.405	10.807	71.899
6	1.039	7.990	81.935	1.039	7.990	81.935	1.305	10.036	81.935
7	0.930	7.150	89.085						
8	0.633	4.866	93.952						
9	0.394	3.033	96.984						
10	0.227	1.745	98.729						
11	0.117	0.902	99.630						
12	0.030	0.231	99.862						
13	0.018	0.138	100.000						

提取方法：主成分分析。

根据表 20－4 中数据可知，前 6 个主因子的方差贡献率已经达到了累计方差贡献率的 81.935%，即表明这 6 个主因子已包含原始数据信息量的 81.935%，所以只需选择前 6 个主因子就可以较好地代表原始指标，对综合公司的绩效进行描述。

特征值可用碎石图列示，如下图所示。从下图可以看出，从第 7 个成分开始，特征值的值都小于 1，且折线的陡度变得比较平缓，这说明提取 6 个主因子是合适有效的。

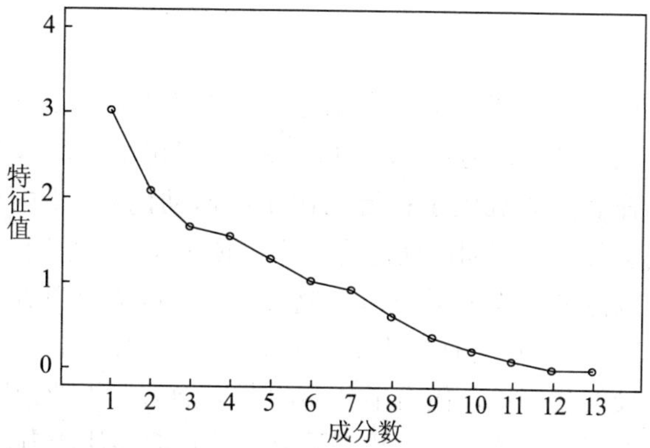

碎石图

五、旋转载荷矩阵分析

本书对原因子载荷矩阵进行最大方差旋转，以期得到主因子更明确的含义。结果如表20-5所示。

表 20-5　　　　旋转后的因子载荷矩阵[a]

变量	成分					
	F_1	F_2	F_3	F_4	F_5	F_6
基本每股收益	0.851	-0.085	0.203	-0.141	0.053	-0.096
销售净利率	0.519	-0.163	-0.235	-0.288	-0.071	-0.544
每股净资产	0.786	0.043	0.053	-0.387	0.089	0.247
总资产报酬率	0.788	-0.293	0.118	0.329	-0.016	-0.266
流动比率	-0.098	0.971	-0.003	0.001	-0.038	-0.069
速动比率	-0.020	0.966	0.102	0.143	-0.037	-0.010
资产负债率	0.068	-0.130	-0.119	-0.081	0.101	0.885
存货周转率	-0.016	0.054	0.771	0.165	-0.339	0.048
固定资产周转率	-0.100	-0.105	-0.151	0.155	0.861	0.079
总资产周转率	-0.047	0.126	0.052	0.932	0.005	0.001
总资产增长率	0.127	0.063	0.817	-0.072	0.277	-0.110
主营业务收入增长率	0.263	0.059	0.320	-0.323	0.664	0.104
股东权益增长率	-0.612	-0.186	0.351	-0.264	0.042	-0.217

提取方法：主成分分析。

旋转法：具有 Kaiser 标准化的正交旋转法。

a. 旋转在 6 次迭代后收敛。

由表20-5中的数据可以看到，基本每股收益、销售净利率、每股净资产、总资产报酬率在主因子 F_1 上的载荷量分别为0.851、0.519、0.786和0.788，它主要反映了公司的盈利能力，所以将 F_1 命名为盈利因子；流动比率与速动比率主因子 F_2 上的载荷分别为0.971与0.966，体现了公司的短期偿债能力，为偿债因子1；主因子 F_3 则在总资产增长率（0.817）上有较大载荷量，代表了公司的成长能力，故而将其命名为成长因子；主因子 F_4 在总资产周转率（0.932）上有较大载荷量，为营运因子1；主因子 F_5 在固定资产周转率（0.861）上有较大载荷量，代表了公司的营运能力，为营运因子2；主因子 F_6 在资产负债率（0.885）上有较大载荷量，代表了公司的长期偿债能力，为偿债因子2。

六、综合上市公司综合得分与排名

要得到因子的综合得分，需先对因子数据进行标准化处理，使其期望为0，方差为1，然后，对各因子的方差贡献率占因子总方差贡献率的比重作为权重加权汇总，使用计算综

合得分的公式 $F=(\lambda_1F_1+\lambda_2F_2+\lambda_3F_3+\lambda_4F_4+\lambda_5F_5+\lambda_6F_6)/(\lambda_1+\lambda_2+\lambda_3+\lambda_4+\lambda_5+\lambda_6)=(0.2091\times F_1+0.16052\times F_2+0.12698\times F_3+0.11433\times F_4+0.10807\times F_5+0.10036\times F_6)/0.81935$ 来计算各样本的综合得分。得到结果按名次排列如表 20 - 6 所示。

表 20 - 6　　综合上市公司综合得分与排名

股票代码	名称	F_1（盈利）	F_2（偿债）	F_3（成长）	F_4（营运 1）	F_5（营运 2）	F_6（偿债 2）	F（综合）	排名
600805	悦达投资	2.68658	−0.11938	1.25077	−0.71679	−0.28472	−0.11324	0.70441	1
600212	江泉实业	−0.43727	4.27308	0.29263	−0.03454	−0.0791	−0.5296	0.69072	2
000034	深信泰丰	0.3043	−0.71729	1.34082	2.77234	0.40378	−0.54825	0.51819	3
600895	张江高科	0.74178	−0.0827	−0.16302	−1.07755	1.64012	1.69466	0.42264	4
000421	南京中北	0.89329	0.42063	−0.01173	0.84781	−0.20671	−0.18422	0.37687	5
000551	创元科技	0.17614	0.28602	−0.15789	0.45894	−0.17543	1.05072	0.24598	6
600082	海泰发展	−0.12968	−0.36998	−0.28914	−0.28655	1.08747	1.87581	0.18366	7
600701	工大高新	−0.53896	−0.38601	2.57682	0.04741	−1.02916	1.01589	0.18069	8
000909	数源科技	−0.5807	−0.14568	−0.50659	0.28778	3.27796	−0.67857	0.13667	9
000009	中国宝安	0.1042	0.27676	−0.08245	−0.26845	0.14295	0.08596	0.06007	10
000881	大连国际	0.48554	0.02081	−0.24744	−0.74173	−0.25794	0.88146	0.05989	11
600624	复旦复华	−0.25534	−0.07811	0.39031	0.36726	0.42274	−0.35818	0.04348	12
600200	江苏吴中	−0.26959	−0.26795	−0.30569	1.20791	−0.01244	−0.35583	−0.04536	13
600783	鲁信创投	1.18577	−0.46626	0.10214	−1.15872	−0.1389	−1.2168	−0.10206	14
600260	凯乐科技	−0.01714	0.09643	−0.35809	−0.33697	−0.25466	0.1358	−0.10515	15
600455	博通股份	−0.30794	−0.33444	0.47929	−0.00577	−1.0474	−0.09564	−0.2213	16
600784	鲁银投资	−0.48052	−0.24265	−0.69617	0.65982	−0.54461	−0.1766	−0.27987	17
000931	中关村	−0.57241	−0.32116	−1.52747	1.40504	−0.58132	−0.13598	−0.34344	18
000532	力合股份	−0.11254	−0.42671	−0.34616	−0.26641	−0.63638	−0.73381	−0.37745	19
600777	新潮实业	−0.61202	−0.17802	−1.88909	−0.28446	−1.55782	1.49283	−0.54734	20
600620	天宸股份	0.61205	−0.57149	−1.21449	−1.14587	−0.27378	−2.32657	−0.62517	21
600603	大洲兴业	−2.87554	−0.66591	1.36265	−1.73051	0.10535	−0.77981	−0.97614	22

表 20 - 6 中，综合上市公司综合得分与其投资价值呈正相关关系。由于先对因子数据进行了标准化处理，因此，可以 0 为参考标准线，认为：综合得分大于 0 的综合公司，综合业绩相对较好，且数值越大，投资价值越大；综合得分小于 0 的则相对较差，且数值越小，投资价值越小。依此可对上市公司的综合业绩和投资价值有一个基本的评价。

具体而言，表 20 - 6 中，综合公司各项能力得分与相应实力也呈正相关关系。排名前五位的公司分别为悦达投资、江泉实业、深信泰丰、张江高科、南京中北。其中，悦达投资和深信泰丰 2013 年的排名同样靠前，分别为第三和第一，比较稳定，盈利能力和成长能力均比较突出，综合财务实力强，具有较大投资价值。江泉实业、张江高科和南京中北相比 2013 年排名明显上升。其中，江泉实业从倒数第五名一跃成为第二名，进步较大，但其名次大幅上升的主要原因是短期偿债能力的改善，其他几项能力并不很理想，虽然排名靠前但不是最为理想的投资对象。

排名末五位的公司分别为中关村、力合股份、新潮实业、天宸股份、大洲兴业，这些公司几乎所有的因子得分均为负数，相较 2013 年排名大幅下降，投资价值不高。其中大洲兴业更是从 2013 年的综合排名第二下降到了最后一名，盈利能力和营运能力很不理想，暂不建议投资。

七、系统聚类分析

通过聚类分析把业绩相似的公司归类，可以对不同类别的上市公司进行对比分析，为投资者选择投资组合提供参考。

根据树状图（略）对 22 家综合上市公司进行分类，本书选择将其分为 4 类，如表 20－7 所示。

表 20－7　　聚类分析

类别	综合上市公司	数目
1	中国宝安、深信泰丰、南京中北、力合股份、创元科技、大连国际、中关村、江苏吴中、凯乐科技、博通股份、大洲兴业、复旦复华、工大高新、新潮实业、鲁银投资	15
2	数源科技、海泰发展、张江高科	3
3	江泉实业	1
4	天宸股份、鲁信创投、悦达投资	3

表 20－7 中，类别 1 包括了中国宝安、深信泰丰等 15 家公司。根据表 20－6 中的数据显示，这个类别中的 15 家公司中，综合排名靠前的公司盈利能力较好，有较好的发展潜力；而排名靠后的公司盈利能力差，整体实力较弱。其中，深信泰丰的主营业务涉及通信、工业加工、房地产、农业等多个行业，资本结构较为保守，盈利能力、成长能力和营运能力良好，有一定的投资价值。工大高新盈利能力连续两年低于行业平均水平，但是其于 2014 年进行了重大资产重组，成长因子得分居全行业第一，长期偿债因子得分排名第五，其综合得分排名相比上一年度上升了八位，建议密切关注。南京中北、创元科技、中国宝安、大连国际盈利能力和短期偿债能力较好，成长能力、营运能力以及长期偿债能力一般，上一年度的综合排名也在半数以上，可以投资。复旦复华的营运因子得分相比上一年度有所上升，但是盈利能力变弱，不建议投资。该类别中的其他公司的综合得分以及盈利因子得分均为负数，不建议投资。

类别 2 中的三家公司分别为数源科技、海泰发展和张江高科。这三家公司的短期偿债能力和成长能力都较弱，其中海泰发展和数源科技均有 4 项因子为负数，其投资价值需要进一步确认；张江高科的盈利能力和长期偿债能力较好，可以考虑投资。

类别 3 只有江泉实业一家公司。江泉实业主营发电、铁路专用线运输、建筑陶瓷生产、贸易销售等业务。2014 年江泉实业从上一年的倒数第五名一跃成为第二名，进步巨大，但其名次大幅上升的主要原因是短期偿债能力的改善，其他几项能力并不理想，虽然排名靠前，但不是合适的投资对象。

类别 4 的三家公司排名比较分散，但是都有很强的盈利能力，以及不太理想的营运能力和偿债能力。其中，悦达投资主营业务横跨制造业、商品流通业和交通业，盈利能力和成长能力较好，可以谨慎投资。鲁信创投和天宸股份综合得分均为负数，分别排名第十四和第二十一，不建议投资。

八、结语

综上所述，投资者在进行综合上市公司决策的时候，不仅要关注该行业的微观环境，同时也要关注整个市场的宏观环境；既要关注市场的正面信息，同时更要关注市场的负面信息；同时还得结合上市公司的区位和财务状况等信息进行全面分析。由于本文仅仅涉及两个年度的财务报表资料，某些项目可能会由于会计政策变更等的影响存在一定程度的偶然性，分析指标的选择也具有主观性，此分析结果难以反映出完全的真实状况，若能对多个年度进行跟踪分析，并适当增加分析指标，则可较大程度地消除偶然性，并反映出各分析对象的更加全面的动态状况，能更有效地据以预估未来，做出更加准确的投资决策。可见，上市公司投资价值分析可以此法扩展到全部上市公司并推演至多个年度。

（参著：裘玲玲）

第三部分

第二十一章 中国上市公司市值管理存在的问题及对策

根据2015年A股市值年度报告，2015年A股走出大涨大跌、进而回升的“N”形走势，年末A股市值总额创出新高52.96万亿，同比上升43.31%，民企上市公司市值首次超过央企。近几年来，上市公司市值日益受到有关各方的关注，市值管理也越来越受到有关各方尤其是上市公司的青睐。在市值管理过程中，已经逐渐形成了多种管理模式，也暴露出许多问题，为此，本章将重点分析造成问题的原因，进而探讨解决的办法。

一、市值及其管理模式

（一）市值及影响因素

市值是上市公司的市场价格总值，一般以上市公司的股价乘以其已发行的股份总数计算，是一种量度公司资产规模的方式。

市值＝股价×已发行的股份总数

市值的高低与股价起跌直接相关。影响市值或股价的因素较多，有内因也有外因。一般来说，上市公司的内在影响因素对股价及市值有较深层次的影响，这些因素主要包括上市公司的盈利能力及前景、管理团队的架构及质素、产品及服务的质素、分销渠道、营运效率、发展策略、在行业的地位等。其外在因素对股价及市值影响较小，但在某些特殊情况下影响较大甚至很大，尤其在股市不尽成熟，且由盲目发展向价值投资过渡的特殊时期，这些因素主要包括上市公司的内幕交易、操纵股价、恶意并购等。

股价是指股票的交易价格，与股票的价值是相对的概念。股票价格的真实含义是企业资产的市场价值。股价是投融资双方在股票交易市场上对投资对象评估的公允价值，是对投资对象以价格确认的质的量化结果，直接影响投资者的投资收益和融资者的融资规模以及资金循环和周转甚至偿债、盈利和发展能力。因此，上市公司往往会千方百计地抬高股价，以提高市值。总结当前市场上存在的市值管理模式，对于上市公司全面和正确地了解市值管理，从而开展科学、有效和合规的市值管理，具有重要的现实意义。

（二）市值管理模式

当前市值管理模式主要有以下六种。

1. 券商市值管理模式：盘活存量

近几年来，券商业务蓬勃发展，随之，券商市值管理业务也相应兴起，其业务核心是为大股东存量持股盘活市值，简称存量盘活。存量盘活的主要措施有：①股权托管，即通过游说将上市公司股东的股权托管到该券商某个营业部，等到股东减持时以获取经纪业务佣金收入，并为后续市值管理创造条件。②大宗交易，即券商通过特殊交易通道帮助上市公司持股股东将已解禁股票套现以避免冲击二级市场股价的交易行为。③质押融资，即股东把股权质押给券商。券商将已经解禁但不想减持的上市公司股东股票以一定质押率（一般四成）资金质押过来，并按期收息（利率一般8%左右），到期还本的交易行为。④融券业务，即券商可在一定时期内从上市公司股东手里将已解禁可融券股票借出，到期再还给该股东，且支付一定利息的业务。⑤约定回购，即上市公司股东以约定价格将手中所持股票卖给券商，待未来一段时间后再以约定的价格从券商手中购回。⑥高抛低吸，即上市公司股东将股票交由券商管理，由券商根据市场行情做高抛低吸，到约定的时间再将股票交还股东，以获得高抛低吸收益并按双方约定比例分享收益。券商市值管理模式的共同特点是帮助上市公司股东盘活存量市值，从而获得一定的佣金收入或利息收入。

2. 大宗交易商市值管理模式：拉升股价

这是大宗交易商通过大宗交易帮助股东减持股票套现的行为，具体做法一般是：在收市后股东以收盘价的 9.6 折价格将需要减持的股票通过大宗交易系统卖给大宗交易商，大宗交易商第二天或第三天再将股票在二级市场上以不低于昨日收盘价 9.6 折直接卖出，以实现股东兑现并避免直接交易对股价造成的冲击。大宗交易的折扣率决定于该股票最近的换手率，换手较高的折扣率可升到 9.8 折，甚至有的还有溢价；换手率低的折扣率可低至 9 折。为了多得收益，大宗交易商往往通过先拉升股价后交易或先交易后拉升股价的大宗交易市值管理手法。

3. 私募基金市值管理模式：联合坐庄

利用资金优势打压或拉升股价即是坐庄。坐庄之人一般是大公司或资金实力雄厚者，被称为庄家，操作之人被称为操盘手。其实，任何持有股票的人都是上市公司的“庄家”，不过坐庄的人比一般股民持有的股票多得多，能够在一定程度上操纵或掌控股价而已。所以，一般所说的坐庄，是指有大股东参与控股的行为。

坐庄的方式有独立和联合两种。联合坐庄是指庄股与上市公司联合坐庄，以获得上市公司对联合坐庄的支持，并冠以为上市公司做市值管理的旗号，这就是私募基金的市值管理模式。其基本做法是：双方先制订联合坐庄计划，确定好出资金额、收益分配程序和比例、上市公司配合出利好等；然后庄家在二级市场上打压吸筹，上市公司配合出利空消息，如建仓成本为每股 10 元，吸筹到控盘程度后开始拉升股票，上市公司配合出利好消息，将股价不断推升，如从每股 10 元推升 20 元甚至 30 元或更高；最后在市场一遍看好中出货了结，如果实在出不了货，找有朋友在的公募基金接盘。成功出货后，按计划分配投资收益。

4. 财经公关商市值管理模式：价值营销

传统的财经公关公司的业务主要是为 IPO 公司提供 IPO 过程中的媒体关系管理和投资者关系管理服务。财经公关商市值管理模式是指财经公关公司打着为上市公司提供市值管理咨询服务即价值营销的旗号，为其提供财经公关服务，如向上市公司提供媒体关系管理服务和投资者关系管理服务，这样一种所谓的市值管理模式。

5. 管理咨询公司市值管理模式：产业整合

管理咨询公司是最早给企业提供智力咨询服务的一类中介服务机构，主要集中于战略管理咨询、营销战略咨询、人力资源战略咨询、管控架构咨询、信息化咨询、资本运作咨询等。管理咨询公司市值管理模式是指管理咨询公司给上市公司提供的以产业整合等市值管理咨询服务为主的市值管理模式。其基本内容是，在传统的给上市公司拟订产业发展战略的同时，也给上市公司拟订借助资本市场的并购重组和产业整合战略，以期帮助上市公司通过外延式增长做大业绩，从而提升上市公司市值。

6. 其他公司市值管理模式：系统视角

系统视角的上市公司市值管理是指上市公司基于公司市值信号，采取多种科学、有效和合规的价值经营手段，达到公司价值创造的最大化、价值实现和价值经营的最优化的战略管理行为。其中，价值创造是基础，价值实现是手段，价值经营是杠杆。上市公司的一切经营活动均应导向公司市值的增长，目的是促进上市公司市值的可持续增长为目标和目的。

二、存在的问题

市值管理存在的问题很多，主要有以下几个方面。

（一）市值管理理念不甚清晰

前已述及，市值是上市公司股本乘以股价之积。股价是个变量，瞬息万变，它直接传导市场的真实波动，在股本可比的情况下，市值因股价的涨跌而增减。因此，市值的变化要看市场的脸色。在估值能力强有效的成熟市场里，市值是上市公司投资价值的具体体现，等于上市公司全体股东的财富价值。但在中国当前这种弱有效市场中，股本与股价之积只是市值的外在表现，市值的内在本质在于它是公司综合素质或价值的集中体现。

证券投资学理论告诉我们，有两大因素影响股价：一是内因，即股票的内涵价值；二是外因，即市场对股票内涵价值的发现和认同。前者是本，因为价格是价值的体现。好的价值，理论上来说，就会有一个好的价格；反之，没有好的价值，就难有好的价格，即便出现了好价格，由于没有价值的支撑，也不可能持久。然而，后者也是影响股价的重要因素。由于市场这只无形之手，它有自己的估值标准、涨跌周期和行为偏好，加上信息不对称因素，所以同样价值的股票在市场上，可以有溢价和折价之分。

以此，常常使人造成的误区在于以下几方面。

1. 市值取决于股价

若股本不变，市值的大小取决于股价的高低，因此便在股价上做文章，千方百计拉升股价，以获得相应利益。其实，真正决定市值的不是股价，而是股价背后，影响股价的深层价值因素：主要有盈利能力、成长能力、偿债能力和发展能力，以及与各项能力相关的行业地位、团队素质、治理结构、运营规范、战略思路、投资者关系等，不能仅仅将市值的大小由股价的高低来确定，而应该看到决定市值的深层根本因素。

2. 市值管理即股价管理

市值管理的确需要关注股价，但关注决不等于直接管理，更非操纵股价。因为股价由市场形成，不能、不可、也不容许人为操纵，甚至不容许人为“管理”。从这个角度说，市值管理是价值管理，重心在决定价格基础的价值上。

3. 市值管理即迎合市场

市值管理需要考虑市场因素，包括周期、规律、市场人气、投资偏好、估值标准等，但考虑市场因素决不等于迎合市场。不迎合不等于不理睬；你不理市值，市值不理你；市值管理是必修之课；市值管理要遵循市场规律，贵在因势利导；市值管理是主动管理而非被动迎合。

4. 市值管理即追求股价最高化

股价上扬的确对提升市值有直接影响，但股价最高化决非市值管理追求的目标；公司和股东价值最大化也不等于股价最高化。价值管理发端于成熟资本市场企业价值最大化理论，我们可以把价值管理定义为“企业通过各种手段实现尽可能高于投资者投资成本之资本收益”。价值管理是通过科学专业的方法与工具提高股东收益——这一收益将主要反映在企业股票市值上。

（二）市值管理模式应用存在严重问题

上述市值管理模式各有其合规性和科学性，在一定程度上说，为上市公司市值起到了保驾护航的作用。但在实际操作过程中，也客观存在着假借市值管理大行旁门左道甚至歪门邪道的问题。主要表现在以下几方面。

1. 以偏概全

交易行为不违规不违法，但却将市值管理的某一种手段视作是市值管理的全部，以偏概全，如财经公关公司、券商和管理咨询公司的市值管理模式。传统的财经公关公司的业务主要是为 IPO 公司提供 IPO 过程中的媒体关系管理和投资者关系管理服务。媒体关系管理主要是为 IPO 企业各类媒体上发正面报道，以及当媒体有负面报道时帮 IPO 企业摆平媒体，手段主要是与媒体开展合作，如投放广告、赞助活动等。投资者关系管理主要是为 IPO 企业组织 IPO 定价过程中的路演活动和举办上市成功后的庆功酒后等。总体来说，IPO 阶段的财经公关服务的知识含量不高，因此，行业进入门槛低、竞争较为激烈，但 IPO 火热时均能活得较好。由于 IPO 已暂停一年多时间，主要依赖于 IPO 的财经公关公司多数无事可做，于是纷纷将眼光转向了已上市的公司。如果仍以提供财经公关服务为由游说上市公司则难度较大，为此，不少财经公关公司也打起了给上市公司提供市值管理咨询服务的旗号走访上市公司，但其提供的服务内容仍然是传统的财经公关服务，如向上市公司提供媒体关系管理服务和投资者关系管理服务。

2. 内幕交易

即将市值管理搞成内幕交易、操纵股价、联合坐庄等违规违法行为，如大宗交易商和私募基金的市值管理模式。变型后的大宗交易即是内幕交易，有两种模式：①先拉升股价后交易。即上市公司减持股东事先与大宗交易商谈好交易与分成协议，然后大宗交易商以雄厚的资金实力在二级市场拉升股价，然后通过大宗交易将股票以正常的折扣价卖给大宗交易商，大宗交易商第二天或第三天以当天正常的市场价格卖出。②先交易后拉升的大宗交易市值管理。即上市公司减持股东事先然后通过大宗交易将股票以正常的折扣价卖给大宗交易商，大宗交易商再以雄厚的资金实力在二级市场拉升股价至目标价位后卖出，最后减持股东与大宗交易商按约定的比例将收益分成。

（三）股市功能严重扭曲

一般认为，股市的功能有三个：一是融资功能，二是资本定价功能，三是资本配置功能。现行股市功能在市值管理的浪潮中显然被严重扭曲了。

1. 融资功能被扭曲

一些企业为了一己之私利，不顾市场资金紧缺状况和投资者的承受能力，一味地融资，再融资，甚至巨额再融资，把股市当作了自家提款机，这就变成了一种恶意圈钱的行为。更可悲的是，过去的一个个牛市里，庄家以及庄家与上市公司联合起来统吃散户，一批批倒下的散户伤心地离开了股市，致使熊市漫漫，在这种情况下里，大批企业不能到股市正常融资，而不得不到香港上市，甚至到美国上市。

2. 资本定价功能被扭曲

股票在股市的合理合法流通为投融资双方提供了交易平台，同时，不可避免地也使股票市场成为投机者获利的场所，通过低买高卖赚取差价。而投机者的赚钱效应又使股票市场吸引了高涨的人气，使很多人愿意把闲钱投入股市中来，进而使股市成为一个很容易筹资的地方。这种投资与投机的良性循环促使了股票市场的健康发展，也促进了实体经济的繁荣与发展。当然，做任何事情都有一个度的问题，一个健康的股市，其投机行为也应当是适度的，一个过度投机的股市，会造成价格的大起大落，暴涨与暴跌成为了少数人获利的地方，损害了大多数投资者的利益，进而也不利于市场基本功能的发挥。相反，没有了投机，没有赚钱效应，股市成了一滩死水，没有多少人愿意往股市里投钱，上市公司筹资也成了难题。尤其在通货膨胀情况下更为严重。

2015 年 5 月，证监会再次集中部署“2015 证监法网专项执法行动”案件查办工作，共涉及 12 起异常交易类案件。同时，证监会明确指出了六类市场操纵行为：迎合市场炒作热点，编题材讲故事；制造、利用信息优势，多个主体或机构联合操纵股价；以市值管理名义内外联手操纵股价；公、私募等不同资管产品通过价格操纵，输送不当利益；利用“天价”标杆股影响市场估值，联合操纵多只或一类股票；市场操纵与内幕交易等其他违法违规行为并行交织。这一系列的异常交易都使股市资本定价功能被严重扭曲。

3. 资本配置功能没能有效体现

股价作为上市公司经济状况的温度计的功能被扭曲。尤其在股权分置条件下，因为股票价格不能准确反映上市公司的真实价值。股市作为宏观经济晴雨表的功能被扭曲。2014 年 7 月之前，虽然我国 GDP 一直高速增长，股市表现却不尽如人意，股价持续低迷，出现了与宏观经济走势相悖的怪现象；7 月之后，我国 GDP 增长进入慢增长时期，减速明显，股市却异军突起，一路持续高涨，还不到一年时间，就突破了 5000 点大关；之后，又一路狂跌，虽也偶有反弹，但跌势未改，直至半年过后，依然难见光明。因此，投资者难以看清楚上市公司的真实状况和发展前景，难以确定合宜的投资对象，或者干脆跑大盘跟政策，因此造成，资本投入与上市公司的内涵价值脱节，资源错配成了股市长期以来普遍存在的问题。

三、采取的对策

与存在的问题相对应，做好上市公司市值管理工作，应着重从以下几个方面进行。

（一）树立正确的市值管理理念

市值不是股价，市值管理也不是股价管理，市值管理是主动管理，其目的是不断追求与公司内涵价值的统一，实现公司价值最大化。具体来说有以下几方面。

1. 明确市值与股价的关系

市值是上市公司的市场价值。股价是股票价值在股票市场上的交易价格。从理论上说，市值决定股价，股价应围绕市值上下浮动，根本上应趋同于市值。所以才有，市值＝股价×股数，市值＝税后利润×市盈率，两个公式。依此，市值的变量有股价、股数，税后利润、市盈率。若股数不变，市值取决于股价，于是，有人直接将上市公司的市值等同于其全部股票的股价。其实，两者不是一回事，首先，影响市值的四个变量的因素还可以继续深入划分，分成二级变量和三级变量等，由此层层分解，形成了市值管理体系中的外部变量集合。而真正决定市值的变量因素恰恰是第二、第三级变量因素，而非股价。因此，将市值与股价一视同仁的观点是个误会。其次，股价应围绕市值上下浮动，根本上应趋同于市值的理论，是建立在完善的股票市场的前提条件下，中国股市目前还不属于完善的股票市场，股价脱离甚至远远脱离其价值的情况客观存在，不能以此理论简单将两者混为一谈。不然，如以股价决定市值，必然会出现一日只差，百分之十的市值之差，几日之差，百分之几十的市值之差的情况，那岂不是笑话。因此，在当前状况下，市值不是股价，不能以股价管理代替市值管理。这不是对前述两个公式的否定，而是就目前股市状况做出的合理解释。当然，股价高低的确是影响市值大小的重要因素，但绝非全部，市值管理亦绝不等同于维护股价。股价不过是上市公司内在价值的一个外在反映而已，受投资者情绪和市场整体走势等短期因素影响很大。上市公司内在的诸如公司治理、经营管理、投资者关系等才是市值管理的基础重点所在。

2015 年 8 月 19 日，中证网，中国证券报发表了题为《走出认识误区，市值管理存在着不可忽视的问题》的文章，文中提出：此次证监会在提出推进上市公司市值管理制度建设的同时，明确坚决打击以“市值管理”为名进行的违法违规行为，维护公开、公平、公正的市场秩序。上海一家深市上市公司高层人士认为，证监会的上述表态从侧面反映出，在仍缺乏必要的指导细则情况下，市值管理存在着不可忽视的问题。“最重要的问题是市值管理的合理范围如何界定，市值管理的最终目标如何设定。”在不少投资者看来，上市公司进行市值管理的合理手段并不是一个问题，最重要的是市值管理对股价的强力拉升。在交易所互动平台以及上市公司公告资料等中发现，不少投资者的建议是“做市值管理拉升股价”。但中国上市公司市值管理研究中心主任施光耀认为，市值管理不能等同于管理市值，尤其是不等同于管理股价。经济学家宋清辉提出，市值管理不是股价提升，而是公司全方面的提升，公司要做好市值管理，就要让外界看到他们最想看到的东西。最根本的是，勿将股价当市值。

2. 明确市值管理及其与股价管理、股本管理之间的关系

2016 年 1 月 18 日，市值管理俱乐部，上海证券报发表文章《从定性到定量，不应把市值管理工具视为市值管理本身》中指出，市值管理是上市公司应对资本市场环境与偏好、企业经营外部因素与变量的行为，这种行为本质上是管理资本市场交易价值与企业实体经营价值间的偏差（即溢价）。溢价的稳定性即市值管理水平指标代表着上市公司管理溢价的能力。指标好，说明上市公司通过市值管理获得了更高、更稳定的溢价，意味着上市公司处于公司市值与内在价值动态平衡的状态（即溢价协同），也就是市值管理追求的目标。

（1）市值管理不等于股价管理。市值管理绝不等同于维护股价。市值＝股价×股数，市值的变化，就是股东财富的增减，影响到股东进一步运用股权资产的动力，当然要进行管理。从公式上来看，股本是相对静态的指标，那只有在股价上做文章。对此要正确理解。股价管理不等于操纵股价。合理的市值管理有利于实现上市公司的价值和维护全体股东的利益，但有些公司将之变成纯粹操纵股价借以谋求私利的工具，显然损害了投资者的利益。

自“新国九条”① 明确鼓励上市公司建立市值管理制度以来，市值管理很快成为资本市场热点。一些私募、券商、管理咨询公司、财经公关公司纷纷涉足这一业务。但由于认识误区和缺乏具体的行业规则，市值管理在实践中常常会发生偏离，误导了市值管理的内涵。事实上，市值管理是一种长效机制，而非短期推高股价的工具。

(2) 市值管理不同于股本管理。股本也作股份。股份资本，是经公司章程授权、代表公司所有权的全部股份，是构成公司股东权益的两个组成部分之一，包括普通股和优先股两种。股本的大小并不是一成不变的，它会随着送股和配股而增加，也会随着减资或库股而减少。股本扩张不是错误，股本扩张主要是上市公司用利润送股或者资本公积金转增股本的方式增加资本。股本管理也不是错误。但将市值管理等同于股本管理，把高送转而形成的扩张股本看作市值管理的必要手段，是错误的。一方面，在以市值管理眼光决定具体执行股本扩张的过程中，还需要综合权衡上市公司的实际情况。譬如，公司的控股股东是否将解禁，前一年参与定增的小非是否将解禁，公司是否有定向增发计划，管理层的股权激励是否已经过了行权期等。而高送转对于上市公司而言仅是个工具，由于大多数情况下公司仅需为股东支付红利税配套进行极少数金额的现金分红，因而是其影响股价的较廉价的合法手段之一。不过，股本扩张只是上市公司市值管理工具之一，往往还需要和其他市值管理工具一起使用，从而达到事半功倍的效果。另一方面，从市值管理的视角不推崇股本过度扩张。出于迎合市场的需要，A 股市场上很多上市公司都会适时推出高送转的分配方案，但公司的业绩增速却是明显无法跟上股本的扩张速度，有时甚至出现业绩下降的情况，股价在高送转的刺激之下短期有所表现之后，最终还是会被打回原形，从总市值的角度考量的话，出现总市值萎缩的也不在少数。

其实，无论从理论还是实际而言，高送转股并不改变任何一家上市公司的投资价值，真正决定公司价值的还是公司的业绩表现，即公司的投资价值也即内涵价值。

从市值管理角度看，股本扩张需要与公司业绩同步才是最佳选择。现代资本结构理论和成熟市场经济国家的融资实践表明，考虑公司融资成本，企业在需要资金扩张经济规模时一般遵循的融资顺序是先考虑内源融资，其次才是外源融资。在外源融资中首先是债务融资，其次才是股权融资。从发达国家看，债务融资始终占据企业外部资金来源的第一位。

3. 市值管理不等于市盈率管理

尽管，市值＝市盈率×净利润，市盈率能够反映市场即时状况，但不同时点、不同行业、不同规模及发展状况下的上市公司市盈率水平差别很大，因此，某家上市公司的市盈率并非其具体目标值。市盈率管理的目标也非市盈率越高或是越低越好，而是追求特定时点与市场的协同程度，协同程度越好表示市盈率相对健康，也为公司在不同的市场环境下选择不同的市值管理工具进行更好的市值管理提供了更有利的条件。

市盈率管理应针对不同市盈率水平而有所不同。具体有两个市盈率水平：①市场合理市盈率水平。由于市盈率水平在不同的行业和不同市值水平的公司差距巨大，一般经验的公式，合理市盈率水平＝（70%×行业市盈率水平＋30%×不同市值规模对应的市盈率水平）×修正系数。这里需要注意的是不同市值规模对应的平均市盈率水平在具体运用时需

① 《新国九条内容全文及内容解读》，2014 年 5 月，www.mycoal.cn。

要更为精细，以 40％作为临界点参考，既以市场中位市值为基准，每 40％作为区分。修正系数主要指的今年的预期增长率，因为市盈率往往使用的是去年的数据，合理市盈率水平需要对增长率进行修正。②中枢内在市盈率。中枢内在市盈率判断的是股价的长期内涵价值，为市值管理选择不同的方式作为参考。中枢内在市盈率＝合理市盈率水平×市场系数。市场系数＝所在市场长期加权平均市盈率水平÷目前时点加权平均市盈率。

不同市盈率水平公司的市值管理及实现方式不同。①当公司市盈率水平远高于中枢内在市盈率水平，一般为 30％时，可以认为公司股价高于内在价值，主要的市值管理方式为，公开增发新股，并购，大宗减持，股票回购，定向增发等。②当市盈率水平远低于中枢内在市盈率水平时，定向增发对于提升上市公司市值水平具有显著内在激励效果。

4. 追求公司价值最大化

公司价值之体现，涉及公司战略、公司理财、公司治理、投资者关系 4 个方面的内容。而这 4 方面，又可细化出若干涉及企业方方面面的管理课题。与单纯追求高股价相比，上市公司良好的价值管理更应该体现在能够得到资本市场广泛认同方面，机构投资者、中小投资者要认同公司的理念、内在价值，市场要认同公司能够保持业绩持续增长、维持估值目标。

市值管理的最终目的是使上市公司的市值与公司的内涵价值相一致，市值管理是一种长效的综合机制，并不能把市值管理的眼光集中在某一单一因素上。市值管理最终目的是使上市公司市值与公司内涵价值相一致。

总之，市值管理不是股价管理，不应该将短期的可以提振市值的做法直接等同于市值管理本身；更不应该是以市值管理为名绑架大股东进行内幕交易的伪市值管理；而应该是站在公司战略高度中长期的惠及全体股东的行为，应该是综合运用公司治理手段与资本运作工具的方法集合。

（二）不断完善并正确运用市值管理模式

前述六种市值管理模式，不可取的居多。唯有“将市值管理理解为上市公司的战略管理工程和系统工程，将价值创造视作市值的基础，将公司价值营销视作将公司投资价值表现为良好市值的手段，将价值经营视作利用良好市值开展再融资、并购和股本扩张的机会，同时在市值低迷时通过增持、回购等手段维护公司市值”，才更可取。随着时间的推移，社会的不断发展，市场机制的不断完善，以及人们思想意识水平的不断提高，市值管理模式也会不断完善，新的模式还可能涌现出来，旧的也会不断淘汰，最终趋于与国际市值管理雷同。这是中国市值管理模式的必然结果。

需要说明，市值管理模式本身没有问题，问题在于具体执行过程中，被人们借以误用从而导致了问题的产生。如同刀本身没有问题，只是个工具，但若被用来肆意杀人，就成了凶器。解决市值管理模式的问题的关键在于正确运用而非取缔。能否正确运用的关键在运用者，在人。解决人的问题，是解决市值管理模式问题的根本问题，也是解决市值管理乃至股市、上市公司、股民等问题的根本问题（这个问题本书不详论述）。

（三）正确理解并充分发挥股市的功能

股市作为市场，有直接功能也有间接功能。直接功能即交易或买卖功能，买即投资，卖即筹资；间接功能有资本定价和资源配置等功能，间接功能从交易功能派生出来。市值管理问题的解决必须立足于股市功能的正常发挥状态之下，因此，必须首先正确理解并充分发挥股市的功能。针对前述股市功能扭曲的问题，应相应采取以下措施。

1. 为股市融资功能正名

众所周知，股市有融资功能，甚至不少学者都在研究如何提高融资效率[①]。这其实是个伪命题，尽人皆知但仿佛无人所知。股市有交易功能，所以，就认为交易即买卖股票也能融资，其实是一个误会，因为，买卖股票如同买卖其他商品一样，是商品或资本价值及其增值的实现过程，而非融资过程。这是因为，股市本就没有通过交易融资的功能。融资是企业根据生产经营、对外投资等活动对资金的需要，通过一定的渠道，采取适当的方式获取所需资金的一种行为。一般有债务性融资（如银行贷款、发行债券等）和权益性融资（如发行新股、内源融资）。股市融资属权益性融资，指发行新股这种权益性融资。上市公司发行新股有首发、增发两种，首发一定在上市前，而增发可能在上市后。也就是说，上市公司通过股市融资只有增发这一种可能性。因此，股市的融资功能只有增发这一种融资方式的融资行为。这也就是诸多上市公司一再增发的根源所在。因此，没有在上市后增发的上市公司就没有在股市上融资，也就没有发挥股市的融资功能。再深入分析，通过在股市增发新股融资，也并非股市的融资功能，而是通过股市这一场所或中介向投资者及股民融资，股市只是融资渠道，不具有融资功能。如同公路上往来车辆川流不息，不能就说公路有融车功能一样。难怪期望在股市上融资的上市公司千方百计地发挥股市的融资功能而不得不走了旁门左道甚至歪门邪道，也不得成功，因为实在是误会。非要股市融资的话，也就只能通过交易功能从股民手里欺骗或强取豪夺了。正确的理解应该是融资与上市是两回事。不是上市融资而是融资上市。上市可以不融资，融资可以不上市。股市与融资不能混为一谈。

既然股市没有融资功能，也就不存在股市融资功能扭曲的问题了，也就不存在融资效率高低的问题了。因此，前述的融资功能被扭曲的说法，其实是错误理论指导下的错误行为的结果。但股市的交易功能依然存在，由交易派生的其他功能依然存在。

2. 稳定股价，遏制投机

为此，需要做的是，如何稳定股价，遏制投机，充分运用市场机制提高股票市场效率。中国证监会上海监管局于 2015 年 7 月 9 日出台了《关于开展维护公司股价稳定工作的通知》，要求接到该通知的上市公司立即结合公司实际情况，制定包括但不限于大股东增持、董监高增持、公司回购股份、员工持股计划、股权激励等维护公司股价的具体方案。随即，为稳定股价，大家都拼了！大股东怒掏八百增持，中国人寿暴力套现 8.2 亿元。可拼来拼去，股价还是难以问题，投机还是难以遏制。为此，不妨借鉴日本上市公司的经验做法[②]，稳定股价，或可奏效。日本上市公司的主要做法有以下几种。

（1）发放高额现金股利。为了留住股东，部分日本上市公司在股市低迷的状况下依然发放股利，如日本著名的机器人生产厂家发那科公司 2014 年用于分红的资金达到了 1245 亿日元，占年度税后净利润总额的 60%。日本多科莫移动通信公司除了回购公司股票之外，上年度的分红总额也达到 2548 亿日元。据估算，在东京证券交易所主板上市的公司 2014 年平均分红率在 30%以上，投资回报率基本上达到股价的 3%～5%。在日本长期的

① 张延良、胡超、胡晓艳：《基于 DEA 方法的金砖国家股票市场融资效率比较研究》，《世界经济研究》，2015 年第 7 期。

② 《日本上市公司如何稳定股价》，《金融投资报》，2015 年 8 月 4 日。

超低利率环境中，这样的回报自然能够吸引投资者。记者熟悉的一些日本投资者持有一家公司股票10年以上的不在少数。

（2）提供各种优惠措施。这些优惠包括给予长期持股优惠、价格优惠、礼券优惠等。据日本大和投资服务公司发表的调查结果，2014年上半年就有171家公司制定了激励股东长期持股的优惠制度，比上年同期增加了4成左右。截至2014年6月底，在东京证券交易所上市的企业中，已经有1238家设立了股东优惠制度。例如，持有东京迪士尼乐园以及迪士尼海上乐园股权的OLC集团公司规定，持有500股以上的股东，每年可获得10张游览这两个乐园的通票；如果持股3年以上，可额外增加两张；持股5年以上，还可以再追加4张。也就是说，如果拥有500股该公司股票，并持有5年以上，每年就可以获得16张迪士尼乐园通票。目前，一张迪士尼乐园通票价格为6900日元，16张通票市价高达11.04万日元。再如价格优惠。家电量贩企业山田电机公司规定，如果持有该公司100股股票一年以上，将给予1500日元价格优惠，两年以上还将再增加2000日元。小林制药公司今年也开始对持股3年以上的股东增派礼品券。

事实也表明，这些措施能够在一定程度上留住个人股东，减少追涨杀跌，有利于股票价格稳定。数据显示，2014年度，日本个人投资者持有的股票数量占东京证券交易所股票总量的17.3%，但其交易额占比不到14%。

3. 促进资源有效合理配置

股市能够配置资源，理论依据是：股市交易使资金合理流动，从而实现了资源的合理分配。因为，在股市的运行过程中，股民基于获利本能，总是买入那些收益率高的股票，使其价格上长；而卖出那些收益率低的股票，使价格降低。这自然引导着货币资本流向高收益率的股票，而这些高收益率股票往往代表着高成长性的产业和经济部门，大量资金的流入，为这些产业和经济部门的发展创造了非常有利的条件。股市就这样通过削弱生产要素产业部门间转移的障碍从而达到了合理配置资源的目的。生产要素的部门转移有两个障碍，资产实物形态的转移障碍和进入障碍，股票市场则可以克服这两个障碍。在股票市场上，由于资产采取了有价证券的形式，具有最大的流动性，这就打破了实物资产的凝固和封闭状态，为生产要素在产业部门间的转移提供了方便条件。同时，一些效益好、具有发展前途的企业，可以通过发行股票，广泛吸收社会资金，筹措到进入某一个产业部门最低限度的资金数额，这就打破了因资本有限而难以进入一些产业部门的障碍。

当然，上述论点成立是建立在完善或较完善的股市基础之上的，当股市不尽完善或不完善的条件下，则有两个问题客观存在。一是高收益率的金融商品并非往往代表着高成长性的产业和经济部门。二是资产采取有价证券的形式，便利了虚拟资本的转移和流动，但并不意味着生产要素在产业部门间的转移就更加方便。退一步看，即使我们承认上述结论是确定无疑的，也只能说明从某些角度来看股票市场具有促进资源合理配置的作用，并不能为股市合理配置资源的一般性结论提供充足的理由。因此，股市并非是合理配置资源的有效场所，对于股市合理配置资源的作用不能够估计太高，不能够奢望用配置资源来解决股市存在的一切问题，即使是资本不能合理配置问题。

要真正的用市场机制来提高股票市场效率，让资金流向最好的上市公司，还必须稳定股价，遏制投机，进行规范有效的市值管理，倡导价值投资，遵循市场规律，而不是行政干扰。同时证监会要做好自己的监管工作以及敦促工作，例如抓内幕和分红等，保护中小股民利益，杜绝上市公司圈钱等不公平事件甚至非法行为的发生，有效实施并逐渐完善熔断机制。使股市真正成为一面镜子，能客观地反映中国经济实况，使股价能真正反映上市公司实力。

股市是国民经济的晴雨表，而且一般要前瞻3～6个月。只要经济支撑力强，行情就不会太差，没有只涨不跌的股市，也没有只跌不涨的股市。只要你打准节拍，获利尤其适度获利是完全可能的。

(四) 遵循股市规律，倡导价值投资

股市是市场，遵循市场规律。市场规律简单来说，就是供求规律，供求决定价格，买的人多价格就涨，卖的人多价格就跌；造成买卖不平衡的原因较多，影响股市的政策面、基本面、技术面、资金面、消息面等，是利空还是利多，分时段有所不同；升多了会有所调整，跌多了也会出现反弹，这是不变的规律。但见股市现状，仿佛没有规律可循，按照吴浴阳的话说："这是最坏的年代，这是最好的年代。"① 这个年代，信心比黄金还重要，剧烈跌宕不改经济事实，正常调整不改向好趋势，股市正在探底并很快就会从底部走出来。基本面的转暖最终必将支持市场向上突破。大盘趋势向好，积极做多，耐心持有，投资中国美好的未来，分享经济发展的快乐。但股市不是一般市场，其规律也独具特色，具体参见本书第一章股市发展趋势。

价值投资一直是本书的主题，中国股市只有走价值投资这一条道路才可能有希望，才一定有希望。价值投资是个庞大的工程，是一项长期艰苦的工作，不仅有一套完整的知识体系，还要有一个观念的转变，包括现行的和潜在的监管人员、投资者和筹资者，由政策指导到市场规律主导，由股市投机到价值投资，由市值管理到价值管理的观念的转变。具体参见《中国上市公司投资价值分析研究》及本书其他内容。

① 吴浴阳：《这是最坏的年代，这是最好的年代》，《销售与市场·评论版》，2010年第1期。

第二十二章　中国上市公司市值离散度及价值投资操作方法

股市上，无论是投资者还是筹资者，关注上市公司市值的程度往往大于其内涵价值，因为市值一目了然，而且能随时翻译出其高低大小和变化情况，能直接给人买卖决策的指引；而内涵价值却仿佛距离遥远，模糊不清又难以企及。可市值的可信度较低，尤其在当前股市状态下；只有内涵价值才是上市公司最根本的发展动力，也是支撑市值的根源动力。目前的现状是：市值与内涵价值不尽统一，而且对于许多上市公司，两者的差距较大，不同行业，不同上市公司，市值偏离其内涵价值的程度不同，方向也不相同。本章着重研究市值离散度及其确认计量，以及如何据以进行价值投资的方法。

一、市值离散度

市值离散度即市值离散程度，也可叫市值偏离程度，是股票市值脱离其内涵价值的程度。

市值是股票的市场价值，即股市上各种股票的市价。内涵价值是衡量市值偏离度的标准。按照巴菲特的观点①，内涵价值是利用美国联邦政府长期债券利率作为折现因子计算出来的企业在剩余寿命中可以产生现金的折现值。由于寿命周期及未来产生的现金的极端不确定性，而使其概念仅限于理论而无法计算，因此，笔者认为，采用本书第二章所述的VAF模型估算公司价值是目前为止最切实可行的估计上市公司内涵价值的方法。但由于用VAF模型估计每个上市公司的价值，工作量巨大，在此以本书第二部分所述的各个行业上市公司的投资价值打分排名结果替代。按照前述各个行业的上市公司的综合得分和排名及其聚类分析研究结果，可以在相当大程度上判定各个上市公司的投资价值，并相应投资。

二、市值离散度的确认与计量

股市上，每一只股票只要在正常交易，其市价就随时都在变化，每时每刻、每分每秒往往都不相同，而内涵价值往往相对稳定，按照本书观点，依据第二部分研究确定的各个行业的内涵价值在一年内保持不变（这其实是假定）。因此，二者之间的差距也随时都在变动，因此，市值离散度也必然随时都会变动，都会不同。因此，市值离散度是不同时点上市公司市值脱离其内涵价值的程度。要确认某公司的市值离散度，必须首先确认市值离散度的时间或时点，其次，将市值与内涵价值比较，确定离散程度。由于市值不断波动，所以，市值离散度也不断波动，表现为一个动态离散程度。但在投资者投资时，市值离散

① 沃伦·巴菲特、劳伦斯·坎宁安：《巴菲特从100美元到160亿》，陈鑫译，中国财政经济出版社2000年版。

度却是决策是否投资的直接依据。具体方法仍然采用排序差异比较分析法，该法的应用原因、原理概念等，详见《中国上市公司投资价值分析研究》第二十一章。

不同的是，本书所做的分析研究是对上市公司投资价值依据 2014 年财务报告分析研究结果与依据 2013 年财务报告分析研究结果的比较分析研究，比较是本书区别于《中国上市公司投资价值分析研究》的突出特点，而比较的内容是内涵价值，而非市值。因此，应在排序差异比较分析法的基础上将两年的内涵价值比较纳入其中，以明确各家上市公司内涵价值的变化及市值与变化的内涵价值的离散程度。

三、价值投资操作方法

不同行业、不同上市公司，不同时点的市值离散度不同，投资者投资时，应将市值与两年的内涵价值及其排序进行比较计算，确定不同的排序差异，并据以进行计算分析，确定投资顺序，进行价值投资。

运用排序差异比较分析法计算市值离散度，据以进行价值投资的具体操作步骤举例如下：

第一步，选定投资的行业。

行业的选择由投资者自行判断决策，也可参照《中国上市公司投资价值分析研究》第二十一章所述的环境趋势分析法中的行业发展优势股，予以参考决策。以下以农、林、牧、渔业为例加以说明。

第二步，编制市值离散度与投资顺序比较差异计算表，计算相关指标。

依据农、林、牧、渔业各上市公司的有关数据资料，计算相关指标并说明其投资价值大小、程度及其投资顺序，如表 22－1 所示。

表 22－1　　农、林、牧、渔业上市公司市值离散度与投资顺序比较差异计算

股票代码	名称	内涵价值排名				市值排名		市值离散度		投资顺序	
		2013 年		2014 年		投资时		2013 年	2014 年	2013 年	2014 年
		F（综合）	排名	F（综合）	排名	市值	排名				
		①	②	③	④	⑤	⑥	⑦=②－⑥	⑧=④－⑥	⑨	⑩
002696	百洋股份	1.33	1	0.97	1	21.57	5	－4	－4	18	18
002714	牧原股份	1.03	2	0.3	10	45.12	1	1	9	21	30
002041	登海种业	0.72	3	0.47	6	14.23	16	－13	－10	10	9
300094	国联水产	0.71	4	0.73	3	15.80	13	－9	－10	15	10
300087	荃银高科	0.70	5	0.29	11	8.13	33	－28	－22	2	4
002679	福建金森	0.54	6	0.38	9	17.25	9	－3	0	20	22
601118	海南橡胶	0.47	7	0.72	4	5.92	37	－30	－33	1	1
600965	福成五丰	0.45	8	0.27	14	11.88	23	－25	－9	3	11
300106	西部牧业	0.43	9	0.03	20	13.12	21	－12	－1	11	20
600975	新五丰	0.36	10	0.08	19	10.20	26	－16	－7	8	12
002447	壹桥苗业	0.33	11	0.27	13	6.70	35	－24	－22	4	5

续　表

股票代码	名称	内涵价值排名 2013年 F（综合）①	内涵价值排名 2013年 排名②	内涵价值排名 2014年 F（综合）③	内涵价值排名 2014年 排名④	市值排名 投资时 市值⑤	市值排名 投资时 排名⑥	市值离散度 2013年 ⑦=②-⑥	市值离散度 2014年 ⑧=④-⑥	投资顺序 2013年 ⑨	投资顺序 2014年 ⑩
002086	东方海洋	0.27	12	-0.33	31	17.11	10	2	21	22	37
600257	大湖股份	0.25	13	-0.06	24	9.23	29	-16	-5	9	15
600097	开创国际	0.21	14	0.28	12	13.48	18	-4	-6	19	12
000998	隆平高科	0.17	15	0.15	16	17.79	8	7	8	28	29
600108	亚盛集团	0.11	16	0.41	7	5.80	40	-24	-33	5	2
002505	大康牧业	0.07	17	0.96	2	6.94	34	-17	-32	7	3
300313	天山生物	0.06	18	0	22	16.76	12	6	10	27	32
002321	华英农业	-0.00	19	-0.08	26	9.80	27	-8	-1	17	21
002200	绿大地	-0.02	20			18.01	7	13		32	
300189	神农大丰	-0.06	21	-0.67	36	5.26	41	-20	-5	6	16
002069	獐子岛	-0.08	22	-1.02	38	8.75	31	-9	7	16	27
002477	雏鹰农牧	-0.16	23	-0.45	34	13.22	20	3	14	23	35
600265	ST 景谷	-0.18	24	-1.04	39	24.45	4	20	35	37	40
600467	好当家	-0.18	25	-0.41	33	6.48	36	-11	-3	12	19
002299	圣农发展	-0.20	26	0.08	18	16.88	11	15	7	33	28
000592	平潭发展	-0.24	27	0.4	8	14.78	15	12	-7	31	13
000735	罗牛山	-0.29	28	0.01	21	5.90	38	-10	-17	13	6
600540	新赛股份	-0.31	29	-0.08	25	5.89	39	-10	-14	14	8
000798	中水渔业	-0.31	30	-0.21	29	11.00	25	5	4	26	24
600354	敦煌种业	-0.32	31	-0.68	37	9.48	28	3	9	24	31
600506	香梨股份	-0.50	32	-0.45	35	15.39	14	18	21	34	38
000663	永安林业	-0.51	33	-0.39	32	12.24	22	11	10	30	33
600598	北大荒	-0.52	34	-0.12	28	11.35	24	10	4	29	25
600359	新农开发	-0.60	35	-0.12	27	8.17	32	3	-5	25	17
600371	万向德农	-0.69	36	-0.24	30	13.83	17	19	13	36	34
002234	民和股份	-0.75	37	-0.03	23	13.48	19	18	4	35	26
300143	星河生物	-1.08	38	-1.38	40	20.35	6	32	34	38	39
002458	益生股份	-1.22	39	0.12	17	32.50	2	37	15	39	36
002746	仙坛股份			0.59	5	26.45	3		2		23
000713	丰乐种业			0.25	15	8.89	30		-15		7

由表 22-1 可知，仙坛股份 2015 年 2 月 16 日上市，无 2013 年数据。丰乐种业因

2013 年巨额担保和亏损等原因，没有加入分析。绿大地因涉嫌法律诉讼案件 2014 年未加入分析。绿大地已更名云投生态。

表 22 - 1 中，第①、②栏为对 2013 年上市公司投资价值打分排名结果，数据来源于《中国上市公司投资价值分析研究》第四章农、林、牧、渔业投资价值分析研究中的表 4 - 9 中的综合得分与排序两栏；第③、④两栏为对 2014 年上市公司投资价值打分排名结果，数据来源于本书第四章农、林、牧、渔业投资价值分析研究中的表 4 - 10 中的综合得分与排序两栏。为节约版面，①、③行数据一律简化为保留两位小数。第⑤栏为 2016 年 1 月 14 日的各家上市公司股票的开盘价，第⑥栏为市价按照从前到后或从大到小的排序，第⑦、⑧两栏分别为 2013 年和 2014 年综合得分排序与市价排序的差数，即市值脱离投资价值的程度，第⑨、⑩两栏分别为第⑦、⑧两栏按照从小到大排序，即投资的先后顺序。

第三步，依据上表进行分析研究，做出投资决策。

首先，依据第①、②、③、④四栏判断各家上市公司的投资价值。一般而言，综合得分与排名与其投资价值呈正相关关系，综合得分与排名靠前的，投资价值较大；综合得分与排名靠后的，投资价值较小。这个分析已经在各个行业的分析研究中较为详尽的论述，详见《中国上市公司投资价值分析研究》第四章及本书第四章。但这一分析不能作为投资决策的直接依据，因为，其投资价值的大小还必须结合其市值（股票市价）进行深入分析研究。通过②、④两栏，可以分析判断各家上市公司的内涵价值的稳定程度，如百洋股份，连续两年都排名第一，充分说明了其在行业的稳居龙头的地位；而星河生物则位居末后，毫无回升迹象；大康牧业由 2013 年的第十七位升至 2014 年的第二位，进步明显；ST 景谷则由二十四退至三十九，甚是凄惨。

其次，依据第⑤、⑥两栏可以看出投资时各家上市公司的股票市价及排名，并据以进行初步分析。通过市价，可以看出市场对上市公司投资价值的接受程度。一般而言，市价及排名与其投资价值呈正相关关系，市价与排名靠前的，投资价值应当较大；市价与排名靠后的，投资价值应当较小。但由于投资者投资时往往受若干因素的影响而对投资对象的投资价值不一定很清楚，因此很可能偏离，所以，不能以市价作为衡量上市公司投资价值的直接依据，更不能据以进行投资决策，还需要将其与投资价值得分及排名进行比较分析，以投资价值为依据，求出市价的离散程度，方可进而得出结论。

再次，依据第②、④、⑥三栏计算确定⑦、⑧两栏，即 2013 年和 2014 年两年的市值离散程度。第⑦、⑧两栏是内涵价值排名与市价排名的差值，即⑦＝②－⑥，⑧＝④－⑥，如百洋股份投资价值排名第一，市价排名第五，所以，其差值 1－5＝－4。差值表明投资价值被市场接受（或认可）的程度，同时也说明市价脱离其投资价值的程度。差值（或差值的绝对值）与接受程度或脱离程度呈负相关，差值越大，接受程度越小，差值越小，接受程度越大。具体分两个方面，一方面，若差值为负值，其负值的绝对值越大，说明投资价值相对于市价越大，市场对其投资价值接受程度越小，投资价值越大；负值的绝对值越小，说明投资价值相对于市价越小，市场对其投资价值接受程度越大，投资价值越小。另一方面，若差值为正值，其越大，说明投资价值相对于市价越小，市场对其投资价值接受程度越大，投资价值越小；其越小，说明投资价值相对于市价越大，市场对其投资价值接受程度越小，投资价值越大。依据⑦、⑧两栏可以确定价值投资顺序，见第⑨、⑩两栏。第⑨、⑩栏是对第⑦、⑧栏按照投资价值大小排序的结果。按照从小到大排列，可以作为投资顺序的参考，排第一位的是海南橡胶，投资价值最大，其次是荃银高科，再依次是壹桥苗业、亚盛集团、大康牧业、福成五丰等，排最后的是星河生物，其次是益生股份，再依次是万向德农、民和股份、圣农发展、天山生物、隆平高科等。依据第⑨、⑩两栏可以判断各家上市公司按照投资价值与其市价比较确定的连续两年的投资价值顺序，并据以进行投资价值决策。需要说明，在依据投资顺序进行决策时，应重点考虑最近一年即 2014 年的情况。

最后，价值投资决策的具体方法是，先将第②、④两栏分别与第⑥栏比较，可以看出市价脱离其投资价值的程度，并相应判断投资价值大小。具体来说，分两种情况，第一种情况，②、④排名与⑥相同，说明市价与其投资价值一致，即市场对投资对象的认知程度与其投资价值一致，如福建金森 2014 年，市价排名第九，投资价值排名第九，说明市场对公司的认知度与其内涵价值是一致的，市值离散度为零，但并不能说明其投资价值高，因为其市价的高低还需要与其他上市公司的市价比较，才能得出结论。第二种情况，②、④排名与⑥不同，又有两种情况，一是如果②、④排名比⑥靠前，说明市价相对低估，投资价值较大，如海南橡胶、荃银高科、壹桥苗业、亚盛集团、大康牧业、福成五丰，说明市场对该类上市公司的认知度小于其内涵价值。②、④排名比⑥靠前的程度（间隔）越大，其投资价值也相对越大，如海南橡胶投资价值连续两年排名第七和第四，呈上升趋势，但市价排名第三十七，内涵价值与市值差距巨大，两年投资顺序均排名第一，说明投资价值巨大，是重点决策对象；荃银高科投资价值排名两年分别为第五和第十一，有下降趋势，市价排名第三十三，相对落后，即市场低估程度较大，内涵价值与市值差距较大，投资顺序两年分别为第二和第四，说明投资价值较大；壹桥苗业连续两年投资价值排名第十一和第十三，并不算高，但市价排名第三十五，相对较低，市场低估程度较大，内涵价值与市值差距较大，投资顺序两年分别排在第四和第五，投资价值较大。二是如果②、④排名比⑥靠后，说明市价相对高估，投资价值较小，如星河生物、益生股份、万向德农、民和股份、圣农发展、天山生物、隆平高科，说明市场对该类上市公司的认知度大于其内涵价值。②、④排名比⑥靠后的程度（间隔）越大，其投资价值相对越小，如星河生物投资价值连续两年分别为排名第三十八和第三十九，都很低且略有下降，市价排名第六，差距很大，说明投资价值很小，两年投资顺序分别为第三十八和第三十九，倒数第一；益生股份投资价值连续两年分别为排名第三十九和第十七，较为靠后但有明显升值趋势，市价排名第二，差距很大，说明投资价值较很小，投资排名分别为第四十和第三十六，都远远落后；万向德农投资价值连续两年排名第三十六和第三十，有较明显升值趋势，市价排名第十七，差距较大，说明投资价值最小，连续两年投资顺序排在第三十六和第三十四。

由于市价时常变动，且投资者的投资时间也是随时随意，因此，难有固定的即时可得的投资价值排序结论，届时，还望投资者参照该法对选定的行业自行计算分析，并结合地区优劣等情况综合考虑，做出投资决策。地区优势股和行业优势股决策参见《中国上市公司投资价值分析研究》第二十一章。